매튜 풀

청교도 성경주석

MATTHEW POOLE'S COMMENTARY

마태복음

박문재 옮김

역자 박문재

역자는 서울대학교 법과대학, 장로회신학대학교 신대원 및 대학원(Th.M.)을 졸업하였다. 역서로 비슬리 머리의 『예수와 하나님 나라』, 존 브라이트의 『이스라엘 역사』, F.F. 브루스의 『바울』, B.S. 차일즈의 『구약신학』, 아이히로트의 『구약성서신학 I, II』, 제임스 D.G. 던의 『바울 신학』, 『매튜 헨리 주석』(「요한복음」, 시가서·선지서 전부) 외에 다수 있다.

청교도
성경주석
14

매튜 풀

청교도 성경주석

MATTHEW POOLE'S COMMENTARY

마태복음

박문재 옮김

SINCE 1984
크리스천
다이제스트

서론

하나님께서 사람의 아들들에게 계시하신 자신의 뜻 전체는 통상적으로 "성경"(The Bible), 즉 "그 책"(The book)이라 불리는데("성경"이라는 말은 헬라어에서 "책"을 뜻하는 '비블로스[βίβλος] 또는 '비블리온'[βιβλίον]에서 유래하였기 때문에), 이것은 책 중의 책이라는 탁월함의 의미를 담고 있다. 따라서 사람들이 다른 책들을 읽느라고 성경을 읽으려 하지 않는다면, 다른 모든 책들을 다 태워버리기를 원한다고 루터가 말한 것은 제대로 잘 말한 것이다. 우리는 성경을 다른 책들과 구별하기 위해서, 성경의 권위와 내용과 목적이라는 관점에서 "거룩한"을 덧붙여서 부르는 것이 보통이다. 우리 그리스도인들에게 이 거룩한 책은 통상적으로 구약과 신약으로 구분되는데, 구약이나 신약이라고 할 때의 "유언"(Testament)은 원래 율법서와 예언서에는 해당되지 않고, 복음서들과 사도행전과 서신들에만 해당된다. 헬라어로 신약의 명칭은 '테스 카이네스 디아테케스 아판타'(ΤΗΣ ΚΑΙΝΗΣ ΔΙΑΘΗΚΗΣ ΑΠΑΝΤΑ), 즉 새롭게 배치된 것들, 또는 새로운 법이나 계약이나 유언의 전체를 의미하기 때문에, 원래는 일차적으로 어떤 것들이 새롭게 배치된 것을 의미한다. 이 단어는 법이나 계약 또는 유언에 의해서 어떤 것들에 질서가 부여된 것들을 가리키는 데 사용되어 왔다. 그러나 유언한 사람이 죽을 때까지는 유언의 효력이 발생하지 않고, 그리스도께서 이 땅에 오시거나 죽으시기 전에 이미 모든 "율법과 선지자들"(이것은 율법을 포함하고 있는 글들, 그리고 거룩한 사람들이 하나님의 감동을 따라 쓴 글들로서 유대인들이 선지자들 또는 성문서라고 부르는 글들을 의미한다)이 효력을 지니고 시행되고 있었다는 점에서, 비록 그러한 글들이 현재까지도 "구약"이라는 명칭으로 불리고 있기는 하지만, 그러한 글들에 "유언"이라는 명칭을 붙이는 것은 합당하지 않다. 특히, 그러한 글들 중에서 제의법을 담고 있는 부분은 유언하신 이의 죽으심에 의해서 폐하여졌고, 그러한 글들 중 많은 부분은 그가 오셔서 죽으심으로써 성취되었다는 점에서 더더욱 그러하다. 따라서 오직 복음서들과 사도행전과 서신들만을 "유언"이라는 명칭으로 부르는 것이 지극히 합당하다. 왜냐하면, 이 글들은 새로운 법을 담고 있을 뿐만 아니라(이 법은 율법에 대한 온전한 해석이라는 점에서, 또는 복음 아래에서의 하나님에 대한 예배와 교회의 치리에 관한 법이라는 점에서 "새로운" 법이다), 하나님이 이 계약을 처음에 아담과 맺으시고 아담에게 계시하기는 하셨지만(창 3:15), 이 글들에서 좀 더 온전히 계시되었다는 점에서, 새로운 계약을 담고 있는 까닭에, 진정으로 우리의 찬송 받으실 구주의 마지막 유언이자 뜻이기 때문이다.

신약에 속한 글들은 복음서, 사도행전, 사도들의 서신, 요한계시록으로 구분된다. 복음서는 마태복음, 마가복음, 누가복음, 요한복음, 이렇게 네 권이고, 이 책들은 그리스도의 오심과 사심과 죽으심으로 말미암아 모든 사람들에게 전해진 복된 소식(이것이 복음을 뜻하는 헬라어인 '유앙겔리온'[εὐαγγέλιον]의 의미이다)을 담고 있는 책들이고, 그리스도께서 이 땅에 오셔서 죽으셨다고 부활하시고 승천하신 때까지의 이야기를 들려주는 책들이라는 점에서 "복음서들"로 불린다. 우리가 이 복음서들을 쓴 사람들을 가리킬 때에 사용하는 영어 명칭인 "evangelist"는 에베소서 4:11에 언급된 "복음 전하는 자"라는 특별한 직분이나, 사도행전 21:8과 디모데후서 4:5에 언급된 빌립과 디모데 같은 "전도자"를 의미하는 것이 아니라, 그리스도와 그의 복음에 관한 글을 써서 복음의 신비를 널리 알린 자들을 의미하기 때문에, "복음서 기자"로 번역된다. 복음서 기자들 중에서 마태와 요한은 사도였고, 나머지 두 사람은 사도들의 제자들이었다. 복음서 기자들이 그리스도와 그의 언행들을 보도한 기사들 속에서, 우리는 주님이 행하시거나 말씀하신 모든 것에 대한 자세한 보도를 기대해서도 안 되고(요한복음 21:25은 이것을 분명하게 밝힌다), 주님이 말씀하신 것들이나 주님의 언행과 관련된 모든 정황들에 대한 정확한 보도를 기대해서도 안 된다. 왜냐하면, 복음서 기자들은 비록 성령의 감동을 따라 복음서들을 썼지만, 주님의 언행을 현장에서 그대로 기록한 것이 아니라, 자신들의 기억을 더듬어 쓴 것이기 때문이다. 이러한 사실로부터 분명한 것은, 그들의 보도들은 서로 모순되지 않지만(만일 서로 모순된다면, 그들 모두가 공통적으로 진리의 성령의 인도하심을 받아 썼다는 것이 무색해질 것이다), 어떤 복음서 기자가 쓴 내용이 다른 복음서들에는 없고, 주님의 동일한 언행에 관하여 쓴 글들에서 어떤 복음서 기자는 좀 더 자세하게 쓰고 어떤 복음서 기자는 좀 더 짤막하게 쓰는 일이 벌어졌다는 것이다. 또한, 복음서 기자들은 주님의 모든 언행들을 시간 순서에 따라서 보도하지도 않았고, 자신들의 기억에 따라 그 골자와 요지는 정확히 기록하면서도, 부수적인 상황들에 대해서는 좀 더 신경을 덜 썼기 때문에, 어떤 동일한 사건이나 설교를 살펴볼 때, 우리는 그 동일한 것에 대한 모든 복음서 기자들의 보도를 모두 살펴보고 종합해야만, 그 일이나 말씀의 전모를 제대로 온전히 파악할 수 있다는 것이다. 이것은 성령께서 그리스도인들로 하여금 우리 구주의 언행을 네 명의 복음서 기자 전체의 증언을 통해서 이해하고 알게 하는 것이 합당하다고 생각하셨음을 보여 준다. 그래서 나는 마태복음을 주석하면서 바로 그러한 방법론을 따랐다.

"레위"라고도 불린 마태는 알패오의 아들이었고(막 2:14), 그의 직업은 로마인들을 위한 세금을 거두는 세리였다(유대인들은 일반적으로 이런 부류의 사람들을 미워하였고, 아마도 세리들 중에는 아주 정직한 사람들은 아무도 없었을 것이다). 그리스도께서는 마태가 세관에 있을 때에 그를 부르셔서 제자로 삼으셨다(마 9:10; 막 2:14-15). 마태는 열두 사도 중의 한 사람으로서 파송된 인물이었기 때문에(마 10:3), 자기가 직접 눈과 귀로 보고 들은 것을 자신의 복음서에 기록하였다. 그리스도께서 승천하신 후에 그가 어떻게 되었는지는 확실하지 않은데, 그렇다고 해서, 나는 삼사백년이 지난 후에 마태에 관하여 쓴 교회사가들의 글을 신뢰하여, 그들이 말한 것을 여기에 옮겨놓을 생각은 없다. 그가 이 복음서를 쓴 시기도 확실하지 않다. 사람들의 견해는 다양해서, 그리스도께서 승천하시고 나서 8년 후, 또는 9년 후, 또는 15년 후에 이 복음서가 씌어졌다고 생각한다. 또한, 그가 이 복음서를 히브리어로 썼는지, 아니면 헬라어로 썼는지도 문제인데, 다른 복음서 기자들과 마찬가지로, 처음에는 헬라어로 씌어졌고, 그 후에 한두 차례 히브리어로 번역되었을 가능성이 높다. 마태복음의 헬라어 판본과 히브리어 판본에 관한 문제에 대해서 관심이 있는 사람들은 굳이 다른 책들은 읽지 않더라도, 내가 쓴 『주석집요』(*Synopsis Criticorum*)에 나오는 마태복음에 대한 서론을 보면 충분할 것이다. 마태복음은 주로 우리 구주의 탄생과 삶과 죽음과 부활에 관한 이야기를 다룬다. 우리 구주께서 부활하신 후부터 승천하실 때까지에 관한 내용은 요한이 좀 더 자세하게 들려주고, 누가는 우리 구주의 탄생과 그 이전의 일들에 대해서 좀 더 자세하게 다룬다. 동방박사들이 별을 보고 탄생하신 그리스도를 찾아 온 이야기, 또는 열 처녀 비유(마 25:1-13) 같은 몇몇 비유들은 오직 마태만이 우리에게 들려준다.

제1 장

개요

1. 아브라함에서 요셉까지의 그리스도의 계보(1-17).
2. 이적에 의한 마리아의 수태; 천사가 요셉에게 나타나서 요셉의 의심을 풀어주고, 그리스도의 이름과 직임을 알려줌; 예수의 탄생(18-25).

1. 아브라함과 다윗의 자손 예수 그리스도의 계보라.

계보(KJV에서는 "세대의 책")는 족보나 가계를 담고 있는 문서를 의미한다. 유대인들은 모든 문서를 "책"이라고 불렀다. 그래서 예레미야서 32:10-11에서는 "매매증서"를 "책"이라고 부른다. 마찬가지로, 이사야서 1:1과 마가복음 10:4에 언급된 "이혼 증서"는 히브리어와 헬라어로는 "이혼의 책"이라 불린다. 그런 이유로 오늘날에도 교회 법정에서는 그러한 문서들을 가리키는 데 영어로 "libel"(작은 책이라는 뜻)이라는 용어를 사용한다. 따라서 우리는 이 구절을 마태복음 전체의 표제가 아니라, 그 다음에 이어지는 우리 구주의 조상들의 가계에 대하여 말하는 단락의 표제로 보아야 한다.

예수는 천사가 알려준 이름이었는데, 우리가 나중에 마태복음 1:20-21에 가서 듣게 되겠지만, 이러한 이름이 주어진 것은 그가 장차 "자기 백성을 그들의 죄에서 구원할 자"가 될 것이었기 때문이었다("예수" 또는 "여호수아"는 구원자를 뜻한다). 또한, 그는, 다니엘이 예언하였고(단 9:25-26), 요한복음 1:41이 보여 주듯이, 유대인들이 기다려 왔던 "그리스도" 또는 "메시야"였다. "메시야"와 "그리스도"는 동일한 인물을 가리키는 단어들이었다(요 4:25). 다른 점이 있다면, "메시야"는 히브리어였고, "그리스도"는 헬라어에서 유래한 말이라는 것이지만, 이 단어들은 둘 다 "기름부음 받은 자," 즉 하나님이 어떤 사람을 제사장이나 선지자, 또는 왕의 직임에 임명하였다는 것을 뜻하였다. 따라서 예수가 "그리스도"라는 것은 하나님이 예수를 이 세 가지 직임 모두에 임명하였음을 의미한다.

아브라함과 다윗의 자손(KJV에서는 "다윗의 아들, 아브라함의 아들")이라는 것은 예수가 아브라함이나 다윗의 친아들이라는 뜻이 아니라, 아브라함과 다윗의 혈통에 속한 여러 세대를 거쳐 태어난 자손이라는 것을 의미한다. 아브라함은 다윗보다 훨씬 이전의 인물이었지만, 여기에서는 다윗을 먼저 언급하고 아브라함은 그 다음에 두고 있는데, 이것은 다윗이 왕이었기 때문이거나, 유대인들이 메시야를 "다윗의 자손"으로 여겼기 때문일 수도 있고, 또는 복음서 기자가 이 족보를 아브라함에서 시작할 목적으로 아브라함을 마지막에 둔 것일 수도 있다. 아브라함과 다윗이 여기에 언급된 것은 그리스도에 관한 약속이 이 두 사람에게 주어졌기 때문이었다. 하나님은 아브라함에게 먼저 그러한 약속을 주셨고(창 12:3; 22:18), 다윗에게는 그 약속을 갱신하고 확장하였다(시 89:36-37). 그래서 유대인들은 그리스도가 "다윗의 자손"일 것이라고 보았던 것 같고(마 22:42; 막 12:35), 그런 이유로 복음서 기자는 다윗을 아브라함보다 앞에 두고 있다. 유대인들은 아브라함에게서 나왔고, 아브라함이 자신들의 조상이라는 것을 늘 자랑하였다. 복음서 기자는 그리스도가 아브라함의 아들인 이삭의 자손이었다는 것을 증명함으로써, 그리스도가 "히브리인 중의 히브리인"이라는 것과 약속이 주어진 씨에게서 나왔다는 것을 증명한다. 또한, 복음서 기자는 그리스도가 다윗의 자손이라는 것을 증명함으로써, 그리스도가 예레미야서 23:5-6과 33:15에서 말한 "다윗의 의로운 가지" 또는 "공의로운 가지"라는 것, 따라서 그리스도는 다윗 왕가의 자손이라는 것을 증명한다.

2. 아브라함이 이삭을 낳고 이삭은 야곱을 낳고 야곱은 유다와 그의 형제들을 낳고.

복음서 기자는 우리 구주의 계보를 3시기로 나누고, 각각의 시기에 14세대를 배치해서, 모두 합해서 42세대로 구성한다. 첫 번째 시기는 아브라함에게서 시작하여(창 21:2-3) 다윗에서 끝나고, 두 번째 시기는 솔로몬에게서 시작하여 여고냐에서 끝나며, 세 번째 시기는 여고냐에서 시작하여 그리스도에서 끝난다. 누가는 우리 구주의 족보를 아담으로부터 시작한다(이것에 대해서는 우리가 해당 본문을 다룰 때에 살펴볼 것이다). 아브라함에서 다윗까지의 시기는 마태복음과 누가복음이 서로 아무 차이도 없고, 둘 다 14세대로 구성되어 있다(눅 3:32-34). 그러나 누가는 우리 구주의 족보를 모계를 따라 서술해 나가고, 마태는 부계 즉 요셉의 가계를 따라 서술해 나가고 있는데, 모계 쪽의 마리아는 다윗의 아들 나단의 자손이었고, 요셉은 다윗의 아들 솔로몬의 자손이었기 때문에, 다윗 이후에서는 이 두 족보는 서로 달라질 수밖에 없었다. 그리스도의 족보를 이해하는 데에는 큰 난점들이 존재하고, 특히 마태의 족보와 누가의 족보를 조화시키기가 무척 어렵다는 것은 모든 해석자들이 다 동의한다. 기독교의 원수들은 모든 시대에서 이 점을 십분 활용해서 복음에 대한 우리의 믿음을 약화시키려고 애써 왔지만, 그리스도인들은 다음과 같은 것들을 깊이 생각하는 것이 마땅하다. (1) 유대인들은 의심할 여지 없이 완벽한 족보들을 갖추고 있었고, 특히 적법한 왕과 대제사장을 선택하기 위해서, 다윗 왕가가 속한 유다 지파 및 제사장들이 속한 레위 지파와 관련된 족보에 대해서는 더욱더 완벽을 기하였다. 그리고 거의 1600년이나 지난 지금에서 우리가 그들이 그렇게 작성해 놓은 족보들을 제대로 평가할 수 있을 것이라고 기대하는 것은 무리이다. (2) 그들은 툭 하면 단어들과 족보 문제를 놓고 끝없는 논쟁과 다툼을 벌이곤 하였다. 그들의 그러한 모습은 사도 바울이 디모데와 디도에게 그런 것들을 조심하라고 주의를 주는 대목에 잘 나타나 있다(딤전 1:4; 6:4; 딛 3:9). (3) 만일 당시의 유대인들이 족보를 근거로 해서 그리스도가 다윗의 자손이 아니라는 것을 증명할 수 있었다면, 그것은 그들에게 그리스도를 반대할 수 있는 충분한 명분이 되고도 남았을 것이다. (4) 그들은 많은 것들을 문제삼아서 그리스도를 비방하였지만, 결코 그리스도의 족보를 문제삼아 비방하지는 않았다. (5) 우리가 족보를 가지고 다투고 끊임없이 힘을 소모하는 것은 합당하지 않다. 따라서 그러한 사소하게 불만족스러운 것들을 문제 삼아서 복음을 의심하거나 불신하는 것은 우리가 생각할 수 있는 일들 중에서 가장 비이성적이고 이치에 어긋나는 일이다. 왜냐하면, 우리는 어떤 족보에서 발견되는 모든 의문점들을 다 해결할 수는 없기 때문이다. 그러나 이 족보의 첫 번째 시기에 대해서는 그 어떤 난점도 없다. 두 복음서 기자는 서로 일치하고, 구약성서도 이 두 족보와 일치한다. 모세는 창세기 21:2, 5에서 아브라함이 백세에 이삭을 낳았다고 분명하게 말하고, 마찬가지로 창세기 25:26에서는 이삭이 야곱을 낳았다고 분명하게 말한다. 또한, 야곱은 유다와 그의 형제들을 낳았다(창 29:35). 유다는 야곱이 레아에게서 얻은 세 번째 아들이었고, 야곱은 임종 때에 이 아들에 대하여, "너는 네 형제의 찬송이 될지라 … 네 아버지의 아들들이 네 앞에 절하리로다 … 규가 유다를 떠나지 아니하며 통치자의 지팡이가 그 발 사이에서 떠나지 아니하기를 실로가 오시기까지 이르리니 그에게 모든 백성이 복종하리로다"(창 49:8-10)라고 예언하였다. 하나님이 왕을 요구하는 이스라엘에게 진노하셔서 이스라엘의 첫 번째 왕으로 세우신 사울은 베냐민 지파 사람이었지만(삼상 9:21), 다윗은 유다 지파 사람이었고, 이스라엘은 포로로 잡혀가게 될 때까지 다윗 왕가에 의해서 다스려졌다.

그의 형제들. 유대 나라의 우두머리들인 유다의 형제들이 여기에 언급된다. 그리스도는 유다의 자손이었다.

3. 유다는 다말에게서 베레스와 세라를 낳고 베레스는 헤스론을 낳고 헤스론은 람을 낳고.

유다가 하나님이 죽이신 그의 장자 "엘"(창 38:7)의 미망인이었던 다말에게서 "베레스와 세라"라는 쌍둥이를 낳았다는 것은 창세기 38:27-30에 나오고, 베레스가 헤스론을 낳았다는 것은 룻기 4:18과 역대기상 2:5에 나오며, 헤스론이 람을 낳았다는 것은 룻기 4:19과 역대상 2:9에 나온다. 그리스도의 모든 조상들 가운데서 여자 조상은 오직 세 명만이 언급되고 있는데, 그 세 명 모두가 그들의 평판에 큰 오점이 있는 여자들이라는 사실이 어떤 사람들에게는 걸림돌이 될 수도 있다. 베레스와 세라의 어머니인 "다말"은 근친상간의 오점이 있었고, 베레스는 바로 그 근친상간을 통해 얻은 자녀들 중의 한 사람이었다. 또한, 마태복음 1:5에는 "라합"도 언급되는데, 그녀는 성경이 "창기"라고 부른 여자였다(수 2:1). 그리고 마지막으로 "밧세바"는 간음의 죄를 지은 오점이 있는 여자였다. 그러나 우리는 다음과 같은 것들을 깊이 생각하여야 한다. (1) 우리 모두가 부모에게서 물려받는 것은 원죄로 말미암은 부패함이다. 따라서 어떤 사람의 부모가 악을 저질렀다면, 그 사람의 명예와 명성에는 오점이 생길 수 있겠지만, 부모의 그러한 악을 물려받아서 선천적으로 악한 성품을 타고 나는 사람은 아무도 없다는 것이다. (2) 이것은 우리 구주의 겸비(humiliation, 낮아지심)를 보여 주는 한 측면이었다. (3) 큰 죄인들을 대신하여 죽기 위해서 이 세상에 오신 우리 구주가 그러한 큰 죄인에 속한 여자들로부터 태어났다는 것은 결코 앞뒤가 맞지 않는 것이 아니었다.

4. 람은 아미나답을 낳고 아미나답은 나손을 낳고 나손은 살몬을 낳고.

이것은 구약성서와 정확히 일치한다(룻 4:19-20; 대상 2:10-11). 다만, 거기에서는 "나손"이 "유다 자손의 방백"이었다고 말하고(민 1:7; 2:3), "살몬"을 "살마"로 지칭한다.

5-6. [5]살몬은 라합에게서 보아스를 낳고 보아스는 룻에게서 오벳을 낳고 오벳은 이새를 낳고 [6]이새는 다윗 왕을 낳으니라 다윗은 우리야의 아내에게서 솔로몬을 낳고.

이것은 룻기 4:22과 사무엘상 16:1, 13과 일치한다. 여기에서 이제 우리는 이 족보와 관련해서 첫 번째 난점을 만나지만, 이것은 진정한 난점이라기보다는 난점처럼 보이는 것일 뿐이다. "살몬"은 모세 시대에 유다 자손의 방백이자 지휘관이었던 나손의 아들이었기 때문에, 여호수아 시대 이후까지 살았을 것이라고 볼 수 없고, "보아스"는 엘리 시대에 살았던 것으로 보이는데, (연대기 사가들이 올바르게 계산한 것이라면) 엘리 시대는 여호수아 시대로부터 300년 후였다. 그런데 이 기간 동안에 족보에 등장하는 인물은 단 네 명뿐이다: 살몬, 보아스, 오벳, 이새. 나의 대답은 이렇다. 연대기 사가들의 계산에 의하면, 이스라엘 백성이 여호수아의 영도 아래에서 가나안 땅으로 들어간 때는, 창세로부터 2,500년에서 5년을 뺀 때였다고 한다. 그때에 살몬은 청년이었을 것이다. 또한, 연대기 사가들의 계산에 의하면, 엘리가 살아간 때는 2,810년 경이었다고 한다. 그렇다면, 살몬과 엘리의 시간 간격은 315년이 된다. 또한, 그들은 다윗이 창세로부터 2,860년에 태어났다고 말하기 때문에, 살몬에서 다윗까지의 시간 간격은 365년이 된다. 우리는 당시 사람들의 수명과 기력을 생각해 보았을 때, 살몬, 보아스, 오벳, 이새는 대략 100년 정도 살았을 것이라고 추정해 볼 수 있다. 모세는 전쟁들을 치르며 끊임없이 옮겨 다니는 삶을 살았는데도, 120년을 살았고(신 34:7), 갈렙은 85세가 되었을 때에도 여전히 강건하고 힘이 세서 예전처럼 넉넉히 전쟁을 치를 수 있었다고 한다(수 4:11-12). 따라서 이 네 사람도 모세만큼 살았다고 추정해 본다면, 그들 모두가 산 기간을 더하면 480년이 되는데, 그들이 자신의 부모와 함께 살아간 기간을 각각 15년 내지 16년으로 계산해서 그 기간을 뺀다고 하더라도, 이 네 사람이 산 기간의 합은 365년이 된다. 또한, 하나님이 이 네 사람에게 존귀를 더하시기 위하여 그들로 하여금 당시 사람들의 평균적인 수명보다 더 오래 살 수 있게 하셨을 가능성을 우리가 고려하는 것도 결코 비합리적이지 않을 것이다. 게다가, 특히 현재와 같이 쇠퇴해 가고 있는 타락한 시대에서 살아가는 사람들의 수명을 기준으로 삼아서, 지금부터 거의 3,000년 전에 비상하고 탁월한 삶을 살았던 사람들의 수명을 추정하는 것은 무리가 있다는 점을 감안하면, 이 족보를 비롯해서 성경의 서너 개의 본문에서 단호하게 말하고 있는 것은 자연의 순리를 따라서도 불가능한 것이 아니고(우리 시대에서도 우리는 백세가 넘게 사는 사람들을 볼 수 있다), 이치를 따져보아도 개연성이 없는 것이 아니기 때문에, 이러한 연대 문제를 들어서 성경 본문들의 기사의 진실성을 의심하고 하나님의 계시와 다투고 싸우고자 하는 자들은 단단히 각오를 하지 않으면 안 될 것이다.

다윗 왕. 여기에서 다윗이라는 이름에 "왕"이라는 칭호를 덧붙인 것은, 아마도 동일한 이름을 지닌 다른 사람들로부터 구별하기 위한 것이거나, 하나님이 유다 지파에게 이스라엘의 "규"를 주겠다고 약속한 이후에(창 49:1) 그 유다 지파에서 나온 최초의 왕이었기 때문이거나, 이스라엘 백성이 사무엘에게 불평하며 자신들에게도 왕을 달라고 하였을 때에 하나님이 그들에게 진노하여 준 사울 왕과는 달리 다윗 왕은 하나님이 친히 세운 왕이었기 때문이거나, 하나님이 메시야에 관한 약속을 주고(렘 23:5) 그 나라를 영원히 견고하게 하겠다고 약속하였던(시 89:36-37) 바로 그 가문으로부터 그리스도가 태어났다는 사실을 보여 주기 위한 것인 것 같다. 이렇게 우리의 복음서 기자가 열네 세대로 이루어진 첫 번째 시기에 속한 이름들로 우리에게 제시한 사람들은 다음과 같다: 아브라함, 이삭, 야곱, 유다, 베레스, 헤스론, 람, 아미나답, 나손, 살몬, 보아스, 오벳, 이새, 다윗.

다윗은 우리야의 아내에게서 솔로몬을 낳고. "솔로몬"은 다윗이 밧세바에게서 낳은 첫 번째 아들이 아니었다. 그 첫 번째 아들은 태어난 지 얼마 안 되어 죽었다(삼하 12:22-23). 솔로몬은 다윗이 (우리야의 아내였던) 밧세바를 정식으로 아내로 맞이한 후에 태어났다(삼하 11:27; 12:25).

7. 솔로몬은 르호보암을 낳고 르호보암은 아비야를 낳고 아비야는 아사를 낳고.

이것은 구약성서에 서술된 역사와 정확히 일치한다(왕상 11:43). 르호보암은 17년간 다스리다가 죽었다(왕상 14:21, 31). 그가 죽은 후에는 그의 아들 "아비야"가 왕이 되었다. 열왕기상에서는 "아비야"를 "아비얌"으로 지칭한다. 이렇게 우리는 사람들의 이름에서 마지막 종결음들이나 히브리어의 묵음들이 탈락하여 그 이름들이 달라지는 것을 자주 보게 될 것이다. "아비야" 또는 "아비얌"은 겨우 3년을 다스리고 죽었고, 그의 아들인 "아사"가 왕위를 계승하였다(왕상 15:2, 8). 아사는 41년간 다스렸다(대하 16:13). 따라서 이 세 왕의 재위기간은 모두 합해서 60년이었다.

8. 아사는 여호사밧을 낳고 여호사밧은 요람을 낳고 요람은 웃시야를 낳고.

여기에서 헬라어로 "요사밧"으로 불린(헬라어에는 히브리어 '헤'를 표현할 문자가 없다) "여호사밧"은 아사의 아들이었고, 훌륭한 아버지에 훌륭한 아들이었다(대하 17:1-2). 그는 22년 간 왕위에 있었다(왕상 22:42). 여기에서는 "요람"으로 불린 "여호람"은 여호사밧을 이어 왕이 되었다. 그는 형제들을 살해하였고, 아합의 길로 행하였다(대하 21:4, 6). 그는 겨우 8년을 다스렸지만, 악하게 살다가 죽어서, 끔찍하게 최후를 맞이하였고, 그가 죽었어도 백성들은 그에게 분향하지 않는 수치를 당하였다(대하 21:19-20). 그러나 우리는 여기에서 "요람은 웃시야를 낳았다"는 말 속에서 또 하나의 난점에 직면하게 된다. 웃시야는 요람으로부터 사대째에 해당하는 인물이었기 때문에, 요람이 웃시야를 직접 낳지 않았다는 것은 분명하다. 여호람 또는 요람은 아하시야를 낳았고, 아하시야는 요람의 막내 아들이었다. 아하시야는 겨우 1년 동안 왕으로 살다 죽었고(대하 22:1-2), 그 후에는 아하시야의 어머니였던 아달랴가 6년 동안을 나라의 통치권을 찬탈하여 다스렸지만, 자신의 통치를 찬탈이라고 생각하지 않았다. 아하시야의 아들 "요아스"는 40년을 다스렸다(대하 24:1). 그가 죽자, 그의 아들 "아마샤"가 왕위에 올라 다스렸는데(왕하 12:21), 그는 웃시야의 아버지였고(대하 26:1), 웃시야는 "아사랴"로도 불렸다(왕하 14:21). 따라서 우리는 "요람이 웃시야를 낳았다"는 말을 웃시야가 요람의 직계 후손이었다는 의미로 이해하여야 한다. 이것은 그리스도가 "다윗의 아들"이자 "아브라함의 아들"로 불린 것과 같다(마 1:1). 그런 맥락 속에서 유대인들은 "아브라함이 우리의 아버지이다"라고 말할 수 있었고, 누가복음 1:5에서는 엘리사벳을 "아론의 딸들 중의 한 명"이라고 말할 수 있었다. 그러나 아하시야, 요아스, 아마샤는 세 사람 모두 다윗 가문의 적통을 이은 합법적인 왕들이었는데도, 복음서 기자가 그리스도의 족보에서 이 세 왕을 모두 빼버린 것은 정말 큰 의문이다. 많은 추정들이 제시되었지만, 내가 보기에 가장 좋은 설명은 이런 것이다. (1) 복음서 기자는 아브라함으로부터 그리스도에 이르기까지의 모든 세대들을 세 시기로 구분하고자 하는 확고하고 분명한 의도를 지니고 있었다. 즉, 그는 첫 번째 시기를 통해서는 이스라엘 나라가 다윗 시대에 그 정점에 도달할 때까지 성장하는 모습을 담아내고자 하였고, 다윗의 때로부터 제1차 포수 때까지에 이르는 두 번째 시기를 통해서는 그 나라가 번영하는 모습을 담아내고자 하였으며, 제1차 포수 때로부터 그리스도가 오실 때까지에 이르는 세 번째 시기를 통해서는 그 나라가 쇠퇴하는 모습을 담아내고자 하였다는 것이다. (2) 복음서 기자는 각 시기에 속하는 모든 세대를 열네 대로 똑같이 맞추고자 하였는데, 그의 그러한 의도는 마태복음 1:17로부터 알 수 있다. 따라서 그는 첫 번째 시기에는 정확히 열네 대를 담을 수 있었지만, 두 번째 시기에는 담아야 할 세대가 열일곱 세대였기 때문에, 열네 대라는 수에 맞추기 위해서는 세 세대를 빼지 않을 수 없었다. 복음서 기자가 다른 사람들이 아니라 아하시야, 요아스, 아마샤, 이렇게 세 왕을 빼기로 한 이유를 알아보는 것도 꽤 흥미로워 보이기는 하지만, 나는 이러한 사변들 속으로 헤엄쳐 들어가서 파헤치는 데 몰두하는 박식한 사람들이 그 이유에 대한 훌륭한 설명을 내놓을 수 있을 것이라고 생각한다. "아하시야"는 여호람이 아합의 딸인 아달랴에게서 낳은 아들이었고(대하 21:6), "요아스"는 그녀의 손자였으며, "아마샤"는 그녀의 증손자였다. 그런데 하나님은 아합의 집을 저주하셨고, 그의 온 집을 뿌리 뽑아 버리겠다고 경고하셨었다(왕상 21:21). 따라서 복음서 기자는 각 시기의 세대수를 열네 대로 맞추기 위해서 반드시 세 명을 뺄 수밖에 없었던 상황에서, 아합의 피를 절반 이어받고 있었던 이 세 왕을 빼기로 결정하였을 공산이 큰 것으로 보인다. 그렇다면, 왜 복음서 기자는 이 세 명만이 아니라 아합의 피가 흐르는 더 많은 왕들을 빼지 않은 것이냐고 누가 묻는다면, 나의 대답은 그는 각 시기를 열네 대로 맞추기 위하여 그 세 명의 왕들을 뺀 것이기 때문에 더 이상 다른 왕들을 뺄 필요가 없었을 뿐만 아니라, 하나님이 부모의 죄로 인하여 자손들을 벌할 것이라고 경고하였을 때에 그 벌을 통상적으로 삼사 대에서 끝낼 것이라고 하신 말씀도 기억하였으리라는 것이다.

9. 웃시야는 요담을 낳고 요담은 아하스를 낳고 아하스는 히스기야를 낳고.

요담이 자신의 아버지였던 웃시야의 뒤를 이어서 왕위에 올라 16년을 다스렸다는 것은 역대하 26:23과 일치하고, 요담의 아들이었던 아하스가 왕위를 계승하였다는 것도 역대하 27:9과 일치한다. 아하스도 16년을 다스렸고, 그 후에 그의 아들 히스기야가 그의 뒤를 이어 왕위에 올랐다(대하 28:27). 이 대목에서 어떤 사람들은 열왕기하 16:2에서는 아하스가 36세에 죽었다고 말하고, 역대하 29:1에서는 히스기야는 25세의 나이에 왕위에 올라 다스리기 시작하였다고 말하고 있는 것이 사실이라면, 히스기야는 자기 아버지가 11세 때에 태어난 것이 되는데, 이것은 불가능한 일이 아니냐며 문제를 제기하면서, 성경의 역사적 진리성을 부정하고 중상모략을 행하여 왔다. 그러나 성경의 계시가 참되다는 아주 탄탄한 증거가 있는데도 불구하고, 그 진리성에 의문을 제기하고자 하는 사람들은, 단지 성경에서 말하는 어떤 것이 그들이 생각하기에 도저히 불가능해 보인다고 말하는 것에서 그치는 것이 아니라, 그것이 자연의 순리에 비추어 보아서도 불가능하거나, 적어도 성경에 나오는 하나님의 계시의 다른 부분과 모순된다는 것도 우리에게 제시하지 않으면 안 된다. 하지만 우리는 이 경우와 관련해서 후자에 속한 그 어떤 반론도 들은 바가 없다. 우리가 생각하기에는 그런 나이에 있는 사람들이 자녀들을 낳는다는 것은 결코 통상적인 일은 아니기는 하지만, 그런 일이 자연에서 불가능한 일도 아니고, 실제로 이 세상에서 종종 일어나 왔던 일이라는 것은 스판헤미우스(Spanhemius)가 자신의 저서인 『복음의 의문점들』(*Dubia Evangelica*)에서 대체로 증명된 것이다. 그는 고대인들 가운데서는 히에로니무스(Hierome), 좀 더 최근의 저자들 중에서는 박식한 스칼리게르(Scaliger:16세기 네덜란드 문헌학자)가 지닌 것보다 결코 덜하지 않은 권위들에 의거해서 "의문점 5"라는 항목을 통해 그것을 증명하고서는, 그 일은 실제로 일어날 수 있는 일이라고 말한다. 성경이 우리에게 어떤 일이 이러저러하였다고 말한다면, 그 일이 아무리 통상적인 것에 벗어난 일이라고 할지라도, 우리에게는 성경이 그렇게 말하였다는 사실만으로 충분하다.

10. 히스기야는 므낫세를 낳고 므낫세는 아몬을 낳고 아몬은 요시야를 낳고.

이 모든 것은 구약성서에서 말하고 있는 것과 정확히 일치한다. 여기에 나오는 이 세 왕은 직계 자손들로서 각각 아버지의 뒤를 이어 왕이 되었다. "므낫세"는 55년 동안, "아몬"은 2년 동안, "요시야"는 31년 동안 왕위에 있었고(왕하 20:21; 대상 3:13), 세 왕의 재위 기간을 합하면 88년이 된다.

11. 바벨론으로 사로잡혀 갈 때에 요시야는 여고냐와 그의 형제들을 낳으니라.

복음서 기자는 여기에서 열네 대로 구성된 두 번째 시기를 "여고냐"로 시작하지만, 그가 누구인지는 확실하지 않기 때문에, 여기에 인급된 "여고냐"가 누구인지와 요시야의 아들들을 놓고서 많은 논란이 있다(대상 3:15-16). 역대상 3:15에서는 "요시야의 아들들은 맏아들 요하난과 둘째 여호야김과 셋째 시드기야와 넷째 살룸"이었다고 말한다. "여호아하스"가 자신의 아버지 요시야의 뒤를 이어 왕이 되었다는 것은 분명하고(왕하 23:31; 대하 36:1), 유대인들이 두 가지 이름을 갖고 있는 것은 아주 흔한 일이었다는 것도 확실하다. 그래서 열왕기서에서는 웃시야 왕을 "아사랴"로 부른다(왕하 14:21). 요시야의 아들들 중에서 모두는 아니더라도 대부분은 두 개의 이름을 가지고 있었다. 역대상 3:15에서 "요하난"으로 불리고 있는 인물은 요시야의 장남이었던 "여호아하스"와 동일 인물이라는 것은 분명하다. 여호아하스는 백성들의 추대로 왕이 된 후에, 불과 석달만에 애굽 왕 바로 느고와의 싸움에서 패하여 폐위되었고, 애굽으로 끌려가서 거기에서 죽었다. 바로 느고는 이 전쟁에서 승리한 후에 여호아하스를 폐위시키고, 여호아하스의 바로 밑의 동생이었던 "엘리아김"을 "여호야김"으로 개명시켜서 왕으로 세웠다(대상 3:15에서는 바로 이 "여호야김"이라는 이름을 사용한다). 여호야김은 11년을 왕위에 있었다(대하 36:5). 바벨론 왕은 여호야김을 폐위시키고, 그의 아들 "여호야긴"을 왕으로 삼았는데, 여호야긴은 "여고냐" 또는 "고니야"로 불리기도 하였다. 그는 불과 "석달 십일"을 재위하다가(대하 36:9) 바벨론 왕에 의해서 사로잡혀 갔고, 그 대신에 그의 숙부였던 "시드기야"가 왕이 되었는데, "맛다니야"로 불리기도 하였던 시드기야는 11년을 재위하였다(대하 36:11). 그런 후에, 유대인들 전체가 바벨론으로 포로로 사로잡혀 갔다(왕하 24:14-16; 25:11; 대하 36:10, 20; 렘 27:20; 39:9; 52:11, 15, 28-30; 단 1:2). 요시야의 넷째 아들이었던 "살룸"이 왕위에 올랐다는 기록은 열왕기나 역대기에 나오지 않지만, 예레미야서 22:11에 의하면, 살룸도 왕위에 올랐던 것으로 보인다. 어떤 사람들은 여호아하스가 사로잡혀간 후 그 대신에 살룸이 왕이 되었을 것이라고 생각하지만, 성경에는 그런 말이 전혀 나오지 않고, 정복자가 둘째와 셋째 아들을 건너뛰고서 넷째 아들을 왕으로 세웠을 가능성도 별로 없어 보인다. 그러나 나의 현재의 관심사는 "살룸"을 살펴보는 것이 아니라, 이 절에서 언급된 "여고냐"와 12절에서 세 번째 시기를 구성하는 세대들 중에서 가장 먼저 언급되고 있는 "여고냐"가 누구냐 하는 것이다. 이 두 "여고냐"의 정체와 관련해서 가장 유력한 견해는, 이 절에서 언급된 "여고냐"는 그런 이름으로도 불린 "여호야김"이고, 12절에 언급된 "여고냐"는 여호야김의 아들이었던 "여호야긴"이라는 것이다. 최고의 해석자들 중에서 몇몇이 이러한 견해에 동의하고 있고, 또한 아버지인 여호야김과 아들인 여호야긴이 둘 다 여고냐로 불렸을 것이라고 보는 데에도 별 어려움이 없다(여호야김과 여호야긴이라는 이름은 아주 엇비슷하고, 그 의미도 동일하다). 그렇다면, 이제 문제는 "바벨론으로 사로잡혀 갈 때에 요시야가 여호야김을 낳았다"는 말이 어떻게 성립될 수 있느냐 하는 것이다. 왜냐하면, 역대하 36:5에 의하면, 여호야김이 왕위에 올랐을 때에 그의 나이는 25세였고, 그는 11년을 다스렸으며, 그의 치세 때에 첫 번째 바벨론 포수가 있었던 것으로 보인다. 따라서 여호야김이 태어난 때와 첫 번째 바벨론 포수가 일어날 때 사이에는 37년이라는 시간 간격이 있어야 한다. 우리가 사용하는 성경들의 난외주는 우리에게 또 다른 읽기를 말해 준다: "요시야는 야김을 낳고"("야김"과 "여호야김"은 동일 인물이다) "야김은 여고냐를 낳았다"("여고냐"는 "여호야긴"을 가리킨다). 베자(Beza)는 스타풀렌시스(Stapulensis)와 부처(Bucer)에 의해서 증보된 R. Stephens의 옛 사본을 근거로, 이것이 가장 올바른 읽기라고 본다. 그러나 그는 이 절이 이렇게 되어 있었을 것이라고 생각한다: "바벨론으로 사로잡혀 갈 때에 요시야는 야김과 그의 형제들을 낳았고"(우리는 요시야에게 네 아들이 있었다는 것을 알고 있다) "야김은 여고냐[즉, 여호야긴]를 낳았다." 여호야긴 또는 여고냐는 포로로 끌려갈 때에 아홉 살이 채 되지 않았고, 그의 아버지는 그 전에 이미 사로잡혀 갔다. "바벨론으로 사로잡혀 갈 때"라는 어구에서 사용된 헬라어 전치사 '에피' (ἐπὶ)는 어느 확정된 특정한 때를 의미하지 않고, 종종 서로 구별되는 많은 때들을 포함해서 "무렵, 어간"이라는 의미를 지니는데, 이 경우가 거기에 해당된다. 요시야는 8세에 왕위에 올라서 31년 동안 나라를 다스리다가 39세에 죽었고(대하 34:1), 그의 장자였던 여호아하스(또는, 요하난)는 23세에 왕위를 물려받은 것으로 보아서, 요시야가 16세 때에 태어났음에 틀림없으며, 여호야김은 25세에, 시드기야는 21세에 왕위에 올랐다(대하 36:2, 5, 11). 따라서 아버지인 요시야가 죽었을 때는, 시드기야의 나이가 대략 9세 정도였고, 여호야김이 바벨론으로 사로잡혀간 지 12년이 채 되지 않은 때였다. 이것은 역대하 36:1-23에 나오는 역사가 잘 보여 준다. 이렇게 해서, 두 번째 시기(이 때는 유다 왕국이 번영을 구가하던 때였다)에 나오는 인물들은 모두 해서 열네 대이다: 솔로몬, 르호보암, 아비야, 아사, 여호사밧, 요람, 웃시야, 요담, 아하스, 히스기야, 므낫세, 아몬, 요시야, 여호야김. 다만 여기에서 요시야의 장자였던 여호아하스는 전혀 언급되지 않는데, 복음서 기자가 그를 언급하지 않은 이유는, (여기에서는 "여고냐"로 불린) 여호야김이 동일한 아버지의 둘째 아들이었기 때문일 수도 있고, 그의 아주 짧은 재위 기간(그는 불과 "석달 열흘" 동안 왕위에 있었다) 때문이었을 수도 있지만, 아마도 그가 혼란한 와중에 백성들에 의해서 추대 형식으로 왕위에 올랐지만, 자신의 왕권을 공고히 하기 전에 정복자 바로 느고에 의해서 축출되었기 때문이었을 것이다. 또한, 우리는 그에게 아들이 있었다는 말을 듣지 못하기 때문에, 그는 자신의 왕위를 이을 아들을 남기지 않았음이 분명하다. 왜냐하면, 여호야김이 왕위에서 물러난 뒤에, 그의 아들 여호야긴이 그의 뒤를 이이 왕이 되었다고, 역사는 우리에게 말해 주기 때문이다.

12. 바벨론으로 사로잡혀 간 후에 여고냐는 스알디엘을 낳고 스알디엘은 스룹바벨을 낳고.

일반적으로, 이 절에 나오는 "여고냐"는 여호야김의 아들인 "여호야긴"을 가리키는 것으로 생각된다(대상 3:17-19). 그는 "여호야긴"으로도 불렸고(대하 36:8) "여고냐"로도 불렸다(대상 3:16). 또한, 그는 "여호야김의 아들 여고냐"로도 불렸다(렘 24:1). 이 "여고냐가 스알디엘[스 3:2; 느 12:1; 학 1:1]을 낳았다"는 것은 역대상 3:17에서 확인된다. 이것과 관련해서, 예레미야서 22:30을 보면, 하나님께서 "고니야"라고도 불린 이 여고냐에 대하여 "너희는 이 사람이 자식이 없을 것이라고 기록하라"고 말씀하셨다고 되어 있는데, 그가 어떻게 스알디엘을 낳았겠느냐는 반문이 제기된다. 그러나 그러한 반문에 대한 대답은 바로 그 절에 나와 있다. 예레미야서 22:30은 "너희는 이 사람이 자식이 없겠고 그의 평생 동안 형통하지 못할 자라 기록하라 이는 그의 자손 중 형통하여 다윗의 왕위에 앉아 유다를 다스릴 사람이 다시는 없을 것임이라"로 되어 있다. 따라서 우리는 이 본문이 고니야에게는 실제로 왕위를 올라서 성공할 아들이 없을 것이라고 말한 것으로 이해할 수 있다. 왜냐하면, 이 본문은 고니야에게 아들이 있을 것이라고 전제하지만, 그 아들이 "다윗의 보위에 앉아서 유다를 다스릴 때에 형통하지 못할 것"이라고 말하고 있는 것이기 때문이고, 이것이 그대로 이루어졌다는 것은 역대하 36:1-23이 잘 보여 주기 때문이다. 즉, 바벨론 왕은 고니야를 폐위시키고 그 대신에 그의 숙부였던 시드기야를 왕위에 앉혔고, 결국 시드기야의 재위 제11년에 유다 사람들이 모두 포로로 사로잡혀 가서, 결국 시드기야는 유다 왕국의 마지막 왕이 되고 말았다. 역대상 3:17-18에 의하면, 여고냐에게는 여덟 아들이 있었고, 그 중에서 "스알디엘"은 그의 둘째 아들로 여겨진다. 장남이었던 "앗실"(한글개역개정에는 나오지 않음)은 아마도 어려서 죽었거나 적어도 자녀를 두지 못해서, 왕위를 계승할 수 있는 권리가 스알디엘에게 넘어간 것으로 보이는데, 여기에는 오직 스알디엘만이 언급된다. 그러나 한층 더 큰 난점은 이 본문에서 "스알디엘"이 "스룹바벨을 낳았다"고 하고 있는 것이다. 왜냐하면, 역대상 3:19에서는 "[스알디엘이 아니라] 브다야의 아들들은 스룹바벨과 시므이요"라고 말하기 때문이다. 만일 스룹바벨이 브다야의 아들이었다면, 어떻게 그가 스알디엘의 아들이 될 수 있었을까? 이것에 대해서는 몇 가지 대답이 제시되고 있다. 어떤 이들은 스룹바벨이 스알디엘의 직계비속이었기 때문에 여기에서 그의 아들로 언급되고 있는 것이라고 생각한다. 만일 스룹바벨이 스알디엘의 직계비속이었을 것이라는 추정이 옳다면, 이것은 충분한 대답이 되겠지만, 역대상 3:18에 의하면, 브다야는 스알디엘의 아들이 아니라 동생이었다. 또한, 어떤 이들은 스룹바벨이 유다 왕국의 왕이 되었기 때문에, 여기에서 스알디엘이 스룹바벨을 낳았다고 말하고 있는 것이라고 생각한다. 그러나 그것은 "낳았다"는 단어를 이상하게 해석하는 것일 뿐만 아니라, 스알디엘은 요시야의 맏손자로서 왕의 칭호가 부여되었을 가능성이 있기는 하지만, 실제로는 왕이 아니었고, 또한 성경에는 스룹바벨이 왕이 되었다는 말이 없다. 또한, 어떤 이들은 두 명의 스룹바벨이 있었는데, 여기에 언급된 것은 스알디엘의 양자였을 것이라고 주장하지만, 두 명의 스룹바벨이 있었다는 것이나 스알디엘이 그 중의 한 명을 양자로 삼았다는 것이나 아무런 증거가 없는 추측일 뿐이다. 내가 알기로, 최고의 해석자들이 제시한 가장 유력한 견해는, 스알디엘이 자녀 없이 죽어서, 하나님의 율법(신 25:5)을 따라 그의 동생인 브다야가 그의 아내와 결혼하였고, 스알디엘의 아내였던 그녀에게서 스룹바벨이 태어났기 때문에, 앞에서 말한 율법에 의해서 브다야가 이 스룹바벨을 키웠지만, 여기에서는 스알디엘이 스룹바벨을 낳았다고 말하고 있다는 것이다. 이 견해에 대하여, 어떤 이들은 율법에는 그렇게 태어난 아들은 죽은 형의 이름을 이어야 한다고 되어 있기 때문에, 그런 의미에서라면, "스알디엘이 스룹바벨을 낳았다"고 말하는 것이 아니라, 스알디엘이 스알디엘을 낳았다고 해야 할 것이라는 반론을 제기한다. 하지만 그러한 반론에 대답하기는 어렵지 않다. 즉, 율법이 죽은 형의 이름을 이어야 한다고 정하고 있는 것은 그렇게 해서 태어난 아들에게 그 죽은 형의 이름을 붙이라는 뜻이 아니라, 마치 그 아들이 그 죽은 형이 낳은 것처럼 간주되어야 한다는 뜻이라는 것이다. 이것은 룻기를 보면 분명히 알 수 있는데, 보아스는 4:10에서 "말론의 아내 모압 여인 룻을 사서 나의 아내로 맞이하고 그 죽은 자의 기업을 그의 이름으로 세워 그의 이름이 그의 형제 중과 그 곳 성문에서 끊어지지 아니하게 함에 너희가 오늘 증인이 되었느니라"고 말하지만, 룻에게서 아들을 낳은 후에는 그 아들의 이름을 "말론"이라고 하지 않고 자기 아버지의 이름을 따라 "오벳"(룻 4:21)이라 부른다.

13-15. [13]스룹바벨은 아비훗을 낳고 아비훗은 엘리아김을 낳고 엘리아김은 아소르를 낳고 [14]아소르는 사독을 낳고 사독은 아킴을 낳고 아킴은 엘리웃을 낳고 [15]엘리웃은 엘르아살을 낳고 엘르아살은 맛단을 낳고 맛단은 야곱을 낳고.

그리스도의 족보의 이 마지막 부분에 대해서는 다양한 반론들이 제기되어 왔는데, 이러한 반론은 대체로 마태의 족보와 누가의 족보 간의 차이에 기이한다. 그러나 나는 누가복음 3:23-38을 다룰 때까지는 이러한 차이들을 조화시키고자 하는 그 어떤 시도도 하지 않을 생각이다. 역대상 3:19-20을 보면, 스룹바벨의 아들들 중에는 "아비훗"이 없고, 거기에 거명된 다른 아들들에 대해서도 성경의 다른 부분에서는 전혀 언급이 없다. 여호야김의 때로부터 그리스도께서 태어나신 때까지의 기간은 대략 500년 정도였고, 그 중에서 70년은 바벨론에서 포로로 생활하던 기간이었다. 스룹바벨은 포로기가 끝낼 때까지 살아 있었고(스 5:2), 비록 왕이라는 칭호를 지니고 왕으로 살지는 못했을지라도, 여전히 유대인들의 통치자였던 것으로 보인다.

"엘리아김, 아소르, 사독, 아킴, 엘리웃, 엘르아살, 맛단, 야곱"은 이 곳 외에는 성경의 정경에 속하는 책들에는 그 어디에도 언급되고 있지 않지만, 하나님의 교회에서 마태복음에 대한 신뢰도를 생각할 때, 마태가 말하고 있는 것과 반대되는 것을 말하고 있는 다른 글들의 신빙성은 떨어진다고 보아야 한다. 따라서 우리는 그들이 모두 다윗의 직계자손이었지만, 왕이 아닌 사인(私人)의 신분과 상태로 살았기 때문에, 성경은 자신의 역사를 스룹바벨의 때 이후로는 확대하지 않은 것이라고 믿어야 한다. 따라서 우리는 유대인들이 바벨론에서 돌아왔을 때부터는 다윗 왕가의 직계후손들을 오직 성경을 통해서만 확인할 수 있다는 것은 전혀 이상한 일이 아니다. 또한, 마태는 오류가 있을 수 없는 성령의 인도하심을 따라 이 족보를 기록하였을 뿐만 아니라, 우리에게 필요한 정도의 족보 두루마리들을 가지고 있었다고 믿는 것이 이치에 맞다. 신약의 책들만이 아니라 구약의 책들도 하나님의 감동을 받은 사람들에 의해 씌어졌다고 고백하는 우리 그리스도인들에게는 이것으로 충분하다. 따라서 우리는 마태의 족보와 누가의 족보는 처음부터 서로 조화되고 잘 어우러지는 것들이었고, 둘 모두가 오류 없는 성령의 동일한 감동과 지도를 받았던 것으로 보아야 한다. 유대인들이나 이방인들이 이것 외의 다른 근거를 가지고 반론을 제기한다면, 유대인들은 정확한 족보들을 기록하는 것으로 유명하였고, 특히 자신들이 다윗의 자손으로 올 것이라고 기대하였던 메시야, 그리고 참된 대제사장을 제대로 알아보기 위하여, 유다 지파와 레위 지파의 자손들에 관한 족보는 더더욱 정확하게 기록하였다는 말을 그들에게 해주는 것으로 충분할 것이다. 그러한 기록들과 족보 두루마리들은 지금은 사라지고 없지만, 우리는 마태 시대에는 그런 것들이 여전히 존재하였고, 마태는 성령의 감동을 따라 그러한 족보들의 한 사본을 토대로 해서 여기에 이 족보의 이 부분을 기록했을 것임을 믿지 않을 이유가 없다.

16. 야곱은 마리아의 남편 요셉을 낳았으니 마리아에게서 그리스도라 칭하는 예수가 나시니라

누가가 "요셉"을 "헬리"의 아들이라고 하고 있는 것에 대해서는, 우리는 누가복음 3장을 다룰 때에 (하나님이 기뻐하시면) 살펴보게 될 것이지만, 그것과는 별개로 현재의 본문으로부터 아주 중대한 질문이 생겨나는데, 그것은 우리 구주께서는 요셉에게서 태어난 것이 아니기 때문에, 육신적으로 요셉과는 아무런 관계도 없는데도, 왜 복음서 기자는 그리스도의 족보 속에 요셉을 포함시킨 것이냐 하는 질문이다. 그리스도는 약속된 메시야였기 때문에, 이사야서 7:14의 예언은 그에게서 성취되었다: "처녀가 잉태하여 아들을 낳을 것이요 그의 이름을 임마누엘이라 하리라." 요셉이 그리스도의 진짜 아버지가 아니라 단지 법적으로만 아버지였다면, 복음서 기자가 요셉을 그리스도의 족보에 편입시킨 목적은 무엇이었는가? 이것에 대해서는 많은 대답이 제시되어 왔다. 어떤 이들은 당시 사람들은 일반적으로 요셉을 그리스도를 낳은 육신의 아버지라고 생각하였기 때문에, 복음서 기자는 그러한 사람들의 통념을 따른 것이라고 생각한다. 사람들은 "이는 그 목수의 아들이 아니냐"(마 13:55)라고 말하였다. 만일 이 견해가 맞다면, 성령은 마태로 하여금 잘못된 소문을 근거로 해서 그리스도의 족보를 기록하게 하여 그리스도가 다윗 자손임을 증명하고자 했다는 것이 되는데, 이것은 결코 있을 수 없는 일이다. 게다가, 마태는 바로 직후에 "마리아가 요셉과 약혼하고 동거하기 전에 성령으로 잉태된 것이 나타났다"(마 1:18)고 말함으로써, 우리 구주의 성육신의 신비를 아주 분명하게 밝히고 있기 때문에, 그것은 마태의 의도이었을 수도 없다. 그래서 어떤 이들은 유대인들 사이에서는 여자의 족보는 족보로 치지 않았기 때문이라고 말한다. 이 말이 얼마나 보편적으로 옳은지는 내가 굳이 말하지 않아도 될 것이다. 실제로는 남자들을 중심으로 족보를 따지는 관습은 거의 모든 나라에서 보편화되어 있는 것으로 보인다. 그런데 누가가 마리아를 중심으로 족보를 기록하고 있다는 데에는 거의 이견이 없기 때문에, 요셉의 족보와 마리아의 족보가 둘 다 고려되고 있다는 것은 대단히 흥미로워 보인다. 만일 우리 구주가 육신적으로 요셉의 아들이었다고 한다면, 그는 동정녀에게서 태어난 아들이 아니었을 것이기 때문에, 메시야일 수 없었을 것이다. 그런데도 불구하고 마태는 유대인들이 그리스도의 성육신의 신비를 알지 못하는 무지의 상태에 있다는 것을 그대로 받아들여서 전제한 상태에서, 요셉이 다윗의 자손이었고, 그리스도가 바로 그 요셉에게서 태어났기 때문에, 다윗의 자손으로 확증된 것이라고, 유대인들의 통념을 따라 설명한다. 다른 한편으로, 누가는 요셉과 마찬가지로 다윗의 자손이었던 마리아를 중심으로 족보를 기록해서, 그리스도가 "정혼한 처녀"에게서 태어났다는 것을 보여줌으로써, 그리스도가 마찬가지로 다윗의 자손이었던 동정녀 마리아에게서 태어난 다윗의 자손이자 "처녀가 잉태하여 아들을 낳을" 것이라고 한 예언을 따라 태어난 참된 메시야라는 것을 온 세계에 천명한다. 이렇게 마태와 누가는 각각 다윗의 직계자손들이었던 두 사람, 즉 요셉과 마리아의 족보를 기록함으로써, 한편으로는 요셉이 다윗의 자손이라는 것을 알고 있었던 모든 유대인들, 다른 한편으로는 성령의 잉태하게 하심에 의한 성육신의 신비를 믿을 수 있었던 모든 신자들(유대인이든 이방인이든)에게 그리스도가 다윗의 자손이라는 것을 증명하였다. 나는 이것이 성경에서 우리 구주의 족보를 하나는 부계 중심으로, 다른 하나는 모계 중심으로 기록하여 그리스도가 다윗의 자손임을 증명하고자 한 충분한 이유로 보인다. 이러한 설명은 요셉이 단지 "소문"만이 아니라 실제로 "법적으로" 그리스도의 아버지였다는 점에서 이점이 있다. 요셉은 그리스도의 육신의 아버지가 아니라 법적인 아버지였기 때문에 성립될 수 있었던 아브라함부터 요셉에 이르기까지의 족보는 요셉이 다윗의 자손이라는 것을 증명해 주었고, 유대인들은 그리스도가 바로 이 요셉의 육신의 아버지라고 여겼기 때문에, 이 족보를 비롯해서 이 복음서의 다른 부분들을 부정할 수 없었다. 이런 식으로, 마태는 요셉 중심의 족보를 통해서 그리스도가 다윗의 자손이라는 것을 증명하고, 성령에 의한 마리아의 잉태에 관한 기사를 통해서 그리스도가 동정녀에게서 태어난 아들, 곧 참된 메시야라는 것을 증명하고자 한다. 어떤 이들은 마리아가 레위 지파 사람이었다는 것은, 그녀가 엘리사벳의 사촌이었고, 엘리사벳이 아론의 딸이었다고 명시적으로 말하는 누가복음 1:5에 의해서 증명된다는 반론을 제기하지만, 누가복음 3:23-38에서는 마리아가 유다 지파 사람으로서 다윗의 가문에 속해 있었다고 분명하게 말하고 있기 때문에, 마리아가 레위 지파 사람이었다는 주장은 충분히 증명된 것이 아니다. 왜냐하면, 민수기 36:8-9은 각 가문에게 속한 기업의 귀속권이 서로 얽히는 일을 방지하기 위해서, 동일한 지파 사람들끼리만 혼인하도록 명령하고 있기는 하지만, 레위 지파에게는 다른 지파들과는 달리 고유한 기업이 주어지지 않았던 까닭에, 이 율법은 레위 지파의 딸들에게는 해당되지 않았기 때문이다. 따라서 마리아는 실제로 레위 지파 사람이 아니라 유다 지파 사람이었지만, 엘리사벳과의 그러한 친족관계가 얼마든지 쉽게 성립될 수 있었다.

이 질문은 이 정도로 해 두고, 이제 본문을 살펴보자. "야곱은 마리아의 남편," 즉 마리아와 약혼한 남편이었던 "요셉을 낳았다." 여기에서 "약혼"이라는 것은 하나님 앞에서 혼인을 약속하는 것이었다. 그래서 나중에 천사는 요셉에게 나타나서 "(이미 약혼한) 네 아내 마리아 데려오기를 무서워하지 말라"고 말하였고, 그 후 얼마 안 있어서 요셉은 마리아의 법적이고 실제적인 남편이 되었다.

마리아에게서 그리스도라 칭하는 예수가 나시니라. 천사의 지시에 의해서 "예수"로 불리게 된 사람은, 우리가 차차 보게 되겠지만, 그리스도로 불리게 된 바로 그 사람이었다. 앞에서 말했듯이, "그리스도"는 기름 부음 받은 자를 의미한 것으로서, 메시야와 동일한 의미였다. 어떤 이들은 "그리스도"라는 호칭은 포로기 이전에는 유다의 왕들에게 주어졌지만(그들은 기름 부음을 받았기 때문에), 포로기 이후부터 "참된 그리스도"가 올 때까지는 그 누구에게도 주어지지 않았다고 지적한다. 하나님은 그러한 섭리를 통해서(유대인들은 이 섭리를 깨달았어야 했다) 메시야라는 개념을 통해서 그들에게 약속되었던 인물(단 9:25-26), 그들이 지금까지 기다려 왔지만 이제는 더 이상 기다릴 필요가 없는 인물(요 1:41; 4:25)이 이제 그들에게 왔다는 것을 보여 주셨다.

17. 그런즉 모든 대 수가 아브라함부터 다윗까지 열네 대요 다윗부터 바벨론으로 사로잡혀 갈 때까지 열네 대요 바벨론으로 사로잡혀 간 후부터 그리스도까지 열네 대더라.

복음서 기자는 우리가 알 수 없는 여러 이유들로 인해서 우리 구주의 선조들을 유대 나라의 각 시기마다 "열네 대"로 한정해서, 첫 번째 시기는 다윗까지 정확히 열네 대였지만, 두 번째 시기에서는 아합의 딸에게서 태어난 세 왕을 뺐고, 포로로 사로잡혀 간 때로부터 그리스도에 이르기까지의 세 번째 시기에서는 분명히 더 많은 세대들이 있었을 것이지만 열네 대로 맞추어 기록하였다. 이 세 번째 시기와 관련해서, (그리스도를 한 대로 간주해서) 스물네 대를 기록하고 있는 누가의 족보는 열네 대에 맞추기 위하여 여러 대를 빼지 않을 수 없었던 마태의 족보와는 거의 일치하지 않는다. 하지만 마태가 더 많은 대가 있는데도 불구하고 열네 대만을 기록하였다고 해서, 그의 족보에 거짓된 내용이 있다거나, 누가의 족보와 모순되는 것이 있는 것은 아니다. 또한, 마태가 기록하고 있는 요셉의 선조들보다 마리아의 선조들이 원래부터 더 많았을 가능성도 있다.

18. 예수 그리스도의 나심은 이러하니라 그의 어머니 마리아가 요셉과 약혼하고 동거하기 전에 성령으로 잉태된 것이 나타났더니.

복음서 기자는 우리 구주의 이례적인 출생을 이런 식으로 자신의 복음서의 첫머리에 기록해 놓는다.

예수 그리스도의 나심은 이러하니라. 그리스도는 아이들이 잉태되어 세상에 나오는 통상적인 경로와 방식이 아니라 이러한 기이하고 경이로운 방식으로 태어났다는 것이다.

그의 어머니 마리아가 요셉과 약혼하고. "약혼"이라는 것은 두 사람이 서로에게 장차 그들이 함께 정한 때에 혼인하기로 엄숙하게 약속하는 것이었다. 신명기 20:7은 이것이 하나님이 인정하신(정하신 것은 아닐지라도) 합당한 관습이었다는 것을 보여 준다. 나는 오늘날 우리도 이러한 관습을 따라야 한다고 감히 말하고 싶지는 않다. 사람들이 이렇게 혼인과 관련해서 약혼이라는 관습을 두어서 현명하고 지혜롭게 혼인을 다룬 것은 인정이 되지만, 사도가 하나님의 예배와 관련된 규례들 중의 일부를 주요한 규례라고 하였던 것과는 달리, 약혼이라는 관습 속에는 주요한 규례라고 할 만한 것이 들어 있지 않았다. 그러나 혼인할 당사자들이 혼인에 앞서, 자신들의 삶 속에서 곧 있게 될 큰 변화에 대하여 진지하게 생각하고, 자신의 혼인을 하나님이 복 주시도록 좀 더 엄숙하게 기도하고 구할 수 있는 어느 정도의 시간을 갖는 것은 바람직한 것으로 보인다. 또한, 약혼을 하였을 때에는, 일반적으로 정숙한 처녀들이 약혼하지 않은 상태에서는 하기 어려운 일, 즉 약혼 당사자들이 장차 꾸리게 될 가정의 일들과 관련해서 좀 더 허심탄회하게 함께 얘기하는 시간을 가질 수도 있게 될 것이다. 약혼을 한 남자와 여자는 지금 당장 함께 살지는 않았지만, 하나님 앞에서 남편과 아내가 되었고, 실제로 언제 혼인식을 올리느냐 하는 것은 양가 부모들과 약혼 당사자들의 합의에 맡겨졌던 것으로 보인다. 요셉과 마리아의 경우에는 약혼한 후 얼마 만에 혼인하게 된 것인지는 우리가 확실히 알 수 없지만, 그들이 함께 살게 되기 전에 "잉태된 것이 나타난" 정도의 기간은 있었던 것으로 보인다. 마리아는 복음서 기자가 여기에서 말하고 있는 것, 즉 자기가 "성령으로" 말미암아 수태하였다는 것을 알고 있었다. 왜냐하면, 그녀는 이미 자기가 천사에게 말하였듯이, "남자를 알지 못한다"(눅 1:34)고 말하였지만, 천사로부터 "성령이 네게 임하시고 지극히 높으신 이의 능력이 너를 덮으시리니 이러므로 나실 바 거룩한 이는 하나님의 아들이라 일컬어지리라"(눅 1:35)는 대답을 들었기 때문이었다. 그녀가 이것을 자신의 몇몇 친구들에게 얘기하였을 것임은 의심의 여지가 없지만, 그녀가 잉태하였다는 사실이 누구에 의해서 어떻게 발견되었는지에 대해서는 성경은 말해 주지 않는다. 요셉은 아직 그러한 사실을 알지 못하였다. 하나님이 자기 아들이 "동정녀에게서" 태어나게 하고자 하신 것은 다음과 같은 이유들 때문이었다: (1) 이것은 약속의 성취를 위한 것이었다(사 7:14). (2) 이것은 성령으로 말미암아 동정녀의 태를 성결의 영으로 거룩하게 하여 원죄가 전이되지 않게 하기 위한 것이었다. 또한, 하나님이 자기 아들을 "약혼한 동정녀에게서" 태어나게 하신 것은 다음과 같은 이유들 때문이었다: (1) 이것은 그리스도께서 사생아라는 치욕을 당하게 하지 않기 위한 것이었다. (2) 이것은 그리스도의 어머니가 유대 율법의 처벌을 받지 않게 하기 위한 것이었다. (3) 이것은 마리아에게서 태어난 아들이 그녀의 약혼한 남편의 족보에 편입되게 하기 위한 것이었다. (4) 이것은 유년 시절의 그리스도가 보호를 받게 하기 위한 것이었다.

19. 그의 남편 요셉은 의로운 사람이라 그를 드러내지 아니하고 가만히 끊고자

하여.

마리아가 아이를 잉태한 것이 드러나자, 그녀 자신이나 그녀의 친구들 중 누군가가 그 사실을 그녀와 약혼한 남편에게 알렸을 것이다. 본문을 보면, 요셉이 그 사실을 알게 된 것은 분명하다. 왜냐하면, 복음서 기자는 요셉이 "가만히 끊고자 하였다"고 말하고 있기 때문이다. 만일 요셉이 "성령이 그녀에게 임하고 지극히 높으신 이의 능력이 그녀를 덮어서" 그녀가 잉태하게 된 것임을 듣고 믿었더라면, 그는 "의로운 사람"이었기 때문에, 그녀를 "가만히 끊고자" 하는 생각을 품지 않았을 것이다. 그러나 그녀는 자기가 잉태하였다는 사실을 자신의 몇몇 친구들에게 얘기했을 것이지만, 그녀의 남편이었던 요셉은 그 사실을 누구로부터도 듣지 못하였거나, 또는 너무나 이례적이고 특별한 일이라고 쉽게 믿을 수가 없었을 것임에 틀림없다. 그녀가 아이를 잉태했다는 것은 분명하게 드러났지만, 어떻게 해서 잉태하게 된 것인지는 그에게 숨겨져 있었고, 설령 그녀가 잉태하게 된 경위를 누군가에게서 들었다고 할지라도, 그것은 도저히 믿을 수 없는 일이었을 것이기 때문에, 나중에 천사가 꿈에 나타나서 이 일이 어떻게 된 일인지를 알려주었기에 망정이지, 그렇지 않았다면, 그는 이 경위를 쉽게 믿을 수 없었을 것이다. 그래서 그는 그러한 소문을 듣고 그 일이 사실이라는 것을 확인하고 나서, 이 일을 공개적으로 밝혀 그녀로 하여금 사람들로부터 수치를 당하게 하거나, 그녀를 많은 사람들 앞에 세워 본보기로 처벌을 받게 하지 않고, 아주 은밀하게 그녀를 "가만히 끊고자" 한 것이었다. 마리아와 요셉이 약혼한 사이라는 것은 사람들이 잘 알고 있었던 일이었기 때문에, 마리아가 부정한 일을 행하였음을 증언해 줄 증인들을 세우지 않으면, 요셉은 자기 마음대로 마리아를 버릴 수 없었다. 따라서 본문의 의미는 이 일을 공개적이 아니라 사적으로 처리하고자 하였다는 것임에 틀림없다. 이 경우에 요셉이 선택할 수 있는 방법으로는 세 가지가 있었다: (1) 요셉은 이 일을 그대로 덮고, 그녀를 아내로 맞이하여 자신의 집으로 데려올 수 있었다. 왜냐하면, 이혼법 또는 아내를 버리는 것에 대하여 정한 율법은 단지 부정함이 발견된 아내를 버릴 수 있다고 정한 것일 뿐, 반드시 버리도록 의무를 부과하고 있는 것이 아니었기 때문이다. (2) 요셉은 마리아에게 이혼증서를 주어서, 그녀를 그녀의 친구들에게 맡길 수 있었다. 유대인들의 글에 익숙한 사람들은 그가 두세 증인 앞에서 사적으로 그렇게 했든, 아니면 관리 앞에서 좀 더 공개적이고 공적으로 그렇게 했을 것이라고 말한다. (3) 요셉은 율법(신 22:23-24)에 따라서 그녀를 끌고 가서 단지 강간을 당한 것인지, 아니면 동의 아래

간통을 저지른 것인지를 밝혀낼 수 있었다. 이 경우에 만일 그녀가 동의 아래 간통을 저지른 것이었다면, 율법에 따라 사람들은 그녀를 돌로 쳐서 죽여야 하였다. 그는 이 일을 처음 생각할 때에 그 경위를 제대로 이해하기 전이었기 때문에, 이 세 가지 방법 중에서 두 번째의 좀 더 온건한 방법을 선택해서 그녀를 "가만히 끊고자" 하였는데, 이것은 그가 율법의 테두리 안에서 택할 수 있는 가장 사적인 방법이었다. 복음서 기자는 요셉이 "의로운 사람"이라서 그렇게 하고자 한 것이라고 말하는데, '디카이오스'(δίκαιος)라는 용어는 가혹하고 엄격한 것과 반대되는 공정하고 합당한 것을 의미한다. 우리는 요셉이 이렇게 하고자 한 것은 그가 불의한 사람이라는 것을 보여준 것이라고 말해서는 안 된다. 왜냐하면, 요셉의 인식 속에서는, 마리아는 율법에 따라 돌에 맞아 죽어 마땅한 범죄를 저지른 여자였기 때문이다. 만일 여자가 남자와의 사이에서 아이를 잉태하게 되었기는 하지만, 강제로 그렇게 된 것이라면, 오직 그 남자만이 돌에 맞아 죽게 되어 있었다(신 22:25-26). 하지만 여자가 약혼하기 전에 그런 일을 당해서 아이를 잉태하게 된 경우에는, 자기를 강간한 남자와 혼인할 수밖에 없었다. 인자하고 공정한 남자는 언제나 최선의 것을 생각하고, 특히 생사가 걸린 문제에 있어서는 특히 그러하다. 게다가, 이때쯤에는 마리아가 요셉에게 사실을 그대로 얘기했을 것임에 틀림없고, 요셉은 천사가 그녀에게 해주었던 말을 들었으면서도, 아직 자신의 꿈 속에 나타난 천사의 말을 듣기 전이었기 때문에, 그 말을 쉽게 믿을 수 없었지만, 어떻게든 그녀의 말을 믿어주려고 애쓰는 가운데, 혼인하기로 약속한 대로 마리아를 자신의 아내로 맞아 데려왔을 때에 자기에게 남을 오점을 피함과 동시에 그녀가 입을 피해도 최소화시키는 선에서, 자기가 취할 수 있는 가장 온건한 방법을 행하기로 결심하였을 것이다. 하나님은 그러한 의로운 사람을 어떻게 해야 할지를 몰라 고민하는 상태로 오랫동안 놓아두지 않으시는 법이다.

20. 이 일을 생각할 때에 주의 사자가 현몽하여 이르되 다윗의 자손 요셉아 네 아내 마리아 데려오기를 무서워하지 말라 그에게 잉태된 자는 성령으로 된 것이라.

이 절의 본문이 우리에게 확실하게 말해 주는 것은 요셉은 자신의 인자하고 너그러운 타고난 성품과 남을 긍휼히 여기는 마음으로 인해서 그러한 온건한 조치를 취하기로 결심하게 되었다는 것만이 아니라, 좀 더 직접적으로 하나님의 감화를 받게 되었다는 것이다. 즉, 하나님께서는 이제 자신의 사자를 요셉에게 보내어, 그가 이 경우에 어떻게 하기를 원하시는지를 말해 주게 하셨다. 누가가 하나님이 가브리엘 천사를 마리아에게 보내셔서, "지극히 높으신 이의 능력이 그녀를 덮게 될" 것이라고 말해 주게 하셨다고 우리에게 말해 주고 있듯이(눅 1:26), 하나님이 요셉에게 보내신 천사도 가브리엘 천사였는지, 아니면 다른 어떤 천사였는지는 아무도 단정할 수 없지만, 어쨌든 하나님은 요셉에게 천사를 보내셨다. 천사는 요셉이 잠들어 있을 때에 그의 꿈속에서, 그리고 그의 꿈을 통해서 나타났다. "꿈"은 이전에 하나님이 사람들에게 자신의 뜻을 계시하는 방식들 중의 하나였고(히 1:1), 하나님은 선지자들에게 자기를 나타내시고 알게 하실 때에도 여러 방법 중의 하나로 "꿈"을 사용하셨다(민 12:6). 그리고 우리가 성경에서 애굽 왕 바로와 느부갓네살이 꿈을 통해서 하나님의 뜻을 계시 받은 사례들에서 볼 수 있듯이, 꿈은 선지자들에게만이 아니라 이방의 왕들에게도 종종 사용되었다. 꿈은 자연적인 것이기도 하고, 초자연적인 것이기도 하고, 불가사의하고 기이한 것이기도 하다. 전자의 경우를 후자의 두 경우와 어떻게 구별할 수 있느냐 하는 것은 내가 지금 여기에서 해야 할 일은 아니지만, 아마도 어려운 일이 될 것이다. 특히, 우리 시대에는 하나님이 이미 자기 아들을 통해서 우리에게 말씀하셨고, 완전한 규범인 그의 말씀을 주셨기 때문에, 비록 자신을 계시하시는 방법에 제한을 두지 않으시고 묶이지 않으시는 하나님의 속성상 지금도 종종 꿈을 통해 말씀하실 수도 있지만, 통상적으로는 꿈과 묵시를 통해서 선지자들에게 말씀하신 방법을 지금은 잘 사용하지 않으시는 까닭에, 그런 구별은 더더욱 어려운 일일 것이다. 요셉이 이 일을 두고 어떻게 해야 할지를 놓고 고민에 빠져 있는 동안에, 하나님은 이렇게 꿈을 통해서 그에게 자신의 뜻을 나타내셨다는 것이 사실이라는 것을 우리는 확신한다. 우리가 잠들어 있을 때에도 하나님은 우리를 생각하시기 때문에, 우리가 삶의 어려운 문제들을 만나 진지하게 진심으로 하나님의 뜻을 구할 때, 우리의 꿈속에서도 이런저런 방식으로 그의 뜻을 보여 주신다.

천사는 요셉에게 나타나서, "다윗의 자손 요셉아"라고 불렀다. 천사는 요셉을 이렇게 부름으로써, 요셉으로 하여금 그가 모든 유대인들이 다윗의 자손이라고 알고 있던 메시야의 육신의 아버지는 아니지만 법적인 아버지가 될 것임을 알게 하고자 하였다.

네 아내 마리아 데려오기를 무서워하지 말라 그에게 잉태된 자는 성령으로 된 것이라. "그녀는 너와 약혼한 아내이고, 따라서 내 눈 앞에서도 너의 아내일 뿐만 아니라, 너는 그녀와 약혼하면서, 적당한 때에 그녀와 혼인하겠다는 서약에 대하여 증인이 되어 달라고 나를 증인으로 호출하기까지 하였으니, 이제 그녀를 네 집으로 데려오라. 나는 네가 무엇 때문에 고민하고 괴로워해 왔는지를 안다. 너는 네가 보기에 더럽혀진 것으로 보이는 여자와 혼인함으로써 나를 진노하게 하지는 않을까 두려워하고 고심해 왔다. 또한, 너는 이 혼인을 그대로 진행했다가는 네게 오점이 되지는 않을까 두렵기도 할 것이다. 이제 그런 것들은 모두 다 두려워하거나 걱정하지 말고, 너의 이 혼인을 예정대로 그대로 진행하여라. 네가 생각하거나 두려워하는 것과는 달리, 그녀는 남자에 의해서 더럽혀진 것이 아니라, '그녀에게 잉태된 자는 성령으로 된 것이다.'" 누가는 성령으로 말미암아 마리아의 태에서 만들어진 저 인간의 몸을 "저 거룩한 것"(한글개역개정에는 "거룩한 이")이라고 표현한다. 성령은 자신의 전능한 창조의 능력을 통해서, 피조물에 의해서는 만들어질 수 없는 것, 즉 인간의 타고난 본성에서는 만들어질 수 없는 것을 마리아의 태에서 만들어 내었다.

21. 아들을 낳으리니 이름을 예수라 하라 이는 그가 자기 백성을 그들의 죄에서 구원할 자이심이라 하니라.

천사는 계속해서 이렇게 말한다: "여자의 통상적인 임신 기간이 다 차면, 그녀는 '아들을 낳게' 될 것이고, '그 이름을 예수라 하게' 될 것이다. 그는 너로 인하여 잉태된 것이 아니기 때문에 너의 육신의 아들은 아닐 것이지만, 그녀에게서 태어난 그녀의 아들일 것이다. 그의 이름은 너에 의해서, 또는 그의 어머니에 의해서 예수라 불리게 될 것이다. 네가 그에게 그 이름을 붙이는 것이 하나님의 뜻이다."

이는 그가 자기 백성을 그들의 죄에서 구원할 자이심이라. 하나님이 그들에게 자녀를 주심으로써 베풀어 주신 긍휼이나, 그들의 자녀들이 하나님에게 행해야 할 의무를 표현하는 이름들을 자녀들에게 붙여 주는 것은 하나님의 옛 백성인 유대인들의 관습이었다. 그런데 이번에는 하나님께서 친히 자기 백성에게 이 아들을 주심으로써 긍휼을 베풀어 주셨음을 나타내는 이름을 그에게 붙여 주셨다.

천사는 "이는 그가 자기 백성을 그들의 죄에서 구원할 자이심이라"고 말한다. "예수"라는 이름은 "구원"을 의미하는 히브리어로부터 왔다. "여호수아"도 "구원"이라는 동일한 단어로부터 유래한 이름을 지니고 있었는데, 이것은 그가 유대인들 전체를 그들의 원수인 가나안 족속들로부터 구원하는 임무를 부여받은 현세적인 구원자가 될 것이었기 때문이었다. 이 "예수"는 "자기 백성," 즉 유대인이든 이방인이든 그의 이름을 믿는 모든 자들을 "그들의 죄에서 구원할 자"가 될 것이었다. 이 말을 통해서 천사는 유대인들이 메시야를 그들의 원수들로부터 그들을 구원해 줄 현세적인 구원자일 것이라고 생각하는 것이 잘못된 것임을 보여 주고, 메시야는 그들을 그들의 육신적인 원수들이 아니라 그들의 영적인 원수들, 즉 "그들의 죄"에서 구원해 주실 것임을 일깨워 준다. 메시야는 죄들이 초래하는 죄책과 그 권능, 그리고 죄들이 지닌 영원한 위험성으로부터 사람들을 구원하는 일만을 할 것이다. "다른 이로써는 구원을 받을 수 없나니 천하사람 중에 구원을 받을 만한 다른 이름을 우리에게 주신 일이 없음이라"(행 4:12).

22-23. [22]이 모든 일이 된 것은 주께서 선지자로 하신 말씀을 이루려 하심이니 이르시되 [23]보라 처녀가 잉태하여 아들을 낳을 것이요 그의 이름은 임마누엘이라 하리라 하셨으니 이를 번역한즉 하나님이 우리와 함께 계시다 함이라.

하나님의 섭리에 의한 이 위대한 역사들로 인해서, 이사야가 하나님으로부터 감동을 받아 말하고 예언하였던 것(사 7:14)이 성취되었다. 사람들은 흔히 복음서 기자들이 어떤 일들이 성취되었다고 말하면, 그것은 이전 시대에 원형이 존재하는 일들이 현재에 와서 다시 반복되거나, 이전에 세상에서 일어난 일들과 아주 흡사하거나 어느 정도 비슷한 일이 일어난 것이라고 생각하지만(이것에 대해서는 나중에 다시 살펴볼 것이다), 나는 여기에서 성취되었다고 한 것("이루려 하심이니")은 "문자 그대로" 이루어졌다는 것을 의미하는 것으로 보고, 여기에 인용된 저 예언의 아주 많은 부분이 문자 그대로 그리스도에 관한 것이고 오직 그리스도에게만 해당되는 것이었다고 믿는다. 그러나 우리는 "이루려 하심이니"라는 어구에서 사용된 불변화사 '히나'(ἵνα)를 하나님이 이 위대한 섭리의 역사를 행하신 목적을 나타내는 것으로 해석하지 않도록 주의하여야 한다. 왜냐하면, 이미 앞에 나왔듯이, 하나님이 자기 아들을 이 세상에 보내신 목적은 예언을 이루기 위한 것이 아니라, "자기 백성을 그들의 죄에서 구원하기" 위한 것이었기 때문이다. 따라서 여기에서 '히나'는 단지 하나님의 섭리에 의한 그러한 역사의 결과를 나타낼 뿐이고, 그 의미는 "주께서 선지자로 하신 말씀"이 이 모든 일의 결과로서 이루어졌다는 것이다. 그러나 유대인들은 이사야서 7:14의 본문을 그리스도에게 적용하는 것에 대하여 극렬하게 반대하고, 일부 박식한 해석자들도 구약에서 하나의 원형으로 언급된 일이 그리스도와 관련해서 다시 반복적으로 이루어진 것에 불과하다고 생각하기 때문에, 우리는 이 예언이 문자 그대로 성취되었다는 사실을 강조할 필요가 있다.

나는 그들이 두 가지 선입견을 가지고서 이러한 사실을 부정하고 있다는 것을 안다: (1) 그리스도가 팔백 년 후에 동정녀에게서 태어났다고 말하는 것은 아하스에게

나 유대인들에게나 그 위험이 현재적이라는 것을 의미하기 때문에 결코 안심할 수 없는 두려움이 된다는 것이다. (2) 이사야는 7:16에서 "대저 이 아이가 악을 버리며 선을 택할 줄 알기 전에 네가 미워하는 두 왕의 땅이 황폐하게 되리라"는 말씀을 더 하고 있기 때문에, 거기에서 말하는 "두 왕"이, 당시에 서로 동맹을 맺고 예루살렘을 포위공격 하였거나 적어도 그렇게 할 준비를 하고 있던 이스라엘 왕 베가와 수리아 왕 르신을 가리키고, 이사야서 7:16에 언급된 "아이"가 7:14에 약속된 동정녀에게서 태어날 "아들"을 가리키는 것이라면, 팔백 년이 지나기 전에 그들이 그 땅을 떠나야 한다는 것은 아하스에게나 아하스에게 아부하였던 선지자에게나 안도의 한숨을 쉴 수 있는 좋은 소식이 될 수 없을 것이다.

따라서 먼저 이 예언과 관련된 역사를 살펴보자. 이사야서 7:1-2은 "아하스 왕 때에 아람의 르신 왕과 르말리야의 아들 이스라엘의 베가 왕이 올라와서 예루살렘을 쳤으나 능히 이기지 못하니라 어떤 사람이 다윗의 집[즉, 아하스]에 알려 이르되 아람이 에브라임과 동맹하였다 하였으므로 왕의 마음과 그의 백성의 마음이 숲이 바람에 흔들림 같이 흔들렸더라"고 말한다. 이러한 곤경에 처해서 아하스가 생각해낸 편법은 앗수르 왕 디글랏빌레셀과 동맹을 맺고 도움을 청하는 것이었다. 나중에 그는 "여호와의 성전과 왕궁 곳간에 있는 은금을 내어다가 앗수르 왕에게 예물로 보내" 환심을 사서, 결국 동맹을 이끌어낸다(왕하 16:7-8). 하지만 이렇게 우상 숭배자들과 동맹을 맺는 것은, 여호와께서 금하신 일이었고, 가증스러운 일이라고 자주 분명하게 말씀하신 것이었다. 하나님은 이 일을 막기 위해서 선지자 이사야를 아하스에게 보내셔서 다음과 같은 말씀을 전하게 하신다: "너와 네 아들 스알야숩은 윗못 수도 끝 세탁자의 밭 큰 길에 나가서 아하스를 만나 그에게 이르기를 너는 삼가며 조용하라 르신과 아람과 르말리야의 아들이 심히 노할지라도 이들은 연기 나는 두 부지깽이 그루터기에 불과하니 두려워하지 말며 낙심하지 말라." 즉, 하나님께서는 이사야로 하여금 이 두 왕의 계획은 "서지 못하며 이루어지지 못할" 것이고, 이스라엘이 "육십오년 내에 패망하여 다시는 나라를 이루지 못할" 것임을, 여호와의 이름으로 아하스에게 분명히 선포하게 하셨다(사 7:7-8). 또한, 하나님은 아하스가 이 말씀을 믿지 않으려 할 것을 아시고, "깊은 데에서든지 높은 데에서든지" 이 말씀을 확증해 줄 수 있는 "한 징조를" 여호와께 구하라고 이사야를 통해서 말씀하신다. 하지만 아하스는 하나님이 말씀하신 것이 옳다는 것을 보여 주는 징조를 구하는 것은 마치 하나님을 시험하는 것인 듯이 여기고서는, 자기는 "여호와를 시험하지" 않겠다고 말하며, 그러한 제안을 거부한다. 그러자 이사야서 7:13에 나오는 선지자의 대답이 보여 주듯이, 여호와께서는 아하스의 대답에 노하셨고, 이사야는 "다윗의 집이여 원하건대 들을지어다 너희가 사람을 괴롭히고서 그것을 작은 일로 여겨 또 나의 하나님을 괴롭히려 하느냐 그러므로 주께서 친히 징조를 너희에게 주실 것이라 보라 처녀가 잉태하여 아들을 낳을 것이요 … "라고 말한다. 선지자들이 전한 말씀들 중에서 가장 흔하였던 것은, 곤경에 처해 있던 유대인들 가운데 있는 하나님의 백성을 메시야에 대한 약속으로 위로하고자 하는 말씀이었다. 우리는 바벨론 포수를 비롯해서 그들이 곤경과 괴로움에 처해 있을 때마다 흔히 선지자들은 그런 말씀을 전하였다는 것을 발견한다. 그리고 이사야 선지자가 여기에서 "보라 처녀가 잉태하여 아들을 낳을 것이요 그의 이름을 임마누엘이라 하리라"는 말씀을 전한 것도 분명히 그런 의도였음에 틀림없다. 하나님은 아하스에게 이 두 왕의 계획을 좌절시키겠다는 약속을 주셨지만, 아하스는 그 말씀을 믿기를 거부하였다. 그러자 이사야는 이렇게 말한다: "너는 하나님의 말씀을 확증해 줄 징조를 구하기를 거절하였지만, 하나님은 네게 네가 구하기를 두려워하는 징조를 주셔서, 네가 살아 있는 동안에 네게 메시야를 보내실 것인데, 그의 이름은 임마누엘이라 불릴 것이고, 그는 처녀에게서 태어나게 될 것이다. 하나님은 곤경에 처해 있는 아하스와 그의 백성을 위로받지 못하는 상태로 내버려 두지 않으시기 때문에, '대저 이 아이가 악을 버리며 선을 택할 줄 알기 전에 네가 미워하는 두 왕의 땅이 황폐하게 되리라' (사 7:16)." 히브리어 '한나아르' (הנער)에서 '하' (ה)는 (7:14에 언급된 "아이"를 선행사로 하는) 관계대명사가 아니라, 7:3에서 하나님이 이사야에게 아하스에게 갈 때에 데리고 가라고 명하셨던 그의 아주 어린 아들인 "스알야숩"을 가리키는 지시대명사인 것으로 보이기 때문에, "이 아이"로 번역하는 것이 맞다. 즉, 선지자는 자신의 아주 어린 아들을 데리고 아하스에게 가서 이렇게 말한 것이다: "여기 하나님이 내게 데려가라고 명하신 꼬마 아이가 있다. 지금은 두 왕이 이 땅을 점령하고 있지만, 이 아이가 조금 더 크게 되면, 네가 그토록 두려워하는 두 왕에게서 이 땅이 놓여나게 될 것이다." 왜냐하면, 당시에 르신은 유다 성읍 엘랏을 점령하였을 뿐만 아니라 (왕하 16:6), 르신과 베가의 연합군은 그 밖에도 유다의 여러 성읍을 취한 후에, 예루살렘으로 와서 진을 치고 있었기 때문이다. 이것이 이런 의미가 아니라면, 하나님께서 이사야에게 아하스 왕을 만나 말씀을 전할 때에 스알야숩을 데리고 가라고 명령하신 목적이 무엇인지를 알기가 힘들게 된다(사 7:3). 따라서 이사야서 7:14은 여전히 오직 메시야에 관한 예언이기는 하지만, 믿지 않는 아하스의 현재의 곤경을 덜어주기 위해 주어진 것은 아닐지라도, 유대인들 가운데 있는 하나님의 백성과 그들의 후손의 곤경을 덜어주기 위하여 주어진 것이기도 하다. 어떤 이들은 이사야와 그의 아내였던 여선지자(그들은 이 여선지자가 당시에는 처녀였을 것이라고 말한다) 사이에 태어난 "마헬살랄하스바스"(8:3)가 그리스도의 모형이고 7:14에 언급된 바로 그 아이라고 주장하지만, 우리가 앞에서 살펴본 견해가 훨씬 더 개연성이 있는 것으로 보인다. 왜냐하면, 성경은 이 여선지자가 처녀였는지 과부였는지를 말해주지 않고, 처녀가 결혼해서 아이를 잉태하여 낳은 것은 놀랍거나 이상한 일이 결코 아니었기 때문이다. 또한, 이 여선지자가 처녀였다면, 그녀가 결혼해서 아이를 잉태하여 낳은 것은 지극히 평범한 일이었기 때문에, 그 일은 당시에 곤경에 처해 있던 아하스에게 그 어떤 위로도 되지 않았을 것이다. 따라서 하나님의 약속에 의하면, 아하스가 그 곤경에서 벗어나기까지는 삼사년이 걸렸을 것이다. 이사야 8:18 본문, 즉 "보라 나와 및 여호와께서 내게 주신 자녀들이 이스라엘 중에 징조와 예표가 되었나니"라는 말씀은 이러한 해석을 한층 더 밑받침해 준다. "스알야숩"은 하나님이 유대인들을 르신과 베가라는 두 왕으로부터 건져 주실 것임을 보여 주는 징조였고, "마헬살랄하스바스"는 오년 안에 이스라엘이 멸망하고 아람도 나중에 멸망하게 될 것임을 보여 주는 징조였다. 따라서 이사야서 8:14은 여전히 문자 그대로 그리스도에 관한 예언이다. 유대인들이 이 본문을 (15년 후에 태어난) 히스기야에 관한 예언으로 해석하는 것은 입에 담기조차 민망할 정도로 어처구니없는 것이다.

24-25. [24]요셉이 잠에서 깨어 일어나 주의 사자의 분부대로 행하여 그의 아내를 데려왔으나 [25]아들을 낳기까지 동침하지 아니하더니 낳으매 이름을 예수라 하니라.

하나님의 뜻은 (우리가 앞에서 본 대로) 꿈을 통해 요셉에게 계시되었다. 잠을 잘 힘을 주시고 깨어날 힘을 주시는 분은 하나님이시다. 그래서 본문은 "잠에서 깨어 일어나"라고 말한다. 요셉은 "잠에서 깨어 일어나" 자신의 믿음과 순종을 보였다. 그는 하나님에게 속한 어떤 특별한 인상을 경험하고서 하나님의 계시임을 확신하고 믿었으며, 그 계시 속에서 주어진 하나님의 명령에 순종하였다.

요셉은 "그의 아내를 데려왔다." 이것은 약혼한 처녀는 혼인이 완성될 때까지는 그녀의 친구들의 집에 머무는 것이 관습이었기 때문에, 이제는 그는 마리아를 자기 집으로 데려와서 정식으로 자신의 아내로 삼았다는 의미이다. 하지만 그는 온전히 부부관계를 맺지는 않았다. 왜냐하면, 본문은 "아들을 낳기까지 동침하지 아니하였다"(여기에서 "아들"은 KJV에는 "맏아들"로 되어 있다)고 말하기 때문이다. 여기에서 "동침하지 아니하였다"로 번역된 단어는 직역하면 "알지 않았다"인데, 이것은 창세 때로부터 부부관계를 완곡하게 표현하는 데 사용된 어구였다(창 4:1). 어떤 이들은 요셉이 나중에 그녀와 동침하였던 것인지, 아니면 전혀 동침하지 않았던 것인지를 놓고 큰 소동을 벌이고, 옛 사람들 중 일부는 요셉이 마리아와 동침하지 않았다는 견해를 단호하게 고수하였는데, 가톨릭의 저술가들과 개신교의 많은 해석자들이 거기에 해당한다. 칼빈(Calvin) 목사님은 근거 없고 무익한 호기심에 기인한 그러한 질문은 쓸데없는 싸움만 불러일으키는 것이기 때문에, 아예 처음부터 제기하지 않아야 하고, 어느 쪽을 편들어 논쟁하지 않아야 한다고 못 박아 말하였는데, 나는 그런 결정이 가장 좋다고 생각한다. 왜냐하면, 한편으로 우리는 예컨대 시편 110:1의 "여호와께서 내 주에게 말씀하시기를 내가 네 원수들로 네 발판이 되게 하기까지 너는 내 오른쪽에 앉아 있으라 하셨도다"라는 말씀에서 "네 원수들로 네 발판이 되게 하기까지"(till)라고 하였다고 해서, 그리스도께서 그때까지만 아버지 하나님의 오른편에 앉아 계시고 그 이후에는 거기에서 내려오시게 될 것이라고 말해서는 안 되는 것과 마찬가지로, 여기에서도 "아들을 낳기까지"(till)라고 말하고 있다는 것을 근거로 해서 그 이후에는 두 사람이 동침하였을 것이라는 결론을 이끌어낼 수 없고("~까지"는 그 이전의 시간을 배제하는 의미만을 지니는 불변화사일 뿐이고, 그 이후의 시간에는 그 제한이 해제된다는 의미를 반드시 지니고 있는 것은 아니다), 다른 한편으로는 "맏아들"(KJV)이라는 단어가 사용되었다고 해서, 그 이후에 다른 아들들이 태어났다는 의미가 거기에 반드시 내포되어 있는 것도 아닌 까닭에, 마리아와 요셉 사이에서 다른 아들들이 있었음을 증명해 줄 설득력 있는 논거들이 존재하지 않기 때문이다. 갈라디아서 1:19에는 "주의 형제 야고보"라는 언급이 나오고, 마태복음 12:47에는 예수의 "어머니와 동생들"에 관한 언급이 나오기는 하지만, 거기에 언급된 "형제들"은 물론 친형제들을 가리킬 수도 있지만, 히브리어 관용어법에 의하면 친족들을 의미할 수도 있기 때문에, 그러한 본문들은 예수의 친형제들이 있었다는 것을 증명해 주지는 못한다. 성령께서는 메시야의 출생을 위해서 동정녀를 사용하셨는데, 만일 그런 후에 그녀의 태를 닫았고, 요셉이 그녀를 집으로 데려와 자신의 아내로 삼았지만 동침하지도 못하게 하신 것이 사실이라면, 솔직히 말해서, 나는 그 이유를 잘 모르겠다. 성령의 역사로 말미암아 마리아에게서 우리 구주께서 태어나신 후에, 하나님이 정하신 규례를 따라 요셉과 마리아가 혼인한 상태에서, 잠자리가 더럽혀진 것도 아닌데, 하나님이 그 잠자리를 존귀하게 하지 않으실 이유도 나는 잘 모르겠다. 또한, 동생들이 태어나서 우리 구주와 함께 자고 생활하였다면, 그것은 구주께 욕된 일이었을 것이라고 생각하는 사람들은, 구주께서 자신을 지극히 낮추셔서 처음에 그 잠자리에 누워 계셨고, 다음에는 외양간과 구유까지 잠자리로 삼으셨다는 사실을 망각하고 있는 것으로 보인다. 우리는 그리스도께서 태어나실 때까지 요셉이 마리아와 동침하지 않았다는 것을 알고 있고, 그 이후에 서로 동침했는지의 여부에 대해서는 우리가 알 필요가 없어서 하나님이 우리에게 말씀해 주지 않으신 것이기 때문에, 거기에 대해서 알려고 할 필요가 없다.

복음서 기자가 "이름을 예수라 하니라"는 말씀을 덧붙인 것은 요셉이 천사에게서 받은 명령에 순종하였음을 분명하게 보여 주기 위한 것이다. 우리는 누가복음의 처음 두 장에서 그리스도의 출생과 관련된 좀 더 자세한 상황을 만나게 될 것이다.

제2장

개요

1. 동방박사들이 그리스도에 대하여 물으러 예루살렘으로 옴(1-2).
2. 헤롯이 깜짝 놀라 겁을 집어먹음(3-8).
3. 동방박사들이 별의 인도를 받아 그리스도께로 와서 그에게 경배하고 예물들을 바침(9-12).
4. 요셉이 천사의 경고를 받고서 아기와 그 어머니를 데리고 애굽으로 피신함(13-15).
5. 헤롯이 예루살렘과 그 근방의 사내아기들을 학살함(16-18).
6. 헤롯이 죽자, 하나님이 그리스도를 애굽에서 나오게 하셔서 나사렛에 거하게 하심(19-23).

1. 헤롯 왕 때에 예수께서 유대 베들레헴에서 나시매 동방으로부터 박사들이 예루살렘에 이르러 말하되.

누가복음 2:4-5은 요셉이 "(다윗 가문과 그 가계에 속하였기 때문에) 갈릴리 나사렛 동네에서 유대를 향하여 베들레헴이라 하는 다윗의 동네로 그 약혼한 마리아와 함께 호적하러 올라갔다"고 말하고 있는 것으로 보아서, 예수의 법적인 아버지였던 요셉은 "갈릴리 나사렛" 출신이었다. 그가 아기와 마리아를 데리고 베들레헴으로 간 이유는, 로마 황제가 "천하로 다 호적하라"는 칙령을 내렸고, 거기에 의거해서 수리아 총독이었던 구레뇨가 모든 사람이 각각 자신의 지파와 성읍에 가서 호적하라고 명령하였기 때문이었다(눅 2:1-3). 마태 본문에서 "유대 베들레헴"이라고 베들레헴 앞에 "유대"를 붙인 것은 스불론 땅에 있던 또 다른 베들레헴과 구별하기 위한 것이었다(수 19:15).

이 절은 이 일이 "헤롯 왕 때에" 있었다는 것을 우리에게 추가적으로 말해 준다. 여기에서 "왕"이라는 단어를 덧붙인 것은 분봉왕 헤롯(마 14:1)이나 다른 헤롯들과 구별하기 위한 것이다. 본문에 언급된 "헤롯 왕"은 아스글론 사람 안디바의 아들로 불렸던 헤롯 대왕이다. 이 헤롯에 대해서는 학자들 사이에서 세 가지 견해가 있다. 첫 번째 부류의 학자들은 그가 이두매 사람으로 태어났고, 그의 어머니는 아라비아 사람이어서, 그는 유대를 다스린 최초의 외국인이었기 때문에, "규가 유다를 떠나지 아니하며 통치자의 지팡이가 그 발 사이에서 떠나지 아니하기를 실로가 오시기까지 이르리니"라고 말한 창세기 49:10의 예언이 그에게서 성취된 것이라고 말한다. 두 번째 견해는 그가 유대인으로 태어났다고 주장한다. 세 번째 견해는 그가 원래는 이두매 사람이었지만, 그의 선조들이 일정 기간 동안 유대교로 개종해 살아 왔다는 것인데, 이것이 가장 유력한 견해로 판단된다. 당시에 유대는 로마인들에게 복속되어 있었고, 로마인들은 헤롯 대왕을 유대를 다스리는 왕으로 임명하였다.

본문은 이 때에 그리스도께서 태어나셨고, "동방으로부터 박사들이 예루살렘에 이르렀다"고 말한다. 그리스도께서 태어나신 지 얼마 후에 그들이 온 것인지에 대해서는 성경이 우리에게 말해 주지 않는다. 어떤 이들은 그리스도께서 태어나자마자 온 것이라고 생각하고, 어떤 이들은 13일 내에 왔다고 생각하며, 어떤 이들은 2년 후였다고 생각한다. 그들이 베들레헴에서 그리스도를 찾도록 지시를 받았음은 분명하다(마 2:8-9). 그리스도는 거기에서 태어나서 팔일만에 할례를 받으셨다. 그의 어머니가 출산 후에 율법에 정해진 정결하게 되는 기간(레 12:2-3)인 33일을 보낸 것도 거기였다. 누가는 그 기간이 지난 후에 그들이 제사를 지내기 위하여(출 13:2) "아기를 데리고 예루살렘에 올라갔고," 거기에서 시므온과 안나를 만나서 그들로부터 예언들을 듣고서(눅 2:25 이하), "주의 율법을 따라 모든 일을 마치고 갈릴리로 돌아가 본 동네 나사렛에 이르니라"(눅 2:39)고 말한다. 우리 주님이 예루살렘으로 옮겨가기 전에 베들레헴에서 머물러 있던 동안(이 기간은 그가 태어난 후 6주 정도였다) 동방박사들이 왔을 가능성은 낮아 보인다. 왜냐하면, 그들은 그리스도께 올 때까지 긴 여행을 해야 했을 뿐만 아니라, 그들이 예루살렘에 출현함으로써 큰 소동이 일어나고 헤롯 왕이 가장 먼저 예루살렘에서 수색을 진행하고 있던 상황에서, 요셉과 마리아가 예루살렘으로 옮겨갔을 가능성은 거의 없기 때문이다. 특히, 헤롯이 이 일로 인해서 크게 위협을 느끼고서 즉시 사자들을 보내어 "베들레헴과 그 모든 지경 안에 있는 사내아이"(마 2:16)를 죽이게 한 것을 생각하면 더더욱 그러하다. 따라서 그리스도께서 출생한 지 2년 후쯤 지나서, 동방방사들이 왔다고 보는 것이 가장 유력하다. 왜냐하면, 헤롯이 "두 살부터 그 아래로" 모든 사내아이들을 다 죽이라고 명령을 내렸다는 사실로부터 우리가 그러한 결론을 이끌어낼 수는 없지만, "박사들에게 자세히 알아본 그 때를 기준하여"라는 말씀은 바로 그러한 것을 말해주는 것이라고 생각할 수 있기 때문이다. 헤롯은 동방박사들에게 이 아이가 언제 태어났느냐고 물었을 것이고, 그들은 그에게 정확한 때를 말해 줄 수 없었지만, 만약 그들이 일 년 또는 일 년 반 전이라고 말했다면, 그는 조금 범위를 넓혀서 "두 살부터 그 아래"의 모든 사내아이들을 죽이라는 명령을 내렸을 것임에 틀림없다. 그러나 만일 그들이 한 달 또는 6주 전이라고 말했다면, 헤롯이 "두 살부터 그 아래"의 모든 사내아이들을 죽이라는 너무나 야만적인 명령을 내렸을 가능성은 별로 없어 보인다. 따라서 우리가 성경에 기록된 이야기를 지혜롭게 살펴보면, 마리아가 출산 후에 정결예식을 행하던 기간이 지나고 나서 아기를 하나님께 드리러 예루살렘으로 가기 전에(눅 2:22), 동방박사들이 우리 구주 앞에 당도했을 가능성은 거의 없다. 그렇다면, 동방박사들은 어떻게 베들레헴에서 그리스도를 만날 수 있었을까? 왜냐하면, 그리스도는 이미 나사렛으로 돌아간 뒤였기 때문이다(눅 2:39). 거기에 대한 대답은 이렇다. 하나님은 요셉에게 어떤 일로 베들레헴으로 가도록 지시하셨을 것이다(성경은 이것에 대해서 침묵하고 있기는 하지만). 베들레헴은 그가 속한 시파 내에 있던 성읍이었고, 거기에는 그의 친족들도 살고 있었을 것이다. 따라서 이미 나사렛으로 돌아가서 살고 있던 요셉은, 그리스도께서 태어난 지 일 년 또는 조금 더 지나서 동방박사들이 아직 당도하기 전에, 가족을 데리고 베들레헴으로 가서 객으로 머물고 있었기 때문에, 동방박사들은 그리스도를 베들레헴에서 만날 수 있었을 것이다. 이 동방박사들이 그리스도를 언제 찾아온 것인지, 즉 그리스도께서 태어나고 나서 얼마 후에 찾아온 것인지에 관한 문제는 확실하게 대답할 수 있는 것이 아니기 때문에, 이 정도로 얘기하는 것만으로도 충분할 것이다.

그 문제보다 한층 더 큰 문제는 이 동방박사들은 누구였고, 세계의 어느 지역(여기에서 "동방"이라고 언급한 지역)으로부터 왔는가 하는 것이다. 사람들이 유익이라는 관점이 아니라 호기심이라는 관점에서 얘기한 결론들이 지닌 불확실성은 우리로 하여금 하나님이 사람들에게서 숨기신 것들을 사람들이 호기심을 만족시키기 위하여 그 대답을 찾는 것이 얼마나 헛된 일인지를 알게 해준다. 사람들은 그리스도를 찾아온 동방박사들이 몇 명이었는지에 대하여, 어떤 이들은 열두 명이라고 하기도 하고, 어떤 이들은 단지 세 명이라고 하는 등, 서로 견해가 일치하지 않는다. 또한, 사람들은 동방박사들의 이름을 구체적으로 거론하기도 하지만, 여기에서도 서로 견해가 일치하지 않는다. 어떤 이들은 그들이 왕들이었다고 주장하고, 교황주의자들은 쾰른 대성당에 동방박사들이 지니고 있던 규들을 유물함에 넣어 안치해 놓고서, 우리로 하여금 그들이 왕이었다는 것을 믿게 만들고자 한다. 그리고 그들은 동방박사들의 무덤들의 수를 통해서 그 박사들이 몇 명이었는지를 알 수 있다고 말하고, 동방박사들이 그리스도를 경배한 날을 기념하여 매년 1월 6일을 주현절로 정해서 지키고 있다. 이렇게 동방박사들을 둘러싼 꾸며낸 이야기들은 무수히 많다. 하지만 성경은 동방박사들을 단지 "현자들"이라고만 말하고 있고, 그들이 몇 명이었는지에 대해서는 아무런 말도 해주지 않기 때문에, 그들이 단순히 점성술사들이었는지, 아니면 주술에 능한 사람들이었는지, 아니면 일반적인 철학자들이었는지를 놓고서 논쟁을 벌이는 것은 무의미하다. 어떤 이들은 그들이 신과 인간의 법들에 능통한 사람들이었다고 생각하지만, 성경은 우리에게 그들이 이 기이한 별을 관찰해서, 동방의 나라들에서 점성술사들이 흔히 그러했듯이, 이 기이한 별의 인도를 받아 왔다고 말하고 있기 때문에, 우리로 하여금 그들이 동방에서 점성술로 유명하였던 자들이었을 것이라고 생각하게 만들 뿐이다. 성경은 그들을 단지 "현자들"(한글개역개정에서는 "박사들")이라고 부른다. 그들이 세계의 동방 지역들로부터 온 것인지, 아니면 예루살렘을 기준으로 해서 동쪽에 있는 지역들에서 온 것인지를 따지는 것은 또 하나의 무익한 일이다. 어쨌든, 그들이 이방인들이었다는 것은 의심의 여지가 없다. 그들이 페르시아인들이었는지, 아라비아인들이었는지, 아니면 어떤 다른 나라 사람들이었는지는 우리가 별로 알 필요도 없을 뿐만 아니라 확실하게 알 수도 없다. 그리스도께서 자기 백성 가운데 오셨어도, 그들은 그를 영접하지 않았지만, 이 동방박사들은 이방인들 중에서 그리스도를 유대인의 왕으로 고백한 첫 열매들이었다. 나는 동방박사들에 대하여 우리가 말할 수 있는 것들 중에서 이 사실보다 더 귀한 어떤 것을 알지 못한다. 그런데도 동방박사들에 대하여 좀 더 자세하게 말하고 있는 것을 읽고 싶은 사람들은 스판헤미우스(Spanhemius)의 『복음서의 의문점들』(*Dub. Evang.*)이나 하인시우스(Heinsius)의 『성경 연습』(*Exercitat. Sac.*)과 『난제들』(*Poli Critica*)을 읽으면 충분할 것이다. 내가 가톨릭 저술가들이 아니라 이 사람들의 저작을 추천하는 이유는 이 저작들 속에는 앞에서 말한 그러한 꾸며낸 얘기들이 지닌 독을 제거해 줄 수 있는 해독제도 들어 있어서, 우리는 할머니들이 들려주는 옛 이야기들이 정경의 이야기 속으로 들어와서 무지한 자들의 신앙에 해를 끼치는 일이 없게 막아주는 경건한 신중함을 배울 수 있기 때문이다.

2. 유대인의 왕으로 나신 이가 어디 계시냐 우리가 동방에서 그의 별을 보고 그에게 경배하러 왔노라 하니.

유대인의 왕으로 나신 이가 어디 계시냐. 예루살렘은 유대의 대도시였기 때문에, 동방박사들은 그리스도가 태어날 가장 유력한 장소로 보고 그 곳으로 갔다. 그들이 누구에게 물었는지는 성경에서 말하고 있지 않지만, 유대 민족의 걸출한 왕이 태어나게 될 것임을 알고서, 추호의 의심도 없이 단언하며 묻고 있는 것은 인상적이다. 틀림없이 그들은 이 사실을 하나님의 계시에 의해서 알게 되었을 것이다. 왜냐하면, 특이하게 밝은 별이 나타난 것을 보고서, 그들은 하나님이 자신의 섭리를 따라 이 세상에 아주 놀라운 일을 행하셨거나 행하고 계시다는 것을 알아차렸을 것이기는 하지만, 초자연적인 해석자의 도움 없이는 그 징조를 구체적으로 정확하게 해석해서, 그 별을 따라 예루살렘으로 와서, 유대인의 왕이 태어났고, 이 별은 하나님이 이 세상을 참된 메시야에게로 이끌기 위하여 보이신 빛이라는 것을 단언할 수는 없었을 것이기 때문이다. 이 별이 이 세상에 특별한 일이 일어났음을 보여 주는 별이라는 것은 누구나 다 짐작할 수 있었을 것이다. 하지만 어떻게 해서 동방박사들이 이 별을 보고 유대인의 왕이 태어났다는 것을 알고 그 별의 움직임을 따라 예루살렘에 오게 되었는지, 그 경위는 불확실하다. 하나님이 그들에게 이 사실을 계시해 주셨고, 이어서 이 특이한 별이 나타나자, 그들은 이 별이 하나님이 그들에게 말씀해 주신 것을 확증해 주는 것임을 깨닫고, 이 별의 인도함을 받아, 마침내 어린 아기 예수와 그의 어머니가 함께 있는 집에 당도하게 된 것임에 틀림없다.

그에게 경배하러 왔노라. 여기에서 "경배한다"는 것이 단지 동방에서 통상적으로 왕이나 고관대작 앞에서 예를 올리는 것을 의미하는 것이었는지, 아니면 메시야에게 합당한 종교적인 충성맹세와 경배를 의미하는 것이었는지에 대해서는 해석자들 가운데서 여러 가지로 의견이 나뉜다. 마태복음 2:11은 그들이 "엎드려 아기께 경배하고 보배합을 열어 황금과 유향과 몰약을 예물로 드리니라"고 말한다. 그들의 이러한 태도와 모습은 그들이 어떤 계시를 받았느냐에 따라 왕에게 예를 올린 것으로 해석될 수도 있고 신에게 경배를 드린 것으로 해석될 수도 있지만, 우리는 그 계시에 대해서 확실하게 알고 있는 것이 없다.

3. 헤롯 왕과 온 예루살렘이 듣고 소동한지라.

헤롯은 자신의 나라에서 거의 환영을 받지 못하였고, 예루살렘을 무력으로 차지한 것이었기 때문에, 새로운 왕이 탄생했다는 소식은 그에게 큰 문제였다. 그가 평생에 걸쳐서 유대 문헌들을 읽어서 왕인 메시야가 장차 올 것이라는 예언들에 대해서는 잘 알고 있었지만, 메시야의 나라는 이 세상에 속한 나라가 아니라는 것을 알지 못하였고, 메시야가 와서 이스라엘 민족에게 이 땅에서의 왕국을 회복시켜 주어서, 유대인들로 하여금 보통의 나라를 갖게 해줄 것이라고 생각한 것이라면, "유대인의 왕"이 될 인물이 탄생하였다는 소식을 들었을 때, 특히 먼 나라에서 온 사람들이 새로운 별을 보고서 무엇인가 특별하고 기이한 충동에 의해서 그 별의 인도함을 따라 유대 땅으로 왔다는 소식을 접했을 때, 그는 자기가 새롭게 얻은 권좌가 오래 가지 못할 것이라는 불길한 생각에 사로잡혀서 발칵 뒤집혀 소동을 벌일 수밖에 없었을 것이다. 또한, 대부분의 백성들도 정복자들에 대해서 얼마 안 가 지긋지긋하게 느끼기는 하지만, 자신들이 이전에 겪었던 참상이 다시 새롭게 떠올라서, 정권이 바뀌면 그런 일들을 또 겪게 될 것이 두려워 불안해하느라고 소동이 벌어지게 된 것은 전혀 이상한 일이 아니다.

4. 왕이 모든 대제사장과 백성의 서기관들을 모아 그리스도가 어디서 나겠느냐 물으니.

헤롯 왕은 크게 당황해서 대제사장들과 서기관들로 구성된 회의를 소집했고, 그가 그들에게 제시한 안건은 단 한 가지, 즉 "그리스도가 어디서 나겠느냐"는 질문에 대답해 달라는 것이었다. 이 회의는 통상적인 공회의 모임이 아니라, 왕이 생각하기에 율법과 성경의 여러 계시들에 정통한 자들이라고 여겨진 사람들로 구성된 특별한 회의였을 가능성이 크다. 왜냐하면, 왕이 이 회에 내놓은 안건이라는 것은 순전히 교회에 관련된 것이어서, 구약성경의 예언들과 글들을 토대로 풀어야 할 문제였기 때문이다. 헤롯이 그들에게 "유대인의 왕"이라는 표현이 아니라 "그리스도"라는 표현을 사용해서 "그리스도가 어디서 나겠느냐"고 물었다는 것은, 동방박사들이 그리스도라는 말을 하지 않았음에도 불구하고, 헤롯은 동방박사들이 말한 유대인의 왕이 시편 2:1-12과 다니엘서 9:1-27에 예언된 메시야를 가리키는 것임에 틀림없다는 것을 즉시 알아차렸다는 것을 분명하게 보여 준다. 그래서 헤롯은 이 회의에 모인 대제사장들과 서기관들로부터, 그들이 대대로 물려받은 전승과 성경의 예언들에 비추어 볼 때, 그들이 기다려 온 메시야(즉, 그리스도)가 태어날 장소가 어디인지를 알아내고자 하였다.

5-6. [5]이르되 유대 베들레헴이오니 이는 선지자로 이렇게 기록된 바 [6]또 유대 땅 베들레헴아 너는 유대 고을 중에서 가장 작지 아니하도다 네게서 한 다스리는 자가 나와서 내 백성 이스라엘의 목자가 되리라 하였음이니이다.

그들은 메시야가 태어날 곳에 대하여 말하고 있는 예언으로 자신들에게 대대로 내려온 성경 본문이 미가서 5:2이었기 때문에, 헤롯에게 메시야가 태어날 곳은 "유대 베들레헴"이라고 아무런 주저함 없이 대답한 후에, 미가서 5:2에 기록되어 있는 선지자의 예언을 들어 그러한 해석을 확증해 주는 증거를 제시한다. 따라서 그들은

(자기들도 모르는 사이에) 동정녀 마리아에게서 태어난 아들이 바로 메시야라는 것을 선지자 미가의 증언을 통해 확인해 준 것이다.

미가서에 나오는 말씀은 여기에 인용된 것과 약간 다르다. 미가서 5:2에는 이렇게 되어 있다: "베들레헴 에브라다야 너는 유다 족속 중에 작을지라도 이스라엘을 다스릴 자가 네게서 내게로 나올 것이라 그의 근본은 상고에, 영원에 있느니라." 여기에서 우리는 다음과 같은 것들을 알아야 한다. (1) 신약의 기자들이 구약을 인용할 때에는, 언제나 구약에 나오는 그대로 인용하는 것이 아니라, 자신들의 목적에 맞는 정도로만 인용하는 것이 보통이지만, 그 의미는 그대로 유지시킨다. (2) 복음서 기자는 제사장들과 서기관들이 헤롯 왕에게 대답한 것을 그대로 여기에 옮겨 적었을 가능성이 높다. 왜냐하면, 그는 여기에서 자기가 미가서 본문을 인용하고 있는 것이 아니라, 단지 그들이 헤롯에게 했던 대답을 옮겨 적고 있는 것이기 때문이다. 헤롯이 그들에게 제시한 질문은 오직 하나, 즉 그들의 기록에 의하면, 메시야가 태어나기로 되어 있는 장소가 어디냐 하는 것이었고, 그들은 그 질문에 대하여 "베들레헴 에브라다"라고 대답한 후에, 선지자의 증언을 토대로 자신들의 대답이 옳음을 증명하였다.

선지자는 "유대 베들레헴"이라고 말한 것이 아니라 "베들레헴 에브라다"라고 말한 것이 아니냐고 반론을 제기하는 사람이 있다면, 거기에 대한 나의 대답은, 이 둘은 표현은 서로 다르지만, "베들레헴 에브라다"는 유다 지파의 땅 내에 있었기 때문에, 그 의미는 동일하다는 것이다. 창세기 35:19과 48:7에 의하면, 유대 베들레헴은 전에 야곱의 때에는 "에브라다"로 불렸던 것으로 보인다. 어떤 이들은 "베들레헴 에브라다"는 갈렙의 분깃에 속한 성읍이었고, 그의 두 번째 아내인 "에브랏"(대상 2:19) 또는 "에브라다"(대상 2:50)의 이름을 따서 "베들레헴 에브라다"로 불리게 된 것인데, 이 성읍은 그 시절과 동일한 모습은 아니었고, 새롭게 재건된 상태에서 그런 이름이 붙여진 것이라고 생각한다. 또한, 성경은 르호보암이 유다에 건설한 또 하나의 베들레헴이 있었음을 보여 준다(대하 11:6). 따라서 "베들레헴 에브라다"가 야곱 시대에 불렸던 "베들레헴"의 옛 이름이었던 것인지, 아니면 갈렙의 아내 이름을 따서 새롭게 명명된 것인지, 아니면 스불론 지파에 속한 베들레헴과 구별하기 위해 "에브라다"를 붙인 것인지는 알기 어렵다. 하지만 분명한 것은 미가와 마태는 둘 다 유다에 있는 베들레헴을 지칭하고 있다는 것이다. 아마도 원래는 "베들레헴 에브라다"로 불렸던 것이 세월이 오래 흐르는 동안에 "에브라다"가 탈락하고 단지 간단하게 "베들레헴"으로만 불리게 된 것인 것 같다.

그러나 어떤 이들은 미가 본문과 마태 본문 간에는 서로 모순되는 것이 있다고 말한다. 즉, 미가는 베들레헴이 "가장 작다"고 말하는 반면에, 마태는 "가장 작지 않다"고 말한다는 것이다. 거기에 대한 나의 대답은 여기에는 모순되는 것이 전혀 없다는 것이다. 왜냐하면, 베들레헴은 규모면에서는 작은 성읍에 불과한 곳이었지만(이 성읍이 갈렙의 분깃에 속한 곳이었는데도, 갈렙의 분깃을 얘기할 때에 언급되고 있지 않은 것이 이것을 보여 준다), 다른 점들에서는 결코 가장 작은 곳이 아니었기 때문이다. 베들레헴은 옛적에 사사들 중의 한 사람이었던 입산을 비롯해서 엘리멜렉, 보아스, 이새, 다윗의 고향으로 유명하였고, 이제는 무엇보다도 그리스도가 출생한 곳이었다. 그래서 복음서 기자는 이 점을 생각해서 베들레헴이 "가장 작지 않다"고 말한 것이다. 또는, 복음서 기자가 서기관들과 제사장들의 말을 그대로 옮겨 적은 것이라고 한다면, 그들은 거기에서 태어나거나 거주한 보아스, 이새, 다윗을 생각해서, 그리고 특히 거기에서 그리스도가 태어나게 되어 있다는 점을 생각해서, 베들레헴을 "가장 작지 않다"고 말한 것일 수도 있다. 선지자는 자기 시대에 베들레헴의 상태를 보고서 "가장 작다"고 말한 것인 반면에, 복음서 기자는 자기 시대에 그리스도의 출생지라는 사실에 의해서 존귀함을 얻게 된 베들레헴의 상태를 보고서 "가장 작지 않다"고 말한 것이다.

미가는 "유다 족속 중에"라고 말하는 반면에, 마태는 "유다의 지도자들 중에"(KJV, 한글개역개정에는 "유대 고을 중에")라고 말하지만, 의미는 동일하다. 왜냐하면, "지도자들"은 "이스라엘 족속의 우두머리들"(민 1:16)이었기 때문이다. 유대인들은 이 본문이 그리스도가 아니라 스룹바벨이나 다윗에 대하여 말하고 있는 것으로 해석해 왔다. 그러나 스룹바벨은 베들레헴이 아니라 바벨론에서 태어났고, 다윗은 이 예언이 나오기 전에 이미 죽고 없었다. 또한, 그 뒤에 이어지는 "그의 근본은 상고에, 영원에 있느니라"는 말씀은 스룹바벨이나 다윗에게는 적용되지 않는다. 스룹바벨이라는 이름은 우리에게 그가 어디에서 태어났는지를 말해 주고 있고, 다윗은 비록 베들레헴에서 태어나기는 하였지만(삼상 16:1; 17:58) — 이러한 사실 때문에 누가복음 2:4에서는 베들레헴을 "다윗의 동네"라고 부른다 — 다윗과 관련해서 베들레헴을 칭송하는 말씀은 성경에 나오지 않는다. 따라서 이 예언은 오직 그리스도에 대한 것임이 분명하기 때문에, 구약을 갈대아어로 옮긴 역본에서는 그렇게 해석한다. 어떤 이들은 헤롯이 이 문제로 소집한 회의에는 이 갈대아 역본을 번역한 사람도 참석했을 것이라고 생각한다.

7. 이에 헤롯이 가만히 박사들을 불러 별이 나타난 때를 자세히 묻고.

헤롯은 제사장들과 서기관들의 대답을 들은 후에, 이 일을 가지고 백성들 사이에서 야단법석을 떠는 것은 자기에게 유리할 것이 없다고 생각하였다. 왜냐하면, 그는 유대인들이 빌미만 생기면 언제라도 자신에게 반기를 들 것임을 알고 있었고, 보잘것없는 정복자인 자기가 그들로부터 많은 호의를 기대할 수 없다는 것도 알고 있었기 때문이었다. 그래서 그는 동방박사들을 은밀하게 불러서, 그들이 말한 유대인의 왕과 관련된 내용은 일부러 모른 척하고, 단지 이 새로운 별이 처음으로 나타난 때가 언제인지만을 그들에게 묻는다. 그가 무슨 목적으로 이런 질문을 했는지는 2:16로부터 알 수 있다. 즉, 그는 자신의 목적을 달성할 수 있는 범위 내에서만 사내아이들을 죽여서 쓸데없는 대량학살을 피함과 동시에, 자신이 목표로 한 아이는 반드시 죽일 수 있도록 하기 위하여, 동방박사들에게 이 질문을 한 것이었다.

8. 베들레헴으로 보내며 이르되 가서 아기에 대하여 자세히 알아보고 찾거든 내게 고하여 나도 가서 그에게 경배하게 하라.

헤롯은 동방박사들에게 그들이 말한 유대인의 왕이 태어날 곳은 베들레헴이라고 알려주고, "거기로 가서 아기에 대하여 자세히 알아보고 찾거든 알려주라"고 지시를 주어서 그들을 거기로 보낸다. 그는 "유대인의 왕"이라고 말하지 않고 "아기"라고 말함으로써, 피를 보고자 하는 자신의 속마음을 숨긴 채로, 마치 자기에게는 그 왕을 시기하는 마음이 전혀 없다는 듯한 태도를 보인다. 또한, 그는 그 아기가 정확히 어디에 있는지를 알게 되면, 자기가 직접 그 아기에게 가서 예를 올리는 것이 자신의 목적이라고 말함으로써, 자기는 유대인의 왕으로 태어난 자를 치졸하게 시기하는 사람이 아니라, 도리어 위대한 왕의 풍모를 갖춘 인물이라는 것을 은연중에 암시한다. 이 본문은 우리에게 헤롯의 마음속에 있는 악의, 아니 실제로는 모든 악인들의 마음속에 있는 악의를 보게 해준다. 헤롯은 메시야가 태어났다는 것을 알았다. 특이하고 기이한 별의 출현, 동방박사들의 등장, 제사장들과 서기관들이 그에게 해준 대답은, 유대인들이 오랫동안 기다려 왔던 메시야, 즉 이스라엘의 왕이자 통치자가 될 메시야가 태어났다는 것이 사실임을 너무나 분명하게 그에게 보여 주었다. 하지만 그는 비열하고 졸렬한 마음을 지니고 있었기 때문에, 하나님의 뜻을 기꺼이 받아들일 수가 없었고, 하나님의 뜻이 무엇인지를 분명히 알게 되었음에도 불구하고, 그 뜻을 정면으로 거슬러서, 자신의 어리석은 마음을 따라, 마치 자기에게는 하나님의 뜻을 좌절시킨 힘이 있고, 자신의 그런 힘 앞에서는 하나님도 어쩔 수 없을 것이라고 생각하는 태도를 보인다. 또한, 그가 단지 낯선 사람들에 불과한 동방박사들이 다시 자기에게로 돌아와서 곧이곧대로 보고해 줄 것이라고 믿고, 자신의 몇몇 수하들을 동방박사들과 함께 보내지 않은 데서도, 우리는 그의 두드러진 어리석음을 본다. 그러나 이렇게 한 것이 그가 유대인들을 아무도 믿지 않았기 때문이었든, 동방박사들의 순수함과 순진함을 믿고서, 그들이 자신의 의도를 눈치 채지 못하였을 것이라고 지나치게 과신하였기 때문이었든, 그는 동방박사들만을 보내면, 요셉과 마리아가 아무런 의심도 하지 않게 될 것이고, 그렇게 그리스도를 만나고 돌아온 동방박사들로부터 얘기를 듣는다면, 자기가 자신의 수하들을 보내어 알아보게 해서 보고를 받는 것보다 모든 정황에 대하여 훨씬 더 자세하게 들을 수 있을 것이라는 계산을 속으로 한 것일 수도 있다.

9. 박사들이 왕의 말을 듣고 갈새 동방에서 보던 그 별이 문득 앞서 인도하여 가다가 아기 있는 곳 위에 머물러 서 있는지라.

동방박사들은 유대 베들레헴을 향하여 출발하였다. 그들이 얼마 만에 목적지에 도착했는지는 우리가 알 수 없다. 어떤 이들은 그리스도를 만나기 위하여 고국을 떠나온 그들이 이제 마지막으로 베들레헴으로 가는 여정에 유대인들이 아무도 동행하지 않은 것을 이상하게 생각해서, 그것은 유대인들이 폭군인 헤롯을 두려워하였기 때문이라고 말하기도 하고, 유대인들의 마음이 눈멀고 완악하였기 때문이라고 말하기도 한다. 왜냐하면, 사도 요한은 그리스도가 자기 백성 가운데 왔지만, 그들이 그를 영접하지 않았다는 것을 우리에게 말해 주기 때문이다. 그러나 동방박사들은 유대인의 왕이 태어난 곳이 어디인지에 대하여 들을 수 있을 만한 가장 유력한 곳을 생각할 때에 가장 먼저 궁정을 떠올렸을 것이다. 그리고 헤롯은 서기관들과 제사장들을 소집해서 그리스도가 태어날 곳을 알아냈지만, 자기가 동방박사들을 접견하고 나서 그 회의를 소집했다는 것을 그 회의에 참석한 자들에게 알려주지 않고, 단지 그리스도가 어디에서 태어날 것인지만을 그들에게 물었고, 그들은 이 일이 동방박사들과 관련이 있다는 것을 몰랐을 가능성이 크다. 또한, 헤롯은 동방박사들이 왔다거나, 자기가 그들에게 지시를 주어 베들레헴으로 보냈다는 것을 일부러 자신의 신하들이나 종교지도자들에게 알렸을 가능성은 낮다. 하지만 본문은 헤롯만이 아니라 온 예루살렘이 소동하였다고 말하고 있는 것은, 동방박사들이 왔다는 소식과 그들이 온 목적이 헤롯이 원했던 것보다 더 널리 알려지고 소동을 일으켰을 가능성이 크다는 것을 보여 준다. 유대인들이 동방박사들과 함께 동행하고자 하는 마음과 용기를 지니고 있었는데도, 그럴 기회를 얻지 못한 것으로 보이기 때문에, 동방박사들은 아주 은밀하게 예루살렘을 떠나 베들레헴으로 향한 것 같다. 더 놀라운 것은 헤롯이 동방박사들을 전적으로 믿고서 자신의 수하를 한 명도 딸려 보내지 않은 것이다. 그러나 이 일에는 하나님의 손길이 작용하고 있었다. 하나님은 자기가 숨기고자 하는 자들을 반드시 숨기실 것이다. 여호와 하나님께서는 동방박사들에게 유대인보다 더 나은 인도자를 준비해 놓으셨다.

"별"은 동방박사들이 예루살렘을 향하여 가는 도중에는 한동안 자취를 감추었지만(예루살렘은 너무나 유명한 곳이어서 별의 인도가 필요하지 않았기 때문에), 이제 예루살렘을 벗어나자마자 다시 나타나서, "문득 앞서 인도하여 가다가 아기 있는 곳 위에 머물러 서 있었다." 아마도 별은 낮게 떠서 그리스도가 있는 곳의 근방만을 보여 주었을 것이기 때문에, 그들은 그 집을 바로 찾아낼 수는 없었을 것이지만, 그들이 원하든 원하지 않든 하나님의 감화를 받아서 만나야 할 사람들을 만나 물어보아서 쉽게 그 집을 찾아낼 수 있었을 것이다.

이 동방박사들이, "한 별이 야곱에게서 나오며 한 규가 이스라엘에게서 일어나서 모압을 이쪽에서 저쪽까지 쳐서 무찌를" 것이고, "주권자가 야곱에게서 나올" 것이라고 예언한 발람의 후손들이었는지, 또는 이 별이 바로 거기에 언급된 "별"과 어떤 관련이 있었던 것인지는 대단히 불확실하다(민 24:17, 19). 이 동방박사들은 거기보다 훨씬 더 먼 곳에서 왔을 가능성이 크고, 거기에 언급된 별은 문자 그대로의 의미로 이해되어서는 안 되고, 누가복음 2:32에서 시므온이 한 다음과 같은 설명이 더 합당해 보인다: "이방을 비추는 빛이요 주의 백성 이스라엘의 영광이니이다."

10. 그들이 별을 보고 매우 크게 기뻐하고 기뻐하더라.

기쁨은 원하던 것이 이루어졌을 때에 자연스럽게 생겨나는 결과이다. 그들은 자신들의 나라에서 기이한 별을 보았다. 그리고 그들은 자신들이 알고 있던 점성술에 비추어 보아서 그 별이 위대한 왕이 태어날 징조임을 알았거나, 아니면 하나님의 계시로 그것을 알았을 것이다. 이것은 그들 속에 그 왕에게 가서 경배하고자 하는 강렬한 소원을 불러일으켰기 때문에, 예루살렘까지 먼 길을 마다하지 않고 찾아왔다. 예루살렘에 당도해서, 그들은 그리스도가 유대 베들레헴에서 태어나게 되어 있다는 대답을 제사장들과 서기관들로부터 듣고서, 더욱더 그것을 확신하게 되었고, 그곳을 향하여 출발하였다. 그들이 그 곳으로 여행하는 동안, 이전에 그들이 보았던 별이 다시 나타나서, 그들의 지금까지의 확신을 더욱 확실하게 확인시켜 주었을 뿐만 아니라, 그들을 베들레헴으로 인도하여 특정한 집으로 들어가게 하였기 때문에, 그들은 자신들이 헤롯으로부터 들은 것이 옳다는 것을 온전히 확신하게 되었고, 자신들이 바라던 것이 이루어진 것을 알고 자연스럽게 기뻐하게 되었던 것이다. 그리고 만약 그들이 영적인 조명을 받아서(그랬을 가능성이 크다), 이 그리스도가 유대인들과 이방인들을 그들의 죄로부터 구원하러 온 분이라는 것을 믿었다면, 그들은 만민에게 기쁜 일이 될 그리스도의 탄생을 영적으로도 기뻐하였을 것이다.

11. 집에 들어가 아기와 그의 어머니 마리아가 함께 있는 것을 보고 엎드려 아기께 경배하고 보배합을 열어 황금과 유향과 몰약을 예물로 드리니라.

동정녀 마리아와 그의 거룩한 아기가 거기에 얼마 동안이나 머물러 있었던 것인지는 본문에 나와 있지 않다. 이 동방박사들이 6주 또는 두 달 내에 당도하였을 것이라고 생각하는 사람들은 요셉과 마리아가 예루살렘에 가서 아기를 하나님께 드리고 제사를 지낸 후에(눅 2:22) 다시 베들레헴으로 돌아왔을 것이라고 설명한다. 그러나 그런 식의 설명이 성립하려면, "주의 율법을 따라 모든 일을 마치고 갈릴리로 돌아가 본 동네 나사렛에 이르니라"(눅 2:39)는 말씀을, 그들이 율법을 따라 이 모든 일을 행한 후에 상당 기간 동안 베들레헴에 그대로 머물러 있었다고 보아야 하는데, 그것은 가능성이 희박하고 그럴 필요가 없었던 것으로 보이고, 특히 나사렛이 요셉의 "본 동네," 즉 생활터전이 있는 곳이었다는 점을 감안하면 더더욱 그러하다. 따라서 요셉과 마리아는 집을 너무 오랫동안 비웠기 때문에 예루살렘에서 자신들의 집이 있는 나사렛으로 곧장 돌아갔을 가능성이 크고, 만약 동방박사들이 베들레헴에서 그들을 만난 것이라면, 그들이 베들레헴에 있는 친척을 만나기 위해서 다시 그 곳을 찾았을 때에 동방방사들을 만나게 된 것이라고 보아야 할 것 같다.

아기와 그의 어머니가 함께 있는 것을 보고. 성경은 마리아와 아기가 어떤 환경에 있었는지에 대해서 말하고 있지 않지만, 그들이 아주 가난하고 비천하게 살아갔으리라는 것은 의심의 여지가 없는데, 이것은 우리로 하여금 동방박사들이 이 아기가 이 세상에 속한 나라의 왕이 아니라, 세상의 참된 메시야이자 구주라는 영적인 계시를 하나님으로부터 받았을 것이라고 믿게 하는 아주 강력한 요인이 된다. 그렇지 않았다면, 그들은 하인들도 없는 평범한 집에 있는 가난한 아이를 보고 이제 갓 태어난 위대한 왕으로 대우하지 않았을 것이다.

엎드려 아기께 경배하고. 이것은 동방 나라들에서 사람들이 왕에게 올리는 통상적인 예였다. 그 경우에는 사람들은 왕의 신분과 위엄을 지니고 있음을 보여 주는 확실한 증거들을 갖추고 있던 왕들에게 경배하였던 것인 반면에, 이 동방박사들에게는, 만일 이 아기가 어떤 왕인지를 보여준 하나님의 계시가 없었다면, 단지 그 기이한 별 외에는 그 어떤 증거도 없었던 것이 된다. 따라서 우리는 이 동방박사들이 단지 위대한 왕이 태어날 것이라는 사실만이 아니라, 그 태어날 왕이 인간의 육신을 입은 하나님의 영원하신 아들이시라는 사실도 계시를 받았을 것이라고 보아야 한다. 그렇다면, 그들이 "엎드려 아기께 경배한" 행위는 세상의 구주이신 아기를 신으로 여기고서 경배한 것이 되고, 그들은 이방인들 중에서 주 예수 그리스도를 고백하고 믿은 첫 열매들인 셈이다.

보배합을 열어 황금과 유향과 몰약을 예물로 드리니라. 그들이 이어서 이렇게 아기에게 예물들을 드린 것은 바로 그런 이유 때문이었다. 어떤 이들은 그들이 아기께 드린 예물들 중에서 "황금"은 왕에게 바친 것이었고 유향"은 대제사장에게 바친 것이었으며 "몰약"은 아기가 계신 곳을 향기롭게 하기 위한 것이었다고 생각하지만, 그런 생각은 단지 풍부한 상상력의 산물일 뿐이다. 동방 사람들은 예물 없이 왕들에게 나아가는 일은 거의 없었고, 그들이 드린 예물들은 통상적으로 그 나라에서 가장 귀하게 여기는 물건들로 이루어져 있었다. 이것은 창세기 43:11을 보면 분명하게 드러난다. "몰약"은 오직 아라비아에서, "유향"은 (아라비아의 한 지역이었던) 시바에서 났고, 거기에서는 황금도 났다고(대하 9:14) 한 박물학자들의 말이 사실이라면, 이 동방박사들은 점성술사들이 아주 많았던 아라비아에서 왔을 가능성이 대단히 높다. 우리는 동방박사들이 이러한 예물들을 바침으로써, 요셉과 마리아와 예수가 머지않아 애굽에서 타향살이를 할 때에 필요한 비용을 마련해 준 것이 되었다는 사실 속에서, 하나님의 놀라운 섭리를 본다. 이 예물들에 그 밖의 다른 알레고리적이거나 신비적인 의미를 부여하는 것은 단지 추측에 지나지 않는 것이자 인간의 풍부한 상상력의 산물일 뿐이다.

12. 그들은 꿈에 헤롯에게로 돌아가지 말라 지시하심을 받아 다른 길로 고국에 돌아가니라.

지혜로우신 하나님께서는 헤롯으로 하여금 동방박사들이 이 새로 태어난 왕에 관한 자세한 정보를 얻게 되기를 기대하며 기다리게 하셔서, 그들이 아기 예수를 경배할 때까지 그의 피 흘리는 손을 묶어두신 후에, 이제는 그의 교활한 계획을 무너뜨리기 시작하신다. 하나님은 꿈에 동방박사들에게 나타나셔서, 헤롯에게로 돌아가지 말라고 경고하신다. 그들에게는 헤롯의 피 흘릴 계획에 동조할 의도는 추호도 없었지만, 그들의 마음은 순수하고 순진하였기 때문에, 헤롯은 그들의 그러한 순진함을 악용해서, 그들을 자신이 저지를 죄악의 공범들로 만들고자 하였었다. 하지만 하나님께서는 일이 그렇게 되도록 내버려 두시는 분이 아니시다: "바른 길로 행하는 자는 걸음이 평안하려니와 굽은 길로 행하는 자는 드러나리라"(잠 10:9). 그래서 아비멜렉이 아무것도 모른 채 사라를 취하려고 하였을 때, 하나님은 거기에 개입하셔서 그가 자신의 의도가 아닌데도 그런 죄악을 범하게 되는 일이 없게 하셨다(창 20:6). 본문에서 "하나님에게서 경고를 받아"(한글개역개정에는 "지시하심을 받아")로 번역된 단어는 하나님이 존귀하게 대우해 주고자 하시는 사람들에게 친히 나타나시거나 천사를 시켜서 대화를 한 것을 가리킬 때에 사용된다(눅 2:26; 행 10:22; 히 8:5; 11:7). 따라서 하나님께서는 동방박사들에게 하나님과 그의 그리스도를 공경하는 마음이 있는 것을 아셨기 때문에 그들을 존귀하게 대우하셔서 다음과 같이 행하신 것이었다. (1) 하나님은 그들에게 별을 보내셔서 그들의 길을 인도하셨다. (2) 하나님은 대제사장들과 서기관들의 입을 빌려, 동방박사들이 그 별과 그 별의 의미에 대하여 잘못 안 것이 아니라는 것을 확신하게 해주셨다. (3) 하나님은 그들에게 직접 알려주지 않는 경우에는 그들이 자신들이 원하지 않는 죄악을 범하게 되거나, 저 피 흘리는 비극의 도구로 이용될 것을 아시고서, 그들의 꿈에 나타나, 그들이 어떻게 해야 하는지를 말씀해 주셨다. 이렇게 해서, 그들은 다른 길을 통해서 자신들의 고국으로 돌아갔고, 우리는 성경에서 그들에 대한 얘기를 다시는 듣지 못한다.

13. 그들이 떠난 후에 주의 사자가 요셉에게 현몽하여 이르되 헤롯이 아기를 찾아 죽이려 하니 일어나 아기와 그의 어머니를 데리고 애굽으로 피하여 내가 네게 이르기까지 거기 있으라 하시니.

동방박사들이 떠난 지 얼마 후에 천사가 요셉의 꿈에 나타났는지에 대해서는 성경이 말하고 있지 않지만, 몇몇 지리학자들이 말한 것이 사실이라면, 유대 베들레헴은 예루살렘에서 불과 이틀 길이었을 것이고, 헤롯은 동방박사들의 동태를 의심할 여지 없이 재빨리 알아차렸을 것이기 때문에, 그 시간은 얼마 걸리지 않았을 것이다.

목수였던 요셉은 그렇게 뛰어난 재주를 갖고 있지 않아서, 애굽으로 피신한 경우에서 어떻게 자신의 아내와 아기를 먹여 살릴 수 있을지를 고민할 수밖에 없었을 것이기 때문에, 이것은 그에게 두 번째 시험이었다. 그러나 요셉은 "땅과 거기에 충만한 것이 여호와의 것"이라는 것을 알고 있었기 때문에, 애굽은 비록 우상 숭배자들의 땅이기는 하였고, 거기에서 먹고 살아갈 길이 눈에 보이지 않았다고 할지라도, 우리는 이러한 것들이 그로 하여금 주저하고 망설이게 하였다는 말을 본문에서 들을 수 없다. 애굽은 팔레스타인에게 가까운 곳이었고, 헤롯 왕의 통치가 미치지 못하는 또 다른 왕이 다스리는 영토였다. 여로보암도 거기로 도망쳐서(왕상 11:40), 솔로몬이 죽을 때까지 거기에 머물렀다. 여기에서 하나님이 명하신 것 속에는, 단지 이 거룩한 아기를 특별한 섭리로 돌보시겠다는 의미만이 아니라, 아기와 부모를 먹여 살리는 것을 비롯해서 그 아기를 돌보는 데 필요한 모든 것을 지원하실 것이라는 약속도 포함되어 있었다. 그리고 하나님은 요셉에게 그가 돌아와야 할 때가 되면 알려 주겠다고 말씀하심으로써, 애굽의 타향살이 속에서 그들이 결코 죽게 되지 않을 것임을 추가적으로 약속해 주신다. 그리스도께서 죽으실 때는 아직 오지 않았기 때문에, 하나님은 그리스도를 죽을 곳에서 건져내실 것이었다. 왜냐하면, 사람의 마음과 양심을 감찰하시고 멀리서도 사람의 생각을 아시는 하나님께서는 "헤롯이 아기를 찾아 죽이려" 한다는 것도 아시기 때문이다. 헤롯은 겉보기에는 단지 아기를 찾는 것일 뿐인 것으로 보이겠지만, 마음을 감찰하시는 하나님은 그가 아기를 죽이려는 악의를 지니고 있음을 알고 계셨기 때문에, 아기를 보호하시기 위하여, 헤롯을 피하여 자기가 지시하는 곳으로 가라고 요셉에게 명하신 것이다. 우리는 하나님의 뜻을 확실하게 알았거나 하나님의 계시를 받았다고 해서, 그 뜻을 이루는 데 합리적이고 합당한 수단들을 사용하는 것을 소홀히 해서는 안 된다. 하나님께서는 자기 교회와 백성에게 필요한 것들을 다 공급해 주시지만, 하나님의 뜻은 그들이 자신들에게 필요한 것들을 얻기 위하여 온갖 합당한 수단들을 사용하여야 한다는 것이다.

14-15. [14]요셉이 일어나서 밤에 아기와 그의 어머니를 데리고 애굽으로 떠나가 [15]헤롯이 죽기까지 거기 있었으니 이는 주께서 선지자를 통하여 말씀하신 바 애굽으로부터 내 아들을 불렀다 함을 이루려 하심이라.

하나님의 계시를 진심으로 믿거나 동의하면, 반드시 그 계시된 명령에 순종하는 행위가 뒤따른다. 동방박사들도 그랬고, 요셉도 그랬다. 이러한 예는 성경의 도처에 나온다. 이것을 통해서 우리는 성경에서 명한 생활규범을 따라 살아가기 위하여 애쓰지 않는 사람들은 실제로는 성경이 하나님의 말씀이라는 것을 믿지 않는 자들이라는 것을 알게 된다. 요셉은 순종하였을 뿐만 아니라, 즉시 기꺼이 순종하였다:

"요셉이 일어나서 아기와 그의 어머니를 데리고." 우리는 요셉이 이렇게 신속하게 하나님의 명령에 순종하여 행한 것으로부터, 우리 구주의 부모가 가난하였다는 것을 알 수 있다. 요셉은 가재도구를 챙기거나 남들에게 빌려준 돈을 회수하는 등 떠날 준비를 하는 데 시간을 지체할 필요가 없었다. 그가 혹시라도 이렇게 서둘러 떠남으로써 챙겨 가지 못한 것들이 있었다고 할지라도, 그는 적어도 그와 그의 가족을 돌보아 주시겠다고 하신 하나님의 특별한 약속은 챙겨가는 것이었다. 하지만 그는 지혜롭고 신중하게 행하여, 자신의 움직임이 드러날 위험이 가장 적은 때인 "밤에" 가족을 데리고 애굽으로 떠난다. 우리에게는 우리를 보호해 주시겠다는 하나님의 확실한 약속들이 무수히 많이 주어져 있지만, 우리가 사용할 수 있는 수단들을 통해서 우리 자신을 보호할 수 있을 때에는, 하나님이 이적들을 일으켜서 우리를 보호해 주시기를 바라서는 안 된다. 왜냐하면, 하나님께서 우리에게 이성을 주신 것은, 우리로 하여금 하나님의 말씀을 믿고 신뢰하는 가운데서도, 우리에게 주어진 이성을 활용해서 우리에게 필요한 것들을 행해나가도록 하기 위하여 안전장치로 주신 것이기 때문이다.

본문은 요셉이 애굽의 어느 지역으로 갔는지, 또는 얼마나 오랫동안 거기에 머물렀는지에 대해서는 말해 주지 않는다. 어떤 이들은 6-7년이었을 것이라고 말하기도 하고, 어떤 이들은 서너 달이었을 것이라고 말하기도 하지만, 본문은 그가 "헤롯이 죽기까지" 거기에 있었다고 말한다. 어떤 이들은 그 해의 유월절이 되기 전에 요셉이 돌아왔을 것이라고 말하기도 한다. 그러나 이 모든 것들은 극히 불확실하고, 확실한 것은 헤롯이 죽을 때까지 요셉이 애굽에 머물러 있었다는 것이다. 그런데 우리는 헤롯이 언제 죽었는지를 확실히 알지 못하고, 그런 것에 호기심이 발동해서 알아내고자 하는 것은 우리에게 무익한 일이다.

이는 주께서 선지자를 통하여 말씀하신 바 애굽으로부터 내 아들을 불렀다 함을 이루려 하심이라. "이는 … 이루려 하심이라"는 어구는 우리가 신약에서 흔히 만나는 어구로서, 성경의 조화 및 구약의 예언들이나 약속들을 반드시 성취하시는 하나님의 신실하심을 선포하는 의미를 지닌다. 스판헤미우스(Spanhemius)는 "성경이 성취되었다는 말은 고유한 의미로도 사용되고 파생적인 의미로도 사용된다." 즉, 축자적인 성취 또는 신비적인 성취로 보는 것은 고유한 용법이고, 이전에 예언되거나 말해진 것 같은 그런 일이 일어난 것이라거나, 과거에 전례가 있는 일과 비슷한 일이 또다시 일어난 것이라는 의미에서 부차적인 성취로 보는 것은 파생적인 용법이라는 것이다. 성경이 축자적으로 성취되었다는 것은 다음과 같은 것을 의미한다. (1) 전에 예언되었거나 약속된 일이 일어난 경우. 따라서 이사야서 7:14은 마태복음 1:23에서, 미가서 5:2은 그리스도께서 베들레헴에서 태어나셨다고 보도하고 있는 마태복음 2:6에서, 스가랴서 9:9은 마태복음 21:5에서 축자적으로 성취되었다고 말할 수 있다. (2) 구약의 모형이 신약의 원형에서 성취된 경우. 따라서 우리는 유월절 어린 양, 놋뱀, 솔로몬, 다윗, 요나 등등과 같이 구약에 나오는 많은 본문들이 그리스도 안에서 성취되었다고 말할 수 있다. 하지만 성경에서 이전에 말해진 것이나 행해진 것과 유사성이 있는 어떤 일이 신약에서 보도되거나 행해진 것을 성경이 성취되었다고 말한다면, 그것은 파생적인 용법이다. 따라서 이사야가 당시에 살았던 자들을 가리켜 한 말(사 29:13)을 그리스도께서 당시에 살았던 외식하는 자들에게 적용한 것에 대해서, 성경이 성취된 경우라고 말하는 것은 파생적인 용법이고, 마태복음 13:14과 이사야서 6:9의 경우도 마찬가지이다. 이런 경우들에 있어서, 성취라는 말은 비슷한 일들이 일어났다는 의미이다. 따라서 현재의 문제는 그리스도께서 애굽으로 피신하게 되신 일이 본문에서 인용된 호세아서 11:1을 성취한 것이라고 말한 것이 고유한 용법인가 아니면 파생적인 용법인가 하는 것이다. 이 문제에 대한 대답은 천차만별이지만, 이스라엘 백성이 애굽으로 갔다가 나온 일은 그리스도께서 애굽으로 가셔서 피신하셨다가 다시 거기에서 나오신 일의 모형이었다고 생각하는 것이 가장 좋은 판단인 것으로 보인다.

마태가 성경이 성취되었다고 말한 것이 고유한 용법인지 아니면 파생적인 용법인지를 따지는 것은 우리에게 별로 중요하지 않지만, 내가 여기에서 이렇게 이 문제에 대해서 많은 말을 한 것은 앞으로 이 어구가 나왔을 때에 두 번 다시 이런 말을 하지 않기 위해서일 뿐이다.

16. 이에 헤롯이 박사들에게 속은 줄 알고 심히 노하여 사람을 보내어 베들레헴과 그 모든 지경 안에 있는 사내아이를 박사들에게 자세히 알아본 그 때를 기준하여 두 살부터 그 아래로 다 죽이니.

헤롯이 2:8에서 동방박사들에게 자기도 그리스도께로 가서 경배할 수 있게 해달라고 한 진정한 의도가 무엇이었는지가 이제 여기에서 적나라하게 밝혀진다. 본문이 "헤롯이 박사들에게 속은 줄 알고"라고 말한 것은 그들이 그에게 돌아오지 않음으로써 헤롯은 실제로 우롱당하고 속은 느낌을 받았기 때문이었다. 동방박사들은 헤롯을 우롱하는 말을 한 것도 아니었고, 자신들의 행동을 통해서 그를 속이고자 한 것도 아니었으며, 사실은 그가 원한 대로 그에게 돌아오고자 하였지만, 꿈에서 하나님의 지시하심을 받고서 그에게로 돌아오지 않은 것일 뿐이었다.

지체 높은 사람들이 자기가 계획한 큰 일이 자신의 수하들에 의해서 좌절되었을 때에 흔히 그러하듯이, 헤롯은 "심히 노하여 사람을 보내어 베들레헴과 그 모든 지경 안에 있는 사내아이를 … 두 살부터 그 아래로 다 죽였다." 그는 군대나 수하들을 보내어 모든 아이들을 죽였다. 한 전승에 의하면, 그는 자기 아들까지도 죽였고, 이 일을 전해 들은 아우구스투스 카이사르(Augustus Caesar)는 "유대인들은 돼지고기를 먹지 않으니, 헤롯의 아들이 아니라 돼지가 되는 편이 더 좋았겠다"고 말하였다고 한다. 또 어떤 이들은 그것은 단지 꾸며낸 이야기에 지나지 않고, 사실 그의 아들은 그가 죽기 며칠 전에 먼저 죽은 것이라고 말한다.

두 살부터 그 아래로. 우리가 이 말씀을 그대로 받아들인다면, 동방박사들이 찾아왔을 때에 그리스도께서는 거의 두 살 가량 되었던 것이라고 생각해야 한다. 그러나 몇몇 매우 박식한 사람들은 우리가 "두 살"이라고 번역한 용어는 만 일 년이 아니라 일 년이 조금 지난 아기를 가리키는 것이기 때문에, 동방박사들은 그리스도께서 태어나신 지 일 년이 약간 지난 시점에 찾아왔다고 본다. 이렇게 동방박사들이 찾아온 때가 아기가 태어난 지 일 년하고 한 주가 지난 때였다면, 본문이 '디에테스' (διετής)라는 용어를 사용해서, 아기가 자신의 두 번째 해를 시작하였다고 표현한 것은 지극히 적절한 것이었다는 것이다. 따라서 이 박식한 사람들은 동방박사들이 베들레헴으로 오기 일 년 조금 전쯤에 별이 나타났을 것이고, 아라비아의 어느 지역에서 예루살렘까지는 꽤 먼 길이었을 것이었기 때문에, 그들은 이 여행을 하기로 결심하고 준비해서 떠나는 데 일 년이 걸렸을 것이라고 생각한다. 따라서 그들은 그 다음에 나오는 "박사들에게 자세히 알아본 그 때를 기준하여"라는 말씀은 동방박사들이 그 별이 처음으로 나타난 지가 일년 조금 넘었다고 헤롯에게 말해 주었다는 것을 보여 주는 것으로 해석한다. 이것은 동방박사들이 13일 이내에 왔을 것이라는 견해(이 정도의 짧은 기간에 이 여행을 하는 것은 어렵기 때문에, 이것은 의심할 여지 없이 가능성이 희박한 견해이다)와 2년이 거의 다 되어서 당도했을 것이라고 보는 견해(2년이라는 시간 간격은 너무 오랜 시간을 상정한 것으로 보인다)의 중간에 해당하는 견해이다. 나는 이 문제는 독자들의 판단에 맡겨 두고자 한다.

17-18. [17]이에 선지자 예레미야를 통하여 말씀하신 바 [18]라마에서 슬퍼하며 크게 통곡하는 소리가 들리니 라헬이 그 자식을 위하여 애곡하는 것이라 그가 자식이 없

으므로 위로 받기를 거절하였도다 함이 이루어졌느니라.

이 본문에 인용된 것은 예레미야서 31:15이다. 유다가 포로로 사로잡혀 갔을 때, 이 예언은 축자적으로 성취되었다. 당시에 베냐민 지파와 유다 지파에서는, 그들의 자녀들이 죽임을 당하거나 포로로 사로잡혀 갔기 때문에, "크게 통곡하는 소리"가 있었다. 여기에 언급된 "라마"는 슬퍼하고 통곡하는 소리를 가장 크게 들을 수 있는 "높은 곳"을 의미하는 것이기 때문에, 우리는 이것을 굳이 지명으로 생각할 필요는 없지만, "라마"를 지명으로 한 지역은 몇 곳이 있었는데, 그 중의 하나는 베들레헴(이전에는 "에브라다"로 불렸다[창 35:16, 19]) 근처에 있었고(삿 4:5), 또 하나는 베냐민 지파의 땅에 있는 성읍이었다(수 18:25). 헤롯이 보낸 학살자들은 "베들레헴과 그 모든 지경에서" 학살을 자행하였고, 슬퍼하고 통곡하는 소리는 거기에서 가까운 "라마"에까지 들렸다. 베냐민 지파와 유다 지파는 유다 왕국을 구성하고 있던 지파들이었다. "라헬"은 자녀를 갖게 되기를 그토록 소원하였던 여인으로서 베냐민의 어머니였기 때문에, 이 살륙극에서 자신의 아들들을 잃은 모든 어머니들의 슬픔을 표현하는 데 가장 적합한 이름이었다. 어린아이들에 대한 이 학살은, 이전에 포로로 사로잡혀 갔을 때와 마찬가지로(렘 31:15), 베냐민 지파와 유다 지파의 자애로운 어머니들의 통곡을 불러일으켰다.

19-20. [19]헤롯이 죽은 후에 주의 사자가 애굽에서 요셉에게 현몽하여 이르되 [20]일어나 아기와 그의 어머니를 데리고 이스라엘 땅으로 가라 아기의 목숨을 찾던 자들이 죽었느니라 하시니.

어떤 이들은 헤롯이 이러한 학살을 저지른 후에 얼마 살지 못하였다고 말하면서, 요셉의 가족이 애굽에 머문 기간은 서너 달쯤이었을 것이라고 생각한다. 우리가 역사가들의 기록을 믿을 수 있다면, 헤롯의 죽음은 하나님의 보복하심을 보여준 끔찍한 본보기였다고 한다. 그러나 우리는 헤롯이 이 학살을 자행한 후에 얼마 동안이나 더 살았는지를 정확히 알 수 없다. 헤롯이 죽자, 하나님께서는 전에 요셉에게 약속하신 대로(2:13), 이전과 마찬가지로 천사를 보내셔서, 요셉에게 이제는 돌아와도 안전할 것임을 알려 주신다. 천사가 요셉에게 현몽한 때는 헤롯이 죽은 직후는 아니었을 것이다. 왜냐하면, 헤롯의 뒤를 이어 왕위를 계승한 "아켈라오"가 자신의 왕권을 재가받기 위해서 로마에 다녀오는 데에 어느 정도의 시간이 걸렸을 것임에 틀림없기 때문이다. 하지만 어쨌든 헤롯이 죽은 후에 얼마 되지 않아서, 천사는 꿈에 요셉에게 나타나서, 이스라엘 땅으로 돌아오라는 하나님의 명을 전하였고, 요셉이 그 명에 순종하여 이스라엘로 돌아오는 데에도 시간은 얼마 걸리지 않았을 것이다.

21-22. [21]요셉이 일어나 아기와 그의 어머니를 데리고 이스라엘 땅으로 들어가니라 [22]그러나 아켈라오가 그의 아버지 헤롯을 이어 유대의 임금 됨을 듣고 거기로 가기를 무서워하더니 꿈에 지시하심을 받아 갈릴리 지방으로 떠나가.

유대인의 참된 왕이 태어나자, 하나님은 특별한 섭리를 통해서, 유대 땅에 왕의 칭호를 지닌 통치자가 더 이상 존재하지 않게 하셨지만, 분봉왕들이 각자 자신의 영지에서 왕적인 권세를 행사하였기 때문에, 사람들은 그들을 "유대의 임금"이라고 말하였다. "아켈라오"는 부왕이었던 헤롯의 유언을 따라 그의 후계자가 되긴 하였지만, 이 절이 보여 주듯이, 로마의 황제와 원로원은 그를 유대의 분봉왕으로 임명하였다. 또한, 누가복음 3:1이 보여 주듯이, 헤롯의 아들들 중에서 자신의 부왕과 마찬가지로 헤롯으로 불렸던 "안디바"는 갈릴리의 분봉왕이 되었고, 또 한 아들이었던 "빌립"은 이두래의 분봉왕이 되었으며, "루사니아"는 아빌레네의 분봉왕이 되었다. 헤롯의 모든 아들들 중에서 아켈라오는 가장 포악하고 잔인하기로 유명하였기 때문에, 요셉은 아켈라오가 다스리는 땅으로 돌아가는 것을 무서워하였다. 반면에, 아켈라오의 동생이었던 헤롯 안디바는 훨씬 더 온유하고 차분한 성품을 지니고 있었다고 한다. 그래서 요셉은 하나님의 지시하심을 받아 헤롯 안디바의 영지였던 갈릴리로 돌아갔다.

23. 나사렛이란 동네에 가서 사니 이는 선지자로 하신 말씀에 나사렛 사람이라 칭하리라 하심을 이루려 함이러라.

누가복음 2:4은 요셉이 우리 구주가 태어나기 전에는 나사렛에서 살았음을 보여 주고, 누가복음 2:39은 마리아가 출산이 끝나고 정결하게 하는 기간이 지난 후에 그들이 "갈릴리로 돌아가 본 동네 나사렛에 이르렀다"고 말하며, 누가복음 4:16에서는 우리 구주께서 나사렛에서 자랐다고 보도한다. 그래서 요한복음 1:45을 보면, 빌립은 우리 구주를 "나사렛 예수"라고 부른다. 그러나 이 절의 말씀은 성경의 다른 어느 절 못지 않게 다음과 같은 큰 난제들을 제시한다.

(1) 그리스도는 분명히 베들레헴에서 태어났는데, 어째서 "나사렛 사람"이라 불릴 수 있었는가? (2) 성경의 모든 예언서들을 다 찾아보아도, 그런 말씀이 없는데, 왜 복음서 기자는 이것이 "나사렛 사람이라 칭하리라"는 선지자의 예언을 성취한 것이라고 말하고 있는 것인가? 이러한 질문들에 대해서 갖가지 이상한 견해들이 제

시되었는데, 스판헤미우스(Spanhemius)의 견해는 최소한 그런 이상한 견해들의 예외라고 할 수 있을 것 같다. 그는 그리스도는 유대인들 가운데서 민수기 6:2-3에 그 규범이 기록되어 있는 "나실인"의 반열에 속해 있었다고 주장하면서, 사사기 13:7이 보여 주듯이, 삼손도 나실인이었고, 요셉도 "나실인"(נזיר - '네지르')이었다고 말한다(창세기 49:26에서는 사사기 13:7에서 사용된 것과 동일한 단어가 사용되었다). 또한, 성경을 쓴 하나님의 거룩한 자들인 선지자들은 그리스도의 모형들이었던 인물들이 명시적으로 히브리어로 '네지르'라 불렀던 것과 마찬가지로, 그리스도도 그렇게 불리게 될 것이라고 말하였다는 것이다.

"나실인"이라는 것은 사람들과 통상적인 관계를 맺고 살아가는 삶으로부터 구별되어 하나님께 바쳐진 거룩한 사람을 가리키는 용어이다. 그리스도는 우리의 대속을 이루기 위하여 구별되어 하나님께 드려진 나실인이 될 것이었고, 요셉처럼 자신의 형제들로부터도 구별될 것이었다. 이사야서 53:3은 "그는 … 사람들에게 버림받았으며 … 마치 사람들이 그에게서 얼굴을 가리는 것 같이 멸시를 당하였고 우리도 그를 귀히 여기지 아니하였도다"라고 말한다.

하나님께서는 자신의 특별한 섭리를 통해서, 모든 나실인들의 원형이자 참된 '네지르' 또는 "구별된 자"였던 그리스도께서 가난하고 멸시받을 만한 동네였던 "나사렛"에서 자라게 하셨다: "나다나엘이 이르되 나사렛에서 무슨 선한 것이 날 수 있느냐"(요 1:46). 이렇게 그리스도는 나사렛에서 성장하였기 때문에, 유대인들은 그를 나사렛에서 태어나서 자란 "나사렛 사람"으로 치부하여 경멸하게 될 것인 반면에, 유대인들 중에서 그를 믿는 자들은 좀 더 거룩한 목적을 위하여 사람들로부터 구별되어 하나님께 바쳐진 나실인들, 곧 장차 오실 그리스도를 예표하는 모형들로서 살아갔던 요셉과 삼손에 비추어서 "나사렛 사람"이라는 의미를 이해해서, 바로 그것이 그리스도가 참된 나실인임을 확증해 주는 증표임을 알 수 있을 것이었다. 따라서 선지자들이 그리스도의 참된 모형들인 "나실인들"에 대하여 이렇게 말하였을 때, 그것은 바로 그리스도에 대하여 말한 것이었다.

우리는 스판헤미우스(Spanhemius)의 책과 『난제들』(*Poli Critica*)에서 이 본문의 난제들에 관한 자세한 얘기들을 읽을 수 있지만, 그것은 스판헤미우스가 칼빈 목사님의 견해를 좀 더 개선하고 발전시킨 것으로 보인다.

제3장

개요

1. 세례 요한의 설교; 그의 직분과 생활방식(1-4).
2. 세례 요한이 요단 강에서 사람들에게 세례를 줌(5-6).
3. 세례 요한이 바리새인들을 꾸짖음(7-12).
4. 그리스도께서 요한에게서 세례를 받으시고, 하늘로부터의 증언을 받으심(13-17).

1. 그 때에 세례 요한이 이르러 유대 광야에서 전파하여 말하되.

"그 때에," 즉 디베료 가이사가 황제가 된 지 제15년(누가복음 3:1이 보여 주듯이)이자, 세례 요한과 그리스도가 "삼십 세쯤"(눅 3:23) 되었을 때(우리는 누가복음 1:31, 41, 57로부터 그리스도와 세례 요한의 나이 차이가 거의 나지 않는다는 것을 알 수 있다), 우리의 찬송 받으실 주께서는 요셉 및 마리아와 함께 나사렛에 살고 계셨다. 출애굽기 2:11을 보라. 여기에 나오는 "그 때에"는 출애굽기 2:11에 나오는 "그 때에"와 동일하다(한글개역개정에서 "모세가 장성한 후에"로 되어 있는 어구가 KJV에는 "모세가 장성한 그 때에"로 되어 있다 — 역주). 히브리어에서 여러 단어들을 결합해서 한 날 또는 한 해를 가리키는 일이 흔하고, 사무엘상 1:3, 7의 칠십인역 본문이 보여 주듯이, 헬라인들도 그렇게 하였다. 복음서 기자들은 우리 구주의 어린 시절에 대해서는 대체로 침묵한 채로 그냥 넘어가고, 오직 우리 구주께서 성전에서 박사들과 논쟁한 일만이 누가복음 2:46에 보도되고 있다.

"사가랴의 아들 요한"(눅 3:2)이 "세례를 주는 자 요한"(한글개역개정에는 "세례 요한")으로 불리게 된 것은, 그가 그리스도께 세례를 베풀었기 때문이거나, 이 시기 이전에는 유대인들이 이방인 개종자들을 받아들일 때에 행하였던 세례를 하나님이 하나의 규례로 제정하는 데 그를 사용하셨기 때문이었다. "하나님의 말씀"이 세례 요한에게 "임하였기" 때문에, 그는 자신이 받은 사명을 따라서 말씀을 "전파하였다." "유대 광야"는 사람들이 사는 집들과 주민들이 아주 적었던 유대의 일부 지역들이었다.

마태복음 2장과 3장 사이에는 28년이나 29년의 시간 간격이 존재하기 때문에, 우리는 2장의 이야기가 여기에서 계속 이어지고 있다고 생각해서는 안 된다. 복음서 기자는 사람들의 호기심을 충족시켜 주고자 하는 것이 아니라, 단지 그리스도의 이야기 중에서 우리가 알아서 유익이 될 것들만을 우리에게 말해 주고자 하는 것이다.

2. 회개하라 천국이 가까이 왔느니라 하였으니.

이 복음서 기자는 단지 세례 요한이 전한 가르침의 요지와 범위만을 우리에게 알려주지만, 다른 복음서 기자들은 그가 사람들에게 그리스도를 믿으라고 강권하였다는 사실도 좀 더 자세하게 설명해 준다(요 1:29; 3:29, 36; 또한, 행 19:4). 회개, 믿음, 새로운 순종은 우리의 모든 설교의 내용과 범위가 되는 것이 마땅하다. "회개"는 마음의 변화와 삶의 개혁, 죄에서 떠나 하나님께로 돌아오는 것을 의미한다. "천국"은, (선지자들이 예언한 대로) 메시야 아래에서 교회가 세워지고, 하나님께서는 교회 안에 시온의 왕이신 그의 아들을 나타내셔서, 그 아들로 하여금 권능을 베푸시고 통치를 행하게 하심으로써, 모든 나라들을 복속시켜 그의 복음과 그의 모든 통치에 순종하게 하시는 것을 의미한다. 왜냐하면, 우리는 여기에 나오는 "천국"을 영광의 나라가 아니라, 은혜의 나라, 그리고 그 은혜의 나라에서 이루어지는 모든 통치들을 가리키는 것으로 이해하여야 하기 때문이다. 이 본문은 세례 요한이 자신의 설교들을 통해서 회개와 믿음, 하나님의 계시된 뜻에 대한 순종을 역설할 때에 어떤 근거를 제시하였는지를 잘 보여 준다.

3. 그는 선지자 이사야를 통하여 말씀하신 자라 일렀으되 광야에 외치는 자의 소리가 있어 이르되 너희는 주의 길을 준비하라 그가 오실 길을 곧게 하라 하였느니라.

우리가 이 말씀을 복음서 기자가 세례 요한에 대하여 한 말로 이해하느냐(막 1:3; 눅 3:4), 아니면 세례 요한 자신의 말로 이해하느냐(그는 요한복음 1:23에서 자기에 대하여 직접 이렇게 말한다)는 그리 중요한 문제가 아니다. 이 말씀은 이사야서 40:3에 나온다. 이 말씀은 축자적으로 해석되고 있지만, 모형론적으로 보면, 하나님이 유대인들을 바벨론의 포로생활에서 이끌어내어 자유를 회복시켜 주시는 데 도구로 사용된 두 왕인 고레스와 다리오에 관한 것으로 해석될 수도 있고, 포로생활을 하고 있던 유대인들에게 고국으로 돌아가라고 권하거나, 돌아가서 성전과 도성을 재건하라고 권한 선지자들에 관한 것으로 해석될 수도 있다. 그러나 이 말씀이 세례 요한과 특별한 관계를 갖고 있다는 것은 네 복음서 기자 모두에 의해서 확인된다(막 1:3; 눅 3:4; 요 1:23). 누가복음 1:17은 세례 요한이 "엘리야의 심령과 능력으로 주 앞에 먼저 올" 것이라고 말하고 있고, 마태 본문은 그가 "너희는 주의 길을 준비하라 그가 오실 길을 곧게 하라"고 외칠 것이라고 말하고 있다. 큰 왕들은 자신이 행차할 길에 전령들을 먼저 보내어, 사람들에게 그 행차에 방해가 될 수 있는 것들을 그 길에서 미리 치워두게 하였던 것과 마찬가지로, 세례 요한은 곧 행차하게 되실 시온의 큰 왕보다 먼저 보내심을 받아서, 모든 사람들에게 즉시 참된 회개를 행하여, 죄악된 길들을 떠나고, 그들이 그동안 지녀 온 거짓된 생각들을 버리라고 외침으로써, 그 큰 왕이 이 세상에 자신의 영적인 나라를 세우시는 데 방해가 될 것들을 제거하는 일을 수행하여야 했다.

4. 이 요한은 낙타털 옷을 입고 허리에 가죽 띠를 띠고 음식은 메뚜기와 석청이었더라.

세례 요한의 복장과 식단을 놓고 별로 중요하지도 않은 논쟁들이 격렬하게 벌어져 왔다. 복음서 기자들의 의도는, 세례 요한의 복장과 관련해서 그가 왕궁에 있는 자들과 같이 부드러운 옷을 입은 것이 아니라, 그가 살아간 곳에 걸맞는 소박한 시골 사람 복장을 하였다고 말하고, 마찬가지로 그의 식단도 시골에서 얻어진 것들로 이루어져 있었다고 말하고자 하는 것이고, 그 이상의 의도는 없었다는 것은 의심의 여지가 없다. 따라서 어떤 이들이 세례 요한은 오늘날의 진보된 기술이 낙타털로 만들어낸 것과 같이 원래의 화려한 물결무늬를 그대로 간직한 고급스러운 낙타털 옷을 입고 있었던 것이라고 주장하는 것은 헛된 것이고, 또한 어떤 이들이 세례 요한은 다른 옷은 전혀 입지 않고 오직 가공하지 않은 낙타털을 그대로 옷처럼 입었다고 주장하는 것도 헛된 것이다. 그는 단지 자기가 살던 시골의 평범한 사람들이 입고 다녔던 것과 같은 낙타털로 된 소박한 옷, 또는 스가랴서 13:4에서 말하듯이, 선지자들이 입곤 하던 거친 "털옷"을 입은 것일 뿐이다. 엘리야의 복장도 비슷하였다(왕하 1:8).

또한, 세례 요한이 먹은 "메뚜기"와 관련해서도 여러 가지 견해들이 제시되어 왔는데, 그 중에서 가장 유력한 견해는 그것들은 진짜 메뚜기들이었다는 것이다. 왜냐하면, 메뚜기는 유대인들이 먹어도 되는 음식이었기 때문이다(레 11:22). 또한, 우리는 세례 요한이 아무것도 먹지 않고 살았다고 생각해서는 안 된다. 복음서 기자가 세례 요한의 복장과 식단에 대하여 말한 의도의 전부는, 세례 요한은 이상한 것을 입거나 먹은 것이 전혀 아니었고, 시골에 사는 평범한 사람들처럼 소박하게 입고 소박하게 먹었다는 것을 우리에게 알게 하기 위한 것이다. 그의 복장과 관련해서 평범한 사람들과 차이가 나는 것이 있었다면, 그것은 그가 엘리야를 비롯해서 선지자들과 비슷한 복장을 하였다는 것이다. 세례 요한의 이러한 예를 통해서 복음서 기자는 복음의 일꾼들이 어떻게 입고 먹으며 행하여야 하는지를 우리에게 가르쳐 준다. 즉, 복음의 일꾼들은 세상 사람들이 즐기는 화려한 복장과 맛있는 식단을 멀시함으로써, 다른 것들과 마찬가지로 복장과 식단에 있어서도 다른 사람들에게 소박하고 수수하며 절제되고 진중한 삶의 본이 되어야 한다는 것이다.

5. 이 때에 예루살렘과 온 유대와 요단 강 사방에서 다 그에게 나아와.

복음서 기자는 설교자에 대한 설명을 마친 후에, 이제 세례 요한의 설교를 들으러 온 청중들이 어떤 사람들이었는지를 우리에게 보여 준다. 여기에서 두 번 반복되어 나오는 "모든"(본문에서는 "온"과 "다")이라는 단어는 성경에서는 흔히 "많다"는 것을 나타내기 위해서 "모든"이라는 표현을 사용한다는 것을 우리에게 잘 알게 해준다. 왜냐하면, "예루살렘과 유대와 요단 강 사방"에 사는 모든 사람들이 세례 요한의 설교를 듣기 위해서 나아왔다는 것은 생각할 수 없는 일인 까닭에, 우리는 실제로는 아주 많은 사람들이 나아와서 그 설교를 들은 것을 복음서 기자가 이렇게 표현한 것으로 이해하여야 하기 때문이다.

그렇게 많은 사람들이 세례 요한의 설교를 듣기 위해서 나아왔다는 것은 이상한 일이 아니다. (1) 그것은 에스라 시대로부터 당시에 이르기까지 유대인들 가운데는 한 사람의 선지자도 나타나지 않았기 때문이었다. 우리 구주께서 세례 요한에 대하여 "너희가 어찌하여 나갔더냐 선지자를 보기 위함이었더냐"(마 11:9)라고 하신 말씀은 선지자가 유대인들 가운데서 극히 드물었다는 것을 암시하는 것으로 보인다. (2) 그것은 세례 요한이 두드러지게 절제된 삶을 살고 있었기 때문이었다. 우리 구주께서는 세례 요한이 다른 사람들처럼 먹거나 마시러 온 것이 아니라고 말씀하신다(마 11:18). (3) 그것은 세례 요한이 새로운 가르침을 강력하게 열정적으로 전하였기 때문이었다. 그는 유대인들이 오랫동안 기다려 왔던 메시야를 전하였고, 메시야의 나라가 가까이 왔다고 사람들에게 말해 주었다. (4) 그것은 특히 세례 요한이 사람들에게 세례를 주는 새로운 의식을 행하였기 때문이었다. 세례는 이방인들이 개종할 때에 사용하던 의식이기는 했지만, 세례 요한이 유대인들에게 세례를 베푼 것은 새로운 것이었다. 하나님께서는 그를 "보내어 물로 세례를 베풀라"고 하셨다(요 1:33). 따라서 세례라는 성례가 제정된 것은 바로 이 때부터였다고 하여야 하고, 세례 요한은 많은 사람들에게 세례를 베풀었다.

6. 자기들의 죄를 자복하고 요단 강에서 그에게 세례를 받더니.

세례 요한의 설교를 듣기 위해 나아간 사람들 중 대다수는 요단 강에 완전히 잠겼다가 다시 물 위로 나오는 "세례"를 받았지만, 그렇다고 해서 세례를 이러한 침례라는 형식으로 하는 것이 필수적인 것은 아니다. 세례가 의미하는 것, 즉 사람의 심령을 그리스도의 피로 씻는 것은 물속에 완전히 잠겼다가 나오는 방식으로 표현될 수도 있고, 물을 뿌리거나 붓는 방식으로도 표현될 수 있다(사 44:3; 겔 36:25; 골 2:12). 그들이 한 사람씩 입으로 자신의 죄를 고백하였던 것인지, 아니면 율법의 의를 배제하는 복음의 가르침을 받아들이고서 거룩한 삶을 살아가겠다고 약속하는 형식으로 자신의 죄를 자복하였던 것인지는 본문에 나와 있지 않다. 그러나 믿음의 고백과 회개는 성인이 세례를 받기 전에 통상적으로 요구되었다는 것은 아주 확실하다.

요한의 세례가 완전히 새로운 것이었다면, 유대인들 사이에서 소동이 일어나고 말이 많았을 것인데, 그렇지 않은 것이 이상할 수 있다. 성경에는 할례만 행한 것으로 언급되어 있지만, 사실은 할례를 행할 때에 거기에 부수해서 세례도 행해졌기 때문에, 세례는 이전에 벌써 행해지고 있어서 사람들이 거부감 없이 받아들일 수 있었거나(어떤 이들은 이렇게 생각한다), 이것은 유대인들 사이에서는, 엘리야라고도 하고 그 선지자라고도 한 그리스도가 오셨을 때에는 사람들에게 세례를 베풀 것이라는 관념이 널리 퍼져 있었기 때문이었다. 왜냐하면, 요한복음 1:25을 보면, 우리는 사람들이 세례 요한에게 "네가 만일 그리스도도 아니요 엘리야도 아니요 그 선지자도 아닐진대 어찌하여 세례를 베푸느냐"고 반문하는 것을 볼 수 있기 때문이다. 내 생각에 가장 유력해 보이는 견해는, 요한이 세례를 베풀기 이전에도, 이방인 개종자들에게 세례를 베푸는 경우 외에도, 아이들에게 할례를 행한 후에 세례가 통상적으로 행해졌다는 것이다. 따라서 그리스도께서는 유대인들의 만찬이라는 중심되는 것을 제외하시고, 만찬을 할 때에 행하곤 하던 것, 즉 떡을 축사하는 행위만을 따로 떼어서 성찬이라는 성례를 제정하셨던 것과 마찬가지로, 저 복음의 규례를 제정하실 때에도 할례라는 중심되는 것은 제외하시고, 거기에 부수해서 행해지던 것, 즉 할례를 받은 사람을 물로 씻었던 것만을 따로 떼어서 신약의 또 다른 성례를 제정하신 것이었다.

그러나 세례 요한은 이방인 개종자들이 아니라 유대인들에게 세례를 주었고, 할례를 행한 후에 부수적인 것으로서 세례를 베푼 것도 아니었기 때문에, 요한이 준 세례에는 새로운 요소들도 아주 많이 있었고, 만일 유대 교회의 힘이 이미 쇠퇴해서, 치리권을 행사할 힘도 거의 없는 상태가 아니었다면, 그들은 세례 요한에게 사람들을 보내어, 그가 무슨 권한으로 세례를 주느냐고 따지는 것만으로 끝나지는 않았을 것이다. 그러나 그들은 로마의 지배 아래 있었기 때문에, 유대 교회의 지도자들은 문제를 일으키기보다는 실리를 추구하는 쪽으로 행동하였는데, 이것은 하나님이 자신의 지혜로우신 섭리를 통해서 그렇게 안배해 놓으신 것이었다. 왜냐하면, 예배를 혁신하는 데에는 반대세력의 힘이 가장 약화되었을 때가 가장 적합할 것이었기 때문이다.

7. 요한이 많은 바리새인들과 사두개인들이 세례 베푸는 데로 오는 것을 보고 이르되 독사의 자식들아 누가 너희를 가르쳐 임박한 진노를 피하라 하더냐.

우리는 이 절에 등장하는 "바리새인들과 사두개인들"을 앞으로 자주 만나게 될 것이기 때문에, 여기에서 그들에 관하여 좀 더 자세하게 알아볼 필요가 있다. 당시에 유대인들 중에는 세 개의 주된 분파가 존재하였다. 그 중의 하나인 에세네파(the Essenes)는 성경에 전혀 등장하지 않지만, 그들의 주된 가르침은 "운명"이었다. 그들은 모든 것을 운명으로 돌렸다. 나머지 두 분파는 여기에 언급되고 있고, 우리는 신약의 다른 부분들에서도 바리새파(the Pharisees)와 사두개파(the Sadducees)에 대한 언급을 자주 볼 수 있다. 그 중에서 사두개파는 유대인들 가운데서 지체 높은 자들에게 가장 환영받은 분파였고, 바리새파는 백성들에게 더 인기 있고 환영받는 분파였다. 사두개파의 가르침은 에세네파와 정반대였다. 그들은 그 어떤 것도 운명으로 돌리지 않았고, 인간의 의지의 자유와 힘을 최고도로 긍정하고 주창하였다. 그들은 영혼 불멸이나 부활, 천사 같이 바리새파가 인정하였던 모든 것들을 부정하였다. 우리는 이것을 사도행전 23:8에서 알 수 있는데, 거기에서 바울은 이러한 문제들을 제기함으로써 이 두 분파로 하여금 서로 싸우게 만들어서 위기를 모면한다. 요컨대, 사두개파는 무신론자들이나 다름없었다. 영들과 부활을 부정하는 사람들이라면, 무신론자들이 아니고 무엇일 수 있겠는가? 바리새파의 가르침은 훨씬 더 건전한 것이었다. 그들은 영들과 부활을 인정하였다. 또한, 그들은 인간의 의지의 자유와 힘을 긍정하기는 하였지만, 많은 것을 하나님의 섭리와 은혜로 돌렸다. 그들은 율법의 해석자들이었고, 칼빈 목사님이 말하였듯이, 바리새파라는 이름은 바로 거기에서 나왔고, 어떤 이들이 생각하듯이, 그들이 자기 자신을 다른 사람들로부터 구별한 데서 유래한 것이 아니었다. 그들은 금식하고 기도하는 데 많은 시간을 할애하였다. 그러나 (1) 그들은 율법의 행위들을 통한 의를 추구하여 의로워져야만 하나님께 받아들여질 수 있다고 여겼다. (2) 우리 구주께서 그들을 꾸짖으시는 말씀(마 5:17-48)에서 볼 수 있듯이, 그들은 율법을 아주 피상적이고 무미건조하게 해석하였다. (3) 그들은 수많은 구전 전승들에 하나님의 율법과 동일한 권위를 부여하였다. (4) 그들은 율법의 무거운 것들, 즉 율법에서 아주 중요한 것들은 무시해 버리고, 자신들의 악을 감추기 위하여 길게 기도하며, 자신들이 하는 모든 일들을 사람들에게 보이려고 하는 등 대단히 위선적으로 행하였다.

이러한 바리새파와 사두개파에 속한 몇몇 사람들이 요한에게 세례를 받으려고 나아왔지만, 이것은 이상한 일이었다. 왜냐하면, 마가복음 6:20에서는 "헤롯이 요한을 의롭고 거룩한 사람으로 알고 두려워하여 보호하며 또 그의 말을 들을 때에 크게 번민을 하면서도 달갑게 들음이러라"고 말하고 있지만, 누가복음 7:30에서는 "바리새인과 율법교사들은 그의 세례를 받지 아니하였다"고 말하고 있기 때문이다. 아마도 그들은 호기심으로 요한에게 한 번 세례를 받아보려고 했던 것으로 보인다. 세례 요한은 그들을 보고서, "독사의 자식들아"라고 말하였는데, 이것은 그리스도께서 그들을 지칭할 때에 사용하셨던 바로 그 표현이다(마 12:34; 23:33). 세례 요한은 그들을 "독사"에 비유하였는데, "독사"는 뱀들 중에서도 가장 악하고 위험스러운 뱀이었다. 우리는 왜 세례 요한이 그들을 이렇게 거칠게 대하였는지를 설명할 필요가 없다. 왜냐하면, 우리 구주께서 이미 그러한 표현을 그들에게 사용함으로써, 그들을 그렇게 부르는 것이 정당하다는 것을 보여 주셨기 때문이다. 부패한 교사들은 최악의 사람들이고 모든 죄인들 중에서 가장 악질적인 자들이기 때문에, 그런 자들 중에서는 마음이 변화되어 회개하는 이가 거의 없다.

누가 너희를 가르쳐 임박한 진노를 피하라 하더냐. 너희는 부활도 없고 지옥도 없다고 생각하는 자들이고, 너희 자신이 너무나 의로워서 그 누구도 두려워할 필요가 없다고 생각하는 자들인데, 도대체 갑자기 무슨 생각으로, 마치 너희가 "임박한 진노"를 두려워한다는 듯이 이렇게 여기에 온 것이냐?

8. 그러므로 회개에 합당한 열매를 맺고.

너희가 여기에 와서 회개하는 자들의 무리 속에 있다고 해도, 그것만으로는 충분하지 않다. 열매를 맺지 못하는 것은 참된 회개가 아니다. 너희가 외적으로 죄를 고백한다고 할지라도, 그러한 잎사귀들은 너희가 진정으로 회개하였음을 보여 주는 충분한 증거가 되지 못한다. 너희는 거룩함의 열매들, 참된 회개의 본질에 부응하는 열매들을 맺어야 한다. "열매들"이라는 것은 습성들로부터 자연스럽게 흘러나오는 산물들이다. 따라서 성경에서는 "죄의 열매" 또는 "의의 열매"라는 표현을 사용한다. "회개에 합당한 열매"(즉, 변화된 삶에 걸맞는 열매)는 회개의 고유한 산물, 또는 회개의 외적인 고백에 부응하는 산물인 행위들이다. 믿음과 마찬가지로, 행함이 없는 회개는 죽은 것이다.

9. 속으로 아브라함이 우리 조상이라고 생각하지 말라 내가 너희에게 이르노니 하나님이 능히 이 돌들로도 아브라함의 자손이 되게 하시리라.

모든 외식하는 자들, 즉 위선자들은 자신에게 밝은 미래를 약속해 주고 하나님의 심판에 대한 두려움에서 벗어날 수 있게 해주는 어떤 것이 이미 자신들에게 주어져 있다고 믿고 거기에 많은 것을 의지한다. 요한복음 8:39이 보여 주듯이, 유대인들은 자신들이 아브라함의 자손이라고 믿었고, 거기에 많은 것을 의지하였다. 왜냐하면, 그들이 "아브라함의 자손"이라는 것은, 교회 전체는 물론이고 그들 자신과 그들의 자손까지도 창세기 8:10에 나오는 하나님과의 계약의 수혜를 받을 수 있도록 보장해 주는 것이었고, 당시에는 이삭의 족보를 따라 아브라함의 자손으로 태어난 사람들만이 하나님이 이 땅에 두신 눈에 보이는 교회의 전부였기 때문이었다.

위선자들에게서 그들의 헛된 자만심을 몰아내 주는 것은 목회자들이 해야 할 큰 일이다. 세례 요한은 여기에서 바로 그 일을 행한다. 그는 이렇게 말한 것과 같다: 나는 너희가 무엇을 믿고 있고 너희 자신과 관련해서 무슨 생각을 하고 있는지를 안다. 너희는 하나님이 이 땅에 두신 유일한 교회이고, 만일 심판이 너희에게 임한다면, 하나님이 아브라함과 맺으신 계약을 따라 긍휼을 베푸실 아브라함의 자손이 없어져 버릴 것이기 때문에, 너희를 심판하지 않으실 것이라고 믿고 있는 것이다. 그러나 착각하지 말라. 하나님은 마음만 먹으시면 돌들로도 아브라함의 자손을 만들어 내실 수 있으시다. 교황주의자들과 형식주의자들도 자신들에게는 하나님과 맺은 계약이 있다고 생각하고서, 유대인들과 아주 흡사하게 오만하게 행한다. 다만 한 가지 차이점이 있다면, 그것은 유대인들은 진정으로 하나님의 유일한 교회였던 반면에, 그들은 단지 하나님의 유일한 교회라는 이름을 참칭하고 있다는 것만이 다를 뿐이다.

10. 이미 도끼가 나무뿌리에 놓였으니 좋은 열매를 맺지 아니하는 나무마다 찍혀 불에 던져지리라.

어떤 이들은 세례 요한의 이 말은 수년 내에 로마군이 와서 유대 나라 전체를 처참하게 멸망시키게 될 것을 미리 말해 준 것이라고 생각한다. 이 말씀의 의미는 이런 것이다: 하나님이 원수 갚으실 날이 아주 가까이 다가왔기 때문에, 사람들은 지금 회개하지 않으면 안 된다. 그렇지 않으면, 회개할 기회를 영원히 놓치게 될 것이다. 왜냐하면, "좋은 열매를 맺지 아니하는 나무마다 찍혀 불에 던져지게" 될 것이기 때문이다. 마치 도끼가 나무뿌리에 이미 놓여 있어서, 나무가 곧 쓰러지게 될 그런 형국처럼, 심판은 그렇게 지금 사람들에게 아주 가까이 다가와 있다. 여기에서 말하는 심판이 모든 불신자들에게, 즉 데살로니가후서 1:8-9에서 말하듯이, "하나님을 모르는 자들과 우리 주 예수의 복음에 복종하지 않는 자들에게" 공통적으로 임할 심판을 가리키는 것인지, 아니면 유대 나라만을 멸망시킬 심판을 가리키는 것인지는 확실하지 않지만, 나는 후자일 가능성이 더 큰 것으로 판단한다. 이 본문의 하반절은 우리 구주께서 산상수훈의 뒷부분인 마태복음 7:19에서 언급하신 것이기도 하다. 따라서 우리는 세례 요한이나 그리스도, 그리고 최초의 가장 뛰어난 복음 설교자들의 화법에 비추어 볼 때, 사람들에게 장차 임할 두려운 일들을 근거로 제시하며 회개와 믿음과 거룩한 삶을 압박하는 것은 부적절한 것이 아니라는 것을 알게 된다.

11. 나는 너희로 회개하게 하기 위하여 물로 세례를 베풀거니와 내 뒤에 오시는 이는 나보다 능력이 많으시니 나는 그의 신을 들기도 감당하지 못하겠노라 그는 성령과 불로 너희에게 세례를 베푸실 것이요.

나는 그리스도가 아니고(막 1:8; 눅 3:15-16; 요 1:15, 26), 단지 회개의 표시로 사람들에게 물로 세례를 베풀기 위하여 그리스도에 앞서 보내심을 받은 그의 사자이자 전령일 뿐이다. 그러나 내 뒤로 곧 오실 분이 계시는데, 그는 나와는 비교할 수 없을 정도로 무한히 존귀하시고 능력이 많으신 분이시기 때문에, 나는 그의 신발을 들고 따라다니거나 그의 신발 끈을 풀어 드리는 일을 하기에도 황송한 하찮은 자이다. 그는 사람들에게 또 다른 종류의 세례, 즉 "성령과 불"의 세례를 베푸실 것이다. "성령과 불로 세례를 베푸신다"는 것은, 그리스도께서 "성령으로" 사람들의 죄를 그들의 내면에서 자신의 피로 씻어내어 그들의 마음을 거룩하게 하실 때, 성령은 그들의 마음속에서 불 같이 역사하여, 그들의 정욕들과 부패한 것들을 깨끗이 정화하고, 그리스도의 사랑에 대한 앎으로 그들의 마음을 뜨겁게 불타오르게 하며, 그들 속에 온갖 신령한 습관들을 촉발시킨다는 의미이다. 또는, 오순절 때처럼 "성령"이 "마치 불의 혀처럼 갈라지는" 모습으로 사람들에게 임할 것이라는 의미일 수도 있다(행 2:3). 이 두 경우에서는 “불”은 “성령”을 보충설명하는 의미를 지니게 된다. 한편, 이 어구는 그리스도를 믿는 자들에게는 성령의 역사로 말미암아 마음이 변화되고 새로워지는 역사가 일어날 것인 반면에, 그리스도를 믿지 않는 자들은 불로 태워져 멸망 받게 될 것이라는 의미로 해석될 수도 있다.

12. 손에 키를 들고 자기의 타작마당을 정하게 하사 알곡은 모아 곳간에 들이고 쭉정이는 꺼지지 않는 불에 태우시리라.

유대는 당시에 현재적으로 하나님이 이 땅에 두신 유일한 교회로서 하나님의 “타작마당”이었다. 그러나 이 타작마당에는 “알곡”도 있지만 “쭉정이”도 있는데, 이제 쭉정이와 알곡을 분리해 내실 분이 오실 것이다. 세례 요한의 설교에 의하면, 그분은 복음을 통해서 “이스라엘에게서 난 자들”과 참된 “이스라엘”을 구별해 내시고(롬 9:6), 메시야를 진정으로 기다리며 살아왔기 때문에 그가 왔을 때에 그를 기쁘게 영접하게 될 자들과 그를 인정하기나 영접하지 않음으로써 그들 자신이 메시야를 진정으로 기다리지 않아 왔다는 것을 분명하게 드러낼 자들을 구별해 내셔서, 알곡들을 따로 모아서 복음 교회를 세우실 것이다. 그리고 마지막 날에는 그가 한층 더 엄격하게 구별하셔서, “자기의 타작마당을 정하게 하사,” 참된 신자들은 천국으로 모아들이시고, 불신자들은 영원히 “꺼지지 않는 불에” 태우시고, 꺼지지 않는 불 속에 있는 것 같은 고통 속으로 그들을 던져 넣으실 것이다.

13. 이 때에 예수께서 갈릴리로부터 요단 강에 이르러 요한에게 세례를 받으려 하시니.

이 때에 삼십 세쯤 되신(눅 3:23) 그리스도께서는 요셉이 살고 있던 갈릴리의 한 동네인 나사렛으로부터 나오신다(눅 2:4). 그는 이전에 요셉 및 마리아와 함께 거기로 가서 사셨고(눅 2:39), 열두 살 때에는 예루살렘으로 올라가서 박사들과 논쟁을 벌이기도 하셨다(눅 2:46). 이제 그는 바로 그 곳에서 나오셔서, 세례 요한이 제자들에게 세례를 베풀고 있던 큰 강이었던 요단 강으로 세례를 받으시기 위하여 가셨다. 그는 요한에게 가서 많은 사람들이 보는 앞에서 공개적으로 세례를 받으심으로써 자신의 낮아지심을 보여 주셨다. 그리스도께서는 죄가 없으신 분인데 무슨 목적으로 세례를 받으셨는가 하는 질문이 제기될 법도 했기 때문에, 마태복음 3:15에서 “모든 의를 이루기 위한”(이것에 대해서는 15절을 다룰 때에 좀 더 자세하게 살펴볼 것이다) 것이라고 스스로 설명해 주신다. 이렇게 그는 세례를 베푸는 요한의 사역과 사명을 인정하셨고, 물세례가 하나님이 정하신 것임을 확증해 주셨으며, 아버지

하나님의 증언을 따라 자신도 그 세례를 받으셨다. 그리스도께서는 태어나신 지 팔일만에 할례를 받으심으로써 자신이 유대 교회의 일원임을 보여 주시고, 여기에서는 이렇게 세례를 받으심으로써 기독교회의 일원임을 보여 주심으로써, 자기가 믿는 유대인들과 이방인들의 머리가 되셨다. 그는 다른 사람들과는 달리 자신의 죄를 인정했거나 죄 사함을 받기 위하여 세례를 받으신 것이 아니었다. 왜냐하면, 그에게는 죄가 없으셨기 때문이다.

14. 요한이 말려 이르되 내가 당신에게서 세례를 받아야 할 터인데 당신이 내게로 오시나이까.

요한은 하나님이 그리스도께 한량없이 성령을 주심으로써(요 3:34), 그리스도께서 자기가 그에게 베풀 수 있는 것보다 훨씬 더 나은 세례를 이미 받으셨음을 알고 있었기 때문에, 한동안 세례 베풀기를 사양하였지만, 절대적으로 단호하게 거부한 것은 아니었다.

15. 예수께서 대답하여 이르시되 이제 허락하라 우리가 이와 같이 하여 모든 의를 이루는 것이 합당하니라 하시니 이에 요한이 허락하는지라.

예수께서 … 이르시되 이제 허락하라. 이것은 너와 나 중에서 어느 쪽이 더 우월한가 하는 문제가 아니다. 내 아버지께서 세례를 베풀라고 너를 보내신 것이기 때문에, 세례를 주는 것은 네가 마땅히 해야 할 의무이다. 내가 세례를 받아야 한다는 것이 하나님의 뜻이라는 것이 네게는 감춰져 있겠지만, 나는 알고 있고, 그런 내가 내 아버지의 뜻에 순종하는 것은 나의 기쁨이자 의무이다. 세례는 복음 교회의 새로운 법이다. 나는 그 교회의 머리이지만, 그 교회의 지체들은 성령으로만이 아니라 물로도 세례를 받아야 한다는 것이 내 아버지의 뜻이기 때문에, 나도 다른 지체들과 마찬가지로 거기에 순종하여야만 한다. 게다가, 내게는 입교를 위한 또 하나의 성례를 제정함으로써, 유대인들의 고유한 의식이 되어 온 할례를 폐하고, 교회에 새로운 면모를 부여해야 할 책무가 있다. 따라서 내가 다른 지체들과 같이 죄 없이함을 받기 위해서가 아니라, 내 아버지의 뜻에 순종하여 모든 의를 이루기 위한 목적으로 세례를 받는 것은 합당하고 공정하다.

이에 요한이 허락하는지라. 무지로 인해서 잘못 행하고 있는 자는 올바르게 알기만 하면 자신의 잘못을 금방 고치고자 하는 법이다. 우리는 여기에서 그리스도께서 보여 주신 모범을 통해서, 물 세례를 받는 것은 하나님의 교회의 모든 지체들이 반드시 지켜야 할 규례이자 하나님의 계시된 뜻이기 때문에, 그리스도의 경우와 마찬가지로 우리의 경우에도 물세례를 받아 의를 이루는 것이 마땅한 까닭에, 성령 세례를 받았다고 해서 물세례를 멸시하거나 무시하는 것은 변명할 여지가 없이 잘못된 것임을 알게 된다.

16-17. [16]예수께서 세례를 받으시고 곧 물에서 올라오실새 하늘이 열리고 하나님의 성령이 비둘기 같이 내려 자기 위에 임하심을 보시더니 [17]하늘로부터 소리가 있어 말씀하시되 이는 내 사랑하는 아들이요 내 기뻐하는 자라 하시니라.

이 이야기는 마가복음 1:10-11과 누가복음 3:21에도 나온다. 누가는 "예수"께서 "세례를 받으시고 기도하실 때에 하늘이 열렸다"고 말하고, 마가는 예수께서 "물에서 올라오실새 하늘이 갈라짐을 보셨다"고 말한다. 여기에서 "하늘이 열렸다"는 것은, 우리가 큰 번개가 쳐서 대기가 갈라져 빛이 오는 길이 더 넓고 분명하게 보일 때에 흔히 하늘이 열린 것처럼 느끼는 것과 비슷한 것이었을 가능성이 크다.

성령이 비둘기 같이 내려 자기 위에 임하심을 보시더니. 하나님의 성령은 눈에 보이지 않는 실체이기 때문에, 인간의 눈으로는 볼 수 없지만, 삼위일체 하나님의 한 위격이 형체를 취하였을 경우에는, 우리는 그 형체를 볼 수 있다. 이것이 진짜 비둘기였는지, 아니면 단지 비둘기 모양의 형체일 뿐이었던 것인지는 별로 중요하지 않기 때문에, 우리가 알려고 할 필요가 없다. 전자일 수도 있었을 것이고 후자일 수도 있었을 것이다. 그리스도께서 비둘기 같이 순결한 성품을 지니고 계신다는 것(사 42:2), 또는 동일한 성령을 받은 모든 자들이 그런 성품을 지녀야 한다는 것을 세상 사람들로 알게 하기 위해서, 성령이 비둘기의 형체로 나타나신 것은 지극히 합당한 일이었다. 이것은 그리스도께서 이전에는 성령을 받지 않았다는 것을 보여 주는 것이 아니라, 단지 그가 성령을 받은 분이라는 것을 사람들에게 알리기 위한 것이었다. 이렇게 성령이 비둘기 같이 그리스도 위에 임하신 것은 어떤 목적을 위한 것이었다. 하나님은 성령이 비둘기의 형체로 그리스도 위에 임하게 하심으로써만이 아니라, 베드로가 말했듯이, "지극히 큰 영광 중에서" 들려온 "소리"를 통해서도, 그리스도가 하나님의 아들이라는 것을 확증하셨다. 즉, "이는 내 사랑하는 아들이요 내 기뻐하는 자라"고 하시는 목소리가 공중으로부터 들려왔다는 것이다. 이것은 하나님이 사랑하고 아끼는 아들이라는 것을 의미한다. 이 동일한 목소리는 그리스도께서 변화산 위에서 그 형체가 변화되실 때에도 다시 들려왔다(마 17:5). 이것을 통해서 베드로는 앞에서 우리가 언급한 본문에서 복음의 믿음이 확실한 것이라는 결론을 이끌어 낸다. "내 기뻐하는 자라"는 어구는 그리스도가 하나님의 마음에 쏙 들고 지극히 만족을 주는 특별한 존재라는 것을 의미한다. 잠언 8:30은 "내가 그 곁에 있어서 … 날마다 그의 기뻐하신 바가 되었으며"라고 말한다. 하나님께서는 그리스도께서 장차 하실 모든 일, 즉 그가 인간을 속량하기 위하여 행하고 겪으실 모든 일을 무척 기뻐하셨다. 에베소서 1:6은 우리가 하나님의 사랑하시는 자 안에서 하나님께 받아들여졌다고 말한다. 일반적으로, 현재의 이 본문은 한 분 유일하신 하나님이 세 위격으로 되어 있다는 것을 보여 주는 분명한 증거로 받아들여진다. 여기에서 성부는 하늘로부터 말씀하시고, 성자는 세례를 받으시고 물에서 올라오시며, 성령은 비둘기 같은 형체로 내려오신다.

제4장

개요

1. 그리스도께서 사십 일을 금식하시고, 마귀의 시험을 받으시며, 천사들의 수종을 받으심(1-11).
2. 가버나움에서 지내심(12-16).
3. 말씀을 전파하기 시작하심(17).
4. 베드로와 안드레를 부르심(18-20).
5. 야고보와 요한을 부르심(21-22).
6. 회당에서 가르치시고, 병자들을 고치심(23-25).

1. 그 때에 예수께서 성령에게 이끌리어 마귀에게 시험을 받으러 광야로 가사.

다른 복음서 기자들 중에서는 두 사람이 이 일에 대해 언급하고 있다(막 1:12; 눅 4:1). 누가는 "예수께서 성령의 충만함을 입어 요단 강에서 돌아오사 광야에서 사십 일 동안 성령에게 이끌리시며 마귀에게 시험을 받으시더라"고 말하고, 마가는 "성령이 곧 예수를 광야로 몰아내셨다"고 말한다. 하나님의 사랑이 크게 나타난 후에는 큰 시험이 뒤따르는 것이 보통이다. 또 어떤 이들은 하나님과 계약을 맺고 영적인 삶을 시작하기 위하여 세례를 받았을 때에는 그 직후에 통상적으로 시험들이 뒤따른다고 말하기도 한다. 어떤 이들은 "성령에게 이끌리어"라는 어구는 성령이 예수를 들어올려서 광야로 데려갔다는 것을 의미하는 것이라고 생각한다. 마가는 '에크발레이' (ἐκβαλλει)라는 단어를 사용해서, "성령이 예수를 몰아내셨다"라고 말한다. 우리는 이것을 어떤 강제성이 있는 행위로 이해해서는 안 된다. 예수께서 자발적으로 광야로 가셨다는 것은 의심의 여지가 없다. 여기에서 "성령"은 예수께서 세례를 받으신 후에 그의 위에 비둘기 같이 임하였던 바로 그 성령이다.

광야로. 마가가 예수께서 광야에서 "들짐승들과 함께" 계셨다고 말하고 있는 것으로 보아서, 우리는 이 광야가 세례 요한이 말씀을 전파하기 시작하기 시작하였던 그런 광야(마 3:1)가 아니라, 들짐승들로 가득한 황량한 광야였다는 것을 알게 된다. 예수께서 광야로 가신 목적은 "마귀에게 시험을 받으러"라는 어구에 나와 있다. 마귀의 "시험"은 하나님이 아브라함에게 행하셨던 것(창 22:1)과 같은 그런 시험과는 다르다. 여기에 나오는 마귀의 시험은 사람으로 하여금 죄를 짓게 하기 위하여 유혹하는 것인데, 그런 의미에서의 시험은 하나님이 행하시는 시험과는 아무 상관이 없다: "하나님은 친히 아무도 시험하지 아니하시느니라"(약 1:13). 하나님이 시험하신다고 했을 때의 시험은 진짜인지 가짜인지를 알아보기 위하여 테스트하시는 것이다. 하나님께서는 은혜로 말미암은 자기 백성의 행실을 드러내시고 증명하시기 위한 목적으로 그들을 시험하신다. 사탄의 시험은 사람들을 죄로 유인하여 죄를 짓게 하고 타락시키려고 하는 것이고, 이것은 그리스도께서 시험을 받으신 이유이기도 하였다. 왜냐하면, "그가 시험을 받아 고난을 당하신" 것은, 우리가 노출될 수 있는 온갖 악들을 친히 겪어 보시는 가운데 마귀를 이기심으로써, "시험 받는 자들을 능히 도우실 수 있게" 되기 위한 것이었기 때문이다(히 2:18). 이 세상의 임금은 그리스도에게 와서 온갖 것으로 시험하였지만, 그리스도 안에는 마귀의 온갖 수작에 호응해 주는 것이 전혀 없으셨기 때문에, 그리스도를 시험에 걸려들게 할 수 없었다.

2. 사십 일을 밤낮으로 금식하신 후에 주리신지라.

그리스도께서 아무도 없는 고적한 광야에 계셨다는 것도 사탄에게는 자신의 뜻을 이룰 절호의 기회가 되었는데, 게다가 그리스도께서는 "주리셨기" 때문에, 이것도 사탄에게는 또 하나의 유리한 환경이 되었다. 그러나 그리스도께서는 처음부터 주리신 것이 아니라, "사십 일을 밤낮으로 금식하신 후에" 주리게 되신 것이었다. 우리는 그리스도께서 아무것도 먹지 않으시고도 사십 일을 지내신 것 속에서, 하나님의 놀라운 권능이 발휘된 것을 볼 수 있다. 그것은 이적이었다. 율법 이전에는 모세가 그렇게 하였고, 율법 아래에서는 엘리야가 그렇게 하였으며, 그리스도께서는 이제 복음이 시작되는 시점에서 그렇게 하셨다. 그리스도께서는, 우리가 성경에서 읽는 것 같이, 유대인들처럼 며칠을 금식하신 것이 아니었다. 유대인들은 낮에만 금식하고, 밤에는 음식을 먹었다. 또는, 다니엘이 3주 동안 내내 그랬던 것과 같이(단 10:2-3), 종종 좋은 음식들을 입에 대지 않는 식의 금식을 하였다. 그러나 그리스도께서는 단지 사십 일 동안 낮에만이 아니라 밤에도 금식하였고, 그 어떤 음식도 먹지 않는 금식을 하셨다. 이것으로부터 우리는 교황주의자들이 사순절의 사십 일 동안 금식하는 방식이 불경건한 것은 아니라고 할지라도 얼마나 형식적인 것인지를 쉽게 알 수 있다.

여기에서 그리스도께서 행하신 일들, 특히 이적에 의한 행위들은 우리로 하여금 본받게 하기 위하여 기록된 것이 아니다. 그 행위들 중 어떤 것들은 오직 우리가 찬양해야 할 일들인데, 이적에 의한 그의 모든 행위들은 더더욱 그러하다. 그리스도께서 사십 일을 금식하셨기 때문에(이것은 신성의 뒷받침을 받은 것이다), 우리도 그렇게 해야 한다고 생각하거나, 우리가 아무것도 먹지 않고 사십 일을 밤낮으로 금식할 수는 없으니, 고기는 먹지 않더라도 생선은 먹어도 괜찮을 것이라고 생각하거나(어떤 사람들에게는 생선보다 더 맛있는 음식이 없다는 것은 누구나 아는데도), 낮에만 금식하면 되고 밤에는 금식하지 않아도 된다고 생각하거나, 그리스도께서는 일생에 단 한 번 사십 일을 밤낮으로 금식하셨기 때문에, 우리는 매년 그렇게 금식하여야 한다고 생각하거나, 교회는 그러한 금식을 신자들에게 명할 권세를 가지고 있다고 생각하는 것만큼 정신 나간 일은 없을 것이다. 교황주의자들이 그리스도께서 사십 일을 밤낮으로 금식하신 것을 자신들도 본받아야 한다고 생각한다면, 그들이 과연 그렇게 할 수 있는지를 제대로 시도해 보는 것도 좋을 것이다. 아마도 그들은 사십 일이 아니라 사 일 밤낮을 아무것도 먹지 않고 금식하고 나면, 벌써 자신들이 어리석었음을 깨닫게 될 것이다. 그리스도께서는 사십 일을 밤낮으로 금식하심으로써, 자기가 사람이 되신 하나님이시라는 것, 즉 신성이 인성을 뒷받침해 주는 그런 존재라는 것을 보여 주셨고, 나중에는 주리셨을 때에는, 자기가 진정으로 사람이시라는 것, 즉 "우리의 연약함을 동정하지 못하실 이가 아니요 모든 일에 우리와 똑같이 시험을 받으신 이로되 죄는 없으신"(히 4:15) 분이시라는 것을 보여 주셨다.

3. 시험하는 자가 예수께 나아와서 이르되 네가 만일 하나님의 아들이어든 명하여 이 돌들로 떡덩이가 되게 하라.

"시험하는 자," 즉 사탄 또는 마귀라고 불리는 자가 어떤 눈에 보이는 형상으로 "예수께 나아와서," 실제로 공기를 진동시키는 들을 수 있는 목소리로, "네가 만일 하나님의 아들이어든"(이것은 사탄이 이 사실을 의심했다는 것을 보여 주는 것이 아니라, 끔찍할 정도로 무례하고 뻔뻔스럽다는 것을 보여 주는 것이다) "명하여 이 돌들로"(누가복음 4:3에는 "이 돌로"로 되어 있다) "떡덩이가 되게 하라"고 하였다. 이 시험은, 그리스도로 하여금 하나님이 섭리를 통해서 그를 보호해 주실 것임을 믿지 않고, 하나님께서 그에게 허락하지 않으신 수단을 사용해서, 굶주림의 고통에서 스스로 벗어나게 만들고자 한 것임이 틀림없다. 이것은 그리스도의 지체들인 자들에게 공통적으로 찾아오는 시험인데, 우리가 우리 자신의 육신으로 말미암은 시험을 만났을 때나(야고보서 1:14이 "오직 각 사람이 시험을 받는 것은 자기 욕심에 끌려 미혹되는" 것이라고 말하고 있기 때문에), 우리의 큰 원수인 마귀로부터 오는 시험을 만났을 때, 합법적인 목적을 위해서, 하나님이 허락하지 않으신 수단을 사용하고자 하는 온갖 생각과 움직임들을 주의하고 경계하여야 한다는 것을 가르쳐 준다. 시험이 우리 자신의 육신으로 말미암은 것인지 사탄으로 말미암은 것인지를 아는 것은 그리 중요하지 않지만, 사탄으로부터 오는 시험들은 통상적으로 좀 더 맹렬하고 격렬하다. 중요한 것은 시험이 어디에서 왔든지 간에 우리는 그 시험에 저항하여야 한다는 것이다.

4. 예수께서 대답하여 이르시되 기록되었으되 사람이 떡으로만 살 것이 아니요 하나님의 입으로부터 나오는 모든 말씀으로 살 것이라 하였느니라 하시니.

누가복음 4:4에도 똑같은 말씀이 나온다. 시험하는 자가 와서 우리를 시험하여 죄 짓게 하고자 할 때에는, 그가 말하는 것이 틀렸음을 보여 주는 성경 말씀들로 반박하며 되받아치는 것보다 더 좋은 대응책은 없다. 하나님의 말씀은 "성령의 검"(엡 6:17)이라 불린다. 따라서 교황주의자들이 일반 평신도들이 성경 말씀을 사용하지 못하게 하는 것은 영적인 전쟁을 수행해야 할 사람들을 무장해제시켜 버리는 것이다. 본문에서 "기록되었으되"라고 말하고 있는 것처럼, 이 말씀은 신명기 8:3에 기록되어 있다. 사람은 자신이 통상적으로 먹는 음식인 평범한 떡으로 살아가지만, 하나님의 권능은 제한이 없어서, 하나님께서는 광야에서 만나로 이스라엘 백성을 먹이셨던 것처럼(본문은 이것에 대하여 말한다), 떡이 없을 때에도 사람의 목숨을 부지시킬 수 있으시다. 또한, 하나님은 자신의 권능을 보이시기 위하여 꼭 어떤 이례적이고 특별한 수단을 만들어 내실 필요도 없으시고(이 경우에 하나님의 권능은 그러한 수단들을 만들어 내시는 것을 통해 드러나게 된다), 마음만 먹으신다면, 그러한 수단이 없더라도 자신의 뜻을 동일하게 이루실 수 있으시다. 하나님께서는 그 수단들을 만들어 내시고, 아울러 그 수단들이 목적을 달성할 수 있도록 하시기 위하여, 그 수단들이 합당한 힘을 발휘하여 제 역할을 할 수 있게 유지시켜 주심으로써, 자신의 권능을 보이실 수 있으시다면, 바로 그 동일한 권능을 통해서 그러한 수단들이 없이 동일한 효과를 만들어 내실 수 없으시겠는가?

5. 이에 마귀가 예수를 거룩한 성으로 데려다가 성전 꼭대기에 세우고.

여기에서 "거룩한 성"은 예루살렘을 가리킨다. 다니엘서 9:24이 말하듯이, 이전에도 예루살렘은 "거룩한 성"이었고, 지금도 비록 많은 점들에서 부정하고 더러운 성이 되어 버리긴 하였지만, 여전히 또 다른 이유들로 인해서 여전히 "거룩한 성"이다. 왜냐하면, 예루살렘은 세상에서 참 하나님에 대한 참된 예배가 있고, 아합 시대에는 이스라엘에 칠천 명의 하나님 백성이 있었지만, 지금도 많은 거룩한 백성이 있는 유일한 성이었기 때문이다. 마귀가 그리스도를 어떻게 거룩한 성으로 데려갔는지를 놓고서, 여러 가지 견해와 평가가 제시되어 왔다. 헬라어 본문에서 사용된 단어들을 살펴보면, 우리는 그리스도께서 마귀에게 강제로 끌려가신 것이 아니라, 시험하는 자를 자발적으로 따라가서, 성전의 그 어느 부분들보다도 더 높은 "성전 꼭대기"에 서신 것이라고 생각하게 된다. 그리스도께서 거기에 서신 목적은 다음 절이 말해준다.

6. 이르되 네가 만일 하나님의 아들이어든 뛰어내리라 기록되었으되 그가 너를 위하여 그의 사자들을 명하시리니 그들이 손으로 너를 받들어 발이 돌에 부딪치지 않게 하리로다 하였느니라.

마귀는 우리 주님을 유혹해서 하나님의 섭리를 불신하거나 의구심을 품게 하여, 하나님이 허용하지 않으신 수단들을 사용해서 자신에게 필요한 일을 행하게 하기 전에, 먼저 여기에서 반드시 하나님이 보호해 주실 것이라는 근거 없는 사실을 토대로 자신감을 북돋워 주는 것으로 시작한다. 앞의 시험에서는 마귀는 성경을 사용하지 않았지만, "성령의 검, 곧 하나님의 말씀"(엡 6:17)으로 반격을 당해 격퇴되고 나서는, 이번에는 먼저 선수를 쳐서 그 동일한 무기를 집어든 것이다. 시험하는 자가 우리 구주를 유혹하여 행하게 하고자 한 일은 성전 꼭대기에서 뛰어내려서 스스로 죽게 하고자 하는 시험이었는데, 이 시험은 하나님의 백성이 우울한 시간을 보낼 때나 환난의 큰 압박감 아래에 있을 때에 마귀가 흔히 쏘는 불화살들 중의 하나이다. 마귀가 그런 사람들을 시험하면서 그들에게 제시하는 통상적인 근거는, 그렇게 하면 그들이 두려움에서 벗어날 수 있다거나 궁핍을 미리 방지할 수 있다거나 수치를 피할 수 있다는 것이다. 하지만 마귀는 우리 주님을 시험할 때에는 전혀 다른 성질의 근거를 대는데, 그것은 하나님이 자기 백성을 특별히 보호해 주시겠다고 약속하셨다는 것이다(시 91:11-12). 고린도후서 11:14의 말씀대로, 마귀는 여기에서 자신을 "광명의 천사로 가장한다." 이것을 통해서 우리는 진리도 악용되어 거짓말들을 비호하는 데 얼마든지 동원될 수 있다는 것과, 잘못 해석되거나 잘못 적용된 성경 말씀을 미끼로 던져서 죄를 정당화하고 옹호하는 데 사용할 때에 그 미끼를 무는 것보다 더 위험한 것은 그리스도의 지체들에게 없다는 것을 알게 된다.

여기에서 사용된 성경 말씀은 거짓되게 인용된 것인 동시에 잘못 적용된 것인데,

그 이유는 두 가지이다. 첫 번째는 시험하는 자는 이 인용문에서 "네 모든 길에서"를 빼버렸다는 것이다. 성전 꼭대기에서 뛰어내리는 것은 우리 구주의 길들 중의 하나가 아니었다. 그리스도께서는 그런 부르심을 받은 적도 없으셨고, 계단을 통해 내려가는 것을 거부하고 성전 꼭대기에서 자신의 몸을 내던지는 것은 하나님으로부터 그 어떤 보호하심도 기대할 수 없는 일이었다. 하나님께서는 자기 백성이 죄악되고 금지된 길들에 서 있을 때에도 천사들을 보내어 보호해 주시겠다고 약속하신 적이 없으시다. 두 번째는 마귀는 이 본문을 가르침을 주기 위해서가 아니라 속이기 위해서 사용하고 있기 때문에 이 본문은 지금 잘못 적용되고 있었다는 것이다. 사람이 마땅히 해야 할 일을 하고 있을 때, 하나님께서는 섭리를 통해서 자신의 약속을 지키신다. 그런데 마귀는 그리스도가 자신의 의무를 제대로 이행하지 않고 무시해 버려도 하나님은 자신의 약속을 지키실 것이라고 속이고 있는 것이다. 마귀는 사람들이 자발적으로 높은 곳에서 자기 몸을 던지는 위험을 감행하여도, 자기 백성을 특별히 보호하시겠다고 하신 하나님의 약속은 그런 경우에도 유효하다고 속이고 있다는 것이다. 마귀는 하나님께서는 이적들을 행하셔서 그리스도가 자기 아들이라는 것을 선포하실 필요나 유익이 전혀 없는 상황에서도 그렇게 하실 것이라고 장담하는 방식으로 그리스도를 속이려고 들었다. 이렇게 마귀는 앞에서 성경을 참되게 사용하신 우리 구주를 조롱하며, 무수히 많은 방식들로 성경을 악용하고 있는 것이었다. 그러나 마귀는 지금 그의 술수들에 대하여 무지한 사람을 상대하고 있는 것이 아니었다.

7. 예수께서 이르시되 또 기록되었으되 주 너의 하나님을 시험하지 말라 하였느니라 하시니.

이 말씀은 신명기 6:16에 기록되어 있다. 근거 없이 부당하게 하나님을 "시험해 보는 것"(trial)은, 그것이 하나님의 권능을 시험해 보는 것이든 하나님의 선하심을 시험해 보는 것이든, 모두 다 하나님을 "시험하는"(tempt) 것이다. 이런 의미에서의 "시험하다"라는 단어는 민수기 14:22; 시편 78:18; 이사야서 7:12; 마태복음 16:1에서 사용되고 있다. 그리스도께서는 이 대답을 통해서 마귀가 지금 성경을 악용해서 인용하고 있다는 것을 알게 해준다. 계단을 통해서 내려갈 수 있는 손쉽고 분명한 방법이 있는데도 성전 꼭대기에서 뛰어내리는 것은 믿음으로 말미암은 행위가 될 수 없고, 오직 주제넘고 오만불손한 행위가 될 뿐이다. 하나님의 말씀을 믿고 신뢰하는 것이 아니라 도리어 하나님을 시험하는 것은 하나님이 신명기 6:16에서 명하고 계신 것을 정면으로 어기는 것이다.

8-9. [8]마귀가 또 그를 데리고 지극히 높은 산으로 가서 천하 만국과 그 영광을 보여 [9]이르되 만일 내게 엎드려 경배하면 이 모든 것을 네게 주리라.

이것은 시험하는 자가 우리 구주를 유혹하여 죄를 범하게 하기 위한 세 번째 시험인데, 다른 모든 시험들 중에서 가장 뻔뻔스럽고 주제넘고 오만방자한 시험이다. 왜냐하면, 피조물인 마귀가 그를 창조하신 분에게 자기에게 경배하라고 요구하는 것보다 더 뻔뻔스럽고 오만방자한 일은 없을 것이기 때문이다. 이 산이 어느 산이었는지, 그리고 마귀가 우리 구주를 어떤 식으로 그 산으로 데려갔는지는 그 대답이 본문에 나와 있지도 않고, 우리가 그 대답을 알아도 별 유익이 없는 질문들이다. 본문은 그 산이 "지극히 높은 산"이었다고 말하는데, 실제로 한 나라 전체를 다 내려다볼 수 있는 산도 존재하지 않기 때문에, 라이트푸트(Lightfoot) 박사가 이 구절에 대하여 제대로 잘 판단해서 말한 것으로 보인다: "마귀는 공중의 권세를 잡은 임금이었기 때문에, 세상의 왕국들과 나라들과 왕들의 영화롭고 찬란한 모습을 그리스도의 눈 앞에서 공중의 지평선에 펼쳐 보임으로써, 그리스도로 하여금 마치 실제로의 왕국들과 나라들을 보는 듯한 착각에 빠지게 한 것이었다." 마귀는 먼저 공기를 압축하고, 그런 후에 형태와 모양을 만들어 낸 뒤에, 끝으로 거기에 색채를 더함으로써, 자기가 보여 주고자 하는 것들을 공중에 만들어 낼 수 있고, 실제로 그렇게 한다. 마귀는 우리 구주께서 자기 앞에 엎드려 경배하기만 하면 이 모든 것들을 그에게 줄 것이라고 약속한다. 여기서도 라이트푸트는 "누가는 마귀가 자기 앞에 경배하라고 요구했다고 말한 반면에, 마태는 마귀가 자기를 경배하라고 요구했다고 말하였다"는 점을 잘 지적하고서, "마귀 앞에 경배하는 것이 마귀를 경배하는 것이라면, (교황주의자들이 행하고 있듯이) 우상 앞에 경배하는 것은 곧 우상을 경배하는 것이 될 수밖에 없다"고 단호하게 결론을 내린다. 여기에서 마귀는 오직 하나님만이 주실 수 있는 것들을 자기가 줄 수 있다고 큰소리치고 있는데, 자기가 약속한 것을 줄 힘이 없는데도, 그런 허황된 약속을 남발하는 것이 바로 마귀의 속성이다.

10. 이에 예수께서 말씀하시되 사탄아 물러가라 기록되었으되 주 너의 하나님께 경배하고 다만 그를 섬기라 하였느니라.

이것은 세 가지 시험 중에서 가장 뻔뻔스럽고 오만방자한 시험이었기 때문에, 우리 주님께서는 가장 큰 혐오감을 드러내시는 가운데, "사탄아 물러가라"고 말씀하시는 것으로 응수하시는데, 이 말씀은 이 시험에 대한 그의 혐오감을 드러내신 것일 뿐만 아니라, 더 이상 시험하지 못하도록 마귀를 꾸짖어 쫓아내신 것이기도 하다. 여기에서 그리스도께서 하신 말씀의 의미는 이런 것이다: "사탄아, 하나님께 드리는 경배는 오직 여호와 하나님께만 드려야 하고, 다른 그 어떤 존재에게도 드려서는 안 된다는 것을 나는 누구보다도 더 잘 알고 있다. 너는 피조물에 불과한 존재이기 때문에, 경배 받을 자격이 없다. 네 앞에 경배하는 것(누가복음 4:7에는 이렇게 되어 있다)은 너를 경배하는 것인데, 그렇게 하는 것은 하나님이 명하신 것(신 6:13; 10:20)을 명백히 정면으로 거스르는 것이다." 또한, 우리가 주목할 수 있는 것은 우리 구주께서는 "만일 내게 엎드려 경배하면"(*ἐὰν πεσὼν προσκυνήσῃς μοι* - '에안 페손 프로스퀴네세스 모이')이라는 마귀의 말을 "너의 하나님께 경배하고 다만 그를 섬기라"(*Τὸν θεόν σου προσκυνήσεις καὶ αὐτῷ μόνῳ λατρεύσεις* - '톤 테온 수 프로스퀴네세이스 카이 아우토 모노 라트류세이스')는 말씀으로 반박하고 계신다는 것이다. 이것은 교황주의자들이 '둘리아'와 '라트레이아'를 구별하는 것이 근거 없고 허황된 것임을 보여 준다. 그들은 피조물에게 드리는 경배를 '둘리아'라고 하고, 오직 하나님께만 드리는 경배를 '라트레이아'라고 해서, 자신들이 우상들을 숭배하는 것을 정당화한다. 하지만 여기에서 그리스도께서는 예배 행위에서 피조물 앞에서 경배의 자세를 취하는 것을 피조물을 경배하는 것으로 해석하신다. 이것은 피조물이 우리에게 경배를 강요하는 경우이든, 교황주의자들처럼 의도적으로 피조물을 사람들 앞에 갖다 놓고서 경배하도록 부추기는 경우이든 마찬가지로 적용된다. 물론, 피조물 앞에 무릎을 꿇는다고 해서, 그것이 다 피조물을 하나님으로 섬기고 경배하는 행위가 되는 것은 아니어서, 하나님을 경배하는 행위가 될 수도 있고, 단지 피조물 앞에서 예를 갖추는 행위가 될 수도 있다. 하나님을 경배할 때에는 우리 앞에 놓인 피조물은 단지 편의적이거나 부수적인 것이 된다. 그러나 하나님을 경배하는 경우에는 무릎을 꿇는 모든 행위는 경배의 자세이기 때문에, 그런 경우에 우리 앞에 피조물을 두고서 우리에게 무릎을 꿇는 자세를 요구한다면, 그것은 하나님에 대한 경배를 그 피조물에게 드리라고 요구하는 것이다. 신명기 6:13; 10:20과 마태복음 본문에 나오는 표현들 간에는 차이가 거의 없지만, 여기에서 "기록되었으되"라고 했을 때, 그것은 성경에 기록된 글자들과 단어들이 아니라, 해당 성경 본문의 실질적인 내용과 의미를 가리킨다. 모세는 "네 하나님 여호와를 경외하며"라고 말하고 있지만, 마태는 그 본문을 인용할 때에 "너의 하나님께 경배하고"라고 표현한다. "경외하다"라는 단어가 하나님과 관련해서 사용될 때에는 외적인 것이든 내적인 것이든 신앙의 모든 행위를 의미하기 때문에, 신명기에 나오는 "그의 이름으로 맹세할 것이니라"는 말씀이 마태복음에 언급되어 있지 않다고 할지라도, 우리는 구주께서 이 신명기 본문을 인용하실 때에는 그 말씀도 이미 그 속에 포함되어 있다고 보아야 한다. 우리 구주께서는 마귀에게, 무릎을 꿇고 엎드려 경배하는 것은 오직 하나님께만 드려야 하는 것이고 네게는 해당되지 않는 것이기 때문에 내가 네 말을 더 이상 들을 필요가 없다고 말씀하신 것이다.

11. 이에 마귀는 예수를 떠나고 천사들이 나아와서 수종드니라.

야고보는 "마귀를 대적하라 그리하면 너희를 피하리라"(약 4:7)고 말한다. 교회의 머리이신 그리스도께서 그렇게 하셨을 때, 마귀는 실제로 떠나갔고, 앞으로 교회의 지체들도 그렇게 한다면, 그들로부터도 떠나가게 될 것이다. 그러나 마귀는 그리스도께서 물러가라고 명령하실 때까지는 떠나가지 않았듯이, 하나님께서 마귀에게 물러가라고 명하실 때까지는 하나님의 백성에게도 물러가지 않는다. 그러나 우리가 마귀에게 대적하면, 하나님께서는 마귀에게 물러가라고 명하게 되실 것이고, 그 결과 우리는 우리의 힘으로 막아낼 수 없는 시험을 당하지 않게 된다. 악한 천사들이 그리스도를 떠나자, 선한 "천사들이 나아와서 수종들었다." 천사들이 그리스도께 음식을 가져다 드린 것인지, 또는 그를 산 아래로 모시고 내려온 것인지, 또는 그가 명하신 것들을 수행한 것인지는 본문에 나와 있지 않고, 그런 것들을 캐묻고 알아내고자 하는 것은 지나친 호기심이다. 이것을 통해서 하나님께서는 우리에게 우리의 삶이라는 것은 시험과 위로가 교차하는 곳인데, 우리에게 닥친 시험은 결국에는 복이 될 것이고, 통상적인 수단들로 시험을 이기는 데 실패할 경우에는 특별한 감화와 도우심을 기대할 수 있다는 것을 가르쳐 주신다. 누가는 "마귀가 모든 시험을 다 한 후에 얼마 동안 떠나니라"(눅 4:13)고 말하고 있는데, 이것은 그리스도께서 중요한 시험들을 통과하시기는 하였어도, 사탄의 공격은 이후로도 계속될 것임을 보여 준다.

12. 예수께서 요한이 잡혔음을 들으시고 갈릴리로 물러가셨다가.

이 일이 있은 후 얼마 되지 않아서, 세례 요한은 갈릴리의 분봉왕 헤롯 안디바가 자기 동생 빌립의 아내 헤로디아를 취한 것을 비롯한 여러 악행들을 저지른 것에 대하여 가차 없이 책망하다가 결국 감옥에 갇히게 된다(마 14:3-4; 막 6:17; 눅 3:19-20). 예수께서는 이 사건에 대한 소식을 들으시고서는 "갈릴리로 물러가셨다." 그리스도께서 시험을 받으시고 나서 갈릴리로 물러가실 때까지 많은 일들이 일어났지만,

요한을 제외한 다른 모든 복음서 기자들은 그 일들을 생략하고 기록하지 않았는데, 요한은 자신의 복음서의 첫 네 장에 걸쳐서 그 기간 동안에 일어난 일들을 기록하고 있다. 우리는 여기에 언급된 "갈릴리"를 헤롯 안디바의 관할지역 내에 있던 하부 갈릴리(Nether Galilee)가 아니라, 마태복음 4:15에서 "이방의 갈릴리"라고 부른 상부 갈릴리, 곧 스불론과 납달리의 경계에 있던 갈릴리를 가리키는 것으로 이해하여야 한다. 상부 갈릴리는 별로 포악하지 않았던 빌립의 관할 지역이었다. 어떤 이들은 상부 갈릴리도 헤롯 안디바의 관할 지역이었다고 주장한다. 하지만 어쨌든 바리새인들은 주로 유대 지역에서 활동하였고 거기에서는 별로 활동하지 않았다. 우리 구주께서 겁이 나서 위험을 피하신 것이 아니라, 자신의 때가 아직 오지 않은 것을 아셨기 때문에 잠시 몸을 피하신 것이었다. 그러나 일부 신중한 해석자들은 우리 구주께서는 먼저 하부 갈릴리로 가셨다가, 조금 머무르신 후에 거기를 떠나 상부 갈릴리로 가신 것이라고 생각하는데, 다음 절에 나오는 "나사렛을 떠나 스불론과 납달리 지경 해변에 있는 가버나움에 가서 사시니"라는 말씀이 그러한 견해를 더욱 유력하게 만들어 준다. 따라서 그리스도께서는 먼저 하부 갈릴리에 있던 나사렛으로 가셨던 것으로 보인다.

13. 나사렛을 떠나 스불론과 납달리 지경 해변에 있는 가버나움에 가서 사시니.

앞에서 이미 보았듯이, 이 말씀에 의하면, 우리 구주께서는 먼저 하부 갈릴리에 있는 나사렛으로 가셔서 한동안 머무르신 후에 거기를 떠나 가버나움으로 가셨던 것으로 보인다. "가버나움"은 스불론 및 납달리와 경계를 접하고 있던 지역의 해변에 있던 성읍이었다. 여호수아서 19:1-51은 스불론 지파와 납달리 지파의 분깃이 가나안 땅에서 서로 접해 있었고, 해변에 있었다는 것을 보여 준다.

14-16. [14]이는 선지자 이사야를 통하여 하신 말씀을 이루려 하심이라 일렀으되 [15]스불론 땅과 납달리 땅과 요단 강 저편 해변 길과 이방의 갈릴리여 [16]흑암에 앉은 백성이 큰 빛을 보았고 사망의 땅과 그늘에 앉은 자들에게 빛이 비치었도다 하였느니라.

여기에서 인용한 이사야서 9:1-2의 본문은 원래 이렇게 되어 있다: "전에 고통 받던 자들에게는 흑암이 없으리로다 옛적에는 여호와께서 스불론 땅과 납달리 땅이 멸시를 당하게 하셨더니 후에는 해변 길과 요단 저쪽 이방의 갈릴리를 영화롭게 하셨느니라 흑암에 행하던 백성이 큰 빛을 보고 사망의 그늘진 땅에 거주하던 자에게 빛이 비치도다." 유대인들은 이 본문을 그리스도께 적용하는 것에 대하여 극심하게 반대한다. 아니, 실제로 유대인들은 복음서 기자들이 구약에서 본문들을 가져와서 적용하고 있는 모든 경우에 대하여 반대한다. 그리스도인들은 복음서 기자들은 거룩한 사람들로서 사사로운 영에 의지해서 사사로운 해석을 하여 글을 쓴 것이 아니라는 것을 믿기 때문에, 유대인들이 자신들의 이해관계에 의거해서 반대하고 있는 것들에 대하여 신경쓸 이유가 없기는 하지만, 심지어 그리스도인 해석자들 사이에서도, 그리스도께서 이렇게 갈릴리로 옮겨 가신 것이 과연 축자적인 의미에서든, 모형론적인 의미에서든, 또는 좀 더 비고유한 유비적인 의미에서든 이사야서의 이 말씀을 성취한 것이라고 말할 수 있는 것인지를 놓고 견해가 갈린다.

우리가 어느 쪽에 동의하든, 그것은 별로 중요한 문제가 아니지만, 나는 이사야서 9:2을 축자적으로 이해해서 그리스도께 적용하지 못할 이유가 전혀 없다고 본다. 예언서들에서는, 이스라엘 백성들에게 심판을 받아 포로로 사로잡혀 가게 될 것이라고 경고한 후에, 그들 중에 하나님을 경외하는 자들을 메시야에 관한 약속과 메시야가 장차 그들에게 가져다줄 영적인 구원에 관한 약속으로 위로해 주는 것은 비일비재하다. 스불론 땅과 납달리 땅은 벤하닷에 의해서 많은 고통을 겪었고(왕상 15:20), 디글랏빌레셀에 의해서는 더욱더 많은 고통을 겪었으며(왕하 15:29), 결국에는 북왕국의 열 지파 전체가 포로로 사로잡혀 가는 일을 겪었다(왕하 17:6). 이사야서 8:1-22에서 하나님께서는 선지자 이사야의 입을 통해서 남왕국도 모두 다 포로로 사로잡혀 가게 될 것이라고 경고하셨있다. 따라서 선지자 이사야는 9장으로 넘어와서는 아마도, 남왕국이 겪게 될 환난이 열왕기하 15:29에 기록된 북왕국의 두 번째 환난만큼 크지는 않을 것이라고 말하고 있는 것으로 보인다. 왜냐하면, 이 이야기에 의하면, 남왕국은 거기에 있는 다른 지파들이 철저한 파괴를 겪게 되기 전에 모두 다 포로로 사로잡혀 가게 되었던 것으로 보이기 때문이다. 이사야는 이러한 "흑암"은 그 후에 메시야가 오셔서 이 백성 가운데서 말씀을 전파하시는 것에 의해서 차고 넘치게 보상을 받게 될 것이라고 말한다. 예루살렘으로부터 아주 멀리 떨어져 살고 있던 그들은 유대 땅의 다른 지역들만큼 빛의 혜택을 받아본 적이 없었고, 하나님의 진노의 잔을 가장 먼저 들이마셔 포로로 사로잡혀 갔었다. 그들이 살던 지역들은 이방인이었던 두로 사람들과 가까웠고, 솔로몬이 이 갈릴리에 있는 스무 성읍을 히람에게 준 이래로(왕상 9:11), 가나안의 다른 어느 지역보다도 이방인들이 많이 섞여 살았을 것임에 틀림없기 때문에, "이방인들의 갈릴리"(한글개역개정에는 "이방의 갈릴리")라 불렸다.

17. 이 때부터 예수께서 비로소 전파하여 이르시되 회개하라 천국이 가까이 왔느니라 하시더라.

그리스도께서는 이전에는 어쩌다가 한 번씩 사적으로 말씀을 전하고 가르쳤었지만, 세례를 받으신 때로부터, 또는 세례 요한이 감옥에 갇혔다는 소식을 전해들은 때로부터는 좀 더 일상적이고 공개적으로 가르치기 시작하셨는데, 그의 가르침의 요지는 세례 요한의 가르침과 동일한 것이었고 그 가르침을 확증하는 것이었다: "회개하라 천국이 가까이 왔느니라." 이 말씀의 의미에 대해서는 마태복음 3:2; 마가복음 1:15을 보라.

18. 갈릴리 해변에 다니시다가 두 형제 곧 베드로라 하는 시몬과 그의 형제 안드레가 바다에 그물 던지는 것을 보시니 그들은 어부라.

여기에 언급된 "바다"가 게네사렛 호수를 가리키는 것인지, 아니면 대양을 가리키는 것인지는 논란의 여지가 없다. 왜냐하면, 창세기 1:10에 의하면, 유대인들은 물들이 많이 모여 있는 모든 곳들을 다 "바다"라고 불렀기 때문이다. 그리스도께서는 "베드로라 하는 시몬과 그의 형제 안드레가 바다에 그물 던지는 것을 보셨다." 이 두 사람은 친형제였을 수도 있고, 함께 일하는 동업자였기 때문에 그렇게 불린 것일 수도 있다. 그들이 그물을 던진 것은 물고기를 잡기 위한 것이었을 수도 있고, 그물을 씻기 위한 것이었을 수도 있다. 누가복음 5:2을 보라. "그들은 어부라." "어부"(영어로는 seamen)는, 그 말 자체가 보여 주듯이, 바다에서 물고기를 잡는 사람들이었다. 시몬은 자신의 배를 소유하고 있었다(눅 5:3).

복음서 기자들은 그리스도께서 시몬과 안드레를 부르신 경위를 서로 다르게 말하고 있기 때문에, 해석자들이 할 일이 아주 많아졌다. 가장 큰 차이를 보이는 것은 마태의 이 본문과 요한복음 1:35-38의 본문이다. 하지만 그리스도께서는 시몬과 안드레를 두 번에 걸쳐서 부르셨고, 요한과 그 밖의 다른 복음서 기자들은 서로 다른 부르심을 기록하고 있는 것임에 틀림없다. 요한은 그들은 세례 요한이 아직 공적인 사역을 하고 있는 동안에 그의 제자가 되었고, 그 때에 그리스도께서 그들을 불러서 먼저 그를 알아볼 기회를 주셨는데, 그들은 그리스도의 초대를 받아들여서 "그들이 가서 그 날 함께 거하였다"고 말한다(요 1:35-36, 39). 그들은 그런 후에 돌아와서 다시 이전의 일을 계속하다가, 세례 요한이 감옥에 갇히게 되자, 그리스도께서는 바다를 거니시다가 그들을 보시고 자신의 제자로 부르셨다. 마태와 마가, 그리고 누가의 본문들 간에도 시몬과 안드레의 부르심과 관련해서 약간의 차이들이 존재하기는 하지만, 복음서 기자들은 동일한 이야기를 보도하면서도 각자 어떤 때에는 좀 더 자세하게 보도하고 어떤 때에는 좀 더 요약적으로 보도하는 것이 비일비재하다는 사실을 우리가 알기만 하면, 그러한 차이들은 쉽게 설명될 수 있다.

19. 말씀하시되 나를 따라오라 내가 너희를 사람을 낚는 어부가 되게 하리라 하시니.

여기에는 그들이 사도 직분으로 부르심 받는 것이 나온다. 우리가 주목해야 하는 것은 하나님께서는 자신에게 맡겨진 일들을 정직하고 부지런히 행하며 살아가고 있는 사람들에게 은총을 베푸셔서 존귀하고 영광스러운 자리로 부르신다는 것이다. 사울은 아버지의 나귀들을 찾고 있었고, 다윗은 아버지의 양 떼를 지키고 있었는데, 하나님은 그런 그들을 부르셔서 나라를 맡기셨다. 베들레헴의 목동들은 양 떼를 치고 있을 때에 그리스도에 관한 계시를 받았다. 네 명의 어부는 열심히 물고기를 잡고 있다가 사도로 부르심을 받았고, 아모스는 드고아에서 가축을 치고 있다가 부르심을 받았으며, 마태는 세관에 앉아 있다가 부르심을 받았고, 모세는 장인 이드로의 양 떼를 지키다가 부르심을 받았으며(출 3:1-2), 기드온은 타작마당에서 부르심을 받았다(삿 6:11). 하나님께서는 결코 게으름을 장려하지 않으시고, 아주 미천한 일을 하는 사람들이라고 해서 멸시하지 않으신다.

"나를 따라오라"는 말씀은 너희의 이전 직업이나 일로 다시는 돌아가지 말라는 것이다. "내가 너희를 사람을 낚는 어부가 되게 하리라"는 말씀 속에는 사역자들이 해야 할 일이 제시되어 있는데, 그것은 영혼들을 얻어 하나님께 바치는 것이다. 사역자들이 영혼들을 낚는 것은 단지 생계를 위한 것이 되지 않아야 함은 물론이고, 명예와 박수갈채를 받기 위한 것이 되어서는 더더욱 안 된다. 사역자들은 하나님께 드리기 위하여 영혼들이라는 물고기들을 얻고자 하여야 하고, 그러한 목적에 맞게 미끼와 그물을 준비하여야 한다. 만약 그들이 그물코를 아주 넓게 해서 일반적이고 두루뭉술하게 말씀을 전함으로써 모든 물고기들이 그 그물을 통과해서 빠져나가 버리게 하거나, 자신의 기지와 학식을 동원하여 현학적으로 말씀을 전함으로써 청중들 중에서 그 말씀을 이해하는 사람이 거의 없게 만들어 버린다면, 그들은 결코 그러한 목적을 달성할 수 없게 될 것이다.

또한, 우리가 가진 온갖 재주로는 우리는 사람을 낚는 어부가 될 수 없다. 그리스도께서는 "내가 너희를 어부가 되게 하리라"고 말씀하신다. 바울은 심을 수 있고, 아볼로는 물을 줄 수 있지만, 자라나게 하시는 이는 하나님이시다. 하지만 우리는 우리의 그물을 그러한 목적에 사용할 수 있도록 합당하게 제대로 잘 준비해 두어야 한다. 그렇게 하지 않는다면, 우리는 하나님으로부터 오는 복들을 기대할 수 없다. 또한, 사도들은 사도로서의 사역을 즉시 행한 것이 아니었고, 먼저 그리스도를 "따라야" 하였다. 모든 복음 사역자들은 반드시 그래야 한다. 나중에 베드로는 가룟 유다로 인한 결원을 보충하기 위하여 맛디아를 사도로 선출할 때, 입후보할 수 있는 자격을 갖춘 사람들을 "요한의 세례로부터 우리 가운데서 올려져 가신 날까지 주 예수께서 우리 가운데 출입하실 때에 항상 우리와 함께 다니던 사람"(행 1:21-22)으로 한정한다. 그 밖의 다른 사역자들은 흔히 사람의 영혼들을 낚는 어부가 아니라, 다른 어떤 것들을 낚는 데 능한 어부들임이 드러난다.

20. 그들이 곧 그물을 버려 두고 예수를 따르니라.

그리스도께서 부르실 때, 사람들은 순종하게 된다. 왜냐하면, 그리스도께서는 부르실 뿐만 아니라 이끄시기 때문이다. 그리스도의 부르심을 받고 이 사역을 하게 된 사람들이 다른 일들을 절대로 하지 않아야 하는 것은 아니다. 바울은 자신의 손으로 일을 해서 자신에게 필요한 것들을 마련하였다. 그러나 우리 자신과 가족을 부양하는 데 필요한 것 외에, 사역자들이 세상일들에 휘말리는 것은 합당하지 않다. 교회는 할 수만 있다면 사역자들에게 필요한 것들을 공급하는 것이 마땅하고, 사역자들이 그렇게 교회로부터 부양을 받는데도, 자신들에게 맡겨진 일에 자신의 모든 것을 전적으로 드려서 "전심전력하지" 않는다면, 그것은 죄이다(딤전 4:15).

21-22. [21]거기서 더 가시다가 다른 두 형제 곧 세베대의 아들 야고보와 그의 형제 요한이 그의 아버지 세베대와 함께 배에서 그물 깁는 것을 보시고 부르시니 [22]그들이 곧 배와 아버지를 버려 두고 예수를 따르니라.

복음서들에는 또 한 명의 야고보가 나온다. 그는 "작은 야고보"라 불린 "알패오의 아들 야고보"였는데, "요세와 살로메의 형제"이기도 하였다(마 10:3; 막 15:40). 여기에 언급된 사람은 "세베대의 아들"이자 복음서를 쓴 인물로 생각되는 "요한"의 형제였던 야고보이다. 그리스도께서는 단지 자신의 목소리를 통해서가 아니라 자신의 성령을 통해서 그들을 부르셔서 그들의 마음에 감화를 주셨기 때문에, 그들은 즉시 "배와 아버지를 버려 두고 예수를 따랐다." 다른 곳에서 이 제자들은 그 때의 일을 가리켜, "보소서 우리가 모든 것을 버리고 주를 따랐나이다"(막 10:28)라고 말한다. 그들이 자신들의 배를 가지고 일한 것은 그들에게 "모든 것"이었던 것으로 보인다. 또한, 그들은 자신들의 "아버지"도 떠났지만, 그것은 그리스도의 부르심에 의거한 것이었다. 부르심을 받은 자들은 밖으로 나가서 그리스도를 전하며 그가 행한 이적들의 증인이 되기 전에, 반드시 먼저 "그를 따라다니며" 그에게서 배워야 한다.

23. 예수께서 온 갈릴리에 두루 다니사 그들의 회당에서 가르치시며 천국 복음을 전파하시며 백성 중의 모든 병과 모든 약한 것을 고치시니.

예수 그리스도께서는 이제 네 명의 제자를 부르셨지만, 그들을 여기저기로 보내셔서 복음을 전파하게 하면 충분하겠다고 생각하신 것이 아니었고, 스스로 저 흑암의 땅 "갈릴리"의 모든 곳을 "두루" 다니시며 "그들의 회당에서 가르치셨다." "회당"은 거기에 모인 회중을 가리키기도 하고, 그 장소를 가리키기도 하는데, 여기에서는 이 두 가지 의미가 다 들어 있다. 회당은 아주 오래된 곳이었는데(행 15:21), 얼마나 오래되었는지는 우리는 알지 못한다. 어떤 이들은 회당이 바벨론의 포로생활에서 돌아온 때에 생겼고, 그 이전에는 존재하지 않았다고 생각한다. 하지만 그런 견해가 옳다면, 모든 유대인들이 예루살렘 성전에 올라가서 안식일을 지킬 수 없었다는 것은 확실한데, 그러면 그들은 안식일마다 어디로 가서 예배를 드렸던 것인가 하는 의문이 생긴다. 구약에는 시편 74:8에 "그들이 … 이 땅에 있는 하나님의 모든 회당을 불살랐나이다"라는 말씀만이 나올 뿐이고, 회당의 조직에 대해서는, 사도행전 13:15이 거기에는 회당장들이 있어서, 그들이 "권면의 말씀"을 전할 사람들을 지목하였다고 말하고 있을 뿐이다. 회당에서는 성경이 봉독되었고(행 15:21), 율법과 선지자들의 글이 봉독되었으며(행 13:15), 사람들은 회당에서 기도하였다(마 6:5). 사람들은 회당에서 성경을 강론하였다(눅 4:16-19). 그리스도께서는 회당들에서 말씀을 전하셨다. 하지만 우리는 그리스도께서 회당에서만이 아니라, 산에서와 개인의 집들에서도 말씀을 전하는 모습을 다음 장에서 발견하게 될 것이다. 그러나 그리스도께서는 회당에 들어가서 말씀을 전하거나 듣는 것을 거부하지 않으셨다. 회당들은 인간의 전통들로 말미암아 충분히 부패해 있었지만 우상을 숭배하는 정도는 아니었기 때문에, 그리스도께서는 당시에 존재하였던 교회로부터 완전히 발길을 끊지는 않으셨다.

그렇다면, 그리스도께서는 무엇을 전파하셨는가? 그가 전하신 것은 "천국 복음"이었다. 그는 세상으로 가버린 잃어버린 죄인들을 위한 기쁜 소식, 즉 자기가 사람들을 하나님의 나라로 인도하여 영원히 구원받게 해줄 참되고 유일한 길인 참 메시야라는 것을 드러내시는 말씀을 전파하셨다. 이것은 그의 모든 사역자들이 전파해야 할 바로 그것이다. 사역자들은 그들 자신의 생각들이나 사람들이 지시하고 명하는 것들이나 영혼들을 구원하는 데 부적절한 것들이 아니라, "천국 복음"을 전파하여야 한다.

백성 중의 모든 병과 모든 약한 것을 고치시니. 헬라어 본문에도 "모든… 모든…"으로 되어 있기는 하지만, 당시에 갈릴리에서 병에 걸린 사람들 중에서는 죽은 사람들도 있었다는 것은 분명하다. 따라서 이 구절은 성경에 나오는 "모든"이 언제나 축자적으로 모든 사람들을 의미하는 것이 아니라, 많은 수의 사람들을 의미한다는 것을 증명해 주는 또 하나의 본문이다. 그리스도께서는 이러한 이적들을 행하심으로써, 자신의 가르침과 자기가 하나님으로부터 보내심을 받았다는 사실을 확증하셨다.

24. 그의 소문이 온 수리아에 퍼진지라 사람들이 모든 앓는 자 곧 각종 병에 걸려서 고통 당하는 자, 귀신 들린 자, 간질하는 자, 중풍병자들을 데려오니 그들을 고치시더라.

"수리아"는 북쪽으로는 길리기아, 남쪽으로는 애굽, 서쪽으로는 대해, 동쪽으로는 유브라데와 접해 있어서, 온 유대와 베다니, 갈릴리와 데가볼리, 사마리아와 이두매, 블레셋 땅과 수로보니게, 수리아 다메섹과 수리아 안디옥을 그 지경 내에 두고 있었다. 그리스도께서 행하신 선한 일들과 이적들로 인해서, 그의 명성은 아주 멀리까지 파다하게 퍼져나갔던 것임에 틀림없다. 그래서 "사람들이 모든 앓는 자 곧 각종 병에 걸려서 고통당하는 자들"을 그에게로 "데려왔다." 여기에서 "모든"은 또다시 각종 질병에 걸려서 앓고 있고 집이나 침상에 누워 있어야 했던 "아주 많은" 사람들을 가리킨다. 그리스도께서는 의원들이 불치라고 판정한 몇몇 병들을 고치심으로써 자신의 능력을 보이기도 하셨지만, 그렇게 치명적이지 않은 병들에 걸린 사람들도 고쳐 주시고 그들의 고통을 덜어 주시는 인자하심을 보이셨다. "고통당하는 자들"은 마치 고문하는 자들의 손에 고문을 당하는 것처럼 온 몸이 찢어지는 듯한 고통으로 괴로워한 사람들을 가리키고, "귀신 들린 자들"은 우리가 복음서에서 자주 보게 되는 그런 부류의 사람들인데, 여기에 그런 자들을 가리키는 용어가 처음으로 등장한다.

구약에는 그러한 자들에 대한 언급이 거의 없는 반면에(우리는 단지 사울이 악한 영에 씌워서 고생하는 장면만을 볼 수 있다), 신약에서나 그리스도 이후의 초기의 교회사 속에서는 그런 자들에 대한 이야기들이 많이 나온다는 것은 주목할 만하다. 그런 자들은 '에네르구메니'(energumeni, 라틴어로 "귀신 들린 자들"이라는 의미 — 역주)로 불렸다. 어떤 이들은 하나님께서 복음이 전파되기 시작한 초기에, 귀신들을 쫓아내시는 것을 통해서 우리 구주의 능력을 두드러지게 하시고, 그리스도의 제자들에게도 귀신들을 쫓아내는 권세를 주심으로써 그리스도의 신성을 크게 나타내도록 하실 목적으로, 마귀가 극성을 부리는 것을 허락하신 것이라고 생각한다. 또 어떤 이들은 영들이 없다고 주장하였던 사두개인들의 생각이 잘못되었음을 드러내시기 위하여 하나님께서 그렇게 하신 것이라고 생각한다. 복음서는 두 부류의 사람들을 "귀신 들린 자들"로 부르는 것으로 보인다. 첫 번째 부류는 귀신에 들려서 고문을 당하는 것 같은 고통을 겪는 자들이고(막 5:3-5; 눅 9:39), 두 번째 부류는 귀신이 자신의 몸에 들어가서 점도 치고 예언도 할 수 있게 된 자들이다(행 16:16). "간질하는 자들"은 보름달이 될수록 증세가 심해지거나 발작을 일으키는 병을 앓는 자들을 가리킨다. 여러 가지 증상이 있지만, 특히 두드러지는 증상은 입에서 거품을 내며 쓰러지는 것이다. "중풍병자들"은 신경들이 소실되어 일어나는 병을 앓는 자들이다.

여기에 언급된 질병들은, 사람들이 고칠 수 있기는 하지만, 일반적으로 난치병이라고 생각되는 것들이다. 그리스도께서는 자신의 신적인 능력을 보여 주시기 위하여 그들을 고쳐 주셨지만, 단지 그들의 육신의 질병들을 고쳐 주시는 것에서 그치신 것이 아니라, 아울러 그들의 영혼의 질병들도 고쳐 주시기 위하여 천국 복음을 전파하셨다. 우리는 본문에서 육신의 질병들을 고침받기 위해서 그리스도께로 나아온 사람들이 많았다는 것을 알 수 있지만, "우리가 구원받기 위해서는 어떻게 해야 하나요"라고 그리스도께 물은 사람이 있었다는 말은 들을 수가 없다. 사람들은 자신들의 고통과 질병에 대해서는 아주 민감하지만, 자신들의 병든 영혼에 대해서는 둔감하기 짝이 없다!

25. 갈릴리와 데가볼리와 예루살렘과 유대와 요단 강 건너편에서 수많은 무리가 따르니라.

이 수많은 무리들은 대체로 육신의 양식인 떡을 위해서나, 육신의 질병들을 고침받기 위해서, 또는 호기심으로 그리스도를 따랐겠지만, 그들 중에는 분명히 그리스도를 사랑하고 그에게서 배우기 위하여 그를 따른 사람들도 있었을 것이다. "데가볼리"라는 지명은 그 지역 안에 열 개의 성읍이 있었기 때문에 붙어진 명칭이었다. 우리는 여기에서 유대인들과 이방인들이 함께 섞여서 그리스도를 따르고 있는 모습을 본다. 왜냐하면, 그리스도께서는 유대인과 이방인 모두의 구주가 되셔서, 이 둘 사이에 막힌 담을 허시고, 이 둘로 하나의 복음 교회를 이루게 하시기 위하여 오셨기 때문이다(엡 2:14).

제5장

개요

1. 그리스도께서 누가 복된 자들인지를 선언하시는 것으로 산상수훈을 시작하심 (1-12).
2. 제자들을 불러 세상의 소금과 빛이 되라고 하시고, 산 위에 있는 동네 비유와 등불 비유를 통해서 그들에게 반드시 선한 모범이 되어야 한다는 것을 역설하심 (13-16).
3. 그리스도께서는 율법을 폐기하기 위해서가 아니라 완성하기 위해 오셨다고 말씀하심(17-20).
4. 살인에 관한 계명을 확대하심(21-26).
5. 간음에 관한 계명을 확대하심(27-32).
6. 거짓 맹세에 관한 계명을 확대하심(33-37).
7. 부당한 행위를 인내하라고 하심(38-42)
8. 원수를 사랑하라고 하심(43-47).
9. 온전함을 목표로 하라고 하심(48).

1-2. [1]예수께서 무리를 보시고 산에 올라가 앉으시니 제자들이 나아온지라 [2]입을 열어 가르쳐 이르시되.

지난 장은 아주 많은 무리들이 그리스도를 따랐다고 말하는 것으로 끝이 났는데, 그리스도께서는 무리가 많은 것을 보시고, 자신이 전하여야 할 말씀을 하시기에 좀 더 편리하고, 무리들도 잘 들을 수 있도록 하실 목적으로, "산에 올라가," 유대 랍비들이 자신의 권위를 보이기 위하여 취하는 자세를 따라 "앉으시니"(마태복음 26:55; 누가복음 4:20; 요한복음 8:2은 우리 구주께서 다른 때들에도 그렇게 하셨다는 것을 보여 준다) "제자들이 나아왔다." 여기에서 "제자들"은 엄격하게 제자라 불린 자들만이 아니라, 지난 장에 언급된 무리들 또는 그 일부도 가리킨다. 이렇게 준비가 갖추어지자, 그리스도께서는 자유롭게 그들에게 말씀하시기 시작하셨고, 무리들은 그의 말을 경청하였다. 그리스도께서는 말씀을 회당에서 전하든 산에서 전하든 둘 다 합당하다고 생각하셨다. 또한, 제자들도 그리스도께서 말씀을 전하시는 데 합당하다고 생각하신 곳에서 그의 말씀을 듣는 것이 합당하다는 것을 의심하지 않았다.

3. 심령이 가난한 자는 복이 있나니 천국이 그들의 것임이요.

이 세상의 재물이나 좋은 것들을 풍족하게 소유하고 있지는 않지만, 자신의 신분과 처지에 알맞은 심령을 지니고서, 이 땅에서 자신을 위로해 줄 것들을 구하지 않고, 이 세상과 거기에 있는 모든 것들을 별 것 아닌 것으로 여기고 멸시하며 더 탁월한 부요를 추구하는 사람들, 그렇게 살기 위해서 자신의 수많은 죄들에 대하여 상하고 통회하는 심령을 지니고 있어서, 그들 자신의 의에 대하여 교만한 생각을 품을 수 없어, 하나님의 거저 주시는 은혜와 주 예수 그리스도의 의로 피하는 사람들은 복이 있다. 이 세상에서 위대하고 부유하며 교만한 자들은 행복한 사람들이 아니고, 바로 이러한 사람들이 복된 자들이다. 왜냐하면, 참된 행복은 세상의 좋은 것들이나 재물들을 소유하는 데 있지 않고, 하나님의 은총을 받는 것과 천국에 들어갈 자격을 얻는 데 있기 때문이다. 이러한 사람들이 소유하고 있는 것은 바로 그런 것들이다(시 34:18; 51:17; 사 66:2).

4. 애통하는 자는 복이 있나니 그들이 위로를 받을 것임이요.

세상 사람들이 유쾌하고 즐겁게 살아가는 사람들이야말로 진정으로 행복한 사람들이라고 생각하는 것은 착각이다. 그들이 유쾌하게 살아가는 것은 정신이 나가서 미쳐 살아가는 것이고, 그들이 즐거워하는 것은 솥단지 아래 아궁이에서 가시덤불이 소리를 내며 타들어가는 소리와 같다. 진정으로 행복한 사람들은 "애통하는 자들"이다. 죄의 쾌락을 잠시 누리는 것을 거부하고, 자신의 죄들을 보고서, 또는 남들의 죄를 보면서 애통해하는 자들, 하나님의 백성과 함께 환난과 박해를 감당하는 쪽을 택해서 그런 삶을 사느라고 애통해하는 자들은 행복한 자들일 것임에 틀림없다. 그러한 고난들과 고통 속에서 그들은 자연스럽게 눈물 흘릴 수밖에 없지만, 그러한 애통함은 복된 것이다. 왜냐하면, 하나님께서 마침내 자기 백성의 눈에서 닦아내 주실 그런 눈물은 복된 눈물이고, 그들은 그런 눈물을 흘리는 자들이기 때문이다. 그런 자들은 현세에서 성령의 위로하심을 통해서, 또는 내세에서 주님의 기쁨에 동참하는 것을 통해서 "위로를 받을" 것이다(사 61:3; 요 16:20; 약 1:12). 따라서 본문에 나오는 약속과 복이 있다는 선언은 모든 애통해하는 자들에게 주어지는 것이 아니고, 오직 하나님께서 그렇게 애통하도록 만드신 자들, 또는 하나님의 명령에 순종해서 하나님의 영광을 위하거나 하나님의 고난 받는 백성과 함께 하기 위하여(롬 12:15) 애통하는 자들, 또는 자신의 죄를 회개하는 가운데 자연스럽게 애통하게 된 자들에게만 주어진다. 왜냐하면, 애통함에는 단지 육정에서 자연스럽게 흘러나오는 것들도 있기 때문이다. "하나님의 뜻대로 하는 근심은 구원에 이르게 하는 회개를 이루는 것"인 반면에, "세상 근심은 사망을 이루는 것"이다(고후 7:10).

5. 온유한 자는 복이 있나니 그들이 땅을 기업으로 받을 것임이요.

사람들은 이 세상에서 자기가 당한 만큼 "눈에는 눈, 이에는 이"의 방식으로 되갚아줄 수 있는 사람들을 행복하다고 여긴다. 그러나 내가 너희에게 말하노니, 그런 자들은 진정으로 행복한 자들이 아니다. 그들은 자신의 육정과 감정들로 인해서 고통을 받고 있는 자들이다. 그들의 손이 다른 모든 사람들을 치는 것과 마찬가지로, 다른 모든 사람들의 손도 그들을 친다. 그 뿐만 아니라, 그런 자들이 행하는 모든 악행들에 대하여 반드시 원수를 갚아 주실 하나님이 계신다. 반면에, "온유한 자들," 즉 화를 낼 수 있지만, 하나님의 뜻에 순종해서 자신의 분노를 억제하고, 화를 내어도 죄를 짓지 않을 수 있는 경우를 제외하고는 화를 내지 않고자 하는 자들, 다른 사람들의 말이나 행동에 의해서 쉽게 화를 내는 것이 아니라, 도리어 부드러운 말로 다른 사람들의 분노를 가라앉히고, 다른 사람들의 육정이나 감정을 수용하여 해소해 주는 자들은 복이 있는 사람들이다. 어떤 사람들이 자신들의 칼과 활로 세상의 대부분을 정복하여 자신의 뜻대로 권세를 휘두르게 되었다고 할지라도, 그들은 결코 평화롭고 편안하게 그 땅을 물려받거나 소유하지 못할 것이다. 왜냐하면, 그들은 사람들의 신의를 짓밟고 강제로 그 땅을 소유한 자들인 까닭에, 육식조들이 자신이 낚아챈 먹이를 먹듯이, 자신들이 강탈한 것들을 떠들썩하게 즐기겠지만, 모든 사람이 자신의 총을 장전해서 그들을 겨누고 있는 가운데 그것들을 즐기게 될 것이기 때문이다. 그러나 온유한 심령을 지닌 사람들은 그런 자들만큼 떠들썩하게 이 땅에 깊이 뿌리를 내리지는 않지만, 하나님이 그들에게 주시는 깊은 평안함과 안전함을 누리게 될 것이고, 하나님께서는 그들에게 필요한 것들을 공급하시고, 반드시 그들을 먹이실 것이다(시 37:3, 11).

6. 의에 주리고 목마른 자는 복이 있나니 그들이 배부를 것임이요.

너희는 너희의 주위에서 육체의 정욕이나 감각적인 즐거움들에 주리고 목마른 많은 사람들을 본다. 그런 사람들은 불행하고 비참한 사람들이다. 그들은 자주 주리고 목마르지만, 그 주림과 목마름은 채워지지 않는다. 그러나 나는 너희에게 더 좋은 길을 보이고자 하는데, 그것은 너희가 그런 것들보다 훨씬 더 좋은 것을 진정으로 주리고 목말라 해야 한다는 것이다. 너희가 주리고 목말라 해야 하는 것은 바로 "의"이다. 이 의는 두 가지이다. 하나는 너희로 하여금 하나님 앞에 설 수 있게 해줄 의, 바로 그리스도로서(렘 23:6), "믿음으로 믿음에 이르게 하는" 의이고(롬 1:17), 다른 하나는 거룩한 삶의 의이다. "먼저 그의 나라와 그의 의를 구하는"(마 6:33) 사람들은 복된 자들이다. 하나님께서는 그런 사람들이 원하는 것들을 채워 주셔서 그들을 배부르게 해주실 것이다(사 55:1-2; 눅 1:53). 어떤 이들은 이 본문은 거짓 고소와 중상모략을 당하는 의롭고 무죄한 자들이 자신의 결백함을 사람들에게 밝히고자 하는 데 주리고 목마른 것에 대하여 말하고 있는 것이라고 본다. 하나님께서는 그런 자들의 의를 백일하에 드러내시겠다고 약속하고 계시는 것은 맞지만(시 37:6), 나는 이 본문이 그러한 의미라고 결론을 내릴 근거를 보지 못한다.

7. 긍휼히 여기는 자는 복이 있나니 그들이 긍휼히 여김을 받을 것임이요.

세상 사람들은 다른 사람들은 어떻게 되든지, 자신들이 스스로를 돌볼 수 있다면, 그런 자신을 복이 있다고 여기지만, 나는 너희에게 말한다. 다른 사람들의 궁핍과 참상을 진심으로 알고 느끼는 자들, 즉 단순히 타고난 육정의 선량함과 자애로움이 아니라, 하나님의 뜻에 대한 참된 순종 가운데서 그런 사람들에 대한 하나님의 사랑을 알고 그런 사람들에 대한 하나님의 약속에 대한 믿음에 의해서 그런 사람들에 대하여 단지 연민을 느끼고 불쌍히 여겨서 그들이 잘되기를 바라는 것은 물론이고, 그들의 참상에 알맞는 도움의 손길을 뻗쳐 그들을 도와주는 자들이야말로 진정으로 복이 있는 사람들이다. 왜냐하면, 그런 자들은 스스로 곤경이나 어려움에 처하게 될 때에 사람들로부터만이 아니라 하나님의 손길로부터도 "긍휼히 여김을 받을" 것이기 때문이다(시 37:26; 112:5-6). 그리스도께서는 그런 자들은 하나님에 의해서 긍휼히 여김을 받을 자격이 있다고 말하는 것이 아니라, 긍휼히 여김을 받게 되고 긍휼하심을 얻게 될 것이라고 말한다.

8. 마음이 청결한 자는 복이 있나니 그들이 하나님을 볼 것임이요.

세상 사람들은, 어떤 사람들이 실제로는 회칠한 무덤이고 그들의 마음은 온갖 부정한 새들이 모여 있는 새장이라고 할지라도, 순전함의 가면을 쓰고 있어서, 사람들에게 순전하고 거룩하게 보이기만 하면, 그런 사람들을 복이 있다고 말한다. 그러나 나의 피로 자신들의 더러움을 씻음 받아 진실하고 정직한 마음을 지니게 된 자들, 율법적으로는 모든 죄에서 벗어나지 못해서 순전하지 못하지만, 하나님이 그들을 열납하실 정도로 순전하고, 그들의 마음은 거룩함을 좇는 자들, 두 마음을 가지고 있지 않고 간사함이 없는 자들만이 오직 복이 있는 사람들이다. 왜냐하면, 죽을 수밖에 없는 자연인의 눈을 지닌 자들은 하나님의 본질을 볼 수 없고 깨달을 수 없지만, 이런 사람들은 현세에서는 믿음의 눈으로 거울을 보는 것처럼 희미하게, 그러나 내세에서는 얼굴을 맞대고서 하나님을 보고 누리게 될 것이기 때문이다(고전 13:12; 히 12:14; 요일 3:2).

9. 화평하게 하는 자는 복이 있나니 그들이 하나님의 아들이라 일컬음을 받을 것임이요.

세상 사람들은 한시도 쉬지 않고 끊임없이 더 많은 세계들을 정복하고자 하고 전쟁과 분열과 선동의 숯불에 부채질하느라 떠들썩하고 바쁘게 움직이는 사람들을 복이 있다고 말한다. 그러나 진정으로 복이 있는 자들은, 평온하게 살고자 하고 화평을 추구하며, 불화의 씨앗을 뿌리거나 불화를 부채질하기는커녕, 도리어 하나님과 사람 간의 화평과 사람들 서로 간의 화평을 이루어 내고자 애를 쓰되, 하나님께 순종하는 가운데 하나님과 사람을 사랑해서 그렇게 하는 사람들이다. 왜냐하면, 그런 사람들은 그들이 하나님을 닮은 하나님의 자녀들이라는 것을 증명하는 것인 까닭에, "하나님의 아들이라 일컬음을 받을" 것이기 때문이다. 여기에서 "하나님의 아들이라 일컬음을 받는다는 것"과 "하나님의 아들이라는 것"은 거의 동일한 의미이다. 그래서 창세기 21:12에서 모세가 한 말을 바울은 로마서 9:7-8에서 그런 식으로 해석하고, 누가복음 19:46은 마태복음 21:13을 그런 식으로 해석하며, 요한일서 3:1은 요한복음 1:12를 그런 식으로 해석한다. 그런 사람들이 하나님의 아들들인 이유는 하나님은 "화평의 하나님"(고전 14:33)이시기 때문이다.

10. 의를 위하여 박해를 받은 자는 복이 있나니 천국이 그들의 것임이라.

세상 사람들은, 통치자들의 진노와 미움을 사서 그들의 폭력으로 인해서 자신의 재산과 자유, 또는 목숨을 잃는 사람들을 보면, 그런 사람들이 무엇 때문에 그런 일을 겪게 된 것인지는 생각하지 않고, 무조건 지극히 불행하고 비참한 사람들이라고 생각하지만, 그것은 큰 착각이다. 왜냐하면, 사람들을 기쁘게 하려고 하나님을 거슬러 죄를 짓는 일을 감히 하지 않으려 하고, 도리어 "하나님과 사람에 대하여 항상 양심에 거리낌이 없기를 힘쓴다"(행 24:16)는 이유로, 그런 폭력에 의해 짓밟히게 되는 자는 복이 있는 사람이기 때문이다. 그런 사람은 세상 나라들에서 쫓겨나서 천국을 향해 나아가게 될 것이다. 왜냐하면, 영광의 천국은 그런 자들의 것이기 때문이다(약 1:12; 벧전 3:14; 4:13).

11. 나로 말미암아 너희를 욕하고 박해하고 거짓으로 너희를 거슬러 모든 악한 말을 할 때에는 너희에게 복이 있나니.

어떤 사람들이 그리스도를 고백하고 하나님을 거슬러 범죄하지 않고자 한다는 이유로, 그들을 거슬러 온갖 거짓된 악한 말들을 퍼붓고 욕하는 것은 가장 약한 수준의 "박해"이기는 하지만, "박해"의 전형적인 모습이기도 하다(창 21:9; 갈 4:29). 하나님의 종들은 밥 먹듯이 그런 일을 겪어 왔다. 다윗은 "불의한 증인들이 일어나서 내가 알지 못하는 일로" 나를 고소하고 비난하였다고 말한다(시 35:11). 세례 요한과 그리스도께서도 그런 일을 겪으셨다(마 11:18-19; 눅 7:33-34). 양심에 화인 맞은 자들이 의를 행하는 자들을 박해하는 죄를 범하고 거짓말하며 거짓으로 맹세하는 죄를 범하고도 전혀 죄책감을 느끼지 않는 것은 이상한 일이 아니다. 그러나 우리 구주께서는 "그런 일들이 너희에게 일어날 때, 너희는 복이 있다"고 말씀하신다(벧전 4:13).

12. 기뻐하고 즐거워하라 하늘에서 너희의 상이 큼이라 너희 전에 있던 선지자들도 이같이 박해하였느니라.

너희는 그러한 시련들을 겪을 때, 괴로워하거나 슬퍼하지 말고, 도리어 그 모든 일을 기쁨으로 여기라(약 1:2). 사람들이 술을 마시며 너희를 자신들의 술안주로 삼아 온갖 비방과 욕을 하면, 너희는 그 모든 것들을 너희 귀에 들려오는 음악으로 듣고, 너희 마음에 크게 기뻐하며, 너희의 입술과 행동으로 그 기쁨을 표현하라. 왜냐하면, "너희의 상이 크기" 때문이다. 물론, 이 상은 너희가 받을 만해서 주어지는 것이 아니라, 순전히 은혜로 주어지는 것이다. 왜냐하면, 우리가 이 땅에서 "잠시 받는 환난의 경한 것"은 저 "지극히 크고 영원한 영광의 중한 것"에 비하면 아무것도 아니기 때문이다(고후 4:17). 그 영광은 우리의 공로에 비례해서 주어지는 것이 아니고, 우리에게는 그 어떤 공로도 있을 수 없다. 특히, 그것이 그리스도를 위하여 고난 받게 하기 위하여 우리에게 주어지는 것이라면(빌 1:29) 더더욱 그러하다. 베드로는 그러한 근거 위에서 "너희가 그리스도의 이름으로 치욕을 당하면 복 있는 자로다 영광의 영 곧 하나님의 영이 너희 위에 계심이라"(벧전 4:14)고 말한다.

우리 구주께서는 "너희 전에 있던 선지자들도 이같이 박해하였느니라"는 말씀을 덧붙이신다. 유대인들의 방백들과 관원들은 엘리야와 미가야와 예레미야와 아모스 등을 비롯한 선지자들을 박해하였는데, 너희는 역사상으로만이 아니라 하나님의 뜻을 사람들에게 드러내는 동일한 직분을 맡았다는 점에서도 선지자들을 잇고 있는 자들이다.

13. 너희는 세상의 소금이니 소금이 만일 그 맛을 잃으면 무엇으로 짜게 하리요

후에는 아무 쓸 데 없어 다만 밖에 버려져 사람에게 밟힐 뿐이니라.

우리는 그리스도인으로서 달려갈 길을 달려감에 있어서, 세상 사람들이 우리에 대하여 말하거나 행하는 것들을 마음에 둘 필요가 없고, 오직 성결의 의무와 본보기가 되는 삶에 매진하는 것이 합당하다. 바로 이것이 우리 구주께서 마태복음 5:16에서 아주 분명하게 역설하시는 것이다. 그리스도께서는 13절부터 15절에 걸쳐서 그들을 네 가지 다른 것들에 비유하셔서, 자신의 청중들을 16절의 결론으로 이끌어 가신다. 이 절에는 그 첫 번째 비유가 나오는데, 그것은 "너희는 세상의 소금"이라는 것이다. 너희가 받아들여서 행하고 전하는 가르침은 세상을 부패하게 만드는 타락한 가르침과 타락한 행실과는 정반대되는 것이다(그렇기 때문에, 세상 사람들이 그 가르침에 반발해서 너희를 욕하고 박해하는 것은 이상한 일이 아니다). "너희는 세상의 소금"인 것은 너희에게 주어진 하나님의 은혜로 말미암은 것이다(막 9:50; 골 4:6). 만일 이 세상에서 소수의 사역자들이 은혜 가운데서 고통을 겪으면서도 건전하고 거룩하게 살아가고 있지 않다면, 이 세상은 술 취한 자들과 더럽고 추악한 자들과 도둑들과 살인자들과 불의한 자들이 고약한 냄새를 풍기며 모여 사는 거름더미가 되어, 순전하시고 거룩하신 하나님의 코에 악취만을 풍기게 될 것이다. "소금이 만일 그 맛을 잃으면," 이 세상이 어떻게 될지를 생각해 보라. 소금은 생선과 고기가 부패하지 않게 해주는 것인데, 소금이 제 역할을 하지 못한다면, 단지 생선이나 고기만 썩어서 "아무 쓸 데 없게" 되어 버리는 것이 아니라, "얼빠진"(이것이 "맛을 잃는다"로 번역된 헬라어의 원래의 의미이다) 소금 자체도 "아무 쓸 데 없게" 되어 버려서, "다만 밖에 버려져 사람에게 밟히게" 될 뿐이다. 복음의 일꾼들도 마찬가지이고, 복음을 믿고 고백하는 자들도 마찬가지이다. 그들이 신앙의 건전함과 삶의 성결함을 잃어버린다면, 그들은 아무런 가치가 없게 되어서, 믿지 않는 자들보다 더 나쁜 처지로 전락하게 된다. 금화는 잘게 쪼개져서 금화로서의 유용성을 잃는다고 하여도, 여전히 금세공인에게는 쓸모가 있고, 고기는 썩었다고 해도 사람들이 먹을 수는 없지만 개들에게 주어 먹게 할 수는 있다. 하지만 맛을 잃은 소금은 아무짝에도 쓸 데 없게 된다. 사역자들이나 그리스도인들도 마찬가지이다. 그들의 탁월한 가치는 그들이 지닌 "맛"에 있다. 그런데 그들이 그 맛을 잃어버린다면, 무엇으로 그들을 짜게 할 수 있겠는가? 그들 때문에 하나님과 신앙이 욕을 먹는다면, 그들이 무슨 쓸모가 있겠는가? 그리스도께서 여기에서 "소금" 비유를 통해 말씀하시고자 한 것을 에스겔 선지자는 "포도나무"를 들어서 말한다(겔 15:2-3).

14. 너희는 세상의 빛이라 산 위에 있는 동네가 숨겨지지 못할 것이요.

나의 사도들이 될 너희는 아주 탁월하고 뛰어나지만, 나의 제자들인 너희 모두도 마찬가지이다. 그리스도는 "세상의 빛"이시다(요 1:4, 9). 그러나 해가 세상의 빛이라고 해서, 달과 별들은 세상의 빛이 아니라고 말하는 것은 잘못이다. 그리스도는 원래의 "빛," 즉 자기 자신 속에 빛을 가지고 계시는 큰 빛이시지만, 복음 사역자들도 세상의 빛들이고, 교회의 천사들은 별들이며(계 1:20), 성도들은 "빛의 자녀들"이다(살전 5:5).

산 위에 있는 동네가 숨겨지지 못할 것이요. 교회는 흔히 "하나님의 성"이라 불린다(본문에서 "동네"로 번역된 단어와 이 "성"은 동일한 단어이다). 그리스도께서는 여기에서 자기 백성을 "성"이 아니라 "산 위에 있는 성"에 비유하시는데, 우리 구주께서 "산 위에 있는 성"이라고 하신 것은 산 위에 높이 지어진 산성은 어디에서 보아도 다 보일 수밖에 없다는 것을 강조하시기 위한 것이다. 따라서 우리 구주께서는 "너희의 행실은 마치 누구의 눈에나 다 분명하게 보이는 산 위에 지어진 성처럼 숨겨질 수 없고, 모든 사람의 눈이 너희를 보고 있을 것이기 때문에, 너희는 성결하여야 한다"고 말씀하신 것과 다름없다.

15. 사람이 등불을 켜서 말 아래에 두지 아니하고 등경 위에 두나니 이러므로 집 안 모든 사람에게 비치느니라.

너희는 내가 너희에게 왜 나의 빛을 나눠주고 있는지 그 목적을 잘 생각하여야 한다. 사람들이 "등불"을 켜는 것은 방안에 있는 모든 것을 비추기 위한 것이고, 그릇이나 됫박("말") 아래에 두기 위하여 등불을 켜는 사람은 없는 것과 마찬가지로, 내가 너희에게 나의 진리들이나 은혜를 전해 주고 있는 것은 단지 너희 자신만 사용하도록 하기 위한 것이 아니라 다른 사람들도 사용할 수 있게 하기 위한 것이다. 우리 구주께서는 세례 요한에 대하여 "요한은 켜서 비추이는 등불이라"(요 5:35)고 말씀하셨는데, 복음의 참된 사역자들이나 모든 참된 그리스도인들도 마찬가지이다. 그들은 하나님을 향한 사랑과 열심, 그리고 다른 사람들의 영혼에 대한 사랑과 열심으로 "타오르는 등불"일 뿐만 아니라, 가르침과 거룩한 행실을 통해서 다른 사람들에게 자신의 빛을 전해 주는 "빛을 비추는 등불"이기도 하다. 그런 것들이 없는 위선적인 등불들은 하나님으로부터 온 등불들이 결코 아니다.

16. 이같이 너희 빛이 사람 앞에 비치게 하여 그들로 너희 착한 행실을 보고 하늘에 계신 너희 아버지께 영광을 돌리게 하라.

우리 구주께서는 자신이 앞에서 든 여러 비유들을 통해서 진정으로 말씀하고자 하신 것을 이제 우리에게 분명하게 말씀하신다. 너희는 내게서 받은 저 가르침의 빛과 너희의 거룩한 행실의 빛을 "사람들 앞에 비쳐서"(이어지는 말씀을 볼 때, 여기에서는 후자에 더 주안점이 두어지고 있는 것으로 보인다), 그러한 것들이 사람들에게 아주 분명하고 똑똑하게 드러나게 하여서, "그들로 너희 착한 행실을 보고 하늘에 계신 너희 아버지께 영광을 돌리게 하라." 그리고 내가 너희에게 이미 명하였거나 앞으로 명할 온갖 종류의 선한 행위들을 너희가 나의 명령에 순종하는 마음으로 행할 때에만, 그 행위들은 "착한 행실"이 될 수 있다. 너희가 선행들을 행할 때에 너희 자신의 유익을 목적으로 사람들에게 보이려고 행하거나(마 6:1), 순전히 다른 사람들에게 선행을 베푸는 것 자체를 목적으로 해서는 안 된다. "필요한 것을 준비하는 좋은 일에 힘 써야" 하지만(딛 3:14), 너희가 선행을 하는 일차적이고 주된 목적은 "너희 아버지께 영광을 돌리는" 것이 되어야 한다. 요한복음 15:8에서는 "너희가 열매를 많이 맺으면 내 아버지께서 영광을 받으실 것이요"라고 말한다. 우리는 하나님의 본질적인 영광에 그 어떤 것도 더할 수 없지만, 하나님의 영광을 알리고 드러낼 수는 있다. 선행들이 하나님의 특별하고 유효한 은혜로부터 나오지 않고, 단지 우리 자신의 의지의 힘과 자유로부터 나온다면, 우리는 그러한 선행들을 통해서는 하나님께 영광을 돌릴 수도 없고 하나님께서 영광을 받으실 수도 없다.

그리스도께서 "하늘에 계신 너희 아버지"라고 하신 것은, 하나님의 본질적인 임재는 모든 곳에 있기는 하지만, 하나님은 다른 어느 곳보다도 자신의 영광과 위엄이 드러나는 곳에 계시기를 기뻐하신다는 것을 보여 주시기 위한 것이다.

17. 내가 율법이나 선지자를 폐하러 온 줄로 생각하지 말라 폐하러 온 것이 아니요 완전하게 하려 함이라.

이 본문을 이용해서 자신들의 잘못된 가르침을 견고히 세우고자 하는 복음의 대적들은, 유대인들과 교황주의자들, 소키누스파(Socinians), 재세례파들(Anabaptists), 율법폐기론자들을 비롯해서 무수히 많아서, 우리가 그들의 잘못된 주장들을 일일이 다 지적하며 이 본문의 진의를 드러내고자 한다면, 한 권의 책을 써야 할 것이다. 따라서 이것에 대해서 좀 더 자세하게 알고 싶은 사람들은 스판헤미우스(Spanhemius)의 『복음서의 의문점들』(*Dub. Evang.*) 12.3을 읽어보면 좋을 것이다.

이 본문의 분명한 의미는 이런 것이다. 만일 당시의 청중들 속에 있던 우리 구주의 원수들이 그리스도는 율법과 선지자의 글을 폐하기 위하여 왔다는 것을 사람들에게 설득할 수 있었거나, 청중들 자신들이 그리스도의 강론을 듣고서 그러한 생각을 품게 되었다면, 특히 율법에 대하여 큰 경외심을 품고 있었던 유대인들에게, 그것은 그리스도께서 말씀을 전하는 데 큰 걸림돌이 될 수밖에 없을 것이었다. 그래서 우리 구주께서는 그 다음에 이어지는 자신의 강론 속에서 바리새인들이나 다른 유대 랍비들보다도 더 엄격하고 온전한 율법 해석을 제시하기에 앞서, 먼저 자기가 "율법을 폐하러" 온 것이 절대로 아니고, 도리어 율법을 "완전하게 하려" 왔다는 것을 단호하게 천명하신다. 그리스도의 이어지는 강론을 보면, 그는 구약에서 유대인들이 행한 모든 모형들을 진정으로 성취하고 완성하신 원형으로서 제의법을 비롯한 율법 전체를 성취하신 것이기는 하지만, 이것은 일차적으로 도덕법에 대한 것임이 분명하게 드러난다. 즉, 그는 이렇게 말씀하신 것이다. 나는 도덕법을 폐하고 끝장내기 위해서 온 것이 아니라, 도리어 그 도덕법을 성취하고 완전하게 하기 위하여 왔다. 하지만 나는 교황주의자들이나 소키누스파와는 달리 거기에 어떤 새로운 교훈을 더하고 채워 넣는 방식이 아니라, 스스로 내 자신을 드려서 율법에 순종하고, 너희가 이전에 해석해 왔던 것보다 더 엄격하고 온전한 해석을 제시하며, (나의 제자들에 대한) 율법의 저주를 내가 대신 짊어지고서 하나님의 공의를 충족시키는 방식으로 율법을 완성할 것이다. 그리스도께서 율법의 일부를 폐하고 도덕법에 새로운 계명들을 더하였다는 비난을 듣게 만든 가장 큰 빌미가 된 것은 안식일에 관한 그의 가르침이었다. 그러나 우리가 도덕법은 이런저런 특정한 날이 아니라 단지 칠일 중에 한 날을 거룩한 안식의 날로 지킬 것을 요구한 것이라는 점을 생각하면, 그것은 실제로 빌미가 될 수 없는 것이었다. 유대인들의 경우에는 제의법에 의해서 그 특정한 날이 정해졌고, 그리스도인들의 경우에는 그리스도와 사도들이 습관적으로 행하신 것에 따라서 그 날이 정해졌다. 또한, 하나님께서 천지를 창조하실 때에 제7일에 안식하셨다는 것이 율법에 언급되어 있다는 것도, 계명(precept)과 논거(argument)를 구별할 줄 아는 사람들에게는, 그리스도를 반대할 수 있는 정당한 근거가 될 수 없다. 왜냐하면, 창조의 제7일에 대하여 말하고 있는 본문은 계명이 아니라 하나의 논거이기 때문이다: "하나님이 그가 하시던 일을 일곱째 날에 마치시니 그가 하시던 모든 일을 그치고 일곱째 날에 안식하시니라." 그런데 특정하고 일시적인 것에 대한 그러한 논거들을 사람들에게 영원한 의무를 지우는 계명들을 밑받침해 주는 근거로 삼는 것은 비일비재하게 일어나는 일이다. 그런 경우에, 그 계명들은 그러한 논거들이 영향력을 지니는 특정한 사람들에게 먼저 부여되는데, 우리는 안식일과 관련된 계명에서와 마찬가지로 십계명의 첫 번째 계명에서도 그러한 예를 본다. 다른 한편으로는, 특정한 사람들에게 한동안 특정한 의무로 부여되는 계명들에 보편적으로 적용되는 논거들이 결합되어 있는 경우도 흔하다. 마찬가지로, 우리는 제의법 속에서 "나는 네 하나님 여호와이니라"는 말씀이 의식과 관련된 많은 계명들을 밑받침해 주는 논거로 사용되는 것을 흔히 발견한다.

18. 진실로 너희에게 이르노니 천지가 없어지기 전에는 율법의 일점일획도 결코 없어지지 아니하고 다 이루리라.

"진실로 너희에게 이르노니"라는 어구는 헬라어로 "진실로 내가 너희에게 말하노니"로 되어 있는데, 어떤 이들은 이 어구는 "아멘이시요 충성되고 참된 증인이신"(계 3:14) 하나님과 그리스도 외에는 결코 사용하지 않는다는 점을 지적하면서, 하나님의 종들이 "진실로"라는 단어를 종종 사용하기는 하지만, 그런 경우에 그 단어는 간절히 바란다는 의미의 부사로 사용되고 있는 것이라고 말한다. 대체로 이 어구는 맹세의 한 형태로 여겨지는데, 하나님이 자신의 진실하심과 신실하심을 걸고 맹세하시는 것임을 보여 준다.

천지가 없어지기 전에는 율법의 일점일획도 결코 없어지지 아니하고 다 이루리라. 즉, 율법은 이성을 지닌 피조물들에게 주어진 하나님의 확실하고 변할 수 없는 뜻이기 때문에, 결코 일점일획도 변경되지 않을 것이고, 영원히 폐하여지지 않을 것이다. 그러므로 너희는 내가 율법을 폐하기 위하여 이 세상에 온 것이 아니라는 것을 확신할 수 있다.

19. 그러므로 누구든지 이 계명 중의 지극히 작은 것 하나라도 버리고 또 그같이 사람을 가르치는 자는 천국에서 지극히 작다 일컬음을 받을 것이요 누구든지 이를 행하며 가르치는 자는 천국에서 크다 일컬음을 받으리라.

하나님의 계명들 중에서 바리새인들이 다른 것들에 비하여 지극히 작다고 판단하는 계명을 하나라도 어기고, 율법을 그런 식으로 잘못 해석해서 사람들에게도 그렇게 하도록 가르치는 자는 하나님의 교회에서 지극히 가치 없고 존경받지 못할 자로 여김을 받게 될 것이고, 장차 영광의 나라에 결코 들어가지 못하게 될 것이다. 그러나 하나님의 모든 계명들에 대하여 똑같이 엄격하게 순종하고, 자신의 가르침과 모범을 통해서 다른 사람들에게도 그렇게 하도록 가르치는 자는 이 땅 위에 있는 천국인 하나님의 교회에서 큰 명성과 평판을 얻게 될 것이고, 장차 영광의 나라에서 큰 상을 얻게 될 것이다.

20. 내가 너희에게 이르노니 너희 의가 서기관과 바리새인보다 더 낫지 못하면 결코 천국에 들어가지 못하리라.

내게는 내 아버지의 율법을 범할 자유가 결코 주어져 있지 않기 때문에(아마도 서기관들과 바리새인들은 그런 자유가 그들에게 주어져 있다고 생각했을 수 있다), 나는 율법에 대한 너희의 순종이 서기관들과 바리새인들이 스스로 행하고 너희에게 가르치는 그러한 순종을 넘어서지 않는다면, 너희는 결코 천국에 들어가지 못할 것임을 너희에게 분명히 말한다. "서기관들과 바리새인들의 의"가 무엇이었는지는 우리가 바울의 말을 들어보면 가장 잘 알 수 있다. 왜냐하면, 그는 그 자신이 바리새인이었고, 당대의 큰 랍비였던 가말리엘의 문하에서 배운 인물이었기 때문이다(행 23:6; 26:5; 빌 3:5). 로마서와 갈라디아서 전체, 그리고 빌립보서 3:1-21이 잘 보여 주듯이, 그것은 "행위로 말미암는 의"였다. 그들은 그리스도를 메시야로 인정하지도 않았고, 그리스도를 믿지도 않았기 때문에(요 7:48), 그들이 추구한 의는 행위로 말미암는 의일 수밖에 없었고 다른 어떤 것일 수 없었다. 그들이 제의법에 대한 자신들의 순종을 그들 자신의 의로 여겼던 것인지는 증명할 수 없지만, 그들이 도덕법을 자기들 나름대로 해석하여 거기에 순종함으로써 자신들의 의를 주장했다는 것은 충분히 증명된다. 도덕법에 대한 그들의 해석은 너무나 단견적이고 피상적이었기 때문에, 그들의 의는 믿음의 의가 아니라 행위의 의였지만, 우리 구주께서 나중에 증명하셨듯이, 그들의 행위는 율법이 진정으로 요구한 것에 훨씬 못 미치는 불완전한 행위였다는 것은 명백하다. 따라서 행위의 의를 주장하려면, 율법 전체를 지켜야 하고, 율법 중에서 단 한 가지만 못 지켜도 죄인이 되고 말기 때문에, 실제로 그들이 주장한 의는 의일 수 없었다(약 2:10).

21-22. [21]옛 사람에게 말한 바 살인하지 말라 누구든지 살인하면 심판을 받게 되리라 하였다는 것을 너희가 들었으나 [22]나는 너희에게 이르노니 형제에게 노하는 자마다 심판을 받게 되고 형제를 대하여 라가라 하는 자는 공회에 잡혀가게 되고 미련한 놈이라 하는 자는 지옥 불에 들어가게 되리라.

바리새인들은 율법에 대하여 강론할 때에 통상적으로 "이것은 옛 사람들이 말한 것이다"라는 말로 시작하곤 하였기 때문에, 그리스도께서는 "옛 사람에게 말한 바 살인하지 말라 … 하였다는 것을 너희가 들었다"는 말씀으로 운을 떼신다. 이것은 하나님께서 시내 산에서 말씀하신 십계명 중에서 여섯 번째 계명이었다. "누구든지 살인하면 심판을 받게 되리라"는 구절은 바리새인들이 첨가한 것이었다. 하나님께서 처음에 하신 이 말씀을 기록한 출애굽기 20:13에는 그러한 구절이 덧붙여져 있지 않다. 이렇게 바리새인들은 하나님의 말씀에다 그들의 전통들을 섞었는데, 이것이 아마도 그들이 강론을 시작할 때, "이것은 모세가 말한 것이다"라거나 "이것은 하나님의 율법에 나와 있는 말씀이다"라고 운을 뗀 것이 아니라, "이것은 옛 사람들이 말한 것이다"라고 운을 뗀 이유인 것 같다. 왜냐하면, 강론의 서두에서 그런 식으로 운을 떼야만, 그들은 "옛 사람들"이라는 표현을 통해서, 모세가 하나님의 옛 백성에게 준 율법을 포괄할 뿐만 아니라, 율법만큼 오래되지는 않았을지라도, 어쨌든 유대인들이 타락한 상태에 있는 동안에 상당 기간 유대인들 사이에서 통용되어 온 그들 자신의 전통들과 잘못된 해석들도 포괄할 수 있었을 것이기 때문이다. 그들은 하나님의 진노하심이나 원수 갚으심에 대해서는 일언반구도 말하지 않고, 오직 "누구든지 살인하면," 자신들이 법정을 구성해서 범죄자들을 단죄하는 곳에서 "심판을 받게 되리라"는 것만을 말한다. 즉, 그들은 하나님의 이 율법이 오직 인간 사회의 질서를 유지하고 평화를 지키기 위하여 주어졌다는 듯이 말하고 있는 것이다. 또한, 그들은 "살인하지 말라"는 계명을, 하나님이나 율법에 의해서 허용된 경우를 제외하고는, 다른 사람의 목숨을 실제로 거두어서는 안 된다는 의미로 해석하였다. 다음에 이어지는 내용은 그들이 이 율법을 성급한 분노나 악의, 보복하겠다는 생각 등과 같이 마음속에서 일어나는 잘못된 감정들이나, 남을 모욕하는 말과 앙심에서 나온 말에는 적용하지 않았다는 것을 보여 준다.

나는 너희에게 이르노니. 나는 너희에게 이 율법의 또 다른 의미를 보여 주겠다. 여기에서 금지되고 있는 살인은, 단지 피 흘리는 행위들만이 아니라, 이유 없이 성급하게 화를 내거나 남을 모욕하고 위협하는 말들을 포함한다. **형제에게 노하는 자마다 심판을 받게 되고 형제를 대하여 라가라 하는 자는 공회에 잡혀가게 되고 미련한 놈이라 하는 자는 지옥 불에 들어가게 되리라.** 대부분의 해석자들은 우리 구주께서는 유대인들 가운데서 세 종류의 법정이 나뉘어 있었기 때문에, 거기에 맞춰서 이렇게 말씀하신 것이라고 본다. 그 중의 한 법정은 3인으로 구성된 법정이었는데, 거기에서는 중대한 범죄들이 아니라 오직 작은 경범죄들만을 다루었다. 23인으로 구성된 또 다른 법정은 웨스트민스터(Westminster)에 설치되어 있는 우리의 법정과 흡사한 것이었다. 세 번째 법정은 70인으로 이루어진 그들의 "산헤드린," 즉 "공회"였는데, 이것은 우리의 의회에 해당되는 것이었다. 어떤 이들은 본문에서 "심판"이라고 한 것은 첫 번째 또는 두 번째 법정을 의미하는 것이고, "공회"는 유대인들의 최고

법정을 의미하는 것이라고 생각한다. 그러나 "심판"은 하나님의 심판을 의미하는 것이고, 방백들은 공연히 칼을 지니고 있는 것이 아니기 때문에, "공회"와 "지옥 불"은 하나님의 심판과 원수 갚으심만이 아니라, 인간 법정에서 가해지는 심판들과 처벌들까지 더해지는 것을 의미하는 것이라는 라이트푸트(Lightfoot) 목사님의 판단이 훨씬 더 옳은 것으로 보인다. 따라서 이 구절의 의미는 이런 것이다: 나는 너희에게 말한다. 어떤 사람이 단지 자신의 마음속에서만 정당한 이유 없이 다른 사람에 대한 분노와 화를 품고 있고서, 그것을 악의 및 사적으로 복수하겠다는 생각과 욕구로 발전시킨다면, 그는 외적으로 드러난 행위들에 대해서만 판결을 내릴 수 있는 인간 법정에 서지는 않겠지만, 하나님께 죄를 짓고 잘못한 것이기 때문에, 하나님의 심판을 받게 된다. 그러나 사람이 자기 마음속에 있는 분노와 악의를 밖으로 드러내어 "라가"(멍청이라는 뜻) 또는 "미련한 놈"이라고 한다면, 그 사람은 게헨나의 불에 비유할 수 있는 하나님의 영원한 원수 갚으심에 처해질 뿐만 아니라, 시민 정부의 처벌도 받아야 한다. 싸움이나 다툼, 그리고 피흘림(이런 것들은 흔히 서로를 욕하다가 벌어지는 일들이다)을 방지하기 위하여 하나님의 율법에 의하여 세워진 모든 시민 정부는, 그런 욕들을 하는 자는 살인의 단초가 되고 살인을 도발하는 것이며 살인하고자 하는 마음을 보여 주는 것이고 하나님이 보시기에 살인인 것으로 가득한 마음을 지닌 자이기 때문에 처벌하는 것이 마땅하다.

23-24. [23]그러므로 예물을 제단에 드리려다가 거기서 네 형제에게 원망들을 만한 일이 있는 것이 생각나거든 [24]예물을 제단 앞에 두고 먼저 가서 형제와 화목하고 그 후에 와서 예물을 드리라.

유대인들은 "예물과 제사를 드리게" 되어 있었다(히 5:1). "예물"은 그들이 자신의 뜻을 따라 자유롭게 드리는 것이었는데, 레위기는 유대인들이 그런 예물들을 수시로 하나님께 봉헌하였음을 보여 주고, 마가복음 7:11은 제사장들이 사람들에게 예물을 드리라고 아주 끈질기게 요구하였다는 것도 보여 준다. 그래서 우리 구주께서는 유대인들의 예배 중에서 다른 것들이 아니라 특히 예물을 드리는 행위를 여기에서 예로 사용하신 것이다. 너희의 마음속에 악의나 성급한 분노를 품고 있다면, 너희가 드릴 수 있는 것들 중에서 가장 비싸고 귀한 예물이나 제사(너희나 랍비가 판단하기에)를 하나님께로 가져와서 드린다고 하여도, 하나님은 그 예물이나 제사를 받지 않으실 것이다. 그러므로 너희가 신앙과 관련된 어떤 행위를 하기 직전에라도, 너희가 악의적으로 행하거나 성급한 분노를 표출해서 너희의 형제가 화낼 만한 일을 한 것이 기억나거든, 하나님께 예물이나 제사를 드리는 일은 아예 접어야 하겠다고 생각하지 말고, 잠시 "예물을 제단 앞에 두고," 너희 형제와 화해하기 위하여 너희가 할 수 있는 일들을 다하고, 그 형제에 대하여 관대하고 너그러운 마음을 지니며, 너희의 마음에서 분노와 악의와 보복하고자 하는 마음을 털어내고, "그 후에 와서 예물을 드려서," 너희가 하나님께 마땅히 해야 할 일들을 행하라. 이 본문은 통상적으로 성찬에서 하나님과의 교제하는 것과 관련해서 적용되고 있지만, 말씀을 듣는 일이나(약 1:21) 기도를 하는 일이나(딤전 2:8) 하나님을 예배하는 것과 관련된 그 어떤 일에도 마찬가지로 적용되어야 한다. 하나님께서는 악의와 앙심을 품고 있는 마음에서 드려지는 예배나 헌신을 받지 않으신다.

25-26. [25]**너를 고발하는 자와 함께 길에 있을 때에 급히 사화하라 그 고발하는 자가 너를 재판관에게 내어 주고 재판관이 옥리에게 내어 주어 옥에 가둘까 염려하라** [26]**진실로 네게 이르노니 네가 한 푼이라도 남김이 없이 다 갚기 전에는 결코 거기서 나오지 못하리라.**

겉으로 드러난 행위들이나 불의한 분노와 악의의 표출들은 재판관에 의해서 처벌 받을 수 있는 죄악들이기 때문에, 나의 제자가 될 자들은, 자신의 혈기에 의해서 다른 사람들을 화나게 하여 자신의 대적으로 만든 경우에는 지체하지 말고 즉시 그들과 화해하도록 신경을 써야 한다. 왜냐하면, 너희는 사람들 가운데서 분노한 대적들이 통상적으로 어떤 조치를 취하는지를 알 것이기 때문이다. 그들은 자신을 분노하게 한 사람들을 고소하여 법정 앞에 세우고, "재판관"은 그 사람들을 심문한 결과 죄가 드러나면 "옥리"에게 넘겨서 감옥에 가두게 하고, 그 사람들이 자신의 범죄에 대한 벌금을 다 물기 전에는 결코 감옥에서 풀어주지 않는다. 그리고 겉으로 드러난 행위들만 아니라 그러한 행위들의 원인이 된 혈기와 감정들도 하나님 앞에서 유죄이기 때문에, 그들은 "살인하지 말라"는 하나님의 큰 계명을 어긴 자들로서 하나님의 의로우신 심판을 받아, 하나님을 자신들의 대적이 되게 만든다. 따라서 그러한 잘못들을 저질렀거나 저지를 수 있는 나의 모든 제자들은, 그런 것들을 회개하지 않은 채로 죽어서, 하나님의 영원하신 진노 아래 놓여 영원토록 거기에서 빠져나오지 못하는 낭패를 당하기 전에(마 6:15; 18:35), 내 안에서 회개와 믿음을 통해 현세에서 하나님과의 화목을 회복하여야 한다.

27-28. [27]**또 간음하지 말라 하였다는 것을 너희가 들었으나** [28]**나는 너희에게 이르노니 음욕을 품고 여자를 보는 자마다 마음에 이미 간음하였느니라.**

우리 구주께서 이 절들에서 하시는 말씀의 목적은 방금 앞에서 살펴본 절들에서와 동일한 것으로서, 바리새인들이 하나님의 율법에 대하여 행해 온 메마르고 미숙한 해석을 바로잡아 주고, 자기는 율법을 폐하기 위해 온 것이 아니라, 여러 가지 방식으로, 특히 율법에 대한 좀 더 엄격하고 참된 해석을 제시하는 것을 통해서 율법을 완전하게 하기 위하여 온 것임을 보여 주시기 위한 것이다. 바리새인들은 인간 사회를 어지럽히고 시민 질서를 깨뜨리는 겉으로 드러난 행위들에만 율법을 적용하는 식으로 율법을 해석해 왔던 반면에, 그리스도께서는 율법은 내적인 생각들과 마음의 합당하지 않은 욕구들을 비롯해서, 그러한 외적으로 금지된 행위들의 원인이 되는 내면의 모든 것들에까지 미친다는 것을 보여 주신다. 하나님께서는 유대인들의 조상들에게 "간음하지 말라"고 말씀하셨다(출 20:14). 우리 구주께서는, 너희의 랍비들은 이 율법을, 너희는 자기 아내가 아닌 여자와 육적으로 함께 누워서는 안 된다고 설명하지만, 이 율법 속에는 그런 것보다 훨씬 더 깊은 의미가 담겨 있는데, 그것은 자신의 마음속에서 은밀하게 그러한 것을 원하거나, 그러한 생각을 하며 쾌락을 느끼거나, 여자를 보면서 그런 일을 생각하는 자도 하나님이 보시기에는 간음하는 자라는 것이라고 말씀하신다. 그래서 본문은 "음욕이 가득한 눈"이라고 말한다. 욥은 그런 일을 피하기 위하여, 자신의 마음이 자신의 눈을 따라가는 일이 없게 할 목적으로 "자신의 눈과 계약을 맺었다"고 말한다(욥 31:1, 7). 이렇게 하나님의 계명들을 해석할 때, 우리는 하나님이 단지 거기에서 명백하게 언급하고 있는 그러한 행위들만을 금지하거나 행하라고 명하신 것이라고 생각하지 말고, 우리의 마음이 그러한 금지된 행위들을 내면에서 즐기거나, 그러한 것들을 바라거나, 우리의 심령 속에서 그러한 합당하지 못한 욕망들이나 죄악된 생각들로 인한 쾌락이 더 활활 타오르도록 부추기는 모든 것들을 하나님이 금하신 것이라고 해석하는 것이 마땅하다.

29-30. [29]만일 네 오른 눈이 너로 실족하게 하거든 빼어 내버리라 네 백체 중 하나가 없어지고 온 몸이 지옥에 던져지지 않는 것이 유익하며 [30]또한 만일 네 오른손이 너로 실족하게 하거든 찍어 내버리라 네 백체 중 하나가 없어지고 온 몸이 지옥에 던져지지 않는 것이 유익하니라.

이 두 절의 요지는, 우리의 영원히 죽지 않는 영혼이 구원받는 일이야말로 모든 것들 중에서 가장 우선시되어야 하는 것이기 때문에, 우리는 그 일을 가장 소중하고 귀한 것으로 여겨야 한다는 것이다. 따라서 사람들이 지닌 통상적인 분별력은 그들의 신체 중에서 어느 한 지체를 잘라내 버리면 온 몸이 위태로워질 수밖에 없기 때문에 모든 지체를 다 잘 보존하라고 사람들에게 가르친다면, 그들의 영혼의 구원을 위태롭게 할 것들은 그 어떤 것이라도 단호하게 쳐내라고 가르치지 않겠느냐는 것이다. 그렇다고 해서, 어떤 사람들이 실제로 그렇게 해왔듯이, 자신의 신체 중에서 실제로 어떤 지체를 잘라내 버릴 필요는 없다. 왜냐하면, 그럴 필요가 없기 때문이다. 우리가 해야 하는 것은 육신의 어느 부분을 잘라 버리는 것이 아니라, 오직 "땅에 있는 지체를 죽이는" 것(골 3:5)과 "몸의 행실"을 죽이는 것(롬 8:13), 즉 우리의 내적인 정욕들을 죽이는 것이다. 우리는 그렇게 해야 하고, 우리 육신의 지체들을 잘라낼 필요는 없다. 왜냐하면, 육신의 지체들은 마음의 내적인 정욕들로부터 명령을 받아서 움직일 뿐이기 때문이다. 그러나 만약 어떤 사람이 자신의 육신 중에서 가장 유익한 지체를 자발적으로 잘라내 버리지 않는다면, 하나님을 거슬러 범죄할 수밖에 없게 되고, 그 결과 자신의 영혼에 치명적인 해독을 끼칠 수 있는 경우가 발생한 경우에는, 그는 후자가 아니라 전자를 선택하는 것이 마땅하다. 하물며, 그리스도인들에게 아무런 유익이나 장점도 없고, 오직 그들로 하여금 하나님을 진노하시게 하며 그들을 지옥 불로 내모는 그들 속에 있는 내적인 정욕들과 합당하지 않은 욕망들을 죽이는 것은 더더욱 마땅하지 않겠는가.

31-32. [31]또 일렀으되 누구든지 아내를 버리려거든 이혼 증서를 줄 것이라 하였으나 [32]나는 너희에게 이르노니 누구든지 음행한 이유 없이 아내를 버리면 이는 그로 간음하게 함이요 또 누구든지 버림받은 여자에게 장가드는 자도 간음함이니라.

우리 구주께서 여기에서 언급하시는 율법, 아니 (부정한 아내는 반드시 버려야 한다고 규정하고 있지 않다는 점에서) 율법의 단서조항이라고 할 수 있는 신명기 24:1에 나오는데, 거기에는 이렇게 되어 있다: "사람이 아내를 맞이하여 데려온 후에 그에게 수치 되는 일이 있음을 발견하고 그를 기뻐하지 아니하면 이혼 증서를 써서 그의 손에 주고 그를 자기 집에서 내보낼 것이요." 바리새인들은 "그를 기뻐하지 아니하면"이라는 조건과 "그에게 수치 되는 일이 있음을 발견하고"라는 조건을 서로 분리해서, 하나님께서 유대인들 중의 남편들에게 주신 이 단서조항을 부정이나 간음 외에 다른 경우들에도 적용하여, 자신의 아내가 조금이라도 잘못하거나 못마땅해진 경우에도, 아내에게 먼저 이혼 증서를 내어주기만 하면 언제라도 아내를 버리고, 남편이나 아내나 각자가 좋아하는 사람과 다시 혼인할 수 있다고 확대해석하였다. 요세푸스(Josephus)를 비롯한 당시의 저자들의 글을 보면, 우리는 유대인들의 이혼 증서에 그러한 내용들을 표현하는 문구들이 들어 있었다는 것을 알 수 있다. 사실, 이것은 전형적으로 사법절차에 관한 율법에 속하는 조항이지만, 모든 절차법들은 도덕법이나 제의법에 부속되어 있다. 이혼과 관련된 이러한 단서조항은 일곱 번째 계명과 관련된 도덕법에 부속되어 있었고, 우리 구주께서는 지금 바로 그 일곱 번째 계명의 참된 의미에 대하여 말씀하고 계시는데, 두 가지 점에서 바리새인들의 해석을 반박하신다. (1) 그리스도께서는 간음의 경우 외에 모든 이혼은 불법이라고 단언하시고, (2) 버림받은 여자와 혼인하는 자도 간음을 범하는 것이라고 단언하신다.

간음의 경우 외에는 그 어떤 경우에도 아내를 버리는 것은 합법적인 것이 될 수 없는가 하는 문제는 신학자들이 아니라 법률가들 사이에서 큰 문제가 되어 왔다. 교회법 전문가들은 간음의 경우 외에도 아내와의 이혼이 합법이 되는 많은 경우를 제시해 왔다. 그리고 트렌트 공의회는 이혼 사유들을 결정하는 권한이 교회에 있다는 것을 부정하는 자들을 파문할 수 있다고 결정한다(우리는 여기에서 가톨릭 신학자들의 인식을 알 수 있다). 그러나 그들의 신성모독적인 저주와 파문은 그들 위에 계시는 분, 만유 위에 계신 영원히 찬송 받으실 하나님에게 떨어진다. 왜냐하면, 이 본문에서 이혼 사유를 결정하고 계시는 분은 바로 하나님이시기 때문이다. 또한, 모세는 간음 이외에는 그 어떤 경우에도 이혼에 대하여 관용하거나 면죄부를 주지 않았다. 실제로 간음 이외의 다른 사유들로 인해서 남편과 아내가 전적으로 또는 부분적으로 서로 갈라설 수 있는데, 사도 바울은 그런 경우들에는, 그렇게 갈라선 사람이 다시 혼인하는 경우에만 간음의 죄를 범하는 것이 된다고 말한다(고전 7:11, 15). 자연법과 하나님의 법에 의해서 혼인하지 말았어야 하는 사람들이 무지하거나 경솔해서 혼인하는 잘못을 저지른 경우도 이혼 사유가 될 수 있는 것으로 보인다. 그러나 우리가 여기에 언급된 이혼을 남편이 스스로 원해서 자기 아내를 버리는 행위를 가리키는 것으로 본다면, 간음 이외의 다른 이유들로 혼인 계약에 의해 서로 묶이게 된 것을 풀어 버리는 것은 불법이다. 또한, 여기에서 우리 구주께서는 두 번째 문제에 대해서도 판결을 내놓으시는데, 남편이 합당하게 버린 여자가 다른 남자에게 가서 혼인하거나, 다른 남자가 의도적으로 그 여자와 혼인하는 것은 둘 다 불법이라는 것이다.

33. 또 옛 사람에게 말한 바 헛맹세를 하지 말고 네 맹세한 것을 주께 지키라 하였다는 것을 너희가 들었으나.

이 말씀은 하나님께서 출애굽기 20:7에서 하셨다. 레위기 19:12에서는 이 말씀을 축자적으로 반복하고 있지는 않지만, 실질적인 내용을 좀 더 분명하게 설명하고 있다.

34-36. [34]나는 너희에게 이르노니 도무지 맹세하지 말지니 하늘로도 하지 말라 이는 하나님의 보좌임이요 [35]땅으로도 하지 말라 이는 하나님의 발등상임이요 예루살렘으로도 하지 말라 이는 큰 임금의 성임이요 [36]네 머리로도 하지 말라 이는 네가 한 터럭도 희고 검게 할 수 없음이라.

여기에서 우리 구주께서는 "네 하나님 여호와를 경외하며 그를 섬기며 그의 이름으로 맹세할 것이니라"고 말씀하시는 하나님의 율법(신 6:13; 10:20)에 대하여 반기를 들고 계시고, 천지의 하나님 여호와의 이름으로 자신의 종에게 맹세한 아브라함(창 24:3)을 정죄하고 계시는 것인가? 그리스도께서는 다툼과 분쟁의 종결을 위한 이러한 유용한 수단을 폐기하시는 것인가(히 6:16)? 이 모든 반문에 대하여 우리는 아니라고 대답할 수 있다. 우리는 구주께서는 여기에서 바리새인들이 당시에 도입한 부패한 관행들에 대하여 반대하고 계시는 것임을 알아야 한다. 그들은 거짓으로 맹세한 것이 아니기만 하다면 얼마든지 맹세해도 된다고 사람들에게 가르쳤고, 하나님의 이름만 들먹이지 않는다면, "하늘"이나 "땅"이나 "예루살렘"이나 자신의 "머리"를 걸고 맹세하는 것은 전혀 죄가 아니라고 가르쳤다. 또한, 그들은 공적인 법정에서는 오직 하나님의 이름으로 맹세하여야 하지만, 다른 경우들에서는 거기에 얽매일 필요가 없다고 가르쳤다.

우리 구주께서는 "나는 너희에게 이르노니 도무지 맹세하지 말라"는 말씀으로, 그러한 부패한 관행들을 일축해 버리신다. 너희는 다툼과 분쟁의 종결을 위해 꼭 필요한 경우를 제외하고는, 자발적으로 결코 맹세하지 말고, 너희의 일상적인 대화 속에서도 결코 맹세하지 말라고 하신 것이다(약 5:12). 그 이유는 다음 절에 설명된다. 율법은 거짓으로 맹세하는 것만을 금지하는 것이 아니라, 하나님의 이름을 진정으로 경외하는 마음이 없으면서도 쓸데없이 또는 습관적으로 맹세하는 것도 금지한다. 너희는 선생들이 너희에게 하나님이나 하나님의 이름을 걸고 맹세하지 않고, 하늘을 걸고 맹세하는 것은 괜찮다고 말하는 것에 속아서는 안 된다. 하늘은 "하나님의 보좌"가 아니던가? 그러면, "땅"을 걸고 맹세하는 것은 괜찮지 않느냐고? "땅"은 "하나님의 발등상"이 아니던가? "예루살렘"을 걸고 맹세하는 것은 괜찮지 않느냐고? "예루살렘"은 "큰 임금"이신 하나님의 "성"이 아니던가? 자신의 "머리"

를 걸고 맹세하는 것은 괜찮지 않느냐고? 너희의 "머리"는 너희에게 목숨을 주시고 너희 육신의 지체들을 주신 이는 하나님이 아니시던가? 너희의 머리카락 중에서 한 터럭이라도 희거나 검게 할 수 있는 능력이 너희에게 있느냐? 따라서 여기에서 우리 구주께서 금지하시는 것은 다툼이나 분쟁을 종결하는 데 필요하지 않는 일상적이고 습관적인 맹세이다. 하나님께서는 거짓으로 맹세하는 것만이 아니라, 일상적이고 습관적으로 맹세하는 것도 금하신다는 것을 명심하라.

37. 오직 너희 말은 옳다 옳다, 아니라 아니라 하라 이에서 지나는 것은 악으로부터 나느니라.

야고보도 이것과 거의 비슷한 말을 한다(약 5:12). 세상에서 살아가면서 너희가 일상적으로 하는 말들은, 언제나 꼭 "옳다"와 "아니다"라는 단어를 사용하지는 않는다고 할지라도, 단순한 긍정이나 부정의 취지를 담은 말이나 표현을 사용하는 것이 합당하다. 너희가 맹세의 형태로 말하는 것은 특별한 때들, 즉 하나님의 섭리에 의해서 맹세를 해야만 다툼이나 분쟁을 끝낼 수 있거나, 너희가 중요한 일들을 말하는데 일반적으로 말해서는 사람들이 믿어주지 않아서 맹세를 해야 할 경우로 국한되어야 한다. 하나님의 이름에 대하여 경외하는 마음을 가져서, 그 이름을 온갖 사소한 일과 관련해서 사용하지 말라. 너희가 하나님의 이름을 일상적이고 습관적으로 사용함으로써, 맹세로써 다툼이나 분쟁을 끝낼 수 있다는 나의 규례를 무용지물로 만들지 말라. 왜냐하면, 일상적이고 평범한 대화나 말 속에서 단순한 긍정이나 부정을 뛰어넘는 그 이상의 말은 악한 마음이나 마귀나 다른 사람들의 마음의 부패함에서 나오는 것이기 때문이다. 어떤 이들은 그리스도께서 여기에서는 사람들의 행실에 대하여 말씀하시는 것으로 이해해서, 너희가 사람들을 대할 때에는 속임이나 간사함이 없이 적절하게 행하여야 한다고 말씀하시는 것이라고 해석한다. 따라서 그들은 우리 구주께서는 여기에서 앞에서 말한 일상적이고 습관적이며 헛된 맹세의 뿌리이자 원인이 되고 있는 것, 즉 사람들을 대할 때에 일반적으로 행해지는 거짓과 속임과 사기를 건드리시는 것이라고 생각한다. 그러나 우리 구주께서는 여기에서 특히 사람들이 하는 말들과 말하는 형태들에 대하여 말씀하고 계시는 것이기 때문에, 이 본문에 나오는 '로고스'(λόγος)를 그런 식으로 해석하는 것은 무리가 있어 보인다.

38. 또 눈은 눈으로, 이는 이로 갚으라 하였다는 것을 너희가 들었으나.

이것은 사람이 싸우다가 임신한 여자를 쳐서 낙태한 경우(출 21:24), 이웃에게 손해를 입힌 경우(레 24:20), 거짓 증인의 경우(신 19:21)를 판결할 때에 재판장에게 주어진 하나님의 명령이었다. 한편, 하나님께서는 사인(私人)들에게도 "원수를 갚지 말라"(레 19:18)고 말씀하셨고, 성경에는 "너는 그가 내게 행함 같이 나도 그에게 행하여 그가 행한 대로 그 사람에게 갚겠다 말하지 말지니라"(잠 24:29)는 말씀도 나온다. 바리새인들은 하나님의 이 율법을 모든 사인에게 주어진 자유로 해석해서, 누구든지 다른 사람에 의해서 손해를 입은 경우에는, 다른 사람이 자기에게 입힌 손해를 뛰어넘지 않고, "눈에는 눈, 이에는 이"라는 원칙에서 벗어나지만 않는다면, 그 사람에게 똑같이 보복해 주어도 된다고 가르쳤다.

39-41. [39]**나는 너희에게 이르노니 악한 자를 대적하지 말라 누구든지 네 오른편 뺨을 치거든 왼편도 돌려 대며** [40]**또 너를 고발하여 속옷을 가지고자 하는 자에게 겉옷까지도 가지게 하며** [41]**또 누구든지 너로 억지로 오 리를 가게 하거든 그 사람과 십 리를 동행하고.**

사도 바울은 이 본문에 대한 최고의 설명을 제시한다: "아무에게도 악을 악으로 갚지 말고 모든 사람 앞에서 선한 일을 도모하라 할 수 있거든 너희로서는 모든 사람과 더불어 화목하라 내 사랑하는 자들아 너희가 친히 원수를 갚지 말고 하나님의 진노하심에 맡기라 기록되었으되 원수 갚는 것이 내게 있으니 내가 갚으리라고 주께서 말씀하시니라 … 악에게 지지 말고 선으로 악을 이기라"(롬 12:17-19, 21). 이 본문의 의미를 이해하고자 하는 사람들은 여기에서 우리 구주께서 말씀하시고자 하시는 전체적인 취지를 살펴야 하고, 여기에 언급된 구체적인 것들을 그대로 행하는 것이 자신들의 의무라고 생각하지 않아야 한다. (1) 우리는 사적으로 복수하고자 해서는 안 되고, 우리 자신이 입은 해악에 대하여 원수 갚는 것을 하나님과 방백들에게 맡겨야 한다. 방백들은 하나님을 대신하여 다스리는 자들이기 때문에, 그리스도께서 여기에서 구체적으로 말씀하신 것들에도 불구하고, 우리는 방백들에게 정당한 보상을 호소할 수 있다. (2) 좀 더 가벼운 해악을 당했을 때에는, 엄격한 정의의 잣대를 들이대지 말고, 화평을 위하여, 우리에게 해악을 가한 자들의 잘못을 용서해 줌으로써, 다른 사람들의 악에 의해서 우리 자신이 지는 것이 아니라, 도리어 선으로 악을 이겨야 한다. 따라서 누가 우리의 뺨을 때리면, 우리 손으로 복수하지 말고, 다른 쪽 뺨도 내주는 것이 낫고, 누가 우리의 속옷을 빼앗으려고 소송을 걸어 압박해 오면, 우리의 겉옷까지도 내주는 것이 낫다. 어떠한 해악을 당해도 사적으로 복수하는 것은 합당하지 않고, 가벼운 해악들에 대해서 소송을 하여 공적으로 복수하는 것도 합당하지 않다.

42. 네게 구하는 자에게 주며 네게 꾸고자 하는 자에게 거절하지 말라.

이 말씀을 통해서 우리 구주께서는 또 하나의 자비, 즉 가난한 자들에게 후히 베풀라고 명하신다. 가난한 자들에는 두 부류가 있다. 한 분류는 결코 갚을 수 없는 자들이다. 우리 구주께서는 그리스도인들에게 그런 자들에게는 거저 "주라"고 명하신다. 남에게 구할 수밖에 없는 처지여서 "구하는 자에게는" 거저 "주라"는 것이다. 이것과 맥을 같이해서, 하나님께서는 우리에게 우리 자신의 가족을 돌보고 부양하고, 모든 사람에게 선을 행하되, 특히 믿음의 권속들에게 선을 행하라고 명하셨다. 또 다른 부류는 일시적으로 궁핍해진 자들이다. 우리 구주께서는 그런 자들이 우리에게 "꾸고자" 하고, 우리에게 꾸어줄 것이 있다면, "거절하지 말고" 꾸어주라고 명령하신다. 이것은 하나님의 옛 계명이었는데(신 15:7-9), 복음서에서 그리스도께서는 그 옛 계명을 자신의 뜻의 일부로서 확증하신 것이다.

43. 또 네 이웃을 사랑하고 네 원수를 미워하라 하였다는 것을 너희가 들었으나.

전반부에 나오는 "네 이웃 사랑하기를 네 자신과 같이 사랑하라"(레 19:18)는 하나님의 옛 율법이었고, 후반부의 "네 원수를 미워하라"는 바리새인들이 첨가한 것이다. 율법에서는 오직 이웃을 사랑하라고 명령하였을 뿐이다. 히브리어 '레아'(רֵעַ)는 "친구"를 의미하기도 하고, 좀 더 폭넓게 "다른 모든 사람"을 의미하기도 한다. 바리새인들은 이 단어를 엄격한 의미로 해석하긴 하였지만, 그들의 민족에 속한 모든 사람들을 그 단어 속에 포함시키지 않을 정도로 막무가내일 수는 없었다. 왜냐하면, 레위기 19:17-18에서는, "네 형제"를 나타내는 단어와 "네 동포"를 나타내는 단어, 이렇게 두 단어를 사용해서, 마음으로 그들을 미워해서는 안 된다고 명령하고 있었기 때문이다. 그러나 누가복음 10:29은 그들이 자신들의 "이웃"이 누구인지를 그리 잘 알고 있지 못하였음을 보여 준다. 거기에서 율법교사는 "내 이웃이 누구니이까"라고 물었고, 그리스도께서는 "강도 만난" 사람에 관한 비유를 통해서, 사마리아인이 제사장이나 레위인보다 더 "이웃"으로 불릴 만한 자격이 있다는 것을 보여 주심으로써, 그들의 동포에 속한 자들만을 "이웃"으로 여겨서는 안 된다는 것을 가르치신다. 그러나 바리새인들은 일반적으로 모든 무할례자들을 자신들의 "이웃"이 아니라, 하나님께서 자신들에게 사랑의 의무를 부과하지 않으신 대상인 "원수"로 여겼다.

44. 나는 너희에게 이르노니 너희 원수를 사랑하며 너희를 박해하는 자를 위하여

기도하라.

이것이 (교황주의자들이 주장하듯이) 율법을 완전하게 하기 위한 것도 아니고, (소키누스주의자들이 주장하듯이) 하나님의 율법에 더해진 새로운 계명도 아니라는 것은 잠언 25:21을 보면 분명해지는데, 우리는 그 본문을 통해서 구약에서도 하나님께서 이렇게 명령하셨다는 것을 알게 된다: "네 원수가 배고파하거든 음식을 먹이고 목말라하거든 물을 마시게 하라." 우리 구주께서는 "나는 너희에게 권하노니"라고 말씀하시는 것이 아니라, "내가 너희에게 이르노니"라고 말씀하신다. 즉, 이것은 권면이 아니라 명령이라는 것이다. 엄격한 의미에서 "사랑한다"는 것은 어떤 대상에게서 마음의 흡족함을 느낀다는 것을 가리키는 것이지만, 여기에서는 그런 의미로 사용되고 있는 것이 아니고, "네 원수"에게 자비를 베풀고 선을 행하라는 의미이다. 물론, 우리는 우리의 친구들에게 하는 것처럼 똑같이 우리의 원수들에게 선을 행하여야 하는 것은 아니다. 우리는 원수를 사랑하라는 말씀을 다음과 같이 이해하여야 한다. (1) 원수들에게 불법적으로 사사로운 복수를 하려고 해서는 안 된다는 것이다. "너희를 욕하는 자들을 축복하라." 상대방이 욕한다고 해서 욕으로 되받아치지 말고, 그들이 욕하면, 너희는 그들을 축복하라. (2) 원수들에게도 일상적인 친절과 인자함을 베풀어야 한다는 것이다. "네 원수가 주리거든 먹이고 목마르거든 마시게 하라"(롬 12:20). 원수들이 질박한 궁지에 몰려 있을 때에 그들을 거기에서 건져주는 것이 바로 우리를 미워하는 자들에게 우리가 행하여야 할 선이다. (3) 원수들의 영혼을 위하여 우리가 할 수 있는 모든 것을 행하여야 한다는 것이다. "너희를 박해하는 자를 위하여 기도하라." 우리 구주께서도 그렇게 하셨고(눅 23:34), 스데반도 그렇게 하였으며(행 7:60), 다윗도 그렇게 하였다(시 35:13-15). 한편, 우리는 하나님의 원수들인 자들을 미워할 수 있고(시 139:21-22), 하나님께서 그들에게 합당한 보복을 해주시기를 구할 수 있다. 본문의 명령은, 원수들에 대하여 기본적으로 자비로운 마음을 지니고 있기만 한다면, 우리에게 가해진 해악들에 대하여 우리가 공적인 사법절차를 통해서 합당한 보상을 구하는 것을 금지하고 있는 것은 아니다.

45. 이같이 한즉 하늘에 계신 너희 아버지의 아들이 되리니 이는 하나님이 그 해를 악인과 선인에게 비추시며 비를 의로운 자와 불의한 자에게 내려주심이라.

"하늘에 계신 너희 아버지"께서 그리스도의 지체들인 선한 자들에게는 특별한 사랑과 은총을 베푸시지만, 온 인류에게 미치는 보편적인 사랑도 지니고 계셔서, 선인이든 악인이든 모든 사람에게 필요한 것들을 공급해 주시고, 해의 빛과 온기를 주시며, 비를 내려주시듯이, 너희도 그렇게 하여야 한다. 너희는 원수들을 너희의 품에 품을 의무는 없지만, 그들에게도 합당한 사랑을 베풀 의무가 있다. "하늘에 계신 너희 아버지"께서 자신의 위엄에 해악을 끼치고도 회개하지 않는 죄인들에게 언젠가는 원수를 갚으실 것이지만, 지금에 있어서는 그들의 영혼이 은혜를 발견할 수 있도록 기회를 제공함과 동시에, 그들로 하여금 자신들의 악에 대하여 변명할 수 없도록, 일반 섭리를 통해서 선한 일들을 그들에게도 베풀어 주심으로써, 그들의 머리 위에 숯불을 쌓아 올리시듯이, 너희는 파렴치한 죄인들로부터 하나님의 존귀와 영광에 대한 어느 정도의 보상을 구하여야 하고, 너희 자신이 입은 해악에 대해서도 일정한 질서를 따라 적절한 수준에서 보상을 구하는 가운데서도, 하나님께서 악인들에게도 베풀어 주시는 그러한 사랑을 너희도 베푸는 것이 마땅하다. 그렇게 할 때, 너희는 "하늘에 계신 너희 아버지"를 닮을 수 있고, 아버지의 아들들로 인정받을 수 있다.

46-47. [46]너희가 너희를 사랑하는 자를 사랑하면 무슨 상이 있으리요 세리도 이같이 아니하느냐 [47]또 너희가 너희 형제에게만 문안하면 남보다 더하는 것이 무엇이냐 이방인들도 이같이 아니하느냐.

너희가 하나님의 상을 기대하며 어떤 일을 행한다면, 그러한 상에 대해서 알지 못하거나, 적어도 그러한 상을 기대하며 살아가지 않는 자들보다 너희의 행실이 더 나아야 한다는 것은 이치상 당연하다. 또한, 너희가 다른 사람들을 큰 죄인들로 단죄하고 너희와 어울릴 가치조차 없는 자들로 여긴다면, 하나님을 향한 경건에 있어서나 사람들에 대한 자비에 있어서나, 너희가 그렇게 단죄하는 사람들보다 너희 자신이 더 나은 것을 행하여야 한다는 것도 이치상 당연하다. 그런데 너희가 너희의 친척들이나 동포들에게만 인자함을 보인다면, 너희가 이방인들과 가장 악한 자들로 여기는 자들, 즉 오직 자연과 본성의 빛과 법에 의거하여 행하고, 하나님이 주실 상에 대해서도 알지도 못하며, 그러한 상을 기대하지도 않고 살아가는 자들과 너희는 전혀 다를 바가 없을 것이다. 여기에서 "사랑한다"는 것은 다른 사람들의 영혼이나 육신을 위해 유익한 일들을 행하는 것을 의미하고, "문안한다"는 것은 이웃의 건강을 묻거나 그들이 잘되기를 바라는 것과 같이 일반적으로 인자한 일들을 행하는 것을 의미한다. "세리"는 백성들로부터 세금을 거두어들이기 위하여 로마 당국이 임명한 공무원들이었다. 세무관서의 장들은 로마의 귀족들로서, 남들에게 위탁하거나, 아니면 직접 사람들을 고용해서 세금을 거두어들였다. 이렇게 고용된 사람들 중에는 (마태와 삭개오 같은) 유대인들도 있었고 로마인들도 있었다. 이 세리들은 통상적으로 자신의 사무실을 개설해서 백성들로부터 세금을 징수하였는데, 이 때문에 백성들로부터 크게 미움과 원성을 샀다. 그래서 우리는 성경에서 통상적으로 "세리와 죄인"이 함께 언급되고 있는 것을 본다(마 9:11; 11:19). 세리들은 "창기들"과 동일한 취급을 받았다(마 21:32). 복음서의 한 비유에 등장하는 바리새인은 자기가 세리와 같지 않다며 자신의 의를 자랑한다(눅 18:11). 다른 사람들을 정죄하는 자들은 과연 자기가 다른 사람들보다 더 나은지를 잘 살펴보지 않으면 안 된다.

48. 그러므로 하늘에 계신 너희 아버지의 온전하심과 같이 너희도 온전하라.

여기에 나오는 "온전하다"는 성경의 다른 본문들에서 사용된 그런 의미로 해석되어서는 안 된다. 성경의 다른 본문들에서 "온전하다"는 욥기 2:3의 경우처럼 진실하고 올바른 것을 의미하기도 하고, 바울이 자기가 온전한 자들에게 말한다고 했을 때처럼 상대적인 온전함을 의미하기도 하지만, 여기에서는 "하늘에 계신" 우리 "아버지의 온전하심"과 같은 절대적인 온전함, 즉 하늘에 계신 아버지께서 모범이 되시는 그러한 온전함을 의미한다. 그렇다고 해서, 우리가 이것은 명령이 아니라 단순한 권면이라거나, 성결에 있어서 절대적인 온전함은 현세에서 도달될 수 있는 것이라고 결론을 내리는 것은 옳지 않다. 우리가 해야 할 것은 그러한 온전함에 도달하기 위하여 애쓰는 것, 즉 사도 바울이 빌립보서 3:13-14에서 말하였듯이, "뒤에 있는 것은 잊어버리고 앞에 있는 것을 잡으려고 푯대를 향하여 그리스도 예수 안에서 하나님이 위에서 부르신 부름의 상을 위하여 달려가는" 것이다. "온전함에 아주 가까운 자는 온전한 것과 같다"(pro perfecto est qui perfecto proximus). 즉, 하나님께서는 온전함에 아주 가까운 자들을 온전한 것으로 여겨 주신다.

제6장

개요

1. 그리스도께서 설교를 계속하시면서 구제에 대하여 지시를 주심(1-4).
2. 기도에 대하여(5-13).
3. 형제를 용서하는 것에 대하여(14-15).
4. 금식에 대하여(16-18).
5. 하늘에 보화를 쌓아두라(19-21).
6. 눈이 성하여야 한다(22-23).
7. 세상일들에 대해서 염려하지 말고, 먼저 하나님의 나라와 의를 구하라(24-31).

1. 사람에게 보이려고 그들 앞에서 너희 의를 행하지 않도록 주의하라 그리하지 아니하면 하늘에 계신 너희 아버지께 상을 받지 못하느니라.

"구제"(한글개역개정에는 "의"로 되어 있음)는 곤경이나 궁핍함이나 어려움 가운데 있는 사람을 구하기 위하여 자발적으로 행하는 모든 인자하고 자비로운 행위들을 의미한다. 우리가 하나님을 사랑하는 마음 및 하나님이 주신 명령들과 약속들이기 때문에 믿음으로 순종하고자 하는 마음에서 하나님께 영광을 돌리고자 하는 의도로 구제를 행할 때, 그 구제는 진정으로 선한 행위와 신앙에서 나온 행위들이 되고, 하나님께서 받으실 만하게 된다(행 10:31) — 물론, 그런 경우에도 구제를 행하는 자에게 공로는 전혀 없지만. 그러한 동기와 목적으로 하지 않는 구제는 단순히 인간적이고 도덕적인 행위가 될 뿐이기 때문에, 여기에서 하나님이 약속하신 상을 받을 수 없다. 그러므로 그리스도의 제자들은, 구제를 행할 때에 사람들 앞에서 행할 수밖에 없기는 하지만 하나님께 영광을 돌리기 위하여 행하여야 하고(빌 2:15; 벧전 2:12), 일부러 자기가 남을 구제하는 것을 사람들로 하여금 보고 자기를 칭찬하게 하기 위하여 "사람들 앞에서" 행하지 않도록 주의하여야 한다. 왜냐하면, 하나님을 최종목적으로 하는 행위가 아닌 경우에는 하나님으로부터 상을 받을 수 없기 때문이다.

2-4. [2]그러므로 구제할 때에 외식하는 자가 사람에게서 영광을 받으려고 회당과 거리에서 하는 것 같이 너희 앞에 나팔을 불지 말라 진실로 너희에게 이르노니 그들은 자기 상을 이미 받았느니라 [3]너는 구제할 때에 오른손이 하는 것을 왼손이 모

르게 하여 [4]네 구제함을 은밀하게 하라 은밀한 중에 보시는 너의 아버지께서 갚으시리라.

어떤 이들은 우리 구주께서 여기에서, 당시에 바리새인들이 구제할 때에 사실은 자신들의 선행을 사람들에게 보이기 위한 것인데도, 마치 그저 사람들을 불러모으기 위한 것이라는 듯이 나팔을 불던 관행을 염두에 두고 이 말씀을 하신 것이라고 본다. 하지만 당시 유대인들의 문헌에 정통한 사람들은 그러한 견해를 밑받침해 줄 수 있는 근거를 그 문헌들 속에서 전혀 발견할 수 없다고 단언하기 때문에, 우리는 우리 구주께서 사람들이 구제를 행할 때에는, 예후가 자신의 열심을 보이기 위하여 여호나답을 초대한 것 같이(왕하 10:16), 남들에게 보일 목적으로 구제하는 것을 비롯해서 자신을 과시하기 위한 행위는 그 어떤 것도 행해서는 안 된다는 것을 말씀하시기 위하여 비유를 사용하신 것으로 보아야 한다. 하지만 3절은 격언이고, 우리 구주께서는 4절에서 이 격언을 "네 구제함을 은밀하게 하라"는 의미로 풀이하신다. 다른 사람들이 보는 앞에서 가난한 사람들에게 돈이나 떡을 나누어 주는 것은 불법이 아니지만, 우리가 단지 남들에게 보이기 위한 목적으로 그렇게 행한다면, 그것은 불법이다. 우리 구주께서 이러한 비유적인 표현을 통해서 금하시는 것은 과시하는 것, 즉 우리 자신의 명예와 칭송을 구하는 것이고, 명하시는 것은 우리의 목적과 의도의 진실성이다. 사도는 그것을 우리가 마땅히 해야 할 일을 순종하는 마음으로 행하는 가운데 오로지 하나님께 영광을 돌리기 위한 목적으로 순전하고 진실하게 주는 것이라고 말한다. 복음서 기자는 사람들에게 보이기 위하여 구제하는 자들은 그들의 목적과 의도대로 사람들로부터 명예를 얻고 높임을 받음으로써 "자기 상을 이미 받은" 것이라고 말한다. 사람들은 그런 자들을 칭송하며 칭찬하는데, 그것이 그들에게 주어진 상이다. 하지만 "은밀한 중에 보시는" 하나님으로부터 상을 받고자 하는 사람들은 자신의 선행을 널리 알릴 필요가 없다. 그런 사람들에게는 하나님께서 마지막 날에 사람들과 천사들 앞에서 공개적으로 상을 주실 것이고(마 25:31-32, 34), 현세에서도 통상적으로 그런 상을 주실 것이다(시 37:25; 41:1; 112:9-10).

5. 또 너희는 기도할 때에 외식하는 자와 같이 하지 말라 그들은 사람에게 보이려고 회당과 큰 거리 어귀에 서서 기도하기를 좋아하느니라 내가 진실로 너희에게 이르노니 그들은 자기 상을 이미 받았느니라.

우리 구주께서는 앞에서 구제와 관련하여 경고하셨던 것, 즉 오로지 사람들에게 보여서 칭찬을 받기 위한 목적으로 행하는 "위선"과 "과시"를 여기에서는 기도와 관련하여 경고하신다. "회당에 서서" 기도하는 것은 불법이 아니었지만, 오로지 사람들에게 경건한 사람으로 보이기 위하여, 그리고 다른 때에는 기도하지 않고 오직 회당에 있을 때에만 기도한다면, 그것은 불법이다. 그들이 좀 더 잘 보이게 하기 위하여 "서서" 기도하는 쪽을 택하고, 좀 더 거룩한 곳이었거나(그들은 그렇게 생각했을 것이다), 대부분의 사람들이 자신의 기도하는 모습을 보아줄 것이기 때문에(아마도 후자의 가능성이 더 높은 것 같다) "회당에서" 기도하는 쪽을 택한 것이며, 또한 그러한 목적으로 "큰 거리 어귀에서" 기도하는 쪽을 택한 것이라면(이런 이유에서 교황청에서는 예전에 삼거리에 영주재판소를 설치하곤 하였다), 그러한 것들은 죄악된 것들이었다. 서서 기도하는 것이나(막 11:25), 회당과 성전에 서서 기도하는 것은 사람들의 관행이었다(눅 18:13). 하지만 오로지 헛된 영광을 위하여 그렇게 기도하는 자들은 "자기 상을 이미 받은" 것이기 때문에, 하나님으로부터의 상을 기대해서는 안 된다.

6. 너는 기도할 때에 네 골방에 들어가 문을 닫고 은밀한 중에 계신 네 아버지께 기도하라 은밀한 중에 보시는 네 아버지께서 갚으시리라.

우리 구주께서는 이러한 말씀을 통해서 공기도를 정죄하시는 것은 아니지만, 은밀하게 기도하는 것을 장려하시고, 모든 그리스도인들이 마땅히 해야 할 일로 만드신다. 여기에서 그리스도인들은 공예배를 드리는 장소로 가서 거기에서 기도하는 것으로 기도의 의무를 다하였다고 생각해서는 안 된다는 경고를 받는다. 그러나 우리 구주께서 여기에서 우리에게 경고하시는 것은 "과시"이다. 이렇게 과시하고자 하는 마음은 다른 곳들에서 하는 기도들만이 아니라 골방에서 기도할 때에도 걸림돌이 될 수 있다. 우리는 어디에서 기도하든지, 우리의 목적이 과연 올바른지, 즉 하나님께 영광을 돌리고 그의 명령에 순종하는 것이 우리의 주된 목적인지를 점검해 보아야 한다. 그렇게 하는 데에는, 우리 마음의 가장 은밀한 생각들과 의도들을 아시는 하나님께서 우리의 눈 앞에서 "은밀한 중에 보고" 계시다는 것을 알고, 우리가 은밀한 중에 진심으로 우리의 의무를 다한다면, 하나님은 자신의 거저 주시는 은혜와 긍휼하심 가운데서 우리에게 상을 주실 것을 믿는 것보다 더 좋은 방법이 없다. 우리의 기도는 하나님 앞에서 그 어떤 공로도 될 수 없지만(우리의 기도에 무슨 공로가 있을 수 있겠는가), 하나님께서는 우리가 그의 뜻에 순종하는 것을 보시고, 그가 자신들의 기도를 들으시도록 그의 얼굴을 구하는 자들에게는 상을 주시겠다고 전에 여러 번 약속하신 것을 따라 상을 주시는 것일 뿐이다.

7-8. [7]또 기도할 때에 이방인과 같이 중언부언하지 말라 그들은 말을 많이 하여야 들으실 줄 생각하느니라 [8]그러므로 그들을 본받지 말라 구하기 전에 너희에게 있어야 할 것을 하나님 너희 아버지께서 아시느니라.

이 본문과 그 다음에 나오는 본문은 여기에 언급된 기도가 소리를 내서 하는 기도라는 것을 보여 준다. 즉, 이 기도는 우리의 마음이 하나님을 모든 선의 근원으로 인정하여 충성을 맹세하고, 하나님이 우리에게 필요한 것들을 공급해 주시도록 우리 마음의 은밀한 소원들을 아뢰는 묵상 기도가 아니라, 그러한 맹세와 소원을 우리 입술의 말로 표현하는 기도이다. 성경이 일반적으로 기도라고 부르는 이러한 기도는 신자들의 의무일 뿐만 아니라, 모든 사람에게 부과된 의무이기도 하다. 우리 구주께서는 여기에서 기도할 때에 동일한 내용을 반복해서 "중언부언"하는 것과 "말을 많이 하여" 기도하는 것(즉, 길게 기도하는 것)을 절대적으로 금하신다. 우리 구주께서는 잡히시기 전날 밤에 짧은 시간 동안 동일한 내용을 세 번 기도하셨고(동일한 단어들을 사용하신 것은 아니지만), "기도하시러 산으로 가사 밤이 새도록 하나님께 기도하셨다"(눅 6:12). 그러나 여기에서 금지되고 있는 것은, 바알 선지자들이 마치 자신들의 신이 잠을 자고 있거나 여행을 떠난 것처럼(선지자는 이런 식으로 그들을 소롱한다) 아침부터 밤까지 "바알이여 우리에게 응답하소서"라고 소리쳤듯이(왕상 18:26-27), 공허하게 중언부언하며 아주 오랫동안 기도하면 하나님이 들어주실 것이라고 생각하는 것이다. 이 중언부언은 하나님을 공경하지 않는 마음과 생각으로부터 흘러나오는 것이기 때문에 공허한 것일 수밖에 없다. 하지만 우리의 진실한 마음과 열성에서 끊임없이 터져 나오는 기도는 중언부언처럼 보일지라도 결코 공허한 중언부언이 아니다. 또한, 우리는 "말을 많이 하여" 기도하는 것에 대해서도 동일한 말을 할 수 있다. 정죄 받아 마땅한 것은 길게 기도하는 것 자체가 아니라, 마치 자신이 기도하고 아뢰는 것이 간절하고 절실한 것인 양 가장해서 자신의 경건함을 과시하고자 하는 것이다. 우리가 특정한 사람이나 가족을 위해서 기도한 것도 아니고, 특정한 긍휼하심을 하나님께 구하는 것도 아닌 공중기도에서 마음이 절실해져서 일편단심이 되고, 거기에서 간절한 심정이 절절하게 흘러나와 기도를 길게 하는 것은 결코 잘못이 아니다. 그러나 이방인들처럼, 마치 하나님이 우리에게 어떤 것들이 필요한지를 모르신다는 듯이, 또는 마치 하나님이 사람의 경우처럼 말을 많이 해야 들어주실 것이라고 여겨서, 하나님에 대한 불경스러운 생각들에 기인하여 기도할 때에 중언부언한다면, 그러한 기도는 단죄되는 것이 마땅하다.

9. 그러므로 너희는 이렇게 기도하라 하늘에 계신 우리 아버지여 이름이 거룩히 여김을 받으시오며.

이것은 언제나 이러한 단어들과 표현들을 사용해서 기도하라는 것이 아니고, 언제나 이런 의미와 이런 방식을 따라 기도하라는 것이다. 그리스도께서 거룩하게 하신 이 단어들과 표현들을 사용하는 것은 합당하다는 것을 부정할 사람은 아무도 없겠지만, 그리스도인들은 반드시 정확히 이러한 단어들과 표현들을 사용해서 기도하여야 한다고 생각한 사람은 지금까지 아무도 없었다. 여기에서 "이렇게"는, 먼저 하나님의 나라를 구하고, 하나님의 영광과 좀 더 직접적으로 연관된 것들을 간구하고 난 후에, 우리 자신과 좀 더 직접적으로 연관된 것들을 구하라는 것이다. 또는, "이렇게"는 오직 이후의 주기도문 속에 좀 더 일반적으로 표현되어 있는 것들만을 기도하라는 것이다. "하늘에 계신 우리 아버지"라는 부름말은 하나님의 권능과 선하심에 대한 우리의 믿음을 고백하는 것이다. 우리가 하나님이 "하늘에 계시는" 것으로 보는 것은 하나님의 권능을 고백하는 것이고(시 115:3), 우리가 하나님을 "우리 아버지"라고 생각하는 것은 하나님의 선하심에 대한 우리의 믿음을 고백하는 것이다(마 7:11). "이름이 거룩히 여김을 받으시오며." 하나님께서는 모든 것을 통해서 우리에게 자기 이름을 알게 하신다. 즉, 하나님은 모든 일에서 자신의 영광을 드러내심으로써 사람들에게 자신의 이름을 알게 하신다.

10. 나라가 임하시오며 뜻이 하늘에서 이루어진 것 같이 땅에서도 이루어지이다.

하나님이여, 세상의 모든 나라들을 다스리시고, 나라들로 하여금 자원해서 자신의 법들 및 자기 아들 예수 그리스도께 순복하게 하소서. 하나님이여, 모든 생각을 사로잡아 천국 복음에 복종하게 하여, 그 복음이 널리 퍼져나가게 하소서. 하나님이여, 당신의 나라가 모든 사람들의 마음속에서 더욱 견고히 서게 하셔서, 영광의 나라가 속히 나타나게 하소서. 하나님이여, 당신의 뜻이 하늘에서 천사들과 성도들에 의해서 이루어지는 것과 마찬가지로, 이 땅에서도 도처에서 별다른 주저함 없이 많은 자유함과 자원함 가운데서 이루어지게 하소서. 주기도문의 처음에 나오는 이 세 가지 간구는 서로 아주 밀접하게 연결되어 있다. 하나님의 나라가 진보할 때, 하나님은 영광을 받으신다. 그리고 사람들이 하나님의 뜻에 지극히 자원하는 마음으로 기쁘게 순종할 때, 하나님의 나라는 진보한다. 이 모든 것의 요지는 하나님이 영광을 받으셔야 한다는 것이다.

11. 오늘 우리에게 일용할 양식을 주시옵고.

우리가 하나님 안에서 살고 움직이며, 우리에게 생명을 주신 것도 하나님이신 것과 마찬가지로, 우리의 삶을 유지시키고 보존해 주며 복주는 수단들도 하나님으로부터 와야 하기 때문에, 이것은 우리가 하나님이 우리에게 정해 주신 양식, 곧 우리를 보존하는 데 필요한 자양분으로 정하신 것들을 주셔서, 우리로 하여금 하나님이 주신 복으로 이 세상에서 날마다 살아가며 생명을 유지할 수 있게 해주시고, 우리의 것이 아닌 양식에 유혹을 받거나 내일 일을 걱정하고 염려하지 않게 하시며, 그 날의 기도로 그 날에 우리에게 꼭 필요한 것들을 얻게 해 주시기를 간구하는 것이다.

12. 우리가 우리에게 죄 지은 자를 사하여 준 것 같이 우리 죄를 사하여 주시옵고.

우리 구주께서는 여기에서 우리가 우리 자신을 위하여 좋은 것들을 기도하여야 하는 순서를 가르치시는 것이 아니라, 단지 우리가 하나님께 구하여야 할 것들을 세 가지 간구로 포괄하여 제시하시는 것이다. 왜냐하면, 32절에 따르면, 우리가 먼저 하나님의 나라와 그 의를 구하여야 한다는 것은 의심의 여지가 없기 때문이다. 여기에서 "우리의 채무들"(한글개역개정에는 "죄")이 "우리 죄들"을 의미한다는 것은 누가복음 11:4과 마태복음 6:14을 보면 분명하다. 거기에서는 "죄" 또는 "잘못"이라고 말하고 있다. 따라서 이 본문의 의미는, 우리의 과거와 현재의 죄들을 사해 주셔서, 우리의 죄로 인해서 우리에게 초래된 사망의 채무를 탕감해 주시라는 것이다. 왜냐하면, 하나님을 거슬러 범죄하고도 살아남을 수 있는 자는 아무도 없기 때문이다. "우리가 우리에게 죄 지은 자를 사하여 준 것 같이"라는 말씀은, "우리의 본성의 불완전한 상태로 말미암아 온전하게는 아니라고 할지라도, 우리가 우리에게 해악을 끼친 자들을 용서하고, 그들에게 원수 갚으려 하지 않으며 그 어떤 악의도 품지 않은 것 같이"라는 뜻이다. 따라서 마음속에 악의를 그대로 품은 채로 이 기도를 하나님께 드리는 자들은 사실상 하나님의 원수 갚으심이 자신들의 영혼에 임하게 해달라고 기도하는 것이나 마찬가지이다. 그래서 사도 바울은 우리에게 "분노와 다툼이 없이" 거룩한 손을 들어 하나님께 기도하라고 명령한다(딤전 2:8). 따라서 우리의 기도가 하나님께 받아들여지기 위해서는, 단지 믿음만이 아니라 다른 사람들의 잘못을 용서해 주는 관용이 있어야 한다.

13. 우리를 시험에 들게 하지 마시옵고 다만 악에서 구하시옵소서 (나라와 권세와 영광이 아버지께 영원히 있사옵나이다 아멘).

"시험"이라는 용어는 일반적으로 시험해 보는 것(trial)을 의미하고, 종종 하나님이 자기 백성의 믿음과 순종을 시험해 보시는 것들을 가리키는 데 사용되기도 하지만, 대체로 사탄이 우리를 죄로 유인하여 시험해 보는 것을 가리키는데, 우리가 시험을 받는 것은 우리 자신의 "욕심"에 이끌리거나(약 1:13-14) 시험하는 자로 불리는 마귀로 인한 것이거나 세상으로 말미암는다. 우리 구주께서 여기에서 "시험에 들지" 않게 해주시라고 기도하라고 명령하시는 것은 바로 그러한 시험들에 대한 것이다. 하나님께서는 특별한 섭리가 있는 경우 외에는 사람들을 그런 식으로 시험하지 않으신다. "다만 악에서 구하시옵소서"라는 구절에 나오는 "악"은 그 앞에 정관사가 붙어 있기 때문에 어떤 이들은 종종 "악한 자"로 번역하기도 하지만, 또 어떤 이들은 여기에 나오는 "악"을 악한 자 마귀로 이해하든, 우리가 이기기만 하면 우리에게 해가 되지 않는 여러 시험들이 지닌 악으로 이해하든, 그런 것은 별로 중요하지 않다고 생각한다.

나라와 권세와 영광이 아버지께 영원히 있사옵나이다 아멘. 이 구절은 누가복음 11:4에는 빠져 있지만, 많은 이들은 이것이 마태와 누가가 주기도문을 서로 다른 때에 받아 적었기 때문이라고 생각한다. 이 구절은 하나님의 존귀와 영광이 우리의 모든 기도의 목적이자 요지여야 한다는 것, 그리고 하나님이 우리의 기도를 들으시는 것은 전적으로 그의 은혜와 긍휼로 말미암는 것임을 보여 준다. 또한, 이 구절은 하나님께는 우리가 그에게 구하는 것들을 들어주실 수 있는 능력이 있으시다는 우리의 믿음을 확인해 주는 것이기도 하다. 한 문장의 끝에 나오는 "아멘"은 소원을 나타내는 불변화사로서, 하나님이 우리의 기도를 들어주시기를 진심으로 원한다는 의미를 담고 있다.

14-15. [14]너희가 사람의 잘못을 용서하면 너희 하늘 아버지께서도 너희 잘못을 용서하시려니와 [15]너희가 사람의 잘못을 용서하지 아니하면 너희 아버지께서도 너희 잘못을 용서하지 아니하시리라.

우리가 단순히 우리에게 해악을 끼친 형제를 용서해 주는 것이 하나님이 우리를 용서해 주시는 데 필요한 모든 것이 아니라는 것은 다른 몇몇 본문들을 보면 분명하지만(요 3:18, 36; 행 2:38; 16:31), 이렇게 우리가 형제를 용서하지 않는다면, 하나님께서 우리를 용서해 주지 않으시리라는 것도 분명하다(마 18:35). 우리에게 해롭게 한 형제들을 용서해 주는 일은 우리가 하나님께 마땅히 드려야 할 순종의 일부분이고 하나님에 대하여 감사하는 마음의 표현이기 때문에, 우리가 그렇게 하지 않은 채로 하나님으로부터 용서를 받기를 바라는 것은 헛된 일이다.

16-18. [16]금식할 때에 너희는 외식하는 자들과 같이 슬픈 기색을 보이지 말라 그들은 금식하는 것을 사람에게 보이려고 얼굴을 흉하게 하느니라 내가 진실로 너희에게 이르노니 그들은 자기 상을 이미 받았느니라 [17]너는 금식할 때에 머리에 기름을 바르고 얼굴을 씻으라 [18]이는 금식하는 자로 사람에게 보이지 않고 오직 은밀한 중에 계신 네 아버지께 보이게 하려 함이라 은밀한 중에 보시는 네 아버지께서 갚으시리라.

여기에서 우리 구주께서는 앞에서 신앙의 본분들을 행할 때에 사람들에게 보이기 위하여 위선과 허영과 과시의 목적으로 행하지 말라고 자신의 제자들에게 경고하신 것으로 다시 되돌아가셔서, 앞에서 구제와 기도에 대하여 말씀하신 것을 여기에서는 개인적인 금식에 또다시 적용하신다. 우리 구주께서는 이 말씀을 통해서 금식을 그리스도인들이 반드시 행해야 하는 것으로 선언하신 것은 아니지만, 자신의 죄들로 인하여, 또는 하나님의 능력 있으신 손 아래에서 자신의 심령을 낮추기 위하여, 또는 자신의 심령이 낮아져 있음을 보여 주기 위하여 때때로 금식하여야 한다는 것을 확인해 주신다. 하지만 우리 구주께서는 위선이 아니라 진실함으로, 그리고 사람들에게 보이고 과시하기 위해서가 아니라 하나님의 영광을 위하여 금식할 것을 요구하신다. 그는 바리새인들이 자기가 금식하고 있음을 과시하기 위하여 금식의 날들에 슬픈 표정을 짓고 초췌하고 흉한 모습을 그대로 내보이는 등 위선적으로 행하는 것을 염두에 두시고서 이 말씀을 하시는 것으로 보인다. 그는 친히 종종 유대인들에게 금식할 때에는 장신구들을 다 빼놓고 베옷을 입으며 머리에 재를 뒤집어쓰라고 명령하셨기 때문에, 여기에서 금식할 때에 관행적으로 해 오던 것들을 금지하고 계시는 것은 아니다. 우리 주님이 금지하시는 모든 것은 사람들이 이러한 것들을 활용해서 자신들의 위선적인 마음을 은폐하고자 하는 것이다. 또한, 우리는 금식의 날들에 머리에 기름을 바르고 얼굴을 씻거나, (우리에게 마찬가지이기는 하지만) 우리의 몸을 치장하고 화장하며 향수를 뿌리는 등 애통해하는 것과 괴로워하는 것과 어울리지 않는 것들을 하는 것이 하나님의 뜻이라고 생각해서는 안 되고, 그렇게 하는 것이 우리 자신의 죄에 대하여 슬퍼하고 괴로워하는 마음이 없으면서도 마치 그런 마음이 있는 것처럼 가면을 쓰는 것보다는 차라리 낫다고 하신 것임을 알아야 한다. 왜냐하면, 우리는 하늘에 계신 우리 아버지 앞에 금식에 합당한 모습을 보여야 하는데, 만약 우리의 외적인 모습이나 행동거지가 우리 심령의 내적인 슬픔이나 괴로움과 걸맞지 않는다면, 그러한 합당한 모습을 보일 수 없기 때문이다. 좋은 옷을 입고 좋은 장신구를 걸치는 것은 괴로움 중에 있는 심령이 원하지 않는 부적절한 행위임에 틀림없고, 그러한 심령은 자신의 영적이고 영원한 상태와 관련해서 쓰라리고 참담하게 느끼는 것에 전적으로 빠져 있어서, 육신을 꾸미고 치장하는 것을 소홀히 하고 무시하는 것은 자연스러운 일이다. 우리 구주께서는 진심으로 금식해야 한다는 것을 역설하시기 위해서, 앞에서 구제와 은밀한 기도의 본분과 관련하여 사용하셨던 것과 동일한 논거를 덧붙이시는데, 이것에 대해서는 우리가 앞에서 이미 살펴보았다.

19-21. [19]너희를 위하여 보물을 땅에 쌓아 두지 말라 거기는 좀과 동록이 해하며 도둑이 구멍을 뚫고 도둑질하느니라 [20]오직 너희를 위하여 보물을 하늘에 쌓아 두라 거기는 좀이나 동록이 해하지 못하며 도둑이 구멍을 뚫지도 못하고 도둑질도 못하느니라 [21]네 보물 있는 그 곳에는 네 마음도 있느니라.

"보물"은 원래 내일 또는 장래를 위하여 쌓아둔 것을 의미하지만, 부 또는 값나가는 귀한 물건이라는 의미로 더 많이 사용된다. 너희는 땅의 것들을 너희의 장래를 대비한 부나 보물로 여겨서 쌓아두지 말라. 왜냐하면, 땅에 속한 모든 재물은 결국에는 없어져버릴 하잘것없는 것들이기 때문이다. 은과 금은 "동록"에 의해서 썩어버릴 것이고, 의복은 "좀"이 갉아먹어 버릴 것이며, 그 밖의 다른 것들도 이런저런 사고로 없어지거나, 분별없이 자기 것도 아닌 남의 것을 훔치는 자들에 의해서 없어져 버린다. 하늘에 속한 것들, 즉 너희를 천국으로 데려다 줄 저 은혜의 습관들, "구원에 속한 것들"(히 6:9), "우리로 하여금 빛 가운데서 성도의 기업의 부분을 얻기에 합당하게" 만들어 줄 것들(골 1:12), "장래에 자기를 위하여 좋은 터를 쌓아 참된 생명을 취할" 수 있게 해줄 것들, 즉 "선을 행하고 선한 사업을 많이 하고 나누어 주기를 좋아하며 너그러운 자가" 되는 것(딤전 6:18-19; 마 19:21; 25:34; 눅 18:22)을 너희의 부와 보물로 삼으라. 땅에 속한 모든 보화들에게 일어나는 그런 일들이 이러한 보화들에는 일어나지 않는다. 너희의 보물이 어디에 있든, 너희의 마음도 그 보물이 있는 곳에 있어서, 그 보물을 기뻐하며 생각하게 될 것이다.

22-23. [22]눈은 몸의 등불이니 그러므로 네 눈이 성하면 온 몸이 밝을 것이요 [23]눈이 나쁘면 온 몸이 어두울 것이니 그러므로 네게 있는 빛이 어두우면 그 어둠이 얼마나 더하겠느냐.

너희는 너희의 마음을 잘 살피고, 너희의 인식과 판단과 감정을 잘 살펴야 한다.

왜냐하면, 너희의 육신의 눈이 너희 몸의 다른 나머지 지체들을 인도하고 지도하는 것과 마찬가지로, 너희의 마음도 하나님과의 관계 속에서의 너희의 행실 전체를 인도하기 때문이다. 사람의 심령은 눈이라는 창문을 통해서 밖을 내다보면서 몸 전체를 인도한다. 눈이 기분이나 감정의 기복에 의해서 손상을 받지 않고 그 어떤 이물질도 없이 온전하고 성하면, 눈은 몸의 모든 움직임들을 올바르게 인도한다. 그러나 눈에 결함이 생기거나 눈이 손상된 경우에는, 온 몸은 어떻게 움직여야 안전하고 유익한지를 알 수 없게 되어 갈팡질팡하게 된다. 마찬가지로, 너희의 마음이 올바르고, 너희가 제대로 된 건전한 판단을 내리며, 참되고 거룩한 감정을 지니고 있다면, 그것들은 너희의 모든 행위를 인도하고 영향을 미쳐서, 너희의 행실 전체는 거룩하고 흠이 없게 될 것이다. 그러나 너희가 세상에 대한 지나친 집착으로 인한 탐욕이나 시기(이 둘은 성경에서 "성치 않은" 눈이라 불리는 것들이다)로 인해서, 또는 다른 어떤 정욕이나 욕망들의 지배를 받아서, 그러한 내면의 "눈이 성치 않으면"(한글개역개정에는 "눈이 나쁘면"), 너희의 어둠은 너무나 커서, 너희는 한 걸음도 제대로 디딜 수 없게 될 것이다. 왜냐하면, 입은 마음에 가득한 것을 말하고, 손과 온 몸은 마음의 지시들과 감정들에 따라서 움직이기 때문이다.

24. 한 사람이 두 주인을 섬기지 못할 것이니 혹 이를 미워하고 저를 사랑하거나 혹 이를 중히 여기고 저를 경히 여김이라 너희가 하나님과 재물을 겸하여 섬기지 못하느니라.

"한 사람이 두 주인을 섬기지 못하는" 것은, 두 주인이 한 사람에게 서로 상반되는 내용의 지시를 할 때, 그 사람은 어느 한 쪽의 지시만을 따를 수밖에 없기 때문인데, "하나님과 재물"이 바로 그런 경우이다. 또는, 한 사람이 두 주인을 섬길 때, 동일하게 부지런하고 신속하며 신실하게 두 주인을 섬기는 것은 불가능하다는 의미일 수도 있다. 하지만 이 말씀은 속담이고, 우리는 이 속담이 서로 상반되는 두 주인을 상정하고 있는 것으로 보아야 할 것이다. 두 주인을 섬기는 사람은 어느 한 쪽을 사랑한다면 다른 쪽을 미워할 수밖에 없고, 어느 한쪽 편을 든다면 다른 쪽을 단죄할 수밖에 없다. 따라서 그 사람은 자신의 행위들을 통해서, 자기가 두 주인 중 어느 쪽을 진심으로 섬기고 다른 쪽을 멸시하거나 경시하는 종인지가 드러나게 된다.

너희가 하나님과 재물을 겸하여 섬기지 못하느니라(KJV에는 "너희가 하나님과 맘몬을 겸하여 섬길 수 없다"로 되어 있음). 옛 사람들은 이방인들 중에서는 "맘몬"이라 불리는 우상을 재물의 신으로 섬기는 자들이 있다는 것을 알고서, 재물을 가리킬 때에 비유적으로 "맘몬"이라고 말하였던 것으로 보인다(눅 16:9). 따라서 우리는 "너희가 하나님과 바쿠스(Bacchus, 술의 신)를 겸하여 섬길 수 없다"거나 "너희가 하나님과 비너스(Venus, 미의 여신)를 겸하여 섬길 수 없다"고 말할 수도 있다. 즉, 사람이 술독에 빠져 살거나 음욕에 빠져 살면서 동시에 하나님의 참된 종이 될 수는 없다는 것이다. 마찬가지로, 아무도 하나님을 섬기면서 동시에, 수단방법을 가리지 않고 재물을 긁어모을 수 없다. 그래서 사도 바울은 "탐심"을 "우상 숭배"라고 부른다(골 3:5). 따라서 우리는 여기에서 "섬긴다"는 것은 우리 자신을 주로 또는 전적으로 드리는 것을 의미하는 것으로 이해하여야 한다. 우리는 하나님을 섬기거나 세상을 섬기거나 둘 중의 하나일 수밖에 없다. 왜냐하면, 세상을 섬기게 되면, 세상은 우리에게 하나님의 뜻을 거스르라고 유혹하거나 명령하기 때문이다.

25. 그러므로 내가 너희에게 이르노니 목숨을 위하여 무엇을 먹을까 무엇을 마실까 몸을 위하여 무엇을 입을까 염려하지 말라 목숨이 음식보다 중하지 아니하며 몸이 의복보다 중하지 아니하냐.

우리는 스스로 얼굴에 땀을 흘려 수고해서 우리의 떡을 먹거나 우리의 가족을 부양해야 한다고 명하고 게으른 삶을 금하는 다른 많은 본문들(살후 3:10-11; 딤전 5:8)과 서로 상반되는 의미로 이 본문을 해석해서는 안 된다. 그리스도께서도 게으른 삶을 결코 살지 않으셨고, 하나님이 그에게 하라고 주신 일을 제대로 완성해 내고 선한 일들을 행하시기 위하여 두루 다니셨다. 따라서 우리는 이 본문을 다음과 같이 이해하여야 한다. (1) 이것은 앞 절에 언급된 하나님을 섬기는 것과 부합하지 않는 생각들을 하지 말라는 것이다. (2) 이것은 생각을 분산시키거나 염려와 걱정을 불러일으키는 생각을 하지 말라는 것이다. (3) 이것은 하나님께서 우리에게 필요한 것들을 공급해 주실 것임을 불신하거나 의구심을 불러일으키는 생각들을 하지 말라는 것이다. 하나님께서는 우리에게 우리의 목숨과 몸을 주셨기 때문에, 우리의 목숨과 몸을 보존하기 위하여 우리가 염려하고 걱정할 필요가 없다. 우리가 우리의 목숨과 몸을 합당하고 적절하게 사용한다면, 하나님께서 우리의 목숨과 몸을 돌보아주실 것임을 불신할 이유가 어디 있겠는가? 하나님께서는 우리에게 더 큰 것도 주셨는데, 우리에게 이런 작은 일들을 해주지 않으시겠는가?

26. 공중의 새를 보라 심지도 않고 거두지도 않고 창고에 모아들이지도 아니하되 너희 하늘 아버지께서 기르시나니 너희는 이것들보다 귀하지 아니하냐.

하나님께서는 자신의 모든 피조물들을 돌보신다. 예컨대, "새들"을 생각해 보라.

너희의 집에서 기르는 길들인 새들이 아니라, "공중의 새들"을 생각해 보라. 그 새들은 네 아내가 먹여 주는 것도 아니고, 하나님으로부터 자신의 생존을 위해 심거나 거두는 수고를 하는 데 적합하게 지음 받은 것도 아니며, 하나님이 그들에게 수고할 것을 요구하지도 않으시고, 실제로 스스로 수고하지도 않는다. 하지만 그들의 창조주(즉, "너희 하늘 아버지")께서 그들을 "먹이신다." 만약 너희가 하나님의 섭리에 의해서 수고해서 양식을 얻을 수 없게 되었다면, 너희는 하나님이 너희를 먹여 주실 것을 믿고 의지할 근거가 충분하다. 왜냐하면, 너희는 본능적인 감각에 따라 살아가는 피조물들보다 더 탁월한 존재들이고, 모든 피조물들이 창조주와 맺고 있는 것 이상의 관계를 하나님에 대하여 맺고 있기 때문이다. 즉, 창조주 하나님은 "너희 하늘 아버지"이시다. 너희는 자연 질서 속에 존재하지만, 특히 하나님이 너희의 아버지이시라는 점에서, 자연 질서 속의 모든 피조물보다 훨씬 더 탁월하다.

27. 너희 중에 누가 염려함으로 그 키를 한 자라도 더할 수 있겠느냐.

너희의 육신과 목숨을 놓고 걱정하고 염려하여 너희의 마음을 분산시키고 흐트러지게 하는 것은 정말 부질없고 쓸데없으며 무익한 짓이다! 왜냐하면, 너희가 아무리 이런저런 궁리를 한다고 할지라도, 너희의 키를 "한 자라도" 더 크게 하지 못할 것이기 때문이다. 너희의 존재와 실존이 하나님으로부터 왔듯이, 너희의 키가 크는 것도 하나님께 달려 있다. 마찬가지로, 하나님께서는 어떤 아이의 키를 자신이 의도하신 정도만큼 크게 하시고, 그 이상으로는 클 수 없게 하신다. 이 일에 있어서는 하나님의 축복이 필수적이기 때문에, 너희가 아무리 많은 생각으로 염려하고 그 어떤 수단을 동원한다고 할지라도, 하나님의 축복이 없이는 조금도 더할 수가 없는 상황에서, 하나님께서 너희를 축복하셔서 너희가 원하는 것을 이루어 주실 것을 기대할 수 없다면, 너희가 그렇게 많이 염려하고 걱정할 이유가 어디 있겠는가?

28-30. [28]또 너희가 어찌 의복을 위하여 염려하느냐 들의 백합화가 어떻게 자라는가 생각하여 보라 수고도 아니하고 길쌈도 아니하느니라 [29]그러나 내가 너희에게 말하노니 솔로몬의 모든 영광으로도 입은 것이 이 꽃 하나만 같지 못하였느니라 [30]오늘 있다가 내일 아궁이에 던져지는 들풀도 하나님이 이렇게 입히시거든 하물며 너희일까 보냐 믿음이 작은 자들아.

우리 주님은 감각을 지닌 피조물들로부터 식물들로 옮겨가신다. 식물들은 단순히 존재하는 것 이상의 그 무엇을 지니고 있는 피조물들로서, 본능은 없지만 생명은 있기 때문에, 이성만이 아니라 본능도 없다는 점에서 자연 질서에서 인간보다 두

단계 아래에 있는 피조물들이다. 우리 주님께서는 그러한 피조물들 중에서 한 예를 드셔서, 우리는 먹을 것이나 마실 것은 물론이고 입을 것에 대해서도 염려하거나 걱정할 이유가 없다는 것을 보여 주신다. 사람이 입는 의복은 몸을 따뜻하게 하거나 장식을 위한 용도로 사용되는데, 우리는 조금만 생각하고 신경을 쓰면 우리의 몸을 따뜻하게 해줄 의복을 구할 수 있다. 따라서 우리가 의복에 대하여 염려하고 걱정하는 것은 대체로 우리 몸의 장식을 위한 사치스럽고 불필요한 의복에 대한 것이다. 만약 하나님께 그러한 장식 용도의 의복조차도 우리에게 필요하다고 생각하시면, 우리가 많은 생각이나 염려를 하지 않아도, 그러한 의복을 우리에게 공급해 주실 것이다. "백합화"를 보라. (우리 주님께서 말씀하신 꽃이 튤립인지, 아니면 백합화 종류의 어떤 다른 꽃인지에 대해서는 논쟁할 가치가 없다. 어쨌든, 우리 주님께서는 유대 땅에서 각기 아름다움을 뽐내며 다양하게 자라고 있던 꽃을 여기에서 예로 드셨을 것이다.) 하나님께서는 자연 질서 속에서 미천한 축에 드는 그러한 피조물들을 통해서도 자신의 영광을 드러내시기 위하여, "꽃"이라는 피조물들에게 솔로몬이 누렸던 모든 영광보다 더 큰 아름다움을 주셨다. 우리가 의복을 통해서 아무리 큰 우리의 아름다움과 영광을 드러낸다고 할지라도, 그 아름다움과 영광은 자연질서 속에서 우리보다 훨씬 열등한 피조물들에게서 발견되는 것보다 못하다는 것을 깨달았다면, 우리는 자연과 겨루거나 경쟁할 생각을 버려야 한다. 그래서 솔론(Solon, 주전 638-558년경, 헬라의 7현자 중 한 사람)은 비록 이방인이었지만, 크로이소스(Croesus, 주전 560-546년, 루디아의 마지막 왕으로서 대부호였음)의 화려한 궁을 보는 것보다 공작새 한 마리를 보는 것을 더 좋아하였다. 그러므로 의복은 우리가 염려할 가치가 없는 것이다. 하나님은 겨우 며칠밖에 살지 못하는 "들풀"도 입히시는 분이신 까닭에, 우리에게 어떤 의복이 필요하다고 생각하신다면, 우리가 염려하지 않아도 우리를 들풀보다 더 귀하게 입히실 것이기 때문이다. 그런데도 우리가 하나님께서 우리의 의복을 공급해 주실 것을 믿지 못한다면, 우리는 우리 자신이 "믿음이 작은 자들"임을 스스로 증명하는 것이다.

31-32. [31]그러므로 염려하여 이르기를 무엇을 먹을까 무엇을 마실까 무엇을 입을까 하지 말라 [32]이는 다 이방인들이 구하는 것이라 너희 하늘 아버지께서 이 모든 것이 너희에게 있어야 할 줄을 아시느니라.

우리 주님께서는 이미 앞에서(25절)에서 했던 명령을 여기에서 다시 반복하시는데, 필요한 일들을 미리 적절하게 생각하는 것을 모두 다 금지하시는 것이 아니라,

단지 하나님을 불신하거나, 우리의 마음을 분산시키고 흐트러지게 하거나, 우리가 마땅히 해야 할 생각들과 부합하지 않거나, 더 높고 선한 일들을 생각하는 것을 방해하는 그런 염려를 금지하시는 것이다. 우리 주님은 여기에서 두 가지 근거를 드셔서, 우리에게 염려하지 말라고 강력하게 명하신다. 첫 번째는 자신이 돌보아야 할 것은 자신의 영혼이라는 것을 알지 못하고, 하나님의 섭리를 깨닫지 못하며, 하나님을 아버지라 부르는 그리스도인들과는 다른 관계를 하나님과 맺고 있는 자들인 이방인들이 자신의 모든 생각을 다 쏟는 것이 바로 그런 것들이기 때문이다. 두 번째는 너희에게는 "하늘 아버지"가 계시고, 하늘 아버지는 하늘에 계시는 까닭에 너희에게 무엇이 필요한지를 다 아시고, 너희의 아버지이신 까닭에 너희에게 필요한 것들을 다 공급해 주실 것이기 때문이다.

33. 그런즉 너희는 먼저 그의 나라와 그의 의를 구하라 그리하면 이 모든 것을 너희에게 더하시리라.

이 절에서 "그의 나라와 그의 의"는, 그것이 수단이든 목적이든, 하나님의 존귀와 영광에 속하는 모든 것들을 포괄적으로 가리키는 표현이다. 너희가 일차적으로 관심을 갖고 애를 써야 하는 주된 것은, 어떻게 하면 하늘에 닿고, 이 세상에서 하나님 나라를 확장시키며, 너희의 마음을 하나님의 뜻에 복종하게 하여, 하나님 나라가 너희 안에서 이루어지게 할 것인가 하는 것과, 어떻게 하면 다른 사람들을 믿음으로 이끌어 하나님의 뜻에 순종하게 할 것인가 하는 것이 되어야 한다. 솔로몬이 이 세상에서의 부와 존귀를 구하지 않았음에도 불구하고, 하나님께서 그런 것들을 그에게 주셨던 것과 마찬가지로(왕상 3:12), 너희가 그렇게 하였을 때, 하나님께서는 현세에서 너희에게 필요한 것들도 더해 주실 것이다(시 37:4; 막 10:30; 딤전 4:8).

34. 그러므로 내일 일을 위하여 염려하지 말라 내일 일은 내일이 염려할 것이요 한 날의 괴로움은 그 날로 족하니라.

우리 주님께서는 앞에서 말씀하신 대로 여기에서도 염려하지 말라고 명하시면서, 하나님께서 그 날에 필요한 것들을 그 날에 주실 것이라고 말씀하신다. 즉, 하나님은 너희에게 내일 필요한 것들이 있으면 내일이 되었을 때 너희에게 그것들을 공급해 주실 것이라는 것이다. 게다가, 새로운 날이 시작되면 새로운 염려도 생겨날 것이다. 그런데 너희는 내일 어떤 염려가 생겨날지도 알지 못하고, 너희에게 내일 무엇이 필요할지도 알지 못한다. 그런데 내일이 오기도 전에 미리 염려하고 걱정함으로써 너희 자신을 괴롭게 할 이유가 어디 있겠는가? 내일 새롭게 생겨날 염려들은 내일이 되었을 때에 염려하더라도 너희가 염려할 시간은 충분하다. 너희는 내일 어떤 염려가 생겨날지도 모르면서, 미리 어떤 일들이 일어날 것이라고 염려함으로써, 너희 자신을 미리부터 괴롭힐 이유가 없고, 내일이 되어서 어떤 일들이 실제로 일어나서 염려를 하기 전에, 미리 그 일들을 생각하며 염려함으로써 너희 자신의 생각을 흐트러뜨림으로써, 너희 자신의 힘을 뺄 필요도 없다.

제7장

개요

1. 그리스도께서 설교를 계속하시면서, 성급한 비판을 단죄하심(1-5).
2. 거룩한 것들을 함부로 하는 것을 금하심(6).
3. 기도를 권하심(7-12).
4. 좁은 문으로 들어가라고 하심(13-14).
5. 열매를 보고서 거짓 선지자들을 조심하라고 하심(15-20).
6. 단지 말로만 해서는 안 되고 실천으로 보여야 자기 제자가 될 수 있다고 하심(21-23).
7. 말씀을 듣고 행하는 자는 반석 위에 집을 지은 자에 비유하시고, 듣기만 하는 자들은 모래 위에 집을 지은 자에 비유하심(24-27).
8. 그리스도께서 설교를 마치시자, 사람들이 그의 가르치심에 놀람(28-29).

1-2. [1]비판을 받지 아니하려거든 비판하지 말라 [2]너희가 비판하는 그 비판으로 너희가 비판을 받을 것이요 너희가 헤아리는 그 헤아림으로 너희가 헤아림을 받을 것이니라.

우리는 구주께서 여기에서 모든 판단이나 비판, 이를테면 성경의 다른 곳에서 허용하는 판단이나 비판조차도 다 금지하고 계시는 것으로 이해해서는 안 된다. 왜냐하면, 성령께서는 동일한 것을 명하기도 하시고 금지하기도 하시는 그런 분이 아니기 때문이다. 이것으로부터 분명한 것은 여기에서 우리 구주께서는 정치적이거나 교회적인 판단이나 그런 판단을 하는 자들이 아니라, 사적인 판단을 말씀하시고 계신다는 것이다. 또한, 모든 사적인 판단이 다 여기에 해당되는 것도 아니다. 왜냐하면, 우리가 우리 자신을 판단하는 것은 합당할 뿐만 아니라, 우리가 마땅히 해야 할 일이기 때문이다(고전 11:31). 또한, 우리 이웃의 견해가 참된 것인지 거짓된 것인지, 그리고 우리 이웃의 행위가 선한 것인지 악한 것인지가 우리에게 영향을 미칠 때, 그러한 견해나 행위에 대하여 우리가 판단하는 것을 여기에서 금하고 있는 것도 아니다. 왜냐하면, 우리는 모든 것들을 다 시험해 보아서, 참되고 선한 것들만을 굳게 붙들어야 하기 때문이다. 또한, 우리 이웃의 행위가 그 사람 자신에게 해로운 것일 때에도, 우리가 이웃의 행위에 대하여 판단하는 것이 금지되는 것도 아니다.

우리가 그의 행위에 대하여 판단하는 것이 선행되지 않는다면, 어떻게 그의 잘못을 책망하거나, 잘못에 빠진 그를 회복시켜 줄 수 있겠는가? 하지만 다음과 같은 것들은 여기에서 금지되고 있다. (1) 어떤 사람의 상태에 대하여 성급하게 판단하거나, 어떤 사람이 자신이 마땅히 할 일을 하고 있는데도 그 일을 비판하는 것은 금지된다. 시몬이 여자를 판단한 것이나, 제자들이 그 여자를 판단한 것(마 26:8-9)이 바로 그런 경우이다. (2) 둘 중의 어느 쪽으로 행하여도 아무 상관이 없는 것들에 대해서, 어느 한 쪽으로 행하는 사람이 다른 한 쪽으로 행하는 사람을 판단하고 비판하는 것은 금지된다(롬 14:1-3). (3) 밖으로 정반대의 열매가 드러나는 것이 보이지 않는데도, 어떤 사람의 내적인 은혜의 습성들 같은 은밀한 것들을 이유로 그 사람을 비판하는 것은 금지된다. (4) 공적으로 비난 받을 만한 어떤 부분적인 행위만을 보거나, 개인적으로 실패한 것들을 이유로 해서 그 사람을 정죄하는 것은 금지된다. (5) 다른 사람의 행위를 공개적이고 공적으로 비난하는 것이 하나님께 영광이 되거나 우리 형제의 유익이 될 수 없는 경우에는, 그러한 비난은 금지된다.

"비판을 받지 아니하려거든"이라는 어구는 다음 절에서 좀 더 자세하게 설명되는데, 우리가 다른 사람을 판단하거나 비판한다면, 사람들의 통상적인 성정이나 하나님의 의로우신 심판을 따라, 우리도 다른 사람들에 의해서 "탈리오의 법칙을 따라" 가차 없이 무자비한 비판을 당하게 되리라는 것이다(눅 6:37).

3-5. [3]어찌하여 형제의 눈 속에 있는 티는 보고 네 눈 속에 있는 들보는 깨닫지 못하느냐 [4]보라 네 눈 속에 들보가 있는데 어찌하여 형제에게 말하기를 나로 네 눈 속에 있는 티를 빼게 하라 하겠느냐 [5]외식하는 자여 먼저 네 눈 속에서 들보를 빼어라 그 후에야 밝히 보고 형제의 눈 속에서 티를 빼리라.

"티"로 번역된 단어는 "티끌"이나 "파편"을 의미하지만, 어느 쪽으로 번역하든, 별 차이는 없다. 우리 구주께서 바리새인들이 간음하다가 현장에서 붙잡힌 여자를 자기에게 데려왔을 때에 그들에게 하신 말씀은 이 본문을 직접 해설한 말씀이라고 할 수 있다: "너희 중에 죄 없는 자가 먼저 돌로 치라"(요 8:7). 사도 바울도 로마서 2:1에서 동일한 취지의 말씀을 한다: "남을 판단하는 사람아, 누구를 막론하고 네가 핑계하지 못할 것은 남을 판단하는 것으로 네가 너를 정죄함이니 판단하는 네가 같은 일을 행함이니라."

본문은 우리에게 다음과 같은 교훈들을 가르쳐 준다. (1) 다른 사람들에 대하여 툭 하면 트집을 잡고 독설을 쏟아내며 비판하는 사람들은 다른 사람들보다 더 악하고 책망 받을 만한 짓들을 하는 자들로서, 자기가 비판하는 사람들과 동일한 죄가 아니라 다른 종류의 죄를 적어도 다른 사람들 못지않게 짓고 살아가는 자들인 것이 보통이다. (2) 다른 사람들에게서는 아주 작은 잘못들도 영락없이 다 잡아내면서도, 정작 우리 자신에게 있는 훨씬 더 큰 죄들을 보지 못하는 것은 지독한 위선이다. (3) 우리 자신도 다른 사람들과 똑같은 죄들을 짓고 살아가면서도, 다른 사람들이 그 죄들을 짓고 살아가고 있다고 비판하고 비난하는 것은 지독하게 뻔뻔스러운 짓이다. (4) 다른 사람들의 잘못을 성급하고 경솔하게 판단해서 지나치게 가혹하게 비판하는 것이 아니라, 먼저 우리 자신의 마음과 행위를 살펴서, 우리에게는 그런 동일한 잘못이 있는 것은 아닌지를 보는 것이 "자비"를 가장 잘 배울 수 있는 길이다. 우리는 이런 종류의 자비를 가정에서 먼저 시작하여야 한다.

6. 거룩한 것을 개에게 주지 말며 너희 진주를 돼지 앞에 던지지 말라 그들이 그것을 발로 밟고 돌이켜 너희를 찢어 상하게 할까 염려하라.

우리 구주께서 언급하신 "돼지"와 "개들"은 여러 부류의 악인들, 즉 거룩한 것들을 아무렇지도 않게 짓밟는 죄인들을 가리키는 것임은 의심의 여지가 없다. 돼지는 정욕과 더러운 것들로 가득한 시궁창에서 뒹굴며 살아가는 자들이고(잠 26:11; 벧후 2:22), 개들은 좀 더 악의와 앙심을 가지고서 시끄럽게 짖어대며 죄인들, 즉 양심이 미비되어서 하나님의 말씀을 들으면 이빨을 드러내며 사정없이 짖어대고, 거룩한 것들을 조롱하며, 자신들에게 복음을 얘기해 주는 자들이 진리를 말한다는 이유로 자신들의 불구대천의 원수들로 여겨 박해하는 자들이다. 우리 주님께서는 "너희는 온 천하에 다니며 만민에게 복음을 전파하라"(막 16:15)고 명하셨지만, 유대인들이 "마음이 굳어 순종하지 않고 무리 앞에서 이 도를 비방하자"(행 19:9), 바울은 그들을 떠나 제자들을 따로 세우고 두란노 서원에서 날마다 강론하였다. 따라서 본문에서 우리 주님이 명하시는 것은 일반적인 것으로서, 그리스도의 일꾼들은 상황을 지혜롭게 잘 살펴서, 오직 자신들에게 맡겨진 거룩한 것들을 받을 만한 자들에게만 전함으로써, 하나님의 거룩하신 이름이 모독을 당하거나 쓸데없는 위험에 처하게 되지 않게 하여야 한다는 것이다.

7-8. 7구하라 그리하면 너희에게 주실 것이요 찾으라 그리하면 찾아낼 것이요 문을 두드리라 그리하면 너희에게 열릴 것이니 8구하는 이마다 받을 것이요 찾는 이는 찾아낼 것이요 두드리는 이에게는 열릴 것이니라.

우리 구주께서는 여기에서 하나의 명령을 "구하라," "찾으라," "두드리라"는 세

가지 단어로 표현하시면서, 각각의 단어마다 "그리하면 너희에게 주실 것이요," "그리하면 찾아낼 것이요," "그리하면 너희에게 열릴 것이니"라는 말씀들을 덧붙이셔서, 하나의 약속을 표현하신다. 주님이 명령하시는 것은 기도이고, 약속하시는 것은 기도를 들으시겠다는 것, 즉 기도에 대한 응답의 약속이다. 주님이 이렇게 하나의 명령을 하시기 위하여 여러 가지 다른 표현들을 사용하시는 것은 쓸데없이 길게 말을 늘어놓으시는 것이 아니고, 우리가 기도의 본분을 행하기를 싫어함에도 불구하고 이 본분을 행해야 한다는 것을 우리에게 알게 하시고, 또한 하나님께서는 우리가 기도할 때에 믿음과 부지런함과 변함없이 한결같은 마음과 끈기를 가지고 기도하기를 원하신다는 것을 알게 하시기 위한 것이다. 그리스도께서는 앞에서 우리가 "우리 아버지"께 구하여야 한다고 말씀하셨는데(마 6:9-13), 거기에서는 우리에게 필요하다고 생각되는 것들은 어떤 것이라도 다 구해도 좋다고 하신 것이 아니라, 우리가 구체적으로 어떤 것들을 기도해야 하는지, 즉 우리가 기도할 내용에 대하여 이미 말씀해 주셨기 때문에, 여기에서는 우리가 무엇을 구하여야 하는지에 대하여 말씀하고 계시는 것이 아니다. 우리 주님이 여기에서 "주실" 것이라고 약속하시는 것은 우리가 기도하면 어떤 식으로든 응답을 받게 될 것이라고 하시는 것인데, "너희에게 주실 것이요"라는 표현은 우리의 기도에 어떤 공로가 있어서 주님이 우리에게 응답해 주시는 것이 아니라는 것을 보여 준다. 자기가 필요한 것들을 하나님의 뜻에 따라 믿음 안에서 "구하는 이마다 받을" 것이다. 야고보서 4:3을 보라.

9-11. [9]너희 중에 누가 아들이 떡을 달라 하는데 돌을 주며 [10]생선을 달라 하는데 뱀을 줄 사람이 있겠느냐 [11]너희가 악한 자라도 좋은 것으로 자식에게 줄 줄 알거든 하물며 하늘에 계신 너희 아버지께서 구하는 자에게 좋은 것으로 주시지 않겠느냐.

"구하는" 것은 단지 내면의 소원이 말로 표현된 것일 뿐이다. 자기에게 해가 되는 나쁜 것을 원하는 사람은 아무도 없고, 누구든지 적어도 자기에게 유익하고 좋다고 여겨지는 것이나 자기가 원하는 것을 원한다. 육신의 부모들이 연약한 이해력으로 인해서 자신의 자녀들에게 해로운 것들을 잘 모르고서 주는 경우는 있을지라도 알면서 주는 일은 없는 것과 마찬가지로, "하늘에 계신 너희 아버지"는 너희에게 진정으로 필요한 것이 무엇인지를 아시고, 너희에게 진정으로 유익한 것이 무엇인지를 아시기 때문에, 너희에게 합당하지 않거나 해로운 것을 주시지 않는다. 그러나 너희가 너희에게 절대적으로 유익하고, 해롭거나 나쁠 수 없는 것을 구하고, 하늘에 계신 너희 아버지께서도 현재의 상황에서 그것이 너희에게 유익하다는 것을 아신다면, 너희는 그분이 너희의 아버지이시고, 마치 육신의 아버지가 육신의 자녀에게 그러하듯이, 너희에 대한 인자하심이 크시며, 그분은 하늘에 계신 너희의 아버지이시기 때문에 차고 넘치게 주실 수 있으시다는 사실을 생각할 때, 그 아버지께서 너희가 그에게 구하는 선한 것들을 주실 것임을 확신할 수 있다. 또한, 너희는 너희 자신이 하늘에 계신 너희 아버지의 온전하심과 사랑하심에는 무한히 못미치기는 하지만, 너희 자녀들에 대하여 선의와 사랑이 너희 속에 있다는 사실을 생각할 때, 하늘 아버지께서 너희의 기도를 들어주실 것임을 확신할 수 있다. 왜냐하면, 너희가 지금 가지고 있는 모든 선하고 유익한 것들은 하나님의 자녀로서 하늘 아버지로부터 받은 것들이기 때문이다. 따라서 우리가 여러 상황 속에서 유익한 것일 수도 있고 해로운 것일 수도 있는 어떤 것을 기도 가운데 하나님께 구하였는데도 받지 못하였다면, 우리는 "떡"을 구하였나고 생각히였지만 사실은 "돌"을 구한 것이고, 우리가 "생선"이라고 생각하였지만 사실은 "전갈"이었다는 결론을 내릴 수 있다. 이것은 우리가 구체적으로 구한 것이 응답되지 않은 것처럼 보여도, 하나님께서는 그것조차도 우리의 유익을 위하여 주시지 않은 것이기 때문에, 사실은 우리의 모든 소원을 다 들어주신 것임을 보여 준다.

12. 그러므로 무엇이든지 남에게 대접을 받고자 하는 대로 너희도 남을 대접하라 이것이 율법이요 선지자니라.

대부분의 해석자들은 이 본문이 앞에 나오는 본문들을 전제로 해서 거기로부터 도출된 결론이라고 보는 것이 어렵고, 성경에는 그러한 작은 불변화사들이 의미 없이 끼어드는 경우가 흔하다는 이유로, 여기에 나오는 "그러므로"라는 불변화사가 아무 의미도 없이 불필요하게 사용된 것이라고 생각한다. 본문의 명령은 다른 사람들에 대하여 우리가 행해야 할 도리들, 즉 오직 정의와 자비만을 요구하는 십계명의 두 번째 돌판의 요지에 대하여 말하고 있는 율법서들과 선지자들의 글에서 발견될 수 있는 모든 것들의 요체를 그 안에 담고 있다. 그리스도께서는 "이것이 모든 율법과 선지자니라"고 말씀하시는 것이 아니라, "이것이 율법이요 선지자니라"고 말씀하신다. 다른 사람들이 자기에게 돌아가야 할 자신의 명예나 몫이나 재산 등등을 빠짐없이 다 챙겨주고, 자신의 것을 자기에게서 빼앗아가지도 않으며, 자신의 것을 자기에게 꼬박꼬박 다 주는데도, 자기가 부당한 대우를 받고 있다고 생각할 사람은 없을 것이다. 또한, 어떤 사람이 곤경에 처하여 다른 사람의 자비로운 도움을 받았거나, 엄격한 정의에 따라 치러야 할 죗값을 면제받는 자비로움을 입었는데도, 자기가 부당한 대우를 받았다고 생각할 사람은 없을 것이다. 우리 구주께서는 "너희도 그들에게 그렇게 하라"고 말씀하신다. 이것은 본성의 빛과 법을 확인해 주시는 말씀, 즉 사람들이 자기 속에 있는 빛에 귀를 기울이기만 하면 들을 수 있고 행할 수 있는 것이다. 우리 구주께서는, 어떤 사람이 이렇게 하지 않는다면, 그 사람의 신앙이나 경건은 헛것이라고 말씀하신다(막 7:9-13). 어떤 이들은 우리 구주께서 바리새인들을 염두에 두시고 이 말씀을 하신 것이라고 생각한다. 왜냐하면, 바리새인들은 자신들의 전통을 지킨다고 하면서, 신앙의 모든 중점을 어떤 의식들을 행하는 것에 두었고, "율법의 더 중한 바 정의와 긍휼과 믿음은 버렸기" 때문이다(마 23:23).

13-14. [13]좁은 문으로 들어가라 멸망으로 인도하는 문은 크고 그 길이 넓어 그리로 들어가는 자가 많고 [14]생명으로 인도하는 문은 좁고 길이 협착하여 찾는 자가 적음이라.

우리 구주께서는 이 설교를 통해서 혈과 육이 받기 어려운 많은 말씀들을 전하셨는데, 이제 여기에서는 사람들로 하여금 이 말씀들을 행하기 싫어하게 만들 수 있는 두 가지 시험이 있음을 밝히신다. 첫 번째는 이 말씀들을 행하기가 "어렵다"는 것이고, 두 번째는 이러한 규범들을 따라 살아가는 사람이 "적다"는 것이다. 주님은 여기에서 천국을 웅장한 저택에 비유하시면서, 거기로 들어가기 위해서는 "좁은 문"을 통과해야 하고 "좁은 길"로 걸어가야 한다고 말씀하신다. 성경에서는 사람들이 일상적으로 행하는 행위들을 "길"이라는 단어로 표현하는 것이 보통이고, "문"에 비유하기도 한다. 따라서 우리 구주께서 여기에서 말씀하시는 것의 요지는 이런 것이다. 모든 사람이 걸어서 궁극적으로 도달하는 지점은 오직 둘뿐인데, 그것은 영원한 멸망과 영원한 생명이다. 멸망으로 인도하는 길은 모든 사람들에게 분명하게 보이고 넓어서, 많은 사람들이 그 길로 걸어간다. 하지만 사람들을 천국으로 데려다 줄 삶과 행위의 길은 "좁고," 많은 십자가들과 시험들을 만나게 되는 "협착한"(헬라어로는 "힘들고 고단한") 길이어서, 혈과 육이 싫어하고, 사람들의 구미에 전혀 맞지 않기 때문에, 찾는 사람이 드물다. 그러므로 너희는 나의 명령들과 교훈들이 너희의 육신이 힘들어하고 싫어하는 것들이라는 것을 이상하게 여겨서는 안 되고, 천국으로 인도하는 올바른 길로 가고 있는 사람들이 별로 없는 것을 보고서 거리낌을 가져서도 안 된다.

15. 거짓 선지자들을 삼가라 양의 옷을 입고 너희에게 나아오나 속에는 노략질하는 이리라.

성경에서 "선지자들"이라는 용어는 단지 장래에 일어날 일들을 예언하는 자들만을 가리키는 것이 아니라, 그것보다 더 넓은 의미로 사용되고, 하나님으로부터 권세를 받아서 사람들을 가르치는 체하는 자들도 "선지자들"로 불렸다. 따라서 사도행전 13:6에서는 "바예수"를 "거짓 선지자"라고 부른다. 거짓 선지자는 거짓 교사와 동일한 의미이다. 우리 구주께서는 그런 거짓 선지자들이야말로 신앙과 성결에 있어서 가장 치명적이고 위험한 원수들이라고 청중들에게 주의를 주신다. 그런 자들 중에서 일부는 실제로 "양의 옷을 입고" 아주 그럴 듯한 모습으로, 즉 독실하고 경건한 신앙을 지닌 자들로 위장해서 사람들에게 접근해 온다. 하지만 노략질하는 이리들이 양 떼에게 큰 위험이 되듯이, 그들은 너희의 영혼들을 위험에 빠뜨리는 "노략질하는 이리들"이다.

16-20. [16]그들의 열매로 그들을 알지니 가시나무에서 포도를, 또는 엉겅퀴에서 무화과를 따겠느냐 [17]이와 같이 좋은 나무마다 아름다운 열매를 맺고 못된 나무가 나쁜 열매를 맺나니 [18]좋은 나무가 나쁜 열매를 맺을 수 없고 못된 나무가 아름다운 열매를 맺을 수 없느니라 [19]아름다운 열매를 맺지 아니하는 나무마다 찍혀 불에 던져지느니라 [20]이러므로 그들의 열매로 그들을 알리라.

결과를 보아야 원인이 드러나는 법이다. 제자들이 묻지 않는다면, 참된 교사들과 거짓 교사들은 서로 구별이 되지 않을 것이다. 우리 구주께서는 제자들에게 "그들의 열매로 그들을 알지니"라고 말씀하신다. 우리 구주께서는 자신의 제자들에게 그들이 사명을 받은 것이 진짜인지를 살펴보거나 물어보라고 말씀하시는 것이 아니다. 왜냐하면, 그들은 자신들의 내면을 살펴보아도, 자신들이 과연 하나님으로부터 사명을 받았는지를 판단할 수 없고, 사람들에게 물어보아도, 사람들은 얼마든지 틀릴 수 있기 때문에 하나님이 보내시지 않은 자들을 보낼 수 있기 때문이다. 따라서 우리 구주께서는 그들이 자신들의 본분을 신실하게 수행하는지 신실하지 않게 수행하는지를 본다면 정말 사명을 받았는지의 여부를 알게 될 것이라고 말씀하신다. 그들이 참된 교사들이라면, 하나님의 마음과 뜻을 신실하게 드러내는 사역을 행할 것이고, 양 떼의 모범이 되는 거룩한 삶을 살 것이며, 참된 가르침과 거룩한 삶이라는 열매를 통해서 선한 양심으로 자신들의 사역을 수행할 것이다. 왜냐하면, 사람이나 나무나 똑같이, 좋은 나무는 좋은 열매를 맺고, 못된 나무는 나쁜 열매를 맺기 때문이다. 어떤 사람 안에 하나님의 씨앗이 심어져서 뿌리를 내렸다면, 그 사람은 모든 관계 속에서 진리와 성결의 열매를 내게 되어 있지만, 그렇지 않은 사람은 오류와 악의 열매를 낼 것이다. 이것으로부터 우리는 우리 주님께서 자기 백성이 성경을 잘 알아서, 진리와 거짓을 분별할 수 있게 되고, 부지런히 성경을 살펴서, 그들의 교사들이 그들에게 전하는 것들이 성경에 부합하는 것인지 아닌지를 분별할 수 있게 되기를 기대하신다는 것을 알게 된다(행 17:11). 즉, 하나님의 백성들은 자신들의 교사들을 일방적으로 지시하는 독재자들이 아니라 단지 자신들의 신앙을 돕는 자들로 활용하는 것이 마땅하기 때문에, 교사들이 어떤 것들을 가르쳤다고 해서 그것들을 그대로 무턱대고 하나님의 진리로 믿고 받아들이는 일이 있어서는 안 된다는 것이다.

21. 나더러 주여 주여 하는 자마다 다 천국에 들어갈 것이 아니요 다만 하늘에 계신 내 아버지의 뜻대로 행하는 자라야 들어가리라.

그리스도에 대하여 "주여 주여" 하는 자들 중에서 일부는 그리스도의 참된 제자들로서 구원을 받게 될 것이지만, 외적으로 그리스도를 자신의 주로 고백하였다거나 겉보기에 열심으로 끈질기게 자주 기도하는 모든 사람이 다 그리스도의 참된 제자인 것도 아니고, 구원을 받게 되는 것도 아니다. 오직 믿음과 성결함을 통해서 하나님의 모든 뜻을 이루고자 애쓰는 사람들만이 그리스도의 참된 제자들이고 구원을 받을 자들이다(롬 2:13; 살전 4:3; 약 1:22-23). 참 신앙은 하나님의 모든 뜻에 순종하는 데 있다.

22-23. [22]그 날에 많은 사람이 나더러 이르되 주여 주여 우리가 주의 이름으로 선지자 노릇 하며 주의 이름으로 귀신을 쫓아내며 주의 이름으로 많은 권능을 행하지 아니하였나이까 하리니 [23]그 때에 내가 그들에게 밝히 말하되 내가 너희를 도무지 알지 못하니 불법을 행하는 자들아 내게서 떠나가라 하리라.

해석자들은 "그 날"을 심판의 날로 이해하여야 한다는 것에 대해서 일반적으로 견해를 같이 한다. "우리가 주의 이름으로"(즉, 주의 권세와 능력을 의지하였다는 것) "선지자 노릇하며"(즉, 주의 뜻을 사람들에게 드러내었다는 것) "주의 이름으로 귀신을 쫓아내며 주의 이름으로 많은 권능을 행하지 아니하였나이까"(즉, 많은 이적들을 행하였다는 것). 구약에서 우리는 발람과 사울(둘 다 악인이었다)이 예언하는 것을 발견하고, 신약에서는 유다가 보내심을 받아서 말씀을 전하고 이적들을 행하는 것을 발견한다. 따라서 어떤 사람이 은사들을 행한다고 해서, 아니 가장 뛰어나고 탁월한 은사들을 행한다고 해도, 그것이 그 사람이 선하다는 것, 또는 하나님의 특별한 은총을 받고 있다는 것을 보여 주는 것은 아니다. "내가 그들에게 밝히 말하되"(즉, 내가 그들에게 공개적으로 선언하겠다는 것) "내가 너희를 도무지 알지 못하니"(즉, 내가 너희를 인정하거나 기뻐하는 것이 결코 아니라는 것) "불법을 행하는 자들아 내게서 떠나가라 하리라." 마태복음 25:41을 보라.

24-25. [24]그러므로 누구든지 나의 이 말을 듣고 행하는 자는 그 집을 반석 위에 지은 지혜로운 사람 같으리니 [25]비가 내리고 창수가 나고 바람이 불어 그 집에 부딪치되 무너지지 아니하나니 이는 주추를 반석 위에 놓은 까닭이요.

우리 구주께서는 비유들을 통해서 사람들을 가르치는 저 옛 방식을 즐겨 사용하셨는데, 이것은 비유들을 사용하면 사람들의 귀에 쏙쏙 박혀서 기억을 잘할 수 있기 때문이었다. 여기에서 그리스도께서는 하나의 비유를 드시는 것으로, 자신의 놀랍고 탁월한 설교인 산상수훈을 끝마치신다. 우리 구주께서 "지혜로운 사람"이라고 하시며 높이시는 저 건축자는 단지 그리스도께서 하시는 말씀들을 듣기만 하는 것이 아니라 행하는 사람이다. 말씀들을 "듣는다"는 것 속에는 그 말씀들을 깨닫고 믿는다는 것이 포함되어 있다. 말씀들을 "행한다"는 것은, 인간의 연약함이 허락하는 한도에서 진심으로 말씀들을 행하기를 원하고 애쓰는 것이다. 여기에서 건축자가 짓고자 한 "집"은 영생과 구원에 대한 소망인 것으로 보인다. "반석"은 그리스도를 의미한다(고전 10:4; 엡 2:20; 벧전 2:4). 모든 지혜로운 그리스도인은 그리스도로 말미암은 영생과 구원에 대한 소망의 집을 짓기 전에, 자기가 하나님의 말씀을 읽고 듣는 것에서 그치는 자가 아니라, 그렇게 읽고 들은 말씀을 깨닫고 믿어서, 그 살아 있는 믿음이 자신의 심령에 역사하여, 하나님의 뜻에 순종하거나, 적어도 순종하고자 애쓰는 자인지를 점검하여야 한다. 그리고 그런 식으로 자기가 그런 자임을 확인한 사람은, 자신의 소망의 집이 종종 두려움과 의심과 시험(이러한 것들은 반석 위에 지어진 집을 공격하는 "비," "창수," "바람"에 해당한다)의 공격을 받더라도, 그 집이 그리스도의 뜻의 계시를 따라 그리스도라는 터 위에 견고하게 세워져 있기 때문에, 결코 무너지지 않을 것이다(잠 10:28; 요일 3:3).

26-27. [26]나의 이 말을 듣고 행하지 아니하는 자는 그 집을 모래 위에 지은 어리석은 사람 같으리니 [27]비가 내리고 창수가 나고 바람이 불어 그 집에 부딪치매 무너져 그 무너짐이 심하니라.

지혜로운 건축자들과는 반대로, 어떤 건축자들은 빨리 신속하게 집을 짓고 싶어서, 터가 견고한지를 확인해 보지도 않고, 견고하지 못한 터, 즉 모래 위에 집을 짓는데, 그런 자들은 어리석은 건축자들이다. 그런 자들은 자신들이 지은 집의 바닥과 터가 정말 견고한지, 즉 그 터가 그리스도께서 진정으로 보증해 주신 것인지의 여부를 살펴볼 생각도 하지 않고, 아무런 보증도 없는 소망들 위에 집을 지어 놓고서는, 자신들이 마치 "손으로 지은 것"이 아닌 "하늘에 있는 영원한 집"(고후 5:1)을 지었기 때문에, 장차 천국에 들어가 그 집에 들어가 살게 될 것은 의심할 여지 없는 사실이라는 듯이 달콤한 생각에 잠겨서 살아간다. 그런 경우에는 그들이 하나님의 무한하신 긍휼하심이나 그리스도의 차고 넘치는 공로를 의지해서 그 위에 천국 소망의 집을 지은 것이든, 아니면 그들 자신의 행위들에 의지해서 그 위에 천국 소망의 집을 지은 것이든, 그들은 하나님의 말씀을 듣고서 신앙의 몇몇 본분들을 행하였다고 할지라도, 하나님의 뜻을 전적으로 순종하며 살아가는 것을 도외시한 것이기 때문에, 그러한 사람들은 어리석은 건축자들이 겪는 그런 일을 겪게 될 수밖에 없다. 그들이 지은 집은 한동안은 서 있을 수 있겠지만, 하나님께서 원수를 갚으시는 그 날이 오거나, 죽음이나 극심한 환난, 또는 시험이 찾아오게 되면, 그들의 집, 즉 그들의 소망들은 견고한 토대가 전혀 없는 까닭에 한순간에 모두 다 무너져내려서 사라지고 만다(욥 8:13-14; 11:20; 27:8; 잠 11:7).

그 무너짐이 심하니라. 그랬을 때에 그들이 겪게 될 비참함과 재난은 더 크고 심하게 될 것이다. 왜냐하면, 소망이 강렬하고 기대가 클수록, 거기에 비례해서 절망과 실망도 강렬하고 커져서, 그들의 비참함은 이루 말할 수 없이 크게 될 수밖에 없기 때문이다.

28-29. [28]예수께서 이 말씀을 마치시매 무리들이 그의 가르치심에 놀라니 [29]이는 그 가르치시는 것이 권위 있는 자와 같고 그들의 서기관들과 같지 아니함일러라.

마가복음 1:22과 누가복음 4:32에도 동일한 말씀이 나온다. 이 본문은 우리 구주께서 전하신 산상수훈이 그의 말씀을 들은 자들의 마음에 미친 이런저런 효과와 그 이유를 분명하게 보여 준다. 무리들은 그가 전하신 설교들을 듣고서 "놀라서" 경탄하였다. 그의 말씀들 속에서 드러난 하나님의 진리들, 그의 가르침의 순전함, 거기에 수반된 강력한 설득력, 그가 사람들의 눈치를 보지 않으시고 기탄없이 담대하게 말씀하신 것, 그가 사용하신 표현들의 꾸밈없는 솔직함, 그가 다루신 내용이 지닌 무게감, 그 자신의 말씀들 속에서 보여 주신 장엄함이 사람들에게 그대로 전달되어서, 사람들로 하여금 그를 하나님에 의해 보내심을 받은 자이자 하나님의 권위를 덧입은 자로 보이게 만들었다. 그리스도의 가르침은 유대인들 중의 평범한 교사들인 "서기관들"의 가르침과 같지 않았다. 왜냐하면, 서기관들은 자신들의 전통들과 의식들과 예전들 같이 차갑고 지루하며 무미건조한 것들, 즉 사람들의 영원한 구원과는 아무 상관이 없거나 별 상관이 없는 것들을 가르쳤기 때문이다.

제8장

개요

1. 그리스도께서 나병환자를 깨끗하게 하심(2-4).
2. 백부장의 하인을 고치심(5-13).
3. 베드로의 장모를 고치심(14-15).
4. 다른 많은 병자들을 고치심(16-17).
5. 그리스도를 어떻게 따라야 하는지를 보여 주심(18-22).
6. 바다의 풍랑을 잔잔하게 하심(23-27).
7. 그리스도께서 귀신 들린 자 두 사람에게서 귀신들을 쫓아내셨고, 귀신들은 돼지 떼에게로 들어감(28-34).

1-2. [1]예수께서 산에서 내려오시니 수많은 무리가 따르니라 [2]한 나병환자가 나아와 절하며 이르되 주여 원하시면 저를 깨끗하게 하실 수 있나이다 하거늘.

앞에서 우리는 그리스도께서 산으로 올라가셨다는 말씀을 들었고(5:1), 바로 앞의 4:25에서는 "갈릴리와 데가볼리와 예루살렘과 유대와 요단 강 건너편에서 수많은 무리"가 그리스도를 "따랐다"는 말씀을 들었는데, 복음서 기자는 그리스도께서 산에서 내려오셨을 때에 그를 따른 무리가 바로 그 동일한 무리였는지, 아니면 다른 무리였는지에 대해서는 말해 주지 않고, 단도직입적으로 "보라, 한 나병환자가 나아왔다"고 말한다. 마가복음과 누가복음에도 이것과 동일한 이야기, 또는 아주 비슷한 이야기가 나온다(막 1:40; 눅 5:12).

"나병"은 모세의 책들에 많이 나온다. 이 병은 살에 흰 딱지가 앉아서 점점 육신을 먹어치워 버리는 병으로서 전염성이 있었다. 모세 율법에서는 나병환자와 그를 만진 자, 또는 나병환자가 가까이한 모든 것을 부정한 것으로 규정하였다. 또한, 하나님께서 사람에게 중벌을 내리실 때에 나병에 걸리게 하신 경우가 성경에 세 차례 나오는데, 엘리사의 종 게하시가 뇌물을 받아놓고도 안 받았다고 거짓말을 했을 때에 그에게 나병이 발한 경우도 있었고(왕하 5:27), 웃시야 왕이 강성하여져서 마음이 교만해져 제사장을 제쳐놓고 자기가 직접 여호와께 분향하려다가 나병이 생긴 경우도 있었다(대하 26:16-21). 나병은 난치병이었다.

이 나병환자는 그리스도 앞에 나아와 경배하였다. 마가는 그가 그리스도 앞에 무릎을 꿇었다고 말한다. 그가 단지 무릎을 꿇었을 뿐인지, 아니면 엎드려 부복하며 절한 것인지는 그리 중요하지 않다. 왜냐하면, 이러한 행위는 그리스도를 위대하고 뛰어난 선지자로 여겨서 당시의 풍습을 따라 경의를 표한 것일 수도 있고, 자신의 신앙심을 나타낸 것일 수도 있기 때문이다(이 나병환자가 그리스도께서 하나님의 아들이시라는 것을 미리 계시 받았다고 한다면, 후자의 가능성도 있지만, 이 가능성에 대해서 회의적인 사람들이 있다).

주여 원하시면 저를 깨끗하게 하실 수 있나이다. 여기에 나오는 "주여"라는 호칭은 사라가 아브라함을 부를 때나 사람들이 엘리야를 부를 때에도 사용하였던 호칭이기 때문에, 이 나병환자가 그리스도를 하나님의 아들로 인정하였음을 보여 주는 증거가 되지는 않는다. 나병환자가 한 말 속에는 그가 원하는 것이 무엇인지가 담겨 있는데, 그의 말은 기도의 형태를 띤 것은 아니지만, 그리스도의 능력을 인정하는 의미가 내포되어 있다. 나병환자의 이 말은 그리스도의 능력을 인정하고 그리스도의 뜻에 자기 자신을 복종시키고 있다는 점에서, 그의 믿음과 겸손을 분명하게 보여 주는 말이다. 나병환자는 자신의 병을 고쳐 주시는 것이 하나님의 뜻이라고 믿는다는 그런 믿음을 고백하고 있는 것은 아니다. 우리는 영원한 것에 속하지 않은 일들과 관련해서 그 일을 해주시는 것이 하나님의 뜻이라고 믿는 믿음을 갖는 것은 불가능하고, 하나님께서 그 일을 해주시는 것이 우리에게 유익이 된다고 판단해 주시기를 바랄 수 있을 뿐이다.

3. 예수께서 손을 내밀어 그에게 대시며 이르시되 내가 원하노니 깨끗함을 받으라 하시니 즉시 그의 나병이 깨끗하여진지라.

하나님의 율법에 의하면, 부정한 사람을 만진 자도 부정하게 되었다(레 5:3, 나병환자의 경우는 레 13-14장). 그렇다면, (율법 아래 계셨던) 그리스도께서 나병환자를 만지신 것은 어떻게 된 것인가? 어떤 이들은 그리스도께서 부정한 나병환자가 아니라, 나병환자이면서도 부정하지 않은 자를 만지셔서 깨끗하게 해 주신 것이라고 말한다. 그러나 그리스도께서는 하나님이셨기 때문에, 나병환자를 만지셨다고 해도, 제의적으로 부정하게 되지 않으셨다고 보는 것(즉, 부정한 자를 만지셨어도 부정하게 되지 않으신 것 자체가 하나의 이적이라고 보는 것)이 더 나은 대답이다. 그리고 아마도 율법 아래에서 제사장은 나병환자에 대하여 자신의 직무를 행하기 위하여 아주 가까이 다가가야 했지만(레 13-14장) 부정하게 되는 것으로부터 면제되었던 것 같다. 또한, 성경에는 아론이 나병에 걸린 미리암에 대하여 자신의 직무를 수행할 때에 그 자신도 부정하게 되었다는 말이 없고, 제사장들이 나병에 걸린 웃시야 왕을 성전에서 쫓아내었지만 그들도 부정하게 되었다는 말이 없다(대하 26:20). 그리스도께서는 자신의 손을 내미셔서 이 불쌍한 사람에게 자신의 인자하심을 보이셨고, 자신의 손으로 그를 만져 고치심으로써 하나님으로서의 자신의 능력을 보이셨다.

내가 원하노니 깨끗함을 받으라. 그리스도께서는 나병환자가 "주여 원하시면"이라고 말하였기 때문에 먼저 바로 그 말을 그대로 가져오셔서, "내가 원하노니"라고 대답하신 후에, 치료의 명령을 발하신다. 이것은 하나님께서 사람의 "믿음"을 얼마나 기쁘게 받으시는지를 보여 준다. "즉시 그의 나병이 깨끗하여진지라." "깨끗하여졌다"는 것은 "제거되었다"는 뜻이다. 여기에서 "즉시"라는 말은 이것이 이적이었음을 확증해 준다. 왜냐하면, 그리스도께서는 통상적인 수단을 사용하지 않으시고 나병을 고치셨을 뿐만 아니라, 나병을 치료하는 데 필요한 통상적인 시간을 들이지도 않으시고 즉시 고치신 것이기 때문이다.

4. 예수께서 이르시되 삼가 아무에게도 이르지 말고 다만 가서 제사장에게 네 몸을 보이고 모세가 명한 예물을 드려 그들에게 입증하라 하시니라.

어떤 이들은 우리 구주께서 나병환자에게 그의 몸을 제사장에게 보여서, 제사장이 율법을 따라 그를 깨끗하다고 선언할 때까지만(레 13:1-59) 이 일에 대하여 침묵할 것을 명하신 것이라고 생각한다. 그 이유는 이 일의 자초지종을 제사장이 듣는다면, 이 일을 시기해서, 나병환자에게 깨끗하다고 선언하는 것을 미룸으로써, 이 이적을 유야무야시켜 버릴 우려가 있었기 때문이라는 것이다. 하지만 그리스도께서 이적을 베푸신 후에 사람들에게 그 일에 대하여 아무 말도 하지 말라고 침묵을 명하신 경우는 이번만이 아니었다(마 9:30; 12:16; 17:9). 따라서 그리스도께서 이러한 명령을 하신 것은 그러한 이유 때문이라기보다는, 사람들이 그가 자신의 영광을 구한다고 생각하지 않게 하기 위한 것이거나, 지금은 자신이 베푼 이적들이 널리 알려지게 해서는 안 될 때라고 판단하셨기 때문일 가능성이 더 크다. 그러나 그리스도께서는 이제는 다 나은 나병환자가 율법에 순종하도록 가르침과 동시에, 이 이적이 실제로 일어났다는 사실이 공적인 기록에 의해서 확증될 수 있도록 하시기 위하여, 그를 제사장에게로 보내신다. 또한, 그리스도께서는 그에게 율법이 정한 "예물을 드리라"고 명하시는데, 이것은 그로 하여금 자신의 병을 고치신 분이 하나님이시라는 것을 인정하고, 거기에 대하여 하나님께 감사를 드리게 하기 위한 것이다.

그리스도께서 "모세가 명한"이라고 말씀하신 것은 그가 모세를 반대하기 위하여 오신 것이 아님을 보여 준다. "그들에게 입증하라"는 이렇게 공적으로 기록된 이 이적이 나중에 그리스도께서 평범한 사람이 아니라 하나님의 아들이시라는 것을 그들에게 증언해 주는 증거가 될 것이라는 의미이다(요 5:36).

5-10. 5 예수께서 가버나움에 들어가시니 한 백부장이 나아와 간구하여 6 이르되 주
여 내 하인이 중풍병으로 집에 누워 몹시 괴로워하나이다 7 이르시되 내가 가서 고
쳐 주리라 8 백부장이 대답하여 이르되 주여 내 집에 들어오심을 나는 감당하지 못
하겠사오니 다만 말씀으로만 하옵소서 그러면 내 하인이 낫겠사옵나이다 9 나도 남
의 수하에 있는 사람이요 내 아래에도 군사가 있으니 이더러 가라 하면 가고 저더
러 오라 하면 오고 내 종더러 이것을 하라 하면 하나이다 10 예수께서 들으시고 놀랍
게 여겨 따르는 자들에게 이르시되 내가 진실로 너희에게 이르노니 이스라엘 중 아
무에게서도 이만한 믿음을 보지 못하였노라.

많은 이들은 순서상으로는 이 이야기가 나병환자를 고치신 이야기보다 앞에 나와야 한다고 생각한다. 이 이야기는 누가복음 7장에서도 좀 더 큰 맥락 속에서 보도된다. 두 복음서 기자 간의 유일한 차이는 마태는 백부장이 먼저 직접 그리스도를 찾아온 것처럼 말하고 있는 것으로 보이는 반면에, 누가는 백부장이 먼저 유대인 장로들을 그리스도께 보내었고 다음으로는 자신의 몇몇 친구들을 보낸 것으로 말하고 있다는 것이다. 그러나 우리는 다른 사람들을 대신 보내어 어떤 일을 하게 한 경우에도 우리 자신이 그 일을 한 것으로 간주할 수 있다. "한 백부장이 나아와." 로마의 한 백부장이 처음에는 몇몇 유대인 장로들을, 다음으로는 자신의 몇몇 친구들을 그리스도께 보내었고, 그들은 백부장의 집에 중풍병을 심하게 앓으며 괴로워하는 하인 한 명이 있다고 말한다. 통상적으로 뇌졸중이 발생하면, 즉시 죽거나 중풍에 걸리게 된다. 우리 주님께서는 "내가 가서 고쳐 주리라"고 말씀하심으로써, 그 하인에 대한 자신의 인자하심을 나타내심과 동시에, 자기 하인에 대한 백부장의 따뜻한 마음이 그에게 받아들여졌다는 것을 보여 주신다. 누가 본문에 의하면, 백부장은 자신의 친구들을 통해서 그리스도께서 직접 오시는 수고를 하시는 것은 너무 황송해서 감당할 수 없으니 말씀으로 고쳐 주시기를 원한다는 전갈을 보내온다. 첫째로, 백부장은 자기는 그런 은총을 받을 만한 가치가 없는 자라고 생각하였다. 지극히 선한 자들은 언제나 그들 자신을 지극히 하찮고 미천한 자로 생각하는 법이다. 둘째로, 백부장은 그리스도께서 그렇게 하실 필요가 없다고 생각하였다. 그는 그리스도께서 오직 "말씀만 하셔서" 질병을 향하여 떠나가라고 명하기만 하신다면, 당장에 자기 하인이 고침 받을 수 있을 것이라고 믿어 의심치 않았다. 왜냐하면, 백부장은 자기 수하에 있는 자들이 자신의 명령에 복종하는 것과 마찬가지로, 질병들도 그리스도의 명령에 복종할 것이라고 믿었기 때문이었다. 그는 질병들이 하나님의 명령으로 사람들에게 왔다면, 하나님이 떠나가라고 하실 때에 떠나가는 것은 당연한 일이기 때문에, 그리스도께서 멀리서 자기 하인의 병에게 떠나가라고 명하시면, 그리스도께서 오셔서 명하셨을 때와 똑같은 효과가 있을 것이라고 생각하였다. 이 백부장이 유대교로 개종한 사람이었는지는 확실하지 않다. 우리 구주께서 바로 다음에 하신 말씀을 보면, 그 백부장은 이스라엘 사람이 아니었음이 분명하다. 그러나 그는 참 하나님의 권능을 제대로 알고 있었던 것이 아주 확실하다는 점에서, 그리스도가 참 메시야이자 하나님의 아들이라는 계시를 받았을 가능성이 대단히 높아 보인다.

예수께서 들으시고 놀랍게 여겨(이것은 하나님으로서가 아니라 인간으로서의 그리스도의 반응이다) 따르는 자들에게 이르시되 내가 진실로 너희에게 이르노니 이스라엘 중 아무에게서도(요셉과 마리아 같은 사람들은 더 큰 믿음을 보였다는 점에서, 이것은 대다수의 이스라엘의 사람들을 의미한다) 이만한 믿음을 보지 못하였노라. 이 말씀을 통해서 우리는 이 백부장이 유대 민족에게 아주 잘하여 그들을 위하여 회당도 지어 주는 등 좋은 일들을 많이 하였고(눅 7:3), 그런 이유로 유대인 장로들이 그리스도께 와서 그를 도와 달라고 부탁한 것이지만, 그는 태생적인 이스라엘 사람이 아니었다는 것을 알게 된다. 이 일을 계기로 그리스도께서는 이방인들이 더 많이 회심하게 될 것을 예언하신다.

11-12. [11]또 너희에게 이르노니 동 서로부터 많은 사람이 이르러 아브라함과 이삭과 야곱과 함께 천국에 앉으려니와 [12]그 나라의 본 자손들은 바깥 어두운 데 쫓겨나 거기서 울며 이를 갈게 되리라.

이 말씀의 요지는, 지금 이방인인 자들 중에서는 많은 사람들이 구원을 받게 될 것인 반면에, 유대인들 중에서 많은 사람들은 저주를 받게 되리라는 것이다. "동 서로부터"(누가는 "동서남북으로부터"라고 말한다), 즉 세상의 모든 곳들, 심지어 가장 멀리 떨어져 있는 오지들에서조차도, 모든 사람은 아니지만 "많은 사람이 이르러" 전에 천국에 대한 약속을 받았던 "아브라함과 이삭과 야곱"과 유대 민족의 지도자들과 "함께 천국에 앉게" 될 것이다. 또는, 그 이방인들은 하나님의 교회에서 이 족장들과 함께 앉게 될 것이다. 왜냐하면, 승리한 교회와 전투하는 교회는 하나의 교회이기 때문이다. 그들은 연회자리에 앉듯이 이 족장들과 함께 "앉게" 될 것이다. 이 표현은 흔히 성도들이 천국에서 누리게 될 안식과 즐거움을 가리키는 데 사용된다(사 25:6-8; 눅 22:29-30). 그러나 "그 나라의 본 자손들," 즉 자신들이 아브라함의 자손들이라는 것을 대단한 자랑거리로 삼고, 오직 그들만이 하나님의 유일한 교회이자 유일하게 영광을 유업으로 받게 될 상속자들이라고 생각하였던 유대인들은 "바깥 어두운 데 쫓겨나게" 될 것이다. 즉, 그들은 오류들과 무지와 미신의 어둠 속에 빠져서, 복음의 빛이 그들에게 비치지 않게 될 것이고, 그들은 더 이상 하나님의 교회가 아니게 될 것이다. 또는, 그들은 하나님께서 그들에게 처음에 제시하신 복음과 그 은혜를 배은망덕하게 거부해 버림으로써, 자신들이 하나님의 은혜와 영생을 얻어 누릴 자격이 없는 자들임을 스스로 입증하였기 때문에(행 13:46), 이제는 오직 고통과 비참함과 탄식으로 가득한 지옥의 어둠 속에 있게 될 것이다.

13. 예수께서 백부장에게 이르시되 가라 네 믿은 대로 될지어다 하시니 그 즉시 하인이 나으니라.

누가는 "보내었던 사람들이 집으로 돌아가 보매 종이 이미 나아 있었더라"(눅 7:10)고 말하기 때문에, 우리는 이 본문에서 그리스도께서 백부장에게 하신 말씀은 실제로는 백부장이 자신의 이름으로 보낸 사람들에게 말씀하신 것이라고 해석하여야 할 것으로 보인다: 이제 너희의 길을 가라. 너희가 할 일은 다 끝났다. 백부상의 믿음이 통하였으니, 이제 그가 "믿은 대로" 될 것이다. 여기에서 백부장이 지니고 있던 믿음은 그리스도께서는 선하시고 긍휼을 베푸시는 분이심을 믿고 자기 하인의 중풍병을 고쳐 주실 능력이 있으시다는 것을 믿은 믿음임에 틀림없다. 믿음의 합당한 대상은 하나님의 말씀이다. 이 백부장은 유대인들과 그들의 종교에 대하여 호감을 가지고서 그들과 잘 어울리며 살아가고 있었고, 유대인들을 위하여 회당까지 지어준 인물이긴 하였지만(눅 7:5), 과연 그가 구약에 나오는 하나님의 말씀들을 얼마나 알고 있었는지는 우리가 알 수 없다. 이 백부장은 여기에서 그리스도를 전적으로 믿고 신뢰한 인물로 묘사되고 있기 때문에, 그는 하나님으로부터 직접 그리스도에 관한 계시를 받았을 가능성이 대단히 높다. 하나님의 모든 계시는 믿음의 합당한 대상이다 — 물론, 지금 글로 씌어진 성경은 그런 계시들이 과연 하나님으로부터 온 것인지를 시험하는 데 사용할 수 있는 시금석이기는 하지만.

그리스도께서는 "네가 믿었기 때문에"라고 말씀하시지 않고 "네 믿은 대로"라고 말씀하신다. 우리의 믿음이라는 것 속에는 하나님의 긍휼하심을 받을 만한 공로가 전혀 없고, 오직 은혜의 역사를 통해 하나님께 영광을 돌리는 것일 뿐이고, 하나님께서 우리의 믿음을 받아주시는 것도 우리의 공로에 대한 상이 아니라 오직 은혜로 되는 일이다. 백부장의 하인이 앓은 중풍병은 불치병이라는 것, 그리스도께서는 아무 수단도 사용하지 않으시고 그 병을 고치셨다는 것, 이 병은 즉시 고칠 수 있는 병이 아니었는데도 단지 말씀으로 눈 깜짝할 사이에 그 병을 고치셨다는 것은 이것이 이적이었음을 잘 보여 준다.

14-15. [14]예수께서 베드로의 집에 들어가사 그의 장모가 열병으로 앓아 누운 것을 보시고 [15]그의 손을 만지시니 열병이 떠나가고 여인이 일어나서 예수께 수종들더라.

이 이야기는 좀 더 폭넓은 배경 속에서 보도된다(막 1:29-31; 눅 4:38-39). 마가는 그리스도께서 "야고보와 요한과 함께 시몬과 안드레의 집"에 들어가셨다고 말하는데, 아마도 그들은 거기에서 함께 살았던 것으로 보인다. 그들은 거기에서 조금 쉬었다가, 베드로의 장모가 아프다는 것을 그리스도께 말하였다. 그러자 그리스도께서는 "그녀의 손을 붙잡아서 일으켜 세우셨다." 누가는 이 병이 "중한 열병"이었고, "사람들이 그를 위하여 예수께 구하니" "예수께서 가까이 서서 열병을 꾸짖으셨다"고 말한다. 누가 본문은 마태 본문과 모순되는 것이 전혀 없고, 단지 이 이야기를 조금 더 자세하게 보도한 것일 뿐이다. 이 본문으로부터 분명한 것은 베드로는 결혼한 사람이었고, 사도로 부르심을 받은 후에도 결혼생활을 계속하였으며, 그에게는 가족이 있었다는 것이다. 열병은 흔한 병이었고, 흔히 통상적인 수단을 통해서 치료될 수 있었지만, 이 경우는 "중한 열병"이었다. 열병은 불치병이 아니었기 때문에, 이 병을 고친 것 자체는 이적이 될 수 없었지만, 치료의 방식, 즉 그리스도께서 베드로의 장모의 손을 만지시거나 자신의 손으로 그녀를 일으켜 세우시는 방식으로 고치셨다는 것과 즉시 열병이 떠나갔다는 것이 이적이었다. 그녀가 즉시 힘을 회복해서 일어나 그들의 시중을 들 수 있었다는 것은 이 치유의 역사가 이적임을 보여 주는 것이었고, 그녀가 그렇게 하였다는 것은 그녀가 그리스도의 선하심을 알고서 감사하였음을 보여 주는 것이었다. 이것은 우리가 하나님의 은혜로우신 모든 섭리들을 경험해야만, "구원의 잔을 들고 여호와의 이름을 부르며"(시 116:13), 하나님을 섬기는 일에 우리 자신을 헌신하는 데 더 합당한 자들이 될 수 있음을 가르쳐 준다.

16-17. [16]저물매 사람들이 귀신 들린 자를 많이 데리고 예수께 오거늘 예수께서 말씀으로 귀신들을 쫓아내시고 병든 자들을 다 고치시니 [17]이는 선지자 이사야를 통하여 하신 말씀에 우리의 연약한 것을 친히 담당하시고 병을 짊어지셨도다 함을 이루려 하심이더라.

이것과 거의 동일한 내용이 마가복음 1:32-34과 누가복음 4:40-41에도 나오는데, 누가 본문에는 "예수께서 일일이 그 위에 손을 얹으사 고치시니"라는 말씀이 추가되어 있다. 우리는 4:24에서 이미 귀신 들린 자들이 어떤 자들을 가리키는 것인지를 살펴보았기 때문에, 여기에서 주목할 것은 "예수께서 말씀으로 귀신들을 쫓아내셨다"는 것이다. 즉, 그리스도께서는 세계와 그 안의 만물을 창조하실 때에 사용하셨던 것과 동일한 능력(창 1:1-31), 즉 자신의 권세 있으신 말씀을 사용하셔서 귀신들을 쫓아내셨다. 또한, 그리스도께서는 자기에게 온 "병든 자들을 다 고치셨다." "손을 얹는" 것, 즉 안수는 축복하거나 이적을 행하거나 사역자들을 서임할 때에 사용된 외적인 상징 또는 의식이었다.

여기에서 큰 문제는 그리스도께서 행하신 이러한 이적들이 어떻게 이사야 선지자가 예언한 것(사 53:4)을 성취하신 것이 되느냐 하는 것이다. 이사야서 53:4은 "그는 실로 우리의 질고를 지고 우리의 슬픔을 당하였거늘"로 되어 있고, 53:5은 "그가 채찍에 맞으므로 우리는 나음을 받았도다"로 되어 있다. 사도 베드로는 바로 그 이사야서 본문을 근거로 해서, "친히 나무에 달려 그 몸으로 우리 죄를 담당하셨으니"(벧전 2:24)라고 말한다. 복음서 기자는 이사야서에 나오는 말씀들을 축자적으로 인용하고 있는 것도 아니고, 거기에서와 동일한 의미를 말하고 있는 것도 아니다. 이사야 선지자는 "여호와의 종"이 우리의 죄들과 우리의 육신적인 연약함들을 친히 짊어지시고 담당하셨다고 말하고 있는 것인데, 복음서 기자는 그 말씀을 그리스도께서 병자들을 고치신 것에 적용하고 있는 것이다. 반면에, 베드로는 그리스도께서 우리의 죄들에 대한 징벌로 채찍에 맞으셨고 십자가 위에서 고난을 당한 것이라고 말함으로써, 이사야서에 나오는 말씀을 그리스도께서 우리의 죄들을 담당하신 것에 적용하는 것으로 보인다. 여기에서 우리는 내가 앞에서 지적한 것을 고려하여야 하는데, 그것은 복음서 기자들은 구약을 인용할 때에 정확히 축자적으로 인용하는 것이 아니라, 그 의미를 그대로 가져오는 데 관심을 가졌다는 것이다(우리도 남의 말을 인용할 때에 흔히 그렇게 한다). 이사야서 본문의 의미와 관련해서, 거기에 나오는 "질고"와 "슬픔"은 우리의 죄로 인한 좋지 않은 열매로 우리에게 닥친 모든 것들을 가리키는 것으로 해석될 수 있는 단어들이기 때문에, 이사야 선지자는 우리의 죄로 인하여 우리가 받아 마땅한 모든 형벌들, 즉 지옥의 고통은 말할 것도 없고 현세의 삶 속에서의 온갖 괴로움들과 죽음 자체를 그리스도께서 다 받으셨다는 것을 이 단어들을 통해서 표현하고자 한 것이었다.

따라서 유일한 문제는 마태가 그리스도께서 사람들의 병을 고치신 것이 이사야 선지자의 말대로 우리의 질고와 슬픔을 짊어진 것이라고 말한 이유가 무엇인가 하는 것이다. 거기에 대한 대답은 이사야서에 나오는 성경 말씀은 그리스도 안에서 두 번 성취되었다는 것이다. 먼저, 마태가 말한 사람들의 육신적인 질고 및 슬픔과 관련해서는, 그리스도께서는 사람들의 모든 질고와 슬픔을 자신의 몸에 다 짊어지신 것은 아니지만, 그들의 그러한 질고와 슬픔에 대하여 함께 공감하고 아파하시는 가운데, 하나님으로서의 자신의 능력으로 그들을 고쳐주셨다. 다음으로, 베드로가 말한 것처럼, 그리스도께서는 사람들이 겪는 온갖 질고와 슬픔을 가져온 원인이었던 그들의 죄책을 친히 나무에 달려 담당하셨다. 따라서 그리스도께서 사람들의 병을 고쳐주신 것은 이사야 선지자가 장차 와서 우리의 질고를 짊어지고 우리의 슬픔을 담당할 것이라고 예언한 참된 메시야가 바로 그라는 것을 보여 주신 것이었다.

18. 예수께서 무리가 자기를 에워싸는 것을 보시고 건너편으로 가기를 명하시니라.

예수께서는 앞에서 언급된 이런 일들을 하셨을 때에 가버나움에 계셨다(5절). 그러나 무리가 그를 에워싸고 밀자, "디베랴 호수"(요 6:1)라고도 하는 "갈릴리 호수"를 건너 맞은편으로 가자고 제자들에게 명하셨다.

19-20. [19]한 서기관이 나아와 예수께 아뢰되 선생님이여 어디로 가시든지 저는 따르리이다 [20]예수께서 이르시되 여우도 굴이 있고 공중의 새도 거처가 있으되 인자는 머리 둘 곳이 없다 하시더라.

누가복음 9:57-58에도 동일한 이야기가 나오는데, 누가는 단지 "길 가실 때에 어떤 사람이 여짜오되"라고 말하고 있는 반면에, 마태는 좀 더 구체적으로 이 사람의 직업이 무엇인지를 밝힌다. 이 사람이 우리 구주께 "선생님이여"(유대인들은 자신들이 따르는 선생들을 보통 이렇게 불렀다) "어디로 가시든지 저는 따르리이다"(이것은 당신을 따르기로 결심하였다거나, 기꺼이 따르겠다는 것이다)라고 말했다고 보도하는 것은 두 본문이 동일하다. 이렇게 사람들은 그리스도의 제자가 되기 위해서는 자신들이 어떻게 해야 하는지를 잘 생각해 보지도 않은 채로, 느닷없이 하나님의 종이 되어 하나님과 동행하기로 결심하는 경우가 흔하다. 우리 구주께서는 그 사람이 자신의 이적들을 보고서 호기심이 생겨서, 또는 자기를 따르면 먹고 살 걱정이 없을 것이라고 생각해서 그런 결심을 하게 된 것임을 아시고서, 자기를 따르게 되면 많은 어려운 일들을 겪게 될 것이라고 말씀하심으로써, 그의 그러한 마음 상태에 꼭 맞는 대답을 해주신다.

여우도 굴이 있고 공중의 새도 거처가 있으되 인자는 머리 둘 곳이 없다. 애석하게도, 너는 나를 따른다는 것이 무엇을 의미하는지를 알지 못한다. 나의 외적인 조건은 "공중의 새들"이나 땅의 짐승들보다 더 열악하다. 새들에게는 돌아갈 보금자리가 있고, 아무리 형편이 나쁜 땅의 짐승들에게도 굴이 있지만, 내게는 이 땅에 고정된 거처가 없다. 그리스도께서는 여기에서와 그 밖의 다른 많은 본문들에서 자기 자신을 "인자"라고 지칭하시는데(복음서들에서 이 호칭은 사람들이 그리스도를 부르는 데에는 한 번도 사용되지 않고, 오직 그리스도께서 자기 자신을 부르시는 데에만 사용된다), 이것은 그리스도께서 자신이 인성을 지니고 계셔서 사람들에 대하여 본성적으로 함께 아파하고 함께 슬퍼하는 자라는 것을 분명하게 밝히신 것이다. 그리스도는 "우리에게 난 한 아기"이자 "우리에게 주신 바 된 한 아들"(사 9:6)이셨고, 메시야로 예언된 분이셨으며(단 7:13), 하나님께서 장차 "만물을 그의 발 아래 두실" 분이셨다(시 8:6; 고전 15:27; 히 2:8).

21-22. [21]제자 중에 또 한 사람이 이르되 주여 내가 먼저 가서 내 아버지를 장사하게 허락하옵소서 [22]예수께서 이르시되 죽은 자들이 그들의 죽은 자들을 장사하게 하고 너는 나를 따르라 하시니라.

누가는 누가복음 9:59-60에서 이 동일한 이야기를 들려주면서, 그리스도께서 이 사람에게 "나를 따르라"고 말씀하셨더니, 그 사람이 "내가 먼저 가서 내 아버지를 장사하게 허락하옵소서"라고 대답하였다고 보도한다. 즉, 그 사람은 자기가 일단 집으로 돌아가서 자신의 나이 드신 아버지에 대하여 자식으로서의 마지막 도리인 장사지내 드리는 일을 다하고 나서 그리스도를 따르겠다고 말한 것이다. 어떤 이들은 이 사람의 아버지는 이미 죽었기 때문에 장사만 지내고 곧바로 다시 오겠다고 한 것이고, 자기 아버지가 죽을 때까지 무한정 말미를 달라고 한 것은 아니었다고 생각한다. 그리스도께서 그 사람에게 "나를 따르라"고 말씀하신 것은 우리 주님께서 죽은 자를 예를 갖추어 장사지낼 필요가 없다고 하신 것이 아니라, 사람들에 대한 사랑과 도리로 인해서 해야 할 일들을 우리가 우선적으로 순종해야 할 하나님에 대한 우리의 본분보다 앞세워서는 안 된다는 것을 그 사람에게 알게 하기 위한 것이었다. 누가복음 9:60은 이 제자가 복음을 전파하도록 부르심을 받았음을 보여 주는데, 그 일은 사람들에 대한 어떤 도리들을 이유로 생략해 버리거나 소홀히 할 수 있는 일이 아니었다. 구약 시대에는 대제사장들과 나실인들은 하나님을 좀 더 직접적으로 섬기도록 구별된 자들이었기 때문에, 시신을 만져서는 안 되었다(민 6:6). 마찬가지로, 복음을 전하는 사람들은 그들의 마음을 분산시킬 수 있는 모든 것들로부터 할 수 있는 한 늘 자유로워야 한다. 우리 구주께서는 "죽은 자들이 그들의 죽은 자들을 장사하게 하고"라고 말씀하신다. 죽은 자들을 장사하는 것 같은 무익한 일들을 하는 것은 영적으로 죽어 있어서 하나님에 대하여 살아 있지 않은 자들에게 맡겨두는 것으로 충분하다. 너에게는 그런 일보다 더 고귀한 일이 맡겨져 있다. 아무리 합법적이고 좋은 일들이라고 할지라도, 그 일들이 더 큰 본분을 행하는 데 방해가 된다면, 그 일들을 행하는 것은 죄악이 된다.

23-27. [23]**배에 오르시매 제자들이 따랐더니** [24]**바다에 큰 놀이 일어나 배가 물결에 덮이게 되었으되 예수께서는 주무시는지라** [25]**그 제자들이 나아와 깨우며 이르되 주여 구원하소서 우리가 죽겠나이다** [26]**예수께서 이르시되 어찌하여 무서워하느냐 믿음이 작은 자들아 하시고 곧 일어나사 바람과 바다를 꾸짖으시니 아주 잔잔하게 되거늘** [27]**그 사람들이 놀랍게 여겨 이르되 이이가 어떠한 사람이기에 바람과 바다도 순종하는가 하더라.**

복음서 기자들이 우리 구주께서 행하신 모든 일들을 시간적인 순서를 따라 기록하지 않았다는 것은 분명하다. 따라서 그가 여기에서 배에 오르신 것이 앞에서 "건너편으로 가기를 명하신" 것을 이제 실행하신 것인지의 여부는 확실하지 않고, 우리가 그 여부를 알아보려고 하는 것도 별 유익이 없다. 또한, 이 때에 일어난 풍랑이 하나님의 통상적인 섭리에 의한 것이었는지, 아니면 우리가 구주께서 풍랑을 잔잔하게 하심으로써 자신의 능력을 보이시도록 하나님께서 의도적으로 일으키신 것이었는지도 확실하지 않다. 우리는 큰 풍랑이 일어났다는 것만을 아는 것으로 충분하다. 본문은 우리 구주께서 "주무시고" 계셨다고 분명하게 말함으로써, 그에게 죄는 없으셨지만, 그도 우리와 똑같은 연약함들을 지니고 계셨던 진짜 사람이셨다는 것을 보여 준다(히 4:15).

"그 제자들이 나아와 깨우며 이르되 주여 구원하소서 우리가 죽겠나이다"라고 한 것은 한편으로는 그리스도의 능력을 믿는 그들의 믿음을 보여 주는 것임과 동시에, 배안에 그들과 함께 계신 분이 인간적으로는 잠들어 계셨기는 하여도 졸지도 아니하시고 주무시지도 않으시는 가운데 이스라엘을 보살피시는 분이심을 깊이 생각하지 않은 그들의 연약함을 보여 주는 것이기도 하다. 우리 구주께서는 그들에게 "어찌하여 무서워하느냐 믿음이 작은 자들아"라고 말씀하신다. 급박한 위험을 만났을 때에 우리가 두려움에 사로잡히는 것은 우리에게 믿음이 없는 것을 반증해 주는 것은 아니지만, 우리의 믿음이 약하다는 것을 반증해 주는 것이다. 하지만 그리스도께서는 상한 갈대도 꺾어 버리지 않으시고, 연기를 내며 꺼져가는 심지도 꺼 버리지 않으시는 분이시기 때문에, 그들의 그 약한 믿음을 보셨을 때에 그 믿음조차도 짓밟아 버리시는 것이 아니라, 도리어 자기가 하나님이시라는 증거를 그들에게 보여 주고자 하신다. 그리스도께서는 자기가 바람과 바다의 주이시라는 것을 제자들에게 알게 하시기 위하여, "곧 일어나사 바람과 바다를 꾸짖으시니 아주 잔잔하게 되었다." 그는 거칠게 일어나는 풍랑을 꾸짖으셔서 잔잔하게 하시듯이, 사람들의 광분함도 잔잔하게 하신다. 그 배에 있던 선원들이나 승객들을 모두 포함한 "그 사람들이 놀랍게 여겨 이르되 이이가 어떠한 사람이기에 바람과 바다도 순종하는가" 하였다. 바람과 바다에게 명령할 수 있는 사람이라면, 그는 사람 이상의 어떤 존재임이 틀림없다.

28. 또 예수께서 건너편 가다라 지방에 가시매 귀신 들린 자 둘이 무덤 사이에서 나와 예수를 만나니 그들은 몹시 사나워 아무도 그 길로 지나갈 수 없을 지경이더라.

이 이야기는 마가복음 5:1-20과 누가복음 8:26-39에도 나오는데, 거기에서는 마태 본문보다 더 자세하게 보도되고 있다. 다른 두 복음서 기자들은 이 일이 "가다라 지방"에서 일어난 것이라고 보도하지만, 마태는 "거라사 지방"에서 일어났다고 보도한다(한글개역개정에서는 반대로, 이 일이 마태는 "가다라 지방"에서, 마가와 누가는 "거라사 지방"에서 일어난 일로 보도한다 — 역주). 여기에 등장하는 "귀신들린 자들"은 어떤 때는 "가다라 지방," 어떤 때는 "거라사 지방"에 둘 다 출몰하였을 것이다. 세 복음서에 나오는 이야기들을 모두 읽은 사람들은 이 이야기들이 묘사하는 정황은 서로 조금씩 다르지만 동일한 사건을 설명하고 있다는 것을 쉽게 알 수 있다. 마태는 귀신 들린 자가 두 명이었다고 말하고, 마가와 누가는 한 명만 언급한다. 누가는 "그 사람은 오래 옷을 입지 아니하며 집에 거하지도 아니하고 무덤 사이에 거하는 자라"(눅 8:27)고 말한다. 마가는 "더러운 귀신 들린 사람이 무덤 사이에서 나와 예수를 만나니라 그 사람은 무덤 사이에 거처하는데 이제는 아무도 그를 쇠사슬로도 맬 수 없게 되었으니 이는 여러 번 고랑과 쇠사슬에 매였어도 쇠사슬을 끊고 고랑을 깨뜨렸음이러라 그리하여 아무도 그를 제어할 힘이 없는지라 밤낮 무덤 사이에서나 산에서나 늘 소리 지르며 돌로 자기의 몸을 해치고 있었더라"(막 5:2-5)고 말한다. 마태는 이 사람이 "무덤 사이에서 나왔고" "몹시 사나워서" "아무도 그 길로 지나갈 수 없을 지경"이었다고 말한다.

신학자들은 악한 천사들의 능력은 그들의 타락으로 인해서 약화된 것은 아니고, 단지 그들의 뜻만이 왜곡되었을 뿐이라고 한결같이 말한다. 천사 한 명의 능력이 여기에 언급된 것보다 훨씬 더 크다는 것은 의문의 여지가 없다. 악한 천사들이 우리에게 그러한 능력을 발휘하지 못하는 것은 하나님이 그들의 능력을 억제하시기 때문이다. 우리는 대기 중에서 살아가는데, 마귀는 바로 "공중의 권세 잡은 자"(엡 2:2)이다. 하나님께서 귀신으로 하여금 사람들의 육신에 대하여 이러한 능력을 행사하도록 허락하신 이유는 우리가 4:24을 다룰 때에 이미 앞에서 살펴본 바 있다. 세상은 지극히 무지하고 악하게 되어 얼이 빠져서 미신에 사로잡히게 되었다. 게다가, 그리스도께서는 마귀의 일을 멸하시고 마귀를 쫓아내심으로써 자신의 신적인 능력을 나타내시기 위하여 이 땅에 오셨다. 유대인들은 죽은 자들을 성읍 밖에 매장하는 것이 관습이었다. 부자들은 바위나 반석을 깎아서 무덤을 만들었고, 이사야서 65:4과 요한복음 20:6에서 알 수 있듯이, 그렇게 만들어진 무덤들은 아주 넓었다. 귀신들이 그러한 무덤들을 거처로 선택한 것은 한편으로는 무덤이 있는 음산하고 으스스한 지역의 분위기를 통해서 사람들을 겁주고 귀신 들린 자들을 괴롭게 하기 위한 것이었고, 다른 한편으로는 귀신들이 거기에 장사된 죽은 사람들의 영혼들인 것처럼 가장해서 사람들을 속이기 위한 것이었다.

29. 이에 그들이 소리 질러 이르되 하나님의 아들이여 우리가 당신과 무슨 상관이 있나이까 때가 이르기 전에 우리를 괴롭게 하려고 여기 오셨나이까 하더니.

마가는 예수께서 먼저 이 귀신 들린 자에게 "더러운 귀신아 그 사람에게서 나오라"(막 5:8)고 명령하시자, "그가 멀리서 예수를 보고 달려와 절하며 큰 소리로 부르짖어 이르되 지극히 높으신 하나님의 아들 예수여 나와 당신이 무슨 상관이 있나이까 원하건대 하나님 앞에 맹세하고 나를 괴롭히지 마옵소서"(막 5:6-7)라고 말하였다고 보도한다. 누가가 말하는 내용(눅 8:28-29)도 마가 본문과 거의 동일하다. 이 가엾은 자들을 사로잡은 귀신들은 그리스도의 권능에 자신들이 복종해야 한다는 것을 알고 있었는데, 그리스도께서 그들에게 이 사람 또는 이 두 사람에게서 나가라고 명하시는 것을 듣자, "하나님의 아들이여 우리가 당신과 무슨 상관이 있나이까"라고 말한다. 유대인들은 그리스도께서 하나님의 아들이시라는 것을 믿으려 하지 않았지만, 이 귀신들은 그 사실을 알고 있었기 때문에, "우리가 당신과 무슨 상관이 있나이까"라고 말한 것인데, 이것은 통상적으로 어떤 사람들이 와서 자기에게 어떤 싫은 일을 하고자 할 때에 그 사람이 자기는 그들과 얽혀서 괴로움을 당하기를 원하지 않는다는 뜻으로 사용하는 어구이다(수 22:24; 삼하 16:10; 왕하 9:18; 대하 35:21; 욥 3:4; 요 2:4). "때가 이르기 전에 우리를 괴롭게 하려고 여기 오셨나이까." 귀신들은 그리스도께서 자신들을 쫓아내시는 것이 자신들을 괴롭히는 것이라고 여긴다. 왜냐하면, 귀신들은 악한 일을 행하고 있을 때에만 괴롭지 않기 때문이다. 이것은 옛 뱀의 속성이었는데, 우리는 그 옛 뱀이 자신의 그러한 속성을 자신의 후손에게도 물려주고 있음을 본다(잠 4:16). 또는, 이것은 귀신들이 심판의 날이 되기도 전에 그리스도께서 그들을 쇠사슬로 결박하라고 명하시지는 않을까 두려워하였기 때문일 수도 있다.

30-31. [30]마침 멀리서 많은 돼지 떼가 먹고 있는지라 [31]귀신들이 예수께 간구하여 이르되 만일 우리를 쫓아내시려면 돼지 떼에 들여 보내 주소서 하니.

마가와 누가는 이 대목에서 마태보다 더 많은 내용을 보도한다. 마가복음에는 "이에 물으시되 네 이름이 무엇이냐 이르되 내 이름은 군대니 우리가 많음이니이다 하고"(막 5:9)라는 내용이 더해져 있고, 누가복음에는 "예수께서 네 이름이 무엇이냐 물으신즉 이르되 군대라 하니 이는 많은 귀신이 들렸음이라"(눅 8:30)는 내용이 더해져 있다. 여기에서 "군대"는 로마의 한 군단을 가리키는 것인데, 군단은 12,500명의 군인들로 구성되어 있었다. 물론, 정확히 그렇게 많은 수의 악한 영들이 이 가엾은 사람을 사로잡고 있었던 것은 아니었지만, 어쨌든 그 사람에게는 많은 수의 귀신들이 들어가 있었다. 그리스도께서는 이 귀신들린 자의 사정을 아주 잘 알고 계셨지만, 그 귀신들을 쫓아내심으로 자신의 신적인 권능을 더 영화롭게 하시기 위하여 일부러 이런 질문을 하신 것일 가능성이 크다. 누가는 귀신들이 자기들에게 "무저갱으로 들어가라 하지 마시기를 간구하였다"(눅 8:31)는 말을 덧붙인다. 나는 이 말씀이 그리스도께서 귀신들에게 바다 속으로 들어가라고 하실까봐 그들이 두려워하였다는 의미일 수 없다고 생각한다(한글개역개정에는 "무저갱"으로 번역된 것이 KJV에는 "깊음"으로 번역되어 있다). 왜냐하면, 귀신들은 물에 빠지는 것을 두려워하지 않기 때문이다. 여기에서 사용된 헬라어 '아부손'(ἄβυσσον)은 깊은 곳, 즉 지옥 또는 무저갱을 의미한다. 따라서 귀신들은 자신들이 더 이상 사람들에게 해악을 끼칠 수 없는 곳으로 보내 버리지 말아 달라고 간청한 것이다. 마가는 귀신이 "자기를 그 지방에서 내보내지 마시기를 간구하였다"(막 5:10)고 말한다. 앞에서 말하였듯이, 이것은 귀신들은 사람들에게 해악을 끼치고자 하는 채워지지 않는 갈망을 지니고 있고, 그렇게 해악을 끼쳐야만 기뻐할 수 있기 때문이다. 하지만 어쨌든 귀신들은 그리스도는 자신들을 자기가 원하시는 곳으로 보내 버릴 권능을 지니고 계신다는 것을 알고 있는 것이다.

중간에 이런 일이 있고 나서, 이제 마태복음 8:30-31에 보도된 일이 일어난다. 귀신들은 "마침 멀리서 많은 돼지 떼가 먹고 있는" 것을 보았다. 마가는 "거기 돼지의 큰 떼가 산 곁에서 먹고" 있었다고 말하고(막 5:11), 누가는 "많은 돼지 떼가 산에서 먹고" 있었다고 말한다(눅 8:32). 귀신들은 그리스도께 자신들을 돼지 떼 속으로 들어가게 해 달라고 간청하고, 본문은 그리스도께서 귀신들에게 그렇게 하도록 하셨다고 말한다. 귀신들은 하나님으로부터의 허락이 없이는 한 마리 돼지조차도 괴롭힐 수 없다. 다음 절은 우리에게 그 결과를 말해 준다.

32. 그들에게 가라 하시니 귀신들이 나와서 돼지에게로 들어가는지라 온 떼가 비탈로 내리달아 바다에 들어가서 물에서 몰사하거늘.

마가 본문도 거의 동일한데(막 5:13), 다만 그 돼지 떼가 "거의 이천 마리 되었다"는 말만을 더한다. 누가 본문도 다르지 않지만, 단지 마태가 "바다"라고 하는 것을 누가는 "호수"라고 하는 것만이 다를 뿐이다(눅 8:33). 하지만 유대인들은 물이 한데 많이 모여 있는 곳들은 모두 다 "바다"라고 불렀다. 귀신들은 본성적으로 해악을 끼치는 것을 아주 좋아하기 때문에, 자신의 정체가 드러나는 큰 일들보다도 작은 것들에서 해악을 끼치며 괴롭히는 것을 선호한다. 우리는 귀신들이 이런 식으로 짐승들에게 해악을 입히는 것이 마술에서 자주 일어나는 것을 본다. 이것은 많은 가축을 기르는 농부들에게 자신들의 가축이 잘 자라는 것이 누구의 은택인지, 그리고 사람과 짐승이 둘 다 잘 보호받기 위해서는 하나님을 올바르게 섬기는 것이 얼마나 중요한지를 가르쳐 준다. 그들은 매일 가족이 모여서 함께 기도하며, 하나님을 자신들의 원수로 만들지 않는 삶을 살아가야 한다. 왜냐하면, 하나님께서는 자기와 다투는 자들에게 원수를 갚으시기 위하여, 여러 군단의 귀신들만이 아니라, 좀 덜 해로운 무수한 존재들을 동원하실 수 있으신 분이기 때문이다.

33. 치던 자들이 달아나 시내에 들어가 이 모든 일과 귀신 들린 자의 일을 고하니.

마가와 누가는 이 대목에서 마태와 다르지 않고, 단지 그들이 "성내와 마을에 알렸다"는 것을 추가한다. 마귀를 지극히 섬기는 자들은 그리스도께서 오셔서 자신의 진면목을 보이시면 그를 두려워한다. 이 사람들은 성읍과 마을들로 가서, 마귀의 악의의 대상이 되었던 저 유명한 귀신 들린 자에게 일어난 일과 돼지 떼에 일어난 일을 널리 알렸다.

34. 온 시내가 예수를 만나려고 나가서 보고 그 지방에서 떠나시기를 간구하더라.

마가와 누가는 이 대목에서 많은 내용들을 추가한다. 마가는 "사람들이 어떻게 되었는지를 보러 와서 예수께 이르러 그 귀신 들렸던 자 곧 군대 귀신 지폈던 자가 옷을 입고 정신이 온전하여 앉은 것을 보고 두려워하더라 이에 귀신 들렸던 자가 당한 것과 돼지의 일을 본 자들이 그들에게 알리매 그들이 예수께 그 지방에서 떠나시기를 간구하더라 예수께서 배에 오르실 때에 귀신 들렸던 사람이 함께 있기를 간구하였으나 허락하지 아니하시고 그에게 이르시되 집으로 돌아가 주께서 네게 어떻게 큰 일을 행하사 너를 불쌍히 여기신 것을 네 가족에게 알리라 하시니 그가 가서 예수께서 자기에게 어떻게 큰 일 행하셨는지를 데가볼리에 전파하니 모든 사람이 놀랍게 여기더라"(막 5:14-20)고 말하고, 누가는 "거라사인의 땅 근방 모든 백성이 크게 두려워하여 예수께 떠나가시기를 구하더라 예수께서 배에 올라 돌아가실새 귀신 나간 사람이 함께 있기를 구하였으나 예수께서 그를 보내시며 이르시되 집으로 돌아가 하나님이 네게 어떻게 큰 일을 행하셨는지를 말하라 하시니 그가 가서 예수께서 자기에게 어떻게 큰 일을 행하셨는지를 온 성내에 전파하니라"(눅 8:37-39)고 말한다.

우리는 여기에서 "온 시내" 또는 그 지역 전체는 그 지역의 대부분을 가리키는 것으로 이해하여야 한다. 사람들이 "예수를 만나려고 나가서"라는 구절에 대해서, 마가는 그들이 "어떻게 되었는지를 보러 와서" "예수께서 그 지방에서 떠나시기를 간구하였다"고 설명한다. 사람들은 현장으로 와서 그리스도만을 본 것이 아니라, 전에 귀신들에게 붙잡혀 있던 자가 옷을 입고 정신이 온전하여 앉아 있는 것도 보았다. 큰 이적이 일어난 것이었다! 그들은 그 모습을 보았을 뿐만 아니라, 돼지 떼를 치던 자들로부터 무슨 일이 있었는지에 대한 증언도 들었다. 이렇게 그들에게는 그들로 하여금 믿음을 가질 수 있게 하는 모든 외적인 수단들이 주어졌다. 그런데 그들은 어떤 반응을 보였는가? 본문은 그들이 "두려워하였다"고 말한다. 이 위대한 인물에 대한 경외심이 그들을 사로잡았다. 아니, 그들은 아마도 그리스도께서 자신들에게 추가적인 손해를 입히게 될 것을 두려워하였던 것 같다. 이 두려움이 그들에게 가져다준 결과는 무엇이었는가? 분명히 그들은 그리스도의 발 앞에 엎드려서 그의 은혜와 은총을 구하면서, 계속해서 자신들과 함께 계셔서, 자신들 가운데서 더 많은 선한 일들을 베풀어 주시기를 간구하였어야 했다. 그들은 이천 마리의 돼지 떼를 잃어버리긴 하였지만, 귀신 들린 자를 두려워해야 하는 것으로부터 건짐을 받았고, 저 가엾은 귀신 들린 자는 상상하기 힘들 정도로 괴롭힘을 받는 것으로부터 건짐을 받았다. 그런데 그들에게 이런 것들은 아무것도 아니었고 중요한 것도 아니었다. 그들은 그리스도께 와서, 자신들의 지방에서 나가 달라고 간구하였다. 우리 구주께서는 이 사람들의 성정과 그들의 마음속에 무엇이 들어 있는지를 아셨기 때문에 거기에 노하셔서, 귀신들로 하여금 그들의 돼지 떼를 죽이도록 허락하셨음이 분명하다. 하나님께서는 통상적으로 우리가 싫어하는 일이 일어나게 하심으로써 우리를 벌하시고, 우리는 우리 자신의 통상적인 소원들과 기도들을 통해서 우리를 파멸로 이끌어간다. 사정이 이러한데, 사람의 의지 속에는 도덕적인 설득을 통해서 영적으로 선한 일들을 행하게 할 수 있는 능력이 있다고 누가 우리에게 말할 수 있겠는가? 가다라 지방의 사람들이 그리스도와 그가 행하신 일을 본 것보다 더 강력한 도덕적인 설득이 그들에게 행해질 수 있었겠는가? 그렇지만 이 모든 것들은 소용이 없었다. 그들은 한마음으로 그리스도께서 떠나가시기를 원하였다. 그들은 그리스도께 머물러 주시라고 얼마든지 간구할 수 있었지만, 그렇게 하지 않았다. 그러나 사람들이 그리스도를 거절하고 배척하는 것은 그들에게 얼마나 위험한 일인가! 그리스도께서는 그 지방을 즉시 떠나셨고, 우리는 복음서에서 그가 다시 그 지방으로 오셨다는 말을 듣지 못한다. 반면에, 그리스도께서 귀신들을 쫓아내 주신 사람은 그리스도와 함께 가기를 원하였다. 그리스도를 보고 듣는 것과 그리스도가 얼마나 선하신지를 맛보는 것 간에는 이렇게 큰 차이가 있다! 전에 귀신 들렸던 저 가엾은 자는 자기가 살던 지방을 떠나 그리스도와 함께 가고자 하였지만, 그리스도께서는 그것을 허락하지 않으셨는데, 이것은 그 사람이 이 지방에 머물러 있는 것이 하나님의 영광을 더 드러내는 일이라고 보셨기 때문일 것이다. 그래서 그리스도께서는 그 귀신 들렸던 자에게 집으로 돌아가서, 하나님이 자기에게 행하셨던 일을 보이고, 하나님이 자기를 어떻게 불쌍히 여기셨는지를 전하라고 명하신다. 우리가 하나님에 대하여 감사하는 마음을 표현하는 최선의 길은 하나님이 행하신 놀라운 일들, 특히 우리를 위해 행하신 일들을 알리는 것이다. 이 가엾은 사람은 그리스도께서 하신 말씀대로 행하여, 그리스도의 이름을 "데가볼리"에 전파하였다. "데가볼리"는 그 이름이 보여 주듯이 열 개의 성읍으로 이루어진 지방이었는데, 플리니우스(Pliny)는 거기에 "가다라"도 포함되어 있었다고 말한다. 이 성읍의 이름을 따라서, 이 사람들은 "가다라 사람들"로 불렸다. 즉, 그들은 가다라의 시민들이었거나, 그 근방의 주민들이었을 것이다.

제9장

개요

1. 중풍병자를 고치심(1-8).
2. 세관에 앉아 있던 마태를 부르심(9).
3. 자기가 세리들 및 죄인들과 함께 먹는 것이 왜 합당한지를 말씀하심(10-13).
4. 자기 제자들이 금식하지 않는 것이 왜 합당한지에 대하여 말씀하심(14-17).
5. 회당장의 간청으로 그의 딸을 고쳐 주시려고 가심(18-19).
6. 도중에 만성적인 혈루병을 앓는 여자를 고쳐 주심(20-22).
7. 회당장의 딸을 다시 소생시켜 주심(23-26).
8. 두 명의 맹인을 눈 뜨게 해 주심(27-31).
9. 귀신 들려 말 못하는 자를 고치심(32-35).
10. 무리를 불쌍히 여기셔서 제자들에게 하나님께 구하여 추수할 일꾼들을 보 내 주시라고 기도할 것을 가르치심(36-38).

1. 예수께서 배에 오르사 건너가 본 동네에 이르시니.

여기에서 그리스도께서 오르신 배가 가다라 지방으로 오실 때에 사용하셨던 바로 그 동일한 배인지는 중요하지 않다. 그리스도께서는 게네사렛 호수를 "건너가 본 동네에 이르셨다." "본 동네"는 그가 태어나셨던 베들레헴을 가리키는 것은 아니고, 그가 자라셨던 나사렛이나 그가 전에 머무셨던 가버나움을 가리킬 것이다. 대부분의 해석자들은 복음서들이 앞에서 그리스도께서 나사렛을 떠나서(마 4:13) 가버나움으로 들어가셨다고(막 2:1) 말하고 있기 때문에, "본 동네"는 가버나움을 가리킨다고 본다. 가버나움은 스불론과 납달리의 해변에 있었다(마 4:13).

2. 침상에 누운 중풍병자를 사람들이 데리고 오거늘 예수께서 그들의 믿음을 보시고 중풍병자에게 이르시되 작은 자야 안심하라 네 죄 사함을 받았느니라.

이 이적에 관한 이야기는 마가복음 2:3-12과 누가복음 5:18-26에도 보도되는데, 마가와 누가는 마태보다 이 이적이 일어난 상황을 더 자세하게 들려준다. 마가는 "수 일 후에 예수께서 다시 가버나움에 들어가시니 집에 계시다는 소문이 들린지라 많은 사람이 모여서 문 앞까지도 들어설 자리가 없게 되었는데 예수께서 그들에게 도를 말씀하시더니 사람들이 한 중풍병자를 네 사람에게 메워 가지고 예수께로 올

새 무리들 때문에 예수께 데려갈 수 없으므로 그 계신 곳의 지붕을 뜯어 구멍을 내고 중풍병자가 누운 상을 달아 내리니 예수께서 그들의 믿음을 보시고 중풍병자에게 이르시되 작은 자야 네 죄 사함을 받았느니라 하시니"(막 2:1-5)라고 말하고, 누가는 우리 구주께서 말씀을 전하셨다는 사실과 말씀을 전하신 장소에 대해서는 언급하지 않고, "한 중풍병자를 사람들이 침상에 메고 와서 예수 앞에 들여놓고자 하였으나 무리 때문에 메고 들어갈 길을 얻지 못한지라 지붕에 올라가 기와를 벗기고 병자를 침상째 무리 가운데로 예수 앞에 달아 내리니 예수께서 그들의 믿음을 보시고 이르시되 이 사람아 네 죄 사함을 받았느니라 하시니"(눅 5:18-20)라고 말한다. 모든 해석자들은 이 이야기들이 모두 동일한 이야기라는 것에 견해를 같이한다.

마가는 이 이적에 관한 기사의 서두에서 그리스도께서 가버나움에 계셨고, 거기에서 말씀을 전하고 계셨으며, 사람들이 꽉꽉 들어차서 도저히 그리스도께로 가까이 갈 수 없어서 중풍병자를 메워 가지고 온 사람들이 그 집의 지붕을 뜯어서 달아 내렸다는 것을 우리에게 말해 준다. 세 복음서 기자들은 모두 이 병자가 중풍병을 앓고 있었다고 말한다. 중풍병은 신경들이 해체되면서 고통이 수반될 뿐만 아니라 몸을 마비시키기 때문에, 이 병에 걸린 사람은 꼼짝없이 침상에 누워 있게 되는데, 그렇기 때문에 여기에서 네 사람이 그를 침상 위에 눕혀 놓고 떠메고 온 것이었다. 모든 복음서 기자들은 예수께서 그들의 믿음, 즉 그들이 자신의 신적인 능력을 내적으로 확신하고, 자신의 선하심을 믿고 있는 것을 보셨다고 말하는데, 이 믿음은 병자 자신과 그를 메고 온 사람들의 믿음이었다. 그리스도께서는 그들의 마음속에 그러한 믿음이 있는 것을 보셨다. 왜냐하면, 사람의 내면에서 움직이는 원리들과 습성들은 우리의 눈에는 보이지 않지만, 마음을 감찰하시고 사람의 마음속에 있는 것을 아시는 분에게는 보여 아시기 때문이다. 그리스도께서는 그들의 믿음의 열매, 즉 그들이 중풍병자를 그리스도 앞에 데려다 놓고자 애를 쓰는 것을 통해서 그들의 믿음을 보셨다. 그는 중풍병자에게 "작은 자야 안심하라 네 죄 사함을 받았느니라"고 말씀하셨다.

그러나 그리스도께서 이렇게 말씀하신 것이 이 병자가 앓고 있던 중풍병과 무슨 상관이 있단 말인가? 우리 구주께서는 이 말씀을 통해서 중풍병자와 그를 데려온 사람들에게 다음과 같은 것들을 알게 하고자 하셨다. (1) 우리가 겪는 해악들이 생겨나는 뿌리가 바로 죄이다. (2) 어떤 사람이 죄 사함을 받게 되면, 육신의 병이 아무리 치명적인 것이라고 해도, 그 사람에게 해를 끼칠 수 없다. (3) 그리스도께서 세상에 오신 일차적인 목적은 자기 백성을 그들의 죄에서 구원하는 것이었다. (4) 한 심령에게 죄 사함이 허락되는 바로 그 순간에, 그 심령은 그리스도에게 사랑스럽고 소중한 하나님의 자녀가 된다. (5) 그리스도를 믿는 믿음은 죄 사함을 가져다준다. (6) 아마도 그리스도께서는 그 자리에 있던 서기관들과 바리새인들에게 무엇인가를 말할 기회를 주시기 위하여 이 말씀으로 치유를 시작하신 것으로 보인다.

3. 어떤 서기관들이 속으로 이르되 이 사람이 신성을 모독하도다.

마가는 "어떤 서기관들이 거기 앉아서 마음에 생각하기를 이 사람이 어찌 이렇게 말하는가 신성 모독이로다 오직 하나님 한 분 외에는 누가 능히 죄를 사하겠느냐"(막 2:6-7)라고 말하고, 누가는 "서기관과 바리새인들이 생각하여 이르되 이 신성 모독 하는 자가 누구냐 오직 하나님 외에 누가 능히 죄를 사하겠느냐"(눅 5:21)고 말한다. 그들은 속으로 이렇게 말하고 입으로는 표현하지 않은 것으로 보인다. 마가는 그들이 마음으로 그렇게 생각하였다고 말하고, 마태는 다음 절에서 "예수께서 그 생각을 아시고"라고 말한다. 당시에 모든 유대인들은 한결같이 죄 사하심은 오직 하나님의 대권이라고 여겼고, 오직 하나님께만 속한 그러한 권능을 사람이 자기에게 있다고 주장하는 것은 온전하신 하나님에게 속한 것들을 피조물들에게 돌리는 "신성모독"으로 여겼던 것으로 보인다. 교황과 사제들은 이러한 죄를 범하고 있는데도, 자신들은 그러한 죄책을 면제받은 사람들이라고 말한다. 서기관들과 바리새인들은 그리스도께서 중풍병자에게 그의 죄들이 사함을 받았다고 선언하는 것이 신성모독에 해당한다고 말한 이유는 그들은 그리스도가 하나님의 아들이시라는 것을 믿지 않고, 단지 사람으로 보았기 때문이었다.

4-6. [4]예수께서 그 생각을 아시고 이르시되 너희가 어찌하여 마음에 악한 생각을 하느냐 [5]네 죄 사함을 받았느니라 하는 말과 일어나 걸어가라 하는 말 중에 어느 것이 쉽겠느냐 [6]그러나 인자가 세상에서 죄를 사하는 권능이 있는 줄을 너희로 알게 하려 하노라 하시고 중풍병자에게 말씀하시되 일어나 네 침상을 가지고 집으로 가라 하시니.

마가복음 2:8-10과 누가복음 5:22-24에 나오는 것도 이것과 단어들까지 거의 같다. 그리스도께서는 여기에서 서기관들과 바리새인들에게 자기가 그들의 생각을 아신다는 것을 알게 하심으로써, 그들에게 자신의 신성을 보여 주신다. "예수께서 그 생각을 아시고 이르시되"라는 어구는 이 일이 단지 사람에 불과한 자는 물론이고, 천사들도 할 수 없는 일이었다. 하지만 이 눈먼 서기관들과 바리새인들은 그러한 사실을 깨닫지 못하였다. "너희가 어찌하여" 나에 대하여 "마음에 악한 생각을 하느냐." 나는 내가 너희가 잘못 생각하듯이 단지 사람에 불과한 자가 아니라 "인자"이기 때문에, "세상에서 죄를 사하는 권능이 있는 줄을 너희로 알게" 하여, 나에 대한 너희의 오해를 불식시키려고 일부러 그렇게 말한 것이다. 이 병자에게 일어나 걸어가라고 말하는 것은 내게는 너무나 쉬운 일이다. 이제 나는 너희에게 그것을 입증해 보일 것이다. 그런 후에, 그리스도께서는 중풍병자에게 "일어나 네 침상을 가지고 집으로 가라"고 말씀하신다. 죄 사함을 받았다고 선포하는 일과 일어나 걸어가라고 말하는 일은 둘 다 동일한 권능을 필요로 한다. 너희가 인정한 대로, 오직 하나님만이 죄를 사하실 수 있으시고, 사람들을 무덤에서 일으키는 것도 오직 하나님만이 하실 수 있으시다. 내가 이렇게 이적들을 베푸는 목적은 내가 사람들의 죄를 사할 권세를 가진 이라는 것을 너희로 하여금 확신하게 하기 위한 것이다. 그러므로 내가 먼저 이 중풍병자의 죄가 사함 받았다고 선언하는 쪽을 택한 것은, 너희는 나를 사람 이상으로 생각하지 않을지라도, 나는 하나님의 아들이고, 내게는 믿음을 가지고 내게 나아온 사람들의 죄를 사할 권세가 있다는 이 위대한 진리를 이후의 이적을 통해서 너희에게 확증하기 위한 것이었다. 따라서 내 말만으로는 믿지 못한다고 할지라도, 내가 나의 말을 확증하기 위하여 베푸는 표적을 보고 믿으라.

7-8. [7]그가 일어나 집으로 돌아가거늘 [8]무리가 보고 두려워하며 이런 권능을 사람에게 주신 하나님께 영광을 돌리니라.

마가는 "그가 일어나 곧 상을 가지고 모든 사람 앞에서 나가거늘 그들이 다 놀라 하나님께 영광을 돌리며 이르되 우리가 이런 일을 도무지 보지 못하였다 하더라"(막 2:12)고 말하고, 누가는 "그 사람이 그들 앞에서 곧 일어나 그 누웠던 것을 가지고 하나님께 영광을 돌리며 자기 집으로 돌아가니 모든 사람이 놀라 하나님께 영광을 돌리며 심히 두려워하여 이르되 오늘 우리가 놀라운 일을 보았다 하니라"(눅 5:25-26)고 말한다. 세 복음서의 본문은 동일한 단어들을 사용하고 있는 것은 아니지만, 그 의미에 있어서는 일치한다. 그리스도의 말씀과 함께 능력이 나가서, 그가 중풍병자에게 명하신 것은 즉시 이루어졌다. 중풍병자는 즉시 제 발로 서서 자기가 "누웠던" 침상을 들고(누가는 이렇게 말한다) 모든 사람들이 보는 앞에서 집으로 갔기 때문에, 그가 고침을 받았다는 사실에 대해서는 아무도 의심할 수 없었다.

이 일은 사람들에게 어떤 영향을 미쳤는가? 마태는 "무리가 보고 두려워하였다"고 말하고, 누가는 "모든 사람이 놀라 심히 두려워하였다"고 말한다. 여기에는 그들이 그리스도를 하나님의 아들로 믿고 고백하였다는 말은 나오지 않는다. 그리스도께서 이 이적을 베푸신 큰 목적이 바로 그것이었는데도 말이다. 이스라엘은 눈이 멀어서, 눈으로 보았어도 깨달을 수가 없었다. 그들은 이 이적을 보고 일종의 황홀경에 빠져서 그리스도를 대단한 사람으로 여기고 경외심을 가지게 되었다. 본문은 그들이 "하나님께 영광을 돌렸다"고 말하지만, 올바르게 영광을 돌린 것은 아니었다. 왜냐하면, 그들은 하나님께서 죄인들을 구원하시기 위하여 자기 아들을 이 세상에 보내신 것에 대해서가 아니라, "이런 권능을 사람에게 주신" 것에 대하여 하나님을 찬양하였기 때문이다. 그들은 하나님께서 그리스도에게 큰 권능을 주신 것은 인정하였지만, 여전히 그리스도를 사람으로 여겼다. "성령으로 아니하고는 누구든지 예수를 주시라 할 수 없느니라"(고전 12:3). 진정으로 그리스도를 우리의 주로 믿고 고백하며 영접하는 데에는 우리 안에서 그러한 믿음과 확신을 이루어내는 은혜의 성령의 역사가 필요하다.

9. 예수께서 그 곳을 떠나 지나가시다가 마태라 하는 사람이 세관에 앉아 있는 것을 보시고 이르시되 나를 따르라 하시니 일어나 따르니라.

마가복음 2:14에도 동일한 이야기가 나오는데, 마가는 그를 "레위"라고 부르고, 그가 "알패오의 아들"이었다는 것을 알려주는 것만이 다르다, 누가복음 5:27-28에서도 이 이야기를 들려주면서, 그의 이름이 "레위"였고, 그가 "세리"였다는 것, 그리고 "그가 모든 것을 버리고 일어나 따랐다"는 것을 덧붙인다. 마태는 "레위"로도 불렸던 것 같다. 모든 해석자들은 마태와 레위가 동일 인물이라는 데 이견이 없다. 세 복음서 기자는 모두, 그리스도께서 그를 부르셨을 때, 그가 "세관에 앉아" 있었다고 말한다. 이 마태는 열두 사도 중의 한 사람이었고(마 10:3), 이 복음서를 쓴 사람이었다. 그의 아버지 알패오에게는 자신의 아들 중에서 네 명, 즉 "작은 야고보," ("레배오"라고도 불린) 다대오, 가나나인 시몬, 마태를 사도로 배출하는 영광이 주어졌다. 마태는 로마인들 아래에서 세금을 거두는 세리였다. "세리"는 유대인들이 혐오하는 직업이었지만, 마태는 자기를 불러 주신 그리스도의 은혜를 높이기 위하여, 여기에서와 10:3에서 자기 자신을 "세리"로 소개하는 것을 부끄러워하지 않는다. "예수께서 보시고 이르시되 나를 따르라 하시니 일어나 따르니라." 그의 말씀에는 권능이 숨겨져 있어서, 마태는 그 말씀에 순종하여 자신의 직업을 버리고 그리스도를 따라갔다.

10. 예수께서 마태의 집에서 앉아 음식을 잡수실 때에 많은 세리와 죄인들이 와

서 예수와 그의 제자들과 함께 앉았더니.

누가는 "레위가 예수를 위하여 자기 집에서 큰 잔치를 하니 세리와 다른 사람이 많이 함께 앉아 있는지라"(눅 5:29)고 말하고, 마가는 "그의 집에 앉아 잡수실 때에 많은 세리와 죄인들이 예수와 그의 제자들과 함께 앉았으니 이는 그러한 사람들이 많이 있어서 예수를 따름이러라"(막 2:15)고 말한다. 마태는 그리스도께서 자기를 진심으로 무한히 사랑하시는 것을 느끼고서 거기에 감동하여 그리스도를 위하여 잔치를 연다. 이것은 그가 상당한 재력가였음을 보여 준다. 그는 사람들을 잔치에 초대하여 오게 해서 그리스도와 함께 식사했는데, 초대받은 자들 중에는 "세리들과 죄인들"이 많았다. 마태는 자신의 이전 동료들이 주님을 직접 만나보고서 주님을 따르게 하고자 하는 선한 의도를 지니고 있었음에 틀림없다. 은혜를 받은 사람은 결코 자신의 좁은 영혼 속에 갇혀 지내거나 자신의 신앙을 다른 사람들로부터 감추고자 하는 것이 아니라, 적극적으로 다른 사람들을 회심시키기 위하여 애를 쓰는 법이다.

11. 바리새인들이 보고 그의 제자들에게 이르되 어찌하여 너희 선생은 세리와 죄인들과 함께 잡수시느냐.

마가복음 2:16과 누가복음 5:30에도 동일한 내용이 나오는데, 단지 누가는 그들이 그리스도의 제자들을 "비방하여" 이렇게 말한 것이라는 내용을 덧붙이고 있는 것만이 다르다. 바리새인들은 그리스도에 대하여 온통 악의만을 지니고 있었기 때문에, 그에 대해서 어떻게든 트집을 잡아서, 백성들이 그를 싫어하게 만들려고 혈안이 되어 있었는데, 이번이 좋은 기회처럼 보였다. 왜냐하면, 세리들은 그들의 직업 자체는 물론이고 자신들의 권한을 이용해서 착취를 자행한 까닭에, 유대인들의 혐오대상이 되어 있었고, 죄인들 중에서 더 악랄한 죄인들로 여겨진 부류의 사람들이었는데, 그리스도께서 그런 자들과 함께 어울려 식사를 하셨기 때문이다. 그래서 바리새인들은 그리스도의 제자들에게 와서, 그들의 선생이 세리들 및 죄인들과 어울리는 것이 말이 되느냐며 큰 소리를 치고 소동을 벌였다.

12-13. [12]예수께서 들으시고 이르시되 건강한 자에게는 의사가 쓸 데 없고 병든 자에게라야 쓸 데 있느니라 [13]너희는 가서 내가 긍휼을 원하고 제사를 원하지 아니하노라 하신 뜻이 무엇인지 배우라 나는 의인을 부르러 온 것이 아니요 죄인을 부르러 왔노라 하시니라.

마가와 누가도 우리가 앞에서 언급한 대목들에서 이 동일한 대답을 보도하고 있는데, 다만 호세아 6:6로부터 인용된 "너희는 가서 내가 긍휼을 원하고 제사를 원하지 아니하노라 하신 뜻이 무엇인지 배우라"는 구절을 생략하고 있는 것만이 다르다. 우리 구주께서 바리새인들에게 하신 대답을 곰곰이 잘 숙고해 보면, 우리는 이 대답이 얼마나 기가 막힌 대답이었는지를 알게 된다. 첫째로, 이 대답은 바리새인들이 온통 제의들과 제사와 전통들에만 의거한 종교를 믿는 세대가 되어 있었다는 것을 지적한다. 둘째로, 이 대답은 바리새인들이 스스로를 의롭다고 여겨서(눅 16:15), 자기들에게는 회개가 필요 없다고 생각하였다는 것을 지적한다. 우리 구주께서는 이렇게 말씀하신다: 나는 영적인 의사인데, 병든 자가 아닌 사람들이 의사를 상대해 주려고 하겠는가? 자기가 건강하다고 생각하는 자들(바리새인들은 자신들이 건강하다고 여겼다)은 내가 그들에게 올 필요가 없다고 생각한다. 내가 사람들의 병을 고치는 긍휼의 행위들과 사람들의 심령을 고치는 최고의 긍휼의 행위들을 베푸는 것을 못마땅하게 생각하고 트집을 잡는 것은, (그들이 인정하는 선지자인) 호세아가 오래 전부터 그들에게 가르쳐 왔던 것, 즉 주께서는 제사가 아니라 긍휼을 원하신다는 가르침을 그들이 이해하지 못하고 있다는 것을 보여줄 뿐이다. 왜냐하면, 호세아서에서 이 인용문 다음에 나오는 "번제보다 하나님을 아는 것을 원하노라"는 말씀과 하나님께서 자기는 긍휼을 원하신다는 것을 분명하게 밝히신 수많은 명령들은 이 본문에 나오는 "제사를 원하지 아니하노라"는 말씀이 바로 그런 의미라는 것을 보여 주기 때문이다.

"나는 의인"(그들 자신이 의롭다고 생각하고서 그 마음이 잔뜩 부풀어 교만해 있는 자들)"을 부르러 온 것이 아니요 죄인"(자기 자신을 죄인이라고 느끼는 자들)"을 부르러 왔노라"(KJV에는 "나는 의인이 아니라 죄인을 불러 회개하게 하기 위해 왔노라"). 나는 먼저 죄인들을 "회개"로 이끌고, 그런 후에 나로 말미암아 죄 사함과 영생을 받게 하기 위하여 왔다.

14-17. [14]그 때에 요한의 제자들이 예수께 나아와 이르되 우리와 바리새인들은 금식하는데 어찌하여 당신의 제자들은 금식하지 아니하나이까 [15]예수께서 그들에게 이르시되 혼인집 손님들이 신랑과 함께 있을 동안에 슬퍼할 수 있느냐 그러나 신랑을 빼앗길 날이 이르리니 그 때에는 금식할 것이니라 [16]생베 조각을 낡은 옷에 붙이는 자가 없나니 이는 기운 것이 그 옷을 당기어 해어짐이 더하게 됨이요 [17]새 포도주를 낡은 가죽 부대에 넣지 아니하나니 그렇게 하면 부대가 터져 포도주도 쏟아지고 부대도 버리게 됨이라 새 포도주는 새 부대에 넣어야 둘이 다 보전되느니라.

마가복음 2:18-22에도 이 동일한 이야기가 거의 단어들까지 똑같이 나오는데, 단지 마가는 바리새인들의 몇몇 제자들이 요한의 제자들과 함께 왔다고 말하는 것만이 다를 뿐이다. 누가복음 5:33-38에 나오는 이야기도 이것과 별 차이가 없지만, 누가 본문은 "그들이 예수께 말하되 요한의 제자는 자주 금식하며 기도하고 바리새인의 제자들도 또한 그리하되 당신의 제자들은 먹고 마시나이다"(33절)와 "새 옷에서 한 조각을 찢어 낡은 옷에 붙이는 자가 없나니"(36절)로 되어 있고, 마지막에 "묵은 포도주를 마시고 새 것을 원하는 자가 없나니 이는 묵은 것이 좋다 함이니라"(39절)를 덧붙이고 있다. 나는 누가 본문의 마지막에 덧붙여진 구절은 원래부터 이 이야기에 속해 있었던 것이라고 본다. 마가는 우리에게 "요한의 제자들과 바리새인들이 금식하고 있는지라"(막 2:18)고 말해 주는 것으로 이 이야기에 대한 보도를 시작하는데, 이것은 다른 두 복음서 기사들이 명시적으로 말하고 있지는 않지만 그 본문들 속에 암묵적으로 내포되어 있다. 한 바리새인이 자기는 "이레에 두 번씩 금식하였다"(눅 18:12)고 자랑하고 있는 것을 보면, 바리새인들이 금식을 자주 하였다는 것은 너무나 분명하고, 세례 요한도 자신의 제자들에게 그리스도의 경우(이것에 대해서는 우리가 곧 듣게 될 것이다)보다 더 엄격한 훈련을 시켰다. 바리새인들은 세례 요한의 제자들과 그리스도를 따르는 자들 사이를 이간질시키기 위한 목적으로, 요한의 제자들을 대동하고 그리스도께 와서 이 일을 따졌던 것으로 보인다. 위선자들은 언제나 의식이나 예식과 관련된 문제들을 첨예하게 제기해서, 사람들을 이간질시키고 분열시킨다. 하나님께서는 이스라엘 백성들에게 각자의 사정과 본분을 따라 더 자주 금식할 수 있는 자유를 주시기는 하셨지만, 일 년에 한 번 금식하라고 명하신 것뿐이었다. 그런데도 바리새인들은 그들 자신이 규범을 만들어 놓고서, 그 규범을 그리스도의 제자들에게도 강제하고자 하였다. 바리새인들은 하나님의 뜻과는 반대로 종교라는 것은 오직 또는 주로 의식들과 예식들을 지키는 데 있다고 여겼고, 특히 세례 요한의 제자들이 자주 금식하는 관습을 잘 따라주었기 때문에, 그들에게는 그리스도께서 좀 더 자유분방한 새로운 종교를 전파하고자 하는 것처럼 보였던 것 같다. 이 점에서 오늘날 교황주의자들은 바리새인들의 진정한 후계자들이다.

그리스도께서는 그들에게 구체적으로 두 가지를 말씀하신다. (1) 하나님의 경륜 속에서 자기 제자들은 아직 금식할 때가 되지 않았다. (2) 자신의 제자들은 회심한 지 얼마 되지 않았기 때문에, 점차적으로 순서를 밟아서 경건을 위한 좀 더 혹독한 외적인 훈련으로 나아가야 하고, 그렇게 하는 데에는 시간이 필요하다. 이것이 15-17절에 나오는 그리스도의 대답의 요지이다.

그리스도께서는 첫 번째 요지에 대해서 비유를 들어 말씀하신다. "혼인집 손님들이 신랑과 함께 있을 동안에 슬퍼할 수 있느냐 그러나 신랑을 빼앗길 날이 이르리니 그 때에는 금식할 것이니라." 너희 선생인 요한은 나를 "신랑"에 비유한 바 있고 (요 3:29), 여기 있는 나의 제자들은 "혼인집 손님들"인데, 지금은 신랑과 손님들이 함께 혼인잔치를 벌이고 있다. 금식이라는 것은 애곡하며 자신을 괴롭게 해야 할 날에 부합하는 의무이고, 지금은 나의 제자들이 애곡할 때가 아니다. 하지만 내가 그들에게서 육신적으로 떠나게 될 때가 곧 올 것인데, 그 때에는 그들이 애곡하고 금식할 것이니, 그들을 시기하지 말라.

두 번째 요지에 대해서도 그리스도께서 두 가지 비유를 들어 말씀하신다. 첫 번째 비유는 분별 있는 사람이라면 "생베 조각"을 "낡은 옷"에 붙이는 일은 결코 하지 않는다는 것이다. 왜냐하면, 낡은 옷은 사람이 오랫동안 입어서 그 힘이 약해져 있는 까닭에, 거기에 생베 조각을 붙이면, 생베 조각이 당기는 힘을 감당할 수 없게 되어 찢어지게 되기 때문이다. 마찬가지로, 두 번째 비유에서도, 그리스도께서는 사람들은 "새 포도주"를 "낡은 가죽 부대"에 넣으면, 오래된 가죽 부대는 오래 사용해서 약해져 있는 까닭에 새 포도주를 감당할 수 없어서 결국 터지게 되고, 포도주는 쏟아지게 될 것이기 때문에, 그렇게 되지 않게 하기 위하여 새 포도주는 그것을 감당할 수 있는 새 가죽 부대에 넣는다고 말씀하신다. 나의 제자들은 이제 새롭게 회심한 사람들이다. 그런데 내가 그들에게 혹독한 경건의 훈련을 시킨다면, 그들은 낙심해서 그만두고 싶은 유혹을 받게 될 것이다. 왜냐하면, 누가가 덧붙인 말씀처럼, "묵은 포도주를 마시고 새 것을 원하는 자가 없나니 이는 묵은 것이 좋다"고 할 것이기 때문이다. 습관은 대단한 폭군이어서, 사람은 자기가 이전에 습관적으로 해왔던 것들을 갑자기 단번에 끊을 수 없고, 점진적으로만 끊을 수 있을 뿐이다. 성경의 이 본문은 사역자들에게 많은 지혜와 분별력이 필요함을 깨우쳐 준다. 사역자들은 사람들이 감당할 수 있는 수준에서 가르쳐야 하고, 사람들의 성장 정도와 역량에 맞추어서 신앙의 의무들을 부과해야 하는데, 우리가 자원해서 하나님께 드리는 제사들에 속하는 것들과 관련해서는 특히 그러하다.

18-19. [18]예수께서 이 말씀을 하실 때에 한 관리가 와서 절하며 이르되 내 딸이 방금 죽었사오나 오셔서 그 몸에 손을 얹어 주소서 그러면 살아나겠나이다 하니 [19]예

수께서 일어나 따라가시매 제자들도 가더니.

마가는 "회당장 중의 하나인 야이로라 하는 이가 와서 예수를 보고 발 아래 엎드리어 간곡히 구하여 이르되 내 어린 딸이 죽게 되었사오니 오셔서 그 위에 손을 얹으사 그로 구원을 받아 살게 하소서 하거늘 이에 그와 함께 가실새 큰 무리가 따라가며 에워싸 밀더라"(막 5:22-24)고 말하고, 누가는 거기에 그 소녀가 "열두 살 된 외딸"(눅 8:42)이었다는 내용만을 추가한다. 마가와 누가는 이 소녀가 죽기 직전에 있거나 죽어가고 있었다고 말하는 반면에, 마태는 그 아버지가 자기 딸이 방금 죽었다고 말한 것으로 보도한다.

이것은 그 아버지가 자기가 그리스도께 도착했을 때에는 이미 자기 딸이 죽어 있을 것이라고 예상하고서 그렇게 말한 것으로 보인다. 어떤 이들은 헬라 저술가들의 문헌을 토대로 해서, 여기에서 "방금"으로 번역된 불변화사 '아르티'(ἄρτι)는 언제나 과거의 때를 가리키는 것이 아니라, 종종 가까운 미래를 가리키기도 한다는 점을 지적한다. 그러나 이 문제에 대한 최선의 대답은 마태는 이 이야기를 압축해서 전하고 있다는 것이다. 누가복음 8:49은 그리스도께서 그 소녀의 집에 당도하시기 전에 이미 그 소녀는 죽었다는 것을 보여 준다. 23절이 보여 주듯이, 마태는 이 이야기를 압축해서 말해야 했기 때문에, 그리스도께서 그 집으로 가시는 도중에 듣게 되신 것을 아예 처음부터 들으신 것으로 말한 것일 뿐이다. 우리는 마가와 누가가 말하는 "회당장"이 "야이로"를 가리키는 것이라고 이해하여야 한다. 야이로는 그 지역의 방백이 아니라, 그 지역에 있던 회당의 "관리"였던 회당장이었다. 유대인들의 회당에는 위계질서가 있어서, 회당의 모든 일들을 관리하며 율법 해석의 권한을 지닌 회당장이 있었다.

"한 관리가 와서 절하며"(이것은 공경의 표시로 예를 갖춘 것이다) "이르되 내 딸이 방금 죽었사오나"(다른 복음서 기자들은 죽어가고 있다거나 죽게 되었다고 말하고 있는 것으로 보아서, 우리는 마태가 "방금"이라는 불변화사를 그런 의미로 사용하였을 것이라고 보아야 한다) "오셔서 그 몸에 손을 얹어 주소서 그러면 살아나겠나이다"라고 하였다. 야이로는 그리스도께서 오셔서 직접 자기 딸에게 안수해 주실 것을 원하였다는 점에서, 그의 믿음은, 그리스도께서 말씀만 하시면 자기 하인이 살게 될 것이라고 믿었던 백부장의 믿음에는 미치지 못하는 것이었다. "예수께서 일어나 따라가시매 제자들도 가더니." 유대인들은 회당에서 나와서 그리스도를 에워쌌지만, 그리스도께서는 회당장에게 인자하심을 베풀어, 즉시 그를 따라 가셨고, 제자들도 그 뒤를 따랐다. 그들은 그의 이적들의 증인들이 될 것이었다. 마가는 "큰 무리가 따라가며 에워싸 밀더라"(막 5:24)는 말씀을 덧붙이는데, 이것은 그리스도께서 야이로의 집으로 가는 도중에 또 하나의 이적을 행하시게 되는 기회가 되고, 마태는 야이로의 딸을 살리는 이적에 관한 이야기를 끝내기에 앞서 이 또 다른 이적을 보도한다.

20-21. [20]**열두 해 동안이나 혈루증으로 앓는 여자가 예수의 뒤로 와서 그 겉옷 가를 만지니** [21]**이는 제 마음에 그 겉옷만 만져도 구원을 받겠다 함이라.**

마가는 그녀가 "많은 의사에게 많은 괴로움을 받았고 가진 것도 다 허비하였으되 아무 효험이 없고 도리어 더 중하여졌던 차에 예수의 소문을 듣고 무리 가운데 끼어 뒤로 와서 그의 옷에 손을 대니"(막 5:26-27)라는 말씀을 덧붙이고, 누가는 그녀가 "그의 옷가"(눅 8:44)를 만진 것이라고 말한다. 큰 무리가 그리스도를 에워싸고 미는 가운데 "열두 해 동안이나 혈루증을 앓는 여자"가 끼어 있었다. 만성병은 고치기가 어렵다. 그녀는 용하다는 많은 의사들을 찾아다니느라 가산을 다 탕진할 정도로 온갖 방법을 다 써보았었다. 그녀는 조심스러워서, 그리고 아마도 부끄러워서 눈에 띄지 않기 위하여 "예수의 뒤로 왔다." 그녀가 예수께 오게 된 것은 예수에 대하여 들은 명성이 큰 몫을 하였기 때문이기도 하지만, (틀림없이 성령의 역사로 말미암아) 예수의 겉옷을 만지기만 해도 나을 수 있을 것이라는 확신이 그녀의 마음속에 있었기 때문이었다. 그리스도께서 그녀에게 안수해 주어야만 효험이 있는 것이 아니라, 그리스도 자체가 온통 능력이자 효험이라는 그녀의 판단은 옳았다. 그녀는 그리스도의 머리 위에 부어진 기름은 아론의 머리에 부어진 기름과 같이 그의 옷자락까지 흘러내릴 것이라고 믿었다. 그러나 그녀가 이런 식으로 해서 몰래 고침을 받을 수 있을 것이라고 생각하였고, 그리스도로 인한 치유하심이 그의 은혜와 선의로부터 흘러나온 것이 아니라 그 능력에 의해서 저절로 이루어진 것이라고 생각한 것은 잘못된 것이었기 때문에, 그리스도께서는 나중에 그녀에게 그 점을 알게 해 주셨고, 그녀의 잘못을 용서해 주셨다.

22. 예수께서 돌이켜 그를 보시며 이르시되 딸아 안심하라 네 믿음이 너를 구원하였다 하시니 여자가 그 즉시 구원을 받으니라.

마태는 다른 이야기들의 경우와 마찬가지로, 여기에서도 단지 이 이적을 기록하는 데 목적이 있었기 때문에, 이 이야기를 짤막하게 보도한다. 따라서 우리는 여기에서 마가와 누가 본문들에 보도된 내용을 가져와서 보충할 필요가 있다. 마가는

"이에 그의 혈루 근원이 곧 마르매 병이 나은 줄을 몸에 깨달으니라 예수께서 그 능력이 자기에게서 나간 줄을 곧 스스로 아시고 무리 가운데서 돌이켜 말씀하시되 누가 내 옷에 손을 대었느냐 하시니 제자들이 여짜오되 무리가 에워싸 미는 것을 보시며 누가 내게 손을 대었느냐 물으시나이까 하되 예수께서 이 일 행한 여자를 보려고 둘러 보시니 여자가 자기에게 이루어진 일을 알고 두려워하여 떨며 와서 그 앞에 엎드려 모든 사실을 여쭈니 예수께서 이르시되 딸아 네 믿음이 너를 구원하였으니 평안히 가라 네 병에서 놓여 건강할지어다"(막 5:29-34)라고 말하고, 누가는 약간의 차이는 있지만 거의 동일한 이야기를 들려준다(눅 8:45-48).

그리스도께서는 이 여자가 자기에게 다가와서 자신의 옷을 만지는 것을 모르셨던 것이 아니었고, 도리어 그녀에게 감화를 주셔서 그런 행동을 하게 하신 것임에 틀림없다. 따라서 그리스도께서 그녀에게 "누가 내게 손을 대었느냐"고 물으신 것은 단지 이 이적이 사람들 앞에 드러나게 하시기 위한 것이었을 뿐이다. 그리스도께서는 능력이 자기에게서 나가서 그녀를 고쳤다는 것을 아셨다. 왜냐하면, 그가 자신의 능력이 나가게 명하지 않으셨다면, 그녀는 고침을 받을 수 없었을 것이기 때문이다. 그러나 그리스도께서는 그녀가 자신의 옷에 있는 어떤 주술적인 능력에 의해서가 아니라 자신의 은혜로 말미암아 고침 받은 것이라는 사실을 사람들로 하여금 알게 하고자 하셨기 때문에, 그녀가 많은 사람들 앞에서 자기 앞에 나와서, 자신의 옷을 만져서 고침을 받았다는 것을 고백하게 하신다. 그녀는 자기가 잘못한 것이 아닌가 생각해서 두려워하고 떨었지만, 그리스도께서는 그녀의 병이 고침 받았음을 확인해 주시고, 그녀의 믿음이 그런 결과를 가져온 것이라고 말씀하시면서, 그녀를 위로하신다.

우리는 이 본문에서와 마찬가지로 앞에서도 자주 그리스도께서 많은 것을 믿음의 결과로 돌리시는 것을 보아 왔는데, 이 믿음은 사람으로 하여금 의롭다 함을 얻게 해 주는 믿음, 즉 은혜의 역사로 말미암아 한 심령이 죄로 인하여 자기가 멸망 받을 상태에 있음을 깨닫고서, 그리스도를 구주로 받아들이고 오직 그리스도의 공로만을 의지하여 구원받고자 하는 그런 믿음은 아닌 것으로 보인다. 왜냐하면, 우리는 그리스도께서 믿음이 있다고 하신 사람들이 자신의 죄에 대하여 회개하였다거나, 자신들의 영혼의 구원을 위하여 그리스도를 의지하였다거나, 그런 식의 고백을 하였다는 말을 복음서들에서 읽을 수 없기 때문이다.

그렇다면, 그리스도께서 하나님의 아들이라고 믿는 것이 과연 하나님이 그렇게 많은 상을 주실 만큼 소중한 믿음의 행위인 것인가? 나의 대답은 이것이다. 첫 번째는 오직 그리스도를 믿는 믿음만이 사람들에게 구원을 가져다주는 유일한 믿음이기는 하지만, 하나님의 권능을 보고 하나님을 믿고 의지하게 되는 것도 은혜의 역사이고, 성경이 보여 주듯이, 그러한 믿음에 대해서도 하나님은 현세의 복들로 많은 상을 주신다는 것이다. 왜냐하면, 하나님의 권능을 인정하는 그러한 믿음으로 인해서도 하나님은 영광을 받으시기 때문이다. 두 번째는 하나님께서 이러한 이적들을 베푸신 목적은 세상 사람들로 하여금 그리스도가 하나님의 영원하신 아들이라는 위대한 진리에 동의하고 확신하게 하고자 하시는 데 있었다는 것이다. 왜냐하면, "무릇 사람을 믿으며 육신으로 그의 힘을 삼고 마음이 여호와에게서 떠난 그 사람은 저주를 받을" 것인 까닭에(렘 17:5), 사람들이 그리스도가 하나님의 아들이시라는 것을 믿는 것은 그들이 그리스도를 자신의 구주로 영접하는 데 꼭 필요한 준비과정이기 때문이다. 그리스도께서 하나님의 아들이시라는 것도 바리새인들을 비롯한 많은 유대인들이 반대하고 거부하였던 위대한 진리였다. 그래서 우리 구주께서는 모든 기회를 활용하셔서, 자기가 하나님의 권능을 덧입으셔서 사람으로서는 할 수 없는 일들을 하셨다는 것과 자기에게는 하나님의 선하심이 있어서 그 권능을 따라 사람들을 그들의 연약한 것들로부터 기꺼이 건져 주고자 하신다는 것에 대한 믿음을 사람들로 하여금 갖게 하고자 애쓰신다. 세 번째는 그리스도께서 겉보기에 인자의 모습, 즉 사람의 모습을 하고 계시는데도, 하나님이 아니시고는 행할 수 없으신 권능을 행하시는 것을 진심으로 믿는 사람들은 그리스도가 세상의 구주로 오셔서, 그들을 죄에서 구원하시기 위하여 이러한 이적들을 행하고 계시는 것임을 믿지 않는 것은 거의 불가능하다는 것이다. 우리는 다른 무엇보다도 특히 이런 이유들로 인해서, 그리스도께서는 사람들에게 그러한 믿음이 있는 것을 칭찬하시고 격려하시는 것이라고 보아야 한다. 복음서 기자는 그리스도께서 야이로의 딸이 병이 들어 죽어가고 있다는 말을 들으시고서 그 집으로 가시는 도중에 일어난 이 이적에 대하여 보도한 후에, 이제 계속해서 야이로의 딸과 관련된 저 선한 역사를 보도해 나간다.

23. 예수께서 그 관리의 집에 가사 피리 부는 자들과 떠드는 무리를 보시고.

마가와 누가는 피리를 불거나 악기들을 사용해서 애도하는 자들에 대해서는 아무 말도 하지 않고, 단지 사람들이 애곡하고 통곡하였다고만 말한다. 구약의 어느 부분에도 사람이 죽었을 때에 유대인들이 악기들을 사용해서 애도하였다는 말은 나오지 않고, 이방인들의 글 속에서 확인할 수 있듯이, 그런 것은 이방인들 중에서 통상적으로 행해지던 것이었다. 물론, 유대인들도 죽은 사람을 애도하는 애가들은 불렀다(렘 9:17; 22:18; 34:5; 암 5:16). 아마도 유대인들이 이방인들 가운데서 오래 살다 보니, 이방인들의 그러한 관습을 배웠을 가능성이 크다. 마가는 사람들이 애곡하는 장면을 묘사하기 전에, "아직 예수께서 말씀하실 때에 회당장의 집에서 사람들이 와서 회당장에게 이르되 당신의 딸이 죽었나이다 어찌하여 선생을 더 괴롭게 하나이까 예수께서 그 하는 말을 곁에서 들으시고 회당장에게 이르시되 두려워하지 말고 믿기만 하라 하시고 베드로와 야고보와 야고보의 형제 요한 외에 아무도 따라옴을 허락하지 아니하시고 회당장의 집에 함께 가사"(막 5:35-38)라는 내용을 추가한다. 마태는 도중에 일어난 일이나, 회당장의 집에서 사람이 와서 야이로에게 그의 딸이 죽었다고 고한 것이니, 우리 구주께서 회당장을 위로하신 것에 대해서는 전혀 말하지 않지만, 누가는 그 모든 것을 언급한다(눅 8:49-50). 마태는 그리스도께서 야이로의 집에 가셔서, 사람들이 악기들을 연주하며 애도하는 것과 거기 있던 애곡하는 자들이 울며불며 통곡하는 것을 보시고서, 어떻게 하셨는지를 계속해서 보도해 나간다.

24. 이르시되 물러가라 이 소녀가 죽은 것이 아니라 잔다 하시니 그들이 비웃더라.

마가는 "예수께서 … 들어가서 그들에게 이르시되 너희가 어찌하여 떠들며 우느냐 이 아이가 죽은 것이 아니라 잔다 하시니 그들이 비웃더라 예수께서 그들을 다 내보내신 후에 아이의 부모와 또 자기와 함께 한 자들을 데리시고 아이 있는 곳에 들어가사"(막 5:39-40)라고 말하고, 누가는 "그 집에 이르러 베드로와 요한과 야고보와 아이의 부모 외에는 [죽은 소녀가 안치되어 있는 방으로] 함께 들어가기를 허락하지 아니하시니라 모든 사람이 아이를 위하여 울며 통곡하매 예수께서 이르시되 울지 말라 죽은 것이 아니라 잔다 하시니 그들이 그 죽은 것을 아는 고로 비웃더라"(눅 8:51-53)고 말한다. 무슨 일이 어떻게 진행되고 있었는지는 분명하다. 즉, 그리스도께서 그 집으로 들어가셨을 때, 그 집에서는 악기를 켜는 자들 또는 피리 부는 자들과 울며불며 통곡하는 자들이 서로 섞여서 큰 소란이 있었다. 그리스도께서는 베드로와 요한과 야고보와 함께 그 집에 들어가셔서, "무슨 일인데 이렇게 야단법석을 떠는 것이냐 이 소녀는 죽은 것이 아니라 자는 것이다"라고 말씀하셨다. 하지만 거기 있던 사람들은 소녀가 이미 죽었다는 사실을 알고 있었기 때문에 그런 말씀을 하는 그리스도를 비웃었다. 그리스도께서는 죽은 소녀가 안치되어 있는 방으로 들어가고자 하셨고, 베드로와 야고보와 요한, 그리고 죽은 소녀의 부모 외에는 아무도 자기와 함께 그 방으로 들어가지 못하게 하셨다. 그 이유는 나중에 밝혀지는데, 그것은 그리스도께서 이 이적이 지금 사람들에게 널리 알려지게 되는 것을 원하지 않으셨기 때문이었다.

이 이야기에서 유일한 문제는, 사람들이 이 소녀가 이미 죽었다는 것을 뻔히 알고 있었는데도, 우리 구주께서 "이 소녀가 죽은 것이 아니라 잔다"고 말씀하신 이유가 무엇이고 그 의미가 무엇이냐 하는 것이다. (1) 어떤 이들은, 성경에서는 흔히 장래의 부활을 염두에 두고서 죽은 것을 잔다고 표현한다는 점에서(왕상 14:20; 수 11:11; 행 7:60; 고전 15:6), 우리 구주께서는 죽은 것을 완곡하게 표현하신 것이라고 생각한다. (2) 어떤 이들은 그들 중의 일부가 나중에 자기를 중상모략하거나 자신이 행한 이적을 폄하할 목적으로 딴소리를 할 것임을 아셨기 때문에, 일부러 이 소녀가 죽지 않았다고 단호하게 말씀하심으로써, 사람들이 이 소녀가 정말 죽었다는 사실을 그들 자신의 입으로 확실하게 시인하게 하고자 하셨다고 생각한다. 하지만 그리스도께서는 그들의 생각에 대하여 논평하신 것이라고 보는 것이 더 좋은 대답이다: 너희들은 이 소녀가 죽어서 부활의 때 이전에는 다시 살아나지 못할 것이라는 의미에서 "이 소녀가 죽었다"고 생각하지만, 이 소녀는 다시 살아나게 될 것이라는 의미에서 죽은 것이 아니라 "자는" 것이다. 그리스도께서는 죽은 나사로와 관련해서도 마리아에게 이렇게 말씀하셨다(요 11:23). (3) 이것은 이 소녀가 그리스도께는 죽은 것이 아니라는 것을 의미하는 것일 수도 있다. (4) 이것은 "부활이요 생명"이신(요 11:25) 그리스도께서 그 집에 들어가시자, 사람들이 그 소녀의 몸으로부터 분리되어서 영원한 거처로 갔다고 생각하였던 그 소녀의 영혼이 사실은 허공을 떠돌다가 다시 그 소녀의 몸으로 들어간 것일 수도 있다. 그리스도께서 어떤 의미로 이 말씀을 하셨든지 간에, 사람들은 그 말씀을 어처구니없고 어이없는 말로 여기고서, 그리스도를 비웃었다.

25-26. [25]무리를 내보낸 후에 예수께서 들어가사 소녀의 손을 잡으시매 일어나는지라 [26]그 소문이 그 온 땅에 퍼지더라.

마가는 "그 아이의 손을 잡고 이르시되 달리다굼 하시니 번역하면 곧 내가 네게 말하노니 소녀야 일어나라 하심이라 소녀가 곧 일어나서 걸으니 나이가 열두 살이라 사람들이 곧 크게 놀라고 놀라거늘 예수께서 이 일을 아무도 알지 못하게 하라고 그들을 많이 경계하시고 이에 소녀에게 먹을 것을 주라 하시니라"(막 5:41-43)고 말하고, 누가는 "예수께서 아이의 손을 잡고 불러 이르시되 아이야 일어나라 하시니 그 영이 돌아와 아이가 곧 일어나거늘 예수께서 먹을 것을 주라 명하시니 그 부모가 놀라는지라 예수께서 경고하사 이 일을 아무에게도 말하지 말라 하시니라"(눅 8:54-56)고 말한다. 이적들이 일어난 것은 그리스도에게서 나간 능력 때문이었다. 그리스도께서는 여러 가지 다양한 방법으로 이적들을 행하신다. 어떤 때에는 (나사로의 경우처럼) 오직 말씀을 사용해서만 이적을 행하기도 하시고, 어떤 때에는 사람들을 만지시거나 손을 얹으셔서 이적을 행하기도 하신다. 그는 여기에서는 소녀의 손을 잡으시고서, "딸아"(또는, "아이야") "일어나라"고 말씀하신다. 그의 말씀은 능력과 권세의 말씀이었기 때문에, 소녀는 즉시 일어났다.

누가는 그녀의 영이 다시 돌아왔다고 말한다. 이것을 통해서 누가는 사람의 영혼은 몸과 하나가 되어 있는 것이거나, 몸에 부수적으로 붙어 있는 것이 아니라, 그 자체가 독립적인 실체라는 것을 우리에게 알게 해준다. 이 소녀의 경우나 죽었다가 다시 살아난 나사로의 경우(요 11:1-57)를 비롯해서 죽었다가 다시 살아난 사람들이 죽어 있었던 동안에 그들의 육신으로부터 분리된 영혼들이 어디에 있었느냐 하는 것은 일부 사람들에게는 호기심의 대상이 될 수 있지만, 육신에서 분리된 영혼이 어디에 있는지를 아는 것은 우리에게는 별로 중요한 일이 아니다. 우리가 아는 것은, 하나님께서 그 영혼들을 다시 육신으로 돌아오게 하신 것으로 보아서, 그 영혼들은 자신들의 영원한 거처로 가서 안착한 것은 아니었다는 것이다. 우리 구주께서는 사람이 죽으면 천사가 그 영혼을 호위하여 영혼들의 처소로 데려간다고 우리에게 가르치셨다. 천사들은 나사로의 영혼을 호위하여 아브라함의 품속으로 데려다 주었다. 따라서 죽었다가 다시 살아난 사람들의 영혼은, 천사들이 그 사람들의 죽은 육신 주위에서 데리고 있으면서 하나님의 처분을 기다리고 있다가, 하나님께서 그들의 영혼을 육신으로 다시 돌려보내라고 명하시면, 그 명령을 그대로 수행함으로써, 그들이 다시 살아나게 된 것일 가능성이 높다.

"예수께서 먹을 것을 주라 명하신" 것은 이 이적이 실제로 일어난 것임을 확증하시기 위한 것이었다. 우리 주님께서 그들에게 자기가 한 일을 아무에게도 알리지 말라고 명하신 것에 대해서는, 우리가 앞에서 나병환자를 고치신 이적을 다룰 때에 이미 살펴보았었다. 우리 주님의 때는 아직 오지 않았기 때문에, 주님께서는 자신의 원수들이 자기를 너무 주목하게 되는 것을 원하지 않으셨다. 그러나 마태는 "그 소문이 그 온 땅에 퍼지더라"고 말한다. 이 이적에 대한 소문은 "그 온 땅," 즉 갈릴리 지역에 널리 알려지게 되었다는 것이다. 우리 구주께서는 자신의 원수들의 근거지였던 예루살렘에서는 자기가 될 수 있으면 주목받지 않게 되기를 원하셨는데, 다행히 갈릴리는 예루살렘으로부터 꽤 떨어져 있는 곳이었다.

27-31. [27]**예수께서 거기에서 떠나가실새 두 맹인이 따라오며 소리 질러 이르되 다**
윗의 자손이여 우리를 불쌍히 여기소서 하더니 [28]**예수께서 집에 들어가시매 맹인들**
이 그에게 나아오거늘 예수께서 이르시되 내가 능히 이 일 할 줄을 믿느냐 대답하
되 주여 그러하오이다 하니 [29]**이에 예수께서 그들의 눈을 만지시며 이르시되 너희**
믿음대로 되라 하시니 [30]**그 눈들이 밝아진지라 예수께서 엄히 경고하시되 삼가 아**
무에게도 알리지 말라 하셨으나 [31]**그들이 나가서 예수의 소문을 그 온 땅에 퍼뜨리**
니라.

이 이적은 오직 마태에 의해서만 보도되지만, 다른 복음서들도 동일한 종류의 다른 이적들을 우리에게 전해 준다. 그리스도께서 길을 가시는데, 두 맹인이 "따라오며 소리 질러 이르되 다윗의 자손이여 우리를 불쌍히 여기소서"라고 하였다. 마태복음에서 사람들이 그리스도를 메시야로 인식하고 그렇게 부른 경우는 이번이 처음이다. 왜냐하면, 그리스도를 "다윗의 자손"이라고 부른 것은 바로 그런 의미이기 때문이다. 메시야에 대하여 예언한 이사야서 35:5과 42:7에 의하면, 눈먼 자들의 눈을 보게 해주는 것은 다윗의 자손이 장차 할 일이었다. 두 맹인이 여기에서 왜 그리스도를 "다윗의 자손"이라고 불렀는지 그 이유는 본문에 나와 있지 않지만, 어쨌든 이것은 그리스도가 참 메시야라는 것을 그들이 믿었다는 것을 보여 준다. 두 맹인은 자신들이 원하고 간구하는 바를 "우리를 불쌍히 여기소서"라는 말로 아주 일반적으로 표현하였지만, 그 간구는 자신들로 하여금 보게 해주시라는 아주 구체적인 것이었고, 우리 구주께서도 그렇게 이해하셨다. 마태복음 9:8이 보여 주듯이, 앞서 고침을 받기 위하여 그리스도께 나아왔던 사람들은 그리스도를 하나님으로부터 큰 권능을 부여받아서 그 권능으로 하나님을 영화롭게 해드리는 일을 하는 인물로 여겼다.

그런데 이 두 맹인은 예수를 그리스도로 시인하는 자는 출교하겠다는 바리새인들의 위협(요 9:22)에도 굴하지 않고 담대하게 그리스도를 메시야로 믿고 그렇게 공개적으로 큰 소리로 시인한 것이었다. 마태복음 22:42이 보여 주듯이, 당시에 유대인들 사이에서는 "그리스도"와 "다윗의 자손"은 동일한 인물을 가리켰다.

그리스도께서는 집에 들어가서야 두 맹인을 불러다가 그들의 말을 들으시고, "내가 능히 이 일 할 줄을 믿느냐"고 물으신다. 그리스도께서는 우리로 하여금 계속해서 우리가 해야 할 본분을 다하며 더욱 간절하고 끈질기게 행하도록 하시기 위하여, 우리의 기대와는 달리 신속하게 응답을 주시지 않으시지만, 우리가 드리는 믿음의 기도를 결코 잊지 않으신다. 우리 주님께서는 "내가 능히 이 일 할 줄을 믿느냐"고 물으심으로써, 그들을 가장 일반적으로 시험하신다. 현세적으로 좋은 일들과 관련해서는 하나님의 그 어떤 절대적인 약속이 없기 때문에, 우리는 이러한 경우들에 있어서 하나님께서 그런 일들을 하실 수 있으시고, 그런 일들이 우리에게 유익하다고 생각하신 경우에 그 일들을 우리에게 친히 행하실 것임을 믿는 것으로 충분하다. 따라서 그리스도께서는 그들에게 자기의 능력을 믿느냐는 질문만을 하신다. 왜냐하면, 그들은 앞에서 예수를 다윗의 자손, 곧 메시야로 고백함으로써, 예수께서 사람들에게 자비를 베푸실 것을 자신들이 믿는다는 것을 이미 분명하게 밝혔기 때문이다.

맹인들은 "주여 그러하오이다"라고 대답하였다: 우리는 당신이 하실 수 있으시다는 것을 믿는다. 우리는 당신이 선한 일을 행하러 오신 메시야이심을 믿고, 당신이 그렇게 하고자 하신다는 것을 믿는다. 그래서 우리는 이렇게 와서 당신에게 부르짖고 있다. "이에 예수께서 그들의 눈을 만지시며 이르시되 너희 믿음대로 되라"고 하셨다. 믿음의 기도가 얼마나 큰 능력이 있는지를 보라. "그 눈들이 밝아진지라." 즉, 그들의 시력이 회복되거나 그들에게 주어졌다. "예수께서 엄히 경고하시되 삼가 아무에게도 알리지 말라"고 하셨다. 그들이 맹인이었다는 것은 잘 알려져 있었고, 사람들은 그들이 지금은 볼 수 있게 되었다는 것을 알 것임에 틀림없다. 그런데도 그리스도께서는 그들에게 자기가 한 일을 아무에게도 알리지 말라고 당부하신다. "엄히 경고하셨다"고 번역된 헬라어는, 그리스도께서 권세를 가지고 그렇게 명령하셨고, 그 명령을 지키지 않은 경우에는 벌을 받게 될 것이라고 경고하셨다는 것을 보여 준다. 하지만 앞에서도 그리스도께서 고침 받은 사람들에게 이런 명령을 내리셨지만, 그 명령을 지킨 사람은 아무도 없었고, 명령을 안 지켰다고 해서 책망을 들은 사람은 아무도 없었다. 우리는 복음서 기자들이 이 명령에 붙어 있던 어떤 단서들을 언급하지 않은 것이 아니라면, 그들은 그리스도의 명령을 어기고 그 일들을 사람들에게 알림으로써 범죄하였다고 말하지 않을 수 없지만, 그리스도께서 왜 이런 명령을 하셨고, 그들은 왜 명령을 어기고 그 일들을 발설하였으며, 그렇게 했는데도 왜 그들은 벌을 받지 않았던 것인지에 대해서는 우리가 제대로 설명할 수 없다.

32-33. [32]그들이 나갈 때에 귀신 들려 말 못하는 사람을 예수께 데려오니 [33]귀신이 쫓겨나고 말 못하는 사람이 말하거늘 무리가 놀랍게 여겨 이르되 이스라엘 가운데서 이런 일을 본 적이 없다 하되.

어떤 이들은 누가복음 11:14에서 보도되고 있는 것이 이 동일한 사건을 짤막하게 요약한 것이라고 생각한다. 여기에서 "말 못하는 사람"으로 번역된 헬라어는 말을 못하는 사람만이 아니라 귀가 먹은 사람을 의미하기도 한다. 왜냐하면, 선천적으로 귀가 먹은 사람들은 말도 못하게 되기 때문이다. 그러나 여기에 나오는 이 사람은 선천적으로가 아니라 도중에 귀신이 들려서, 귀신이 그의 말을 막아 버려서 말을 못하게 된 사람이었을 가능성이 크다.

우리는 다음과 같은 것을 주목하여야 한다. (1) 그리스도께서는 혈루증을 앓던 여자처럼, 자발적으로 그를 찾아온 사람들을 고쳐 주셨다. (2) 그리스도께서는 이 장의 앞부분에서 나왔던 중풍병자처럼, 스스로 나아오고 싶어도 그렇게 할 수가 없어서 다른 사람들에 의해 들려서 그에게 나아온 사람들을 고쳐 주셨다. (3) 그리스도께서는 자발적으로 찾아오거나 남들에 의해서 들려서 그에게 나아오지는 않았더라도, 우연히 만나게 된 사람들을 고쳐 주셨다(눅 7:12; 요 5:5; 9:1). (4) 그리스도께서는 앞서 언급된 귀신 들린 자처럼, 그들 자신의 동의 없이 나아오게 된 사람들을 고쳐 주셨다. 이 본문의 경우는 네 번째에 해당되는 것이었다. 그리스도께서 이적들을 행하신 목적은 자기가 하나님의 아들이라는 것을 보이시기 위한 것이었기 때문에, 언제나 사람들이 자발적으로 나아오기만을 기다리시지 않고, 종종 자발적으로 나아오지 않는 자들을 통해서도, 자기가 거저 값없이 은혜를 베푸시는 이임을 보여 주신다.

34. 바리새인들은 이르되 그가 귀신의 왕을 의지하여 귀신을 쫓아낸다 하더라.

바리새인들이 이런 말을 한 것은 한두 번이 아니었다. 마태복음 12:24; 마가복음 3:22; 누가복음 11:15을 보라. 마태복음 12:24에는 우리 구주께서 바리새인들의 이러한 중상모략이 거짓되다는 것을 밝히시는 말씀도 나오기 때문에, 나는 이것에 대해서 자세한 것은 거기에서 함께 자세하게 살펴보기로 하고, 여기에서는 단지 눈멂(blindness)과 악의(malice)의 비참한 결과들만을 잠깐 지적해 두고자 한다. 일반 백성들은 그리스도께서 "귀신 들려 말 못하는 사람"에게서 귀신을 쫓아내어서 그 사람이 말할 수 있게 된 것을 보고서는 놀라서, 이스라엘에서 이런 일을 본 적이 없다고 말하였던 반면에, 유대인들의 랍비들은 제정신이 아닌 자들이었기 때문에, 우리 구주께서 마귀와 짜고 마귀의 능력을 빌려서 그 사람에게서 귀신을 쫓아낸 것이라고 비난하였다. 그렇다면, 그들은 무슨 근거로 그렇게 판단한 것인가? 우리 구주께서는 그들로 하여금 추론을 통해서 그러한 판단을 내릴 수밖에 없게 만든 일을 단 하나도 하신 적이 없었고, 오직 그들보다 더 관대한 일반 백성들로 하여금 그들과는 정반대의 판단을 내릴 수밖에 없게 만든 일들만을 하셨을 뿐이었지만, 그들은 우리 구주의 평판이 백성들 사이에서 나빠지게 만들고자 하였기 때문에, 그런 식으로 말하여야 하였다. 백성들이 보았을 때에 거짓이라고 판단할 수밖에 없는 것에 근거해서, 바리새인들은 그리스도를 이런 식으로 비난하고 고소하였다. 마귀의 자녀들은 선하고 거룩한 사람들을 불경하거나 속되다고 비난할 수 없는 경우에는 그 사람들의 언행은 모두 위선이라고 몰아 부친다. 사실, 바리새인들은 그들 자신이 위선자들이기 때문에 다른 사람들에 대하여 위선자라고 할 자격이 없는데도 말이다.

35. 예수께서 모든 도시와 마을에 두루 다니사 그들의 회당에서 가르치시며 천국 복음을 전파하시며 모든 병과 모든 약한 것을 고치시니라.

복음서 기자는 4:23에서도 이렇게 말하였다. 단지 차이점이 있다면, 여기에서는 "모든 도시와 마을"이라고 말한 반면에, 거기에는 "온 갈릴리"라고 말한 것인데, 이 둘은 동일한 것을 가리키는 것 같다. 거기에서의 설명을 보라.

36. 무리를 보시고 불쌍히 여기시니 이는 그들이 목자 없는 양과 같이 고생하며 기진함이라.

마가복음 6:34에도 이것과 비슷한 말씀이 나온다. 잃어버린 영혼들을 찾아 구원하시기 위하여 하늘에서 이 땅으로 내려오신 그리스도께서는, 많은 무리가 자기를 따르며 기꺼이 가르침 받고자 하여 자기에게서 복음을 들으려고 뛰어다니느라고, 마치 "목자 없는 양과 같이" "고생하며"(ἐκλελυμένοι - '에클레뤼메노이' 또는 ἐσκυλμένοι - '에스퀼메노이') "기진한"(ἐῤῥιμμένοι - '에르림메노이') 것을 보시고, 그들을 불쌍히 여기셨다. 그렇다면, 당시에는 유대인들을 가르치고 인도하는 목자들이 없었다는 것인가? 그들에게는 예루살렘 성전이 있었고, 서기관들과 바리새인들과 제사장들이 있었으며, 율법을 읽고 해석하는 회당도 곳곳에 있었다. 하지만 그리스도께서는 그들은 진정한 사역자들이 아니었기 때문에, 백성들에게는 목자가 없는 것과 같다고 여기신 것이다. 그들은 짖지 못하는 개들이었고, 짖으려고 하지 않는 게으른 개들이었다. 당시에 유대인들 가운데서의 목회 상황은 전반적으로 그러하였고, 이것이 그리스도에게 창자가 끊어지는 아픔을 주었다("불쌍히 여기시니"로 번역된 헬라어는 이런 의미이다). 여호와의 회중이 목자 없는 양 같거나(민 27:17), 그들 중에 그들을 가르칠 여호와의 참 선지자가 없는 것(왕상 22:17)은 정말 비참한 일이다.

37-38. [37]이에 제자들에게 이르시되 추수할 것은 많되 일꾼이 적으니 [38]그러므로 추수하는 주인에게 청하여 추수할 일꾼들을 보내 주소서 하라 하시니라.

이 두 절이 말하고자 하는 취지는 이런 것이다: 세례 요한과 그리스도께서 상당 기간 동안 말씀을 전하였고, 하나님께서 많은 무리들의 마음을 열어 이 두 사람을 따르게 하셨기 때문에, 이제 많은 사람들이 주님을 받아들일 준비가 되어 있었다. "세례 요한의 때부터 지금까지 천국은 침노를 당하나니 침노하는 자는 빼앗느니라"(마 11:12). 사람들은 복음을 듣기를 아주 좋아하였다. 이러한 상황을 우리 구주께서는 "너희 눈을 들어 밭을 보라 희어져 추수하게 되었도다"(요 4:35)고 표현하신다.

그러나 하나님의 마음을 사람들에게 신실하게 전해줄 일꾼은 거의 없다. 사람들에게 자신들의 의식들과 예식들과 전통들을 가르치는 데 힘을 쏟는 쓸데없는 바리새인들과 서기관들과 제사장들은 넘쳐나는데, 정작 쓸 만한 일꾼들은 거의 없다. 그러한 일꾼들은 하나님이 사람들에게 주시는 선물이기 때문에, 하나님께서 그러한 일꾼들을 밭에 투입하셔야 한다. 복음을 전하는 사역이 얼마나 크고 중한 일인지를 역설해서 사람들로 하여금 복음의 일꾼들이 되게 하려고 입에 침이 마르도록 얘기하는 것만으로는 부족하고, 하나님의 권능이 사람들의 마음을 움직이시지 않으면 안 된다. 그러므로 너희는 하나님께서 일꾼들을 보내 주시도록, 아니 하나님이 일꾼들을 밭에 "투입하시도록"(ἐκβάλῃ – '에크발레') 기도하여야 한다.

(1) 하나님께서 하시는 추수는 무리들로 하여금 마음을 열어 하나님의 진리를 듣고 싶어 하게 하시는 것이다.

(2) 일꾼들이 해야 할 일은 "수고하는" 것이다(갈 4:11; 빌 4:3; 딤전 5:17). 이 수고가 있어야, 하나님이 추수하신 것을 거두어들일 수 있다.

(3) 하나님은 추수의 주인이시기 때문에, 일꾼들은 하나님을 주인으로 모시고서 수고를 하여야 한다.

(4) 하나님께서 그들을 밭에 투입하실 때까지는, 아무도 자기가 스스로 사역의 밭

에 뛰어들어서는 안 된다(히 5:4).

(5) 하나님의 추수를 담당하는 일꾼들은 늘 적었다. 그래서 크리소스토모스(Chrysostom)는 소수의 일꾼들만이 구원을 받게 될 것이라고 생각하였다.

이 장에서 우리 구주께서는 다음 장에서 우리가 다루게 될 일, 즉 그가 자신의 열두 사도를 파송하기에 앞서 미리 이 말씀을 하신 것이다.

제10장

개요

1. 그리스도께서 열두 사도에게 권능을 주어 보내셔서 이적들을 행하게 하심(1-4).
2. 그들에게 지시사항들을 주심(5-15).
3. 그들에게 박해에 대하여 미리 경고하시고, 그들이 안심하고 꿋꿋이 사역을 해나가야 할 동기들을 말씀해 주심(16-39).
4. 그들을 영접하는 자들에게 복을 주실 것을 약속하심(40-42).

1. 예수께서 그의 열두 제자를 부르사 더러운 귀신을 쫓아내며 모든 병과 모든 약한 것을 고치는 권능을 주시니라.

마가는 "이에 열둘을 세우셨으니 이는 자기와 함께 있게 하시고 또 보내사 전도도 하며 귀신을 내쫓는 권능도 가지게 하려 하심이러라"(막 3:14-15)고 말하고, 누가는 "예수께서 열두 제자를 불러 모으사 모든 귀신을 제어하며 병을 고치는 능력과 권위를 주시고 하나님의 나라를 전파하며 앓는 자를 고치게 하려고 내보내시며"(눅 9:1-2)라고 말한다. 이것은 사도들이 주님으로부터 받은 최초의 소임이었고, 주님께서 부활 후에 그들에게 주신 소임과는 상당히 다른 것이었다. 여기에서 그들은 오직 이스라엘 집의 잃어버린 양들에게로만 보내심을 받은 반면에, 거기에서는 모든 민족과 만민에게로 보내심을 받았다. 복음서 기자는 그들을 "제자들"로 부르는데, 여기에서 "제자들"은 그리스도를 따르는 사람들이라는 평범한 의미가 아니라 좀 더 특별하고 강조된 의미를 지닌다. 그리스도께서 "열둘"을 택하신 것은, 열두 족장이 유대 교회를 낳았듯이, 이 열두 사람이 모든 복음 교회의 조상들이 되게 하시기 위한 것이었다. "열둘"이라는 숫자는 신성한 수였던 것으로 보인다. 새 예루살렘은 "열두 문"이 있고 그 문들에는 "열두 천사"가 있으며, 그 문들 위에는 "이스라엘 자손 열두 지파의 이름들"이 씌어져 있고(계 21:12), 그 성의 성곽에는 "열두 기초석"이 있으며, 그 위에는 어린 양의 "열두 사도의 열두 이름"이 있고(계 21:14), 그 성의 길이와 너비와 높이가 각각 "만 이천 스다디온"인 것으로 묘사된다(계 21:16).

그리스도께서 사도들에게 다음과 같은 권능을 주셨다. (1) 사도들은 하나님의 나라, 즉 복음을 전파할 권능을 부여받았다. 복음은 "영광의 나라"로 가는 길을 보여 주는 것임과 동시에, "은혜의 나라"인 기독교회를 모아서 사람들의 마음을 복종시켜서 그리스도께 순종하도록 하는 수단이었다. (2) 사도들은 귀신들을 쫓아내고 온갖 병들을 고칠 수 있는 능력을 부여받았다. 이러한 권능을 통해서 사도들은 자신들이 하나님의 보내심을 받은 자들임을 확증하고, 하나님이 주신 권능으로 오직 하나님만이 하실 수 있으신 일들을 행함으로써(물론, 그리스도께서 행하신 일들과 같은 것은 아니었지만), 백성들 사이에서 명성을 얻었다. 그리스도께서도 그 동일한 일들을 행하셨지만, 그것은 자기 자신 속에 내재된 능력으로 행하신 것이었다. 그리스도께서는 이 열두 사도를 늘 자기와 함께 있게 하시고, 종종 필요할 때마다 자신의 권능을 덧입고 나가서 말씀을 전하고 이적들을 행하게 하시기 위하여 그들을 사도들로 세우신 것이었다.

2-4. [2]열두 사도의 이름은 이러하니 베드로라 하는 시몬을 비롯하여 그의 형제 안드레와 세베대의 아들 야고보와 그의 형제 요한, [3]빌립과 바돌로매, 도마와 세리 마태, 알패오의 아들 야고보와 다대오, [4]가나나인 시몬 및 가룟 유다 곧 예수를 판 자라.

마가도 동일한 인물들을 열거하기는 하지만(막 3:16-19), 몇 가지 설명들을 덧붙이고 있는데, 거기에 대해서는 우리가 해당 인물들을 다룰 때에 살펴보게 될 것이다. 여기에서 "사도들"은 보내심을 받은 자들이라는 의미를 지닌 단어로서, 이 단어가 그리스도의 제자들에게 사용되었을 때에는, 복음을 전하기 위해서 그리스도에 의해 처음으로 파송된 자들을 가리킨다. 복음서 기자들이 사도들의 이름을 일일이 열거해서 기록해 놓은 것은 합당한 일이었다. 왜냐하면, 기독교회 전체는 그들의 가르침 위에 세워지게 될 것이었기 때문이었다(엡 2:20). 복음서 기자가 "시몬"을 가장 먼저 언급하면서 "베드로라 하는 시몬"이라고 한 것은, 우리 구주께서 시몬의 신앙 고백 위에 자신의 교회를 세우시겠다고 말씀하시며 그의 이름을 "베드로"(반석이라는 뜻)라고 하셨기 때문이었다(마 16:18). 여기에서 복음서 기자가 "첫 번째는 베드로라 하는 시몬이고"(이것은 KJV의 번역이다)라고 한 것은 베드로가 첫 번째로 부르심을 받았다거나 첫 번째로 믿었다는 것이 아니라(요한복음 1:41은 이것이 사실이 아니라는 것을 분명하게 보여 준다), 여러 사람을 열거할 때에는 누군가를 첫 번째로 언급하여야 하는데, 그런 의미에서의 첫 번째라는 것이다. 시몬은 "요한의 아들"(요 21:16)이었다. 그리스도께서는 그에게 "게바"라는 이름을 붙여 주셨는데,

"게바는 번역하면 베드로"였다(요 1:42). 그는 나중에 언급되는 가나나인 시몬과 구별하기 위하여 시몬 베드로라 불렀다. 따라서 교황주의자들이 베드로가 여기에서 "첫 번째"로 불렸다는 것을 근거로 삼아서, 베드로는 모든 사도들과 교회의 우두머리였다고 말하며 수장권을 주장하는 것은 억지이다. 그런데도 1528년에 베른(Berne)에서 열린 토론회에서는 또다시 그런 주장이 제기되었다. 즉, 수녀들의 고해신부였던 알렉시우스 그라드(Alexius Grad)가 베드로가 "게바"라고 불렸다는 것을 근거로 해서 그의 수장권을 증명하고자 한 것이 그것이었다. 그는 복음서 기자가 "게바"를 "베드로," 즉 "돌"로 명시적으로 해석해 놓았다는 사실을 무시하고(요 1:41), 어떤 사전을 들먹이며, '케파스' (Κέφας)가 옛적에는 "머리"를 뜻하였다고 주장하고 나섰다. 그들이 이 본문에 나오는 "첫 번째"라는 표현을 근거로 그런 식의 결론을 이끌어내는 것이 옳다면, 우리는 그 논리를 그대로 따라서, 갈라디아서 2:9에서는 "야고보와 게바와 요한" 순으로 열거하고 있다는 것을 근거로 해서, 베드로의 서열은 두 번째였다고 주장할 수 있을 것이다.

그의 형제 안드레, 즉 시몬 베드로의 형제였던 안드레는 세례 요한이 그리스도께로 인도하였고(요 1:40), 자신의 형제 베드로와 함께 그리스도에 의해 부르심을 받았다(막 1:16-17). 세베대의 아들 야고보는 알패오의 아들이었던 동일한 이름의 또 다른 사도와 구별하기 위하여 이렇게 불렸다. 사도행전 12:2은 그의 죽음을 보도하는데, 그는 헤롯에 의해 죽임을 당하였다. 그의 형제 요한, 즉 세베대의 아들이었던 요한은 "예수께서 사랑하시는 그 제자"로 불린 사도로서, 요한복음을 쓴 인물이었다(요 21:20, 24).

빌립과 바돌로매. 빌립은 "빌립은 안드레와 베드로와 한 동네 벳새다 사람"(요 1:44)으로서, 그리스도께서 그를 발견하고 부르셨다(요 1:43). 바돌로매가 어떻게 부르심을 받았는지는 복음서들에 나오지 않는데, 어떤 이들은 요한복음 1:45-46 등에 언급된 "나다나엘"과 "바돌로매"가 동일 인물이었다고 생각한다. 바돌로매가 여기에서 나다나엘을 그리스도께로 인도한 빌립(요 1:45)과 함께 언급되고 있는 것은 그럴 가능성이 있음을 시사해 주기는 하지만, 이것과 관련해서 확실한 것은 아무것도 없다. 도마는 그리스도께서 부활하셨다는 것을 믿지 않은 "디두모"라 불린 바로 그 인물이다(요 20:24, 27). 세리 마태는 마태복음을 썼다. 우리는 앞에서 그가 세관에 앉아 있을 때에 부르심을 받았다는 것을 보았는데, 그는 "레위"라고도 불렸다.

알패오의 아들 야고보와 다대오. 이 야고보는 세베대의 아들 야고보와 구별하기 위하여 알패오의 아들 야고보로 불리기도 하고 "작은 야고보"(막 15:40)로 불리기도 하였다. 어떤 이들은 이 야고보는 마태의 아버지였던 알패오의 아들이었던 것이 아니라, "글로바의 아내 마리아"(요 19:25)의 남편이었던 또 다른 알패오의 아들로서, 그리스도와 친척관계에 있던 "주의 형제 야고보"(갈 1:19)였을 것이라고 생각한다. 하지만 성경은 그렇지 않다는 것을 보여 준다. 누가복음 6:16은 "다대오라는 별명을 지닌 레배오"(KJV)라고 말하지 않고, "야고보의 형제 유다"(유다서를 쓴 사도)를 들고 있고, 마가복음 3:18에도 "레배오"에 대한 언급이 전혀 나오지 않는다. 따라서 어떤 이들은 원래의 본문에는 "다대오라는 별명을 지닌 레배오"가 아니라 "레배오의 아들 다대오"로 되어 있었을 것이라고 생각한다. 왜냐하면, "유다"는 시리아어로는 "다대"(Thaddai)이기 때문이다.

가나나인 시몬. 누가는 그를 "셀롯이라는 시몬"이라고 부른다(눅 6:15; 행 1:13). 우리는 본문에 나오는 "가나나인"이라는 말을 이방인을 뜻하는 것으로 이해해서는 안 된다(그리스도께서는 오직 유대인들만을 사도로 세우시고 파송하셨다). "가나나인"은 "가나 사람"이라는 뜻으로서, 번역하면 "셀로"가 되기 때문에, 누가는 그를 "셀롯," 즉 셀로 사람이라고 한 것이다.

가룟 유다 곧 예수를 판 자라. 이 유다가 어떻게 해서 "가룟"이라는 별명을 얻게 된 것인지에 대해서는, 그가 "그리욧" 출신이었기 때문이라는 등 많은 추측들이 있어 왔지만, 가장 좋은 추측들도 단지 추측에 불과하고 확실한 것들이 아니기도 하고, 이것을 아는 것은 우리에게 별로 중요하지도 않다. 복음서 기자는 여기에서 "가룟 유다"라고 함으로써 다른 유다들로부터 구별한다. 이 유다가 자신의 선생을 배신한 것에 대해서는 우리가 나중에 살펴보게 될 것이다.

그리스도께서는 "시몬"의 이름을 개명해서 "베드로"라고 부르셨고(막 3:16), 야고보와 요한에게는 "보아너게," 즉 "우레의 아들들"이라는 별명을 더하셨다(막 3:17). 또한, 유다는 다대오로도 불렸고, 마태는 그를 "레배오"라고도 부른다. 여기에 나오는 열두 제자들은 그리스도의 첫 번째 열두 사도들이었고, 나중에 그리스도께서 승천하신 후에는 거기에 (가룟 유다 대신으로) "맛디아"(행 1:26)와 바울과 바나바가 더해졌지만, 처음에 열두 사도로 세우심을 받은 자들만이 그리스도와 함께 생활한 자들로서 그리스도에 의해서 처음으로 파송 받은 자들이었다. 우리는 이제 그리스도께서 이 열두 사도에게 주신 지시사항들을 듣게 될 것이다.

5-6. [5]예수께서 이 열둘을 내보내시며 명하여 이르시되 이방인의 길로도 가지 말

고 사마리아인의 고을에도 들어가지 말고 [6]오히려 이스라엘 집의 잃어버린 양에게로 가라.

여기에서 그리스도께서는 그들의 사역을 유대인들에게로 한정시키신다. 사도 바울은 "그리스도께서 하나님의 진실하심을 위하여 할례의 추종자가 되셨으니 이는 조상들에게 주신 약속들을 견고하게 하시고"(롬 15:8)라고 말하고, "하나님의 말씀을 마땅히 먼저 너희에게 전할 것이로되"(행 13:46)라고 유대인들에게 말한다. 따라서 그리스도께서는 자신의 사도들을 최초로 전도하도록 보내실 때, 이방인들에게로는 가지 못하게 하신다. 사도들은 나중에 이방인들에게로 가라는 사명을 받았고(마 28:19) 실제로 이방인들에게 선교하였지만, 유대인들이 복음을 배척하고 모독하며 복음의 일꾼들을 박해함으로써, 그들 자신이 "영생을 얻기에 합당하지 않은 자들"임을 스스로 입증할 때까지는(행 13:46) 그렇게 해서는 안 되었다.

또한, 사도들은 사마리아인의 고을에도 들어가지 말라는 명령을 받는다. 사마리아인들은 북왕국의 열 지파가 포로로 사로잡혀갔을 때에 수리아의 왕이 거기로 보낸 이방인들의 자손이었거나, 그 땅에 남아 있다가 배교한 일부 유대인들로부터 태어난 자손이었다(왕하 17:6). 사마리아인들의 종교가 어떤 것이었는지에 대해서는 열왕기하 17:31-41에서 읽을 수 있다. 우리는 누가복음 9:52-53과 요한복음 4:9을 통해서, 유대인들과 사마리아인들은 서로 앙숙으로서 서로를 극도로 미워하고 있었다는 사실을 알 수 있다. 우리 주님께서는 사마리아인들이 이방인들과 별반 다를 것이 없는 자들이라는 점과 유대인들로부터 극도로 미움 받고 있던 자들이라는 점을 고려하셔서, 자신의 첫 번째 전도자들을 사마리아인들 가운데로 보내어 말씀을 전하게 하고자 하지 않으셨다. 물론, 이것은 이방인이든 사마리아인이든, 사도들을 찾아오는 사람에게 말씀을 전하지 말라고 하신 것은 아니었고, 단지 일부러 이방인이나 사마리아인이 사는 곳으로 찾아가서 말씀을 전하지는 말라고 하신 것이었다. 이 큰 빛이 이방인들에게 비칠 때가 아직 오지 않았다.

오히려 이스라엘 집의 잃어버린 양에게로 가라. 여기에서 그리스도께서 말씀하신 "이스라엘"은 다윗 가문에게 붙어 있었던 두 지파를 의미한다. 왜냐하면, 북왕국에 속하였던 열 지파는 포로로 사로잡혀간 이래로(왕하 17:6) 이스라엘이라는 이름을 상실하였기 때문이다. 그리스도께서는 예레미야가 "내 백성은 잃어버린 양 떼로다 그 목자들이 그들을 곁길로 가게 하여"(렘 50:6)라고 말한 의미에서, 그들을 "잃어버린 양"으로 부르신다. 따라서 여기에서 "잃어버린 양"은 적절한 인도자가 없어서 길을 잃어버리고 방황하는 양들을 가리킨다. 당시에 유대인들의 선생이라고 하는 자들은 너무나 형편없는 자들이었기 때문에, 유대인들은 잃어버린 양들처럼 길을 잃고 헤매고 있었다. 이것은 그리스도께서 앞 장의 마지막 절들에서 하신 말씀과 그 취지가 동일하다. 즉, 추수할 것은 많은데, 일꾼들은 적다는 것이다. 그래서 그리스도께서는 흩어진 양들을 모아 한 우리 속에 넣을 목자들이자 일꾼들로서 사도들을 그들에게 파송하시고 계시는 것이다.

7-8. 7 가면서 전파하여 말하되 천국이 가까이 왔다 하고 8 병든 자를 고치며 죽은 자를 살리며 나병환자를 깨끗하게 하며 귀신을 쫓아내되 너희가 거저 받았으니 거저 주라.

그리스도께서는 이 말씀을 통해서 사도들에게 다음과 같은 권능을 주신다. (1) 사도들은 복음을 전파하는 권능을 수여받는다. (2) 사도들에게는, 그들이 전하는 가르침이 하나님에게서 왔음을 확증하기 위해서, 병자들을 고치고 나병환자들을 깨끗하게 하며 죽은 자들을 다시 살리고 귀신들을 쫓아내는 이적들을 행할 수 있는 권능이 주어진다. 그리스도께서는 그들에게 "전파하라"(Κηρύσσετε - '케륏세테'), 즉 전령들로서 외치라고 명령하시는데, 이것은 이사야가 하나님으로부터 받은 사명과 같은 것이었다: "크게 외치라 목소리를 아끼지 말라 네 목소리를 나팔 같이 높여 … 알리라"(사 58:1).

또한, 그리스도께서는 그들이 전해야 할 말씀의 요지가 무엇인지도 가르쳐 주시는데, 그것은 천국이 가까이 왔다는 것이었고, 세례 요한이 전파한 것(마 3:2)이나 그리스도께서 전파하신 것(막 1:15), 또는 그리스도께서 칠십인을 보내셔서 전하게 하신 것(눅 10:9)과 같은 것이었다. 사도들은 이것 외에는 다른 말들을 해서는 안 된다는 것이 아니라, 그들이 하는 모든 말들의 요지는, 하나님께서 옛적에 메시야를 보내셔서 이 세상에 자신의 나라를 세우시고, 만민으로 하여금 그 나라의 법에 순종하게 하시겠다고 하신 약속을 성취하실 때가 이제 도래하였다는 것을 선포하는 것이 되어야 한다는 것이다.

그리스도께서는 사도들이 전파하는 말씀을 확증하기 위하여 이적들을 행할 때에 아무런 대가도 받지 말고 값없이 "거저" 베풀어 주라고 당부하신다. 왜냐하면, 그들이 사적인 이익을 위해 이적들을 행하게 되는 경우에는, 그리스도께서 그들로 하여금 이적들을 행하게 하신 원래의 목적, 즉 그들이 전파하는 말씀을 확증하기 위한 목적이 방해를 받을 수 있기 때문이었다.

9-10. [9]너희 전대에 금이나 은이나 동을 가지지 말고 [10]여행을 위하여 배낭이나 두 벌 옷이나 신이나 지팡이를 가지지 말라 이는 일꾼이 자기의 먹을 것 받는 것이 마땅함이라.

우리 구주께서는 앞 절에서 사도들에게 "거저" 주라고 명령하셨기 때문에, 그들은 먹을 것과 입을 것을 비롯하여 필요한 것들을 단단히 준비해서 이 전도여행을 떠나야 하겠다는 생각을 하였을 것이 분명하다. 그러나 우리 구주께서는 "너희 전대에 금이나 은이나 동을 가지고" 가지 말라고 말씀하신다. 하지만 누가복음 22:35-36에서 그리스도께서는 "내가 너희를 전대와 배낭과 신발도 없이 보내었을 때에 부족한 것이 있더냐 이르되 없었나이다 이르시되 이제는 전대 있는 자는 가질 것이요 배낭도 그리하고 검 없는 자는 겉옷을 팔아 살지어다"라고 하신 것에 비추어 보면, 이것은 이 짧은 전도여행과 관련된 일시적인 명령이었다는 것이 드러난다. 즉, 사도들은 짧은 시간 안에 이 여행을 끝내어야 했기 때문에, 많은 것들을 가져간다면, 이동하는 데 방해가 되었을 것이다. 또한, 우리 구주께는 사도들로 하여금 하나님의 섭리를 직접 경험하게 함으로써 그 섭리를 믿고 행하도록 가르치심과 동시에, 사람들에게는 "일꾼이 자기의 먹을 것을 받는 것이 마땅하다"는 것을 가르치시고자 하는 의도가 있으셨다. 왜냐하면, 하나님께서는 자신의 일꾼들이 그들 자신의 힘으로 살아가는 것이 아니라, 그들이 섬기는 제단에 의지해서 살아가기를 원하시기 때문이다. 이런 식으로, 그리스도께서는 자신의 사도들이 탐욕을 부리거나 지나치게 염려하지 않도록 가르치심과 동시에, 사람들에게는 복음 사역을 통해 영적으로 자신들을 도운 일꾼들에게 필요한 것들을 그들이 공급해야 한다는 것을 가르치셨다. 나는 다른 이들이 이 말씀에 대하여 비판적으로 고찰해 온 것들에 대해서는 다루지 않고 그냥 넘어가고자 한다. 그런 것들을 다루는 것은 내가 해야 할 일이 아니다.

마가는 그리스도께서 "명하시되 여행을 위하여 지팡이 외에는 양식이나 배낭이나 전대의 돈이나 아무 것도 가지지 말며 신만 신고 두 벌 옷도 입지 말라"고 하셨다고 말한다(막 6:8-9). 이 말씀으로부터 우리는 마태 본문에서 가지고 가는 것이 금지된 "지팡이"는 단지 여행자들이 가지고 다니는 지팡이가 아니라, 방어용 지팡이나 물건을 메기 위한 지팡이를 가리킨다는 것을 분명하게 알 수 있다. 이 본문의 요지는 그리스도께서는 곧 첫 번째 전도여행을 떠나게 될 사도들이 하나님께서 그들을 보호해 주시고 먹여 살려 주실 것을 믿고, 꼭 필요한 것들 외에는 가지고 가지 말라고 하셨다는 것이다.

11-15. [11]어떤 성이나 마을에 들어가든지 그 중에 합당한 자를 찾아내어 너희가 떠나기까지 거기서 머물라 [12]또 그 집에 들어가면서 평안하기를 빌라 [13]그 집이 이에 합당하면 너희 빈 평안이 거기 임할 것이요 만일 합당하지 아니하면 그 평안이 너희에게 돌아올 것이니라 [14]누구든지 너희를 영접하지도 아니하고 너희 말을 듣지도 아니하거든 그 집이나 성에서 나가 너희 발의 먼지를 떨어 버리라 [15]내가 진실로 너희에게 이르노니 심판 날에 소돔과 고모라 땅이 그 성보다 견디기 쉬우리라.

우리 주님께서는 앞에서 사도들이 누구에게로 가서 전도해야 하는지 그 대상을 한정해 주셨고, 그들이 무슨 일들을 해야 하는지도 정해 주셨으며, 이 전도여행을 위해서 그들이 가져가야 할 것들이 무엇인지도 가르쳐 주셨는데, 이제 여기에서는 그들이 어떤 식으로 전도해야 하는지 그 방법을 지시해 주신다. 누가복음 10:4-6에도 거의 비슷한 내용이 나오지만, 그 지시사항은 열두 사도가 아니라 칠십인의 전도자들을 파송하시면서 주신 것이다. 마가는 마태 본문에 나오는 것과 비슷한 내용을 열두 사도에게 적용한다: "또 이르시되 어디서든지 누구의 집에 들어가거든 그 곳을 떠나기까지 거기 유하라 어느 곳에서든지 너희를 영접하지 아니하고 너희 말을 듣지도 아니하거든 거기서 나갈 때에 발 아래 먼지를 떨어버려 그들에게 증거를 삼으라 하시니"(막 6:10-11). 그리스도께서 그들에게 가르쳐 주신 전도방법은 이런 것이었다. 첫 번째는 이스라엘의 어떤 성이나 마을에 들어가거든, 거기에서 합당한 자를 찾아내어 그 집으로 가서 그 곳을 떠날 때까지 머물라는 것이다(그들이 사람을 잘못 본 것이 아니라면). 두 번째는 전도하기 위하여 어떤 집에 들어갈 때에는 들어가면서 그 집에 평안과 복이 임하기를 빌라는 것이다. 세 번째는 그 집이 그들을 영접하는 경우에는 그들에게 평안의 복음을 전하고, 어떤 성읍이나 마을, 또는 집이 그들 일행을 무시하여 영접하지도 않고 그들의 전도를 듣고자 하지도 않는 경우에는 그 곳이나 그 사람들에게 억지로 복음을 전하지 말고, 복음과 그 일꾼들을 멸시한 자들에 대한 경멸의 표시로, 그들의 발에 묻은 먼지를 털어내어 버림으로써, 그 사람들이 복음을 반대한 자들이라는 것을 증언하라는 것이다.

그런 후에, 그리스도께서는 불과 유황으로 멸망당한 소돔과 고모라 사람들(창 19:24)이 마지막 날에 그런 식으로 복음을 멸시한 사람들보다 더 견디기 쉬울 만큼, 그 사람들에 대한 심판이 아주 혹독할 것임을 경고하시는 것으로 말씀을 마치신다. 우리 구주께서는 자신이 앞서 하신 말씀으로 인해서 사도들의 마음속에 생겨났을 염려를 이런 식의 말씀을 통해서 제거해 주신다. 왜냐하면, 사도들은 앞서 그리스도께서 하신 말씀을 들었을 때, 아무것도 가져가지 않은 채로 낯선 사람들에게로 들어가라니, 도대체 우리에게 어떻게 살아남으라고 하시는 것인가 하는 염려가 그들의 마음속에 생겼을 것이기 때문이다. 우리 구주께서는 그들의 그러한 마음을 아시고서, "너희가 어떤 성읍이나 마을에 들어가거든, 먼저 낯선 사람들을 반기는 여관이 아니라, 너희 같은 객들을 기쁘게 맞아줄 사람이 누구인지를 찾아내라"고 말씀하신 것이다.

그들은 "평안을 받을 사람"(눅 10:6), 즉 그 성읍이나 마을에서 가장 경건하고 신앙심 깊거나 복음을 가장 잘 받아들일 것으로 여겨지는 사람을 찾아내야 한다. (여기에서 그리스도께서는 세례 요한과 그의 사역이 성공을 거두었기 때문에, 유대 지역의 대부분의 성읍이나 마을에는 잘 찾아보면 세례 요한으로부터 감화를 받은 사람들이 있을 것이라고 말씀하신 것이다.) "합당한 자"는 우리의 일상적인 대화 속에서 통상적으로 언제나 공로가 많은 사람을 가리키는 것이 아니라, 신앙이나 지식, 또는 도덕적인 미덕에 있어서 뛰어난 사람을 가리킨다. 우리 주님께서는 그런 사람들은 하나님의 복음을 전하러 자신의 집에 온 사도들을 반겨줄 것이라고 여기신다. 그리스도께서는 그들에게 전도여행을 가서 어떤 집으로 들어갈 때에는 "이 집에 평안이 있을지어다"라고 문안인사를 하라고 명령하시는데, 이것은 유대인들의 평범한 인사말로서, "평안"이라는 말 속에는 온갖 선한 것이 다 포함되어 있다. 나는 "너희 빈 평안이 거기에 임하게 하라"(한글개역개정에는 "너희 빈 평안이 거기 임할 것이요")는 그리스도의 말씀은 그 집에 평안의 복음을 전하라는 의미인 것으로 본다. 또는, 이것은 "나의 평안이 거기에 임할 것이고, 내가 그 집을 복줄 것이다"라는 의미일 수도 있다. 그러나 너희가 평안을 받을 만한 집이 아닌 데도 그 집을 위해 평안을 잘못 빈 경우에는, 너희가 빈 평안은 너희에게 다시 돌아오게 될 것이다. 너희는 너희가 해야 할 일을 다한 것이기 때문에, 너희의 상을 받게 될 것이다.

그들이 너희를 영접하지도 아니하고 너희 말을 듣지도 아니하고, 도리어 너희를 멸시하며 복음의 좋은 소식을 듣고자 하지 않는 경우에는, 그 집이나 성에서 나가 너희 발의 먼지를 떨어 버리라. 이것은 그들에 대한 경멸의 표시 이상의 것이었다. 느헤미야서 5:13을 보면, 느헤미야는 자신의 옷자락을 털며, "이 말대로 행하지 아니하는 자는 모두 하나님이 또한 이와 같이 그 집과 산업에서 털어 버리실지니 그는 곧 이렇게 털려서 빈손이 될지로다"라고 말한다. 우리는 사도행전에서 사도들이 이렇게 행한 예를 오직 한 번 본다(13:51). 마가는 "그들에게 증거를 삼으라"는 말씀을 덧붙인다. 즉, 그것은 하나님께서 자신의 은혜를 멸시한 자들을 멸시하실 것이라는 증언이자, 하나님의 원수 갚으심이 복음을 멸시한 자들에게 곧 임하게 될 것임을 증거하는 증언이라는 것이다. 왜냐하면, 그리스도께서는 "내가 진실로 너희에게 이르노니" 마지막 "심판 날에 소돔과 고모라 땅이 그 성보다 견디기 쉬우리라"는 말씀을 덧붙이시기 때문이다. 즉, "그 성"은 소돔과 고모라 땅보다 더 큰 빛과 더 큰 은혜를 제시받았는데도 그것을 거슬러 범죄하였기 때문에, 마지막 날에 "그 성"에 대한 심판은 소돔과 고모라 땅에 대한 심판보다 더 무시무시하고 끔찍할 수밖에 없다.

16. 보라 내가 너희를 보냄이 양을 이리 가운데로 보냄과 같도다 그러므로 너희는 뱀 같이 지혜롭고 비둘기 같이 순결하라.

우리 주님께서는 지금까지는 자신의 열두 사도들에게 그들이 어느 지역들로 가야 하는지, 그들이 해야 할 일들은 무엇인지, 그들이 어떤 방법으로 전도해야 하는지를 가르치시고 지시하셨기 때문에, 이제 여기에서는 그들이 전도여행 중에 겪게 될 어려움들과 시험들에 대해서 미리 경고하심으로써 각오를 단단히 할 것을 촉구하신다. 그리스도께서는 "내가 너희를 보냄이 양을 이리 가운데로 보냄과 같도다"라고 말씀하신다. 우리 구주께서는 자기가 장차 그들에게서 떠나갔을 때에 그들이 겪게 될 일들과 관련해서 이 말씀을 하신 것일 가능성이 대단히 높다. 왜냐하면, 우리는 현재에 있어서는 사도들이 어떤 큰 반대나 곤경에 부딪쳤다는 얘기를 듣지 못하기 때문이다. 그는 자신의 사도들을 보내시는 것이 스스로를 방어할 신친적인 무기도 없는 연약한 짐승에 불과한 "양"을 양들을 잡아먹기 위하여 호시탐탐 노리는 사나운 짐승인 "이리 가운데로 보냄과 같다"고 말씀하신다. 왜냐하면, 사도들의 원수들은 양들을 잡아먹고자 하는 본성을 타고난 이리처럼 사도들을 잡아먹고자 하는 큰 악의와 욕망을 지니고 있기 때문이다.

그러므로 너희는 뱀 같이 지혜롭고. 창세기 3:1에서는 뱀에 대하여 "들짐승 중에 가장 간교하니라"고 말한다. 박물학자들은 뱀의 몇 가지 구체적인 행태를 지적하면서, 뱀이 선천적으로 얼마나 지혜로운지를 보여 준다. 하지만 그리스도께서는 뱀이 자신의 지혜를 보여 주는 이런저런 구체적인 일을 염두에 두시고서 이런 말씀을 하신 것은 아닐 것이고, 단지 지혜로운 동물들 중에서 뱀을 한 예로 들어서, 죄를 짓는 것이 아닌 한 사도들도 지혜롭게 행하여야 한다는 것을 가르치신 것이다. 왜냐하면, 그리스도께서는 곧이어서 "**비둘기 같이 순결하라**"는 말씀을 덧붙이고 계시기 때문이다. 들짐승 중에서는 양보다 순수하고 순진한 짐승은 없고, 공중의 새들 중에서는 "비둘기"보다 더 순수하고 순진한 새는 없다. 우리 주님께서는 자신의 제자들을 이 두 짐승에 비유하신다.

이 본문은 우리에게 다음과 같은 것들을 가르쳐 준다. (1) 지혜는 사려분별에 있다. (2) 모든 참된 사려분별에는 순결함이 수반되어야 한다.

17-18. [17]사람들을 삼가라 그들이 너희를 공회에 넘겨주겠고 그들의 회당에서 채찍질하리라 [18]또 너희가 나로 말미암아 총독들과 임금들 앞에 끌려가리니 이는 그들과 이방인들에게 증거가 되게 하려 하심이라.

마지막에 나오는 "이방인들"이라는 단어는 우리의 찬송 받으실 주님께서는 여기에서 자신의 제자들이 이 첫 번째 전도여행에서 겪게 될 반대와 어려움들에 대하여 경고하시는 것이 아님을 분명하게 보여 준다. 왜냐하면, 그들은 지금 이방인들을 상대로 한 전도여행을 떠나게 되어 있던 것이 아니었고, 이방인들에 대한 선교는 그리스도께서 승천하신 후 몇 년이 지나서야 이루어질 일이었기 때문이다. 하지만 우리 주님의 이 말씀 속에는, 그들이 유대인들에게서도 비슷한 박해를 받게 될 것이라는 사실이 배제되고 있지는 않다. 왜냐하면, 그들이 공회에 넘겨지고 회당에서 채찍질을 당하게 될 것이라는 말씀은 분명히 유대인들로부터의 박해를 가리키는 것으로 보이기 때문이다. 그리스도께서 여기에서 하신 말씀은 나중에 사도들에게 아주 두드러지게 성취되었다(행 4:1-3; 5:27; 6:12). 사도들이 "총독들과 임금들 앞에 끌려 가는" 일은 사도행전에서도 이미 그 예들을 볼 수 있고, 교회사에서는 훨씬 더 많았다. 나는 우리 구주께서 이 말씀을 통해서 사도들이 이끄는 모임이 유대인들로부터 분리될 것임을 보여 주신 것이라고 생각하지 않는다. 그리스도께서는 단지 사도들이 그를 고백하고 그의 복음을 전파한다는 이유로 온갖 부류의 방백들과 법정들에 끌려가게 될 때가 올 것임을 알게 하고자 하셨을 뿐이다. "그들의 회당에서 채찍질하리라"는 말씀을 듣고는, 어떤 사람들은 지극히 경건하고 거룩한 회당에서 어떻게 사람들에게 채찍질을 하였겠느냐며 당혹해할 수도 있을 것이다. 그러나 우리는 여기에 나오는 "회당"이라는 단어를 유대인들이 모여서 예배드리던 장소를 가리키는 것으로 볼 필요는 없다. 어떤 이들은 회당 옆에는 율법을 어긴 사람들에게 벌을 가하기 위해 마련된 장소가 있었다고 생각한다. 고린도후서 11:24을 보면, 바울이 유대인들에 의해서 그들의 율법을 따라(신 25:3) 채찍질을 다섯 번이나 당했다는 것은 확실하다.

이는 그들과 이방인들에게 증거가 되게 하려 하심이라. 그리스도께서는 사도들이 이런 일들을 당하게 되는 것은 유대인이든 이방인이든 사람들 앞에서 그리스도를 증언하기 위한 것이고, 그들이 복음에 반대하였다는 것을 마지막 심판의 날에 증언하기 위한 것이라고 말씀하신다. "증거가 되게 하려"로 번역된 헬라어는 '에이스 마르튀리온'(εἰς μαρτύριον)이고, 여기에서 영어로 "순교자"를 뜻하는 martyr와 "순교"를 뜻하는 martyrdom이 나왔는데, 원래 전자는 "증인"을 의미하고, 후자는 "증언"을 의미한다.

19-20. [19]너희를 넘겨 줄 때에 어떻게 또는 무엇을 말할까 염려하지 말라 그 때에 너희에게 할 말을 주시리니 [20]말하는 이는 너희가 아니라 너희 속에서 말씀하시는 이 곧 너희 아버지의 성령이시니라.

마가복음 13:11과 누가복음 11:11-12에 나오는 것도 거의 동일하다. 사도들은 그리스도에 의해서 부르심을 받기 전에는 평범한 교육을 받은 사람들에 지나지 않았기 때문에, 그리스도께서는 그들이 공회나 임금들이나 총독들 앞에 끌려 나가게 되면, 그런 것에 익숙하지 않아서, 적지 않게 당황하게 될 것이라고 생각하셨던 것으로 보인다. 그래서 그리스도께서는 사람이라면 누구나 다 그런 경우에 무엇을 어떻게 말해야 할지를 미리 염려하고 생각하게 되는 것을 당연한 것으로 전제하시는 가운데, 사도들에게 "그 때에 너희에게 할 말을 주시리니 염려하지 말라"고 말씀하시며 힘을 북돋워 주신다. 모세가 자기는 "입이 뻣뻣하고 혀가 둔한 자"(출 4:10)라고 하소연하자, 하나님께서 "누가 사람의 입을 지었느냐"(출 4:11)라고 말씀하셨듯이, 여기에서도 그리스도께서는 하나님이 "그 때에 너희에게 할 말을 주시리라"고 말씀하시는 것으로 보인다.

말하는 이는 너희가 아니라 너희 속에서 말씀하시는 이 곧 너희 아버지의 성령이시니라. 너희에게서 나오는 말은 단순히 너희가 스스로 생각해서 하는 말이 아니다. 성령께서 이 일에 대한 너희의 생각에 감화를 주시고 너희에게 생각나게 하셔서, 그 생각이 너희의 혀에 영향을 미쳐, 너희 자신도 모르게 말이 술술 나오게 될 것이다. 이것이 사실이라는 것은 스데반의 경우에서 입증되었고(행 6:10), 수많은 순교자들을 통해 두드러지게 입증되어 왔다. 이것으로부터 우리는 성령의 감화는 사람들의 의지와 환난에 국한되지 않는다는 것을 알게 된다. 우리가 하나님을 섬기는 가운데 말을 해야 할 때에도, 성령은 우리를 감화시켜 우리 입에서 말이 나오게 한다. 우리는 그리스도인들이 신앙 고백을 하거나 그 밖의 다른 본분들을 행할 때에 말하는 것들이 성령의 그러한 직접적인 도우심을 따라 나온 것이라고 단정적으로 말할 수는 없지만, 성령은 다른 역사들에서와 마찬가지로 이 역사에 있어서도 바람처럼 어디로부터 와서 어디로 가는지 모르는 방식으로 역사하신다.

21-22. [21]장차 형제가 형제를, 아버지가 자식을 죽는 데에 내주며 자식들이 부모를 대적하여 죽게 하리라 [22]또 너희가 내 이름으로 말미암아 모든 사람에게 미움을 받을 것이나 끝까지 견디는 자는 구원을 얻으리라.

그리스도께서는 누가복음 21:16-17에도 여기에서와는 다른 상황에서이긴 하지만 거의 동일한 말씀을 하신다. 우리 구주께서는 여기에서 사도들에게, 그들에 대한 박해는 심지어 그들을 죽음에 이르게 할 수도 있고, 그리스도와 그의 복음에 대한 세상의 악의로 인해서 형제자매나 부모와 자녀 관계 같은 모든 인륜도 파괴될 것이며, 그들은 수많은 원수들을 만나게 될 것이라고 말씀하신다(다른 본문들에서와 마찬가지로 여기에 나오는 "모든 사람"도 문자 그대로 모든 사람이 아니라 "수많은 사람"을 의미한다). 모든 박해의 뿌리는 "미움"이다. 너희는 "내 이름으로 말미암아," 즉 나의 복음을 전파하거나 고백하거나, 내 복음을 따라 살아간다는 이유로 박해를 받게 될 것이다(행 4:18; 5:41). 이것은 베드로가 "그리스도인으로" 받는 "고난"이라고 말한 것이다(벧전 4:16). 그리스도께서는 이 말씀을 통해서 사도들에게, 그들이 그리스도의 이름으로 말미암아 고난을 겪게 될 것임을 미리 알아서 각오를 단단히 하여 자신들의 본분을 꿋꿋이 행해 나가라고 권면하실 뿐만 아니라, 그들이 고난 받는 것은 그리스도의 이름을 위한 영광스러운 일이라는 것을 보여 주심으로써 그들을 격려하신다. 또한, 그리스도께서는 그들이 고난을 잘 감당해야 할 또 한 가지 이유를 여기에 덧붙이신다: "끝까지 견디는 자는 구원을 얻으리라." 그들이 받는 고난은 언젠가는 반드시 끝이 나게 되어 있다. 왜냐하면, 그 고난이 그들의 생전에 끝나지 않는다면, 그들의 죽음으로 끝나게 될 것이기 때문이다. 그리고 너희가 끝까지 그 고난을 견딘다면, 너희는 구원을 받게 될 것이다. 하지만 끝까지 견디지 못한다면, 그것은 참된 인내도 아니고, 유익도 없게 될 것이다(막 13:13; 고전 9:24; 히 3:6).

23. 이 동네에서 너희를 박해하거든 저 동네로 피하라 내가 진실로 너희에게 이르노니 이스라엘의 모든 동네를 다 다니지 못하여서 인자가 오리라.

나는 이 본문이 복음의 일꾼들이 박해의 때에 피하는 것을 정당화해 주는 근거가 될 수 있는 것인지에 대해서는 회의적이다. 여기에 나오는 말씀은 사도들로 하여금 그리스도께서 오시기 전에 이스라엘의 모든 성읍들에 복음을 전하도록 하기 위하여 특별히 주어진 명령인 것으로 보인다. 나는 이 본문이 박해를 피하는 것을 정당화해 주는 근거로 보는 데에는 회의적이지만, 어떤 경우들에 있어서는 박해를 피하는 것이 합당하다는 것에 대해서는 전혀 의심이 없다. 그러한 경우들이 어떤 경우들인지에 대해서는 특히 토셀(Torshell) 목사님이 자세하게 다루고 있는데, 일반적으로 말한다면, 박해를 피하는 것이 하나님의 영광을 위한 것이거나, 다른 사람들의 유익을 위한 것인 경우에는 합당하다는 것이다. 그러나 구체적으로 어떤 경우들을 그런 경우로 보아야 하느냐 하는 문제는 그리 쉬운 문제는 아닌데, 아우구스티누스(Augustine)는 호노라투스(Honoratus)에게 보낸 서신에서 이 문제를 잘 말하고 있다. 사역자들은 성급하거나 경솔하게, 또는 겁이 나서, 다른 곳에 가서 편안하게 살고 싶어 박해를 피하여 도망쳐서는 안 되고, 박해를 피하는 행위가 하나님의 교회를 배신하는 행위가 되어서도 안 되며, 박해가 모든 곳에서 일어나고 있는 경우에도 피해서는 안 된다. 그러나 사역자들 중의 일부에 대하여 부분적으로 박해가 일어났고, 그들이 없어도 교회를 돌보는 데 별 문제가 없는 경우에는, 교회의 동의를 얻어서 박해를 피할 수 있다. 이 문제는 여기에서 다루기에는 너무 방대한 문제이고, 특히 나는 그리스도께서 여기에서 사도들에게 주신 지침은 사도들이 처한 특별한 상황에 적용되는 것일 뿐이라고 보고, 이 본문을 근거로 해서 박해를 피하는 것을 정당화할 수 없다고 생각하기 때문에, 이 정도로 해두는 것이 좋을 것이다.

이스라엘의 모든 동네를 다 다니지 못하여서 인자가 오리라. 이 구설에서 "인자가 오리라"는 것이 무슨 의미인지에 대해서, 해석자들은 그리스도의 오심에 관한 성경의 갖가지 언급들을 토대로 해서 아주 다양한 해석을 내놓았다. 그리스도께서는 육신을 입으시고 이미 오셨기 때문에, "인자가 오리라"고 미래형으로 말씀하신 이것이 그것을 가리키는 것일 수는 없다. 또한, 사도들은 이스라엘의 모든 동네를 이미 오래 전에 다 다녔는데도, 그리스도께서 재림하신 것은 아니기 때문에, 이것은 그리스도의 재림을 가리키는 것으로 볼 수도 없다. 우리는 이것이 그리스도께서 심판의 역사이든 긍휼의 역사이든 어떤 큰 섭리의 역사를 통하여 나타나시게 될 것을 말씀하신 것으로 보아야 한다. 이러한 관점에서, 어떤 이들은 이것이 예루살렘의 멸망을 가리키는 것으로 해석하면서, 마태복음 24:1-51이 바로 그러한 의미에서 그리스도의 오심에 대하여 말하고 있다고 주장한다. 어떤 이들은 그리스도의 부활로 말미암아 새 시대가 시작되었다는 의미에서, 이것은 그 부활 사건을 가리키는 것이라고 주장한다. 또 어떤 이들은 요한복음 14:18에서 그리스도께서 다시 오시겠다고 하신 약속이 17절에서 약속된 성령의 오심을 말하는 것이라고 보고서, 이것이 오순절에 성령께서 강림한 사건을 가리키는 것이라고 이해한다. 우리 구주께서 하신 이 말씀의 전체적인 요지는, 너희가 유대인들에게 복음을 전하는 것을 그만두고 이방인들에게로 갈 때가 이를 때까지는, 나의 나라는 현재보다 더욱 확장될 것이라는 의미임은 의심의 여지가 없다. 하나님의 이러한 경륜은 그리스도를 세상에 더욱 드러내시고, 그리스도의 나라를 더욱 확장시키시는 하나님의 놀라운 섭리라는 점에서, 나는 그러한 경륜을 그리스도의 오심이라고 말할 수 있다고 본다.

24-25. [24]제자가 그 선생보다, 또는 종이 그 상전보다 높지 못하나니 [25]제자가 그 선생 같고 종이 그 상전 같으면 족하도다 집 주인을 바알세불이라 하였거든 하물며 그 집 사람들이랴.

그리스도께서는 이렇게 말씀하신 것과 같다: "너희가 박해를 당하더라도 이상하게 생각하지 말라. 나는 너희의 주이자 선생이고, 너희는 나의 종이자 제자이다. 따라서 너희는 너희의 주인 내가 세상으로부터 받는 것보다 더 나은 대우를 기대할 이유가 없고, 너희가 나와 같은 대우를 받는 것은 너희에게 큰 영광이다. 그들이 내가 귀신들의 왕인 바알세불을 힘입어서 귀신들을 쫓아낸다고 말하며 나를 박해하면서 바알세불이라 부르는 것을 너희는 알고 있다. 그런데 어떻게 너희가 더 나은 대우를 바라겠느냐?" 우리 구주께서는 누가복음 6:40에서도 동일한 말씀을 하신다. "바알세불"은 에그론의 우상이었고(왕하 1:2), 파리들의 주라는 의미인데, 이 이름은 아마도 그들이 파리들을 퇴치하는 데 이 우상의 힘을 빌었기 때문에 붙여진 것이거나, 유대인들이 예루살렘에 있는 하나님의 성전에서는 무수한 희생 제물들을 잡아 드리는데도 파리가 없었던 반면에, 귀신들의 왕인 이 우상에게 에그론 사람들이 희생제사를 드리는 곳들이 파리들로 우글거리는 것을 조롱하여 붙인 것 같다. 어쨌든 유대인들이 바알세불이라고 하면 귀신들의 왕을 뜻하는 것으로 알고 있었다는 것은 확실하다.

26. 그런즉 그들을 두려워하지 말라 감추인 것이 드러나지 않을 것이 없고 숨은 것이 알려지지 않을 것이 없느니라.

이것은 우리 구주께서 여기 외에도 여러 번 사용하신 속담이다(막 4:22; 눅 8:17; 12:2). 그리스도께서 여기에서 이 속담을 사용하신 취지는, "나의 복음이 지금은 감추어져 있고 숨겨져 있지만, 언젠가는 드러나서 알려지게 될 것이다"라는 의미일 수도 있고, "너희의 결백함이 지금은 감추어져 있고 숨겨져 있지만, 하나님께서 너희의 공의를 빛 같이, 너희의 의를 정오 같이 드러내실 것이다"라는 의미일 수도 있으며, "너희 원수들의 분노와 악의가 지금은 숨겨져 있고, 그들의 앙심이 잠자는 것처럼 보일지라도, 언젠가는 그런 것들이 드러나게 될 것이다"라는 의미일 수도 있다. 그리스도께서는 다음 절에서 복음이 어떤 식으로 알려지고 드러나게 될 것인지를 말씀하시는 것으로 보이기 때문에, 첫 번째 해석이 가장 유력해 보인다.

27. 내가 너희에게 어두운 데서 이르는 것을 광명한 데서 말하며 너희가 귓속말로 듣는 것을 집 위에서 전파하라.

하나님께서 세례 요한과 나를 통해서 복음의 등불을 켜신 것은 감추어 두기 위한 것이 아니기 때문에, 너희는 나에게서 사사롭게 복음을 들었지만, 너희는 복음을 널리 전파해야 한다. 나는 마치 너희의 귀에 대고 속삭이듯이 사사로운 대화를 통해 복음을 말하였지만, 이 복음은 많은 사람들이 들을 수 있는 곳에서 선포되는 것처럼 널리 알려지게 될 것이다. 따라서 너희는 마치 "집 위에서" 내 복음을 전파하는 것처럼 있는 힘을 다해서 복음을 전파하여야 한다.

28. 몸은 죽여도 영혼은 능히 죽이지 못하는 자들을 두려워하지 말고 오직 몸과 영혼을 능히 지옥에 멸하실 수 있는 이를 두려워하라.

내가 앞에서 너희에게 말하였듯이, 너희는 나의 복음을 전파하는 과정에서 사람들의 반대를 받게 될 것이다. 이 복음이 어둠 속에서 전파되고 사람들의 귀에 대고 속삭이듯이 전파되는 지금에 있어서는, 이 세상에서 큰 소동이 벌이지지 않고 있지만, 집 위에서 전파되고 많은 사람들 앞에 드러나게 될 때에는, 지금과는 사정이 달라지게 될 것이다. 그러나 원수들은 단지 내 제자들의 몸을 죽일 수 있을 뿐이라는 사실을 기억하라. 너희에게는 몸과 더불어 영혼도 있지만, 그들에게는 너희의 영혼을 건드릴 힘이 없다. 하지만 너희를 부르셔서 복음을 시인하고 고백하게 하시고 너희를 보내셔서 복음을 전파하게 하신 분은 너희의 몸은 물론이고 너희의 영혼을 "지옥에 멸하실 수" 있으시다. 누가복음 12:4-5에도 동일한 말씀이 나온다. 우리가 우리의 본분을 다함에 있어서 사람을 무서워하는 비굴한 두려움을 몰아내는 데에는, 하나님의 권능을 제대로 잘 알아서 우리의 심령 속에 하나님을 두려워하는 마음이 생기는 것보다 더 효과적인 것은 없다.

29-31. [29]참새 두 마리가 한 앗사리온에 팔리지 않느냐 그러나 너희 아버지께서 허락하지 아니하시면 그 하나도 땅에 떨어지지 아니하리라 [30]너희에게는 머리털까지 다 세신 바 되었나니 [31]두려워하지 말라 너희는 많은 참새보다 귀하니라.

게다가, 하나님께서는 세상을 다스리고 계시고, 자신의 섭리를 통해서 이 세상에 있는 지극히 작고 보잘것없는 미물에게도 관심을 가지시고 붙들어 주시며 지켜 주신다는 것을 생각해 보라. 하나님의 그러한 관심과 보호하심은 너희의 "머리털"과 통상적으로 두 마리에 로마 돈으로 한 앗사리온에 팔리는 "참새" 에까지 미치고 있다. 그렇기 때문에, 이 작은 새 한 마리도 하늘에 계신 너희 아버지의 허락이 없이는 사냥꾼이 쏜 총에 맞아 떨어지지 않는다. 하물며, 너희는 많은 참새들보다 더 귀한 존재이기 때문에, 하나님께서는 너희의 몸을 훨씬 더 관심을 가지시고 보호해 주시리라는 것은 두말할 필요가 없다. 여기에서 우리 주님은 (1) 하나님의 섭리가 하늘에 있는 것들이나 좀 더 고귀하고 중요한 피조물들에게만 국한되어 있는 것이 아니라, 이 세상에서 지극히 보잘것없는 것처럼 보이는 미물들에 이르기까지도 미친다는 것을 단언하시고, (2) 자신의 제자들에게 그러한 사실을 깊이 생각해서, 그들의 아무리 큰 원수들도 그들을 하나님의 손에서 몰래 훔치거나 빼내어서 해를 끼칠 수 없다는 것을 확신하고서 담대함을 가지라고 가르치신다. 따라서 그들이 복음을 증거하다가 죽는다면, 그것은 하나님께서 정하신 일이신 것이다.

32-33. [32]누구든지 사람 앞에서 나를 시인하면 나도 하늘에 계신 내 아버지 앞에서 그를 시인할 것이요 [33]누구든지 사람 앞에서 나를 부인하면 나도 하늘에 계신 내 아버지 앞에서 그를 부인하리라.

지금은 너희가 많은 사람들 앞에서 공개적으로 나를 "시인할" 때인 것과 마찬가지로, 심판의 날에는 내가 "하나님의 사자들 앞에서"(누가는 이 어구를 덧붙인다, 눅 12:8) 너를 공개적으로 "시인할" 때가 올 것이다. 그 날에 나는 사람들이 현세의 삶에서 내게 하였던 그대로 그들에게 할 것이다. 우리 구주께서는 마가복음 8:38과 누가복음 9:26에서도 거의 동일한 말씀을 하시는데, 한 가지 차이점은 여기에서는 "누구든지 사람 앞에서 나를 부인하면" 이라고 말하는 반면에, 거기에서는 "누구든지 나와 내 말을 부끄러워하면" 이라고 말하고 있다는 것이다. 그리스도께서는 우리에게 그를 믿을 뿐만 아니라 외적으로 고백할 것을 요구하시고, 더 나아가 "시인할" 것을 요구하시는데, 여기에서 "시인한다" 는 것은 반대하는 자들과 원수들의 면전에서 그리스도와 그의 복음을 고백하는 것을 의미한다. 로마서 10:10; 딤후 2:12을 보라. 하나님께서 우리에게 많은 사람들 앞에서 공개적으로 그리스도를 시인하고 인정하라고 하신 경우에, 우리가 부끄러움이나 두려움 때문에 피해 버리는 것은 위험한 일이다. 하물며, 그리스도와 그의 복음을 부인한다면, 그것은 얼마나 더 위험한 일이겠는가. 그러나 두려움이 아니라 부끄러움 때문에 부인하는 경우에는, 그 죄책이 더 크다. 왜냐하면, 두려움이 그 원인일 때에는, 부끄러움이 원인인 경우보다 그 시험이 더 큰 것이기 때문이다. 우리는 이 본문은 그러한 부인을 지속적으로 행하는 자들에게 적용되는 것으로 이해하여야 한다. 왜냐하면, 베드로는 자신의 주님을 부인하였지만, 곧바로 회개하였고, 주님에 의해서 받아들여지는 은혜를 입었기 때문이다.

34-35. [34]내가 세상에 화평을 주러 온 줄로 생각하지 말라 화평이 아니요 검을 주러 왔노라 [35]내가 온 것은 사람이 그 아버지와, 딸이 어머니와, 며느리가 시어머니와 불화하게 하려 함이니.

34절과 거의 동일한 말씀이 누가복음 12:51에도 나온다. 유대인들이 메시야에 관한 관념을 많이 오해해서, 마치 메시야가 와서 세상의 왕이 되어 이스라엘을 다시 하나의 나라로, 즉 평화의 나라로 회복할 것이라고 생각하였던 것과 마찬가지로, 오늘날에도 많은 사람들이 여전히 참된 신앙이 있는 곳에는 틀림없이 거기에 평화와 연합이 존재할 것이라고 생각한다. 그들이 생각한 대로, 사실 그렇게 되어야 하고, 그렇게 되는 것이 마땅하다. 그리고 만일 모든 사람들이 복음을 진심으로 받아들인다면, 실제로 그렇게 될 것이다. 복음의 법이 아닌 인간의 법률 체계는 아무리 잘 발달한다고 하여도, 인간 사회를 평화로 이끄는 것이 그러한 법률 체계의 목적이기는 하지만, 결국 그러한 평화를 이루어낼 수 없고, 또한 그리스도께서 오신 목적도 그러한 국가의 평화를 이루어내기 위한 것이 아니었다. 따라서 사람들의 마음이 부패해 있기 때문에, 그리스도께서 세상에 오셔서, 그의 복음이 세상의 어느 지역에 들어가게 되면, 그 결과는 마태 본문에 의하면 "검"이고, 누가 본문에 의하면 "분쟁"이다. 사람들은 우상 숭배와 미신, 정욕과 광기를 좋아하기 때문에, 의로운 행실을 요구하는 신앙을 참을 수 없어 하고, 그 결과 그리스도께서 오셨을 때, 미가 선지자가 예언한 대로(미 7:6, "아들이 아버지를 멸시하며 딸이 어머니를 대적하며 며느리가 시어머니를 대적하리니 사람의 원수가 곧 자기의 집안 사람이리로다"), 불화와 분열, 분쟁과 전쟁이 일어났다. 하나님께서 (유대인들의 경우처럼) 복음을 멸시하는 자들에게 보복하시기 위하여 전쟁들을 부추기기도 하시고, 사람들은 다른 사람들로 하여금 강제로 자신들의 우상 숭배와 미신을 받아들이게 하기 위하여 전쟁을 일으키기도 한다. 사람들은 거룩함에 대하여 가지고 있는 저 본성적인 반감으로 인해서, 복음을 받아들여 주 예수 그리스도의 복음에 합당한 삶을 살아가는 자들을 참지 못하고 불화하게 되고, 심지어 자신의 가장 가까운 혈육에게조차도 인정사정을 두지 않는다.

36. 사람의 원수가 자기 집안 식구리라.

믿음의 권속 안에서는 분쟁이 일어나지 않는다는 것은 분쟁을 일으키는 것이 복음이 아니라 사람들의 부패한 본성이라는 것을 보여 준다. 복음을 진정으로 받아들인 사람들은 서로 마음이 잘 맞고, 적어도 공개적으로 불화하거나 반목하지 않는다. 그러나 혈육이나 도덕에 의해 맺어진 관계는 여자의 후손과 뱀의 후손을 서로 결합시켜 주지 못한다. 이런 일은 언제나 일어나는 것은 아니지만, 아주 흔하게 일어나는 일이기 때문에, 그리스도께서는 자신의 제자들에게 이것을 미리 경고해 두실 필요가 있으셨다.

37. 아버지나 어머니를 나보다 더 사랑하는 자는 내게 합당하지 아니하고 아들이나 딸을 나보다 더 사랑하는 자도 내게 합당하지 아니하며.

누가복음 14:26은 좀 더 강도 높게 "무릇 내게 오는 자가 자기 부모와 처자와 형제와 자매와 더욱이 자기 목숨까지 미워하지 아니하면 능히 내 제자가 되지 못하고"라고 말하지만, 의미는 동일하다. 왜냐하면, 거기에서 "미워한다"는 것은 단지 만족하지 못한다는 의미이고, 그리스도와 그의 명령을 자신의 혈육보다 우선한다는 의미이기 때문이다. 이 말씀을 통해서 그리스도께서는 혈육의 정을 끊으라고 명령하시거나 장려하시는 것이 아니라, 단지 혈육의 정을 원래 있어야 할 자리로 되돌리셔서, 우리가 우선적으로 먼저 사랑하고 충성을 다하여야 할 분은 하나님이시라는 것을 보여 주시는 것일 뿐이다. 우리가 부모나 형제나 자녀에 대하여 어떤 도리를 행하여야 하는데, 하나님에 대하여 마땅히 행하여야 할 우리의 본분을 저버리거나 하나님의 어떤 명령을 어김이 없이는 그렇게 할 수 없는 경우에는, 우리는 육신의 부모나 형제나 자녀에 대한 도리를 저버리더라도, 하늘에 계신 우리 아버지에 대한 본분을 다하는 쪽을 택하여야 한다는 것이다. 누가 본문의 "능히 내 제자가 되지 못하고"는 마태 본문에 나오는 "내게 합당하지 아니하며"에 대한 설명이다. 그런 사람은 나의 은총을 받거나, 나의 제자라는 이름을 지니거나, 내가 내 제자들에게 줄 상을 받기에 합당하지 않은 자이다.

38. 또 자기 십자가를 지고 나를 따르지 않는 자도 내게 합당하지 아니하니라.

마태복음 16:24과 마가복음 8:34과 누가복음 9:23에도 거의 동일한 말씀이 나온다. 자기 십자가를 만드는 자가 아니라 "자기 십자가를 지는 자," 즉 하나님께서 자신의 섭리를 따라 짊어지게 하시거나 그 속으로 인도하시는 그러한 시련들과 환난들과 박해들을 나와 내 복음을 위하여 기꺼이 기쁜 마음으로 인내로써 감당하지 않는 자는 나의 제자라는 이름이나 상을 받기에 합당하지 않다. 우리 구주께서는 십자가에 못 박는 것이 로마의 마지막 형벌이었기 때문에, 또는 자신이 바로 그 십자가를 지시고서 죽으실 것이었기 때문에, 자신의 제자들이 겪게 된 모든 시련과 환난들을 "십자가"라 부르신다.

39. 자기 목숨을 얻는 자는 잃을 것이요 나를 위하여 자기 목숨을 잃는 자는 얻으리라.

요한복음 12:25은 이 말씀에 대한 주석으로서의 역할을 한다: "자기의 생명을 사랑하는 자는 잃어버릴 것이요 이 세상에서 자기의 생명을 미워하는 자는 영생하도록 보전하리라." 마태 본문에서 "자기 목숨을 얻는 자"는 자신의 목숨을 지극히 사랑해서, 그 목숨을 잃어버리기보다는 차라리 하나님의 은총을 잃어버리고, 자기를 보호해 오셨던 주님을 부인하며, 복음의 가장 근본적인 진리들을 부인하는 쪽을 택함으로써, 자기가 목숨을 구하고 얻었다고 생각하는 자를 가리킨다. 그리스도께서는 그렇게 하는 자는 그 목숨을 잃을 것이라고 말씀하신다. 그런 자는 현세에서는 자신의 의도대로 자기 목숨을 부지할 수 있을지도 모르지만, 영원한 생명을 잃게 될 것이다. 반면에, 진리를 위하여 죽음을 불사하는 자는 종종 그의 원수들의 광분함에도 불구하고 목숨을 건지게 될 것이고, 그렇게 되지 않는다고 하여도, 장차 영원한 생명을 얻어서, 사망을 이기고 영원히 살게 될 것이다.

40-42. [40]너희를 영접하는 자는 나를 영접하는 것이요 나를 영접하는 자는 나를 보내신 이를 영접하는 것이니라 [41]선지자의 이름으로 선지자를 영접하는 자는 선지자의 상을 받을 것이요 의인의 이름으로 의인을 영접하는 자는 의인의 상을 받을 것이요 [42]또 누구든지 제자의 이름으로 이 작은 자 중 하나에게 냉수 한 그릇이라도 주는 자는 내가 진실로 너희에게 이르노니 그 사람이 결단코 상을 잃지 아니하리라 하시니라.

너희를 영접하는 자는 나를 영접하는 것이요 나를 영접하는 자는 나를 보내신 이를 영접하는 것이니라. 누가복음 10:16에도 거의 동일한 말씀이 나오는데, 거기에는 "너희 말을 듣는 자는 곧 내 말을 듣는 것이요 너희를 저버리는 자는 곧 나를 저버리는 것이요 나를 저버리는 자는 나 보내신 이를 저버리는 것이라"로 되어 있다. 요한복음 13:20은 "내가 진실로 진실로 너희에게 이르노니 내가 보낸 자를 영접하는 자는 나를 영접하는 것이요 나를 영접하는 자는 나를 보내신 이를 영접하는 것이니라"고 말한다. 큰 왕들이 자신을 대표하는 사신들에게 타국이 예를 다하여 정중하게 환대하거나 무시하고 모욕하며 박대했을 때에 그러한 것들을 자신들에게 행한 것으로 간주하듯이, 그리스도의 경우도 마찬가지이다. 마태 본문에 나오는 "영접하다"는 일반적인 말로서 폭넓게 해석될 수 있고, 누가 본문에 나오는 "듣는다"는 그 구체적인 일부라고 할 수 있다. 문맥상으로 보나, 그 뒤에 이어지는 말씀들로 보나, 사람들이 그리스도의 제자들을 자신의 집으로 영접하여 환대하는 것도 그리스도께서 이 말씀을 하시면서 염두에 두고 계신 일임이 분명하다. 또한, 여기에서 그리스도께서는 사람들이 자신의 제자들이 전하는 복음을 믿음과 사랑으로 받아들인다면, 장차 큰 상이 있을 것이라고 말씀하신 것일 수도 있다. 그러나 나는 후자가 그리스도께서 이 말씀을 하신 의도였을 것이라는 데에는 회의적이다. 우리 구주께서는 열두 사도를 파송하시면서, 금이나 은이나 동이나 전대 등을 가지고 가지 말라고 하시면서, 어느 성읍에 들어가면, 그 성에 합당한 자, 즉 복음에 호의적이고 낯선 객들을 반갑게 영접해 줄 자를 찾아서 그 집에 들어가 복을 빌어 주고, 그 성을 떠날 때까지 거기에 머물라고 명하셨다. 따라서 그리스도께서는 이제 여기에서는 바로 그런 자에게 어떤 복이 있을지를 말씀하시는 것이다. 즉, 그는 사람들이 자신의 제자들에게 어떤 호의를 베풀든지 그것을 자기에게 한 것으로 여기셔서 상을 주실 것이라고 분명하게 약속하신다.

그런 후에, 그리스도께서는 이것을 일반화시키셔서, 어떤 사람이 사람들에게 하나님의 뜻을 드러내기 위하여 왔을 때(이것이 "선지자"가 의미하는 것이다), 바로 그런 이유 때문에 그 사람을 영접한다면, 그들은 상을 받게 될 것이라고 말씀하신다. 여기에서 "선지자의 상"이 무엇을 의미하는지에 대해서는 여러 가지 견해가 제시되어 왔다. 첫 번째는 하나님이 자신의 선지자들을 영접한 사람에게 주고자 미리 정해 놓으신 상이라는 견해이고, 두 번째는 선지자 자신이 장차 받게 될 상이라는 견해이며, 세 번째는 선지자가 그 사람에게 줄 상, 즉 기도와 가르침이라는 견해이다. 나는 여기에서 "선지자의 상"은 단지 "많은 사람을 옳은 데로 돌아오게 한 자"(단 12:3)가 받을 상과 같은 후한 상을 가리키는 것이라고 본다. "선지자의 이름으로"라는 어구가 덧붙여진 것은, 복음의 일꾼들이 주의 선지자들이기 때문이 아니라 어떤 다른 이유에서 그들을 영접하는 자들에게는 이 약속이 해당되지 않는다는 것을 보여줌과 동시에, 사람들이 선지자를 참칭한 어떤 사람을 그 사정을 알지 못하고 영접하였더라도, 그들의 의도와 행위가 순수하고 진실한 것이었다면, 그들의 상을 잃지 않을 것임을 보여 주고 격려하기 위한 것이기도 하다.

또 누구든지 제자의 이름으로 이 작은 자 중 하나에게 냉수 한 그릇이라도 주는 자는 내가 진실로 너희에게 이르노니 그 사람이 결단코 상을 잃지 아니하리라 하시니라. 그리스도께서는 자신의 선지자들을 영접하고 환대하는 자들에게만이 아니라, 세상 사람들이 경멸하여 "작은 자들"이라고 부르는 자신의 지체들을 따뜻하게 대해 주는 자들에게도 상을 약속하신다. 작은 자들에게 큰 선물을 주거나 성대하게 환대해 주는 자들만이 아니라, "냉수 한 그릇이라도 주는 자," 즉 지극히 작은 배려와 정성을 베푸는 자도 상을 받게 될 것이다. 그리스도께서는 우리가 그에게 보이는 사랑 및 그 사랑으로부터 흘러나오는 선한 행위들에 대하여 상을 주신다. 여기에서 하나님께서 사람들이 잘 영접하고 환대할 때에 상을 받게 될 자들로 세 부류의 사람들, 즉 "선지자"와 "의인"과 "작은 자"를 언급하시고, 거기에 따라 세 가지 상, 즉 "선지자의 상"과 "의인의 상"과 그가 주시는 상을 약속하신다. "의인"과 "작은 자"가 어떻게 구별되는지에 대해서는 말하기 어렵지만, 우리는 "의인"은 거룩함에 있어서 더 탁월하고 온전한 사람을 가리키고, "작은 자"는 그리스도의 은혜와 지식에 있어서 많은 진보를 이루었다고 할 수는 없더라도 진실한 믿음을 지닌 사람을 가리키는 것으로 이해해야 할 것이다. 그리고 우리가 그리스도께서 약속하신 세 가지 상을 통해서 알 수 있는 것은, 하나님께서는 자신의 일꾼들과 거룩함에 있어서 더 온전한 사람들을 좀 더 귀하게 여기시기는 하지만, "상한 갈대도 꺾지 아니하시고 꺼져가는 심지도 끄지 않으시는" 분이신 까닭에, 그의 가장 작은 자를 영접한 자에게도 상을 주실 것이기 때문에, 각 사람은 자신이 행한 행위를 따라 상을 받게 되리라는 것이다. 하지만 하나님께서는 그들이 한 일의 크고 작음에 따라 상을 주시는 것이 아니라, 그들이 얼마나 순종하였고 사랑하였으며 어느 정도나 힘을 다하여 행하였는지를 따라 상을 주실 것이다(눅 21:2-3; 히 6:10).

제11장

개요

1. 세례 요한이 자기 제자들을 그리스도께로 보냄(2-6).
2. 세례 요한에 관한 그리스도의 증언(7-15).
3. 세례 요한과 그리스도에 관한 사람들의 왜곡된 판단들(16-19).
4. 그리스도께서 오랫동안 열매를 맺지 못하고 회개하지 않는 고라신과 벳새다와 가버나움을 꾸짖으심(20-24).
5. 그리스도께서 그의 복음을 오직 순수한 자들에게만 나타내시는 것에 대하여 아버지께 감사드림(25-27).
6. 힘들고 지친 자들에게 자신의 안식에 참여하라고 초대하심(28-30).

1. 예수께서 열두 제자에게 명하기를 마치시고 이에 그들의 여러 동네에서 가르치시며 전도하시려고 거기를 떠나 가시니라.

우리는 구주께서 한가하게 지내시는 모습을 결코 보지 못하고, 끊임없이 두루 다니시며 선한 일을 행하시는 모습만을 보며, 말씀을 전하시는 것과 가르치시는 일에 가장 심혈을 기울이시는 모습을 보는데, 이것이 복음의 일꾼들이 행해야 할 진정으로 중요한 일이라는 것은 의심의 여지가 없다. 복음의 일꾼들은 아무리 대단하다고 할지라도, 결코 그리스도를 능가할 수 없기 때문에, 한가롭게 지내려고 하지 말고, 그리스도의 이러한 모습을 보면서, 스스로도 부지런히 전도하는 일에 힘쓰는 것이 마땅하다. 또한, 우리 구주께서는 자신의 제자들을 파송하셨기 때문에 스스로는 쉬어도 괜찮다고 생각하시지 않고, 직접 여러 동네를 다니시며 가르치시고 전도하셨다. 누가복음 10:1에서는 그리스도께서 칠십인을 둘씩 짝을 지어, 자기가 나중에 갈 동네와 지역으로 먼저 보내셨다고 말하는데, 이것은 그가 복음을 한 번만 전하는 것으로는 충분하지 않다고 생각하셨음을 보여 주는 것 같다. "전도하는 것"(κηρύσσειν - '케륏세인')과 "가르치는 것"(διδάσκειν - '디다스케인')이 서로 다르다고 생각하는 사람들은 이 본문을 통해서, 그들이 자신의 주님을 모범으로 삼고자 하고, 종이 주인보다 낫지 않다고 생각한다면, 이 두 가지는 모두 그리스도의 일꾼들이 해야 할 일이라는 것을 배울 수 있을 것이다. 전도하는 것을 폄하하여 목회자가 해야 할 일이 아니라고 생각하는 사람들은 이 본문과 바울이 말한 것, 즉 그리스도께서는 자기를 사람들에게 세례를 주라고 보내신 것이 아니라, 복음을 전하라고 보내셨다는 것, 다시 말해서 세례를 베푸는 것이 아니라 전도하는 것이 일꾼들의 주된 일이라는 것을 망각하고 있는 것이다. 지금은 사람들이 많은 가르침을 받아서 잘 알고 있기 때문에, 굳이 전도할 필요가 없다고 생각하는 자들이 있다면, 사람들에게 몇 가지 질문들을 던져서, 정말 그 사람들이 잘 알고 있는지를 확인해 보라. 그러면 그들의 생각이 크게 잘못된 것임을 알게 될 것이다. 게다가, 우리는 아무리 잘 가르침을 받은 사람들도 전도를 받기를 간절히 원하고 있다는 것을 경험상으로 알고 있다. 이것은 우리가 알아야 할 것들이 더 있다는 것, 또는 우리의 기억을 되살리거나 적어도 우리의 신앙의 열정을 다시 일깨울 필요가 있다는 것을 알게 해준다.

2-3. [2]요한이 옥에서 그리스도께서 하신 일을 듣고 제자들을 보내어 [3]예수께 여짜오되 오실 그이가 당신이오니이까 우리가 다른 이를 기다리오리이까.

성경을 주의 깊게 읽는 독자들은 단지 이 본문에 나오는 내용만을 보고서도, 복음서 기자들이 모든 것들을 시간 순서를 따라 기록하거나 보도하지 않는다는 것을 확실하게 알게 된다. 우리는 이 복음서의 앞부분에서 세례 요한이 감옥에 갇히게 된 것에 대하여 아무것도 듣지 못하였고, 여기에서도 그런 이야기를 전혀 듣지 못하는데, 마태는 14장에 가서야 헤롯에 의해서 세례 요한이 감옥에 갇히게 되고 결국 죽임을 당하게 된 것에 대하여 자세하게 들려준다. 복음서 기자는 여기에서 요한이 감옥에 갇혀 있는 동안에 일어난 일을 우리에게 말해준다. 즉, 세례 요한은 자신의 두 제자를 그리스도께 보내어, 그가 하나님이 약속하신 메시야인지, 아니면 그들이 다른 이를 기다려야 하는 것인지를 물었다는 것이다. 누가복음 7:19도 동일한 내용을 보도한다. 세례 요한은 그리스도의 길을 예비하기 위한 사명을 띠고 그보다 앞서 보내심을 받은 자였고, 그리스도께 세례를 베푼 자였으며, 그 때에 성령께서 그리스도 위에 임하는 것을 보고, 하늘로부터 "이는 내 사랑하는 아들이요 내 기뻐하는 자라"(마 3:17)는 음성을 들은 자였고, 자기 제자들에게 그리스도를 보여준 자였는데(요 1:29-31), 그런 그가 어떻게 예수가 메시야라는 것을 의심할 수 있다는 말인가? 물론, 아니다. 세례 요한은 그리스도를 의심한 것이 결코 아니었고, 자신의 제자들 중 일부가 시기심으로 인해서(요 3:26), 또는 메시야에 관한 유대인들의 통상적인 오해에 이끌려서, 그리스도보다 세례 요한에게 훨씬 더 호의적이었던 서기관들과 바리새인들의 주장에 마음이 움직여 동요하는 모습을 보자, 그들로 하여금 그리스도께서 행하시는 역사들을 직접 그들의 눈으로 보고서 확인하게 하기 위하여,

죽기 조금 전에 그들을 그리스도께 보내어, "오실 그이가 당신이오니이까"라고 물어보게 하였던 것이다. 그들의 이러한 질문은 우리에게 유대인들이 당시에 메시야가 오시기를 간절하게 기다리고 있었음을 알게 해준다. 그들은 오직 예수가 오시기로 되어 있던 그리스도, 즉 메시야인지만을 알고자 하였다.

4-6. [4]예수께서 대답하여 이르시되 너희가 가서 듣고 보는 것을 요한에게 알리되 [5]맹인이 보며 못 걷는 사람이 걸으며 나병환자가 깨끗함을 받으며 못 듣는 자가 들으며 죽은 자가 살아나며 가난한 자에게 복음이 전파된다 하라 [6]누구든지 나로 말미암아 실족하지 아니하는 자는 복이 있도다 하시니라.

우리는 세례 요한의 이 제자들이 그리스도와 함께 한동안 머물면서, 그가 이러한 이적들을 행하시고 말씀을 전하시며, 그의 사역이 크게 형통하는 것을 직접 보고 나서, 이런 대답을 들은 후에 그를 떠난 것이라고 생각하여야 한다. 그래서 누가는 "마침 그 때에 예수께서 질병과 고통과 및 악귀 들린 자를 많이 고치시며 또 많은 맹인을 보게 하신지라"(눅 7:21)고 먼저 말한 후에, 마태 본문에 나오는 말씀, 즉 우리 구주께서 그들에게 보여 준 자신의 사역이 그가 메시야임을 증언해 주는 충분한 증거가 아니겠느냐고 하신 말씀을 덧붙인다(요 5:36-37; 10:25, 37, 38). 세례 요한의 제자들은 그리스도와 함께 있는 동안에 그가 죽은 자를 다시 살리시는 이적을 본 것 같지는 않지만, 누가복음 7:18은 그러한 이적에 관한 소문이 그들로 하여금 그리스도께로 오게 한 계기가 되었다는 것을 보여 준다.

문제는 우리 구주께서 이런 이적들을 행하신 것이 어떻게 그가 메시야라는 것을 확증해 주는 충분한 증거가 될 수 있었느냐 하는 것이다 — 특히, 그의 사도들도 동일한 이적들을 행하였다는 것을 생각할 때. 거기에 대한 대답은 이렇다. 첫째로, 이사야 선지자는 하나님께서 그들을 구원하러 오실 때, "맹인의 눈이 밝을 것이며 못 듣는 사람의 귀가 열릴 것이며 그 때에 저는 자는 사슴 같이 뛸 것이며 말 못하는 자의 혀는 노래하리니"(사 35:4-6)라고 예언하였고, 메시야가 "가난한 자에게 아름다운 소식을 전하게" 될 것이라고 예언하였다는 것이다(사 61:1). 그리스도께서 이 후자의 예언을 친히 자기에게 적용하신다(눅 4:18, 21). 따라서 이러한 일들이 그리스도에 의해서 행해졌든 그의 제자들에 의해서 행해졌든, 그 약속들이 성취된 것은 메시야가 이미 왔다는 것을 증명해 주는 것이었기 때문에, 또다시 메시야를 기다릴 필요가 없다는 것을 보여 주는 것이었다. 둘째로, 제자들이 아직 그러한 이적들을 행하지 않은 때에도, 그리스도께서 그 이적들을 행하셨다는 것은 그가 신적인 능력을 지니고 있는 분임을 분명하게 증명해 주는 것이었다. 그러한 이적들을 행한 사람들은 오직 그의 제자들뿐이었고, 그들은 그의 능력과 권세를 힘입어서 그 이적들을 행한 것이었다. 셋째로, 제자들이 그러한 이적들을 행할 때에는, 베드로가 사용하였던 "나사렛 예수 그리스도의 이름으로 일어나 걸으라"(행 3:6) 같은 어구를 사용하였을 가능성이 대단히 높다는 것이다. 우리는 베드로가 이 이적을 행한 후에 사람들에게 "이스라엘 사람들아 이 일을 왜 놀랍게 여기느냐 우리 개인의 권능과 경건으로 이 사람을 걷게 한 것처럼 왜 우리를 주목하느냐"(행 3:12)고 말하며, 마치 이 이적을 자신의 능력이나 거룩함으로 행한 것처럼 착각하거나 오해해서는 안 된다고 단단히 경고하는 모습을 본다.

가난한 자에게 복음이 전파된다. 이 구절의 헬라어 본문인 '프토코이 유앙겔리존타이'(πτωχοὶ εὐαγγελίζονται)는 누가복음 2:10의 경우처럼 능동의 의미로 해석해서 "가난한 자들이 복음을 전파한다"로 번역될 수도 있고, 히브리서 4:2과 베드로전서 1:24; 4:6의 경우처럼 수동의 의미로 해석해서 "가난한 자들에게 복음이 전파된다"로 번역될 수도 있다. 또한, 후자는 가난한 자들에게 복음이 전파되어 그들이 외적으로 복음을 받아들이는 것을 가리키는 것으로 볼 수도 있고, 그들이 내적으로 믿음으로 복음을 받아들이는 것을 가리키는 것으로 볼 수도 있다. 메시야의 때에는 이 모든 일이 일어났다. (1) 가난한 자들이 복음을 전파하였는데, 소수의 가난한 어부들이 자신의 그물과 친구들을 버려둔 채로, 그들을 부르신 이를 따라서 새로운 세상에 새로운 가르침을 전파하는 모습을 이 세상이 보게 된 것은 메시야가 왔음을 보여 주는 결코 미미하지 않은 증거였다. (2) 가난한 자들에게 복음이 전파되었는데, 이것도 이사야서 61:1의 예언 및 유대인들 가운데서 멸시를 받았던 가난한 자들의 처지(요 7:49)를 생각해 보면, 메시야가 왔음을 보여 주는 결코 작지 않은 증거였다. 그러나 사람들 가운데서 무식하고 상스러운 부류에 속하는 것으로 여겨졌던 저 가난한 자들이 복음을 들을 수 있는 소중한 기회를 얻어서, 그 복음으로 말미암아 그들에게 복음을 전하신 그리스도를 닮은 사람들로 변화 받게 된 것이 메시야가 왔음을 보여 주는 이 두 가지 증거들 중에서 더 놀라운 증거였다. 많은 사람들은 여기에서 "가난한 자"는 영적으로 가난한 자를 의미하는 것으로 이해한다. 찢긴 마음을 싸매주고 영적인 이유들로 인해서 슬픔에 잠긴 심령들에게 기쁜 소식을 전해 주는 것은 하나님의 능력인 복음이 지닌 놀라운 효과이다.

누구든지 나로 말미암아 실족하지 아니하는 자는 복이 있도다. 세례 요한의 제자들은 자신의 선생을 향한 대단한 공경심으로 말미암아 그리스도를 배척하고 "실족하는" 경우가 많았기 때문에, 우리 구주께서는 특히 그들을 염두에 두고서 이 말씀을 하셨을 가능성이 높다. 요한의 제자들은 자신들과 바리새인들은 자주 금식하는데, 그리스도와 그의 제자들은 그렇게 하지 않는 것에 대하여 의구심을 가졌고(마 9:14), 사람들이 다 그리스도께로 가는 것을 시기하는 등(요 3:26) 여러 가지로 "실족하는" 모습을 보여 주었었다. 하지만 그리스도께서 여기에서 하신 말씀은 단순히 세례 요한의 제자들만을 염두에 두신 것은 아니고, 모든 사람들에 대하여 일반적으로 말씀하신 것이기도 하였다. 성경에서는 주 예수와 그의 가르침이 많은 사람들에게 "걸림돌"과 "거치는 반석"이 될 것이라고 예언한다(사 8:14; 28:16; 눅 2:34; 롬 9:33; 고전 1:23; 벧전 2:6). 유대인들에게는 그리스도의 신분과 혈통의 미천함과 그를 따르는 자들의 미천함이 걸림돌이었고, 이방인들에게는 그러한 것들만이 아니라 그가 수치스러운 죽음을 당한 것도 걸림돌이었다. 오늘날에는 그리스도의 가르침이 지닌 숭고함과 엄격함이 많은 사람들에게 걸림돌로 작용할 수 있다. 그리스도께서는 여기에서 모든 사람들을 향하여, 자신의 신분이나 삶이나 죽음이나 가르침이나 따르는 자들의 신분을 걸림돌로 여기지 않고, 그런 것들로 인해서 자기를 영접하는 것을 방해받거나 꺼려하지 않고, 자기를 잃어버린 죄인들을 구원하러 오신 구주로 믿고, 믿음으로 자기를 영접하는 자가 복이 있는 자라고 선언하신다.

7-9. [7]그들이 떠나매 예수께서 무리에게 요한에 대하여 말씀하시되 너희가 무엇을 보려고 광야에 나갔더냐 바람에 흔들리는 갈대냐 [8]그러면 너희가 무엇을 보려고 나갔더냐 부드러운 옷 입은 사람이냐 부드러운 옷을 입은 사람들은 왕궁에 있느니라 [9]그러면 너희가 어찌하여 나갔더냐 선지자를 보기 위함이었더냐 옳다 내가 너희에게 이르노니 선지자보다 더 나은 자니라.

누가복음 7:24-26에도 동일한 이야기가 나오지만, 거기에서는 "부드러운 옷을 입은 사람들"이라는 표현 대신에 "화려한 옷을 입고 사치하게 지내는 자"라는 표현을 사용한다. 이 말씀을 통해서 우리 구주께서는 복음의 일꾼들은 확신이 없고 변덕스러우며 자주 마음이 흔들리는 사람들이나 좋은 옷과 음식에 마음이 끌리는 사치스러운 사람들이 되어서는 안 되고, 오로지 저 큰 일, 즉 하나님의 뜻을 사람들에게 전하는 일에만 몰두하는 사람들이어야 한다는 것을 은연중에 암시하고 계시지만, 이 말씀의 원래의 취지는 많은 사람들이 세례 요한을 좋게 보아 온 것이 옳음을 확증해 주시고, 요한이 감옥에 갇혀 있게 되었다고 해서, 거기에 대하여 거리낌을 갖는

다거나 그를 나쁘게 보아서는 안 된다고 당부하시는 것이다. 사람들은 모두 세례 요한을 "선지자"로 보았다(마 15:5; 21:26). 우리 구주께서는 이렇게 말씀하신다. 너희는 요한이 전하는 말씀을 들으려고 광야로 나갔다. 너희는 바람에 흔들리는 갈대같이 가벼워서 쓸데없는 소리를 늘어놓는 경박한 사람이나 사치스럽게 옷을 차려입은 사람을 보기 위해서 광야로 나간 것이 아니었고(그런 사람들은 고관대작들이 있는 왕궁에서나 찾아볼 수 있는 사람들이기 때문에, 광야는 그런 사람들이 있을 곳이 아니다), 너희에게 하나님의 뜻을 전해줄 사람의 말을 듣기 위해 거기로 나간 것이다. 그리고 너희의 그런 생각은 결코 잘못된 것이 아니었다. 왜냐하면, 세례 요한은 선지자였기 때문이다. 그는 모세가 말한 선지자는 아니었지만(신 18:15), "선지자"였을 뿐만 아니라 "선지자보다 더 나은 자"였다. 그는 지금까지 그 어떤 선지자도 너희에게 가르쳐 줄 수 없었던 것, 즉 내가 메시야로 왔다는 것을 너희에게 가르쳐 준 선지자였던 반면에, 다른 모든 선지자들은 단지 내가 장차 오게 되리라는 것만을 너희에게 말해 줄 수 있었을 뿐이다.

10-11. [10]기록된 바 보라 내가 내 사자를 네 앞에 보내노니 그가 네 길을 네 앞에 준비하리라 하신 것이 이 사람에 대한 말씀이니라 [11]내가 진실로 너희에게 말하노니 여자가 낳은 자 중에 세례 요한보다 큰 이가 일어남이 없도다 그러나 천국에서는 극히 작은 자라도 그보다 크니라.

누가복음 7:27-28에도 동일한 말씀이 나오는데, 거기에서는 "그러면 니희가 무엇을 보려고 나갔더냐 선지자냐 옳다 내가 너희에게 이르노니 선지자보다도 훌륭한 자니라 기록된 바 보라 내가 내 사자를 네 앞에 보내노니 그가 네 앞에서 네 길을 준비하리라 한 것이 이 사람에 대한 말씀이라"고 말한다. 말라기 3:1은 "만군의 여호와가 이르노라 보라 내가 내 사자를 보내리니 그가 내 앞에서 길을 준비할 것이요 또 너희가 구하는 바 주가 갑자기 그의 성전에 임하시리니 곧 너희가 사모하는 바 언약의 사자가 임하실 것이라"로 되어 있는데, 뒷부분은 그리스도에 관한 예언이었고, 앞부분은 세례 요한에 관한 예언이었다. 마태의 이 본문만이 아니라 마가복음 1:2과 누가복음 1:76; 7:27도 말라기의 이 본문을 세례 요한에게 적용한다. 그리스도는 자신의 전령들을 자기보다 앞서 보내 자신의 길을 준비하게 하는 큰 왕으로 묘사된다. 세례 요한이 전한 말씀을 통해서 우리는 사람들의 심령들로 하여금 그리스도를 영접할 수 있도록 그 길을 준비하는 것, 즉 회개와 그리스도를 믿는 믿음을 전하는 것이 사역자들이 해야 할 일이라는 것을 배운다.

내가 진실로 너희에게 말하노니 여자가 낳은 자 중에 세례 요한보다 큰 이가 일어남이 없도다. 누가는 세례 요한이 "선지자보다도 훌륭한 자," 즉 구약의 모든 선지자들보다 더 훌륭한 자였다고 말한다. 지금까지의 모든 선지자들 중에서 하나님께서 세례 요한보다 더 훌륭한 자를 일으키신 적이 없으셨다는 것이다. 여기에 그리스도께서는 "그러나 천국에서는 극히 작은 자라도 그보다 크니라"는 말씀을 덧붙이신다. 칼빈 목사님을 비롯해서 많은 사람들은 그리스도께서 부활하신 이후에 복음을 전하게 될 자들 중에서 "극히 작은 자"도 그 가르침에 있어서는 세례 요한보다 더 클 것이라는 것이 이 말씀의 의미라고 생각하였다. 왜냐하면, 세례 요한은 단지 내가 왔다는 것만을 선포할 수 있었지만, 그들은 내가 내 백성의 죄를 짊어지고 죽었다가 그들을 의롭다고 하기 위하여 다시 살아났다고 선포할 것이기 때문이다(롬 4:25). 그리스도의 죽음과 부활은 실제로 복음의 핵심들이었지만, 세례 요한은 그 일들을 선포할 수는 없었고, 오직 그 일들에 대해서 예언하며 그 일들이 곧 성취될 것이라는 사실만을 사람들에게 알릴 수 있을 뿐이었다.

12. 세례 요한의 때부터 지금까지 천국은 침노를 당하나니 침노하는 자는 빼앗느니라.

여기에서 우리 주님께서는 세례 요한이 큰 자였고, 그가 자신의 사역을 성공적으로 잘 수행했기 때문에, 세례 요한의 사역이 시작된 이래로 사람들은 하나님 나라의 복음, 즉 사람들을 이 땅에 세워진 그리스도의 나라로 인도하였다가 결국에는 영광의 나라로 인도할 저 복음을 큰 열심으로 듣고 영접하여, 그 나라 속으로 속속 들어오고 있다고 말씀하신다. 그 때 이후로 사람들의 마음은 천국 및 천국에 관한 일들을 알고자 하고 얻고자 하는 열망으로 불타오르고 있고, 하나님께서 그렇게 인정하시는 자들은 세례 요한보다 더 큰 자들이다. 통상적으로 이 최초의 복음 사역의 정신을 일정 정도 지니고서, 하나님께서 행하신 큰 일들을 자기가 말해야 할 가장 중요한 것들로 삼고서, 거기에 합당한 진지함과 열심과 열정을 가지고 그 일들을 행하는 자들은 하나님께서 바로 그런 자들, 즉 세례 요한보다 더 큰 자로 인정하시는 자들이다. "침노하는 자는 빼앗느니라." 사람들은 아무것도 하지 않으면서 천국에 대한 소망을 지니고 있기만 하면, 천국에 갈 수 있는 것이 아니고, 온 힘을 다해 몸부림을 쳐서 천국을 붙잡아야 한다.

13. 모든 선지자와 율법이 예언한 것은 요한까지니.

유대인들이 세례 요한의 등장을 통해서, 율법에 의해서 모형론적으로 제시되고 선지자들이 예언하였던 메시야께서 이제 곧 오실 것임을 알게 되었을 때, 그들의 심령에 불이 붙어 뜨거워진 것은 이상한 일이 아니었다. 따라서 세례 요한의 때로부터 율법이 정하였던 의식들이나 예식들이 시들해지기 시작하였고, 그리스도에 대하여 선지자들이 예언하였던 모든 것들이 이루어지기 시작하였다. 세례 요한은 이전에는 모형들과 예표들을 통해서, 그리고 선지자들의 예언들 속에서 오직 희미하게만 계시되었던 메시야를 사람들에게 자신의 손가락으로 가리키며 보여 주었고, 사람들은 자신들이 이스라엘의 구원을 소망하며 기다려 온 것이 헛되지 않았음을 알게 되었다. 이 절에서 "예언하였다"는 것은 그리스도와 천국을 희미하게 계시한 것을 의미한다.

14. 만일 너희가 즐겨 받을진대 오리라 한 엘리야가 곧 이 사람이니라.

하나님께서는 전에 말라기 선지자를 통해서 유대인들에게 이렇게 말씀하셨었다: "보라 여호와의 크고 두려운 날이 이르기 전에 내가 선지자 엘리야를 너희에게 보내리니 그가 아버지의 마음을 자녀에게로 돌이키게 하고 자녀들의 마음을 그들의 아버지에게로 돌이키게 하리라 돌이키지 아니하면 두렵건대 내가 와서 저주로 그 땅을 칠까 하노라 하시니라"(말 4:5-6). 우리 구주께서 여기에서 우리에게 가르쳐 주고 계신 것처럼, 이 예언은 세례 요한에 대한 것이었다. 그래서 누가는 천사가 장차 세례 요한의 아버지가 될 사가랴에게 와서, "그가 또 엘리야의 심령과 능력으로 주 앞에 먼저 와서 아버지의 마음을 자식에게, 거스르는 자를 의인의 슬기에 돌아오게 하고 주를 위하여 세운 백성을 준비하리라"(눅 1:17)고 확증해 주었음을 보도하고, 당시의 서기관들 사이에서도 엘리야가 먼저 올 것이라는 얘기가 파다하게 퍼져 있었다(막 9:11). 이렇게 마가복음 9:11은 메시야가 오기 전에 엘리야가 앞서 오게 될 것이라는 전승이 서기관들에게 있었음을 보여 준다. 다만 그들이 착각하고 오해한 것은, 그들은 실제로 엘리야가 다시 올 것이라고 기대하였던 반면에, 천사가 사가랴에게 말해 주었듯이(눅 1:17), 하나님의 뜻은 엘리야가 그랬던 것과 마찬가지로 사람들을 두려워하지 않고 자신에게 주어진 하나님의 말씀을 담대하고 거침없이 전하게 될 자, 즉 메시야보다 앞서 와서 "엘리야의 심령과 능력으로" 그 길을 준비할 자를 보내시겠다고 하신 것이었다는 것이다. 우리 구주께서는, 너희가 믿을지 모르겠지만, 세례 요한이 바로 말라기 선지자가 예언한 바로 그 엘리야였다고 말씀하신다.

15. 귀 있는 자는 들을지어다.

이것은, 요한계시록에서 요한이 그렇게 하고 있듯이, 우리 구주께서 사람들에게 가르침을 베푸신 후에, 그 가르침을 믿고 명심하라는 의미로 청중들에게 주의를 환기시키시기 위하여 마지막에 종종 덧붙이시는 어구이다(마 13:9, 43; 막 4:9; 7:16; 눅 8:8). 이것은 그리스도께서 자기가 전한 말씀을 모든 사람이 다 믿고 받아들이는 것이 아니라, 단지 하나님이 그 마음과 귀를 여셔서 영적인 신비들을 받아들이게 하신 자들만이 믿고 받아들이게 될 것임을 아셨다는 것을 보여 준다. 그러나 하나님께서 그렇게 귀를 여셔서 자신의 말씀을 들을 수 있게 하신 자들을 부르시는 것이 바로 그리스도께서 지대한 관심을 가지신 일이었다.

16-17. [16]이 세대를 무엇으로 비유할까 비유하건대 아이들이 장터에 앉아 제 동무를 불러 [17]이르되 우리가 너희를 향하여 피리를 불어도 너희가 춤추지 않고 우리가 슬피 울어도 너희가 가슴을 치지 아니하였다 함과 같도다.

누가도 누가복음 7:31-35에서 동일한 이야기를 우리에게 들려주지만, 거기에 다음과 같은 서문을 추가한다: "모든 백성과 세리들은 이미 요한의 세례를 받은지라 이 말씀을 듣고 하나님을 의롭다 하되 바리새인과 율법교사들은 그의 세례를 받지 아니함으로 그들 자신을 위한 하나님의 뜻을 저버리니라"(눅 7:29-30). 누가의 이 서문을 통해서, 우리는 우리 구주께서 여기에서 "이 세대"라고 하신 것은 그 세대에 속한 모든 사람을 가리키신 것이 아니라, 세례 요한의 사역과 모범이나 그리스도 자신의 전도와 모범을 비롯해서 모든 수단을 다 동원해서 설득하고 권유하여도, 예수 그리스도를 영접하고자 하지 않는 바리새인들과 율법교사들을 가리키신 것임을 알게 된다. 백성들과 세리들은 요한이 전한 말씀을 듣고 요한에게서 세례를 받았기 때문에, 그리스도께서 요한을 칭찬하신 말씀이 다 맞다고 수긍하였던 반면에, 바리새인들과 율법교사들은 요한이 전하는 말씀을 믿지도 않았고 요한에게서 세례를 받고자 하지도 않았기 때문에, 그리스도께서 전하신 말씀도 수긍하지 않았다. 우리 구주께서는 그러한 바리새인들과 율법교사들을, 장터에 앉아 노는 아이들이 아무리 설득하고 권해도 함께 어울려 놀려고 하지 않는 심통난 "동무들"에 비유하신다. 이 심통난 아이들은 다른 아이들이 피리를 불며 흥을 돋우어도 함께 춤을 추려고 하지 않고, 다른 아이들이 슬프게 애곡하는 노래들을 불러도 함께 가슴을 치며 슬퍼하려고 하지 않는다. 그 어떤 곡조도 그들에게는 마음에 들지 않는 것이다. 우리 구주께서는 여기에서 당시에 아이들이 놀 때에 하던 어떤 놀이를 비유로 사용하셨는데, 우리는 그 놀이가 어떤 것이었는지를 알지 못하지만, 그 놀이에서 아이들은 어떤 때에는 좀 더 즐거운 노래를 부르고 어떤 때에는 좀 더 슬픈 노래를 불렀던 것으로 보인다. 그리스도께서는 여기에서 바리새인들과 율법교사들을 그 놀이에서 다른 아이들과 함께 어울려서 함께 기뻐하고 함께 슬퍼하고자 하지 않는 한 무리의 심통난 아이들에 비유하신다. 우리 구주께서 이 비유로 말씀하신 것의 취지가 무엇이었는지는 그 직후에 하신 말씀(18-19절)에서 분명하게 설명된다.

18-19. [18]요한이 와서 먹지도 않고 마시지도 아니하매 그들이 말하기를 귀신이 들렸다 하더니 [19]인자는 와서 먹고 마시매 말하기를 보라 먹기를 탐하고 포도주를 즐기는 사람이요 세리와 죄인의 친구로다 하니 지혜는 그 행한 일로 인하여 옳다 함을 얻느니라.

누가복음 7:33-35에도 동일한 말씀이 나오는데, 이 말씀의 요지는 이런 것이다: 하나님께서는 이 백성으로 하여금 복음을 받아들이게 하여 그들을 얻으시기 위하여 자신의 섭리를 통해서 온갖 수단을 다 사용해 오셨다. 세례 요한과 그리스도의 가르침은 동일한 것이었지만, 그들의 성향과 행실은 판이하게 달랐다. 요한은 엄숙하고 절제되고 좀 더 어두운 분위기로 행하였고, 그리스도께서는 좀 더 자유롭고 친밀하게 행하셨다. 그러나 바리새인들과 율법교사들은 세례 요한과 그리스도 중에서 어느 쪽에 대해서도 좋은 말을 하고자 하지 않고, 두 사람 모두와 그들이 베푼 가르침을 욕하고 비난하고 배척하였다.

요한이 와서 먹지도 않고 마시지도 아니하매. 세례 요한은 평범한 사람들처럼 살지 않고 대부분의 시간을 광야에서 보내며 자연에서 난 것들을 가지고 지극히 소박하게 먹었고, 세리들이나 죄인들과 함께 어울려 먹지도 않았으며, 연회에 가는 일도 없었다. 그러자 바리새인들과 율법교사들은 그에 대하여 "귀신이 들렸다"고 말하였다. 즉, 세례 요한은 정신적으로 문제가 있어서 세상에 대하여 지나치게 부정적인 생각을 가지고 세상으로부터 도피하여 살아가는 일종의 미친 사람이라는 것이다.

인자는 와서 먹고 마시매. 그리스도께서는 누구와도 잘 어울리는 붙임성 있고 쾌활한 모습을 보여 주셨고, 율법이 허용하는 한에서 다른 유대인들과 똑같은 음식들을 먹고 마시며, 세리들이나 죄인들과 함께 하는 연회에도 거리낌 없이 참석하셨다. 그러자 그들은 그에 대하여 "보라 먹기를 탐하고 포도주를 즐기는 사람이요 세리와 죄인의 친구로다"라고 말하였다. 이것은 그리스도께서 이 두 가지를 아무런 거리낌 없이 행하신 것이 그들의 심기를 불편하게 했다는 것을 보여 준다. 그들은 수도사나 은둔자처럼 살아가는 것이 훌륭한 삶이라고 생각한 것이고, 그렇다면 그러한 기준에 따라 당연히 그리스도보다 세례 요한을 더 높이 평가했어야 했다. 그러나 바리새인들과 율법교사들과 그 추종자들은 그리스도와 세례 요한을 둘 다 못마땅해 하였고 둘 다 싸잡아 비난하였다. 그들은 그리스도를 염세주의자라고 말할 수는 없었지만, 식충이와 술주정뱅이에다 세리들과 죄인들의 친구라고 좀 더 강도 높게 욕하고 비난하였다. 경건한 사람은 그의 기질이나 행실이 어떠하든, 복음의 진리와 경건의 능력을 미워하는 자들을 기쁘게 할 수 없다. 그 경건한 사람이 금욕적인 성향을 보이면, 그는 염세주의적이고 부정적인 인물로 비난을 받게 된다. 반면에, 그의 기질이나 성격이 좀 더 쾌활하고 자유분방해서 누구와도 잘 어울리면, 그는 먹고 마시는 것으로 세월을 보내는 식충이이자 술주정뱅이로 낙인이 찍힌다. 이렇게 그들은 자신들과 동일한 방탕으로 치닫지 않고, 그들이 이해하지 못하는 일들을 하는 경건한 자를 보면, 여지없이 이런저런 이유를 달아 욕하고 비난한다. 그들이 그렇게 하는 것은 경건한 자 속에 있는 경건의 능력을 미워하는 것이 그들의 본업이기 때문이다. 바리새인들과 율법교사들이 세례 요한과 그리스도를 이렇게 대하였다는 사실은 바로 그것과 동일한 일들을 겪고 있는 경건한 자들에게 아주 큰 힘이 된다.

지혜는 그 행한 일로 인하여 옳다 함을 얻느니라. 해석자들은 이 말씀의 의미에 대해서 아주 다양한 견해를 제시해 왔다. 어떤 이들은 그리스도께서 이 말씀을 반어법적으로 하신 것으로 이해해서, 바리새인들이 그들 자신을 지혜의 자녀들로 자처하여 행세하고 있다고 말씀하신 것이라고 생각한다. 어떤 이들은 이 말씀을 직설적인 것으로 이해해서, 지혜는 자신의 자녀들에 의거해서 판단을 받는다고 말씀하신 것이라고 생각한다. 여기에서 "옳다 함을 얻다"로 번역된 '디카이오마이'(δικαιόομαι)는 어떤 사람의 잘잘못을 따져서 옳다고 하거나 정죄하는 것을 의미하기 때문에, 이런 의미에서 이 말씀은 지혜가 자신의 자녀들인 체하는 자들로 말미암아 정죄를 받고 있다는 의미로 해석될 수 있고, 이 단어의 이러한 용례는 다른 저자들의 글에서는 확인되지만, 성경에는 그러한 용례가 한 번도 나오지 않는다. 이 말씀에 대한 여러 가지 다양한 해석들은 차치하고, 이 말씀은 "지식은 오직 무지한 자들에게서만 미움을 받는다"(ars non habet inimicum praeter ignorantem)는 속담과 비슷한 의미를 지니고 있는 것으로 보인다. (1) 하나님의 지혜인 나는 나를 진정으로 믿는 너희에 의해서 "옳다 함을 얻는다." 왜냐하면, 너희는 내가 "먹기를 탐하는" 식충이거나 "포도주를 즐기는" 술주정뱅이도 아니고, "세리와 죄인의 친구"도 아니라는 것을 알기 때문이다. (2) 은혜는 은혜를 받은 모든 자들에 의해서 "옳다 함을 얻는다." 왜냐하면, 경건한 사람들은 지혜로운 까닭에, 좀 더 엄격한 세례 요한에게서 나온 것이든, 좀 더 자유분방한 내게서 나온 것이든, 모든 사람들 속에서 역사하는 하나님의 은혜를 시인하고 인정하기 때문이다. (3) 다양한 사람들로 하여금 자신의 복음을 받아들이게 하여서 그들을 얻으시기 위하여 다양한 성질을 가진 다양한 도구들을 사용하시는 하나님의 지혜는 하나님께 속하여 그 지혜와 뜻을 아는 자들에 의해서 "옳다 함을 얻고" 옹호되며 찬송과 경배를 받는다. 누가는 "모든 백성과 세리들은 … 이 말씀을 듣고 하나님을 의롭다 하되"(눅 7:29)라고 말한다. 어떤 이들은 여기에서 "지혜의 자녀들"은 그들 자신을 지혜의 자녀들로 여겼던 서기관들과 바리새인들을 가리키거나, 겉으로는 그리스도를 정죄하는 말들을 하긴 하였지만, 그들 자신의 양심 속에서 정죄를 받았기 때문에 마음속으로는 그리스도를 "옳다"고 하지 않을 수 없었던 대부분의 유대인들을 가리키는 것으로 이해한다. 그러나 그리스도께서는 그들을 지혜의 자녀들이라고 부르신 적이 단 한 번도 없으셨다는 점에서, 그러한 해석은 억지스러운 것으로 보인다. 이 말씀에 대한 가장 자연스러운 해석은 내가 방금 앞에서 제시한 해석이다. 지혜의 자녀들로 자처하며 행세하는 자들은 세례 요한과 나에 대하여 그런 식으로 말하지만, 진정으로 지혜로운 자들은 나를 "옳다"고 하고, 내 아버지께서 사람들로 하여금 구원의 복음을 영접하도록 하시기 위하여 모든 수단을 다 동원하셔서, 좀 더 엄격하고 금욕적인 세례 요한과 좀 더 자유분방하며 유쾌하지만 거룩하고 흠 없는 방식으로 사람들과 어울린 나라는 이 대조적인 두 사람을 통해서 복음을 전하신 그 지혜를 "옳다"고 할 것이다.

20. 예수께서 권능을 가장 많이 행하신 고을들이 회개하지 아니하므로 그 때에 책망하시되.

우리 주님께서는 지금까지 갈릴리와 거기에 속한 성읍들과 고을들에서 자신의 대부분의 시간을 사용하셨다. 세례 요한과 그리스도께서는 두 사람 다 거기에서 복음을 전하고 거기에서 많은 이적들을 행하셔서, 그 지역 사람들로 하여금 회개하게 하고자 하셨다. 하지만 그 지역의 많은 사람들은 그리스도를 영접하고자 하지 않았고, 자신의 죄를 보려고 하지도 않았으며, 그를 메시야로 인정하지도 않았다. 그리스도께서는 이제 그들을 호되게 책망하기 시작하시는데, 이것은 그들이 그를 칭송하지 않았기 때문이 아니라, 회개하지 않았기 때문이었다. 그리스도께서 내내 복음을 전하시고 온갖 이적들을 베푸신 목적은 그들로 하여금 회개하고 그를 메시야로 영접하도록 하기 위한 것이었다. 이것은 그리스도의 모든 일꾼들이 추구하는 가장 중요한 목적이 되어야 한다.

21-22. [21]화 있을진저 고라신아 화 있을진저 벳새다야 너희에게 행한 모든 권능을 두로와 시돈에서 행하였더라면 그들이 벌써 베옷을 입고 재에 앉아 회개하였으리라 [22]내가 너희에게 이르노니 심판 날에 두로와 시돈이 너희보다 견디기 쉬우리라.

누가복음 10:13-14에도 동일한 말씀이 나온다. 고라신과 벳새다는 게네사렛 호수를 사이에 둔 서로 인접한 갈릴리의 두 성읍이었다. 다음 절에 나오는 "가버나움"은 이 두 성읍 사이에 자리 잡고 있었고, 이 호수에서 벳새다와 동일한 쪽에 있었다. 벳새다는 빌립과 안드레와 베드로가 살던 성읍이었다(요 1:44). 그리스도와 그의 사도들은 이 성읍들에서 자주 복음을 전하였고, 많은 이적들도 행하셨다. 두로와 시돈은 갈릴리와 접해 있었던 성읍들로서, 거기에는 이방인들이 살고 있었다. 이 두 성읍은 사람들이 많이 붐비는 번성한 도시들이었고, 거기에 사는 주민들은 가나안의 우상들을 섬기는 자들로서 많은 점에서 유대인들에게 혐오스러운 극히 악한 자들이어서, 이사야와 에스겔과 아모스 같은 선지자들은 그들을 쳐서 예언하기도 하였다(사 23:1-18; 겔 26:1-28:26; 암 1:9-10). 그런데 우리 구주께서는 여기에서 갈릴리 사람들을 바로 그러한 지극히 악한 이방인들과 비교하시면서, 갈릴리 사람들이 자신들이 그토록 경멸하고 멸시하는 저 이방인들보다 더 악하기 때문에, 심판의 날에 갈릴리 사람들에게 임할 재난이 더 클 것이라고 말씀하신다.

너희에게 행한 모든 권능을 두로와 시돈에서 행하였더라면 그들이 벌써 베옷을 입고 재에 앉아 회개하였으리라. 어떤 이들은 이 본문이 복음이 전파되는 곳에서 하나님께서는 구원받기에 충분한 은혜를 주신다는 것을 보여 주는 강력한 증거라고 생각한다. 즉, 그들은 사람들이 자신의 의지 속에 지니고 있는 그러한 능력을 사용하기만 하면, 그 은혜의 조력으로 진정으로 회개하고 구원을 받을 수 있다고 말한다. 나는 이 논쟁에 끼어들고 싶은 생각은 없지만, 어떻게 해서 이 본문이 그러한 주장을 밑받침해 주는 증거로 사용될 수 있는 것인지를 이해할 수 없다. (1) 이 본문은 오직 그리스도께서 행하신 이적들만을 언급할 뿐이고, 그리스도께서 말씀을 전하신 것에 대해서는 언급하지 않고 있다. (2) 이 본문은 두로와 시돈 사람들이 오래 전에 벌써 회개하고 영생을 얻었을 것이라고 말하고 있는 것이 아니라, 단지 "베옷을 입고 재에 앉아 회개하였을" 것이라고 말함으로써, 갈릴리 사람들은 자신의 죄에 대하여 전혀 깨닫지 못하고 꿈쩍도 안 한 반면에, 그들은 벌써 자신들의 죄에 대하여 어떤 반응을 보였을 것이라고 말한다. 요나가 하나님의 말씀을 전했을 때에 니느웨의 왕과 백성들도 회개하였고(욘 3:7-8), 엘리야가 말씀을 전하였을 때에 아합 왕도 회개하였지만(왕상 21:27), 그들이 회개하여 영생을 얻었다고 말할 사람은 아무도 없을 것이다. 또한, 인간의 의지 속에는, 복음을 통해서 자신의 본분을 깨닫고서 도덕적인 회개를 할 수 있는 능력이 있다는 것을 부정한 사람은 아무도 없었다. (3) 우리 구주께서는 여기에서 사람들의 방식을 따라서 합리적인 추론들과 개연성들에 의거해서 이런 말씀을 하신 것일 수 있다. 우리는 우리 구주께서 이 말씀을 하신 취지를 주목하는 것이 중요한데, 그것은 그리스도께서 그토록 많은 이적들을 행하셔서 자기가 메시야이고 자신의 가르침이 하늘로부터 온 것임을 확증하셨는데도, 고라신과 벳새다 사람들은 그 이적들을 보았으면서도 그를 메시야로 인정하지도 않고 자신들의 죄에 대하여 뉘우치는 기색조차 보이지 않을 정도로 마음의 완악함과 완고함을 보였기 때문에, 두로와 시돈의 이방인들이 비록 지독하게 악한 자들이긴 하지만, 만일 그들에게 죄를 깨닫고 자신들의 삶을 고칠 수 있는 기회가 주어졌더라면, 그들은 적어도 자신들의 잘못을 뉘우치는 모습을 보였을 것이라는 점에서, 고라신과 벳새다 사람들이 두로와 시돈 사람들보다 더 완악하고 완고한 자들임을 보여 주고자 하신 것이었다. 그래서 그리스도께서는 장차 지옥에서 고라신과 벳새다 사람들의 처지가 두로와 시돈 사람들의 처지보다 더 끔찍할 것이라고 말씀하신다. 이 본문은 복음의 빛을 받고서도 여전히 죄를 짓는 자들은 복음의 빛을 받지 않은 자들 중에서 가장 악한 자들이 짓는 죄들보다 훨씬 더 크기 때문에, 심판 날에 전자가 받게 될 벌은 후자가 받게 될 벌보다 훨씬 더 무거울 것임을 우리에게 가르쳐 준다(요 3:19).

23-24. [23]가버나움아 네가 하늘에까지 높아지겠느냐 음부에까지 낮아지리라 네게 행한 모든 권능을 소돔에서 행하였더라면 그 성이 오늘까지 있었으리라 [24]내가 너희에게 이르노니 심판 날에 소돔 땅이 너보다 견디기 쉬우리라 하시니라.

우리 구주께서 하신 이 말씀의 취지는 우리가 방금 앞에서 살펴본 말씀의 취지와 동일하다. 즉, 그리스도께서 거기에서 그토록 많은 이적들을 베풀어 복음을 확증하였는데도, 가버나움 사람들은 복음을 멸시하였다는 점에서, 오래 전에 불과 유황으로 멸망당한 소돔 사람들(창 19:1-38)보다 그 마음이 더 완악하다는 것이 증명되었기 때문에, 가버나움 사람들이 장차 받게 될 벌은 소돔 사람들이 받게 될 벌보다 더 클 것이라는 것이다. 왜냐하면, 소돔 사람들은 방탕하고 방종하게 살아간 죄를 범하기는 하였지만, 그들의 죄를 깨우치고서 그들로 하여금 자신의 죄를 회개하고 삶을 고칠 기회가 그들에게는 주어지지 않았기 때문이다. 하나님께서는 그들 가운데 자기 아들을 보내시지도 않으셨고, 가버나움 사람들에게 하였던 것과는 달리, 자기 아들의 가르침을 이적들로 확증하심으로써 자신의 은혜의 역사들을 증거하지도 않으셨다. 그러므로 가버나움 사람들은 하나님께서 심판의 날에 더럽고 부정한 소돔 사람들보다 그들을 더 혹독하게 처벌하실 것임을 알아야 한다. 우리 구주께서는 여기에서 모든 것을 다 아시는 하나님으로서가 아니라 인자로서, 개연성들과 합리적인 추론들을 근거로 해서 말씀하신다. 만약 그리스도께서 모든 것을 다 아시는 하나님으로서 말씀하셨다면, 이렇게 말씀하지 않으셨을 것이다. 왜냐하면, 소돔 사람들은 자신들이 지니고 있던 본성의 빛은 물론이고, 그들 가운데 살면서 그들의 더럽고 불의한 행실로 말미암아 그 심령에 고통을 당하였던 롯의 거룩한 모범의 빛을 거슬러 극악무도한 죄를 지었다는 점에서(벧후 2:7-8), 하나님께서 그들을 멸하신 것은 의로우신 일이었기 때문이다.

본문은 가버나움이 교역이 잘되어 외적으로 번성하였기 때문에, 또는 그리스도의 가르침들을 듣고 그가 행하신 이적들을 봄으로써 그들이 누려온 은혜의 방편들로 인해서 하늘에까지 높아졌다고 말한다. 여기에서 "음부로"로 번역된 '하데스'(ᾅδης)는 저주받은 자들이 가는 곳을 의미하는 것이 아니라 죽은 자들의 상태를 의미하기 때문에, 음부에까지 낮아진다는 것은 현세에서 멸망당하는 것을 가리키는 것으로 보이지만, 여기에서는 심판 날에 그들이 받게 될 영원한 정죄를 가리키는 것으로 보아야 한다.

25-26. [25]그 때에 예수께서 대답하여 이르시되 천지의 주재이신 아버지여 이것을 지혜롭고 슬기 있는 자들에게는 숨기시고 어린 아이들에게는 나타내심을 감사하나이다 [26]옳소이다 이렇게 된 것이 아버지의 뜻이니이다.

누가복음 10:21에도 동일한 말씀이 나오지만, 거기에는 "성령으로 기뻐하시며"라는 어구가 덧붙여져 있다. 그리스도께서는 성령으로 기뻐하셨고, 그의 마음은 아버지 하나님의 이 은혜로 인하여 내적으로 감화를 받으셨다. 그런 후에, 그는 "대답하여 이르셨다." 성경에서 "대답한다"는 것은 언제나 다른 사람들의 말에 대답하는 것을 의미하는 것이 아니고, 어떤 적절한 때에 말을 시작하는 것을 의미하기도 한다.

천지의 주재이신 아버지여 … 감사하나이다. "감사하다"로 번역된 헬라어는 "고백하다"는 의미로도 사용된다. 모든 감사와 찬송에는 하나님의 권능과 지혜와 선하심에 대한 고백이 있기 때문에, 모든 고백이 찬송인 것은 아니지만, 모든 찬송은 그대로 고백이 된다. 그리스도께서는 아버지 하나님을 천지의 주재라고 부르심으로써, 하나님께서는 절대적인 권능을 가지시고서 모든 일을 자신의 뜻을 따라 행해 오셨다고 고백한다.

이것을 지혜롭고 슬기 있는 자들에게는 숨기시고. 여기에서 "지혜롭고 슬기 있는 자들"은 서기관들과 바리새인들을 가리키는 것임에 틀림없다. 당시에 박식한 선생들이었던 그들은 그들 스스로나 그들을 따르는 많은 사람들에 의해서 지혜롭고 슬기 있는 자들로 여겨졌을 것이다. "이것"은 마태복음 13:11에서 "천국의 비밀"이라고 한 것, 즉 복음의 비밀 또는 신비를 의미한다. 그리스도께서는 하나님이 그 비밀을 그들에게 계시하지 않으시고 "숨기셨다"고 말씀한다. 단순히 복음을 전하여 외적으로 그 비밀을 나타낸다고 해서 사람들이 그 비밀을 깨닫게 되는 것은 아니고, 성령에 의한 내적 계시가 있어야만, 사람들은 복음을 받아들여 믿을 수 있게 된다(고전 2:10). 이런 의미에서 바울은 "만일 우리의 복음이 가리었으면 망하는 자들에게 가리어진 것이라"(고후 4:3)고 말한다.

어린 아이들에게는 나타내심을 감사하나이다. "어린 아이들"로 번역된 '네피오이스'(νηπίοις)는 나이가 어리고 이해력이 약한 유아들을 의미하는데, 그리스도께서는 여기에서 자신의 사도들을 비롯해서 자기를 믿은 평범한 사람들을 이 단어로 지칭하신다. 왜냐하면, 바리새인들은 "당국자들이나 바리새인 중에 그를 믿는 자가 있느냐 율법을 알지 못하는 이 무리는 저주를 받은 자로다"(요 7:48-49)라고 말하였기 때문이다. 따라서 우리 구주께서는 이렇게 말씀하신 것이다: "아버지여, 당신은 모든 권능을 자신의 수중에 가지고 계시는 '천지의 주재'이시기 때문에, 당신의 성령을 통해서 이 가난한 어부들을 비롯해서 인간적으로 별 볼일 없는 미천한 자들로 하여금 당신의 복음을 영접하고 받아들이게 하신 것과 마찬가지로 이 유식한 자들로 그렇게 만드실 수 있으셨는데도, 그렇게 하지 않으신 것은, 그들이 그들을 구원하시기 위한 당신의 뜻을 배척한 것에 대하여 당신의 공의를 보여 주신 것이었습니다. 반면에, 아버지께서는 저들처럼 이 세상에서 명성이나 지혜나 학식을 지니고 있지 않은 미천한 자들에게 이 복음의 비밀을 계시하신 것은, 당신의 크신 권능과 아울러 당신의 차고 넘치는 특별한 은혜를 보여 주신 것이었습니다. 주여, 나는 당신이 베푸신 경륜을 기뻐하고, 당신이 어린 아이들과 젖먹이들의 입에서 나오는 당신에 대한 찬송을 온전하게 하신 것에 대하여 당신께 감사를 드립니다. 당신이 이렇게 하신 것에 대해서 나는 오로지 이 모든 것이 당신의 선하신 뜻으로 말미암은 것이라는 말밖에는 할 말이 없습니다."

옳소이다 이렇게 된 것이 아버지의 뜻이니이다. 우리는 이것으로부터 다음과 같은 것들을 알 수 있다. (1) 외적으로 동일한 은혜의 방편들이 주어졌는데도, 어떤 사람들은 다른 사람들보다도 그리스도의 계시들을 더 많이 누리게 되는 것은 그 사람들의 의지가 더 강력하거나 선해서가 아니라, 오로지 하나님의 선하신 뜻에 기인한다는 것이다. (2) 복음이 처음으로 전파된 때부터 이미 천국의 비밀들에 관한 특별하고 강력한 계시들은, 하나님의 선하신 뜻으로 말미암아, 일반적으로 사람들이 보기에 아주 유식하고 지혜로운 사람들에게가 아니라 대체로 좀 더 미천한 사람들에게 주어졌다는 것이다. "배우지 않은 자들은 날아올라 하늘을 붙잡지만, 우리의 배움과 학식은 우리를 지옥으로 끌고간다"(surgunt indocti, et coelum rapiunt: Nos cum doctrina nostra in Gehennam trudimur). 고린도전서 1:26-29과 야고보서 2:5을 보라: "형제들아 너희를 부르심을 보라 육체를 따라 지혜로운 자가 많지 아니하며 능한 자가 많지 아니하며 문벌 좋은 자가 많지 아니하도다 그러나 하나님께서 세상의 미련한 것들을 택하사 지혜 있는 자들을 부끄럽게 하려 하시고 세상의 약한 것들을 택하사 강한 것들을 부끄럽게 하려 하시며 하나님께서 세상의 천한 것들과 멸시 받는 것들과 없는 것들을 택하사 있는 것들을 폐하려 하시나니 이는 아무 육체도 하나님 앞에서 자랑하지 못하게 하려 하심이라"(고전 1:26-29). (3) 하나님께서 자신의 성령을 통해서 하나님 나라의 비밀을 계시하시는 곳마다, 그것은 크게 기뻐하고 감사해야 할 일이라는 것이다. 특히, 우리가 생각하기에 그 비밀을 받아들일 가능성이 거의 없다고 여긴 사람들에게 하나님께서 그 비밀을 계시하신 경우에는 더더욱 그러하다.

27. 내 아버지께서 모든 것을 내게 주셨으니 아버지 외에는 아들을 아는 자가 없고 아들과 또 아들의 소원대로 계시를 받는 자 외에는 아버지를 아는 자가 없느니라.

요한복음 3:35에서는 "아버지께서 아들을 사랑하사 만물을 다 그의 손에 주셨으니"라고 말하고, 마태복음 28:18에서는 "예수께서 나아와 말씀하여 이르시되 하늘과 땅의 모든 권세를 내게 주셨으니"라고 말하며, 요한복음 17:2에서는 "아버지께서 아들에게 주신 모든 사람에게 영생을 주게 하시려고 만민을 다스리는 권세를 아들에게 주셨음이로소이다"라고 말한다. 하나님은 "권능"의 원천이신데(시 62:11), 자신의 모든 권세, 특히 영원한 생명과 구원의 권세를 중보자이신 그리스도께 맡기셨다(요 17:2). 그리스도께서는 "사망과 음부의 열쇠"(계 1:18)를 가지고 계시고, 영생으로 이끄는 모든 수단들은 그리스도의 권세와 처분 안에 있다.

아버지 외에는 아들을 아는 자가 없고 아들과 또 아들의 소원대로 계시를 받는 자 외에는 아버지를 아는 자가 없느니라. 아버지가 어떤 분이신지, 또는 복음의 경륜과 관련한 아버지의 계획을 아는 자는 아무도 없다. "이 구원에 대하여는 너희에게 임할 은혜를 예언하던 선지자들이 연구하고 부지런히 살펴서 자기 속에 계신 그리스도의 영이 그 받으실 고난과 후에 받으실 영광을 미리 증언하여 누구를 또는 어떠한 때를 지시하시는지 상고하니라"(벧전 1:10-12). 칼빈 목사님은 아들이 아버지의 형상과 그 영광의 광채이시기 때문에, 그리스도께서 아들이 아버지를 안다고 말씀하신 것이라고 말한다. 그리고 아들로부터 아버지를 계시받은 자도 아버지를 안다(요 6:46). "나를 본 자는 아버지를 보았거늘"(요 14:9). 우리를 구원에 이르게 하는 하나님을 아는 모든 지식은 오직 그리스도 안에 있고 그리스도로 말미암는다.

28-30. [28]수고하고 무거운 짐 진 자들아 다 내게로 오라 내가 너희를 쉬게 하리라 [29]나는 마음이 온유하고 겸손하니 나의 멍에를 메고 내게 배우라 그리하면 너희 마음이 쉼을 얻으리니 [30]이는 내 멍에는 쉽고 내 짐은 가벼움이라 하시니라.

우리 주님께서는 앞에서 (1) 모든 권능과 권세가 그에게 주어졌다는 것과 (2) 그로 말미암지 않고는 아무도 아버지를 알 수 없다는 것을 보여 주셨기 때문에, 이제 여기에서는 사람들을 그에게로 오라고 초청하시는 것으로 말씀을 끝맺으신다. 이 본문에서 "수고하고 무거운 짐 진 자들"에 대해서, 어떤 이들은 자신의 죄들을 알고서 그 죄책감의 짐을 지고 있는 자들을 가리키는 것으로 이해한다. 또한, 어떤 이들은 사도들이 "멍에"(행 15:10)라고 불렀던 율법의 짐을 가리키는 것으로 이해하기도 하지만, 이 해석에 대해서는 칼빈 목사님은 이 어구를 너무 협소하게 해석하는 것이라고 생각한다. 또한, 어떤 이들은 시련들과 환난들의 무거운 짐으로 이해한다. 그리스도께서는 자기 백성 가운데서 어떤 식으로든 수고하고 무거운 짐 진 모든 자들에게 안식을 주실 것이지만, 무엇보다도 죄의 무거운 짐을 지고 힘들어하는 심령들과 자신에게 의가 없어서 하나님 앞에 설 수 없는 자신의 처지로 인하여 힘들어하는 심령들에게 안식을 주실 것이다. 또한, 그리스도께서는 그렇게 그들에게 쉼을 주실 뿐만 아니라, 세상에서 그들이 겪는 환난들과 박해들로부터도 쉬게 해주실 것이라고 약속하신다(요 16:33).

우리 주님께서는 이사야서 55:1-2을 염두에 두시고서, 여기에서 "오라"는 표현을 사용하셨을 가능성이 많다: "오호라 너희 모든 목마른 자들아 물로 나아오라 돈 없는 자도 오라 너희는 와서 사 먹되 돈 없이, 값 없이 와서 포도주와 젖을 사라 너희가 어찌하여 양식이 아닌 것을 위하여 은을 달아 주며 배부르게 하지 못할 것을 위하여 수고하느냐 내게 듣고 들을지어다 그리하면 너희가 좋은 것을 먹을 것이며 너희 자신들이 기름진 것으로 즐거움을 얻으리라." 여기에서 "오라"는 것이 "믿으라"는 의미라는 것은 요한복음 6:44-46과 히브리서 11:6로부터 분명하다. 29절이 보여주듯이, 여기에 약속된 안식은 주로 심령에 관한 것이다. 우리는 이 약속을 믿는 자들이 현세에서 얻게 되는 안식(롬 5:2; 15:13)과 "하나님의 백성에게 남아 있는" 현세 이후의 안식(히 4:9)을 둘 다 포함하는 것으로 이해할 수 있다. 이 안식이 어떤 것이든, 그것은 그리스도께서 주시는 것이고 우리가 구해야 하는 것이다. 그리스도께서는 바로 다음에 "나의 멍에를 메라"고 하고 계시기 때문에, 이 안식은 아무런 수고나 고난 없이 거저 얻어지는 것이 아니다. 그리스도의 지체들에게도 짊어져야 할 "멍에," 즉 그들의 모든 행실과 관련된 규범과 법이 있다. 하나님을 섬기는 것은 우리의 심령에 온전한 자유를 가져다주지만, 우리의 혈과 육에게는 멍에이기 때문에, 우리의 육신의 소욕과 마찰을 일으키고, 우리의 육정과 그 행위들을 제한하고 억제한다.

나는 마음이 온유하고 겸손하니. 온유와 겸손은, 우리 자신을 높이 평가하고 우쭐해하는 우리의 교만과 어떤 특별한 계기가 없어도 종종 크게 들끓어 오르는 우리의 분노와 혈기를 거스르는 것이기 때문에, 그 자체가 멍에이다. 온유와 겸손은 그리스도께서 짊어지신 멍에의 중요한 부분인 까닭에, 우리가 "나의 멍에를 메라"는 명령을 더 잘 수행하기 위한 수단으로서 그러한 멍에를 짊어지는 것이 합당하다. 또한, 우리 주님께서는 이 명령을 통해서 그리스도의 명령들에 대한 순종 없이는 그 어떤 참된 믿음도 있을 수 없다는 것을 우리에게 알게 해주신다. 참된 믿음과 순종은 별개의 것이기는 하지만, 이 둘은 서로 떼려야 뗄 수 없게 서로 붙어 있기 때문이다. 그래서 야고보는 "나는 행함으로 내 믿음을 네게 보이리라"(약 2:18)고 말한다. 본문에 약속된 안식은 믿음과 순종을 함께 가지고 있는 자들에게 주어진다.

이는 내 멍에는 쉽고 내 짐은 가벼움이라 하시니라. 우리 구주께서는 앞에서 천국으로 가는 길은 좁고 협착한 길이라고 말씀하셨는데(마 7:13-14), 이제 여기에서는 그의 멍에가 쉽고 그의 짐은 가볍다고 말씀하시는 이유는 무엇인가? 거기에 대한 대답은 이렇다. (1) 그리스도의 멍에와 짐을 어렵고 힘들게 만드는 것은 인간 본성의 타락으로 인한 우리의 부패함이다. (2) 그리스도의 멍에와 짐은 율법의 멍에와 짐보다 훨씬 더 쉽다. (3) 그리스도의 멍에와 짐은 초신자들에게는 어렵고 힘들지만, 우리가 거기에 한 번 익숙해지면 쉽고 가벼워진다. (4) 그리스도의 멍에와 짐은 우리 자신의 힘으로 지는 것이 아니라 하나님의 도우심으로 지는 것이기 때문에 쉽고 가볍다(렘 31:33; 겔 36:25-26; 요 15:3). 우리는 단지 우리에게 명령만 하고 도움을 제공하지는 않는 도덕법으로부터 건짐을 받는다. (5) 우리는 엄격한 율법의 강제로부터 벗어나서 하나님의 사랑으로 말미암아 우리의 본분을 행하는 것이기 때문에, 그리스도의 멍에와 짐은 쉽고 가볍다. 그것은 우리의 혈기에 대한 종노릇으로부터 해방되어 우리의 이성에 합치하는 삶이기 때문에 쉽고 가볍다. 끝으로, 그리스도의 멍에와 짐을 지는 것은 우리의 정욕을 섬기는 것보다 훨씬 더 쉽고 가볍다. 우리가 육신의 정욕의 노예가 되어 사는 것보다 더 끔찍한 노예생활은 없다. 왜냐하면, 그런 삶을 사는 사람은 술주정뱅이가 "오라"고 하면 거기에 가야 하고 창기가 "오라"고 하면 거기에 가야 하기 때문이다. 마찬가지로, 그리스도의 멍에와 짐을 지는 것은 세상을 섬기는 것보다 훨씬 더 쉽고 가볍다. 또한, 그리스도의 명령들을 지키는 자들에게는 "지극히 크고 영원한 영광의 중한 것"이라는 큰 상이 약속되어 있기 때문에(고후 4:17), 그리스도의 멍에와 짐은 그들에게 너무나 쉽고 가벼울 수밖에 없다. 그래서 야곱은 십사 년 동안 외삼촌 라반을 섬겨 고되게 일하였지만, 그 기간이 불과 며칠밖에 안 되는 것으로 느껴졌다.

제12장

개요

1. 바리새인들이 그리스도의 제자들이 안식일에 이삭을 잘라 먹음으로써 안식일을 범하였다고 비난하자, 성경에 비추어 제자들을 변호하심(1-8).
2. 안식일과 관련된 이치를 설명하신 후에, 안식일에 한쪽 손 마른 사람을 고치심(9-13).
3. 바리새인들이 그리스도를 죽이려고 하고, 이렇게 해서 그리스도에 대한 예언이 성취됨(14-21).
4. 귀신 들려 눈멀고 말 못하는 사람을 고치심(22-23).
5. 바알세불을 힘입어 귀신들을 쫓아낸 것이라는 터무니없는 비난을 일축하시고, 성령을 모독하는 죄는 사함 받을 수 없는 죄라는 것과 하나님이 장차 온갖 무익한 말들에 대해서 책임을 물으실 것임을 보여 주심(24-37).
6. 표적을 구하는 자들을 꾸짖으심(38-45).
7. 어떤 사람들이 그리스도의 가장 가까운 혈육인지를 보이심(46-50).

1. 그 때에 예수께서 안식일에 밀밭 사이로 가실새 제자들이 시장하여 이삭을 잘라 먹으니.

마가는 이 이야기를 약간 다르게 "안식일에 예수께서 밀밭 사이로 지나가실새 그의 제자들이 길을 열며 이삭을 자르니"(막 2:23)라고 말하고, 누가는 "안식일에(KJV에는 '첫 번째 안식일 후의 두 번째 안식일에') 예수께서 밀밭 사이로 지나가실새 제자들이 이삭을 잘라 손으로 비비어 먹으니"(눅 6:1)라고 말한다. 하나님께서는 자신의 율법에서 "네 이웃의 곡식밭에 들어갈 때에는 네가 손으로 그 이삭을 따도 되느니라 그러나 네 이웃의 곡식밭에 낫을 대지는 말지니라"(신 23:25)고 말씀하셨다. 만일 주인이 그 자리에 있었고, 우리의 사정을 알았더라면, 우리에게 허용하였을 한도 내에서, 남의 물건을 가지고 우리의 필요를 채우는 것은, 도둑질이 아니다. 그래서 바리새인들은 제자들이 도둑질했다고 비난하는 것이 아니라 안식일을 범하였다고 비난한다. 누가는 이 일이 첫 번째 안식일 후의 두 번째 안식일에 일어났다고 말한다. 어떤 절기의 첫 날과 끝 날은 유대인들의 인식 속에서는 안식일로 여겨졌기 때문에, 그 절기 직후에 오는 안식일은 두 번째 안식일로 불렸는데, 여기에서 그 절기가 무교절(이것은 우리의 부활절과 거의 같은 때에 유대인들이 지킨 절기이다)이었는지, 아니면 장막절이나 그 밖의 다른 절기였는지를 아는 것은 우리에게 별로 중요하지 않다. 어쨌든 우리 구주께서는 안식일에 밀밭 사이로 가실새 제자들이 시장하였다. 이것은 제자들이 이 세상에서 가난하고 미천하게 살았음을 우리에게 가르쳐 준다. 그리스도께서는 그들의 시장기를 얼마든지 해결해 주실 수 있으셨지만, 제자들이 스스로 해결하도록, 즉 이삭을 따서 손으로 비벼서 먹게 내버려 두셨는데, 이것은 바리새인들에게 안식일에 관한 참된 가르침을 주실 기회를 얻으시기 위한 것이었다.

2. 바리새인들이 보고 예수께 말하되 보시오 당신의 제자들이 안식일에 하지 못할 일을 하나이다.

마가복음 2:24에서는 이것을 의문문으로 표현하고 있고, 누가복음 6:2은 "어떤 바리새인들"이라고 말하고 있는 것만이 다를 뿐이다. 바리새인들은 이 합법적인 일을 다른 날에 하는 것은 허용하였지만, 안식일에 하는 것은 금지하였다. 미신은 사람들의 눈을 멀게 하기 때문에, 그들은 하나님의 백성이 안식일에 제대로 하나님을 섬기기 위하여 합법적으로 이삭을 따먹고 힘을 차리고자 한 것까지도 하나님의 뜻을 거스른 것이라고 생각한 것이었다! 몇몇 바리새인들은 통상적으로 그리스도를 따라다녔는데, 그것은 그리스도에게서 가르침을 받기 위한 것이 아니라, 그리스도와 그 제자들의 동향을 감시해서 무엇인가 고소할 거리를 찾아내기 위한 것이었다(복음서 기자는 나중에 이렇게 말한다). 그들이 아무것도 아닌 일을 가지고 트집을 잡고 있는 것을 보라! 제자들이 이삭을 따먹은 것이 죄였는가? 이삭 몇 개를 따서 손으로 비벼서 먹은 것은 안식일 계명이 금지한 "노동"이라고 보기 힘든 것이었다. 특히, 이 계명의 취지가 안식일에 사람들이 행해야 할 의무들에 방해가 되는 노동만을 금지하는 것일 뿐이었고, 삶에 꼭 필요한 노동을 금지하는 것이 아니었다는 것을 고려하면 더더욱 그러하였다. 그러나 바리새인들의 전통은 이삭을 따는 것조차도 일종의 추수와 타작 행위로 보고 불법적인 일로 규정하였다. 위선자들과 형식을 중시하는 자들은 언제나 율법 중에서 작은 일들, 또는 자신들이 율법에 덧붙여 놓은 것들을 꼼꼼하게 지키는 데 대단한 열심을 보인다.

3-4. [3]예수께서 이르시되 다윗이 자기와 그 함께 한 자들이 시장할 때에 한 일을 읽지 못하였느냐 [4]그가 하나님의 전에 들어가서 제사장 외에는 자기나 그 함께 한 자들이 먹어서는 안 되는 진설병을 먹지 아니하였느냐.

마가와 누가는 여기에 더하는 것이 거의 없고, 단지 마가는 그 때를 "아비아달 대제사장 때에"라고 구체적으로 밝힌 후에, "먹을 것이 없어 시장할 때에" 그 일이 일어났다고 말한다. 이 이야기는 사무엘상 21:1-15에 나온다. 다윗은 요나단으로부터 위험하니 피하라는 말을 듣고 사울로부터 피신한 후에(삼상 20:1-42) 굶주려서 대제사장에게 떡 다섯 덩이를 요청하였지만, 대제사장은 "거룩한 떡"밖에 없다고 하면서 그 떡을 다윗에게 주었다(삼상 21:6). 레위기 24:5-9은 진설병에 대하여 말하면서, 오직 제사장만이 먹어야 한다고 명시적으로 규정하고 있다. 그런데 우리 구주께서는 다윗과 그의 부하들은 굶주렸을 때, 율법의 규정을 자구대로 엄격하게 해석하면, 오직 제사장들 외에는 먹을 수 없었던 진설병을 먹었다고 말씀하신다. 그러나 어떤 이들은 다윗과 그의 부하들은 안식일에 진설병을 먹은 것이 아니기 때문에, 그 일과 이 일은 서로 상관이 없는 것이 아니냐고 반문할 수 있을 것이다. 거기에 대한 대답은 이렇다. (1) 다윗과 그의 부하들이 진설병을 먹은 것은 안식일이었거나 그 직후였다. 왜냐하면, 레위기 24:8-9은 진설병을 안식일마다 여호와 앞에 진설하고 나서 "거룩한 곳에서" 먹으라고 규정하고 있고, 대제사장은 다윗에게 그 진설병이 방금 물린 따뜻한 떡이라고 말하고 있기 때문이다(삼상 21:6). (2) 그러나 우리 구주께서 그 일을 예로 든 것은, 자신의 제자들이 한 일이 합법적이라는 것이 다윗과 그 부하들이 한 일에 비추어 보면 쉽게 추론될 수 있다는 것을 좀 더 일반적으로 보여 주시기 위한 것이었는데, 그것은 어떤 자연적이거나 도덕적인 의무의 수행에 관한 특별히 긴급한 상황이 발생하였을 때에는, 제의법은 축자적으로 해석하여 엄격하게 적용되어서는 안 된다는 것이었다. 자연법은 모든 사람에게 굶주렸을 때에는 음식을 먹을 것을 명령한다. 도덕법은 제6계명의 준수를 위한 수단이자, 특히 우리로 하여금 안식일을 가장 거룩하게 지키기에 적합하게 해주는 수단으로, 굶주렸을 때에 음식을 먹어야 한다는 것을 확증해 준다. 진설병에 관한 율법 규정은 단지 제의법일 뿐이었고, 거룩한 상에서 물린 진설병에 관한 규정, 즉 오직 제사장들만이 거룩한 곳에서 먹어야 한다는 규정은 그 중에서도 특히 가벼운 것이었다. 따라서 거룩한 상에서 물린 진설병을 보통 때에 제사장들 외에 다른 사람들이 먹었다면, 그것은 불법이 되었겠지만, 다윗과 그의 부하들이 허기지고 기진해서 반드시 음식을 먹어야 했을 때, 먹을 것이 상에서 물린 진설병밖에 없었을 경우에는, 진설병에 관한 제의법의 효력이 중지된다고 보아야 하기 때문에, 그 진설병을 내어준 대제사장이나 그것을 먹은 다윗과 그의 부하들의 행위는 합법적인 것이었다. 사람의 목숨을 살리기 위하여, 또는 안식일에 하나님을 제대로 섬기기 위하여 꼭 필요한 일을 하는 것은 안식일에 하더라도 합법적인 일이 된다. 안식일에 관한 율법은 도덕법이기는 하지만, 자연법이 아니라 실정법이기 때문에, 사람들에게 먹을 것을 명령하는 자연법을 거스르거나 파괴하지 않는 방향으로 해석되는 것이 마땅하다, 안식일 율법의 취지와 목적은 안식일을 거룩하고 경건한 안식의 날로 지키기 위한 것이기 때문에, 안식일을 그런 날로 지키는 데 꼭 필요한 일을 하는 것은 합법이다. 안식일이라는 때는 진설병보다 더 거룩한 것이 아니다. 다윗이 꼭 필요한 경우에 저 거룩한 떡을 일상적인 용도로 사용한 것이 합법이었던 것과 마찬가지로, 그리스도의 제자들이 그들 자신을 안식일에 하나님을 섬기는 데 적합한 상태로 만들기 위하여 꼭 필요하였을 때에 저 거룩한 때의 일부를 그 용도로 사용한 것도 합법이었다. 이렇게 제자들이 안식일에 이삭을 따먹은 것이 하나님의 율법에 비추어서 합법적인 것이었다는 점에서, 바리새인들이 자신들이 읽고 연구한 성경, 특히 거룩한 다윗이 굶주렸을 때에 진설병을 먹은 일을 제대로 이해하였더라면, 제자들이 한 이 일에 대하여 시비를 걸거나 트집을 잡는 일은 결코 없었을 것이다. 따라서 제자들이 안식일에 이삭을 따먹은 이 작은 일은 바리새인들이 하나님의 율법을 해설하는 자들로 자처하고서 덧붙여 놓은 것들 중의 하나를 범한 것에 지나지 않은 것이었기 때문에, 그리스도께서는 이 일을 통해서 그들이 얼마나 율법을 잘못 해석해 왔는지를 보여주신다.

5. 또 안식일에 제사장들이 성전 안에서 안식을 범하여도 죄가 없음을 너희가 율법에서 읽지 못하였느냐.

마가복음이나 누가복음에는 우리 구주께서 제자들의 일을 변호하시기 위하여 근거로 드시는 이 말씀이 나오지 않는다. 이 말씀의 의미는 사람이 안식일에 하는 모든 노동이 다 불법인 것은 아니라는 것이다. 율법에 의하면, 제사장들은 희생제사들을 드리고, 할례를 행하는 등, 그 자체로만 보았을 때에는 너희가 안식일을 범하는 노동으로 여길 수 있는 많은 일들을 한다(민 28:9). 하지만 그 일들은 하나님께서 제사장들에게 명하시고 허용하신 것들이기 때문에, 너희는 그들을 비난하지도 않고, 그들은 비난받지 않을 수 있다. "그러나 이것이 우리 구주께서 말씀하고 계시는 것과 무슨 상관이 있는 것이냐"고 묻는 사람이 있다면, 나는 거기에 이렇게 대답할 것이다. 그리스도의 제자들은 그들의 주님과 함께 여러 곳을 두루 다니면서 복음을 전하는 일을 하고 있었고, 그들이 여기에서 이삭을 따먹은 것은, 다른 사람들처럼 차분하게 앉아서 무엇을 먹을 여유가 없었던 그들로서는, 이렇게 해서라도 허기를 채워야만 복음 전하는 일을 할 수 있었기 때문이었다. 이것은 두 번째 참된 규범을 보여 주는데, 그것은 경건의 일들을 하는 자들이 제때에 음식을 먹지 못한 상태에서 계속해서 경건의 일들을 하기 위하여 안식일에 허기를 채우려고 한 일은 합법적인 일이라는 것이다.

6. 내가 너희에게 이르노니 성전보다 더 큰 이가 여기 있느니라.

유대인들은 성전과 관련해서 지극히 미신적인 생각들을 지니고 있었기 때문에, 제사장들이 안식일에 하는 일들은 성전에서 하는 것이기 때문에 합법적인 것이 아니겠느냐고 반문할 수도 있었을 것이다. 유대인들 사이에서는 성전에는 안식일이 없다는 속담이 있었다. 그들은 성전은 거기에서 행해지는 모든 행위들을 거룩하게 해 준다고 여겼다. 우리 구주께서는 그들의 그러한 생각을 불식시키시기 위해서, "성전보다 더 큰 이(즉, 그리스도)가 여기 있느니라"고 말씀하신다. 성전은 단지 나를 가리키는 모형일 뿐이다. 너희는 성전이 그토록 많은 노동을 거룩하게 해줄 수 있다고 생각하면서도, 나의 권세와 허락이 내 제자들의 이 작은 일을 합법화해 주지 못할 것이라고 생각하는 것이냐?

7. 나는 자비를 원하고 제사를 원하지 아니하노라 하신 뜻을 너희가 알았더라면 무죄한 자를 정죄하지 아니하였으리라.

마가복음이나 누가복음에는 이 말씀이 나오지 않는다. 여기에서 우리 주님께서는 호세아서 6:6을 인용하셔서 이 박사들의 무지함을 계속해서 책망하시는데, 우리는 우리 구주께서 이 호세아 본문을 인용하신 것을 9:13에서도 만난 적이 있다. 이 말씀의 의미는 하나님께서는 제사보다는 긍휼을 원하신다는 것이다. 어떤 상황에서 두 가지 율법 규정이 서로 충돌하는 것처럼 보여서, 우리가 둘 모두에 순종할 수 없는 경우에는, 둘 중에서 더 상위에 있는 율법 규정에 순종하는 것이 마땅하다. 이제 우리 구주께서는 긍휼을 규정하고 있는 율법이 더 상위에 있는 율법이라고 말씀하신다. 너희가 하나님께서는 제사보다 긍휼을 더 원하신다는 것을 제대로 고려하였더라면, 이 경우에 있어서 죄가 없는 나의 제자들을 결코 비난하지 않았을 것이다.

8. 인자는 안식일의 주인이니라 하시니라.

이 말씀은 누가복음 6:5에도 나오고, 마가복음 2:27-28에는 "또 이르시되 안식일이 사람을 위하여 있는 것이요 사람이 안식일을 위하여 있는 것이 아니니 이러므로 인자는 안식일에도 주인이니라"로 되어 있다. 어떤 해석자들은 이 말씀이 두 가지 논거를 제시하고 있는 것으로 본다. (1) 인자는 안식일의 주인이다. 따라서 내 제자들의 이러한 행위는 율법 조문을 어긴 것이기는 하지만, 그 일을 판단하고 처리하는 것은 나의 권한이다. 또한, 율법은 내 자신이 만들었기 때문에, 그 율법을 해석할 권한도 내게 있다. (2) 안식일이 사람을 위하여 만들어진 것이지, 사람이 안식일을 위하여 있는 것이 아니다. 따라서 율법을 지키는 것이 사람에게 해악과 파멸을 가져다줄 것이 명백한 경우에는, 그 율법은 구속력이 없다. 안식일 율법은 사람이 하나님에 대하여 충성을 다짐하는 엄숙한 시간을 주어서 사람을 이롭게 하기 위해 만들어진 것이기 때문에, 사람에게 해를 끼치고 멸하는 방향으로 해석되어서는 안 된다.

"인자"(人子)라는 용어를 놓고 해석자들의 견해가 갈리는데, 어떤 이들은 여기에 나오는 "인자"는 복음서에서의 통상적인 용법과는 달리 그리스도가 아니라 일반적인 사람을 가리키는 것으로 보아서, 그리스도께서는 여기에서 안식일은 사람의 유익을 위해 있고 사람에게 종속되어 있다는 점에서 사람이 안식일의 주인이라고 말씀하신 것이라고 해석해야 한다고 생각한다. 그러나 그러한 해석은 분명히 비성경적인 위험한 해석이다. 사람이 도덕법의 주인이라고 하는 것은 "위험한" 발상이고, 사람이 어떤 것을 사용하거나, 그것이 사람의 유익을 위해 있다고 해서, 사람이 그것의 주인이라고 말하는 것은 대단히 무석설하다. 우리는 십계명 전체는 말할 것도 없고 그 중의 한 계명에 대해서도, 사람이 그 계명의 주인이라고 말할 수 없다. 또한, 우리 구주께서는 인자라는 용어를 복음서에서 30번 이상 사용하시지만, 언제나 다른 일반적인 사람을 가리키는 의미가 아니라 오로지 자기 자신을 가리키는 의미로 사용하시고, 여기에서도 달리 해석할 필요나 이유가 없다는 섬에서, 그러한 해석은 "비성경적이다." 그리스도께서 자기 자신을 안식일의 주인이라고 단언하신 것은 바리새인들의 시비나 트집에 대하여 아주 적절하게 말씀하신 것이었다. 왜냐하면, 이 대목에서 우리 주님께서는 안식일을 지키는 것과 관련된 문제들을 결정하고, 안식일 율법에 대한 참되고 올바른 해석을 제시할 권한이 자기에게 있다는 것을 선포하시는 것이 적절한 순서였기 때문이다.

9. 거기에서 떠나 그들의 회당에 들어가시니.

마가복음 3:1에는 "예수께서 안식일에 다시 회당에 들어가시니"(KJV)로 되어 있다. 우리 구주께서는 아버지께서 제정하신 안식일에 행해야 할 일을 행하시고, 또한 스스로 할 수 있는 한 선한 일을 행하시기 위하여 자주 이렇게 회당에 가곤 하셨다. 그리스도께서는 아주 최근에 그들과 마찰이 있었다고 해서, 회당에 가시는 것을 그만두시지 않으셨다. 이렇게 그가 "그들의 회당에 들어가신" 것은, 자신이 전하신 말씀들을 부끄러워하지도 않으셨고, 자신의 대적들의 면전에서 복음을 시인하는 것을 두려워하지 않으셨다는 것을 보여 준다.

10. 한쪽 손 마른 사람이 있는지라 사람들이 예수를 고발하려 하여 물어 이르되 안식일에 병 고치는 것이 옳으니이까.

마가는 이 동일한 이야기를 되풀이해서, "한쪽 손 마른 사람이 거기 있는지라 사람들이 예수를 고발하려 하여 안식일에 그 사람을 고치시는가 주시하고 있거늘"(막 3:1-2)이라고 말한다. 누가도 이 이야기를 보도하면서, 그 사람이 "오른손 마른 사람"이었다는 것만을 덧붙이는데, 이것은 그 사람이 더 큰 고생을 했었을 것임을 보여 준다. 그들이 이렇게 물은 것은 정말 제대로 알고 싶어서가 아니라, 그들의 관원들에게 "예수를 고발하려" 물은 것이었다. 왜냐하면, 이런 종류의 사건을 다룰 권한은 유대 관원들에게 있었고, 유대인들 사이에서 안식일을 범하는 것은 중대한 범죄였기 때문이다.

11-12. [11]예수께서 이르시되 너희 중에 어떤 사람이 양 한 마리가 있어 안식일에 구덩이에 빠졌으면 끌어내지 않겠느냐 [12]사람이 양보다 얼마나 더 귀하냐 그러므로 안식일에 선을 행하는 것이 옳으니라 하시고.

마가는 "예수께서 손 마른 사람에게 이르시되 한 가운데에 일어서라 하시고 그들에게 이르시되 안식일에 선을 행하는 것과 악을 행하는 것, 생명을 구하는 것과 죽이는 것, 어느 것이 옳으냐 하시니 그들이 잠잠하거늘"(막 3:3-5)이라고 말하고, 누가는 "예수께서 그들의 생각을 아시고 손 마른 사람에게 이르시되 일어나 한가운데 서라 하시니 그가 일어나 서거늘 예수께서 그들에게 이르시되 내가 너희에게 묻노니 안식일에 선을 행하는 것과 악을 행하는 것, 생명을 구하는 것과 죽이는 것, 어느 것이 옳으냐 하시며"(눅 6:8-9)라고 말한다. 그리스도께서는 그들의 생각을 아셨다. 그는 사람들의 마음속에 무엇이 있는지를 다른 사람들로부터 들을 필요가 없으셨다. 그는 그들이 와서 이러한 질문을 던지는 의도를 아셨기 때문에, 모든 사람이 한쪽 손 마른 사람을 볼 수 있도록 하시기 위하여, 그 사람에게 일어나서 한가운데에 서라고 말씀하시고서는, 안식일에 어떤 사람의 양이 구덩이에 빠지면 사람들이 힘을 합쳐서 그 양을 구덩이에서 끌어내는 것은 그들이 안식일 율법에 어긋나지 않는 합당한 일로 인정하고 있지 않느냐고 바리새인들에게 반문하신다. 그리스도께서 이 땅에 계신 시기에 바리새인들은 안식일 율법을 그런 식으로 해석하였던 것으로 보인다. 사람의 목숨이나 사람에게 선을 행하는 것이 짐승의 목숨이나 짐승에게 선을 행하는 것보다 더 귀한 일인지는 바리새인들도 충분히 알고 있었기 때문에, 그들이 안식일에 양을 살리는 일은 허용하면서도, 그리스도께서 한쪽 손 마른 사람을 살리려고 하시는 일은 허용하지 않고 도리어 책잡은 것은 그들 자신을 정죄한 것이었다. 우리 주님께서는 그런 후에 그들에게 한 가지 질문을 던지시는데, 이 질문은 마태 본문에는 나오지 않지만, 마가와 누가 본문에는 나온다. 그리스도께서는 그들에게 "안식일에 선을 행하는 것과 악을 행하는 것, 생명을 구하는 것과 죽이는 것, 어느 것이 옳으냐"고 물으신다. 그가 펼치시는 논증은, 사람의 생명을 구하기 위하여 선을 행하는 것은 무슨 일이든 안식일에도 허용되고, 한쪽 손 마른 사람을 고치는 것은 선한 일이라는 것이다. 내가 그 사람을 도울 수 있을 때에 도움의 손길을 뻗치지 않는 것은 하나님의 율법의 취지에 의하면 내가 그 사람을 죽이는 것이 된다.

13. 이에 그 사람에게 이르시되 손을 내밀라 하시니 그가 내밀매 다른 손과 같이 회복되어 성하더라.

마가는 "그들이 잠잠하거늘," 즉 그리스도께서는 자기가 던진 질문에 대하여 그들이 아무 대답도 하지 않자, "그들의 마음이 완악함을 탄식하사 노하심으로 그들을 둘러 보시고 그 사람에게 이르시되 네 손을 내밀라 하시니 내밀매 그 손이 회복되었더라"고 말한다. 누가도 그리스도께서 "무리를 둘러 보시고" 나서 이 이적을 행하셨다고 말한다. 우리 구주께서는 자기 질문에 대하여 감히 대답하는 자가 있는지를 보시기 위하여 주위를 둘러보셨지만, 무리 중에서 입을 열어 대답하는 사람은 아무도 없었다. 그는 이 율법 박사들이 하나님의 율법을 잘 알지도 못하였음에도 불구하고, 자기를 가르치려고 그토록 맹렬하게 덤벼들었다는 것에 노하셨고, "그들의 마음이 완악함"에 대하여 탄식하셨다. 우리가 "완악함"이라고 부르는 것은 어떤 것을 듣거나 보았을 때에 마땅히 인정해야 할 것을 인정하고자 하지 않고 진실을 배척하는 속성을 가리킨다. 바리새인들의 마음의 완악함은, 그들이 그리스도의 말씀을 듣고 그가 행하신 역사들을 보았을 때, 그들은 당연히 그를 메시야로 인정하고 믿고 받아들이는 것이 마땅한 일이었지만, 전혀 그렇게 할 생각을 하지 않았고, 아무런 감화나 느낌도 받지 못했다는 데 있었다.

그리스도께서는 한쪽 손 마른 사람에게 손을 내밀라고 하셨고, 그가 내밀매 다른 손과 같이 회복되어 성하게 되었다. 우리 주님은 종종 안수 예식을 사용하셨지만, 여기에서는 말씀으로만 고치심으로써, 안수라는 것은 어떤 일이 그리스도의 능력으로 되었음을 보여 주는 하나의 상징적인 행위에 불과하다는 것을 우리에게 알게 해 주신다. 저 악의가 가득한 바리새인들은 아주 작은 일들이나 아무것도 아닌 일들을 가지고 트집을 잡고 시비를 거는 자들이었다! 여기에서 그리스도께서 안식일에 힘든 노동을 하신 것이 무엇이 있었는가? 그들은 구덩이에 빠진 양을 꺼내기 위해 많은 사람들이 함께 힘을 쓰는 것도 얼마든지 허용하면서도, 손가락 하나 까딱하지 않으신 그리스도에 대하여 시비를 걸어 왔다. 우리 구주께서는 그 어떤 약을 조제하시거나 준비하시지도 않으시고, 단지 "손을 내밀라"는 말씀만을 하셨을 뿐인데도, 한쪽 손 마른 사람은 고침을 받았다. 그런데도 바리새인들은 어떻게 하였는가? 마태는 이것에 대해서 바로 이어서 우리에게 말해 준다.

14. 바리새인들이 나가서 어떻게 하여 예수를 죽일까 의논하거늘.

누가는 "그들은 노기가 가득하여 예수를 어떻게 할까 하고 서로 의논하니라"(눅 6:11)고 말하고, 마가는 "바리새인들이 나가서 곧 헤롯당과 함께 어떻게 하여 예수를 죽일까 의논하니라"(막 3:6)고 말한다. 과연 그리스도께서는 여기에서 그들이 잔뜩 격분하여 광분하게 된 원인을 제공하셨던 것인가? 우리 주님이 하신 일은 한쪽 손 마른 불쌍한 사람을 고치시는 이적을 베푸신 것뿐이었다. 그들은 자신들이 예수를 메시야로 인정하고자 하지 않는 것이 잘못이라는 것이 드러난 것을 보았고, 그들을 당혹스럽게 만드는 말을 들었으며, 그들 자신의 말과 주장이 반박되는 것을 발견하였기 때문에(이런 것들은 교만한 사람들이 참을 수 없어 하는 것들이다) 격분하여 광분하게 된 것이 틀림없다. 그들은 헤롯당을 찾아가서 모의한다(헤롯당에 대해서는 마태복음 22:1-46을 다룰 때에 좀 더 자세하게 살펴볼 것이다). 모든 해석자들은 한결같이 헤롯당과 바리새인들은 서로 앙숙이었다고 말한다. 그러나 그리스도를 십자가에 못 박는 일에 있어서는 헤롯과 빌라도는 서로 뜻이 잘 맞았다.

15-16. [15]예수께서 아시고 거기를 떠나가시니 많은 사람이 따르는지라 예수께서 그들의 병을 다 고치시고 [16]자기를 나타내지 말라 경고하셨으니.

이 두 절에 나오는 내용은 우리가 앞에서 이미 다 살펴본 것들이다. 그리스도께서 처음에 복음을 전하고 이적들을 행하기 시작하신 때부터, 많은 무리들이 그리스도께서 가시는 곳마다 함께 따라다녔다. "예수께서 그들의 병을 다 고치시고"는 그들 중에서 병든 자들을 다 고치셨다는 뜻으로 이해하여야 한다. 여기에서 그리스도께서 무리들에게 당부하신 것은 우리가 앞에서 자주 보아 왔던 것과 동일한 것이고, 거기에 대해서 우리는 그리스도께서는 자기의 때가 아직 오지 않았고, 자신이 죽으시기 전에 해야 할 많은 일들이 있으셨기 때문에, 아버지께서 그에게 하라고 하신 일들을 다 수행하시기 위하여 모든 지혜로운 수단들을 동원하셔서 자신의 생명을 보존하시려는 일환으로 이런 당부를 하신 것이라는 것 이상으로 만족스러운 설명을 제시할 수는 없다. 그가 행하신 이적들이 모두 다 널리 알려지게 되면, 큰 소동이 일어나서 바리새인들을 더욱 자극하고 격분하게 만들 것이었고, 그렇게 되면, 그를 죽이고자 하는 바리새인들의 음모는 더욱 신속하게 진행될 것이었다. 그리스도께서는 결코 자신의 영광을 구하신 적이 없으셨고, 늘 자기를 보내신 이의 영광을 구하셨다.

17. 이는 선지자 이사야를 통하여 말씀하신 바.

그리스도께서 이렇게 하신 것, 즉 복음서 기자가 앞에서 말한 여러 선한 일들을 행하시고, 자기가 고치신 자들에게 그 일을 널리 알리지 말라고 당부하시며, 바리새인들과 헤롯당이 서로 만나 음모를 꾸미고 있다는 소식을 전해 들으셨을 때에 물러나신 것은, 선지자 이사야를 통하여 말씀하신 것을 이루셔서, 자기가 선지자 이사야가 오래 전에 예언한 바로 그 메시야라는 것을 보여 주시기 위한 것이었다. 이사야 선지자의 예언은 이렇게 되어 있다: "내가 붙드는 나의 종, 내 마음에 기뻐하는 자 곧 내가 택한 사람을 보라 내가 나의 영을 그에게 주었은즉 그가 이방에 정의를 베풀리라 그는 외치지 아니하며 목소리를 높이지 아니하며 그 소리를 거리에 들리게 하지 아니하며 상한 갈대를 꺾지 아니하며 꺼져가는 등불을 끄지 아니하고 진실로 정의를 시행할 것이며 그는 쇠하지 아니하며 낙담하지 아니하고 세상에 정의를 세우기에 이르리니 섬들이 그 교훈을 앙망하리라"(사 42:1-4). 이것은 선지자 이사야가 예언한 것이고, 우리는 이제 복음서 기자가 이사야의 예언을 어떤 식으로 인용하고 있는지를 살펴보아야 한다.

18. 보라 내가 택한 종 곧 내 마음에 기뻐하는 바 내가 사랑하는 자로다 내가 내 영을 그에게 줄 터이니 그가 심판을 이방에 알게 하리라.

복음서 기자는 선지자 이사야의 예언을 거의 수정하지 않는다. 우리는 복음서 기자들이 구약을 축자적으로 인용하였을 것이라고 기대해서는 안 된다. 그들은 의미가 동일하도록 인용하는 것으로 충분하다고 생각하였다. 보라 내가 택한 종 곧 내 마음에 기뻐하는 바 내가 사랑하는 자로다. 여기에서 "종"은 아이를 의미하기도 하고 종을 의미하기도 하는데, 그리스도께서는 "종의 형체를 가지사 … 죽기까지 복종하셨기"(빌 2:7-8) 때문에 여호와의 종이라 불린다. 이사야서에는 "내가 붙드는 나의 종, 내 마음에 기뻐하는 자 곧 내가 택한 사람을 보라"로 되어 있지만, 마태는 "내가 붙드는"을 생략하고 그 다음에 나오는 "내가 택한 사람"을 취해서 "내가 택한 종"으로 표현한 것으로 보이는데, 이 둘은 동일한 의미이다. 하나님께서는 주 예수 그리스도를 우리의 구속주이자 택함 받은 자들의 머리로 택하셨다. 따라서 에베소서 1:4은 하나님께서 "그리스도 안에서 우리를 택하사"라고 말하고, 베드로는 그리스도께서 "창세 전부터 미리 알린 바 되신 이"라고 말하고, 하나님께서 그리스도를 "내가 택한 보배로운 모퉁잇돌"이라고 부르셨다고 말한다(벧전 1:20; 2:6). 이사야서에는 "내 마음에 기뻐하는 자"로 되어 있는 것을 마태는 "내 마음에 기뻐하는 바 내가 사랑하는 자"로 바꾸었지만, 의미는 동일하다.

그가 심판을 이방에 알게 하리라. 여기에서 "심판" 또는 "정의"로 번역된 단어는 히브리어로는 '미쉬파트'(משפט), 헬라어로는 '크리시스'(κρίσις)이다. 이 단어는 극히 다양하게 사용되기 때문에, 해석자들은 이 단어의 의미에 대하여 아주 폭넓은 차이를 보여 준다. 내가 보기에 그 중에서 가장 유력한 견해는 "판결"을 의미한다는 것이다. 모든 판결은 옳다고 인정하는 것이거나 정죄하는 것, 둘 중의 하나이다. 이렇게 본다면, "그가 심판을 이방에 알게 하리라"는, 그리스도께서 가르침과 예배를 비롯해서 하나님의 교회의 통치와 관련된 일들이나, 사람들의 삶과 행실에 관한 일들에서, 하나님이 인정하시고 올바르다고 판결하시는 것들을 나타내 보여 주실 것이라는 의미가 된다. 하나님께서는 자기 아들인 그리스도로 하여금 그런 일을 하게 하시기 위하여 자신의 성령을 그 아들 위에 두겠다고 약속하신다(사 11:2; 41:1). 요한복음 3:34은 "하나님이 보내신 이는 하나님의 말씀을 하나니 이는 하나님이 성령을 한량 없이 주심이니라"고 말하는데, 이것은 시편 45:7이 "왕은 정의를 사랑하고 악을 미워하시니 그러므로 하나님 곧 왕의 하나님이 즐거움의 기름을 왕에게 부어 왕의 동료보다 뛰어나게 하셨나이다"라고 말한 것과 동일하다. 사도는 이 시편의 말씀을 그리스도께 적용한다(히 1:9).

19. 그는 다투지도 아니하며 들레지도 아니하리니 아무도 길에서 그 소리를 듣지 못하리라.

이것은 우리의 찬송 받으실 구주의 온유하심과 너그러우심과 겸손하심을 선언하는 말씀이다. 그는 어떤 거친 혈기로 자신의 일을 하지 않으시고, 다툼이나 폭력을 통해서 자신의 나라를 이끄시지 않으신다는 점에서 온유하시다. 그래서 그는 바리새인들이 자기를 죽일 음모를 꾸미고 있다는 소식을 들으셨을 때에 거기에 대항하여 싸우시지 않으시고, 자기가 그들에게 건네질 때가 올 때까지 조용히 물러나 계셨다. 그리고 나중에 겟세마네 동산에서 베드로가 자신을 위하여 칼을 빼들고 종의 귀를 베었을 때, 그는 그 종의 귀를 치유해 주시고, 온유하신 마음으로 순순히 그들의 손에 잡혀 가셨다. 그가 큰 소리로 외치시거나, 자신의 목소리를 높이시거나, 거리에서 자신의 목소리가 들리게 하지 않으시고, 무리들을 큰 소리로 선동하지 않으신 것도 그의 온유하심을 보여 주는 것이었고, 그가 이적들을 베푸셨을 때에 사람들에게 널리 알리기 위하여 자신의 입에 나팔을 대고 불어대지 않으시고, 도리어 고침 받은 자들에게 그 일을 알리지 말라고 당부하신 것도 그의 온유하심을 보여 주는 것이었다.

20. 상한 갈대를 꺾지 아니하며 꺼져가는 심지를 끄지 아니하기를 심판하여 이길 때까지 하리니.

그리스도께서는 상한 갈대를 밟고 가실 때에도 그 갈대가 꺽여지지 않을 정도로 아주 조용히 시끄럽지 않게 자신의 일을 행하실 것이다. 또는, 그는 "상한 갈대" 같고 "꺼져가는 심지" 같은 환난당한 자들을 멸시하지 않으실 것이다. 그러나 최고의 해석자들은 이 말씀이 사람들의 심령에 대한 그리스도의 인자하심을 표현한 것으로 해석한다. 그는 믿음이 약하거나 소망이 약한 자들을 낙심하게 하지 않으실 것이다. "꺼져가는 심지"는 점화를 했지만 불이 붙지는 않고 연기만 나는 심지를 가리키기 때문에, 믿기는 하지만 의심과 두려움으로 가득한 자들이나, 그 속에 은혜의 진리가 있기는 하지만 부패함도 많이 있는 자들을 나타내는 데 아주 적절한 비유이다. 이사야 선지자는 그리스도께서 그러한 심령들을 낙심하게 하는 것이 아니라 용기를 주시는 분이 되실 것이라고 예언한다.

심판하여 이길 때까지 하리니. 이사야서에는 "진실로 정의를 시행할 것이며"로 되어 있다. 어떤 이들은 앞에서 언급한 의미에서 그리스도께서 상한 갈대를 꺾으시거나 꺼져가는 심지를 끄시는 때는 결코 오지 않을 것이라는 점에서, 여기에서 "때까지"는 시간을 나타내는 불변화사가 아니라 어떤 일의 결과를 나타낸다고 생각한다. 또한, 여기에서 "심판"은 앞에서와 마찬가지로 온 세상이 복음의 가르침과 메시야를 믿고 받아들이게 될 때까지 아버지께서 올바르게 판결하시는 것을 의미하는 것으로 볼 수도 있고, 상한 갈대 같고 꺼져가는 심지 같은 심령들이 믿음과 거룩함 안에서 온전하게 되어, 자신의 모든 불신앙과 부패한 것들에 대하여 승리를 거두게 될 때까지 아버지께서 그들에 대하여 심판하셔서 결국 승리로 이끄실 것임을 의미하는 것으로 볼 수도 있으며, 그리스도께서 사망과 음부를 정복하셔서 그리스도 예수 안에 있는 모든 심령들에게 더 이상 정죄함이 없게 될 때까지(롬 8:1) 아버지께서 정죄를 통하여 승리를 가져다주실 것임을 의미하는 것으로 볼 수도 있고, 그리스도의 백성 모두에 대한 죄사함과 무죄판결이 온전히 확정되어 그리스도의 모든 원수들에 대한 온전한 승리가 성취될 저 마지막 심판의 날이 올 때까지를 의미하는 것으로 볼 수도 있다.

21. 또한 이방들이 그의 이름을 바라리라 함을 이루려 하심이니라.

어떤 이들은 이 본문을 근거로 해서, 앞에 나온 "심판하여 이길 때까지"는 로마인들에 의해서 유대인들이 최종적으로 멸망당해서 그 이후에 이방인들의 많은 수가 복음을 받아들이게 된 것을 가리키는 것이라고 생각한다. 그리스도께서는 사람들에게 변화의 여지가 있는 동안에는 그들에 대하여 오랫동안 온유하시고 너그러우시지만, 언제까지나 그렇게 온유하심과 오래 참으심을 보이시지는 않으신다. 이것은 유대인들에게도 마찬가지셨다. 그러나 그들의 넘어짐은 이방인들에게는 일어섬의 계기가 되었다. 그리스도께서는 그 누구에게도 제발 자신의 교회라는 이름을 그대로 써달라고 사정하시는 분이 아니다. 유대인들이 자신의 본분을 다하는 데 실패한다면, 그들은 내쳐지게 될 것이고, 이방들이 그의 이름을 바라게 될 것이다. 하나님께서는 돌들을 세우셔서 아브라함의 자손들이 되게 하실 수 있으시다. 이사야서에는 "섬들이 그 교훈을 앙망하리라"로 되어 있다. 이방인들이 믿음과 거룩함에 관한 그리스도의 교훈을 받아들이게 될 것이다. 여기에서 "교훈"은 18절의 "그가 심판을 이방에 알게 하리라"는 구절에 대한 해설인 것으로 보인다. 즉, 그리스도께서는 이방인들에게 자신의 가르침을 베풀어 옳은 것들에 대하여 알려 주시리라는 것이다.

22. 그 때에 귀신 들려 눈 멀고 말 못하는 사람을 데리고 왔거늘 예수께서 고쳐 주시매 그 말 못하는 사람이 말하며 보게 된지라.

어떤 이들은 여기에 나오는 내용이 누가복음 11:14에 나오는 것과 같다고 보아서, 이 둘이 동일한 사건에 대하여 말하고 있는 것으로 생각하지만, 어떤 이들은 그렇지 않다고 본다. 누가 본문에는 그 사람이 눈 멀었다는 말이 나오지 않는 것은 분명하다. 우리는 앞에서 귀신 들린 자들에 관한 이야기를 살펴보았고, 이 본문은 거기에 새로운 것을 더하고 있지 않다.

23. 무리가 다 놀라 이르되 이는 다윗의 자손이 아니냐 하니.

우리는 여기에서 우리 구주께서 행하신 이적들을 보고서, 그를 메시야로 인정하는 최초의 반응을 만난다. 물론, 9:27에 언급된 두 맹인도 이것과 비슷한 반응을 보이기는 했지만, 그들은 요한복음 7:31에서 "그리스도께서 오실지라도 그 행하실 표적이 이 사람이 행한 것보다 더 많으랴"고 반문한 사람들처럼, 단지 "다윗의 자손이여 우리를 불쌍히 여기소서"라고 희미한 믿음을 보였을 뿐 분명하게 단언하여 고백하지는 않았다.

24. 바리새인들은 듣고 이르되 이가 귀신의 왕 바알세불을 힘입지 않고는 귀신을 쫓아내지 못하느니라 하거늘.

이 동일한 바리새인들은 9:34에서도 이것과 동일한 신성모독적인 비방을 한 바 있다. 바리새인들은 그들 자신의 이해관계 때문에 그리스도의 신성이나 그가 메시야라는 것을 인정하지 않았을 뿐만 아니라, 그리스도께서 오직 하나님만이 하실 수 있으신 일을 하셨다는 것을 백성들로 하여금 믿지 못하게 방해하고자 하였다. 그들은 그리스도께서 옛적에 엘리야와 엘리사가 그랬던 것처럼 오직 하나님으로부터 온 권능을 힘입어서 이러한 이적들을 행하셨다는 것을 인정하여야 했는데도, 하나님이 하신 일들을 마귀가 한 일들로 돌림으로써, 사람이 상상할 수 있는 가장 높은 수준의 신성모독을 자행하였다. 그리스도께서는 무수한 이적들을 행하셨고, 왕의 상징인 규는 유다로부터 떠나 버렸던 이 때는 사람들이 메시야를 기다리던 때였다. 요한복음 7:31은 유대인들이 비록 버릇없게 말하고 있기는 하지만, 어쨌든 메시야가 왔을 때에는 그가 많은 이적들을 행하실 것임을 들어 알고 있었음을 보여 준다. 이러한 상황이 바리새인들을 초조하게 만들고 화나게 만들었다. 이 수목할 만한 이야기는 세 복음서 기자가 모두 보도하고 있다. 즉, 마태가 여기에서 보도하고 있는 이 이야기는 마가복음 3:33-30과 누가복음 11:15-20에도 나온다.

25-26. [25]예수께서 그들의 생각을 아시고 이르시되 스스로 분쟁하는 나라마다 황폐하여질 것이요 스스로 분쟁하는 동네나 집마다 서지 못하리라 [26]만일 사탄이 사탄을 쫓아내면 스스로 분쟁하는 것이니 그리하고야 어떻게 그의 나라가 서겠느냐.

이것은 우리 주님의 첫 번째 논증이다. 이 말씀은 마가복음 3:23-26에도 표현만 약간 달리해서 나오고, 누가복음 11:17-18에도 나온다. 이 논증의 요지는 마귀는 아주 영악하기 때문에 어떻게 해야 이 세상에서 자신의 나라를 유지할 수 있는지를 잘 알고 있다는 것이다. 즉, 마귀는 세상의 나라나 동네나 집이나 내분을 일으키면 서지 못하고 망할 수밖에 없는 것과 마찬가지로, 귀신들도 서로 다투고 분쟁하면 망한다는 것을 알기 때문에, 귀신들끼리 서로 잘 지내게 한다는 것이다. 따라서 귀신들의 왕인 사탄이 자신의 힘을 사용해서 자신의 졸개들인 귀신들을 강제로 쫓아내려고 하는 일은 있을 수 없다는 것이다. 이러한 논증에 대하여 한 가지 반론이 제기될 수 있다: 우리는 그런 것과는 정반대의 현상, 즉 사람들이 자신들을 억압하는 자들로부터 벗어나기 위하여 교활하고 영악한 자들의 도움을 받으러 그들을 찾아가는 것을 보지 않느냐? 또한, 사람들이 자신을 괴롭히는 귀신을 물리치기 위하여 귀신과 거래하는 자들을 찾아가 도움을 청하였다는 이야기가 많이 떠돌고 있는데, 거기에는 일말의 진실도 없다는 것이냐? 나의 대답은 귀신들이 서로 거래하는 것과 서로를 쫓아내는 것은 전혀 별개의 일이라는 것이다. 즉, 마귀 세계 전체에 더 큰 이익을 가져다주기 위해서 한 귀신이 다른 귀신에게 양보하는 일은 얼마든지 있지만, 서로 싸우는 일은 결코 없다. 왜냐하면, 귀신들이 서로 양보하고 타협하고 거래하는 것은 사탄의 나라를 확장하기 위한 것인 반면에, 서로 싸우는 것은 그 나라를 멸망시킬 것이기 때문이다. 그래서 어떤 가련하고 불쌍한 자가 어떤 귀신에게 당하고 있는 괴롭힘에서 벗어나기 위하여 다른 귀신과 거래하는 무당을 찾아가서 도움을 청하면, 그 귀신은 사탄의 나라의 더 큰 이익을 위해서 자발적으로 다른 귀신에게 양보하고 물러난다. 왜냐하면, 귀신은 사람들이 자기를 신처럼 모시기를 원하는 까닭에, 자신의 힘으로 많은 사람들을 괴롭히는 것보다 한 심령을 장악하는 것이 귀신에게는 더 이익이기 때문이다. 그런 경우들에 있어서, 귀신은 자기에게 도움을 청하러 온 그 사람의 육체적인 고통을 덜어주는 대신에 그 사람의 심령을 장악해서 종으로 삼아 버린다. 이것이 사탄이 자신의 나라를 견고히 세우고 공고히 하며 확장해 나가는 방식이다.

그러나 그리스도께서는 자신의 권세로 귀신들을 사람들에게서 쫓아내신다. 더 큰 이익을 위해서는 양보하고 순순이 물러났던 귀신들도 이 경우에는 자신들에게 아무런 이익도 없이 맨손으로 쫓겨나는 것이기 때문에 사람들에게서 쉽게 나가려고 하지 않는다. 우리 주님은 귀신들에게 사람들에게서 나와 달라고 사정하신 것도 아니었고, 자신의 영혼을 먼저 귀신들에게 바쳐서 사탄의 나라에 이바지하겠다는 계약을 맺고서 서로의 합의 아래 거래하는 것을, 마치 자기가 귀신을 쫓아내는 것처럼 위장하신 것도 아니었다. 그리스도께서는 귀신들에게 충성을 맹세하는 의미를 지니는 그 어떤 주술 의식도 행하지 않으셨고, 오직 권세 있는 말씀으로 그들에게 나오라고 명령하셨고, 그들은 어쩔 수 없이 사람들에게서 나올 수밖에 없었다.

27. 또 내가 바알세불을 힘입어 귀신을 쫓아내면 너희의 아들들은 누구를 힘입어 쫓아내느냐 그러므로 그들이 너희의 재판관이 되리라.

우리 구주의 논증은 이런 것이다. 즉, 동일한 사안에 대해서는 동일한 판결이 내려져야 하는데, 정반대의 판결을 내린다면, 그것은 그 사람에 대하여 악의를 가지고 있고 그 사람을 미워한다는 증거라는 것이다. 내가 귀신들을 쫓아내느냐? 너희의 아들들도 마찬가지로 귀신들을 쫓아내고 있다. 그런데 너희는 왜 너희의 아들들은 하나님의 능력을 힘입어서 귀신들을 쫓아낸다고 말하면서, 나는 귀신들의 왕을 힘입어서 귀신들을 쫓아낸다고 말하는 것이냐? 너희의 아들들이나 나나 똑같이 귀신들을 쫓아내는 것은 마찬가지인데, 그들은 하나님의 능력을 힘입어서 그렇게 하고 있고, 나는 귀신들의 왕을 힘입어서 그렇게 하고 있다고 너희가 말하는 근거가 무엇이냐?

여기에서 유일한 문제는 우리 구주께서 말씀하신 그들의 "아들들"은 누구를 가리키느냐 하는 것이다. 어떤 이들은 그리스도의 사도들은 모두 유대인들이었고, 바리새인들은 여러 가지 이유에서 그리스도보다는 사도들에게 더 호의적이었을 것이라고 생각해서, 여기서 "아들들"은 사도들을 가리킨다고 본다. 어떤 이들은 유대인들 가운데 있던 퇴마사들을 가리킨다고 생각한다(행 19:13). 이 퇴마사들이 누구였는지에 대해서는 두 가지 견해가 있다. 첫 번째 견해는 그들은 마귀와 계약을 맺고 활동하는 자들이었다는 것이고, 두 번째는 그들은 아브라함과 이삭과 야곱의 하나님의 이름을 부르며 도우심을 청하는 방식으로 퇴마의식을 행하였기 때문에, 하나님께서는 그들을 통해 능력을 행하셔서 사람들로부터 귀신들을 쫓아내 주셨다는 것이다. 오리게네스(Origen)와 순교자 유스티누스(Justin Martyr)는 유대인들 중에서 이렇게 하나님의 이름을 부르며 귀신들을 성공적으로 쫓아낸 사람들이 있었다고 말한다. 그러나 그들이 실제로 그렇게 했다고 할지라도, 그들은 하나님으로부터 오는 능력을 힘입어서 귀신들을 쫓아낸 것은 아니었을 것이기 때문에, 먼저 사탄에게 충성을 맹세하고서 귀신들을 달래는 주술 의식을 행함이 없이는 귀신들을 쫓아낼 수 없었을 것이다. 나는 특히 하나님께서 이러한 이적들을 통해서 예수가 메시야라는 것을 증거하셔야 할 때, 예수 외에 다른 사람들을 세우셔서, 그들로 하여금 하나님의 이름과 권세로 이러한 이적들을 행하게 하셨을 것이라고 믿기가 힘들다.

우리는 스게와의 일곱 아들이 "악귀 들린 자들에게 주 예수의 이름을 불러 말하되 내가 바울이 전파하는 예수를 의지하여 너희에게 명하노라"고 말함으로써 귀신을 쫓아내고자 하였지만(행 19:13) 결국 쫓아낼 수 없었음을 본다(행 19:14-16). 제사장의 아들들이었던 그들이 만일 좀 더 그럴 듯하고 고상한 아브라함과 이삭과 야곱의 하나님의 이름을 부르며 귀신을 쫓아낼 수 있었더라면, 굳이 "시험 삼아" 이렇게 말함으로써 귀신을 쫓아내고자 하지는 않았을 것이다.

따라서 우리 구주께서 "너희의 아들들"이라고 하신 것의 의미는 다음 둘 중의 하나일 것임에 틀림없다. (1) 너희의 "아들들"인 나의 사도들은 내게서 받은 능력을 힘입어서 귀신들을 쫓아낸 것이라고 말하는데도, 너희는 그들에 대해서는 아무 말도 하지 않으면서, 왜 나에 대해서는 귀신들의 왕을 힘입어 귀신들을 쫓아내는 것이라고 말하는 것이냐? (2) 너희 중에는 하나님의 이름으로 귀신을 쫓아내는 것 같지만, 실제로는 마귀와 계약을 맺고서 그렇게 하는 자들이 있다. 마귀는 마치 그들의 주술 의식에 굴복해서 나가는 것처럼 위장하지만, 사실은 자신이 사람들의 육신에 끼치는 괴로움은 덜어주는 대신에, 자기가 그들을 치료할 수 있고 그들의 어려움을 도와줄 수 있다는 것을 사람들로 하여금 믿게 하여 사람들의 영혼을 장악해서 사람들을 자신의 종으로 삼는 이익을 챙기기 위한 것이다. 그런데도 너희는 그들이 하나님의 능력을 힘입어서 귀신들을 쫓아내는 것이라고 생각한다. 이렇게 너희는 그런 자들조차도 하나님의 능력으로 그런 일을 행한다고 생각하면서도, 왜 나는 그렇지 않다고 생각하는 것이냐?

사도행전 19:13에서는 유대인들 가운데서 퇴마사들로 활동하였던 자들을 '페리에르코메노이'(περιερχόμενοι), 즉 "유랑자들"로 부른다. 그들은 오늘날의 집시들처럼 이곳저곳을 떠돌며 살아가던 사람들이었다. 그들이 아브라함과 이삭과 야곱의 하나님의 이름을 부르며 축귀를 행하였다고 하더라도, 하나님께서 특히 이 메시야의 때에 그들에게 귀신들을 쫓아낼 수 있는 능력을 주셨을 가능성은 희박해 보인다. 사도행전의 보도를 보면, 그들은 예수의 이름을 사용하였지만, 하나님께서는 그들을 통해서 역사하고자 하지 않으셨다는 것은 분명하다: "악귀 들린 사람이 그들에게 뛰어올라 눌러 이기니 그들이 상하여 벗은 몸으로 그 집에서 도망하는지라"(행 19:16).

28. 그러나 내가 하나님의 성령을 힘입어 귀신을 쫓아내는 것이면 하나님의 나라가 이미 너희에게 임하였느니라.

누가복음 11:20에도 동일한 말씀이 나오지만, "하나님의 성령"이라는 표현 대신에 "하나님의 손"(KJV에는 "하나님의 손가락")이라는 표현을 사용한다. 여기에서 "하나님의 나라"는 메시야의 오심을 의미한다(단 2:44). 여호와께서 자기 왕을 "내 거룩한 산 시온"에 세우셔서(시 2:6) 자신의 은혜의 나라를 시작하실 때가 임하였다. 이것으로부터 우리는 그리스도께서 자신이 하나님의 능력을 힘입어 귀신들을 쫓아내신 일들을 자기가 메시야라는 것을 증명하는 논거로 제시하고 계신다는 것을 알 수 있다. 왜냐하면, 그리스도께서는 자기가 하나님의 성령을 힘입어 귀신들을 쫓아내는 것 속에서, 너희는 하나님의 나라가 너희 가운데 임하였다는 것, 즉 하나님의 능력("손가락")이나 성령을 힘입어 귀신들을 쫓아내는 이가 너희 가운데 이미 와 있다는 것을 알아야 한다고 말씀하시기 때문이다. 그런데 만일 유대인들 중에 비록 떠돌이들이기는 하지만, 하나님의 능력을 힘입어서 아브라함과 이삭과 야곱의 하나님의 이름으로 귀신들을 쫓아내는 사람들이 있었다면, 그리스도께서 여기에서 제시하신 논증은 유대인들에게 조롱거리가 될 수밖에 없지 않았겠는가?

29. 사람이 먼저 강한 자를 결박하지 않고서야 어떻게 그 강한 자의 집에 들어가 그 세간을 강탈하겠느냐 결박한 후에야 그 집을 강탈하리라.

마가복음 3:27에도 약간의 차이는 있지만 동일한 말씀이 나오고, 누가는 "강한 자가 무장을 하고 자기 집을 지킬 때에는 그 소유가 안전하되 더 강한 자가 와서 그를 굴복시킬 때에는 그가 믿던 무장을 빼앗고 그의 재물을 나누느니라"(눅 11:21 22)고 말한다. 누가 본문은 더 많은 단어들을 사용하고 있기는 하지만, 의미는 동일하다. 우리 구주께서는 자기가 하나님의 성령과 능력을 힘입어서 귀신들을 쫓아내는 것이 어떻게 해서, 메시야가 임하였고, 하나님이 사람들 가운데서 자신의 나라를 세우고자 하시는 때가 도래하였음을 알려주는 것이 되는지를 보여 주신다. 그는 이렇게 말씀하신다: 세상의 신이자 공중의 권세 잡은 임금인 마귀는 대단히 강해서, 하나님 외에는 마귀보다 더 강한 자는 없다. 만일 내가 하나님이 아니었다면, 나는 이 세상을 자신의 집으로 삼고서 지배하고 있는 이 "강한 자"를 결코 쫓아낼 수 없었을 것이다. 너희가 사람들 가운데서 보듯이, 더 강한 자가 아니면 강한 자를 이길 수 없다.

또한, 그리스도께서 이 말씀을 통해서 우리에게 알게 하고자 하시는 것은, 자기는 바알세불과 계약이나 협약을 맺기는커녕, 도리어 자신의 철천지원수인 마귀에게서 사람들 가운데서 행사해 온 저 폭압적인 권세를 빼앗기 위해서 이 세상에 오셨다는 것이다. 하나님께서는 그동안에 사람들의 엄청난 죄악들 때문에 마귀에게 그들의 몸을 장악해서 다양한 방식으로 괴롭히고 고통스럽게 하는 권세를 허락하셨고, 마귀는 그 권세를 이용해서 사람들을 어둠 속에 가두고, 오류들과 미신들로 그들의 눈을 멀게 하며, 그들을 유혹하여 죄악들을 저지르게 해 왔는데, 이제 그리스도께서는 복음 진리의 온전한 계시를 통해서 이 세상에 있는 어둠을 몰아내시고, 사람들에게 하나님의 진리들과 하나님을 올바르게 예배하는 방식들을 가르치셔서 온갖 오류들과 미신들을 몰아내시며, 사람들의 죄책을 제거하심과 동시에 죄와 사망과 무지와 오류와 속됨의 권세를 멸하심으로써, 이 강한 자를 완전히 무장해제시키셨다. 왜냐하면, 우리의 죄의식과 우리 안에 있는 정욕의 힘은 마귀의 무기이고, 마귀는 그러한 무기를 사용해서, 자신의 권세를 유지하고 세상 사람들에 대한 지배를 유지해 나가기 때문이다.

30. 나와 함께 아니하는 자는 나를 반대하는 자요 나와 함께 모으지 아니하는 자는 헤치는 자니라.

누가복음 11:23에도 동일한 말씀이 나온다. 어떤 이들은 이 말씀이 마귀에 대한 것이라고 이해한다. 마귀는 그리스도께 호의적이기는커녕, 도리어 사사건건 정반대로 행하기 때문이다. 어떤 이들은 이 말씀이 그리스도에 대하여 찬성하지도 않고 반대하지도 않고 중립을 지키는 자들에 대한 것이라고 이해한다. 여기에서 우리 구주께서는 이 문제에 있어서는 중립이라는 것이 없기 때문에, 그들은 그와 함께 하거나 그를 반대하거나 둘 중의 하나를 택하여야 한다고 말씀하고 계신다는 것이다. 그러나 나는 이 말씀이 서기관들과 바리새인들에 대한 것으로 이해하는 것이 가장 좋다고 본다. 즉, 그리스도께서는 자기는 사람들에게 생명과 구원의 참된 길을 보여 주었기 때문에, 자기와 함께 해서 하나님의 양을 모으는 것이 아니라 흩어버리고자 하는 자들은 자신의 원수들일 수밖에 없다는 것을 그들에게 알게 해주고자 하신 것이다.

31-32. [31]그러므로 내가 너희에게 이르노니 사람에 대한 모든 죄와 모독은 사하심을 얻되 성령을 모독하는 것은 사하심을 얻지 못하겠고 [32]또 누구든지 말로 인자를 거역하면 사하심을 얻되 누구든지 말로 성령을 거역하면 이 세상과 오는 세상에서도 사하심을 얻지 못하리라.

마가복음 3:28-29에도 동일한 말씀이 나오는데, 거기에서는 "이 세상과 오는 세상에서도 사하심을 얻지 못하리라"는 표현 대신에 "영원히 사하심을 얻지 못하고 영원한 죄가 되느니라"는 표현을 사용하지만, 의미는 변화가 없다. 누가복음 12:10에도 비슷한 말씀이 나온다: "누구든지 말로 인자를 거역하면 사하심을 받으려니와 성령을 모독하는 자는 사하심을 받지 못하리라." 이것은 위대한 신학자들을 아주 많이 괴롭혀 왔고, 때때로 발작적으로 우울증과 시험들에 빠져들곤 하는 가련한 그리스도인들을 무척 당혹스럽게 해온 본문이다.

그리스도께서는 온갖 "죄와 모독"은 사하심을 얻게 될 것이라고 단언하신다. 누구든지 말로 인자를 거역하면 사하심을 얻되. 즉, 회개하고 예수 그리스도를 믿으면, 다른 죄들은 다 사하심을 얻을 수 있다는 것이다. 어떤 이들은 여기에 나오는 "인자"를 일반적인 사람을 가리키는 것으로 이해한다. 그러나 (1) 그리스도께서는 언제나 "인자"라는 단어를 자기 자신을 가리키는 데에만 사용하셨고, (2) 사람들에게 죄를 짓거나 사람들을 모욕한 것은 사하심을 얻을 수 있다는 것을 여기에서 새삼스럽게 그들에게 말씀하실 이유가 없으셨다는 점에서, 여기에서 "인자"는 그리스도 자신을 가리키는 것임에 틀림없다. 그리스도께서는 무지로 인한 죄들은 사하심을 얻을 수 있다고 선언하신 것이다. 어떤 사람이 무지해서 그리스도를 단순히 일개 사람에 불과한 존재로 생각하고서, 그리스도를 모독하였다면, 나중에 그가 회개하고 그리스도를 믿게 되면, 그 죄는 사하심을 받을 수 있다. 따라서 이것은 무거운 죄의 짐 아래에서 괴로워하며 자기가 그동안 그리스도께 어떤 짓을 하였는지를 생각하며 고통스러워하는 심령들에게 아주 큰 위로를 주는 말씀이다.

난점은 이 본문의 후반부, 즉 성령을 모독하는 자는 사하심을 얻지 못할 것이라는 말씀에 있다. 이 말씀과 관련해서 몇 가지 질문들이 생겨난다. 첫 번째는 성령을 거역하는 죄라는 것이 구체적으로 무엇이냐 하는 것이다. 이 질문에 대한 대답은 전후맥락과 마가가 덧붙인 "이는 그들이 말하기를 더러운 귀신이 들렸다 함이러라"(막 3:30)는 구절을 통해서 그리 어렵지 않게 추론해 낼 수 있다. 그리스도께서는 사람들에게 말씀을 전하시기 위해서 그들 가운데로 오셔서, 단지 말씀만 전하신 것이 아니라, 자기가 하나님의 능력과 성령을 힘입어 행하고 있음을 확증해 주기에 충분할 정도로 수많은 이적들을 행하셨다. 그런데도 그들은 그가 메시야로서 말씀을 전하고 행하신다는 것을 믿기는커녕 인정조차 하지 않았고, 한 술 더 떠서 그의 역사들을 마귀의 역사로 돌렸으며, 그가 귀신이 들려서, 마귀가 주는 능력으로 그런 이적들을 행한 것이라고 말하였다. 이것은 그들 자신의 양심의 확증을 거스르고서 악의적으로 성령을 최고로 모독한 것으로서 성령을 거역한 죄임에 틀림없었다.

이것으로부터 두 번째 질문이 생겨나는데, 그것은 지금도 사람들이 그러한 죄를 범할 수 있느냐 하는 것이다. 이 문제에 대하여 단정적으로 말씀해 주는 본문들은 없지만, 사도는 히브리서 6:4-6; 10:26-27; 요한일서 5:16에서 "사망에 이르는 죄"에 대하여 언급하면서, 그리스도인들은 이런 죄를 범한 자를 사해 달라는 기도를 할 필요가 없다고 말한다. 바리새인들의 경우에는 그리스도께서 이 땅에 계셔서 그들의 눈 앞에서 이적들을 행하시는 것을 보았지만, 지금 우리에게는 그러한 기회가 주어져 있지 않기 때문에, 오늘날의 사람들은 그러한 죄를 범할 수 없을 것이라고 말하고 싶지만, 우리가 앞서 언급한 본문들은 오늘날의 사람들도 그러한 죄를 범할 가능성이 있음을 분명하게 보여 준다.

어떤 죄들이 이 죄에 속하느냐에 대해서는, 가장 위대한 신학자들이 설명해 내려고 애를 써 왔지만, 그 중에서 여러 견해들은 쉽게 반박될 수 있는 것들이기 때문에, 나는 굳이 여기에서 그 견해들을 소개하고 싶지는 않고, 다만 이 죄에 대하여 말씀하고 있는 성경 본문들에 비추어서 몇 가지를 언급하고자 한다. (1) 무지해서 알지 못하고 범한 모든 죄는 이 죄에 해당될 수 없다. 바울은 그리스도를 모독한 자였지만, 알지 못하고 한 것이었기 때문에 사하심을 얻을 수 있었다. (2) 이 죄는 성령의 역사임을 뻔히 알면서도 성령을 거역하고 모독하는 죄임에 틀림없다. 바리새인들은 바로 그러한 죄를 범하였다. (3) 이 죄가 되기 위해서는 배교의 요소가 거기에 포함되어 있어야 한다. 사도는 "타락한 자들," 즉 신앙에서 떨어져 나간 자들은 "다시 새롭게 하여 회개하게 할 수 없나니 이는 그들이 하나님의 아들을 다시 십자가에 못 박아 드러내 놓고 욕되게" 하였기 때문이라고 말한다(히 6:6). 이 죄는 진리를 아는 지식을 받은 후에 의도적으로 범죄하는 것이다(히 10:26). (4) 이 본문에 의하면, 이 죄 속에는 박해의 요소가 포함되어 있는 것으로 보인다. 바리새인들은 단순히 이런 말을 한 것이 아니라, 그리스도를 멸하기 위하여 악의적으로 이런 말을 한 것이었다. (5) 자신의 죄를 뉘우치지 않는 것 자체가 이 죄에 해당한다고 말할 수는 없지만, 이 죄 속에는 그러한 요소가 들어 있음에 틀림없다. 왜냐하면, 우리가 진심으로 회개할 수 있는 죄들은 사하심을 얻게 될 것이기 때문이다(요일 1:9). 그래서 사도는 그러한 죄인들은 회개를 통해서 새로워질 수 없다고 말한다.

따라서 이 모든 것을 종합해 보면, 우리는 이렇게 말할 수 있다. 어떤 사람이 하나님의 일들에 대하여 가르침을 받고 신앙을 고백한 후에, 나중에 자신의 신앙 고백을 저버리고 신앙에서 떨어져나가 신앙의 지독한 원수가 되어서, 자신의 마음속으로는 성령의 역사인 줄을 뻔히 알면서도, 그 일들을 마귀의 역사라고 말하며, 신앙을 고백하는 사람들을 멸하기 위하여 맹렬하게 박해한다면, 그는 우리를 미워하는 자이자 우리 하나님의 원수라고 할 수 있고, 그 사람이 이 사하심을 얻을 수 없는 죄를 범한 것이 아니라고 할지라도, 거의 그런 죄에 가까운 죄를 범한 것이라고 할 수 있다. 나는 그런 사람은 얼른 자기가 세상을 만족시키기 위하여 자신의 양심을 짓밟고 그런 짓을 했다는 것을 인정하고 회개하지 않는다면, 이 끔찍한 죄에서 벗어날 길이 없을 것이라고 본다. 나의 이러한 견해가 옳다는 것을 확증해 주는 것은 우리는 그러한 사람들이 회개를 통해서 새로워졌다는 말을 거의 들을 수 없다는 것이다(분명히 그러한 회개가 가능한데도). 어떤 이들은 사람이 겉으로 드러난 어떤 행위가 없이 말만으로도 이 죄를 범할 수 있다고 생각해 왔다는 것을 나는 안다. 하지만 그리스도와 성령을 모독한 것이 말들 그대로 단순히 욕한 것에 지나지 않는 것일 수도 있기 때문에, 이 죄가 되기 위해서는, 그 말들이 지독한 앙심과 보복하고사 하는 악의적인 마음으로부터 나온 것이어야 한다. 왜냐하면, 그리스도께서 여기에서 말씀하신 것은, 아우구스티누스(Augustine)가 지적하였듯이, 성령을 모독하는 모든 말들, 즉 무지하거나 경솔하게 한 말들까지 포함시켜서 말씀하신 것이 아니고, 하나님이나 그리스도를 멸하기 위한 악의를 가지고서 고의적이고 의도적으로 한 말들을 가리켜 말씀하신 것이기 때문이다. 즉, 우리가 충분한 빛과 깨우침을 받아서, 우리가 욕하고 있는 그 일들이 악한 자 마귀에게서 나온 것이 아니라 하나님의 성령으로부터 나온 것이거나 적어도 그럴 가능성이 높다는 것을 알았으면서도, 그 일들을 하는 하나님의 종들을 멸하거나 비방하기 위한 목적으로, 그들이 그 일들을 마귀의 능력을 힘입어서 행하고 있는 것이라고 말할 때에만, 그것은 성령을 모독한 죄가 된다는 것이다. 우리는 이 문제에 대해서 아무것도 확실하게 말할 수는 없지만, 지금까지의 설명이 여기에서 언급된 죄, 현세에서나 내세에서나 결코 사하심을 얻지 못할 죄에 대한 가장 근접한 설명이라고 말할 수 있다. 마가는 이 죄를 범한 자들은 영원한 저주를 받게 될 것이라고 하는데, 이것은 교황주의자들이 이 본문을 근거로 삼아서 연옥설을 주장하는 것이 옳지 않다는 것을 보여 준다.

33. 나무도 좋고 열매도 좋다 하든지 나무도 좋지 않고 열매도 좋지 않다 하든지 하라 그 열매로 나무를 아느니라.

우리는 7:16에서도 이것과 거의 동일한 말씀을 보았다. 여기에 나오는 말씀은 마귀를 비롯해서 서기관들과 바리새인들에 대한 것으로 볼 수도 있고, 그리스도 자신에 대한 것으로 볼 수도 있다. (1) 너희는 내가 마귀를 힘입어서 이 일들을 행하고 있다고 말한다. 그렇다면, 너희는 내가 하는 일들이 선하다고 말할 수 없다. 열매는 그 나무의 본성을 따르기 때문이다. 마귀는 악한 자이기 때문에 나쁜 나무라고 할 수 있는데, 그런 마귀가 어떻게 선한 열매를 맺을 수 있겠는가? (2) 너희는 너희가 맺은 열매를 통해서 너희 자신이 악한 나무들이라는 것을 보여 주고 있다. 너희는 실제로는 음란하고 속된 자들인데도, 경건의 가면을 쓰고 있다. 하지만 너희가 맺는 열매는 너희가 어떤 자들인지를 보여 준다. (3) 내가 맺는 열매가 선하다면, 너희는 왜 나를 선하다고 하지 않는 것이냐? 앞뒤가 맞게 일관된 말을 하라. 열매가 좋으면 나무도 좋을 것임에 틀림없다. 내가 어떤 악한 일들을 했는지를 한 번 말해 보라. 그것이 입증된다면, 너희가 나를 악한 나무라고 해도, 그 말은 맞는 말이 될 것이다.

34-35. [34]독사의 자식들아 너희는 악하니 어떻게 선한 말을 할 수 있느냐 이는 마음에 가득한 것을 입으로 말함이라 [35]선한 사람은 그 쌓은 선에서 선한 것을 내고 악한 사람은 그 쌓은 악에서 악한 것을 내느니라.

누가복음 6:45에도 거의 동일한 말씀이 나온다. 독사의 자식들아. 세례 요한은 바리새인들을 이렇게 불렀는데, 이제 그리스도께서도 그들을 이렇게 부르신다(마 23:33). "독사"는 모든 뱀들 중에서 가장 치명적인 독을 품고 있는 위험한 뱀이다. 그리스도께서는 바리새인들을 "독사의 자식들"이라고 부르심으로써, 그들이 사람들의 심령에 가장 큰 해악을 끼치는 파당이라는 것을 보여 주신다. 너희는 악하니 어떻게 선한 말을 할 수 있느냐. 내가 너희들을 책망하거나 권면하느라 시간을 쓰고 애를 써도, 그것은 다 쓸데없는 일이 될 것이다. 너희는 마음이 부패할 대로 부패해서 교만과 악의와 시기만이 가득할 뿐이기 때문에 통상적으로 선한 말들을 할 수가 없는 자들이다. 이는 마음에 가득한 것을 입으로 말함이라. 사람들이 통상적으로 말하는 것들은 그들의 마음에 있는 감정들과 생각들로부터 나온다. 그렇기 때문에, 마음에 선이 가득한 사람들의 입에서는 통상적으로 선한 말들이 나오고, 마음에 악의와 앙심과 시기와 교만과 온갖 정욕들이 가득한 사람들의 입에서는 악한 말들이 나올 수밖에 없다.

36-37. [36]내가 너희에게 이르노니 사람이 무슨 무익한 말을 하든지 심판 날에 이에 대하여 심문을 받으리니 [37]네 말로 의롭다 함을 받고 네 말로 정죄함을 받으리라.

여기에서 무익한 말은 어떤 이들은 거짓말하고 속이는 말들을 가리키는 것으로 이해하고, 어떤 이들은 오만방자하게 남을 꾸짖는 말들을 가리키는 것으로 이해한다. 그러나 최고의 해석자들은 여기에서 사용된 '아르곤' (ἀργον)의 의미만이 아니라, 우리 구주께서 여기에서 작은 것을 들어서 큰 것을 논증하는 방식으로 말씀하고 계신다는 것을 고려하여 그 의미를 좀 더 확장시켜서, 그리스도께서는 바리새인들에게 그들이 한 신성모독적이고 오만방자한 말들에 대하여 무시무시한 대가를 치르게 될 것임을 똑똑히 각인시켜 주심과 아울러, 누구라도 하나님의 영광이나 다른 사람들의 유익을 위하여 필요한 말들도 아니고 그들 자신에게 꼭 필요하고 합당한 말들도 아닌데, 쓸데없는 헛소리를 했을 때에도, 장차 그 말들에 대하여 책임을 추궁 받게 될 것이라고 말씀하신 것이라고 본다. 그런 까닭에, 사도 바울은 그리스도인들이 "누추함과 어리석은 말이나 희롱의 말"을 하는 것을 금지할 뿐만 아니라 (엡 5:4), "더러운 말은 너희 입 밖에도 내지 말고 오직 덕을 세우는 데 소용되는 대로 선한 말을 하여 듣는 자들에게 은혜를 끼치게 하라"(엡 4:29)고 말하고, 골로새 교인들에게는 "너희 말을 항상 은혜 가운데서 소금으로 맛을 냄과 같이 하라"(골 4:6)고 말한다. 이것은 어떤 것이든 제대로 올바르게 사용하지 않으면 악용되고 남용된다는 것을 아는 사람들에게는 지나치게 엄격한 것으로 보이지 않을 것이다. 하나님께서는 온 세상을 무익하고 쓸데없는 말들이나 합당하지 못한 말들로 채우기 위하여 사람들에게 언어의 능력을 주신 것이 아니라, 다음과 같은 목적을 위하여 주신 것이기 때문이다. (1) 우리는 기도와 찬송으로 하나님을 송축하고, 하나님의 말씀들과 그 기이한 역사들에 대하여 말하는 데 우리에게 주어진 언어의 능력을 사용하여야 한다. (2) 우리는 다른 사람들이나 우리에게 필요한 생각이나 견해를 서로에게 말함으로써 서로 도움을 주고받는 데 우리에게 주어진 언어의 능력을 사용하여야 한다.

네 말로 의롭다 함을 받고 네 말로 정죄함을 받으리라. 여기에서 "의롭다 함을 받는다"는 것이 무엇을 의미하는지는 그 단어와 반대의 의미로 사용된 "정죄함을 받다"라는 단어가 잘 보여 준다. 하나님께서 마지막 날에 사람들을 심판하실 때에는, 그들의 다른 모든 행위들과 아울러, 그들이 어떤 말들을 했는지도 고려하실 것이다. 만일 성경에, 우리가 하나님 앞에 서기 위해서는 우리 자신의 의가 아닌 또 다른 의가 필요하다는 것을 증명해 줄 다른 본문이 없다면, 이 본문 하나만으로도 그것을 증명하는 데 충분할 것이다. 왜냐하면, "우리가 다 실수가 많으니 만일 말에 실수가 없는 자라면 곧 온전한 사람"일 것이기 때문이다(약 3:2).

38. 그 때에 서기관과 바리새인 중 몇 사람이 말하되 선생님이여 우리에게 표적 보여 주시기를 원하나이다.

마태복음 16:1에도 이것과 비슷한 내용이 나오고, 누가복음 11:29도 동일한 내용을 말하고 있는 것으로 보인다. 선생님은 당시에 남들을 가르치는 사람에게 주어진 통상적인 호칭이었다. 그들이 말한 표적은 그리스도께서 하나님으로부터 보내심을 받았다는 것을 그들에게 확증해 줄 어떤 것을 가리키는데, 그들은 어떤 사람이 저 엄청난 메시야의 소임을 받았다는 것을 증명하려면 반드시 표적이 있어야 한다고 생각하였다. 그래서 요한복음 6:30에서도 그들은 "그러면 우리가 보고 당신을 믿도록 행하시는 표적이 무엇이니이까, 하시는 일이 무엇이니이까"라고 물었다. 거기에서 그들은 계속해서 모세도 "하늘에서 그들에게 떡을 주어 먹게" 하는 등 표적들을 보여 주었다고 말한다. 그리스도께서는 지금까지 그들에게 충분한 표적들을 보여 주신 것이 아닌가? 그가 그동안 그들이 보는 앞에서 행해 오셨던 모든 이적들은 무엇이었단 말인가? 따라서 그들은 지금까지 그들의 눈으로 본 것으로도 성이 안 차서 자신들의 쓸데없는 호기심을 만족시키기 위하여 이런 요구를 한 것이거나, 우리 구주께서 자신이 지금까지 행하신 이적들을 통해서 자기가 진정으로 하나님이시고 하나님으로부터 보내심을 받았다는 것을 증명하였다고 말씀하신 것을 정면으로 반박하기 위하여 이렇게 말한 것이었다. 우리 구주께서 그들의 그러한 말에 대하여 날카롭게 대답하신 것을 보면, 후자일 가능성이 높다. 그렇다면, 그들이 한 말의 요지는 이런 것이다: 선생이여, 우리는 당신이 지금까지 이적들을 행하는 것을 보아 왔지만, 그런 것들은 메시야를 참칭한 자들이 마귀의 도움을 받아 행한 것들과 별반 다를 것이 없다. 그러므로 당신은 주술사들이 행할 수 없는 표적, 즉 모세가 출애굽 때에 애굽의 주술사들로 하여금 "이는 하나님의 권능이니이다"(출 8:19)라고 소리칠 수밖에 없게 만든 그런 표적을 우리에게 보여 주어야 할 것이다.

39-40. [39]예수께서 대답하여 이르시되 악하고 음란한 세대가 표적을 구하나 선지자 요나의 표적 밖에는 보일 표적이 없느니라 [40]요나가 밤낮 사흘 동안 큰 물고기 뱃속에 있었던 것 같이 인자도 밤낮 사흘 동안 땅 속에 있으리라.

악하고 음란한 세대. 그리스도께서 그들을 "음란한 세대"라고 하신 것은 그들 사이에서 만연되어 있던 일부다처제를 비롯한 갖가지 음행의 죄악들을 보셨기 때문이거나, 그들이 자신들의 조상이라고 그토록 자랑하는 아브라함이라는 이름이 무색할 정도로 완전히 변질되고 악하게 되어 버렸기 때문이었다(요 8:39, 44).

표적을 구하나. 그들은 내가 이 땅에서 베푼 이적들에 만족하지 않고, 하늘로부터 오는 표적을 구하고 있다. 하나님께서 표적들을 통해서 자기 백성에게 힘을 더해 주시고 그들의 믿음을 견고하게 하시는 일은 쉬운 일이었다. 하나님은 표적을 구한 기드온에게 표적을 주셨고, 히스기야에게도 표적을 주셨으며, 아하스에게는 구하지 않았는데도 표적을 주셨다. 또한, 하나님께서는 바리새인들에게도 이미 충분한 표적들을 주셨기 때문에, 그들은 얼마든지 예수가 메시야라는 것을 확신할 수 있었지만, 믿으려고 하지 않았고, 도리어 호기심을 채우려고, "하늘로부터 오는 표적"(막 8:11), 즉 마귀가 흉내 낼 수 없는 또 다른 표적을 구하였다.

선지자 요나의 표적 밖에는 보일 표적이 없느니라. 바리새인들로 하여금 믿게 만들 그런 표적은 존재할 수 없었다. 왜냐하면, 우리는 이 일 후에 그리스도께서 많은 이적들을 행하시는 것을 보게 될 것이기 때문이다. 그러나 그들은 내가 나의 모형인 요나 선지자가 보여 주었던 것과 같이 죽은 자 가운데서 다시 살아나는 표적을 통해 정죄를 당하게 될 것이고, 그 때에 당혹스러워하며 어쩔 줄 몰라 하게 될 것이다. 즉, 요나가 바다 속으로 던져져서 사흘 밤낮을 물고기 뱃속에 있다가(욘 1:17) "여호와께서 그 물고기에게 말씀하시매 요나를 육지에 토한"(욘 2:10) 일이 있었던 것과 마찬가지로, 나도 그들에 의해서 폭력적인 죽음을 당하고서 사흘 밤낮을 무덤 속에 있다가 죽은 자 가운데서 다시 살아나게 될 것이다.

그러나 여기에서 한 가지 난점이 생겨난다. 왜냐하면, 그리스도께서는 실제로 유대인들의 안식일 전 날에 죽으셨다가 안식일 다음 새벽에 부활하셨기 때문에, 무덤에서 사흘 낮을 계셨다고 말할 수는 있지만, 사흘 밤을 계셨다고 말할 수는 없기 때문이다. 우리 주님은 유대인들의 안식일 밤(안식일은 해가 질 때부터 시작되었다)과 그 다음 안식일 직후의 밤, 즉 두 밤을 무덤에서 보내셨지만, 세 번째 밤을 보내지는 않으셨다. 이 문제에 대한 대답은 이렇다. 유대인들에게는 "낮과 밤"(νυχθήμερον - '뉘크테메론')이 한 날을 의미하였다. 창세기 1:5은 "저녁"과 "아침"이 "한 날"을 구성하고 있음을 보여 준다. 따라서 사흘 밤낮은 삼일이라는 뜻이기 때문에, 우리는 여기에서도 그렇게 이해하여야 한다. 이렇게 이해하는 경우에는, 꼬박 만 삼일이라는 뜻이 아니기 때문에, 낮과 밤을 포함하여 24시간으로 이루어진 한 날의 일부도 하루로 치게 되어서, 우리는 그리스도께서는 삼일 동안 무덤에 계셨다고 말할 수 있게 된다.

41. 심판 때에 니느웨 사람들이 일어나 이 세대 사람을 정죄하리니 이는 그들이

요나의 전도를 듣고 회개하였음이거니와 요나보다 더 큰 이가 여기 있으며.

우리는 니느웨 사람들에 관한 이야기를 요나서 3:1-10에서 찾아볼 수 있고, 이것과 동일한 말씀은 누가복음 11:32에도 나온다. 심판 때에 니느웨 사람들이 일어나 이 세대 사람을 정죄하리니. 즉, 모든 사람이 부활하여 심판을 받게 될 그 날에, 니느웨 사람들은 서기관들과 바리새인들을 비롯해서 이 시대의 믿지 않는 유대인들의 죄를 증언할 증인들로 증인석에 서서, 하나님께서 그 날에 그들에 대하여 내리시게 될 정죄의 판결을 돕는 자들로 쓰임을 받게 되리라는 것이다. 그 이유는 무엇인가? 이는 그들이 요나의 전도를 듣고 회개하였음이거니와 요나보다 더 큰 이가 여기 있으며. 선지자 요나는 니느웨 사람들에게 낯선 자였고, 자기가 하나님의 보내심을 받은 자라는 것을 확증하기 위하여 그들 가운데서 이적을 행하지도 않았으며, 단지 "그 성읍에 들어가서 하루 동안 다니며 외쳐 이르되 사십 일이 지나면 니느웨가 무너지리라"고 외쳤을 뿐인데도, 진심으로는 아니지만 어쨌든 회개하는 모습을 보였다. 그들은 요나가 전한 하나님의 말씀을 들은 체 만 체한 것이 아니라 진지하게 듣고 받아들였기 때문에, "니느웨 사람들이 하나님을 믿고 금식을 선포하고 높고 낮은 자를 막론하고 굵은 베 옷을 입었다"(욘 3:5-8). 우리 구주께서는 "요나보다 더 큰 이가 여기 있다"고 말씀하신다. 하나님께서는 자신의 선지자들을 통해서 오래 전부터 이 백성에게 내가 올 것이라고 말씀하셨고, 드디어 내가 이렇게 왔다. 나는 너희 가운데서 하나님의 말씀을 전하였고, 말씀을 전하였을 뿐만 아니라, 많은 이적들을 행하였다. 그런데도 너희는 회개하는 시늉조차 보이지 않았다.

42. 심판 때에 남방 여왕이 일어나 이 세대 사람을 정죄하리니 이는 그가 솔로몬의 지혜로운 말을 들으려고 땅 끝에서 왔음이거니와 솔로몬보다 더 큰 이가 여기 있느니라.

본문에 나오는 "남방 여왕"에 관한 이야기는 열왕기상 10:1-13에 나온다. 그녀는 여기에서는 "남방 여왕"으로 표현되어 있지만, 열왕기와 역대기에는 "스바의 여왕"으로 되어 있다(대하 9:1). "스바"가 아라비아에 있었는지 에디오피아에 있었는지는 별로 중요하지 않다. 어쨌든 "스바"가 유다 왕국에서 남쪽으로 아주 멀리 떨어진 곳에 있었다는 것은 확실하다. 우리 구주께서는 그녀는 여왕이었고, 예루살렘에서 아주 멀리 떨어진 곳에서 살고 있었으며, 솔로몬의 명성과 지혜를 오직 소문으로만 들었음에도 불구하고, 자연적인 일들이나 초자연적인 일들에 관한 솔로몬의 지혜로운 말들을 듣기 위하여 몸소 찾아왔다고 말씀하신다. 반면에, 너희 불쌍한 유대인들은 굳이 먼 여행을 할 필요도 없이, 솔로몬보다 더 큰 나, 영원한 지혜이신 내가 너희에게 하늘의 지혜를 들려주기 위하여 이렇게 직접 너희 가운데로 왔다. 메시야에 대하여 익히 들어 왔기 때문에 메시야라는 개념이 새로운 것이 아닌 너희의 바로 눈앞에 내가 이렇게 와서 지금까지 많은 이적들을 행하였다. 그런데도 너희는 나의 말을 듣고자 하지도 않았고 믿으려 하지도 않았다. 그러므로 심판의 날에 하나님께서 너희의 불신앙으로 인하여 너희를 정죄하실 때, 스바의 여왕이 너희의 죄악들에 대한 증인으로 나와서 너희를 쳐서 증언하게 될 것이다. 더 많은 빛이 주어지고 믿음과 거룩한 삶으로 이끄는 방편들이 더 많이 주어진 사람들일수록, 그들이 믿지 않을 때, 그들에 대한 심판과 정죄는 더욱 클 것이다.

43-45. [43]더러운 귀신이 사람에게서 나갔을 때에 물 없는 곳으로 다니며 쉬기를 구하되 쉴 곳을 얻지 못하고 [44]이에 이르되 내가 나온 내 집으로 돌아가리라 하고 와 보니 그 집이 비고 청소되고 수리되었거늘 [45]이에 가서 저보다 더 악한 귀신 일곱을 데리고 들어가서 거하니 그 사람의 나중 형편이 전보다 더욱 심하게 되느니라 이 악한 세대가 또한 이렇게 되리라.

이 말씀은 비유이고, 이 비유 속에 등장하는 사람들은 본문의 마지막에 나오는 "이 악한 세대"이다. 이 본문을 잘 설명해 주고 있는 것은 베드로후서 2:20이다: "만일 그들이 우리 주 되신 구주 예수 그리스도를 앎으로 세상의 더러움을 피한 후에 다시 그 중에 얽매이고 지면 그 나중 형편이 처음보다 더 심하리니." 우리 주님께서는 여기에서 유대인들을 "더러운 영이 나간 사람"에 비유하신다. 귀신이 "더러운 영"으로 불리는 것은, 그 자신이 부정하고 더러운 본성을 지니고 있고, 그가 하는 일이 사람들을 유혹해서 영적인 더러움인 죄를 짓게 하는 것이기 때문이다. 유대인들은 여호와께 거룩한 백성, 가시적인 신앙 고백을 통해서 이방인들과 구별된 백성이었기 때문에, 귀신은 그들을 멀리 떠났지만, 사람들에게 해악을 끼치는 일을 할 수 없는 상황이 되자 안정을 찾지 못하고 불안해하며 어쩔 줄 몰라 하였다고 우리 주님은 말씀하신다. "귀신이 … 물 없는 곳으로 다니며 쉬기를 구하되"라는 어구는 비유이기 때문에, 우리는 이 어구의 단어 하나하나의 의미가 무엇인지를 엄격하게 따지고 들어가지 않아야 하지만, "물 없는 곳"은 마실 물이 없어서 사람들이 거의 살지 않는 곳을 의미한다. 귀신은 사람들에게 해악을 끼칠 수 없을 때에는 안절부절 어쩔 줄을 모르며 쉬지를 못한다. 이에 이르되 내가 나온 내 집으로 돌아가리라 하고. 귀신은 사람에게서 완전히 떠나는 법이 없고, 늘 사람 속으로 다시 들어갈 기회를 노리는데, 그리스도께서 그 사람의 심령을 먼저 장악하고 계시지 않는 경우에는, 그 사람은 통상적으로 귀신에게 다시 장악 당하게 된다. 즉, 그 사람의 심령 속에 그리스도께서 거하지 않으시면, 그동안에 그 사람의 변화된 모습은 단지 귀신이 다시 들어와 잘 살 수 있도록 수리하고 청소한 것밖에 되지 않는다. 그 사람의 심령에서 파렴치하고 더러운 죄악들이 청소되고, 그 심령이 신앙이나 도덕적인 덕목이 내포된 어떤 습관들로 수리되었다고 할지라도, 그러한 것들은 귀신이 그 심령 속으로 들어오는 것을 막아주지 못한다. **이에 가서 저보다 더 악한 귀신 일곱을 데리고 들어가서 거하니.** "일곱"은 많다는 것을 의미한다. 이 어구의 의미는 귀신이 그 사람을 이전보다 훨씬 더 악화시킨다는 것이다. 우리 주님께서는 이 유대인들이 그렇게 될 것이라고 말씀하신다. 하나님께서는 그들에게 자신의 율법을 주셔서, 그들을 주관하고 있던 귀신으로부터 그들을 건져내셨다(이방인들은 여전히 귀신의 주관 하에서 살아가는 반면에). 서기관들과 바리새인들은 이 율법에 힘입어서 많은 것들을 고칠 수 있었기 때문에, 그들은 청소되고 수리된 집과 같이 되었다. 하나님께서는 자기 아들을 보내셔서 그들 가운데 거하게 하고자 하셨지만, 그들은 그 아들을 받아들이지 않고 배척하였다. 그래서 그 집은 청소되고 수리되기는 하였지만, 비어 있게 되었다. 따라서 이제 귀신이 다시 그들에게로 들어가게 될 것이고, 그들은 이전보다 열 배는 더 악하게 될 것이다.

46-50. [46]**예수께서 무리에게 말씀하실 때에 그의 어머니와 동생들이 예수께 말하려고 밖에 섰더니** [47]**한 사람이 예수께 여짜오되 보소서 당신의 어머니와 동생들이 당신께 말하려고 밖에 서 있나이다 하니** [48]**말하던 사람에게 대답하여 이르시되 누가 내 어머니이며 내 동생들이냐 하시고** [49]**손을 내밀어 제자들을 가리켜 이르시되 나의 어머니와 나의 동생들을 보라** [50]**누구든지 하늘에 계신 내 아버지의 뜻대로 하는 자가 내 형제요 자매요 어머니이니라 하시더라.**

마가복음 3:31-35에도 동일한 이야기가 나오고, 누가복음 8:20-21에는 이 이야기가 좀 더 짧게 보도된다. 마태 본문은 한 사람이 우리 구주께 "그의 어머니와 동생들"이 밖에 와 있다고 알려 드린 것으로 되어 있는 반면에, 마가와 누가 본문에는 처음에는 한 사람, 두 번째에는 여러 사람이 우리 구주께 알려 드린 것으로 되어 있다. **당신의 어머니와 동생들.** 대부분의 해석자들은 히브리어에서는 친척들에 대해서도 "형제들"이라는 호칭을 사용한다는 점에서, 여기에 언급된 "형제들"(한글개역개정에는 "동생들")은 우리 구주의 친척들을 가리킨다고 본다. 우리는 우리 구주께서 다른 곳에서 자신의 부모를 지극히 공경하셨다는 것을 들을 수 있기 때문에(눅 2:51), 그가 자신의 어머니나 형제들을 무시해서 여기에서 이렇게 말씀하신 것이 아님을 알아야 한다. 우리 구주께서는 자신의 사역에 방해를 받으셨기 때문에 화가 나셔서 이런 말씀을 하신 것으로 보인다(눅 2:49; 요 2:3-4). 우리는 우리의 부모나 혈육이나 친척을 공경하고 배려하게 되면 하나님에 대한 우리의 본분을 소홀히 할 수밖에 없게 되는 경우가 아니라면, 그들에 대한 합당한 공경심을 보여야 한다. 우리가 이 단락으로부터 또 하나 배워야 할 것은 그리스도께서 믿는 자들과 거룩한 사람들을 얼마나 소중히 여기셨는가 하는 것이다. 우리 주님은 그들을 어머니나 형제자매만큼 소중히 여기셨다. 이것은 우리도 그렇게 하는 것이 마땅하다는 것을 가르쳐 준다. 우리는 주님은 누가 본문에서는 "하나님의 말씀을 듣고 행하는" 자들이 "내 어머니와 내 동생들"이라고 말씀하시고, 마태 본문에서는 "하늘에 계신 내 아버지의 뜻대로 하는" 자들이 "내 형제요 자매요 어머니"라고 말씀하신다. 하나님의 뜻은 우리가 하나님이 보내신 그리스도를 믿는 것이다. 요한복음 1:12; 4:40; 8:47을 보라. 이 본문은 메시야의 어머니이신 복되신 동정녀 마리아가 진정으로 받아야 할 합당한 공경과 존귀를 조금도 손상시키지 않고, 도리어 교황주의자들이 마리아를 그리스도보다 높이는 것이 제정신이 아닌 일이라는 것을 보여 준다. 왜냐하면, 그리스도께서는 자신의 어머니로서의 마리아에 대해서는 모든 참된 신자 아래에 두시고, 한 명의 신자로서의 마리아에 대해서는 지극히 귀한 존재로 보시기 때문이다.

제13장

개요

1. 씨 뿌리는 자의 비유(1-9).
2. 그리스도께서는 왜 비유들을 사용하여 가르치셨는가(10-17).
3. 씨 뿌리는 자의 비유에 대한 해설(18-23).
4. 가라지 비유(24-30).
5. 겨자씨 비유(31-32).
6. 누룩 비유(33-35).
7. 가라지 비유에 대한 해설(36-43).
8. 감추인 보화 비유(44).
9. 극히 값진 진주 비유(45-46).
10. 바다에 친 그물 비유(47-52).
11. 고향 사람들이 그리스도를 배척함(53-58).

1-3. [1]그 날 예수께서 집에서 나가사 바닷가에 앉으시매 [2]큰 무리가 그에게로 모여 들거늘 예수께서 배에 올라가 앉으시고 온 무리는 해변에 서 있더니 [3]예수께서 비유로 여러 가지를 그들에게 말씀하여 이르시되 씨를 뿌리는 자가 뿌리러 나가서.

마가는 "예수께서 다시 바닷가에서 가르치시니 큰 무리가 모여들거늘 예수께서 바다에 떠 있는 배에 올라 앉으시고 온 무리는 바닷가 육지에 있더라"(막 4:1)고 말하고, 누가는 "각 동네 사람들이 예수께로 나아와 큰 무리를 이루니 예수께서 비유로 말씀하시되"(눅 8:4)라고 간단하게 말한다. 마태와 마가는 우리 구주께서 배에 올라가셔서 해변에 서 있는 많은 무리를 향하여 말씀하셨다고 보도한다. 주님이 배에 올라가신 것은 사람들이 많아서 배에 올라가 말씀하시는 것이 주님께나 사람들에게나 좋았기 때문이었다. 본문은 주님이 배에 올라가 "앉으셨다"고 말하는데, 우리가 앞에서 보았듯이, 이것은 유대인들 가운데서 선생들이 사람들을 가르칠 때에 통상적으로 취하는 자세였다. 어떤 이들은 역사적인 서술에서는 "그 날"이라는 어구를 엄격하게 해석하여야 한다고 말하는데, 우리 구주께서 "그 날" 많은 무리들에게 말씀을 전하신 것은 그리스도께서 자신의 일에 얼마나 부지런하시고 근면하셨는지를 우리로 하여금 알게 해준다.

예수께서 비유로 여러 가지를 그들에게 말씀하여 이르시되. "비유"는 성경에서 흔히 수수께끼 같이 알기 어려운 말씀이나 속담이나 격언 같은 것들을 의미하지만(겔 17:2; 20:49), 복음서에서는 일반적으로 다른 의미를 지니고 있어서, 어떤 일을 다른 것에 빗대어 말하는 것을 가리킨다. 우리는 이 복음서에서 사용된 이 용어를 여기에서 처음으로 만날 뿐만 아니라, 여기에는 제대로 형태를 갖춘 온전한 비유가 처음으로 등장하고, 또한 앞으로도 이 용어를 자주 접하게 될 것이기 때문에, 나는 이 장에 나오는 비유들은 물론이고, 이 복음서의 이후의 부분에 나오는 비유들을 제대로 이해하는 데 유익할 몇 가지 것들을 이 기회에 설명해 두고자 한다. (1) 복음서에서 사용된 의미에서의 "비유"는 사람들의 통상적인 행위들에 빗대어서 우리에게 이런저런 영적인 가르침들을 알려주는 말씀을 가리킨다. (2) 비유에서 사용된 사람들의 행위가 반드시 현실 속에서 사실인 내용만을 담고 있어야 하는 것은 비유의 필수적인 요소가 아니다. 왜냐하면, 비유는 우리에게 현실에서의 어떤 사실을 알게 하기 위한 것이 아니라, 그 비유를 통해서 표현되는 어떤 영적인 진리를 알게 해주는 것이 목적이기 때문이다. 나무들이 자기 자신을 왕으로 자천하는 것에 관한 요담의 비유가 이것을 잘 보여 준다. (3) 비유 속에서 언급된 사람들의 행위가 반드시 도덕적으로 옳고 정직한 것이어야 하는 것은 비유의 필수적인 요소가 아니다. 이것은 불의한 청지기에 관한 비유(눅 16:1-8)가 잘 보여 준다. (4) 비유를 제대로 이해하기 위해서는, 그 비유의 주된 취지, 즉 비유 속의 이야기가 어디를 지향하고 있고, 우리 구주께서 그 비유를 통해서 사람들에게 가르치시고 교훈하시고자 한 것이 무엇인지를 생각하는 데 집중하여야 한다. (5) 어떤 비유의 주된 취지는, 우리 구주께서 그 비유를 일반적이거나 좀 더 구체적으로 설명하시는 부분, 또는 비유의 도입부(proparabola)나 결론부(epiparabola)로부터 알 수 있다. (6) 하나의 비유 속에 묘사된 모든 세세한 부분들이 다 각각 어떤 의미를 지니고 있다고 생각하고서 비유를 해석해서는 안 된다. (7) 끝으로, 어떤 비유의 취지, 즉 그 비유가 일차적으로 우리에게 주고자 하는 교훈은 우리가 가장 우선적으로 집중해야 할 것이기는 하지만, 비유들은 일차적으로 의도한 것 외에도 부수적으로 다른 교훈들도 우리에게 말해 주고자 하는 경우가 있다.

우리 구주께서는 "비유로 여러 가지를 말씀하셨다." 즉, 주님은 사람들이 통상적으로 행하는 행위들에 빗대어 진리들을 드러내셨다는 것이다. 이렇게 비유나 우화를 통해서 사람들을 가르치는 것은 아주 오래된 방식이었는데, 우리는 요담의 비유에서 그러한 사실을 알 수 있다(삿 9:7-8). 이러한 방식의 가르침은 오늘날 우리 가운데서는 별로 사용되지 않지만, 당시의 유대인들 가운데서는 아주 널리 사용되었기 때문에, 우리 구주께서도 많은 사람들에게 그들 자신의 방식을 따라 말씀하신 것이다. 이것은 청중들에게 두 가지 이점을 가져다주었다. (1) 비유는 기억과 관련해서, 사람들로 하여금 자신들이 이야기들을 아주 잘 기억할 수 있게 해주었다. (2) 비유는 사고와 관련해서, 사람들로 하여금 자신이 들은 이야기들이 무슨 의미인지를 곰곰이 되씹어볼 수 있게 해주었고, 그들의 감정과 감성을 쉽게 건드릴 수 있었다. 하지만 비유가 지닌 단점은 많은 청중들이 그 비유를 제대로 이해할 수 없었다는 것이다.

4-9. [4]뿌릴새 더러는 길 가에 떨어지매 새들이 와서 먹어버렸고 [5]더러는 흙이 얕은 돌밭에 떨어지매 흙이 깊지 아니하므로 곧 싹이 나오나 [6]해가 돋은 후에 타서 뿌리가 없으므로 말랐고 [7]더러는 가시떨기 위에 떨어지매 가시가 자라서 기운을 막았고 [8]더러는 좋은 땅에 떨어지매 어떤 것은 백 배, 어떤 것은 육십 배, 어떤 것은 삼십 배의 결실을 하였느니라 [9]귀 있는 자는 들으라 하시니라.

마가복음 4:3-8과 누가복음 8:4-8에도 이 비유가 나오지만, 사용된 단어들은 차이가 있다. 그러나 이것은 비유이기 때문에, 그 전체적인 취지를 살펴보는 데에는, 그러한 차이들은 중요하지 않다. 우리 구주께서 이 비유를 해석해 주시는 부분에서 복음서 기자들이 사용하는 단어들이 서로 어떤 차이가 있는지에 대해서는, 내가 해당되는 곳에서 좀 더 정확하게 제시하고자 한다. 마가는 우리 구주께서 이 비유를 많은 무리 앞에서 말씀하신 후에, 이 비유에 대한 해석은 "홀로 계실 때에" 제자들에게만 말씀해 주셨다고 보도한다(막 4:10). 우리 구주께서 무리 전체를 향하여 말씀하신 것은 이런 것이었다. 다시 한 번 말해 두지만, 이 비유 속에 나오는 사람처럼 씨를 뿌리는 자가 현실에 존재하는지의 여부는 전혀 중요하지 않다. 우리 구주께서 이 비유를 말씀하신 의도는 그들에게 현실에서의 어떤 사실에 대하여 정보를 제공해 주시는 것이 아니라, 똑같이 말씀을 전해도 결실이 서로 다른 이유를 보여 주시는 것이다. 주님은 그런 목적으로 이 비유를 많은 청중들에게 전하신 후에, "귀 있는 자는 들으라"는 말씀으로 마무리하심으로써, 그들로 하여금 스스로 주님이 무엇을 말씀하고자 하신 것인지를 곰곰이 생각하여 찾아내게 하신다. 즉, "귀 있는 자는 들으라"는 말씀은, 우리가 앞서 언급하였듯이, 어떤 것에 대하여 말한 후에 그 이야기를 마무리하는 결론부에 해당하는 말씀이다.

10. 제자들이 예수께 나아와 이르되 어찌하여 그들에게 비유로 말씀하시나이까.

누가는 "제자들이 이 비유의 뜻을 물으니"(눅 8:9)라고 말하고, 마가는 "예수께서 홀로 계실 때에 함께 한 사람들이 열두 제자와 더불어 그 비유들에 대하여 물으니"(막 4:10)라고 말한다. 열두 제자들은 이 비유의 의미를 깨달았지만, 그 밖의 다른 제자들은 이 비유를 깨달을 수 없었기 때문에, 무리가 다 가고난 후에 남아서, 주님이 홀로 계실 때에 이런 질문을 하였던 것으로 보인다. (1) 그들은 주님이 자신이 가르치고자 하신 교훈을 무리들에게 직설적으로 분명하게 말씀하지 않으시고, 이렇게 수수께끼 같이 알아듣기 힘든 비유로 말씀하시는 이유를 알고 싶어 하였다. (2) 그들은 자신들이 둔하고 무지해서 비유를 깨달을 수 없었다는 사실을 고백하고서, 주님이 무리들에게 하신 비유가 무슨 의미인지를 듣고 싶어 하였다. 무리들이 다 갔는데도 그들이 열두 제자 곁에 그대로 머물러 있었다는 것은, 그들이 단순한 호기심에서나 그리스도를 뵙고 인사를 드리기 위해서가 아니라, 진정으로 가르침을 받고 배우려고 남아서 그리스도 앞으로 나아온 것임을 보여 준다. 그들은 다른 많은 사람들이 다 알아들을 수 있게 가르침을 받았더라면 좋았을 것이라는 의도를 드러냄으로써 자신들의 "자비로움"을 보여 주고 있고, 그들 스스로도 비유에 대해서 더 온전한 가르침을 받기를 원하고 있다는 것을 드러냄으로써 자신들의 "경건"을 보여 준다.

11-12. [11]대답하여 이르시되 천국의 비밀을 아는 것이 너희에게는 허락되었으나 그들에게는 아니되었나니 [12]무릇 있는 자는 받아 넉넉하게 되되 없는 자는 그 있는 것도 빼앗기리라.

마가는 "하나님 나라의 비밀을 너희에게는 주었으나 외인에게는 모든 것을 비유로 하나니"(막 4:11)라고 짧게 말하고 있고, 마찬가지로 누가도 "하나님 나라의 비밀을 아는 것이 너희에게는 허락되었으나 다른 사람에게는 비유로 하나니"(눅 8:10)라고 짧게 말한다. 하지만 누가는 8:18에 가서는, "그러므로 너희가 어떻게 들을까 스스로 삼가라 누구든지 있는 자는 받겠고 없는 자는 그 있는 줄로 아는 것까지도 빼앗기리라 하시니라"고 말한다. 이 비밀을 알게 하시는 분은 내 아버지이시다. 하나님께서는 자신의 기쁘신 뜻을 따라 어떤 사람들에게는 하나님 나라의 비밀을 알게 하시고 다른 사람들보다 더 많이 알게 하신다. 어떤 이들은 여기에서 천국에 관한 것들을 둘로 구분해서, 우리 구주께서는 천국의 법, 즉 우리의 구원과 관련된 것들은 우리로 하여금 알아듣고 깨달을 수 있도록 하기 위하여 직설적으로 분명하게 전하시는 반면에, 천국에 관한 것들 중에서 구원과 관련해서 꼭 필요하지 않은 것들을 아는 것은 하나님께서 오직 일부에게만 허락하신다고 주장하지만, 나는 그러한 주장에 동의할 수 없다. 육신으로 나타나신 하나님은 복음의 큰 비밀이고 많은 세대 동안 감춰져 있던 비밀이지만, 그리스도를 아는 지식은 구원에 필수적이기 때문에, 나는 여기에서 강조점은 "아는"에 두어져 있다고 본다. (1) 좀 더 일반적이고 헷갈리는 지식도 있고, 좀 더 분명하고 뚜렷하며 구체적인 지식도 있다. (2) 개념적인 지식도 있고, 좀 더 체험적으로 맛보아야 아는 지식도 있다. 내 아버지께서는 너희에게 영생을 주셨는데, 그렇게 하시기 위한 수단으로, 천국에 관한 것들을 좀 더 분명하게 구체적이며 뚜렷하게 알게 하셔서, 세상의 구주인 나를 알고 믿게 하셨다. 하지만 내 아버지께서 이 많은 무리들에게는 그러한 지식을 알게 하시는 구체적이고 특별한 인자하심을 베풀지 않으셨고, 그들로 하여금 그러한 지식을 얻을 수 있도록 너희에게 주었던 것과 같은 도우심을 주지도 않으셨다.

무릇 있는 자는 받아 넉넉하게 되되. 어떤 이들은 여기에서 "무릇 있는 자"는 하나님으로부터 천국의 비밀들을 아는 지식을 받아서 적극적으로 사용하는 자를 의미하는 것으로 이해하는데, 달란트 비유의 결론부인 마태복음 25:29의 의미도 분명히 그런 것이다. 그러나 달란트 비유는 그러한 의미로 귀결되고 있는 것이 분명한 반면에, 여기에서 우리 주님께서 앞에서 말씀하신 씨 뿌리는 자에 관한 비유는 다른 의미로 귀결되는 것으로 보인다. 왜냐하면, "무릇 있는 자"로 번역된 어구는 축자적으로는 "무릇 가진 자"를 의미하고, "가진"이라는 단어는 우리가 어떤 것을 지니고 있다는 것을 의미하는 것으로 해석하는 것이 좀 더 자연스럽고 적절하기 때문이다. 따라서 "무릇 있는 자"는 천국의 비밀을 아는 것이 "주어진"(11절, 본문에서는 "허락된"으로 번역됨) 것을 받아서 가지고 있는 자, 즉 천국의 비밀을 아는 구원의 지식을 가진 자를 의미한다고 보는 것이 모든 면에서 이치에 맞는다. 호기심에서 내게 나아와 말씀을 듣고 나의 뜻을 자기 마음대로 해석해서 받아들이는 자가 아니라, 진심으로 나를 받아들이고 영접하여 믿어서, "좋은 땅"처럼 그 안에 하나님의 씨앗을 가진 자는 "받아 넉넉하게 될" 것이다. 여기에서 "넉넉하게 된다"는 것은 "받아"를 보충해서 설명해 주고 있는 어구이다. 그런 사람은 더 큰 은혜를 받아서, 천국에 관한 비밀들과 그리스도에 관한 좀 더 온전하고 분명하며 뚜렷한 지식을 갖게 될 것이다.

그러나 없는 자, 즉 나의 말씀의 씨앗이 "좋은 땅"에 떨어지지 않고 "길"이나 "가시떨기"나 "돌밭"에 떨어져서 은혜의 참된 뿌리가 내리지 않아서, 그 속에 하나님의 씨앗을 가지고 있지 않은 자는 그 있는 것도 빼앗기리라. 이미 가지고 있는 것을 빼앗기는 일이 어떻게 일어날 수 있는가? 이 질문에 제대로 대답하기 위해서는, 우리는 이 사람이 가지고 있던 것은 앞에서 "가진 자"로 지칭된 사람이 가지고 있던 것과는 성격과 종류가 다른 것이었다는 것을 알아야 한다. 누가는 "그 있는 것"을 "그 있는 줄로 아는 것"(ὁ δοκει ἔχειν - '호 도케이 에케인'), 즉 그 자신이나 남들이나 그가 가지고 있다고 생각하였지만 사실은 가지고 있지 않았던 것이라고 말한다(눅 8:18). 실제로는 은혜의 진리를 가지고 있지 않는데도 그 자신은 가지고 있다고 생각하는 사람은 원래부터 자기가 가지고 있지 않았다는 것을 나중에 깨닫고 절망하게 될 것이다. 또 어떤 사람은 실제로는 자신 속에 진리가 전혀 없는데도, 자신의 은사들과 교회에서 맡은 직분들로 인해서 자기가 진리를 가지고 있다고 생각하지만, 하나님께서는 그 사람이 지니고 있던 은사들을 제거하시고, 더러운 유혹들에 빠지게 하심으로써, 그 사람의 가면을 다 벗겨내실 것이다. 하나님께서 그 사람을 붙잡아 주셨던 자신의 손을 놓으시고 은혜를 거두실 때, 그 사람의 은사들과 직분들은 사라지게 될 것이고, 그 사람의 도덕적인 의로움도 사라지게 될 것이다.

13. 그러므로 내가 그들에게 비유로 말하는 것은 그들이 보아도 보지 못하며 들어도 듣지 못하며 깨닫지 못함이니라.

마가복음이나 누가복음에는 이 말씀이 나오지 않지만, 우리 구주께서 앞에서 해오신 말씀에서 자연스럽게 도출되는 말씀이기 때문에, 마가 본문과 누가 본문에도 암묵적으로 함축되어 있다고 볼 수 있다. 그렇지만 오직 마태 본문에서만 우리 구주께서 이 청중들의 상태에 대하여 분명하게 단언하시는 말씀이 나오고, 그들에게 비유로만 말씀하시는 이유가 제시된다. 그리스도께서는 자기가 무슨 의미로 이 백성이 보아도 보지 못하며 들어도 듣지 못한다고 말씀하신 것인지를 곧바로 이어서 설명하고 계시기 때문에, 우리는 이 말씀의 의미를 이후의 말씀들을 살펴보는 가운데 설명할 것이다.

14-15. [14]이사야의 예언이 그들에게 이루어졌으니 일렀으되 너희가 듣기는 들어도 깨닫지 못할 것이요 보기는 보아도 알지 못하리라 [15]이 백성들의 마음이 완악하여져서 그 귀는 듣기에 둔하고 눈은 감았으니 이는 눈으로 보고 귀로 듣고 마음으로 깨달아 돌이켜 내게 고침을 받을까 두려워함이라 하였느니라.

선지자 이사야의 이 예언의 말씀은 신약에서 마태의 이 본문 외에도 적어도 다섯 차례 더 유대인들에게 적용된다. 마태는 이 말씀을 이사야서 6:9-10에서 가져와서 인용하였는데, 거기에는 이렇게 되어 있다: "여호와께서 이르시되 가서 이 백성에게 이르기를 너희가 듣기는 들어도 깨닫지 못할 것이요 보기는 보아도 알지 못하리라 하여 이 백성의 마음을 둔하게 하며 그들의 귀가 막히고 그들의 눈이 감기게 하라 염려하건대 그들이 눈으로 보고 귀로 듣고 마음으로 깨닫고 다시 돌아와 고침을 받을까 하노라 하시기로." 마가복음 4:12과 누가복음 8:10도 선지자 이사야의 이 말씀을 인용하고 있기는 하지만, 그 요지만을 짧게 인용한다. 또한, 요한복음 12:40; 사도행전 28:26-27; 로마서 9:8은 좀 더 자세하게 인용하기는 하지만, 이사야서에 나오는 본문과는 좀 더 차이가 있다. 이 모든 것은 하나님께서 이사야가 예언할 때에 살고 있던 유대인들만이 아니라 그리스도 시대에 살게 될 유대인들을 염두에 두시고서 선지자에게 이 말씀을 하신 것이거나, 적어도 이 말씀이 이사야 시대의 유대인들에게와 마찬가지로 그리스도 시대의 유대인들에게도 그대로 적용되는 말씀이었다는 점에서, 이사야의 예언이 그들에게 성취된 것임을 보여 준다.

그러나 이 말씀은 이사야를 비롯해서 그 말씀을 인용한 여러 성경 기자들마다 서로 다르게 쓰거나 인용하고 있다. 이사야 선지자와 요한은 하나님께서 이 백성의 마음을 둔하게 하시고 그들의 귀를 막히게 하시며 그들의 눈을 멀게 하셨다고 말한다: "그들이 능히 믿지 못한 것은 이 때문이니 곧 이사야가 다시 일렀으되 그들의 눈을 멀게 하시고 그들의 마음을 완고하게 하셨으니 이는 그들로 하여금 눈으로 보고 마음으로 깨닫고 돌이켜 내게 고침을 받지 못하게 하려 함이라 하였음이더라"(요 12:39-40). 마찬가지로, 바울도 "기록된 바 하나님이 오늘까지 그들에게 혼미한 심령과 보지 못할 눈과 듣지 못할 귀를 주셨다 함과 같으니라"(롬 11:8)고 말한다. 마태는 "이 백성의 마음이 완악하여져서"라고 말함으로써, 좀 더 직접적인 원인이 무엇이었는지를 보여 주는 반면에, 이사야와 누가, 요한과 바울은 좀 더 근본적이기는 하지만 좀 더 간접적인 이유를 보여 준다. 마태는 이 백성의 죄악된 행위가 선행된 것으로 말하는 반면에, 요한과 누가, 바울과 이사야는 하나님의 선고가 먼저이고, 그 후에 그들의 죄악된 행위가 있었던 것으로 말한다. 하나님께서는 먼저 모세와 선지자들을 보내셨고, 이 때에 그들은 하나님의 뜻을 보고 알았어야 하였다. 그러나 그들은 보거나 듣거나 깨닫거나 회심하거나 고침 받으려 하지 않았다. 그러자 하나님께서는 마침내 그들을 자신들의 타락한 마음을 따라 행하도록 내버려 두셨다. 하나님께서는 선지자 이사야를 보내셔서 말씀을 전하게 하고자 하기는 하셨지만, 이렇게 말씀하신다: 네 사역의 모든 열매는 이런 것이 될 것이다. 네가 말씀을 전하면, 이 백성의 마음은 둔해지고 그들의 귀는 막히며 그들의 눈은 점점 더 감기게 될 것이다. 그들이 회심하고 고침 받을 수 있는 때는 이미 지났다. 지금은 때가 너무 늦었다. 나는 그들을 회심시키지 않을 것이고, 그들을 고치지 않을 것이다. 이제 우리 구주께서는 이렇게 말씀하신다: 이사야 시대에 유대인들에게 적용되었던 말씀이 너희에게도 그대로 적용된다. 선지자 이사야는 내가 겪게 될 일에 대하여 미리 예언하였다. 대다수의 사람들은 하나님의 은혜를 너무나 멸시해 왔기 때문에, 그들이 은혜를 받을 수 있는 날은 이미 지나갔다. 하나님께서는 그들을 회심시키거나 고치려고 하지 않으시기로 결심하셨다. 그들은 빛을 보았고, 나와 내가 행한 일들을 보아 왔으며, 나와 세례 요한이 전한 말씀들을 들어 왔다. 그러나 그들은 보아도 보지 못할 것이고, 들어도 듣지 못하고 깨닫지 못할 것이다. 즉, 그들은 완악하게 되고 눈멀게 되는 판결을 선고받게 된 것이다. 그들은 지금까지는 빛을 가지고 있었지만 이제는 빛을 빼앗기게 될 것이고, 나의 영은 더 이상 그들에게 감화를 주려고 애쓰지 않을 것이며, 그들은 자신들에게 주어진 은혜의 방편들을 제대로 활용하고자 하는 마음을 갖지 못하게 될 것이다. 이것이 이 말씀의 의미라는 것은 의심의 여지가 없다. 이렇게 이 말씀은 우리 구주께서 그들에게 비유로 말씀하시는 합당한 이유를 보여 준다.

그리고 하나님께서 오늘날에도 그렇게 하고 계신다는 것도 의심의 여지가 없다. 어떤 사람들이 오랜 시간 동안 선하고 유익한 사역 아래에서 말씀을 듣고 가르침을 받았고, 하나님께서 그들의 심령을 신실하시고 명료하게 대하셨는데도, 그들이 계속해서 무지하고 타락한 삶을 살며 믿지 않는 모습을 보인다면, 하나님께서는 의로우신 심판을 따라 그들의 사고를 눈멀게 하시고 그들의 마음을 완악하게 하셔서, 그들을 향한 사역이 계속된다고 하여도 거기에서 전혀 유익을 얻을 수 없게 하시기 때문에, 그들의 심령이 딱딱해지고 무감각해져서, 말씀을 들어도 전혀 느낌이 없게 된다. 그럴 때에 하나님께서는 자신의 섭리를 따라 종종 일꾼들로 하여금 그들에게 오직 비유로만 말씀을 전하게 하셔서 전혀 깨닫지 못하게 하시거나, 거짓 선지자들로 하여금 부드러운 것들을 전하여서 그들의 죄악된 행실을 두둔하고 어루만져 주게 하심으로써, 그리스도와 성결한 삶에 대한 그들의 반감을 더욱 견고하게 하신다. 이것은 하나님의 심판 중에서도 너무나 끔찍하고 무시무시한 심판이다. 하나님께서는 그들이 말씀을 멸시하기 이전에는, 자신의 섭리를 따라 일꾼들을 보내셔서,

그들이 구원받고 진리를 아는 지식에 이르게 되기를 하나님이 원하신다는 메시지를 선포하게 하시지만, 그들이 계속해서 말씀과 은혜를 멸시하는 경우에는, 자신의 섭리를 따라 그들이 처음에 보였던 표면적인 신앙이나 감정조차도 점점 사라지게 하시거나(성경에서는 유대인들이 한동안 세례 요한이 가져다준 빛을 즐거워하였다고 말한다), 자신이 보내신 일꾼들이 그들로 하여금 회심하고 고침 받지 못하도록 하는 것처럼 느껴지는 그런 사역이 그들 가운데서 행해지게 하신다.

이 본문에서 그리스도께서는 심령들을 다루시는 하나님의 방법을 탁월하게 설명하신다. (1) 하나님께서는 사람들로 하여금 듣게 하시고 보게 하신다. (2) 그런 후에, 하나님께서는 사람들로 하여금 깨닫게 하시고 믿게 하신다. (3) 그런 후에, 하나님께서는 그들을 회심시키시고, 그들의 마음을 새롭게 하시며 변화시키신다. (4) 그런 후에, 하나님께서는 그들을 고치시고, 그들의 죄를 사하시며, 그들을 받아들이신다. 이것은 그들이 먼저 회심하였기 때문이 아니고, 하나님께서 그들 가운데 역사하셔서 믿음이 생겨나게 하심과 동시에, 그들에게 회개할 마음도 주시기 때문이다.

16-17. [16]그러나 너희 눈은 봄으로, 너희 귀는 들음으로 복이 있도다 [17]내가 진실로 너희에게 이르노니 많은 선지자와 의인이 너희가 보는 것들을 보고자 하여도 보지 못하였고 너희가 듣는 것들을 듣고자 하여도 듣지 못하였느니라.

누가는 이 말씀을 이 비유에서 분리시켜서, 누가복음 10:23-24에서 따로 다룬다. 너희 눈, 즉 너희의 육신의 눈과 너희의 마음의 눈은 봄으로 … 복이 있도다. 너희는 너희의 육신의 눈으로 오래 전에 약속된 메시야께서 육신으로 오신 것을 보았고, 내가 메시야라는 것을 확증해 주는 내가 행한 일들을 보았다. 또한, 너희는 너희의 마음의 눈으로 이것을 깨닫고 믿었다. 많은 선지자와 의인이 너희가 보는 것들을 보고자 하여도 보지 못하였고 너희가 듣는 것들을 듣고자 하여도 듣지 못하였느니라. 누가 본문은 "의인"이라는 단어 대신에 "임금"이라는 단어를 사용한다. 하나님께서 타락한 아담에게 그리스도에 관한 약속을 처음으로 주신 때로부터(창 3:15), 믿는 자들 속에는 메시야에 대한 대망이 있었고, 메시야는 인류에게 무한한 유익과 복이 되실 분이었기 때문에, 그들에게는 (하나님이 허락하실 때에) 메시야를 보는 것보다 더 간절한 소원은 없었다. 우리는 아브라함이 그리스도의 날을 멀리서 보고 기뻐하였다는 말을 듣는다. 누가복음 2:34-38에 언급된 시므온과 안나도 메시야를 대망하고 있었다. 이것은 경건한 심령들이라면 누구나 그러한 간절한 소원을 지니고 있었음을 보여 준다. 우리 구주께서는 다른 사람들은 단지 멀리서 자신들의 마음의 눈으로 볼 수 있었던 것(히 11:13)을 육신의 눈으로 직접 본 자신의 제자들이 복이 있는 자들이라고 말씀하신다.

18. 그런즉 씨 뿌리는 비유를 들으라.

마가는 그리스도께서 그들을 가볍게 책망하셨다는 말을 덧붙인다: "또 이르시되 너희가 이 비유를 알지 못할진대 어떻게 모든 비유를 알겠느냐"(막 4:13). 누가는 "이 비유는 이러하니라"(눅 8:11)고 말한다. 즉, 내가 이 비유를 통해 말하고자 하는 의미는 이런 것이라는 것이다. 우리 구주께서는, 그의 말씀을 듣기는 들었지만 소리만을 들었을 뿐이고 진정한 의미를 깨닫지 못한 많은 사람들과는 달리, 자신의 제자들에게는 "천국의 비밀을 아는 것이 허락되었던" 까닭에, 그들이 이 비유의 의미를 제대로 보고 깨달을 수 있도록 하시기 위하여, 이 비유의 의미를 설명해 주셨고, 하나님께서는 그들의 눈과 귀를 여셔서 영적인 비밀들을 깨닫게 해주셨다. **그런즉 씨 뿌리는 비유를 들으라.** 이 비유의 진정한 의미, 즉 내가 이 비유를 통해 말하고자 한 것은, 하나님의 말씀이 사람들의 마음에 전해졌을 때에 서로 다른 효과를 만들어낸다는 것, 그리고 그러한 차이가 일어나는 이유들을 너희에게 보여 주는 것이었다.

19. 아무나 천국 말씀을 듣고 깨닫지 못할 때는 악한 자가 와서 그 마음에 뿌려진 것을 빼앗나니 이는 곧 길 가에 뿌려진 자요.

마가복음 4:14-15은 "뿌리는 자는 말씀을 뿌리는 것이라 말씀이 길 가에 뿌려졌다는 것은 이들을 가리킴이니 곧 말씀을 들었을 때에 사탄이 즉시 와서 그들에게 뿌려진 말씀을 빼앗는 것이요"로 되어 있고, 누가복음 8:11-12은 "씨는 하나님의 말씀이요 길 가에 있다는 것은 말씀을 들은 자니 이에 마귀가 가서 그들이 믿어 구원을 얻지 못하게 하려고 말씀을 그 마음에서 빼앗는 것이요"로 되어 있다. 우리는 누가 본문으로부터는 "씨"가 말씀을 가리킨다는 것을 알게 되고, 마가 본문으로부터는 씨를 "뿌리는 자"는 말씀을 전하는 자, 즉 가장 먼저는 그리스도, 다음으로는 그리스도의 부르심을 받아서 복음을 전파하는 일을 하는 일꾼들을 가리킨다. 마태는 복음을 **천국 말씀**이라고 부르는데, 이것은 하나님께서 이 땅에서 교회와 개개인의 심령 속에 그리스도의 나라를 세우시고 영광의 나라를 위해 사람들을 준비시키시는 도구가 바로 복음이기 때문이다. 따라서 "천국 말씀"은 복음을 지극히 높여 부르는 표현이다. 씨앗이 뿌려지는 "땅"은 "마음," 즉 사람들의 심령이다. 그리스도나 그의 일꾼들이 어떤 청중들에게 전한 말씀은 씨 뿌리는 자가 "길 가," 즉 쟁기로 땅을 갈아엎은 적이 없는 길 위에 뿌린 씨앗과 같아서, 그 씨앗이 땅 속에 심겨지지 않고 길 위에 그대로 노출되어 있기 때문에, 지나가는 행인들에게 짓밟히기도 하고, 공중의 새들이 날아와서 먹어 버리기도 한다. 따라서 우리 구주께서는 이렇게 말씀하신다. 말씀을 듣고서도 그 말씀을 마음속에 새기고서 곰곰이 생각해 보거나 되새겨보지도 않는 그런 사람들이 있다. 악한 자들인 귀신들은 그 말씀이 그들의 심령 속에서 소화가 되어 능력으로 나타나는 것을 두려워하기 때문에, 그들로 하여금 다른 것들을 생각하게 하거나, 그들의 마음을 다른 일들로 이끌어서, 그들의 마음에 뿌려진 말씀을 공중의 새들처럼 빼앗아 가버린다. 이런 자들은 내가 길 가에 뿌려진 씨앗에 비유한 자들이다.

그러나 어떤 이들은 이렇게 질문할 수 있다: 마귀가 이렇게 말씀을 빼앗아 가버릴 수 있다면, 어떻게 말씀이 그들의 마음에 뿌려졌다고 말할 수 있겠는가? 이 질문에 대한 대답은 이렇다. 여기에서 "마음"은 여러 가지 능력과 기능을 지니고 있는 심령을 의미한다. 우리가 듣는 모든 것은 어떤 의미에서 우리의 마음속으로 들어간다. 마음은 우리 심령이 지닌 생각하고 상상하는 능력을 의미하거나, 어떤 것에 대한 개념을 형성하는 능력을 의미하기 때문에, 말씀은 죄인들의 마음속으로 들어가고, 그들은 그렇게 들어온 말씀에 대하여 어느 정도 생각을 해서, 거기에 대한 지식과 개념을 얻는다. 또한, 사람들은 일시적이고 갑작스러운 감정과 혈기로 말씀을 받아들이기도 한다. 그러나 이런 식으로 말씀이 마음에 들어왔다고 해도, 그들이 진심으로 말씀을 믿거나, 그들의 의지가 말씀에 순종하지 않는다면, 그들의 마음속에서 말씀은 사라지고 만다.

20-21. [20]돌밭에 뿌려졌다는 것은 말씀을 듣고 즉시 기쁨으로 받되 [21]그 속에 뿌리가 없어 잠시 견디다가 말씀으로 말미암아 환난이나 박해가 일어날 때에는 곧 넘어지는 자요.

마가복음 4:16-17과 누가복음 8:13도 내용상으로는 아무런 차이가 없고, 단지 단어들만 차이가 있을 뿐이다. 마태가 "돌밭"이라고 표현하는 것을 누가는 "바위"라고 표현한다. 우리 구주께서 이 비유에서 해가 떠올라서 씨앗이 말라 버렸다고 하신 것은 누가가 "시련을 당할 때"라고 표현한 환난이나 박해를 의미한다. "돌밭"은 조금 흙이 있기는 하지만 많이는 없는 곳이다. 그리스도께서는 여기에서 "말씀을 듣고 즉시 기쁨으로 받는" 자를 돌밭에 비유하시는데, 이것은 세례 요한이 전하는 말씀을 기쁘게 들었던 헤롯 같은 사람들을 가리킨다. 다른 것들과 마찬가지로, 하나님의 말씀도 사람들에게 일시적으로 감화를 주기는 하지만 그들의 마음속에 뿌리를 깊이 내리지 못하는 경우가 흔히 있다. 그런 자들은 말씀을 듣고는 갑자기 감정이 북받쳐 올라서 변화된 것처럼 보이지만, 사실은 일시적으로 넘쳐흘렀다가 급속하게 가라앉는 시냇물과 같다.

그 속에 뿌리가 없어. 우리 구주께서는 여기에서 그러한 자들이 신앙에서 떨어져 나가는 이유를 내적인 것과 외적인 것으로 나누어 설명하신다 — 물론, 전자가 후자보다 더 큰 이유가 되지만. 어떤 이들은 "그 속에" 있는 "뿌리"를 그 사람의 꾸준함과 한결같음, 또는 진지한 결단이나 각오를 의미한다고 보지만, 그런 것들은 단지 이 뿌리의 열매일 뿐이고, "뿌리" 자체는 사도가 "하나님의 씨"라고 표현하였고 욥이 "일의 뿌리"(욥 19:28)라고 불렀던 바로 그것, 즉 하나님의 사랑과 진리를 진정으로 접한 심령 속에 있는 은혜의 원리를 가리킨다. **잠시 견디다가.** 그런 자의 신앙은 자기가 신앙을 통해서 얻을 수 있다고 생각하였던 목표, 즉 부나 명예나 명성 같은 것이 실제로는 신앙에 의해서 달성할 수 없다는 것을 깨닫게 될 때까지만 유지된다. **말씀으로 말미암아 환난이나 박해가 일어날 때에는,** 즉 자기가 계속해서 신앙을 고백했다가는 자신의 재산이나 목숨이나 자유나 지위를 잃게 될 위험이 있다는 것을 알게 되었을 때에는, 그는 곧 넘어지는 자가 된다. 즉, 그는 거기에 걸려넘어져서, 자기가 복음에 대하여 지금까지 고백하였던 모든 신앙에서 떠나고 만다.

22. 가시떨기에 뿌려졌다는 것은 말씀을 들으나 세상의 염려와 재물의 유혹에 말씀이 막혀 결실하지 못하는 자요.

마가는 "기타 욕심이 들어와"를 덧붙이고 있고(막 4:19), 누가는 "가시떨기에 떨어졌다는 것은 말씀을 들은 자이나 지내는 중 이생의 염려와 재물과 향락에 기운이 막혀 온전히 결실하지 못하는 자요"(눅 8:14)라고 말한다. 우리 구주께서는 요한이 "육신의 정욕과 안목의 정욕과 이생의 자랑"(요일 2:16)이라고 말한 모든 것을 "세상의 염려와 재물의 유혹과 이생의 향락과 기타 욕심"으로 포괄하신다. 그리스도께서는 우리 마음이 합법적인 것들을 무절제하고 과도하게 욕심내거나 금지된 불법적인 것들을 탐하는 것을 "가시떨기"에 비유하신다. 왜냐하면, 땅에서 자라나는 가시떨기는 씨앗에서 싹이 나오면 햇빛의 온기를 받지 못하게 그늘로 가리고서 땅의 자양분을 자신이 흡수하여 결국 그 씨앗으로 하여금 시들어 죽게 만드는 것과 마찬가지로, 잡념들도 사람으로 하여금 하나님의 말씀에 착념하지 못하게 분산시켜서 아무런 열매도 맺지 못하게 하거나, 약간의 열매가 맺히는 것처럼 보이다가도 결국에는 시들어 죽게 하여 온전한 열매를 맺지 못하게 하기 때문이다. 이런 사람들은 결코 속되거나 불경건한 사람들이 아니고, 하나님의 말씀을 듣는 것을 소홀히 하고자 하는 마음도 없는 경청하는 자들인데도, 세상 것들에 대한 온갖 잡념으로 인해서 결국에는 온전한 열매를 맺지 못하고 만다. 영생으로 인도하는 길은 참으로 협착하고 그 문은 참으로 좁아서, 그 길을 발견하는 자는 거의 없다!

23. 좋은 땅에 뿌려졌다는 것은 말씀을 듣고 깨닫는 자니 결실하여 어떤 것은 백배, 어떤 것은 육십 배, 어떤 것은 삼십 배가 되느니라 하시더라.

마가복음 4:20에도 거의 동일한 말씀이 나오고, 누가복음 8:15은 "좋은 땅에 있다는 것은 착하고 좋은 마음으로 말씀을 듣고 지키어 인내로 결실하는 자니라"고 말한다. 다음과 같은 것들이 모두 다 합작될 때, 좋은 그리스도인이 탄생한다. (1) 말씀을 들음. (2) 말씀을 깨닫거나 믿음. (3) 말씀을 지킴. (4) 결실함. (5) 인내로 결실함. 누가는 씨앗이 좋은 땅에 뿌려졌다는 것은 "착하고 좋은 마음으로 말씀을 듣고 지키는" 것이라고 말한다. 이 비유에서 "좋은 땅"은 "착하고 좋은 마음," 즉 하나님의 성령으로 새롭게 되고 거룩하게 된 마음이다.

말씀을 듣고. 사도는 하나님에게서 난 자는 우리의 말을 듣는다고 말한다. "믿음은 들음에서 나며"(롬 10:17). 깨닫는 자니. 마가는 "말씀을 듣고 받아"라고 말한다. 즉, 이런 사람들은 말씀을 단순히 머리로 듣는 것이 아니라, 기꺼이 가르침을 받고자 하는 마음으로 듣고 믿음으로 받는다는 것이다. 그리고 누가는 "말씀을 듣고 지키어"라고 말한다. 즉, 이런 사람들은 말씀이 준 가르침과 깨달음을 자신의 심령에 간직한다는 것이다. 결실하여. 이런 사람들은 하나님의 뜻에 순종하여 자신의 삶 속에서 거룩함의 열매를 맺는다. 왜냐하면, 모든 씨앗은 자신의 종류를 따라 열매를 맺는 법이기 때문이다. 누가는 "인내로"를 덧붙이는데, 이것은 말씀을 굳게 붙잡고서, 세상과 육신과 마귀로부터의 온갖 시련들과 반대들을 꿋꿋하게 변함없이 견뎌내어야만 "결실"을 이룰 수 있음을 보여 준다. 어떤 것은 백 배, 어떤 것은 육십 배, 어떤 것은 삼십 배가 되느니라. 또한, 모든 사람이 똑같은 정도로 결실하는 것도 아니다. 그리스도께서 보시기에 "착하고 좋은" 심령이라고 할지라도, 모두 동일한 정도로 결실하는 것은 아니다.

24-33. [24]예수께서 그들 앞에 또 비유를 들어 이르시되 천국은 좋은 씨를 제 밭에 뿌린 사람과 같으니 [25]사람들이 잘 때에 그 원수가 와서 곡식 가운데 가라지를 덧뿌

리고 갔더니 26싹이 나고 결실할 때에 가라지도 보이거늘 27집 주인의 종들이 와서
말하되 주여 밭에 좋은 씨를 뿌리지 아니하였나이까 그런데 가라지가 어디서 생겼
나이까 28주인이 이르되 원수가 이렇게 하였구나 종들이 말하되 그러면 우리가 가
서 이것을 뽑기를 원하시나이까 29주인이 이르되 가만 두라 가라지를 뽑다가 곡식
까지 뽑을까 염려하노라 30둘 다 추수 때까지 함께 자라게 두라 추수 때에 내가 추수
꾼들에게 말하기를 가라지는 먼저 거두어 불사르게 단으로 묶고 곡식은 모아 내 곳
간에 넣으라 하리라 31또 비유를 들어 이르시되 천국은 마치 사람이 자기 밭에 갖다
심은 겨자씨 한 알 같으니 32이는 모든 씨보다 작은 것이로되 자란 후에는 풀보다 커
서 나무가 되매 공중의 새들이 와서 그 가지에 깃들이느니라 33또 비유로 말씀하시
되 천국은 마치 여자가 가루 서 말 속에 갖다 넣어 전부 부풀게 한 누룩과 같으니라.

복음서 기자는 우리 구주께서 가라지 비유에 대하여 설명하시는 것을 보도하기 전에, 먼저 여기에 그 비유를 포함한 세 가지 비유를 한데 모아서 우리에게 들려준다. 이 비유들은 모두 복음 교회와 복음의 경륜에 관한 것들이다. 그리스도께서는 첫 번째 비유에서는 복음 교회가 이 세상에 있는 동안에는 가라지와 알곡이 서로 섞여 있을 수밖에 없다는 것을 우리에게 가르쳐 주시고, 다른 두 비유에서는 복음 교회가 점점 더 커지고 번성할 것에 관하여 말씀해 주신다. 첫 번째 비유에 대한 설명은 37-43절에 나온다. 이 비유는 오직 마태에만 나온다. 다른 두 비유는 누가에는 둘 다 쌀막하게 나오고, 마가에는 그 중 하나의 비유만이 나온다. 이 두 비유에 대한 설명은 어디에도 나오지 않는다. 따라서 나는 일단 이 절들에 대해서는 설명하지 않고, 그 다음에 나오는 절들로 넘어가서, 우리 구주께서 이 세 비유들 중에서 첫 번째 비유에 대하여 설명하신 것을 먼저 살펴본 후에, 여기에 아무런 설명 없이 나오고 다른 복음서들에서도 그 설명을 찾을 수 없는 나머지 두 비유에 대하여 생각해 보고자 한다.

34-35. 34예수께서 이 모든 것을 무리에게 비유로 말씀하시고 비유가 아니면 아무
것도 말씀하지 아니하셨으니 35이는 선지자를 통하여 말씀하신 바 내가 입을 열어
비유로 말하고 창세부터 감추인 것들을 드러내리라 함을 이루려 하심이라.

그리스도께서는 이렇게 하나님께 속한 신령한 진리들을 거기에 맞는 합당한 비유들을 사용하셔서 무리들과 자신의 제자들에게 말씀하셨는데, 다른 때에는 좀 더 직설적으로 말씀하기도 하셨지만, 이번에는 모든 것을 비유로만 말씀하셨다. 주님은 앞에서 자기가 왜 비유로 말씀하시는 것인지를 우리에게 설명해 주셨다. 또한,

주님이 이런 식으로 비유로 말하시는 데에는, 자신의 제자들로 하여금 그들이 들은 말씀들에 대하여 좀 더 정신을 집중하여 경청하고 그 말씀들의 참된 의미가 무엇일지를 좀 더 적극적으로 곱씹어 보며 애써서 찾도록 하고자 하시는 목적도 있었다. 복음서 기자는 이렇게 해서 선지자가 말한 것(시 78:2)이 그리스도에게서 성취되었다고 말한다. 시편 기자는, 그가 다윗이든 아삽이든, 거기에서 그리스도에 대하여 예언한 것이 아니었고, 하나님께서 유대인들을 어떻게 대하셨는가 하는 것과 유대인들이 하나님을 어떻게 대하였는가 하는 것에 대하여 얘기하고자 한 것이었다. 따라서 여기에서의 성취는 그리스도께서 선지자가 모형론적으로 말한 것을 성취하셨다는 의미가 아니라, 옛적에 선지자가 말한 것과 동일한 성격의 일을 행하셨다는 의미이다.

선지자가 비유로 말씀을 전하였던 것과 마찬가지로, 그리스도께서도 그렇게 하셨다. 하지만 시편 기자는 "예로부터 감추어졌던 것"이라고 말하는 반면에, 복음서 기자는 **창세로부터 감추인** 것들이라고 말한다. 즉, 복음서 기자는 이 표현을 통해서 "만세와 만대로부터 감추어졌던"(골 1:26; cf. 고전 2:7) 복음의 큰 비밀들, 곧 "영세 전부터 감추어졌다가 이제는 나타내신 바 그 신비의 계시"(롬 16:25)를 말하고자 한 것이다. 시편 기자가 자신의 말을 듣는 사람들의 유익을 위하여 자신의 입을 열어 중차대한 말씀들을 전하였던 것과 마찬가지로, 그리스도께서는 "영원부터 만물을 창조하신 하나님 속에 감추어졌던 비밀의 경륜"(엡 3:9, 바울은 에베소 교인들에게 이렇게 말한다), 즉 복음의 비밀들을 사람들에게 계시하시고 가르치셨다.

36. 이에 예수께서 무리를 떠나사 집에 들어가시니 제자들이 나아와 이르되 밭의 가라지의 비유를 우리에게 설명하여 주소서.

오늘날 설교를 듣고 대다수의 사람들이 그렇게 하듯이, 여기에서도 예수께서 말씀을 마치자, 무리들은 자신들이 들은 것들에 대하여 아무것도 깨닫지 못하여서 얻은 것이 아무것도 없는데도 발길을 돌려 집으로 돌아갔는데, 사실 그런 그들에게는 말씀을 깨닫고자 하는 마음도 없었다고 보아야 한다. 그러나 우리 구주의 청중들 중에는 좀 더 지혜로운 자들이 있어서, 그들은 이렇게 말씀을 듣고서 깨달음이 없는 상태에서 그냥 돌아갈 수는 없었기 때문에, 그리스도를 따라 집으로 들어가서, 가라지의 비유를 설명해 달라고 부탁드렸다. 그들이 다른 두 비유에 대해서는 아무것도 묻지 않은 것은 아마도 그 비유들은 이해가 되었거나, 아니면 가라지 비유의 결론이 무시무시했기 때문에 그들에게 더 깊은 인상을 남겼기 때문일 것이다.

37-39. [37]대답하여 이르시되 좋은 씨를 뿌리는 이는 인자요 [38]밭은 세상이요 좋은 씨는 천국의 아들들이요 가라지는 악한 자의 아들들이요 [39]가라지를 뿌린 원수는 마귀요 추수 때는 세상 끝이요 추수꾼은 천사들이니.

그리스도께서 이 비유를 통해서 그들에게 말씀하고자 하신 것은 이런 것이었다: 우리 구주께서는 이 세상에 오셔서 복음 교회의 든든한 터를 놓으셨고, 몇몇 사람들을 자기에게로 부르셔서, 자신의 은혜에 참여하는 자들이 되게 하시고, 그들로 하여금 자기가 메어주는 멍에를 메고서 복음 교회의 터를 닦게 하셨다. 그러나 시간이 지나면서, 그들이 부지런히 깨어 일하여야 하는데도 불구하고, 실제로는 사역을 하면서 꾸벅꾸벅 졸거나 잠이 들게 되는 일이 벌어지게 되면, 사람들의 영혼에 대하여 시기와 악의가 가득하여 어떻게 해서든 그 영혼들을 집어삼키려고 혈안이 되어 끊임없이 돌아다니며 삼킬 자를 찾던 마귀는 그리스도의 말씀이 울려 퍼지는 교회에까지 침투해서 잘못된 가르침들의 씨들을 뿌리고 파당을 만들고, 신자들은 자신들의 정욕으로 인하여 마귀의 시험들에 빠져서 잘못된 가르침을 받아들여 잘못된 행위들을 하게 된다. 이렇게 해서 이 땅에 존재하는 가시적인 교회 속에는 선한 자들과 악한 자들이 함께 섞여 있게 되는데, 이것은 주님의 뜻이었다. 왜냐하면, 악한 자들인 가라지들을 교회에서 뽑아내려고 하다가는, 참되고 진정한 신자들인 알곡들까지 그 뿌리가 뽑힐 위험이 있을 것이었기 때문이다. 그러나 장차 세상 끝에는 그리스도께서 키를 가지고 오셔서, 자신의 디작미당을 철저하게 정결하게 하셔서, 모든 참되고 진실한 심령들은 천국으로 모아들이시고, 모든 위선자들은 지옥 속으로 던져 넣으실 때가 올 것이다. 이것이 우리 구주께서 설명하신 가라지 비유의 의미인 것으로 보인다.

그리스도께서는 씨를 뿌리는 이는 인자이고, 밭은 세상이며, 좋은 씨는 천국의 아들들, 즉 그 마음에 참된 변화가 일어나서 진정으로 거듭나고 회심한 자들이라고 말씀하신다. 가라지는 악한 자의 아들들, 즉 마귀의 아들들로서 마귀의 일을 하는 자들이다(요 8:44). 가라지를 뿌린 원수는 마귀이다. 마귀는 모든 악한 자들을 장악하고 지시해서 마귀의 일들을 하게 만드는 자이기 때문에 모든 악한 자들의 아비이다. 우리 구주께서는 이 비유 속에서 "사람들이 잘 때에" 가라지가 뿌려진다고 말하고 있는 부분에 대해서는 여기에서 아무런 설명도 하지 않으신다. 그 어구의 의미는 아주 분명하게 충분히 알 수 있기 때문이다. 마귀는 사람들을 힘으로 제압해서 강제하는 것이 아니라, 유혹하고 설득하고 꼬드기는 능력을 갖고 있다. 따라서 사람들이 깨어 있기만 하다면, 마귀는 그들을 유혹해서 자신의 수중에 넣을 수 없다. 관원들과 복음의 일꾼들이 하나님으로부터 부여받은 소임을 따라 늘 깨어 있다면, 이렇게 이 세상에서 악이 활개를 치고 횡행하는 일은 있을 수 없다. 또한, 우리 구주께서는 이 비유 중에서, 종들이 주인에게 "우리가 가서 이것을 뽑기를 원하시나이까"라고 물었을 때에 주인이 "가만 두라 가라지를 뽑다가 곡식까지 뽑을까 염려하노라"고 말하는 부분에 대해서도 아무런 설명을 하지 않으신다. 주님께서는 이런 식의 설명을 통해서, 하나의 비유를 설명하거나 해석할 때에 그 비유에 나오는 모든 부분을 다 그 설명이나 해석에 포함시킬 필요가 없다는 것을 우리에게 가르쳐 주신다.

교회의 직분자들이 어느 정도까지 교회를 정결하게 하는 일을 행하여야 하거나 행할 수 있는가 하는 문제는 주님께서 이 비유를 통해서 가르쳐 주고자 하신 것이 아니었고, 오직 다음과 같은 것들만을 가르쳐 주고자 하신 것이다. (1) 심판의 날이 오기까지는 가시적인 교회에는 선한 자들과 악한 자들이 서로 섞여 있을 수밖에 없다. (2) 심판의 날에는 그리스도께서 선한 자들과 악한 자들을 온전히 분리시키실 것이다. 따라서 이 비유를 근거로 삼아서, 교회에서는 심판의 날까지는 온갖 잘못되고 방탕한 자들을 다 용납하는 것이 마땅하다고 주장하는 자들은 신학에 있어서의 보편적인 원칙, 즉 비유를 통해 제시된 신학은 결정적인 논거가 될 수 없다는 원칙을 망각한 것이다. 우리는 어떤 비유의 주된 취지 외에는 그 비유에 나오는 그 어떤 것도 논증의 근거로 삼을 수 없다. 따라서 알곡의 겉모습을 갖춘 것들은 혹시라도 그 속에 진짜 알곡이 들어 있을지도 모르는 일이기 때문에, 그것들을 뽑아내는 것은 위험한 일인 까닭에, 교회 속에 그대로 두어야 한다는 주장은, 우리 구주께서 이 비유에 대하여 설명하시면서 그냥 건너뛰고 설명하지 않으신 부분들을 근거로 한 것이기 때문에 합당하지 않다. 우리 구주께서는 복음의 일꾼들이 교회를 어느 정도까지 정결하게 하는 것이 합당한가 하는 문제에 대해서는 대답을 유보하신 채로 아무 말도 하지 않으시고, 단지 자기가 추수 때에, 즉 세상 끝에 있을 심판의 날에 교회를 온전히 정결하게 하실 것이라는 사실만을 알려 주신다. 그 때에 천사들이 추수꾼이 될 것이다.

40-43. [40]**그런즉 가라지를 거두어 불에 사르는 것 같이 세상 끝에도 그러하리라** [41]
인자가 그 천사들을 보내리니 그들이 그 나라에서 모든 넘어지게 하는 것과 또 불법을 행하는 자들을 거두어 내어 [42]**풀무 불에 던져 넣으리니 거기서 울며 이를 갈게**

되리라 [43]그 때에 의인들은 자기 아버지 나라에서 해와 같이 빛나리라 귀 있는 자는 들으라.

사람들이 추수하고자 할 때에 알곡은 곳간에 모아들이고 가라지는 한데 거두어 불에 태우듯이, 나도 세상 끝에 그렇게 할 것이다. 나는 심판의 날에 내 천사들을 보낼 것이고, 그들은 내 교회로부터 모든 회개하지 않은 죄인들, 즉 이 세상에서 모든 넘어지게 하는 것과 불법을 행하고 나의 백성에게 해악을 끼치는 등 온갖 죄악들을 일삼아 온 모든 자들을 따로 거두어 풀무 불에 던져 넣으리니, 그들은 거기서 울며 이를 갈게 되리라. 성경에서는 저주받은 자들이 지옥에서 느끼게 될 무시무시한 고통과 괴로움을 "불"에 비유하는데(마 25:41 등), 이 비유는 저주받은 자들이 적어도 사람의 살아 있는 몸이 불에 던져져서 태워지는 것과 같은 정도의 무시무시한 벌을 받게 될 것임을 우리에게 보여 주기 위한 것이다. 우리 구주께서는 악한 자들이 받을 벌을 이렇게 표현하신 후에, 자기가 알곡을 모아 곳간에 들인다고 말씀하신 것은 의인들을 천국으로 들여보낸다는 것을 의미하는 것이라고 설명하신다. 그 때에 의인들, 즉 나의 의를 덧입고서 나의 뜻에 순종하여, 완벽하게 의로운 삶은 아니지만, 진실하고 정직한 삶을 살아온 자들은 자기 아버지 나라에서 해와 같이 빛나리라. "해와 같이 빛난다"는 어구는 다니엘서 12:2-3에 나오는 것과 아주 비슷한 표현으로서, 천국에서 성도들이 누리게 될 영광스러운 상태, 즉 지금까지 그 어떤 눈도 보지 못하였고 그 어떤 귀도 듣지 못하였으며 그 어떤 혀로도 표현할 수 없는 영광스러운 상태로 살게 될 것임을 의미한다. 그런 후에, 우리 구주께서는 "귀 있는 자는 들으라"고 말씀하심으로써, 씨 뿌리는 자의 비유를 끝내실 때와 동일한 방식으로, 자신의 청중들에게 자기가 한 말을 부지런히 깊이 생각하여 믿으라고 촉구하시는 말씀으로 끝을 맺으신다.

우리 구주께서는 31-33절에서 말씀하신 두 비유에 대해서는 구체적인 설명을 덧붙이지 않으셨고, 제자들도 그 비유들을 설명해 달라고 주님께 부탁하지 않으셨으며, 복음서 기자도 먼저 세 가지 비유를 제시한 후에 첫 번째 비유에 대한 주님의 설명만을 보도하고 있기 때문에, 나도 그 두 비유가 나온 대목에서 그 비유들에 대한 설명을 하지 않은 채로 그냥 건너뛰었다. 하지만 제자들이 그 두 비유에 대한 설명을 주님께 부탁드리지 않은 것은 주님의 설명이 없이도 그들이 그 두 비유를 이해할 수 있었기 때문인 것으로 생각되기 때문에, 나는 그 제자들과는 달리 그 두 비유의 의미를 쉽게 파악하지 못할 수도 있을 사람들을 위해서 여기에서 그 두 비유의 의미에 대한 간략한 설명을 덧붙이고자 한다. 두 비유 중의 하나는 겨자 씨에 관한 비유(31-32절)이고, 다른 하나는 가루 서 말 속에 갖다 넣어 전부 부풀게 한 누룩에 관한 비유(33절)이다. 이 두 비유의 취지는 동일하다. 우리 구주께서는 이 두 비유를 통해서 자기 제자들에게, 지금은 자신의 복음이 별 볼일 없어서 그들이 낙심할지도 모르겠지만, 이 복음은 결국에는 크게 성장하여 온 세상을 뒤덮게 될 것임을 알게 해주고자 하셨다. 그런 목적으로 주님께서는 자신의 복음을 먼저 겨자 씨에 비유하시고, 겨자 씨는 모든 씨보다 작은 것, 즉 가장 작은 씨들 중의 하나, 또는 아주 작은 씨인데도, 나중에는 아주 큰 나무로 자라나서, 자란 후에는 공중의 새들이 와서 그 가지에 깃들이게 된다고 말씀하신다. 우리의 땅들에서도 겨자 씨는 큰 높이로 자라나서 새들이 깃들일 정도로 상당한 크기의 가지들을 지닌 나무가 되기는 하지만, 우리는 우리 땅에서 자라난 겨자 나무를 기준으로 해서 그 땅에서 자라난 겨자 나무를 판단해서는 안 된다. 박물학자들의 이야기를 들으면, 겨자 씨가 그 뜨겁고 비옥한 땅에서 아주 큰 나무로 다 자란 모습은 거의 믿기 어려울 정도로 기이한 일이라고 한다. 이 비유를 통해서 그리스도께서는 복음이 현재는 작아 보여도 얼마 후에는 땅 끝까지 퍼져나가고 이방인들이 복음을 받아들여서 아주 크게 될 것임을 자기 제자들에게 미리 말씀하신 것인데, 이것은 다음 세대에서 신속하게 사실임이 입증되었다.

마찬가지로, 주님은 동일한 취지로 복음을 여자가 가루 서 말 속에 갖다 넣어 전부 부풀게 한 누룩에 비유하신다. 또한, 우리 구주께서는 이 두 비유를 통해서, 말씀이 신속하고 강력하게 성장하는 성격을 지니고 있다는 것을 우리에게 알게 하고자 하신다. 그리스도의 말씀들은 생명의 영이기 때문에, 말씀들 속에는 놀라운 효능이 감춰져 있다. 여기서 나는 "가루 서 말"의 내용물이 무엇인지, 그리고 왜 "서 말"이라고 하셨는지에 대해서는 캐물을 가치가 없다고 생각한다. 그런 것들은 호기심을 충족시키고자 하는 것들일 뿐이어서, 그런 것들을 알아보아야 아무런 가치도 없기 때문이다. 우리 구주께서는 "서 말"이라는 표현을 통해서, 지금 자기를 믿은 유대인들이 "가루 서 말"에 불과한 소수이지만, 나중에는 누룩에 의해 부풀어 올라서 아주 많은 사람들이 자기를 믿게 될 것이라고 말씀하고자 하신 것임에 틀림없다. 이사야 선지자는 "율법이 시온에서부터 나올 것이요 여호와의 말씀이 예루살렘에서부터 나올 것"이고, "많은 백성이 가며 이르기를 오라 우리가 여호와의 산에 오르며 야곱의 하나님의 전에 이르자"고 말하게 될 것이라고 말한다(사 2:3).

44. 천국은 마치 밭에 감추인 보화와 같으니 사람이 이를 발견한 후 숨겨 두고 기뻐하며 돌아가서 자기의 소유를 다 팔아 그 밭을 사느니라.

"천국 말씀"이라 불리는 하나님의 말씀이든, 하나님이 복음의 경륜 아래에서 나를 통해 사람들에게 베풀어 주시는 은혜와 은총이든, 하나님 나라에 속한 것들은 무엇이든지 다 밭에 감추인 보화 같이 소중히 여겨야 하는 것들이다. 어떤 사람이 아직 자신의 것이 아닌 밭에서 땅 속에 묻힌 큰 돈을 발견하였을 때에 행하는 것처럼, 사람들은 천국에 속한 것들에 대해서도 그렇게 하여야 한다. 어떤 사람이 남의 밭에서 땅 속에 묻힌 큰 돈을 발견하였다면, 어떻게 할 것 같은가? 그 사람은 아주 기뻐서 그 돈을 다시 땅 속에 숨겨두고, 자기가 가진 모든 것을 다 팔아 그 밭을 사고자 할 것이다. 마찬가지로, 복음과 그 은혜에 대하여 계시를 받은 사람들도 그렇게 하여야 한다. 그들은 그 계시를 마음으로 기뻐하며 하나님을 찬송하고, 어떤 대가를 치르더라도, 그 복음의 은혜에 참여하는 자가 되려고 애를 써야 한다. 세상의 것들은 돈으로 주고 사지 않으면 얻을 수 없기 때문에, 어떤 것을 살 만한 돈이 준비되지 않은 사람들은 자기가 가진 것들을 팔아서 그 돈을 마련하여야 한다. 마찬가지로, 우리가 천국을 얻기 위하여 수고하고 애쓰는 것은 천국을 산다는 개념 아래에서 시작된다. 그러나 이사야 선지자는 천국은 "돈 없이, 값 없이" 사는 것임을 우리에게 알게 해준다(사 55:1-2). 하지만 이 둘 간에는 닮은 점이 있다. 왜냐하면, 밭에 감추인 보화를 사기 위해서는 우리가 기존에 가지고 있는 것을 팔아야 하는 것과 마찬가지로, 죄 사함을 얻어 복음의 은혜와 영광의 나라로 들어가기 위해서는 우리에게 있는 것과 결별하여야 하기 때문이다. 우리에게는 하나님의 은혜를 살 만한 돈이 없기 때문에, 우리가 가지고 있는 것, 즉 하나님께서 우리에게 팔아 버리라고 하시는 것들을 팔아 버려야 한다. 우리의 심령이 하나님의 은혜를 발견하였을 때, 우리가 가진 모든 것들, 즉 옛 마음과 그 불법적인 욕심들과 정욕들만이 아니라 그 부와 명예와 쾌락들과도 결별해야만 천국을 살 수 있다면, 우리는 기꺼이 그 모든 것들을 팔아 버리고 결별하고자 할 것이다. 그렇다고 해서, 우리가 기존에 가지고 있던 것들을 다 판다고 해서, 그것들이 하나님의 은혜를 살 만한 정도의 가치를 지니고 있는 것은 결코 아니다. 주방에 있는 칼과 그릇들을 팔아서 금덩이들을 살 수 없는 것과 마찬가지로, 우리가 가진 모든 것들을 다 내어주어도, 그런 것들로는 천국을 절대로 살 수 없다. 그런데도 그것은 천국을 사는 것이다. 왜냐하면, 하나님께서는 우리가 가진 모든 것들을 내어드릴 때, 우리에게 천국을 주시기를 기뻐하시기 때문이다.

45-46. [45]**또 천국은 마치 좋은 진주를 구하는 장사와 같으니** [46]**극히 값진 진주 하나를 발견하매 가서 자기의 소유를 다 팔아 그 진주를 사느니라.**

복음이 전파될 때, "우리 구주 그리스도 예수의 나타나심으로 말미암아 … 복음으로써 생명과 썩지 아니할 것"이 드러나게 되고(딤후 1:10), "은혜와 진리"가 "예수 그리스도로 말미암아" 임하게 되기 때문에(요 1:17), 사람들은 이전에 자기들이 알고 있던 것들보다 훨씬 더 좋은 것들을 발견하고서는, 마치 상인들이 좋은 진주를 구하듯이, 이 신령한 것들을 구하는 데 온 힘을 기울이게 된다. 하나님께서 사람들의 심령에 계시하신 그리스도와 그의 은혜는 그들에게 그들이 세상에서 가지고 있는 모든 것보다 더 귀한 극히 값진 진주 하나로 보이게 되기 때문에, 그들은 그리스도와 그의 은혜를 얻기 위하여 자기가 가진 모든 것과 기꺼이 결별하고자 한다.

동일한 취지를 지니고 있는 이 두 비유는 우리에게 다음과 같은 것들을 가르쳐 준다. (1) 그리스도와 그의 은혜는 엄청난 가치를 지니고 있다. (2) 복음은 그리스도와 그의 은혜를 세상에 분명하게 드러낸다. (3) 한 영혼이 이것을 진정으로 발견하였을 때에는, 자기가 가진 모든 것을 버리고서라도, 그리스도와 그의 은혜와 영광을 결코 놓치지 않으려고 한다.

47-50. [47]**또 천국은 마치 바다에 치고 각종 물고기를 모는 그물과 같으니** [48]**그물에 가득하매 물 가로 끌어 내고 앉아서 좋은 것은 그릇에 담고 못된 것은 내버리느니라** [49]**세상 끝에도 이러하리라 천사들이 와서 의인 중에서 악인을 갈라 내어** [50]**풀무불에 던져 넣으리니 거기서 울며 이를 갈리라.**

이 비유의 목적은 가라지 비유와 마찬가지로, 교회가 이 세상에 존재하는 동안에는, 그 속에 의인들과 악인들이 섞여 있게 될 것이고, 심판의 날이 되어서야 이 둘은 서로 완전히 갈라지게 될 것임을 우리에게 가르쳐 주는 것이다. **또 천국은.** "천국"은 복음의 경륜과 경영 전체, 즉 복음 안에서 베풀어지는 은혜와 복음 아래에서 경영되는 저 은혜의 방편들을 둘 다 가리킨다. 나는 여기에서 "천국"은 천국 말씀이라 불리는 복음을 전파하는 것을 가리키는 것으로 해석하여야 한다고 본다. 왜냐하면, 하나님께서는 복음을 전파하는 것을 가시적인 교회와 눈에 보이지 않는 교회로 사람들을 모으시는 방편으로 사용하시기 때문이다. 우리 주님께서는 여기에서 복음을 전파하는 것을 세상이라는 바다에 그물을 던져서 각종 물고기를 모으는 것에 비유하신다. 복음이 전파되면, 많은 사람들이 교회로 모이게 되는데, 그들 중에는 겉으로만 신앙을 고백하는 자들도 있어서, 그렇게 모인 모든 사람이 그리스도의 참된 지체들인 것도 아니고, 영광의 나라로 들어가게 되지도 않을 것이다. 즉, 가시적인 교회의 지체들이 되었다고 해서, 눈에 보이지 않는 교회의 지체들이 된 것은 결코 아니라는 말이다. **세상 끝**이 오고, 그리스도께서 이 세상에서 자신의 목적을 다 이루셨을 때에는, 심판의 날이 있을 것이고, 그 때에 복음을 진심으로 받아 사랑한 의인들과 그렇지 않은 악인들이 완전히 갈라져서, 의인들은 천국으로 가고, 악인들은 지옥으로 던져지게 될 것이다. 우리 구주께서는 이것을 앞에 나온 가라지 비유에서 사용하셨던 것과 비슷한 어구들로 표현하시기 때문에, 우리는 여기에서 그 어구들을 또다시 설명할 필요는 없을 것이다.

51. 이 모든 것을 깨달았느냐 하시니 대답하되 그러하오이다.

분별 있고 진실한 선생은 자신의 가르침을 통해서 청중들이 유익을 얻었는지의 여부에 늘 관심을 갖는 법이다. 그리스도께서는 여기에서 제자들에게 "이 모든 것을 깨달았느냐"고 물으심으로써 우리에게 하나의 모범을 보여 주신다. 주님은 자신이 설명해 주신 비유들만이 아니라 설명해 주지 않으신 비유들까지 그들이 다 깨달았는지를 물으신다. 대답하되 그러하오이다. 제자들은 자신들이 이 비유들을 다 깨달았다고 대답한다.

52. 예수께서 이르시되 그러므로 천국의 제자된 서기관마다 마치 새것과 옛것을 그 곳간에서 내오는 집주인과 같으니라.

우리 구주께서는 자신의 제자들이 자신이 말씀한 모든 비유를 다 깨달았다고 대답하자, 너희가 그렇게 다 깨달았다면, 너희 혼자서만 알고 있지 말고, 다른 사람들에게 너희가 깨달은 것들을 전하라고 말씀하신다. **천국의 제자된 서기관.** 유대인들 가운데서 서기관들은 단지 글을 기록하고 문서를 다루는 서기였던 것이 아니라, 율법을 가르치는 선생이기도 하였다. 에스라는 서기관의 전형적인 모습을 보여 준다(스 7:6). 우리 구주께서는 여기에서 하나님의 교회에서 일하며 하나님 나라를 확장하는 데 힘쓰는 모든 복음의 선한 일꾼을 가리키는 데 "천국의 제자된 서기관"이라는 표현을 사용하시면서, 그들은 손님들이 왔을 때에 어떻게 대접해야 할지를 몰라 갈팡질팡하는 "집주인"이 아니라, 자신의 곳간들에 많은 것들을 쌓아두었다가, 손님의 취향에 따라서 거기에 맞는 것들을 내와서 잘 대접하는 선한 "집주인" 같아야 한다고 말씀하신다. 믿은 지 얼마 되지 않고 아직 성장하지 않아서 잘 모르는 사람들이 복음의 일꾼들이 되어서는 안 된다(딤전 3:6). 성경에 정통해서 구약과 신약의 글들을 잘 알고 그 의미들을 잘 깨닫고 있는 사람들, 신령한 지식을 많이 지니고 있어서 힘들고 지친 사람들에게 합당한 말씀을 해줄 수 있고, 사람들의 구체적인 사례들과 문제들에 따라 거기에 맞는 말씀들을 해줄 수 있는 사람들이 복음의 일꾼들이 되어야 한다.

53-54. [53]예수께서 이 모든 비유를 마치신 후에 그 곳을 떠나서 [54]고향으로 돌아가사 그들의 회당에서 가르치시니 그들이 놀라 이르되 이 사람의 이 지혜와 이런 능력이 어디서 났느냐.

이 이야기는 마가복음 6:1-4에도 나온다. 여러 곳을 두루 다니시며 복음을 전하셨던 우리 주님께서는 앞서 해변에서 비유들로 사람들을 가르치신 후에, 이제 그 해변을 떠나서 고향으로 돌아가셨는데, 대부분의 해석자들은 여기서 "고향"은 나사렛을 가리킨다고 본다. 주님은 베들레헴에서 태어나셨지만, 그 후에 주님께서 거기에서 시간을 보내셨다는 말은 전혀 듣지 못한다. 나사렛은 주님이 자라셨던 곳이었기 때문에, 주님은 "나사렛 예수"로 불리셨다. 우리 주님은 자신의 고향에 있는 회당, 또는 갈릴리의 회당들에서 말씀을 전하셨다. 마가는 주님이 "안식일"에 회당에서 가르치셨다고 말한다. 그들이 놀라. 이것은 그들이 회개하였다거나 믿었다는 것이 아니라, 주님이 가르치시는 것을 듣고서 경탄하며 깜짝 놀라는 반응을 보였다는 것이다. 이르되 이 사람의 이 지혜와 이런 능력이 어디서 났느냐. 여기에서 "이런 능력"은 이러한 권능 있는 역사들을 행하시는 그리스도의 능력을 가리킨다. 마가는 "많은 사람이 듣고 놀라 이르되 이 사람이 어디서 이런 것을 얻었느냐 이 사람이 받은 지혜와 그 손으로 이루어지는 이런 권능이 어찌됨이냐"(막 6:2)라고 말하였다고 보도한다. 깜짝 놀라 경탄하는 것은 무지로부터 나오는 것일 뿐이고, 사람들의 마음에 어떤 신령한 구원의 역사가 있었음을 보여 주는 증표들이 아니다. 따라서 우리는 이 유대인들이 처음에 이렇게 깜짝 놀라서 경탄하였지만, 시간이 흐르면서 점점 여러 가지 걸림돌들에 걸려 넘어져서 그리스도를 배척하게 되는 것을 본다.

55-57a. [55]이는 그 목수의 아들이 아니냐 그 어머니는 마리아, 그 형제들은 야고보, 요셉, 시몬, 유다라 하지 않느냐 [56]그 누이들은 다 우리와 함께 있지 아니하냐 그런즉 이 사람의 이 모든 것이 어디서 났느냐 하고 [57]예수를 배척한지라.

마가복음 6:3에도 동일한 내용이 나오는데, 거기에서는 "이 사람이 마리아의 아들 목수(ὁ τέκτων - '호 테크톤')가 아니냐"라고 말하고 있는 점만이 다를 뿐이다. 이것을 근거로, 어떤 이들은 그리스도께서 삽십 세에 공생애를 시작하게 될 때까지는 요셉과 함께 목수 일을 하셨을 것이라고 생각한다. 누가복음 2:51은 "예수께서 함께 내려가사 나사렛에 이르러" 자신의 부모를 "순종하여 받드시더라"고 말한다. '테크톤'(τέκτων)이라는 단어는 요셉이 기술자였음이 분명하다는 것을 보여 주기는 하지만, 그가 목수였던 것인지, 아니면 대장장이였던 것인지에 대해서는 우리에게 알려주지 않는다. 대부분의 해석자들은 여기에 그리스도의 "형제들"과 "누이들"로 지칭되고 있는 자들은 그리스도의 가까운 친척들을 가리키는 것으로 이해한다. 유대인들은 우리 구주의 부모와 친척들의 미천한 신분에 걸려 넘어졌다. 예수를 배척한지라. 그들은 그러한 걸림돌들에 걸려 넘어져서, 예수를 메시야, 또는 하나님으로부터 보내심을 받은 선지자로 받아들이지 않았다. 악의와 편견이 얼마나 비이성적인지를 보라! 왜냐하면, 그들은 예수의 집안 전체가 미천하고 예수도 제대로 교육 받지 못한 기술자에 불과하다는 것을 알았다면, 그들이 예수에게서 본 지혜나 저 권능 있는 역사들이 인간적인 평범한 방식에 의해서 수어진 것이 아니라는 것을 알아차리고서, 예수께서는 단순한 사람이 아니라 하나님으로부터 보내심을 받은 이임에 틀림없다는 결론을 내리는 것이 마땅하였을 것이기 때문이다.

57b-58. [57]예수께서 그들에게 말씀하시되 선지자가 자기 고향과 자기 집 외에서는 존경을 받지 않음이 없느니라 하시고 [58]그들이 믿지 않음으로 말미암아 거기서 많은 능력을 행하지 아니하시니라.

마가는 "예수께서 그들에게 이르시되 선지자가 자기 고향과 자기 친척과 자기 집 외에서는 존경을 받지 못함이 없느니라 하시며 거기서는 아무 권능도 행하실 수 없어 다만 소수의 병자에게 안수하여 고치실 뿐이었고 그들이 믿지 않음을 이상히 여기셨더라 이에 모든 촌에 두루 다니시며 가르치시더라"(막 6:4-6)고 말한다. 우리 주님께서는 여기에서 그들이 자기에게 걸려 넘어지게 된 또 하나의 좀 더 외적인 이유를 보여 주시는데, 그것은 그들이 자기와 오랫동안 함께 어울려 지내서 자기를 잘 알고 있기 때문이라는 것이다. 친숙함은 통상적으로 멸시를 낳는 법이다. 그리스도께서는 이런 취지로 그들에게 하나의 속담을 적용하신다. 선지자가 자기 고향과 자기 집 외에서는 존경을 받지 않음이 없느니라. 사람들에게는 자신들과 함께 자라고 오랜 시간 함께 어울려 지낸 사람들을 폄하하고 경시하며 무시하는 경향이 있다. 그들이 믿지 않음으로 말미암아 거기서 많은 능력을 행하지 아니하시니라. 마가는 그리스도께서 몇몇 권능의 역사들을 행하시기는 하셨지만, 많이 행하지는 않으셨다고 말한다. 주님은 고향 사람들이 자신들의 불신앙으로 인한 하나님의 의로우신 심판으로 말미암아 그 마음을 닫아 버렸기 때문에, 그들 앞에서 더 많은 이적들을 행해 보아야 아무 소용이 없고, 그들은 전혀 감화를 받지 못할 것임을 아시고서 권능의 역사들을 많이 행하지 않으셨다. 그들 앞에서 역사를 행하는 것은 그들에 대한 하나님의 뜻이 아니었다. 그래서 주님께서는 그들을 떠나서, 갈릴리에 있는 주변의 여러 마을들과 촌들을 돌아다니시며 말씀을 전하셨다.

제14장

개요

1. 그리스도에 대한 헤롯의 견해(1-2).
2. 세례 요한의 죽음의 원인과 경위(3-12).
3. 예수께서 한적한 곳으로 가셔서, 거기에서 오병이어로 오천 명을 먹이심(13-21).
4. 물 위를 걸어서 제자들에게로 오심(22-33).
5. 게네사렛에 하선하셔서, 자신의 옷자락을 만진 병자들을 다 고치심(34-36).

1-2. [1]그 때에 분봉 왕 헤롯이 예수의 소문을 듣고 [2]그 신하들에게 이르되 이는 세례 요한이라 그가 죽은 자 가운데서 살아났으니 그러므로 이런 능력이 그 속에서 역사하는도다 하더라.

마가는 이 이야기와 그 다음에 나오는 이야기를 좀 더 자세하게 다루고(막 6:14-30), 누가는 짤막하게 다룬다(눅 9:7-9). 우리는 당시에 유대인들을 다스리고 있던 로마인들이 유대인들에 대한 통치 형태를 왕이 다스리던 것에서 네 명의 분봉왕이 다스리는 체제로 바꾸었다는 것을 이미 앞에서 언급한 바 있다. 누가는 네 명의 분봉왕이 누구였는지를 우리에게 자세히 말해 준다(눅 3:1). 거기에 나와 있듯이, 헤롯은 갈릴리의 분봉왕이었다. 그는 세례 요한을 이전에 이미 죽였지만, 복음서 기자는 헤롯이 무슨 이유에서 어떤 경위로 요한을 죽였는지에 대해서 이제서야 우리에게 들려준다. 헤롯은 예수의 명성을 듣게 되었다. 누가는 "분봉왕 헤롯이 이 모든 일을 듣고 심히 당황하니 이는 어떤 사람은 요한이 죽은 자 가운데서 살아났다고도 하며 어떤 사람은 엘리야가 나타났다고도 하며 어떤 사람은 옛 선지자 한 사람이 다시 살아났다고도 함이라 헤롯이 이르되 요한은 내가 목을 베었거늘 이제 이런 일이 들리니 이 사람이 누군가 하며 그를 보고자 하더라"(눅 9:7-9)고 말한다. 그리고 마가는 "이에 예수의 이름이 드러난지라 헤롯 왕이 듣고 이르되 이는 세례 요한이 죽은 자 가운데서 살아났도다 그러므로 이런 능력이 그 속에서 일어나느니라 하고 어떤 이는 그가 엘리야라 하고 또 어떤 이는 그가 선지자니 옛 선지자 중의 하나와 같다 하되 헤롯은 듣고 이르되 내가 목 벤 요한 그가 살아났다 하더라"(막 6:14-16)고 말한다. 이것은 다른 사람들은 예수에 대한 견해가 분분하였지만, 헤롯은 예수가 죽은 자 가운데서 다시 살아난 세례 요한이라고 굳게 믿고 있었다는 것을 보여 준다. 누가는 헤롯이 긴가민가 하는 태도를 보이는 말을 한 것으로 보도하고, 마태와 마가는 헤롯이 좀 더 단호하게 그런 말을 한 것으로 보도하는데, 아마도 전자는 그가 대중 앞에서 보인 모습이고, 후자는 자신의 조신들과 측근들 앞에 보인 모습인 것 같다. 이교도들 가운데서는 사람이 죽으면 그 영혼이 다른 몸으로 들어간다는 속설이 있었기 때문에, 어떤 이들은 헤롯이 그러한 속설의 영향을 받아서, 세례 요한이 죽은 자 가운데서 다시 살아나 예수라는 몸을 입고 활동하고 있는 것이 아닌가 하는 생각을 품게 된 것이라고 본다. 이교도들은 억울하게 죽은 사람의 영혼은 복수하기 위해서 다른 사람의 몸으로 들어간다고 믿었다. 또는, 헤롯은 예수께서 두루 다니며 권능 있는 역사들을 행하고 있다는 소문을 듣고서, 그러한 권능은 세례 요한이 죽은 자 가운데서 다시 살아났을 때에만 가능한 것이라고 생각하여, 예수가 바로 세례 요한임에 틀림없다고 말한 것일 수도 있다.

3. 전에 헤롯이 그 동생 빌립의 아내 헤로디아의 일로 요한을 잡아 결박하여 옥에 가두었으니.

마가는 "전에 헤롯이 자기가 동생 빌립의 아내 헤로디아에게 장가 든 고로 이 여자를 위하여 사람을 보내어 요한을 잡아 옥에 가두었으니"(막 6:17)라고 말한다. 빌립이 부모가 동일한 헤롯의 친동생이었는지, 그리고 헤롯이 자기 동생 빌립이 살아 있는 동안에 헤로디아와 결혼하였는지에 대해서는 논란이 있다. 성경은 이러한 문제들에 대하여 우리에게 만족할 만한 대답을 주고 있지 않지만, 빌립은 헤롯의 친동생이었고, 헤롯은 적어도 하나님의 명시적인 율법(레 18:16)을 어기고서 자기 동생이 살아 있는 동안에 헤로디아와 내연관계를 맺고 살았을 가능성이 높다.

4. 이는 요한이 헤롯에게 말하되 당신이 그 여자를 차지한 것이 옳지 않다 하였음이라.

마가는 "헤롯이 요한을 의롭고 거룩한 사람으로 알고" 공경하고 존경하며 "두려워하여 보호하며 또 그의 말을 들을 때에 크게 번민을 하면서도 달갑게 들음이러라"(막 6:20)고 말한다. 세례 요한은 백성들 사이에서 아주 인기가 높았고, 모든 사람들이 그를 선지자로 여겼기 때문에, 헤롯도 사람을 보내어 그를 궁중으로 초빙해서 거기에서 그의 말을 들었을 것이다. 세례 요한은 헤롯이 헤로디아와 근친상간을 범하며 내연관계 속에서 살아가는 모습을 보고, 그가 그러한 죄를 범하는 것을 그대로 두고 볼 수 없어서, 그가 헤로디아와 결혼하는 것은 하나님이 금지하신 결혼을 불법적으로 행하는 것이라고 대놓고 말하였다. 마가는 "헤로디아가 요한을 원수로 여겨 죽이고자 하였으되 하지 못한 것"(막 6:19)은 헤롯이 그를 공경하였기 때문이라고 말한다. 그러나 마태는 헤롯의 이러한 태도는 그리 오래가지 못하였음을 우리에게 말해 준다.

5. 헤롯이 요한을 죽이려 하되 무리가 그를 선지자로 여기므로 그들을 두려워하더니.

헤롯은 처음에는 요한을 선한 인물로 여겨서 어느 정도 공경하는 마음을 가지고 있었지만, 요한이 계속해서 그와 헤로디아의 관계를 문제 삼으며 공격해 오고, 헤로디아도 요한을 철천지원수로 여겨 그에게 복수해 달라고 끈질기게 조르자, 마침내 요한을 죽이려는 마음을 갖게 되었다. 하지만 유대인들은 대체로 요한을 하나님의 보내심을 받고 하나님의 뜻을 자신들에게 전하는 선지자로 여겨서 크게 공경하는 마음을 지니고 있었기 때문에, 헤롯은 백성들의 소요나 봉기가 일어날 것을 두려워하여 감히 요한을 죽이지 못하고 있었다.

6-7. [6]마침 헤롯의 생일이 되어 헤로디아의 딸이 연석 가운데서 춤을 추어 헤롯을 기쁘게 하니 [7]헤롯이 맹세로 그에게 무엇이든지 달라는 대로 주겠다고 약속하거늘.

마가는 이 이야기를 좀 더 자세하게 하고 있기는 하지만, 의미는 동일하다: "마침 기회가 좋은 날이 왔으니 곧 헤롯이 자기 생일에 대신들과 천부장들과 갈릴리의 귀인들로 더불어 잔치할새 헤로디아의 딸이 친히 들어와 춤을 추어 헤롯과 그와 함께 앉은 자들을 기쁘게 한지라 왕이 그 소녀에게 이르되 무엇이든지 네가 원하는 것을 내게 구하라 내가 주리라 하고 또 맹세하기를 무엇이든지 네가 내게 구하면 내 나라의 절반까지라도 주리라 하거늘"(막 6:21-23). 불법을 저지르기로 작정한 사람들은 다른 것들은 고려하지 안고 오직 기회가 오기만을 기다리는 법이다. 그래서 마가는 헤롯이 잔치를 열어 많은 사람들을 초청해서 함께 술을 마시며 홍청대느라고, 자기가 무슨 짓을 하고자 하는지를 깊이 생각할 겨를이 없었던 때를 "마침 기회가 좋은 날이 왔으니"라고 표현한다. 그 날은 헤롯의 생일날이었고, 헤로디아의 딸이 헤롯과 많은 고관대작들 앞에서 그 생일을 축하하기 위한 춤을 추게 되었다. 동방의 왕들은 자신의 생일날에 성대한 연회를 열어 축하하는 것이 관례였다. 애굽 왕 바로도 자신의 생일에 고관대작들을 초청해서 큰 연회를 열었다(창 40:20). 어떤 이들은 이 날이 왕의 대관식 날 또는 왕위에 즉위한 날을 가리키는 것으로 이해하고, 호세아 선지자가 "우리 왕의 날에 지도자들은 술의 뜨거움으로 병이 나며"(호 7:5)

라고 한 것이 바로 그런 날을 묘사한 것이라고 생각한다. 유대인들은 왕이 생일이나 대관식 날에 이렇게 연회를 여는 것을 이교의 풍습으로 여겼지만, 이것을 비롯한 많은 이교의 풍습들을 들여와서 행해 왔었다. 그러한 연회에서 무희들이 춤을 추는 것은 거의 빠지지 않는 순서였지만, 이 날 헤로디아의 딸은 헤롯에게 특별한 기쁨을 선사했던 것으로 보인다. 그래서 헤롯은 그녀에게 무엇이든지 구하라고 말하고, "내 나라의 절반까지라도" 주겠다고 맹세한다. 에스더 5:3을 보면, 이 표현은 왕들이 아주 기뻐서 후한 상을 내리고자 할 때에 통상적으로 사용되었던 것으로 보인다.

8. 그가 제 어머니의 시킴을 듣고 이르되 세례 요한의 머리를 소반에 얹어 여기서 내게 주소서 하니.

마가복음 6:24-25에는 이 이야기가 좀 더 자세하게 나와 있다: "그가 나가서 그 어머니에게 말하되 내가 무엇을 구하리이까 그 어머니가 이르되 세례 요한의 머리를 구하라 하니 그가 곧 왕에게 급히 들어가 구하여 이르되 세례 요한의 머리를 소반에 얹어 곧 내게 주기를 원하옵나이다 하니." 이 말이 무엇을 의미하는지는 누가 해석해 주지 않아도 뻔히 알 정도로 분명하다. (1) 이것은 앙심과 보복하고자 하는 마음이 얼마나 강한지를 보여 준다. 분명히 헤로디아는 거룩하고 무죄한 사람의 피가 아니라 자신의 딸에게 더 유익이 될 것을 구하라고 조언하였을 수도 있었다. 하지만 죄악된 영혼은 보복할 때까지는 결코 안심하지 않는다. 세례 요한은 옥에 갇혀 있는 죄수였기 때문에, 헤로디아는 세례 요한의 영향력으로 인해서 자기가 이혼하게 될 것을 걱정할 필요가 없었지만, 요한이 살아 있는 동안에는 안심할 수 없었다. (2) 이것은 악한 부모를 만나는 것은 큰 재앙이고, 하나님을 경외하는 부모를 만나는 것은 큰 복임을 보여 준다. 악한 부모는 자신의 자녀들에게 명령하거나 부추겨서 죄를 짓게 함으로써 그 자녀들로 하여금 저주를 받게 하는 데 막강한 영향력을 행사하는 반면에, 하나님을 경외하는 부모는 자신의 자녀들을 하나님의 말씀으로 권면하고 교훈하고 명령함으로써 그 자녀들의 구원과 영원한 행복에 막강한 영향력을 미치기 때문이다. (3) 이것은 아부하는 조신들의 영악함을 보여 준다. 연회에 참석한 고관대작들 중에서 이 일에 끼어들어서, 세례 요한을 죽여서는 안 된다고 헤롯에게 간언한 사람은 아무도 없었다.

9-11. [9]왕이 근심하나 자기가 맹세한 것과 그 함께 앉은 사람들 때문에 주라 명하고 [10]사람을 보내어 옥에서 요한의 목을 베어 [11]그 머리를 소반에 얹어서 그 소녀에

게 주니 그가 자기 어머니에게로 가져가니라.

마가는 이 이야기를 좀 더 자세하게 들려준다: "왕이 심히 근심하나 자기가 맹세한 것과 그 앉은 자들로 인하여 그를 거절할 수 없는지라 왕이 곧 시위병 하나를 보내어 요한의 머리를 가져오라 명하니 그 사람이 나가 옥에서 요한을 목 베어 그 머리를 소반에 얹어다가 소녀에게 주니 소녀가 이것을 그 어머니에게 주니라"(막 6:26-28). 헤롯은 요한의 목을 달라는 그녀의 청을 듣는 순간 아차 싶었을 것이고, 자기가 그런 맹세를 한 것을 후회하며 괴로워하였다. 왜냐하면, 우리가 이미 앞에서 들었듯이, 그는 하나님을 두려워하는 자는 아니었지만, 백성들을 두려워하였기 때문이다. **자기가 맹세한 것과 그 함께 앉은 사람들 때문에.** 헤롯은 자신이 경건하고 신앙이 있었기 때문에 맹세를 지키고자 한 것이 결코 아니었다. 맹세는 죄악의 굴레가 될 수 없다(juramentum non petest esse vinculum iniquitatis). 하나님께서 하지 말라고 금지하신 일을 반드시 하겠다고 하나님을 증인으로 세워 맹세하고서는, 나중에 자기가 이미 전에 맹세하였기 때문에 자신은 그 일을 할 수밖에 없다고 말하는 것은 어불성설이고, 그런 말을 하는 자들은 제정신이 아닌 자들이다. 여기에서 "자기가 맹세한 것 … 때문에"라는 어구의 의미는, 헤롯이 자기가 이미 맹세한 말을 뒤집어 버리면, 거기에서 지켜보고 있던 많은 고관대작들이 심지어 맹세로 한 말까지 지키지 않는 그를 경솔하고 경망스럽다거나 변덕스럽다고 생각해서, 그의 체면과 자존심이 말이 아니게 될 것을 걱정하였다는 것이다. 또한, "그 함께 앉은 사람들 때문에"라는 어구는, 헤롯이 자기는 한 번 뱉은 말은 반드시 지키는 사람이라는 것을 과시함과 동시에, 헤로디아와 그 딸은 물론이고 거기에 있던 고관대작들의 환심을 사려고 했음을 보여 준다. 그래서 헤롯은 자신의 부하를 보내어 옥에 갇혀 있는 세례 요한의 목을 베어서 가져오게 해서 그 목을 소반에 담어 헤로디아의 딸에게 주었고, 그 소녀는 자기 어머니에게 그 목을 가져갔다. 이것보다 더 불의하고 비인간적이며 잔인한 짓이 있을 수 있을까? 세례 요한은 재판도 받지 않았고 판결을 받지도 않았다. 또한, 이 날은 성대한 연회가 베풀어진 날이었고, 이 연회를 피로 더럽혀서는 안 되는 일이었다. 하지만 악인들은 자신의 앙심을 만족시키기 위해서는 이것보다 더한 짓도 거리낌 없이 자행하는 법이다. 이것은 헤로디아가 소반에 담긴 세례 요한의 목이 헤롯의 성대한 연회 자리에서 그녀에게 최고의 진수성찬이라는 것을 그녀의 남편과 많은 고관대작들에게 과시하고자 한 것이었다. 이렇게 해서, 이 위대한 인물은 요망스럽고 도도한 한 여자의 앙심과 욕망을 충족시켜 주기 위한 수단으로서 죽임을 당하였다. 이것은 우리가 하나님께서 우리에게 맡기신 일에 충성하고자 할 때에 어떤 각오로 그 일에 임해야 하는지를 가르쳐 준다.

12. 요한의 제자들이 와서 시체를 가져다가 장사하고 가서 예수께 아뢰니라.

요한의 제자들이 자신들의 선생을 공경하고 그 가르침을 따르며 그를 생각할 때마다 감사하는 마음을 지니고 있었기 때문에, 요한이 헤롯에게 죽임을 당했다는 소식을 듣고 그 시체를 가져다가 무덤에 장사하였고, 그리고 곧바로 우리 구주께 와서 세례 요한에게 일어난 일을 알렸다. 이것이 우리 구주께서 사람들의 눈에 덜 띄는 곳으로 물러가신 이유였다.

13-14. [13]예수께서 들으시고 배를 타고 떠나사 따로 빈 들에 가시니 무리가 듣고 여러 고을로부터 걸어서 따라간지라 [14]예수께서 나오사 큰 무리를 보시고 불쌍히 여기사 그 중에 있는 병자를 고쳐 주시니라.

마가복음 6:32에도 동일한 이야기가 나온다. 우리 주님께서 한적한 곳으로 물러가신 것은, 일차적으로는 자신이 고난을 당할 때가 아직 오지 않은 것을 아셨기 때문이지만, 한편으로는 자신의 제자들의 안전을 고려하셨기 때문일 것이다. 그런데도 사람들은 걸어서 우리 주님을 따라왔다. 우리 구주께서는 배를 타고 호수를 건너 빈 들에 가셨는데, 사람들이 어떻게 걸어서 그를 따라올 수 있었단 말인가? 거기에 대한 대답은 우리 구주께서는 배를 타고 갈릴리 호수의 중앙을 가로질러 가신 것이 아니라, 호수의 가장자리를 따라 거기에서 가까운 곳으로 이동하신 것이었기 때문에, 사람들은 조금 더 도는 길이기는 하지만 걸어서 충분히 따라올 수 있었다는 것이다. 주님은 큰 무리를 보시고 불쌍히 여기셔서, 그들 중에 있는 병자들을 고쳐 주셨다.

15. 저녁이 되매 제자들이 나아와 이르되 이 곳은 빈 들이요 때도 이미 저물었으니 무리를 보내어 마을에 들어가 먹을 것을 사 먹게 하소서.

그리스도께서 하나님이시라는 것을 분명하게 확증해 주는 이 이적은 복음서 기자들이 모두 기록해 놓고 있다. 마태복음 14:15에 나오는 내용은 마가복음 6:35-36, 누가복음 9:10-12, 요한복음 6:1-3에도 나오는 것으로서, 이 이적이 어떻게 해서 베풀어지게 되었는지를 우리에게 보여 주는 도입부에 해당한다. 우리 구주께서는 좀 더 한적한 곳으로 물러나셨는데, 그 곳은 사람들이 거의 살지 않았기 때문에, 복음서 기자는 그 곳을 "빈 들"이라고 표현한다. 누가는 그 곳이 "벳새다라는 고을"이었다고 말한다(눅 9:10). 거기에서 사람들은 우리 구주와 함께 상당 시간 함께 있었던 것으로 보인다. 이제 날이 저물었고, 식사를 해야 할 시간도 지났다. 유대인들의 인식에 의하면, 이 때는 저녁이었다. 그들은 해가 진 이후의 때를 모두 저녁이라고 불렀기 때문에, 하루에 두 번의 저녁이 있었고, 유대인들의 문헌에 정통한 사람들은 그 두 저녁 사이의 시간에 유월절 어린 양을 잡아야 했다고 말해 준다. 그래서 제자들은 무리들이 굶주려 있을 것이라고 생각해서 그들을 불쌍히 여겨서 우리 구주께 나아와, 무리들을 인근 마을들로 보내어 먹을 것을 얻어 먹게 하자고 말씀을 드렸다.

16. 예수께서 이르시되 갈 것 없다 너희가 먹을 것을 주라.

요한은 이 이야기를 이렇게 들려준다: "예수께서 눈을 들어 큰 무리가 자기에게로 오는 것을 보시고 빌립에게 이르시되 우리가 어디서 떡을 사서 이 사람들을 먹이겠느냐 하시니 이렇게 말씀하심은 친히 어떻게 하실지를 아시고 빌립을 시험하고자 하심이라 빌립이 대답하되 각 사람으로 조금씩 받게 할지라도 이백 데나리온의 떡이 부족하리이다 제자 중 하나 곧 시몬 베드로의 형제 안드레가 예수께 여짜오되 여기 한 아이가 있어 보리떡 다섯 개와 물고기 두 마리를 가지고 있나이다 그러나 그것이 이 많은 사람에게 얼마나 되겠사옵나이까 예수께서 이르시되 이 사람들로 앉게 하라 하시니 그 곳에 잔디가 많은지라 사람들이 앉으니 수가 오천 명쯤 되더라"(요 6:5-10).

17-21. [17]제자들이 이르되 여기 우리에게 있는 것은 떡 다섯 개와 물고기 두 마리뿐이니이다 [18]이르시되 그것을 내게 가져오라 하시고 [19]무리를 명하여 잔디 위에 앉히시고 떡 다섯 개와 물고기 두 마리를 가지사 하늘을 우러러 축사하시고 떡을 떼어 제자들에게 주시매 제자들이 무리에게 주니 [20]다 배불리 먹고 남은 조각을 열두 바구니에 차게 거두었으며 [21]먹은 사람은 여자와 어린이 외에 오천 명이나 되었더라.

다른 복음서 기자들이 들려주는 이 이야기도 내용에 있어서 차이점은 없고, 단지 그 때의 상황을 좀 더 자세하게 보도할 뿐이다. 무리들은 잔디 위에 앉았는데, 누가는 무리들을 "떼를 지어 한 오십 명씩"(눅 9:14) 앉게 하였다고 말하고, 마가는 "떼로 백 명씩 또는 오십 명씩"(막 6:40) 앉게 하였다고 말한다. 하지만 무리들에게 있었던 것이 "떡 다섯 개와 물고기 두 마리"였다는 것, 이 이적을 통해서 먹은 사람들의 수가 "오천 명"이었다는 것(마태만이 "여자와 어린이 외에"라는 말을 덧붙이고 있기는 하지만), 남은 조각들이 "열두 바구니"에 가득 찼다는 것, 우리 구주께서 하늘을 우러러 오병이어를 축사하셨다는 것을 말하고 있는 것은 모든 복음서 기자들이 동일하다. 이것들은 이 이야기에 나오는 주된 내용들이다. 이 이적에 대하여 보도하고 있는 복음서 기자들의 이야기 간에는 차이가 없기 때문에 서로 조화시킬 필요도 없을 뿐만 아니라, 이 이야기에는 설명을 필요로 하는 특별한 난점도 없다. 이 이야기는 우리 주님께서 자신이 하나님의 아들, 즉 영원히 찬송 받으실 하나님이시라는 것을 분명하게 보여 주신 오병이어의 이적과 관련된 사실을 있는 그대로 분명하게 들려준다.

그리스도께서는 이 이적 속에서 오병이어로부터, 또는 전혀 존재하지 않는 것으로부터 아주 많은 떡과 물고기를 만들어 내시는 창조의 권능을 베푸셨음에 틀림없다. 만일 그렇지 않았다면, 오병이어를 가지고서, 여자와 어린이를 제외하고 오천 명을 먹이는 것은 불가능하였을 것이다. 그래서 어떤 이들은 그리스도께서 모든 생물들에게 "생육하고 번성하라"고 복주셨듯이(창 1:22), 하늘을 우러러 축사하시면서 떡과 물고기에게도 그런 복을 주셨을 것이라고 생각한다. 그러나 이 이야기 속에는 "생육하고 번성하라"는 말씀이 나오지 않기 때문에, 나는 여기에서 그리스도께서 하늘을 우러러 축사하신 것은 자신의 인성을 따라 아버지 하나님께 절대적인 순종하심을 보이시면서 오병이어에 복 주실 것을 간구하신 것이라고 생각한다. 그리고 이것은 하나님께서 우리로 먹고 건강하게 하시기 위하여 자신의 섭리를 따라 우리에게 주시는 모든 것은 우리가 감사함으로 받아 기도할 때에 거룩하게 된다는 것을 가르쳐 준다(딤전 4:4-5).

우리 구주께서는 이 이적 및 비슷한 성격의 이적들을 행하심으로써, 믿지 않는 유대인들로부터 귀신들의 왕인 바알세불을 힘입어서 이런 이적들을 행하는 것이라는 등 온갖 중상모략과 비방을 받으셨다. 귀신들은 서로 협정을 맺어서 서로에게 양보하여 마귀의 나라 전체의 이익을 도모하기 위하여, 그들 편에 서 있는 퇴마사들로 하여금 마치 그들이 귀신들을 쫓아내는 것처럼 보이게 하는 술책을 사용하기도 하지만, 오병이어를 가지고서 오천 명이나 되는 많은 수의 사람들을 먹이고도 많은 양이 남을 정도로 떡과 물고기를 만들어 내는 이적을 흉내 낼 수 있는 퇴마사들은 결코 없었다. 또한, 이 이야기는 그리스도와 그의 제자들의 낮고 가난한 삶, 그리스도의 말씀에 대한 그들의 믿음에 대해서 말해 줄 뿐만 아니라, 우리가 하나님 나라의 일들을 늘 생각하면서 하나님의 뜻에 순종하여 우리의 본분을 다하기만 한다면, 하나님께서는 자신의 섭리를 따라 우리를 먹이시고 입히시며 돌보아 주신다는 것을 우리에게 가르쳐 준다. 요한은 이 이적의 열매를 이렇게 보도한다: "그 사람들이 예수께서 행하신 이 표적을 보고 말하되 이는 참으로 세상에 오실 그 선지자라 하더라"(요 6:14).

22. 예수께서 즉시 제자들을 재촉하사 자기가 무리를 보내는 동안에 배를 타고 앞서 건너편으로 가게 하시고.

마가복음 6:45에서는 "건너편 벳새다로"라고 말한다. 그리스도께서 제자들을 "재촉하셨다"는 것은 제자들은 자신들이 주님과 떨어져서 먼저 배를 타고 가는 것을 달가워하지 않았음을 보여 준다. 주님께서 이 이적을 베푸실 때가 이미 해가 저물었던 때였기 때문에, 지금은 밤이 되었고, 주님과 그들이 있는 곳은 "빈 들"이었다. 따라서 그들은 이 밤중에 그러한 장소에 그리스도께서 홀로 계시고자 하시는 것이 마음에 걸렸을 것이다. 그렇지만 그들은 주님의 명령에 순종하였다. 주님께서는 아마도 다음과 같은 의도로 제자들에게 이렇게 명령하신 것으로 보인다. (1) 이것은 주님께서 제자들이 그렇게 하는 편이 무리들을 더 잘 해산시킬 수 있는 방법이라고 생각하셨기 때문이다(막 6:45). (2) 이것은 무리들의 소동을 막으시기 위한 것이었다. 요한은 무리들이 주님을 "억지로 붙들어 임금으로 삼으려고" 하였다고 말한다(요 6:15). (3) 이것은 주님께서 제자들로 하여금 배를 타고 먼저 가게 하심으로써, 자신이 또 다른 이적을 베푸실 기회를 얻으시기 위한 것이었다. (4) 이것은 주님께서 홀로 기도하실 시간을 가지시기 위한 것이었다. 마가는 그리스도께서 "무리를 작별하신 후에 기도하러 산으로 가시니라"(막 6:46)고 말하고, 마태도 그렇게 말한다.

23. 무리를 보내신 후에 기도하러 따로 산에 올라가시니라 저물매 거기 혼자 계시더니.

요한은 주님이 혼자 산으로 떠나 가셨다고만 말하지만, 마태와 마가는 그것이 기도하기 위한 것이었다고 말한다. 이 본문은 성경의 다른 본문들과 마찬가지로, 우리 구주의 위대한 모범을 통해서 우리에게는 홀로 은밀하게 기도해야 할 의무가 있음을 가르쳐 준다. 그리스도께서는 완전히 홀로 은밀하게 하나님께 기도하고 대화하기 위하여 산을 그 장소로 택하신 것이기 때문이다. 저물매. 이것은 우리가 앞에서 말하였던 것, 즉 유대인들에게는 저녁이라 불리는 것이 두 개 있었다는 것을 확증해 준다. 그들은 해가 지기 시작하여 낮이 저물어가는 때를 저녁이라고 불렀는데, 이것이 이 이야기의 앞부분에 언급된 저녁이었고, 다른 복음서 기자들은 이 저녁을 "날이 저문" 때라고 표현한다. 그리고 또 하나의 저녁은 우리가 오늘날 통상적으로 저녁이라고 부르는 때로서 해가 완전히 저문 때를 가리키고, 지금 여기에 나오는 "저물매"는 바로 이 저녁을 가리킨다.

24-27. [24]배가 이미 육지에서 수 리나 떠나서 바람이 거스르므로 물결로 말미암아 고난을 당하더라 [25]밤 사경에 예수께서 바다 위로 걸어서 제자들에게 오시니 [26]제자들이 그가 바다 위로 걸어오심을 보고 놀라 유령이라 하며 무서워하여 소리 지르거늘 [27]예수께서 즉시 이르시되 안심하라 나니 두려워하지 말라.

우리 구주께서 산에서 기도하고 계시는 동안, 제자들을 태운 배는 바다 위에 있었다. 즉, 그들은 그 때에 그 바다의 작은 만을 배로 가로질러 가고 있었다. 폭풍이 일어난 것은 그리스도께서 바람과 파도도 자신의 명령에 복종한다는 것을 보여 주시기 위한 것이었기 때문에, 하나님의 계획 안에서 일어난 일이었다. **밤 사경**은 대략 해 뜨기 세 시간 전을 가리킨다. 왜냐하면, 유대인들은 원래 예로부터 밤을 세 부분으로 나누어서 각각 네 시간이 하나의 경이 되게 하였지만, 로마의 지배 하에 있게 되면서부터는, 밤을 세 시간 씩 네 부분으로 나누어서, 세 시간마다 보초를 교대한다는 의미에서 그 한 부분을 "경"(watch)이라고 부르고, 밤 시간 전체를 네 경으로 구분한 로마식을 따랐기 때문이었다. **예수께서** 마치 견고한 땅 위를 걸으시듯이 **바다 위로 걸어서 제자들에게 오시니 제자들이 그가 바다 위로 걸어오심을 보고 놀라 유령이라 하며 무서워하여** 소리를 질렀다. 이것은 비록 사두개파는 영의 존재를 부정하였지만, 영들에 관한 가르침은 당시에 낯선 것이 아니었음을 보여 준다. 귀신들이 하나님의 허락 아래에서 공중을 휘젓고 다니며 눈에 보이는 형태로 나타나기도 하면서 바다나 육지에서 사람들을 두렵게 하는 능력을 지니고 있었다는 것은 의심의 여지가 없다. 제자들은 그리스도께서 바다 위를 걸어오시는 모습을 멀리서 보았을 때, 그것이 유령이라고 단정했기 때문에, 무서워서 소리를 질렀다. **예수께서 즉시 이르시되 안심하라 나니 두려워하지 말라.** 마가는 "이는 그들이 그 떡 떼시던 일을 깨닫지 못하고 도리어 그 마음이 둔하여졌음이러라"(막 6:52)는 말을 덧붙인다. 그들은 조금 전에 떡이 없어서 곤란한 처지에 빠져 있다가, 자신들의 선생의 권능과 선하심을 경험한 자들이었기 때문에, 마치 주님이 그들로 하여금 바다에 빠져 죽게 내버려 두실 것처럼, 주님의 권능과 선하심을 불신하는 모습을 이토록 빨리 보이지 않아야 하였다. 따라서 그들의 이러한 모습은 그들이 오병이어의 이적을 통해서 합당한 교훈을 얻지 못하였다는 것을 보여 주는 것이었다.

28-31. [28]베드로가 대답하여 이르되 주여 만일 주님이시거든 나를 명하사 물 위로 오라 하소서 하니 [29]오라 하시니 베드로가 배에서 내려 물 위로 걸어서 예수께로 가되 [30]바람을 보고 무서워 빠져 가는지라 소리 질러 이르되 주여 나를 구원하소서 하니 [31]예수께서 즉시 손을 내밀어 그를 붙잡으시며 이르시되 믿음이 작은 자여 왜 의심하였느냐 하시고.

베드로는 한편으로는 주님이 "안심하라 나니 두려워하지 말라"고 하시는 음성을 들은 후에도, "만일 주님이시거든"이라고 말함으로써, 자신의 믿음이 그렇게 견고하지 못하다는 것을 드러내 보였지만, 다른 한편으로는 "나를 명하사 물 위로 오라 하소서"라고 말함으로써, 좀 더 강한 믿음과 주님의 명령에 순종하고자 하는 결단을 드러내 보였다. 그러나 그가 나중에 바람이 더 거세어지자 무서워하여 물속으로 빠져 들어가기 시작한 것은 그의 믿음이 연약하였다는 것을 또다시 보여 준다. 베드로의 이러한 모습은 믿음이 아주 좋은 신자들의 전형적인 모습이다. 그들은 종종 자기가 어떤 상황이나 상태에서도 하나님을 믿고 의지할 수 있을 것 같다고 생각하지만, 흔히 큰 어려움에 봉착하게 되면, 마음이 움츠러들고 겁을 집어먹게 됨으로써, 자신의 마음 상태를 제대로 알지 못하는 우를 자기가 범하였음을 알게 된다. 이것은 하나님께서 자신의 섭리에 의해서 우리를 큰 시험들에 빠지지 않게 해주시고, 아울러 우리가 우리 자신을 그러한 큰 시험들로 던져 넣는 일이 없게 세심한 주의를 기울일 수 있게 해주시라고 기도하는 것이 얼마나 절실한지를 알게 해준다. 큰 시험을 직접 겪어 볼 때까지는, 자신의 마음 상태가 진정으로 어떠한지를 아는 사람은 아무도 없다. 따라서 이것은 다른 사람들을 판단하거나 정죄하지도 말고, 우리의 믿음을 자랑하지도 말며, 우리 자신에 대하여 지나치게 과신하지도 말라는 경고를 우리에게 주고, 시험이 왔을 때에는 그리스도와 그의 능력만을 바라보고 의지하는 것이 얼마나 절실한지를 우리에게 알게 해준다.

예수께서 즉시 손을 내밀어. 하나님께서는 자기 백성이 큰 환난과 곤경에 처해 있을 때에 그들로부터 멀리 있지 않으시고 바로 가까이에 계신다. 그리스도께서는 베드로에게 즉시 손을 내밀어 붙들어 주셨지만, 아울러 따끔한 말씀도 해 주신다. 믿음이 작은 자여 왜 의심하였느냐. 의심하는 것은 믿음과 반대되는 것이기는 하지만, 그렇다고 해서 믿음이 전혀 없다는 것을 보여 주는 것은 아니고, 단지 믿음이 작다는 것만을 보여 주는 것이다.

32-33. [32]배에 함께 오르매 바람이 그치는지라 [33]배에 있는 사람들이 예수께 절하

며 이르되 진실로 하나님의 아들이로소이다 하더라.

"배에 함께 오르매"는 그리스도께서 물속으로 빠져 들어가던 베드로를 손으로 붙드신 채로 바다 위를 얼마간 함께 걸어 오셔서 배에 함께 오르셨다는 것을 보여 준다. 그리스도께서 이렇게 베드로와 함께 바다 위를 걸으신 것은 그의 권능을 더욱 두드러지게 부각시켜 주고, 마니교도들(the Manichees)이 그리스도께서 바다 위를 걸으신 이적은 그가 진정한 인간의 몸을 입고 계시지 않았음을 보여 주는 증거라고 하는 것이 터무니없는 주장임을 입증해 준다. 왜냐하면, 베드로도 바다 위를 걸었고, 이것은 베드로가 모든 진정한 인간의 몸에 미치는 만유인력에 의해서 자연스럽게 바다 속으로 빠져 들어갔지만, 우리 구주께서 자신의 신적인 능력으로 베드로가 물속으로 빠지지 않게 하셨듯이, 주님 스스로도 진정으로 인간의 몸을 입고 계셨지만, 자신의 신적인 능력으로 바다 위를 걸어오신 것임을 보여 주는 것이기 때문이다. 또한, 그리스도께서 배에 오르시자마자 바람이 그쳤다는 것은 바람을 자신의 곳간에서 내오시는 분에게 바람도 순종하고 있는 것을 보여 주는 것이다. **배에 있는 사람들이 예수께 절하며 이르되 진실로 하나님의 아들이로소이다 하더라.** 그들은 아주 큰 위험에서 자신들의 목숨을 건져 주신 것에 대하여 그에게 예를 갖추어 감사하였을 뿐만 아니라, 더 나아가 그가 **하나님의 아들**이라는 것을 인정하고 고백하였다. 하나님의 목적은 온 세상으로 하여금 바로 그러한 고백을 하게 하시는 것이었는데, 우리는 이제 그 목적이 조금씩 이루어져 가고 있는 것을 본다. 그리스도께서 베푸신 이적들은 처음에는 단지 그에 대한 공경심과, 그의 능력이 하나님으로부터 왔다는 믿음만을 사람들에게서 만들어 내었을 뿐이었다. 하지만 그가 맹인을 다시 보게 해주셨을 때, 맹인은 그를 "다윗의 자손"으로 고백하였고, 오병이어의 이적이 행해졌을 때에는, 많은 사람들이 그를 "세상에 오실 그 선지자"(요 6:14)로 인정하게 되었다. 그리고 이번에는 사람들이 처음으로 아주 분명하고 공개적으로 그를 하나님의 아들로 인정하고 고백하였는데, 단지 그의 제자들만이 아니라, 그 배에 탄 선원들과 승객들도 그렇게 고백하였다. 하지만 그러한 고백은 그리스도의 제자들에게 합당한 변함없는 믿음과는 아직 거리가 멀었다.

34-36. [34]**그들이 건너가 게네사렛 땅에 이르니** [35]**그 곳 사람들이 예수이신 줄을 알고 그 근방에 두루 통지하여 모든 병든 자를 예수께 데리고 와서** [36]**다만 예수의 옷자락에라도 손을 대게 하시기를 간구하니 손을 대는 자는 다 나음을 얻으니라.**

이 이야기는 마가복음 6:53-56에도 나오는데, 주목할 만한 차이는 없다. 그리스도께서는 전에도 이 곳에 오신 적이 있으셨고(마 8:1-34), 거기에서 여러 이적들을 행하셨기 때문에, 그 곳 사람들은 그를 이미 알고 있었다. 그들은 그리스도께서 다시 오셨다는 소식을 듣자마자, 그 소식을 두루 알려서 병자들을 그에게로 데려오게 함으로써, 그에 대한 믿음과 자신들의 이웃을 생각하는 마음을 보여 주었다. 어떤 이들은 그들이 예수의 옷자락에라도 손을 대게 하시기를 간구한 것은 그들 가운데 퍼져 있었던 어떤 미신을 근거로 그렇게 한 것이라고 주장하지만, 나는 마가가 "그의 옷가에라도"(κἄν - '칸')라고 표현한 것을 보았을 때에 그런 주장은 터무니없다고 보고, 도리어 내게 그것은 그들이 얼마나 깊이 그리스도를 믿고 신뢰하였는지를 보여주는 표현으로 들린다. 즉, 그들은 그리스도께는 충만한 능력이 존재하기 때문에, 그의 옷자락만 만져도 그에게서 능력이 흘러나올 것이라고 믿었다는 것이다. 그들이 고침을 받을 수 있었던 것은 그들이 그리스도의 옷을 만졌기 때문이 아니라 그리스도를 믿었기 때문이었다. 나는 우리 주님께서 그들의 그러한 믿음을 높이 사셔서, 자신의 옷자락을 만진 모든 사람을 고쳐 주신 것이라고 확신한다. 복음서 기자는 그들이 온전히 다 낫게 되었다고 말한다. 그들의 믿음 속에는 단지 그리스도의 능력에 대한 확신만 아니라, 그의 선하심을 믿고 의지하는 것도 포함되어 있었음이 분명하다.

제15장

개요

1. 자신들의 전통을 하나님의 계명보다 더 우위에 놓는 서기관들과 바리새인들을 책망하심(1-9).
2. 입으로 들어가는 것이 아니라 입에서 나오는 것이 사람을 더럽힌다고 가르치심(10-20).
3. 가나안 여자의 딸을 고치심(21-28).
4. 갈릴리 호숫가에서 많은 무리를 고치심(29-31).
5. 떡 일곱 개와 작은 생선 두어 마리로 사천 명을 먹이심(32-39).

1-2. [1]그 때에 바리새인과 서기관들이 예루살렘으로부터 예수께 나아와 이르되 [2]당신의 제자들이 어찌하여 장로들의 전통을 범하나이까 떡 먹을 때에 손을 씻지 아니하나이다.

마가는 이 이야기를 좀 더 자세하게 들려준다: "바리새인들과 또 서기관 중 몇이 예루살렘에서 와서 예수께 모여들었다가 그의 제자 중 몇 사람이 부정한 손 곧 씻지 아니한 손으로 떡 먹는 것을 보았더라 (바리새인들과 모든 유대인들은 장로들의 전통을 지키어 손을 잘 씻지 않고서는 음식을 먹지 아니하며 또 시장에서 돌아와서도 물을 뿌리지 않고서는 먹지 아니하며 그 외에도 여러 가지를 지키어 오는 것이 있으니 잔과 주발과 놋그릇을 씻음이러라) 이에 바리새인들과 서기관들이 예수께 묻되 어찌하여 당신의 제자들은 장로들의 전통을 준행하지 아니하고 부정한 손으로 떡을 먹나이까"(막 7:1-5). 성경의 이 부분을 제대로 이해하려면, 대제사장을 수장으로 한 유대 교회에 속한 일들을 치리하는 정치 체제를 어느 정도 이해하여야 한다. 하나님께서는 칠십인을 세우셔서 모세와 아론을 보좌하게 하여 이스라엘 백성을 다스리게 하셨는데(민 11:25), 그들의 모임은 "산헤드린," 즉 공회로 불리게 되었다. 유대인들 가운데서 최고 법정이었던 산헤드린은 도덕적인 것이든 사법절차에 관한 것이든 종교의식에 관한 것이든 하나님의 율법과 관련된 모든 것들에 대하여 최종적인 결정을 내리는 기관이었고, 유대인들은 누구나 이 산헤드린의 결정에 따라야 하였다. 산헤드린은 예루살렘에 있었지만, 전국 각지에 하급법원들을 두고 있었기 때문에, 각지에서 올라온 사건에 대한 최종심을 맡아 판결하였다(신 17:8-13).

이 최고법정의 가장 주된 소임은 여호와에 대한 신앙이 타락하지 않도록 세심하게 살피는 것이었다. 세례 요한이 말씀을 전파하기 시작하자, 그들이 요한에게 사자들을 보내어서, 그가 어떤 인물인지, 그리고 어떤 권위에 의거해서 세례를 주는 것이냐고 물으며 조사한 것도 그런 이유 때문이었고(요 1:19), 앞에서 보았듯이, 우리 구주의 제자들이 안식일에 이삭을 따서 손으로 비벼 먹거나, 우리 구주께서 안식일에 병자들을 고치신 것에 대하여, 바리새인들이 안식일을 범하였다고 비난한 것도 그런 이유 때문이었는데, 이러한 비난들은 예루살렘에까지 이르렀을 것이 거의 틀림없다. 따라서 이 본문에 등장하는 바리새인들과 서기관들은 우리 구주를 살펴보고 조사하라고 산헤드린이 보낸 사람들이었을 가능성이 크다. 하지만 그들이 그런 소문들을 듣고서 호기심에서 개인적으로 와본 것일 수도 있음은 물론이다. 그들은 우리 구주에게서 하나님의 율법을 범한 그 어떤 혐의도 발견할 수 없었지만, 그들의 교회에서 지키는 몇몇 의식들과 관련해서, 우리 구주의 제자들이 그러한 의식들을 엄격하고 철저하게 지키지 않는다고 시비를 걸고 트집을 잡았다. 그들은 "당신의 제자들이 어찌하여 장로들의 전통을 범하나이까"라고 말한다.

"전통"이라는 단어는 전해져 내려온 것들이라는 의미만을 지니기 때문에, 다른 것들과 마찬가지로 하나님의 율법에도 당연히 적용될 수 있었다. 따라서 그들에게 있어서는 하나님의 율법 전체는 하나님께서 모세를 통해 유대인들에게 전해 주신 전통, 즉 삶에 관한 가르침이었다. 그래서 사도 바울은 데살로니가 교인들에게 "형제들아 굳건하게 서서 말로나 우리의 편지로 가르침을 받은 전통을 지키라"(살후 2:15)고 명령한다. 그러나 문제는 "전통"이라는 단어 앞에 붙은 "장로들의"라는 수식어이다. 우리 시대의 교황주의자들이, 사도들은 신약성서에 담겨 있는 것들 외에도 초대 교회에 많은 것들을 전하였는데, 그것들은 오직 구전으로만 대대로 교회에 전해졌기 때문에, 그리스도인들은 전에 유대인들이 그랬던 것과 마찬가지로 기록된 말씀만이 아니라 구전 말씀도 지켜야 한다고 주장하고 있듯이, 유대인들도 한동안은 하나님의 율법을 그대로 지켰지만(신 4:14), 세월이 흐르면서 성경 본문을 교묘하게 악용해서 거기에 의거하여 새로운 교훈들을 만들어 내기 시작하였다. 즉, 그들은 모세가 하나님의 산에서 사십 주야를 지내는 동안에, 하나님께서는 낮에는 지금 모세오경에 기록된 율법을 그에게 계시하였고, 밤에는 이방인들이 알지 못하도록 성경에 기록하지 말고 오직 구전으로만 산헤드린에게 전해 주라고 하시면서 여러 가지 것들을 그에게 계시해 주셨기 때문에, 이 구전 율법은 성문 율법과 마찬가지로 산헤드린에서의 모든 판결의 규범이 되었다는 전승을 만들어 내었다. 이렇게 해서, 그들은 하나님의 율법을 자신들의 뜻대로 요리할 수 있는 수단을 확보하고서, 몇 가지 종류의 전통들을 만들어 내었는데, 어떤 것들은 율법에서 의심스러워 보이거나 애매해 보이는 본문의 내용을 확정하는 것들이었고, 어떤 것들은 율법이 규정하지 않고 내버려 둔 것들을 보충하는 내용들을 정하는 것들이었으며, 어떤 것들은 "율법의 울타리들"(sepimenta legis)이라 불리는 것들, 즉 하나님의 율법을 보호한다는 미명 하에, 그들이 율법을 범하지 않기 위하여 만들어 낸 좀 더 엄격한 규범들이었다. 이러한 것들은 처음에는 율법들로서 유대인들에게 강제되지 않고 권고라는 형식으로 장려된 것들이었지만, 시간이 흐르면서 나중에는 율법들로 여겨지게 되었으며, 그 수도 거의 무한대로 늘어났다.

그들은 이 전통들을 한데 모아 집대성해서 일흔두 권의 책으로 된 카발라(Cabbala)를 편찬해 내었고, 이 책은 가말리엘 등에 의해서 예루살렘 멸망 때까지 보존되었다고 말한다. 또한, 그들은 그로부터 120년 후에 시몬의 아들 랍비 유다(Rabbi Judas)가 미쉬나(Misna)라 불리는 책을 펴냈고, 또다시 300년 후에는 랍비 요하난(Rabbi Johanan) 등이 더 많은 구전 율법들을 수집하여 예루살렘 탈무드(Jerusalem Talmud)라 불리는 좀 더 방대한 책을 편찬해 내었으며, 그로부터 100년 후에는 또 다른 랍비가 바벨론에 남아 있던 유대 전승들을 수집하여 바벨론 탈무드(Babylonish Talmud)를 펴냈다고 말한다. 오늘날 전세계의 유대인들은 바로 이 두 책, 즉 미쉬나와 탈무드로 교회의 모든 문제들을 치리해 나간다. 탈무드는 전체가 6부로 나뉘어져 있다. 제6부는 결례에 관한 것으로서, 열두 권으로 되어 있고, 각 권은 20장에서 30장으로 되어 있는데, 모두 다 집과 의복과 그릇, 사람의 신체와 그 몇몇 부분들을 정결하게 하는 것과 관련된 내용을 담고 있다. 유대인들은 예루살렘 멸망 이후에는 아주 힘들고 어려운 처지에 놓여 있었기 때문에, 그들의 탈무드는 그리스도 이후에 오백 년이 지나서도 완성되지 못하였지만, 그들은 그리스도 시대에 사용하였던 것에 그리 많은 것을 첨가하지 않은 것으로 보인다. 바리새인들은 이러한 전통들을 아주 엄격하게 지켰고, 사두개인들은 기록된 율법을 더 중시하였다. 그러나 바리새인들은 유대인들로부터 훨씬 더 큰 신임을 얻고 있었기 때문에, 바울은 그들을 유대교에서 가장 엄격한 분파라고 불렀다(행 26:5). 유대인들 사이에서 통용된 몇 가지 금언들은 그들이 이 전통들에 대하여 어느 정도로 공경하는 마음을 지니고 있었는지를 잘 보여 준다. "서기관들이 우리의 오른손을 왼손이라고 하고,

우리의 왼손을 오른손이라고 말하면, 우리는 그들의 말을 믿어야 한다." "서기관들의 말 속에는 율법의 말씀보다 더한 것이 들어 있다."

이러한 서기관들과 바리새인들이 우리 구주의 제자들이 자신들의 그러한 전통들 중의 하나를 범하였다고 비난하며 따지고 들었다. 마가는 "바리새인들과 모든 유대인들(즉, 바리새파를 따르는 대다수의 유대인들)은 장로들의 전통을 지키어 손을 잘 씻지 않고서는 음식을 먹지 아니하며"라고 말한다. 그들은 자주 손을 씻지 않고 음식을 먹는 것은 죄악이라고 생각하였다. 이러한 전통의 토대는 물론 레위기 율법에 있었다. 하나님께서는 그 율법을 통해서 모든 부정한 것들의 시체를 만진 자는 부정하다고 선언하셨다(레 5:2-3). 그들은 이 율법 조항을 토대로 해서, 사람들이 많이 모이는 저잣거리 등을 비롯해서 거의 모든 곳을 다녀온 후에는, 혹시라도 그들 자신이나 그들이 사용하는 그릇들이나 잔들이 어떤 부정한 것과 접촉되었을지도 모른다는 우려에서, 자신들의 손이나 그릇들이나 잔들 등을 깨끗이 씻는 전통을 만들어 내었다. 하지만 그들이 이런 전통을 만들어 낸 것은 몇 가지를 오해하는 잘못을 범한 것이었다. (1) 그들이 이 율법에서 아무 말도 하지 않은 사물들이나 사람들과 접촉한 것에까지 이 율법을 확대 적용한 것은 잘못이었다. (2) 그들이 사람들이 의도적으로가 아니라 자신도 모르게 우연히 그러한 접촉이 일어나게 된 경우들에까지 이 율법을 확대 적용한 것은 잘못이었다. (3) 그들이 죄로 인하여 부정하게 된 것을 결례를 통해서 씻어낼 수 있다고 생각한 것은 잘못이었다. 왜냐하면, 하나님께서는 그런 명령을 하신 적이 없으시기 때문이다. 우리는 그들이 여기에서 우리 구주의 제자들이 청결하게 위생적으로 하고 식사를 해야 하는데 그렇게 하지 않고 있다고 비난한 것이라고 생각해서는 안 되고, 종교적인 미신을 따른 결례를 지키지 않는다고 비난한 것임을 알아야 한다. 마가는 "부정한 손 곧 씻지 아니한 손으로"라고 말한다. "부정한 손"으로 번역된 어구는 '코이나이스 케르시' (κοιναῖς χερσί, 행 10:14; 11:8)로서, 종교적인 결례 의식을 통해서 하나님께 먼저 성별되지 않은 손을 의미한다.

3. 대답하여 이르시되 너희는 어찌하여 너희의 전통으로 하나님의 계명을 범하느냐.

마가복음 7:9에도 동일한 말씀이 나오지만, 마태 본문과는 약간 순서가 다르다: "너희가 너희 전통을 지키려고 하나님의 계명을 잘 저버리는도다." 우리 구주께서는 그들의 질문들에 대하여 좀 더 신랄한 대답을 해주실 수도 있으셨지만, 그렇게 하신다면, 그들의 증오심을 불러일으켜서 위험에 빠지실 것임에 틀림없었기 때문에, 이 문제의 뿌리를 건드리는 하나의 반문을 사용하셔서, 그들에게 대답하시는 쪽을 택하신다. 그는 이렇게 말씀하신다: 나의 제자들이 전통들을 지키지 않은 잘못을 저질렀다고 하자. 하지만 너희가 말하는 "장로들의 전통"이라는 것은 단지 백성들을 쓸데없는 규범들로 묶어 놓고 너희에게 복종하게 함으로써 너희의 권력과 권세를 유지하기 위하여 너희나 너희 같은 부류가 만들어 낸 것들이 아니던가. 하나님의 율법에 어긋나는 전통들을 만들어 내고, 너희의 전통들을 지키기 위하여 하나님의 율법을 배척하는 너희의 죄가 훨씬 더 크다고 나는 확신한다. 이것은 하나님의 말씀 속에서 명령되지 않은 전통들과 의식들에 대하여 큰 열심을 가진 자들이 흔히 범하는 죄이다. 유대 랍비 호세(Rabbi Jose)는 "씻지 않은 손으로 음식을 먹는 자는 창기와 함께 자는 자와 똑같은 죄를 범하는 것이다"라고 말하였다. 마찬가지로, 교황주의자들은 사제가 내연녀를 두거나 음행을 저지르는 것보다 결혼하는 것이 더 큰 죄라고 말하고, 성금요일에 고기를 먹는 것이 음행을 저지르는 것보다 더 큰 죄라고 말한다.

4-6. [4]하나님이 이르셨으되 네 부모를 공경하라 하시고 또 아버지나 어머니를 비방하는 자는 반드시 죽임을 당하리라 하셨거늘 [5]너희는 이르되 누구든지 아버지에게나 어머니에게 말하기를 내가 드려 유익하게 할 것이 하나님께 드림이 되었다고 하기만 하면 [6]그 부모를 공경할 것이 없다 하여 너희의 전통으로 하나님의 말씀을 폐하는도다.

마가복음 7:10-13에도 거의 동일한 말씀이 나온다. 마가 본문에는 "모세는 … 하였거늘"이라고 되어 있지만, 이것은 마태 본문에서 "하나님이 이르셨으되"라고 말한 것과 그 의미가 동일하다. 하나님께서는 모세를 통해서 명령하셨기 때문이다. 마태 본문은 "하나님께 드림이 되었다고 하기만 하면 그 부모를 공경할 것이 없다 하여"로 되어 있는 반면에, 마가는 "고르반 곧 하나님께 드림이 되었다고 하기만 하면 그만이라 하고 자기 아버지나 어머니에게 다시 아무 것도 하여 드리기를 허락하지 아니하여"(막 7:11-12)라고 말함으로써, 그들의 범죄를 좀 더 자세하게 보여 주고, 마태가 짧게 말한 내용을 좀 더 풀어서 설명해 준다. 또한, 마가는 "또 이같은 일을 많이 행하느니라"는 말씀을 덧붙인다. 이것은 우리 구주께서 그들이 자신들의 전통으로 하나님의 율법을 폐기처분해 왔다고 한 자신의 비난이 옳다는 것을 증명하시기 위하여 드신 한 사례이다. 주님이 이 사례에서 근거로 드신 율법은 사도 바울이 "약속이 있는 첫 계명"(엡 6:2)이라고 한 제5계명이다(출 20:12; 신 5:16). 하나님께서는 "아버지나 어머니를 비방하는 자는 반드시 죽임을 당하리라"고 하심으로써 처벌조항을 두셔서 이 계명을 강화하셨고(출 21:17; 레 20:9), "자기의 아비나 어미를 저주하는 자는 그의 등불이 흑암 중에 꺼짐을 당하리라"(잠 20:20)고 추가적으로 경고하셨다. 아울러, 여기에서 우리 구주께서는 제5계명은 부모가 궁핍할 때에 봉양할 의무를 자녀들에게 지우고 있고, 이것이 이 계명에 나오는 "공경하라"는 단어의 의미라는 것을 우리에게 알게 해주신다. 지금까지 거의 모든 나라가 하나님의 이 율법이 진정으로 지혜의 말씀이라는 것을 시인해 왔다. 부모를 봉양하지 않는 자녀들은 감옥에 가둔다(liberi parentes alant aut vinciantur)는 것이 옛 로마의 법이었다.

바리새인들은 부모를 공경하라는 계명을 정면으로 부정한 것이 아니라, 거기에 예외규정을 두어서, 악한 자녀들이 쉽게 그 편법을 사용하여 계명을 따르지 않아도 되게 함으로써, 그 계명 자체를 유명무실하게 만들어 버리는 방법을 사용하였다. 즉, 그들은 백성들에게 "고르반," 곧 "내가 부모님께 드려 유익하게 할 것이 하나님께 드림이 되었다고 하기만 하면" 더 이상 부모를 봉양하지 않아도 된다고 가르쳤다. 따라서 "고르반" 제도를 활용하면, 누구든지 가난한 부모를 봉양해야 하는 의무에서 벗어날 수 있었기 때문에, "고르반"을 선언한 후에 부모를 봉양하지 않은 자들은 제5계명을 어긴 것이 아니게 되었다. "고르반," 즉 "내가 드려 유익하게 할 것이 하나님께 드림이 되었다"는 것의 의미가 무엇인지를 놓고 해석자들이 여러 가지 다양한 해석을 내놓는 것은 이상한 일이다. 어떤 이들은 "내가 부모를 봉양하는 데 쓸 재물을 하나님께 드렸기 때문에 나는 더 이상 부모를 봉양할 수 없다"는 의미라고 생각하고, 어떤 이들은 "내가 나의 전 재산을 하나님께 드렸고, 그것은 내가 부모에게 나의 전 재산을 드린 것이나 다름없기 때문에, 부모에게도 마찬가지로 유익이 될 것이다"라는 의미라고 생각하며, 어떤 이들은 "고르반"이 맹세의 한 형태였다고 보고, 거기에 근거해서 여러 해석들을 이끌어 낸다. 그러나 이 구절에 대한 가장 자연스럽고 억지스럽지 않은 해석은 다음과 같은 것으로 보인다: 바리새파는 아주 경건한 분파로 인정을 받아서, 백성들이 성전 등을 유지하기 위한 경비로 하나님께 드린 헌물들 중에서 일부를 할당받았다. 그래서 그들은 그러한 헌물들을 드리라고 백성들을 권유하고 설득하는 데 아주 큰 열심을 보였기 때문에, 어떤 사람이 자신의 부모를 봉양해야 할 의무를 지니고 있지만 그렇게 하고 싶어 하지 않아 할 때, 그 사람의 재산 중에서 부모를 봉양하는 데 사용될 몫을 하나님께 "예물"로 드렸다고 부모에게 말하기만 하면, 부모를 봉양할 의무를 면제받을 수 있다고 그 사람에게 말해 주었다. 즉, 그들은 자신의 부모를 봉양하는 데 사용될 재산을 먼저 하나님께 헌물로 드리기만 하면, 부모를 공경하고 궁핍한 부모를 봉양하라는 계명의 적용을 받지 않게 되고, 그 의무로부터 벗어날 수 있다고 사람들에게 가르친 것이었다. 그래서 그리스도께서는 그들이 신앙의 더 큰 의무를 수행한다는 미명 하에 실제로는 그들 자신의 전통으로 하나님의 율법을 폐하고 유명무실하게 만들어 버렸다고 말씀하신 것이다.

7-9. [7]외식하는 자들아 이사야가 너희에 관하여 잘 예언하였도다 일렀으되 [8]이 백성이 입술로는 나를 공경하되 마음은 내게서 멀도다 [9]사람의 계명으로 교훈을 삼아 가르치니 나를 헛되이 경배하는도다 하였느니라 하시고.

"교훈을 삼아 가르치니"로 번역된 어구의 헬라어는 '디다스콘테스 디다스칼리아스'(διδάσκοντες διδασκαλίας)로서, "교훈들"이 "가르치다"의 목적어인 대격으로 되어 있지만, 이 구절은 "사람들의 계명들을 교훈들로 가르치다"로 번역된다. 겉으로는 거룩함의 가면을 쓰고서 거룩하게 보이지만, 실제로 마음속에는 참되고 진실한 경건이라고는 추호도 없는 너희 **외식하는 자들아 이사야가 너희에 관하여 잘 예언하였도다**. 이사야는 당시의 유대인들에게 말하였지만, 그가 당시에 살았던 너희의 조상들에 대하여 말한 것은 그들의 자손들인 너희에게도 그대로 적용된다. **이 백성이 입술로는 나를 공경하되 마음은 내게서 멀도다**. 복음서 기자는 이사야 선지자의 예언을 축자적으로가 아니라 그 의미를 인용해서, 우리에게 다음과 같은 교훈, 즉 어떤 사람들이 겉으로 신앙을 고백하고 겉보기에는 경건한 것처럼 보이도록 말하고 행동하더라도, 그들의 마음이 하나님과 올바른 관계 속에 있지 않아서, 그들의 외적인 언행들이 내면에 있는 하나님에 대한 믿음과 사랑과 순종으로부터 나오지 않는다면, 그들은 "외식하는 자들," 즉 위선자들에 지나지 않는다는 교훈을 가르쳐 준다. **나를 헛되이 경배하는도다**. 사람들이 그런 식으로 나를 경배하는 것은 쓸데없고 무익하며 아무런 소용도 없는 짓이다. 왜냐하면, 나는 그들의 그런 식의 경배를 나에 대한 참된 경배로 여기지 않을 것이기 때문이다. **사람의 계명으로 교훈을 삼아 가르치니**. 여기에서 그리스도께서는 그들이 하나님에 대한 예배와 경배 속에서 사람들의 계명들을 가르치고 있다고 말씀하시는 것이다. 왜냐하면, 말씀을 전하는 자들은 사람들의 계명들을 본문으로 삼아서 말씀을 전해서는 안 되기 때문이다. 또한,

그리스도께서 여기에서 말씀하시는 사람의 계명은 하나님의 계명들을 밑받침하고 더욱 강화시키는 역할을 하는 사람의 계명들이 아니라, 손을 씻는 결례와 같이, 하나님께서는 그렇게 하라고 명령하신 적이 없으신 데도 사람들이 제멋대로 만들어 내어서 전통으로 대물림해 준 것들이나, 마지막에 언급된 고르반 제도와 같이, 하나님의 계명들을 유명무실하게 만들어 버리는 사람의 계명들을 의미한다.

10-11. [10]무리를 불러 이르시되 듣고 깨달으라 [11]입으로 들어가는 것이 사람을 더럽게 하는 것이 아니라 입에서 나오는 그것이 사람을 더럽게 하는 것이니라.

마가복음 7:15에도 동일한 말씀이 나온다. 우리 구주께서는 바리새인들과 서기관들이 자기가 한 말들을 고깝게 생각하고 들으려 하지 않는 것을 보시고서 그들에게 말씀하시는 것을 그치시고, 자신의 가르침을 더 잘 받아들일 수 있는 무리를 부르셔서 그들을 가르치시기 시작하시는데, 그들이 지금까지 어떻게 가르침을 받아왔는지를 고려하셔서, 그들이 기존에 알고 있던 것들 중에 어번 오류가 있었던 것인지에 주목하게 하시기 위하여, 먼저 "듣고 깨달으라"고 말하시는 것으로 운을 떼신다. 그가 무리들에게 말씀하시고, 또한 앞서 서기관들과 바리새인들에게 말씀하신 것의 요지는, 사람 속으로 들어간 것이 어떤 사람을 부정하게 하는 것이 아니라, 그 사람으로부터 나오는 것이 그 사람을 부정하게 한다는 것이었다. 이것은 레위기 율법에서 부정하다고 규정한 것들에 대하여 말씀하신 것이 아니다. 왜냐하면, 거기에서는 부정한 것을 먹는 사람은 그것으로 인해서 부정하게 된다고 규정하고 있기 때문이다. 그러나 우리 구주께서는 부정한 새나 짐승의 고기를 먹어서 부정하게 되는 경우에도, 그 사람을 부정하게 만드는 것은 바로 그 부정한 고기가 아니라, 그 부정한 고기를 탐낸 그 사람의 죄악된 탐심이나, 그 부정한 고기를 먹음으로써 하나님의 명령에 불순종한 그 사람의 마음이라고 말씀하신다.

12. 이에 제자들이 나아와 이르되 바리새인들이 이 말씀을 듣고 걸림이 된 줄 아시나이까.

바리새인들이 우리 구주께서 하신 말씀을 듣고 격분하게 된 것은 그가 그들의 결례를 아주 하찮은 것으로 치부해 버리셨기 때문이라는 것은 의문의 여지가 없다. 그들은 우리 구주께서 제의법에 규정된 부정한 음식과 정한 음식 간의 구분을 폐기처분하셨다거나 반대하신 것으로 이해하지는 않았다. 그러나 내면에서의 합당한 순종과 헌신의 마음이 수반되지 않은 채로 겉으로만 모든 외적인 의식들을 행하는 것을 폄하하고, 하나님에 대한 영적인 예배와 충성을 강조하는 것보다, 위선자들을 더 화나게 하는 것은 없다.

13-14. [13]**예수께서 대답하여 이르시되 심은 것마다 내 하늘 아버지께서 심으시지 않은 것은 뽑힐 것이니** [14]**그냥 두라 그들은 맹인이 되어 맹인을 인도하는 자로다 만일 맹인이 맹인을 인도하면 둘이 다 구덩이에 빠지리라 하시니.**

여기에서 심은 것은 가르침들, 실천들, 사람들을 가리킨다고 할 수 있다. 이 서기관들과 바리새인들은 양 우리를 정문을 통해서가 아니라 담을 넘어 들어간 비참하고 한심한 세대이다. 내 아버지께서는 그들을 보내신 적이 없으시고, 그들은 담을 넘어 들어온 자들이다. 그들은 나의 동산에 심어져 있지만, 내 아버지께서 거기에 심으신 것들이 아니기 때문에, 반드시 뿌리째 뽑히게 될 것이다. **그냥 두라.** 그들은 하나님의 그 어떤 말씀을 들어도, 그들 자신의 이익을 위해서 그 모든 말씀들을 다 배척할 뿐이기 때문에, 결코 말씀을 깨달을 수 없는 구제불능인 자들이다. 하나님께서 옛적에 "에브라임이 우상과 연합하였으니 버려 두라"(호 4:17)고 하신 것처럼, 지금 이 사람들도 자신들의 미신적인 전통들과 연합해 있어서, 그들을 "그냥 두고" 더 이상 그들에게 관심을 갖지 않을 것이다. 그들은 "맹인을 인도하는 자"로 자처하지만(롬 2:19), 그들 자신이 맹인이다. 나는 가엾은 백성들을 불쌍히 여긴다. 왜냐하면, 맹인이 맹인을 인도하면, 둘 다 구덩이에 빠질 수밖에 없기 때문이다. 무지하고 충성되지 않은 사역은 하나님이 사람들 가운데 보내실 수 있는 최악의 역병이다.

15-16. [15]**베드로가 대답하여 이르되 이 비유를 우리에게 설명하여 주옵소서** [16]**예수께서 이르시되 너희도 아직까지 깨달음이 없느냐.**

마가는 "제자들이 그 비유를 묻자온대"(막 7:17)라고 말한다. 아마도 베드로가 가장 먼저 물었을 것이고, 다른 제자들도 뒤따랐거나, 베드로가 제자들을 대표해서 물었을 것이다. 왜냐하면, 우리 구주께서는 "너희도"라고 복수형을 사용하셔서 말씀하시기 때문이다. 그들이 주님이 방금 전에 사용하신 비유 또는 수수께끼 같은 말씀의 의미가 무엇인지에 대하여 가르침을 청한 것은 잘한 일이었다(히브리인들은 모든 수수께끼 같은 말씀들을 "비유"라고 불렀다). 아마도 우리 구주께서 정한 음식과 부정한 음식을 구별하고 있는 제의법을 파괴하시는 듯한 말씀을 하신 것이 그들에게 걸림돌이 되어서 무엇인가 꺼림칙한 느낌을 가졌을 수 있다. 그러나 그들이 이렇게 분명하고 쉬운 비유를 이해하지 못하고 가르침을 청한 것은, 그들이 그동안 우리 구주를 따라다니며 함께 하였음에도 불구하고 진보나 성장이 별로 없었음을 보여 주는 것이었기 때문에, 우리 구주께 책망 들을 만한 일이었다. 하나님께서는 자기가 우리에게 주신 은혜의 방편들에 비례해서 우리의 신령한 지식이 성장하기를 기대하신다.

17-20. [17]입으로 들어가는 모든 것은 배로 들어가서 뒤로 내버려지는 줄 알지 못하느냐 [18]입에서 나오는 것들은 마음에서 나오나니 이것이야말로 사람을 더럽게 하느니라 [19]마음에서 나오는 것은 악한 생각과 살인과 간음과 음란과 도둑질과 거짓 증언과 비방이니 [20]이런 것들이 사람을 더럽게 하는 것이요 씻지 않은 손으로 먹는 것은 사람을 더럽게 하지 못하느니라.

마가복음 7:18-23에도 이 말씀이 나오고, 사용된 단어들만 약간의 차이가 있을 뿐이다. 여기에서 마가는 마태보다 더 많은 죄들을 구체적으로 열거한다. 우리 구주께서 여기에서 말씀하시는 것의 요지는 모든 죄는 하나님의 율법에서 금지한 것들을 행하고자 하는 사람의 마음속에 있는 욕망들로부터 나온다는 것이다. 우리 마음속에서 하나님이 금지하신 것들을 하고자 하는 온갖 욕구와 욕망들이 피어올라서 그런 생각들로 근질근질하면, 그런 것들은 밖으로 여러 행위들로 표출되지 않는다고 하여도, 우리를 더럽히고 부정하게 만든다. 그리고 이러한 마음의 내적인 움직임들로부터 마태와 마가가 열거한 "살인과 간음과 음란과 도둑질과 거짓 증언과 비방과 속임과 음탕과 질투와 비방과 교만과 우매함" 같은 외적인 행위들이 나온다. 이러한 것들이 어떤 사람의 마음속에 둥지를 틀고 있는 동안에는 그 사람의 마음을 더럽히고 부정하게 만들고, 그 사람의 입을 통해서 세상 속으로 나오면 세상을 더럽히며, 외적인 행위들로 표출되었을 때에는 그 사람을 더럽히고 부정하게 만든다. 그러나 씻지 않은 손으로 음식을 먹는 것은 하나님이 금지하신 것이 아니라, 하나님으로부터 그러한 규범들을 만들 그 어떤 권한도 수여받지 않은 바리새인들에 의해서 금지된 것이기 때문에, 사람을 더럽히거나 부정하게 만들지 않는다. 우리가 사람들의 계명에 불순종한 것이 죄가 될 수도 있지만, 그것은 하나님이 그 사람들에게 계명들을 제정하고 우리의 행위를 결정할 권한을 주신 경우에 한한다. 왜냐하면, 부정함은 사람들의 계명이 아니라 하나님의 계명에 불순종하는 데 있기 때문이다.

21. 예수께서 거기서 나가사 두로와 시돈 지방으로 들어가시니.

마가복음 7:24에는 "예수께서 일어나사 거기를 떠나 두로 지방으로 가서 한 집에 들어가 아무도 모르게 하시려 하나 숨길 수 없더라"로 되어 있다. 어떤 이들은 여기에서 우리 구주께서 베니게(두로와 시돈은 베니게의 주요 성읍들이었다)로 들어가셨던 것인지, 아니면 단지 거기에 인접한 팔레스타인 해변으로 가신 것인지에 대하여 질문을 제기한다. 그가 베니게로 들어가신 것이 아니라고 생각하는 사람들은 전에 자신의 제자들에게 "이방인의 길"로 가지 말라고 하신 것(마 10:5)과 그가 이방인들에게 자신을 나타내실 때가 아직 되지 않았다는 것을 근거로 제시한다. 하지만 나는 우리 구주께서 두로와 시돈 지방으로 들어가셨고, 이것은 장차 이방인들을 부르시게 될 것을 미리 보여 주시는 일종의 전주곡으로서의 의미를 지닌 일이었다고 생각한다. 그가 거기에서 자신을 널리 알릴 목적으로 거기로 가신 것이 아니었다는 것은 분명하다. 왜냐하면, 마가는 우리 구주께서 자기가 온 것을 "아무도 모르게 하시려" 하셨다고 말하기 때문이다. 그는 아무도 모르게 은밀하게 그 지방으로 물러가셔서, 거기에서 약간의 이적들을 베풀고자 하신 것이었다. 마태는 우리 구주를 찾아온 여자는 "가나안 여자"였다고 말하고(22절), 마가는 "그 여자는 헬라인이요 수로보니게 족속이라"(막 7:26)고 말하지만, 이 두 본문 간에는 서로 상반되는 것이 없다. 왜냐하면, 헬라인 군주가 세계의 대부분을 다스리게 된 이래로, 어느샌가 세상에서 유대인을 제외한 다른 모든 사람들은 "헬라인"으로 불리게 되었기 때문이다(롬 1:14, 16; 10:12). 마가는 이 여자가 "수로보니게 족속," 즉 베니게 지역에서 두로와 시돈에 인접해 있던 수로보니게 출신의 여자였다고 말하고, 마태는 그녀를 "가나안 여자"라고 부른다. 어떤 이들은 여기에 나오는 "가나안"이 "가나"를 의미한다고 보지만, 철자 상으로 볼 때에 그럴 가능성은 희박하다. 따라서 우리는 마가가 그녀를 "헬라인"이자 "수로보니게 족속"이라고 한 것을 근거로 삼아서, 그녀가 옛 가나안 족속의 후손이었을 것이라고 보는 것이 좋을 것이다.

22-23. [22]가나안 여자 하나가 그 지경에서 나와서 소리 질러 이르되 주 다윗의 자손이여 나를 불쌍히 여기소서 내 딸이 흉악하게 귀신 들렸나이다 하되 [23]예수는 한 말씀도 대답하지 아니하시니 제자들이 와서 청하여 말하되 그 여자가 우리 뒤에서 소리를 지르오니 그를 보내소서.

마가는 "이에 더러운 귀신 들린 어린 딸을 둔 한 여자가 예수의 소문을 듣고 곧 와서 그 발 아래에 엎드리니 그 여자는 헬라인이요 수로보니게 족속이라 자기 딸에게서 귀신 쫓아내 주시기를 간구하거늘 예수께서 이르시되 자녀로 먼저 배불리 먹게 할지니 자녀의 떡을 취하여 개들에게 던짐이 마땅치 아니하니라"(막 7:25-27)고 말한다. 이 여자는 비록 이방인이었던 것으로 보이지만, 갈릴리에서 아주 가까운 곳에서 살고 있었기 때문에, 그리스도에 대한 소문, 즉 그가 귀신들을 쫓아내신 일들이며, 사람들이 그를 다윗의 자손으로 여기고 있다는 것은 물론이고, 그에게 고침을 받으러 온 사람들은 통상적으로 그 호칭으로 그를 불렀다는 것도 알고 있었기 때문에, "주 다윗의 자손이여"라고 소리 질러 그를 불렀다. 어떤 이들은 이 여자가 좀 더 특별한 계시를 받아서, 다른 사람들이 예수를 그렇게 부르니까 그것을 따라서 자기도 그를 "다윗의 자손"이라고 부른 것이 아니라, 그가 유대인들에게 약속된 참 메시야라는 것을 믿고서 그렇게 부른 것이라고 생각한다. 물론, 그렇게 생각하는 것도 불가능한 것은 아니다. 당시에 복음은 많은 이방인들에게 빛을 비추고 있었던 것은 아니지만, 하나님께서는 모든 시대에 이방인들 중에서 일부를 자기 백성으로 갖고 계셨고, 이 여자는 우리 구주께서 지금까지 많은 사람들에게 복음을 전하여 회심시켜 오셨던 갈릴리에서 아주 가까운 곳에 살면서 유대인들에 대하여 잘 아는 삶을 살았기 때문에, 소문으로 복음을 전해 듣고서 은혜를 받아, 하나님의 역사로 말미암아 그녀의 마음속에 메시야를 믿는 참된 믿음을 갖게 되었을 수 있다. 우리 구주께서 이 여자와의 대화 속에서 그녀의 믿음을 칭찬하신 것은 그러한 가능성을 훨씬 더 높여준다.

마태는 예수는 한 말씀도 대답하지 아니하셨다고 말하지만, 마가는 우리 구주께서 "자녀로 먼저 배불리 먹게 할지니 자녀의 떡을 취하여 개들에게 던짐이 마땅치 아니하니라"(막 7:27)고 말씀하신 것으로 보도한다. 주의 깊은 독자들은 이것이 서로 상반되는 보도가 아님을 금방 알 것이다. 마가 본문에 의하면, 우리 구주께서 아무도 모르게 하려고 은밀하게 어느 집으로 들어가셨는데, 이 여자는 바로 그 집으로 그를 찾아와서 그 발 아래에 엎드렸다. 이 때에 그리스도께서는 그녀에게 말 한마디 하지 않으셨고, 그녀를 못 본 체하셨다. 그러나 마태는 그리스도께서 곧 그 집을 떠나셨고, 이 여자도 그를 따라 길로 나서서 계속해서 도와 달라고 소리를 질러 댔음을 보여 준다. 이렇게 이 여자가 계속해서 따라오며 소리를 지르자, 제자들은 "그 여자가 우리 뒤에서 소리를 지르오니 그를 보내소서"라고 청하였고, 이 때에 우리 구주께서는 이 여자에게 "자녀로 먼저 배불리 먹게 할지니 자녀의 떡을 취하여 개들에게 던짐이 마땅치 아니하니라"(막 7:27)고 말씀하셨다. 따라서 제자들이 먼저 중재에 나서서, "그 여자가 우리 뒤에서 소리를 지르오니 그를 보내소서"라고 청한 후에야, 우리 구주께서는 비로소 입을 여신 것이었고, 그 이전에는 그 여자를 본체만체하시고 한 마디 대답도 하지 않으셨다. 수많은 교황주의자들은 신자들이 기도할 때에 죽은 성인들에게 도움을 청할 수 있다는 교리의 근거로 바로 이 본문을 제시하지만, 여기에서 이 제자들은 살아 있는 사람들이었을 뿐만 아니라, 이 여자가 제자들에게 자기 대신에 주님께 말씀을 잘 드려 달라고 부탁했다는 말도 본문에는 나오지 않는다. 제자들은 스스로 판단해서 그녀를 위하여 그리스도께 청한 것이었음이 분명하다.

24. 예수께서 대답하여 이르시되 나는 이스라엘 집의 잃어버린 양 외에는 다른 데로 보내심을 받지 아니하였노라 하시니.

이 말씀을 통해서 우리 주님은 자기가 구속주로서 더 많은 사람들에게 보내심을 받았다는 것을 부인하시는 것이 아니라, 단지 이 땅에서의 공생애 기간 동안에 "우리가 믿는 도리의 사도"(히 3:1)로서 사역하실 때에 하나님이 정해 주신 범위에 대하여 말씀하고 계시는 것이다. 사도 바울은 "그리스도께서 하나님의 진실하심을 위하여 할례의 추종자가 되셨으니 이는 조상들에게 주신 약속들을 견고하게 하시고"(롬 15:8)라고 말한다. 이 때에 우리 주님의 사역은 유대인들에게 국한되어 있었고, 사도들도 마찬가지였다(마 10:5). 그리스도의 시대나 사도들의 시대에 몇몇 이방인들이 개별적으로 찾아와서 복음을 듣고 받아들이는 것은 물론 가능하였지만(이 여자도 이 경우에 속하는 것이었다), 우리 구주께서 승천하시고 나서 얼마 후까지도, 복음은 이방인들에게 전면적으로 전파되지 않았고, 사도들도 복음을 전하기 위하여 이방인들에게로 나아가지도 않았다.

25. 여자가 와서 예수께 절하며 이르되 주여 저를 도우소서.

이 가나안 여자는 우리 구주께서 지니신 하나님으로서의 권능을 인정하고 도우심을 간청한다. 이것은 그녀가 그를 하나님의 아들이자 그를 구하는 자들에게 상 주시는 이이심을 믿었다는 것을 보여 준다. 그녀는 두 번이나 퇴짜를 맞았는데도 계속해서 도우심을 간청하였다.

26. 대답하여 이르시되 자녀의 떡을 취하여 개들에게 던짐이 마땅하지 아니하니라.

마가복음 7:27에는 "예수께서 이르시되 자녀로 먼저 배불리 먹게 할지니 자녀의 떡을 취하여 개들에게 던짐이 마땅치 아니하니라"로 되어 있다. 여기에서 "자녀"는 유대인들을 가리키고, "개들"은 이방인들을 가리킨다. 유대인들은 그 나라의 자손들이라 불렸고, 하나님께서는 이스라엘을 "내 아들 내 장자"(출 4:22)라고 부르신다. 사도는 "그들에게는 양자 됨"이 있다고 말한다(롬 9:4). 여기에서 우리 구주께서는 사람들에게 전파되는 복음을 "떡"으로 표현하시는데, 복음의 가르침이 참되다는 것을 확증해 주는 것이 바로 이적들이었다. 또한, 우리 구주께서는 "개들"이라는 표현을 통해서, 유대인들이 개들로 여기는 이방인들은 하나님의 권속의 지체들이 아니라는 것을 보여 주신다. "개들"은 경멸과 멸시가 담긴 용어였다(삼하 3:8; 16:9; 왕하 8:13). 우리 구주께서 "마땅하지 아니하니라"고 말씀하셨는데, "마땅하지 아니하다"는 것은 의롭지도 않고 공평하지도 않다는 것이다. 이것에 대하여 다음과 같은 반론이 있을 수 있다: 그렇다면, 복음이 나중에 이방인들에게 전파된 것은 어떻게 된 일인가? 마가는 우리 구주께서 이렇게 말씀하신 의도를 좀 더 자세하게 설명해 준다: "자녀로 먼저 배불리 먹게 할지니 자녀의 떡을 취하여 개들에게 던짐이 마땅치 아니하니라"(막 7:27). 유대인들은 하나님의 자녀들이었다. 하나님께서는 세상의 모든 민족 가운데서 그들을 택하셨고 그들에게 많은 특권들을 주셨다. 복음이 먼저 유대인들에게 전파되게 하시고, 그런 후에 이방인들에게 전파되게 하시는 것도 하나님의 뜻에 의한 것이었다. 이방인들은 하나님으로부터 유대인들과 같은 정도의 돌보심을 받아오지 않았다는 점에서 "개들"과 같다고 할 수 있다. 그러나 이방인들에게도 곧 기회가 올 것이다. 따라서 지금으로서는 유대인들에게 복음이 온전히 전파되어서, 그들이 먼저 복음과 그 복음을 확증해 주는 이적들로 배부르게 되는 것이 먼저이다. 그 때까지는 복음과 그 복음을 확증해 주는 이적들을 너희 이방인들에게로 확장해서 전하고 베푸는 것은 내 아버지의 뜻에 부합하지 않는다.

27. 여자가 이르되 주여 옳소이다마는 개들도 제 주인의 상에서 떨어지는 부스러기를 먹나이다 하니.

마가복음 7:28에도 동일한 취지의 말씀이 나온다. 이 가나안 여자는 세 번이나 퇴짜를 맞았고, 세 번째에는 우리 주님으로부터 암묵적으로 "개"라는 말을 들으며 수치와 모욕을 당했는데도, 포기하지 않고 계속해서 주님께 매달린다. 여기에서 이 여자는 다음과 같이 말한 것이나 다름없었다: 주여, 유대인들이 자녀들이고, 저는 하나님의 권속에 속하지 않은 가련한 이방인인 "개"라는 것을 인정합니다. 모든 자녀들이 다 배불리 먹기도 전에, "개"인 제가 나서서 먹을 것을 나누어 달라고 하는 것이 가당치 않은 일인 것처럼 보이는 것도 맞습니다. 하지만 주여, 저는 주께서 이방인들에게 주의 권능과 선하심을 온전히 나타내 주시라고 청하는 것이 아니라, 단지 저와 저의 가엾은 딸을 위하여 긍휼의 "부스러기" 한 조각 정도만 던져 주시기를 청하고 있는 것입니다. 주여, 물론 우리는 자녀들을 위해 준비한 떡을 상 아래에서 먹는 개들에게 주지는 않지만, 우리 자녀들이 먹다가 흘린 부스러기는 개들로 먹게 합니다(막 7:28). 그러므로 주께서는 풍성한 은혜와 복을 베푸셔서 자녀들을 배불리 먹이시고자 하시는 것을 제가 알지만, 그 부스러기는 제게 주실 수 있지 않겠습니까.

이 가나안 여자의 대답 속에서 우리는 아주 두드러지게 표현된 그녀의 믿음 외에도 세 가지를 더 주목해 볼 수 있다. (1) 그녀의 겸손. 그녀는 자기가 개라는 것을 인정한다. (2) 그녀의 소박함. 그녀는 부스러기만을 부탁하고, 그 이상을 구하지 않는다. (3) 그녀의 간절함과 끈질김. 그녀는 세 번이나 퇴짜를 맞았는데도 포기하지 않는다. 이것을 통해서 우리는 기도할 때에 우리의 자세가 어떠하여야 하는지를 배운다. 즉, 우리는 겸손히 하나님께 나아가서, 욕심 없이 소박한 소원을 아뢰어야 하고, 우리가 원하는 응답을 당장에 얻지 못하더라도, 계속해서 변함없이 기도하여야 한다는 것이다. 이 세 가지가 믿음과 결합될 때, 우리의 기도는 하나님께서 기쁘게 받으시는 기도가 된다.

28. 이에 예수께서 대답하여 이르시되 여자여 네 믿음이 크도다 네 소원대로 되리라 하시니 그 때로부터 그의 딸이 나으니라.

마가는 "예수께서 이르시되 이 말을 하였으니 돌아가라 귀신이 네 딸에게서 나갔느니라 하시매 여자가 집에 돌아가 본즉 아이가 침상에 누웠고 귀신이 나갔더라"(막 7:29-30)고 말한다. 여자여, 네가 그렇게 말하는 것을 보니 네 믿음이 크도다 네 소원대로 되리라. 이제 돌아가라 귀신이 네 딸에게서 나갔느니라. **그 때로부터 그의 딸이 나으니라.** 이 가나안 여자는 자기 집으로 돌아와서, 귀신이 자기 딸에게서 나갔고, 딸이 침상에 누워 있는 것을 보았는데, 주님이 말씀하신 그 때에 귀신이 나갔다는 것을 알게 되었다. 이렇게 두 복음서 기자의 보도를 합쳐서 보면, 하나의 완벽한 이야기가 구성된다.

그녀의 큰 믿음은 두 가지로 나타났다. (1) 그녀는 이방인이었기 때문에, 복음을 제대로 자주 들을 수도 없었고, 복음 진리를 확증하기 위하여 그리스도께서 베푸신 무수한 권능의 역사들을 본 적도 없었다. 이렇게 그녀에게는 복음의 은혜를 받을 수 있게 해줄 은혜의 방편들이나 계시가 거의 주어지지 않았는데도, 그녀가 이런 믿음을 보였다는 점에서 그녀의 믿음은 큰 것이었다. 그래서 복음서에서 우리는 그리스도께서 오직 이방인들의 믿음만을 칭찬하신 것을 보게 된다(마 8:10). (2) 그녀는 세 번이나 퇴짜를 맞았는데도 결코 포기하지 않고 끝까지 매달렸다는 점에서, 그녀의 믿음은 큰 것이었다. 그녀는 옛적의 야곱과 마찬가지로 "주께서 나를 복 주시지 않으시면, 나는 주를 보내 드리지 않을 것입니다"라고 말한 것이나 다름없었다. 야곱과 그녀는 둘 다 똑같이 큰 믿음으로 하나님을 이겼고, 자신들이 원하던 것을 얻었다.

그러나 어떤 이들은 이렇게 말할 것이다: 도대체 그녀의 믿음이 어디에 있다는 것인가? 그녀가 하나님의 어떤 약속, 하나님의 어떤 말씀을 받아들여 믿었단 말인가? 하나님께서는 우리에게 외적으로가 아니라 내면에 말씀하시기 때문에, 예수께서 하나님의 아들이시라는 내적인 확신을 이 여자에게 주셨을 것임에 틀림없고, 이렇게 생겨난 그녀의 믿음을 따라 그녀가 원하는 것을 들어주실 수 있으셨고 또한 들어주고자 하셨다. 하나님의 계시가 내적인 것이든 외적인 것이든, 하나님의 계시에 대한 확고한 동의가 믿음이다. 이것으로부터 우리는 참된 믿음과 간절한 기도가 얼마나 큰 힘을 지니고 있는지를 배운다.

29-31. [29]예수께서 거기서 떠나사 갈릴리 호숫가에 이르러 산에 올라가 거기 앉으시니 [30]큰 무리가 다리 저는 사람과 장애인과 맹인과 말 못하는 사람과 기타 여럿을 데리고 와서 예수의 발 앞에 앉히매 고쳐 주시니 [31]말 못하는 사람이 말하고 장애인이 온전하게 되고 다리 저는 사람이 걸으며 맹인이 보는 것을 무리가 보고 놀랍게 여겨 이스라엘의 하나님께 영광을 돌리니라.

마가는 우리 구주의 이러한 이동경로를 설명하면서, 그렇게 이동하시는 도중에, 또는 갈릴리 호숫가에 도착하셔서 베푸신 한 가지 이적을 보도하는데(막 7:31-37), 이 이적은 마태가 보도하지 않고 있기 때문에, 나는 마가복음의 해당 본문을 다룰 때에 이 이적을 살펴보고자 한다. 마태는 여기서 우리 구주께서 "다리 저는 사람들과 맹인들과 말 못하는 사람들"을 비롯해서 많은 병사들을 고치셨다고 일반적으로만 보도한다. 우리는 우리 구주께서 베푸신 이적들에 대한 그러한 일반적인 보도에 대해서는 마태복음 4:24; 8:16; 11:5에서도 보았는데, 이것은 복음서 기자가 우리 구주께서 베푸신 모든 이적들을 일일이 다 자세하게 보도하지 않는다는 것을 보여 준다. 우리 구주께서 베푸신 이적들을 보고, 무리들은 "이스라엘의 하나님께 영광을 돌렸다." 바리새인들은 이러한 역사들을 마귀를 힘입어 행한 것이라고 비방하였지만, 가난한 사람들은 하나님의 역사로 인정하고 하나님께 찬송을 드렸다.

32-39. [32]예수께서 제자들을 불러 이르시되 내가 무리를 불쌍히 여기노라 그들이 나와 함께 있은 지 이미 사흘이매 먹을 것이 없도다 길에서 기진할까 하여 굶겨 보

내지 못하겠노라 [33]제자들이 이르되 광야에 있어 우리가 어디서 이런 무리가 배부
를 만큼 떡을 얻으리이까 [34]예수께서 이르시되 너희에게 떡이 몇 개나 있느냐 이르
되 일곱 개와 작은 생선 두어 마리가 있나이다 하거늘 [35]예수께서 무리에게 명하사
땅에 앉게 하시고 [36]떡 일곱 개와 그 생선을 가지사 축사하시고 떼어 제자들에게 주
시니 제자들이 무리에게 주매 [37]다 배불리 먹고 남은 조각을 일곱 광주리에 차게 거
두었으며 [38]먹은 자는 여자와 어린이 외에 사천 명이었더라 [39]예수께서 무리를 흩어
보내시고 배에 오르사 마가단 지경으로 가시니라.

마가복음 8:1-10에도 이 이적에 관한 보도가 나온다. 두 본문 간의 차이는 거의 없고, 단지 마태는 끝부분에서 우리 구주께서 "마가단 지경으로" 가셨다고 말하는 반면에, 마가는 "달마누다 지방으로" 가셨다고 말하는 것만이 다를 뿐이다. 이것에 대해서 대부분의 해석자들은 "마가단"과 "달마누다"는 동일한 지방을 가리키는 두 가지 이름이었다고 생각한다. 즉, 어떤 이들은 하나는 그 지방의 이름이었고, 또 하나는 성읍이나 마을의 이름이었을 것이라고 생각하고, 어떤 이들은 이 둘은 서로 인접해 있던 두 성읍이었을 것이라고 생각한다. 이 이야기 속에는 어려운 점들이 하나도 없다. 어떤 사람들은 본문이 이 무리가 사흘을 굶었다고 말하고 있다고 생각해서 의문을 제기하기도 하지만, 본문은 그렇게 말하고 있지 않고, 단지 그들이 광주리들에 담아서 가져온 양식이 사흘째가 되어서 거의 다 떨어져서, 그들에게 먹을 것이 없게 되었다고 말하고 있을 뿐이다. 이것은 또 하나의 의문, 즉 광야에서 어떻게 광주리들을 얻을 수 있었을까 하는 의문을 풀어준다. 이 이적은 우리가 마태복음 14:15-22에서 본 것과 동일한 성격을 지닌 이적이었다. 다만 거기에서는 오병이어로 오천 명이 먹었고 남은 것이 열두 광주리였던 반면에, 여기에서는 떡 일곱 개와 물고기 다섯 마리로 사천 명이 먹었고 남은 것이 일곱 광주리였다는 점만이 서로 다를 뿐이다.

우리 구주께서 이적을 베푸실 때에는, 그때그때 자신의 목적과 의도에 따라 어떤 때에는 방편들을 사용하기도 하시고 어떤 때에는 방편들을 전혀 사용하지 않으시기도 하신다. 우리 구주께서 베푸신 이적들은 우리로 하여금 그를 본받게 하기 위한 것이 아니라 그를 찬양하고 경배하게 하기 위한 것이다. 우리는 그리스도께서 베푸신 이적들을 읽으면, 그 이적들의 일차적인 목적은 본받게 하기 위한 것(imitanda)이 아니라 그를 찬양하고 경배하게 하기 위한 것(miranda et adoranda)이다. 하지만 그럼에도 불구하고 우리는 거기에서 우리가 배워야 할 가르침과 본받아야 할 것들을 찾을 수 있다. 따라서 가르침을 받는다는 측면에서 이 이야기를 살펴보면, 우리는 그리스도께서 자신의 제자들을 어느 정도까지 불쌍히 여기시고 긍휼히 여기셨는지를 볼 수 있다. 즉, 우리 구주께서 그들의 영혼과 심령에 유익한 것들을 행하신 모습이 가장 두드러지게 나타나기는 하지만, 우리 구주의 은혜는 거기에서 그치신 것이 아니라, 그들의 몸과 좀 더 외적인 필요들에까지 미쳤다는 것이다. 또한, 이 이야기는 우리가 우리 자신의 본분을 행함에 있어서 하나님을 믿고 의지하여야 한다는 것을 가르쳐 준다. 즉, 하나님께서는 그리스도의 말씀을 듣기 위하여 광야로 온 자들이 집으로 돌아가기 전에 길에서 기진하여 죽게 내버려 두지 않으신다는 것이다. 우리가 오병이어의 이적에 대한 기사에서도 보았듯이, 우리 구주께서 떡을 떼어 나누어 주시기 전에 "축사하신" 것은 우리도 음식을 먹기 전에 복을 빌고, 우리에게 먹을 양식을 주신 것에 대하여 하나님께 감사하는 습관을 들여야 한다는 것을 가르쳐 준다.

제16장

개요

1. 바리새인들이 표적을 요구함(1-4).
2. 바리새인과 사두개의 누룩을 조심하라고 제자들에게 경고하시고, 그 의미를 설명해 주심(5-12).
3. 그리스도에 대한 사람들의 견해와 베드로의 신앙 고백(13-20).
4. 예수께서 자신의 죽음에 대하여 미리 예고하시고, 만류하는 베드로를 꾸짖으심(21-23).
5. 예수를 따르는 자들은 장래의 상을 바라보고 자기 자신을 부인하여야 한다고 말씀하심(24-28).

1. 바리새인과 사두개인들이 와서 예수를 시험하여 하늘로부터 오는 표적 보이기를 청하니.

바리새인들과 사두개인들이 어떤 사람들이었는지에 대해서는 우리가 마태복음 3:7을 다룰 때에 이미 살펴볼 기회를 가졌었다. 사도행전 23:7-8로부터 알 수 있듯이, 이 두 분파는 서로의 견해차가 너무도 커서 앙숙관계에 있었다. 바리새인들과 서기관들은 자신들의 전통에 대하여 대단한 열심을 지니고 있었던 반면에, 사두개인들은 그런 전통을 대수롭지 않게 여겼다. 바리새인들은 부활과 천사와 영의 존재를 믿었지만, 사두개인들은 그 모든 것을 부인하였다. 그러나 그리스도는 이 두 분파의 공동의 적이었기 때문에, 그들은 그리스도를 해하고자 하는 일에는 서로 힘을 합쳤다. 이번에 그들은 그리스도를 시험하여 함정에 빠뜨리기 위하여 그에게 왔다. 그들은 그리스도께 하늘로부터 오는 표적, 즉 모세가 하늘로부터 만나를 내려준 것과 같은 그런 표적(요 6:30-31)을 보이기를 청하였다. 그들은 우리 구주께서 많은 표적들을 보여 주시는 것을 지금까지 보아 왔지만, 그런 일들은 마귀의 힘을 빌려서, 또는 술사들의 술법에 의해서 행할 수 있는 것이라고 말하였었다. 그래서 그들은 우리 구주께 다른 종류의 표적, 즉 자신들로 하여금 그가 하나님으로부터 보내심을 받았음을 확실하게 알 수 있게 해 줄 "하늘로부터 오는 표적"을 자신들에게 보여 보라고 도전한다. 마가복음 8:11을 보라.

2-3. [2]예수께서 대답하여 이르시되 너희가 저녁에 하늘이 붉으면 날이 좋겠다 하

고 [3]아침에 하늘이 붉고 흐리면 오늘은 날이 궂겠다 하나니 너희가 날씨는 분별할 줄 알면서 시대의 표적은 분별할 수 없느냐.

우리 구주께서는 이렇게 말씀하신다: 너희에게는 자연계와 일반 섭리 속에서 하나님의 역사들을 관찰해서 어떤 결론들을 이끌어 낼 수 있는 능력이 있다. 그래서 너희는 저녁에 하늘이 붉은 것을 보면, 내일 날씨가 좋겠다고 결론을 내린다. 저녁에 하늘이 붉다는 것은 하늘에 구름이 별로 없고 청명하다는 것을 말해 준다는 것을 너희는 알기 때문이다. 반대로, 너희는 아침에 하늘이 붉은 것이 구름이 짙게 끼었음을 말해 주는 것임을 알기 때문에, 해가 떠도 그 구름들이 흩어지지 않을 것이라고 생각해서 그 날의 날씨가 좋지 않을 것이라고 결론을 내린다. 이렇게 대기는 그 어떤 것보다도 더 불안정하지만, 너희는 경험상 일반적으로 그러한 결론들이 대체로 맞아떨어지는 것을 보아 왔기 때문에, 그러한 결론들을 내리는 것이다. 하지만 너희는 시대의 표적은 분별할 수 없는 자들이다. 너희는 성경을 관찰해서 거기에 계시된 나에 관한 하나님의 뜻을 도출해 내는 데에는 무디고 아둔할 뿐이다. 너희는 메시야에 관한 모든 표적들이 내게서 성취되었다는 것을 얼마든지 다 관찰할 수 있었다: 나는 야곱이 예언한 대로(창 49:10) 유다에서 규가 떠나고 입법자가 유다의 발에서 떠났을 때, 이사야 선지자가 예언한 대로(사 7:14) 동정녀에게서 태어났고, 미가 선지자가 예언한 대로(미 5:2) 유다 베들레헴에서 태어났으며, 세례 요한은 말라기 선지자가 예언한 대로(말 4:5) 나보다 앞서 나의 길을 준비하기 위하여 엘리야의 능력과 영으로 왔다. 나는 이사야서 35:5-6의 예언대로 이 땅에 와서 눈먼 자들로 보게 해주었고, 귀 먹은 자들로 듣게 해주었으며, 저는 자들로 사슴처럼 뛰게 해주었고, 말 못하던 자들로 그 혀로 찬송하게 해주었다. 이 모든 것들은 지금이 메시야가 임한 때라는 것을 보여 주는 표적들이다. 그러나 너희는 이러한 일들을 분별하지 못하고, 겉과 속이 다른 위선자들의 무리답게, 내가 너희에게 보여준 수많은 표적들이 있는데도, 그 표적들을 믿으려 하지는 않고, 이제 내게 와서, 너희가 나를 믿을 수 있도록 해 줄 표적을 구하고 있다.

4. 악하고 음란한 세대가 표적을 구하나 요나의 표적 밖에는 보여 줄 표적이 없느니라 하시고 그들을 떠나 가시니라.

우리는 그리스도께서 바리새인들에게 이것과 동일한 대답을 주신 것을 마태복음 12:39에서도 찾아볼 수 있다. 너희는 너희 자신이 아브라함의 자손들인 것처럼 행세하지만, 사실은 아브라함의 자손들이 아니라 사생아들일 뿐이다. 아브라함은 장차 나의 날이 올 것을 멀리서 바라보고 기뻐하였지만, 너희는 바로 너희 눈 앞에 서 있는 나를 보고서도 믿으려 하지 않는다. 아브라함은 그 어떤 표적도 없이 믿었지만, 너희는 내가 무수한 표적들을 보여 주었는데도 믿으려 하지 않는다. 따라서 너희는 너희가 보고 싶어 하는 그런 표적을 보지 못할 것이다. 너희에게는 선지자 요나의 표적으로 충분하다. 그러나 우리 구주께서 앞에서 선지자 요나에 대하여 언급하셨을 때에는 요나와 관련된 한 가지 일, 즉 그가 사흘 밤낮을 물고기 뱃속에 있었던 일을 들어 말씀하셨던 반면에, 여기에서는 좀 더 일반적으로 요나를 여러 가지 점에서 자신의 모형으로 말씀하고 계시는 것으로 보인다.

켐니티우스(Chemnitius)는 요나가 어떤 점들에서 그리스도의 모형인지를 다음과 같이 열거한다. (1) 요나는 자신의 몸을 선원들에게 맡겼고, 그 선원들에 의해서 바다로 던져졌다. 하나님께서는 그리스도를 특별히 유대인들에게 약속하셨고, 그리스도는 바로 그 유대인들에 의해서 죽음에 넘겨지셨다. (2) 요나는 자원해서 선원들에게 자기를 바다 속으로 던지라고 하였다. 그리스도께서도 스스로 자신의 목숨을 내어주신 것이었고, 사람들이 그의 목숨을 빼앗은 것이 아니었다. (3) 요나는 자원하여 바다에 던져짐으로써 배에 있던 사람들을 구하였다. 그리스도께서도 자신의 죽음을 통해서 인류를 구원하셨다. (4) 요나는 물고기 뱃속에 삼일 동안 있다가 뭍에 토해내졌다. 그리스도께서도 삼일 후에 죽은 자 가운데서 다시 살아나셨다. (5) 니느웨 사람들은 요나의 전도를 받고 회개하는 모습을 보였지만, 이내 자신들의 이전의 죄로 되돌아가서 얼마 있다가 멸망당하였다. 유대인들도 그리스도께서 승천하신 지 40년 안에 멸망당하였다. 이렇게 요나는 많은 점에서 그리스도의 탁월한 모형이자 표적이었다. 우리 주님께서는 바리새인들과 사두개인들에게 요나의 표적에 대하여 말씀하시고 나서 한 번 연구해 보라고 하시는 것처럼, 그들과 더 이상 대화를 하지 않으시고, 그 자리를 떠나셨다. 마가는 예수께서 "그들을 떠나 다시 배에 올라 건너편으로 가시니라"고 말한다(막 8:13). 즉, 예수께서는 제자들과 함께 앞서 달마누다 또는 마가다 지방으로 올 때에 타고 오셨던 바로 그 배를 타시고서 다시 갈릴리 호숫가로 가셨다.

5-7. [5]제자들이 건너편으로 갈새 떡 가져가기를 잊었더니 [6]예수께서 이르시되 삼가 바리새인과 사두개인들의 누룩을 주의하라 하시니 [7]제자들이 서로 논의하여 이르되 우리가 떡을 가져오지 아니하였도다 하거늘.

마가는 "제자들이 떡 가져오기를 잊었으매 배에 떡 한 개밖에 그들에게 없더라 예수께서 경고하여 이르시되 삼가 바리새인들의 누룩과 헤롯의 누룩을 주의하라 하시니 제자들이 서로 수군거리기를 이는 우리에게 떡이 없음이로다 하거늘"(막 8:14-16)이라고 말한다. 제자들은 깜빡 잊어버리고서 먹을 양식을 제대로 챙기지 못한 채로 배에 올랐고, 건너편 해변에 도착해서야 그 사실을 알게 되었다. 그런데 마침 그 때에 그리스도께서 그들에게 "누룩"이라는 비유를 사용하셔서, 바리새인들과 사두개인들과 헤롯당의 가르침을 조심하라고 경고하셨기 때문에, 그들은 그 말씀의 의도를 깨닫지 못하고, 주님이 그들 가운데 먹을 떡이 없는 것을 아시고서, 그들이 떡을 만들기 위해 필요한 누룩을 얻거나 떡을 사기 위해서 바리새인들이나 사두개인들이나 헤롯당을 찾아가서는 안 된다고 경고하시는 것으로 알아들었다. 우리는 이렇게 신령한 일들을 깨닫는 데는 무척 둔해서, 그들은 우리 구주께서 얼마 전에 그들에게 베푸신 가르침(마 15:17-18), 즉 사람의 외부에서 들어오는 어떤 것들이 사람을 더럽히고 부정하게 만드는 것이 아니라, 오식 사람의 마음으로부터 나오는 것이 사람을 더럽히고 부정하게 만든다는 가르침을 어느새 잊어버린 것이었다.

8-12. [8]예수께서 아시고 이르시되 믿음이 작은 자들아 어찌 떡이 없으므로 서로 논의하느냐 [9]너희가 아직도 깨닫지 못하느냐 떡 다섯 개로 오천 명을 먹이고 주운 것이 몇 바구니며 [10]떡 일곱 개로 사천 명을 먹이고 주운 것이 몇 광주리였는지를 기억하지 못하느냐 [11]어찌 내 말한 것이 떡에 관함이 아닌 줄을 깨닫지 못하느냐 오직 바리새인과 사두개인들의 누룩을 주의하라 하시니 [12]그제서야 제자들이 떡의 누룩이 아니요 바리새인과 사두개인들의 교훈을 삼가라고 말씀하신 줄을 깨달으니라.

마가는 좀 더 매서운 표현들을 사용해서 이 말씀을 우리에게 전해 준다: "예수께서 아시고 이르시되 너희가 어찌 떡이 없음으로 수군거리느냐 아직도 알지 못하며 깨닫지 못하느냐 너희 마음이 둔하냐 너희가 눈이 있어도 보지 못하며 귀가 있어도 듣지 못하느냐 또 기억하지 못하느냐 내가 떡 다섯 개를 오천 명에게 떼어 줄 때에 조각 몇 바구니를 거두었더냐 이르되 열둘이니이다 또 일곱 개를 사천 명에게 떼어 줄 때에 조각 몇 광주리를 거두었더냐 이르되 일곱이니이다 이르시되 아직도 깨닫지 못하느냐 하시니라"(막 8:17-21). 우리 구주께서는 여기에서 제자들이 보여준 세 가지 모습, 즉 무지함, 불신앙, 망각을 지적하시면서 그들을 꾸짖으신다. (1) 그들은 주님이 통상적으로 인간 세상에서 일어나는 일들에 빗대어서 신령한 일들을 말씀하신다는 것을 깨닫지 못하였기 때문에, 주님이 "누룩"이라고 말씀하셨을 때, 당연히 사람들이 떡을 만들 때에 사용하는 누룩이 아닌 다른 어떤 것을 말씀하고 계신다는 것을 깨달았어야 하는데, 그렇지 못하였다는 점에서 무지하였다. (2) 그들은 주님께서 무리들이 굶주려서 기진하게 될 것을 불쌍히 여기셔서 떡 일곱 개로 사천 명을 먹이시고 떡 다섯 개로 오천 명을 먹이시고도 많은 양을 남기시는 이적들을 베푸실 정도로 권능 있으시고 선하신 분이라는 것을 보았으면서도, 그를 믿고 따르는 제자들이자 그에게 훨씬 더 사랑스러운 자들에게 떡이 없을 때, 당연히 그가 그들을 먹이시리라는 것을 생각하지 않고 염려하며 의심하였다는 것은 그들의 불신앙을 보여 주는 것이었다. (3) 성경에서는 흔히 망각을 불신앙과 불순종의 어머니로 여긴다(신 4:9, 23; 25:19; 시 78:11).

이 이야기 속에는 특별히 어려운 내용이 없고, 우리는 이 이야기로부터 다음과 같은 것들을 배울 수 있다. (1) 하나님께서는 우리가 단지 보고 듣는 것에서 그치는 것이 아니라 깨닫기를 기대하신다는 것이다. (2) 하나님께서는 우리가 단지 현재에 있어서 깨닫고서 잊어버리는 것이 아니라 나중에까지 그 깨달은 것을 기억하기를 원하신다는 것이다. 그리스도께서는 자신의 제자들이 손 씻는 것과 관련된 자신의 가르침을 통해서, 자기가 "누룩"이라고 말씀하였을 때, 그들이 떡을 만드는 데 필요한 누룩이 아니라, 그들을 더럽히고 부정하게 만들 수 있는 다른 그 어떤 것을 말씀하신 것임을 깨닫게 되기를 기대하셨다. (3) 하나님께서는 자기 백성에게는 신령한 지식을 얻을 수 있는 수단들과 기회들을 다른 사람들보다 더 많이 주셨기 때문에, 그들 속에서 눈멂과 무지함을 발견하셨을 때에는 더 많이 노하신다는 것이다. (4) 하나님께서 우리를 위하여, 또는 우리에게 자신의 권능과 선하심을 나타내셔서 경험하게 하셨다면, 우리는 비슷한 상황 아래에서 마땅히 하나님을 더욱 견고하게 믿기를 기대하신다는 것이다. 그러한 경험들을 한 후에도 비슷한 상황에서 딴 소리를 하거나 의심한다면, 그것은 우리의 믿음이 작고 아주 연약할 뿐만 아니라, 마음까지 완악해서, 우리의 심령이 하나님의 긍휼의 역사들에 의해서 제대로 감화를 받지 못하였음을 보여 주는 것이다.

그제서야 제자들이 떡의 누룩이 아니요 바리새인과 사두개인들의 교훈을 삼가라고 말씀하신 줄을 깨달으니라. 마가는 여기에서 "사두개인들" 대신에 "헤롯"을 등장시키는데, 어떤 이들은 이것을 근거로 해서, 헤롯이 사두개인이었다고 주장한다. 바리새인들의 교훈은 두 가지로 압축될 수 있었다. (1) 율법의 행위들로 말미암은 칭의. 그들은 자신들이 해석한 율법을 따라 행하면 하나님으로부터 의롭다고 하심을 얻을 수 있다고 가르쳤다. (2) 장로들의 전통을 지켜야 한다는 것. 앞에서 이미 살펴보았듯이, 장로들의 전통이라는 것은 하나님의 율법을 유명무실하게 만들어서 실질적으로 무효화시키는 성격을 지니고 있었다. 성경은 사두개인들의 교훈에 대해서 부분적으로 우리에게 말해준다(행 23:8). 그들은 부활도 없고 천사도 없으며 영도 없다고 말하였다. 이러한 것들은 무신론자들의 마음에 쏙 들고 그들의 삶과 아주 잘 들어맞는 교훈이었기 때문에, 헤롯과 그의 조신들과 일부 고관대작들과 군대 지휘관들이 이 교훈에 푹 빠져 있었고, 그것이 헤롯당이 자주 언급되는 이유이다(마 22:16; 막 3:6). 우리 구주께서 이러한 교훈들을 "누룩"에 비유하신 이유는 그러한 교훈들은 사람의 심령을 부패하게 만드는 성질을 지니고 있을 뿐만 아니라, 이단자들의 말은 역병과 같아서 전염성이 있어서 전체를 서서히 갉아먹고 파괴하기 때문이었다. 이것은 누룩이 떡덩이 전체에 퍼져서 부풀어 오르게 하는 것과 같다. 이런 이유로, 우리 구주께서는 복음을 누룩에 비유하기도 하셨다(마 13:33). 왜냐하면, 복음도 처음에는 아주 미약해 보이지만, 결국에는 온 세상에 퍼져 도처에서 사람들을 감화시킬 것이기 때문이었다.

13-14. [13]예수께서 빌립보 가이사랴 지방에 이르러 제자들에게 물어 이르시되 사람들이 인자를 누구라 하느냐 [14]이르되 더러는 세례 요한, 더러는 엘리야, 어떤 이는 예레미야나 선지자 중의 하나라 하나이다.

이 말씀과 이후에 이어지는 말씀은 마가복음과 누가복음에도 보도되고 있다. 마가는 "예수와 제자들이 빌립보 가이사랴 여러 마을로 나가실새 길에서 제자들에게 물어 이르시되 사람들이 나를 누구라고 하느냐 제자들이 여짜와 이르되 세례 요한이라 하고 더러는 엘리야, 더러는 선지자 중의 하나라 하나이다"(막 8:27-28)라고 말한다. 누가는 "예수께서 따로 기도하실 때에 제자들이 주와 함께 있더니 물어 이르시되 무리가 나를 누구라고 하느냐 대답하여 이르되 세례 요한이라 하고 더러는 엘리야라, 더러는 옛 선지자 중의 한 사람이 살아났다 하나이다"(눅 9:18-19)라고 말한다. 마태와 마가는 우리 구주께서 이 말씀을 하신 곳이 "빌립보 가이사랴"였다고 밝힌다. 이 지방이 그렇게 불리게 된 것은 한편으로는 또 다른 "가이사랴"와 구별하기 위한 것이었고, 다른 한편으로는 분봉왕 빌립이 디베료 가이사를 기려서 이 성읍을 지었기 때문이었다. 이 성읍은 레바논의 끝자락이자 요단 강 상류인 곳에 자리하고 있었다. 마가는 우리 구주께서 이 말씀을 길을 가시는 도중에 하셨다고 말하고, 누가는 "따로 기도하실 때에" 하셨다고 말한다. 하지만 우리는 "기도하실 때에"라는 어구가 "기도하신 후에"를 의미하는 것으로 해석하여야 한다. 왜냐하면, 우리는 우리 구주께서 기도하시다가 중간에 멈추시고서 이 말씀을 하셨을 것이라고 생각할 수 없고, 또한 누가는 "예수께서 따로 기도하실 때에"라고 말한 후에 곧바로 "제자들이 주와 함께 있더니"라고 말하고 있기 때문이다. 따라서 '엔 토 에이나이 아우톤 프로슈코메논 카타 모나스' (*ἐν τῳ εἶναι αὐτὸν προσευχόμενον κατα μόνας*)는 "그가 홀로 기도하신 후에"로 번역하는 것이 분명히 더 낫다. 우리 구주께서는 이렇게 홀로 기도하신 후에, 제자들과 함께 가이사랴 빌립보를 향해 가셨고, 마가가 말하듯이, 그 도중에 이 말씀을 하신 것이다.

예수께서 … 제자들에게 물어 이르시되 사람들이 인자를 누구라 하느냐. 누가는 "사람들"이라는 표현 대신에 "무리"라는 표현을 사용한다. 모든 사람의 마음을 알고 계시는 우리 구주께서 이렇게 물으신 것은 정말 사람들의 생각을 잘 모르시겠어서 알고자 하셨기 때문이 아니라, 베드로에게서 이후에 나오는 신앙 고백을 이끌어 내시기 위한 것이었다. 제자들은 "더러는 세례 요한, 더러는 엘리야, 어떤 이는 예레미야나 선지자 중의 하나라 하나이다"라고 대답하였다. 우리는 앞에서 헤롯이 우리 구주에 대한 얘기를 듣고서, 세례 요한이 다시 살아난 것이라고 말했다는 것을 들은 바 있다. 또한, 사람들이 우리 구주를 "엘리야"라고 생각한 것은 말라기 4:5의 예언 때문이었다. 유대인들에게는 메시야가 오시기 전에 엘리야가 먼저 올 것이라는 전통이 있었다(요 1:21). 사람들이 우리 구주를 "예레미야"로 보았다는 말은 오직 마태 본문에만 나온다. 유대인들은 그리스도께서 그토록 놀라운 역사들과 이적들을 행하시는 것을 보고서도, 그가 누구신지를 확실하게는 알 수 없었다. 헤롯과 그의 조신들은 그리스도를 죽은 자 가운데서 다시 살아난 세례 요한이라고 하였는데, 아마도 그들에게는 죽은 자 가운데서 다시 살아난 자는 놀라운 능력을 지니게 된다는 어떤 미신을 믿고 있었던 것으로 보인다. 많은 해석자들은 유대인들은 선한 사람이 죽으면 그의 혼령이 다른 몸을 입고서 다시 태어난다는 미신을 믿고 있었다고 말한다. 그들은 그러한 미신을 근거로 해서, 우리 구주가 죽은 옛 선지자들 중의 한 사람이 다시 태어난 것이라고 생각하였다는 것이다.

15-16. [15]이르시되 너희는 나를 누구라 하느냐 [16]시몬 베드로가 대답하여 이르되 주는 그리스도시요 살아 계신 하나님의 아들이시니이다.

마가는 베드로가 "주는 그리스도시니이다"(막 8:29)라고 말하였다고 보도하고, 누가는 "하나님의 그리스도시니이다"(눅 9:20)라고 말하였다고 보도한다. 즉, 베드로는 예수를 메시야로 고백한 것이다. 나의 제자들과 사도들인 너희여, 나에 대한 너희의 견해는 무엇이냐? 우리 주님은 우리 마음의 믿음만이 아니라 우리 입술의 고백도 기대하신다(롬 10:10). **시몬 베드로가 대답하여.** 베드로는 사도들 중에서 서열상으로 으뜸이었기 때문이 아니라, 그는 워낙 다혈질적이고 성급한 기질을 지니고 있었기 때문에, 다른 사도들보다 더 빨리 가장 먼저 대답한 것이었다. 다른 사도들과 제자들은 그의 신앙 고백에 묵묵히 동의하였다. 베드로의 대답은 아주 간결하였지만, 복음의 토대가 무엇인지를 제대로 보여 주는 것이었다. **주는 그리스도시요.** 먼저, 베드로는 자신의 눈 앞에 계시는 예수가 옛적부터 하나님께서 메시야라는 이름으로 세상에 약속하신 인물, 즉 기름 부음 받은 자라고 고백한다(단 9:25-26). **살아 계신 하나님의 아들.** 다음으로, 베드로는 예수가 하나님의 양자가 아니라 본성적으로 원래부터 하나님의 아들이라고 고백한다. 유대인들은 세례 요한이나 엘리야, 옛 선지자들이 은혜로 말미암아 하나님의 아들들이 되었다고 믿었다. 하지만 베드로는 예수는 그런 아들이 아니라 본래부터 그리고 본성적으로 하나님의 아들이라고 고백하고 있는 것이다. 우리 구주께서는 앞에서 "사람들이 인자를 누구라 하느냐"고 물으셨는데, 여기에서도 제자들에게 바로 그 동일한 의미에서 "너희는 나를 누구라 하느냐"고 물으셨고, 이제 베드로는 이렇게 말한다: 주여, 우리는 "인자"이신 당신이 그리스도시요 살아 계신 하나님의 아들이시라는 것을 믿습니다. 성경에서 하나님은 종종, 눈이 있어도 보지 못하고 귀가 있어도 듣지 못하며 그 안에 생명이 없는 우상들과 대비해서 "살아 계신 하나님"으로 불린다(창 16:13; 히 3:12; 9:14). 따라서 우리는 여기에서 그러한 가르침을 그대로 온전히 분명하게 표현한 신앙 고백을 보는데, 이것이 복음의 토대이다.

17. 예수께서 대답하여 이르시되 바요나 시몬아 네가 복이 있도다 이를 네게 알게 한 이는 혈육이 아니요 하늘에 계신 내 아버지시니라.

우리 주님은 여기에서 베드로를 비롯한 자신의 제자들의 이러한 신앙 고백에 크게 기뻐하셔서(베드로가 이렇게 사도들 중에서 가장 먼저 나서서 말을 하는 모습을 우리는 복음서에서 흔히 본다, 요 6:68), 베드로를 "복이 있다"고 선언하시고, 나중에 그 이유를 설명해 주신다. **바요나 시몬**은 요나의 아들 시몬이라는 뜻이다. 어떤 이들은 이것을 요한의 아들 시몬이라는 뜻으로 보기도 하는데, 그들은 여기서 요한은 요하난의 줄임말이라고 생각한다. 우리 주님은 실제로 베드로를 "요한의 아들"로 부르기도 하신다(요 21:15). **이를 네게 알게 한 이는 혈육이 아니요 하늘에 계신 내**

아버지시니라. 우리 구주께서 "혈육"이라는 표현을 사용하셨는데, 여기에서 "혈육"은 사람을 의미하고, 사람의 이성과 지혜를 의미하고, 성경에서 흔히 그런 의미로 사용된다(사 40:5; 갈 1:16; 엡 6:12). 어떤 이들은 "혈육"이라는 표현은 성경에서 하나님과 대비되어 사용될 때에는 언제나 그런 의미를 지닌다고 지적한다. 너는 인간의 어떤 전통이나 가르침이나 추론에 의해서 알게 된 것이 아니라, "하늘에 계신 내 아버지"로 말미암아 알게 된 것이다. 이것은 믿음이 "하나님의 선물"(엡 2:8)이라고 한 말씀을 확증해 준다. 아버지께서 이끄는 자 외에는 아무도 아들에게 올 수 없다(요 6:44). 사람들은 다른 사람이 말하는 것들이나 이치를 따져 보았을 때에 분명한 것들에 동의할 수 있지만, 그런 것들은 믿음이 아니다. 믿음은 하나님이 계시하신 말씀을 하나님의 권위에 의거해서 동의하는 것이다. 오직 하나님께서 역사하셔서 믿음을 주신 사람들만이 예수 그리스도가 하나님의 영원하신 아들이시라는 것을 진정으로 믿어 구원에 이를 수 있다. 하지만 그렇다고 해서 말씀의 사역이 불필요한 것은 아니다. 왜냐하면, 사도 바울이 말하였듯이, "믿음은 들음에서 나고"(롬 10:17), 사역자들은 하나님이 사람들로 하여금 믿게 하기 위하여 사용하시는 도구들이기 때문이다. 오직 하나님의 역사로 말미암아 생겨난 믿음을 지니게 된 심령만이 진정으로 복이 있다.

18. 또 내가 네게 이르노니 너는 베드로라 내가 이 반석 위에 내 교회를 세우리니 음부의 권세가 이기지 못하리라.

또 내가 네게 이르노니 너는 베드로라. 베드로는 처음에 안드레에 의해 인도되어 그리스도를 만났고, 그 때에 그리스도께서는 그에게 "베드로"라는 이름을 주셨다: "예수께서 보시고 이르시되 네가 요한의 아들 시몬이니 장차 게바라 하리라 하시니라." 아람어로 "게바"는 헬라어로는 "베드로"이고, 이 둘은 모두 "반석"을 의미한다. 우리 주님께서 나중에 사탄이 베드로를 밀 까부르듯이 하려고 하였지만, 자기가 그의 믿음이 떨어지지 않도록 기도하였다고 말씀하셨을 때(눅 22:32), 이 본문에 나오는 말씀은 그대로 이루어졌다. 네가 방금 한 신앙 고백은 "반석," 곧 마태복음 7:25에 언급된 그런 반석이고, 네 자신도 견고하고 요동하지 않는 믿음을 지닌 자라는 의미에서 "반석"이다.

내가 이 반석 위에 내 교회를 세우리니. 해석자들은 여기에서 우리 구주께서 말씀하신 "이 반석"이 무엇 또는 누구를 가리키는지를 놓고 의견이 갈린다. (1) 어떤 이들은 그리스도 자신을 가리킨다고 생각한다. 그리스도께서는 자신의 몸을 가리켜서 "이 성전을 헐라"(요 2:19)고 말씀하셨다. 하나님은 흔히 반석이라 불리고(신 32:18; 시 18:2; 31:3), 그리스도가 교회의 터이자 토대라는 것도 확실하다(사 28:16; 고전 3:11; 벧전 2:6). 그러나 우리 구주께서 지금 베드로에게 말씀하시면서, 베드로를 "반석"이라고 하신 후에, "내가 이 반석 위에," 즉 내 자신 위에 "내 교회를 세우리니"라고 말씀하신 것이라고 해석하는 것은 앞뒤가 잘 맞지 않고 약간 억지스럽다는 느낌을 받는다. (2) 개신교 저술가들 전반과 일부 옛 교부들은 베드로가 한 신앙고백이 여기에서 말한 "반석"이라고 생각한다. 실제로 베드로의 신앙 고백에 담겨 있는 가르침은 복음의 토대이고, 기독교회 전체는 그 토대 위에 세워져 있다. (3) 어떤 이들은 우리 구주께서 모든 사도들이 아니라 오직 베드로를 향하여, "바요나 시몬아 네가 복이 있도다"라고 말씀하셨다는 점에서, 여기에는 베드로에 대한 어떤 특별한 약속이 담겨 있다고 본다. 그러나 그들은 우리 구주께서 베드로에게 다른 사도들보다 더 우월한 지위를 주신 것이라고 보는 것이 아니라, 자신의 교회를 세우실 때에 다른 사도들보다 그를 더 특별하고 두드러지게 사용하시겠다고 약속하신 것이라고 본다. 그들은 하나님께서 실제로 유대인들 가운데서나(행 2:1-47) 이방인들 가운데서나(행 10:1-48) 자신의 복음 교회를 세우실 때에 베드로를 다른 사도들보다 더 탁월하게 사용하시고 중용하셨다는 것을 지적한다. 그러나 이러한 해석은 "이 반석 위에"를 "이 반석을 통해서"로 해석하고 있다는 점에서 조금 무리가 있는 것으로 보인다.

따라서 나는 두 번째 해석이 가장 무난한 것으로 본다. 즉, 우리 구주께서는 "나는 이 반석 위에," 즉 네가 공개적으로 고백한 이 확고하고 요동하지 않는 진리의 토대 위에 "내 교회를 세우리니"라고 말씀하신 것이다. 그리스도께서 교회의 토대이고, 아무도 다른 토대를 놓을 수 없다는 것은 두말할 필요가 없나. 그러나 그리스도께서 어떤 의미에서 교회의 토대이시기는 하지만, 사도들도 어떤 의미에서는 교회의 토대라고 할 수 있다(엡 2:20; 계 21:14). 물론, 사도들이라는 인물들이 아니라, 그들이 전한 가르침이 교회의 토대가 된다. 그들은 이방인들에게 최초로 복음을 전한 자들이었기 때문에, 그들이 전한 가르침(베드로가 여기에서 고백한 것은 바로 이 가르침의 총체 또는 핵심이었다)은 기독교회의 토대가 되었다. 어떤 의미로든, 교황주의자들이 베드로나 그의 후계자들의 수장권을 주장하는 것은 전혀 근거가 없다.

우리 구주께서는 "내가 내 교회를 세우리니"라고 말씀하신다. 주님이 여기에서 말씀하신 "교회"는 이러한 믿음을 지닌 모든 믿는 자들 전체를 가리킨다는 것은 분명하다. 그리스도께서 이 교회를 베드로의 교회가 아니라 "내 교회"라고 부르시는 것과 베드로가 세울 것이라고 말씀하시는 것이 아니라, "내가 세우리라"고 말씀하시는 것은 주목할 만하다. 심령들 속에서 역사하셔서 믿음을 만들어 내시는 것은 하나님의 역사이고, 사람들은 하나님이 그러한 목적을 위하여 사용하시는 일꾼들일 뿐이다. 사역자들은 하나님의 교회를 주관하는 자들이 아니라 단지 섬기는 일꾼들이다.

음부의 권세가 이기지 못하리라. 마귀와 그가 자신의 도구로 사용하는 모든 자들은 결코 교회를 이길 수 없을 것이기 때문에, 교회를 완전히 소멸시킬 수도 없고, 어느 특정한 신자의 마음속에 있는 참된 믿음을 완전히 소멸시킬 수도 없으며, 세상으로부터 복음을 완전히 뿌리뽑을 수도 없다. "음부의 문들"(한글개역개정에는 "음부의 권세"로 의역함)은 음부의 문들에 앉아 있는 자들을 가리키는 표현이다. 중동에서는 관원들이 문들에 앉아 있는 것이 관례였다(룻 4:1, 11; 삼하 19:8). 여기에서 "음부"는 저주받은 자들이 죽어서 가는 곳을 가리키지 않는데, "음부"로 번역된 '하데스'(ᾅδης)는 신약에서 그런 의미를 지니지 않는다(누가복음 16:23에서 사용된 이 단어는 그 의미를 확정할 수 없기 때문에 예외라고 할 수 있지만). 또한, 여기에서 "음부"는 죽음이나 무덤, 또는 죽은 자의 상태를 가리키지도 않는다. 따라서 우리는 여기에서 "음부"는 "죽음의 세력을 잡은 자 곧 마귀"(히 2:14)를 가리키는 것으로 이해하여야 한다.

이렇게 해서, 이 본문 말씀의 의미는 분명하다: 우리 주님께서는 그가 그리스도이시고 하나님의 아들이시라는 이 진리의 명제 위에 기독교회를 세우고자 하시고, 사람들을 회심시켜서 이러한 믿음을 갖게 하실 때에 베드로를 탁월한 도구로 사용하고자 하신다. 이 믿음이 세상에서 뿌리를 내리게 될 때, 우리 주님은 그 믿음을 지키시고 보호하실 것이기 때문에, 마귀와 그의 졸개들이 생각할 수 있는 모든 수단들을 다 동원해서 이 믿음과 이 믿음을 고백하는 자들을 뿌리뽑고 멸절시키고자 하고, 실제로 몇몇 곳들에서는 그렇게 된 것처럼 보일지라도, 결국에는 이 믿음은 세상에서 뿌리를 내리게 될 것이고, 세상 끝날에는 자신의 사도들에 의한 성공적인 사역을 통해서 이 위대한 진리를 굳게 붙드는 자들로 이루어진 참된 교회를 갖게 되실 것이다. 따라서 이 말씀은 복음 교회가 세상 끝날까지 계속해서 이어질 것임을 분명하게 보여 주시는 약속이다.

19. 내가 천국 열쇠를 네게 주리니 네가 땅에서 무엇이든지 매면 하늘에서도 매일 것이요 네가 땅에서 무엇이든지 풀면 하늘에서도 풀리리라 하시고.

내가 … 네게 주리니. 이것은 다른 사도들에게는 주지 않고, 오로지 베드로에게만 주겠다고 하시는 것이 결코 아니다. 왜냐하면, 우리는 신약의 그 어디에서도 베드로가 그러한 권세를 행사하였다는 것을 읽을 수 없고, 우리 구주께서 처음에 "너희가 나를 누구라 하느냐"(15절)고 복수형으로 물어보신 것도 그러한 사실을 보여 주는 것이기 때문이다. 이것은 우리 구주께서 가장 먼저 자신의 질문에 대답한 베드로에게 말씀하고 계시는 것이기는 하지만, 사실은 모든 사도를 향하여 말씀하시는 것임을 우리에게 알게 해준다. 또한, 우리는 다른 사도들도 베드로와 마찬가지로 복음의 교훈과 진리의 지식이라는 열쇠를 지니고 있어서, 말씀을 전함으로써 사람들에게 천국을 열어 주었다는 것을 알고 있기 때문에, 치리의 열쇠도 베드로에게만이 아니라 다른 사도들에게도 맡겨졌음을 안다: "너희가 누구의 죄든지 사하면 사하여질 것이요 누구의 죄든지 그대로 두면 그대로 있으리라"(요 20:23). 천국의 열쇠는 복음을 경영하는 것, 즉 복음의 교훈을 전하고 성례전들을 집행하는 것이다. 우리 구주께서는 서기관들과 바리새인들이 "지식의 열쇠를 가져가서 너희도 들어가지 않고 또 들어가고자 하는 자도 막았느니라"(눅 11:52)고 말씀하셨고, 하나님께서는 "다윗의 집의 열쇠를 그의 어깨에 두리니"(사 22:22)라고 말씀하셨는데, 요한계시록에서는 그리스도를 "다윗의 열쇠를 가지신 이 곧 열면 닫을 사람이 없고 닫으면 열 사람이 없는 그"(계 3:7)라고 말한다. 따라서 이 본문에 나오는 말씀의 의미는 이것이다: 베드로야, 내가 너를 비롯한 나의 사도들에게 내 복음의 경영 전체를 맡길 것이니, 너희는 온 세상에 내 복음의 진리들을 전하고, 복음을 믿음으로 받은 자들을 다스림으로써, 기독교회의 토대를 놓고, 교회의 모든 일들을 경영하게 될 것이다.

네가 땅에서 무엇이든지 매면 하늘에서도 매일 것이요 네가 땅에서 무엇이든지 풀면 하늘에서도 풀리리라 하시고. 몇몇 아주 박식한 해석자들은 우리 구주께서 여기에서 당시에 유대인들 가운데서 사용되던 표현을 따라 말씀하고 계시는 것이라고 생각하고서, "매는" 것은 어떤 것을 불법으로 결정하고 선언하는 것이었고, "푸는" 것은 어떤 것이 합법이기 때문에 그것을 행하는 데 사람들이 양심의 거리낌을 가질 필요가 없다는 것을 교리나 이치에 의거해서 결정하고 선언하는 것이었다고 말한다. 따라서 이 본문에 의해서 복음을 최초로 전파한 사도들에게, 그들에게 주어진 무오한 성령을 따라서(요 20:22), 어떤 것들을 행하고 어떤 것들을 피해야 할지를 결정할 권한이 주어졌다. 이 권한에 의거해서, 그들은 이방인 신자들을 율법 중에서 제의법을 지켜야 하는 의무로부터 풀어 주었다(행 15:28-29). 어떤 이들은 우리 구주께서는 이 말씀을 통해서 자신의 사도들에게만이 아니라 세상 끝날까지의 그 이후의 교회에도, 어떤 사람을 교회에서 쫓아내거나 교회에 받아들이는 출교와 사면의 권한을 주셨고, 그들이 그 권한을 행사하여 이 땅에서 행한 것들을 하늘에서도 그대로 재가하겠다고 약속하신 것이라고 생각한다. 또한, 그들은 요한복음 20:23, 즉 "너희가 누구의 죄든지 사하면 사하여질 것이요 누구의 죄든지 그대로 두면 그대로 있으리라"는 말씀이 이 본문에 대한 해설이기 때문에, 죄를 사하는 것과 관련해서 교회와 그 사역자들에게 주어진 권한은 단순히 선언적인 것 이상의 의미를 지닌다고 생각한다. 교회가 적절한 절차와 합당한 이유에 의거해서 사람들을 출교할 수 있는 권한을 가지고 있다는 것은 다른 여러 본문들로부터 아주 분명하다.

그러나 이 본문은 교회가 사람들이 회개하고 믿을 때에 하나님이 그들의 죄를 사하여 주셨다고 선언하는 것을 넘어서서, 하나님을 거슬러 자행된 죄들을 직접 사해 줄 수 있는 권한을 가지고 있다고 말하고 있는 것이 아니다. 분명한 것은 그리스도께서 여기에서 사도나 교회가 출교나 사면에 있어서 잘못된 조치들을 행하더라도, 그 행위들을 유효한 것으로 인정해 주시겠다고 말씀하고 계신 것도 아니고, 그들에게 이런 모든 행위들을 행할 권한을 정식으로 부여하고 계시는 것도 아니라는 것이다. 따라서 나는 우리 구주께서 자신의 사도들을 통해서 복음 교회의 일들을 어떻게 처리하여야 하고, 어떤 것이 합법적인 것이고 어떤 것이 불법적인 것인지를 보여 주는 규범들을 제정할 것이고, 이후에 교회의 모든 사역자들과 직분자들이 그 규범들을 따라 행할 때에 그가 하늘에서 그들의 행위들을 인정해 주고자 하는 것이 자신의 뜻임을 이 약속의 말씀을 통해서 선언하신 것이라고 본다. 그리고 나는 이 약속의 말씀 속에는 치리에 있어서 교회가 지닌 통상적인 권한에 관한 내용도 일반적인 수준에서 포함하고 있다는 것을 부인하지는 않지만, 교회의 치리 권한은 성경의 다른 본문들을 근거로 삼아야 한다고 생각한다.

따라서 나는 여기에서 매고 푼다는 것은 출교와 사면을 의미하는 것이 아니라, 복음 교회에 있어서 가르침이나 규례와 관련하여 합법적인 것과 불법적인 것을 결정할 권한이 사도들에게 주어진 것을 의미한다고 생각한다. 물론, 그 결정들에 순종하지 않는 것은 실제로 사람들을 교회로부터 출교할 수 있는 합당한 근거가 될 수 있고, 반대로 그 결정들에 순종하는 것은 사람들을 사면하고 다시 받아들이는 합당한 근거가 될 수 있을 것이다. 그러나 그리스도께서 이 본문의 말씀을 통해서 사도들에게 그 이후의 사역자들에게 주어진 것 이상의 권한을 수여하신 것인지는 쉽게 말할 수 있는 것은 아니지만, 나는 그랬을 것이라고 믿는다.

20. 이에 제자들에게 경고하사 자기가 그리스도인 것을 아무에게도 이르지 말라 하시니라.

우리는 앞에서도 그리스도께서 이적에 의해서 고침을 받은 사람들에게, 그 일을 아무에게도 말하지 말라고 경고하신 것을 보아 왔지만(마 8:4; 9:30), 이 경고는 우리가 앞에서 본 것들과는 다른 것 같다. 우리 구주께서는 거기에서는 단지 자기가 베푼 이적들을 사람들에게 알리지 말라고 하셨을 뿐인데, 여기에서는 사람들이 구원을 받는 믿음을 갖기 위해서 필수적인 가르침, 즉 예수가 그리스도라는 사실을 아무에게도 말하지 말라고 제자들에게 경고하신다. 우리는 우리 구주께서 행하신 모든 것을 다 세세하게 설명해 낼 수는 없지만, 이것은 일시적인 효력을 지닌 명령이었음이 분명하다. 그들은 나중에 이 가르침을 널리 전파하게 될 것이었지만, 그리스도께서는 그들이 당분간은 이 가르침을 아무에게도 알리지 못하게 하셨다.

우리는 그리스도께서 왜 이러한 금령을 내리셨는지 그 이유를 확실히 알 수는 없지만, 다음과 같은 이유들을 추정해 볼 수는 있다. (1) 그들은 이토록 엄청난 진리를 널리 알릴 준비가 아직 되어 있지 않았다. (2) 이 진리를 널리 알릴 때가 이 직 오지 않았다. (3) 그리스도께서는 사람들에게 이 진리를 알린 후에 자기가 죽으면 사람들의 믿음이 흔들리게 될 것을 우려하셔서, 자신이 사망을 이기고 죽은 자 가운데서 다시 살아나실 때까지는 알리고자 하지 않으셨다. (4) 그리스도께서는 이렇게 하심으로써 바리새인들의 시기와 미움을 피해 보고자 하신 것이나. (5) 그리스도께서는 이 위대한 복음 진리를 자신이 먼저 알리시고 이적들을 통해서 확증하고자 하신 것이다.

21. 이 때로부터 예수 그리스도께서 자기가 예루살렘에 올라가 장로들과 대제사장들과 서기관들에게 많은 고난을 받고 죽임을 당하고 제삼일에 살아나야 할 것을 제자들에게 비로소 나타내시니.

우리 주님께서는 제자들이 자신의 가르침을 듣고 감당할 수 있도록 하시기 위하여 점진적으로 가르침을 베푸셨다. 그래서 그는 자기가 하나님이라는 것을 그들에게 먼저 가르치셔서, 자기가 그리스도이자 하나님의 아들이시라는 진리를 확고하게 믿고 받아들이게 하셨다. 그런 후에, 그는 자신의 고난과 죽음에 의해서 그들의 믿음이 흔들리지 않도록 하시기 위하여, 즉 그들이 자기가 고난을 받고 죽는 일이 일어나는 것을 보았을 때 걸려 넘어져서 믿음에서 떠나는 것이 아니라, 자기가 죽은 자 가운데서 다시 살아나게 될 것을 기다리도록 하시기 위하여, 이제 자신의 고난과 죽음에 대하여 그들에게 말씀해 주시기 시작하신다.

22. 베드로가 예수를 붙들고 항변하여 이르되 주여 그리 마옵소서 이 일이 결코 주께 미치지 아니하리이다.

우리가 다른 사람들은 듣지 못하게 하고 어떤 친구에게만 어떤 말을 들려주고자 할 때에 그러하듯이, 베드로는 우리 주님 옆으로 바싹 다가가서, 사람들이 자신의 친한 친구가 말도 안 되는 얘기를 할 때에 흔히 그러하듯이, 그것이 무슨 말씀이냐고 따지듯이 항변하여(ἐπιτιμᾶν - '에피티만') "주여 그리 마옵소서 이 일이 결코 주께 미치지 아니하리이다"라고 말하였다. "그리 마옵소서"로 번역된 구절의 헬라어 본문에는 동사가 나오지 않기 때문에, 그 구절은 "당신 자신에게 긍휼을 베푸소서" 또는 "당신 자신을 아끼소서"라고 번역될 수도 있고, "하나님께서 당신에게 긍휼을 베푸실 것이나이다"로 번역될 수도 있는데, 그 뒤에 나오는 구절이 이 구절을 설명해 준다: "이 일이 결코 당신에게 있지 아니하리이다." 즉, 하나님께서 당신에게 긍휼을 베푸시고 당신을 도우셔서, 이 일이 당신에게 일어나지 않을 것이라는 의미이다.

베드로는 선한 의도에서, 그리고 주님을 일편단심으로 사랑하는 마음에서 이런 말을 한 것임은 의심의 여지가 없다. 그러나 (1) 그 말은 그리스도에 대한 아버지 하나님의 뜻, 십자가에 관한 가르침, 그리스도께서 죽으셔야만 인류를 속량하실 수 있으시다는 것을 베드로가 모르고 있었음을 보여 주는 것이었다. (2) 그 말은 베드로의 지극한 연약함을 보여 주는 것이었다. 왜냐하면, 그는 방금 전에 그리스도시요 하나님의 아들이시라고 고백하였던 바로 그분의 말씀을 정면으로 반박하며 따지고 들었기 때문이다. 아무리 선한 의도와 사랑하는 마음에서 한 것이라고 해도, 악한 행위는 결코 정당화될 수 없기 때문에, 그리스도께서는 베드로를 호되게 책망하신다.

23. 예수께서 돌이키시며 베드로에게 이르시되 사탄아 내 뒤로 물러 가라 너는 나를 넘어지게 하는 자로다 네가 하나님의 일을 생각하지 아니하고 도리어 사람의 일을 생각하는도다 하시고.

베드로야, 너는 마치 친구처럼 나에 대한 선의에서 그런 말을 한 것이라고 생각하겠지만, 실제로 그런 말을 한 너는 나의 대적이다. 그리스도께서 사용하신 "사탄"이라는 단어는 고소하는 자 또는 대적을 의미하고, 그런 의미에서 인류의 가장 큰 대적인 마귀는 통상적으로 이 이름으로 불린다. **내 뒤로 물러 가라.** 그러한 조언은 내게 가증스러운 것이다. 나는 네게 내가 "고난을 받아야" 한다고 말하였다. 그것은 하나님께서 정하신 계획이고, 내 아버지의 뜻이다. 그러므로 나로 하여금 내 아버지의 뜻에 기쁜 마음으로 자원하여 순종하지 못하도록 내게 조언하는 자는 나의 원수이다. 나는 그런 말은 더 이상 듣지 않을 것이다. **네가 하나님의 일을 생각하지 아니하고 도리어 사람의 일을 생각하는도다.** 여기에서 "생각하다"로 번역된 헬라어 '프로네이스'(φρονεῖς)는 "생각하다, 이해하다"를 의미하기 때문에, 그리스도께서는 베드로가 하나님께 속한 일, 즉 이 문제에 있어서 하나님의 계획인 인류의 구속을 생각하거나 이해하지 못하고 그런 말을 한 것이라고 지적하고 계시는 것이나: 너는 나를 단지 너의 선생이자 친구로만 생각해서, 내가 어떤 해악을 당하는 것을 용납하지 않겠다고 말한다. 하지만 너는 내가 세상의 구주이자 인류를 속량할 자로 이 땅에 왔기 때문에, 내가 죽지 않으면 인류를 속량할 수 없다는 것에 대해서는 생각하지도 않고 마음에 두고 있지도 않다. 너는 나에 대한 너의 무절제한 사랑 때문에 인류의 구속을 방해하려고 하지만, 그것은 하나님의 일을 마음에 두고 생각하지 않고, 너의 육정(carnal affection)에 이끌려 미혹되어 행하는 것일 뿐이다. 우리의 친구가 하나님의 뜻에 순종하여 어떤 일을 행하고자 하는데, 우리 자신의 이해관계나 감정에 얽매어서, 그 친구로 하여금 그 일을 하지 못하도록 뜯어 말리는 것은 잘못된 호의일 뿐이다.

24. 이에 예수께서 제자들에게 이르시되 누구든지 나를 따라오려거든 자기를 부인하고 자기 십자가를 지고 나를 따를 것이니라.

이 말씀은 마가복음 8:34과 누가복음 9:23에도 나온다. 마가는 "무리와 제자들을 불러 이르시되"라고 말하고, 누가는 "또 무리에게 이르시되 아무든지 나를 따라오려거든 자기를 부인하고 날마다 제 십자가를 지고 나를 따를 것이니라"고 말한다. 우리 구주께서는 자신의 제자들에게 이 말씀을 하셨지만, 그들만을 따로 부르셔서 은밀하게 말씀하신 것은 아니었고, 그 자리에 있던 무리들 앞에서 말씀하셨다. **누구든지 나를 따라오려거든.** 이것은 "누구든지 내 제자가 되려거든"이라는 의미이다. "무릇 내게 오는 자가 자기 부모와 처자와 형제와 자매와 더욱이 자기 목숨까지 미워하지 아니하면 능히 내 제자가 되지 못하고 누구든지 자기 십자가를 지고 나를 따르지 않는 자도 능히 내 제자가 되지 못하리라"(눅 14:26-27)는 말씀이 그것을 설명해 준다. 이 누가 본문은 여기에 나오는 마태 본문과 그 취지가 거의 동일하고, 다른 점이 있다면, 마태가 "자기를 부인한다"고 말하고 있는 것을 누가는 "자기 목숨을 미워한다"고 말하고 있다는 것이다. **자기를 부인하고.** "자기를 부인한다"는 것은 현세의 모든 좋은 것에 끌리는 우리의 본성적인 육정을 버리는 것, 즐거움들과 이득과 명예와 혈육과 목숨 등과 같이, 우리가 하나님의 뜻에 순종하는 것에 방해가 되는 모든 것을 버리는 것이다. 그리스도께서도 그렇게 하셨기 때문에, 사도 바울은 "그리스도께서도 자기를 기쁘게 하지 아니하셨나니"(롬 15:3)라고 말한다. "내가 아무 것도 스스로 할 수 없노라 듣는 대로 심판하노니 나는 나의 뜻대로 하려 하지 않고 나를 보내신 이의 뜻대로 하려 하므로 내 심판은 의로우니라"(요 5:30; cf. 4:34).

자기 십자가를 지고. 이것은 그리스도에 대한 신앙 고백으로 인하여 하나님의 섭리 하에서 주어지는 모든 시련들과 환난들을 기쁜 마음으로 자원하여 짊어지라는 것이다. 이렇게 그리스도께서는 자신의 제자들이 겪는 그러한 모든 고난들을 자신이 짊어지실 십자가에 비추어 "자기 십자가"라고 표현하신다. **나를 따를 것이니라.** 너희가 너희 자신의 십자가를 지는 것은 장차 내가 나의 십자가를 지게 될 것을 본받는 것이 될 것이다. 또는, 이것은 그리스도의 제자가 되려고 할 때의 세 번째 조건을 말씀하신 것으로 해석될 수도 있다: 너희는 나의 모든 명령들에 순종하고, 내가 보여준 모범을 따라 살아가야 한다(벧전 1:15). 베드로가 그리스도께서 인류를 속량하시기 위하여 고난을 당하게 되시는 것이 하나님의 뜻이라는 것을 생각하지 않고, 오직 자신의 육정에 빠져서, 그리스도를 붙잡고 그렇게 하지 마시라고 따지듯이 항변하자, 우리 구주께서는 자기를 따르는 것, 즉 자신의 제자가 된다는 것이 무엇인지를 말해 주는 이 가르침을 베푸셨다.

25-26. [25]누구든지 제 목숨을 구원하고자 하면 잃을 것이요 누구든지 나를 위하여 제 목숨을 잃으면 찾으리라 [26]사람이 만일 온 천하를 얻고도 제 목숨을 잃으면 무엇이 유익하리요 사람이 무엇을 주고 제 목숨과 바꾸겠느냐.

우리의 해석자들(KJV)이 25절과 26절에 나오는 "영혼"이라는 동일한 단어를 25절에서는 "목숨"으로 번역하고 26절에서는 "영혼"으로 번역한 것(한글개역개정에서는 모두 "목숨"으로 번역하였다)은, 그들이 이 단어를 기본적으로 인간의 본질을 구성하는 부분인 "영혼"을 가리키는 것으로 이해하였음을 보여 준다. 그런데도 그들이 25절에 나오는 이 단어를 "목숨"으로 번역한 것은 그리스도를 위하여 "영혼"을 잃는다고 말하는 것은 불가능하기 때문이었다. 어떤 이들은 우리 구주께서 어떤 작은 예를 들어서 더 큰 것을 말씀하시기 위하여, 25절에 이어서 26절에서도 사람이 자기가 가진 모든 것을 잃더라도 자신의 목숨만은 잃지 않으려 하는 법이라고 말씀하시는 것으로 보아서, 26절에 나오는 이 단어들도 "목숨"으로 번역하는 것이 옳다고 생각한다. 사람이 온 천하를 얻기 위하여 자기 목숨을 잃는다면, 그 온 천하가 그 사람에게 아무런 유익도 되지 못할 것이라는 말씀은 너무나 지당하신 말씀이다. 사람이 자신의 목숨을 잃는 것을 감수해서라도 이 세상에서 얻을 만한 것은 결코 있을 수 없다. 이렇게 너희가 현세에서의 너희의 목숨조차도 소중히 여겨야 하는 것이라면, 너희의 영원한 생명을 그런 목숨보다 이루 말할 수 없이 더 소중히 여겨야 하는 것은 두말할 필요도 없지 않겠는가? 따라서 어느 쪽으로 해석해도 마찬가지이기는 하지만, 우리의 번역자들(KJV)의 번역을 따르면, 그 의미가 좀 더 분명해진다. 왜냐하면, 두 번째 번역을 따르는 경우에는, 복음서 기자는 이 논증의 결론을 이 절에서 직접적으로 제시하지 않고, 다음 절에 비추어 유추하도록 독자들에게 맡기는 것이 되기 때문이다.

따라서 이 말씀의 의미는 이런 것이다: 너희에게는 박해자들에 의해서 죽임을 당할 수도 있는 육신 외에도, 육신보다 무한히 더 소중하고 귀한 영원히 죽지 않는 영혼이 있다. 너희에게는 현세에서의 목숨만이 있는 것이 아니라, 영원한 생명이 너희를 기다리고 있다. 너희는 영원한 삶을 살게 되어 있는 피조물들이기 때문에, 장차 영원히 고통당하는 삶을 살게 되거나, 영원한 행복을 누리는 삶을 살게 될 것이다. 물론, 너희는 나를 부인하고 십자가를 배척하며 나의 명령과 모범을 따라 살아가는 삶을 거부하고, 너희 자신을 기쁘게 하는 삶을 살아가며, 현세에서의 목숨을 연장하여 살아갈 수도 있다. 하지만 너희가 그런 삶을 살게 되면, 장차 나는 내 아버지와 그의 천사들 앞에서 너를 부인하게 될 것이고, 너희는 너희의 영원히 복된 삶을 잃게 될 것인데, 과연 그것이 너희에게 득이 되겠는가? 과연 이 세상에 너희가 너희의 영원한 행복을 잃으면서까지도 얻어야 할 것이 있을 수 있는가?

27. 인자가 아버지의 영광으로 그 천사들과 함께 오리니 그 때에 각 사람이 행한 대로 갚으리라.

이 절은 우리 구주께서 앞 절에서 '프쉬케'(Φυχή)라는 단어를 사람의 영혼 또는 영원한 생명, 즉 하나님의 성도들을 위해 준비되어 있는 저 복된 삶을 가리키는 것으로 사용하셨다는 것을 분명히 보여 준다. 왜냐하면, 그는 여기에서 최후의 심판이 있을 것임을 제자들에게 환기시키시며, 그 심판에 대해 조금 설명해 주시기 때문이다. (1) "인자"가 재판장이 되실 것이다. 너희는 지금 사람의 모습으로 온 인자를 보고 있고, 사람들은 인자를 단지 사람으로 여겨서 욕하고 멸시하지만, 그 날에는 그 인자가 "살아 있는 자와 죽은 자의 재판장"이 되실 것이다(행 10:42; 딤후 4:1). (2) 그 날은 장엄한 날이 될 것이다. 인자는 "아버지의 영광으로 오실" 것이다. 아버지의 영광은 곧 인자의 영광이기도 하다(요 17:5). 그리스도께서 이 영광을 "아버지의 영광"이라고 부르는 것은 그가 그의 영원하신 출생으로 말미암아 아버지로부터 신성과 함께 그 영광을 받으셨고, 그 영광은 곧 아버지의 영광과 동일한 것이었기 때문이거나, 아버지께서 그에게 최후의 심판을 맡기셨기 때문이다. "아버지께서 아무도 심판하지 아니하시고 심판을 다 아들에게 맡기셨으니"(요 5:22).

그 천사들과 함께 오리니. 우리 구주께서는 하나님의 거룩한 천사들을 대동하고 오실 것이다(살후 1:7). **그 때에 각 사람이 행한 대로 갚으리라.** 우리 구주께서는 여기에서 각 사람이 행한 것이 그들이 상을 받는 원인이자 이유라고 말씀하시는 것이 아니라, 각 사람을 심판할 때에 규범과 잣대가 될 것이라고 말씀하시는 것이다. 로마서 2:6은 "하나님께서 각 사람에게 그 행한 대로 보응하시되"라고 말하고, 고린도전서 3:8은 "각각 자기가 일한 대로 자기의 상을 받으리라"고 말하며, 고린도후서 5:10은 "이는 우리가 다 반드시 그리스도의 심판대 앞에 나타나게 되어 각각 선악 간에 그 몸으로 행한 것을 따라 받으려 함이라"고 말한다. 각 사람은 자신이 갖고 있는 믿음이 아니라 행위를 따라 심판을 받게 될 것이다. 왜냐하면, "행함이 없는 믿음은 죽은 것"이기 때문이다(약 2:26). 그러나 이 행위들은 믿음이라는 뿌리로부터 나오는 것이어야 한다. 믿음이 없이는 하나님을 기쁘시게 하는 것은 불가능하다. 하나님께서 각 사람에게 상을 주시는 것은 그들의 공로를 따라 당연히 주어야 할 것이기 때문이 아니라 순전히 은혜로 주시는 것이다(롬 4:4). 각 사람의 행위는 상을 받게 될 것이지만, 그 공로에 비례해서 대가를 받는 것이 아니기 때문에, 그들은 은혜의 상을 받는 것이다.

28. 진실로 너희에게 이르노니 여기 서 있는 사람 중에 죽기 전에 인자가 그 왕권을 가지고 오는 것을 볼 자들도 있느니라.

마가는 "또 그들에게 이르시되 내가 진실로 너희에게 이르노니 여기 서 있는 사람 중에는 죽기 전에 하나님의 나라가 권능으로 임하는 것을 볼 자들도 있느니라 하시니라"(막 9:1)고 말하고, 누가는 "내가 참으로 너희에게 이르노니 여기 서 있는 사람 중에 죽기 전에 하나님의 나라를 볼 자들도 있느니라"(눅 9:27)고 좀 더 간단하게 말한다. 누가 본문에서 "죽기 전에"로 번역된 부분은 흠정역에는 "죽음을 맛보기 전에"로 되어 있는데, 의미는 동일하다(히 2:9). 또한, 이것은 "죽음을 보기 전에"로 표현되기도 한다(요 8:51-52; 히 11:5).

이 본문에서 가장 큰 문제는 인자가 그 왕권을 가지고 오는 것이 무엇을 의미하는가 하는 것이다. 이것은 방금 전에 말씀하신 것, 즉 우리 구주께서 심판하시기 위하여 다시 오시는 것을 의미할 수는 없다. 왜냐하면, 그 때에 거기에 서 있던 사람들이 다 죽음을 맛본 지 오랜 세월이 흘렀는데도, 그 심판의 날은 아직 오지 않았기 때문이다. 어떤 이들은 이 복음서의 다음 장에서 베드로와 야고보와 요한이 그리스도와 변화산에 올라가서, 그리스도께서 영광으로 변화되시는 모습을 본 것을 가리키는 것으로 이해한다. 만일 마가가 "여기 서 있는 사람 중에는 죽기 전에 하나님의 나라가 권능으로 임하는 것을 볼 자들도 있느니라"는 말을 덧붙이지 않았다면, 나는 27절에 "아버지의 영광"에 대한 언급이 나오는 점을 고려해서, 그러한 해석에 동의하였을 것이다. 어떤 이들은 이러한 마가 본문을 근거로 해서, 이것이 그리스도께서 장차 예루살렘의 멸망을 통해 자신의 권능을 나타내 보이실 것임을 가리키는 것이라고 생각한다.

그러나 가장 일반적으로 받아들여지고 있는 최선의 해석은, 여기에서 우리 구주께서는 자기가 죽은 자 가운데서 부활하셔서, 하늘에 오르신 후에, 성령을 보내심으로써, 은혜의 나라가 권능으로 임하여, 열방을 주 예수 그리스도께 복종시키게 되실 것을 "인자가 오시는" 것으로 표현하셨다는 것이다. "성결의 영으로는 죽은 자들 가운데서 부활하사 능력으로 하나님의 아들로 선포되셨으니 곧 우리 주 예수 그리스도시니라"(롬 1:4).

우리 구주께서 죽은 자 가운데서 부활하신 후에, 제자들이 "주께서 이스라엘 나라를 회복하심이 이 때니이까"(행 1:6)라고 묻자, 그는 그런 것은 그들이 알 바가 아니라고 하시며, "오직 성령이 너희에게 임하시면 너희가 권능을 받고 예루살렘과 온 유대와 사마리아와 땅 끝까지 이르러 내 증인이 되리라"(행 1:8)고 그들에게 말씀하시고 나서, 그들이 보는 앞에서 승천하셨다(행 1:9). 그런 후에, 인자의 나라가 권능으로 임하였고(행 2:33-36), 그들은 유대인들이 십자가에 못 박은 인자를 하나님이 "주와 그리스도"가 되게 하셔서(행 2:36), 그의 원수들이 그의 발등상이 될 때까지, 다윗의 예언(시 110:1)을 따라 자신의 우편에 앉게 하신 것(행 2:34-35)을 확실하게 알게 되었다.

제17장

개요

1. 그리스도께서 변모되심(1-9).
2. 엘리야가 올 것이라고 한 것이 무슨 의미였는지를 제자들에게 설명해 주심(10-13).
3. 간질병자를 고치심(14-21).
4. 자신의 수난을 예고하심(22-23).
5. 국세를 바치심(24-27).

1-2. [1]엿새 후에 예수께서 베드로와 야고보와 그 형제 요한을 데리시고 따로 높은 산에 올라가셨더니 [2]그들 앞에서 변형되사 그 얼굴이 해 같이 빛나며 옷이 빛과 같이 희어졌더라.

마가와 누가도 이 이야기를 보도한다. 마가는 "엿새 후에 예수께서 베드로와 야고보와 요한을 데리시고 따로 높은 산에 올라가셨더니 그들 앞에서 변형되사 그 옷이 광채가 나며 세상에서 빨래하는 자가 그렇게 희게 할 수 없을 만큼 매우 희어졌더라"(막 9:2-3)고 말하고, 누가는 "이 말씀을 하신 후 팔 일쯤 되어 예수께서 베드로와 요한과 야고보를 데리고 기도하시러 산에 올라가사 기도하실 때에 용모가 변화되고 그 옷이 희어져 광채가 나더라"(눅 9:28-29)고 말한다. 세 복음서 기자는 모두 이 일이 산 위에서 일어났다고 말한다. 마태와 마가는 그리스도께서 앞 장에 나오는 말씀을 하신 지 "엿새 후에," 누가는 "이 말씀을 하신 후 팔 일쯤 되어" 이 일이 일어났다고 말한다. 또한, 마태나 마가와는 달리, 누가는 우리 주님이 기도하시러 산에 가셨고, 기도하시는 중에 그의 변모가 시작되었다고 말한다. 세 복음서 기자들은 모두 우리 구주께서 "베드로와 야고보와 요한"을 데리고 가셨다고 보도한다.

베드로와 야고보와 요한. 우리 구주께서는 자신의 수난을 앞두고 겟세마네 동산으로 기도하러 가실 때에도 이 세 제자를 대동하셨다(마 26:37). 베드로는 복음 사역을 수행하는 데 큰 도구가 될 인물이었고, 야고보는 헤롯에 의해 죽임을 당한 제자였으며(행 12:2), 요한은 열두 사도들 중에서 가장 나중까지 살았던 인물이었다. 주님은 자신이 겟세마네 동산에서 고통스러운 기도를 드리실 때에 이 세 사람을 그 증인으로 세우고자 하셨다(마 26:37). 마찬가지로, 주님은 여기에서도 그들로 하여금 자신의 영광스러운 변모를 직접 목격한 증인들로 세우셔서 나중에 이 일을 증언하게 하실 목적으로, 그들을 데려가신 것이었다. 이 때에 그리스도의 얼굴은 해 같이 빛났고, 그 옷은 빛과 같이 희어졌다.

3-4. [3]그 때에 모세와 엘리야가 예수와 더불어 말하는 것이 그들에게 보이거늘 [4]베드로가 예수께 여쭈어 이르되 주여 우리가 여기 있는 것이 좋사오니 만일 주께서 원하시면 내가 여기서 초막 셋을 짓되 하나는 주님을 위하여, 하나는 모세를 위하여, 하나는 엘리야를 위하여 하리이다.

마가는 "이는 그들이 몹시 무서워하므로 그가 무슨 말을 할지 알지 못함이더라"(막 9:6)는 말을 덧붙이고, 누가는 "문득 두 사람이 예수와 함께 말하니 이는 모세와 엘리야라 영광 중에 나타나서 장차 예수께서 예루살렘에서 별세하실 것을 말할새 베드로와 및 함께 있는 자들이 깊이 졸다가 온전히 깨어나 예수의 영광과 및 함께 선 두 사람을 보더니 두 사람이 떠날 때에 베드로가 예수께 여짜오되 주여 우리가 여기 있는 것이 좋사오니 우리가 초막 셋을 짓되 하나는 주를 위하여, 하나는 모세를 위하여, 하나는 엘리야를 위하여 하사이다 하되 자기가 하는 말을 자기도 알지 못하더라"(눅 9:30-33)고 말한다. 따라서 이 이야기의 자초지종은 다음과 같았던 것으로 보인다: 그리스도께서는 앞 장에 나오는 말씀을 하시고 나서 6일이나 8일 후에, 베드로와 야고보와 요한을 데리시고, 한 산으로 가셔서 거기에서 기도하셨다. 그가 기도하시는 동안에, 세 제자들은 잠이 들었다. 한참 후에 제자들이 문득 잠에서 깨어 보니, 그리스도께서는 그 얼굴이 해처럼 빛이 나고 그의 옷은 눈처럼 희어진 가운데 두 사람과 함께 자신의 죽음과 수난에 대하여 말씀을 나누고 계셨는데, 제자들은 (계시에 의해서) 그 두 사람이 모세와 엘리야라는 것을 알았다. 제자들은 무서워서 어쩔 줄 몰랐고, 베드로는 자기가 무슨 말을 하는지도 모른 채, 그리스도께 "주여 우리가 여기 있는 것이 좋사오니 만일 주께서 원하시면 내가 여기서 초막 셋을 짓되 하나는 주님을 위하여, 하나는 모세를 위하여, 하나는 엘리야를 위하여 하리이다"라고 말하였다.

모세와 엘리야는 각자 자신의 몸을 입고 나타났을 가능성이 매우 높다. 엘리야는 살아 있는 채로 불병거에 실려 승천하였기 때문에 아무런 문제가 없다. 그리고 모세에 대해서는, 성경은 "여호와의 종 모세가 여호와의 말씀대로 모압 땅에서 죽어 벳브올 맞은편 모압 땅에 있는 골짜기에 장사되었고 오늘까지 그의 묻힌 곳을 아는 자가 없느니라"(신 34:5-6)고 말한다. 모세의 시체를 놓고서 마귀와 천사장 간에 다툼도 있었다(유 1:9). 따라서 하나님께서는 이 변화산 사건을 위해서 모세의 몸을 다시 살리셨을 가능성이 높다. 즉, 하나님은 자기에게서 율법을 받아 이스라엘 백성에게 전해 준 모세와 가장 유명한 선지자들 중의 한 사람이었던 엘리야를 율법과 선지자들의 대표로 내세우셔서, 그리스도가 참된 메시야라고 믿고 있던 이 세 제자들의 믿음을 확증해 주시고 더욱 견고하게 해주셔서, 곧 있게 될 그리스도의 치욕스러운 죽음이 그들에게 걸림돌이나 시험거리가 되지 않게 하고자 하신 것이었다. 모세 율법에 의하면, 세 명의 증인으로 어떤 일을 확증할 수 있었기 때문에, 그리스도를 따라 변화산에 온 이 세 제자는 자신들이 보고 들은 것에 대하여 율법에서 정한 적법한 증인들이 되어 이 일을 확증할 수 있었다.

베드로가 여기에서 한 말은 자기가 하나님의 놀라운 영광을 직접 본 기쁨이나 만족감에서 나온 말이 아니었다. 그러한 해석은 마가가 세 제자가 "몹시 무서워하였고" 베드로는 "무슨 말을 할지 알지 못하였다"고 보도한 것이나, 누가가 베드로가 "자기가 하는 말을 자기도 알지 못하더라"고 보도한 것과 부합하지 않는다. 나는 베드로가 큰 두려움에 사로잡혀 제정신이 아닌 상태에서 이런 말을 한 것이라고 볼 때에만, 그가 마치 모세와 엘리야, 또는 그리스도께서 거기에 거하실 수 있으신 것처럼 말한 것에서 드러난 그의 잘못들과 연약함이 가장 잘 설명될 수 있다고 생각한다.

5. 말할 때에 홀연히 빛난 구름이 그들을 덮으며 구름 속에서 소리가 나서 이르시되 이는 내 사랑하는 아들이요 내 기뻐하는 자니 너희는 그의 말을 들으라 하시는지라.

마가복음과 누가복음에 나오는 내용도 별 차이는 없고, 단지 차이점이 있다면, 누가는 "구름 속으로 들어갈 때에 그들이 무서워하더니"(눅 9:34)라고 말하고 있다는 것이다. 구름은 세 제자들을 완전히 뒤덮어서, 그들은 마치 구름 속에 있는 것 같이 되었던 것으로 보이고, 이것으로 인해 그들의 두려움은 더욱 커졌다. 하나님께서 구름을 자신의 병거로 삼으셔서 구름 속에서 사람들에게 나타나시는 경우가 비일비재하다는 것은 주목할 만하다(출 16:10; 40:34; 민 11:25; 시 104:3). 하나님이 이렇게 자신의 짙은 구름으로 덮으시는 이유는 하나님의 비밀을 너무 많이 엿볼 수 없게 하심과 동시에, 하나님을 있는 그대로 볼 수 없는 우리의 연약함을 고려하신 것으로서, 이것은 우리가 겸손해야 함을 가르쳐 주시는 것이다. 복음서 기자는 세 제자를 덮은 구름은 율법 아래에서 하나님이 나타나셨을 때의 구름과는 달리 "빛난 구름"이었다고 말하지만, 사실은 동일한 구름이었음이 틀림없다. 다만 율법 아래에서는 하나님께서 자신의 영광을 구름 속에 완전히 감추시고 나타나신 것일 뿐이다. 이 구름은 그리스도와 모세와 엘리야, 그리고 베드로와 야고보와 요한을 뒤덮었다.

구름 속에서 소리가 나서 이르시되 이는 내 사랑하는 아들이요 내 기뻐하는 자니 너희는 그의 말을 들으라 하시는지라. 전에 유대인들이 그랬듯이(신 4:15), 이 세 제자들도 가시적인 형태를 보지는 못하였다. 이 장면을 직접 본 베드로는 "지극히 큰 영광 중에서 이러한 소리가 그에게 나기를 이는 내 사랑하는 아들이요 내 기뻐하는 자라 하실 때에 그가 하나님 아버지께 존귀와 영광을 받으셨느니라"(벧후 1:17)고 증언한다. 베드로전서 1:18은 그의 이 증언이 바로 이 장면에 대한 증언임을 보여 준다. 이 때에 제자들이 들은 소리의 내용은 그리스도께서 세례를 받으실 때에 하늘로부터 난 소리의 내용과 똑같았다(마 3:17). 단지 다른 점이 있다면, "너희는 그의 말을 들으라"는 말씀이 추가되어 있다는 것이다: 너희는 엘리야를 비롯한 그 누구에게서도 배울 필요가 없고, 오직 그리스도의 말을 들으라. 이렇게 해서, 모세는 자기가 전에 예언하였던 것(신 18:15, 18)이 성취되는 것을 보았다. 그는 하나님의 집에서 종으로 일하면서, 여호와께서 언젠가는 그들의 형제들 가운데서 자기와 같은 선지자를 일으키시고 그의 입에 자신의 말씀을 두셔서, 자기가 그들에게 명하신 모든 것을 그들에게 말하게 하실 것이라고 예언하면서, 그들에게 "너희는 그의 말을 들을지니라"고 말하였었다(신 18:15, 18). 그런데 이제 하나님께서는 그 예언의 말씀을 성취하시고서는, 여기에서 모세가 말한 그 선지자가 바로 "내 사랑하는 아들 내 기뻐하는 자"라고 선언하시고, 세 제자들에게 "너희는 그의 말을 들으라"고 명하신다. 지극히 큰 영광 중에서 난 이러한 하나님의 말씀은 그리스도만이 교회의 유일한 박사이자 선생이라는 것, 하나님께서는 자신의 뜻과 진리들을 사람들에게 전하는 일을 오직 그리스도에게만 맡기셨다는 것, 그리스도인들이 청종하여야 할 유일한 분은 그리스도시라는 것을 확증해 주신다. 말씀의 사역자들은 단지 해석자들에 지나지 않고, 우리로 하여금 그리스도께서 하신 말씀들을 좀 더 쉽게 자주 들을 수 있도록 해주는 일꾼들일 뿐이기 때문에, 그리스도께서 하신 말씀들을 결코 훼손해서는 안 된다. 이렇게 하나님께서는 구름 속에서 어떤 가시적인 형태가 아니라 지극한 영광 중에 소리를 통해서 사람들에게 종종 나타나신다는 사실은 그림이나 형상을 통해서 삼위일체 하나님을 표현하고자 하는 것이 얼마나 무모하고 주제넘는 짓인지를 우리에게 알게 해준다. 또한, 하나님께서 우리에게 그리스도의 말씀을 들으라고 명하셨다는 사실은, 그리스도께서 결코 말씀하지 않으신 것들이라고 할지라도 그리스도인들에게 얼마든지 부과할 수 있는 권세를 자신이 가지고 있다고 주장하는 자들의 주장이 얼마나 오만방자한 것인지도 우리에게 알게 해준다.

6-8. [6]제자들이 듣고 엎드려 심히 두려워하니 [7]예수께서 나아와 그들에게 손을 대시며 이르시되 일어나라 두려워하지 말라 하시니 [8]제자들이 눈을 들고 보매 오직 예수 외에는 아무도 보이지 아니하더라.

마가는 "문득 둘러보니 아무도 보이지 아니하고 오직 예수와 자기들뿐이었더라"(막 9:8)고 간단하게 말한다. 하나님의 위엄과 영광은, 구름으로 그것을 가리지 않고 사람에게 나타났을 때에는, 사람이 그것을 보았을 때에 대경실색하여 초죽음이 될 수밖에 없는 그런 것으로서, 사람이 하나님께 나아갈 때에 지녀야 하는 경외감보다 훨씬 더 큰 두려움을 불러일으킨다. 바울은 다메섹 도상에서 "홀연히 하늘로부터 빛이 그를 둘러 비출" 때에 "땅에 엎드러졌다"고 말하였는데(행 9:3-4), 여기에서도 세 제자는 땅에 "엎드려 심히 두려워하였다." 이것은 하나님께서 이스라엘 백성의 청을 들어주셔서(출 20:19; 신 5:28; 18:16-17), 우리 같은 사람들을 사용하셔서 우리에게 말씀하시는 것이 하나님의 선하심과 인자하심을 보여 주는 것을 알게 해준다. 하나님은 구약 시대에는 모세를, 신약 시대에는 그리스도(신명기 18:15에 언급된 그 선지자)를 자신의 뜻을 사람들에게 전할 자로 세우셔서 말씀하셨다(히 1:1-2).

예수께서 나아와 그들에게 손을 대시며 이르시되 일어나라 두려워하지 말라 하시니 제자들이 눈을 들고 보매 오직 예수 외에는 아무도 보이지 아니하더라. 그리스도께서는 세 제자들이 아까 본 것에 사로잡혀서 두려워 떨고 있는 모습을 보시고서, 그들을 그 두려움에서 벗어나게 하시기 위하여, 그들을 손으로 만지시며, 사실상 이렇게 말씀하신다: 여기 내가 있으니, 두려워하지 말라. 그때서야 제자들은 고개를 들고서, 지극히 큰 영광과 구름도 사라지고, 모세와 엘리야의 모습도 보이지 않는 가운데, 오직 자신들과 주님만이 남아 있는 것을 보았다. 이렇게 해서, 우리 구주께서는 세 제자들과 함께 산을 내려오셨다. 이 산이 다볼 산이었는지, 아니면 가이사랴 빌립보 근방에 있던 어떤 산이었는지는 우리에게 전혀 중요하지 않다.

9. 그들이 산에서 내려올 때에 예수께서 명하여 이르시되 인자가 죽은 자 가운데서 살아나기 전에는 본 것을 아무에게도 이르지 말라 하시니.

마가복음에도 동일한 내용이 나온다(막 9:9). 누가는 "제자들이 잠잠하여 그 본 것을 무엇이든지 그 때에는 아무에게도 이르지 아니하니라"(눅 9:36)고 말하지만, 마태와 마가는 이것이 그리스도께서 명령하신 것이라고 말한다. 누가와 마가는 제자들이 그 명령에 순종하였다고 말한다. 해석자들이 그리스도께서 세 제자들에게 이런 명령을 하신 이유들로 제시한 것들 중에서 가장 유력한 견해는, 그리스도께서는 사도 바울이 말하였듯이 "죽은 자들 가운데서 부활하사 능력으로 하나님의 아들로 선포되시기"(롬 1:4) 전에, 자신의 제자들이 자신의 고난과 죽음을 보고서 그 믿음이 흔들리지 않게 하시기 위하여 이런 명령을 하셨다는 것이다.

10. 제자들이 물어 이르되 그러면 어찌하여 서기관들이 엘리야가 먼저 와야 하리라 하나이까.

마가는 "그들이 이 말씀을 마음에 두며 서로 문의하되 죽은 자 가운데서 살아나는 것이 무엇일까 하고"(막 9:10) 의논한 후에, "이에 예수께 묻자와 이르되 어찌하여 서기관들이 엘리야가 먼저 와야 하리라 하나이까"(막 9:9)라고 질문한 것이라고 보도한다. 그리스도께서는 앞서 요나가 사흘 밤낮을 물고기 뱃속에 있었던 것과 마찬가지로, 자기도 사흘 밤낮을 땅의 뱃속에 있게 될 것이라고 그들에게 말씀하셨지만, 그들은 여전히 그리스도께서 인류를 속량하시는 일을 하고 계신다는 것에 대하여 매우 불완전하게 알고 있었던 것으로 보인다. 아무리 훌륭한 사람들일지라도 영적인 신비들은 인간의 이성을 뛰어넘는 것이어서 아주 더디게 깨달을 수밖에 없다! 당시에 유대인들 사이에서는 메시야가 오기 전에 엘리야가 올 것이라는 전승이 널리 퍼져 있었고, 이것은 오늘날에도 마찬가지이다. 그들은 말라기 4:4-5을 근거로 해서 그러한 전승을 만들어 내었다. 그들이 세례 요한이 혹시 디셉 사람 엘리야일지 모른다고 생각해서 그에게 사자를 보내어 "네가 엘리야냐"라고 묻게 한 것(요 1:21)은 그들에게 이러한 전승이 있었음을 보여 준다. 이것은 그들의 큰 착각이고 잘못이었고, 여전히 그들의 눈을 가리고 있다. 제자들은 방금 전에 엘리야를 자신들의 눈으로 직접 본 상황에서, 그들이 본 것은 예수가 메시야라는 것을 보여 주는 최고의 결정적인 증거인데도 불구하고, 우리 구주께서 그들에게 그들이 본 것에 대하여 아무에게도 말하지 말라고 하신 것을 이해할 수 없었고, 원래 메시야가 오시기 전에 오게 되어 있던 엘리야가 이미 메시야가 와 계시는 상태에서 이렇게 와서 너무나 빨리 이 땅을 떠나 버린 것도 이해할 수 없었다. 따라서 제자들은 그리스도가 참 메시야라는 것이 확증된 것에 대해서는 너무나 만족스러워하였지만, 엘리야가 올 것이라는 약속, 또는 그 약속에 기초해서 생겨난 전승에 대한 자신들의 믿음과 지금 자신들의 눈 앞에서 돌아가는 상황이 어떻게 서로 조화될 수 있는지를 알 수 없어서 혼란스러워하였고, 이것이 이 본문에 나오는 질문을 불러일으켰다.

11-13. [11]예수께서 대답하여 이르시되 엘리야가 과연 먼저 와서 모든 일을 회복하리라 [12]내가 너희에게 말하노니 엘리야가 이미 왔으되 사람들이 알지 못하고 임의로 대우하였도다 인자도 이와 같이 그들에게 고난을 받으리라 하시니 [13]그제서야 제자들이 예수께서 말씀하신 것이 세례 요한인 줄을 깨달으니라.

마가는 "이르시되 엘리야가 과연 먼저 와서 모든 것을 회복하거니와 어찌 인자에 대하여 기록하기를 많은 고난을 받고 멸시를 당하리라 하였느냐 그러나 내가 너희에게 이르노니 엘리야가 왔으되 기록된 바와 같이 사람들이 함부로 대우하였느니라 하시니라"(막 9:12-13)고 말한다. 우리 구주께서는 엘리야가 올 것이라는 약속이 주어진 것은 맞다고 말씀하시면서도, 유대인들이 이 약속의 의미를 제대로 이해하지 못하고 오해하였음을 보여 주신다. 제자들은 이제 디셉 사람 엘리야에 관한 약속이 천사가 사가랴에게 "그가 엘리야의 심령과 능력으로 주 앞에 먼저 와서"(눅 1:17)라고 알려준 것처럼, 엘리야의 심령을 지니고서 온 세례 요한을 가리키는 것임을 깨달았다. 엘리야의 심령과 능력의 많은 부분이 세례 요한에게서 분명하게 나타났다. 엘리야는 하나님에 대한 열심으로 가득하였는데(왕상 19:10), 세례 요한도 마찬가지였다. 엘리야는 바알의 제사장들은 말할 것도 없고, 아합과 이세벨을 향해서도 거침없이 책망하는 말을 쏟아냈는데, 세례 요한도 헤롯과 헤로디아, 바리새인들과 사두개인들을 책망하는 말을 거침없이 쏟아냈다. 엘리야는 근검절약하는 사람이었는데, 세례 요한도 마찬가지였다. 엘리야는 자신의 목숨을 보존하기 위하여 광야로 피하였는데, 세례 요한도 상당 기간 광야에서 살며 말씀을 전하였다. 엘리야는 부패하고 타락한 시대에 살아가면서, 쇠락한 신앙을 부흥시키는 데 크게 쓰임 받았는데, 세례 요한도 마찬가지로 그러한 시대에 살면서 백성들 가운데서 신앙부흥을 선도하였다.

그럼에도 불구하고, 유대인들만이 아니라 일부 그리스도인들, 그리고 교황주의자들만이 아니라 일부 개신교도들은 오래 전에 온 엘리야 외에 장차 또 다른 엘리야가 세상 끝날 이전에 올 것이라고 믿고 있고, 그들이 그렇게 믿는 근거를 대체로 이 본문 속에서 찾고 있다. 그들은 이렇게 말한다: 우리 구주께서는 여기에서 "엘리야가 과연 먼저 와서"(마태 본문은 ἔρχεται πρῶτον - '에르케타이 프로톤,' 마가 본문은 ἐλθὼν πρῶτον, ἀποκαθιστᾷ - '엘돈 프로톤, 아포카티스타')라고 말씀하신 후에, "모든 일을 회복하리라"고 말씀하신다. 세례 요한은 분명히 이 땅에 왔다가 갔다. 하지만 그가 모든 것을 회복하는 일은 결코 일어나지 않았다. 게다가, 세례 요한은 자기가 엘리야라는 것을 스스로 부인하였고(요 1:21), 서기관들과 바리새인들만이 아니라 제자들도 엘리야가 올 것이라는 약속을 디셉 사람 엘리야에 관한 예언으로 이해하였으며, 말라기 선지자는 엘리야가 "여호와의 크고 두려운 날," 즉 성경에서 흔히 사용하는 어구를 사용하자면, 심판의 날이 "이르기 전에" 올 것이라고 예언하였다(말 4:5).

다음은 그러한 주장에 대한 대답이다. (1) 바리새인들이 자신들의 전승에 따른 그 엘리야냐고 물었던 것이고, 세례 요한은 자기는 그들이 생각하는 식의 그 엘리야가 아니라고 대답한 것이었다(요 1:21). (2) 제자들이 유대교 전승에 미혹되어서 진짜 디셉 사람 엘리야가 올 것이라고 생각하고 있었다는 것은 사실이지만, 그리스도께서는 여기에서는 물론이고 다른 곳들에서도 그들의 그러한 잘못된 생각을 바로잡아 주신다. (3) 최후의 심판의 날만이 아니라, 도끼가 나무뿌리에 놓이게 된 복음의 때(마 3:10; 행 2:20)와 유대인들이 심판을 받게 되는 날(어떤 이들은 본문이 이것을 암시하고 있는 것으로 이해한다)도, "여호와의 크고 두려운 날"로 불린다는 것이다. (4) 우리 주님께서는 처음에는 말라기 선지자가 한 예언을 그대로 반복하셔서, 엘리야가 올 것이라고 말씀하신 후에, 그 예언은 세례 요한을 가리키는 것이라고 설명하신 것이다. (5) 천사는 사가랴에게 나타나서 말라기 4:6의 말씀을 설명해 주면서 세례 요한에게 적용시키고 있다는 것이다(눅 1:16-17). (6) 세례 요한은 유대인들을 회심시키려고 애썼고, 상당한 성과를 거두었다는 점에서, 말라기 선지자의 예언을 성취한 것이었다. (7) 말라기 선지자의 예언 본문에 마지막으로 나오는 "두렵건대 내가 와서 저주로 그 땅을 칠까 하노라"(말 4:6)는 말씀은 이 예언이 심판의 날에 대한 것으로 이해될 수 없다는 것을 분명하게 보여 준다는 것이다. 세례 요한에게 엘리야라는 이름이 주어졌지만, 그것은 메시야에게 다윗의 이름이 주어진 것(겔 37:24)과 동일한 맥락에서이다. 따라서 우리 주님이 설명하셨듯이, 말라기 선지자가 예언한 엘리야는 헤롯에 의해 참수당한 세례 요한이었기 때문에, 장차 다른 엘리야가 올 것이라는 주장은 터무니없다.

사람들이 알지 못하고 임의로 대우하였도다. 유대인들의 전통이 그들의 눈을 멀게 하였고, 그들은 말라기 선지자의 예언이 세례 요한에게서 성취되었다는 것을 알 수 없었기 때문에, 세례 요한을 자신들의 생각에 따라 멋대로 대우하였다. 따라서 그들은 "인자"인 나에 대해서도 자신들의 생각에 따라 멋대로 대우할 것이라고 우리 구주께서는 말씀하신다.

14-16. [14]그들이 무리에게 이르매 한 사람이 예수께 와서 꿇어 엎드려 이르되 [15]주여 내 아들을 불쌍히 여기소서 그가 간질로 심히 고생하여 자주 불에도 넘어지며 물에도 넘어지는지라 [16]내가 주의 제자들에게 데리고 왔으나 능히 고치지 못하더이다.

마가와 누가도 이 이야기를 우리에게 들려주기는 하지만, 상당한 차이가 있다. 마가는 "무리 중의 하나가 대답하되 선생님 말 못하게 귀신 들린 내 아들을 선생님께 데려왔나이다 귀신이 어디서든지 그를 잡으면 거꾸러져 거품을 흘리며 이를 갈며 그리고 파리해지는지라 내가 선생님의 제자들에게 내쫓아 달라 하였으나 그들이 능히 하지 못하더이다"(막 9:17-18)라고 말하고, "이에 그들이 제자들에게 와서 보니 큰 무리가 그들을 둘러싸고 서기관들이 그들과 더불어 변론하고 있더라 온 무리가 곧 예수를 보고 매우 놀라며 달려와 문안하거늘 예수께서 물으시되 너희가 무엇을 그들과 변론하느냐"(막 9:14-16)는 도입부를 여기에 덧붙인다. 누가는 "이튿날 산에서 내려오시니 큰 무리가 맞을새 무리 중의 한 사람이 소리 질러 이르되 선생님 청컨대 내 아들을 돌보아 주옵소서 이는 내 외아들이니이다 귀신이 그를 잡아 갑자기 부르짖게 하고 경련을 일으켜 거품을 흘리게 하며 몹시 상하게 하고야 겨우 떠나 가나이다 당신의 제자들에게 내쫓아 주기를 구하였으나 그들이 능히 못하더이다"(눅 9:37-40)라고 말한다. 우리 주님께서는 자신이 변모되신 그 산에 올라가실 때, 오직 세 제자만을 데리고 가셨고, 자신의 아홉 제자들과 많은 무리들을 산자락에 남겨 두셨었다. 복음서 기자는 주님이 산에 얼마나 오래 머무셨는지에 대해서 말해 주고 있지 않지만, 자신의 제자들과 무리들이 산 밑에서 그가 내려오시기를 기다리고 있었다는 점에서, 그렇게 오래 머물러 계시지는 않은 것으로 보인다. 주님이 산 위에 계시는 동안에, 몇몇 서기관들이 주님의 제자들에게 와서 논쟁을 벌이고 있었다. 우리 주님과 베드로와 야고보와 요한은 산에서 내려와서 무리들에게로 가셨고, 그들은 우리 주님을 보고 무척 반가워하며 달려와 인사를 하였다. 우리 주님은 그들이 무엇 때문에 논쟁하고 있는 것이냐고 물어보시고 있는데, 그 때에 어떤 사람이 와서 그 앞에 무릎을 꿇고 엎드려서, 자기 아들을 살려 달라고 읍소를 하였다. 그 사람의 아들의 상태에 대하여, 마태는 그 아들이 "간질로 심히 고생하여 자주 불에도 넘어지며 물에도 넘어진다"고 보도하고, 마가는 그 사람이 자기 아들을

"말 못하게 귀신 들린 아들"이라고 소개하고, "귀신이 어디서든지 그를 잡으면 거꾸러져 거품을 흘리며 이를 갈며 파리해진다"고 말한 것으로 보도하며, 누가는 그 사람이 자기 아들을 "외아들"이라고 소개하고, "귀신이 그를 잡아 갑자기 부르짖게 하고 경련을 일으켜 거품을 흘리게 하며 몹시 상하게 하고야 겨우 떠나" 간다고 말한 것으로 보도한다. 이 아들의 증상에 대한 설명을 보면, 그는 갑자기 쓰러져서 입에서 거품을 흘리며 온 몸을 부들부들 떠는 간질병에 걸렸던 것으로 보인다. 이 아들은 간질병에 걸렸을 뿐만 아니라 귀신도 들려서, 달이 차오르면 귀신이 그의 안에서 요동해서, 발작하여 적어도 한동안 말을 하지 못하고, 어떤 때에는 불 속으로, 어떤 때에는 물 속으로 넘어져서, 거품을 흘리며 이를 갈고 몹시 괴로워하였는데, 이것이 이 아들의 증상이었던 것으로 보인다. 그리스도께서 산에 올라가셔서 아직 오지 않으신 동안에, 이 아들의 아버지는 자기 아들을 고쳐 달라고 제자들에게 부탁했지만, 제자들은 이 아들을 고칠 수 없었다(우리는 그 이유를 나중에 듣게 될 것이다). 그래서 이 아버지는 그리스도를 보자 달려와서 도움을 청하게 된 것이었다.

17-18. [17]**예수께서 대답하여 이르시되 믿음이 없고 패역한 세대여 내가 얼마나 너희와 함께 있으며 얼마나 너희에게 참으리요 그를 이리로 데려오라 하시니라** [18]**이에 예수께서 꾸짖으시니 귀신이 나가고 아이가 그 때부터 나으니라.**

마가는 이 대목을 훨씬 더 자세하게 들려준다: "대답하여 이르시되 믿음이 없는 세대여 내가 얼마나 너희와 함께 있으며 얼마나 너희에게 참으리요 그를 내게로 데려오라 하시매 이에 데리고 오니 귀신이 예수를 보고 곧 그 아이로 심히 경련을 일으키게 하는지라 그가 땅에 엎드러져 구르며 거품을 흘리더라 예수께서 그 아버지에게 물으시되 언제부터 이렇게 되었느냐 하시니 이르되 어릴 때부터니이다 귀신이 그를 죽이려고 불과 물에 자주 던졌나이다 그러나 무엇을 하실 수 있거든 우리를 불쌍히 여기사 도와 주옵소서 예수께서 이르시되 할 수 있거든이 무슨 말이냐 믿는 자에게는 능히 하지 못할 일이 없느니라 하시니 곧 그 아이의 아버지가 소리를 질러 이르되 내가 믿나이다 나의 믿음 없는 것을 도와 주소서 하더라 예수께서 무리가 달려와 모이는 것을 보시고 그 더러운 귀신을 꾸짖어 이르시되 말 못하고 못 듣는 귀신아 내가 네게 명하노니 그 아이에게서 나오고 다시 들어가지 말라 하시매 귀신이 소리 지르며 아이로 심히 경련을 일으키게 하고 나가니 그 아이가 죽은 것 같이 되어 많은 사람이 말하기를 죽었다 하나 예수께서 그 손을 잡아 일으키시니 이에 일어서니라"(막 9:19-27). 누가는 이 이야기를 좀 더 짧게 보도하고 있고, 다른 복음서 기자들이 말하고 있는 것에 아무것도 추가하고 있지 않다(눅 9:41-42).

예수께서 대답하여 이르시되 믿음이 없고 패역한 세대여. 그리스도께서는 여기에서 그들이 하나님 앞에서 의롭다 하심을 얻게 해주는 그런 믿음이 없다고 말씀하시는 것이 아니라, 이적들을 베푸시는 하나님의 권능에 대한 믿음이 없는 자들이라고 말씀하시는 것이다. 하나님의 뜻을 드러내 주는 모든 계시는 믿음의 대상이다. 지금까지 그리스도께서는 자기가 하나님으로부터 보내심을 받았고, 이적들을 베푸는 권능을 부여받았다는 것을 유대인들에게 계시해 오셨다. 하지만 유대인들, 특히 서기관들은 그것을 믿지 않았다. 이 아들의 아버지가 이 경우에 보인 믿음은 아주 약한 것이었지만, 우리가 나중에 알 수 있듯이, 제자들의 믿음도 마찬가지였다. 따라서 우리는 그리스도께서 정도 차이가 있기는 하지만 이 세대 전체에 대하여 이렇게 말씀하신 것으로 이해해야 하는 것으로 보인다. 그가 그들을 "패역한 세대"라고 부르신 것은, 그들은 자기가 지금까지 베푼 권능을 충분히 두 눈으로 똑똑히 보아 왔고 경험해 왔는데도, 그들의 믿음은 분명하지 않고 강하지 않았기 때문이었다. 주님께서는 이 아버지에게 아들을 데려오라고 하셨고, 그 아들은 주님 앞에 왔다.

마가는 "귀신이 예수를 보고 곧 그 아이로 심히 경련을 일으키게 하는지라 그가 땅에 엎드러져 구르며 거품을 흘리더라"고 말한다. 우리 구주께서는 얼마든지 귀신이 그 아이를 이렇게 하는 것을 막으실 수 있으셨지만, 이적이 한층 더 돋보이도록 하시기 위하여 그냥 놓아두신 것으로 보인다. 하지만 이것은 우리가 어떤 식으로든 귀신에게 붙잡히게 되면 그 귀신의 손아귀에서 벗어나는 것이 아주 어렵다는 것, 그리고 그 귀신은 우리에게 해악을 끼치기 위해서 끝까지 우리를 떠나려고 하지 않고 버티며 발악을 한다는 것을 우리에게 잘 보여 준다. 그리스도께서는 이 아이가 언제부터 이랬느냐고 그 아버지에게 물으셨고, 그 아버지는 "어릴 때부터" 그랬다고 대답한다. 이것은 이 이적을 한층 더 두드러지게 해주는 역할을 하는데, 사실 그리스도께서 이렇게 질문하신 이유도 거기에 있었던 것으로 보인다. 아무리 오래되고 뿌리 깊은 병이라도, 그리스도께서 고치지 못하실 병은 없다. 이 아이의 아버지는 주님께 다시 한 번 도움을 청하는데, 그 말 속에는 그의 연약한 믿음이 그대로 드러난다: "무엇을 하실 수 있거든 우리를 불쌍히 여기사 도와주옵소서." 그 사람이 그리스도께 와서 울며불며 도움을 청한 것은 그리스도께서 자기 아들을 고치실 수 있으시다는 믿음이 그에게 있었음을 보여 주는 것이었다. 하지만 그가 "무엇을 하실 수 있거든"이라고 말한 것은 그의 믿음이 약하다는 것을 보여 주는 것이었다. 그리스도께서는 그 사람이 믿기만 한다면 모든 것이 가능하다고 그에게 말씀해 주신다. 사람들의 불신앙 외에는, 하나님의 손을 붙들어 맬 수 있는 것은 아무것도 없다. 복음서 기자는 가버나움에서는 그리스도께서 그들의 불신앙 때문에 거기서 많은 능력을 행할 수 없으셨다고 말하였다(마 13:58). 그러자 이 아버지는 "내가 믿나이다 나의 믿음 없는 것을 도와 주소서"라고 부르짖는다. 사람들이 진심으로 믿는데도, 거기에 불신앙이 섞여 있을 수 있다. 약한 믿음을 가진 사람들일지라도, 그들이 자신의 믿음이 약하다는 것을 알고서 더 강한 믿음을 갖기 위해 애쓸 때, 하나님께서는 그 약한 믿음에 대해서도 역사하신다. 그리스도께서는 "말 못하고 못 듣는 귀신"(이 귀신은 자기가 사로잡은 사람으로 하여금 말을 못하게 하고 못 듣게 하였기 때문에, 이렇게 불렀다)을 꾸짖으시며, "그 아이에게서 나오고 다시 들어가지 말라"고 명령하셨고, 귀신은 큰 소리를 지르며 그 아이로 발작하게 만들면서 나갔고, 그 아이는 마치 죽은 사람처럼 땅바닥에 누워 있었다. 이것은 인류에 대한 마귀의 악의와 앙심을 다시 한 번 우리에게 확증해 준다. 왜냐하면, 이렇게 귀신은 이 아이에게 자기가 마음먹은 대로 해악을 끼칠 수 없게 되었지만, 그런 상황에서도 자기가 할 수 있는 한 최대로 이 아이에게 해악을 끼치고서 나갔기 때문이다.

19-21. [19]이 때에 제자들이 조용히 예수께 나아와 이르되 우리는 어찌하여 쫓아내지 못하였나이까 [20]이르시되 너희 믿음이 작은 까닭이니라 진실로 너희에게 이르노니 만일 너희에게 믿음이 겨자씨 한 알 만큼만 있어도 이 산을 명하여 여기서 저기로 옮겨지라 하면 옮겨질 것이요 또 너희가 못할 것이 없으리라 [21](없음).

마가는 마태 본문에 나오는 내용만을 반복해서 들려준다. 우리 구주께서 여기에서 자신의 제자들이 이 귀신을 쫓아내지 못한 원인으로 지적하신 것은 그들의 불신앙이었다. 그들에게 믿음이 전혀 없다는 것이 아니라, 그들의 믿음이 약하다는 것이다. 여기에서 그리스도께서는 믿음의 권능과 불신앙의 해악을 다시 한 번 우리에게 보여 주신다. 이 본문의 분명한 의미는, 하나님을 흔들림 없이 견고하게 믿는 것이야말로 하나님께 영광을 돌리는 것이자 우리의 유익을 위한 것이고, 그러한 믿음을 통해서 하나님으로부터 얻을 수 없는 것은 아무것도 없다는 것이라고 나는 생각한다. 우리 구주께서 여기에서 이적들을 베푸시는 하나님의 권능을 믿는 믿음을 말씀하시는 것인지, 아니면 우리로 하여금 하나님 앞에서 의롭다 하심을 얻게 해주는 믿음을 말씀하시는 것인지는 확실하지 않지만, 나는 우리 구주께서 여기에서 어떤 믿음이든 진실한 믿음에 대하여 말씀하고 계시는 것이라고 본다. 우리의 믿음은 하나님의 권능과 약속을 믿는 믿음이어야 한다. 주님의 제자들에게 주어진 약속은 그들에게 하나님의 권능을 맡겨서 이적들을 베풀게 하시겠다는 약속이었기 때문에(마 10:1-42), 그것이 바로 그들의 믿음의 대상이었다. 그러나 이적들을 베푸는 것과 관련된 약속은 오직 제자들에게 적용될 수 있기는 하지만, 나는 우리 구주의 이 말씀을 좀 더 확장해서 적용하여야 한다고 본다. 하나님께서는 오로지 우리의 믿음만을 보시고서 모든 것을 주시겠다고 약속하셨다. 따라서 우리가 견고한 믿음을 갖기 위하여 금식으로 준비한 후에 간절하게 기도할 때, 하나님께서는 우리가 구하는 모든 것들을 기꺼이 들어주실 것이다. 어떤 것들은 좀 더 강한 기도와 간절하고 끈질긴 기도를 통해서만 얻을 수 있다. 그렇기 때문에, 우리는 어떤 일에 대해서는, 그 일을 놓고 기도로 씨름하며 애쓰고 힘써서 좀 더 어렵게 하나님을 움직여 그 긍휼하심을 얻게 될 때가 종종 있지만, 우리가 구하는 것이 하나님이 약속하신 것의 범위 내에 있기만 하다면, 견고한 믿음 위에서 간절하고 끈질기게 기도해서 얻을 수 없는 것은 아무것도 없다. 여기에서 사도들은 연약하고 불완전한 믿음을 지니고 있었을 뿐만 아니라, 간절하고 끈질기게 기도했어야 하는데도 불구하고 그렇게 하지 않았기 때문에, 이 아이를 고치는 일은 그들에게 너무나 어려운 일로 보일 수밖에 없었다.

22-23. [22]갈릴리에 모일 때에 예수께서 제자들에게 이르시되 인자가 장차 사람들의 손에 넘겨져 [23]죽임을 당하고 제삼일에 살아나리라 하시니 제자들이 매우 근심하더라.

마가는 "그 곳을 떠나 갈릴리 가운데로 지날새 예수께서 아무에게도 알리고자 아니하시니 이는 제자들을 가르치시며 또 인자가 사람들의 손에 넘겨져 죽임을 당하고 죽은 지 삼 일만에 살아나리라는 것을 말씀하셨기 때문이더라 그러나 제자들은 이 말씀을 깨닫지 못하고 묻기도 두려워하더라"(막 9:30-32)고 말한다. 누가는 "이 말을 너희 귀에 담아 두라 인자가 장차 사람들의 손에 넘겨지리라 하시되 그들이 이 말씀을 알지 못하니 이는 그들로 깨닫지 못하게 숨긴 바 되었음이라 또 그들은 이 말씀을 묻기도 두려워하더라"(눅 9:44-45)고 말한다. 그리스도께서는 "그들이 알아들을 수 있는 대로 말씀을 가르치셨고"(막 4:33), "내가 아직도 너희에게 이를 것이 많으나 지금은 너희가 감당하지 못하리라"(요 16:12)고 말씀하셨다. 이렇게 그는 자신이 지닌 하나님의 권능을 여러 이적들을 통해 확증하셔서, 그들이 자기가 참된 메시야라는 것을 믿게 될 때까지는, 자기가 죽임을 당하고 죽은 자 가운데서 다시 살아나게 되실 것에 대해서는 오랜 시간 아무 말씀도 하지 않으셨다. 그러나 그들이 곧 있게 될 자신의 죽음을 보고서, 자기가 메시야이자 하나님의 아들이라는 것에 대한 그들의 믿음이 약해지지 않도록 하시기 위하여, 이제 그는 자신의 수난에 대하여 그들에게 말씀해 주시기 시작하신다. 왜냐하면, 한편으로는 거의 대부분의 유대인들은 메시야는 이 세상의 왕으로 오셔서, 오랜 세월 동안 계속된 자신들의 종살이로부터 그들을 건져주실 것이라고 철석같이 믿고 있었고, 다른 한편으로는 아무리 제자들일지라도, 그들이 함께 하였던 그리스도께서 하나님의 아들이시라면, 어떻게 사람들의 손에 의해 죽임을 당할 수 있는지를 이해하기 힘들 것이었기 때문이었다. 그래서 그는 그들에게 자신의 수난에 대하여 한두 차례 말씀해 주셨고(마 16:21), 변화산에서는 모세와 엘리야와 더불어 자신의 수난에 대하여 말씀을 나누기도 하셨다(눅 9:31). 누가는 "그들이 이 말씀을 알지 못하니 이는 그들로 깨닫지 못하게 숨긴 바 되었음이라"고 말하고, "또 그들은 이 말씀을 묻기도 두려워하더라"고 말한다.

제자들이 매우 근심하더라. 그들은 아마도 그리스도께서 무슨 말씀을 하시는지를 알 수 없었고, 자신들이 빠져 있던 메시야 사상과 지금 그리스도로부터 들은 말씀을 서로 조화시킬 수 없었기 때문에 당혹해하고 근심했던 것 같다. 왜냐하면, 그들은 그 말씀의 의미를 제대로 깨닫지 못하고서, 우리 구주께서 하신 말씀을 액면 그대로 믿으려 하지 않고, 그 말씀 속에 무엇인가 다른 의미가 숨겨져 있는 것이라고 판단하여, 그 말씀을 그리스도께서 실제로 죽임을 당하신다는 말씀으로 듣지 않았던 까닭에, 근심할 이유가 전혀 없었기 때문이다.

24-27. [24]가버나움에 이르니 반 세겔 받는 자들이 베드로에게 나아와 이르되 너의 선생은 반 세겔을 내지 아니하느냐 [25]이르되 내신다 하고 집에 들어가니 예수께서 먼저 이르시되 시몬아 네 생각은 어떠하냐 세상 임금들이 누구에게 관세와 국세를 받느냐 자기 아들에게냐 타인에게냐 [26]베드로가 이르되 타인에게니이다 예수께서 이르시되 그렇다면 아들들은 세를 면하리라 [27]그러나 우리가 그들이 실족하지 않게 하기 위하여 네가 바다에 가서 낚시를 던져 먼저 오르는 고기를 가져 입을 열면 돈 한 세겔을 얻을 것이니 가져다가 나와 너를 위하여 주라 하시니라.

유대인들은 하나님의 율법을 따라 성전세로 매년 반 세겔을 내게 되어 있었다(출 30:13, 16). 반 세겔은 우리 돈으로 15펜스 정도에 해당하는 금액이었다. 어떤 이들은 여기에서 언급된 이 세금이 율법에서 정한 성전세였다는 것에 대하여 의문을 제기하고서, 이 세금은 로마 당국이 유대인들을 지배한 후에 각 사람에게 부과한 인두세로서 황제에게 바치는 국세였다고 주장하면서, 로마인들은 하나님께 드리는 헌물로서의 성전세를 황제에게 충성의 의미로 바치는 인두세로 전환해서 각 사람으로부터 반 세겔을 거두면, 비록 그 용도가 신성한 것에서 세속적인 것으로 바뀌기는 했지만, 반 세겔은 원래부터 유대인들이 내 왔던 세금이었기 때문에, 별로 큰 저항이 없을 것이라고 생각한 것이었다고 말한다. 하지만 이 세금이 율법에서 정한 성전세와 동일한 금액이었다는 사실과 우리 구주께서 나중에 하신 말씀을 종합해 보면, 우리는 이 세금을 출애굽기 30:13-16에 언급된 성전세였고, 여기에 등장하는 세금 징수인들은 제사장들이 보낸 관리들이었을 것이라고 보아야 한다.

베드로가 집에 들어왔을 때, 우리 구주께서는 베드로가 세금 징수인들에게 이미 "내신다"고 대답한 후였기 때문에, 먼저 베드로에게 세상의 왕들이 세금을 누구로부터 거두는지를 물으시면서, "자기 아들에게나 타인에게냐"라고 물으셨다. 우리는 여기에서 "아들들"은 왕들의 신민들이 아니라 친아들들을 가리키는 것으로 이해하여야 한다. 만일 신민들을 가리키는 것이었다면, 베드로가 "타인에게니이다"라고 대답하지도 않았을 것이고, 우리 구주께서도 "아들들은 세를 면하리라"고 말씀하지도 않으셨을 것이다. 왕들이 자신의 신민들로부터 세금을 거두는 것은 물어볼 필요도 없이 너무나 당연한 일이었다. 따라서 우리 구주께서 여기에서 말씀하시고자 하시는 것은, 이 세금은 하늘에 계신 내 아버지께서 거두시는 것이고, 나는 그의 아들이기 때문에, 나는 그 세금을 낼 필요가 없다는 것이다. 그러나 우리가 그들이 실족하지 않게 하기 위하여, 즉 우리가 하나님의 율법을 어기고 있다고 말할 빌미를 그들에게 주지 않기 위하여, 네가 바다, 즉 거기에서 가까이 있는 갈릴리 바다에 가서 낚시를 던져 먼저 오르는 고기를 가져 입을 열면 영국 돈으로 2.5실링 정도의 가치가 있는 돈 한 세겔을 얻을 것이니 가져다가 나와 너를 위하여 주라 하시니라. 이 돈이 어떻게 물고기의 입 속에 들어 있게 된 것인지에 대해서 논쟁하는 것은, 지금 말씀하시는 분이 만물의 창조주이시라는 사실을 생각하면, 정말 쓸데없는 짓이다. 교황주의자들은 그리스도께서 다른 제자들에 대해서는 언급하지 않으시고, 이 세금을 자기와 베드로의 몫으로 바치라고 말씀하셨다는 점에서, 이 본문은 베드로의 수장권을 증명해 주는 또 하나의 증거라고 주장하지만, 사실 그들은 아무것도 모르고 그런 주장을 하는 것이다. 가버나움은 베드로가 살고 있던 성읍이었고(우리는 앞에서 그리스도께서 거기에서 베드로의 장모의 열병을 고치신 일에 대하여 들은 바 있다), 따라서 제자들 중에서 이 세금을 내야 했던 사람은 오직 베드로뿐이었다.

이 본문은 우리에게 다음과 같은 교훈을 준다. 즉, 그리스도인들은 자신의 권리에 속한 일이라고 할지라도, 그 권리를 주장할 때에는, 복음에 피해를 입히게 될 수밖에 없는 경우에는, 기꺼이 그 권리를 포기하는 것이 마땅하다는 것이다. 여기에서 성전세를 내는 것은 율법에 규정된 것이었기 때문에(출 30:12-13), 만일 우리 구주께서 성전세를 내기를 거부하셨다면, 서기관들과 바리새인들은 하나님의 율법을 범하고 있다고 주장하면서 우리 구주를 성토하였을 것이다. 또한, 만약 이 세금이 성전세가 아니라 로마에서 부과한 인두세였다고 하여도, 그들은 우리 구주께서 로마에 반기를 들며 반역을 꾀하고 있다고 성토하며 소란을 피웠을 것이 틀림없다. 그래서 그리스도께서는 먼저 자기에게는 그러한 세금을 낼 의무가 없다는 것을 명확히 하신 후에, 사람들 앞에 걸림돌을 두지 않으시기 위하여, 자신의 그러한 권리를 양보하시고서 이 세금을 내신 것이었다. 우리는 하나님이 주신 권리를 결코 부정해서는 안 되지만, 그 권리를 잠시 양보하는 것은 합법적일 뿐만 아니라, 종종 아주 바람직하고 유익할 수 있다. 우리 구주께서는 사람들 앞에 걸림돌을 두시는 것이 아니라, 도리어 이 이적을 베푸셔서, 자기가 만왕의 왕이신 분의 아들이기 때문에 그러한 세금을 내지 않아도 된다는 것을 확증하시는 쪽을 택하셨다.

제18장

개요

1. 그리스도께서 제자들 앞에 한 어린 아이를 세우시고서 순수함과 겸손함의 모범이라고 하심(1-6).
2. 손이나 발이나 눈을 잃더라도, 형제를 실족하게 하지 말라고 경고하심(7-9).
3. 작은 자들을 구원하시는 것이 아버지의 뜻이기 때문에, 작은 자 중 하나라도 멸시해서는 안 된다고 경고하심(10-14).
4. 죄를 범한 형제를 어떻게 해야 하는지를 가르치심(15-20).
5. 한 왕이 자기로부터 거액을 탕감받고도 자신에게 조금 빚진 자에게는 긍휼을 베풀기를 거부한 종을 벌하였다는 비유를 통해서, 죄를 범한 형제를 끝없이 용서하라고 가르치심(21-35).

1. 그 때에 제자들이 예수께 나아와 이르되 천국에서는 누가 크니이까.

마가는 이 이야기를 좀 더 자세하게 들려주면서, 우리 구주께서 이 말씀을 가버나움에 있는 집에서 하셨고, 제자들에게 여기로 오는 도중에 무엇을 가지고 서로 토론한 것이냐고 물으신 것이 발단이 되었다고 말하고, 그들은 길에서 누가 가장 큰 자인지를 놓고 논쟁을 벌였기 때문에, 이 질문에 대하여 잠잠히 있었다고 말한다(막 9:33-34). 아울러, 그들은 이 문제에 대해서 그리스도께 여쭈어 보았을 것이다. 누가는 "제자 중에서 누가 크냐 하는 변론이 일어나니"(눅 9:46)라고 말한다. 그들이 길에서 서로 좀 더 사적인 말들을 하며 논쟁을 벌였던 문제는 바로 "누가 크냐" 하는 것이었다. 누가는 예수께서 그들의 마음의 생각들을 아셨다고 말한다. 주님께서는 우리가 그의 눈 앞에 있어야만 보고 아시는 것이 아니라, 우리가 어디에 있든, 우리를 늘 보시고 아신다. 시편 기자가 말하듯이, 주님은 우리의 모든 길을 둘러치고 계신다. 우리가 길 위에서 아무도 듣지 않을 것이라고 생각하여 말한 것들도, 주님은 다 듣고 아시기 때문에, 우리가 한 생각들이나 말들에 대하여 장차 책임을 물으실 것이다. 여기에서 제자들은 처음에는 자신들이 길에서 무엇을 생각하고 서로 논쟁하였는지를 말하는 것이 부끄러웠기 때문에 아무 말도 하지 않고 "잠잠하였지만"(막 9:34), 한참 후에 도리어 그리스도께 질문을 하였다. 그래서 마태는 "제자들이 예수께 나아와 이르되 천국에서는 누가 크니이까"라고 물었다고 말한다.

그렇다면, 그들이 여기에서 말한 "천국"은 무엇을 의미하는 것이었는가? 그리고 그들이 이런 논쟁을 하게 된 계기는 무엇이었는가? 그들이 말한 "천국"이 영광의 나라를 가리키는 것이 아니었다는 것은 거의 틀림없는 것 같다. 그렇다면, 그것은 교회 또는 복음 경륜을 가리키는 것이었을까? 가장 유력한 견해는 제자들은 유대인들이 메시야가 와서 이 땅에 건설할 것이라고 생각하였던 바로 그 지상 왕국을 염두에 두고 있었다는 것이다. 제자들은 다른 유대인들과 마찬가지로, 메시야가 와서 이 땅에 세상 나라를 세우실 것이라는 잘못된 사상에 물들어 있었던 것으로 보인다. 따라서 그들은 그리스도가 하나님이 약속하신 메시야이자 하나님의 아들이라고 믿고 고백하였다는 점에서는 믿지 않는 유대인들과 달랐지만, 결국에는 그리스도께서 세상 나라를 건설하실 것이라고 여전히 믿고 있었다. 우리는 그들의 그러한 잘못된 생각을 세 번에 걸쳐서 확인하게 되는데, 이 본문 외에도, 세베대의 두 아들의 어머니가 예수께 와서 "나의 이 두 아들을 주의 나라에서 하나는 주의 우편에, 하나는 주의 좌편에 앉게 명하소서"라고 한 것(마 20:21), 우리 구주께서 최후의 만찬을 베푸실 때에 "또 그들 사이에 그 중 누가 크냐 하는 다툼이 난" 것(눅 22:24), 그리스도께서 승천하실 때까지도 그들이 그의 나라의 성격에 대해서 온전히 알지 못하고, 여전히 그가 부활하신 후에 그의 나라를 이 땅에 세우시는 일을 시작하실 것이라고 기대하고서, "주께서 이스라엘 나라를 회복하심이 이 때니이까"라고 물은 것(행 1:6)이 바로 그런 경우들이다.

어떤 이들은 이 때에 그들의 시기심과 야심을 불러일으킨 계기가 된 것은 우리 구주께서 베드로에게 천국의 열쇠를 약속하신 일(마 16:19)과 베드로를 위해 성전세를 내신 일(마 17:24-27)이었다고 생각한다. 그러나 이 두 일은 그 어느 것도 제자들 사이에서 이 논쟁이 일어나게 된 계기가 될 수 없다. 왜냐하면, 베드로에게 이미 천국의 열쇠가 주어진 것이라면, 그 열쇠를 가진 자가 가장 큰 자일 것은 너무나 분명한 일이었을 것인 까닭에, 이 문제는 이미 해결된 것이었고, 그들이 굳이 이 문제를 다시 제기하여 논쟁할 이유가 없었을 것이고, 또한 우리 구주께서 베드로를 위하여 세금을 내주신 것은 너무 미미한 일이어서, 제자들이 시기할 정도의 일은 아니었기 때문이었다. 게다가, 제자들이 누가 크냐는 문제를 놓고 논쟁을 벌인 것은 가버나움으로 가는 길 위에서 벌어진 일이었던 반면에, 세금 문제는 가버나움에 있는 집에 도착한 후에 일어난 일이었다. 그러나 제자들은 메시야의 나라가 어느 곳에 세워질지는 알 수 없어도 분명히 이 땅 위에 세워질 것이라고 생각하였다는 것은 의심의 여지가 없다. 그리고 그리스도께서 국세에 대하여 말씀하실 때, 자기가 왕의 아들이라는 것을 분명히 하셨기 때문에, 그들은 그리스도께서 최근에 말씀하신 그의 죽음과 부활 이후에 그의 나라가 세워질 것이라고 생각하였고, 이것은 사도행전 1:6이 잘 보여 준다. 따라서 그들은 이제 그 나라를 어디에 세워야 하는지를 말해야 할 때가 되었다고 생각해서, 그들끼리 그 문제에 대하여 논쟁을 벌였지만, 결론을 얻을 수 없었다. 그들 중에는 그리스도의 가까운 친척도 있었고(야고보, 갈 1:19), 좀 더 두드러진 제자들도 있었다. 그래서 그리스도께서는 그런 이유 때문에 그들 중의 두 사람에게 "우레의 아들"이라는 이름도 붙여 주셨다. 또한, 그리스도로부터 좀 더 특별한 총애를 받은 제자들도 있었는데, 특히 요한은 "사랑하시는 제자"라 불렸고, 베드로와 야고보와 요한은 그리스도께서 변화산에 올라가실 때에 동행한 제자들이었다. 이러한 일들은 제자들 사이에서 시기심과 경쟁심을 불러일으켰을 것이고, 아울러 논쟁을 야기시켰을 것이다. 그래서 그들은 우리 구주께서 나아와서 이 문제를 해결해 달라고 요청한다.

우리는 여기에서 다음과 같은 교훈을 얻는다. (1) 우리는 흙으로 만들어진 자들이고 땅에 속한 자들이기 때문에, 신령한 일들을 깨닫고 아는 데 아주 둔한 자들이라는 것이다. (2) 우리는 좀 더 고귀한 신령하고 영원한 일들을 소홀히 하고, 우리 자신이 높아지고 잘되는 것을 추구하기가 너무나 쉽다는 것이다. 이 본문은 아무리 선한 사람들일지라도 땅에 속한 생각을 하고 야심과 시기심과 경쟁심을 품게 되면, 위에 있는 것들을 진정으로 깨닫고 믿으며 구하기가 힘들어진다는 것을 잘 보여 준다. 이제 우리는 우리 구주께서 이 문제에 대하여 자신의 제자들에게 어떤 식으로 대답하셨는지를 살펴볼 차례이다.

2-4. [2]예수께서 한 어린 아이를 불러 그들 가운데 세우시고 [3]이르시되 진실로 너희에게 이르노니 너희가 돌이켜 어린 아이들과 같이 되지 아니하면 결단코 천국에 들어가지 못하리라 [4]그러므로 누구든지 이 어린 아이와 같이 자기를 낮추는 사람이 천국에서 큰 자니라.

마가는 "예수께서 앉으사 열두 제자를 불러서 이르시되 누구든지 첫째가 되고자 하면 뭇 사람의 끝이 되며 뭇 사람을 섬기는 자가 되어야 하리라 하시고 어린 아이 하나를 데려다가 그들 가운데 세우시고 안으시며 제자들에게 이르시되 누구든지 내 이름으로 이런 어린 아이 하나를 영접하면 곧 나를 영접함이요 누구든지 나를 영접하면 나를 영접함이 아니요 나를 보내신 이를 영접함이니라"(막 9:35-37)고 말한다. 누가는 단지 "예수께서 … 어린 아이 하나를 데려다가 자기 곁에 세우시고"(눅 9:47)라고 말한 후에, "너희 모든 사람 중에 가장 작은 그가 큰 자니라"(눅 9:48)는 말씀을 덧붙인다. 교황주의자들의 주장처럼, 만일 우리 구주께서 교회에 있어서의 그 어떤 수장권을 염두에 두고 계신 것이었다면, 얼마든지 여기에서 베드로가 가장 큰 자가 될 것이라고 선언하실 수 있으셨을 것이다. 만일 그리스도께 그런 의도가 있으셨다면, 이 때는 자신의 뜻을 밝힐 수 있는 아주 좋은 기회였다. 그러나 여기에는 그런 뉘앙스를 풍기는 말씀이 전혀 나오지 않는다.

마가는 이렇게 말한다. (1) 우리 구주께서 "앉으셨다." 이 자세는 당시에 랍비들이 사람들을 가르칠 때에 자신들의 권위를 나타내기 위하여 취한 자세였다. (2) 우리 구주께서 "열두 제자를 부르셨다." 이것은 자기가 지금부터 말하고자 하는 것이 어느 특정한 사람들만이 아니라 모든 사람들이 알아야 할 중요한 내용이어서, 특히 열두 사도가 잘 배워서 다른 사람들에게 가르쳐야 했기 때문이었다. 마가는 우리 구주께서 "누구든지 첫째가 되고자 하면 뭇 사람의 끝이 되며 뭇 사람을 섬기는 자가 되어야 하리라"고 말씀하셨다고 전해 주고, 누가는 거기에 "너희 모든 사람 중에 가장 작은 그가 큰 자니라"는 말씀을 덧붙인다. 즉, 그리스도께서는 첫째가 되고자 하지 않는 자, 교만이나 야심과는 거리가 아주 먼 자, 세상 사람들이 좋아하는 첫째 되는 것을 가장 멸시하는 자가 가장 큰 자가 될 것이라고 말씀하신 것이다. 교만하고 야심 있는 자, 자기 자신을 높이고자 하는 자는 천국에서 가장 작은 자가 될 것이다. 그런 자는 은혜도 가장 적게 받게 될 것이고, 그리스도인들 사이에서 존경이나 명성도 가장 적게 얻을 것이며, 영광의 나라에서 첫째가 아니라 꼴찌가 될 것이다. 그런 후에, 우리 구주께서는 "어린 아이 하나"를 데려다가 그들 가운데 세우시고 안으셨다. 왜냐하면, 어린 아이야말로 그들에게 겸손을 가르치는 데 가장 적합한 모범이었기 때문이었다. 이렇게 모형이나 모범을 통해서 가르치는 것은 옛 사람들이 통상적으로 사용해 온 방식이었다(렘 19:10; 27:2). 그리스도께서는 어린 아이를 안으신 채 이렇게 교훈을 베푸신다: "진실로 너희에게 이르노니 너희가 돌이켜 어린 아이들과 같이 되지 아니하면 결단코 천국에 들어가지 못하리라 그러므로 누구든지 이 어린 아이와 같이 자기를 낮추는 사람이 천국에서 큰 자니라." 우리 구주께서는 "진실로"를 덧붙이심으로써 이 말씀에 한층 더 큰 권위를 부여하신다. 여기에서 "돌이켜"로 번역된 '스트라페테'(στραφητε)는 한 심령이 죄의 상태로부터 회심하거나 변화되어 하나님께로 돌이키는 것을 가리키는 것이 아니라(사도들은 이미 그러한 회심을 한 사람들이었기 때문에), 그들의 심령이 특정한 욕망이나 잘못으로부터 돌이켜서 진리와 성결의 올바른 길로 향하는 것을 가리킨다: 너희의 교만과 야심을 회개하지 아니하면, 너희는 결단코 구원받을 수 없다. 바로 다음에 나오는 "어린 아이들과 같이 되지 아니하면"이라는 말씀이 "돌이킨다"는 것이 무엇을 의미하는지를 잘 보여 준다. 여기에서 "어린 아이들과 같이 된다"는 것은, 독일의 재세례파가 꿈꾸었듯이, 길거리에서 천진난만하게 떠들며 노는 것과 같이 어린 아이들이 보여 주는 모든 것들을 그대로 본받으라는 의미가 아니라, 마태 본문이 말하고 있듯이 "어린 아이와 같이 자기를 낮추는 사람"이 되는 것을 의미한다. (1) 어린 아이들은 권력이 무엇을 의미하는지는 모르기 때문에, 권력에 대한 욕심이나 야심이 없다. (2) 어린 아이들은 자기를 자랑하거나 뽐내는 것이 없고, 남들보다 더 우월해지려고 하는 마음도 없다. (3) 어린 아이들은 가르침과 교훈을 잘 받아들인다. (4) 어린 아이들은 부모님의 보살핌을 믿고 의지해서 살아가기 때문에 염려하지 않는다. (5) 어린 아이들은 악의나 앙심이 없다. 사도 바울은 "악에는 어린 아이가 되라"(고전 14:20)고 말한다. 우리 구주께서는 여기에서 특히 처음 세 가지를 염두에 두셨다. 너희가 이렇게 어린 아이들 같이 되지 않는다면, 너희는 하나님 나라에서 큰 자들이 되지 못할 뿐만 아니라, 아예 그 나라에 들어가지도 못할 것이다.

따라서 이 본문은 우리 모두에게 다음과 같은 교훈들을 가르쳐 준다. (1) 구원을 얻기 위해서는 낮아지는 것이 필수적이다. (2) 회심한 심령들일지라도 날마다 새롭게 회심할 필요가 있다. 우리는 죽을 때까지 계속해서 회개해도 온전히 다 회개할 수 없기 때문이다. (3) 야심과 교만은 하나님의 눈에 가증스러운 것이고, 그런 것들이 복음의 일꾼들 안에 있을 때에는 특히 더 그러하다. (4) 교회 안에서 큰 자가 되는 길은 자기를 낮추는 것이다. (5) 참된 겸손은, 우리 자신을 대단한 사람으로 생각하지 않고 도리어 아무것도 아닌 하찮은 자로 여기고, 우리 자신을 지혜롭다고 여기지 말고 스스로를 낮추고(롬 12:16) 다른 사람들을 높이는(롬 12:10) 데 있다.

5-6. [5]또 누구든지 내 이름으로 이런 어린 아이 하나를 영접하면 곧 나를 영접함이니 [6]누구든지 나를 믿는 이 작은 자 중 하나를 실족하게 하면 차라리 연자 맷돌이 그 목에 달려서 깊은 바다에 빠뜨려지는 것이 나으니라.

마가는 "누구든지 내 이름으로 이런 어린 아이 하나를 영접하면 곧 나를 영접함이요 누구든지 나를 영접하면 나를 영접함이 아니요 나를 보내신 이를 영접함이니라"(막 9:37)이라고 말한 후에, "또 누구든지 나를 믿는 이 작은 자들 중 하나라도 실족하게 하면 차라리 연자맷돌이 그 목에 매여 바다에 던져지는 것이 나으리라"(막 9:42)는 말씀을 덧붙인다. 우리 주님께서는 앞에서 어린 아이들 같은 자들이 하나님의 나라에서 큰 자들이 될 것이라고 선언하신 후에, 여기에서는 자신의 섭리를 따라 그들을 돌보시고 지키실 것임을 보여 주신다. 즉, 이 어린 아이들 같은 자들의 친구가 되어 주는 자들은 우리 주님의 친구가 될 것이고, 그들의 원수가 되는 자들은 우리 주님의 원수가 되리라는 것이다. "누구든지 이런 어린 아이 하나," 즉 겸손한 그리스도인 한 명을 "영접하면 곧 나를 영접하는" 것이다. "이런 어린 아이 하나"는 다음 절에서는 "나를 믿는 이 작은 자 중 하나"로 표현된다. "영접한다"는 것은 호의나 선의를 베푸는 것을 의미한다. 그리스도께서는 사람들이 자기를 믿는 자에게 베푸는 호의나 선의를 자기에게 베푼 것으로 간주하시겠다고 선언하시는 것이다. 이것은 마태복음 10:40-42의 말씀과 그 취지가 동일하다. 마가는 "누구든지 나를 영접하면 나를 보내신 이를 영접함이니라"는 말씀을 덧붙이신다. 그 이유는, 그리스도와 아버지 하나님은 하나여서, 아버지께서는 사람들이 그리스도께 베푼 호의나 선의를 자기에게 베푼 것으로 여기시고, 그리스도께서는 자기를 믿는 작은 자에게 사람들이 베푼 호의나 선의를 자기에게 베푼 것으로 여기시기 때문이다. 마태복음 25:34-46을 보라.

누구든지 나를 믿는 이 작은 자 중 하나를 실족하게 하면. "실족하게 하는" 것은 어떤 사람 앞에 걸림돌을 놓는 것을 의미하기 때문에, 그리스도를 믿는 "작은 자들"에게 아부하거나 그들을 박해함으로써 그 시험을 견디지 못하고 하나님을 거슬러 범죄하게 만드는 것을 의미하는데, 여기에서는 아부하는 것보다는 박해하는 것에 더 무게가 두어지고 있는 것으로 보인다. 따라서 "실족하게 한다"는 것은, 그들이 그리스도를 시인하고 복음을 고백한다는 이유로, 그들에게 해악을 가하는 것을 의미한다. 신앙으로 인한 그러한 박해는 그들의 육신과 외적인 것들에 해악을 가하여 그들을 넘어지게 한다는 점에서 걸림돌일 뿐만 아니라, 그러한 위험들이 그리스도인들을 압박해서 진리와 성결의 올바른 길에서 떠나게 만든다는 점에서 그들의 심령에도 걸림돌로 작용한다. **차라리 연자 맷돌이 그 목에 달려서 깊은 바다에 빠뜨려지는 것이 나으니라.** '뮐로스 오니코스' (*μύλος ὀνικὸς*)는 "연자 맷돌"로서, 그 무게가 아주 무거워서 나귀들로 하여금 끌게 한다. 어떤 이들은 우리 구주께서 여기에서 흉악범들을 처형할 때에 사용하던 형벌 방식을 염두에 두시고 이 말씀을 하신 것이라고 생각한다. 그들은 유대인들 가운데서는 이러한 형벌이 사용되지 않았지만, 다른 여러 나라들에서는 흉악범의 목에 돌을 매달아 바다에 던지는 식으로 사형을 집행하는 방식이 사용되었다고 말한다. 이 본문에 그러한 형벌이 암시되어 있든 아니든, 그런 것은 그렇게 중요하지 않다. 중요한 것은 이 말씀은 연자 맷돌의 무게와 바다의 깊음을 통해서 확실한 멸망을 보여 주고 있다는 것이다. 그리스도께서 이렇게 확실한 멸망을 말씀하신 것은 그를 믿는 작은 자를 실족하게 한 자들이 받게 될 영원한 형벌을 염두에 두신 것이었다.

**7-9. [7]실족하게 하는 일들이 있음으로 말미암아 세상에 화가 있도다 실족하게 하
는 일이 없을 수는 없으나 실족하게 하는 그 사람에게는 화가 있도다 [8]만일 네 손이
나 네 발이 너를 범죄하게 하거든 찍어 내버리라 장애인이나 다리 저는 자로 영생
에 들어가는 것이 두 손과 두 발을 가지고 영원한 불에 던져지는 것보다 나으니라 [9]
만일 네 눈이 너를 범죄하게 하거든 빼어 내버리라 한 눈으로 영생에 들어가는 것
이 두 눈을 가지고 지옥 불에 던져지는 것보다 나으니라.**

실족하게 하는 일들은 여기에서 심령들로 하여금 시험에 걸려 넘어져서 죄를 짓게 만드는 사람들이나 행위들을 의미한다. 우리 구주께서는 세상은 그러한 시험들(temptations)로 가득하다고 말씀하신다. 사람들로 하여금 죄를 짓게 만드는 시험들은 도처에 있다. 사람들을 유혹하고 구슬러서 악으로 유인하는 시험들도 있고, 사람들에게 죄악의 달콤함을 보여 주는 시험들도 있으며, 그럴 듯한 장밋빛 청사진을 제시하며 죄악으로 유도하는 시험들도 있고, 그렇게 하지 않으면 형벌을 받게 될 것이라고 위협해서 사람들을 죄악으로 몰아가는 시험들도 있다. 하지만 세상은 그런 식으로 실족하게 한 것에 대한 끔찍한 대가로 언젠가는 "화"를 입게 될 것이다. 실족하게 하는 일이 없을 수는 없으나. 하나님께서 자신의 지혜로우신 섭리를 따라 정하신 실서는, 모든 사람의 마음의 정욕들을 다 제어하시는 것이 아니라, 어떤 사람들에게는 그들 자신의 길로 행하도록 허용하시는 것이었다. 권력을 쥔 자들은 자기 아랫사람들에게 죄악된 일을 행하라고 명령할 것이고, 그렇게 하지 않으면 벌을 주겠다고 위협하며 겁을 주어서 강제로 그 일을 하게 만들 것이다. 동료들이나 후배들은 죄악의 길의 쾌락을 보여 주며 그 길로 함께 가자고 유혹하고 구스를 것이다. 그러나 그런 식으로 사람들을 실족하게 하는 자들에게는 화가 있을 것이다! 우리 구주께서는 죄를 짓는 것을 정말 크게 두려워하여야 한다고 하시면서, 이 세상에서 눈이나 손이나 발 같이 너희에게 아주 소중한 것들이라고 할지라도, 그것들이 너희에게 죄를 짓게 만든다면, 그것들을 잘라내 버리는 것이 범죄하는 것보다 더 낫

다고 말씀하신다.

8절과 9절에 나오는 말씀에 대해서는 우리가 마태복음 5:29을 다룰 때에 이미 살펴본 바 있기 때문에 거기를 참조하면 될 것이다. 마가복음 9:43-48에도 동일한 내용이 나오는데, 거기에서는 "장애인으로"(43절) "다리 저는 자로"(45절) "한 눈으로"(47절) "영생" 또는 "하나님 나라에 들어가는 것이" "두 손을 가지고"(43절) "두 발을 가지고"(45절) "두 눈을 가지고"(47절) "지옥 곧 꺼지지 않는 불에 들어가는 것"이나 "지옥에 던져지는 것보다 나으니라"고 세 번에 걸쳐서 말한 후에, "거기에서는 구더기도 죽지 않고 불도 꺼지지 아니하느니라"(48절)는 말씀을 덧붙이는데, 이 말씀은 이사야 66:24로부터 가져온 것으로서, 죄인들이 받게 될 비참한 형벌이 영원할 것임을 의미한다.

10. 삼가 이 작은 자 중의 하나도 업신여기지 말라 너희에게 말하노니 그들의 천사들이 하늘에서 하늘에 계신 내 아버지의 얼굴을 항상 뵈옵느니라.

우리 구주께서는 앞에서 그를 믿는 심령들이 세상 사람들의 눈에는 아무리 하찮아 보여도 그에게는 너무나 소중한 자들이라는 것을 선언하신 후에, 이제 여기에서는 하늘에 계신 아버지 하나님께서 그들을 돌보고 계시고, 자신의 천사들을 시켜서 그들을 보살피게 하고 계시기 때문에(시 34:7; 91:11; 히 1:14), 결코 그들을 "업신여기고" 무시하거나 멸시하지 말라고 다시 한 번 세상 사람들에게 명령하신다. 주님은 "그들의 천사들이 하늘에서 하늘에 계신 내 아버지의 얼굴을 항상 뵈옵느니라"고 말씀하신다. 즉, 그를 믿는 자들을 보살피는 천사들이 하나님 앞에서 하나님의 뜻을 언제라도 집행할 준비를 하고 대기하고 있다는 것이다. 따라서 주님은 여기에서 그를 믿는 자들을 멸시하는 것은 꼴사나운 합당치 못한 짓일 뿐만 아니라, 위험을 자초하는 일이라고 말씀하고 계시는 것이다. 하늘에 계신 너희의 아버지는 이 작은 자들을 너무나 사랑하셔서, 자신의 천사들에게 그들을 각별히 보살피라고 명령하셨고, 이 천사들은 늘 하나님 앞에 있으면서, 이 작은 자들이 세상에서 어떤 대우를 받고 있는지를 즉각 하나님께 보고하고, 아울러 하나님이 이토록 각별하게 보호하시는 자들을 무시하고 멸시하며 모욕하는 자들에 대하여 원수를 갚는 일을 수행하는 일을 하고 있다.

이 본문을 근거로 해서, 하나님의 각각의 자녀들을 섬기는 수호천사가 있다고 주장하는 것은 허무맹랑한 짓이다. 우리 구주께서는 그들 각각의 천사라고 말씀하지 않으시고, 그들의 천사들이라고 말씀하신다. 그리고 모든 천사들은 하나님의 택하신 자들의 유익을 위하여 "섬기는 영들"(히 1:14)이기 때문에, 각각의 신자에게 수호천사가 하나씩 붙어 있다는 주장은 터무니없다. 설령 그런 주장이 옳다고 할지라도, 이 본문이 그런 주장을 밑받침해 주지는 않는다.

11. 인자가 온 것은 잃어버린 자를 찾아 구원하려 함이니라.

(한글개역개정에는 11절이 없고, 이것은 KJV의 본문이다 — 역주) 우리는 누가복음 19:10에서도 이것과 동일한 말씀을 보지만, 거기에서는 이 말씀이 여기에서와는 다른 맥락 속에서 등장한다. 우리 구주께서는 여기에서 그를 믿는 작은 자들을 실족하게 하지 말라고 경고하신 후에, 거기에서 좀 더 깊은 차원으로 이 논증을 이어가신다. 모든 걸림돌은 거기에 걸려 넘어진 자를 파멸시키고 멸망에 빠뜨리고자 하는 성향을 지니고 있다. 테르툴리아누스(Tertullian)는 "사람들을 서서히 지옥으로 끌고 가는 악성을 지니지 않은 걸림돌이란 존재하지 않는다"(scandalum non est nisi malae rei aeidificans ad Gehennam)고 말하였고, 이 교부보다 더 큰 인물도 동일한 교훈을 우리에게 가르쳤다: "만일 음식으로 말미암아 네 형제가 근심하게 되면 이는 네가 사랑으로 행하지 아니함이라 그리스도께서 대신하여 죽으신 형제를 네 음식으로 망하게 하지 말라"(롬 14:15); "네 지식으로 그 믿음이 약한 자가 멸망하나니 그는 그리스도께서 위하여 죽으신 형제라"(고전 8:11).

이제 우리 구주께서는 인자가 온 것은 잃어버린 자를 찾아 구원하려 하는 것이기 때문에, 너희가 어떤 사람을 멸망하게 하는 원인이자 도구가 되지 않도록 조심하지 않으면 안 된다고 말씀하신다. 또는, 너희는 나를 믿는 가난하고 미천한 심령들을 멸시받을 만한 비천한 자들이라고 여겨서, 그들을 멸시해도 괜찮을 것이라고 생각할지 모른다. 하지만 너희는 내가 그렇게 미천하고 멸시받을 만한 상태에 있는 모든 자들을 멸시하지 않고, 도리어 구원하려고 왔다는 것을 알지 못하는 것이냐? 나는 그들을 구원하러 왔는데, 너희는 그들을 멸망시키는 것을 너희의 일로 삼고자 하는 것이냐?

12-14. [12]너희 생각에는 어떠하냐 만일 어떤 사람이 양 백 마리가 있는데 그 중의 하나가 길을 잃었으면 그 아흔아홉 마리를 산에 두고 가서 길 잃은 양을 찾지 않겠느냐 [13]진실로 너희에게 이르노니 만일 찾으면 길을 잃지 아니한 아흔아홉 마리보다 이것을 더 기뻐하리라 [14]이와 같이 이 작은 자 중의 하나라도 잃는 것은 하늘에 계신 너희 아버지의 뜻이 아니니라.

이 비유는 누가복음 15:4-7에 좀 더 자세하게 나와 있다. 우리 구주께서 이 비유를 여기에서 들려주시는 목적은 14절에 나오는데, 그것은 가장 작고 미천한 신자 한 사람이라도 멸망하지 않게 하는 것이 하늘에 계신 우리 아버지의 뜻임을 우리에게 보여 주시기 위한 것이다. 우리가 이미 앞에서 보았듯이, 각각의 걸림돌이나 실족하게 하는 것은 거기에 걸려 넘어지는 영혼을 멸망하게 하는 성향을 지니고 있다. 우리 구주께서는 너희는 다른 사람들 앞에 걸림돌이나 실족하게 하는 것을 두지 않도록 조심하라고 말씀하시면서, 너희가 걸림돌에 넘어져서 실족하여 어그러진 길로 가는 사람들을 보았다면 어떻게 할 것이냐고 반문하신다. 너희의 양이 길을 잃어 어디로 가버렸다면, 너희는 그 양을 무시하고 길을 잃고 헤매다가 죽게 내버려 두는 것이 아니라, 그 뒤를 쫓아가서 온 산을 뒤져서 그 잃어버린 양을 찾아서 안전하게 데려오려고 할 것이고, 그렇게 해서 잃어버린 양을 찾으면, 나머지 양 아흔아홉 마리보다 다시 찾은 양 한 마리로 인하여 더 기뻐하고 즐거워하게 될 것이다. 너희는 너희가 기르는 양에게도 이렇게 하는데, 하물며 잃어버린 사람들에 대해서는 그들을 무시하고 멸시하며 냉정하고 무자비하게 내버려 두려고 하는 것인가? 너희가 나의 양들이 길을 잃고 헤매는 것을 본다면, 그 양들 앞에 걸림돌들을 추가로 두어서 계속해서 걸려 넘어지게 하는 것이 아니라, "온유한 심령으로 그러한 자를 바로잡는"(갈 6:1) 것이 합당하지 않겠는가? 내 아버지께서는 잃어버린 사람들에게 그렇게 해 오셨는데, 내가 잃어버린 자를 찾아 구원하러 온 것이, 나의 작은 자들 중 단 한 사람이라도 잃지 않는 것이 아버지의 뜻임을 너희에게 보여 주는 증거이다.

15-17. [15]네 형제가 죄를 범하거든 가서 너와 그 사람과만 상대하여 권고하라 만일 들으면 네가 네 형제를 얻은 것이요 [16]만일 듣지 않거든 한두 사람을 데리고 가서 두세 증인의 입으로 말마다 확증하게 하라 [17]만일 그들의 말도 듣지 않거든 교회에 말하고 교회의 말도 듣지 않거든 이방인과 세리와 같이 여기라.

우리 구주께서 형제들을 실족하게 하지 말라고 하신 앞서의 말씀에 이 말씀을 더하신 것은 대단히 적절한 일이었다. 왜냐하면, 사람들은 우리 구주께서 앞서 하신 말씀을 듣고, 그 말씀이 "네 이웃을 반드시 견책해서" 그 이웃으로 하여금 죄를 짓지 않게 하라고 하신 율법(레 19:17)을 대체한 것이라고 오해하고서, 형제들이 죄를 짓더라도 그들을 견책하면 도리어 그들이 실족할 수 있기 때문에 적당히 넘어가는 것이 좋다고 하신 말씀으로 생각하는 일이 없도록 하시기 위하여, 이 말씀을 더하신 것이기 때문이다. 그리스도께서는 여기에서 범죄한 자들을 견책하는 것이 그들을 걸려 넘어지게 하는 걸림돌이 될 것을 우려하여 그들을 견책하지 말라고 말씀하신 것이 아님을 분명히 하시고서, 도리어 범죄한 자들을 견책하지 않는 것은 사랑이라는 미명 하에 그들의 영혼을 파멸시키는 죄악을 저지르는 것이기 때문에, 그들에 대한 사랑을 거두어들이는 것이라고 말씀하신다.

다만 범죄한 자들에 대한 견책은 순서를 따라 진행되어야 하는데, 우리 구주께서는 여기에서 우리에게 그 순서를 다음과 같이 하라고 말씀하신다. (1) 가장 먼저 해야 할 것은 범죄한 형제와 단 둘이 만나 권고하는 것이다. (2) 그렇게 해서 효과가 없었을 때에는, 한두 사람을 데리고 가서 함께 그 범죄한 형제를 만나 얘기를 나누고, 그 두세 사람으로 거기에서 나눈 모든 말에 대해 증인들이 되게 하여야 한다. (3) 그렇게 해도 소용이 없는 경우에는, 이 사실을 교회에 알려야 한다. (4) 마지막으로, 범죄한 형제가 "교회의 말도 듣지 않거든 이방인과 세리와 같이 여겨야" 한다.

네 형제가 죄를 범하거든 가서 너와 그 사람과만 상대하여 권고하라. 여기에서 "형제"는 그리스도인을 의미한다. 외인들을 판단하는 일은 교회와 아무 상관이 없기 때문이다(고전 5:12). 어떤 이들은 여기에서 말하는 "죄"는 오직 한 사람만 알고 다른 사람들은 모르게 아주 은밀하게 행해진 죄들을 가리킨다고 해석한다. 그러나 그런 죄라면, 그 사람에게 갈 필요도 없을 것이고, 증인들을 세워도 아무것도 증명할 수 없을 것이기 때문에 증인들도 필요 없을 것이라는 반론이 제기될 수 있다. 그래서 어떤 이들은 여기에 언급된 "죄"는 어떤 형제가 다른 형제에게 사적인 잘못을 하였고, 그 다른 형제가 잘못을 범한 형제를 용서해 줄 수 있는 그런 죄를 가리키는 것이라고 본다(눅 17:3). 또한, 어떤 이들은 여기에서는 일차적으로는 그러한 사적인 잘못을 가리키는 것이기는 하지만, 이 말씀은 단지 어떤 개인에 대하여 저질러진 사적인 죄에 국한되지 않고, 모든 범죄, 즉 하나님이나 우리 자신이나 우리의 이웃들에 대하여 저질러진 모든 죄에도 그대로 적용된다고 생각하고서, 우리 구주께서 "네게 대하여"(KJV)라는 어구를 더하신 것은 공적인 범죄들과 구별하시기 위한 것이라고 본다. 왜냐하면, 공적이고 공개적인 죄를 범한 자들에 대해서는 "모든 사람 앞에서 꾸짖어 나머지 사람들로 두려워하게 하는"(딤전 5:20) 것이 하나님의 뜻인 것으로 보이기 때문이다. 따라서 우리 구주께서 여기에서 하신 말씀은 사적인 잘못들에 대한 것으로 보인다. 즉, 한 사람이 보거나 들은 어떤 범죄들만이 아니라, 많은 사람들에게 알려지거나 많은 사람들 앞에서 공개적으로 저질러진 것이 아니라 좀 더 은밀하게 저질러져서 몇몇 사람들만이 알고 있는 그런 범죄들이 거기에 해당한다. 그런 경우에 우리가 어떤 그리스도인이 그런 범죄를 저질렀다는 것을 확인하였다면, 그 범죄를 널리 알리지 말고, 먼저 그 범죄한 형제를 단 둘이 만나서, 그 형제가 잘못 말하였거나 행한 것에 대하여 우리가 알고 있거나 들은 것을 그 형제에게 말해 줄 뿐만 아니라, 그 일이 죄악된 것임을 알려주고 권면하여야 한다는 것이 하나님의 뜻이다.

만일 들으면 네가 네 형제를 얻은 것이요. 그 형제가 자신의 죄를 시인하고, 그 죄를 보며 마음 아파하며, 다시는 그런 죄를 범하지 않겠다고 결심한다면, 너는 네 형제의 영혼을 얻은 것이다. 그러나 **만일 듣지 않거든,** 즉 그 형제가 자기가 그런 일을 했다는 사실 자체를 부인하거나, 그 사실을 인정하면서도, 자신의 행위를 끝까지 정당화하고자 한다면, **한두 사람을 데리고 가서 두세 증인의 입으로 말마다 확증하게 하라.** 너는 그 형제가 너보다 더 권위가 있다고 여기고 있어서 그의 말을 더 진지하게 들을 수 있는 그런 사람, 또는 그 형제가 부인하더라도 사실관계에 대하여 증인이 될 수 있는 사람, 자상한 말로 설득해서 그 형제의 고집을 꺾고 회개하여 자신의 삶을 고치게 해줄 수 있는 그런 사람을 한두 사람 더 데리고 가서 그 형제를 권면하라. 하나님께서는 민사와 형사 사건에 적용되던 율법을 교회에서의 여러 사건들에 대해서도 적용하기를 원하신다: "사람의 모든 악에 관하여 또한 모든 죄에 관하여는 한 증인으로만 정할 것이 아니요 두 증인의 입으로나 또는 세 증인의 입으로 그 사건을 확정할 것이며"(신 19:15). 따라서 마태 본문에 나오는 "말마다 확증하게 하라"는 어구는, 신명기 본문처럼, 모든 사건을 그런 식으로 확증하라는 의미로 번역되거나, 적어도 해석되어야 한다.

만일 그들의 말도 듣지 않거든 교회에 말하고. 우리 구주께서는 그 범죄한 형제가 그들과 얘기를 나누기를 거부하고 그들이 그에게 말하는 것을 허용하지 않거나, 그들이 하는 말을 듣지 않고, 자기는 그런 일을 한 사실이 없다고 계속해서 부인하거나, 그 사실을 인정하면서도, 마치 자기가 한 일이 전혀 죄가 아니라는 듯이 자신을 정당화하며, 자신의 삶을 고칠 마음이 전혀 없음을 보이는 것을 "그들의 말도 듣지 않거든"이라고 표현하시고서, 그 형제가 그런 태도로 나오면, "교회에 말하라"고 말씀하신다. "교회"는 회중을 가리키는 말임이 분명하기 때문에, 어느 특정한 사람을 가리키는 것으로 이해해서는 안 된다. 어떤 이들은 여기에 언급된 "교회"가 방백을 가리키는 것이라고 주장하지만, 그런 주장을 받아들이는 사람은 극소수이고, 당시처럼 방백들이 그리스도인들을 미워하고 박해하던 시절에, 그것도 재판관들에 의해서 처벌될 수 없는 그러한 사안들을 가지고서, 우리 구주께서 그리스도인들에게 그 사건을 방백들에게 가져가서 재판을 받으라고 말씀하셨을 가능성은 대단히 희박하다. 왜냐하면, 이 본문에 언급된 죄들은 세상 법정에서 다루어질 만한 그런 성격의 죄들이 아니기 때문이다. 어떤 이들은 여기에서 "교회"는 민사 사건과 교회 사건을 둘 다 관장하였던 산헤드린이라 불린 유대인들의 법정을 가리키는 것이라고 말한다. 하지만 그러한 주장에는 세 가지 난점이 있다. (1) 성경에서 유대인들의 법정을 '에클레시아'('Εκκλησια)라고 부른 경우는 단 한 번도 없다는 것이다. (2) 우리 구주께서 그리스도인들에게 그러한 사안들을 유대인들의 법정으로 가져가라고 지시하셨을 가능성은 대단히 희박하다는 것이다. (3) 산헤드린은 최고법정이었기 때문에, 온갖 사건들을 다 다룬 것이 아니라, 종교적으로 큰 문제가 되는 사건들, 즉 신성모독이나 우상 숭배, 거짓 선지자들 같은 문제들을 주로 관할하였다는 것이다. 따라서 어떤 이들은 여기에서 "교회"는 기독교회를 가리키는 것으로 이해한다. 이 견해는 한 가지 큰 난점을 지니는데, 그것은 당시에는 기독교회가 존재하지 않았다는 것이다. 그러나 나는 다음과 같은 이유로 이 난점은 앞의 다른 두 견해가 지닌 난점들에 비하면 훨씬 가벼운 것이라고 본다. (1) 우리는 구주께서 현재만이 아니라 장래를 염두에 두시고서, 기독교회가 시작되어 세상 끝날에 이를 때까지 적용될 법을 제시해 주고 계신 것으로 이해할 수 있다. (2) 신약성경에서는 "교회"라는 단어를 좀 더 일반적으로 사용해서, 부르심을 받아 함께 모인 한 무리의 사람들을 가리키는 데 사용한다는 점에서, 우리는 여기에 언급된 "교회"도 엄격한 의미로 해석할 필요가 없다. 이런 의미에서, 우리는 "교회에 말하라"는 것은, 많은 무리들에게 말해서, 그 형제의 범죄를 널리 알게 하라는 의미로 해석할 수 있다. 우리 구주께서 말씀하신 이 많은 무리들이 무엇인지는 나중에 교회들이 생겨나게 되었을 때에 쉽게 이해될 수 있었을 것이지만, 다음 절에서 우리 구주께서 하신 말씀, 즉 "진실로 너희에게 이르노니 무엇이든지 너희가 땅에서 매면 하늘에서도 매일 것이요 무엇이든지 땅에서 풀면 하늘에서도 풀리리라"는 말씀은 이 점을 더욱 분명히 해 준다. 왜냐하면, 그 말씀은 여기에 언급된 "교회"를 매고 푸는 권세를 지닌 사람들을 가리키는 것으로 이해해야 한다는 것을 잘 보여 주기 때문이다. 우리 구주께서 이 말씀을 하실 때에 눈에 보이는 교회는 아직 형성되지 않았지만, 매고 푸는 권세를 지닌 사람들은 있었다. 그리스도께서는 자신의 사도들에게 그런 권세를 주셨기 때문이다. 따라서 사도들이 바로 현재적인 교회, 당시에 존재하는 교회였다. 그들은 나중에 눈에 보이는 개교회들을 형성할 것이었고, 우리 구주께서는 어떤 형제의 범죄를 바로 그 개교회들에 말하라고 말씀하신 것이다.

여기에서 한 가지 문제가 더 생겨나는데, 그것은 그 형제의 범죄와 그 형제가 말을 듣지 않는다는 사실을 오직 교회의 직분자들에게만 알려야 하는가, 아니면 회중 전체에 알려야 하는가 하는 것이다. 나는 온 교회에 알리는 것이 맞다고 본다. 즉, 교회의 직분자들에게 먼저 알리고, 그 직분자들이 회중 전체에 알리는 순서를 밟아야 한다. 온 교회에 알리는 것은 그 형제의 범죄에 대하여 판단하기 위해서가 아니라, 그 형제를 출교시키는 데 동의를 얻기 위한 것이다. 따라서 근친상간을 범한 사람은 먼저 바울에게 보고된 후에, 온 교회의 결의에 의해 출교되었다(고전 5:3-5). 왜냐하면, 정당한 이유를 알지 못한 채로, 회중이 어떤 형제와의 교제를 중단하거나, 정당한 이유를 알리지 않은 채로 교회의 직분자들이 회중과 교제하던 한 형제를 출교하는 것은 합당하지 않기 때문이다.

교회의 말도 듣지 않거든 이방인과 세리와 같이 여기라. 그리스도인들은 모든 이방인들과 세리들을 사악한 자들로 여겼기 때문에, "이방인과 세리와 같이 여기라"는 것은 그 범죄한 형제를 사악한 자로 여기라는 것을 의미한다. 이것이 출교당한 형제들을 성례전에 참여시키지 말아야 한다는 것 외에, 사회적인 교제를 함에 있어서 어느 정도로 친밀해서는 안 된다는 것을 의미하는 것인지는 알기 힘들다. 왜냐하면, 그리스도인들은 이방인들 및 세리들과도 사회적으로 교류하였을 뿐만 아니라, 우리는 성경에서 성도들이 그들을 위하여 기도하거나, 그들이 사도들의 설교를 듣는 것을 금지하는 것을 본 적이 없기 때문이다. 나는 초대 교회는 출교당한 사람들이 교회의 기도회에 참석하는 것을 금지하지 않았지만, 사도 시대를 훨씬 지난 후에 금지되었다고 본다. 하지만 교회가 사도들의 어떤 규례에 근거해서 그것을 금지하였는지는 상당히 의심스럽다. 그리스도인들은 비록 출교를 당했다고 하더라도 사망에 이르는 죄를 범하지 않은 자들에 대해서는 기도할 수 있고, 나는 그런 자들이 교회의 기도회에 참석해서는 안 된다는 것을 성경의 그 어디에서도 찾아볼 수 없다.

18. 진실로 너희에게 이르노니 무엇이든지 너희가 땅에서 매면 하늘에서도 매일 것이요 무엇이든지 땅에서 풀면 하늘에서도 풀리리라.

이 말씀은 마태복음 16:19에도 나오는데, 거기에서 우리는 매고 푸는 것이 당시 유대인들의 관용어법에 따라 어떤 말이 참된지 거짓된지, 또는 어떤 일이 합법인지

불법인지를 선언한다는 의미를 지니고 있음을 본 바 있고, 어떤 이들은 여기에서도 이 말씀은 그런 의미를 지닐 뿐, 다른 의미가 추가된 것은 없다고 생각한다. 하지만 칼빈 목사님을 비롯해서 여러 매우 지혜롭고 분별 있는 해석자들은 여기에서 이 말씀은 범죄한 형제들에 대하여 치리 차원에서 교회가 정당하게 내린 결정과 관련된 것으로서, 정당하게 출교된 자들이 교회의 그러한 치리에 대하여 반기를 드는 것을 막기 위하여 덧붙여진 것이라고 보았다. 그리스도께서는 교회가 어떤 사람들을 출교시키거나, 그들이 참된 회개를 통해 자신들의 잘못을 인정하였을 때, 그들의 죄를 사면하고 다시 교회의 교제 속으로 받아들일 때에 내리는 치리상의 결정들은 하나님께서 하늘에서 인준하시고 인정하시는 결정들이기 때문에, 치리를 받은 사람들은 그 결정들을 무시하지 말아야 한다는 것을 분명히 해 두신다. 이 말씀을 통해서 우리 주님께서는 출교와 관련된 교회의 모든 결정들이 옳다고 확증해 주시거나, 교회가 기만적으로 형제들을 사면하거나 복권시키는 것을 인정하고자 하시는 것이 아니고, 단지 자신의 죄를 회개하기를 완고하게 거부하는 죄인들에게 교회가 여기에서 주님으로부터 받은 규례를 따라 합당하게 내린 결정을 그대로 받아들여야 한다는 것을 확고하게 보여 주시는 것일 뿐이다. 따라서 이 본문은 흉악하고 추악한 죄를 저질러서 정당하고 합당하게 교회로부터 출교되고서도 회개하지 않는 자들에게는, 그들이 하나님의 나라에 결코 들어갈 수 없다는 것을 선언하는 두려운 본문이고, 출교되었냐고 할지라도 뒤늦게 자신의 죄를 깨닫고 진심으로 회개하며 깊은 근심과 슬픔에 잠겨 어쩔 줄 몰라 하는 자들에게는 위로가 되는 본문이다. 하지만 어떤 사람들이 복음의 진리를 고백하거나 고수한다는 이유로, 또는 죄악된 일을 행하기를 거부한다는 이유로 어느 교회에서 출교되었다고 한다면, 교회가 그런 사람들을 땅에서 매었다고 할지라도, 그들은 하늘에서는 매이지 않기 때문에, 출교도 그들에게는 전혀 두려움이 되지 않는다. 올바른 말에는 지극히 큰 능력이 있다! 그런데도 올바른 말을 책잡으며 시비를 거는 자들은 누구인가? 이 본문은 교회가 무오하다고 말하고 있지 않고, 거룩한 하나님께서 교회의 잘못을 옹호해 주신다고 말하고 있지도 않다.

19-20. [19]진실로 다시 너희에게 이르노니 너희 중의 두 사람이 땅에서 합심하여 무엇이든지 구하면 하늘에 계신 내 아버지께서 그들을 위하여 이루게 하시리라 [20]두 세 사람이 내 이름으로 모인 곳에는 나도 그들 중에 있느니라.

대부분의 해석자들은 이 두 절은 바로 앞에서 그리스도께서 하신 말씀과 서로 연결되어 있다고 본다. 즉, 이 두 절에 나오는 말씀은 교회가 이 땅에서 매거나 푸는 것을 하나님께서 하늘에서 매고 푸시겠다고 말씀하신 것을 다시 한 번 확증해 줌과 동시에, 이 절에서 그들에게 "구하라"고 하신 말씀 속에는, 교회가 하나님의 지시하심이나 하나님의 뜻을 구하지도 않고 출교 같은 중대한 결정을 해서는 안 되고, 마찬가지로 회개한 죄인의 죄를 사하여 주시라고 하나님께 진지하게 구하지도 않고 사면 같은 중대한 결정을 해서는 안 된다는 의미가 전제되어 있다는 것이다. 우리 구주께서는 교회는 결코 미미하거나 하찮은 존재가 아니기 때문에, 그러한 경우에 합심하여 기도하여 하나님께 구하면, 그들이 구한 것이 이루어지게 될 것이라고 말씀하신다. 이 말씀이 앞에 나온 출교에 관한 말씀과 연결되어 있는지, 아니면 그리스도께서 자신의 교회에 임재해 계시겠다고 하는 또 하나의 독립적인 약속인지에 대해서는, 나는 결정을 내리지 않을 것이다. 이 본문이 앞에 나온 말씀과 연결되어 있다고 생각하는 사람들도, 그리스도께서 자기 백성과 함께 하시겠다는 임재의 약속이 좀 더 일반적인 약속이라는 것을 인정한다. 하나님의 백성들이 그리스도를 인하여, 또는 그의 명령으로 그의 권위에 의거해서 만난 것이라면, 그것이 어떤 일을 논의하기 위한 것이든, 출교나 사면의 결정을 위한 것이든, 기도를 위한 것이든, 그리스도께서 제정하신 어떤 규례를 행하기 위한 것이든, 그리스도께서는 그들 가운데 함께 계셔서 그들을 보호하시고 그들에게 은혜를 베푸실 것이고, 그들이 구하는 것들이 그들을 위하여 이루어지게 될 것이다. 즉, 그들이 구한 것이 선한 것이고(마 7:11), 그 목적이 올바르며(약 4:3), 올바른 방식으로 구한 것이라면(눅 18:1; 약 1:5-7), 하나님께서는 그들이 구한 것을 이루어 주실 것이다. 이 본문에서 그리스도께서는 성도들에게 합심하여 기도할 의무를 확실하게 부여하신다. 그는 자기 백성에게 은밀한 기도를 요구하실 뿐만 아니라(마 6:6), 함께 모여 합심해서 기도할 것도 명령하신 것이다. 그의 백성들은 가족끼리 함께 모여 기도하거나, 회중이 모여 함께 기도하여야 한다.

21-22. [21]그 때에 베드로가 나아와 이르되 주여 형제가 내게 죄를 범하면 몇 번이나 용서하여 주리이까 일곱 번까지 하오리이까 [22]예수께서 이르시되 네게 이르노니 일곱 번뿐 아니라 일곱 번을 일흔 번까지라도 할지니라.

누가복음 17:4에도 이것과 비슷한 말씀이 나오기는 하지만("만일 하루에 일곱 번이라도 네게 죄를 짓고 일곱 번 네게 돌아와 내가 회개하노라 하거든 너는 용서하라"), 그 말씀은 우리 구주께서 다른 때에 다른 맥락에서 말씀하신 것으로 보인다.

그런데도 그 취지는 거의 동일하기 때문에, 어떤 이들은 우리 구주께서 거기에서 우리 형제가 우리에게 일곱 번 죄를 지어도 용서하라고 명하시는 것을 듣고서, 베드로가 여기에서 "일곱 번"이라는 횟수를 언급한 것으로 본다. 물론, 그리스도께서는 거기에서 일곱 번이라는 특정한 횟수를 지정하신 것이 아니라, 무한히 용서하라는 의미로 일곱이라는 숫자를 사용하신 것이었다.

그러나 우리 구주께서 어떤 범죄와 어떤 용서를 염두에 두시고서 이런 말씀을 하신 것인지가 더 큰 문제이다. 나는 우리 구주께서 여기에서 교회가 범죄하여 정당하게 출교한 죄인들을 사면하는 것과 관련해서 이 말씀을 하신 것으로 생각할 수 없기 때문에, 어떤 형제가 우리에게 사적으로 해악을 끼쳤을 때에 사적으로 용서하는 것에 대하여 말씀하신 것이라고 생각한다. 우리 구주께서는 "너는 용서하라"고 말씀하심으로서, 용서의 주체를 교회가 아니라 개인으로 규정하고 계신다. 또한, 교회의 문은 천국의 문과 마찬가지로 회개하는 죄인들에게 열려 있어야 하지만, 나는 이 본문과 바로 다음에 나오는 비유(이 비유는 이 본문에 대한 해설인 것으로 보인다)에 비추어 볼 때, 이 두 절은 개인에게 잘못하거나 해악을 끼친 경우에 관한 것으로 해석되어야 하는 것으로 보인다. 즉, 여기에서 말하는 "죄"는 우리 개인에 대하여 저질러진 죄이고, 우리 개인에게 용서할 수 있는 권한이 주어져 있는 죄라는 것이다. 그러나 아무리 그리스도인들이라고 할지라도, 어떤 형제가 우리를 모욕하고 해악을 끼치는 일을 끝도 없이 계속하는 경우에, 그 형제의 사적인 잘못들을 무한히 용서해 주어야 한다는 것은 현실성이 없어 보인다. 그러므로 우리 구주께서는 이 명령을 통해서 우리에게 우리의 원수를 품어 주고 신뢰하며 친밀하게 지내야 할 의무를 부과하시는 것이 아니라, 그 형제에게 보복하고자 하는 모든 생각과 욕구와 앙심을 버리고, 그 형제를 불쌍히 여기는 마음으로 자애롭게 대하며, 그 형제와 기꺼이 일상적인 교제를 해나가야 한다고 말씀하신 것으로 우리는 이해하여야 한다. 따라서 우리는 어떤 형제가 우리에게 해악을 가하여도, 그 형제에게 용서가 필요한 경우에는 몇 번이라도 용서하여야 한다. 사도는 "분함과 노여움과 악의와 비방" 등을 옛 사람에 속하는 것들로 규정하고, 모든 참된 그리스도인들이 벗어 버려야 할 것들이라고 말한다(골 3:8). 참된 그리스도인들에게는 그러한 것들이 있기 때문이다.

23-35. [23]그러므로 천국은 그 종들과 결산하려 하던 어떤 임금과 같으니 [24]결산할 때에 만 달란트 빚진 자 하나를 데려오매 [25]갚을 것이 없는지라 주인이 명하여 그 몸

과 아내와 자식들과 모든 소유를 다 팔아 갚게 하라 하니 26그 종이 엎드려 절하며
이르되 내게 참으소서 다 갚으리이다 하거늘 27그 종의 주인이 불쌍히 여겨 놓아 보
내며 그 빚을 탕감하여 주었더니 28그 종이 나가서 자기에게 백 데나리온 빚진 동료
한 사람을 만나 붙들어 목을 잡고 이르되 빚을 갚으라 하매 29그 동료가 엎드려 간구
하여 이르되 나에게 참아 주소서 갚으리이다 하되 30허락하지 아니하고 이에 가서
그가 빚을 갚도록 옥에 가두거늘 31그 동료들이 그것을 보고 몹시 딱하게 여겨 주인
에게 가서 그 일을 다 알리니 32이에 주인이 그를 불러다가 말하되 악한 종아 네가
빌기에 내가 네 빚을 전부 탕감하여 주었거늘 33내가 너를 불쌍히 여김과 같이 너도
네 동료를 불쌍히 여김이 마땅하지 아니하냐 하고 34주인이 노하여 그 빚을 다 갚도
록 그를 옥졸들에게 넘기니라 35너희가 각각 마음으로부터 형제를 용서하지 아니하
면 나의 하늘 아버지께서도 너희에게 이와 같이 하시리라.

여기에서 마지막 절을 제외한 모든 절들은 비유이고, 내가 앞에서 이미 말하였듯이, 비유는 사람들의 일상적인 삶 속에서 일어나는 일들에 빗대어 어떤 영적인 가르침을 베푸는 것이다. 따라서 우리가 여기에서 일차적으로 생각하고 집중해야 할 것은 우리 구주께서 여기에서 말씀하시고자 하시는 주된 취지 또는 진리의 명제가 무엇이냐 하는 것이다. 또한, 내가 앞에서 이미 말하였듯이, 우리는 우리 구주께서 덧붙이신 구체적인 설명이나 그 비유의 직전이나 직후에 나오는 말씀을 통해서 그 주된 취지나 진리의 명제를 알 수 있다. 이 비유의 취지는 마지막 절에 분명하게 나와 있다: “너희가 각각 마음으로부터 형제를 용서하지 아니하면 나의 하늘 아버지께서도 너희에게 이와 같이 하시리라”(35절). 또한, 이 비유 직전에 우리 구주께서 베드로에게 사람들의 죄를 몇 번이라도 한없이 용서하여야 한다고 하신 것도 이 비유의 취지를 분명하게 보여 준다. 일단 이 비유의 취지가 확인되었다면, 우리는 이 비유에 등장하는 사람들의 모든 행위들이 다 거기에 해당하는 하나님의 어떤 행위들을 가리키는 것으로 이해해서, 그 각각의 의미를 전부 다 세세하게 파헤치려 들어서는 안 된다. 우리는 우리 구주께서 비유 속에 등장하는 사람들의 행위를 통해서 우리에게 보여 주시고자 하신 하나님의 행위들이 무엇인지를 확인하였다면, 거기에서 멈추고 그 이상으로 캐고 들어가서는 안 된다.

이 비유가 우리에게 가르쳐 주는 주된 교훈들은 이런 것이다. (1) 하나님으로부터 용서하심을 받은 사람들은 자신의 형제들을 용서하여야 한다. (2) 그런데도 그들이 자신의 형제들을 용서하지 않는다면, 하나님으로부터 그들이 과연 용서받은 것이 맞는지를 의심해 보아야 하고, 그들이 자신의 형제들에게 했던 것처럼 하나님으로부터 혹독한 대우를 받게 될 것을 기대하여야 한다. 이 두 가지가 이 비유가 우리에게 가르쳐 주는 주된 교훈들이기 때문에, 우리는 우선적으로 이 교훈들에 집중하여야 한다. 그렇게만 한다면, 우리는 이 비유의 다른 세부적인 내용들로부터는 그 교훈들이 아닌 어떤 다른 교훈들을 이끌어 낼 수도 있고, 사람들 사이에서 통상적으로 일어나는 감정들과 일들이 무절제하고 불의한 것이어서 하나님의 순전하시고 거룩하신 성품을 그런 것들에 빗대어 말하는 것이 불합리한 것이라고 할지라도, 그런 것들이 우리가 비유를 해석하는 데 걸림돌이 되지도 않게 될 것이다.

먼저, 나는 이 비유 속에서 일반 독자들에게는 잘 이해가 되지 않을 수도 있는 표현들을 살펴볼 것이다. **천국.** 이것은 내가 나의 나라를 경영하는 방식에 관한 것이다. 나는 내 아버지의 심판을 받게 되어 있는 자들의 죄를 탕감해 주고 사해 주기 위하여 왔다. 그러나 내 아버지와 나는 나의 피를 사람들에게 적용해서 그들의 죄를 사해 줄 때, "그 종들과 결산하려 하던 어떤 임금" 같이 행할 것이다. 사람들은 다음과 같은 조건 아래에서 내 아버지로부터의 죄 사함과 구속주인 나로부터의 유익을 구하여야 한다. 마태복음 6:15을 보라: "너희가 사람의 잘못을 용서하지 아니하면 너희 아버지께서도 너희 잘못을 용서하지 아니하시리라." **만 달란트.** 우리 구주께서는 "만 달란트"라는 특정한 금액을 통해서 무한히 큰 금액을 표현하신다. 이것을 계산해 낸 사람들은 "만 달란트"는 영국 돈으로 1,875,000파운드에 해당한다고 말한다. 그 임금은 그 종에게 "그 몸과 아내와 자식들과 모든 소유를 다 팔아 갚게 하라"고 명령하였다. 우리는 이것이 채무를 갚는 방식으로서 영국의 법에서는 허용되지 않지만, 다른 나라들, 특히 유대인들 가운데서는 통용되던 것이었음을 열왕기하 4:1("이제 빚 준 사람이 와서 나의 두 아이를 데려가 그의 종을 삼고자 하나이다")을 통해 알 수 있다. **그를 옥졸들에게 넘기니라.** "옥졸들"은 감옥을 지키는 자들을 가리키는데, 이 헬라어는 자주는 아니고 종종 사용되기는 하지만, 흔히 그런 의미로 사용된다. **백 데나리온**은 영국 돈으로 50실링을 넘지 않는 적은 금액을 의미한다.

이 비유는 다음과 같은 진리들을 우리에게 탁월하게 가르쳐 준다. (1) 사람들은 자연법과 하나님의 법, 사람들의 법에 의해서 우리와 우리의 명성과 재산에 빚진 자들이 될 수 있는 것과 마찬가지로, 우리는 모두 하나님의 영광과 존귀와 공의에 빚진 자들이다. (2) 우리가 하나님의 존귀와 공의에 대하여 진 빚은 어떤 사람이 우리에게 진 빚과는 비교할 수 없을 정도로 엄청나다. (3) 우리에게는 하나님께 진 빚을 갚을 돈이 없다. (4) 하나님께서는 우리에게 우리가 하나님께 진 빚을 모두 갚으라고 요구하실 수 있는 권리가 있으시다. (5) 우리가 그리스도의 긍휼하심을 의지하면, 하나님께서는 그리스도로 인하여 우리의 빚을 탕감해 주신다. (6) 하나님께서는 우리의 죄악들을 기꺼이 용서해 주시는데도, 우리는 우리에게 작은 해악을 끼친 우리 형제들을 쉽사리 용서해 주려고 하지 않는다. (7) 우리가 하나님으로부터 후하게 용서를 받고 나서도 우리에게 잘못한 형제들을 용서해 주려고 하지 않는 것은 천국의 법정에서 우리에게 큰 벌을 가져다줄 큰 죄목이 될 것이다. (8) 우리는 하나님께서 우리를 불쌍히 여기셔서 무한하신 사랑으로 우리를 거저 용서해 주신 것을 생각해서, 우리에게 해악을 끼친 형제들을 기꺼이 용서해 주는 것이 마땅하다. (9) 우리는 우리에게 죄 지은 사람들을 진심으로 용서해 주어야 한다. 즉, 우리는 그들을 미워해서도 안 되고, 그들에게 어떤 불만이나 앙심을 품어서도 안 되며, 그들에게 사적으로나 공적으로나 보복하려고 해서도 안 되고, 도리어 우리의 힘이 닿는 한에서 기꺼이 그들에게 호의를 베풀고자 하여야 한다. (10) 우리가 그렇게 하지 않는 것은 우리의 영혼과 관련해서 하나님께서 실제로는 우리를 용서하지 않으셨음을 보여 주는 좋지 않은 증표가 될 것이고, 하나님께서 장차 우리를 용서하시는 데에도 장애물로 작용하게 될 것이다. 또한, 그것은 하나님께서 현세에서 우리를 복음에 더 합당한 자들로 만드시기 위하여 징계하실 것임을 보여 주거나, 아니면 내세에서 우리에게 보복하실 것임을 보여 주는 불길한 징조가 될 것이다.

제19장

개요

1. 병자들을 고치심(1-2).
2. 이혼에 관한 바리새인들의 질문과 혼인하지 않는 것이 좋겠다는 제자들의 반응에 대하여 대답하심(3-12).
3. 어린 아이들을 자애로우심으로 영접하심(13-15).
4. 어떻게 해야 영생을 얻고 온전하게 될 수 있는지를 한 청년에게 가르치심(16-22).
5. 부자가 하나님의 나라에 들어가는 것이 얼마나 어려운 일인지를 보여 주심(23-26).
6. 그리스도를 따르기 위하여 모든 것 또는 그 무엇인가를 버린 자신의 제자를 비롯한 모든 자들에게 큰 상이 있을 것이라고 약속하심(27-30).

1-2. [1]예수께서 이 말씀을 마치시고 갈릴리를 떠나 요단 강 건너 유대 지경에 이르시니 [2]큰 무리가 따르거늘 예수께서 거기서 그들의 병을 고치시더라.

누가와 요한은 이 이야기를 자세하게 언급하고, 마태가 말하지 않는 일들이 도중에 일어난 것에 대해서도 보도하고 있기는 하지만, 대부분의 해석자들은 마가복음 10:1과 누가복음 9:51이 우리 구주께서 갈릴리를 떠나셔서 유대 지경으로 들어가신 것에 대하여 말하고 있는 이 본문과 동일한 내용을 보도하고 있다는 데 견해를 같이한다. 우리 구주께서는 지금까지 대부분의 시간을 갈릴리에서 보내셨지만, 이제 갈릴리를 떠나셨다. 유대인들의 땅은 갈릴리, 사마리아, 유대, 이렇게 세 지방으로 나뉘어 있었다. 갈릴리는 북부에 있던 지역으로서, "이방의 갈릴리"(마 4:15)로도 불린 상부 갈릴리와 남쪽으로 사마리아와 접해 있던 하부 갈릴리로 구분되었는데, 우리 구주께서는 나사렛에서 오랜 시간 사셨고, 고라신과 벳새다, 가버나움은 모두 갈릴리의 성읍들이었다. 그리스도께서는 이제 이 지방을 떠나셔서 다시는 돌아오지 않으실 것이었다. 사마리아는 갈릴리와 유대 중간에 놓여 있었기 때문에, 우리 주님께서 유대 지경으로 들어가시기 위해서는 사마리아를 통과하셔야 했고, 실제로 그 일부를 통과하기도 하셨지만, 사마리아에 속한 어떤 마을의 주민들이 우리 주님이 그 마을을 통과하시는 것을 거부하는 바람에(눅 9:52-53), 요단 강을 건너 유대 지경(KJV에는 "유대 해변")에 이르셨다. 그런데 요단 강 너머의 유대 지방에는 해변이 없었기 때문에, 이 구절에 나오는 "유대 해변"이라는 표현은 해석자들에게 어려움을 안겨 주었다. 어떤 이들은 "요단 강 건너"라는 어구가 "이르시니"에 걸리는 것으로 보아서, 이 구절을 "예수께서 요단 강을 건너는 길을 통해서 유대 해변에 이르셨다"는 의미로 해석하여야 한다고 말하고, 어떤 이들은 이스라엘 백성이 애굽에서 나왔을 때, 요단 강 너머에 유대 해변이 있었다고 말한다(마 4:15, "요단 강 저편 해변 길"). 그러나 어떤 이들은 여기에서 "너머"로 번역된 '페란'(πέραν)은 어떤 것의 가장자리를 뜻하기 때문에, 이 어구는 "요단 강 너머"가 아니라 "요단 강을 따라"로 번역되어야 하는 것이 옳다고 생각한다. 이 견해에 의하면, 우리 구주께서는 요단 강의 해변 길을 따라서 유대 지방에 이른 것이 되는데, 요단 강 너머의 유대 지방에는 해변이 없었다는 사실을 고려하면, 이 번역이 더 나은 것으로 보인다. 따라서 우리 구주께서는 갈릴리를 떠나서서 사마리아 지방 일부를 거쳐 요단 강의 왼편 해변을 따라 그 강과 접해 있던 유대 지경에 들어오신 것이 된다.

우리 주님이 가시는 곳마다, 큰 무리가 따랐지만, 그들은 자신들의 영혼을 치유하거나 영혼의 양식을 얻기 위해서가 아니라, 자신들의 육신을 고치거나 육신이 먹을 떡을 얻기 위해서 우리 주님을 따라 다닌 것이었다. 따라서 무리들 중 대다수는 자신의 육신적인 필요들에 대해서는 절실하게 느꼈지만, 영적인 필요들에 대해서는 별로 느끼지 못하였다. 본문은 우리 주님께서 그들의 병을 고치셨다고 말하지만, 그들이 우리 주님을 믿었다고 말하지는 않는다.

3. 바리새인들이 예수께 나아와 그를 시험하여 이르되 사람이 어떤 이유가 있으면 그 아내를 버리는 것이 옳으니이까.

우리 구주께서는 아직은 예루살렘으로부터 꽤 멀리 떨어져 있는 곳에 계시긴 하셨지만, 어쨌든 많은 바리새인들이 막강한 영향력을 행사하고 있던 지역으로 들어오신 것이었기 때문에, 바리새인들이 그를 시험하러 그에게 나아왔다. 여기에서 그들이 우리 주님을 "시험하였다"는 것은 우리 주님을 교묘하게 함정에 빠뜨려서 죄를 짓게 만들고자 하였다는 좁은 의미가 아니라, 우리 주님이 어떤 생각을 갖고 있는지를 떠보고 어떤 인물인지를 살펴본다는 넓은 의미로 해석되어야 할 것 같다. 그들이 우리 주님께 던진 질문을 보면, 우리는 그들이 올무가 될 수 있는 질문을 던져서 우리 주님을 덫에 걸리게 함으로써 고소할 수 있는 어떤 결정적인 빌미를 찾아낼 수 있을지를 탐색해 보고자 하는 의도가 있었다는 것을 알게 된다. 그들이 우리 주님께 던진 질문은 "사람이 어떤 이유가 있으면 그 아내를 버리는 것이 옳으니이까"라는 것이었다. 여기에서 "이유"로 번역된 헬라어는 원인이나 경우라는 의미만이 아니라 범죄라는 의미도 지니기 때문에, "범죄"로도 번역될 수 있다. 그러나 그들은 "사람이 아내를 맞이하여 데려온 후에 그에게 수치 되는 일이 있음을 발견하고 그를 기뻐하지 아니하면 이혼 증서를 써서 그의 손에 주고 그를 자기 집에서 내보낼 것이요"(신 24:1)라는 말씀을 제멋대로 해석하고 악용해서, 자신의 아내가 범죄를 저지른 경우만이 아니라, 사실상 어떤 이유를 들어서라도 이혼할 수 있게 만들어 놓았다. 즉, 그들은 "수치 되는 일"을 단지 도덕적인 부정함만을 가리키는 것이 아니라, 온갖 종류의 선천적인 기형 또는 결함도 가리키는 것으로 해석하였다. 따라서 여기에서 만일 우리 구주께서 "옳다"고 대답하신다면, "나는 너희에게 이르노니 누구든지 음행한 이유 없이 아내를 버리면 이는 그로 간음하게 함이요 또 누구든지 버림받은 여자에게 장가드는 자도 간음함이니라"(마 5:32)라고 이전에 하셨던 말씀을 뒤집는 것이 될 것이었다. 반대로, 만일 우리 구주께서 "옳지 않다"고 대답하신다면, 그들은 자신들이 해석한 의미에서의 신명기 24:1을 들이내며, 우리 구주께서 모세 율법을 정면으로 부정하고 폐기하고 있다고 비난하며, 우리 구주를 고소할 빌미를 얻게 될 것이었다.

4-6. [4]예수께서 대답하여 이르시되 사람을 지으신 이가 본래 그들을 남자와 여자로 지으시고 [5]말씀하시기를 그러므로 사람이 그 부모를 떠나서 아내에게 합하여 그 둘이 한 몸이 될지니라 하신 것을 읽지 못하였느냐 [6]그런즉 이제 둘이 아니요 한 몸이니 그러므로 하나님이 짝지어 주신 것을 사람이 나누지 못할지니라 하시니.

마가복음 10:2-9에도 이 동일한 말씀이 나오는데, 단어들의 순서에 있어서는 서로 약간 다르기는 하지만, 실질적인 내용에 있어서는 차이가 없다. 우리 구주께서는 바리새인들의 질문에 대해서는 그렇다거나 그렇지 않다고 대답하지 않으시고, 하나님께서 처음에 혼인 제도를 창설하시면서 하신 말씀을 인용하셔서(창 1:27; 2:24), 그들 스스로 그 해답을 찾을 수 있는 기회를 주심과 동시에, 그들의 무지함과 그들이 하나님의 율법을 마음대로 해석하여 악용하고 있다는 것을 은연중에 책망하신다. 이것은 우리 구주께서 이렇게 말씀하신 것과 같다: 너희에게는 신명기만이 아니라 창세기도 있는데, 창세기에는 하나님께서 혼인 제도를 창설하실 때에 하신 말씀이 나와 있다. 하나님은 "남자와 여자"를 지으시고(창 1:27), "남자가 부모를 떠나 그의 아내와 합하여 둘이 한 몸을 이룰지로다"(창 2:24)라고 명하심으로써, 혼인 제도와 그 법을 창설하셨다. 이것으로부터 우리 구주께서는 남편과 아내는 하나님이 한 몸으로 짝지어 주신 것이라고 결론을 내리신 후에, 그들이 그토록 공경하는 모세, 하나님의 집에서 종으로서 그토록 충성되게 일하였던 모세가 과연 하나님께서 짝지어 주신 것을 나누어 놓으라고 허락하였을지, 그리고 그들이 모세 율법을 하나님의 율법의 취지에 어긋나게 해석해 온 것은 아닌지를 한 번 생각해 보라고, 그들에게 스스로 결론을 내도록 공을 넘기신다. 창세기 1:27과 2:24에 나오는 말씀의 의미에 대해서는 각각 해당 구절에 대한 설명을 보라.

7-8. [7]**여짜오되 그러면 어찌하여 모세는 이혼 증서를 주어서 버리라 명하였나이까** [8]**예수께서 이르시되 모세가 너희 마음의 완악함 때문에 아내 버림을 허락하였거니와 본래는 그렇지 아니하니라.**

마가는 마태 본문과는 약간 다르게, 그리스도께서 먼저 "모세가 어떻게 너희에게 명하였느냐"고 그들에게 반문하셨고, 그들이 "모세는 이혼 증서를 써주어 버리기를 허락하였나이다"라고 대답하자, "너희 마음이 완악함으로 말미암아 이 명령을 기록하였거니와"라고 말씀하신 것으로 보도한다(막 10:3-5). 우리 구주께서 하신 대답의 요지는 이런 것인 것 같다: 모세가 이혼증서에 대하여 얘기한 것은 너희에게 이혼을 해도 좋다고 말한 것이 결코 아니었다. 모세는 이혼과 관련해서 내 아버지의 율법과 반대되는 규정을 만들 수 없었지만, 너희 마음이 악하고 제멋대로여서, 정당하고 합당한 이유도 없이 아내들을 버리는 것을 보고서, 너희가 아내들에게 자행하는 도가 지나친 잔인한 악행이나 언제라도 아무렇지도 않게 아내들을 내치는 것을 막기 위해서, 이혼을 하려면 법정에 가서 정식절차를 밟아 아내에게 이혼증서를 주어야 한다는 율법 규정을 만든 것뿐이었다. 그리고 실제로 법정에서는 말도 안 되는 이유들로도 종종 이혼증서를 내주었지만, 모세는 너희가 원래 완악한 마음과 곧은 목을 가진 자들이라는 것을 알고 있었기 때문에, 더 큰 악을 방지하기 위하여 그런 것을 묵인해 주었다. 그런데도 너희는 이혼증서에 관한 모세 율법을 원래 제정된 의미를 벗어나게 해석해서 그 해석을 너희의 전통으로 삼아, 모세가 그 율법에서 의도하지도 않았고 결코 생각하지도 않았던 경우들에도 이혼을 허락하고 이혼증서를 내주었다. 그러나 이혼의 합법성의 여부는, 모세가 어쩔 수 없이 잠정적으로 용인해서 만든 율법 규정이나, 그러한 모세 율법에 대한 너희의 해석과 전통이 아니라, 하나님께서 처음에 혼인 제도를 창설하시면서 제정하신 혼인에 관한 법을 기준으로 판단하는 것이 마땅하다. 그리고 하나님께서는 처음에 한 남자와 한 여자를 짝지어 주시고, 이 둘을 "한 몸"이 되게 하셔서, 나눌 수 없게 하셨기 때문에, 자기 아내를 버리는 것은 자신의 살을 나누고 갈기갈기 찢는 것과 같이 야만적이고 비인간적이며 순리에 어긋나는 짓을 행하는 것이다. 하나님의 율법은 남편이 자기 아내가 마음에 들지 않으면 언제라도 버려도 좋다고 하신 것이 아니라, 사람이 부모를 버려서는 안 되듯이 자신의 아내도 마찬가지로 버려서는 안 된다고 하신 것이다. 따라서 사람이 자신의 몸을 미워하지 않는 것처럼, 남편은 자기 아내와 함께 평생을 해로하면서, 자신의 몸처럼 아끼고 사랑하며 소중히 여겨야 한다(엡 5:28-29). 그런데 어떻게, 남편은 자기 아내가 아주 조그만 죄를 짓거나 마음에 들지 않는 경우에는 언제라도 버릴 수 있다고 가르치는 너희의 전통이 하나님의 율법과 부합할 수 있겠는가.

9. 내가 너희에게 말하노니 누구든지 음행한 이유 외에 아내를 버리고 다른 데 장가 드는 자는 간음함이니라.

우리는 이 문제에 대한 우리 주님의 이 동일한 단호한 말씀을 마태복음 5:32에서도 보았는데, 차이가 있다면, 여기에서는 남편이 아내를 버리고 재혼하면 간음하는 것이라고 말씀하신 데 반해서, 거기에서는 남편이 아내를 버리는 것은 결과적으로 아내가 재혼함으로써 간음하게 만드는 것이라고 말씀하셨다는 것이다. 여기에서 우리는 남편이 재혼하는 것은 간음이라고 하시는 말씀을 보는데, 마가복음 10:11과 누가복음 16:18에도 동일한 말씀이 나온다. 남편의 재혼이 간음이 되는 이유는, 하나님께서는 간음 외에는 혼인에 의한 두 사람의 결합이 해소될 수 없다고 말씀하셨기 때문에, 합당한 이유, 즉 "음행한 이유" 없이 남편이 아내를 버리고 장가 드는 것은 불법인 까닭에, 하나님의 법정에서는 그러한 이혼은 무효이고, 두 사람은 여전히 남편과 아내의 관계에 있기 때문이다.

이 말씀과 관련해서 어떤 이들은 이런 질문을 제기한다: 간음 때문에 이혼한 남편이나 아내가 상대방이 아직 살아 있는 동안에 재혼을 하면, 그것은 합법적인 것인가 불법적인 것인가? 여기에서 문제가 되는 것은 간음을 한 당사자가 재혼한 경우이다. 왜냐하면, 상대방이 간음해서 이혼한 사람은 하나님의 율법에 의해서 정당하게 혼인관계가 해소된 상태에서 재혼한 것이기 때문에 불법을 저지른 것도 아니고 그 재혼이 간음이 되지도 않기 때문이다. 혼인관계가 해소되면, 두 사람 다 서로로부터 자유롭게 되는 것은 사실이지만, 재혼과 관련해서 두 사람이 동일한 자유를 갖는 것은 불합리해 보이는데, 그 이유는 이렇다: (1) 간음한 여자는 하나님의 율법에 의해서 이미 죽은 여자이기 때문에 재혼을 할 수 있는 자격이 주어질 수 없다. (2) 간음한 여자가 자신의 죄와 잘못을 이용하여 이득을 누리는 것은 불합리하다. (3)

만일 간음한 자가 재혼하는 것이 합법적인 것이 된다면, 악한 자들은 자신의 무분별한 정욕을 채우기 위하여 이것을 악용하게 될 것이다. 반면에, 상대방이 간음을 해서 이혼하게 된 사람이 상대방의 죄로 인해서 벌을 받는 것은 불합리하다. 그러나 우리 구주께서 여기에서와 그밖의 다른 병행 본문들에서 말씀하신 것은 남편과 아내가 간음으로 인해서 이혼하는 경우가 아니라, 하나님의 율법에서 결코 이혼 사유가 되지 않는 여러 사소한 이유들로 인해서 이혼하는 경우에 대한 것으로 이해해야 한다는 것은 의심의 여지가 없다.

10. 제자들이 이르되 만일 사람이 아내에게 이같이 할진대 장가 들지 않는 것이 좋겠나이다.

이것은 아주 이상한 말이고, 그리스도의 제자들의 불완전한 상태와 죄악된 일이 하나의 관습으로 굳어졌을 때에 사람들을 얼마나 지독하게 장악하게 되는지를 우리에게 잘 보여 준다. 유대인들은 아내가 사소한 잘못을 저지르거나 마음에 들지 않는 경우에는 언제든지 남편이 아내를 버릴 수 있다는 것을 너무나 당연한 것으로 여기며 살아 왔었기 때문에, 제자들은 남편으로서 그렇게 자기 마음대로 할 수 없다면 차라리 아예 혼인하지 않는 편이 더 낫겠다고 생각한 것이다. 하나님께서는 인류가 생육하고 번성하게 하고, 무분별한 정욕을 억제하며, 혼자 사는 외로움을 달래며 위안을 얻게 하시기 위하여, 혼인이라는 거룩한 제도를 창설하셨고, 사람의 무분별한 정욕과 타락한 심성을 죽이면, 간음 이외의 다른 말도 안 되는 사유로 이혼하는 일이 없어지게 될 것인데도, 제자들은 자신들의 정욕을 억제하느니 차라리 혼인제도 자체를 무력화시키는 쪽이 더 낫겠다고 생각한 것이었다. 분명히 그들은 다음과 같이 생각했어야 마땅하였다: 남편과 아내의 관계가 그런 것이라면, 두 사람은 자기 자신을 부인하고 서로의 뜻을 존중하는 법을 배우고, 자신의 야만적이고 시끄러운 정욕을 잠재워서, 한 몸이 된 것처럼 영도 하나가 되어, 쓸데없이 서로 반목하다가 결국에는 몸으로나 영으로나 병들어서 둘 다 망하는 일이 벌어지지 않게 해야 하겠다. 그러나 아무리 선한 사람들일지라도 연약함들을 가지고 있기 마련이다. 그래서 히브리인들이 하는 말들 중에는, "선지자들의 심령이라고 해도 하나님의 영이 언제나 임해 있는 것은 아니다"(Spiritus Dei non semper tangit corda prophetarum)라는 말이 있다. 따라서 우리는 "신자들의 심령이라고 해도 하나님의 영이 언제 어디서나 임해 있는 것은 아니다"(Spiritius Dei non semper et ubique tangit corda fidelium)라고 말할 수 있다. 성도들이 말하는 모든 것이 복음인 것은 아니다. 성도들 속에 있는 성령께서 말씀하실 때가 있는가 하면, 그들 속에 있는 육성이 말을 할 때도 있다. 어떤 죄악이 법에 의해서, 또는 교회의 지도자들에 의해서, 또는 우리가 살고 있는 지역의 통치자들에 의해서 오랫동안 묵인되고 허용되어서 만연되어 있을 때에는, 그 죄악은 쉽게 억제되지 않고, 선한 자들조차도 한동안 그 죄악에 휩쓸리고 물들어서, 그것이 죄악이라는 것을 깨닫지 못하고, 거기에서 벗어나서 하나님의 뜻을 따르지 못할 수 있다.

11-12.
11 예수께서 이르시되 사람마다 이 말을 받지 못하고 오직 타고난 자라야 할
지니라 12 어머니의 태로부터 된 고자도 있고 사람이 만든 고자도 있고 천국을 위하
여 스스로 된 고자도 있도다 이 말을 받을 만한 자는 받을지어다.

우리 구주께서는 유대 민족의 죄악된 관습과 관행이 오랜 세월 동안 지속되어 왔다는 것을 아셨기 때문에, 그러한 사실과 아울러 제자들의 연약함도 고려하셔서, 그들이 한 말이 마땅히 호되게 책망 받아야 할 말이었는데도 불구하고, 그들을 호되게 꾸짖지 않으시고 가볍게 책망하시기만 하신다. 우리 구주께서는 여기에서 이렇게 말씀하신 것과 같다: 너희는 너희가 말한 것이 무엇을 의미하는지를 알지도 못한 채로 그런 말을 하고 있구나. 모든 사람이 혼인하지 않고도, 얼마든지 하나님을 거슬러 범죄하지 않고 홀로 살아갈 수 있다고 생각하는 것은 오산이다. 혼인을 하지 않고 독신으로 살아갈 수 있는 것은 하나님이 주시는 특별한 은사이기 때문에, 하나님으로부터 그런 은사를 받지 않은 사람이 독신으로 살아가게 되면, 반드시 하나님을 거슬러 범죄할 수밖에 없게 된다. "정욕이 불 같이 타는 것보다 결혼하는 것이 나으니라"(고전 7:9). 하나님께서 선천적으로 혼인에 적합하지 않게 고자로 태어나게 하신 사람들이 있고, 악한 자들이 자신들의 목적을 위하여 고자로 만든 사람들도 있으며(왕궁에서는 왕의 비빈들의 시중을 들게 할 목적으로 남자들을 고자로 만들어서 내시로 일하게 하였다), 스스로 거세하여 고자가 된 것(이것은 악한 짓이다)이 아닌데도, 스스로 자신의 정욕을 죽여서 혼인을 하지 않음으로써, 세상 염려에 얽매이지 않고 좀 더 자유롭게 하나님의 일에 헌신하고, 거룩한 삶과 신령한 행실에 그들 자신을 드리는 사람들도 있다. 그러나 하나님께서는 자신이 제정하신 혼인 규례를 통해서 이 세상에 사람들이 번성하여 살아가게 하고자 하셔서, 사람들에게 서로 다른 기질과 체질을 주셨기 때문에, 대부분의 사람들은 혼인 없이는 자신의 정욕을 다스릴 수 없다. 그런 사람들에게 혼인은 선택과 고려의 문제가 아니기 때문에, 그들은 하나님이 정하신 혼인 규례를 따라 혼인을 할 수 있고, 또한 하여야 한다. 이 말씀을 받을 수 있는 자, 즉 혼인 없이도 자신의 정욕을 제어할 수 있어서, 독신으로 살아가도, 넘치는 정욕과 부정한 욕망들로 인해서 하나님을 거슬러 범죄하지 않을 수 있고, 세상 염려에서 벗어나 마음을 하나로 모아 좀 더 신령한 삶을 살아가면서, 이 세상에서 하나님의 나라를 확장시키는 데 좀 더 적합한 도구가 될 수 있는 자가 있다면, 그는 그렇게 하여야 한다.

13. 그 때에 사람들이 예수께서 안수하고 기도해 주심을 바라고 어린 아이들을 데리고 오매 제자들이 꾸짖거늘.

마가와 누가도 사람들이 우리 구주께서 어린 아이들을 안수해 주시도록 그들을 데려왔다고 말한다(막 10:13; 눅 18:15). 이 본문을 읽은 독자들의 마음속에서는, 부모들이나 유모들이 무슨 목적으로 이 어린 아이들을 그리스도께 데려온 것인지에 대하여 의문이 생겨날 수 있다. 우리 구주께서는 아무에게도 세례를 베풀지 않으셨기 때문에(요 4:2), 사람들이 어린 아이들로 하여금 세례를 받게 하려고 데려온 것은 아니었다. 또한, 병 고침을 위한 것도 아닌 것 같다. 왜냐하면, 우리 구주께서는 종종 병자들에게 안수하여 고쳐 주시기도 하셨지만, 제자들은 주님이 자기에게 온 자들을 물리치지 않으시고 고쳐 오셨다는 것을 알고 있었기 때문에, 병 고침을 위한 것이었다면, 여기에서 어린 아이들을 데려온 사람들을 꾸짖었을 가능성은 희박하기 때문이다. 따라서 사람들은 우리 구주께서 어린 아이들을 축복해 주시기를 바라서 자신의 자녀들을 데려온 것임에 틀림없다. 마태는 여기에서 사람들이 **예수께서 안수하고 기도해 주심을 바라고** 어린 아이들을 데려 왔다고 보도한다. 제사장들이 사람들에게 안수하면서 축복하는 것은 유대인들 사이에서 아주 흔하게 행해진 의식이자 관습이었다. 사도는 "논란의 여지 없이 낮은 자가 높은 자에게서 축복을 받느니라"(히 7:7)고 말한다. 탁월하게 거룩한 이로 여겨진 사람에게 축복 기도를 받는 것은 유대인들의 관습이었다(창 27:4; 48:14). 따라서 부모들이나 유모들이 어린 아이들을 우리 구주께 데려온 것은, 그들이 그리스도를 하나님의 은총을 받은 큰 선지자로 여겨서, 이 어린 아이들에 대한 그의 축복 기도가 하나님께 상달될 것이라고 믿었음을 보여 주는 것이었다. **제자들이 꾸짖거늘.** 제자들은 사람들이 건강한 어린 아이들을 주님께 데려온 것은 쓸데없는 일이라고 생각하였고, 이 어린 아이들로 인해서 주님이 힘들어하실 지도 모른다고 생각하였기 때문에, 그리고 아마도 그런 전례를 지금까지 본 적이 없었기 때문에, 어린 아이들을 데려오는 사람들을 꾸짖었던 것으로 보인다.

14-15. [14]예수께서 이르시되 어린 아이들을 용납하고 내게 오는 것을 금하지 말라 천국이 이런 사람의 것이니라 하시고 [15]그들에게 안수하시고 거기를 떠나시니라.

마가와 누가는 둘 다 이 이야기를 자세하게 들려준다. 마가는 "예수께서 보시고 노하시어 이르시되 어린 아이들이 내게 오는 것을 용납하고 금하지 말라 하나님의 나라가 이런 자의 것이니라 내가 진실로 너희에게 이르노니 누구든지 하나님의 나라를 어린 아이와 같이 받들지 않는 자는 결단코 그 곳에 들어가지 못하리라 하시고 그 어린 아이들을 안고 그들 위에 안수하시고 축복하시니라"(막 10:14-16)고 말한다. 누가는 마가와 동일한 보도를 하는 가운데, "예수께서 그 어린 아이들을 불러 가까이 하시고"라는 말을 덧붙이고, 그리스도께서 어린 아이들을 팔에 안으시고 안수하시며 축복하셨다고 한 마가복음 10:16의 말씀을 생략한다(눅 10:16-17). 신학자들 중에는 그리스도께서 "천국이 이런 사람들의 것"이라고 하신 말씀을 근거로 해서, 유아세례의 합법성을 주장하는 사람들이 있다. 그들은 여기에서 언급된 "천국"을 이 땅에 있는 교회와 복음 아래에서 사람들에게 주어지는 은혜의 경륜을 가리키는 것으로 이해해서, 성인들과 마찬가지로 유아들도 복음 교회의 구성원들이 될 수 있고 복음 아래에서 그리스도께서 베푸시는 은혜에 참여할 수 있기 때문에, 그리스도의 피로 말미암은 죄 사함은 성인들만이 아니라 유아들도 받을 수 있다고 말할 수도 있고, 여기에서 언급된 "천국"을 영광의 나라를 가리키는 것으로 이해해서, 우리 구주께서 어린 아이들도 성인들과 마찬가지로 천국에 갈 수 있다고 말씀하신 것으로 해석할 수도 있다고 주장한다. 또한, 그들은 이 본문은 유아들이 이 땅의 교회의 지체로서의 자격을 갖춘 자들이거나 영광의 나라에 참여할 자격을 갖춘 자들이라는 것을 확증해 주고 있기 때문에, 그렇다면 그들은 당연히 세례를 받을 수 있을 것이라고 말한다. 하지만 우리는 이 본문에서 그리스도께서 하신 말씀이나 행동을 근거로 해서 유아 세례의 합법성을 주장하는 데에는 신중을 기하지 않으면 안 된다. 왜냐하면, 그리스도께서 이 어린 아이들에게 세례를 베풀지 않으신 것은 분명하기 때문이다. 마가는 단지 우리 구주께서 "그 어린 아이들을 안고 그들 위에 안수하시고 축복하시니라"고만 보도한다. 이 본문에 근거해서 유아 세례를 주장하는 자들은 우리 구주께서 이 때에 행하신 행위가 아니라 말씀을 근거로 제시하는데, 마가는 우리 구주께서 사람이 하나님의 나라를 어린 아이 같이 받아들인 자만이 그 나라에 들어갈 수 있다고 말씀하셨다고 보도한다. 이 말씀은 마태복음 18:3에도 나오고, 그 취지는 둘 다 동일한데, 우리는 이 말씀을 거기에서 이미 살펴본 바 있다.

16. 어떤 사람이 주께 와서 이르되 선생님이여 내가 무슨 선한 일을 하여야 영생을 얻으리이까.

이 이야기는 마가복음 10:17-23과 누가복음 18:18-25에도 보도되고 있는데, 마가 본문은 "예수께서 길에 나가실새 한 사람이 달려와서 꿇어 앉아 묻자오되 선한 선생님이여 내가 무엇을 하여야 영생을 얻으리이까"(막 10:17)로 되어 있고, 누가 본문은 "어떤 관리가 물어 이르되 선한 선생님이여 내가 무엇을 하여야 영생을 얻으리이까"(눅 18:18)로 되어 있다. 우리 주님께서는 지금 갈릴리를 떠나서서 유대와 예루살렘을 향하여 가고 계셨는데, 어떤 사람이 주님 앞에 등장했다. 본문은 그가 "관리"였다고만 말하고, 그가 회당장이었는지, 아니면 지역의 관원이었는지는 말해 주지 않는다. 그는 달려와서 주님 앞에 무릎을 꿇고(이것은 적어도 지체 높은 분에게 예를 갖추어 인사하는 자세였다), 통상적으로 랍비들을 부르는 그런 호칭을 사용해서, "선생님이여"라고 부르며 주님께 인사를 하고 나서, 자기가 천국에 가려면 무엇을 해야 하느냐는 진지한 질문을 하였다. 하지만 그는 그런 식으로 질문을 한 것은 아니고, "내가 무슨 선한 일을 하여야 영생을 얻으리이까"라고 질문하였다. 그가 그리스도께 와서 정중하게 예를 갖추어 인사하였다는 것과 그가 던진 질문과 우리 구주의 대답을 듣고서 만족하지 못하고 슬픈 표정으로 간 것은, 그가 우리 구주를 함정에 빠뜨리고자 하는 악한 의도가 아니라 배우고자 하는 마음으로 찾아왔다는 것을 보여 준다. 하지만 그가 자신의 생명이 자기 수중에 있다고 생각하였고, 자기에게는 영생을 얻을 만한 어떤 선한 일을 할 수 있는 힘이 있거나, 엄격하게 자신의 공로에 걸맞는 상으로서 영생을 얻을 수 있는 것은 아니지만, 적어도 메시야와는 아무 상관 없이 자신의 선행을 통해서 하나님의 은총을 입어 영생을 얻을 수 있다고 생각하였다는 것은, 그가 바리새인이거나 바리새인들의 제자였다는 것은 분명하게 보여 준다. 그는 영생이 있다는 것을 믿었고, 영생을 얻어 영원히 복되게 살아가기를 원하였으며, 영생을 얻기 위해서라면 얼마든지 "선한 일"을 할 용의가 있다는 것을 확실하게 밝혔다.

17. 예수께서 이르시되 어찌하여 선한 일을 내게 묻느냐 선한 이는 오직 한 분이시니라 네가 생명에 들어 가려면 계명들을 지키라.

마가는 "네가 생명에 들어 가려면 계명들을 지키라"는 말씀은 생략하고, "네가 계명을 아나니"라고만 말하고(막 10:18-19), 누가도 마찬가지이다(눅 18:19-20). 우리 구주께서 여기에서 이 청년에게 이런 대답을 주신 것은 천국에 갈 수 있는 길을 보여 주시기 위한 것이 아니라, 단지 바리새인들의 가르침이 잘못되었다는 것을 깨우쳐 주시기 위한 것이었다. 그들은 그리스도께서 하나님이시라는 것이나, 하나님께로부터 오셨다는 것을 인정하려고 하지 않고, 자신들이 해석한 대로의 율법을 지킴으로써, 그 율법의 행위들을 통해 영생을 얻을 수 있다고 가르쳤는데, 우리는 그들의 율법 해석이 얼마나 불완전한 것이었는지에 대해서는 마태복음 5:1-48에서 이미 충분히 살펴본 바 있다. 이제 우리 구주께서는 이렇게 말씀하신다: 너는 나를 하나님으로 인정하지도 않고, 하나님께로부터 왔다는 것도 인정하지 않으면서, 어찌하여 나를 선하다 일컫느냐(막 10:18; 눅 18:19). 그 자체로 본질적이고 절대적으로 선하신 분은 오직 하나님뿐이시고, 하나님 외에는 그 어떤 경우에도 선한 이는 존재하지 않는다. 어떤 이에게 하나님으로부터 온 선이 있는 경우에만, 우리는 부차적으로 그를 선하다고 할 수 있을 뿐이다. 그런데 너는 내가 하나님이거나 하나님으로부터 왔다는 것도 인정하지 않으면서, 어찌하여 나를 선하다고 하는 것이냐?

네가 생명에 들어 가려면 계명들을 지키라. 이것은 바리새인들의 가르침이었다. 우리 구주께서는 이렇게 말씀하신다: 너는 사람이 영생에 들어가는 길이 있는데, 그것은 계명들을 지키는 것이라는 분명한 가르침을 받아 왔다. 너희는 사람이 하나님의 계명들을 온전히 지킬 수 있다고 말하고, 계명들을 지키는 자는 구원을 받게 될 것이라고 말한다. 그러므로 계명들을 지키라. 우리 구주께서 이렇게 말씀하신 것은 이 청년이 그렇게 할 수 있고, 그렇게 하면 천국으로 들어갈 수 있다고 생각하셨기 때문이 아니라, 이 청년에게 그 가르침이 잘못되었다는 것을 깨우치셔서, 그에게는 구주가 필요하다는 것을 알게 해 주고자 하셨기 때문이었다.

18-19. [18]이르되 어느 계명이오니이까 예수께서 이르시되 살인하지 말라, 간음하지 말라, 도둑질하지 말라, 거짓 증언 하지 말라, [19]네 부모를 공경하라, 네 이웃을 네 자신과 같이 사랑하라 하신 것이니라.

마가는 여기에 "속여 빼앗지 말라"(막 10:19)는 말씀을 더하고 있는 반면에, 누가는 그 말씀을 추가하지 않는다(눅 18:20). 우리는 이 본문에서 세 가지를 주목할 수 있다. (1) 그리스도께서는 십계명 중에서 오직 두 번째 돌판에 기록된 계명들만을 언급하고 계신다. (2) 이 계명들은 원래의 순서대로 언급되고 있지 않다. (3) 그리스도께서는 "네 이웃을 네 자신과 같이 사랑하라"는 말씀으로 열 번째 계명을 표현하신다. 우리 구주께서는 다른 곳에서 이 계명을 두 번째 큰 계명이라고 부르시며, 두 번째 돌판에 기록된 모든 계명들을 이 계명으로 포괄하신다. 우리는 우리 구주께서 여기에서 계명들을 열거하신 순서를 근거로 해서, 두 번째 돌판의 계명들이 첫 번째 돌판의 계명들보다 더 크다거나, 영생을 얻기 위해서는 이 계명들만을 지키면 된다거나, 다섯 번째 계명은 맨 나중에 언급되고 있기 때문에, 여섯 번째, 일곱 번째, 여덟 번째, 아홉 번째 계명들보다 덜 중요하다는 결론을 도출해내어서는 안 된다. 우리는 이 본문이 보여 주는 이러한 특징들을 다음과 같이 해석하여야 한다: (1) 우리 구주께서는 계명들을 지키는 것을 통해서는 영생을 얻을 수 없다는 것을 이 청년에게 깨우치는 데 필요한 만큼만 계명들을 열거하신 것이었다. (2) 우리 구주께서는 이 청년이 자기가 계명들을 지키지 않아 왔다는 것을 서서히 깨달을 수 있게 해 줄 수 있는 계명들만을 열거하셨다. (3) 우리 구주께서는 이 청년으로 하여금 자기가 계명을 지켜 오지 않았음을 가장 쉽게 깨닫게 해 줄 수 있는 순서로 계명들을 말씀하셨다. (4) 바리새인들은 이 계명들을 가장 평범하고 쉬운 계명들로 여겼다. (5) 우리 구주께서 이웃에 대한 우리의 사랑을 언급하신 것은 그것이 하나님에 대한 우리의 사랑을 가장 잘 보여 주는 증거이기 때문이었다. 이 계명들이 열거된 순서와 관련해서는, 우리 주님께서는 여기에서 어느 계명이 가장 큰 계명인지를 보여 주고자 하신 의도가 전혀 없으셨다. 주님은 다른 곳에서는 "네 마음을 다하고 목숨을 다하고 뜻을 다하여 주 너의 하나님을 사랑하라 하셨으니 이것이 크고 첫째 되는 계명이요 둘째도 그와 같으니 네 이웃을 네 자신 같이 사랑하라 하셨으니 이 두 계명이 온 율법과 선지자의 강령이니라"(마 22:37-40)고 말씀하셨지만, 여기에서 계명들이 열거된 순서에는 그런 의미가 전혀 없다.

20. 그 청년이 이르되 이 모든 것을 내가 지키었사온대 아직도 무엇이 부족하니이까.

마가와 누가 본문에는 "아직도 무엇이 부족하니이까"라는 구절이 없다. 이 청년은 바리새인들의 해석에 따라 이 계명들을 이해하고 있었는데, 마태복음 5:1-48이 보여 주듯이, 바리새인들은 이 계명들이 오직 외적으로 드러난 행위들만을 금지하는 것으로 해석하고서, 내면의 정욕이나 마음의 움직임을 비롯해서 그러한 외적 행위들로 이끄는 수단들이나 계기들을 금지한 것으로는 해석하지 않았다. 바울은 "율법이 탐내지 말라 하지 아니하였더라면 내가 탐심을 알지 못하였으리라"(롬 7:7)고 말한다. 잘못된 율법 해석에 의해 미혹된 사람들은 자기가 하나님의 계명들을 지키며 의롭게 살고 있다고 착각하며 자신만만해 할 수 있지만, 그렇지 않고 정상적인 사고를 하는 사람들은 그런 착각을 할 수 없다. 아직도 무엇이 부족하니이까. 이 청년은 그리스도께서 자기에게 무엇인가 새로운 과제를 제시해 줄 것이라고 기대하였고, 율법에 대한 자신의 지식과 이해가 잘못되어서 자신의 잘못을 깨닫지 못하는 것이라고는 상상도 하지 못하였다.

21. 예수께서 이르시되 네가 온전하고자 할진대 가서 네 소유를 팔아 가난한 자들에게 주라 그리하면 하늘에서 보화가 네게 있으리라 그리고 와서 나를 따르라 하시니.

마가는 이 말씀을 다음과 같이 반복해서 우리에게 들려준다: "예수께서 그를 보시고 사랑하사 이르시되 네게 아직도 한 가지 부족한 것이 있으니 가서 네게 있는 것을 다 팔아 가난한 자들에게 주라 그리하면 하늘에서 보화가 네게 있으리라 그리고 와서 나를 따르라 하시니"(막 10:21). 누가는 마태 본문을 그대로 반복하지만, "네가 온전하고자 할진대"라는 말씀을 빼고, "네게 아직도 한 가지 부족한 것이 있으니"라는 말씀을 추가한다(눅 18:22). 마가는 예수께서 "그를 보시고 사랑하사"라고 말하고 있기는 하지만, 나중에 이 청년이 슬픈 기색을 띠고 돌아간 것을 보시고, 부자가 천국에 들어가는 것이 너무나 어렵다고 자신의 제자들에게 말씀하신 것으로 보아, 이것은 그의 영혼을 구원하는 특별한 사랑은 아니었던 것으로 보인다. 우리 구주께서는 이 청년에게 한 가지가 부족하다고 말씀하셨지만, 다른 사람들을 사랑하시는 바로 그러한 사랑으로 그 청년을 바라보셨다. 우리가 이것으로부터 도출해 낼 수 있는 것은 도덕적으로 의로운 행위들은 하나님을 기쁘시게 한다는 것이다. 우리 구주께서는 이 청년에게 "네가 온전하고자 할진대," 즉 "하나님의 계명들을 지킴에 있어서 온전하고자 한다면"이라고 말씀하신다. 교황주의자들은, 마치 그리스도께서 여기에서 이 청년에게 다른 사람들보다 더 온전한 상태가 되기 위해서는 율법이 엄격하게 요구한 것들을 능가하는 그 무엇을 하라고 권면하셨다는 듯이, 이 본문을 근거로 해서 온전함에 관한 자신들의 이론을 전개해 나가는 데 야단법석을 떤다.

그러나 다음과 같은 것들을 곰곰이 생각해 보면, 이 말씀이 그런 의미가 아니라는 것이 드러난다. (1) 우리 구주께서는 이 청년에게 영생을 얻으려면 계명들을 지키라고 이미 말씀하심으로써, 계명들을 지키는 것만으로 이미 충분히 온전하게 될 수 있다는 것을 분명하게 보여 주셨기 때문에, 온전하게 되기 위해서는 계명들을 지키는 것 이외의 다른 어떤 특별한 일을 해야 한다고 말씀하실 이유가 없었다. (2) 우리 구주께서는 이 청년이 영생을 얻는 데에는 한 가지가 부족하다고 하셨는데, 만일 이것이 이 청년이 모든 계명을 다 지켰다는 것을 인정하시면서도, 그런 것과는 다른 무슨 특별한 것을 요구하신 것이라면, 그가 앞에서 하신 말씀은 거짓이 되고 말 것이다. 따라서 우리 구주께서 이 말씀을 하신 목적은 오직 이 청년이 모든 계명을 지키지 않았다는 사실을 깨우쳐 주고자 하신 것일 뿐이었다. 여기서 율법에는 자신의 모든 소유를 다 팔아 가난한 자들에게 나누어 주어야 한다는 계명이 없는데, 우리 구주께서 그렇게 하라고 명하신 것이 어떻게 계명을 온전히 지키는 것이 될 수 있는가 하는 반론이 제기될 수 있다. 나의 대답은 이렇다. 이 청년에게는 그의 하나님 여호와를 자신의 마음과 목숨과 힘을 다하여 사랑해야 한다는 계명이 주어져 있었다는 것은 두말할 필요도 없는데, 만일 이 청년이 하나님께서 그에게 주신 모든 명령에 기꺼이 순종하고자 하는 마음을 지니고 있지 않다면, 그는 하나님을 그런 식으로 사랑한다고 말할 수 없을 것이기 때문에, 우리 구주께서는 이 특별한 명령을 통해서, 과연 이 청년이 하나님을 진심으로 사랑하는지 사랑하지 않는지를 시험하신 것이었다. (3) 또한, 이 청년에게는 자기 이웃을 자신의 몸처럼 사랑하여야 한다는 계명과 탐하지 말라는 계명이 주어져 있었다는 것도 두말할 필요가 없는 사실인데, 그가 이제 하나님의 그러한 계명들을 따라 기꺼이 그리스도의 가난한 지체들에게 자신의 소유를 후하게 나누어 주어서 그들을 구제하고자 하지 않는다면, 그것은 그에게 탐심이 있어서, 하나님보다 재물을 더 사랑하는 자라는 것을 증명해 주는 것이 될 것이었다. 따라서 우리 구주께서 여기에서 이 청년에게 주신 명령은 이전에는 그에게 구체적으로 명령된 것은 아니었다고 할지라도 일반적으로 명령된 것이었기 때문에, 만일 이 청년이 하나님의 율법을 제대로 올바르게 깨닫고 있었더라면, 그런 명령이 자기에게 주어져 있다는 것을 알아차렸을 것이다. 게다가, 우리 구주께서는 이것을 분명하게 보여 주시기 위하여, "그리하면 하늘에서 보화가 네게 있으리라"는 약속을 그 명령에 덧붙이셨다. (4) 우리는 "가서 네 소유를 팔아 가난한 자들에게 주라"는 명령이 우리 구주께서 명령하신 모든 것이라고 해석해서는 안 되고, "그리고 와서" 십자가를 지고 "나를 따르라"는 명령도 이 청년에게 주어진 명령 중의 일부라는 것을 알아야 한다. 여기에서 우리 구주께서 말씀하신 온전함을 이루려면, 단지 자원해서 가난하게 사는 것으로 충분하지 않고, 자원하여 자신의 십자가를 지고 그리스도의 뒤를 좇아 살아가는 것이 거기에 더해져야 한다. 요컨대, 마음과 목숨과 힘을 다하여 하나님을 사랑하지 않고서는, 아무도 하나님의 계명들을 온전히 지킬 수 없고, 좀 더 일반적으로 명령된 것이든 좀 더 구체적으로 명령된 것이든 모든 일에서 하나님을 기꺼이 순종하고자 하는 마음을 지니지 않고서는, 아무도 하나님의 계명들을 온전히 지키며 살아가는 체할 수 없으며, 십계명의 첫 번째 돌판에 기록된 의무들을 먼저 다하지 않고서는, 아무도 두 번째 돌판의 의무들을 온전히 행할 수 없다는 것이다. 왜냐하면, 이웃에 대한 우리의 사랑이 하나님에 대한 우리의 사랑으로부터 흘러나온 것이 아니라면, 그것은 순종의 행위가 될 수 없고, 따라서 율법을 온전히 지킨 것이 될 수 없기 때문이다. 하나님의 율법은 단순히 외적으로 지키는 것만으로는 온전히 지키는 것이 될 수 없고, 오직 하나님께 순종하는 마음으로 율법이 요구하는 것을 지켜 행할 때에만 온전히 지키는 것이 되는데, 먼저 하나님을 사랑함이 없이는 그러한 순종은 불가능하다.

22. 그 청년이 재물이 많으므로 이 말씀을 듣고 근심하며 가니라.

마가복음 10:22과 누가복음 18:23에 나오는 것도 이 본문과 동일하다. 이 청년은 자기가 애초에 그런 질문을 왜 했을까 하고 질문한 것 자체를 후회하였을 수도 있고, 자신의 탐심으로 인해서 우리 구주께서 하신 명령을 자기가 지킬 수 없다는 것을 깨닫고서 근심한 것일 수도 있다. 만일 우리 구주께서 해볼 만한 것을 명령하셨더라면, 이 청년은 어느 정도의 희생과 대가를 치르고서라도 그 명령을 따르고자 하였을 것이다. 그러나 모든 소유를 팔아 나누어 주라는 명령은 이 청년에게 도저히 따를 수 없는 명령이었다! 또는, 이 청년은 우리 구주께서 하신 말씀을 듣고서, 자기가 지금까지 어떻게 생각해 왔든지 간에, 적어도 한 가지에 있어서는 하나님께 순종할 마음의 준비가 되지 않은 것을 깨닫고서, 자신이 계명들을 온전히 지켜 오지 않았다는 것을 인정할 수밖에 없었기 때문에, 근심하였을 수도 있다. 복음서 기자는 이 청년이 자신이 가진 많은 재물을 사랑하였기 때문에 근심하였다고 말하는 것이 아니라, "그 청년이 재물이 많으므로" 근심하였다고 말하기는 하지만, 이 말 속에는 전자의 의미도 내포되어 있다. 우리가 이 세상에서 많은 것을 가지고 있다면, 우리의 소유보다 하나님을 더 사랑하기는 정말 어려운 일이다. **그 청년이 … 가니라.** 이 청년은 우리 구주의 말씀을 더 이상 듣고자 하지 않았다. 자기 방식으로 신앙생활을 해나가라고 하면, 많은 사람들이 정말 열심히 신앙생활을 해나가고자 한다. 하지만 하나님의 방식으로 신앙생활을 해나가고자 하는 사람은 극히 드물다. 우리의 마음은 너무나 거짓되고 기만적이어서, 우리가 실제로는 우리에게 주어진 의무들이나 본분들을 아무것도 하지 않았고, 그 어떤 것도 진심으로 행할 준비가 되어 있지 않은데도, 마치 우리가 모든 의무들과 본분들을 다 하며 살아왔다는 듯이, 우리에게 속삭인다. 하나님께서 우리에게 요구하시는 모든 것을 기꺼이 행하고자 하는 마음이 우리에게 진정으로 있을 때까지는(그럴 때에도 막상 어떤 것을 행하고자 하면, 우리에게 그것을 행할 힘이 없다는 것을 알게 되지만), 우리는 온전하지 않은 것이고, 무엇인가가 우리에게 부족한 것이다.

23-24. [23]예수께서 제자들에게 이르시되 내가 진실로 너희에게 이르노니 부자는 천국에 들어가기가 어려우니라 [24]다시 너희에게 말하노니 낙타가 바늘귀로 들어가는 것이 부자가 하나님의 나라에 들어가는 것보다 쉬우니라 하시니.

마가는 "예수께서 둘러보시고 제자들에게 이르시되 재물이 있는 자는 하나님의 나라에 들어가기가 심히 어렵도다 하시니 제자들이 그 말씀에 놀라는지라 예수께서 다시 대답하여 이르시되 얘들아 하나님의 나라에 들어가기가 얼마나 어려운지 낙타가 바늘귀로 나가는 것이 부자가 하나님의 나라에 들어가는 것보다 쉬우니라 하시니"(막 10:23-25)라고 말하고, 누가는 "예수께서 그를 보시고 이르시되 재물이 있는 자는 하나님의 나라에 들어가기가 얼마나 어려운지 낙타가 바늘귀로 들어가는 것이 부자가 하나님의 나라에 들어가는 것보다 쉬우니라 하시니"(눅 18:24-25)라고 말한다. 앞에서 한 청년이 자신의 영혼에 대한 큰 열심과 천국에 갈 수 있는 올바른 길에 대하여 가르침 받고자 하는 뜨거운 열망을 가지고 활기차게 우리 구주 앞에 나아와서, 처음에는 자기가 천국에 가기 위해서는 무슨 선한 일을 하여야 하느냐고 물었고, 우리 구주께서 여러 계명들을 열거하시자, 이번에는 그 계명들은 자기가 온전히 다 지켰는데, "아직도 무엇이 부족하니이까"라고 반문해서, 우리 구주께서 "네 몸을 하나님께 드려 불살라라"거나 "너의 오른손이나 오른 발을 자르거나 오른쪽 눈을 빼버려라"고 명령하신 것도 아니고, 단지 "네 소유를 팔아 가난한 자들에게 주라"고 명령하신 것뿐이고, 그가 그렇게 하기만 하였더라면, 그의 아주 중요한 부분이 잘 메워져서 온전하게 되었을 것인데도, 완전히 풀이 죽어서 근심 어린 기색으로 떠나가 버린 일이 있었다.

우리 구주께서는 이 모든 것을 다 지켜보시고서, 이 기회를 이용하셔서, 자신의 제자들에게 재물의 위험성에 대하여 말씀해 주시는데, 그것은 재물은 사람들의 심령에 악영향을 미치고, 사람들의 영원한 운명에 부정적인 영향을 미친다는 것이었다. 누가와 마가는 우리 구주께서 의문문의 형식으로 이 문제에 대하여 운을 떼셨다고 보도하고("재물이 있는 자는 … 얼마나 어려운지"), 마태는 서술문의 형식으로 시작하신 것으로 보도한다("부자는 … 어려우니라"). 어느 쪽이든 의미는 동일하지만, 의문문으로 시작되는 말씀은 부자가 천국에 들어가기 힘들다는 단언을 더욱 강화시키고, 그 어려움을 더욱 부각시키는 역할을 하는 것으로 보인다. 마가는 "제자들이 그 말씀에 놀라자," 우리 구주께서는 이번에는 약간의 설명을 곁들이셔서, "하나님의 나라에 들어가기가 얼마나 어려운지"라고 말씀하셨다고 보도한다. 어떤 이들은 우리 구주께서 덧붙이신 설명은 앞서 하신 말씀을 수정해서 완화시키는 역할을 하기는커녕 도리어 한층 더 강화시키는 역할을 한다고 본다. 왜냐하면, 그가 덧붙이신 것은 "낙타가 바늘귀로 나가는 것이 부자가 하나님의 나라에 들어가는 것보다 쉬우니라"는 말씀이었기 때문이다.

그러나 제자들은 이미 그리스도를 따르기 위하여 모든 것을 다 버렸기 때문에 이 말씀을 듣고서 두려워하거나 놀랄 이유가 없었는데도, 어째서 이렇게 몹시 놀란 것인가? 아마도 그것은 그리스도께서 방금 하신 말씀이 세상 사람들의 일반적인 생각과는 너무나 다르고 정반대였기 때문일 것이다. 한 예로, 말라기 시대에 세상 사람들은 "교만한 자가 복되다"고 말하였고, 오직 부자들만이 하나님으로부터 은총을 받은 자들이라고 생각하였다. 그런데 세상 사람들의 그러한 통념과는 정반대로, 그리스도께서는 "너희 가난한 자는 복이 있고," "화 있을진저 너희 부요한 자여 너희는 너희의 위로를 이미 받았도다"라고 선언하셨다(눅 6:20, 24). 우리 구주께서 이렇게 말씀하신 의도는 부와 재물 자체를 저주받은 것으로 단죄하고자 하신 것도 아니었고, 모든 부자들이 다 구원을 받을 수 있다고 하신 것도 아니었다. 우리 구주께서는 아브라함, 이삭, 야곱, 욥이 모두 부자였지만 천국에 있고, 다윗과 솔로몬도 마찬가지라는 것을 알고 계셨다. 또한, 그는 부가 그 자체로는 하나님의 선물로서 좋은 것이고, 결코 해로운 것이 아니라는 것도 알고 계셨다. 따라서 그가 이렇게 말씀하신 목적은 단지 부와 재물은 사람에게 위험한 시험거리라는 것을 보여 주시고자 하신 것이었다. 재물은 우리의 마음을 유혹해서, 우리로 하여금 재물을 사랑하게 만들고 집착하게 만들어서, 하나님에 대한 우리의 본분을 행하지 못하게 하고, 사람의 마음속에서 교만과 탐욕, 야심과 압제, 사치 등과 같은 소욕들을 부추기기 때문에(이러한 것들 중 이런저런 것이 모든 심령을 지배하고 있다), 부자는 구원을 받기 위하여 자신을 부인하고 마땅히 해야 할 일들을 하기가 무척 어렵게 된다.

나는 마가 본문에 나오는 "재물을 의지하는 자들"(한글개역개정에는 "재물이 있는 자")이라는 어구는 우리 구주께서 앞서 하신 말씀을 완화시키는 말씀이라기보다는 부자가 천국에 들어가기 어려운 이유를 말해 주는 것이라고 본다. 왜냐하면, 재물을 의지하게 되면, 사람은 재물에 행복을 두고, 재물 속에서 안정감을 찾아서, 그 이상의 행복을 찾으려 하지 않기 때문이다(시 49:6; 52:7; 딤전 6:17). 우리 구주께서는 부자가 구원받기가 아주 어려운 것은, 재물을 많이 가지고 있는 자는 재물 속에서 행복을 찾고 안정감과 평안을 느끼는 것을 떨쳐 버리기가 쉽지 않기 때문에, 자연스럽게 재물에 집착하게 되어, 재물에 얽매인 우리 자신을 부인하고서, 하나님의 명령에 순종하기가 대단히 어렵기 때문이라고 말씀하시는 것이다. 또한, 재물은 아주 큰 시험거리여서, 우리를 교만과 사치, 야심과 압제, 다른 사람들을 멸시하고 무시하는 것, 탐욕으로 이끌기 십상이다. 이러한 이유들 때문에, 우리 구주께서는 계속해서 "낙타가 바늘귀로 들어가는 것이 부자가 하나님의 나라에 들어가는 것보다 쉬우니라"는 말씀을 덧붙이신다. 이 말씀은 당시 유대인들 사이에서 대단히 어렵거나 불가능한 것을 가리키는 의미로 사용되던 하나의 속담이었음이 틀림없다. 다음에 이어지는 절들이 보여 주듯이, 우리 구주께서는 하나님의 특별한 은혜 없이는 부자가 천국에 들어가는 것이 불가능하다는 의미로 이 속담을 사용하신 것으로 보인다.

25-26. [25]제자들이 듣고 몹시 놀라 이르되 그렇다면 누가 구원을 얻을 수 있으리이까 [26]예수께서 그들을 보시며 이르시되 사람으로는 할 수 없으나 하나님으로서는 다 하실 수 있느니라.

마가는 "제자들이 매우 놀라 서로 말하되 그런즉 누가 구원을 얻을 수 있는가 하니"(막 10:26)라고 보도하지만, 이 본문에 나오는 다른 말씀들의 내용은 세 복음서 기자가 서로 일치한다. 그렇다면, 제자들은 왜 몹시 놀랐는가? 그리고 그들은 왜 "그런즉 누가 구원을 얻을 수 있는가"라고 말한 것인가? 세상에는 부자들보다 가난한 자들이 훨씬 더 많지 않는가? 아마도 제자들은 우리 구주께서 부자에 대하여 하신 말씀으로부터, 가난한 자들은 가난하기 때문에 수많은 크고 위험한 시험거리들에 노출되어 있다는 것을 추론해 낼 수 있었을 것이다. 즉, 가난한 자들은 재물이 없기 때문에, 재물에 더 집착하고, 재물을 모으는 것에서 행복을 찾고자 할 수 있다. 그래서 제자들은 부자든 가난한 자든 사람이 천국에 들어가는 것이 어려운 일이겠구나 하는 결론에 도달하였기 때문에, 이런 반응을 보였을 것이다. 우리 구주께서는 자신의 제자들에게 "사람으로는 할 수 없으되 하나님으로는 그렇지 아니하니 하나님으로서는 다 하실 수 있느니라"고 말씀하신다. 하나님께서 사람들을 내버려 두셔서, 사람들이 자기 힘으로 구원을 얻고자 하면, 구원을 얻을 수 있는 사람은 단 한 사람도 없게 될 것이다. 흑인은 자신의 피부색을 바꿀 수 없고, 표범은 자신의 반점을 없앨 수 없다. 그러나 하나님께서는 자신의 강력한 은혜의 능력을 통해서 사람들을 천국에 들어갈 수 있게 하실 수 있으시다. 하나님은 부자의 마음을 바꾸셔서 부자로 하여금 재물에 대한 집착을 끊어 세상 재물을 멸시하고 살아 계신 하나님을 의지할 수 있게 하실 수 있으시고, 가난한 자의 마음을 바꾸셔서 그를 심령이 가난하고 은혜에 풍성한 자가 되게 하실 수 있으시다.

27-28. [27]이에 베드로가 대답하여 이르되 보소서 우리가 모든 것을 버리고 주를 따랐사온대 그런즉 우리가 무엇을 얻으리이까 [28]예수께서 이르시되 내가 진실로 너희에게 이르노니 세상이 새롭게 되어 인자가 자기 영광의 보좌에 앉을 때에 나를 따르는 너희도 열두 보좌에 앉아 이스라엘 열두 지파를 심판하리라.

마가와 누가 본문에는 베드로가 한 말은 부분적으로 나오지만, 우리 주님께서 자신의 사도들과 관련해서 하신 말씀은 나오지 않는다. 우리는 앞에서 그리스도께서 부르시자, 베드로와 안드레, 야고보와 요한이 모든 것을 버리고 그를 따랐다는 말씀을 들은 바 있는데(마 4:18-22), 다른 사도들도 그렇게 했을 것임에 틀림없다. 베드로는 우리 구주께서 사람의 구원과 관련해서, 부나 재물이 아니라, 사람의 심령이 가난한 것과 겸손과 자기부인, 그리스도에 대한 순종과 기꺼이 따르고자 하는 것이 중요하다고 말씀하시는 것임을 알아차리고서는, "우리가 모든 것을 버리고 주를 따랐사온대 그런즉 우리가 무엇을 얻으리이까"라고 묻는다. 어떤 이들은 제자들도 다른 유대인들과 마찬가지로 메시야가 이 세상에 나라를 건설할 것이라고 생각했기 때문에, 베드로는 현세에서 자신들이 무엇을 얻게 될지를 궁금해하며 이렇게 질문한 것이라고 생각한다. 그러나 우리 주님께서 앞서 하신 말씀이 그런 식으로 해석될 수 없고, 제자들이 "그렇다면 누가 구원을 얻을 수 있으리이까"라고 질문한 것에 비추어 볼 때, 나는 그런 생각에 동의할 수 있다. 그리고 동일한 이유로, 나는 인자가 자기 영광으로 오실 것에 대한 28절의 말씀도 그가 이 세상에 세워진 자신의 나라에 오실 것이라는 의미로 이해하는 것이 아니라(어떤 이들은 그렇게 이해한다), 마지막 날에 오실 것을 의미하는 것으로 이해하여야 한다고 본다. 왜냐하면, 인자가 자기 영광으로 오신다는 말씀은 마지막 날에 오시는 것을 가리키는 것으로 보는 것이 가장 적절하기 때문이다(살전 4:15-17; 유 1:14). 마찬가지로, 우리는 여기에서 사도들에게 약속된 것은 이 땅의 교회에서의 어떤 특권이 아니라, 마지막 심판의 날에 그들이 받게 될 더 큰 영광과 존귀라고 이해하여야 한다.

세상이 새롭게 되어 인자가 자기 영광의 보좌에 앉을 때에 나를 따르는 너희도 열두 보좌에 앉아 이스라엘 열두 지파를 심판하리라. 이 구절은 KJV에는 "새롭게 하는 일에서 나를 따른 너희는, 인자가 자기 영광의 보좌에 앉을 때에, 너희도 열두 보좌에 앉아 이스라엘 열두 지파를 심판하리라"로 되어 있다. 여기에서 "새롭게 하는 일"은 우리 구주께서 자신의 가르침을 통해서 교회를 새롭게 하여 세상을 변화시키시고 계시는 것을 가리킨다. 어떤 이들은 "새롭게 하는 일에서"를 "인자가 자기 영광의 보좌에 앉을 때에"에 걸리는 것으로 보는데, 이 견해에 의하면, "새롭게 하는 일"은 그리스도께서 장차 자기 영광으로 오셔서 심판하시는 것을 가리키는 것이 된다. 실제로 사도는 그 심판의 날을 "만물을 회복하실 때"(행 3:21)라고 부르고, 선지자 이사야는 이 때를 "새 하늘과 새 땅"의 때라고 말하며(사 66:22), 베드로 사도와 요한도 마찬가지이다(벧후 3:13; 계 21:1). 이 둘 중에서 어느 견해를 따르든, 큰 차이는 없다.

나를 따르는 너희는 지금까지 그리스도를 따랐고 앞으로도 따르게 될 사도들을 가리킨다. 왜냐하면, 이 약속은 멸망의 아들인 가룟 유다에게는 적용될 수 없기 때문이다. 너희도 열두 보좌에 앉아. 재판장들과 왕들이 재판할 때에는, 재판을 보좌하는 자들이 그 옆의 "보좌들"에 앉아 배석하는 것이 관례였다. 우리 구주께서 "열두 보좌"라고 하신 것은 자신의 사도들이 열두 명이었기 때문이다. 나중에 가룟 유다가 떨어져 나갔지만, 맛디아가 그 자리를 계승하였고(행 1:26), 그도 "주 예수께서 우리 가운데 출입하실 때에 항상 우리와 함께 다니던 사람 중에 하나"(행 1:21-12)였기 때문에, "열두 보좌"는 하나도 비지 않고, 그리스도를 따랐던 열두 제자로 채워지게 될 것이다.

이스라엘 열두 지파를 심판하리라. 이스라엘의 지파는 열세 지파였지만, 레위 지파는 고유한 분깃이 없었기 때문에, 통상적으로 열두 지파로 지칭되었다. 이방인들도 심판을 받겠지만, 유대인들도 자신들의 불신앙, 즉 그리스도를 받아들이지 않은 것에 대하여 심판을 받게 될 것이다. 이렇게 심판은 하나님의 집에서 시작될 것이다. 이 약속은 사도들이 저 큰 날에 일반 신자들보다 더 높고 영광스러운 자리에 앉게 될 것이라는 의미를 지닌다는 것은 의심의 여지가 없다. 하지만 사도 바울은 성도들이 세상을 심판하게 될 것이라고 말한다(고전 6:2).

29. 또 내 이름을 위하여 집이나 형제나 자매나 부모나 자식이나 전토를 버린 자마다 여러 배를 받고 또 영생을 상속하리라.

마가는 "나와 복음을 위하여 집이나 형제나 자매나 어머니나 아버지나 자식이나 전토를 버린 자는 현세에 있어 집과 형제와 자매와 어머니와 자식과 전토를 백 배나 받되 박해를 겸하여 받고 내세에 영생을 받지 못할 자가 없느니라"(막 10:29-30)고 말하고, 누가는 "하나님의 나라를 위하여 집이나 아내나 형제나 부모나 자녀를 버린 자는 현세에 여러 배를 받고 내세에 영생을 받지 못할 자가 없느니라 하시니라"(눅 18:29-30)고 말한다. 이 말씀은 아주 후한 약속이기 때문에, 우리는 다음과 같은 것들을 잘 생각해 보아야 한다. (1) 이 약속은 누구에게 주어졌는가. (2) 이 약속은 무엇에 대한 것인가. 우리 구주께서 앞서 하신 약속은, "열두 보좌"라는 어구가 보여 주듯이, 특별히 사도들에게 주어진 약속이었다. 하지만 여기에 나오는 약속은 그리스도를 위하여 "집이나 형제나 자매나 부모나 자식이나 아내나 전토나" 그 어떤 것이라도 버린 모든 자들에게 주어진 약속이다. 이런 것들을 지키려고 나를 버리거나 내 복음에 대한 신앙 고백을 버리거나 하나님을 거슬러 범죄하는 것이 아니라, 도리어 "내 이름을 위하여, 복음을 위하여, 하나님의 나라를 위하여" 그런 것들을 버리는 자들은 이 약속을 받게 될 것이다.

이 약속은 무엇에 대한 것인가. (1) 이것은 "현세에 있어 백 배"를 받게 될 것이라는 약속이다. (2) 이것은 "영생"을 받게 될 것이라는 약속이다. 여기에서 우리는 "백 배"를 양적인 관점에서가 아니라 질적인 관점에서 이해하여야 한다. 그래서 마가는 그들이 "박해를 겸하여" 받게 될 것이라고 말한다. 그렇다면, 그들은 현세에서 무엇을 백 배로 받게 되는가? (1) 성령 안에서의 기쁨, 양심의 평안, 하나님의 사랑을 느낌. 그들은 사도들과 마찬가지로 자신들이 그리스도의 이름을 위하여 "능욕 받는 일에 합당한 자로 여기심을 기뻐하게" 될 것이다(행 5:41). 그들은 바울이나 실라 같이 감옥에서도 찬송을 부르게 될 것이다(행 16:25). 그들은 하늘에 "더 낫고 영구한 소유"가 있음을 알고, 자신들의 "소유를 빼앗기는 것도 기쁘게" 여기게 될 것이다(히 10:34). 이러한 내적인 기쁨과 평안은 부모나 형제나 자매보다 백 배나 더 귀한 것이다. (2) 자족함. 그들은 자신들에게 남겨진 적은 것으로도 자족하는 마음을 갖게 될 것이다. 그들에게는 이전만큼 충분히 마실 것이 없다고 할지라도, 목마름이 덜하게 될 것이다(빌 4:11-12). (3) 하나님께서 다른 사람들의 마음을 움직이셔서 그들의 쓸 것을 공급해 주게 하실 것이고, 그렇게 공급된 것들은 그들에게 전에 풍족했던 것들보다 더 큰 달콤함을 가져다줄 것이다. (4) 하나님께서는 시련을 통과한 욥에게 이전보다 더 큰 재물을 다시 주셨듯이, 종종 현세에서 되갚아 주시는 경우도 있다. 그러나 그렇지 않다고 하더라도, 그들은 또 다른 세상에서 영원한 행복이라는 확실한 상을 받게 될 것이다.

30. 그러나 먼저 된 자로서 나중 되고 나중 된 자로서 먼저 될 자가 많으니라.

마가복음 10:31에도 동일한 말씀이 나오고, 누가복음 13:30과 마태복음 20:16에도 거의 동일한 말씀이 나온다. 지금 "먼저 된 자"로 여겨져서 천국에 가장 가까운 자들로 생각되는 유대인들의 자리는 천국에 없을 것이고, 지금 천국과는 거리가 먼 자들로 여겨지는 이방인들은 장차 천국에 들어가게 될 것이다. 그들 스스로 "먼저 된 자"라고 자처하며 천국에 가장 가까운 듯이 보이는 바리새인들과 훌륭한 랍비들은 장차 "나중 된 자"가 될 것이고, "나중 된 자"로 여겨져서 천국과는 아무 상관이 없는 것 같아 보이는 자들은 천국에서 가장 상석에 앉게 될 것이다. 이것은 일반적인 말씀이기 때문에, 여러 가지로 다양하게 적용될 수 있지만, 그 다음에 나오는 말씀에 비추어 볼 때, 자기가 큰 자라고 생각하는 자들에 대한 경고의 말씀으로 해석될 수 있다. 우리 구주께서는 여기에서 모든 것을 버리고 자기를 따른 사도들을 향하여, "그러나 먼저 된 자로서 나중 되고 나중 된 자로서 먼저 될 자가 많으니라"고 말씀하신 것이기 때문에, 이것은 이렇게 말씀하신 것과 같다: 너희가 모든 것을 버리고 나를 따랐지만, 너희는 어떤 생각이나 목적을 가지고 어떠한 사랑으로 그렇게 했는지를 살펴보고 곰곰이 생각해 볼 필요가 있다. 너희는 너희가 무엇을 붙잡고 있는지, 너희 자신에 대하여 자신만만해하고 있는 것은 아닌지를 잘 살펴보아야 한다. 왜냐하면, 지금 가장 먼저 신앙을 고백하고 다른 사람들의 눈에나 자신의 눈에나 자기가 "먼저 된 자"로 여겨져서 자신만만해하는 많은 사람들이 장차 심판의 날에 나와 내 아버지의 눈에는 "나중 된 자"로 여겨지게 될 것이고, 요란하게 말하거나 행하지도 않고, 세상에서 명성을 얻은 것도 아니며, 자기 자신을 지극히 미천한 자로 여기는 많은 사람들은 내 눈에 가장 높은 자로 여겨져서 진정으로 "먼저 된 자"로 나타나게 될 것이기 때문이다. 심판의 날에 많은 사람들의 기대가 무참하게 깨지게 될 것이다.

제20장

개요

1. 각기 다른 시간에 포도원에서 일하도록 고용된 일꾼에 관한 비유(1-16).
2. 예수께서 자신의 수난과 부활을 예고하심(17-19).
3. 세베대의 아들들의 어머니의 청탁에 대하여 대답해 주시고, 이 일에 대하여 다른 제자들이 화내는 것을 만류하심(20-28).
4. 두 맹인을 보게 해 주심(29-34).

**1-16. 1 천국은 마치 품꾼을 얻어 포도원에 들여보내려고 이른 아침에 나간 집 주
인과 같으니 2 그가 하루 한 데나리온씩 품꾼들과 약속하여 포도원에 들여보내고 3
또 제삼시에 나가 보니 장터에 놀고 서 있는 사람들이 또 있는지라 4 그들에게 이르
되 너희도 포도원에 들어가라 내가 너희에게 상당하게 주리라 하니 그들이 가고 5
제육시와 제구시에 또 나가 그와 같이 하고 6 제십일시에도 나가 보니 서 있는 사람
들이 또 있는지라 이르되 너희는 어찌하여 종일토록 놀고 여기 서 있느냐 7 이르되
우리를 품꾼으로 쓰는 이가 없음이니이다 이르되 너희도 포도원에 들어가라 하니
라 8 저물매 포도원 주인이 청지기에게 이르되 품꾼들을 불러 나중 온 자로부터 시
작하여 먼저 온 자까지 삯을 주라 하니 9 제십일시에 온 자들이 와서 한 데나리온씩
을 받거늘 10 먼저 온 자들이 와서 더 받을 줄 알았더니 그들도 한 데나리온씩 받은지
라 11 받은 후 집 주인을 원망하여 이르되 12 나중 온 이 사람들은 한 시간밖에 일하지
아니하였거늘 그들을 종일 수고하며 더위를 견딘 우리와 같게 하였나이다 13 주인이
그 중의 한 사람에게 대답하여 이르되 친구여 내가 네게 잘못한 것이 없노라 네가
나와 한 데나리온의 약속을 하지 아니하였느냐 14 네 것이나 가지고 가라 나중 온 이
사람에게 너와 같이 주는 것이 내 뜻이니라 15 내 것을 가지고 내 뜻대로 할 것이 아
니냐 내가 선하므로 네가 악하게 보느냐 16 이와 같이 나중 된 자로서 먼저 되고 먼저
된 자로서 나중 되리라.**

이 비유는 오직 마태만이 기록하고 있고, 우리 구주께서 이 비유를 말씀하신 의도를 이해하기 위하여, 우리가 지침으로 삼을 만한 것도 없다. 하지만 이 비유의 끝 부분인 16절에는 "이와 같이 나중 된 자로서 먼저 되고 먼저 된 자로서 나중 되리

라"는 말씀이 나오는데, 이것이 이 비유를 해석하는 데 단초가 될 수 있다. 어떤 이들은 여기에서 "먼저 된 자"는 세상에서 대단한 평판을 듣고 명성을 지닌 자들이나 그들 자신을 대단하게 여기는 자들을 가리키는 것으로 이해하고, "나중 된 자"는 세상에서 하찮은 존재로 무시 받고 그들 자신을 미천한 자로 여기는 자들을 가리키는 것으로 이해한다. 따라서 그들은 여기에서 "먼저 된 자"로 여겨진 자들은 나중에 하나님의 사랑과 은총을 받거나 하나님으로부터 상을 받는 데 있어서 "나중 된 자"가 될 것이고, 여기에서 "나중 된 자"로 여겨진 자들은 나중에 다른 사람들보다 더 많은 하나님의 사랑과 은총과 상을 받아 "먼저 된 자"가 될 것이라는 의미로, 우리 구주께서 이 비유를 말씀하신 것이라고 본다. 또 어떤 이들은 "먼저 된 자"는 하나님께서 이 세상에서 최초로 자신의 백성으로 택하여 많은 특권들을 주셔서 다른 어느 민족보다도 더 크게 존귀하게 하신 유대인들을 가리키고, "나중 된 자"는 하나님의 교회에 마지막으로 들어오게 된 이방인들을 가리키는 것으로 이해한다. 우리 구주께서 이 비유를 말씀하신 직접적인 목적은 바로 이 후자에 있었던 것으로 보인다. 주님은 유대인들이 자신들은 이 땅에 있는 하나님의 유일한 교회이고, 세상은 악에 처해 있다고 여기고, 하나님으로부터 받은 특권들을 내세워서, 그들 자신을 대단하게 여기고 한없이 교만해져서, 장차 이방인들이 교회로 부르심을 받아서, 자신들과 마찬가지로 영적인 특권들에 참여하게 될 때에, 그것을 시기하여 화를 내고 심술을 부리리라는 것을 너무나 잘 알고 계셨다.

이 비유의 취지가 이렇게 확정된 후에는, 이 비유를 해석하는 것은 쉬운 일이다. "천국," 즉 하나님께서 나라들이나 개인들을 부르셔서, 자신의 교회와 영원한 복된 나라에서 신령한 복들에 참여하게 하실 때에 주권적으로 베푸시는 경륜은 "마치 품꾼을 얻어 포도원에 들여보내려고 이른 아침에 나간 집 주인과 같다." 포도원을 관리하는 것과 관련해서, 그리스도가 농부에 비유되듯이(요 15:1), 하나님 아버지는 "집주인," 즉 포도원을 가진 이(사 5:1-2)에 비유된다. "포도원"은 교회이다. 포도원에서 하는 "일"은 영원한 구원에 관한 일, 즉 우리 자신의 구원과 우리에게 맡겨지거나 우리가 영적으로 유익을 주어야 하는 책임이 있는 사람들의 구원에 관한 일이다. "품꾼들"은 일반적으로는 복음을 통해 부르심을 받은 모든 자들을 가리키고, 특히 직분을 맡은 사람들을 가리킨다. 하나님께서 품꾼들을 고용하신다는 것은 복음에 나와 있는 은혜의 상을 약속하시고서 일하고자 하는 자들을 포도원으로 들여보내어 일하게 하신다는 것이다. 그들에게 약속된 상은 "한 데나리온"인데, 이것은 교회에 들어온 사람들이 참여하게 되는 신령한 특권들 전체를 의미한다. "장터에 놀고 서 있는 사람들"은 그들이 세상에 와서 마땅히 해야 할 큰 일, 즉 하나님을 영화롭게 해드리고 그들 자신의 영혼을 구원하는 일을 소홀히 하고 있는 사람들을 가리킨다. 하나님께서 여러 차례 나가셔서 "제삼시"에도, "제육시"에도, "제구시"에도 사람들을 불러 포도원으로 들여보내셨다는 것은 창세 이후의 이른 시기에 유대인들을 부르시고, 그들이 타락할 때마다 선지자들을 부지런히 보내셔서 다시 자기를 섬기도록 권하셨다는 것을 의미한다. 특히 하나님께서 "제십일시"에도 사람들을 불러 포도원으로 들여보내신 것은 이전에는 하나님을 알지도 못하였고 생명의 길을 알지도 못하였던 이방인들을 복음 전도를 통하여 부르신 것을 의미한다. "제십일시"는 결산의 때이다. 포도원에 "먼저 온 자들"이 포도원에 늦게 들어온 "나중 온 자들"과 똑같이 한 데나리온의 품삯을 받고서 원망하였다는 것은 일차적으로, 이방인들이 아주 오랜 세월 동안 하나님의 선민이었던 자기들과 똑같이 하나님의 은혜에 참여하게 된 것을 보고, 유대인들이 시기하여 화를 내며 불평한 것을 가리킨다.

그러자 "집주인"은 두 가지 근거를 들어 자신의 행위가 옳다는 것을 증명하는데, 이것은 하나님께서 어떤 사람들에게 후히 베푸시는 것이 결코 불의한 것이 아니라, 모든 사람에 대한 그의 공의와 완벽하게 부합한다는 것을 보여 준다. (1) 집주인은 그들과 한 데나리온을 품삯으로 주기로 약속하였고, 그 약속대로 그들은 한 데나리온을 받았다. 유대인들은 하나님의 언약에 의해 주어진 외적인 특권들을 아주 소중히 여겨 왔고, 완악한 마음으로 하나님의 은혜를 배척하여 떨어져나갈 때까지 잘 누려 왔었다. (2) 집주인에는 다른 사람들에 대하여 자신의 뜻대로 할 권한이 있다. 그가 다른 사람들에게 호의를 베풀든 말든, 그것은 그의 마음이기 때문에, 그 다른 사람들에게 후히 베풀었다고 해서, 그것이 그들이 약속된 품삯을 받는 데 아무런 해가 되지 않는데도 시비를 걸고 트집을 잡는 것은 악한 일이었다.

우리 구주께서는 "나중 된 자로서 먼저 되고 먼저 된 자로서 나중 되리라"는 말씀으로 이 비유를 마무리하신다. 즉, 이방인들은 복음과 거기에 수반된 복된 특권들에 참여하는 자들이 될 것이고, 유대인들은 전에 받았던 특권들까지도 빼앗기게 되리라는 것이다. 마찬가지로, 모든 시대에서 공로와 신앙과 명성에 있어서 "먼저 된 자"로 여겨지면서도 참된 거룩함이 없는 자들은 장차 하나님과 결산할 날에 "나중 된 자"가 될 것이고, 세상 사람들로부터의 칭송과 명성을 얻지는 못하였어도 자신의 부르심에 대하여 신실하고 정직하게 행한 자들은 장차 "먼저 된 자"로 드러나게 될 것이다. "청함을 받은 자는 많되 택함을 입은 자는 적으니라"(마 22:14). 이것은 나중 된 자가 먼저 되고 먼저 된 자가 나중 되는 이유를 말해준다. 많은 사람들이 외적으로 전파된 말씀을 듣고서 가시적인 교회의 교제 속으로 부르심을 받는다. 이 비유에서 사람들이 각기 다른 시간에 부름을 받고 포도원에 들어왔다는 것은 모든 시대에서 이루어진 선지자들과 사도들, 그리고 설교자들의 사역을 통해 가시적인 교회 속으로 들어오게 된 것을 의미하는 것임에 틀림없다. 하지만 "택함을 입은 자," 즉 하나님께서 전적인 은혜로 영원히 변하지 않는 자신의 작정하심을 따라 구원의 은혜에 참여하여 영생을 얻게 하시는 자들은 "적다." 이것이 이 비유의 주된 취지이다.

17-19. [17]예수께서 예루살렘으로 올라가려 하실 때에 열두 제자를 따로 데리시고 길에서 이르시되 [18]보라 우리가 예루살렘으로 올라가노니 인자가 대제사장들과 서기관들에게 넘겨지매 그들이 죽이기로 결의하고 [19]이방인들에게 넘겨 주어 그를 조롱하며 채찍질하며 십자가에 못 박게 할 것이나 제삼일에 살아나리라.

마가와 누가에도 이 기사가 나온다. 마가는 "예루살렘으로 올라가는 길에 예수께서 그들 앞에 서서 가시는데 그들이 놀라고 따르는 자들은 두려워하더라 이에 다시 열두 제자를 데리시고 자기가 당할 일을 말씀하여 이르시되 보라 우리가 예루살렘에 올라가노니 인자가 대제사장들과 서기관들에게 넘겨지매 그들이 죽이기로 결의하고 이방인들에게 넘겨 주겠고 그들은 능욕하며 침 뱉으며 채찍질하고 죽일 것이나 그는 삼 일 만에 살아나리라 하시니라"(막 10:32-34)고 말하고, 누가는 "예수께서 열두 제자를 데리시고 이르시되 보라 우리가 예루살렘으로 올라가노니 선지자들을 통하여 기록된 모든 것이 인자에게 응하리라 인자가 이방인들에게 넘겨져 희롱을 당하고 능욕을 당하고 침 뱉음을 당하겠으며 그들은 채찍질하고 그를 죽일 것이나 그는 삼 일 만에 살아나리라 하시되 제자들이 이것을 하나도 깨닫지 못하였으니 그 말씀이 감춰었으므로 그들이 그 이르신 바를 알지 못하였더라"(눅 18:31-34)고 말한다. 우리의 찬송 받으실 주님께서는 여전히 갈릴리를 떠나 예루살렘으로 가는 중이셨다. 이것은 주님께서 길을 가시는 동안에 하신 말씀 중의 하나로서, 모든 시간을 활용해서 덕을 세우고 유익한 말씀들을 가르쳐야 한다는 것을 우리에게 보여 주신다. 마가는 "예수께서 그들 앞에 서서 가시는데 그들이 놀라고 따르는 자들은 두려워하더라"고 말하면서도, 정작 그들이 무엇 때문에 그렇게 놀라고 두려워하였는지에 대해서는 말해 주지 않는다. 그들이 주님께서 그렇게 서둘러서 죽으러 가시는 것을 보고 놀란 것이라고 생각하는 자들은, 누가가 우리 구주께서 이 일에 대하여 그들에게 계속해서 말씀해 주셨지만, 그들이 깨닫지 못하였다고 한 말을 잊어버리고 있는 것이다. 그러나 아마도 그들은 이 길이 주님께서 원수들의 소굴 속으로 들어가는 길이라는 것을 알았을 것이고, 이것이 그들을 두려워하게 만들었을 것이다. 우리 구주께서는 이 말씀이 무리들에게 해주기에 적합한 말씀이 아니었기 때문에, 열두 제자를 부르셔서, 자기가 이전에 그들에게 두세 차례 말씀해 주셨던 것을 여기에서 다시 한 번 아주 자세하게 말씀해 주신다. 즉, 주님은 전에도 자신의 죽음과 부활에 대하여 말씀하시면서, 자기가 죽음에 넘겨지게 될 것이라고 말씀하신 적이 있으셨지만, 여기에서는 누가 자기를 붙잡아서 이방인들(빌라도와 헤롯)에게 넘기게 될 것인지에 대하여 말씀하시고, 아울러 자기가 죽음에 넘겨지기에 앞서 사람들이 사기를 "능욕하며 침 뱉으며 채찍질할" 것이라고 말씀하시며, 그들이 자기를 십자가에 못 박아 죽일 것이라고, 자신이 죽게 될 방식에 대해서도 말씀해 주신다. 이것은 이러한 일들이 일어나게 되었을 때, 이 모든 일들이 주님이나 그들이 마음대로 할 수 있는 일들이 아님에도 불구하고, 주님이 미리 말씀해 주신 일들이 정확히 그대로 일어난 것을 보고서, 주님이 바로 하나님이셨다는 것을 그들이 확신하도록 하기 위한 것이었다.

우리 구주께서는 자신의 제자들을 두 가지로 위로해 주신다: (1) 이 일은 선지자들에 의해서 미리 예언된 일이다. (2) 그가 죽는다고 하여도, 제삼일에 다시 살아나게 될 것이다. 우리 구주께서 이렇게 자신의 죽음과 부활을 미리 알려주실 필요가 있으셨던 것은, 자신의 제자들로 하여금 미리 단단히 각오를 하고 준비할 수 있게 하시고, 또한 그들이 지금 자기를 메시야로 믿고 있어서, 자기가 죽게 될 것이라고는 전혀 생각하지 않고 있다가, 이런 일이 실제로 일어나게 되면, 그들의 믿음이 흔들릴 수 있기 때문에, 그러한 것을 방지하기 위한 것임과 동시에, 자신이 이렇게 구체적으로 미리 말한 일들이 일어났을 때, 그를 하나님의 아들로 믿는 그들의 믿음이 약해지기는커녕 도리어 더욱 견고해질 것이었기 때문이었다. 그러나 누가는 "제자들이 이것을 하나도 깨닫지 못하였으니 그 말씀이 감취었으므로 그들이 그 이르신 바를 알지 못하였더라"고 말한다. 우리 구주께서 하신 말씀은 아주 분명한 것이었지만, 그들은 메시야가 이 세상에 나라를 건설해서 다스리시게 될 분이라고 굳게 믿고 있었고, 메시야인 그가 어떻게 죽을 수 있는지를 이해할 수 없었기 때문에, 자신들의 이성으로는 주님이 하신 말씀을 도무지 깨달을 수 없었고, 그가 제삼일에 다시 살아날 것이라고 하신 말씀도 믿을 수 없었다.

20-21. [20]그 때에 세베대의 아들의 어머니가 그 아들들을 데리고 예수께 와서 절하며 무엇을 구하니 [21]예수께서 이르시되 무엇을 원하느냐 이르되 나의 이 두 아들을 주의 나라에서 하나는 주의 우편에, 하나는 주의 좌편에 앉게 명하소서.

마가는 "세베대의 아들 야고보와 요한이 주께 나아와 여짜오되 선생님이여 무엇이든지 우리가 구하는 바를 우리에게 하여 주시기를 원하옵나이다 이르시되 너희에게 무엇을 하여 주기를 원하느냐 여짜오되 주의 영광 중에서 우리를 하나는 주의 우편에, 하나는 좌편에 앉게 하여 주옵소서"(막 10:35-37)라고 말한다. 마태는 "주의 나라에서"라고 말하고, 마가는 "주의 영광 중에서"라고 말하고 있는 것으로 보아, 우리는 그리스도께서 앞서 먼저 된 자들이 나중 되고 나중 된 자들이 먼저 될 것이라고 말씀하셨기 때문에, 이 두 제자와 그들의 어머니가 여기에서 천국을 육신적인 관점에서 생각하고 있었던 것은 아닌가 하는 의심이 든다. 즉, 그들은 아마도 그리스도께서 부활 후에 이 세상에 건설하실 영광스러운 나라를 염두에 두고 있었던 것으로 보인다. 왜냐하면, 누가복음 22:24과 사도행전 1:6은 그들이 그러한 생각을 지니고 있었음을 보여 주기 때문이다. 여기에 등장하는 야고보와 요한의 어머니는 그리스도를 늘 따라다녔던(마 27:55-56) "살로메"였다(막 15:40). 마태는 우리 구주께 이렇게 말한 것은 그녀였다고 보도하고, 마가는 두 아들이 직접 말하였다고 보도한다. 그들은 먼저 그리스도로부터 무엇이든지 구해도 좋다는 허락을 받았을 것이지만, 그렇다고 하더라도, 지혜로운 사람들은 함부로 구하지 않는 법이다. 우리 구주께서 그들에게 무엇을 원하느냐고 물으시자, 그들은 자신들의 야심을 드러낸다. 우리 구주께서는 방금 전에 자기가 머지않아 능욕과 침 뱉음과 채찍질을 당하고 단죄되어 십자가에 못 박히게 될 것이라고 그들에게 말씀하셨는데도, 야고보와 요한이 장차 그의 나라에서 자신들에게 가장 높은 자리를 달라고 부탁하는 것보다 더 어이없고 어처구니없는 일이 과연 있을까? 그들의 그러한 부탁 속에는 선한 것도 있었다. 왜냐하면, 그들은 우리 구주께 이런 부탁을 함으로써, 그가 방금 말씀하신 그 모든 일들에도 불구하고, 반드시 높아지셔서 나라를 갖게 될 것이라는 믿음을 드러낸 것이었기 때문이다. 그러나 우리가 하나님으로부터 올바르게 가르침을 받을 때까지는, 우리는 하늘에 속한 신령한 일들에 대하여 지극히 육신적으로 생각하고 인식하는 그런 존재들이다.

22. 예수께서 대답하여 이르시되 너희는 너희가 구하는 것을 알지 못하는도다 내

가 마시려는 잔을 너희가 마실 수 있느냐 그들이 말하되 할 수 있나이다.

마가복음 10:38-39에 나오는 것도 동일하다. 우리 구주께서는 분별없고 경솔한 부탁을 한 그들을 가볍게 책망하시고, 자기가 먼저 고난을 받은 후에야 자기 영광에 들어가게 될 것이라는 것과 그들도 하나님의 나라에 들어가기 위해서는 많은 환난을 당해야 할 것임을 다시 한 번 주지시켜 주신다. 그들은 지금 우리 구주의 우편과 좌편에 앉을 궁리를 하는 것이 아니라, 앞으로 겪게 될 많은 환난들에 대하여 생각하는 것이 마땅한 일이었다. 왜냐하면, 우리는 "그와 함께 영광을 받고자" 한다면, "고난도 함께 받아야 할 것"이기 때문이다(롬 8:17). 우리는 우리가 알지도 못하는 것을 구하기가 얼마나 쉬운지 모른다! "내가 마시려는 잔을 너희가 마실 수 있느냐"고 말씀하신 것은 "내가 받을 고난을 너희가 받을 수 있느냐"고 말씀하신 것이다. 우리 구주께서는 이 말씀을 통해서, 그리스도를 위하여 자원해서 가장 큰 고난을 받는 자들은 그에게서 가장 큰 상을 받게 될 것임을 암시하신다. 그리스도께서는 여기에서 자신이 받게 되실 고난을, 잔을 마시고 세례를 받는 것으로 표현하신다. 성경에서 "잔"은 통상적으로 좋은 것이든 나쁜 것이든 한 사람이 현세에서 감당하여야 할 분깃을 나타내는 은유이고(시 11:6; 사 51:17; 렘 25:15; 애 4:21; 마 26:39, 42; 요 18:11), 잔을 마신다는 것은 통상적으로 고난 받는 것을 가리킨다(렘 49:12; 겔 23:32; 옵 1:16). 어떤 이들은 이 은유가 몇몇 나라들에서 흉악범들에게 독주를 내려서 죽게 한 관습에서 생겨난 것이라고 생각하고, 어떤 이들은 시합 때에 선수들로 하여금 자신의 잔을 다 비우게 한 좋지 않은 관습에서 유래한 것이라고 생각한다. "내가 받는 세례를 너희가 받을 수 있느냐"는 말씀도 동일한 의미이다. 누가복음 12:50을 보라. 성경에서는 통상적으로 환난을 물에 비유하고, 세례를 받는다는 것은 물에 깊이 잠기는 것이기 때문에, 은유적으로 환난들에 깊이 잠겨 있는 것을 나타낸다. 따라서 그리스도께서는 "나는 넘치는 고난과 환난 속에서 피로 세례를 받을 것인데, 너희도 과연 그런 세례를 받을 수 있느냐"고 말씀하신 것이다. 그들이 말하되 할 수 있나이다. 이것은 그들이 앞에서 부탁하는 말을 한 것과 마찬가지로 경솔하고 분별 없는 말을 한 것이었다. 우리는 우리 자신이 얼마나 무력한 존재인지를 거의 알지 못한다! 실제로 겟세마네 동산에서 그리스도께서 잡히시자, 그들은 "다 예수를 버리고 도망하였다"(마 26:56).

23. 이르시되 너희가 과연 내 잔을 마시려니와 내 좌우편에 앉는 것은 내가 주는 것이 아니라 내 아버지께서 누구를 위하여 예비하셨든지 그들이 얻을 것이니라.

마가복음 10:39-40에 나오는 것도 동일하다. 우리 구주께서는 여기에서 자기가 먼저 고난을 받은 후에 자기 영광 속으로 들어가야 하는 것과 마찬가지로, 자기와 함께 영광을 받고자 하는 자들도 먼저 자기와 함께 고난을 받아야 할 것이라고 그들에게 말씀하신다. 왜냐하면, "경기하는 자가 법대로" 고군분투하며 "경기하지 아니하면 승리자의 관을 얻지 못할 것이며"(딤후 2:5), "무릇 그리스도 예수 안에서 경건하게 살고자 하는 자는 박해를 받게"(딤후 3:12) 될 것이기 때문이다. 그러나 영광의 나라에서 모든 것을 주관하실 분은 아버지 하나님이시기 때문에, 그 날에서 누구를 가장 높은 자리에 앉히실지를 결정하실 분도 하나님이시다. 그리스도의 신성을 부인하는 자들은 이 본문을 악용해서, 그리스도께서 여기에서 천국을 주관할 권한이 자기에게 있는 것이 아니라 아버지 하나님께 있다고 말씀하신 것을 근거로, 그리스도는 결코 성부 하나님과 동등한 분이 아니라고 주장하면서, 그리스도의 신성을 부인해 왔다. 하지만 그리스도께서는 다른 곳에서는 여기에서와 정반대의 말씀을 하신다: "내가 그들에게 영생을 주노니 영원히 멸망하지 아니할 것이요 또 그들을 내 손에서 빼앗을 자가 없느니라"(요 10:28); "아버지께서 아들에게 주신 모든 사람에게 영생을 주게 하시려고 만민을 다스리는 권세를 아들에게 주셨음이로소이다"(요 17:2). 그리스도께서는 여기에서 무엇이 자신의 권한 안에 있는지에 대해서가 아니라, 중보자로서의 자신의 직분이 무엇인지에 대하여 말씀하고 계시는 것이기 때문에, 자기에게 맡겨진 일은 그들에게 면류관을 나누어 주는 것이 아니라, 그들을 격려해서 선한 싸움을 싸우게 하는 것이라고 말씀하신 것이다. 또는, 그리스도께서는 여기에서 인간이 되신 입장에서 자기 자신에 대하여 말씀하고 계시는 것이다(요 14:28). 또한, 그리스도께서는 여기에서 어떤 사람을 어느 자리에 둘 권한이 자기에게 없다고 하신 것이 아니라, 단지 아버지 하나님께서 정하신 것들에 대해서는 자기에게 권한이 없다고 하신 것일 뿐이다. 여기에서 "내가 주는 것이 아니라 내 아버지께서 누구를 위하여 예비하셨든지 그들이 얻을 것이니라"로 번역된 헬라어는 '우크 에스틴 에몬 두나이 알 호이스 헤토이마스타이' (*οὐκ ἔστιν ἐμὸν δοῦναι ἀλλ' οἷς ἡτοίμασται*)이기 때문에, "내가 주는 것이 아니라 내 아버지께서 예비하신 자들에게 주어질 것이니라"로 번역하는 것이 좋다. 따라서 우리의 번역자들이 여기에 집어넣은 "그들이 얻을 것이니라"는 빼는 것이 더 나을 것이다. 이 모든 것은 하나님에 의해서 이미 정해져 있고, 오직 하나님만이 영원하신 계획에 따라 하나님의 나라를 주관하실 수 있으시다. 여기에서 헬라어 본문에서 사용된 '알라'('Aλλά, 영어로 "but")는 마가복음 9:8과 고린도후서 2:5에서처럼 '에이 메'(εἰ μή, 영어로 "unless")의 의미를 지닌다. 또한, 성경에서는 구원 역사에 있어서 삼위일체 하나님의 질서를 보여 주기 위하여, 종종 성자가 성부와 함께 협력하여 역사하시는 것으로 말하기도 하지만, 대체로 권능의 역사와 섭리는 성부에게 돌리는 것이 보통이다.

24. 열 제자가 듣고 그 두 형제에 대하여 분히 여기거늘.

마가복음 10:41도 동일하다. 이 본문은 베드로가 모든 사도들 중의 으뜸이라고 주장하였다거나, 모든 사도들이 그런 인식을 지니고 있었다는 것을 전혀 보여 주지 않을 뿐만 아니라, 도리어 그렇지 않았다는 것을 보여 준다. 왜냐하면, 만일 베드로의 수장권에 대한 인식이 그들 가운데 존재하였더라면, 야고보와 요한이 이러한 청을 우리 구주께 하지도 않았을 것이고, 베드로를 포함한 다른 모든 사도들이 야고보와 요한의 야심에 대하여 이렇게 분히 여기지도 않았을 것이기 때문이다. 사도들은 모두 다 동일한 야심을 가지고 있었고, 단지 야고보와 요한이 선수를 쳐서 자신들보다 먼저 그러한 청을 한 것에 대하여 분개하였던 것으로 보인다.

25-27. [25]예수께서 제자들을 불러다가 이르시되 이방인의 집권자들이 그들을 임의로 주관하고 그 고관들이 그들에게 권세를 부리는 줄을 너희가 알거니와 [26]너희 중에는 그렇지 않아야 하나니 너희 중에 누구든지 크고자 하는 자는 너희를 섬기는 자가 되고 [27]너희 중에 누구든지 으뜸이 되고자 하는 자는 너희의 종이 되어야 하리라.

마가도 동일하게 말하고 있고(막 10:42-44), 누가도 동일하게 말하고 있기는 하지만 여기에서와는 다른 경우에 우리 구주께서 이 말씀을 하신 것으로 보도하고 있는 것으로 보인다(눅 22:25-27). 나는 여기에서 이 본문을 근거로 해서, 우리 구주께서 그리스도인들 중에 다스리는 권력이 있어야 한다고 말씀하고 계시는 것인지의 여부를 놓고 벌어진 논쟁에 끼어들고 싶은 마음이 없다. 왜냐하면, 그런 논쟁은 이 본문의 취지에 맞지 않는 이질적인 것임에 틀림없기 때문이다. 또한, 사람들은 이 본문을 근거로 해서, 그리스도께서 여기에서 사역자들로 구성된 집단을 교회에 두어야 한다고 말씀하시는 것인지의 여부나, 그리스도께서 복음 사역자들에게 그리스도인들을 다스리는 권한을 행사하게 하신 것인지의 여부에 대해서도 논쟁을 벌이지만, 거기에 대해서도 나는 그것이 여기에서 우리 구주의 의도라고 생각하지 않는다. 여기에서 우리 구주께서 의도하신 것은 다음과 같은 것들이다. (1) 이것은 그의 나라와 세상 나라들을 구별하시는 것이었다. 세상 나라들은 사람들의 몸과 재산을 주관하지만, 그의 나라는 영적인 나라로서 사람들의 마음과 양심을 주관한다는 것이다. 또는, 그의 나라는 영광의 나라이기 때문에, 세상 나라를 다스리는 집권자들과 고관들이 필요 없고, 세상의 나라들을 다스릴 때에 사용되는 것과 같은 "권세를 부리는" 것이 필요하지 않다. (2) 이것은 그의 제자들 속에 있던 야심과 교만을 단죄하시는 것이었다. 그는 전에 야심과 교만은 자신의 나라와 가장 합당하지 않은 것들이라고 그들에게 가르치신 바 있다. 천국에서 가장 큰 자가 되는 길은 우리 눈에 보기에 가장 낮아져서 비천한 자가 되는 것이다. 나는 이것이 이 본문에 대한 가장 적절한 해석이라고 생각한다. 이 말씀을 통해서 우리 구주께서는 자신의 제자들이 그의 나라의 성격에 대하여 지니고 있었던 잘못된 생각 및 그들의 교만과 야심을 바로잡아 주심과 동시에, 천국에서 가장 큰 자가 되기 위해서는 세상 나라에서 가장 큰 자가 되는 것과는 완전히 다른 방식으로 생각하고 행동하여야 한다고 경고하신다.

하지만 어떤 이들은 이 본문에서 우리 주님께서는 자신이 이 땅에서 가지고 계시는 나라, 즉 교회를 염두에 두시고서, 거기에서 가장 경계해야 할 것은 다른 무엇보다도 야심과 남보다 우월하고자 하는 마음이라고 말씀하심으로써, 남들보다 우월하게 되는 것을 좋아하는 마음은 그 나라에 도무지 합당하지 않다는 것, 교회의 지도자들이 해야 할 일은 주관하는 것이 아니라 섬기는 것이라는 것, 따라서 교회에서 지도자들이 되기에 가장 합당하고 교회에서 가장 존경을 받아야 할 자들은 남들을 주관하려고 하지 않는 자들이고, 남들을 주관하려고 애를 쓰는 자들은 그러한 존경을 받기에 가장 합당하지 않은 자들이라는 것을 우리에게 알게 해 주시는 것이라고 생각한다.

그러나 나는 첫 번째 견해처럼 이 본문을 천국과 관련시켜 해석하는 것이 더 낫다고 본다. 왜냐하면, 우리 구주께서 이 말씀을 하신 것은 야고보와 요한, 또는 그들의 어머니가 그에게 한 부탁에 의해서 촉발된 것이었을 뿐만 아니라, 그것과 큰 관계가 있다는 것이 분명하고, 여기에서 우리 주님께서 집권자들이 주관하고 고관들이 권세를 부린다고 말씀하신 것은 그들의 부탁 속에서 언급된 나라와 관련이 있는데, 그 나라는 아직까지는 제자들이 잘 알지 못하고 있던 그리스도의 나라, 즉 교회를 가리키는 것으로 이해될 수 없다는 것이 분명하기 때문이다. 그들이 우리 주님께 청을 넣으면서 염두에 두고 있던 나라는, 비록 그들이 그 나라를 육신적으로 인식해서, 그 나라에 있는 성도들 가운데서도 우열이 있을 것이라고 생각하였기 때문에, 주님께서 그 잘못된 생각을 바로잡아 주시기는 하지만, 어쨌든 영광의 나라였거나, 아니면 그리스도께서 죽은 자 가운데서 부활하신 후에 이 땅에 세우실 것이라고 생각하였던 나라였다. 우리 구주께서는 자신의 나라는 그런 것과는 다른 성격의 나라여서, 그 나라에서 가장 높은 자가 되는 길은 우리가 보기에 가장 낮고 비천한 자가 되는 것이라고 말씀하심으로써, 그러한 잘못도 바로잡아 주신다.

28. 인자가 온 것은 섬김을 받으려 함이 아니라 도리어 섬기려 하고 자기 목숨을 많은 사람의 대속물로 주려 함이니라.

마가복음 10:45에 나오는 말씀도 동일하다. 사도 바울은 "그는 근본 하나님의 본체시나 하나님과 동등됨을 취할 것으로 여기지 아니하시고 오히려 자기를 비워 종의 형체를 가지사 사람들과 같이 되셨고"(빌 2:6-7)라고 말한다. "제자가 그 선생 … 보다 높지 못하나니"(마 20:24)라고 전에 자신의 제자들에게 말씀하셨던 우리 구주께서는 이제 여기에서 그의 나라에서 왕이신 그가 어떻게 행하시는지를 말씀하심으로써, 그 나라에서 집권자들이자 고관들이라고 할 수 있는 자들이 어떻게 행하여야 하는지를 보여 주신다. 나의 나라가 어떠한지를 잘 보라. "인자가 온 것은 섬김을 받으려 함이 아니라 도리어" 사람들을 "섬겨서" 그들의 심령과 육신의 필요들을 채워주고 "자기 목숨을 많은 사람의 대속물," 즉 "속전"(λύτρον - '뤼트론')으로 "주려 함이라." 사도 바울은 다른 사람을 노예나 종에서 벗어나게 해주기 위하여 지불하는 돈을 의미하는 '안티뤼트론'(ἀντίλυτρον)이라는 단어를 사용한다(딤전 2:6). 따라서 그 누구도 노예나 종에서 속량을 받기 위해서 추가적인 속전을 지불할 필요가 없게 되었다.

29-34. [29]그들이 여리고에서 떠나 갈 때에 큰 무리가 예수를 따르더라 [30]맹인 두 사람이 길 가에 앉았다가 예수께서 지나가신다 함을 듣고 소리 질러 이르되 주여 우리를 불쌍히 여기소서 다윗의 자손이여 하니 [31]무리가 꾸짖어 잠잠하라 하되 더욱 소리 질러 이르되 주여 우리를 불쌍히 여기소서 다윗의 자손이여 하는지라 [32]예수께서 머물러 서서 그들을 불러 이르시되 너희에게 무엇을 하여 주기를 원하느냐 [33]이르되 주여 우리의 눈 뜨기를 원하나이다 [34]예수께서 불쌍히 여기사 그들의 눈을 만지시니 곧 보게 되어 그들이 예수를 따르니라.

마가는 동일한 이야기를 들려주는 가운데, 몇 가지 정황을 추가한다(막 10:46-52). 그는 오직 한 사람의 맹인만을 언급하고, 그의 이름을 구체적으로 "디매오의 아들인 맹인 거지 바디매오"라고 소개하고, 이 맹인이 길 가에 앉아 "구걸하고" 있었다고 말한다. 또한, 그리스도께서 이 맹인을 부르자, "그들이 그 맹인을 부르며 이르되 안심하고 일어나라 그가 너를 부르신다 하매 맹인이 겉옷을 내버리고 뛰어 일어나 예수께 나아왔다"고 말한다. 그리고 그리스도께서 그 맹인에게 "네 믿음이 너를 구원하였느니라 하시니 그가 곧 보게 되어 예수를 길에서 따르니라"는 말씀을 추가한다. 누가도 동일한 이야기를 들려주는데(눅 18:35-43), 한 명의 맹인만을 언급하고 있고, "여리고에 가까이 가셨을 때에 한 맹인이 길 가에 앉아 구걸하고" 있었다고 말하고, "예수께서 그에게 이르시되 보라 네 믿음이 너를 구원하였느니라 하시매 곧 보게 되어 하나님께 영광을 돌리며 예수를 따르니 백성이 다 이를 보고 하나님을 찬양하니라"고 말한다. 여기에서 우리 구주께서는 앞에서 자기가 섬기기 위해 왔다고 하신 말씀을 자신의 제자들 앞에서 즉시 실행해 보이심으로써, 지극히 가난하고 미천한 사람들까지 섬기는 것이 그들이 해야 할 일이라는 것을 친히 보여주신다. 여리고는 요단 강에서 그리 멀지 않은 곳에 있는 성읍이었다(수 3:16). 이 성읍은 이스라엘 백성에 의해서 정복되어서(수 6:1-27), 지파들에게 땅을 분배할 때에 베냐민 지파에게 분깃으로 주어졌다(수 18:21). 우리 구주께서는 갈릴리를 떠나 예루살렘으로 가시는 길에 그 곳을 지나가게 되신 것인데, 아마도 이 맹인들, 또는 바디매오(마가와 누가는 오직 이 한 명만을 언급한다)는, 처음에는 우리 구주께서 갈릴리를 떠나셔서 여리고로 들어오시는 길목에 앉아 있었고, 다음으로는 우리 구주께서 여리고를 떠나시는 길목에도 자리를 잡고 앉아 기다리고 있었던 것 같다. 왜냐하면, 이 맹인이 길 가에 앉아 구걸하고 있던 때에 대해서, 누가는 "여리고에 가까이 가셨을 때에"라고 말하고, 다른 두 복음서 기자는 "여리고에서 떠나 갈 때에"라고 말하기 때문이다. 이 사건과 관련된 두 맹인 중에서 바디매오가 사람들 사이에서 아주 잘 알려져 있었기 때문에, 마가와 누가는 바디매오만을 언급한 것으로 보이고, 마태는 누구의 이름도 밝히지 않고 단지 "맹인 두 사람"이라고만 소개한다. 따라서 마가와 누가는 이 사건에 두 맹인이 등장한다는 것을 부인하고 있는 것이 아니라, 단지 그 중 한 명의 이름만을 알고 있었기 때문에, 그 맹인을 중심으로 이 이야기를 구성한 것일 뿐이었다.

그들은 우리 구주를 "다윗의 자손이여"라고 불렀는데, 이것은 그를 참된 메시야로 고백한 것이었다. 왜냐하면, 메시야 예언들이 메시야를 "다윗의 자손"으로 불렀던 까닭에, 유대인들은 누구나 "다윗의 자손"이라는 호칭이 메시야를 가리킨다는 것을 알고 있었기 때문이었다. 이 두 맹인은 우리 구주께 자비를 베풀어 달라고 구하였고, "우리를 불쌍히 여기소서"라고 계속해서 소리를 질렀다. 무리들은 우리 주님께서 이 두 맹인을 거들떠보지도 않으시는 것처럼 보였고, 이 맹인들이 구걸하기 위해서 끈질기게 소리치고 있다고 생각해서, 그들을 꾸짖었다. 하나님께서는 종종 응답을 더디게 하심으로써 우리의 믿음이 어느 정도인지를 시험해 보시지만, 결코 우리의 부르짖음을 거들떠보지 않으시는 것은 결코 아니다. 이것은 우리에게 "쉬지 말고 기도하여야" 한다는 것을 다시 한 번 일깨워 준다. 마침내 그리스도께서는 걸음을 멈추시고 그들을 부르셔서, "너희에게 무엇을 하여 주기를 원하느냐"고 물으신다. 그들은 자신들의 신체적인 결함으로 인해서 한이 맺혀 있었기 때문에, "주여, 우리의 눈 뜨기를 원하나이다"라고 대답하였다. 예수께서는 그들을 불쌍히 여기셔서 그들의 눈을 만지셨고(그리스도께서는 아픈 부위를 만지셔서 고치시는 경우가 종종 있으시지만 늘 그렇게 하신 것은 아니다), "보라"고 말씀하셨다(누가에 의하면). 그러자 이적이 일어났고, 그들은 즉시 볼 수 있게 되었다. 누가는 그리스도께서 "네 믿음이 너를 구원하였느니라"고 말씀하셨다는 것을 추가한다. 우리는 이 어구를 전에도 본 적이 있다. 내가 너를 온전하게 하였지만, 네 속에 있는 네 믿음이 나를 움직여서 그렇게 하도록 만든 것이다. 우리는 이 맹인들이 우리 구주의 능력을 믿었다는 것을 다음과 같은 사실들에서 확인할 수 있다. (1) 그들은 그를 참된 메시야로 고백하였고, 이것은 그에게 참된 메시아가 갖고 있는 능력이 있다고 믿은 것이었다. (2) 그들은 우리 구주께 자신들을 불쌍히 여겨 주시라고 간절하게 구하였고, 사람들로부터 꾸지람을 들으면서도 계속해서 그렇게 부르짖는 것을 멈추지 않았다. 믿음과 간절한 기도는 하나님을 움직여서 이적을 불러온다. 왜냐하면, 하나님은 긍휼에 풍성하신 분이시기 때문이다. "믿음의 기도는 병든 자를 구원하리니"(약 5:15). "의인의 간구는 역사하는 힘이 큼이니라"(약 5:16). 여기에 등장하는 두 맹인은 거지들이었기 때문에, 세상에서 이 두 맹인보다 더 천하고 멸시받는 사람은 없을 것이다. 따라서 누구라도 주 예수 그리스도를 믿고, 자기 앞으로 지나가시는 그리스도를 보고 부르짖으며, 그 부르짖음을 결코 중간에 포기하지만 않는다면, 우리 구주께서는 그 사람에게 이 두 맹인들에게 해 주신 것보다 더 큰 일도 반드시 베풀어 주실 것이다. 이 이적을 통해서 하나님께서는 무리들과 두 맹인들로부터 찬송과 영광을 받으셨을 뿐만 아니라, 그리스도를 따르고자 하는 결단이 무리들 가운데서 생겨나게 되었다. 이것은 모든 구원의 역사들이 우리에게 미치는 효과이자 결과여야 한다. 우리가 하나님의 긍휼하심을 경험하였을 때에는, 우리 마음속에서 하나님께 영광과 찬송을 올려 드리고, 주 예수 그리스도를 따르고자 하는 결단이 일어나는 것이 정상이다. 우리 구주께서는 갈릴리에서도 많은 이적들을 행하셨지만, 거기에 있는 증인들은 예루살렘으로부터 너무 멀리 있었다. 그런데 이제 주님은 유대 지방에서 두 증인을 얻게 되셨고, 이 증인들은 예루살렘까지 주님을 따라갈 것이었다. 우리는 다음 장에서 우리 구주께서 예루살렘에 계시는 것을 보게 될 것이다.

제21장

개요

1. 그리스도께서 무리들의 환호 가운데서 나귀를 타시고 예루살렘에 입성하심(1-11).
2. 성전에서 매매하는 자들을 쫓아내시고, 거기에서 병자들을 고치심(12-14).
3. 호산나라고 외치던 어린 아이들에게 노한 제사장들과 서기관들에게 말씀하심(15-16).
4. 열매를 맺지 못한 무화과나무를 저주하시고, 그 무화과나무는 즉시 말라버림(17-22).
5. 자신의 권위에 대하여 의문을 제기한 제사장들과 장로들을 아무 말도 할 수 없게 만드심(23-27).
6. 아버지가 포도원으로 일하러 보낸 두 아들에 관한 비유(28-32).
7. 악한 농부들에게 세 준 포도원에 관한 비유(33-46).

1-3. [1]그들이 예루살렘에 가까이 가서 감람 산 벳바게에 이르렀을 때에 예수께서 두 제자를 보내시며 [2]이르시되 너희는 맞은편 마을로 가라 그리하면 곧 매인 나귀와 나귀 새끼가 함께 있는 것을 보리니 풀어 내게로 끌고 오라 [3]만일 누가 무슨 말을 하거든 주가 쓰시겠다 하라 그리하면 즉시 보내리라 하시니.

우리 주님께서 예루살렘으로 입성하신 것에 관한 이 유명한 이야기는 마가복음 11:1-3과 누가복음 19:29-31에도 기록되어 있다. 이 이야기의 이 부분에 대한 보도에는 복음서 기자들 간에 거의 차이가 없다. 다른 부분들에 대해서는 우리가 나중에 좀 더 살펴보게 될 것인데, 나는 이 이야기 전체를 한 눈에 볼 수 있도록 하기 위하여, 세 복음서 기자가 말한 것들을 모두 다 한자리에서 살펴볼 것이다. 마가는 "벳바게와 베다니"라고 말하고, "아직 아무도 타 보지 않은 나귀 새끼가 매여 있는 것을 보리니"라고 말한다. 누가는 적어도 중요한 점에 있어서는 마가와 별로 다르지 않다. 우리 주님께서는 이제 예루살렘에 아주 가까이 오셨다. 베다니는 예루살렘에서 겨우 3km의 거리밖에 떨어져 있지 않았고(요 11:18), 그 곳은 나사로가 사는 동네였다(요 11:1). 마태는 오직 "벳바게"만을 언급하는데, 벳바게는 감람나무가 많이 자라고 있다고 해서 "감람 산"이라 불리게 된 산의 산자락에 위치해 있던 동네로서, 예루살렘으로부터는 베다니와 동일한 정도로 떨어져 있었고, 감람 산은 예루살렘과 벳바게 사이에 있었다. 마가와 누가가 이 두 동네를 모두 언급하고 있는 것으로 보아서, 우리 구주께서는 이 두 동네에 모두 머무셨던 것 같다. 이 둘 중 어느 한 동네에서 우리 구주께서는 두 제자를 가까운 마을로 보내셔서, 마을 입구에 묶여 있는 나귀 한 마리와 아직 사람이 탄 적이 없는 나귀 새끼를 끌고 오게 하신다. 그리스도께서는 나귀 새끼를 타고 입성하셨기 때문에, 마가와 누가는 오직 나귀 새끼만을 언급하는 반면에, 마태는 다음 절들에 나오는 예언이 성취되었음을 보여 주기 위하여 "나귀"에 대해서도 언급한다.

풀어 내게로 끌고 오라 만일 누가 무슨 말을 하거든(우리 구주께서는 사람들이 그렇게 말할 줄을 아셨고, 마가와 누가는 실제로 사람들이 그런 말을 하였다고 보도한다) **주가 쓰시겠다 하라.** 여기에 언급된 "주"라는 말씀 속에는, 우리의 주님이신 그리스도가 아니라, 하늘과 땅의 "주"이시고 언덕들에 널려 있는 무수한 가축 떼들의 "주인"이신 그리스도라는 의미가 담겨져 있다. 그런데 그 "주가 쓰시겠다"는 것이다. 그리스도께서는 갈릴리를 떠나 베다니까지 걸어 오셨고, 남은 3km도 얼마든지 걸어서 가실 수 있으셨다. 따라서 나귀 새끼를 타고 예루살렘에 입성하신 것은 피곤하고 지치셨기 때문이 아니라, 자기에 대하여 미리 예언된 것(슥 9:9)을 성취하시기 위한 것이었다. **그리하면 즉시 보내리라.** 이 말씀은 그리스도께서 나귀들을 사용하고 나서 즉시 다시 되돌려 보내겠다고 약속하신 것으로 이해될 수도 있지만, 자기가 시키는 대로 말하기만 하면, 나귀 주인이 아무 소리 하지 않고 그들로 하여금 나귀 새끼를 끌고 가게 할 것이라고 하신 것일 가능성이 더 높다. 우리 구주께서 여기에서 두 제자를 보내시며 하신 말씀이 그대로 된 것은 그리스도가 하나님이시라는 것을 보여 주는 또 하나의 분명한 증거였다. 왜냐하면, 이것은 그가 이 일과 관련해서 모든 세세한 사항을 다 미리 알고 계셨고, 어떻게 해야 사람의 마음을 움직일 수 있는지도 알고 계셨다는 것을 보여 주기 때문이다.

4-5. [4]이는 선지자를 통하여 하신 말씀을 이루려 하심이라 일렀으되 [5]시온 딸에게 이르기를 네 왕이 네게 임하나니 그는 겸손하여 나귀, 곧 멍에 메는 짐승의 새끼를 탔도다 하라 하였느니라.

스가랴 9:9의 말씀은 이렇게 되어 있다: "시온의 딸아 크게 기뻐할지어다 예루살렘의 딸아 즐거이 부를지어다 보라 네 왕이 네게 임하시나니 그는 공의로우시며 구원을 베푸시며 겸손하여서 나귀를 타시나니 나귀의 작은 것 곧 나귀 새끼니라." 복음서 기자는 자신의 목적을 위해 꼭 필요한 내용만을 간략하게 인용한다. 요한은 우리 구주의 예루살렘 입성에 대해서도 짧게 보도하고, 아울러 이 예언도 더 짧게 인용한다(요 12:15). 이 예언의 말씀의 앞부분은 이사야서 62:11에도 나온다. 유대인들은 너무나 눈이 멀어 있어서 이 예언이 그리스도 안에서 성취되었다는 것을 알지는 못하였지만, 이 예언이 메시야에 관한 것임은 다 알고 있었다. **시온 딸에게 이르기를 네 왕이 네게 임하나니 … 하라.** 너는 유대인들, 예루살렘의 시민들과 주민들에게, 구원을 가져다줄 왕, 하나님께서 미리 말씀하시고 약속하셨던 그 왕이 그들의 유익을 위하여 머지않아 그들에게 임할 것이라고 예언하라. 또한, 너는 그들이 다음과 같은 특징을 통해서 그 왕을 알아보게 될 것이라고 전하라. **그는 겸손하여 나귀, 곧 멍에 메는 짐승의 새끼를 탔도다.** "겸손하여"로 번역된 '아니' (עני)는 가난하고 고생하며 온유하고 미천한 것을 의미하고, "나귀, 곧 멍에 메는 짐승의 새끼"는 그가 나귀와 그 새끼를 둘 다 타신다는 뜻이 아니라, 짐을 나르는 데 사용된다는 것을 뜻하는 "멍에 메는 짐승"인 나귀는 짐승의 종류를 가리키고, "새끼"는 그 짐승의 나이를 가리킨다. 그리스도에 관한 예언 중에서 이것만큼 아주 분명하게 성취된 것도 없었다. 나귀는 옛날에는 지체 높은 분들이 타고 다니던 짐승이었다(삿 10:4; 12:14). 그러나 솔로몬 시대 이후에는 유대인들이 말을 길렀기 때문에, 나귀는 오직 가난한 자들만이 탔고, 대부분 짐을 나르는 용도로 사용되었다. 유대인들은 자신들에게 구원을 가져다줄 왕이 너무나 초라하고 보잘것없는 나귀 새끼를 타고 예루살렘으로 입성하시는 것을 볼 것이라고는 생각할 수 없었지만, 스가랴 선지자는 그들이 메시야라고 고백하게 될 이가 나귀 새끼를 타고 입성하실 것이라고 예언하였다(슥 9:9). 그리고 만일 헤롯의 조신들과 빌라도의 신하들의 마음이 무엇인가로 뒤집어씌워져 있지 않았다면, 그들은 그리스도의 나라는 이 세상에 속한 것이 아니고, 왕이신 메시야가 그들의 권력과 영화에 아무런 위협도 되지 않는다는 것을 쉽게 알 수 있었을 것이다.

6. 제자들이 가서 예수께서 명하신 대로 하여.

마가는 "제자들이 가서 본즉 나귀 새끼가 문 앞 거리에 매여 있는지라 그것을 푸니 거기 서 있는 사람 중 어떤 이들이 이르되 나귀 새끼를 풀어 무엇 하려느냐 하매 제자들이 예수께서 이르신 대로 말한대 이에 허락하는지라"(막 11:4-6)고 말하고, 누가는 "보내심을 받은 자들이 가서 그 말씀하신 대로 만난지라 나귀 새끼를 풀 때에 그 임자들이 이르되 어찌하여 나귀 새끼를 푸느냐 대답하되 주께서 쓰시겠다 하고"(눅 19:32-34)라고 말한다. 우리는 제자들이 그리스도께 진심으로 순종하였다는 것을 이 두 제자가 보여준 행동으로부터 알 수 있다. 그들은 주님의 명령에 이의나 반론을 제기하지도 않았고, 주님께서 명령하신 일을 하다가 그들 자신에게 어떤 위험이 닥치지는 않을까 하고 걱정하지도 않았다. 도리어, 그들은 즉시 신속하게 움직여서, 그들의 주님이 그들에게 명령하신 대로 정확하게 행하였다. 그들은 주님이 말씀하신 대로 묶여 있는 나귀를 발견하고서 묶인 것을 풀어서 끌고 오려고 하였는데, 나귀 임자가 그것을 보고, 왜 나귀를 풀어서 끌고 가느냐고 물었고, 그들은 "주께서 쓰시겠다"고 말하였다.

7-9. [7]**나귀와 나귀 새끼를 끌고 와서 자기들의 겉옷을 그 위에 얹으매 예수께서 그 위에 타시니** [8]**무리의 대다수는 그들의 겉옷을 길에 펴고 다른 이들은 나뭇가지를 베어 길에 펴고** [9]**앞에서 가고 뒤에서 따르는 무리가 소리 높여 이르되 호산나 다윗의 자손이여 찬송하리로다 주의 이름으로 오시는 이여 가장 높은 곳에서 호산나 하더라.**

마가는 "나귀 새끼를 예수께로 끌고 와서 자기들의 겉옷을 그 위에 얹어 놓으매 예수께서 타시니 많은 사람들은 자기들의 겉옷을, 또 다른 이들은 들에서 벤 나뭇가지를 길에 펴며 앞에서 가고 뒤에서 따르는 자들이 소리 지르되 호산나 찬송하리로다 주의 이름으로 오시는 이여 찬송하리로다 오는 우리 조상 다윗의 나라여 가장 높은 곳에서 호산나 하더라"(막 11:7-10)고 말하고, 누가는 이 상황을 좀 더 자세하게 설명하여, "그것을 예수께로 끌고 와서 자기들의 겉옷을 나귀 새끼 위에 걸쳐 놓고 예수를 태우니 가실 때에 그들이 자기의 겉옷을 길에 펴더라 이미 감람 산 내리막길에 가까이 오시매 제자의 온 무리가 자기들이 본 바 모든 능한 일로 인하여 기뻐하며 큰 소리로 하나님을 찬양하여 이르되 찬송하리로다 주의 이름으로 오시는 왕이여 하늘에는 평화요 가장 높은 곳에는 영광이로다 하니 무리 중 어떤 바리새인들이 말하되 선생이여 당신의 제자들을 책망하소서 하거늘 대답하여 이르시되 내가 너희에게 말하노니 만일 이 사람들이 침묵하면 돌들이 소리 지르리라 하시니라"(눅 19:35-40)고 말한다. 요한도 이것에 대해서 다음과 같이 짤막하게 보도한다: "그 이튿날에는 명절에 온 큰 무리가 예수께서 예루살렘으로 오신다는 것을 듣고 종려나무 가지를 가지고 맞으러 나가 외치되 호산나 찬송하리로다 주의 이름으로 오시는 이 곧 이스라엘의 왕이시여 하더라"(요 12:12-13).

두 제자는 나귀와 나귀 새끼를 예수 앞에 끌고 왔지만, 안장을 비롯해서 나귀를 타는 데 필요한 값비싼 장비들이 없었기 때문에, 자신들의 겉옷을 벗어 나귀 새끼

위에 얹어서, 그리스도 하여금 나귀 새끼에 올라타시게 하였다. 무리들은 자신들의 겉옷을 벗어 길 위에 펴고, 나뭇가지를 베어 길에 펴서(요한은 이것이 "종려나무 가지"였다고 말한다), 우리 구주의 입성을 맞이하였는데, 이것은 특별한 것들을 사용하지 않는 가운데 자연스럽게 베풀어진 일종의 개선행사였다. 그리스도께서는 예루살렘에 입성하시기 전에 베다니에서 나사로를 죽은 자 가운데서 살리시는 유명한 이적을 행하셨기 때문에, 요한은 이 소문이 널리 퍼져서(요 12:18), 예루살렘에 살던 주민들이나 유월절을 맞아 예루살렘으로 올라온 많은 무리들(요한은 이 때가 "유월절 엿새 전"이었다고 말한다, 요 12:1)이 나와서, 베다니로부터 그를 따라온 무리들과 함께, "호산나 다윗의 자손이여 찬송하리로다 주의 이름으로 오시는 이여 가장 높은 곳에서 호산나, 찬송하리로다 우리 조상 다윗의 나라여, 하늘에는 평화요 가장 높은 곳에는 영광이로다"고 소리 지르고 환호하며 그리스도를 영접한 것이라고 말한다. 이 표현들 중 많은 부분은 시편 118:24-26에서 가져온 것으로 보인다. 사람들이 겉옷을 벗어 나귀 위에 얹거나 길에 던지는 것이 왕들을 맞이할 때에 행하였던 관습이었다는 것은, 세속의 저술가들의 많은 기록들만이 아니라, 이스라엘의 왕으로 기름 부음을 받은 예후에게 백성들이 그렇게 했다고 기록하고 있는 열왕기하 9:13에 의해서도 잘 확인된다. 또한, 사람들이 여기에서 그리스도를 환호한 것도 왕들을 향해 환호하던 관습으로부터 온 것이었다. "호산나"가 무엇을 의미하는지에 대해서는 의견이 구구한데, "시금 구원하소서" 또는 "도우소서"를 의미한다고 보기도 하고, 환호받는 사람이 만사형통하기를 바라는 마음을 표현하는 단어였다고 하기도 하고, 절기 때에 사용되던 어떤 노래의 명칭이었다는 설도 있고, 나뭇가지를 가리킨다는 주장도 있지만, 어느 견해가 맞든, 그런 것은 별로 중요하지 않고, 여기에서 중요한 것은 이러한 환호를 통해서 무리들은 예수를 왕이사 다윗의 자손으로 인정하고 고백하였다는 것이다. 무리들은 그리스도를 찬송하며, 그의 평안과 존귀와 영광을 기원하였다. 이것은 무리들의 환호였는데, 무리들은 그리스도가 하나님이라는 것을 잘 알지 못했지만, 그럼에도 불구하고 그를 다윗의 자손, 곧 메시야로 여겼다. 누가는 무리들 중에 섞여 있던 바리새인들이 무리들의 이러한 환호성에 곤혹해하면서, 그리스도께 그들을 책망하라고 말하였지만, 그리스도께서는 "만일 이 사람들이 침묵하면 돌들이 소리 지르리라"고 대답하셨다고 보도한다. 이 말씀은 속담이기 때문에, 우리는 이 속담의 취지와 의미에만 주목하여야 하는데, 이 말씀의 의미는 이런 것이었다: 내 아버지께서 나의 나라를 널리 알리시고 내가 누구인지를 선포하시기 위하여 정하신 때가 도래하였다. 하나님이 정하신 때가 도래하였기 때문에, 이것은 어떤 식으로든 알려지고 선포될 수밖에 없다. 따라서 아브라함의 자손들이 입을 다물고 침묵한다면, 하나님께서는 이 돌들을 아브라함의 자손들로 세우셔서, 원래 아브라함의 자손들이 마땅히 하게 되어 있던 일, 즉 나를 다윗의 자손이자 시온의 왕으로 널리 알리고 선포하는 일을 하게 하실 것이다.

10-11. [10]예수께서 예루살렘에 들어가시니 온 성이 소동하여 이르되 이는 누구냐 하거늘 [11]무리가 이르되 갈릴리 나사렛에서 나온 선지자 예수라 하니라.

이러한 이례적인 광경, 특히 사람들이 예수를 다윗의 자손이라 환호하며 왕으로 대우하는 모습은 예루살렘에 있던 많은 사람들을 깜짝 놀라게 하고 신기해하게 만들었다. 물론, 우리 구주의 모습도 초라하였고 그를 따르는 자들의 모습도 초라하였기 때문에, 그들과 아무 관계가 없는 사람들은 두려움을 갖지 않았고, 헤롯과 빌라도 쪽도 그들이 시민 정부에 대하여 반기를 들지는 않을 것이라고 보고 안심하였기 때문에, 우리 구주와 그를 따르는 자들은 무리를 선동하여 반란을 일으키고자 하는 자들로 체포될 염려는 없어 보였다. 그러나 무리들은 우리 구주를 "선지자 예수"로 지칭함으로써, 다른 선지자들과 완전히 구별하였다. 왜냐하면, 이것은 그들이 예수를 구세주, 즉 신명기 18:15, 18-19에 예언된 바로 그 선지자로 본 것이었기 때문이다.

12-14. [12]예수께서 성전에 들어가사 성전 안에서 매매하는 모든 사람들을 내쫓으시며 돈 바꾸는 사람들의 상과 비둘기 파는 사람들의 의자를 둘러 엎으시고 [13]그들에게 이르시되 기록된 바 내 집은 기도하는 집이라 일컬음을 받으리라 하였거늘 너희는 강도의 소굴을 만드는도다 하시니라 [14]맹인과 저는 자들이 성전에서 예수께 나아오매 고쳐주시니.

마가와 누가도 이 대목을 들려주기는 하지만, 마태와는 상당히 다르게 말한다. 누가는 이 일이 있기 전에 우리 구주께서 성전으로 오시는 도중에, 이 성을 처음으로 보시고서 이 성이 멸망당할 것에 대하여 예언하신 말씀을 언급하지만, 다른 복음서 기자들은 그 예언의 말씀에 대하여 전혀 언급하지 않기 때문에, 거기에 대해서는 나는 누가복음의 해당 본문을 다룰 때에 살펴보고, 여기에서는 건너뛰고자 한다. 마가는 먼저 "예수께서 예루살렘에 이르러 성전에 들어가사 모든 것을 둘러 보시고 때가 이미 저물매 열두 제자를 데리시고 베다니에 나가시니라 이튿날 그들이 베다니에서 나왔을 때에 예수께서 시장하신지라"(막 11:11-12)고 보도한 후에, 우리 구주께서 열매 맺지 못한 무화과나무를 저주하신 일에 대하여 언급하는데, 이것에 대해서는 우리가 때가 되면 살펴보게 될 것이다. 그런 다음에, 마가는 "그들이 예루살렘에 들어가니라 예수께서 성전에 들어가사 성전 안에서 매매하는 자들을 내쫓으시며 돈 바꾸는 자들의 상과 비둘기 파는 자들의 의자를 둘러 엎으시며 아무나 물건을 가지고 성전 안으로 지나다님을 허락하지 아니하시고 이에 가르쳐 이르시되 기록된 바 내 집은 만민이 기도하는 집이라 칭함을 받으리라고 하지 아니하였느냐 너희는 강도의 소굴을 만들었도다 하시매 대제사장들과 서기관들이 듣고 예수를 어떻게 죽일까 하고 꾀하니 이는 무리가 다 그의 교훈을 놀랍게 여기므로 그를 두려워함일러라 그리고 날이 저물매 그들이 성 밖으로 나가더라"(막 11:15-19)고 계속해서 이어서 보도한다. 누가는 "성전에 들어가사 장사하는 자들을 내쫓으시며 그들에게 이르시되 기록된 바 내 집은 기도하는 집이 되리라 하였거늘 너희는 강도의 소굴을 만들었도다 하시니라 예수께서 날마다 성전에서 가르치시니"(눅 19:45-47)라고 말한다. 모든 복음서 기자들이 한 목소리로 말하고 있는 것은, 우리 구주께서 유월절 닷새 전에 예루살렘으로 오셔서, 날마다 밤에는 예루살렘에서 3km 떨어진 베다니에 지내시고, 아침이 되면 성전으로 돌아오시는 일을 반복하셨다는 것이다. 누가는 우리 구주께서 성전에서 날마다 가르치셨다고 말한다.

마가는 그리스도께서 첫 날에는 열두 제자들과 함께 성전에 가셔서 모든 것을 둘러보신 후에 다시 베다니로 돌아오신 것 같이 보도한다. 그가 성전에 가셨다고 할 때, 우리는 그가 오직 바깥뜰에만 가신 것으로 이해해야 한다. 안뜰과 성소는 제사장들과 레위인만이 들어갈 수 있었고, 지성소는 오직 대제사장만이 들어갈 수 있었다. 마가는 우리 구주께서 성전에서 매매하는 자들을 쫓아내신 것이 첫째 날이 아니라 둘째 날에 행해진 것처럼 언급하지만, 가장 훌륭한 해석자들은 마태와 누가 본문을 근거로 그 일이 첫째 날에 행해진 것으로 본다. 복음서 기자들이 우리 구주께서 예루살렘에서 행하신 일들을 시간적인 순서를 따라 보도하지 않고 있다는 것은 두말할 필요가 없다. 히브리학에 정통한 어떤 학자들은 성전의 바깥뜰에는 희생 제물들, 포도주, 소금, 기름, 황소들, 양들 같이 제사에 소용되는 물건들을 파는 시장이 날마다 열렸다고 말한다. 그리고 이 때는 유월절이 되기 삼사 일 전이어서, 수많은 어린 양들이 제물로 드려질 것이었기 때문에, 시장의 규모가 평소보다 훨씬 더 컸을 것이다. 또한, 모든 사람은 율법에 따라 반 세겔을 성전세로 내야 했다(출 30:12, 15). 그런 이유로, 사람들이 편리하게 자신이 가져온 돈을 반 세겔로 바꾸어서 성전세로 내도록 하기 위하여, 거기에는 "돈 바꾸는 사람들의 상"도 있었다. 그리고 이러한 환전상들은 돈을 바꾸어 주면서 약간의 수수료를 챙겼는데, 이 수수료는 '콜뤼보스'(κόλλυβος)로 불렸고, 이렇게 돈을 바꿔 주는 사람들은 '콜뤼비스타이'(κολλυβισταὶ), 즉 "환전상들"로 불렸다. 또한, 거기에는 "비둘기 파는 사람들"도 있었다. 그들은 자녀를 낳고 나서 율법에 따라 자신을 정결하게 하고자 하는 여자들이 드리는 예물로 규정된 비둘기를 파는 자들이었다(레 12:6). 이런 이유로 성전의 바깥뜰에는 큰 시장이 섰고, 우리 구주께서 거기에서 보신 것은 바로 이 시장이었다. 우리 구주께서 이러한 악습을 첫째 날에 보시고도 그대로 지나치시고, 둘째 날이 되어서야 그 잘못된 것들을 바로잡고자 하셨을 가능성은 낮아 보인다. 따라서 해석자들은 어차피 복음서 기자들은 시간적인 순서에 대해서는 별 신경을 쓰지 않았기 때문에, 마가는 이 일을 둘째 날에 대한 보도 속에 포함시킨 것으로 본다. 여기에서 두 가지 질문이 생겨난다. (1) 이 상인들이 성전의 바깥뜰에서 환전을 해주거나 이러한 물건들을 파는 것은 불법이었는가? (2) 설령 그것이 불법이었다고 하더라도, 우리 구주께서는 무슨 권위로 그런 일을 하신 것인가?

첫 번째 질문에 대한 대답은 이렇다. 만일 그 일이 불법이 아니었다면, 우리 구주께서는 그들이 아버지의 집과 기도하는 집을 장사판으로 변질시켜 버렸다고 그들을 책망하지 않으셨을 것이고, 상과 의자를 둘러엎으시는 등(주님은 이전에도 그렇게 하신 적이 있으셨다, 요 2:15) 맹렬한 열심으로 그들을 내쫓지도 않으셨을 것이다. 성전은 하나님의 지시에 의하여 지어져서, 사람들에 의해 봉헌되었고, 하나님이 받으심으로써 인정을 받았다. 요한복음 2:19은 성전이 그리스도의 몸을 나타내는 모형이었다는 것을 보여 준다. 우리는 성전을 향하여 기도하는 자들에게 특별한 약속들이 주어져 있었다는 것을 안다. 하나님께서는 자기가 성전을 "거룩하게 구별하였다"고 말씀하신다(왕상 9:3). 즉, 하나님께서는 성전을 구별하셔서 속된 용도로 사용하지 못하게 하시고 오직 그를 섬기는 데만 사용하게 하셨고, 다른 무엇보다도 "만민이 기도하는 집"(사 56:7)으로 사용하게 하셨다. 물론, 성전의 바깥뜰에 열린 시장에서는 오직 제사에 필요한 것들만을 팔았지만, 예루살렘에는 그런 것들을 살 수 있는 시장들이 여러 곳 있었기 때문에, 성전을 그러한 속된 용도로 사용한 것은 이 거룩한 곳을 더럽히는 것이었다. 만일 앞에서 말한 것처럼, 성전이 하나님께서 거룩하게 구별하신 곳이 아니었거나, 통상적으로 하나님을 예배하기 위하여 세워진 회당에서 그런 일들이 벌어졌다면, 그것은 품위를 떨어뜨리는 볼썽사나운 일 정도로 그쳤을 것이다. 그러나 하나님께서 특별히 거룩하게 구별하신 성전을 그런 식으로 사용하는 것은 의심할 여지 없이 저 거룩한 곳을 크게 더럽히는 것이었다.

우리 주님께서는 공적인 일들을 처리할 권한이 주어진 방백이나 관원도 아니셨는데, 무슨 권위로 이런 일들을 하신 것인가 하는 두 번째 질문에 대해서는, 나는 우리 주님은 하나님의 영원하신 아들이셨기 때문에, 자신에게 주어진 합법적인 권세를 행사하셔서 그렇게 하신 것이었다는 식의 대답을 하기보다는, 제사장들과 서기관들과 바리새인들이 우리 주님이 성전에서 그렇게 하신 것에 대하여 결코 의문을 제기하지 않은 이유가 무엇인지를 살펴보고자 한다. 물론, 이 일이 있고 나서, 그들은 우리 주님을 죽이려고 모의하였지만, 우리는 그들이 이 일로 우리 주님을 고소하였다는 말은 복음서들에서 듣지 못한다. 또한, 우리는 우리 주님께서 전에 이 일과 똑같은 일을 하셨을 때에도, 그들이 우리 주님께 문제를 제기하였다는 말을 듣지 못하였다(요 2:13-25). 어떤 이들은 유대인들에게는 하나님에 대한 예배나 하나님께 속한 거룩한 것들을 더럽힌 자를 처단할 수 있는 "열심법"(jure zelotarum)이 있는데, 우리 구주께서는 바로 그 율법에 의해 행하신 것이라고 말한다. 유대인들은 신명기 13:9을 근거로 해서 이 열심법을 만들었고, 비느하스가 시므리와 고스비를 죽인 것(민 25:6-8), 맛다냐가 모딘에서 우상에게 제물을 드린 유대인과 왕의 전권대사를 죽인 일(마카베오하 2:24-25)를 그 예로 든다. 하지만 나는 그러한 설명에 만족할 수 없다. 나는 비느하스의 경우에는, 만일 하나님께서 나중에 그의 행위를 옳다고 하지 않으셨다면, 과연 그의 그러한 행위가 옹호될 수 있는 것인지를 알지 못하겠고, 또한 신명기 13:9에 규정된 율법도 사적인 개인들에게 그런 권한을 부여한 것이라고 생각되지 않는다. 만일 제사장들과 서기관들과 바리새인들이 우리 구주께서 하신 일이 옳다고 말해 주는 어떤 율법을 알지 못하였더라면, 그들은 자릿세를 받고서 상인들에게 성전 경내에서 매매하며 환전하게 해 주었을 것이 뻔한 까닭에, 자신들의 이익이 걸려 있는 이 중요한 일을 방해한 우리 구주를 결코 가만두지 않았을 것이 틀림없기 때문이다. 따라서 이 일은 우리 구주께서 성전의 주인이자 성령이 무한히 주어지신 분으로서 행하신 일이었을 뿐만 아니라, 전적으로 합법적인 일이었다는 것은 의심의 여지가 없다. 만일 주님이 하신 이 일이 합법적인 것이 아니었는데도, 그들이 그에게 아무런 이의도 제기하지 않은 것이라면, 본문에서 하나님께서 거기에 대하여 아무 말씀도 해주고 계시지 않기 때문에, 나는 그 이유를 알 수 없다고 솔직하게 인정할 것이다. 분명한 것은 우리 구주께서는 그 일을 하셨고, 그 일은 합법적이고 합당한 일이었으며, 하나님의 아들로서 그 일을 하실 수 있는 권위와 권한을 가지고 계셨다는 것이다. 하지만 그들이 어떤 율법 규정을 따라 이 일을 조용히 넘어가게 된 것인지에 대해서는 나는 알 수 없고, 그것을 아는 것은 꼭 필요하거나 큰 유익이 있는 것도 아니다.

15-16. [15]대제사장들과 서기관들이 예수께서 하시는 이상한 일과 또 성전에서 소리 질러 호산나 다윗의 자손이여 하는 어린이들을 보고 노하여 [16]예수께 말하되 그들이 하는 말을 듣느냐 예수께서 이르시되 그렇다 어린 아기와 젖먹이들의 입에서 나오는 찬미를 온전하게 하셨나이다 함을 너희가 읽어 본 일이 없느냐 하시고.

다른 복음서 기자들은 이 이야기의 이 대목에 대해서는 전혀 말하지 않는다. 여기에서 "이상한 일"(KJV에는 "놀랍고 기이한 일들")은 우리 구주께서 맹인들과 저는 자들을 고치신 일(14절)을 가리킨다. 어린 아이들이 외치는 소리들은 대제사장들과 서기관들의 심기를 더욱 불편하게 하였을 것임에 틀림없다. 이 어린 아이들은 "호산나 다윗의 자손이여"라고 소리를 질렀는데, 이것은 우리 주님이 예루살렘으로 입성하실 때에 거리에서 무리들이 외치던 것과 똑같은 것이었다. 그들은 그리스도를 메시야로 고백하고 찬송을 드리며, 그를 위하여 온갖 복을 빌었다. 바리새인들이 어린 아이들의 외침과 환호에 분노하자, 그리스도께서는 하나님께서 "어린 아이들과 젖먹이들의 입으로 권능을 세우심이여"라고 노래한 시편 8:2을 드시며, 어린 아이들을 옹호하셨는데, 이 시편 말씀은 하나님의 영광과 권능이 그러한 약한 자들의 증언을 통해서 선포될 것이고, 그러한 미미하고 무시할 만한 시작으로부터 크고 영화로운 일들이 일어나게 될 것이라고 말한 예언이었다.

17-22. [17]그들을 떠나 성 밖으로 베다니에 가서 거기서 유하시니라 [18]이른 아침에 성으로 들어오실 때에 시장하신지라 [19]길 가에서 한 무화과나무를 보시고 그리로 가사 잎사귀 밖에 아무 것도 찾지 못하시고 나무에게 이르시되 이제부터 영원토록 네가 열매를 맺지 못하리라 하시니 무화과나무가 곧 마른지라 [20]제자들이 보고 이상히 여겨 이르되 무화과나무가 어찌하여 곧 말랐나이까 [21]예수께서 대답하여 이르시되 내가 진실로 너희에게 이르노니 만일 너희가 믿음이 있고 의심하지 아니하면 이 무화과나무에게 된 이런 일만 할 뿐 아니라 이 산더러 들려 바다에 던져지라 하여도 될 것이요 [22]너희가 기도할 때에 무엇이든지 믿고 구하는 것은 다 받으리라 하시니라.

누가복음에는 이 기사가 아예 나오지 않고, 마가는 약간 다르게 내용을 첨가해서 보도하는데, 다른 점은 단지 복음서 기자들이 별 신경을 쓰지 않는 "때"에 관한 것뿐이다. 마태와 마가는 둘 다 이 이적이 둘째 날 아침에 그리스도와 그의 제자들이 베다니에서 성으로 들어올 때에 있었다고 말하는 것은 같지만, 마태는 무화과나무가 즉시 말라 버린 것을 제자들이 그 자리에서 알았다고 말하는 반면에, 마가는 다음날 아침에서야 제자들이 알게 되었다고 말한다(막 11:20). 여기에서 마가는 "이는 무화과의 때가 아님이라"(막 11:13)고 말하는데, 이것은 무화과나무가 나중에는 열매를 맺게 되겠지만 아직 열매를 맺을 때가 되지 않아서 거기에 열매가 없었던 것인데도 불구하고, 우리 구주께서 열매를 맺지 못한다는 이유로 무화과나무를 저주하신 이유가 무엇인가 하는 의문을 불러일으킨다. 마가는 "베드로가 생각이 나서 여짜오되 랍비여 보소서 저주하신 무화과나무가 말랐나이다 예수께서 그들에게 대답하여 이르시되 하나님을 믿으라"(막 11:21-22)고 말한 후에, 마태복음 21:22-22에 나오는 내용을 반복하고 나서, "서서 기도할 때에 아무에게나 혐의가 있거든 용서하라 그리하여야 하늘에 계신 너희 아버지께서도 너희 허물을 사하여 주시리라 하시니라"(막 11:25-26)는 말씀을 덧붙인다.

우리 구주께서는 성전에 가셔서 거기에서 매매하는 자들을 쫓아내시고 나서, 유월절이 가까워서 사람들로 매우 혼잡하였던 성내의 번잡함을 피하여, 또는 좀 더 한적한 곳에서 홀로 기도하시기 위하여, 성을 나와서 베다니로 가셨다가, 다음날 아침에 다시 성내로 돌아가시는 길에 시장하셨는데, 마침 길 가에 무화과나무가 있는 것을 보시고, 거기로 다가가셔서 열매를 찾으셨지만, 열매는 없고 잎사귀만 무성한 것을 보시고서는, 무화과나무를 향하여 "이제부터 영원토록 네가 열매를 맺지 못하리라"고 말씀하신다. 여기에서 마가는 "이는 무화과의 때가 아님이라"고 말한다. 그렇다면, 우리 구주께서는 왜 이 무화과나무를 저주하신 것인가? 어떤 이들은 이떤 이들은 여기에서 "때"는 "철"(season)을 의미한다고 생각해서(실제로 이 헬라어는 흔히 그런 의미로 사용된다), 이 구절의 의미는 아직 무화과 철이 되지 않았다는 뜻이라고 말한다. 그러나 그러한 견해는 난점을 해결해 주기는커녕 더욱 강화시킨다. 왜냐하면, 한 해 중에서 아직 무화과 철이 되지 않았는데도, 우리 구주께서 무화과가 열리지 않았다는 이유로 그 무화과나무를 저주하신 것은 잘 이해가 되지 않기 때문이다. 따라서 어떤 이들은 헬라어 본문에 나오는 '우'(οὐ, "아니다")를 '후'(οὗ, "~곳에")로 읽어야 한다고 생각한다. 이 견해에 의하면, 이 구절은 "이는 무화과의 때가 아님이라"가 아니라 "그가 계신 곳은 무화과의 때였다"로 번역된다. 그들은 이 구절을 이렇게 읽을 수 있는 근거로 두 가지를 제시한다. 첫 번째는 헬라어에서 유기음과 무기음 및 강세 표시는 옛 사본들에서는 통상적으로 생략되었기 때문에, 그러한 표시들을 제거하는 경우에는 이 두 단어는 동일하게 표기된다는 것이다. 두 번째는 이렇게 읽는 것이 "시기"와도 잘 부합한다는 것이다. 그 때는 적어도 푸른 무화과가 열릴 때였다. 그 곳은 예루살렘 근방이었고, 때는 유월절 삼사일 전으로서, 레위기 23:10과 신명기 16:9은 이 때가 사람들이 추수를 하는 때였음을 보여 준다. 그리고 아가서 2:13은 봄이 시작될 때, 푸른 무화과가 맺힌다는 것을 분명하게 보여 준다. 그러나 나는 옛 역본들 중에는 이 견해를 따라 번역한 것은 하나도 없다는 점을 고려할 때, 나는 옛 사람들은 이 헬라어를 '후'가 아니라 '우'로 이해하였다고 결론을 내리게 되는데, 이렇게 옛 역본들이 하나도 빠짐없이 일치하게 번역하는데도, 우리가 이 단어를 정반대의 의미로 해석하고자 하는 것은 너무 무모해 보인다. 그래서 어떤 이들은 무화과나무, 또는 적어도 그 중 일부에는, 오렌지나무들처럼, 그 열매가 푸른 열매가 되었든 반쯤 익은 열매가 되었든 잘 익은 열매가 되었든, 언제나 잎사귀와 열매가 있었고, 겨울에도 내내 잎사귀가 있었다고 말하고, 우리 구주께서는 아직 본격적으로 무화과 철이 오지는 않았어도, 지난해에 달린 무화과가 있을 것이라고 기대하시고서, 무화과나무로 다가가셔서 열매를 찾으셨지만, 열매가 없는 것을 보시고서, 그 나무를 저주하셔서, 오직 잎사귀만 무성하고 의의 열매를 맺지 못하는 심령들이 장차 어떻게 될 것인지를 상징적으로 보여 주신 것이라고 본다. 또는, 우리 구주께서 무화과나무에 열매가 없는 것을 보시고서, 단지 하나님으로서의 자신의 능력을 보여 주시기 위하여 이적을 행하신 것이라고 우리가 말한다고 해도 별 무리는 없을 것이다.

무화과나무가 곧 마른지라. 우리 구주께서 저주하시자마자, 무화과나무는 마르기 시작하였다. 마가는 다음날 아침이 되어서, "그들이 아침에 지나갈 때에 무화과나무가 뿌리째 마른 것을 보고" 베드로가 "랍비여 보소서 저주하신 무화과나무가 말랐나이다"(막 11:20-21)라고 말한 것이라고 보도하는 반면에, 마태는 무화과나무가 즉시 말랐고, 이것을 "제자들이 보고 이상히 여겨 이르되 무화과나무가 어찌하여 곧 말랐나이까"라고 말하였다고 보도한다. 베드로와 제자들이 이렇게 말하는 것을 들으시고서, 우리 구주께서는 그들에게 "믿음이 있고 의심하지 아니하면 이 무화과나무에게 된 이런 일만 할 뿐 아니라 이 산더러 들려 바다에 던져지라 하여도" 그대로 "될 것"이라고 말씀하시는데, 이 말씀이 무슨 의미인지는 22절에 제시된다.

너희가 기도할 때에 무엇이든지 믿고 구하는 것은 다 받으리라 하시니라. 우리는 이 말씀을 마태복음 17:20에서도 보았고, 마가복음 11:23과 누가복음 17:6에도 동일한 말씀이 나온다. 우리는 이 약속의 말씀을 하나님께 영광이 되지도 않고 우리 자신에게 유익이 되지도 않는 그런 것들에까지도 확대시켜 적용하지 않도록 조심하여야 한다. 이 말씀을 통해서 우리 구주께서는 단지 믿는 자들이 자신들이 하나님의 손에서 받기에 합당한 것들을 받게 될 것을 의심하지 않고 믿는다면, 반드시 그것들을 받게 될 것이라고 약속하고 계시는 것이다. 나는 이적을 행하는 믿음이 여느 믿음과 다르다고 말할 이유를 보지 못한다. 오직 사도들에게는 이적들을 행할 수 있는 능력과 약속이 주어져서 일반적으로 이적들을 행할 수 있었던 반면에, 다른 그리스도인들에게는 복음을 증거할 때에 그때그때 이적들로 복음을 확증하는 용도 외에는 일반적으로 이적들을 행할 수 있는 능력과 약속이 주어져 있지 않다는 점만이 다를 뿐이다. 하나님께서는 믿는 자들이 자신들에게 유익이 되는 것들은 무엇이든지 믿고 구하면 다 주실 것이라는 일반적인 명제는 참되고, 이 약속은 모든 믿는 자들에게 그대로 이루어질 것이다. 그러나 옛적에는 하나님의 백성 전체가 아니라, 특정한 사람들에게 특정한 목적을 위해서 주어진 특별한 약속들이 있었고, 그러한 약속들은 지금 우리에게는 적용되지 않는다. 참된 믿음이 이룰 수 없는 것은 아무것도 없기 때문에, 아무리 큰 일이라도 참된 믿음으로 이룰 수 있지만, 그러한 믿음에는 그 근거가 되는 약속이 있어야 하기 때문에, 우리는 기도를 통해서 그 약속을 받아야 한다(22절). 마가는 우리가 "기도할 때에" 우리에게 잘못한 형제들을 너그러운 마음으로 기꺼이 실제로 용서해 주는 것이 수반되어야 한다는 말씀을 덧붙인다. 우리는 이 동일한 말씀을 마태복음 6:14-15에서 보았고, 거기에서 이 말씀의 의미를 살펴본 바 있다.

23. 예수께서 성전에 들어가 가르치실새 대제사장들과 백성의 장로들이 나아와 이르되 네가 무슨 권위로 이런 일을 하느냐 또 누가 이 권위를 주었느냐.

마가는 이 일을 보도하기 전에, "대제사장들과 서기관들이" 우리 구주께서 매매하는 자들을 성전에서 쫓아내고 환전상들의 상을 뒤집어엎으셨다는 소문을 "듣고 예수를 어떻게 죽일까 하고 꾀하니 이는 무리가 다 그의 교훈을 놀랍게 여기므로 그를 두려워함일러라"(막 11:18)고 말한 후에, "그들이 다시 예루살렘에 들어가니라 예수께서 성전에서 거니실 때에 대제사장들과 서기관들과 장로들이 나아와 이르되 무슨 권위로 이런 일을 하느냐 누가 이런 일 할 권위를 주었느냐"(막 11:27-28)고 말한 것으로 보도한다. 누가는 "예수께서 날마다 성전에서 가르치시니 대제사장들과 서기관들과 백성의 지도자들이 그를 죽이려고 꾀하되 백성이 다 그에게 귀를 기울여 들으므로 어찌할 방도를 찾지 못하였더라"(눅 19:47-48)고 말한다. 우리 구주께서 밤에는 베다니로 가셨다가 아침에는 다시 예루살렘으로 돌아오셔서 날마다 성전에서 가르치셨다는 것은 분명하다. 누가는 "백성이 다 그에게 귀를 기울여 들었다"고 말하는데, 헬라어 본문의 뉘앙스는 백성들이 우리 구주께 푹 빠져서 그 곁에 꼭 붙어서 그가 하시는 말씀을 경청하였다는 것이다. 또한, 백성들은 우리 구주께서 이적들을 베푸시는 것을 직접 눈으로 보았기 때문에 더욱 그의 말씀에 귀를 기울였다. 그래서 서기관들과 장로들이 "그를 두려워하였다"고 마가는 말한다. 우리 구주께서 매매하는 자들을 성전에서 쫓아내시고 환전상들의 상을 뒤집어엎으셨는데도, 그들이 아무 소리 하지 않은 이유도 백성들을 두려워하였기 때문일 것이다.

우리는 유대인들이 피정복민으로서 로마의 속국이었기 때문에, 그들에게는 종교 활동을 할 수 있는 자유는 보장이 되었지만, 그 지도자들은 이전 같은 그런 권력은 없어서, 그들이 사람을 죽이는 것은 불법이었다는 것을 기억하여야 한다(요 18:31). 또한, 그들은 종교와 관련한 자신들의 자유를 지키기 위해서, 종교 문제로 인해 소요가 일어나지 않도록 조심하지 않을 수 없었다. 따라서 그들은 우리 구주를 공개적으로 대놓고 죽이고자 할 수는 없었고, 계략을 써서 제거할 궁리를 할 수밖에 없었는데(막 14:1), 마가와 누가가 말해 주고 있듯이, 이미 사전 모의를 통해서, 우리 구주를 어떻게 죽일 것인지에 관한 은밀한 계획을 세워두고 있었을 가능성이 있다. 그들이 사용한 방법은 먼저 우리 구주께 사람들을 보내어서, 무슨 권위로 이런 일들을 하는 것이고, 누가 그에게 그런 권위를 주었는지를 묻는 것이었다. 마태와 마가는 둘 다 이것을 언급하고 있다. 그들은 전에도 세례 요한에게 사람들을 보내어 이런 메시지를 전한 바 있다(요 1:19-21). 그들은 자주 우리 구주의 가르침을 문제 삼아 왔었고, 그때마다 우리 구주께서 자신의 가르침을 그들의 면전에서 정당화하셨기 때문에, 상황은 점점 더 악화되어 왔었다. 그들은 우리 구주께서 베푸시는 이적들에 대해서는 트집을 잡거나 문제 삼는 것이 어려웠기 때문에, 이제는 우리 구주께 가르칠 권한이 있는지에 대해서만 집중적으로 문제제기를 한다.

"네가 무슨 권위로 이런 일을 하느냐 또 누가 이 권위를 주었느냐"는 질문은 정말 고약한 질문이었다. 왜냐하면, 만일 우리 구주께서 하나님의 권위로 가르친다고 대답하신다면, 그들은 틀림없이 우리 구주를 신성모독죄를 범하였다고 고소할 것이었고, 인간 세상의 규범을 따라 이렇게 가르칠 권위를 부여할지의 여부를 결정하는 권한은 당국자들인 그들이 쥐고 있었던 까닭에, 우리 구주께서는 당국으로부터 그런 권위를 부여받았다고 하실 수도 없는 입장이셨기 때문이다. 따라서 우리 구주께서는 그들의 의도를 너무나 잘 알고 계셨기 때문에, 자기가 이적들을 행하셔서 하나님으로부터 보내심을 받은 이라는 것을 계속해서 보여 주셨는데도 그것을 인정하고자 하지 않는 그들에게 조심스러운 대답을 제시하신다.

24-27. [24]예수께서 대답하시되 나도 한 말을 너희에게 물으리니 너희가 대답하면 나도 무슨 권위로 이런 일을 하는지 이르리라 [25]요한의 세례가 어디로부터 왔느냐 하늘로부터냐 사람으로부터냐 그들이 서로 의논하여 이르되 만일 하늘로부터라 하면 어찌하여 그를 믿지 아니하였느냐 할 것이요 [26]만일 사람으로부터라 하면 모든 사람이 요한을 선지자로 여기니 백성이 무섭다 하여 [27]예수께 대답하여 이르되 우리가 알지 못하노라 하니 예수께서 이르시되 나도 무슨 권위로 이런 일을 하는지 너희에게 이르지 아니하리라.

마가복음 11:27-33에 나오는 것도 큰 차이는 없다. 누가복음 20:1-8에 나오는 것도 중요한 차이는 없지만, 거기에는 다음과 같은 도입부가 붙어 있다: "하루는 예수께서 성전에서 백성을 가르치시며 복음을 전하실새 대제사장들과 서기관들이 장로들과 함께 가까이 와서." 이것은 그들이 우리 구주께서 가르치시는 것을 주로 문제삼았다는 것을 분명하게 보여 준다. 아마도 대제사장들과 장로들로부터 부여받은 권위 없이는 성전에서 가르치는 것을 금하는 율법이 있었던 것으로 보인다. 우리 구주께서 여기에서 하신 대답이 그들이 질문한 것과는 다른 엉뚱한 대답이라고 생각하는 사람들이 있다면, 그들은 다음과 같은 것들을 고려하여야 한다. (1) 우리 구주께서는 이미 자신이 행하신 이적들을 통해서, 자기가 하나님의 능력을 힘입어 행하고 계신다는 것을 충분히 그들에게 증거하였기 때문에, 그들의 질문에 정식으로 대답할 필요가 있다고 생각하신 것이 아니었다는 것이다. 따라서 주님은 그들에게 많은 말로 구구하게 설명하실 필요가 없으셨다. (2) 사실은, 우리 구주께서 그들에게 던지신 이 반문 속에는 그들의 질문에 대한 직접적인 대답이 들어 있었다는 것이다. 요한이 무슨 권위로 사람들을 가르치고 세례를 주었느냐고 물으신 주님의 질문에 대하여, 그들은 세례 요한이 당국의 허가를 받고서 그런 일을 한 것이 아니었다는 것을 알고 있었기 때문에, 사람이 수여한 권위에 의거해서 한 것이라고 대답할 수 없었다. 그리고 이것으로부터 도출되는 결론은 세례 요한은 하나님으로부터 특별히 보내심을 받아 행하였다는 것이 될 수밖에 없다. 따라서 이러한 반문을 통해서 우리 구주께서는 이렇게 말씀하신 것이다: 나는 세례 요한이 자기가 하나님의 보내심을 받고 와서 행한다는 것을 너희에게 보여 준 것보다 훨씬 더 큰 증거를 이미 너희에게 보여 주었다.

그러나 우리 주님께서는 바리새인들은 자기보다는 세례 요한에 대하여 더 큰 공경심을 지니고 있고, 많은 사람들도 세례 요한을 자기보다 더 큰 인물로 여긴다는 것을 잘 알고 계셨다. 우리 구주께서는 이 땅에 오셔서 "먹고 마시는 것을 즐겨하시는" 가운데 좀 더 자유분방하게 말씀하시고 행하셨고, 이것은 겉보기에 고고하고 근엄한 품행을 좋아하였던 바리새인들의 심기를 불편하게 만들었기 때문에, 그들이 스스로 곰곰이 생각해 보면, 자기가 무슨 권위로 이런 일들을 하는 것인지를 알 수 있게 해줄 하나의 질문을 던져서 그들을 가르치시는 쪽을 선택하신 것이었다. 우리는 우리 구주의 질문 속에서 언급된 "요한의 세례"라는 것이 단지 요한이 베푼 세례를 가리키는 것이 아니라, 요한의 가르침을 포함한 그의 사역 전체를 가리키는 것으로 이해하여야 한다. 왜냐하면, 요한의 세례는 "회개의 세례"라 불렸기 때문이다. 따라서 바리새인들은 만일 자신들이 세례 요한의 권위가 "하늘로부터" 온 것이라고 대답한다면, 우리 구주로부터 "어찌하여 그를 믿지 아니하였느냐"는 역공이 들어오리라는 것을 예상하였기 때문에, "우리가 알지 못하노라"고 대답한 것이라고 복음서 기자는 보도한다. 따라서 우리는 우리 구주께서 말씀하신 "요한의 세례"는 일차적으로 요한의 가르침을 가리키는 것으로 이해하여야 한다. 그리고 요한의 가르침의 요지는 메시야가 오셨다는 것이었고, 예수 그리스도가 바로 그 메시야라는 것이었다. 세례 요한은 "예수께서 자기에게 나아오심을 보고" "보라 세상 죄를 지고 가는 하나님의 어린 양이로다"라고 말하였다(요 1:29). 만일 그들이 세례 요한의 그러한 가르침을 믿었더라면, 지금 이렇게 우리 구주께 와서 이런 실없는 질문을 하는 일은 결코 벌어지지 않았을 것이다. 바리새인들이 우리 구주의 질문을 받고서, 자신들이 요한의 세례와 가르침이 하나님으로부터 왔다고 대답하면 영락없이 올무에 걸리게 될 것이라고 판단한 것은 옳은 것이었다. 왜냐하면, 그들은 요한의 가르침이 하나님으로부터 온 말씀이라는 것을 인정한다면, 그리스도가 메시야라는 것을 인정할 수밖에 없게 될 것이기 때문이었다. 그럼에도 불구하고, 그들은 요한의 세례와 가르침이 "사람으로부터"라고 대답할 수 없었는데, 그 이유는 그들이 백성들을 두려워하였기 때문이라고 본문은 말한다. 하나님을 경외하지 않는 자들에게는, 그들이 비굴하고 굴종적으로 두려워하는 것이 있게 마련이다. 백성들은 모두 세례 요한을 하나님으로부터 하나님의 뜻을 전하는 사명을 받고 특별히 보내심을 받은 선지자로 인정하고 있는데, 대제사장들과 장로들이 세례 요한이 자기 머리에서 스스로 생각해 낸 것들을 말한 것일 뿐이라고 얘기한다면, 그들에게는 백성들로부터의 비난과 야유가 빗발치듯 쏟아지게 될 것은 불을 보듯 뻔한 일이었다. 그래서 그들은 "우리가 알지 못하노라"고 대답한다. 그들은 거짓말을 한 것이다. 우리 구주께서는 "나도 무슨 권위로 이런 일을 하는지 너희에게 이르지 아니하리라"고 말씀하신다. 나는 내가 무슨 권위로 이런 일을 하는지를 말할 수 없는 것이 아니라, 말하지 않는 것이다. 세례 요한이 오래 전에 이미 너희에게 해주었던 말, 그리고 나의 이적들을 통해서 너희를 비롯한 모든 사람이 알려고 하기만 한다면 얼마든지 알 수 있는 것 이상으로 내가 너희에게 해줄 대답은 없다.

28-32. 28**그러나 너희 생각에는 어떠하냐 어떤 사람에게 두 아들이 있는데 맏아들에게 가서 이르되 얘 오늘 포도원에 가서 일하라 하니** 29**대답하여 이르되 아버지 가겠나이다 하더니 가지 아니하고** 30**둘째 아들에게 가서 또 그와 같이 말하니 대답하여 이르되 싫소이다 하였다가 그 후에 뉘우치고 갔으니** 31**그 둘 중의 누가 아버지의 뜻대로 하였느냐 이르되 둘째 아들이니이다 예수께서 그들에게 이르시되 내가 진실로 너희에게 이르노니 세리들과 창녀들이 너희보다 먼저 하나님의 나라에 들어가리라** 32**요한이 의의 도로 너희에게 왔거늘 너희는 그를 믿지 아니하였으되 세리와 창녀는 믿었으며 너희는 이것을 보고도 끝내 뉘우쳐 믿지 아니하였도다.**

이 비유는 오직 마태만이 보도한다. 이 비유의 요지는 31절에 등장한다: "세리들과 창녀들이 너희," 즉 "바리새인들보다 먼저 하나님의 나라에 들어가리라." 바리새인들이 누구이고, 세리들이 누구였는지에 대해서는 우리가 마태복음 3:7에서 이미 살펴본 바 있다. 유대인들은 세리들을 대단히 혐오하였다. 마가복음 2:16을 보라. 창녀들은 큰 죄인들이었다. 여기에서 "하나님의 나라"는 영광의 나라를 가리킨다. 여기에서 우리 구주께서는 세리들과 창녀들이 먼저 하나님의 나라에 들어가고, 그런 후에 바리새인들이 뒤따라 거기로 들어가게 될 것이라고 말씀하신 것이 아니고, 단지 세리들과 창녀들 중에는 마태와 삭개오 같이 바리새인들보다 하나님의 나라에 들어가는 데 더 나은 상태에 있는 자들이 있다고 말씀하신 것일 뿐이다. 주님이 그 증거로 드시는 것은, 세례 요한이 "의의 도"로 그들에게 와서 의의 참된 가르침을 전하고 거룩하고 의로운 삶을 살았는데도, 바리새인들은 말로는 자신의 신앙을 자랑하면서, 그런 세례 요한의 가르침을 배척하였던 반면에, 세리들과 큰 죄인들인 창녀들 중 일부는 세례 요한의 가르침을 듣고 그리스도를 믿음으로써 하나님의 뜻대로 행하였다는 것이다. 바리새인들은 세례 요한의 가르침을 들었고, 그의 행실을 보았으며, 다른 사람들이 회개하고 그리스도를 믿는 것을 보았지만, 그들 자신은 믿음과는 거리가 멀어서, 회개하려고 하지도 않았고 믿으려 하지도 않았다. 그들은 정신을 차려서 자신들의 삶이 얼마나 죄악된 삶인지를 알려고 하지도 않았고, 이전의 행실 중에서 그 어떤 것도 고치려 하지 않았기 때문에, 그리스도를 영접할 수도 없었고 그의 의와 구원을 받아들일 수도 없었다. 왜냐하면, 복음적인 회개는 믿음의 열매이기는 하지만, 믿음 이전에 이미 자신의 죄를 깨닫고 죄악된 행실에서 떠나려고 결단하는 회개가 선행되어야 하기 때문이다. 이제 우리 구주께서는 바리새인들로 하여금 이러한 사실을 알게 해주셔서 자신들의 죄를 깨닫게 하시기 위하여 이 비유를 들어 역설하고 계시는 것이다(나단이 다윗에게 그랬듯이, 삼하 12:1, 11).

따라서 이 비유를 이해하기는 쉽다. 여기에서 "어떤 사람"은 하나님이다. "두 아들" 중에서 "맏아들"은 하나님의 율법에 철저하게 순종하는 체함으로써 자신들의 믿음이 아주 크다는 것을 보여 주고자 하는 바리새인들을 가리키고, "둘째 아들"은 신앙이 없는 악한 자들로 보이는 큰 죄인들인 "세리들과 창녀들"을 가리킨다. 하나님께서는 두 아들에게 "포도원에 가서 일하라"고 말씀하신다. 즉, 나의 뜻을 행하고, 내가 너희에게 명하는 일을 하라고 하신 것이다. 바리새인들은 겉으로만 그럴 듯하게 큰 신앙이 있는 것처럼 보이게 하는 외식하는 자들이자 위선자들이었기 때문에, 당연히 아버지 앞에서는 "가겠나이다"라고 대답만 해놓고서는 실제로는 가지 않았다. 그들의 모든 신앙은 단지 겉으로만 그럴 듯하게 꾸민 것에 지나지 않는 헛된 것이었다. 반면에, 세리들과 창녀들은 자신들의 삶을 생각해서 "싫소이다"라고 말하며 가지 않겠다고 대답하였지만, 다시 한 번 곰곰이 생각해 보고서는, 하나님의 성령의 감화를 입어 마음이 변화되어서, 아버지의 명을 따라 포도원으로 들어가서 일을 하였다.

그 둘 중의 누가 아버지의 뜻대로 하였느냐 이르되 둘째 아들이니이다. "아버지의 뜻"은 두 아들이 자기가 명한 것을 행하는 것이었음은 너무나 분명하고, 이 뜻을 행한 것이 둘째 아들이었다는 것도 너무나 분명하다. 아버지의 뜻은 아들이 단지 자신의 말에 맞장구를 치며 옳다고 하고 공손히 받아들이는 체하는 것이 아니라, 실제로 포도원으로 들어가서 일하는 것이었다. 사람이 하나님의 뜻을 옳다고 시인하며 하나님을 공손하게 예를 갖추어 대하는 것만으로는 하나님의 뜻을 따라 행하였다고 말할 수 없다. 하나님의 뜻은 사람이 회개하고 믿으며 자신의 복음에 순종하는 것인데, 세리들과 창녀들 중에는 그렇게 행하는 자들이 있었지만, 바리새인들은 그렇게 행하기를 거부하였다. 도덕적이고 의롭고 예의바른 사람에게, 그들이 구원받기에 부족한 것이 있다는 것을 깨닫게 해주는 것은 어려운 일이다. 그렇기 때문에, 자신의 삶이 엉망이라고 생각하는 사람들은 회개하고 믿어 구원받는 일이 많은 반면에, 자기는 현재 충분히 의롭기 때문에 회개할 필요도 없고 더 이상의 의도 필요하지 않다고 생각하는 사람들은 자신의 회개하지 않음과 불신앙 가운데서 멸망하는 경우가 많다.

33. 다른 한 비유를 들으라 한 집 주인이 포도원을 만들어 산울타리로 두르고 거기에 즙 짜는 틀을 만들고 망대를 짓고 농부들에게 세로 주고 타국에 갔더니.

마가복음 12:1-9과 누가복음 20:9-16에도 이 비유가 나온다. 여기에 등장하는 "집 주인"은 누구인가? 선지자 이사야는 "집 주인"은 만군의 여호와 이스라엘의 하나님이고(사 5:1-2), "이스라엘 족속"과 "유다 사람"은 그의 "포도원"이자 "그가 기뻐하시는 나무"라고 말하고(사 5:7), 하나님께서는 자신의 섭리라는 울타리로 이 백성을 둘러치셨다고 말한다. 하나님은 흔히 자신의 교회를 포도원에 비유하신다(신 32:32; 시 80:8; 렘 2:21). 본문에 나오는 그 밖의 다른 표현들, 즉 "즙 짜는 틀을 만들고 망대를 지었다"는 것은 하나님께서 유대인들에게 필요한 모든 것들을 공급해 주셨다는 것을 의미하고, 하나님이 이 포도원을 농부들에게 세로 주고 먼 땅으로 출타하셨다는 것은, 하나님은 하늘에 있는 자신의 영광스러운 거처에 계시고, 유대인들의 교회는 대제사장을 비롯해서 여러 제사장들과 레위인들에게 맡기셨다는 것을 의미한다.

34-36. [34]열매 거둘 때가 가까우매 그 열매를 받으려고 자기 종들을 농부들에게 보내니 [35]농부들이 종들을 잡아 하나는 심히 때리고 하나는 죽이고 하나는 돌로 쳤거늘 [36]다시 다른 종들을 처음보다 많이 보내니 그들에게도 그렇게 하였는지라.

마가 본문은 내용은 일치하지만, 집 주인이 세 명의 종을 차례로 보낸 후에, 다시 많은 종들을 보냈다고 말한다. 즉, 그는 첫 번째 종에 대해서는 "그들이 종을 잡아 심히 때리고 거저 보내었다"고 말하고, 두 번째 종에 대해서는 "그의 머리에 상처를 내고 능욕하였다"고 말하며, 세 번째 종에 대해서는 "그들이 그를 죽였다"고 말하고, "또 그 외 많은 종들도 더러는 때리고 더러는 죽였다"고 말한다. 누가 본문의 내용도 동일하다. 앞에서 나는 비유를 해석할 때에는, 거기에 나오는 모든 세세한 어구들을 다 철저하게 따져서 의미를 파악하고자 하지 않아야 한다고 말한 바 있다. 우리는 여기에 나오는 "종들"은, 하나님께서 타락하고 부패한 유대 교회의 제사장들을 책망하시고, 제사장들과 백성들이 자신의 율법에 순종하여 하나님께 해야 할 도리를 다하도록 권면하시기 위하여 특별히 보내신 선지자들을 가리키는 것으로 이해하여야 한다. 그리고 여기에서 주인이 보낸 종들에게 농부들이 자행한 온갖 악행들은 이스라엘 백성과 그 지도자들이 선지자들에게 행한 여러 가지 악행들을 가리킨다(왕상 19:10; 대하 36:16; 느 9:26; 렘 44:4-5). 예레미야는 두들겨 맞고 감옥에 갇혔고, 미가야도 마찬가지였으며, 스가랴는 성전에서 죽임을 당하였다.

37. 후에 자기 아들을 보내며 이르되 그들이 내 아들은 존대하리라 하였더니.

마가는 "이제 한 사람이 남았으니 곧 그가 사랑하는 아들이라"고 말하고(막 12:6), 누가는 "포도원 주인이 이르되 어찌할까 내 사랑하는 아들을 보내리니 그들이 혹 그는 존대하리라 하였더니"(눅 20:13)라고 말한다. 비유 속에서는, 하나님께서 사람의 방식을 따라 행하셔서, 농부들로부터 세를 받아 내시기 위하여 온갖 가능한 수단들을 다 동원하시는 것으로 묘사되지만, 우리는 사람들이 어떻게 행하게 될지를 하나님께서 모르신다고 멋대로 생각해서는 안 된다. 하나님은 자신의 모든 선지자들을 다 보내신 후에, 자신의 독생자, 그의 사랑하는 아들을 유대인들과 그들의 제사장들에게 보내셨다. 이 비유는 하나님께서는 아무리 그래도 그들이 내 아들은 존중해 줄 것이라고 생각하셨다고 말하는데, 우리는 이것이 하나님께서 정말 그들이 그렇게 할 가능성이 높다고 생각하셨다고 말하는 것이 아니라, 그들이 마땅히 해야 할 일이자 하나님이 그들에게서 진정으로 원하시고 기대하시는 것이 무엇이었는지를 말하는 것으로 이해하여야 한다.

38-39. [38]농부들이 그 아들을 보고 서로 말하되 이는 상속자니 자 죽이고 그의 유산을 차지하자 하고 [39]이에 잡아 포도원 밖에 내쫓아 죽였느니라.

마가와 누가에도 동일한 기사가 나오고, 내용에 있어서 큰 차이가 없다. 우리 주님께서는 여기에서 한편으로는 이 악한 제사장들에 의해서 자기가 죽임을 당하게 될 것임을 예언하시고, 다른 한편으로는 그들의 마음속에 있는 것, 즉 그들이 이미 자기를 죽일 계획을 다 짜놓고서(우리가 앞에서 들은 바와 같이), 그 계획을 착착 진행시켜 나가고 있다는 것을 알고 계신다는 것을 보여 주심으로써, 자기가 그들의 마음속에 무엇이 있는지를 아는 하나님이라는 것을 깨달을 기회를 그들에게 다시 한 번 주심과 동시에, 자기는 그들을 두려워하지 않기 때문에, 그들이 은밀하게 이 일을 진행할 필요가 없다는 것도 그들에게 알게 해주신다.

농부들이 그 아들을 보고 서로 말하되 이는 상속자니. 우리 구주께서는 지금 백성들 앞에서 바리새인들에게 이 말씀을 하신 것은 그들이 자기가 하나님의 아들이라는 것을 알고 있고, 그들의 양심 속에서는 이미 자기가 교회의 참된 주라는 사실을 알고 있다는 것을 깨우쳐 주시기 위한 것이었다. 물론, 그리스도를 십자가에 못 박는 일에 일조한 모든 자들이 다 그랬다는 것은 아니다. 바울은 그들이 이 사실을 "만일 알았더라면 영광의 주를 십자가에 못 박지 아니하였으리라"(고전 2:8)고 말한다. 하지만 그들 중에서 다수가 이것을 알고 있었을 것임에 틀림없다. 이렇게 그들은 이 사실을 알고 있었음에도 불구하고, 하나님께서 자신의 왕을 주의 성산 시온에 앉히시는 것을 그들이 가로막을 수 있다고 생각하였다는 것은 그들의 눈멂과 광기가 얼마나 극에 달해 있었는지를 잘 보여 주는 것이었다. 아마도 우리는 이성을 지닌 인간이 그렇게 하는 것은 불가능한 일이라고 생각할 것이다. 그러나 과연 그러한가? 우리는 오늘날에도 자신들이 박해하여 파멸시키거나 죽이는 사람들이 하나님의 백성들이고, 바로 그 사람들의 삶이 하나님의 백성의 삶이요 진리라는 것을 자신의 양심 속에서 다 깨닫고 알면서도, 여전히 가시채를 향하여 발길질 하는 자들이 이 세상에 넘쳐난다는 것을 알고 있다! 하나님께서는 그런 박해를 일삼는 자들 중 다수로 하여금 그런 일을 하다가 멸망하게 하시고, 천수를 다하고 평안히 무덤으로 들어가지 못하게 하시지만, 그런 자들은 헬라 신화에 나오는 머리 아홉 달린 큰 뱀인 히드라와 같아서, 자기 조상들이 하나님을 대적하여 이겨서 그 아들의 기업을 빼앗아 자신들의 것으로 만드는 일을 이루지 못하였을 경우에는, 그 조상들과 똑같이 생각하고 행동하는 자손들이 생겨나서, 그 일을 계속해 나간다. 하나님께서는 지혜로우신 섭리를 따라, 이런 식으로 성도들을 면류관을 받기에 합당한 자들로 빚어 가시고, 죄인들에게는 진노의 날에 그들이 받게 될 형벌을 쌓아가게 만드신다.

40-41. [40]그러면 포도원 주인이 올 때에 그 농부들을 어떻게 하겠느냐 [41]그들이 말하되 그 악한 자들을 진멸하고 포도원은 제 때에 열매를 바칠 만한 다른 농부들에게 세로 줄지니이다.

마가는 두 번째 절에 나오는 말씀은 그리스도께서 하신 말씀으로 보도하고(막 12:9), 누가도 마찬가지로 보도하면서, "사람들이 듣고 이르되 그렇게 되지 말아지이다 하거늘"이라는 구절을 추가한다. 이 난점을 해결하기 위한 해법으로는 다음과 같은 것들이 제시된다. (1) 어떤 이들은 마태 본문의 "그들이 말하되"에서 "그들"은 바리새인들이 아니라 청중 가운데 일부를 가리키고, 누가 본문의 "사람들이 듣고 이르되"에서 "사람들"은 바리새인들을 가리키는 것으로 이해하여야 한다고 생각한다. (2) 어떤 이들은 마태의 보도대로 두 번째 절에 나오는 말은 바리새인들과 장로들이 하였지만, 그런 후에 우리 구주께서 그 농부들이 바로 그들이라고 하시면서 이 비유를 좀 더 자세하게 해설해 주시자, 그들은 누가의 보도대로 "그렇게 되지 말아지이다"라고 말한 것으로 보아야 한다고 생각한다. 따라서 우리 구주께서 "그러면 포도원 주인이 올 때에 그 농부들을 어떻게 하겠느냐"고 물으시자, 바리새인들과 장로들은 처음에 "그 악한 자들을 진멸하고 포도원은 제 때에 열매를 바칠 만한 다른 농부들에게 세로 줄지니이다"라고 말하였지만, 주님이 그들의 말이 맞다고 하시면서 좀 더 자세하게 설명하시는 가운데, 그 농부들이 그들이기 때문에, 그들이 그렇게 말한 것은 스스로를 정죄한 것이라고 말씀하시자, 그들은 손을 내저으며 그런 일이 있어서는 절대로 안 된다고 말하는 반응을 보였을 가능성이 높다. 따라서 두 번째 절에 나오는 내용은, 그들이 말한 것이기도 하고, 그리스도께서 말씀하신 것이기도 하다. 나는 이것이 가장 만족할 만한 해법이라고 본다. 또한, 이 말씀은 우리 구주께서 하나님이 머지않아 자신의 교회를 바리새인들과 장로들과 제사장들의 손에서 빼앗으셔서, 자기 아들의 사도들과 복음의 일꾼들의 손에 넘겨주시게 될 것임을 선언하신 말씀이기도 하다.

42-44. [42]예수께서 이르시되 너희가 성경에 건축자들이 버린 돌이 모퉁이의 머릿돌이 되었나니 이것은 주로 말미암아 된 것이요 우리 눈에 기이하도다 함을 읽어 본 일이 없느냐 [43]그러므로 내가 너희에게 이르노니 하나님의 나라를 너희는 빼앗기고 그 나라의 열매 맺는 백성이 받으리라 [44]이 돌 위에 떨어지는 자는 깨지겠고 이 돌이 사람 위에 떨어지면 그를 가루로 만들어 흩으리라 하시니.

마가는 "너희가 성경에 건축자들이 버린 돌이 모퉁이의 머릿돌이 되었나니 이것은 주로 말미암아 된 것이요 우리 눈에 놀랍도다 함을 읽어 보지도 못하였느냐 하시니라"(막 12:10-11)고 말하고, 누가는 "그들을 보시며 이르시되 그러면 기록된 바 건축자들의 버린 돌이 모퉁이의 머릿돌이 되었느니라 함이 어찜이냐 무릇 이 돌 위에 떨어지는 자는 깨어지겠고 이 돌이 사람 위에 떨어지면 그를 가루로 만들어 흩으리라 하시니라"(눅 20:17-18)고 말한다. 우리 구주께서는 이 주제와 관련해서 성경에 기록되어 우리에게 남겨진 것보다 더 많은 말씀들을 하셨을 것임은 거의 틀림없다. 왜냐하면, 요한은 우리 구주께서 하신 말씀이나 행위는 너무나 많아서 성경에 다 기록하는 것이 불가능하다고 말하고 있기 때문이다(요 21:25). 따라서 각각의 이야기나 행위만이 아니라, 동일한 이야기와 관련된 모든 말씀들과 모든 정황들도 복음서들에 다 기록되지 않았다. 바리새인들과 장로들이 비유 속에 등장하는 농부들이 하나님께서 이스라엘의 집이라는 포도원을 맡기신 자들, 곧 그들 자신을 가리킨다는 것을 알았을 때, 하나님께서 그들을 악한 자들로 규정해서 멸하시고 자신의 포도원을 다른 사람들에게 맡기실 것이라는 우리 구주의 말씀을 듣고서도 꾹 참고 듣고만 있었을 것이라고 생각하기는 어렵다. 따라서 그들은 분명히 우리 구주께서 그들이 자기를 배척하였기 때문에, 하나님께서는 자신의 옛 백성을 배척하시고 유대 교회를 내치실 것이라고 단언하시는 것을 말도 안 되는 일이라고 생각하고서, 그 말씀을 반박하는 어떤 말을 했을 것임에 틀림없다. 그래서 우리 구주께서는 이것이 그들에게 이상해 보일지라도 사실은 전혀 이상한 일이 아니라는 것을 보여 주시기 위하여, "너희가 성경에 … 읽어 본 일이 없느냐"고 그들에게 반문하셨고, 누가에 의하면, "그들을 보시며 이르시되 그러면 기록된 바 … 어찜이냐"고 반문하셨다. 즉, 바리새인들이 우리 구주께서 마치 하나님의 말씀에 의한 그 어떤 보증이나 근거도 없이 율법이나 선지자들의 글에 나오지도 않는 말씀을 하신 것인 양 시비를 걸고 따지고 들자, 주님은 그들의 잘못을 깨우쳐 주시기 위하여, 또는 자기가 말한 것들 중에서 그들이 이상하게 여길 만한 것이 전혀 없다는 것을 보여 주시기 위하여, "너희는 성경을 읽어 보지도 않았느냐"(마태) 또는 "그렇다면 성경에 이렇게 기록된 것은 너희가 어떻게 설명할 것이냐"(누가)라고 반문하신 것이었다. 우리 구주께서 인용하신 본문은 시편 118:22-23인데, 백성들이 호산나를 외치며 환호한 것은, 유대인들이 이 시편을 그리스도에 관한 예언으로 이해하였음을 분명하게 보여 준다. 왜냐하면, 그러한 환호가 바로 시편 118:25-26에 나오기 때문이다: "여호와여 구하옵나니 '이제 구원하소서' (הושיע נה - '호쉬아 나') 여호와여 우리가 구하옵나니 이제 형통하게 하소서 여호와의 이름으로 오는 자가 복이 있음이여 우리가 여호와의 집에서 너희를 축복하였도다." 따라서 백성들은 이 시편을 메시야로 이해해서, 예루살렘으로 입성하시는 우리 구주를 향하여 이렇게 외쳤었다. 우리 구주께서는 바로 그 시편에 "건축자들이 버린 돌이 모퉁이의 머릿돌이 되었나니"라는 말씀이 기록되어 있다고 말씀하신다.

주님은 앞서 그들에게는 열매를 맺을 의무가 있다는 것을 보여 주시기 위하여 교회를 포도원에 비유하셨는데, 이제 여기에서는 교회에 하나님이 거하신다는 것을 보여 주시기 위하여 건물에 비유하신다. 이 비유 속에 등장하는 "건축자들"은 유대 교회의 지도자들을 가리킨다. 그들은 자신들이 맡은 직분을 따라 스스로 건축자들로 자처하고 진정한 건축자들인 것처럼 행세하였지만, 사실은 교회라는 건물을 파괴하고 무너뜨리는 자들이라는 것이 증명되었다. 성경에서는 교회를 건물에 비유하고(고전 3:9; 엡 2:21), 교회 안에서 교사의 직분을 맡고 있는 자들을 건축자들에 비유한다(롬 15:20; 갈 2:18). 또한, 여기에서 우리 주님은 자기 자신을 "돌"에 비유하시는데, 그 이유는 오직 그만이 유일하게 견고한 초석, 즉 "모퉁이의 머릿돌"이시기 때문이다. 에베소서 2:20-22에서는 "너희는 사도들과 선지자들의 터 위에 세우심을 입은 자라 그리스도 예수께서 친히 모퉁잇돌이 되셨느니라 그의 안에서 건물마다 서로 연결하여 주 안에서 성전이 되어 가고 너희도 성령 안에서 하나님이 거하실 처소가 되기 위하여 그리스도 예수 안에서 함께 지어져 가느니라"고 말한다. 이사야 선지자는 "주 여호와께서 이같이 이르시되 보라 내가 한 돌을 시온에 두어 기초를 삼았노니 곧 시험한 돌이요 귀하고 견고한 기촛돌이라"(사 28:16)이라고 말하였고, 이 말씀은 그리스도께 적용된다(행 4:11; 롬 9:33; 벧전 2:6-8). 그리스도께서는 건물에서 가장 중요한 돌인 "모퉁이의 머릿돌"이시다. 우리 구주께서는 그들이 이 말씀에 놀라지 않도록 하시기 위하여, "이것은 주로 말미암아 된 것이요 우리 눈에 기이하도다"라는 말씀을 덧붙이신다. 건축자들과 기둥들이라고 여겨졌던 자들이 버림받고 버려지게 되었다는 말이 너희에게는 이상하게 들릴 것이다. 하지만 그런 일은 "주로 말미암아 된 것"이기 때문에 전혀 이상한 일이 아니다. 크게 타락하고 부패한 교회를 개혁하고자 하실 때에는, 하나님께서는 언제나 우리가 상상하지도 못한 기이한 일들을 행하신다. 43절에서 우리 구주께서는 지금 하나님이 자신의 교회를 그들에게서 빼앗아서, 자신이 장차 "열매 맺는 백성"으로 부르실 이방인들에게로 옮기시고 계신다는 것을 분명히 하신다(어떤 이들은 43절을 다음 절과 결합해서 해석해야 한다고 생각한다).

이 돌 위에 떨어지는 자는 깨지겠고. 그리스도와 그의 인격, 그의 가르침, 그가 제정하신 규례들로 인해서 걸려 넘어질 자들이 많을 것이다. 이런 이유 때문에, 그리스도께서는 "걸림돌"(롬 9:33)로 불리신다. 이렇게 나로 인해서 걸려 넘어져서, 나를 믿지도 않고 영접하지도 않는 자들은 파멸을 당하게 될 것이다("깨지겠고"). 이 돌이 사람 위에 떨어지면 그를 가루로 만들어 흩으리라. 그들이 계속해서 나와 나의 지체들을 박해한다면, 내가 그들 위에 떨어지게 될 것이고, 그들은 다시는 돌이킬 수 없을 정도로 철저하게 파국을 맞고 멸망당하게 될 것이다.

45-46. [45]대제사장들과 바리새인들이 예수의 비유를 듣고 자기들을 가리켜 말씀하심인 줄 알고 [46]잡고자 하나 무리를 무서워하니 이는 그들이 예수를 선지자로 앎이었더라.

마가복음 12:12과 누가복음 20:19-20도 거의 동일하지만, 누가는 "이에 그들이 엿보다가 예수를 총독의 다스림과 권세 아래에 넘기려 하여 정탐들을 보내어 그들로 스스로 의인인 체하며 예수의 말을 책잡게 하니"라는 내용을 덧붙인다. 이 한심하고 비참한 자들은 우리 구주께서 "자기들을 가리켜 말씀하심인 줄"을 마음속으로 깨달았지만, 주님이 하신 말씀들에 대하여 토를 달거나 이의를 제기할 것이 없었다. 그들은 시편 118:22이 메시야에 관하여 말씀하고 있다는 것도 부인할 수 없었고, 자신들이 건축자들이라는 것과 건축자들인 자신들이 그리스도를 배척하였다는 것도 부인할 수 없었다. 하지만 그들 속에서 끓어오르는 육신의 소욕들과 그들의 이해관계 때문에, 그들은 자신들의 그러한 내면의 확신에 순종해서 그리스도를 영접함으로써 장차 그들에게 임할 저 파멸을 막는 쪽으로 행할 수 없었다. 한편, 그들은 백성들이 두려워서 그리스도를 감히 체포할 수도 없었다. 그들에게는 그리스도를 고소할 그 어떤 빌미도 주어져 있지 않았다. 그래서 그들은 "정탐들"을 보내어 그리스도를 감시하며, 그리스도로 하여금 일부러 책잡힐 말을 하게 만들어서, 어떻게든 당시에 유대 총독이었던 빌라도 앞에서 고소할 빌미를 찾아내게 하였다.

제22장

개요

1. 왕의 아들의 혼인잔치에 관한 비유: 처음에 초대를 받은 자들은 오지 않았고, 그들 대신에 다른 사람들이 그 잔치에 참석하게 되었으며, 예복을 입지 않고 온 사람은 벌을 받음(1-14).
2. 그리스도를 올무에 걸리시게 하기 위하여 바리새인들이 가이사에게 세금을 바치는 문제를 질문하고, 그리스도께서 거기에 대답하심(15-22).
3. 부활이 없다는 전제 하에서 질문한 사두개인들을 반박하심(23-33).
4. 율법에서 가장 큰 계명들이 무엇인지를 보여 주심(34-40).
5. 그리스도에 관한 까다로운 질문을 바리새인들에게 던지심(41-46).

1-14. [1]예수께서 다시 비유로 대답하여 이르시되 [2]천국은 마치 자기 아들을 위하
여 혼인 잔치를 베푼 어떤 임금과 같으니 [3]그 종들을 보내어 그 청한 사람들을 혼인
잔치에 오라 하였더니 오기를 싫어하거늘 [4]다시 다른 종들을 보내며 이르되 청한
사람들에게 이르기를 내가 오찬을 준비하되 나의 소와 살진 짐승을 잡고 모든 것을
갖추었으니 혼인 잔치에 오소서 하라 하였더니 [5]그들이 돌아 보지도 않고 한 사람
은 자기 밭으로, 한 사람은 자기 사업하러 가고 [6]그 남은 자들은 종들을 잡아 모욕하
고 죽이니 [7]임금이 노하여 군대를 보내어 그 살인한 자들을 진멸하고 그 동네를 불
사르고 [8]이에 종들에게 이르되 혼인 잔치는 준비되었으나 청한 사람들은 합당하지
아니하니 [9]네거리 길에 가서 사람을 만나는 대로 혼인 잔치에 청하여 오라 한대 [10]종
들이 길에 나가 악한 자나 선한 자나 만나는 대로 모두 데려오니 혼인 잔치에 손님
들이 가득한지라 [11]임금이 손님들을 보러 들어올새 거기서 예복을 입지 않은 한 사
람을 보고 [12]이르되 친구여 어찌하여 예복을 입지 않고 여기 들어왔느냐 하니 그가
아무 말도 못하거늘 [13]임금이 사환들에게 말하되 그 손발을 묶어 바깥 어두운 데에
내던지라 거기서 슬피 울며 이를 갈게 되리라 하니라 [14]청함을 받은 자는 많되 택함
을 입은 자는 적으니라.

누가복음에는 이 비유가 14:16-24에 나오기 때문에, 여러 해석자들은 마태가 이 비유를 원래 있어야 할 곳에 두지 않은 것이라고 생각해 왔다. 왜냐하면, 누가는 우리 구주께서 성전에서가 아니라, 그보다 훨씬 전에 한 바리새인의 집에서 식사하실 때, 함께 먹던 사람 중의 하나가 "무릇 하나님의 나라에서 떡을 먹는 자는 복되도다"(눅 14:15)고 말하는 것을 들으시고, 이 비유를 말씀하신 것으로 보도하고 있기 때문이다. 그러나 나는 우리 구주께서 동일한 비유를 두 가지 서로 다른 상황에서 서로 다른 무리들에게 두 번 사용하셨을 가능성도 생각하여야 한다고 본다. 누가의 기사와 마태의 기사가 상당한 차이를 보여 준다는 점을 고려하면 특히 그러하다. 따라서 나는 누가의 기사는 누가복음의 해당 본문을 다룰 때에 살펴보기로 하고, 여기에서는 오직 마태가 무엇을 말하고 있는지만을 살펴보고자 한다.

우리는 이것이 역사적 서술이 아니라 비유라는 것을 기억하여야 한다. 이 본문의 첫 번째 절은 이렇게 되어 있다: **예수께서 다시 비유로 대답하여 이르시되.** "대답하여"는 말씀하시기를 시작하셨다는 의미이다. 이 단어는 이런 의미로 아주 자주 사용된다. 우리 구주께서는 이 비유를 우리에게 구체적으로 설명해 주시지도 않으셨고, 비유를 시작하기 전이나 후에 추가되는 도입부(proparabola)나 결론부(epiparabola)도 없어서, 우리는 오직 14절에 나오는 "청함을 받은 자는 많되 택함을 입은 자는 적으니라"는 짤막한 문장에 의거해서 이 비유를 해석해 나갈 수밖에 없는데, 이 문장도 이 비유 전체가 아니라 마지막 네 절을 해석하는 데 지침이 될 뿐이다. 하지만 우리 구주께서 이 비유를 말씀하신 취지를 발견해 내는 것은 어려운 일이 아닌데, 그 취지는 이런 것이다: 첫 번째는 하나님께서 복음을 배척한 유대인들을 신속하게 멸망시키실 것이고, 그 대신에 이방인들을 부르실 것임을 그들에게 알게 해 주시는 것이다. 두 번째는 유대인들 중에서든 이방인들 중에서든 하나님이 복음의 외적인 사역을 통해서 부르신 모든 자들이 다 구원을 받게 되지는 않을 것이고, 오직 그들 중에서 은혜로 택하심을 받은 자들이 저 심판의 날에 있을 혼인 잔치에 참여하게 되리라는 것을 우리에게 알게 해 주시는 것이다.

따라서 여기에서 "천국"은 하나님께서 복음의 경륜을 통하여 행하시는 방식, 또는 영광의 나라를 위하여 일들을 행해 나가시는 방식을 가리키고, "왕"은 만왕의 왕이신 분을 가리키며, "자기 아들을 위하여 혼인 잔치"를 베풀었다는 것은 은혜의 언약을 따라 행해 나가시는 것을 가리킨다. 이 언약을 굳게 붙잡는 자들(사 56:4)은 누구든지 믿음으로 말미암아 그리스도와 연합되는데, 성경에서 이 연합은 흔히 혼인이라는 개념(시 45:10-11; 엡 5:23)이나 그들이 그와 영광 중에 하나 되는 것(계 19:9)으로 표현된다. 왕이 "청한 사람들"은 유대인들을 가리키고, 그들에게 "혼인 잔치"에 오라고 전한 "종들"은 그들 가운데서 신실하게 활동하던 선생들이나, 그들이 청종하기를 거부하였던 이사야를 비롯한 선지자들을 가리키며, "다른 종들"은, 그리스도께서 이제 오셨고, 오직 그에게 나아가서 그를 영접하기만 하면 된다는 메시지를 사람들에게 전한 세례 요한과 그리스도에 의해서 보내심을 받은 열두 사도들과 제자들을 가리키는 것 같다. 이렇게 청함을 받은 사람들이 "돌아보지도 않고 한 사람은 자기 밭을, 한 사람은 자기 사업하러 가고 그 남은 자들은 종들을 잡아 모욕하고 죽였다"는 것은, 대부분의 유대인들이 전에 주의 선지자들과 사자들을 박해하였던 것과 마찬가지로, 이제도 복음을 거부하고, 그리스도의 사도들과 제자들에 대하여 분노와 악의를 드러내며, 결국에는 스데반과 야고보 등을 죽이게 될 것임을 가리킨다. 왕이 군대를 보내어 "그 살인한 자들"을 진멸하였다는 것은 장차 로마 군대가 와서 예루살렘을 철저하게 파괴하고 멸망시키게 될 것을 의미하는 것이었고, 왕이 자신의 종들에게 거리로 나가서 만나는 사람들을 모두 혼인 잔치에 청하라고 명한 것은 사도들이 이방인들에게로 가서 복음을 만민에게 전하게 될 것임을 의미하는 것이었다. 이렇게 해서, 교회의 영역은 크게 확장되고, 그리스도를 받아들이겠다고 고백한 사람들도 많이 늘어나게 될 것이었지만, 그들 모두가 진심으로 그리스도를 영접한 것은 아니게 될 것이었다. 따라서 "임금이 손님들을 보러" 들어왔다는 것은 저 심판의 날에 많은 위선자들을 가려내게 될 것임을 의미한다. 혼인 잔치에 온 손님들은 온갖 좋은 옷들을 차려 입고 오거나, 당시에 혼인 잔치에 초대받은 사람들이 입고 오곤 하였던 예복을 입는 것이 관례였는데, 여기에서 "예복"은 그리스도를 가리킨다(롬 13:14). 이 혼인 잔치에서 그리스도는 관점에 따라서 신랑이기도 하고, 차려진 음식이기도 하며, 예복이기도 하다. 여기에서 "예복"이 믿음을 가리키는 것인지, 사랑을 가리키는 것인지를 놓고 논쟁을 벌이는 것은 쓸데없는 짓이다. 왜냐하면, 믿음과 사랑은 서로 분리되어 있는 것이 아닌 까닭에, 우리가 천국에 합당한 자가 되게 하시기 위해서 하나님께서 우리에게 요구하시는 것은 "사랑으로 역사하는 믿음"이기 때문이다. 믿음과 성결이 없이는 그 누구도 하나님을 볼 수 없다. 예복을 입지 않은 사람이 "아무 말도 못하였다"는 것은, 은혜와 구원으로의 초대를 계속해서 받으며 살아 왔는데도, 그 초대를 받아들이지 않고, 주 예수 그리스도를 믿지 않고 성결의 열매를 맺지도 않은 자들은 저 심판의 날에 변명할 말이 없게 되기 때문이다. 왕이 자신의 종들에게 명하여 그 사람의 "손발을 묶어 바깥 어두운 데에 내던지라"고 한 것은, 교회 안에서 은혜의 방편 아래에서 살아 왔으면서도, 끝끝내 회개하지 않고 믿지 않은 모든 자들은 참된 믿음으로 그리스도를 자신의 구주로 영접한 자들이 아니고, 참된 회개와 성결의 열매를 맺지도 않은 자들이기 때문에, 그들이 청함을 받아서 명목상으로만 교회 안에서 살아왔다는 것만으로는 아무 유익도 얻지 못하게 될 것이고, 다른 불신자들과 마찬가지로 손발이 묶인 채로 지옥에 던져져서 바깥 어두운 데에서 슬피 울며 이를 갈게 될 것임을 의미한다. 예복을 입지 않은 자가 받게 될 벌에 대한 이러한 모든 은유적인 표현들은 저주받은 자들이 지옥에서 받게 될 벌이 참을 수 없이 고통스럽고 괴로운 것이 될 것임을 보여 준다.

청함을 받은 자는 많되 택함을 입은 자는 적으니라. 이 말씀은 마태복음 20:16에도 나왔는데, 거기에서는 여기에서만큼 그 의미가 그렇게 분명하지 않았다. 어떤 이들은 이 말씀이 영생으로 택함을 입는 것을 가리키는 것으로 이해한다. 우리가 이 비유 속의 혼인 잔치를 요한계시록 19:9에 나오는 "어린 양의 혼인 잔치"로 이해한다면, 그러한 해석은 옳다고 할 수 있다. 또한, 예복을 입지 않고 잔치에 참석한 사람이 영벌에 처해졌다는 점에서, 이 비유 속에는 그러한 의미가 적어도 부분적으로는 내포되어 있는 것으로 보인다. 하지만 우리가 여기에 언급된 혼인 잔치가 성도들이 이 땅에서 그리스도와 하나 되는 것, 또는 거기로부터 흘러나오는 유익들을 가리키는 것으로 이해한다면, 여기에 나오는 "택함을 입었다"는 것은 유효하게 부르심을 받아서 구원을 가져다주는 저 특별한 은혜에 참여하는 자가 되었다는 것을 의미하는 것으로 이해하여야 한다. 복음은 하나님이 주신 특별한 은혜로 복음을 받아들여서 회심하여 구원을 받는 자들에게만이 아니라, 그렇지 않은 많은 사람들에게도 전파된다. 이 비유의 전반부는 하나님이 은혜와 구원으로 초대하셨는데도 불구하고 유대인들이 그 초대를 거부한 이유를 보여 주는데, 그 이유는 세상과 그 쾌락과 이익과 존귀라는 유혹들이 그들을 강력하게 사로잡고 있었기 때문이었다. 또한, 후반부는 어떤 사람들이 하나님의 거저 주시는 은혜로 말미암아 구원을 받게 되는 참된 이유를 보여 주는데, 그 이유는 그들이 영생을 얻도록 택함을 입어서 구원에 참여하도록 하나님의 특별한 은혜를 받았기 때문이었다.

15. 이에 바리새인들이 가서 어떻게 하면 예수를 말의 올무에 걸리게 할까 상의하고.

마가는 "그들이 예수의 말씀을 책잡으려 하여 바리새인과 헤롯당 중에서 사람을 보내매"(막 12:13)라고 말하고, 누가는 "이에 그들이 엿보다가 예수를 총독의 다스림과 권세 아래에 넘기려 하여 정탐들을 보내어 그들로 스스로 의인인 체하며 예수의 말을 책잡게 하니"(눅 20:20)라고 말한다. 그들이 노린 것은 그리스도의 목숨이었다. 하지만 로마 당국은 그들에게 사람들을 사형에 처할 권한을 주지 않았기 때문에, 로마 총독인 본디오 빌라도의 선고 없이는 그리스도를 죽일 수 없었다. 따라서 그들은 먼저 그리스도를 빌라도 총독에게 고소해서 사형선고를 받아내기 위한 음모를 꾸며야 했다. 그런데 그들은 지금까지 그리스도께서 사형에 해당하는 일을 하신 것을 본 적이 없었기 때문에, 몇몇 사람들을 보내어, 양심적이고 선한 사람들인 것처럼 행세하면서, 그에게 올무에 걸릴 만한 질문들을 던지게 하여, 그의 대답하는 말들 중에서 꼬투리를 잡아 신성모독이나 선동죄로 고발하기로 결정하고, 그 계획을 실행에 옮긴다. 그들이 이러한 임무를 부여해서 보낸 사람들은 바리새인들과 헤롯당에 속한 사람들이었다.

16-17. [16]자기 제자들을 헤롯당원들과 함께 예수께 보내어 말하되 선생님이여 우리가 아노니 당신은 참되시고 진리로 하나님의 도를 가르치시며 아무도 꺼리는 일이 없으시니 이는 사람을 외모로 보지 아니하심이니이다 [17]그러면 당신의 생각에는 어떠한지 우리에게 이르소서 가이사에게 세금을 바치는 것이 옳으니이까 옳지 아니하니이까 하니.

마가복음 12:14과 누가복음 20:21에 나오는 것도 동일하다. "헤롯당원들"이 누구였는지에 대해서는 이론이 분분한데, 그들은 앞서 마가복음 3:6에서도 바리새인들과 함께 그리스도를 해치고자 하는 모의를 한 자들로 보도된 바 있다. 어떤 이들은 헤롯당은 갈릴리의 분봉 왕이었던 헤롯이 인접한 이교 국가들에서 데려온 이방인들로 구성되어 있었다고 생각한다. 그러나 만약 그것이 사실이었다면, 바리새인들은 결코 그들과 상대하려고 하지 않았을 것이기 때문에, 그런 주장이 옳을 가능성은 거의 없다. 어떤 이들은 헤롯당은 헤롯의 경호대 또는 군대 중의 일부였을 것이라고 생각하지만, 바리새인들이 이 계략의 성격상 신분이 금방 노출되거나 이질적인 자들로 느껴질 수 있는 자들을 보내지 않았을 것이라는 점에서, 그런 주장도 별로 가능성이 없다. 어떤 이들은 헤롯당은 유대 민족의 해방이라는 염원을 저버리고 정복자에게 빌붙어 헤롯 편에 서서 로마와 헤롯을 위하여 부역하였던 유대인들 중의 일부였을 것이라고 생각하는데, 이 견해가 가장 유력하다. 또한, 헤롯당은 사두개인들이었다는 견해도 있고, 유대교와 이교가 혼합된 종교를 신봉하였던 집단이었다는 견해도 있다.

우리 구주께서는 "삼가 바리새인들의 누룩과 헤롯의 누룩을 주의하라"(막 8:15)

고 자신의 제자들에게 경고하셨는데, 이것은 헤롯당이 단순히 헤롯의 부하들이나 로마에 부역하는 자들이었던 것이 아니라, 바리새인들과는 상당히 다른 특정한 가르침들을 받아들이고 있었던 무리였을 가능성이 높다는 것을 보여 준다. 그들은 사두개인들의 가르침들 중 일부를 받아들여서, 천사들과 영들과 부활을 부인하였을 것이다. 그들이 헤롯의 파당 중 일부였다는 것은 분명하다. 하지만 종교에 대한 그들의 기본사상이 무엇이었는지는 확실하지도 않고, 우리가 굳이 알려고 할 필요도 없다. 그들은 "선생님이여"라고 부름으로써 우리 구주에게 아부하는 것으로 이야기를 시작하는데, "선생님"은 유대인들이 자신들의 선생이라고 인정하는 사람들을 부를 때에 통상적으로 사용하던 호칭이었다.

우리가 아노니 당신은 참되시고 진리로 하나님의 도를 가르치시며 아무도 꺼리는 일이 없으시니 이는 사람을 외모로 보지 아니하심이니이다. 당신은 진리를 우리에게 말씀하시고, 당신이 참되다고 생각하는 것들을 말씀하시는 분이시다. 당신은 두려움이나 편애로 인해서 어떤 것을 말씀하시지 않고 참된 것만을 곧이곧대로 말씀해 주시고, 우리가 질문하는 것들에 대하여 하나님께서 우리에게 무엇을 행하기를 원하시는지를 있는 그대로 진실하게 말씀해 주신다. 이 말을 통해서 그들은 선하고 훌륭한 선생은 어떻게 하는 선생인지를 아주 분명하게 우리에게 보여 준다. 어떤 선생이 사람들을 두려워하거나 사람들의 눈치를 보지 않고, 자신의 본분을 신실하게 수행하여, 하나님의 길을 사람들에게 참되게 가르친다면, 그는 훌륭한 선생일 것임에 틀림없다. 그러나 그들은 그들 자신의 이러한 말로써 그들 자신을 정죄한 것이었다. 왜냐하면, 우리 구주께서 그런 선생이시라면, 그들은 그를 믿고, 그가 그들에게 가르치신 것들에 순종하는 것이 마땅한데도, 그들은 그렇게 하지 않았기 때문이다.

그러면 당신의 생각에는 어떠한지 우리에게 이르소서 가이사에게 세금을 바치는 것이 옳으니이까 옳지 아니하니이까. 그들은 왜 하필 이 세금을 문제 삼아서 우리 구주께 질문하게 된 것일까? 한 나라에 속한 백성들이 자신의 나라를 유지하기 위해서 자신의 소득 중에서 일부, 그것도 아주 작은 부분을 나라에 세금으로 바치는 것 자체를 문제 삼을 사람은 아무도 없을 것이기 때문에, 그들이 이러한 질문을 한 데에는 어떤 곡절이 있었을 것임에 틀림없다고 보고서, 어떤 이들은 그들이 문제 삼은 것은 원래 유대인들이 율법에 따라 성전을 유지하기 위하여 매년 냈던 반 세겔의 성전세에 관한 것이었다고 생각한다(출 30:12, 15). 즉, 로마인들은 이렇게 유대인들이 매년 바치던 성전세를 이제는 로마 황제에게 바치라고 명령했는데, 그러자 유대인들이 하나님에 대한 충성을 맹세하는 의미로 성전 유지를 위해 내던 세금을 로마 황제에게 바쳐 속된 용도로 사용하게 하는 것이 과연 옳은 일인가 하는 문제가 생겨나게 되었다는 것이다. 그러나 나는 그러한 생각에 기꺼이 동의할 수 없다는 것을 고백하지 않을 수 없다. 왜냐하면, 로마인들이 성전세를 인두세로 돌려서 로마 황제에게 바치게 하였다는 확실한 증거가 없고, 도리어 사람들이 성전에 낼 반 세겔로 돈을 바꾸어 주는 환전상들이 성전 바깥뜰에 자리를 잡고 있었다는 것은 그런 주장과는 정반대로 여전히 유대인들이 성전세를 계속해서 내고 있었음을 보여 주는 상당히 확실한 증거라고 할 수 있기 때문이다. 만일 성전세가 이미 로마 황제에게 바치는 인두세로 변경되어 로마 정부의 수입으로 잡혀진 상황이었다면, 우리 구주께서 환전상들의 상을 뒤집어엎으시고 그 상인들을 성전에서 내쫓으신 것은 바리새인들을 비롯한 유대 종교지도자들에게 그를 반역죄로 고발할 수 있는 좋은 빌미를 제공해 주었을 것이기 때문에, 그들은 우리 구주를 그러한 죄목으로 고발하였을 것임에 틀림없다. 그러나 실제로 그런 일은 일어나지 않았다. 따라서 나는 그들이 로마 황제가 하나님의 백성을 주관할 권세가 없는데도 이렇게 제멋대로 세금을 부과해서 착취하는 것이 과연 옳은 일인지를 우리 구주께 질문한 것이라고 생각한다. 요한복음 8:33은 유대인들이 하나님의 백성으로서의 자신들이 지닌 자유를 대단히 강조하고 집착하였다는 것을 잘 보여 준다. 따라서 대부분의 유대인들은 로마 황제가 자신들에게 부과한 세금을 내는 것에 대하여 아주 못마땅하게 생각하고 있었을 것임에 틀림없다. 이런 상황 속에서 이 위선자들은, 하나님께서 유대인들을 자신의 선민으로 삼아서 오직 자신만을 섬기고 열방들이 그들을 지배할 수 없는 자유민으로 살게 하셨는데, 그들이 이방의 정복자에게 세금을 바치는 것은 하나님을 거슬러 범죄하는 것이 되는 것이 아니냐고 우리 구주께 물은 것이었다. 사도행전 5:36-37은 이 세금 문제 때문에 "드다"와 "갈릴리의 유다"가 로마에 반기를 들고 봉기하였다고 말한다. 이것은 충분히 올무가 될 만한 껄끄러운 질문이었다. 한편으로, 만일 우리 구주께서 옳다고 하신다면, 그들이 바란 대로, 백성들로부터 원성을 사고 미움을 받게 될 것이 뻔한 일이었고, 그렇게만 된다면, 그들은 이전에는 백성들이 무서워서 그를 체포하지 못했지만, 이제는 마음 놓고 그를 체포할 수 있게 될 것이었다. 다른 한편으로, 만일 우리 구주께서 옳지 않다고 하신다면, 그들은 자신들이 원했던 대로 그를 붙잡아서 로마 총독 본디오 빌라도에게 끌고 가 고소할 좋은 빌미를 얻게 될 것이었다.

18-22. [18]**예수께서 그들의 악함을 아시고 이르시되 외식하는 자들아 어찌하여 나**
를 시험하느냐 [19]**세금 낼 돈을 내게 보이라 하시니 데나리온 하나를 가져왔거늘** [20]**예**
수께서 말씀하시되 이 형상과 이 글이 누구의 것이냐 [21]**이르되 가이사의 것이니이**
다 이에 이르시되 그런즉 가이사의 것은 가이사에게, 하나님의 것은 하나님께 바치
라 하시니 [22]**그들이 이 말씀을 듣고 놀랍게 여겨 예수를 떠나가니라.**

마가복음 12:15-17과 누가복음 20:23-26에 나오는 것도 동일하다. 누가는 우리 구주께서 "그 간계를 아셨다"고 말한다. 즉, 그들이 교묘한 술수로 자신을 올무에 걸리게 하기 위하여 왔다는 것을 아셨다는 것이다. 그리스도께서는 그들에게 "세금 낼 돈"을 자기에게 보여 달라고 말씀하신다. 당시 유대인들에게는 그들이 원래부터 사용하던 주화였던 세겔과 반 세겔, 그리고 로마인들이 사용하던 은화였던 데나리온(denarius)과 세스테르티우스(sestertius, 데나리온의 사분의 일), 이렇게 두 종류의 돈이 있었는데, 로마에는 데나리온으로 세금을 바쳤다. 따라서 그들은 그에게 한 "데나리온"을 가져왔는데, 한 데나리온은 노동자 하루 품삯이었다. 그리고 이 세금은 로마인들이 제국의 모든 사람들에게서 징수한 인두세였던 것으로 보인다. 주화를 제조하는 것은 언제나 황제나 왕의 권한에 속하는 일로 여겨졌기 때문에, 주화와 관련된 범죄는 황제나 왕에 대한 범죄로 다루어졌다. 대부분의 왕들은 주화에 자신의 초상과 이름, 그 주화가 유통되는 지역들에 대한 자신의 통치권을 표시하는 어구를 새기는 것이 보통이었고, 어떤 왕의 주화가 어떤 백성들 가운데서 통용되고 있다는 것은 그들이 그 왕을 자신들의 통치자로 인정하고 복종하고 있음을 증언해 주는 것이었다. 따라서 데나리온에도 당연히 그러한 초상과 문구가 새겨져 있었는데, 우리 구주께서는 바로 그러한 초상과 문구를 근거로, "그런즉 가이사의 것은 가이사에게, 하나님의 것은 하나님께 바치라"고 대답하신다. 가이사는 찬탈자이기는 하지만, 하나님께서 너희를 그의 손에 붙이셨고, 너희는 그의 주화를 받아들임으로써 그를 너희의 통치자로 인정하였다. 가이사의 권한과 하나님의 권한은 두 개의 서로 별개의 것이다. 너희에게는 종교를 이유로 공민으로서의 의무를 행하지 않을 권리가 없다. 따라서 왕들의 권한에 속한 일들에서 너희는 왕들에게 복종하는 것이 마땅하다. 왕들에게는 나라를 유지하고 통치하기 위하여 자신의 신민들에게 세금을 부과할 권한이 있다. 너희는 가이사에게는 가이사의 몫을, 하나님께는 하나님의 몫을 드릴 의무가 있다. 너희는 이 질문을 통해서 마치 너희가 하나님과 그 권한을 지켜 내는 일에 큰 열심을 지니고 있는 자들이어서, 그런 목적을 이루기 위하여 가이사에게 세금을 내려고 하지 않는 것처럼 나로 하여금 믿게 하고자 하지만, 사실은 어떻게든 나에게서 가이사에게 불충성하는 말이나 반역을 선동하는 말을 이끌어내어서 나를 고발하고자 하는 위선자들의 무리이다. 하지만 나는 그런 말을 할 이유가 없다. 가이사에게는 그만의 권한이 있고, 하나님께는 하나님만이 가지고 계시는 권한이 있기 때문에, 너희는 가이사와 하나님이 각각 가지고 있는 권한을 모두 인정하는 것이 마땅하다. 하나님의 나라는 세상 나라들과 그 본질이나 성격 자체가 달라서, 하나님의 법은 세상 나라의 통치자들이 가진 공민적인 권한을 부정하지 않는다. 우리 구주께서는 그들의 질문에 이렇게 대답하심으로써, 그들이 세상 나라의 통치자인 가이사의 권한을 인정하지 않은 것은 잘못임을 깨우쳐 주시고, 가이사나 유대 백성들이나 그 어느 쪽도 그의 말에서 책잡을 만한 것을 발견할 수 없게 하신다. 그들은 우리 구주의 이러한 대답을 듣고 "놀랍게" 여겼고, 아무런 소득도 없이 떠나갈 수밖에 없었다.

23-28. [23]부활이 없다 하는 사두개인들이 그 날 예수께 와서 물어 이르되 [24]선생님이여 모세가 일렀으되 사람이 만일 자식이 없이 죽으면 그 동생이 그 아내에게 장가 들어 형을 위하여 상속자를 세울지니라 하였나이다 [25]우리 중에 칠 형제가 있었는데 맏이가 장가 들었다가 죽어 상속자가 없으므로 그 아내를 그 동생에게 물려 주고 [26]그 둘째와 셋째로 일곱째까지 그렇게 하다가 [27]최후에 그 여자도 죽었나이다 [28]그런즉 그들이 다 그를 취하였으니 부활 때에 일곱 중의 누구의 아내가 되리이까.

마가복음 12:18-22과 누가복음 20:27-33에도 동일한 이야기가 나온다. 사두개인들에 대해서는 우리가 앞에서 이미 살펴본 바 있다. 사도행전 23:8이 보여 주듯이, 그들은 유대인들 중에서 바리새인들과는 상당히 다른 분파였다. 그들은 여러 가지 잘못된 가르침들을 믿고 있었지만, 여러 본문들이 보여 주듯이, 그 중에서도 부활을 부정하였다. 또한, 영들의 존재를 부정한 것은 그들의 가장 근본적인 잘못이었는데, 그 결과 그들은 사람의 영혼이 육신을 떠난 상태로 독자적으로 영원히 존재한다고 하는 영혼불멸을 믿지 않았다. 여기에서 그들이 이러한 질문을 한 의도는, 바리새인들의 의도와는 달리, 우리 구주의 대답 중에서 빌미가 될 만한 말을 찾아내어 그를 죽이려는 것이 아니라, 단지 그의 가르침이 잘못된 것임을 드러내고자 한 것으로 보인다. 그들은 그러한 목적으로 우리 구주께 신명기 25:5의 율법과 관련된 문제를 제기하였다. 거기에서 하나님께서는 여러 지파들과 가문들의 기업을 그대로 유지하기 위하여, 여러 형제들 중에서 어느 형제가 상속자 없이 죽은 경우에는, 그 고인의 아내로 하여금 외인에게 시집가지 못하게 하고, 고인이 된 남편의 형제가 그녀에게 장가들어 그 고인의 상속자를 낳게 해주어서, 기업이 그대로 유지되게 해야 한다고 명령하셨는데, 이제 그들은 그 율법을 근거로 해서, 일곱 형제가 한 여자에게 차례로 장가를 간 사례를 들며, 나중에 부활의 때에 그 여자는 일곱 형제들 중에서 누구의 아내가 되는 것이냐고 아주 곤혹스러운 질문을 던짐으로써, 우리 구주를 곤경에 빠뜨리고자 하였다. 그러나 그들의 그러한 질문은 날카롭고 예리한 것이 아니라, 도리어 장차 사람들이 부활해서 어떠한 삶을 살게 되는지에 대한 자신들의 무지를 드러내는 것이었다.

29-30. [29]예수께서 대답하여 이르시되 너희가 성경도, 하나님의 능력도 알지 못하는 고로 오해하였도다 [30]부활 때에는 장가도 아니 가고 시집도 아니 가고 하늘에 있는 천사들과 같으니라.

마가복음 12:24-25에도 동일한 말씀이 나오지만, 거기에서 마가는 우리 구주께서 "너희가 성경도 하나님의 능력도 알지 못하므로 오해함이 아니냐"고 그들에게 반문하신 것으로 보도하고 있는 점만이 다를 뿐이다. 누가는 "예수께서 이르시되 이 세상의 자녀들은 장가도 가고 시집도 가되 저 세상과 및 죽은 자 가운데서 부활함을 얻기에 합당히 여김을 받은 자들은 장가 가고 시집 가는 일이 없으며 그들은 다시 죽을 수도 없나니 이는 천사와 동등이요 부활의 자녀로서 하나님의 자녀임이라"(눅 20:34-36)고 말한다. 앞에서 사두개인들이 한 질문은 부활 때에는 사람들의 육신만이 아니라 관계도 부활할 것이고, 내세에서의 삶도 현세에서의 삶과 똑같이 인류의 번식과 지속을 위하여 남자와 여자가 서로 혼인하여 부부로 살게 될 것이라는 잘못된 이해를 토대로 한 것이었다. 이제 우리 구주께서는 "너희가 성경도, 하나님의 능력도 알지 못하는 고로 오해하였도다"라고 말씀하시며, 부활에 대한 그들의 잘못된 결론은 그들의 무지로 인한 것임을 보여 주신다. 사실 신앙과 관련된 문제들에 있어서 사람들의 온갖 오류들의 근본원인은 성경을 모르는 데 있다. 너희가 하나님의 능력을 알았더라면, 하나님이 죽은 자들을 다시 살리실 수 있으시다는 것도 알게 되었을 것이다. 성경은 부활에 대한 우리의 믿음을 견고하게 하기 위하여, 도처에서 우리에게 하나님의 능력을 곰곰이 생각해 보라고 권면한다(롬 8:11; 빌 3:21). 또한, 너희가 성경을 알았더라면, 하나님께서 장차 죽은 자들을 살리실 것임을 알았을 것이고, 이 세상에서는 사람들이 매일 죽기 때문에, 남자와 여자가 혼인하지 않으면, 인류는 신속하게 전멸하게 될 것이지만, 부활의 때에는 사람들이 죽지 않을 것이기 때문에, 혼인을 하지 않더라도 그런 일은 생기지 않을 것이라는 것도 알았을 것이다. 누가는 "저 세상과 및 죽은 자 가운데서 부활함을 얻기에 합당히 여김을 받은 자들"이라고 말하는데, 이것은 "저 세상을 얻기에 합당히 여김을 받은 자들"을 "죽은 자 가운데서 부활함을 얻기에 합당히 여김을 받은 자들"이라고 말하고 있다는 점에서, 우리는 후자가 악인이든 의인이든 모든 사람들이 부활하게 되는 일반적인 부활을 가리키는 것이 아니라, 영생으로의 부활만을 가리키는 것으로 이해하여야 한다. 즉, 이 부활은 하나님의 섭리에 의해서 모든 사람들이 최후의 심판을 받기 위하여 다시 부활하는 것을 가리키는 것이 아니라, 그리스도의 대속의 효력으로서 영생으로 부활하는 것을 가리킨다는 것이다. 죽은 자들의 부활은 성도들에게는 너무나 반가운 것이지만, 악인들에게는 끔찍할 정도로 싫은 것이기 때문에, 성경은 죽은 자들의 부활을 단지 성도들과 관련시켜서 얘기하는 경우가 종종 있는데(고전 15:22; 빌 3:11), 이 본문도 거기에 속한다. 그래서 누가는 나중에 그들을 "부활의 자녀"라고 부른다. 이것은 다른 사람들이 부활하지 않을 것이라고 말하는 것이 아니라, 부활의 혜택을 입을 자들은 오직 성도들이고, 오직 그들만이 하나님의 자녀들로서 부활하여 영원한 기업을 얻게 될 것이기 때문이다. 우리 구주께서는 부활의 때에 사람들의 상태에 대하여, 부활 때에는 사람들이 모든 점에서가 아니라 두 가지 점에서 "천사들과 같이" 될 것이라고 설명하신다. 이 두 가지 중에서 마태는 한 가지만 언급하고, 누가는 두 가지를 다 언급한다. (1) 사람들은 죽지 않게 될 것이다. (2) 사람들은 혼인하지도 않을 것이고, 부부관계로 살아가지도 않을 것이다. 첫 번째는 두 번째의 이유를 보여 준다. 왜냐하면, 사람들이 혼인하는 주된 이유 중의 하나는 죽음이 세상에서 만들어 내는 공백을 메우는 것이었기 때문이다. 따라서 사람들이 더 이상 죽지 않는다면, 천사들과 마찬가지로 사람들 사이에서도 부부관계가 필요하지 않게 될 것이다. 누가는 "이 세상의 자녀들은 장가도 가고 시집도 가되"라고 말한다. 혼인은 오직 이 세상을 위한 제도이기 때문에, 이 세상이 사라지면, 혼인관계도 더 이상 존재하지 않게 된다. 내세에서 사람들은 영원히 죽지 않을 것이기 때문에 자손을 낳을 필요가 없어서 더 이상 혼인 제도가 필요하지 않게 되고, 완전한 상태가 될 것이기 때문에 이 세상에서처럼 서로 돕고 살 필요도 없고, 과도한 정욕을 억제할 수단도 필요하지 않게 될 것이다.

31-33. [31]죽은 자의 부활을 논할진대 하나님이 너희에게 말씀하신 바 [32]나는 아브

라함의 하나님이요 이삭의 하나님이요 야곱의 하나님이로라 하신 것을 읽어 보지 못하였느냐 하나님은 죽은 자의 하나님이 아니요 살아 있는 자의 하나님이시니라 하시니 [33]무리가 듣고 그의 가르치심에 놀라더라.

마가복음 12:26-27과 누가복음 20:37-38에도 동일한 기사가 나온다. 다만, 마가와 누가는 "가시나무 떨기에 관한 글에서"라는 어구를 덧붙임으로써, 하나님께서 불붙은 가시나무 떨기 속에서 모세에게 나타나셔서 이 말씀을 하신 것임을 밝힌다. 또한, 누가는 "하나님에게는 모든 사람이 살았느니라"는 말씀을 추가하고, 마가도 "죽은 자가 살아난다는 것을 말할진대 너희가 모세의 책 중 … 하신 말씀을 읽어보지 못하였느냐"라고 말한다. 우리 구주께서는 앞에서 전체적으로 천사들에 관한 것을 말씀하셨다고 한다면, 여기에서는 영혼의 불멸과 육신의 부활에 관한 것을 말씀하신다. 페론(Perron) 추기경과 예수회의 몰도네이트(Maldonate)는 교회의 전승을 거론하지 않은 채로 오직 이 성경 본문만을 근거로 증명할 수 없다고 대담하게 단언한다. 하지만 그들의 자신만만한 단언에도 불구하고, 우리 구주의 말씀에 더 큰 경외심을 갖고 있는 사람들은, 영혼의 불멸만이 아니라 육신의 부활도 우리 구주의 이 논증을 통해서 아주 견고하게 증명된다고 생각한다. 이 본문을 통해 이 두 가지가 증명되고 있다는 것을 확인하기 위해서, 우리는 다음과 같은 것들을 주목할 필요가 있다: (1) 하나님께서는 모세에게 "나는 아브라함의 하나님이요 이삭의 하나님이요 야곱의 하나님이로라"고 말씀하실 때, 그것을 과거의 일이 아니라 현재의 일로 말씀하고 계신다. (2) 하나님께서는 "나는 아브라함의 하나님이요 이삭의 하나님이요 야곱의 주로라"고 말씀하신 것이 아니라, "나는 아브라함의 하나님이요 이삭의 하나님이요 야곱의 하나님이로라"고 말씀하셨는데, 하나님이 이렇게 자기 자신을 어느 사람 또는 민족의 하나님이라고 하실 때, 그것은 언제나 그 사람 또는 민족에게 현재적으로 및 미래적으로 은혜를 베푸시는 분으로서의 하나님을 나타낸다. 또한, 이것은 하나님께서 아브라함에게 "내가 … 너와 네 후손의 하나님이 되리라"(창 17:7)고 하셨을 때와 마찬가지로, 하나님이 아브라함과 이삭과 야곱의 하나님만이 아니라 그들의 후손의 하나님도 되실 것임을 의미한다. (3) 하나님이 아브라함과 이삭과 야곱의 하나님이시라는 것은 그들의 일부를 주관하시는 하나님이 아니라, 그들의 모든 것, 즉 영혼과 육신을 모두 포함한 존재로서의 그들을 주관하시는 하나님이라는 것을 의미한다. (4) 하나님은 "죽은 자의 하나님"이 아니시고, 오직 산 자들만이 하나님을 섬길 수 있기 때문에, 하나님께서는 자기를 섬기는 모든 자들을 다시 살리실 것이다. (5) 아브라함과 이삭과 야곱이 현세에서 하나님으로부터 그러한 큰 은혜를 입었던 것과 마찬가지로, 다른 사람들도 그들과 같은 큰 은혜를 입을 수 있다. 따라서 여기에서 우리 주님께서는 하나님이 산 자들의 하나님이시고 전인으로서의 아브라함과 이삭과 야곱의 하나님이시라는 것을 보여 주심으로써, 그들의 영혼이 영원히 살아 있다는 것과 그들의 육신이 부활하게 될 것임을 동시에 증명하고 계시는 것이다.

제라드(Gerard)는 히브리서 11:16은 이 본문의 취지가 무엇인지를 분명하게 설명해 준다고 말한다: "그들이 이제는 더 나은 본향을 사모하니 곧 하늘에 있는 것이라 이러므로 하나님이 그들의 하나님이라 일컬음 받으심을 부끄러워하지 아니하시고 그들을 위하여 한 성을 예비하셨느니라." 이것은 하나님께서 그들의 하나님으로 불리게 된 진정한 이유를 보여 준다. 즉, 하나님께서는 그들을 위해 한 성을 예비하셨는데, 그 성은 그들이 부활함이 없이는 결코 얻을 수 없는 성이라는 것이다. 또한, 어떤 이들은 한 가지 근거를 더 제시한다. 즉, 하나님께서는 아브라함에게 가나안 땅을 주시겠다고 약속하시면서, "보이는 땅을 내가 너와 네 자손에게 주리니 영원히 이르리라"(창 13:15)고 말씀하셨는데, 단지 "네 자손에게"만이 아니라 "너"에게도 주시겠다고 하셨다는 것이다. 이것은 하나님이 이삭과 야곱에게 주신 약속의 말씀에서도 마찬가지였다(창 26:3; 35:12; 출 6:4; 신 11:21). 이 약속은 하나님께서 아브라함과 이삭과 야곱이 실제로 소유하지 못하였던 이 세상에서의 가나안 땅을 그들의 후손들에게 주심으로써 다 성취된 것으로 보이지 않고, 사도가 하나님의 백성을 위하여 예비된 안식의 땅, 즉 하나님이 장차 부활의 때에 그들을 다시 살리셔서 그들에게 주실 저 "성"(히 11:16)이라고 말한 것을 그들이 얻게 될 때에야 온전히 성취될 것이다. 하나님께서는 단지 그들의 영혼만을 위하여 이 성을 예비하지는 않으셨을 것이다. 그들의 영혼은 그들의 존재의 일부일 뿐이고, 본질상 육신과의 재결합이 없이는 온전한 행복을 누릴 수 없다. 또한, 이 땅에서 그들의 영혼과 함께 수고한 그들의 육신이 장차 하나님의 언약에 의거한 상에 그들의 영혼과 더불어 참여하지 못한다면, 그것은 이치가 맞지도 않을 것이다. 따라서 우리 구주께서는 아브라함과 이삭과 야곱의 하나님에 관한 말씀을 통해서, 그들의 부활을 확고하게 증명하신 것이다.

누가는 "하나님에게는 모든 사람이 살았느니라"는 말씀을 덧붙인다. 이것은 모든 사람이 하나님을 자신의 목적으로 삼고 살아가야 한다는 의미가 아니라, 사도 바울이 그리스도와 관련해서 "그가 살아 계심은 하나님께 대하여 살아 계심이니"(롬 6:10)라고 말한 것과 동일한 의미를 지닌다. 즉, 하나님에 대하여 살아 있다는 것은 하나님과 함께 살아간다는 것이다. 그래서 누가는 아브라함과 이삭과 야곱이 이 세상에서는 죽은 사람들이지만 하나님에 대하여는 살아 있고 하나님과 함께 살아가고 있다고 말한다. 아브라함의 모든 자손들도 하나님에 대하여 영원토록 살아 있게, 즉 하나님과 함께 영원토록 살게 될 것이다. 마태는 "무리가 듣고 그의 가르치심에 놀라더라"는 말씀을 덧붙인다. 이 가엾은 무리는 지금까지 바리새인들로부터 장로들의 전통과 여러 예식들, 식사하기 전에 손을 씻고 그릇과 잔을 씻어야 한다는 것에 대하여 가르침을 받아 왔고, 사두개인들로부터는 천사들이나 영들, 그리고 부활 같은 것은 존재하지 않는다는 가르침을 받아 왔었는데, 이제 우리 구주께서 그들의 큰 선생들의 가르침을 그 선생들이 절대적인 권위를 부여하고 있던 성경에 근거해서 반박하시면서, 그들의 영혼 및 부활과 영생에 관한 일들을 가르치시는 것을 듣고 깜짝 놀랄 수밖에 없었다. 왜냐하면, 사두개인들은 비록 선지자들을 크게 공경하는 마음이 없기는 하였지만, 모세의 책에 대해서는 그 권위를 인정하고 상당한 공경심을 지니고 있었기 때문이다.

34-40. [34]**예수께서 사두개인들로 대답할 수 없게 하셨다 함을 바리새인들이 듣고 모였는데** [35]**그 중의 한 율법사가 예수를 시험하여 묻되** [36]**선생님 율법 중에서 어느 계명이 크니이까** [37]**예수께서 이르시되 네 마음을 다하고 목숨을 다하고 뜻을 다하여 주 너의 하나님을 사랑하라 하셨으니** [38]**이것이 크고 첫째 되는 계명이요** [39]**둘째도 그와 같으니 네 이웃을 네 자신 같이 사랑하라 하셨으니** [40]**이 두 계명이 온 율법과 선지자의 강령이니라.**

마가는 이 이야기를 좀 더 자세하게 들려준다: "서기관 중 한 사람이 그들이 변론하는 것을 듣고 예수께서 잘 대답하신 줄을 알고 나아와 묻되 모든 계명 중에 첫째가 무엇이니이까 예수께서 대답하시되 첫째는 이것이니 이스라엘아 들으라 주 곧 우리 하나님은 유일한 주시라 네 마음을 다하고 목숨을 다하고 뜻을 다하고 힘을 다하여 주 너의 하나님을 사랑하라 하신 것이요 둘째는 이것이니 네 이웃을 네 자신과 같이 사랑하라 하신 것이라 이보다 더 큰 계명이 없느니라 서기관이 이르되 선생님이여 옳소이다 하나님은 한 분이시요 그 외에 다른 이가 없다 하신 말씀이 참이니이다 또 마음을 다하고 지혜를 다하고 힘을 다하여 하나님을 사랑하는 것과 또 이웃을 자기 자신과 같이 사랑하는 것이 전체로 드리는 모든 번제물과 기타 제물보다 나으니이다 예수께서 그가 지혜 있게 대답함을 보시고 이르시되 네가 하나님의 나라에서 멀지 않도다 하시니 그 후에 감히 묻는 자가 없더라"(막 12:28-34). 누가는 이 이야기를 생략하고, 다만 사두개인들에 대한 우리 구주의 대답에 "서기관 중 어떤 이들이 말하되 선생님 잘 말씀하셨나이다 하니 그들은 아무 것도 감히 더 물을 수 없음이더라"(눅 20:39-40)는 말씀만을 덧붙이고 있을 뿐이다.

마태가 "율법사"라고 밝힌 이 서기관이 그리스도께 와서 이 질문을 한 의도가 무엇이었는지에 대해서는 해석자들의 견해가 서로 다르다. 어떤 이들은 그도 다른 사람들과 마찬가지로 그리스도께서 하시는 말씀들 중에서 어떻게든 고소할 빌미를 얻기 위한 목적으로 와서 이런 질문을 던진 것이라고 생각하고, 어떤 이들은 이 서기관은 단지 그리스도에게서 좀 더 자세하게 가르침 받기 위해서 온 것일 뿐이고, 여기에서 "시험하여"라는 표현은 나쁜 의미가 아니라, 마치 스바 여왕이 어려운 질문들로 솔로몬의 지혜를 시험해 본 것과 같은 그런 의미로 그리스도를 시험해 보았다는 것을 의미하는 것이라고 생각한다. 우리 구주께서 이 서기관을 잘 대해 주시고 칭찬하셨으며, 서기관도 우리 구주의 대답을 칭송하며 좋게 대답한 것을 보면, 나는 그가 악한 의도를 가지고 온 것이라고 생각하지 않게 된다. 그 밖에도, 어떤 이들은 이 서기관이 우리 구주께서 하신 말씀에 맞장구를 치면서, "마음을 다하고 지혜를 다하고 힘을 다하여 하나님을 사랑하는 것과 또 이웃을 자기 자신과 같이 사랑하는 것이 전체로 드리는 모든 번제물과 기타 제물보다 나으니이다"라고 말하였다는 것을 근거로 해서, 우리 구주께서 제의법을 폄하하고 도덕법을 강조하는 말씀을 하시는 것을 들으려고 온 것이라고 생각하지만, 그러한 가능성은 별로 없어 보인다.

이 서기관이 한 질문은 "율법 중에서 가장 크고 첫째 되는 계명이 어느 것입니까" 하는 것이었다. 마태는 "큰" 계명이라고 표현하고, 마가는 "첫째 되는" 계명이라고 표현하지만, 이 둘의 의미는 동일한 것이었기 때문에, 우리 구주께서는 이 둘을 결합해서 "크고 첫째 되는 계명"(38절)이라고 말씀하신다. **예수께서 이르시되 네 마음을 다하고 목숨을 다하고 뜻을 다하여 주 너의 하나님을 사랑하라 하셨으니.** 마가는 여기에 "힘을 다하여"를 덧붙인다. 이 말씀은 신명기 6:5에 나오는데, 거기에는 "너는 마음을 다하고 뜻을 다하고 힘을 다하여 네 하나님 여호와를 사랑하라"로 되어 있다. 누가는 "네 마음을 다하며 목숨을 다하며 힘을 다하며 뜻을 다하여 주 너의 하나님을 사랑하고"(눅 10:27)라고 말한다. 이 모든 다양한 표현들은 결국 동일한 것을 나타낸다. 왜냐하면, "목숨을 다하여"라는 말 속에는 "마음과 뜻과 힘을 다하여"라는 의미가 다 들어 있기 때문이다. 마가는 그리스도께서 "이스라엘아 들으라 주 곧 우리 하나님은 유일한 주시라"는 도입부를 사용하셨다고 보도하는데, 이 도입부의 말씀은 단지 사람들의 주의를 환기시킴과 동시에, 마태 본문에 자세하게 나와 있는 계명의 이유 또는 근거를 보여 주기 위한 것이다. 이 계명이 십계명 중에서 어느 것을 가리키는 것이냐고 묻는 사람이 있다면, 거기에 대한 대답은 쉽다. 즉, 그리스도께서 여기에서 말씀하신 계명은 하나님에 대한 우리의 본분을 포괄하고 있는 처음 네 계명을 요약한 것이다. 우리 구주께서 첫 번째 돌판에 기록된 계명들의 요지를 하나님을 사랑하라는 것으로 표현하신 것은, 하나님의 율법을 지켜 행한다는 것은 그 계명들을 축자적으로 지키는 것이 아니라, 하나님을 지극히 사랑하는 마음에서 하나님이 명하신 그러한 것들을 행하는 것임을 우리에게 보여 준다. 인간이 타락한 이래로, 하나님께서는 우리에게 이것을 우리의 의무로 명하실 수 없기 때문에, 그리스도께서 이렇게 말씀하신 것은 우리가 우리의 타락한 상태에서 할 수 있는 정도만큼 하나님을 사랑하는 것이 우리의 의무라고 말씀하신 것이라고 이 본문을 해석하는 것은 정말 한심한 해석이다. 율법은 우리에게 우리의 전인적인 행위들을 통해서 하나님에 대한 우리의 지극한 사랑을 토대로 하여 하나님의 모든 계명들에 늘 순종하는 모습을 보이라고 요구한다는 것은 의심의 여지가 없다. 따라서 모든 믿는 자들을 위하여 율법을 그렇게 온전히 이루신 중보자가 있다는 것이 우리에게는 유일하게 다행스럽고 복된 일이다(롬 8:3). 왜냐하면, 이제는 우리가 그리스도를 믿기만 하면, 하나님께서는 우리의 그러한 믿음을 보시고서, 우리가 율법을 다 행한 것으로 여겨 주시기 때문이다. 이렇게 도덕법은 우리를 그리스도께로 인도하는 몽학 선생이다. 우리 구주께서 이것을 크고 첫째 되는 계명이라고 부르신 것이 합당한 이유는 이것이다: 첫 번째는 우리는 이웃을 섬기기에 앞서 먼저 하나님을 섬기는 것이 마땅하기 때문이다. 두 번째는 이웃에 대한 우리의 사랑은 하나님에 대한 우리의 사랑으로부터 흘러나올 때에만 참된 것이 되고, 우리의 이웃 사랑은 오로지 하나님에 대한 순종 가운데서 하나님을 위한 것이 되어야 하기 때문이다. **둘째는 이것이니.** 우리 구주께서 두 번째로 큰 계명이라고 하시는 것도 역시 사랑의 계명이다. 왜냐하면, 사도 바울이 말하였듯이, "사랑은 율법의 완성"(롬 13:10)이기 때문이다. **네 이웃을 네 자신과 같이 사랑하라.** "네 이웃"은 모든 사람을 가리킨다. 너는 모든 사람이 네게 해주기를 바라는 바로 그것을 모든 사람에게 행하여야 하고, 모든 사람이 네게 하지 않기를 바라는 바로 그것을 모든 사람에게 하지 말아야 하며, 모든 사람을 진정으로 네 자신처럼 대하여야 한다.

이 두 계명이 온 율법과 선지자의 강령이니라. 구약성경 전체에서 하나님께서 이 두 계명으로 귀결되지 않는 명령을 하신 것은 전혀 없다. 이것이 구약성경에서 하나님이 사람에게 명령하신 본분의 전체이다. 하나님의 책 전체는 우리의 규범이고, 우리는 그 책에 들어 있는 모든 명령을 지켜 행하여야 한다. 모세는 구약성경의 모든 것을 십계명으로 요약하였는데, 제대로 올바르게 해석하기만 한다면, 성경의 모든 명령들은 십계명으로 귀결된다. 그리스도께서는 여기에서 열 개의 계명을 두 개의 계명으로 다시 한 번 요약하시고, 사도 바울은 모든 계명을 단 하나의 계명으로 요약하여, "사랑은 율법의 완성"이라고 말한다. 성경에서 하지 말라고 하는 것들은 모두 다 하나님을 사랑하고 이웃을 사랑하라는 이 으뜸가는 율법에 어긋나는 것들이고, 성경에서 행하라고 명하는 것들은 모두 다 예외 없이 하나님 사랑과 이웃 사랑으로 포괄된다. 마가는 서기관이 우리 구주께서 진리를 말씀하셨다고 칭송한 후에, 이 두 계명을 행하는 것이 "모든 번제물과 기타 제물"을 드리는 것보다 더 낫다고 고백한다. 이것은 사무엘이 오래 전에 사울에게 한 말이었다: "순종이 제사보다 낫고"(삼상 15:22). 제사의 모든 참된 가치는 하나님의 뜻에 순종하는 마음을 제사를 통해서 표현하는 데 있었기 때문에, 이것은 너무나 당연한 일이다. 그리스도께서는 서기관에게 "네가 하나님의 나라에서 멀지 않도다"라고 말씀하신다. 하나님의 율법을 제대로 올바르게 깨닫고, 여러 종교적인 의식들로 하나님을 기쁘시게 해드릴 수 있다는 저 어리석고 헛된 망상을 벗어 버린 자들은 몽학선생 아래에서 상당히 큰 진전을 이루어낸 자들이다. 왜냐하면, 몽학선생의 본연의 역할은 사람들로 하여금 자신의 의로는 하나님 앞에 설 수 없기 때문에 또 다른 의가 필요하다는 것을 깨닫게 해주는 것이기 때문이다.

41-46. 41바리새인들이 모였을 때에 예수께서 그들에게 물으시되 42너희는 그리스
도에 대하여 어떻게 생각하느냐 누구의 자손이냐 대답하되 다윗의 자손이니이다 43
이르시되 그러면 다윗이 성령에 감동되어 어찌 그리스도를 주라 칭하여 말하되 44
주께서 내 주께 이르시되 내가 네 원수를 네 발 아래에 둘 때까지 내 우편에 앉아 있
으라 하셨도다 하였느냐 45다윗이 그리스도를 주라 칭하였은즉 어찌 그의 자손이
되겠느냐 하시니 46한 마디도 능히 대답하는 자가 없고 그 날부터 감히 그에게 묻는
자도 없더라.

마가는 이 이야기를 그 요지만 짤막하게 전해 주고, 여기에 추가한 것은 없으며, "많은 사람들이 즐겁게 듣더라"는 말씀으로 끝맺는다(막 12:35-37). 누가도 마찬가지로 이 이야기를 짧게 들려준다(눅 20:41-44). 우리 구주께서 여기에서 바리새인들에게 하신 말씀을 제대로 이해하려면, 우리는 바리새인들과 대부분의 유대인들은 메시야 또는 그리스도를 대망하기는 하였지만, 메시야는 이사야서 9:6의 약속의 말씀을 따라 다윗의 가문에서 태어나게 될 "다윗의 자손"으로서 단지 인간일 뿐이라고 생각하였고, 그 메시야가 이 땅에서 이스라엘 나라를 다시 회복해서, 자신들을 원수들로부터 건져내어, 과거의 다윗 시대의 영광과 자유를 다시 누리게 해 줄 것이라고 꿈꾸고 있었다는 것을 알아야 한다. 그리스도께서는 바리새인들이 모여 있는 것을 보시고서, 그들에게 한두 가지 질문을 던지셨는데, 그의 질문은 "너희는 그리스도에 대하여 어떻게 생각하느냐"는 것이었다. 이것은 그리스도이신 자기를 그들이 어떻게 생각하느냐고 물으신 것이 아니라, 그들이 기다리고 있던 메시야에 대하여 어떤 생각을 가지고 있는지를 물으신 것이었다. 너희가 기다리고 있는 그리스도는 "누구의 자손이냐." 그러자 그들은 "다윗의 자손이니이다"라고 대답하였다. 즉, 그리스도는 다윗의 직계혈통에서 태어나게 되어 있는 인물이라는 것이다. 이것은 그들 가운데서 전해져 내려온 확고한 불변의 전통이었다. 그래서 마가는 우리 구주께서 "어찌하여 서기관들이 그리스도를 다윗의 자손이라 하느냐"(막 12:35)고 물으셨다고 말하고, 누가도 "사람들이 어찌하여 그리스도를 다윗의 자손이라 하느냐"(눅 20:41)고 말씀하셨다고 보도한다. 이것은 유대인들 가운데서 널리 받아들여져서 통용되던 견해였고, 우리 구주께서도 이후의 말씀을 통해서 그 견해를 정면으로 부정하시는 것이 아니라, 단지 보완해야 할 필요가 있다고 말씀하신다: "그러면 다윗이 성령에 감동되어 어찌 그리스도를 주라 칭하여"(시 110:1). 마가는 "다윗이 성령에 감동되어 친히 말하되"라고 보도한다. 다윗은 선지자였고, 성령에 감동되어 말하였다는 것이다(행 1:16; 2:30). 누가는 "시편에"라고 말한다. 이것을 통해서 우리는 시편 110편이 어떤 이들의 주장처럼 누군가가 다윗의 이름을 빌려 쓴 시편이 아니라 다윗 자신이 쓴 시편이라는 것을 알게 된다. 만일 그리스도가 단지 장차 자신의 혈통에서 태어날 한 명의 자손일 뿐이었다면, 다윗이 그리스도를 "주"라고 불렀겠는가? 분명히 다윗은 "주께서 내 자손에게 이르시되"라고 말하였을 것이다. 하지만 실제로는 다윗은 "주께서 내 주께 이르시되 내가 네 원수를 네 발 아래에 둘 때까지 내 우편에 앉아 있으라 하셨도다"라고 말하였다. 또한, 다윗이 성령에 감동되어 메시야에 대하여 예언하면서, 메시야가 단지 자신의 자손에 불과한 인물일 것이라고 믿었다면, 여호와께서 그 자손에게 "내가 네 원수를 네 발 아래에 둘 때까지" 지극히 높은 존귀와 위엄과 은총의 자리인 "내 우편에 앉아 있으라 하셨도다"라고 말하였겠는가? 마태복음 1:25에 대한 주석을 보라.

다윗이 그리스도를 주라 칭하였은즉 어찌 그의 자손이 되겠느냐. 우리 구주께서는 다윗이 메시야를 "주"라고 불렀기 때문에, 메시야는 단지 다윗의 자손에 불과한 인물, 사람에 지나지 않는 그런 존재일 수 없다고 말씀하신다. 우리 구주께서는 이러한 논증을 통해서, 그리스도는 다윗의 자손이 아니라는 것을 증명하고자 하시는 것이 아니라, 바리새인들이나 유대인들의 생각대로, 만일 메시야 또는 그리스도가 단지 사람에 불과한 그런 존재라면, 다윗은 결코 메시야를 "주"라고 부르지도 않았을 것이고, 여호와께서 메시야에게 자신의 우편에 앉으라고 명하셨다고 예언하지도 않았을 것이라고 말씀하고 계시는 것이다. 마태는 사두개인들과 서기관들이 앞서 우리 구주의 대답을 듣고 아무 말도 할 수 없었던 것과 마찬가지로, 바리새인들도 한 마디도 대답할 수 없었다는 말로 이 기사를 끝낸다. 마가는 "많은 사람들이 즐겁게 듣더라"는 말로 마무리한 반면에, 마태는 "한 마디도 능히 대답하는 자가 없고 그 날부터 감히 그에게 묻는 자도 없더라"는 말로 마무리한다. 우리는 이후로는 그들이 더 이상 논쟁으로 우리 구주를 괴롭히는 모습을 보지 못한다. 그들은 이제 논쟁으로는 자신들의 목적을 달성할 수 없다는 것을 알고서, 우리 구주를 죽일 방도를 찾는 일에 몰두하게 된 것이다. 하나님에 의해 멸망에 넘겨진 교만하고 악의적인 사람들은 논쟁을 통해서 자신들의 잘못을 깨달아도, 자신들이 이루고자 했던 악한 계획을 버리는 것이 아니라, 도리어 그 깨달음을 은근슬쩍 덮어 버리고, 자신들의 욕망과 악의를 충족시키기 위하여 끝까지 악한 계획을 밀어붙이는 것이 그들의 변함없는 속성이다. 하지만 그들이 자신들의 악한 계획을 이룰 좋은 기회를 잡기 전에, 우리는 우리 구주께서 제자들과 무리들에게 해 주신 몇몇 놀라운 말씀들을 듣게 된다.

제23장

개요

1. 서기관들과 바리새인들의 가르침은 지켜 행하되, 그들의 악한 모범, 특히 그들의 야심은 본받지 말라고 권면하심(1-12).
2. 그들의 눈멂과 위선에 대하여 여러 번 화를 선포하심(13-33).
3. 예루살렘의 멸망을 예언하심(34-39).

1-3. [1]이에 예수께서 무리와 제자들에게 말씀하여 이르시되 [2]서기관들과 바리새
인들이 모세의 자리에 앉았으니 [3]그러므로 무엇이든지 그들이 말하는 바는 행하고
지키되 그들이 하는 행위는 본받지 말라 그들은 말만 하고 행하지 아니하며,

우리 구주께서는 바리새인들과 말씀하시는 것을 마치시고 나서, 이제 자신의 말을 기쁘게 경청하던 좀 더 유순한 사람들을 향하여 말씀하시기 시작한다(막 12:37; 눅 19:48). 우리 구주께서는 일부 부주의한 청중들이 자신이 서기관들과 바리새인들을 책망하신 말씀을 오해해서 두 가지로 악용할 가능성이 있음을 미리 아셨다. (1) 그들은 우리 구주께서 율법 교사들인 바리새인들을 책망하시는 것을 듣고, 주님은 율법을 반대하시는 분이라는 소문을 퍼뜨릴 우려가 있었다. (2) 우리 구주께서는 율법을 해석하는 직분을 맡은 바리새인들을 위선자들이고 경멸받을 만한 자들이라고 하셨기 때문에, 그들은 율법이 별 것 아닌 것으로 여겨 율법의 권위를 폄하할 우려가 있었다. 하지만 다른 한편으로는, 많은 사람들은 자신들의 지도자들이자 선생들인 서기관들과 바리새인들의 잘못된 행실을 본받아서 별 의심 없이 죄악된 길로 달려가고 있는 것이 현실이었다. 우리 구주께서는 이 장에서 자기는 모세 율법을 폄하한 것도 아니고, 자기가 바리새인들의 행실을 책망하였다고 해서, 율법에 대하여 및 율법을 따라 그들이 가르친 것들까지 잘못된 것이라고 한 것은 아니었으며, 단지 율법을 따르는 것인 양 위장하고 있는 그들의 행실을 사람들에게 본받지 말라고 한 것뿐임을 보여 주심으로써, 백성들의 이러한 모든 오해를 풀어 주신다.

서기관들과 바리새인들이 모세의 자리에 앉았으니. 그들은 하나님의 율법을 읽고 해석하는 것을 업으로 삼고 있던 사람들이었다. 여기에서 "모세"는 율법을 나타내는 상징적인 표현이다. 누가복음 16:31의 "모세와 선지자들에게 듣지 아니하면"과 누가복음 16:29의 "그들에게 모세와 선지자들이 있으니"라는 구절들에서도 모세는 그런 의미로 사용되고 있다. "모세의 자리"는 율법의 의식를 해석해 주거나 율법에 의거해서 판결을 내리는 자들이 앉아 있는 자리를 의미한다. "예로부터 각 성에서 모세를 전하는 자가 있어 안식일마다 회당에서 그 글을 읽음이라"(행 15:21; 고후 3:15). 그들은 하나님의 순전하신 말씀에 대한 특별한 공경심을 표하기 위해 "서서" 성경을 읽었고(눅 4:16), 성경을 다 봉독한 후에는 자리에 "앉아" 성경 본문을 해석해 주는 강론을 행하였다. 그들이 모세의 자리에 앉았다는 것은 모세를 계승하였다는 것을 의미하는 것이 아니라(구약성경의 중보자였던 모세에게는 후계자가 없었다), 모세의 율법과 가르침을 전하고 해석해 주는 것을 의미하는 것이었다. 라이트푸트(Lightfoot)는 여기에서 "자리"는 가르침을 베풀기 위한 자리가 아니라 다스리고 치리하기 위한 자리로 이해하여야 한다고 생각한다. 치리는 주로 바리새인들이 담당하고 있었고, 율법을 읽고 해석하는 일은 주로 서기관들의 직무였다는 점에서, 그의 견해는 충분히 일리가 있다.

그러므로 무엇이든지 그들이 말하는 바는 행하고 지키되. 그들이 모세의 율법에 있는 것들을 명하면, 너희는 그것을 지켜 행하여야 한다. 여기에서 "무엇이든지"는 그들이 말하는 모든 것이라는 의미가 아니라, 그들이 말하는 것들 중에서 모세의 율법에 나와 있는 것들만을 제한적으로 가리키는 것으로 이해하여야 한다. 우리 구주께서 자주 자신의 제자들에게 이 사람들의 누룩과 그들의 전통들을 조심하라고 하신 것은, 우리가 여기에서 "무엇이든지"를 그런 의미로 해석하여야 한다는 것을 분명하게 보여 준다: 저 악한 자들로 인해서 하나님의 율법이 너희 가운데서 그 권위를 잃는 일이 없게 하라. 우리 구주께서는 무리들에게 오직 바리새인들이 하는 말만을 들으라고 명하시는 것은 결코 아니다. 만일 여기서 그렇게 명하고 계시는 것이라면, 우리 구주께서 사람들에게 말씀을 전하시고, 열두 사도와 제자들을 파송하셔서 말씀을 전하게 하실 필요가 없지 않았겠는가? 우리가 이 본문으로부터 결론을 내릴 수 있는 모든 것은, 여기에서 우리 구주께서는 하나님의 율법 또는 하나님의 말씀을 누가 읽고 누가 전하든, 율법이나 말씀 자체를 멸시하는 일이 있어서는 안 된다고 경고하고 계신다는 것이다.

그리스도께서는 계속해서 이렇게 말씀하신다: 그들이 하는 행위는 본받지 말라 그들은 말만 하고 행하지 아니하며. 우리는 당연히 말이나 교훈보다는 행위와 모범에 의해서 더 큰 영향을 받는다. 따라서 사람들은 자신들의 눈 앞에서 행하는 악한 선생들을 조심하여야 한다. "가르치기만 하고 스스로 행하려고 하지 않는 선생은 멀리하라"(odi philosophum qui non sapit sibi)는 말이 있다. 어떤 의사가 환자와 동일한 병을 앓고 있으면서도 자기가 환자에게 처방해 주는 약을 스스로는 복용하려고 하지 않는다면, 그 약은 믿을 수 있는 약이 아니라는 것이다. 따라서 어떤 선생이 말만 하고 행하지 않는다면, 사람들은 그 가르침도 무시하는 경향이 있다. 하지만 그런 선생의 행실을 본받아서는 안 되지만, 그의 가르침은 지켜 행하는 것이 마땅하다.

4. 또 무거운 짐을 묶어 사람의 어깨에 지우되 자기는 이것을 한 손가락으로도 움직이려 하지 아니하며.

우리 구주께서는 "율법교사"에 대하여 동일한 말씀을 하신다(눅 11:46). 여기에 언급된 "짐"은 그들의 전통들과 의식들을 가리키는 것이 아니다. 만일 그런 것이었다면, 그리스도께서는 앞에서 자신의 제자들에게 그것들을 지켜 행하라고 명하지 않으셨을 것이다. 따라서 "짐"은 하나님의 율법이 진정으로 명한 것들, 특히 사도들이 "우리 조상과 우리도 능히 메지 못하던 멍에"(행 15:10)라고 불렀던 제의법을 의미한다. 우리 구주께서는 그들은 다른 사람들에게는 하나님의 율법을 지켜 행하라고 아주 엄격하게 요구하면서도, 정작 자신들은 율법을 지키려고 하는 최소한의 노력, 즉 손가락 하나 까딱 하는 것도 하지 않으려 한다고 말씀하신다. (1) 우리 주님은 그들은 자신들이 가르진 대로 살아가려고 하는 노력을 조금도 하지 않는다고 책망하신다. (2) 우리 주님은 그들이 다른 사람들에게는 율법의 아주 세세한 부분까지 아주 엄격하게 지킬 것을 요구하고 있다고 책망하신다. 또한, 이것은 그들이 백성들에게 율법을 지키라고 지나치게 압박하고 있다는 의미일 수도 있다. 선한 선생들은 하나님의 모든 뜻을 전하는 데 신실하지만, 자신들이 지켜 행하려고 애쓰는 것들만을 가르치고, 인간의 연약함을 알기 때문에 사람들을 불쌍히 여겨서 자상하고 온유하게 율법과 복음을 한데 결합시켜서 가르친다.

5. 그들의 모든 행위를 사람에게 보이고자 하나니 곧 그 경문 띠를 넓게 하며 옷술을 길게 하고.

우리 구주께서는 4절에서 바리새인들이 자신들의 가르침을 따라 살아가지 않고, 다른 사람들에게는 하나님의 율법을 지키라고 엄격하게 요구하며 압박하면서도, 정작 그들 자신은 율법을 지키려고 하는 노력을 전혀 하지 않는다고 책망하셨는데, 이제 여기에서는 그들이 자신들은 신앙이 좋고 훌륭한 사람들이라는 것을 "사람에게 보이고자" 종교의식들이나 겉보기에 경건해 보이는 것들은 아주 세심하게 신경을 써서 행하지만, 자신들에게 주어진 도덕적인 본분들은 소홀히 하고 있다고 책망하신다. **그들의 모든 행위를 사람에게 보이고자 하나니.** 그들이 경건해 보이는 온갖 그럴 듯한 일들을 하는 주된 목적은 "사람들에게 보이고자" 하는 것이다. 우리 구주께서는 마태복음 6:1-34에서 그들의 그러한 모습을 적나라하게 드러내신 바 있다. **그 경문 띠를 넓게 하며 옷술을 길게 하고.** 이 말씀을 제대로 이해하기 위해서는, 민수기 15:37-40("여호와께서 모세에게 말씀하여 이르시되 이스라엘 자손에게 명령하여 대대로 그들의 옷단 귀에 술을 만들고 청색 끈을 그 귀의 술에 더하라 이 술은 너희가 보고 여호와의 모든 계명을 기억하여 준행하고 너희를 방종하게 하는 자신의 마음과 눈의 욕심을 따라 음행하지 않게 하기 위함이라 그리하여 너희가 내 모든 계명을 기억하고 행하면 너희의 하나님 앞에 거룩하리라")과 신명기 22:12("너희는 너희가 입는 겉옷의 네 귀에 술을 만들지니라")을 살펴볼 필요가 있다. 유대인들은 이 율법에 순종해서, 청색 끈이 달린 술들이 있는 옷을 입었었다. 하지만 당시의 유대인들은 옷감을 율법에서 정한 청색으로 염색하는 법이 전해지지 않았기 때문에 이런 옷을 입지 않았다. 하나님께서 이렇게 명하신 의도는 "이 술은 너희가 보고 여호와의 모든 계명을 기억하여 준행하고 너희를 방종하게 하는 자신의 마음과 눈의 욕심을 따라 음행하지 않게 하기 위함이라"는 말씀 속에 나타나 있다. 즉, 그것은 그들이 하나님을 섬기는 방식을 자신들의 생각을 따라 제멋대로 고안해 내는 것을 막기 위한 것이었다. 또한, 이것은 유대인들을 이방인들로부터 구별시켜 주는 표지이기도 하였다. 이것 외에도, 하나님께서는 그들에게 자신의 율법을 "네 손목에 매어 기호를 삼으며 네 미간에 붙여 표로 삼으라"고 명하셨기 때문에(신 6:6-8), 그들은 율법의 명령들을 기록한 양피지를 넣은 작은 함을 자신들의 미간과 손목에 묶고 다니기도 하였다. 이 함들은 율법을 넣은 것들이라는 의미에서 성구함이라 불렸다. 바리새인들은 자신들이 하나님의 율법에 대하여 얼마나 큰 열심을 지니고 있는지를 과시하기 위해서, 다른 사람들보다 성구함들과 끈을 더 넓게 하였고 "띠"도 더 길게 하였다. 우리 구주께서 여기에서 지적하셨듯이, 이렇게 그들은 "그 경문 띠를 넓게 하며 옷술을 길게" 하였는데, 이 모든 것은 "사람에게 보이고자" 외식하는 행위들이었다.

6-7. [6]잔치의 윗자리와 회당의 높은 자리와 [7]시장에서 문안 받는 것과 사람에게 랍비라 칭함을 받는 것을 좋아하느니라.

우리 구주께서는 바리새인들과 서기관들에 대해서 동일하게 이 말씀을 하신다(막 12:38-39; 눅 11:43). 마가는 그들이 "긴 옷을 입고 다니는 것"을 좋아하였다는 내용을 덧붙인다. 이 말씀을 통해서 우리 구주께서는 그들을 남들보다 더 두드러져 보이게 만들어 주는 행위들과 장소들을 선호하는 것에 대하여 책망하시는 것이 아니다. 왜냐하면, 주님은 왕궁에 있는 자들은 부드러운 옷을 입는다고 말씀하셨고, 사람들이 자주 그를 주 또는 선생이라 불렀지만, 그들이 잘못 하고 있는 것이라고 말씀하신 적이 없으셨기 때문이다. 따라서 주님은 단지 바리새인들이 야심에 사로잡혀서 사람들로부터 존귀와 영광을 얻고 어떻게든 윗사람이 되어 사람들을 지배하기 위하여 이러한 작은 일들에 어리석게 집착하는 것을 책망하시는 것이다. 따라서 우리는 이 말씀 속에서 강조점은 "좋아하느니라"에 두어져 있다고 보아야 한다. 그들이 자신들의 야심을 채우기 위해서가 아니라, 단지 시민적인 질서를 위하여 사람들로부터 문안인사를 받거나 윗자리에 앉는 것이라면, 그런 일들은 얼마든지 합당하다.

8-10. [8]그러나 너희는 랍비라 칭함을 받지 말라 너희 선생은 하나요 너희는 다 형제니라 [9]땅에 있는 자를 아버지라 하지 말라 너희의 아버지는 한 분이시니 곧 하늘에 계신 이시니라 [10]또한 지도자라 칭함을 받지 말라 너희의 지도자는 한 분이시니 곧 그리스도시니라.

우리 구주께서 여기에서 사람들에게 사신의 사역자들을 "선생"이나 "아버지"라는 칭호로 부르는 것을 금지하신 것이 아니라는 것은 너무나 분명하다. 왜냐하면, 만일 그런 의미였다면, 바울은 자기를 고린도 교인들을 낳은 "아버지"라고 하거나(고전 4:15) 갈라디아 교인들은 자신의 "자녀들"이라고 부르거나(갈 4:19), 디모데를 자신의 아들이라고 하고 자기 자신을 그의 아버지라고 하거나(빌 2:22), 스스로를 "이방인의 스승"(딤전 2:7; 딤후 1:11)이라고 부르지 않았을 것이기 때문이다. 따라서 우리 구주께서 이 말씀을 통해서 금지하신 것은 다음과 같은 것들이다: (1) 그러한 호칭들로 불리는 것을 좋아하고, 그렇게 불리게 하려고 애를 쓰는 것. (2) 선생이나 아버지나 지도자로서 절대적인 권한을 휘두르고자 하는 것. 이것은 그들이 말한 것이기 때문에 사람들이 그대로 믿어야 한다고 하거나, 그들이 명령한 것이기 때문에 사람들이 그대로 행하여야 한다고 하면서, 그들이 말하거나 명령한 것들이 과연 하나님의 말씀에 부합하는 것들인지를 사람들이 먼저 살펴보려고 하는 것을 용납하지 않는 것이다. 이런 의미에서 오직 하나님만이 사람들의 "아버지"이시며, 오직 그리스도만이 사람들의 "선생"이자 "지도자"이시고, 교회에서 일하는 목회자들과 교사들은 단지 그리스도의 뜻을 전하고 그의 법을 가르치는 일꾼들일 뿐이다. 따라서 누구든지 자신을 선생이나 아버지로 자처하고서, 그들 자신의 법과 가르침을 사람들에게 강요해서는 안 된다. 우리 구주께서 이 말씀을 두 번 반복하시는 것은, 인간의 본성은 너무나 타락하고 부패해서, 사람을 우쭐하게 만드는 이러한 호칭들을 좋아할 뿐만 아니라, 그러한 호칭이 내포하고 있는 권세를 과도하게 행사하기가 너무나 쉽기 때문이다.

11-12. [11]너희 중에 큰 자는 너희를 섬기는 자가 되어야 하리라 [12]누구든지 자기를 높이는 자는 낮아지고 누구든지 자기를 낮추는 자는 높아지리라.

12절에 나오는 말씀은 누가복음에는 두 번 나온다(눅 14:11; 18:14). 이 두 절은 앞에 나온 말씀을 설명하는 것으로서, 우리에게 다음과 같은 것들을 알게 해 준다: (1) 우리 구주께서 앞에서 책망하신 것은 그러한 호칭들을 사용하는 것이 아니라 좋아하는 것이었다. (2) 우리 구주께서는 선생이나 지도자라는 호칭이 나쁘다고 하신 것이 아니라, 그러한 호칭들로부터 불리는 교회의 일꾼들의 마음이 높아져서 교만하게 되는 것이 나쁜 것이라고 말씀하신 것이었다. 자기는 너무나 고귀하고 큰 인물이어서, 그리스도의 교회에서 일꾼으로 섬기기에는 너무 아까운 인물이라고 생각하는 선생이나 지도자가 있다면, 그 사람은 교회에서 악한 선생이나 지도자일 수밖에 없다. 자기 자신을 높이는 자는 결국 하나님과 사람들에 의해서 낮아지게 될 것이다. 하나님께서는 교만한 자들, 특히 교만한 사역자들을 대적하시고, 사람들도 통상적으로 그런 사역자들을 정죄하고 멸시한다. 반면에, 자기 자신을 낮추고서 미천한 자로 여기고, 자신이 행하는 일도 하나님께나 사람들에게나 지극히 작은 일에 불과하다고 여기는 자들은 하나님으로부터 높임을 받게 되고 사람들로부터도 존귀를 받게 될 것이다.

13. 화 있을진저 외식하는 서기관들과 바리새인들이여 너희는 천국 문을 사람들 앞에서 닫고 너희도 들어가지 않고 들어가려 하는 자도 들어가지 못하게 하는도다.

우리 구주께서는 이제 당시의 선생들, 즉 서기관들과 바리새인들에 대하여 여덟 번에 걸쳐 화를 선포하기 시작하신다. 누가는 "화 있을진저 너희 율법교사여 너희가 지식의 열쇠를 가져가서 너희도 들어가지 않고 또 들어가고자 하는 자도 막았느니라"(눅 11:52)고 말한다. 말라기 선지자는 "제사장은 만군의 여호와의 사자"이기 때문에 "제사장의 입술은 지식을 지켜야" 한다고 말하면서, 하나님께서 자신의 교회의 사역자들과 인도자들에게 지식의 열쇠를 맡기신 것은 그들이 그 열쇠를 가져가서 보관해 두게 하시기 위한 것이 아니라, 사람들로 하여금 제사장의 "입에서 율법을 구하게" 하시기 위한 것이라고 말한다. 이제 우리 구주께서는 "너희가 그 열쇠를 가져갔다"고 말씀하신다. 마태는 그들이 "천국 문을 사람들 앞에서 닫아" 버렸다고 말한다. 즉, 그들은 자신들만이 아니라 다른 사람들까지도 하나님의 마음과 뜻을 아는 지식에 접근하지 못하게 하였고, 하나님을 아는 지식을 사람들에게 가르치는 자신들의 직무와 본분을 행하지 않았으며, 하나님을 알고자 하는 사람들에게조차 그 지식을 가르치지 않았다는 것이다. **너희도 들어가지 않고 들어가려 하는 자도 들어가지 못하게 하는도다.** 너희는 너무나 교만하거나 게을러서, 너희 스스로도 천국으로 들어가는 길인 복음을 따라 행하지도 않고, 천국으로 들어가고자 하여 복음을 듣고자 하는 사람들에게조차도 복음을 전해 주지 않는다. 우리 구주께서는 이 장에서 그러한 서기관들과 바리새인들, 즉 천국으로 들어가는 길을 가르쳐 주고 그 문을 열어 주는 자들로 자처하면서도 실제로는 그 길을 가르쳐 주지도 않고 그 문을 닫아 버린 채로 열어 주지도 않는 자들을 일곱 번에 걸쳐 "외식하는 자들," 즉 위선자들이라고 부르시며, 그들과 그들의 성 위에 머지않아 임하게 될 로마 군대에 의한 파멸 및 내세에서의 저 영원한 저주를 염두에 두시고서 그들에게 "화"를 선언하신다. 하나님에 대하여 대단한 신앙을 지닌 자들인 양 행세하면서도, 복음을 맡은 자들로서의 본분을 저버리고, 그들 스스로도 복음을 받아들이지 않고 다른 사람들에게도 복음을 전하지 않으며, 도리어 천국에 이르게 해 줄 수 있는 통로를 사람들로부터 숨겨두는 자들보다 이 세상에서 더 화를 자초하는 자들은 없다.

14. 그들은 과부의 가산을 삼키며 외식으로 길게 기도하니 그들이 더 엄중한 심판을 받으리라(한글개역개정에는 14절이 없음).

마가복음 12:40과 누가복음 20:47에도 동일한 말씀이 나온다. 우리 구주께서 여기에서 오랜 시간 길게 기도하는 것을 단죄하고 계시는 것이라고 생각한다면, 그것은 오산이다. 왜냐하면, 우리 구주께서는 "밤이 새도록 하나님께 기도하셨기"(눅 6:12) 때문이다. 주님이 여기에서 책망하시는 것은 "과부의 가산을 삼키기" 위한 목적으로 "길게 기도하는" 것이다. 이것이 바리새인들이 세상 권력에 관심이 많아서 거기에도 참여하였기 때문에 그러한 권력을 이용해서이든, 교회의 권력을 쥐고 막강한 영향력을 행사하는 방식을 통해서든, 성전을 유지하기 위한 것이라는 명목이나 사람들의 영혼을 위하여 기도해 준다는 명목으로 어리석은 여자들을 꾀어 자신들의 전 재산이나 적어도 상당한 재산을 그들에게 바치게 한 것은, 그들이 자신들의 악한 목적을 달성하기 위해서 기도를 이용해서 순수하지 못한 의도를 가지고 "외식으로" 기도하였다는 점에서나, 하나님이 특별히 보호하시는 과부들을 상대로 이런 사기극을 벌여 등쳐먹었다는 점에서나, 하나님께 가증스러운 일이었다. 우리 구주께서는 앞에서 그들이 오직 사람들로부터 높임과 칭송을 받기 위한 목적으로 사람들에게 보이기 위하여 외식으로 경건한 행위들을 행하는 것을 책망하셨듯이, 여기에서는 그들의 탐욕을 충족시키기 위하여 경건한 행위들을 이용하는 것에 대하여 책망하신다.

15. 화 있을진저 외식하는 서기관들과 바리새인들이여 너희는 교인 한 사람을 얻기 위하여 바다와 육지를 두루 다니다가 생기면 너희보다 배나 더 지옥 자식이 되게 하는도다.

이 절에서 우리 구주께서 서기관들과 바리새인들이 사람들을 개종시키려고 애를 써서, 그렇게 개종시킨 사람들에게 잘못된 교훈과 행실을 가르쳐서, 그들을 이전보다 두 배나 더 "지옥 자식"으로 만들어서 지옥에 떨어질 위험성을 더 크게 하는 것에 대해서 세 번째로 화를 선언하신다. 개종자들은 이방 나라들 중에서 우상들을 버리고 한 분 참되시고 살아 계신 하나님을 섬기기로 결단하여 신앙을 고백한 자들이었다. 옛 저술가들은 두 부류의 개종자들이 있었다는 것을 우리에게 말해 준다. 한 부류는 단지 한 분 하나님을 믿고 섬기기로 고백하기만 하였을 뿐, 유대교를 받아들이지 않은 자들이었는데, 유대인들은 그런 개종자들을 "문의 개종자"(proselyte of the gate)라고 부르고, 자신들 가운데서 살아갈 수 있게 하였다. 또 한 부류는 유대교를 받아들여서, 유대교회에서 할례와 세례와 제사에 참여하는 자들이었는데, 그들은 "의의 개종자들"(proselytes of righteousness)로 불렸다. 우리 구주께서는 서기관들과 바리새인들이 "교인 한 사람을 얻기 위하여 바다와 육지를 두루 다녔다"고 말씀하신다. "바다와 육지를 두루 다녔다"는 것은 그 어떤 수고도 아끼지 않았음을 나타내는 속담적인 표현인데, 주님이 책망하시는 것은 그들이 이러한 수고를 한 것 자체가 아니라, 그 뒤에 그들이 한 짓, 즉 그 교인을 자신들보다 "배나 더 지옥 자식이 되게" 만들어 버린 것이었다. 그들은 자신들의 거짓되고 잘못된 교훈으로 그 교인의 심령을 부패하게 만들었고, 자신들의 악한 행실의 모범을 통해서 그 교인을 타락시켰다. 그들이 한 일은 사람들을 죄에서 돌이켜서 하나님께로 돌아오게 하는 것이 아니라, 단지 사람들로 하여금 자신들의 교리를 받아들여 유대 교회로 들어오게 하여 자신들의 종을 삼고 그 사람들로부터 이득을 취하는 것이었다. 그들은 사람들의 영혼에 관심이 없었기 때문에, 사람들로 하여금 삶을 고쳐 구원을 얻을 수 있게 하는 일에는 신경을 쓰지 않았다. 이런 식으로 사제들과 예수회 수도사들은 오늘날에도 바다 건너 중국과 일본으로 가서 두루 다니며 사람들을 로마 가톨릭의 신앙으로 개종시키려고 애를 쓰고, 개신교 국가들에서 개신교 신앙 아래에서 나고 자란 사람들을 유혹하여 로마 가톨릭으로 끌어들이기 위하여 사람이 상상할 수 있는 온갖 술수들을 다 동원하는데, 이렇게 해서 많은 교인들을 끌어 모아놓고, 자신들의 교인수가 많다고 자랑한다. 그러나 성경에 착념하고 회심자들의 삶을 중시하는 사람들은 그 교인들이 두 배나 더 "지옥 자식"이 된 것을 쉽게 확인할 수 있다. 왜냐하면, 그렇게 로마 가톨릭으로 개종한 자들은 신앙과 관련된 문제들에 있어서 그들의 저주받을 잘못되고 거짓된 교리들로 가르침을 받는 것은 말할 것도 없고, 그들의 지극히 방탕하고 불경건한 삶을 그대로 본받아 살면서도, 그 궤변론자들이 만들어 놓은 고해성사와 사제의 사면권을 통해서, 자신들의 그러한 타락한 심령과 행실을 보장받기 때문이다.

16-22.
16화 있을진저 눈 먼 인도자여 너희가 말하되 누구든지 성전으로 맹세하면
아무 일 없거니와 성전의 금으로 맹세하면 지킬지라 하는도다 17어리석은 맹인들이
여 어느 것이 크냐 그 금이냐 그 금을 거룩하게 하는 성전이냐 18너희가 또 이르되
누구든지 제단으로 맹세하면 아무 일 없거니와 그 위에 있는 예물로 맹세하면 지킬
지라 하는도다 19맹인들이여 어느 것이 크냐 그 예물이냐 그 예물을 거룩하게 하는
제단이냐 20그러므로 제단으로 맹세하는 자는 제단과 그 위에 있는 모든 것으로 맹
세함이요 21또 성전으로 맹세하는 자는 성전과 그 안에 계신 이로 맹세함이요 22또
하늘로 맹세하는 자는 하나님의 보좌와 그 위에 앉으신 이로 맹세함이니라.

우리 구주께서는 여기에서 바리새인들이 자신들의 이익을 위하여 맹세에 관한 잘못되고 거짓된 가르침을 백성들에게 가르쳤다는 것을 보여 주신다. 하나님께서는 여호와 그들의 하나님을 두려워하고 섬기며 그 이름으로 맹세하라고 명하셨다(신 6:13; 10:20). 어떤 사람 또는 대상으로 맹세하는 자는 다음과 같은 두 가지를 행하는 것이었다. (1) 그것은 자기가 두고 맹세한 바로 그 사람 또는 대상은 자신의 마음과 은밀한 의도를 안다는 것을 전제하는 것이었다. (2) 그것은 자기가 두고 맹세한 그 사람 또는 대상을 자기가 한 말이 참인지 거짓인지를 판단하는 재판관이자, 자기가 거짓말을 했을 경우에는 자기에게 보복하는 자로 세우는 것이었다. 따라서 맹세는 맹세하는 자가 자기가 한 말이 참된 것임을 담보하는 수단이 될 수 있었다. 이것은 사람이 마음에 무슨 생각을 하는지를 아시고 그 마음의 은밀한 것을 아시는 유일한 분이신 하나님 이외의 다른 사람이나 대상을 두고 맹세하는 것은 의미가 없는 것임을 잘 보여 준다. 또한, 이것은 하나님이 아닌 피조물을 두고 맹세하는 자는 하나님께만 돌려야 할 것을 피조물에게 돌리고, 피조물을 하나님과 같은 반열에 올려놓고 하나님 같이 대함으로써, 마음속으로 우상 숭배의 죄를 범하고 하나님을 모독하는 신성모독의 죄를 범하는 것이 된다는 것을 잘 보여 준다. 피조물을 두고 맹세한 경우에는, 그 맹세에 의해서 담보된 일을 행할 의무가 맹세한 자에게 부과될 수 없었지만, 바리새인들은 피조물을 두고 맹세하는 것은 합법이라고 백성들에게 가르쳤던 것으로 보인다. 즉, 어떤 사람이 "성전으로" 또는 "제단으로" 맹세하면, 그러한 맹세는 아무것도 아니기 때문에, 그 맹세로 담보한 일을 행할 의무가 그 사람에게 없지만, 어떤 사람이 "성전의 금으로" 또는 그가 제단에 가져온 "예물로" 맹세한 경우에는, 그 맹세는 그에게 구속력이 있다고 가르쳤다. 우리는 여기에서 "성전의 금"은 성전에서 사용되던 금 기명들이나 성전의 여러 곳을 장식하고 있던 금속판들을 가리키는 것이 아니라, 성전에 예물로 가져와서 성전 곳간에 넣어진 금을 가리키는 것으로 이해하여야 한다. 제사장들을 비롯한 성전 관계자들은 이 예물 중에서 상당 부분을 자신들의 몫으로 받았기 때문에, 성전의 금이나 예물을 두고 맹세하는 것에 하나님의 이름을 두고 맹세하는 것과 동일한 효력을 부여하였다.

(1) 우리 구주께서는 여기에서 그들의 이러한 전통이 얼마나 이치에 맞지 않는 어처구니없는 것임을 보여 주시면서, 이러한 전통을 만들어 내어 시행한 그들을 "눈먼 인도자들"이라고 부르신다. 왜냐하면, 금을 거룩하게 하는 성전이 금보다 더 거룩하다는 것, 즉 거룩한 용도를 위해 구별되어 있다는 것은 너무나 당연한 이치였기 때문이다. 성전과 제단은 사람들이 거기로 금을 가져오기 전에도 이미 거룩한 반면에, 금은 성소에 가져와져서 드려질 때까지는 거룩하지 않다. (2) 우리 구주께서는 피조물들을 두고 한 맹세라고 할지라도, 일단 맹세가 이루어진 것이라면, 마치 하나님을 두고 맹세한 것과 같이, 모든 맹세는 다 반드시 지켜야 한다는 것을 그들에게 알게 해주신다. 사람들은 피조물을 두고 맹세해서는 안 되기 때문에, 그러한 맹세들은 죄악을 통해서 이루어진 것임은 사실이다. 그러나 그러한 맹세라고 할지라도, 일단 맹세가 이루어진 것이라면, 그 맹세로 담보된 일이 죄악된 일이 아니기만 하다면, 맹세하는 자는 그 맹세를 지켜야 하는데, 그 이유는 이러하다. 제단으

로 맹세하는 자는 제단과 그 위에 있는 모든 것으로 맹세함이요 또 성전으로 맹세하는 자는 성전과 그 안에 계신 이로 맹세함이요 또 하늘로 맹세하는 자는 하나님의 보좌와 그 위에 앉으신 이로 맹세함이니라. 생명 없는 물건들을 두고 맹세한 자는 생명도 없고 지각도 없으며 지식도 없는 그러한 물건들이 자신의 마음의 진실, 즉 자기가 마음속으로 무슨 생각을 하고 있는지에 대하여 증인이 될 수 있다고 생각했을 리가 없다. 그런 경우에, 그 사람이 피조물을 두고 맹세한 것 자체는 죄악이기는 하지만, 그는 실제로는 그러한 피조물들을 창조하신 하나님을 두고 맹세한 것으로 간주되어, 자신의 맹세를 지킬 의무가 부과된다. 그는 자기가 하나님의 명령을 어기고 불법으로 맹세를 했다는 것을 인정하고 회개하여야 함과 동시에, 자기가 맹세로 담보한 일이 죄악된 일이 아닌 경우에는 자신의 맹세로 말미암아 그 일을 반드시 해야 할 의무를 지게 된다.

23. 화 있을진저 외식하는 서기관들과 바리새인들이여 너희가 박하와 회향과 근채의 십일조는 드리되 율법의 더 중한 바 정의와 긍휼과 믿음은 버렸도다 그러나 이것도 행하고 저것도 버리지 말아야 할지니라.

누가복음 11:42에도 거의 동일한 말씀이 나오는데, 거기에서는 "화 있을진저 너희 바리새인이여 너희가 박하와 운향과 모든 채소의 십일조는 드리되 공의와 하나님께 대한 사랑은 버리는도다 그러나 이것도 행하고 저것도 버리지 말아야 할지니라"고 말한다. 우리 구주께서 후반부에서 "이것도 행하고"라고 말씀하신 것은, 그가 책망하시는 것은 바리새인들이 박하와 회향과 운향과 모든 채소의 십일조를 정확히 드린 것이 아니라, 율법의 더 중한 일들, 즉 믿음과 하나님에 대한 사랑, 정의와 긍휼을 소홀히 한 것임을 분명하게 보여 준다. 하나님께서는 레위인들에게 분깃을 전혀 주시지 않고, 십일조를 받아 생활하게 하셨고, 유대 백성이 낸 십일조 중 일부는 가난한 자들을 구제하는 데에도 사용되게 하셨다(레 27:30; 민 18:24). 어느 바리새인은 자기가 "소득의 십일조"를 꼬박꼬박 내었다고 자랑하였다(눅 18:12). 그리스도께서는 여기에서 바리새인들이 십일조를 정확하게 내었다는 것을 인정하시지만, 그들의 다음과 같은 점들을 책망하신다: (1) 그들이 율법의 더 중한 것들을 소홀히 하면서도 경한 것들을 행하는 데에만 몰두한 것. (2) 그들이 사람들로부터 하나님의 율법을 철저하게 지키는 이들이라는 인정을 받기 위해서 이러한 경한 것들을 완벽하게 지키는 데에만 몰두하고, 훨씬 더 중요한 것들은 행하지 않은 데서 나타난 그들의 위선. 우리 구주께서 율법의 더 중한 것들로 지목하신 것들 중에서, "믿음"에 대해서 어떤 이들은 이것이 하나님을 믿는 믿음을 가리키는 것이라고 생각하지만, 대부분의 해석자들은 이것이 사람들을 상대하고 일들을 할 때에 사기치고 기만하며 편법을 사용하는 것과는 반대로, 정직하고 진실하고 신실하게 행하는 것을 의미하는 것으로 본다. 또한, "정의"는 모든 사람을 각자에게 합당한 대로 대우해 주는 것을 의미하고, "긍휼"은 곤경에 처하거나 환난이나 어려움을 겪는 사람들을 돕는 것 같은 자비로운 행위를 의미하며, "하나님에 대한 사랑"은 하나님에 대한 우리의 모든 본분을 다 포괄하는 참된 뿌리로서, 사람들에 대한 우리의 모든 선행의 뿌리이기도 한데, 오직 이 사랑으로부터 흘러나오는 것들만이 참된 선행이 될 수 있다.

24. 맹인 된 인도자여 하루살이는 걸러 내고 낙타는 삼키는도다.

"하루살이는 걸러 내고 낙타는 삼키는도다"라는 구절은, 유대인들 중에서, 사소하고 작은 일들에 대해서 철저하고 완벽하게 지키지만 정말 중요하고 훨씬 더 큰 일들에 대해서는 소홀히 하고 대충 하는 것을 가리킬 때에 사용되던 속담적인 표현이었는데, 이것은 위선자들의 공통된 특징이자 행태이다. 하나님에 대하여 진심으로 순종하는 사람으로서, 하나님의 모든 계명에 대하여 하나도 빠짐없이 공경하는 마음을 갖지 않는 사람은 없다(시 119:6). 믿음이 좋은 사람이라면, 하나님께 훨씬 더 큰 존귀와 영광을 드릴 수 있게 해주는 계명들을 상대적으로 그렇지 않은 계명들보다 더 중시하여 더 철저하게 지키려고 하는 것은 당연한 일이지만, 그럼에도 불구하고 하나님의 율법이 그에게 명한 것은 단 하나라도 소홀히 하지 않는 법이다. 그러나 외식하는 자들, 곧 위선자들은 언제나 다음과 같은 두 가지 속성을 지닌다: (1) 그들은 자기가 하나님께 철저하게 순종한다는 것을 사람들에게 보여줄 수 있는 그런 계명들만을 지키는 데 몰두한다. (2) 따라서 그들은 언제나 율법 중에서 가장 작은 계명들과 몸으로 수고해서 해낼 수 있는 것들, 진심이나 자기부인을 요구하지 않는 것들을 중시하고, 그런 계명들을 지키는 데 중점을 둔다.

25-26. [25]화 있을진저 외식하는 서기관들과 바리새인들이여 잔과 대접의 겉은 깨끗이 하되 그 안에는 탐욕과 방탕으로 가득하게 하는도다 [26]눈 먼 바리새인이여 너는 먼저 안을 깨끗이 하라 그리하면 겉도 깨끗하리라.

누가는 우리 구주께서 식사 전에 손을 씻지 않으시는 것을 바리새인들이 의아하게 여기는 것을 보시고서 이 말씀을 하신 것으로 보도하면서(눅 11:39-40), "탐욕과 방탕"이라는 표현 대신에 "탐욕과 악독"이라는 표현을 사용하고, "어리석은 자들아 겉을 만드신 이가 속도 만들지 아니하셨느냐"는 말씀을 덧붙인다. 따라서 아마도 우리 구주께서는 여러 상황에서 이 동일한 말씀을 하신 것으로 보이는데, 거기에서는 바리새인들과 함께 식사하시면서 이 말씀을 하신 것으로 보도되고 있고(눅 11:37), 여기에서는 제자들과 무리들을 향하여 말씀하신 것으로 보도된다. 우리 구주께서 여기에서 이 말씀을 하신 의도는, 다른 곳에서 말씀하신 것과 마찬가지로, 그들이 율법이나 자신들의 전통을 따라 "잔과 대접의 겉"을 깨끗이 씻는 것을 단죄하시기 위한 것이 아니라, 단지 그들의 그러한 행위를 예로 드셔서, 먼저 마음을 깨끗이 하면 겉도 깨끗하게 될 터인데도, 그들이 내적으로 마음을 깨끗이 하는 일보다는 외적인 정결을 추구하는 데에만 열을 올리고 열심을 내고 있다고, 그들의 행실 전체의 기본적인 태도를 책망하시기 위한 것으로 보인다. 사람은 외적으로 정결하여도 내적으로는 더럽고 부정할 수 있지만, 정한 마음을 지닌 사람은 정하고 거룩한 삶을 살 수밖에 없다. 왜냐하면, 외적으로 더럽고 부정한 행위들은 심령의 더럽고 부정한 것이 표출된 것들일 뿐이기 때문이다. "독사의 자식들아 너희는 악하니 어떻게 선한 말을 할 수 있느냐 이는 마음에 가득한 것을 입으로 말함이라"(마 12:34). 발과 손을 비롯한 사람의 백체는 마음의 기호와 애호를 따라 움직이는 법이다. 우리 구주께서 이것을 그들의 전통적인 결례의식들에 적용하신 것에 대해서는 누가복음 11:39을 다룰 때에 살펴보게 될 것이다.

27-28. [27]화 있을진저 외식하는 서기관들과 바리새인들이여 회칠한 무덤 같으니 겉으로는 아름답게 보이나 그 안에는 죽은 사람의 뼈와 모든 더러운 것이 가득하도다 [28]이와 같이 너희도 겉으로는 사람에게 옳게 보이되 안으로는 외식과 불법이 가득하도다.

이 비유도 앞에 나온 비유와 동일한 취지로서, 바리새인들이 마음은 욕심들과 위선과 악독으로 가득하면서도 겉으로는 마치 율법을 철저하게 지키고 성결을 추구하는 자들인 것처럼 가면을 쓰고 있다는 것을 보여 주고자 하는 것이다. 유대인들의 무덤은 두 종류가 있었다. 평범한 사람들의 무덤은 "평토장한 무덤"이었는데, 우리 구주께서는 바리새인들을 이 무덤에 비유하기도 하셨다(눅 11:44). 다른 하나는 묘실을 만들어서 그 겉은 회로 칠한 무덤이 있었는데, 이런 무덤들은 겉으로는 아주 아름다워 보였지만, 그 속에는 "죽은 사람의 뼈와 모든 더러운 것"만 가득하였다. 우리 구주께서는 여기에서 서기관들과 바리새인들을 그런 무덤들에 비유하신다. 그들은 겉으로는 신앙과 경건이 대단한 자들인 것처럼 꾸몄지만, 실제로 그 내면에는 정결하거나 순전한 것은 하나도 없고, 오직 악독과 불법만 가득한 자들이었다. 그래서 바울도 대제사장 아나니아를 "회칠한 담"이라고 불렀고(행 23:3), 시편 기자는 악인들의 목구멍을 "열린 무덤"이라고 말한다(시 5:9).

29-30. [29]화 있을진저 외식하는 서기관들과 바리새인들이여 너희는 선지자들의 무덤을 만들고 의인들의 비석을 꾸미며 이르되 [30]만일 우리가 조상 때에 있었더라면 우리는 그들이 선지자의 피를 흘리는 데 참여하지 아니하였으리라 하니.

누가는 "화 있을진저 너희는 선지자들의 무덤을 만드는도다 그들을 죽인 자도 너희 조상들이로다 이와 같이 그들은 죽이고 너희는 무덤을 만드니 너희가 너희 조상의 행한 일에 증인이 되어 옳게 여기는도다"(눅 11:47-48)라고 말한다. 우리 구주께서 여기에서 하신 말씀은 바리새인들이 지난 세대들에 하나님의 진리를 증언하다가 유대인들에게 죽임을 당하였던 여호와의 선지자들과 자신들의 의로 인하여 죽은 의인들의 무덤을 만들고 비석을 세우는 일을 하였다는 것을 보여 준다. 그들이 그렇게 한 것은, 다른 외식하는 위선자들의 무리와 마찬가지로, 만일 자신들이 그 선지자들과 의인들이 활동하던 시절에 살고 있었더라면, 선지자들과 의인들을 죽이는 일은 결코 없었을 것이라는 그들의 말을 세상으로 하여금 믿게 하기 위한 것이었다.

31-33. [31]그러면 너희가 선지자를 죽인 자의 자손임을 스스로 증명함이로다 [32]너희가 너희 조상의 분량을 채우라 [33]뱀들아 독사의 새끼들아 너희가 어떻게 지옥의 판결을 피하겠느냐.

우리 주님께서는 이렇게 말씀하신다: 너희는 너희가 선지자들을 죽인 자들의 직계자손들이라는 것을 시인하고 고백하고 있다. 너희는 너희 조상들의 피만이 아니라 그들의 영도 물려받았다. 너희가 나와 내 제자들에게 보여 준 행위들과 태도들은 너희가 혈통적으로만이 아니라 도덕적으로도 선지자들을 죽인 자들의 자손이라는 것을 증명해 왔고, 앞으로도 계속해서 증명하게 될 것이다. 너희는 너희 조상들의 영을 고스란히 물려받아서, 너희의 마음속에는 너희 조상들과 동일한 악의와 앙심이 가득하다. 너희 조상들은 선지자들을 죽였고, 너희는 그 선지자들을 묻고 있다. 너희에게는 회개의 기미가 보이지 않으니, 계속해서 너희 조상들의 죄의 분량을 채우라. 너희의 악행이 더해져야, 이 민족의 죄악의 분량이 다 차게 될 것이다. 너희는 "지옥의 판결"을 피할 수 없는 "뱀들"과 "독사들"의 무리이다.

34-36. [34]그러므로 내가 너희에게 선지자들과 지혜 있는 자들과 서기관들을 보내

**매 너희가 그 중에서 더러는 죽이거나 십자가에 못 박고 그 중에서 더러는 너희 회
당에서 채찍질하고 이 동네에서 저 동네로 따라다니며 박해하리라 [35]그러므로 의인
아벨의 피로부터 성전과 제단 사이에서 너희가 죽인 바라갸의 아들 사가랴의 피까
지 땅 위에서 흘린 의로운 피가 다 너희에게 돌아가리라 [36]내가 진실로 너희에게 이
르노니 이것이 다 이 세대에 돌아가리라.**

누가는 "그러므로 하나님의 지혜가 일렀으되 내가 선지자와 사도들을 그들에게 보내리니 그 중에서 더러는 죽이며 또 박해하리라 하였느니라 창세 이후로 흘린 모든 선지자의 피를 이 세대가 담당하되 곧 아벨의 피로부터 제단과 성전 사이에서 죽임을 당한 사가랴의 피까지 하리라 내가 너희에게 이르노니 과연 이 세대가 담당하리라"(눅 11:49-51)고 말한다. 누가는 "그러므로 하나님의 지혜가 일렀으되"라고 말하고, 마태는 "그러므로 내가 … 보내매"라고 말한다. 그리스도는 "하나님의 지혜"이시다. 그가 여기에서 자기가 "선지자들과 지혜 있는 자들과 서기관들"을 그들에게 보내시겠다고 말씀하신다. 누가는 이것을 "선지자들과 사도들"로 표현한다. 즉, 그리스도께서는 하나님의 뜻을 사람들에게 드러내는 사명을 받은 자들, 성령에 크게 감동되어 그런 일을 할 수 있는 자들을 그들에게 보내시겠다고 말씀하시는 것이다. "서기관들"은 하나님의 나라를 사람들에게 가르치는 자들이고, 현재의 서기관들보다 그 일을 훨씬 더 잘할 수 있는 새로운 부류의 서기관들이다.

너희가 그 중에서 너러는 죽이거나 십자가에 못 박고 그 중에서 더러는 너희 회당에서 채찍질하고 이 동네에서 저 동네로 따라다니며 박해하리라. 이 말씀을 통해서 우리 주님께서는 자기 자신과 자신의 사도들이 그들로부터 어떤 박해를 당하게 될지를 미리 말씀하시는데, 이 말씀은 그리스도 자신이 십자가에 못 박혀 죽으시고, 바울이 채찍질당하며, 스데반이 돌에 맞아 죽고, 야고보 등이 죽임을 당함으로써 성취되었다는 것을 성경은 우리에게 보여 준다.

그러므로 의인 아벨의 피로부터 성전과 제단 사이에서 너희가 죽인 바라갸의 아들 사가랴의 피까지 땅 위에서 흘린 의로운 피, 즉 의인들의 피가 다 너희에게 돌아가리라 내가 진실로 너희에게 이르노니 이것이 다 이 세대에 돌아가리라.여기에서 두 가지 질문이 생겨난다: (1) 바가랴의 아들 사가랴는 누구였는가? (2) 이전 세대의 피 흘린 죄에 대한 책임을 다른 세대에게 돌리는 것이 어떻게 하나님의 공의와 부합할 수 있는가? 첫 번째 질문과 관련해서, 어떤 이들은 여기에 언급된 인물은 예루살렘이 함락될 때에 마지막으로 죽임을 당한 인물로 요세푸스(Josephus)가 거론한 바룩의 아

들 사가랴를 가리키는 것이라고 생각한다. 하지만 우리 구주께서는 여기에서 장래의 인물이 아니라 지나간 시대에 살았던 인물을 언급하고 계시는 것이라는 점에서, 이러한 견해는 부적절하다. 어떤 이들은 세례 요한의 아버지인 사가랴를 가리키는 것이라고 생각하지만, 우리는 그가 폭력적인 죽임을 당했다는 증거를 가지고 있지 않다. 어떤 이들은 스가랴서를 쓴 스가랴 선지자를 가리키는 것이라고 생각하지만, 그가 활동하던 시대에는 성전이 없었다. 따라서 가장 유력한 것은 우리 구주께서는 유대인들이 요아스 왕의 명령으로 여호와의 전 뜰에서 돌로 쳐죽인 여호야다의 아들 스가랴(대하 24:21)를 가리키신 것이었다는 견해이다. 이 견해에는 이 선지자의 아버지의 이름이 일치하지 않는다는 난점이 있지만, 많은 유대인들이 그랬듯이, 여호야다도 두 개의 이름을 가지고 있었을 수 있다. 그래서 어떤 이들은 "여베레기야의 아들 스가랴"(사 8:2)로 불린 인물이 바로 이 사가랴였을 것이라고 생각한다. 따라서 우리 구주께서는 율법 이전에 살았던 "아벨"과 율법 아래에 살았던 "사가랴"를 거명하시면서, 이 두 사람이 다 의를 위하여 죽임을 당하였다고 말씀하신 것이고, 이런 식으로 해서 저 두 시기에 죽임을 당한 모든 순교자들을 다 포괄하고자 하셨을 수 있다. 또한, 창세기 4:10에서 아벨의 핏소리가 땅에서부터 하나님께 호소한다고 말하고 있고, 사가랴가 죽을 때에 하나님께서 자신의 피에 대하여 원수를 갚아 달라고 기도하였기 때문에, 우리 구주께서는 이 두 사람을 특별히 언급하신 것이라고 생각하는 사람들도 있다.

두 번째 질문과 관련해서, 하나님께서 조상의 죄를 자손들에게 갚으시는 것은 의로우시다. 그러한 원수 갚으심은 일반적으로 삼사 대까지 미치지만, 많은 세대들이 계속해서 동일한 죄악의 길로 행한 경우에는, 흔히 그 벌은 더 아래의 후대까지도 미친다. 이사야서 65:6-7에서 하나님께서는 "내가 너희의 죄악과 너희 조상들의 죄악을 그들의 품에 보응하리라"고 말씀하신다. 현재의 경우가 바로 그런 경우이다. 그리스도께서는 바리새인들은 자기 조상들의 죄의 분량을 다 채우게 될 것이기 때문에, 하나님의 원수 갚으심이 마침내 잠에서 깨어나 이 세대 위에 임하게 될 것이라고 말씀하신다. 실제로 이 일은 채 40년도 안 되어서 로마 군대에 의한 예루살렘의 철저한 멸망을 통해 일어났다. 이제 우리 주님께서는 예루살렘에 대하여 가슴 아파하시며 탄식하는 가운데, 자기가 그들의 파멸에 대하여 말씀하신 것을 다시 한 번 확증하시는 것으로 말씀을 끝맺으신다.

37-39. [37]예루살렘아 예루살렘아 선지자들을 죽이고 네게 파송된 자들을 돌로 치

는 자여 암탉이 그 새끼를 날개 아래에 모음 같이 내가 네 자녀를 모으려 한 일이 몇
번이더냐 그러나 너희가 원하지 아니하였도다 [38]보라 너희 집이 황폐하여 버려진
바 되리라 [39]내가 너희에게 이르노니 이제부터 너희는 찬송하리로다 주의 이름으로
오시는 이여 할 때까지 나를 보지 못하리라 하시니라.

누가복음 13:34-35에도 동일한 말씀이 나온다. 예루살렘아 예루살렘아. "예루살렘아"라고 두 번 연거푸 부르신 것은 우리 구주의 안타까워하시고 애끓는 심정이 어떠하셨는지를 그대로 보여 준다. 선지자들을 죽이고 네게 파송된 자들을 돌로 치는 자여. 너희는 선지자들을 박해하고 죽여 왔고, 하나님이 장차 너희에게 원수 갚으실 것임을 아랑곳하지 않고 여전히 그 같은 일들을 계속하고 있다(대하 36:16-17; 느 9:26-27). 암탉이 그 새끼를 날개 아래에 모음 같이 내가 네 자녀를 모으려 한 일이 몇 번이더냐 그러나 너희가 원하지 아니하였도다. 나는 너로 하여금 너의 행실을 고치고 나와 화목하게 지낼 수 있도록 하시기 위하여 온갖 외적인 수난들과 방편들을 너희에게 주었다. 만일 네가 그러한 것들을 받아들여서 나와 화목하게 지내게 되었다면, 병아리들이 암탉의 날개 있을 때에 솔개의 위험으로부터 안전할 수 있듯이, 너는 원수들로부터 안전하였을 것이다. 그러나 너는 그렇게 하려고 하지 않았다. 너는 나의 선지자들의 말들을 들으려 하지 않고 도리어 그들을 죽였고, 네게 보낸 나의 사자들을 돌로 쳐 죽임으로써, 너의 비뚤어지고 완악한 마음으로 나를 배척하고 내가 너에게 주고자 한 온갖 은혜와 긍휼과 보호를 다 거절하였다. 보라 너희 집이 황폐하여 버려진 바 되리라. 너희가 그토록 자랑하는 성전과 너희가 사는 집들이 파괴되고 불타며 다 무너져 내릴 것이고, 적어도 사람이 살지 않는 폐가로 변하게 될 것이다. 내가 너희에게 이르노니 이제부터 너희는 찬송하리로다 주의 이름으로 오시는 이여 할 때까지 나를 보지 못하리라. 이제 이삼 일 후면, 너희는 내가 너희 앞에서 이렇게 말씀을 전하는 모습을 영원히 보지 못하게 될 것이다. 너희는 사람들이 나를 보고 "찬송하리로다 주의 이름으로 오시는 이여"라고 환호하는 것을 시기하고 못마땅해하였지만, 이제 "인자의 날 하루"(눅 17:22)를 보게 될 것이고, 그 때에 "찬송하리로다 주의 이름으로 오시는 이여"라고 환호하게 될 것이다. 어떤 이들은 여기에 언급된 "때까지"를 최후의 심판의 날, 또는 유대인들이 최종적으로 회심하게 될 때까지를 가리키는 것으로 해석하지만, 나는 그런 해석은 억지스러운 것으로 보이기 때문에, 시편 110:1과 마태복음 1:25의 경우와 마찬가지로 해석하여야 한다고 본다. 이것이 이 기사 전체의 취지와 부합한다. 왜냐하면, 우리 구주께서는 이 시간 이후로는 다시는 성전에 공개적으로 모습을 드러내지 않으셨기 때문이다. 37절에서 우리 구주께서 하나님이 유대인들을 진정으로 구원하고자 해 오셨다고 말씀하고 계시는 것인지를 둘러싼 논쟁과 관련해서, 나는 그렇다고 본다. 왜냐하면, 하나님께서 그들을 "모으려," 즉 구원하고자 하셨다는 것은, "선지자들"을 비롯한 많은 일꾼들을 그들에게 보내셔서, 회개하고 하나님과 화목하라고 설득하게 하신 것에서 충분히 드러나고, 어떤 목적을 이루기에 합당한 수단들을 사용하였다는 것은 그 수단들을 사용한 이의 뜻과 의지를 보여 주는 것이기 때문이다.

제24장

개요

1. 성전의 멸망을 예언하심(1-2).
2. 성전 멸망 전에 어떤 징조들과 재난들이 있을 것인지, 그리고 그가 오실 때에 어떤 일들이 일어나게 될 것인지를 보여 주심(3-31).
3. 무화과나무 비유를 통해서 그 예언이 확실함을 확증해 주심(32-35).
4. 그 날과 시는 아무도 모르게 갑자기 임할 것이라고 말씀하심(36-41).
5. 따라서 우리는 주인이 돌아오기를 기다리며 충성되고 지혜롭게 행한 종들처럼 깨어 있어 있어야 한다고 하심(42-51).

1-2. [1]예수께서 성전에서 나와서 가실 때에 제자들이 성전 건물들을 가리켜 보이려고 나아오니 [2]대답하여 이르시되 너희가 이 모든 것을 보지 못하느냐 내가 진실로 너희에게 이르노니 돌 하나도 돌 위에 남지 않고 다 무너뜨려지리라.

마가는 "제자 중 하나"라고 말하고(막 13:1-2), 누가는 "어떤 사람들"이라고 말한다(눅 21:5). 마가는 그 제자가 "선생님이여 보소서 이 돌들이 어떠하며 이 건물들이 어떠하니이까"라고 말하였다고 보도하고, 누가는 그들이 성전을 가리키며 "그 아름다운 돌과 헌물로 꾸민 것"을 말하였다고 보도한다. 우리 구주께서 대답하신 내용에 관한 보도에 있어서는 세 복음서 기자가 일치한다. 그리스도께서는 성전에서 자기가 하실 일을 이제 다하셨기 때문에 다시는 거기에 가지 않으셨고, 성전에서 나오셔서 감람산을 향하여 가고 계시는 중이셨는데, 우리는 다음 절에서 주님이 감람산에 와 계신 것을 발견하게 될 것이다. 앞에서 우리 구주께서 성전이 곧 파괴될 것이라고 말씀하신 것을 들은 제자들 중의 한 사람 또는 여러 사람은 튼튼하게 지어진 성전이 그렇게 쉽게 파괴되지는 않을 것이라고 생각하였거나, 적어도 이렇게 아름다운 건물이 파괴될 것이라는 말씀을 듣고 안타깝고 씁쓸한 심정이 되어서, 모든 제자들이 다 있을 때에 우리 구주 앞에서 성전 건물과 그 돌들에 대하여 감탄하는 말을 하였던 것으로 보인다. 대부분의 해석자들은 이 성전은 대략 600여 년 전에 스룹바벨에 의해서 지어졌고 헤롯에 의해서 대대적으로 증축된 성전이었을 것이라고 생각한다. 왜냐하면, 스룹바벨이 재건한 성전이 파괴되었다는 기록이 없기 때문이다. 이 성전에 사용된 돌들과 장식물들의 크기는 어마어마했다는 얘기들이 전해진다. 우리 구주께서는 그들에게 이렇게 말씀하신다: 내가 진실로 너희에게 이르노니 돌 하나도 돌 위에 남지 않고 다 무너뜨려지리라. 즉, 이 웅장하고 거대하며 아름다운 성전은 철저하게 파괴되리라는 것이다.

예루살렘 성전의 멸망에 관하여 전해지는 기록들에 의하면, 이 예언은 토씨 하나 틀리지 않고 그대로 이루어졌다. 이 예언이 있은 지 대략 40년 후에, 로마 황제 티투스(Titus)는 예루살렘을 함락시킬 때에 자신의 군대에게 성에 들어갔을 때에 성전을 파괴하라고 명하였고, 로마군은 닥치는 대로 방화하여, 성전은 불에 타서 완전히 흔적도 없이 파괴되고 말았다. 로마 장군 투르누스 루푸스(Turnus Rufus)는 로마로 돌아갈 때에 자신의 군대의 대부분으로 하여금 예루살렘에 남아서 성전 터를 쟁기로 갈아엎어 거기에 농사를 짓게 하였는데, 이것은 하나님께서 "시온은 밭 같이 경작지가 될 것이며 예루살렘은 돌무더기가 되며 이 성전의 산은 산당의 숲과 같이 되리라"(렘 26:18; 미 3:12)고 말씀하신 것처럼 된 것이다. 이 일 후에 알리피우스(Alippius)가 배교자 율리아누스 황제의 명령으로 유대인들의 도움을 받아 성전 재건을 시도하였을 때, 성전 터에서 공 같은 불덩이들이 솟아올라 일하던 많은 인부들이 죽었기 때문에, 다시는 아무도 성전을 재건하고자 하는 시도를 하지 못하였다고 여러 저술가들이 보도한다. 이것은 하나님께서 경고하신 일이 우리 눈에는 아무리 불가능해 보이고 그 정반대일 가능성이 많아 보일지라도, 우리는 그 경고를 두려워하여야 한다는 교훈을 준다. 우리는 죄인들이 눈부시게 형통하는 모습을 보면 거기에 사로잡혀서, 그 형통함이 영원할 것처럼 생각하기가 아주 쉽지만, 죄인들이 얼마 동안이나 형통할지에 대해서는, 우리 자신의 이성이나 생각이 아니라 하나님의 계시된 뜻을 따라 판단하는 것이 옳다. 예루살렘 성전이 멸망한 일을 기억하라. 전능하신 하나님께서 멸하실 수 없을 정도로 튼튼하고 견고한 곳은 존재하지 않고, 죄가 있는 곳은 반드시 무너져 내리게 되어 있다. 또한, 여기에서 우리는 만민이 기도하는 집이 아무리 웅장하고 아름답다고 할지라도, 그 곳이 강도의 소굴이 되었을 때에는, 가차 없이 그 곳을 멸하시는 것을 볼 수 있다.

3-4. [3]예수께서 감람 산 위에 앉으셨을 때에 제자들이 조용히 와서 이르되 우리에게 이르소서 어느 때에 이런 일이 있겠사오며 또 주의 임하심과 세상 끝에는 무슨 징조가 있사오리이까 [4]예수께서 대답하여 이르시되 너희가 사람의 미혹을 받지 않도록 주의하라.

마가는 "예수께서 감람 산에서 성전을 마주 대하여 앉으셨을 때에 베드로와 야고보와 요한과 안드레가 조용히 묻되 우리에게 이르소서 어느 때에 이런 일이 있겠사오며 이 모든 일이 이루어지려 할 때에 무슨 징조가 있사오리이까 예수께서 이르시되 너희가 사람의 미혹을 받지 않도록 주의하라"(막 13:3-5)고 말하고, 누가는 "그들이 물어 이르되 선생님이여 그러면 어느 때에 이런 일이 있겠사오며 이런 일이 일어나려 할 때에 무슨 징조가 있사오리이까 이르시되 미혹을 받지 않도록 주의하라"(눅 21:7-8)고 말한다. 마가는 우리 구주께 조용히 와서 이런 질문을 한 제자들이 "베드로와 야고보와 요한과 안드레"였다고 밝히는데, 그들은 세 가지 질문을 한 것으로 보인다: (1) 예루살렘 멸망이 임박했음을 보여줄 징조는 어떤 것들인가? (2) 주의 임하심이 임박했음을 보여줄 징조는 어떤 것들인가? (3) 세상 종말이 임박했음을 보여줄 징조는 어떤 것들인가? 아마도 제자들은 자신들이 궁금하였던 이러한 것들을 우리 구주께 물어 보기 위해서 대표로 이 네 제자를 보낸 것으로 보이는데, 그 중 세 명은 전에 그리스도께서 특별히 두드러진 총애를 보여 주셨던 제자들이었다. 어떤 이들은 그들이 질문한 것이 세 가지였다는 것에 대하여 이의를 제기하고, "주의 임하심"은 첫 번째 또는 세 번째 질문과 동일한 것이었기 때문에, 두 가지 질문을 한 것으로 보아야 한다고 생각한다. 반면에, 주의 임하심을 나머지 두 가지와 다른 때에 이루어질 일로 보는 이들은, 제자들이 생각하였던 "주의 임하심"은 메시야가 이 세상에서 주의 나라를 세우시게 될 때를 가리키는 것이었다고 생각한다. 제자들은 이러한 일들이 임박했음을 미리 보여줄 "징조들," 즉 전조들을 알고 싶어 하였는데, 지금 와서 보면, 그들이 알고자 했던 일들은 시간적으로 적어도 1,600년 이상 서로 떨어져 있는 일들이었다. 왜냐하면, 역사가들은 예루살렘의 멸망은 우리 구주께서 태어나신 지 70년 또는 71년 후에, 그리고 이 말씀을 하신 지 40년 조금 못 되어서 일어났다고 우리에게 말해 주지만, "주의 임하심"이니 "세상 끝"은 아직 도래하지 않았기 때문이다. 그러나 그들은 그리스도께서 세상을 심판하러 오셔서, 세상의 모든 나라와 유대 나라를 하나로 합쳐 주의 나라를 세우시게 될 때까지는, 예루살렘이 멸망하지 않을 것이라고 믿고서, 이 세 가지를 모두 한 가지 사건으로 뭉뚱그려서 말한 것일 가능성이 높다. 우리 모두가 장차 일어날 일들에 대하여 호기심을 갖는 것은 자연스러운 일인 것과 마찬가지로, 제자들에게도 장차 일어날 일들 중에서 한 가지만은 꼭 알고 싶어 하였는데, 그것은 그들이 기다렸던 메시야이신 예수께서 언제가 되어야 이 세상에 주의 나라를 건설하시게 될 것인가 하는 것이었다. 왜냐하면, 그들은 메시야의 나라에 관하여 잘못된 생각을 지니고 있었던 유대인들과 마찬가지로, 그리스도께서 이 땅에 오셔서 이스라엘 나라를 회복시키셔서 왕으로 다스리시게 될 것이라고 생각하고 있었기 때문이다.

우리의 찬송 받으실 주님께서는 또 다른 경우에 자신의 제자들에게 "때와 시기는 아버지께서 자기의 권한에 두셨으니 너희가 알 바 아니요"(행 1:7)라고 말씀하셨듯이, 여기에서도 그러한 일들이 일어날 때를 확실하게 예측할 수 있게 해줄 그런 징조들을 그들에게 말씀해 주시는 것이 아니라, 단지 그런 일들이 가까웠다는 것을 추측할 수 있게 해줄 몇 가지 징조들만을 말씀해 주신다. 어떤 이들은 우리 구주께서 이 장의 전반부에서 말씀하신 징조들은 예루살렘의 멸망과 관련된 것들이고, 후반부에 언급된 징조들은 심판의 날과 관련된 것들이라고 분명하게 구별하지만, 내가 보기에는 우리 구주께서는 그러한 구별 없이 이 두 사건과 관련된 징조들을 한데 섞어서 말씀하고 계신 것으로 보이는데, 예언들에 대한 최고의 해석자는 시간이기 때문에, 시간이 모든 것을 우리에게 설명해 준다. 예루살렘의 멸망은 천 년도 훨씬 지난 과거의 사건이고, 거기에 대한 기록은 성경을 비롯한 여러 저술들에 등장하기 때문에, 우리 구주께서 예루살렘의 멸망과 관련된 징조들로 의도하신 것들을 가려내는 것은 그리 어려운 일은 아니지만, 어떤 징조들은 예루살렘의 멸망과 세상의 종말이라는 두 사건 모두에 공통되는 것들이고, 신학자들은 예루살렘의 멸망은 세상의 멸망의 모형이기 때문에, 두 사건의 징조들은 대부분 서로 중복될 수밖에 없다는 점을 한결같이 지적한다. 바울은 네로의 치세의 초기에 죄수가 되어 로마로 호송되었다(행 27장). 역사가들은 바울과 베드로가 예루살렘이 멸망한 지 한두 해 내에 네로의 치세 말기에 죽임을 당하였다고 말한다. 우리 구주께서는 자신의 제자들에게 징조들을 말씀해 주시기 전에, "너희가 사람의 미혹을 받지 않도록 주의하라"고 통상적인 경고를 먼저 덧붙이신다.

5. 많은 사람이 내 이름으로 와서 이르되 나는 그리스도라 하여 많은 사람을 미혹하리라.

마가복음 13:6에 나오는 것도 동일하고, 누가는 "많은 사람이 내 이름으로 와서 이르되 내가 그라 하며 때가 가까이 왔다 하겠으나 그들을 따르지 말라"(눅 21:8)고 말한다. 우리 구주께서는 이 징조를 예루살렘의 멸망과 세상의 종말이 임박했음을 보여줄 징조로 말씀하신 것으로 보이기는 하지만, 아마도 전자의 징조라는 측면에 더 큰 무게가 실려 있는 것으로 보인다. 왜냐하면, 유대인들은 이 땅에 와서 자신들을 구원하고 이스라엘 나라를 회복할 메시야를 기다리고 있었던 까닭에, 로마에 대향하여 반란을 일으키려고 세를 모으고자 하는 자들은 누구나 자기가 메시야라고 자처하고 나서는 일이 예루살렘 멸망 후보다는 그 이전에 빈번하게 일어나게 될 것이었기 때문이다. 가말리엘은 그런 인물들로 "드다"와 "갈릴리의 유다"를 거론하였고(행 5:36-37), "네가 이전에 소요를 일으켜 자객 사천 명을 거느리고 광야로 가던 애굽인이 아니냐"(행 21:38)라는 구절에 등장하는 "애굽인"이나, "자칭 큰 자"라 하며 사람들로부터 "크다 일컫는 하나님의 능력"으로 칭송받던 마술사 시몬(행 8:9-10)도 그런 부류의 인물들이었다. 예루살렘의 멸망이 임박했을 때에 나타나게 될 이런 징조는 세상의 종말이 임박했을 때에도 똑같이 나타나게 될 것이다. 많은 사람들이 메시야를 자처하는 자들에 의해서 미혹을 당하였다. 그리스도께서는 자신의 제자들에게 그러한 자들을 주의하라고 경고하신다.

6-8. [6]난리와 난리 소문을 듣겠으나 너희는 삼가 두려워하지 말라 이런 일이 있어야 하되 아직 끝은 아니니라 [7]민족이 민족을, 나라가 나라를 대적하여 일어나겠고 곳곳에 기근과 지진이 있으리니 [8]이 모든 것은 재난의 시작이니라.

마가복음 13:7-8에도 동일한 말씀이 나온다. 누가복음 21:9-11도 거의 동일한 내용이지만, "무서운 일과 하늘로부터 큰 징조들이 있으리라"는 말씀을 덧붙인다. 해석자들은 이 예언이 주로 예루살렘의 멸망과 관련된 것이라고 생각한다. 왜냐하면, 우리 구주께서 죽으신 때로부터 예루살렘이 멸망할 때까지는 유대를 비롯한 로마 제국 각지에서 봉기와 반란이 무수히 일어났기 때문이다. 우리 구주의 이 말씀이 그대로 이루어졌다는 것은 요세푸스(Josephus)가 자신의 『유대 전쟁사』 제2권 11장부터 제4권 끝까지 서술한 내용을 통해서 입증되지만, 그런 내용 외에도, 네로의 뒤를 이어 로마 황제가 된 오토(Otho), 비텔리우스(Vitellius), 베스파시아누스(Vespasian)의 치세 때에 큰 전쟁들과 기근들이 있었는데, 사도행전 11:28은 그 중의 한 기근은 아가보가 글라우디오 황제 때에 예언하였던 것이라고 말한다. 또한, 이 시기에 여러 곳에서 지진이 있었다는 것도 역사서들이 기록하고 있다. 우리 구주께서는 "이런 일이 있어야 하되 아직 끝은 아니니라"고 제자들에게 말씀하시는데, 요세푸스가 『유대 전쟁사』에서 로마군에 의해 예루살렘이 함락된 사건을 서술한 내용을 읽어 본 사람들은 이 말씀이 옳다는 것을 알게 된다.

9. 그 때에 사람들이 너희를 환난에 넘겨 주겠으며 너희를 죽이리니 너희가 내 이름 때문에 모든 민족에게 미움을 받으리라.

마가는 "너희는 스스로 조심하라 사람들이 너희를 공회에 넘겨 주겠고 너희를 회당에서 매질하겠으며 나로 말미암아 너희가 권력자들과 임금들 앞에 서리니 이는 그들에게 증거가 되려 함이라"(막 13:9)고 말하고, 누가는 "이 모든 일 전에 내 이름으로 말미암아 너희에게 손을 대어 박해하며 회당과 옥에 넘겨 주며 임금들과 집권자들 앞에 끌어 가려니와 이 일이 도리어 너희에게 증거가 되리라"(눅 21:12-13)고 말한다. 우리 구주께서는 제자들이 여전히 자기가 세상 나라를 세울 것이라는 망상에 사로잡혀 있는 것을 아시고서, 여기에서 자기가 오게 될 날이 멀지 않았음을 보여 주는 징조들을 말씀해 주시면서, 그들이 먼저 그러한 박해와 시련들을 겪고 나서야, 자신을 대적하였던 유대인들을 멸하고 자신의 영광을 드러내기 위하여 마지막 날에 자기가 오게 될 것이라고 보여 주심으로써, 그들의 잘못된 생각을 바로잡아 주시고자 하신다. 주님이 오시기 전에 그들이 겪어야 할 환난들은 모든 민족에게 미움을 받고, 공회에 넘겨지며, 회당에서 매질을 당하고, 감옥에 갇히며, 죽임을 당하는 것이 될 것이다. 이 모든 일들은 예루살렘의 멸망 전에 그리스도의 제자들에게 일어났다. 그리스도인들은 "어디서든지 반대를 받는 … 파"로 여겨졌고(행 28:22), 스데반은 돌에 맞아 죽었으며(행 7:59), 야고보는 칼에 죽임을 당하였고(행 12:2), 바울과 실라는 감옥에 갇혔으며(행 16:23), 바울은 "유대인들에게 사십에서 하나 감한 매를 다섯 번 맞았으며 세 번 태장으로 맞고 한 번 돌로 맞았다"(고후 11:24-25). 또한, 바울은 아그립바 왕과 베스도 총독 앞에 끌려갔고, 베드로와 요한은 공회 앞에 불려갔다(행 4:7; 5:21). 이 모든 일들은 예루살렘의 멸망 전에 일어난 일들이었기 때문에, 그 멸망의 전조로 해석될 수 있다. 하지만 우리 구주께서는 그런 일들만이 아니라 "너희가 내 이름 때문에 모든 민족에게 미움을 받으리라"고 말씀하시는데, 이 일은 나중에 기독교가 300년 동안 이교도들에 의해서 박해를 받게 되었을 때에 일어난 일이었다. 마가는 이 모든 일들이 일어나는 것은 "그들," 즉 박해자들에 대한 증언이 되게 하기 위한 것이라고 말하고, 누가는 이런 일들은 "너희"에 대한 증언이 될 것이라고 말한다. 즉, (1) 그리스도인들에 대한 박해는 박해하는 자들의 배은망덕함과 잔인함, 그리고 그들이 그리스도의 이름을 미워하는 것에 대한 증언이 됨과 동시에, (2) 박해 받는 자들의 믿음과 인내와 담대함에 대한 증언이 되리라는 것이다.

10. 그 때에 많은 사람이 실족하게 되어 서로 잡아 주고 서로 미워하겠으며.

마가는 "형제가 형제를, 아버지가 자식을 죽는 데에 내주며 자식들이 부모를 대적하여 죽게 하리라 또 너희가 내 이름으로 말미암아 모든 사람에게 미움을 받을 것이니"(막 13:12-13)라고 말하고, 누가는 "심지어 부모와 형제와 친척과 벗이 너희를 넘겨 주어 너희 중의 몇을 죽이게 하겠고 또 너희가 내 이름으로 말미암아 모든 사람에게 미움을 받을 것이니"(눅 21:16-17)라고 말한다. 이 말씀의 요지는 신자들이 복음으로 인하여 큰 환난과 박해를 받게 될 때, 거기에 걸려 넘어져서 배교자들이 되는 일이 일어나게 되리라는 것이다. **서로 잡아 주고.** 성경 속에서도 "부겔로와 허모게네"(딤후 1:15), "데마"(딤후 4:10), "후메내오와 빌레도"(딤후 2:17) 등이 언급되어 있다. 그러나 성경은 일어난 일들을 모두 다 기록한 것이 아니기 때문에, 여기에 언급된 것과 같은 그런 일들에 대한 구체적인 기록은 성경에 나오지 않아서, 우리 구주의 예언이 그대로 다 이루어졌다는 것을 입증해 주는 증거는 없지만, 우리는 우리 구주께서 여기에서 말씀하신 일들이 다 일어났을 것임을 충분히 짐작할 수 있다. 엄청난 배교와 배신이 일어나는 때는 보통 큰 박해의 때이다. 우리는 역사에서 사람들이 종교를 박해할 때보다 더 큰 증오심을 활활 불태운 적이 없다는 것을 계속해서 보아 왔다. 우리 구주께서 여기에서 예언하신 일들이 그대로 일어났다는 것은 모든 시대의 교회의 역사가 잘 증명해 준다.

11-12. [11]거짓 선지자가 많이 일어나 많은 사람을 미혹하겠으며 [12]불법이 성하므로 많은 사람의 사랑이 식어지리라.

우리 구주께서는 여기에서 두 가지 징조를 더 보여 주신다: (1) 거짓 선생들이 많이 일어나리라는 것. (2) 그리스도인들의 열심과 하나님에 대한 사랑이 식어지게 되리라는 것. 11절에 대해서는 23-24절에 대한 주석을 보라. 우리는 거기에서 11절의 말씀을 좀 더 자세하게 다루게 될 것이다. "불법이 성할" 것이라는 말씀은 복음의 원수들의 광분함과 악의와 잔인함이 극에 달할 것임을 의미하는 것으로 볼 수도 있고, 신앙을 고백한 자들의 배교가 많이 일어나게 되리라는 것을 의미하는 것으로 볼 수도 있다. 이 두 가지는 큰 시험거리가 되어서, 하나님이 선한 심령들 속에 켜 놓으신 저 거룩한 불을 꺼버리지는 못할 것이지만, 자주 그 심령들에 아주 나쁜 영향력을 미쳐서, 하나님의 길로 행하고자 하였던 그들의 이전의 뜨거움을 식어지게 하는 역할을 하게 될 것이다. 또는, 우리가 구주께서 여기에서 말씀하신 "사랑"을 형제에 대한 사랑으로 이해한다면, 우리는 신앙을 고백한 형제들의 배교가 이어지면서, 누구를 진실한 형제로 믿어야 할지를 몰라서, 그리스도인들 가운데서 형제들에 대한 사랑이 식어지게 될 것이라는 의미로 이 말씀을 이해할 수도 있다. 또한, 우리가 "불법이 성할" 것이라는 말씀도 전체적으로 세상적인 것들이 판을 치게 될 것이라는 말씀으로 이해한다면(박해의 때에는 언제나 이런 일이 일어난다), 그것도 신앙에 대한 그리스도인들의 뜨거움에 큰 영향을 미쳐서, 그들의 열심이 식어지게 되는 결과를 초래할 것이다. 히브리서 10:25; 디모데후서 1:15; 4:16을 보라.

13. 그러나 끝까지 견디는 자는 구원을 얻으리라.

마가복음 13:13에도 동일한 말씀이 나오고, 우리는 이 말씀을 마태복음 10:22에서도 만난 적이 있다. 이것은 흔들리지 않는 견고한 믿음을 끝까지 인내로써 고수하는 자들에게 주어진 약속이다. 복음으로 인한 여러 환난들로 인해 배교의 시험을 당하는 가운데서도, 복음에 대한 신앙 고백으로 말미암아 온갖 고난들을 인내로써 담대하게 잘 감당하고 믿음을 지킨 자들은 구원을 얻게 될 것이다. 그런 자들은 이 땅에서 그러한 고난들에서 건짐을 받지 못한다고 할지라도, 영원한 구원을 받게 될 것이다.

14. 이 천국 복음이 모든 민족에게 증언되기 위하여 온 세상에 전파되리니 그제야 끝이 오리라.

이 말씀은 마가복음 13:10에도 나온다. 어떤 이들은 이 절의 끝에 나오는 "끝"은 예루살렘의 멸망을 가리킨다고 생각하고, 어떤 이들은 심판의 날을 가리킨다고 생각한다. 전자의 견해에 의하면, 우리가 흔히 그러하듯이 "세상"이 유대인들과 대비되는 이방인들을 가리키는 환유법적인 표현(즉, 일부를 가지고 전체를 나타내는 수사법)이라고 보았을 때, 천국으로 가는 길을 보여 준다는 의미에서, 또는 그리스도께서 사람들의 마음을 자신에게 복종시키는 거룩한 수단이라는 의미에서 여기에서 "천국 복음"이라 불리는 복음이, 예루살렘이 멸망하기 이전에, 세상에, 즉 이방인들의 대부분에게 전파되었다는 것은 거의 확실하다. 바울은 혼자서 예루살렘에서 시작해서 일루리곤에 이르기까지 복음을 전하였고, 로마 교인들의 "믿음"은 "온 세상에 전파되었다"(롬 1:8). 바울은 "복음"이 "천하 만민에게 전파되었다"고 말한다(골 1:23; 롬 10:18; 15:16; 골 1:6; 딤전 3:16). 반면에, 후자의 견해를 지지하는 이들은 여기에서 "끝"은 세상의 종말을 가리키는 것으로 이해하여야 한다고 주장한다.

15. 그러므로 너희가 선지자 다니엘이 말한 바 멸망의 가증한 것이 거룩한 곳에 선 것을 보거든 (읽는 자는 깨달을진저).

마가는 "서지 못할 곳에 선 것을 보거든"이라고 말한다(막 13:14). 여기에서 두 가지 질문이 제기된다. (1) 여기에 언급된 "멸망의 가증한 것"은 무엇을 의미하는가? (2) 우리 주님께서는 다니엘서 중에서 어느 본문을 염두에 두신 것인가?

두 번째 질문과 관련해서는, 다니엘에서는 이렇게 말하고 있는 본문이 세 개가 있는데, 첫 번째 본문은 "그가 장차 많은 사람들과 더불어 한 이레 동안의 언약을 굳게 맺고 그가 그 이레의 절반에 제사와 예물을 금지할 것이며 또 포악하여 가증한 것이 날개를 의지하여 설 것이며 또 이미 정한 종말까지 진노가 황폐하게 하는 자에게 쏟아지리라 하였느니라"(9:27)는 말씀이다. 그런데 이 본문에는 "가증한 것"에 대하여 "그가 그것을 황폐화시키기 위하여 끌고 온 가증한 군대"라는 난외주가 덧붙여져 있다. 두 번째 본문은 "군대는 그의 편에 서서 성소 곧 견고한 곳을 더럽히며 매일 드리는 제사를 폐하며 멸망하게 하는 가증한 것을 세울 것이며"(11:31)라는 말씀이고, 세 번째 본문은 "매일 드리는 제사를 폐하며 멸망하게 할 가증한 것을 세울 때부터"(12:11)라는 말씀이다. 칼빈 목사님은 여기에 언급된 다니엘서 본문은 12:11이라고 생각하는 반면에, 다른 사람들은 11:31과 12:11의 본문은 안티오코스(Antiochus)에 관한 것이라는 이유를 반대의 근거로 삼아서, 우리 구주께서는 여기에서 9:27을 염두에 두신 것이라고 말한다. 우리 구주께서 다니엘서 중에서 어느 본문을 염두에 두고 이 말씀을 하셨는가 하는 것은 우리에게 별로 중요한 문제가 아니다. 그것이 어느 본문이든, "선지자 다니엘이 말한" 것임에는 틀림이 없다. 우리 구주께서는 이렇게 다니엘서 본문을 인용하심으로써, 다니엘서가 성경의 일부라는 것을 증언하심과 동시에, 자기가 지금 제자들에게 말씀하신 것은 성경에 예언된 것이어서 반드시 성취될 것이기 때문에, 유대인들의 예배는 반드시 폐하여지게 될 것임을 그들에게 알게 해주신다.

첫 번째 질문과 관련해서는 아주 다양한 견해가 제시되고 있지만, 나는 "멸망의 가증한 것"은 로마 군대를 가리키는 것으로 보는 자들의 견해가 가장 좋다고 생각하는데, 그들은 로마 군대가 우상을 숭배하며 여러 가지 수많은 가증한 신상들을 몸에 지닌 군사들로 이루어져 있었기 때문에, 다니엘서에서는 그 군대를 "가증한 것"으로 불렀을 것이라고 본다. 그리고 "멸망의"라는 수식어가 첨가된 것은 그들이 예루살렘을 멸망시킬 군대였기 때문이다. 따라서 "멸망의 가증한 것"이라는 어구를 사용하고 있지 않고, "너희가 예루살렘이 군대들에게 에워싸이는 것을 보거든 그 멸망이 가까운 줄을 알라"(눅 21:20)고 말한 누가 본문이 이 어구에 대한 최고의 해석을 제공해 준다고 할 수 있다. 우리 구주께서는 이렇게 말씀하신다: 너희가 가증한 군대가 "거룩한 곳," 즉 거룩한 땅인 온 유대에 "선 것을 보거든," 선지자 다니엘의 예언을 읽은 자들은, 하나님께서 전에 미리 말씀하신 대로 자신의 의로우신 심판을 통해서 저 거룩한 곳이 안티오코스의 가증한 군대에 의해 더럽혀지게 하셨던 것과 마찬가지로, 이제 또다시 저 거룩한 곳을 가증한 로마 군대에 의해 더럽혀지게 하실 것인데, 선지자 다니엘이 이미 예언한 대로, 로마 군대는 저 거룩한 곳을 멸망시키고 황폐하게 만들어 버릴 것임을 깨달아야 한다. 따라서 너희는 로마 군대가 예루살렘 앞에 진을 치는 것을 보았을 때, 하나님께서 예루살렘을 그들의 손에 붙이셔서, 내가 여기에서 미리 말한 모든 일들이 일어나게 될 것임을 확실히 알 수 있게 될 것이다.

16-18. [16]그 때에 유대에 있는 자들은 산으로 도망할지어다 [17]지붕 위에 있는 자는 집 안에 있는 물건을 가지러 내려 가지 말며 [18]밭에 있는 자는 겉옷을 가지러 뒤로 돌이키지 말지어다.

마가복음 13:14-16에도 이 말씀이 나오고, 누가는 "그 때에 유대에 있는 자들은 산으로 도망갈 것이며 성내에 있는 자들은 나갈 것이며 촌에 있는 자들은 그리로 들어가지 말지어다"(눅 21:21)라고 말한다. 이 모든 말씀의 요지는, "그 때에" 예루살렘의 멸망이 가까운 것이기 때문에, 할 수 있는 한 있는 힘을 다해서 도망치고 피신하라는 것이다. 누가는 "이 날들은 기록된 모든 것을 이루는 징벌의 날이니라"는 말씀을 덧붙인다. 너희가 이 징조를 보았을 때에는, 내가 이 성에 대하여 미리 말한 모든 일들이 이루어질 때가 도래한 것이기 때문에, 너희 중에서는 단 한 사람도 폭풍이 지나갔다고 생각해서는 안 된다.

19-20. [19]그 날에는 아이 밴 자들과 젖 먹이는 자들에게 화가 있으리로다 [20]너희가 도망하는 일이 겨울에나 안식일에 되지 않도록 기도하라.

마가 본문에는 "안식일"에 대한 언급이 나오지 않고(막 13:18), 누가 본문에는 20절의 말씀이 아예 나오지 않는다(눅 21:23). 이 본문에서 "화가 있으리로다"는, 우리 구주께서 그런 자들은 도망하거나 피신하는 것이 지체될 것이기 때문에, 더욱더 곤경에 처하게 될 것임을 보이시고서 그들을 불쌍히 여기신다는 것을 보여 주는 표현일 뿐이다. 그래서 주님은 그들이 "겨울에나 안식일에" 도망하거나 피신하는 일이 없게 되기를 기도하라고 명하신다. 이것은 겨울에는 추위와 습기 때문에 당연히 피난이 지체되고 더 어려워지게 될 것이고, 안식일에는 그들이 안식일과 관련된 미신적인 생각에 발목에 잡혀서, 그 날에는 그들 자신을 방어하기도 어렵고, 여행할 수 있는 거리가 2마일(3.2km)로 제한되어 있어서 원수들로부터 도망하기도 어려울 것이기 때문이었다. 이것을 통해서 우리 구주께서는 그들이 2마일보다 더 먼 거리로 도망하여야 한다는 것을 그들에게 암시해 주고 계신다. 우리 구주께서 여기에서 언급하신 "안식일"은 유대인들이 거룩한 안식의 날로 지키는 날을 가리킨다. 주님은 자신의 부활로 말미암아 안식일에 관한 개념이 새로워질 것이지만, 유대인들은 한동안 옛 안식일이 폐지되었다는 것을 받아들이지 않을 것임을 알고 계셨다. 따라서 여기에서 그리스도께서는 자신의 부활 이후에도 옛 안식일을 지키는 것을 당연한 일로 여기시고 합법화시키신 것이 결코 아니다. 주님께서 그들에게 그들이 도망해야 할 날이 안식일이 되지 않도록 기도하라고 하신 것은, 안식일에는 만민이 기도하는 집인 성전에 가서 하나님 앞에서 거룩한 안식을 누리며 그 날을 거룩히 지켜야 한다는 그들의 생각이 그들이 도망하는 일에 장애물이 되거나 그들의 곤경을 더욱 가중시키게 될 것임을 말씀하신 것일 뿐이다.

21-22. [21]이는 그 때에 큰 환난이 있겠음이라 창세로부터 지금까지 이런 환난이 없었고 후에도 없으리라 [22]그 날들을 감하지 아니하면 모든 육체가 구원을 얻지 못할 것이나 그러나 택하신 자들을 위하여 그 날들을 감하시리라.

마가복음 13:19-20에도 동일한 취지의 말씀이 나온다. 누가는 "이는 땅에 큰 환난과 이 백성에게 진노가 있겠음이로다 그들이 칼날에 죽임을 당하며 모든 이방에 사로잡혀 가겠고 예루살렘은 이방인의 때가 차기까지 이방인들에게 밟히리라"(눅 21:23-24)고 좀 더 구체적으로 자세하게 말한다. 이 절들은 유대 민족에게 일어날 일들을 말씀하신 것으로서, 요세푸스(Josephus)의 『유대 전쟁사』를 읽은 사람들은 성경에 기록된 유대인들의 이전의 모든 역사 속에서 이 때에 일어난 일과 같은 것은 없었다는 데 기꺼이 동의할 것이다. 로마 장군 티투스(Titus)에 의해서 예루살렘이 최종적으로 멸망한 일보다 더 큰 참상은 다른 무엇보다도 유대인들 내부에서의 알력과 다툼이었다. 그래서 어떤 이들은 유대인들이 파당을 이루어서 소요들을 일으켜서 서로를 잔인하게 죽이고 해치는 끔찍한 일이 반복되자, 하나님께서는 로마 군대를 보내셔서, 그들의 참담한 곤경의 날들을 "감하시고" 단축시켜 주신 것이라고 생각한다. 우리 구주께서는 하나님이 이 죄악된 백성 가운데 있던 "택하신 자들을 위하여" 이 날들을 감하여 주시겠다고 약속하셨다고 말씀하신다. 따라서 예루살렘 도성은 불과 6개월도 되지 않아 함락되었고, 유대 땅 전체가 로마의 수중에 넘어가는 데에도 그로부터 18개월이 채 걸리지 않았다. 만일 하나님께서 이 백성 중에서 자기가 은혜로 택하신 자들을 불쌍히 여기셔서, 로마 군대를 보내셔서 그들의 극심한 내분을 진압시키심과 동시에, 로마 군대로 하여금 아주 신속한 승리를 거두게 하심으로써, 이 재앙의 날들을 감해 주시지 않으셨다면, 유대인들은 단 한 명도 살아남지 못했으리라는 것을 유대전쟁에 관한 역사를 읽은 사람들이라면 누구나 인정할 수밖에 없을 것이다.

23-26. [23]그 때에 사람이 너희에게 말하되 보라 그리스도가 여기 있다 혹은 저기 있다 하여도 믿지 말라 [24]거짓 그리스도들과 거짓 선지자들이 일어나 큰 표적과 기사를 보여 할 수만 있으면 택하신 자들도 미혹하리라 [25]보라 내가 너희에게 미리 말하였노라 [26]그러면 사람들이 너희에게 말하되 보라 그리스도가 광야에 있다 하여도 나가지 말고 보라 골방에 있다 하여도 믿지 말라.

마가복음 13:21-23에도 거의 동일한 말씀이 나온다. 예루살렘의 멸망이 가까운 때에, 유대인들이 메시야가 와서 이 땅에 자신의 나라를 세우셔서 이스라엘 나라를 회복하시고 자신들을 다시 자유롭게 해주실 것이라고 믿고 있던 상황을 악용해서(대부분의 유대인들만이 아니라 그리스도의 제자들 중에서도 적지 않은 사람들이 이러한 메시야 사상에 감염되어 있었다), 자신을 메시야, 즉 그리스도로 자처하여 사람들을 끌어 모아 파당을 만들고, 마치 자기가 그들의 자유를 위하여 싸우기 위하여 일어선 것인 양 선전하며, 사람들에게 자기를 따르라고 선동하였던 자들이 심심치 않게 나타났는데, 우리 구주께서는 특히 바로 그러한 자들을 염두에 두시고서 이 말씀을 하신 것임은 의심의 여지가 없다. 실제로 요세푸스의 『유대 전쟁사』와 로마의 역사를 다룬 책들에는 이 시기에 그러한 부류의 인물들이 몇몇 언급되어 있다. 그래서 우리 주님께서는 자신의 제자들에게 그런 자들을 조심하라고 경고하시고, 그들이 꿈꾸어 왔던 이 땅에 건설될 메시야 왕국에 대한 기대를 버리게 하신다. 주님은 그렇게 일어난 자들 중에는 "큰 표적과 기사"를 행하여 "할 수만 있으면 택하신 자들도 미혹하고자" 할 것이라고 말씀하신다. 우리 구주께서는 자신의 제자들에게, 그런 자들이 아무리 큰 표적을 행하며 정말 메시야 같은 모습으로 온다고 할지라도, 결코 그런 자들에게 속거나 미혹되지 않도록 조심하고 깨어 있어야 한다고 말씀하신다. 왜냐하면, 메시야의 오심은 그런 자들의 등장과는 판이하게 다를 것이고, 메시야의 나라는 그런 자들이 말하는 나라와는 판이하게 다른 나라가 될 것이기 때문이다.

27-28. [27]번개가 동편에서 나서 서편까지 번쩍임 같이 인자의 임함도 그러하리라 [28]주검이 있는 곳에는 독수리들이 모일 것이니라.

누가복음 17:24, 37에 나오는 것도 거의 동일하다. 해석자들은 여기에 언급된 "인자의 임함"이 무엇을 가리키는지에 대하여 여러 가지 견해를 제시해 왔는데, 어떤 견해를 취하느냐에 따라서 이 절들에 대한 해석도 달라진다. 어떤 이들은 여기에서 "인자의 임함"은 인자가 예루살렘을 멸망시키기 위하여 임하시는 것을 가리킨다고 보고, 여기에서 우리 구주께서는 사람들이 우렛소리를 들어도 번개는 이미 치고 난 후인 것과 마찬가지로, 예루살렘의 멸망도 그렇게 번개처럼 순식간에 일어나게 될 것이라고 말씀하신 것이라고 생각한다. 이렇게 해석하는 사람들은 28절에 언급된 "주검"은 하나님께서 멸망시키기로 작정하신 유대 나라를 가리키고, "독수리"는 로마 군대를 가리킨다고 본다. 욥은 "시체가 있는 곳에는 독수리가 있느니라"(욥 39:30)고 말하고, 하박국 선지자는 갈대아 군대에 대해서, "마치 먹이를 움키려 하는 독수리의 날음과 같으니라"(합 1:8)고 말한다. 어떤 이들은 여기에서 "인자의 임함"은 그리스도께서 자신의 영적인 나라에 임하시는 것을 가리키는 것으로 이해한다. 복음이 전파되는 것은 "번개"와 같아서, 내 복음이 모든 곳에 전파될 것이기 때문에, 너희는 "보라 그리스도가 여기 있다 혹은 저기 있다" 하는 말에 귀 기울일 필요가 없다. "주검"이 있는 곳에, 즉 나의 죽음과 부활이 전파되는 곳에, 모든 택하신 자들, 내 목소리를 듣고 나를 따르는 나의 양들이 모여들 것이다. 어떤 이들은 그리스도께서 심판하러 오실 때에 순식간에 모든 곳에 임하실 것임을 보여 주시기 위하여, 그것을 "번개"에 비유하신 것이라고 생각한다. 그리스도께서는 "거기에 내가 있을 것이고, 나의 모든 성도들이 함께 모이게 될 것"이라고 말씀하고 계시다는 것이다. 누가복음 17:24, 37이 말하고 있는 것은 바로 이것으로 보인다. "주검 있는 곳에는 독수리들이 모일 것이니라"는 어구는, 주검이 있으면, 자연스럽게 거기에 독수리들이 모여들듯이, 선천적인 욕구에 의해서 자연스럽게 모일 것이기 때문에 큰 수고를 할 필요가 없다는 것을 나타내는 속담적인 표현이다. 따라서 이 어구는 다양한 경우에 적용될 수 있다. 우리 구주께서 주검과 독수리에 관한 말씀을 인자의 임함에 관한 말씀과 서로 결합시켜서 말씀하신 것인지 그렇지 않은지에 대해서는 나는 알 수 없다. 누가복음에서 주검과 독수리에 관한 말씀은 인자의 임함에 관하여 하신 말씀(눅 21장) 속에는 나오지 않고, 하나님의 나라의 임함에 관한 바리새인들의 질문에 대하여 우리 구주께서 대답하시는 말씀(눅 17:20-37) 속에 등장한다. 이것에 대해서는 내가 누가복음의 해당 구절을 다룰 때에 좀 더 자세하게 살펴볼 것이다.

29. 그 날 환난 후에 즉시 해가 어두워지며 달이 빛을 내지 아니하며 별들이 하늘

에서 떨어지며 하늘의 권능들이 흔들리리라.

마가는 "그 때에 그 환난 후 해가 어두워지며 달이 빛을 내지 아니하며 별들이 하늘에서 떨어지며 하늘에 있는 권능들이 흔들리리라"(막 13:24-25)고 말하고, 누가는 "일월성신에는 징조가 있겠고 땅에서는 민족들이 바다와 파도의 성난 소리로 인하여 혼란한 중에 곤고하리라 사람들이 세상에 임할 일을 생각하고 무서워하므로 기절하리니 이는 하늘의 권능들이 흔들리겠음이라"(눅 21:25-26)고 말한다. 이 말씀이 그리스도께서 최후의 심판을 위하여 임하시는 때가 임박하였음을 보여 주는 징조에 관한 것인지, 아니면 예루살렘의 멸망이 임박했음을 보여 주는 징조에 관한 것인지에 대해서는 해석자들의 견해가 첨예하게 갈린다. 이 본문을 예루살렘의 멸망과 관련된 징조에 관한 말씀으로 해석하는 사람들은, 예루살렘이 함락되기 전에 공중과 땅에서 나타난 기이한 징조들이 이 본문에 나와 있는 것들과 같았다는 역사가들의 기록을 그 근거로 제시한다. 그러나 나는 우리 구주께서 앞에서 예루살렘의 멸망과 관련된 징조를 말씀하신 후에, 이제 여기에서 자신의 제자들의 또 다른 질문, 즉 세상의 종말에 관한 질문에 대답하시기 시작하신 것이라고 생각하기 때문에, 이 본문이 최후의 심판과 관련된 징조에 관한 말씀으로 보아야 한다고 본다. 그리스도의 임하심은 종종 자신의 섭리를 따라 자신의 원수들을 멸하시는 주목할 만한 행위를 가리키기도 하지만, 이후의 절들이 그가 자신의 천사들을 대동하고 큰 권능과 영광 중에 나팔소리와 함께 임하셔서 자신의 택함 받은 자들을 사방에서 모으실 것에 대하여 말하고 있다는 점, 그리고 이 본문은 성경이 그리스도께서 최후의 심판을 위하여 오시는 장면을 묘사하는 본문들(고전 15:52; 살전 4:16)과 아주 흡사하다는 점, 그리고 여기에서 그리스도께서는 자신의 제자들이 예루살렘의 멸망과 더불어 세상의 종말에 대하여 물은 것에 대하여 말씀하고 계시는 것이라는 점에서, 나는 이 본문은 이미 앞에서 말한 예루살렘의 멸망이 아니라 최후의 심판과 관련해서 해석하거나, 적어도 이 징조들은 이 장에 언급된 다른 여러 징조들과 마찬가지로 둘 모두에 공통적인 것들로 보아져야 한다고 생각한다.

어떤 이들은 여기에서 해와 달이 어두워지고, 별들이 떨어지며, 하늘의 권능들이 흔들릴 것이라는 말씀은 은유적인 것으로 해석해서, 유대 교회 및 유대 나라와 관련된 큰 격변을 가리키는 것으로 이해하여야 한다고 생각한다. 물론, 그런 종류의 표현들이 성경에서 그런 격변을 가리키는 경우가 자주 있는 것은 사실이다(사 13:10; 24:23; 겔 32:7; 욜 2:31). 그러나 우리가 이 본문을 예루살렘의 멸망에 관한 것으로 보든, 아니면 최후의 심판에 관한 것으로 보든, 이 본문의 축자적인 의미를 배제해서는 안 된다는 것은 의심의 여지가 없다. 왜냐하면, 역사가들이 예루살렘의 멸망 직전에 기이한 징조들이 있었음을 말해 준 것과 마찬가지로, 사도 베드로는 심판의 날이 이르기에 앞서 그런 징조들이 나타날 것이라고 우리에게 분명하게 말해 주고 있기 때문이다(벧후 3:10, 12).

30-31. [30]그 때에 인자의 징조가 하늘에서 보이겠고 그 때에 땅의 모든 족속들이 통곡하며 그들이 인자가 구름을 타고 능력과 큰 영광으로 오는 것을 보리라 [31]그가 큰 나팔소리와 함께 천사들을 보내리니 그들이 그의 택하신 자들을 하늘 이 끝에서 저 끝까지 사방에서 모으리라.

마가는 "그 때에 인자가 구름을 타고 큰 권능과 영광으로 오는 것을 사람들이 보리라 또 그 때에 그가 천사들을 보내어 자기가 택하신 자들을 땅 끝으로부터 하늘 끝까지 사방에서 모으리라"(막 13:26-27)고 말하고, 누가는 "그 때에 사람들이 인자가 구름을 타고 능력과 큰 영광으로 오는 것을 보리라 이런 일이 되기를 시작하거든 일어나 머리를 들라 너희 속량이 가까웠느니라 하시더라"(눅 21:27-28)고 말한다. 앞 절과 마찬가지로 이 두 절에 대해서도 해석자들의 견해는 둘로 나뉘어져 있다. 어떤 이들은 이 본문을 예루살렘의 멸망과 관련지어서, "인자의 징조"는 예루살렘 멸망 직전에 나타나게 될 어떤 하늘의 징조나 혜성을 의미하는 것이고, 여기에서 "땅의 모든 족속들"로 표현된 유대인들은 이 징조를 보고서 통곡을 하게 될 것임을 말하고 있는 것으로 보며, 31절에 언급된 "천사들과 큰 나팔소리"는 예루살렘이 멸망한 후에 전 세계에 흩어져 복음을 전하여 택하신 자들을 복음 교회로 모으게 될 복음의 일꾼들을 가리키는 것으로 본다. 그러나 나는 그러한 해석에 동의할 수 없고, 대부분의 해석자들도 이 본문을 최후의 심판과 관련시어서 해석한다.

인자의 징조가 무엇을 의미하는지에 대해서는 해석자들 사이에서 견해가 갈린다. 마가와 누가는 단지 "인자"의 임하심에 대해서만 말하는 반면에, 마태는 먼저 "인자의 징조"가 나타날 것이라고 말한 후에, "인자"가 임할 것이라고 말한다. 따라서 "인자의 징조"는 저 크고 두려운 날에 앞서 나타나게 될 어떤 큰 징조를 가리키는 것으로 보인다. 내가 이 본문이 예루살렘의 멸망과 관련된 것이 아니라 심판의 날과 관련된 것으로 보는 근거들은 이런 것이다. (1) 이 본문에 나오는 모든 어구들은 성경에서 그리스도께서 최후의 심판을 위해 임하시는 모습을 표현할 때에 사용하는 어구들과 동일하다: 그는 하늘 구름을 타고 임하실 것이고(마 26:64; 계 1:7), 땅의 족속들은 애곡할 것이며(계 1:7), 그는 천사들을 대동하고 나팔소리와 함께 임하실 것이고(마 25:31; 막 8:38; 고전 15:52; 살전 4:16), 그는 천사들을 보내어 택하신 자들을 모으실 것이다(마 13:49). (2) 본문에서 그 때에 통곡하게 될 것이라고 말하고 있는 "땅의 모든 족속들"은 단지 이스라엘의 열두 지파만을 가리키는 것 같지 않다. (3) 누가 본문에 나오는 "일어나 머리를 들라 너희 속량이 가까웠느니라"는 어구는 예루살렘의 멸망과 관련짓기는 힘들고, 로마서 8:23에서 말한 "몸의 속량"을 가리키는 것으로 보아야 한다. 왜냐하면, 이 때 이전에 복음이 이방인들에게 전파되었는데, 나는 이방인들에게 복음이 전파되는 것을 성경에서 "속량"이라고 표현한 것을 알지 못하기 때문이다.

박식한 해석자들로 하여금 29-31절을 예루살렘의 멸망과 관련지어 해석하게 만든 주된 근거들은 29절의 "그 날 환난 후에 즉시"와 30절의 "그 때에," 그리고 34절에서 우리 구주께서 "이 세대가 지나가기 전에 이 일이 다 일어나리라"고 하신 말씀이다. 그러나 "그 날 환난 후에 즉시"라는 것은 예루살렘의 멸망만이 아니라, 그것을 포함해서 그 이후에 세상 끝날까지 이어질 온갖 재앙들을 가리킬 수 있다. 성경에 나오는 예언의 말씀들에서는 아주 오랜 후에 될 일들에 대해서도, 마치 즉시 일어나게 될 일인 것처럼 표현하는 경우가 아주 흔하고(신 32:35), 심판의 날에 대해서도, 그 날이 임할 것이 확실한 것을 강조하여 우리로 하여금 방심하지 않게 함과 동시에, 우리의 천 년이 하나님이 보시기에는 하루에 불과하다는 것을 알게 하기 위하여(벧후 3:8), 마치 가까운 날인 것처럼 말하는 것이 보통이다. 이것에 대해서는 우리가 34절에서 좀 더 자세하게 살펴볼 것이다.

32-35. [32]무화과나무의 비유를 배우라 그 가지가 연하여지고 잎사귀를 내면 여름이 가까운 줄을 아나니 [33]이와 같이 너희도 이 모든 일을 보거든 인자가 가까이 곧 문 앞에 이른 줄 알라 [34]내가 진실로 너희에게 말하노니 이 세대가 지나가기 전에 이 일이 다 일어나리라 [35]천지는 없어질지언정 내 말은 없어지지 아니하리라.

마가복음 13:28-31에 나오는 것도 거의 동일하다. 누가복음 21:29-33도 거의 동일하지만, 거기에서는 "무화과나무와 모든 나무를 보라 싹이 나면 너희가 보고 여름이 가까운 줄을 자연히 아나니 이와 같이 너희가 이런 일이 일어나는 것을 보거든 하나님의 나라가 가까이 온 줄을 알라"고 말한다. 우리 구주께서 이 "비유"를 통해 말씀하시고자 하신 것은, 단지 무화과나무를 비롯해서 모든 나무가 잎사귀를 내면 여름이 가깝다는 것을 보여 주는 징조인 것과 마찬가지로(아 2:13), 자기가 그들에게 말한 이 모든 일들은 예루살렘의 멸망과 하나님 나라의 도래가 가까웠음을 보여 주는 확실한 징조들이 될 것임을 그들에게 알려 주고자 하신 것이 아니라, 겨울의 서리와 눈과 추위가 나무들이 여름에 열매를 맺는 것을 방해할 수 없는 것과 마찬가지로, 이러한 환난들과 어려움들도 그리스도의 나라가 자라고 성장해서 결국에는 열매를 맺는 것을 방해하지 못할 것임을 알려 주심으로써, 유대 땅에 이러한 환난들이 일어났을 때, 그들로 하여금 은혜의 나라가 시작되었음을 알게 하시고, 그 후에 전 세계적인 규모로 이러한 환난들이 일어났을 때, 그들로 하여금 영광의 나라가 멀지 않았다는 것을 알게 하기 위한 것이었다.

내가 진실로 너희에게 말하노니 이 세대가 지나가기 전에 이 일이 다 일어나리라. "이 세대"라는 어구에 대해서 몇 가지 해석이 제시되어 왔다. 어떤 이들은 인류를 의미한다고 보고, 어떤 이들은 그리스도인들의 세대를 의미하는 것으로 보며, 어떤 이들은 유대인들의 세대 전체를 의미하는 것으로 본다. 그러나 우리 구주께서 당시에 세상에 있던 모든 사람들을 가리키기 위하여 이 어구를 사용하셨다는 것은 의심의 여지가 없다. 즉, 주님께서 이 말씀을 하실 때에 살아 있는 사람들이 모두 죽기 전에, 주님이 예루살렘의 멸망과 관련하여 말씀하신 이 모든 일들이 다 일어나게 되리라는 것이다. 우리 구주께서 말씀하신 징조들 중에서 그리스도께서 구름을 타시고 권능과 영광 중에 친히 임하실 것이라는 것 외에는 그 대부분은 예루살렘의 멸망과 최후의 심판에 모두 공통되는 징조들이었다. 따라서 예루살렘의 멸망이 우리 구주께서 이 말씀을 하신 지 40년도 채 못 되어 일어났다는 사실을 생각하면, 이 때에 우리 구주의 말씀을 들은 사람들 중 다수는 예루살렘의 멸망과 관련하여 그가 말씀하신 징조들 중 대부분이 세상의 종말의 전조들로서 일어났을 때에도 여전히 살아 있었을 것이다.

천지는 없어질지언정 내 말은 없어지지 아니하리라. 이러한 표현을 통해서, 우리 구주께서는 자기가 이제까지 말씀해 오셨던 것이 참되다는 것을 다시 한 번 확인해 주신다. 즉, 주님은 세상에서 가장 안정되고 영구한 것들로 여겨지는 하늘과 땅이 없어지는 일이 일어난다고 할지라도(벧후 3:10, 12-13), 자기가 한 말들은 반드시 이루어질 것이라고 굳게 약속하신다.

36. 그러나 그 날과 그 때는 아무도 모르나니 하늘의 천사들도, 아들도 모르고 오직 아버지만 아시느니라.

마가복음 13:32에 나오는 말씀도 동일하다. 우리 구주께서 앞에서 말씀하신 천지가 없어지게 될 구체적인 때, 또는 세상의 종말이 일어나게 될 구체적인 때가 언제가 될 것인가 하는 것은 제자들이 그에게 질문한 것들 중의 하나였는데(3절), 이제 그는 그 때는 "아무도 모르고," 사람이 그 때를 알려고 할 이유도 없다고 말씀하신다. 왜냐하면, "그 날과 그 때"는 오직 하나님 아버지의 권한에 속하는 것이어서, 늘 하나님 앞에서 그 얼굴을 뵙는 천사들조차도 알지 못하기 때문이다. 우리 구주께서는 "나 자신도 인간으로서 그것을 알지 못한다"고 말씀하신다. 그리스도께서 인간으로서 전능하지도 않으시고 모든 것을 알지도 않으셨다고 말하는 것은 틀린 말도 아니고, 그리스도의 온전하심을 훼손하는 것도 아니다. 아울러, 우리 주님은 이 말씀을 통해서, 세상의 종말이 언제 올지, 또는 심판의 날이 언제 시작될지를 궁금해하며 그 구체적인 때와 시간을 알고자 하는 인간의 쓸데없는 호기심을 책망하신다.

37-39. [37]노아의 때와 같이 인자의 임함도 그러하리라 [38]홍수 전에 노아가 방주에 들어가던 날까지 사람들이 먹고 마시고 장가 들고 시집 가고 있으면서 [39]홍수가 나서 그들을 다 멸하기까지 깨닫지 못하였으니 인자의 임함도 이와 같으리라.

누가복음 17:26-27에도 거의 동일한 말씀이 나오지만, 거기에는 "롯의 때"와 같을 것이라는 말씀도 더불어 나오는데, 나는 "롯의 때"에 관한 말씀은 다른 때와 다른 경우에 나온 것이라고 생각하기 때문에, 누가복음 17장을 다룰 때에 거기에서 살펴볼 것이다. 우리 구주께서는 여기에서 우리에게 두 가지를 가르치시는 것으로 보인다: (1) 그리스도께서 최후의 심판을 위해 임하시는 것은 아무도 생각하지 않은 때에 갑자기 이루어질 것이다. 그런 이유 때문에 성경에서는 그의 임하심을 도둑이 오는 것에 비유한다(마 24:43-44; 벧후 3:10; 계 16:15). (2) 그리스도께서는 사람들이 아무 걱정 없이 흥청대는 바로 그 때에 임하실 것이다. 노아의 때가 그런 때였다(창 6:3-5).

40-41. [40]그 때에 두 사람이 밭에 있으매 한 사람은 데려가고 한 사람은 버려둠을 당할 것이요 [41]두 여자가 맷돌질을 하고 있으매 한 사람은 데려가고 한 사람은 버려둠을 당할 것이니라.

어떤 이들은 이 본문이 그리스도께서 자신의 은혜의 나라에 임하시게 될 것을 가리킨다고 생각하고, 어떤 이들은 그가 심판의 날에 임하시게 될 것을 가리킨다고 생각하는데, 이 본문은 이 두 가지 임함에 모두 해당되는 말씀이다. 하나님께서는 자신의 은혜를 차고 넘치게 거저 값없이 주셔서 죄인들을 회심시키시지만, 누가복음 4:25-27이 말해 주듯이, 우리가 그 이유를 설명할 수 없지만, 어떤 사람들은 구원하시지만 어떤 사람들은 구원하지 않으신다. 그러나 우리는 여기에서 이 본문은 그리스도께서 심판의 날에 양들과 염소들, 즉 택하신 자들과 배교자들을 구별하여 분리시키시게 될 것에 대하여 말하고 있는 것으로 이해하여야 할 것으로 보인다. 왜냐하면, 이 본문의 앞뒤로 나오는 말씀들은 우리 구주께서 심판을 위하여 임하실 것에 대하여 말하고 있는 것으로 보이기 때문이다.

42-44. [42]그러므로 깨어 있으라 어느 날에 너희 주가 임할는지 너희가 알지 못함이니라 [43]너희도 아는 바니 만일 집 주인이 도둑이 어느 시각에 올 줄을 알았더라면 깨어 있어 그 집을 뚫지 못하게 하였으리라 [44]이러므로 너희도 준비하고 있으라 생각하지 않은 때에 인자가 오리라.

마가는 "주의하라 깨어 있으라 그 때가 언제인지 알지 못함이라"(막 13:33)고 말한다. 우리 구주께서 여기에서 "깨어 있으라"고 하신 말씀이 무슨 의미인지는, 그가 바로 앞에서 옛 세상 사람들이 안일하고 사치하게 살았나고 말씀하신 것(38절)과 바로 뒤에서 준비하고 있으라고 말씀하신 것(44절)에 비추어서 쉽게 알 수 있다. 그래서 누가는 이것을 이렇게 풀어서 설명한다: "너희는 스스로 조심하라 그렇지 않으면 방탕함과 술취함과 생활의 염려로 마음이 둔하여지고 뜻밖에 그 날이 덫과 같이 너희에게 임하리라 이 날은 온 지구상에 거하는 모든 사람에게 임하리라 이러므로 너희는 장차 올 이 모든 일을 능히 피하고 인자 앞에 서도록 항상 기도하며 깨어 있으라"(눅 21:34-36). 이 말씀을 통해서 우리 구주께서는 심판의 날이 언제 올지 그 구체적인 때를 알 수 없다는 사실을 근거로 해서, 자신의 제자들에게 맑은 정신으로 깨어서 하늘에 속한 거룩한 삶을 살아가라고 강력하게 권면하심으로써, 그들이 그런 식으로 살아갈 때에만, 그리스도의 임하심에 대하여 대비할 수 있고, 인자가 자신의 권능과 영광 중에 나타나실 때에 그 앞에 설 수 있게 될 것임을 보여 주신다. 우리 주님은 집 주인이 밤의 어느 경점에, 즉 "어느 시각에" 도둑이 올지를 알았다면 깨어 있어서 자신의 집이 털리지 않게 할 것이라는 상식적인 일에 빗대어서, 자신들의 제자들에게 깨어서 그런 삶을 살아가라고 역설하신다. 로마인들은 군대에서 보초를 서기 편리하도록 하기 위하여 밤을 여러 경점으로 나누었듯이, 유대인들도 밤을 사경으로 구분하였기 때문에, 여기에서 우리 주님은 "경점"이라는 표현을 사용하신 것이다. 이제 우리 구주께서는 제자들에게 인자가 구체적으로 어느 시각에 오실지를 확실하게 알지 못하더라도 반드시 오실 것임을 안다면 언제나 깨어서 기도하는 것이 마땅하다고 말씀하신다.

45-46. [45]충성되고 지혜 있는 종이 되어 주인에게 그 집 사람들을 맡아 때를 따라 양식을 나눠 줄 자가 누구냐 [46]주인이 올 때에 그 종이 이렇게 하는 것을 보면 그 종이 복이 있으리로다.

누가복음 12:42-44에도 거의 동일한 말씀이 나오는데, 여기에서와 동일한 때와 동일한 경우에 하신 말씀인지의 여부에 대해서는 나는 알지 못한다. 거기에서는 베드로가 "주께서 이 비유를 우리에게 하심이니이까 모든 사람에게 하심이니이까"(눅 12:41)라고 질문한 것이 계기가 되었고, 우리 구주께서는 여기에서와 마찬가지로 대답하시지만, "지혜 있고 진실한 청지기가 되어 … 나누어 줄 자가 누구냐"고 의문문으로 표현한 것만이 다를 뿐이다. 이러한 반문은 그런 종 또는 청지기가 흔하지 않을 것임을 암시해 준다. 이 본문의 말씀은 복음의 일꾼들에 관한 것임이 분명하다. 그리스도께서는 나중에 복음의 일꾼들에게 자신의 교회를 맡기시고 "때를 따라 양식을 나눠" 주게 하실 것이었다. 그는 주께서 임하실 때에 자신들이 맡은 일을 충성되게 수행한 복음의 일꾼들을 높이셔서 다른 사람들보다 훨씬 더 큰 존귀를 주실 것이기 때문에, 그런 일꾼들은 복이 있는 자들이라고 선언하신다. 다니엘서 12:3은 "지혜 있는 자는 궁창의 빛과 같이 빛날 것이요 많은 사람을 옳은 데로 돌아오게 한 자는 별과 같이 영원토록 빛나리라"고 말한다.

47-51. [47]내가 진실로 너희에게 이르노니 주인이 그의 모든 소유를 그에게 맡기리라 [48]만일 그 악한 종이 마음에 생각하기를 주인이 더디 오리라 하여 [49]동료들을 때리며 술친구들과 더불어 먹고 마시게 되면 [50]생각하지 않은 날 알지 못하는 시각에 그 종의 주인이 이르러 [51]엄히 때리고 외식하는 자가 받는 벌에 처하리니 거기서 슬피 울며 이를 갈리라.

누가복음 12:45-46에도 비슷한 말씀이 나온다: "만일 그 종이 마음에 생각하기를 주인이 더디 오리라 하여 남녀 종들을 때리며 먹고 마시고 취하게 되면 생각하지 않은 날 알지 못하는 시각에 그 종의 주인이 이르러 엄히 때리고 신실하지 아니한 자의 받는 벌에 처하리니." 만약 나의 종이 악한 종이어서, 내가 심판하러 그렇게 신속하게 오지는 않을 것이라고 생각해서, 내 백성을 박해하거나 늘 술 마시며 방탕한 삶을 살아간다면, 나는 모든 사람을 심판하기 전에, 그가 생각하지도 않았고 알지도 못하였던 때에 와서 그를 심판하여, 내가 두 번째로 다시 올 것을 믿지 않은 자들, 입으로 고백한 신앙과 실제로 보여 준 행실이 서로 딴판인 그런 자들이 받을 벌에 처할 것이고, 그는 지옥에 던져져서 저 비참한 자들과 함께 슬피 울며 이를 갈게 될 것이다. 이 비유를 통해서 우리 구주께서는 자기가 승천할 때에 자신의 교회를 돌볼 책임을 맡기게 될 자신의 사도들에게 자신들에게 맡겨진 양 무리를 충성되게 돌보아야 한다는 것을 일깨워 주심과 동시에, 이후의 세대들에서 복음의 일꾼을 자처한 타락하고 방탕한 자들이 일어나서 잘못된 교훈을 가르치며 언행이 일치하지 않게 행하는 가운데, 복음을 진심으로 고백하고 행하는 자들을 박해하는 일이 일어나게 될 것임을 우리에게 알게 해주신다. 교회가 존재하였던 모든 시대에 이런 일이 있어 왔지만, 로마 가톨릭이 이 세상에 만연하게 된 이래로, 그런 일은 비일비재하게 일어나 왔다. 그들의 그러한 온갖 타락과 방탕은 그리스도께서 최후의 심판을 위하여 이 땅에 다시 오실 것임을 믿지 않는 그들의 불신앙으로부터 나온다.

또한, 우리 구주께서는 자기가 그런 자들을 아주 엄하게 벌하실 것임을 보여 주신다. 즉, 그는 그런 자들이 알지 못하는 때에 그들에게 임하여 그들을 엄히 때리시고 혹독한 벌을 내리실 것이라고 말씀하신다. "엄히 때리고"는 유대인들이 희생 제물들을 둘로 쪼개듯이 그들을 두 조각을 내시겠다는 의미이거나, 이방 나라들에서 흉악범들을 벌할 때에 사용하였던 능지처참 형으로 그들을 다스리시겠다는 의미이다. 아울러, 그들은 믿지 않는 자들이나 외식하는 자들과 똑같이 지옥에 던져지는 벌을 받게 될 것이다(마 13:42; 25:30). 심판의 날이 속히 오지 않을 것이라고 생각해서 안일하고 방탕한 삶을 산 모든 자들이 받을 벌은 다 끔찍할 것이지만, 복음의 일꾼들이 그랬을 경우에는 그 벌은 더욱더 끔찍할 것이다. 하나님께서는 그런 부류의 죄인들에게는 천수의 절반도 누리지 못하게 하시는 경우가 많고, 간혹 천수를 누리고 죽었다고 할지라도, 그들은 지옥에 던져져서 가장 혹독한 저주를 받게 될 운명을 피하지 못할 것이다. 그런 자들은 자신들에게 맡겨진 큰 책임을 배신하고 많은 사람들을 자신들과 함께 지옥에 들어가게 이끈 자들이기 때문에, 엄위하신 하나님을 배신한 역적 중의 역적이기 때문이다.

제25장

개요

1. 열 처녀 비유(1-13).
2. 왕이 자신의 종들에게 달란트를 나누어 주며 이문을 남겨 보라고 한 것에 관한 비유(14-30).
3. 최후의 심판에 관한 말씀(31-46).

**1-13. [1]그 때에 천국은 마치 등을 들고 신랑을 맞으러 나간 열 처녀와 같다 하리니
[2]그 중의 다섯은 미련하고 다섯은 슬기 있는 자라 [3]미련한 자들은 등을 가지되 기름
을 가지지 아니하고 [4]슬기 있는 자들은 그릇에 기름을 담아 등과 함께 가져갔더니 [5]
신랑이 더디 오므로 다 졸며 잘새 [6]밤중에 소리가 나되 보라 신랑이로다 맞으러 나
오라 하매 [7]이에 그 처녀들이 다 일어나 등을 준비할새 [8]미련한 자들이 슬기 있는 자
들에게 이르되 우리 등불이 꺼져가니 너희 기름을 좀 나눠 달라 하거늘 [9]슬기 있는
자들이 대답하여 이르되 우리와 너희가 쓰기에 다 부족할까 하노니 차라리 파는 자
들에게 가서 너희 쓸 것을 사라 하니 [10]그들이 사러 간 사이에 신랑이 오므로 준비하
였던 자들은 함께 혼인 잔치에 들어가고 문은 닫힌지라 [11]그 후에 남은 처녀들이 와
서 이르되 주여 주여 우리에게 열어 주소서 [12]대답하여 이르되 진실로 너희에게 이
르노니 내가 너희를 알지 못하노라 하였느니라 [13]그런즉 깨어 있으라 너희는 그 날
과 그 때를 알지 못하느니라.**

앞에서 나는 모든 비유들을 이해하기 위해서는, 비유는 이 땅에 속한 어떤 일들이나 행위들에 빗대어서 하늘에 속한 가르침이나 영적인 신비들을 얘기해 주어서, 우리로 하여금 그 가르침이나 신비를 깨닫고 행하게 하기 위한 것임을 알아야 한다고 말한 바 있다. 모든 비유들을 제대로 이해하기 위해서 가장 중요한 것은 그 비유의 취지와 주된 목적을 파악하는 것이다. 나는 지금까지 우리 구주께서 이 땅에 속한 비유를 통해서 하늘에 속한 어떤 가르침을 예시하시거나 어떤 것을 행하게 하고자 하셨는지를 보여 왔다. 우리 구주께서는 종종 자신이 말씀하고자 하시는 것을 단지 하나의 비유 속에서 여러 가지 일들과 행위들을 통해서 표현하시는 것만을 통해서 보여 주시기도 하시는데, 마태복음 13장에 나왔던 씨 뿌리는 자의 비유와 밭

의 가라지 비유가 좋은 예들이다. 하지만 그는 대부분의 비유들에서는 그렇게 하지 않으시고, 비유의 앞이나 뒤에 그 비유에서 자신의 주된 의도가 무엇인지를 밝히는 말씀을 두시고서, 우리로 하여금 바로 그 말씀을 지침으로 삼아서 그 비유의 여러 부분들을 해석할 수 있게 하신다. 여기에서도 그는 자신의 의도를 충분히 알 수 있게 해주는 빛을 우리에게 던져 주신다.

우리 구주께서는 앞 장의 후반부에 나오는 강론을 통해서, 인자가 임할 때가 언제일지를 알 수 없기 때문에, 늘 깨어서 지혜롭게 행하라고 역설하셨는데, 이 비유의 결미에서 "그런즉 깨어 있으라 너희는 그 날과 그 때를 알지 못하느니라"(13절)는 말씀으로 끝을 맺으심으로써, 이 본문에서도 계속해서 동일한 취지의 말씀을 하고 계시다는 것을 분명하게 보여 주신다. 앞에서 우리는 "깨어 있으라"는 것을 부작위적으로나 작위적으로 죄를 짓는 것과 반대되는 의미로 해석하였었다. 즉, 그것은 우리의 마음이 "방탕함과 술 취함과 생활의 염려로 마음이 둔하여지지" 않게 조심하는 것이고(눅 21:34, 36), 우리의 동료 종들을 때리고 술친구들과 함께 술을 마시지 않도록 조심하는 것이며, 주님이 우리에게 맡기신 일, 즉 복음의 일꾼으로서 그리스도의 권속들에게 때를 따라 양식을 나누어 주는 일을 충성되게 감당하는 것이고(마 24:45, 49), 그리스도께서 오실 때에 영접할 준비 하며(마 24:44) 늘 기도하는 것이다(눅 21:36). 우리 주님께서는 앞에서는 이것을 특히 복음의 일꾼들에게 역설하셨던 반면에, 이제 여기 이 비유를 통해서 모든 신자들에게 그렇게 할 것을 역설하신다. 이 비유에서 그는 "깨어 있으라"는 것은 단지 졸거나 자지 않는 것이 아니라, 마태복음 24:44에서 말씀하신 대로 "준비하고" 있는 것임을 일깨워 주시고, 아울러 이렇게 준비하고 있다는 것은 단지 "등"만을 준비해서 되는 것이 아니라 등과 함께 "기름"도 준비하고 있어야 한다는 것도 깨우쳐 주신다.

우리 구주께서는 바로 그러한 것들을 말씀해 주시기 위하여 이 비유를 사용하신 것인데, 우리는 다음과 같은 유대인들의 혼인과 관련된 예식들과 관습들을 알지 못하면, 이 비유를 제대로 이해할 수 없다. (a) 그들의 혼인예식은 통상적으로 밤에 치러졌다. (b) 통상적으로 신랑의 들러리 역할을 할 청년들이 있었고, 신부의 들러리 역할을 할 처녀들은 신부의 아버지의 집에 머물렀다. 신랑의 들러리 역할을 맡은 청년들은 "신부 방의 아이들"(막 2:19, 한글개역개정에는 "혼인 집 손님들") 또는 "신랑의 친구들"(요 3:29)로 불렸다. 혼인예식이 밤에 치러졌기 때문에, 등이 많이 필요하였다. 신랑이 도착하면, 신부의 들러리들인 처녀들은 등에 불을 밝히고 나가서 신랑을 맞아, 신랑과 그의 친구들을 집으로 들이고 신부가 될 여자에게 데려다 주었는데, 이렇게 그들이 들어온 후에는, 문이 닫히고, 혼인예식이 시작되었다.

이제 우리 구주께서는 자신의 청중들에게 앞에서 언급하신 깨어 있어야 한다는 것을 더욱 역설하시기 위해서, 이러한 혼인예식과 이 예식에서 통상적으로 들러리 역할을 하곤 하였던 열 처녀에 관한 것을 비유로 사용하시면서, 열 처녀 중 다섯은 "슬기 있는" 자들이었고, 나머지 다섯은 "미련한" 자들이었다고 전제하신다. 다섯 처녀의 지혜는 신랑이 오기를 기다리는 동안에 쓸 등과 기름을 충분히 준비하였기 때문에, 신랑이 와서 집으로 안내할 때에도 여전히 등불이 꺼지지 않고 켜져 있게 한 데에 있었다. 반면에, 다섯 처녀의 미련함은 제대로 신경을 쓰지 않아서 기름을 충분히 준비하지 못하여, 신랑을 기다리는 동안에 등불이 나가 버려서, 정작 신랑이 도착하였을 때에는, 맞으러 나갈 수 없었다는 데 있었다. 미련한 다섯 처녀는 슬기로운 다섯 처녀에게 기름을 빌리고자 하였지만, 나누어 쓸 정도의 기름이 되지 않아서, 사러 간 사이에 신랑이 도착하였고 신부 집의 문이 닫혀 버렸기 때문에, 아무리 문을 두드려도 집으로 들어갈 수 없었다는 것이다.

우리가 이 비유의 모든 세세한 부분에서까지 다 의미를 찾아 해석하려고 들지만 않는다면, 우리는 구주께서 이 비유를 사용하신 의도를 이미 알고 있기 때문에, 이 비유의 여러 부분들의 의미를 해석해 내는 것은 그리 어렵지 않다. "천국"(이 단어는 성경에서 언제나 은혜의 나라 또는 영광의 나라를 가리킨다)은 여기에서 은혜의 나라를 의미한다. 교회의 상태는 "열 처녀"에 비유되는데, 이 "열 처녀"는 신앙인들이다. 그들의 등과 그들이 신랑을 맞으러 나갔다는 것은 그들이 다같이 복음에 대한 신앙을 고백하고서, 여기에서 "신랑"으로 등장하시는 그리스도를 맞게 될 날을 기쁨으로 기다리고 있다는 것을 나타낸다(시 45:14; 요 3:29). **그 중의 다섯은 미련하고 다섯은 슬기 있는 자라.** 이것은 신앙인들 간의 차이를 나타낸다. 어떤 신앙인들에게는, 그들이 신앙 고백을 했기 때문에 "등"은 마련되어 있지만 은혜의 진리라는 "기름"은 없다. 어떤 신앙인들에게는 신앙 고백이라는 "등"을 계속해서 밝힐 수 있게 해줄 참된 믿음과 사랑이라는 "기름"이 그들 속에 있다. "신랑이 더디 왔다"는 것은 그리스도께서 심판하시러 오시는 날이 지체되고 있음을 의미하고, 열 처녀들이 졸거나 잤다는 것은 아무리 훌륭한 신앙인들일지라도 그들의 마음은 깨어 있지만 육신의 연약함으로 인하여 졸거나 잘 수밖에 없다는 것을 의미하는데, 불신자들은 죄악된 상태에서 세상모르고 깊게 잠을 잔다. 밤중에 신랑이 왔다는 것은 그리스도께서 환난과 역경의 어두운 때에, 또는 사람들이 생각하지도 않은 때에 오셨다는 것을 의미한다. 신랑이 도착하였다는 소리에 처녀들이 등을 준비하였다는 것은 경건한 심령들이 그리스도께서 오신다는 소식에 그를 맞이하고 영접할 만반의 준비를 갖추는 것을 의미한다. 미련한 처녀들이 자신들의 등불이 꺼졌다는 것을 뒤늦게 알았지만 기름이 없어서 어쩔 수가 없었다는 것은 위선자들이나 외식하는 자들이나 형식적으로 신앙 고백을 한 자들이 자신들이 입으로는 신앙을 고백하였지만 믿음과 참된 중생의 뿌리는 없다는 것을 너무 뒤늦게 깨닫게 되는 경우에는 아무 소용이 없게 될 것임을 우리에게 알게 해준다. 미련한 처녀들이 슬기로운 처녀들에게 기름을 조금 빌려 달라고 했을 때, 슬기로운 처녀들이 자신들이 쓰기에도 충분하지 않다는 이유로 거절하였다는 것은, 위선자들과 외식하는 자들이 마침내 벌을 받게 되었을 때에 다른 사람들이 지닌 은혜와 선한 행실들에 기대어서 자신들의 벌을 면해 보려고 애를 써도, 그것은 헛수고가 될 것임을 우리에게 알게 해준다. 그들이 기름을 사러 갔지만, 돌아오기 전에 이미 문이 닫혀서, "주여 주여 우리에게 문을 열어 주소서"라고 외치며 아무리 문을 두드려도 소용이 없었다는 것은, 이사야서 55:1-2에 언급된 대로, 포도주와 젖을 사는 것은 현세에서 주어진 시간에만 가능하고, 그 시간이 지나면, 우리의 상태는 영원히 결정된다는 것을 우리에게 알게 해준다. 따라서 우리는 솔로몬의 권면을 귀담아 들을 필요가 있다: "네 손이 일을 얻는 대로 힘을 다하여 할지어다 네가 장차 들어갈 스올에는 일도 없고 계획도 없고 지식도 없고 지혜도 없음이니라"(전 9:10). 그러므로 우리는 모두 깨어 있어야 한다. 즉, 우리는 신랑이신 그리스도께서 반드시 오실 것임을 알고 있기는 하지만, 모든 사람을 심판하시기 위하여, 또는 특별히 우리를 심판하시기 위하여 언제 오실지를 알지 못하기 때문에, "등"만이 아니라 "기름"도 준비해서, 우리의 등불이 꺼지지 않고 계속해서 타오를 수 있게 하여야 한다. 왜냐하면, 우리는 죽고 나면, 그리스도께서 이 세상을 심판하러 오실 저 큰 날을 준비할 수 없게 되고, 우리가 이 세상을 나간 상태 그대로 그리스도 앞에 서야 하기 때문이다. 우리의 삶이 끝난 후에는 "기름"을 살 수 없고, 그리스도를 맞을 준비를 할 수도 없으며, 오직 우리가 살아온 삶을 가지고 심판을 받는 일만 있게 될 것이다.

14-15. [14]또 어떤 사람이 타국에 갈 때 그 종들을 불러 자기 소유를 맡김과 같으니
[15]각각 그 재능대로 한 사람에게는 금 다섯 달란트를, 한 사람에게는 두 달란트를,
한 사람에게는 한 달란트를 주고 떠났더니.

누가복음 19:12-27에도 비슷한 비유가 나오고, 어떤 해석자들은 이 둘이 동일한 비유라고 생각하기는 하지만, 비유의 내용과 시간과 상황과 요지가 많이 다르기 때문에, 내용이 상당히 비슷하다고 할지라도, 최고의 해석자들은 그 비유는 여기에서와는 다른 때에 나온 것이라고 생각한다. 따라서 나는 누가복음에 나오는 비유는 나중에 해당 본문을 다룰 때에 살펴보기로 하고, 여기에서는 오직 마태 본문에 나오는 것만을 살펴보고자 한다. 여기에서 "천국"은 복음을 전파함에 있어서 하나님의 섭리에 의한 경륜을 가리키는 것임은 의심의 여지가 없다. "어떤 사람이 타국에 갔다"는 것은 그리스도께서 승천하신 것을 의미하는데, 그는 "위로 올라가실 때에 … 사람들에게 선물을 주셨다"(엡 4:8). 그 사람이 자신의 종들에게 맡긴 "소유"는 하나님께서 우리에게서 아주 멀리 떨어져 있는 자신의 영광스러운 거처인 하늘에 계시면서 사람들에게 주시는 선물들 또는 은사들을 가리킨다. 나는 이 선물들을 중보자이신 그리스도로부터 흘러나오는 그러한 선물들로 국한시킬 이유가 없다고 보기 때문에, 좀 더 일반적으로 해석해서, 섭리에 의한 것이든 은혜에 의한 것이든 하나님이 사람들에게 주시는 은사들 전부를 가리키는 것이라고 본다. 이 사람이 자신의 소유를 자기 종들에게 "각각 그 재능대로 한 사람에게는 금 다섯 달란트를, 한 사람에게는 두 달란트를, 한 사람에게는 한 달란트를 주고 떠났다"고 한 것은 하나님께서 사람들에게 자신의 기쁘신 뜻을 따라 은사들을 각각 다르게 나누어 주시는 것을 의미한다. 이것은 총명함이나 판단력, 기억력 같은 선천적인 부분들만이 아니라, 재물이나 명예, 신분이나 지위 같은 것들도 해당된다. 후자에 대해서, 이방인들은 운(fortune)이 가져다준 좋은 것들이라고 부르지만, 그리스도인은 그것들을 섭리(Providence)에 의해 주어진 좋은 것들이라고 부르는데, 학식이나 지식, 도덕적 습관들 같이 후천적으로 얻어진 모든 것들도 섭리에 의해 주어진 것들에 포함되고, 이것들은 비록 습득된 것들이지만, 모세가 "네 하나님 여호와가 … 네게 재물 얻을 능력을 주셨음이라"(신 8:18)고 말하였듯이, 결국에는 하나님이 주신 능력으로 얻은 것들이기 때문에 은사들이다. 이렇게 하나님께서는 사람들에게 만물의 본성과 인과관계를 연구하고 궁리해서 지식을 얻을 수 있는 능력도 주시고, 우리의 욕망을 다스리고 재갈 물릴 수 있는 능력도 주시며, 그러한 능력을 사용해서 후천적으로 여러 가지 것들을 얻게도 하시는데, 이런 것들 외에도 좀 더 특별한 섭리나 은혜에 의해서 주어진 은사들도 모두 다 하나님의 "소유"에 해당한다. 나는 하나님께서 사람들에게 주셔서 선을 행할 수 있게 하시거나 다른 사람들보다 더 뛰어나게 하신 이 모든 은사들이 여기에서 하나님께서 자신의 기쁘신 뜻을 따라 하늘의 지혜에 가장 합당한 방식으로 자신의 종들에게 이 세상을 다스리거나 교회의 일들을 처리하게 하시기 위하여 각각 다르게 나누어 주신 "소유"에 해당한다고 본다. 하나님께서는 이 모든 은사들에 대하여 장차 결산을 하실 것이고, 이렇게 사람들에게 각각 다르게 나누어 주신 은사들을 그들이 어떤 식으로 장사를 하여 이문을 남기거나 손해를 보았느냐에 따라서 상을 주실 것이다.

16-18. [16]다섯 달란트 받은 자는 바로 가서 그것으로 장사하여 또 다섯 달란트를 남기고 [17]두 달란트 받은 자도 그같이 하여 또 두 달란트를 남겼으되 [18]한 달란트 받은 자는 가서 땅을 파고 그 주인의 돈을 감추어 두었더니.

이 비유의 이 대목은 오직 사람들이 일반 섭리나 은혜를 통해서 받은 은사들, 특히 주님이 은혜를 통하여 그들에게 주신 은사들을 어떻게 서로 다르게 사용하였는지를 보여 준다. 어떤 이들은 하나님께서 그들에게 맡기신 은사들을 잘 사용해서 하나님이 의도하신 대로 자신의 주인을 위하여 많은 이문을 남겨, 하나님의 거룩하신 이름을 영화롭게 하고 그들 스스로도 구원을 얻는 반면에, 어떤 이들은 자신들에게 주어진 은사들을 그러한 목적을 위하여 전혀 사용하지 않는다.

19. 오랜 후에 그 종들의 주인이 돌아와 그들과 결산할새.

하나님께서는 심판의 날에 모든 사람들을 부르셔서, 자기가 나누어 주신 은사들과 관련해서, 그들이 자신들에게 주어진 인생의 날들과 건강의 분량, 자신들의 지식과 기지와 기억력과 총명, 자신들의 부와 재산과 명예와 위엄과 혈육들, 자신들의 모든 선천적이고 후천적인 습관들, 자신들이 향유한 모든 것들을 하나님의 이름을 존귀하게 해드리고 그들 자신의 영혼에 유익이 되게 사용하였는지에 대하여 결산을 하실 것이다.

20-23. [20]다섯 달란트 받았던 자는 다섯 달란트를 더 가지고 와서 이르되 주인이여 내게 다섯 달란트를 주셨는데 보소서 내가 또 다섯 달란트를 남겼나이다 [21]그 주인이 이르되 잘하였도다 착하고 충성된 종아 네가 적은 일에 충성하였으매 내가 많은 것을 네게 맡기리니 네 주인의 즐거움에 참여할지어다 하고 [22]두 달란트 받았던 자도 와서 이르되 주인이여 내게 두 달란트를 주셨는데 보소서 내가 또 두 달란트를 남겼나이다 [23]그 주인이 이르되 잘하였도다 착하고 충성된 종아 네가 적은 일에 충성하였으매 내가 많은 것을 네게 맡기리니 네 주인의 즐거움에 참여할지어다 하고.

이 비유의 이 대목은 우리에게 세 가지를 가르친다: (1) 이 세상에서 어떤 사람들은 하나님이 그들의 분량을 따라 그들에게 맡기신 은사들과 좋은 것들을 아주 훌륭하게 사용해서 많은 이문을 남긴다. (2) 그런 사람들은 심판의 날에 영광의 나라에서 여기에서 "네 주인의 즐거움"으로 표현된 후한 상을 받게 될 것이다. (3) 하나님께서는 모든 사람들로부터 동일한 섬김을 기대하시는 것이 아니라, 자기가 각 사람에게 나누어 주신 은사들에 비례한 섬김을 기대하신다. 하나님이 주신 은사들을 그 분량에 합당하게 사용해서 이문을 남긴 자들은, 비록 더 많은 은사들을 받아서 더 많은 이문을 남긴 자들에 비해서 그 섬김이 덜할지라도, 천국에 가는 데 아무 문제가 없을 것이다. 즉, 두 달란트를 받은 사람들이 두 달란트의 이문을 남겼다면, 그들은 다섯 달란트를 받아서 다섯 달란트의 이문을 남긴 사람들과 똑같이 천국에 들어가게 된다는 것이다. 우리는 이 비유의 이 대목을 근거로 해서, 많은 달란트를 받은 사람들이 통상적으로 많은 이문을 남기게 된다는 결론을 내리지 않도록 조심하여야 한다. 왜냐하면, 매일의 경험은 그 정반대를 우리에게 가르쳐 주고, 우리 구주께서도 우리에게 그러한 것을 가르치시기 위하여 이 비유를 사용하신 것이 아니기 때문이다.

24-27. [24]한 달란트 받았던 자는 와서 이르되 주인이여 당신은 굳은 사람이라 심지 않은 데서 거두고 헤치지 않은 데서 모으는 줄을 내가 알았으므로 [25]두려워하여 나가서 당신의 달란트를 땅에 감추어 두었었나이다 보소서 당신의 것을 가지셨나이다 [26]그 주인이 대답하여 이르되 악하고 게으른 종아 나는 심지 않은 데서 거두고 헤치지 않은 데서 모으는 줄로 네가 알았느냐 [27]그러면 네가 마땅히 내 돈을 취리하는 자들에게나 맡겼다가 내가 돌아와서 내 원금과 이자를 받게 하였을 것이니라 하고.

우리는 지금 비유를 다루고 있고, 비유에 나오는 모든 것들이 그 비유가 예시하고자 하는 것과 일치할 수 없다는 것을 기억하여야 한다. 이 비유의 이 대목은 주로 우리에게 다음 두 가지를 가르쳐 준다. (1) 악인들은 자신의 잘못을 남들에게, 그리고 흔히 하나님께 전가하는 데 귀재이다. 여기에 등장하는 무익한 종은, 자기가 주인이 맡긴 달란트를 가지고 수고해서 이문을 남길 수 없었던 것이 주인이 "굳은 사람," 즉 손해를 봤다가는 가차 없이 호된 벌을 내리는 가혹한 사람이었던 것이라고 핑계를 댄다. 마찬가지로, 은혜의 택하심 또는 특별한 은혜라는 것이 존재한다면, 사람의 의지는 별 힘을 발휘하지 못하기 때문에, 어떤 사람이 회개하지도 않고 하나님을 믿지도 않았다고 해도, 하나님 앞에서 변명할 구실이 있다고 생각하고서, 그런 경우에 하나님이 그 사람의 불신앙과 회개하지 않음을 단죄하신다면, 하나님은 "심지 않은 데서 거두고 헤치지 않은 데서 모으는" 분이 될 수밖에 없다고 여기는 사람들이 많은데, 그런 사람들은 여기에 나오는 악한 종과 같은 자들이다. (2) 사람들이 자신을 변명해 주고 옹호해 줄 것이라고 여기는 여러 핑계들은 장차 그들을 변명해 주는 것이 아니라 도리어 그들을 고소하고 단죄하게 될 것이다. 여기에서 주인은 무익한 종에게 모든 잘못은 그 종의 나태함과 악함에 있고, 주인이 엄한 사람이라서 그가 두려워했다는 것은 단지 말도 안 되는 어이없는 핑계일 뿐이라고 말한다. 왜냐하면, 그 종이 그런 두려움을 느꼈다면, 그는 주인이 자기에게 맡긴 돈을 "취리하는 자들"에게 다시 맡겨서, 주인이 돌아왔을 때에 최소한 그 원금과 이자를 돌려줄 수는 있었을 것이기 때문이다.

하나님께서는 나중에 결산하실 날에, 자신들이 회개하지도 않고 믿지도 않는 가운데 음란하고 방탕한 삶을 살게 된 것은 하나님으로부터 택함을 받지 못하고 유효한 은혜를 받지 못해서 회개하고 믿을 힘이 자신들에게 없었기 때문이라고 변명하고자 하는 자들의 변명을 과연 들어주실 것 같은가? 너희 "악하고 게으른" 철면피들아! 너희는 자기가 택함 받지 못한 것은 아닌가 하고 염려하거나 의심하였는가? 그렇다면, 왜 너희는 너희가 부르심과 택하심을 받은 것이 분명하다는 것이 확실하게 될 때까지 부지런히 애쓰고 힘쓰지 않았는가? 내가 너희에게 유효하고 특별한 은혜를 주지 않았다는 생각이 들었다면, 왜 너희는 회개하고 믿을 힘이 너희 자신에게 없다고 하소연하며 내게 매달리며 간절하게 구하지 않았는가? 하지만 과연 너희에게는 술집을 뻔질나게 드나들지 않을 힘이 정말 없었고, 거짓말하고 욕하며 거짓맹세 하고 나의 안식일을 대놓고 더럽히는 일을 하지 않을 힘이 정말 없었으며, 읽고 듣고 기도할 힘이 없었던 것인가? 또한, 내가 너희에게 준 달란트들을 너희가 충분히 사용하였다면, 나는 너희에게 필요할 때마다 더 큰 은혜를 주었을 것이고, 너희는 이문을 남길 수 있었을 것이다. 그러나 내가 너희에게 이미 준 달란트조차도 너희가 사용하지 않고 있는데, 내가 너희에게 더 많은 달란트를 맡길 이유가 어디 있었겠는가? 믿음은 읽고 듣고 기도하는 데서 오는데, 너희에게는 그러한 것들을 할 수 있는 힘이 있었고, 너희는 그런 달란트들을 가지고 있었다. 그런데도 왜 너희는 믿음을 가지기 위해서 읽고 듣고 기도하는 일을 하지 않았는가? 너희가 나를 지독하게 엄한 주인으로 여겼다면, 왜 너희는 너희가 할 수 있는 것을 하지 않았는가?

만일 너희가 할 수 있는 일을 하였더라면, 너희는 내가 그런 주인이 아니라는 것을 알았을 것이 아니겠는가? 내가 너희에게 준 달란트들을 너희가 할 수 있는 범위 내에서 사용하여 이문을 남기면서, 내게 더 많은 달란트를 달라고 구하였는데도, 내가 주지 않았다면, 그 책임은 내게 있을 것이다. 그러나 너희는 내가 너희에게 은혜로 맡긴 달란트를 가지고 어떻게든 이문을 남기려는 시도를 전혀 하지 않았다. 그러므로 너희는 나의 엄함과 가혹함이 아니라, 너희 자신의 나태함과 소홀히함과 악함에 의해서 망한 것이다. 이렇게 이 비유는, 하나님께서 저 마지막 심판의 날에 베풀어 주실 상과 벌은 의로울 것이기 때문에, 모든 죄인들은 거짓말쟁이들로 발견될 것이고, 그들의 저주는 그들 스스로 자초하였다는 것이 밝혀지게 될 것임을 우리에게 가르쳐 준다.

28-30. [28]그에게서 그 한 달란트를 빼앗아 열 달란트 가진 자에게 주라 [29]무릇 있는 자는 받아 풍족하게 되고 없는 자는 그 있는 것까지 빼앗기리라 [30]이 무익한 종을 바깥 어두운 데로 내쫓으라 거기서 슬피 울며 이를 갈리라 하니라.

하나님께서는 자기가 사람들에게 주셨던 은사들을 현세에서 빼앗으셔서, 그들이 그가 그들에게 그 은사들을 맡기셨던 큰 목적, 즉 그의 이름의 영광과 그들 및 다른 사람들의 영혼의 유익을 위하여 그 은사들을 사용하지 못하게 되는 경우가 종종 있는데, 본문은 심판의 날에 관한 것이기 때문에, 그것은 여기에서 말하고 있는 것이 아닌 것으로 보인다. 따라서 우리는 본문을 다음과 같이 이해하여야 한다: 선천적인 것이든 섭리에 의한 것이든 현세에 유익이 되게 하기 위하여 하나님이 어떤 사람에게 주신 은사들은, 사람들이 현세에 하나님이 그 은사들을 주신 목적대로 사용하지 않는 경우에는, 심판의 날에 그 사람에게 아무런 유익도 되지 못할 것이다. 그 날에 그는 모든 것을 잃게 될 것이다. 학식과 기지, 부와 명예, 영적인 은사들 같은 귀한 달란트들을 가진 사람들이 아니라, 그러한 은사들을 사용해서 하나님께 영광을 돌리고 그들 자신과 남들의 영혼에 유익을 끼친 사람들이 하늘의 영광을 자신들의 분깃으로 받게 될 것이다. 하나님이 주신 은사들을 사용하지 않고 묻어 두어 이문을 남기지 않은 무익한 자들은 모두 지옥이 그들의 분깃이 되어서, 어두운 데로 쫓겨나서 거기서 슬피 울며 이를 갈며 영원히 살아가게 될 자들 같은 비참한 운명을 맞게 될 것이다.

29절에 나오는 내용은 마태복음 13:12에도 나오지만, 나는 여기에서 사용된 이 속담적인 말은 거기에서와는 다른 의미로 사용되고 있다고 생각한다. 거기에서는 "천국의 비밀을 아는 것이 너희에게는 허락되었으나 그들에게는 아니되었나니"라고 말하고 있어서, "있는 자"는 사용 여부와는 상관없이 실제로 소유하고 있는 자를 의미하는 것으로 보이기 때문에, 나는 그 본문은 하나님의 씨를 가진 자들에게 은혜가 더욱 늘어나게 될 것이지만, 실제로는 가지고 있지 않으면서 겉으로만 있는 것처럼 보이는 자들은 결국에는 다 없어지고 말 것이라는 약속을 담고 있는 것으로 본다. 하지만 여기에서 "있는 자"는 분명히 자기에게 있는 것을 선하게 제대로 사용하는 자를 의미한다. 따라서 이 비유의 의미는 하나님에게서 달란트들을 받아서 잘 사용하여 하나님의 존귀와 영광을 위하여 이문을 남긴 자는 은혜나 영광의 더 큰 은사들을 상으로 받게 될 것이지만, "없는 자," 즉 마치 자신에게는 아무런 은사들이나 달란트들도 없는 것처럼, 하나님의 영광을 위하여 사용하지 않은 자에게는, 마지막 날에 그가 지닌 은사들과 달란트들은 그에게 아무런 유익도 되지 못하고, 도리어 중한 벌을 받게 되리라는 것이다.

31-33. [31]인자가 자기 영광으로 모든 천사와 함께 올 때에 자기 영광의 보좌에 앉으리니 [32]모든 민족을 그 앞에 모으고 각각 구분하기를 목자가 양과 염소를 구분하는 것 같이 하여 [33]양은 그 오른편에 염소는 왼편에 두리라.

우리 구주께서는 앞에서 자신의 교회 속에서 경영하시는 자신의 영적인 나라에 대하여 많이 말씀하신 후에, 이제 여기에서는 세상 끝에는 자기가 어떤 종류의 나라를 세우시고 경영하시게 될 것인지를 세자들에게 좀 더 분명하게 말씀하시면서, 그 나라는 대부분의 유대인들이 꿈꾸었고 자신의 제자들도 어느 정도 기대를 가지고 있었던 그런 나라와는 판이하게 다른 나라가 될 것임을 보여 주신다. 지금 너희에게 종의 형체를 지니고 오직 사람의 모습으로서만 나타난 "인자가" 자신의 영광을 다 드러내어서 "자기 영광으로 모든 천사와 함께 올 때에" 큰 왕들처럼 "자기 영광의 보좌에 앉을" 것이다. 이렇게 그리스도께서는 장차 "그 수만의 거룩한 자와 함께 임하시고"(유 1:14) "자기의 능력의 천사들과 함께"(살후 1:7) 오셔서, 큰 위엄 중에 보좌에 좌정하시고서, "모든 민족," 즉 이 세상에 존재하였던 모든 사람들을 "그 앞에 모으실" 것이다. 그는 "살아 있는 자와 죽은 자의 재판장"이 되셔서(행 10:42; 딤후 4:1; 벧전 4:5), 자기 천사들을 추수꾼들로 보내시며, "가라지는 먼저 거두어 불사르게 단으로 묶고 곡식은 모아 내 곳간에 넣으라"(마 13:30)고 명하실 것이다. 그는 양과 염소를 함께 기르는 목자가 밤이 되면 양과 염소를 따로 구분해서 각각의 우리로 보내듯이, 자신의 천사들을 시켜서 그들을 양과 염소로 구분하게 하실 것이다. 이렇게 희고 온순하며 순진한 양 같은 하나님의 성도들은 이 세상에서 냄새 나고 음란하고 방탕한 염소 같은 세상의 악인들과 함께 뒤섞여 있지만(악인들은 불결하고 더러운 속성으로 인해서 염소에 비유된다), 심판의 날에는 그리스도께서 이 둘을 구분하실 것이다. 양은 그 오른편에 염소는 왼편에 두리라. "오른편"은 존귀와 영광의 자리로서 총애 받는 자들을 위한 자리이다. 따라서 그리스도께서는 자신의 성도들을 높이셔서 큰 존귀와 영광을 받게 하시는 은총을 주실 것이지만, 악인들은 수치와 멸시를 당하게 될 것이다. 세상의 오른편에 있던 자들은 그리스도의 왼편에 두어지게 될 것이고, 그 때에 그들은 지각없는 자들이어서, 그들을 지으신 분이 그들에게 그 어떤 은총도 베풀지 않으실 것이다.

34. 그 때에 임금이 그 오른편에 있는 자들에게 이르시되 내 아버지께 복 받을 자들이여 나아와 창세로부터 너희를 위하여 예비된 나라를 상속받으라.

전에는 "인자"라 불렸던 "임금"은 그 때에는 자기 영광의 보좌에 앉으셔서, 자신의 오른편에 있는 성도들, 곧 그에 의해서 높임을 받아 존귀와 영광을 누리게 되고 은총을 입은 자들에게 "내 아버지께 복 받을 자들이여 나아오라"고 말씀하실 것이다. 너희는 내 아버지의 영원하신 계획 속에서 복을 받은, 내 안에서 온갖 영적인 복으로 내 아버지로부터 복 받은 자들이다. 왜냐하면, 너희는 "창세로부터 너희를 위하여 예비된 나라를 상속받게" 될 것이기 때문이다. 너희는 너희 자신의 공로로 그 나라를 산 것이 아니다. 그 나라는 너희가 생겨나기 전에 이미 너희를 위하여 예비된 나라이다. 너희는 내 아버지의 영원하신 계획 속에서 복을 받은 자들이다. 그렇기 때문에, 내 아버지께서는 너희를 위하여 미리 나라를 예비해 두신 것이다. 너희는 그 때 이후로 나로 말미암아 온갖 영적인 복을 받아 왔고, 이제 그 나라를 상속할 준비를 마치게 되었다. 그러므로 너희 자신이 값 주고 산 나라가 아니라, 내 아버지께서 만세 전부터 너희를 위하여 예비하셨다가 너희에게 값없이 거저 주시는 나라를 와서 상속받으라.

35-40. [35]내가 주릴 때에 너희가 먹을 것을 주었고 목마를 때에 마시게 하였고 나그네 되었을 때에 영접하였고 [36]헐벗었을 때에 옷을 입혔고 병들었을 때에 돌보았고 옥에 갇혔을 때에 와서 보았느니라 [37]이에 의인들이 대답하여 이르되 주여 우리가 어느 때에 주께서 주리신 것을 보고 음식을 대접하였으며 목마르신 것을 보고 마시게 하였나이까 [38]어느 때에 나그네 되신 것을 보고 영접하였으며 헐벗으신 것을 보고 옷 입혔나이까 [39]어느 때에 병드신 것이나 옥에 갇히신 것을 보고 가서 뵈었나

이까 하리니 [40]임금이 대답하여 이르시되 내가 진실로 너희에게 이르노니 너희가 여기 내 형제 중에 지극히 작은 자 하나에게 한 것이 곧 내게 한 것이니라 하시고.

최후의 심판에서 상벌은 우리의 선행과 악행에 따라 결정된다. 여기에서 임금은 자신이 은혜로 상을 주시기로 결정하신 자들에 대한 판결문에서, "내가 주릴 때에 너희가 먹을 것을 주었다"는 것을 그 이유로 제시하신다. 이것은 우리가 행한 선행이나 악행이 우리가 받을 상이나 벌과 서로 상응한 관계에 있다는 것을 의미하지 않는다. 따라서 우리는 상을 받을 만한 일을 해서 상을 받는 것이 결코 아니라, 우리가 한 복음적인 행위들, 거짓 없는 믿음과 사랑에서 나온 행위들에 대해서, 하나님께서는 은혜의 계약을 따라 전적인 은혜로 상을 주시는 것일 뿐이다. 하나님이 우리에게 상을 주시는 이유는 좋은 것들을 차고 넘치게 거저 주시는 하나님의 지극한 긍휼하심 때문이거나, 그리스도의 지극히 온전하신 의와 제사 때문이다. 그리고 여기에서 하나님께서 말씀하시는 선행들은 그 선행들을 행한 자들이 하나님의 은총을 입을 자들로 예정된 자들이고 그리스도와 진정으로 연합된 자들임을 보여 주는 틀림없는 증표들이다. 게다가, 은혜의 법인 복음에서 하나님께서는 사랑으로 역사하는 믿음에 대하여 반드시 복된 상을 주시겠다고 약속하셨다. 따라서 우리의 복음적인 행위들은 하나님이 그리스도를 위하여 믿음의 순종을 행하는 자들에게 거저 주시겠다고 약속하신 영광의 나라를 받을 수 있는 자격을 갖추었음을 보여 주는 증표들이 된다. 이런 의미에서 하나님이 성도들에게 상을 나누어 주시는 것은 공의의 행위, 즉 자신의 약속을 신실하게 지켜 행하시는 행위라고 할 수 있다. 그것은 죄를 사해 주시는 것이 순전히 긍휼하심에서 나온 행위이지만, 하나님께서 죄 사하심의 약속을 지켜 행하셨을 때, 우리는 하나님을 "미쁘시고 의로우신" 분이라고 말할 수 있는 것과 같다: "만일 우리가 우리 죄를 자백하면 그는 미쁘시고 의로우사 우리 죄를 사하시며 우리를 모든 불의에서 깨끗하게 하실 것이요"(요일 1:9).

우리 주님은 성경에서 흔히 그러하듯이 여기에서 수많은 선행들 중에서 몇 가지만을 표본적으로 말씀하시면서, 경건(piety)의 행위들이 아니라 이웃 사랑(charity)의 사례들을 드신다. (1) 주님은 사람의 마음이 완악함을 아신다. (2) 주님은 이 세상에는 가난한 자들이 늘 있을 수밖에 없다는 것, 특히 경건하게 살아가느라고 다른 사람들보다 세상으로부터 더 큰 불이익을 받아 가난하게 살아가는 자들이 늘 있을 것임을 아신다. (3) 주님은 아버지 하나님께서 이웃 사랑을 실천하는 사람들을 얼마나 기뻐하시는지를 아셨고, 그 사실을 세상으로 하여금 알게 하고자 하셨다(사

58:7; 겔 18:7; 미 6:8; 마 9:13; 요일 3:17). 우리 주님께서는 이 말씀을 통해서, 우리가 이 세상에서 사람들을 구제하고 어려울 때에 도와줄 때, 심판의 날에 바로 그 행위들을 통해서 우리 자신도 하나님의 긍휼하심을 받게 될 것이라고(딤후 1:18) 분명하게 선언하신다.

이에 의인들이 대답하여 이르되 주여 우리가 어느 때에. 임금의 판결에 대한 의인들의 대답이 우리에게 가르쳐 주는 것은, 저 큰 날에는 아무리 믿음이 좋고 선한 사람들일지라도, 하나님이 그들이 행한 선행들을 말씀하실 때에 얼굴을 붉히고 부끄러워하게 될 것이고, 자신들이 행한 미미한 선행들에 대하여 그토록 후하고 차고 넘치는 상을 주시는 하나님의 무한하신 은혜에 감복하여 찬송하고 경배할 수밖에 없게 되리라는 것이다. 임금이 대답하여 이르시되 내가 진실로 너희에게 이르노니 너희가 여기 내 형제 중에 지극히 작은 자 하나에게 한 것이 곧 내게 한 것이니라. 이것은 우리가 마태복음 10:42에서 보았던 것, 즉 그리스도께서는 사람들이 지극히 미천한 경건한 자에게 베푼 호의들을 마치 자기에게 베푼 호의처럼 여기신다는 것을 다시 한 번 확증해 준다. 따라서 우리의 이웃 사랑은 단지 믿음의 권속에 속한 자들에게로만 국한되어서는 안 되겠지만, 일차적으로 믿음의 권속들에게 향하여야 한다. 왜냐하면, 믿지 않는 자들에 대한 이웃 사랑은 하나님의 명령에 순종하는 행위로 여겨져서 상을 받게 되겠지만, 그리스도의 참된 지체들인 자들에게 행해진 것과는 달리, 그리스도께 베푼 것으로 여겨질 수는 없기 때문이다.

41-45. [41]또 왼편에 있는 자들에게 이르시되 저주를 받은 자들아 나를 떠나 마귀와 그 사자들을 위하여 예비된 영원한 불에 들어가라 [42]내가 주릴 때에 너희가 먹을 것을 주지 아니하였고 목마를 때에 마시게 하지 아니하였고 [43]나그네 되었을 때에 영접하지 아니하였고 헐벗었을 때에 옷 입히지 아니하였고 병들었을 때와 옥에 갇혔을 때에 돌보지 아니하였느니라 하시니 [44]그들도 대답하여 이르되 주여 우리가 어느 때에 주께서 주리신 것이나 목마르신 것이나 나그네 되신 것이나 헐벗으신 것이나 병드신 것이나 옥에 갇히신 것을 보고 공양하지 아니하더이까 [45]이에 임금이 대답하여 이르시되 내가 진실로 너희에게 이르노니 이 지극히 작은 자 하나에게 하지 아니한 것이 곧 내게 하지 아니한 것이니라 하시리니.

큰 왕이시자 온 땅의 재판장이신 분은 앞에서 자신의 오른편에 있는 자들에게 이제 자신의 나라에 참여하여 자기와 함께 앉아 세상을 심판하라는 판결을 내리셨기 때문에, 이제 여기에서는 자신의 왼편에 있는 염소들에게 영원히 비참한 벌을 받으라는 판결을 내리신다. 그들의 비참함은 두 가지에 있다: (1) 이제 하나님으로부터 영원히 격리되어서 하나님에게서 그 어떤 은총도 더 이상 받을 수 없게 된 것. (2) 몸에 불이 붙어 타는 것보다 훨씬 더 심한 고통을 느껴야 하는 참혹한 처지에 놓이게 된 것. 현세에서는 악인들도 어느 정도의 하나님의 임재를 누릴 수 있고, 하나님으로부터 일반 섭리와 은혜를 통하여 어느 정도의 은사들과 은총을 누릴 수 있으며, 그러한 것들로 인해서 하나님께로 돌아갈 용기도 생겨날 수 있다. 하지만 악인들이 그러한 기회들을 악용하는 삶을 살았을 경우에는, 의로우신 하나님께서는 저 심판의 날에 그들로부터 완전히 떠나실 것이고, 그들은 더 이상 하나님으로부터 그 어떤 인자하심이나 은총도 받을 수 없게 될 것이다. 현세에서는 하나님께서 그들에게 허락하신 바로 그러한 것들로 인하여, 그들은 어느 정도 즐겁고 자유로운 삶을 살 수 있었는데도, 그들이 거기에 대하여 하나님께 감사하지 않았을 때, 그 날에는 영원한 벌에 처해져 영원토록 고통을 당하게 될 것이다.

현세에서 죄악을 밥 먹듯이 저지르며 산 죄인들에게 그 날에 하나님께서 영원한 고통을 당하는 벌을 선고하신다고 해도, 그것은 하나님의 공의에 어긋나는 것이 결코 되지 않을 것이다. 왜냐하면, 인간 세상에서 왕이나 고관대작에서 해악을 끼친 경우에는 수십만 원의 돈이 아니라 수억 원의 돈으로 배상하는 것이 마땅한 것과 마찬가지로, 무한하신 위엄을 지니신 분에게 해악을 끼친 경우에는 영원한 고통의 벌을 받는 것이 마땅하기 때문이다. 게다가, 모든 죄인들은 자신에게 기회가 주어져 있는 시간 동안에는 끝까지 죄를 범하였고, 시간이 부족한 것을 아쉬워한 자들이기 때문에, 만일 그들에게 더 많은 시간이 계속해서 주어진다면, 얼씨구나 좋다 하고 기꺼이 영원무궁토록 죄를 지을 자들이라는 점에서 더욱더 그러하다. 본문이 이 영원한 불이 "마귀와 그 사자들을 위하여 예비된" 것이라고 말한 것은, 이 영원한 불이 사람들을 위해서 예비된 것이 아니었기 때문이 아니라, 사람들이 범죄하기 전에, 악한 천사들이 범죄하여 단죄를 받아 거기에 갇혔고, 이제 사람들은 그 악한 천사들과 동일한 벌을 받아 거기로 들어가게 될 것이었기 때문이다. 또한, 하나님께서는 이 말씀을 통해서, 악한 일들을 행하는 자들은 마귀의 자녀들이라는 것을 우리에게 알게 해주신다(요 8:44; 요일 3:8).

하나님께서는 그들이 받을 벌을 결정하시고 그들에 대한 판결을 내리신 후에, 그 이유를 설명하신다: "내가 주릴 때에 너희가 먹을 것을 주지 아니하였고 목마를 때에 마시게 하지 아니하였고 나그네 되었을 때에 영접하지 아니하였고 헐벗었을 때에 옷 입히지 아니하였고 병들었을 때와 옥에 갇혔을 때에 돌보지 아니하였느니라." 여기에 나오는 '가르'(γὰρ)는 이유를 나타내는 것으로 해석될 수 있다. 왜냐하면, 구원받는 자들은 자신의 공로가 이유가 되어 자기가 구원을 받는 것이라고 할 수 없지만, 모든 죄인의 경우에는 그들의 멸망은 스스로 자초한 것이고, 그들의 행위가 그들이 멸망 받고 단죄받는 이유가 되기 때문이다. 하나님께서 여기에서 오직 그들이 행하여야 하는데도 행하지 않은 죄들, 즉 부작위의 죄들만을 언급하시고, 이웃 사랑과 관련하여 마땅히 행해야 할 일들을 행하지 않은 죄들에 대해서만 언급하신 것은, 그런 일들을 빼먹은 죄들만으로도 우리가 단죄 받을 수 있다는 것을 가르치고자 하신 것이 아니라, 그리스도의 고통 받는 지체들에게 사랑의 손길을 뻗쳐서 도와주어야 하는데도 그렇게 하지 않은 것들도, 우리가 회개하고 그리스도의 피로 씻음을 받지 않는 경우에는, 우리로 하여금 단죄를 받아 지옥에 떨어지게 할 수 있는 죄들이라는 것을 보여 주시기 위한 것이다. 하나님께서는 그런 일들을 특히 기억해 두셨다가, 반드시 우리에게 그 책임을 물으실 것이다.

거의 모든 해석자들이 이 본문에 대하여 다음과 같은 논평을 하고 있기 때문에, 나는 그 논평을 그냥 지나칠 수 없다: 이 세상에서 그리스도의 가난한 지체들이 주리거나 목마를 때에 그들을 먹이고 마시게 하지 않는 자들이 저 심판의 날에 지옥에 떨어지게 될 것이라면, 자신의 얼굴에 땀을 흘려서 얻은 떡을 그들의 입에서 빼앗아 버리고, 그들 자신의 수고를 통해서, 또는 다른 사람들의 호의로 얻은 마실 것을 빼앗아 땅에 부어 버리는 자들은 어떤 벌을 받게 되겠는가? 자기 땅에서 추방되어 이리저리 떠도는 사람들에게 잘 곳을 마련해 주고 먹을 것을 주지 않는 자들이 마귀 및 그 사자들과 동일한 운명에 처해지게 될 것이라면, 그들을 그들의 땅에서 추방하여 이리저리 떠돌며 유리하는 자들이 되게 만든 장본인들은 어떤 벌을 받게 되겠는가? 그들이 헐벗었을 때에 그들을 입히지 않은 자들이 이토록 끔찍한 벌을 받게 될 것이라면, 그들을 헐벗게 만든 장본인들은 어떤 벌을 받게 되겠는가? 그들이 병들었을 때나 옥에 갇혔을 때에 그들을 돌보아 주지 않은 자들이 하나님의 원수 갚으심을 피할 수 없게 될 것이라면, 그들을 야만적으로 학대하여 병들게 하고 생명을 단축시키거나 감옥에 가둔 장본인들은 어떤 벌을 받겠는가?

자신의 동료 종들을 때린 자들이 잘못한 것이라는 것은 두말할 필요 없이 분명한 일이다. 우리 주님은 여기에서 그 날에 악인들이 "주여 우리가 어느 때에 주께서 주리신 것이나 목마르신 것이나 나그네 되신 것이나 헐벗으신 것이나 병드신 것이나 옥에 갇히신 것을 보고 공양하지 아니하더이까"라고 대답할 것이라고 말씀하신다. 그들은 자신들이 주린 자들에게 떡을 주지 않았다는 사실에 대해서는 부인하지 않지만, 그들이 그리스도께서 주리신 것을 보고서 먹을 것을 드리지 않았다는 것은 부인한다. 박해자들은 하나님의 종들을 박해할 때에는 언제나 그 종들을 하나님의 원수들이고 흉악무도한 자들로 몰고, 그들 자신은 하나님과 그리스도를 대단히 잘 섬기는 자들로 가장한다. 그러나 우리 주님께서 맹세로써 하시는 대답을 잘 들어보라: "내가 진실로 너희에게 이르노니 이 지극히 작은 자 하나에게 하지 아니한 것이 곧 내게 하지 아니한 것이니라." 너희가 무자비하게 대한 자들을 어떤 자들로 생각하였거나 어떤 악명으로 불렀는지는 중요하지 않다. 중요한 것은 그들이 지금 여기 나의 오른편에 있다는 것이다. 너희는 그들이 내 목소리를 듣고 나를 따르는 나의 양들이라는 사실을 알았어야 했다. 너희가 그들을 옥에 가둔 것은 나를 가둔 것이고, 너희가 그들로 주리게 한 것은 나를 주리게 한 것이며, 너희가 그들의 재물을 약탈한 것은 나의 것을 약탈한 것이다. 그러므로 "저주를 받은 자들아 나를 떠나 마귀와 그 사자들을 위하여 예비된 영원한 불에 들어가라."

46. 그들은 영벌에, 의인들은 영생에 들어가리라 하시니라.

이렇게 악인들도 그 날에는 의인들과 마찬가지로 다 부활하여 심판을 받게 될 것이다. 어떤 더러운 몽상가가 생각했던 것과는 달리, 악인들은 대지의 품안에서 편안한 안식을 누리며 영원히 잠자게 되는 것은 결코 없을 것이고, 마지막 나팔소리가 울려 퍼질 때에 일제히 깨어나, 저 끔찍한 영벌에 들어가게 될 것이다. 그들은 "산 자와 죽은 자의 재판장"이신 분의 심판에서 결코 벗어나지 못할 것이고, 율법 없이 범죄한 자들도 율법 없는 심판을 피할 수 없게 될 것이다. "창세로부터 그의 보이지 아니하는 것들 곧 그의 영원하신 능력과 신성이 그가 만드신 만물에 분명히 보여 알려졌나니 그러므로 그들이 핑계하지 못할지니라"(롬 1:20). "무릇 율법 없이 범죄한 자는 또한 율법 없이 망하고 무릇 율법이 있고 범죄한 자는 율법으로 말미암아 심판을 받으리라"(롬 2:12). 오리게네스(Origen)가 생각했던 것과는 달리, 그들은 한동안 벌을 받는 것이 아니라, "영벌"에 들어가게 될 것이다.

그러나 자신들에게 전가된 그리스도의 의로 말미암아 현세에서 의롭다 하심을 얻어서, 비록 많은 점들에서 온전하지 못한 삶이기는 하였지만, 거룩하고 진실한 행실로 의로운 자들로 인정받은 "의인들은 영생에" 들어가게 될 것이다. "영생"은 단지 영원토록 살게 되는 것을 의미하는 것이 아니라(악인들도 영원한 벌을 받기 위하여 영원히 살게 된다는 점을 생각하면), 행복하고 복된 삶을 영원토록 살게 된다는 것을 의미한다. 이렇게 성경에서 "영생"은 언제나 영원한 사망과 영원한 불, 구더기도 죽지 않는 곳에서 영원토록 고통을 당하는 것과 반대되는 의미를 지닌다. 이렇게 해서, 그리스도의 은혜의 나라는 끝이 나고, 그리스도의 영광의 나라가 시작될 것이다. 그리스도의 모든 원수들은 그의 발 아래에 굴복되어 지옥에 떨어지고, 그 영광의 나라에는 오직 저 영광스러운 왕과 그의 참된 신민들만이 남게 될 것이며, 이 나라는 영원무궁할 것이다.

제26장

개요

1. 그리스도께서 다시 한 번 자신의 죽음을 예고하심(1-2).
2. 대제사장들과 장로들이 그리스도를 죽일 모의를 함(3-5).
3. 한 여자가 그리스도의 머리에 귀한 향유를 부음(6-13).
4. 유다가 그리스도를 배신하기 위하여 대제사장들과 협상을 함(14-16)
5. 그리스도께서 유월절 식사를 하시며 배신자를 지목하심(17-25).
6. 성만찬을 제정하심(26-30).
7. 제자들이 자기를 버리고 베드로가 자기를 부인하게 될 것을 예고하심(31-35).
8. 겟세마네 동산에서 고뇌하시며 기도하심(36-46).
9. 그리스도께서 배신을 당하고 체포되심(47-50).
10. 그리스도의 제자들 중 한 사람이 대제사장의 한 종의 귀를 칼로 자른 사건이 일어나고, 그리스도께서는 제자들에게 저항하지 말라고 명하심(51-56).
11. 가야바의 관정으로 끌려가셔서 거짓 고소를 당하시고 심문 받으신 후에 유죄판결을 받으시고 모욕을 당하심(57-68).
12. 베드로의 부인과 회개(69-75).

1-2. [1]예수께서 이 말씀을 다 마치시고 제자들에게 이르시되 [2]너희가 아는 바와 같이 이틀이 지나면 유월절이라 인자가 십자가에 못 박히기 위하여 팔리리라 하시더라.

마가는 "이틀이 지나면 유월절과 무교절이라"(막 14:1)고 말하고, 누가는 "유월절이라 하는 무교절이 다가오매"(눅 22:1)라고 말한다. 복음서 기자들이 여기에서와 이후의 이야기에서 무엇을 말하고 있는 것인지를 더 잘 이해하기 위해서, 우리는 출애굽기 12장, 레위기 23장, 민수기 28장에 나오는 유월절과 관련된 율법을 살펴볼 것이다. 출애굽기 12장에서 우리는 처음에 유월절이 어떤 계기로 제정되었는지를 알 수 있다. 하나님께서는 그들에게 니산월 제10일에 각 가정마다 어린 양을 잡게 하셨는데, 가족이 적은 경우에는 이웃과 함께 한 마리의 어린 양을 잡게 하셨고, 이 어린 양은 흠 없는 숫양을 골라서 그 달 열나흗날까지 간직하였다가 해 질 때에 잡게 하셨다. 즉, 어린 양은 두 저녁 사이에, 곧 그 날 해가 진 때로부터 또다시 해가 뜰 때까지의 어느 시간에 잡아야 했다. 유대인들은 어린 양의 피를 그 집 좌우의 문설주와 인방에 바르고서, 그 밤에 이 어린 양의 고기를 날 것이나 물에 삶아서가 아니라 불에 구워서 무교병 및 쓴 나물과 함께 먹어야 했고, 아침까지는 아무것도 남기지 않아야 했으며, 남은 경우에는 불에 태워야 했는데, 허리띠를 띠고 발에는 신발을 신고 지팡이를 손에 쥐고서 먹어야 했다. 또한, 그들은 그 달 십사일에 시작해서 이십일일까지 무교병만을 먹어야 했다. 이것은 하나님께서 그 밤에 애굽의 장자들은 죽이시되 그들의 장자들은 살리시는 이적을 행하심으로써, 그들이 구원을 받아 애굽으로부터 나올 수 있었던 일을 기념하기 위한 것이었고, 하나님께서는 이렇게 유월절을 제정하셔서 그들에게 영원한 규례가 되게 하셨는데, 우리는 이것을 출애굽기 12:3-20에서 자세하게 읽을 수 있다. 이 유월절은 사도가 "우리의 유월절"이라고 불렀고 복음서 기자가 "하나님의 어린 양"이라고 불렀던 참된 유월절이신 예수 그리스도를 가리키는 예표였다. 유월절에 관한 율법은 레위기 23:5-8과 민수기 28:16-25에도 나온다. 거기에서 말하고 있듯이, 무교절의 첫 날과 마지막 날은 사람들이 "성회"로 모이는 날이었다. 애굽에서 유대인들이 최초로 유월절을 지킨 방식과 그 후에 지킨 방식 간에는 약간의 차이가 있었다. 그들이 애굽에서 유월절을 지킬 때에는 어린 양의 피를 문설주에 발랐지만, 그 이후에는 어린 양의 피와 기름을 제단에 발랐다. 애굽에서 지킨 유월절에서는 모든 가정이 자신의 집에서 어린 양을 잡았지만, 나중에는 모든 어린 양을 성전에서 잡아서 각 가정으로 가져와서 먹었다. 애굽에서 유월절을 지킬 때에는 사람들은 허리띠를 띠고 신발을 신고 손에 지팡이를 짚고 선 채로 먹음으로써 애굽을 떠날 채비가 다 되었음을 보여 주었지만, 이후의 유월절들에는 하나님이 그들에게 주신 자유를 상징하는 의미에서 앉아서 먹었다. 따라서 우리는 그리스도께서 자신의 열두 제자와 함께 앉아서 유월절 식사를 하시는 모습을 보게 된다. 하지만 다른 점들에서는 유월절을 지키는 것이 그 때나 그 이후에나 거의 똑같았다. 그들은 양력으로 3월과 4월에 걸쳐 있는 니산월 또는 아빕월 제14일부터 일주일이라는 시간을 엄격하게 지켰다.

우리 구주께서는 "이틀이 지나면" 이 큰 절기를 지킬 때가 된다고 말씀하신다. 이것이 주님이 이 말씀을 하신 날을 포함해서 "이틀"이었는지, 아니면 그 날을 빼고 "이틀"이었는지는 확실하지 않고, 그런 것은 우리에게 중요하지도 않지만, 아마도 주님께서는 화요일에 이 말씀을 하셨고, 목요일이 유월절이 시작되는 날이었을 가능성이 높다. **인자가 십자가에 못 박히기 위하여 팔리리라.** 우리 구주께서는 아직 실제로 배신당하신 것이 아니었지만, 자신의 대적들이 이미 어떤 음모를 꾸미고서 일을 진행시켜 나가고 있는지와 유다의 마음속에 무슨 생각이 있는지를 둘 다 알고 계셨기 때문에, 비록 자기는 인자로서 십자가에 못 박히시게 되겠지만, 곧 그런 일이 일어났을 때에, 자신의 제자들이 놀라지 않게 하심과 아울러서, 자기가 장래에 일어날 일들을 미리 알 수 있는 하나님의 아들이시라는 것을 그들로 하여금 알게 하시기 위하여, 이 일을 미리 경고하신다.

3-5. [3]그 때에 대제사장들과 백성의 장로들이 가야바라 하는 대제사장의 관정에 모여 [4]예수를 흉계로 잡아 죽이려고 의논하되 [5]말하기를 민란이 날까 하노니 명절에는 하지 말자 하더라.

마가는 "대제사장들과 서기관들이 예수를 흉계로 잡아 죽일 방도를 구하며"(막 14:1)라고 말하고, 누가도 마가와 거의 동일하게 말한다. 그들은 이 일 이전에도 어떻게 하면 그리스도를 죽일 것인지를 모의해 왔기 때문에(눅 19:47), 그들이 이 일을 가지고 공식적인 회합을 가진 것은 이번이 처음이 아니었고(요 11:47), 단지 또 다시 회합을 가진 것일 뿐이었다. 그들이 음모를 꾸민 장소와 거기에 참석한 자들이 구체적으로 언급되고 있는데, 그 곳은 "대제사장의 관정"이었고, 이 음모에 가담한 자들은 대제사장들과 서기관들과 백성의 장로들이었다. 그들이 다룬 의제는 어떠한 "흉계"를 써서 그리스도를 "잡아 죽일" 수 있을까 하는 것이었는데, 그들이 "흉계"를 사용하고자 한 것은 많은 이적들을 행하신 우리 구주에 대하여 큰 공경심을 품고 있던 백성들을 그들이 두려워하였기 때문이었다. 명절에는 하지 말자. 그들이 이렇게 명절에 그리스도를 죽이는 일을 감행하고자 하지 않은 이유는, 유월절은 이틀 앞으로 다가왔고, 예루살렘 도성은 명절을 지키기 위하여 올라온 수많은 사람들로 북적거리고 있는 상황에서, 혹시라도 이 일로 인해서 백성들 사이에서 소요나 폭동이 일어나는 것을 겁냈기 때문이었다. 이것은 그들이 명절을 거룩하게 지키고자 하는 깊은 신앙심 때문이 아니었고, 오직 로마의 속국민으로 간신히 자신들의 종교를 유지해 나가는 자유를 허락받은 위태로운 상태에서, 소요나 폭동으로 인해서 그 자유마저도 잃어버리게 될 것을 염려한 것이었다. 당시에 유대인들의 종교는, 정복자들의 입맛에 따라 대제사장은 해마다 바뀌는 등, 모든 것이 이미 엉망진창이 되어 있어서, 겉으로만 옛 형태를 유지하고 있었을 뿐이고, 제대로 된 질서는 찾아볼 수 없었다.

6-13. [6]예수께서 베다니 나병환자 시몬의 집에 계실 때에 [7]한 여자가 매우 귀한 향

유 한 옥합을 가지고 나아와서 식사하시는 예수의 머리에 부으니 [8]제자들이 보고 분개하여 이르되 무슨 의도로 이것을 허비하느냐 [9]이것을 비싼 값에 팔아 가난한 자들에게 줄 수 있었겠도다 하거늘 [10]예수께서 아시고 그들에게 이르시되 너희가 어찌하여 이 여자를 괴롭게 하느냐 그가 내게 좋은 일을 하였느니라 [11]가난한 자들은 항상 너희와 함께 있거니와 나는 항상 함께 있지 아니하리라 [12]이 여자가 내 몸에 이 향유를 부은 것은 내 장례를 위하여 함이니라 [13]내가 진실로 너희에게 이르노니 온 천하에 어디서든지 이 복음이 전파되는 곳에서는 이 여자가 행한 일도 말하여 그를 기억하리라 하시니라.

이 이야기 또는 이것과 아주 흡사한 이야기는 다른 세 복음서 기자도 기록해 놓고 있다. 마가복음 14:3-9에 나오는 것은 이것과 거의 차이가 없지만, "비싼 값에 팔아"라는 표현 대신에 "삼백 데나리온 이상에 팔아"라고 정확한 금액을 말하고 있고, "그 여자를 책망하는지라"는 구절을 덧붙인다. 누가는 "한 바리새인이 예수께 자기와 함께 잡수시기를 청하니 이에 바리새인의 집에 들어가 앉으셨을 때에"(눅 7:36) 이 일이 일어났다고 말한다. 어떤 이들은 누가복음에 나오는 것이 이것과 동일한 이야기라고 생각하지만, 이 둘은 동일한 이야기가 아닌 것으로 보인다. 누가는 "그 동네에 죄를 지은 한 여자가 있어 예수께서 바리새인의 집에 앉아 계심을 알고 향유 담은 옥합을 가지고 와서 예수의 뒤로 그 발 곁에 서서 울며 눈물로 그 발을 적시고 자기 머리털로 닦고 그 발에 입맞추고 향유를 부으니"(눅 7:37-38)라고 말한다. 이 바리새인의 이름이 "시몬"이었다는 것은 분명하다(눅 7:40). 누가는 우리 구주와 이 바리새인 간의 대화를 덧붙이는데(눅 39-50), 나는 적절한 곳에서 이것에 대해서 살펴볼 것이다. 요한은 "유월절 엿새 전에 예수께서 베다니에 이르시니 이 곳은 예수께서 죽은 자 가운데서 살리신 나사로가 있는 곳이라 거기서 예수를 위하여 잔치할새 마르다는 일을 하고 나사로는 예수와 함께 앉은 자 중에 있더라 마리아는 지극히 비싼 향유 곧 순전한 나드 한 근을 가져다가 예수의 발에 붓고 자기 머리털로 그의 발을 닦으니 향유 냄새가 집에 가득하더라 제자 중 하나로서 예수를 잡아 줄 가룟 유다가 말하되 이 향유를 어찌하여 삼백 데나리온에 팔아 가난한 자들에게 주지 아니하였느냐 하니 이렇게 말함은 가난한 자들을 생각함이 아니요 그는 도둑이라 돈궤를 맡고 거기 넣는 것을 훔쳐 감이러라 예수께서 이르시되 그를 가만 두어 나의 장례할 날을 위하여 그것을 간직하게 하라 가난한 자들은 항상 너희와 함께 있거니와 나는 항상 있지 아니하리라 하시니라"(요 12:1-8)고 말한다. 모든 복음서 기자들이 동일한 이야기를 들려주고 있는 것인지, 아니면 다른 이야기들을 들려주고 있는 것인지가 문제이다. 이 이야기들 중에서 누가 본문에 나오는 것이 가장 다른 것으로 보인다. 누가는 이 시몬이 나병환자였다는 것에 대해서는 전혀 말하지 않고, 우리 구주께서 갈릴리에서 사역하신 직후에 이 일이 있은 것으로 보도한다. 다른 세 복음서 기자는 모두 예루살렘에서 3km 정도 떨어져 있던 "베다니"에서 이 일이 있었다고 말한다. 따라서 마태와 마가와 요한은 하나의 동일한 이야기를 들려주고 있을 가능성이 대단히 높다. 그들은 이 일이 베다니에 있는 시몬의 집에서 식사를 하실 때에 일어났다고 말하고, 향유의 종류와 우리 구주께서 이 일에 대하여 하신 말씀도 동일하게 보도한다. 요한은 "유월절 엿새 전"이라고 하고, 마태는 이틀 전이라고 함으로써 이 일이 일어난 때에 있어서 차이가 나는 문제는, 요한은 우리 구주께서 베다니에 오신 날짜, 즉 유월절 엿새 전을 말한 반면에, 마태는 이 잔치가 열린 날짜, 즉 유월절 이틀 전을 말한 것이라고 생각하면, 해결될 수 있다. 따라서 우리 구주께서는 베다니에 오셔서 나흘을 지내신 후에 시몬의 집에 초대를 받으셨고, 거기에서 자신의 "장례"를 위한 기름 부음을 마리아로부터 받으신 것이었다.

앞에서 보았듯이, 그리스도께서는 갈릴리를 떠나 예루살렘을 향해 오시다가 베다니에 이르셨고(막 11:1), 거기에서 시몬이라는 사람으로부터 식사 초대를 받으셨다. 시몬은 이전에 나병환자였다가 아마도 그리스도로부터 고치심을 받았기 때문에, 감사하는 마음으로 그를 초대하여 식사 대접을 하고자 했던 것 같다. 요한은 그 자리에는 마르다가 시중을 들었고, 얼마 전에 죽었다가 다시 살아난 나사로(요 11장)도 함께 식사를 하고 있었는데, 그 때에 마리아라고 하는 여자가 "지극히 비싼 향유 곧 순전한 나드 한 근"을 가지고 왔다고 말하는데, 마태와 마가는 그 향유가 "옥합"에 담겨 있었다고 말한다. 요한은 그 여자가 주님의 발에 향유를 붓고 그녀의 머리카락으로 주님의 발을 닦았다고 말하고, 마태와 마가는 그 여자가 주님의 발에 향유를 부은 것에 대해서는 말하지 않고, 단지 주님의 머리에 향유를 부었다고만 말한다. 그래서 고대와 현대의 신학자들은 복음서 기자들이 주님께서 향유로 기름 부음을 받으신 횟수를 몇 번으로 보도하고 있느냐와 관련해서 한 번이었다는 견해에서 두 번이나 세 번이었다는 견해까지 다양한 의견을 제시하였지만, 이 일 이전에 누가가 보도한 것과 여기에서 마태와 마가와 요한이 보도한 것, 이렇게 두 번에 걸쳐 주님이 향유로 기름 부음을 받으셨을 가능성이 가장 높은 것으로 보인다. 누가에 나오는 기사를 주의 깊고 꼼꼼하게 읽고서, 그 이야기를 다른 세 복음서 기자가 보도한 기사들과 비교해 본 사람들은 누가가 여기에서와는 다른 때에 다른 곳에서 다른 사람에 의해서 일어난 일을 보도하고 있다는 결론을 내릴 수밖에 없게 될 것이다. 왜냐하면, 바리새인 시몬과 나병환자 시몬은 동일 인물이 아니었음이 분명하고, 게다가 누가의 기사 속에는 우리 구주께서 그러한 죄인인 여자가 가까이 오는 것을 허용하신 것에 대하여 시몬이 비방하는 말이 나오는 반면에, 여기에서는 그런 말이 전혀 나오지 않기 때문이다. 따라서 나는 여기에서 마태가 보도한 이야기를 중심으로, 마가와 요한에 나오는 기사들로 보완해서, 이 이야기를 살펴볼 것이다.

마태와 마가는 이 일이 "베다니 나병환자 시몬의 집"에서 일어났다고 말한다. 요한은 누구의 집이었는지에 대해서는 언급하지 않고, 나사로가 우리 주님과 함께 식사를 하였고, 마르다는 시중을 들었다는 말을 덧붙인다. 우리는 이것을 근거로 해서, 어떤 이들과 같이, 우리 구주께서 나사로의 집에서 식사하신 것이라고 결론을 내려서는 안 된다. 왜냐하면, 다른 두 복음서 기자들은 시몬의 집이었다고 분명하게 표현하고 있을 뿐만 아니라, 요한은 그러한 암시를 주고 있지는 않지만, 거기에 나사로와 그의 두 여동생이 있었고, 그 중에서 마르다는 시중을 들고 있었다고 언급함으로써, 이 세 사람이 친구의 집에 와 있는 것이라는 뉘앙스를 전해 주고 있기 때문이다. 마태와 마가는 "한 여자가" 우리 주님께 "나아왔다"고 말하고, 요한은 이 여자가 나사로의 여동생인 마리아였다고 말하는데, 그녀는 "매우 귀한 향유 한 옥합을 가지고 나아와서 식사하시는 예수의 머리에 부었다." 요한은 이 향유가 "지극히 비싼 향유 곧 순전한 나드 한 근"이었고, 그 향유를 "예수의 발에 붓고 자기 머리털로 그의 발을 닦으니 향유 냄새가 집에 가득하더라"고 말한다. 따라서 그녀는 그 향유를 주님의 머리와 발에 부었을 것임에 틀림없다. 시편 23:5이 암시해 주고 있듯이, 동방의 나라들에서는 잔치에 온 손님들에게 기름을 부어서 환대하는 관습이 있었다. 이 여자가 사용한 기름의 종류와 양, 그리고 주님의 발에 향유를 부은 것을 볼 때, 그녀는 이러한 통상적인 수준을 훨씬 뛰어넘는 환대를 우리 주님께 베풀었던 것으로 보이고, 그렇게 함으로써 이 손님에 대한 그녀의 사랑이 얼마나 큰지를 보여 주었다.

제자들이 보고 분개하여 이르되 무슨 의도로 이것을 허비하느냐. 마가는 그들이 "그 여자를 책망하였다"는 말을 덧붙인다. 그들은 "이것을 비싼 값에 팔아 가난한 자들에게 줄 수 있었겠도다"고 말하였는데, 마가와 요한은 이 향유를 "삼백 데나리온에" 팔 수 있다고 말한다. 요한은 이 말을 한 제자가 가룟 유다였다고 말하고, 그가 그렇게 말한 이유도 설명한다. 즉, 그는 "돈궤를 맡은" 자여서, 그 향유를 팔았더라면 그 판 돈이 고스란히 자기 손에 들어 왔을 것이고, "그는 도둑이라 돈궤를 맡고 거기 넣는 것을 훔쳐" 가곤 하였던 까닭에, 그 돈이 자기 돈이 되었을 것이기 때문이었다는 것이다. 따라서 요한은 그가 이런 말을 한 것은 가난한 자들을 생각해서가 아니라 사실은 자기 자신을 위한 것이었다는 말도 덧붙인다. 하지만 다른 제자들도 손님을 환대하는 데 그 정도까지 하는 것은 너무나 지나친 낭비라고 생각하였을 것이다.

우리 주님께서는 그들의 그러한 생각을 아시고서, 이 여자의 행위가 옳다고 말씀하신다. (1) 주님은 이 여자가 "좋은 일"을 한 것이라고 그들에게 말씀하신다. 하나님의 율법에 의해서 금지되지 않았거나 명령되지 않은 행위들은 어떠한 원리와 목적에 의해서 행해졌느냐에 따라 선이나 악이냐가 결정된다. 따라서 그녀가 행한 일은 그리스도에 대한 사랑이라는 원리로부터 나왔고, 그리스도의 존귀와 영광을 위하여 행해진 일이었기 때문에, 선한 일이었다. (2) 주님은 가난한 자들은 언제나 그들 곁에 있지만, 자기는 늘 그들 곁에 있는 것이 아니라고 그들에게 말씀하신다. 평소에 행해졌을 때에는 선한 일이 아닌 것도 특별한 때에 특별한 이유로 행해졌을 때에는 선한 일이 될 수 있다. 그리스도께서는 여기에서 그들이 가난한 자들을 돕고자 하는 마음을 꺾고자 하는 의도가 자기에게는 전혀 없지만, 가난한 자들에게 선한 일을 행할 수 있는 기회는 그들에게 늘 있을 것이지만, 자기는 그들과 그리 오래 있지 못할 것이라고 분명하게 밝히신다. (3) 주님은 이 여자가 자신의 "장례"를 위하여 이렇게 향유를 자기에게 부은 것이라고 그들에게 말씀하신다. 만일 이 여자가 나의 장례를 위하여 이 정도의 돈을 썼다면, 너희는 그녀를 나무라지 않았을 것이다. 왜냐하면, 죽은 시신을 방부처리 하기 위해서는 그 정도의 향품이 필요할 것이기 때문이다. 나는 너희에게 내가 곧 죽게 될 것이라고 종종 얘기해 왔지만, 너희는 그것을 믿지 않았다. 그러나 이 여자는 나의 그 말을 믿었고, 이제 곧 죽게 될 나의 몸에 이렇게 값비싼 향유를 부어, 나에 대한 그녀의 사랑을 보여 주었다. 그녀는 나의 죽은 시신에 향유를 부은 것이나 마찬가지이기 때문에, 너희로부터 책망을 들을 이유가 없다. 그녀는 나의 말을 믿었고 나에 대한 사랑을 보여 주었다. 또는, 이 여자가 내가 곧 죽을 것이라고 한 말을 믿고서 그렇게 한 것이 아니라고 하여도, 결과적으로 그녀는 그렇게 한 것이다. 나는 곧 죽게 될 것이고, 그녀는 미리 내게 기름을 부은 것인 까닭에, 그녀의 이러한 행위는 이미 죽은 사람에 대하여 그 정도의 향품을 쓰는 사람들과 마찬가지의 일을 한 것이기 때문에, 충분히 이치에 맞는 일을 한 것이다.

끝으로, 우리 주님께서는 이 복음이 전파되는 곳마다, 이 여자가 한 일도 전파되어서, 사람들이 그녀를 "기억하고" 높이며 칭송하게 될 것이라고 말씀하신다. 그리스도께서는 그녀의 행위가 그에 대한 진심 어린 불타는 사랑으로부터 나온 것임을 아셨기 때문에, 그녀의 행위를 그에게 너무나 잘한 행위로 받아들이시고서, 그녀에게 상을 주신다. 어떤 사람이 자신의 전 재산을 가난한 자들에게 나누어 준다고 하여도, 사랑이 없으면 아무것도 아니다. 그러나 진심 어린 사랑으로 행한 일은 하나님께 열납된다. 사랑으로 하는 좋은 일은 인색함이 없고, 그 사랑의 대상이 그리스도인 경우에는 그 좋은 일이 너무 차고 넘쳐서 지나치게 되는 것은 불가능하다. 사람들은 우리의 마음을 알지 못하기 때문에, 우리가 하나님이 크게 칭찬하시고 상 주시는 일들을 한 경우에도, 우리를 책망하기 쉽다. 복음서 기자는 가룟 유다가 우리 구주에 대하여 반감을 품게 된 이유를 설명하고자 하는 목적으로 지금까지 해 왔던 이 이야기를 여기에서 끝내고서, 이제 앞서 3-5절에서 우리에게 들려주었던 대제사장들과 장로들의 음모에 관한 이야기로 다시 돌아간다. 거기에서 우리는 그들이 명절에 우리 주님을 잡아들이기를 꺼려하였던 유일한 이유는 백성들 사이에서 소요나 폭동이 일어나게 될 것을 두려워하였기 때문이라는 것을 살펴본 바 있다.

14-16. 14그 때에 열둘 중의 하나인 가룟 유다라 하는 자가 대제사장들에게 가서 말하되 15내가 예수를 너희에게 넘겨 주리니 얼마나 주려느냐 하니 그들이 은 삼십을 달아 주거늘 16그가 그 때부터 예수를 넘겨 줄 기회를 찾더라.

마가는 "열둘 중의 하나인 가룟 유다가 예수를 넘겨 주려고 대제사장들에게 가매 그들이 듣고 기뻐하여 돈을 주기로 약속하니 유다가 예수를 어떻게 넘겨 줄까 하고 그 기회를 찾더라"(막 14:10-11)고 말하고, 누가는 이것을 한층 더 자세하게 들려준다: "열둘 중의 하나인 가룟인이라 부르는 유다에게 사탄이 들어가니 이에 유다가 대제사장들과 성전 경비대장들에게 가서 예수를 넘겨 줄 방도를 의논하매 그들이 기뻐하여 돈을 주기로 언약하는지라 유다가 허락하고 예수를 무리가 없을 때에 넘겨 줄 기회를 찾더라"(눅 22:3-6). 대제사장들과 서기관들과 장로들이 어떻게 하면 백성들의 소요를 일으킴이 없이 조용히 불시에 그리스도를 붙잡을 수 있을지를 궁리하며 한창 모의에 열중하고 있는 동안에, 우리 주님의 열두 제자들 중의 한 사람이었던 "가룟"이라는 별명이 붙은 "유다"는 마귀의 부추김을 받아, 우리 주님을 붙잡아 죽이려고 음모를 꾸미고 있던 자들이 회동하고 있던 곳으로 가서, 성내에서 아무런 소란 없이 우리 주님을 그들에게 넘기겠다고 그들에게 제의한다. 아마도 마귀는 가룟 유다가 우리 주님이 비싼 향유를 허비하도록 허용하심으로써 두둑하게 돈을 챙길 수 있는 기회가 사라져 버린 데 대한 불만을 품게 된 것이나, 그리스도께서 제자들 앞에서 공개적으로 자기를 견제하시는 발언을 하신 것에 대한 앙심을 품게 된 것을 이용하여 유다를 사로잡아 버린 것으로 보인다. 대제사장들과 장로들은 그렇지 않아도 그리스도를 죽일 묘안이 없을까 하고 궁리하던 차에, 가룟 유다가 그러한 제안을 해오자, 아주 좋은 기회라고 여겨서 기뻐하며, 얼마간의 돈을 주고 유다와 계약을 맺었다. 오직 마태만이 이 대목에서 가룟 유다가 받은 금액이 "은 삼십"이었다고 구체적으로 밝힌다. 해석자들은 여기에서 "은 삼십"이 성소에서 사용된 삼십 세겔이었음이 거의 확실하다고 보는데, 한 세겔은 영국 돈으로 2실링 6펜스이니까, 3파운드 15실링이 되고, 이 금액은 율법에서 다른 사람의 가축에 의해서 죽임을 당한 종에 대하여 지불하는 배상금으로 정한 액수로서(출 21:32), 가장 미천하고 가난한 자의 목숨 값에 해당하는 것이었다. 그러니까 유다는 가장 헐값에 해당하는 사람 목숨 값을 받고서 그리스도를 그들에게 넘기기로 약조한 것이었다. "은 삼십"의 가치에 대해서는 다른 견해들도 있기는 하지만, 이 견해가 가장 유력하다. 왜냐하면, 그들은 그리스도를 보잘것없는 자로 여겼고, 될 수 있으면 그를 폄하하고자 하였으며, 이 회합에서 실세였던 대제사장들은 유대인들 가운데서 가장 많이 사용되고 있던 세겔이라는 주화로 돈을 지불하겠다고 하면서 가룟 유다를 설득하였을 것이 거의 분명하기 때문이다. 하지만 만일 가룟 유다가 돈을 더 달라고 하였다면, 틀림없이 그들은 더 많은 돈을 주었을 것임을 생각하면, 그러한 헐값으로 그리스도를 넘겨받기로 한 것은 분명히 이상한 일이라고 할 수 있다. 그러나 일이 그렇게 된 것은 성경에 기록된 예언이 성취되도록 하기 위한 것이었다: "그들이 곧 은 삼십 개를 달아서 내 품삯을 삼은지라 여호와께서 내게 이르시되 그들이 나를 헤아린 바 그 삯을 토기장이에게 던지라 하시기로 내가 곧 그 은 삼십 개를 여호와의 전에서 토기장이에게 던지고"(슥 11:12-13). 이 본문에 대해서는 우리가 마태복음 27:9을 다룰 때에 좀 더 자세하게 살펴볼 기회를 갖게 될 것이다. "은 삼십"이라는 금액은 하나님이 정하신 것이었다. 하나님께서는 자기 아들로 하여금 종의 형체로 이 땅에 오게 하시고서, 그의 목숨 값이 비천한 종의 목숨 값에 불과할 정도로 지극히 낮아지신 것을 보여 주시기 위하여, 은 삼십에 팔리게 하신 것이었다. 이렇게 해서, 가룟 유다는 돈 욕심이 많아서 얼마든지 더 많은 금액을 요구할 수도 있었고, 그리스도를 죽이고자 모의한 자들도 얼마든지 더 많은 금액을 줄 용의를 가지고 있었지만, 그 금액은 하나님의 뜻에 의해 은 삼십으로 정해졌다. 그리스도께서는 속량받은 자들의 심령에 더 소중하고 귀하신 분이 되시기 위하여 헐값에 팔리셔야 하였다. 가룟 유다는 은 삼십을 받고 그리스도를 팔기로 그들과 계약을 맺었다. 그들이 그 돈을 즉시 주었던 것인지, 아니면 일이 다 끝난 후에 주었던 것인지는 본문에 나와 있지 않다. 마태와 마가는 "그 때로부터 예수를 넘겨 줄 기회를 찾더라"고 말하고, 누가는 "무리가 없을 때에"(ἄτερ ὄχλου - '아테르 오클루') 넘겨 주려고 기회를 엿보았다고 말한다(눅 22:6). 그는 이제 주님을 파는 극악무도한 짓을 저지르기로 확고하게 결심을 굳힌 상태였고, 오직 기회만을 찾고 있었는데, 그 기회는 머지않아 그에게 주어졌다.

17-19. [17]무교절의 첫날에 제자들이 예수께 나아와서 이르되 유월절 음식 잡수실 것을 우리가 어디서 준비하기를 원하시나이까 [18]이르시되 성안 아무에게 가서 이르되 선생님 말씀이 내 때가 가까이 왔으니 내 제자들과 함께 유월절을 네 집에서 지키겠다 하시더라 하라 하시니 [19]제자들이 예수께서 시키신 대로 하여 유월절을 준비하였더라.

복음서 기자들 중에서는 이 이야기를 자세하게 들려주는 사람이 없지만, 마가는 이 대목을 마태보다 더 자세하게 얘기해 준다: "무교절의 첫날 곧 유월절 양 잡는 날에 제자들이 예수께 여짜오되 우리가 어디로 가서 선생님께서 유월절 음식을 잡수시게 준비하기를 원하시나이까 하매 예수께서 제자 중의 둘을 보내시며 이르시되 성내로 들어가라 그리하면 물 한 동이를 가지고 가는 사람을 만나리니 그를 따라가서 어디든지 그가 들어가는 그 집 주인에게 이르되 선생님의 말씀이 내가 내 제자들과 함께 유월절 음식을 먹을 나의 객실이 어디 있느냐 하시더라 하라 그리하면 자리를 펴고 준비한 큰 다락방을 보이리니 거기서 우리를 위하여 준비하라 하시니 제자들이 나가 성내로 들어가서 예수께서 하시던 말씀대로 만나 유월절 음식을 준비하니라"(막 14:12-16). 누가는 이 대목을 약간 다르게 보도한다: "유월절 양을 잡을 무교절날이 이른지라 예수께서 베드로와 요한을 보내시며 이르시되 가서 우리를 위하여 유월절을 준비하여 우리로 먹게 하라 여짜오되 어디서 준비하기를 원하시나이까 이르시되 보라 너희가 성내로 들어가면 물 한 동이를 가지고 가는 사람을 만나리니 그가 들어가는 집으로 따라 들어가서"(눅 22:7-10). 그런 후에, 누가는 마가가 말한 것과 거의 다르지 않은 내용을 계속해서 이어간다(눅 22:11-13). 복음서 기자들 간의 차이는 미미하고, 그 내용이 서로 모순되지도 않으며, 단지 당시의 정황을 좀 더 간략하게 보도하거나, 좀 더 자세하게 보도한 것에 의한 차이만이 있을 뿐이다.

우리 주님께서는 밤이 되면 예루살렘에서 베다니로 돌아가셨는데, 지금 여기에서는 베다니에 계신 것으로 보도된다. 유월절 양을 잡을 날이 다가왔는데, 율법에서는 그 날을 첫째 달(니산월) 제14일 저녁 또는 해가 진 때로부터 해가 다시 뜨기 전까지 두 저녁 사이에 양을 잡으라고 정확히 못 박아 놓았다(출 12:6). 유대인들은 해가 질 때에 하나의 저녁이 시작되고, 다음 날 다시 해가 질 때에 또 다른 저녁이 시작되는 것으로 보았고, 이 두 저녁 사이에 유월절 양을 잡아야 하였다. 그리고 니산월 제14일은 "무교절의 첫날"이라 불렀다. 이렇게 부르는 것은 일몰부터 일몰까지를 하루로 치는 유대인들의 날수 계산법에 따르면 옳은 것이 아니었지만, 우리와 마찬가지로 자정부터 자정까지를 하루로 치는 로마인들의 날수 계산법에 따른 것이었다. 유대인들의 무교절은 유월절 양을 먹을 때부터 시작되었다. 따라서 무교절의 첫날은 제14일에 해가 질 때부터 무교절의 첫 날의 자정까지 불과 몇 시간이 되지 않았기 때문에, 제21일 자정까지 계속된 무교절은 그 기간이 전부 합해서 7일하고 몇 시간이었다. 마태와 마가 본문에는, 제자들이 우리 구주께서 유월절을 지키려고 하신다는 것을 알고서 먼저 어디에 유월절 식사를 준비하게 하실 것인지를 물은 것으로 되어 있는 반면에, 누가 본문에는 주님이 베드로와 요한을 부르셔서, "가서 우리를 위하여 유월절을 준비하여 우리로 먹게 하라"고 말씀하신 것으로 되어 있다. 마가와 누가는 여기에서 마태가 생략한 것을 보충해 넣는다. 즉, 마태는 단지 주님이 제자들에게 성안의 특정한 집주인에게 가서, "선생님 말씀이 내 때가 가까이 왔으니 내 제자들과 함께 유월절을 네 집에서 지키겠다"고 전하라고 말씀하셨다고 보도하지만, 마가와 누가는 주님이 자신의 제자들에게 좀 더 자세하게 지시하신 것으로 보도한다: 너희는 성내로 들어가라. 그리하면 물 한 동이를 가지고 가는 사람을 만날 것인데, 그를 따라가서 어디든지 그가 들어가는 그 집으로 들어가서 그 집주인에게 "선생님의 말씀이 내가 내 제자들과 함께 유월절 음식을 먹을 나의 객실이 어디 있느냐"고 하라. 그리하면 집주인이 자리를 펴고 준비한 큰 다락방을 보일 것인데, 너희는 거기서 우리를 위하여 준비하라. 당시에 예루살렘의 대부분의 주민들은 유월절을 지키기 위하여 지방에서 올라온 무리들이 묵을 수 있는 객실들을 여럿 준비해 놓고 있었을 것임에 틀림없다. 우리 주님께서는 자신의 제자들에게, 그들이 성내로 들어가서 어떤 사람을 만나서 어떤 집주인을 찾아가면, 멀리서 자기가 그 집주인의 마음을 이미 감동시켜 놓았기 때문에, 흔쾌히 그들을 받아줄 것이라고 아주 구체적으로 말씀해 주심으로써, 자신의 신성을 보여 주는 분명한 증거를 다시 한 번 보여 주신다. 왜냐하면, 세 복음서 기자는 모두 일치하게, 제자들이 "예수께서 시키신 대로" 하였더니 그 말씀대로 되어서 "유월절을 준비하였다"고 말하기 때문이다. 복음서 기자들은 유월절 준비와 관련된 여러 가지 일들에 대해서는 전혀 언급하지 않기 때문에, 어떤 이들은 이 기사를 읽으면서, "그들은 어린 양은 어디에서 구했으며, 언제 그 어린 양을 가지고 성전에서 제사를 지냈을까" 등등의 의문을 가지게 될 것이다. 율법에 따르면, 어린 양은 제10일까지 골라서 제14일까지 간직해 두었다가 그 날에 잡아야 했다(출 12:3, 6). 어린 양은 그 양을 먹는 자들이 끌고 올 수도 있었고, 예루살렘에서 살 수도 있었다. 왜냐하면, 예루살렘에는 유월절 며칠 전부터 제사에 사용할 어린 양들을 파는 큰 장이 섰기 때문이다. 유월절을 지키고자 하는 무리들이 가져온 모든 어린 양들은 제사장들이 먼저 성전에서 도살한 후에, 그 피를 제단에 뿌리고, 남은 피를 제단 아래에 부었으며, 기름과 내장을 제단에 드렸다. 하지만 나는 모든 양을 그렇게 했을 것이라고는 생각하지 않고, 단지 모든 어린 양들을 대신해서 일부의 양들에 대해서만 그런 의식을 치렀을 것이라고 본다. 성전이 아직 세워지지 않은 때에도, 나는 제사장들이 이렇게 어린 양들을 잡아서 그 피를 제단에 뿌리고 제단 아래에 붓는 의식을 행하였으리라는 것을 의심하지 않는다. 그러나 히스기야 왕 때에 치러진 유월절에 대한 기사(대하 30:16-17)를 보면, 우리는 레위인들이 유월절 양을 잡고, 제사장들이 그 피를 제단에 뿌린 것을 보게 된다. 그러나 앞에서 말했듯이, 나는 제사장들과 레위인들이 모든 유월절 양을 다 직접 도살하였을 것이라고 생각하지는 않는다. 모든 양들을 다 도살하기 위해서는 시간이 아주 많이 걸렸을 것이고, 제단에 뿌리거나 부을 피도 엄청났을 것이며, 내장을 깨끗이 씻는 데에도 오랜 시간이 걸렸을 것인데, 그 많은 양을 율법에 규정된 두 저녁 사이의 너댓 시간 안에 다 잡아서 그렇게 한다는 것은 불가능한 일로 보인다. 왜냐하면, 그들은 하루가 끝날 때에 드리는 저녁 제사를 지낸 후인 두 시와 세 시 사이에 유월절 양을 잡기 시작해서, 다음 저녁이 시작되는 일몰 전까지 끝내야 하였기 때문이다. 따라서 나는 모든 양이 아니라 오직 일부만을 잡아서 제사를 드렸을 것이라고 생각한다. 하지만 제자들이 유월절 어린 양을 잡는 일과 관련해서 어떻게 하였는지에 대해서는 우리에게 전혀 말해 주지 않고, 단지 "예수께서

시키신 대로 유월절을 준비하였더라" 고만 말하기 때문에, 우리는 그들이 이 거룩한 일에 관하여 하나님의 율법이 정한 것들을 하나도 빠짐없이 다 행하여 유월절 음식을 준비하였을 것이라고 보아야 한다. 복음서 기자들이 한 일은 우리에게 모든 세세한 부분들을 다 시시콜콜히 말해 주는 것이 아니라, 우리 주님이 유월절을 지키셨고, 식사가 끝나실 즈음에 성찬 예식을 제정하셨다는 것을 우리에게 알게 해주는 것이었다. 따라서 우리의 복음서 기자는 이제 주님의 유월절 식사 장면으로 우리를 데려간다.

20-25. [20]**저물 때에 예수께서 열두 제자와 함께 앉으셨더니** [21]**그들이 먹을 때에 이**
르시되 내가 진실로 너희에게 이르노니 너희 중의 한 사람이 나를 팔리라 하시니 [22]
그들이 몹시 근심하여 각각 여짜오되 주여 나는 아니지요 [23]**대답하여 이르시되 나**
와 함께 그릇에 손을 넣는 그가 나를 팔리라 [24]**인자는 자기에 대하여 기록된 대로 가**
거니와 인자를 파는 그 사람에게는 화가 있으리로다 그 사람은 차라리 태어나지 아
니하였더라면 제게 좋을 뻔하였느니라 [25]**예수를 파는 유다가 대답하여 이르되 랍비**
여 나는 아니지요 대답하시되 네가 말하였도다 하시니라.

마가복음 14:17-21에 나오는 것도 동일하다: "저물매 그 열둘을 데리시고 가서 다 앉아 먹을 때에 예수께서 이르시되 내가 진실로 너희에게 이르노니 너희 중의 한 사람 곧 나와 함께 먹는 자가 나를 팔리라 하신대 그들이 근심하며 하나씩 하나씩 나는 아니지요 하고 말하기 시작하니 그들에게 이르시되 열둘 중의 하나 곧 나와 함께 그릇에 손을 넣는 자니라 인자는 자기에 대하여 기록된 대로 가거니와 인자를 파는 그 사람에게는 화가 있으리로다 그 사람은 차라리 나지 아니하였더라면 자기에게 좋을 뻔하였느니라 하시니라." 누가는 "때가 이르매 예수께서 사도들과 함께 앉으사 이르시되 내가 고난을 받기 전에 너희와 함께 이 유월절 먹기를 원하고 원하였노라 내가 너희에게 이르노니 이 유월절이 하나님의 나라에서 이루기까지 다시 먹지 아니하리라 하시고 이에 잔을 받으사 감사기도 하시고 이르시되 이것을 갖다가 너희끼리 나누라 내가 너희에게 이르노니 내가 이제부터 하나님의 나라가 임할 때까지 포도나무에서 난 것을 다시 마시지 아니하리라 하시고"(눅 22:14-18)라고 말한다. 그런 후에, 누가는 우리 주님께서 성찬을 제정하시는 장면으로 넘어간다. 누가는 마태와 마가와 요한의 기사와는 달리, 주님이 자기를 팔 자에 관하여 하신 말씀과 성찬을 제정하시는 말씀을 서로 뒤섞어 놓는 것으로 보아서, 우리는 누가가 주님이 자기를 팔 자에 관하여 하신 말씀(눅 22:21-23)을 주님이 유월절 식사를 하시면서 성찬을 제정하시는 말씀을 하신 것에 관한 이야기 속에 둔 것은 우리 구주께서 원래 말씀하셨던 순서와 어긋나는 것이라고 생각하는 것이 합리적인 것 같다. 우리 구주께서는 유월절 식사를 하시는 동안에 이 두 가지 말씀을 연이어서 하신 것은 맞지만, 다른 세 복음서 기자들의 보도는 주님이 성찬을 제정하시는 말씀을 하시기 전에, 먼저 자기를 팔 자에 관한 말씀을 하신 것임을 분명하게 보여 준다.

이 이야기를 제대로 이해하기 위해서는, 유대인들이 유월절 식사를 어떤 식으로 진행하였는지를 알 필요가 있는데, 박식한 라이트푸트(Lightfoot) 박사는 이것을 이렇게 설명한다: "그들은 식사를 하기 위해서 보통 식사용으로 만들어진 긴 소파에 앉았고, 그들 앞에는 상이 차려져 있었다. 다른 식사 때에는 그들은 우리처럼 몸을 곧바로 세우고 앉거나, 왼쪽 팔꿈치를 상에 대고 거기에 머리를 기대고서 비스듬히 좀 더 자유롭게 소파에 널찍하게 앉았는데, 이렇게 다른 식사를 할 때에는 둘 중의 한 자세를 자유롭게 택할 수 있었다. 하지만 유월절 밤에는 그들은 비스듬히 앉는 자세로 식사를 해야 한다고 생각하였다. 우리는 그들이 그런 자세로 식사하는 것을 고집하였던 이유를 그들의 입에서 직접 들을 수 있는데, 그들은 자신들이 얻은 자유를 기념하는 의미로, 자유인들이 식사할 때의 자세, 즉 비스듬히 기대어 앉아서 먹는 자세를 사용하여야 한다고 말한다. 레위(Levi)는 종들은 서서 먹기 때문에, 유대인들은 유월절에 자신들이 종살이에서 벗어나서 자유를 얻은 것을 기념하기 위하여, 서서 먹는 자세와 비스듬히 기대어 먹는 자세를 둘 다 사용하였다고 말한다 … 이러한 원리와 자유를 얻은 것에 대한 기념이라는 측면에서 그들은 다른 식사 때에도 흔히 비스듬히 기대어 먹는 자세를 사용하기는 했지만, 유월절 밤에는 의무적으로 이 자세로 식사를 하여야 했다. 하지만 이것은 애굽에서의 첫 번째 유월절을 지킬 때에 하나님께서는 그들에게 허리띠를 띠고 신발을 신고 지팡이를 손에 든 채로 서둘러서 식사를 하라고 명령하신 것(출 12:11)과는 판이하게 다른 것이었다. 그들은 자신들이 얻은 자유를 기념해서 이렇게 팔꿈치를 상에 올리고 거기에 머리를 기대고 비스듬히 편안하게 앉는 자세를 취하였지만, 거기에 한 술 더 떠서 그 일을 한층 더 상징적으로 부각시키기 위하여, 다리를 뒤로 쭉 뻗어서 발이 뒤쪽으로 드러나게 하는 자세를 취하였다." (그래서 향유를 가지고 우리 구주께 다가온 여자는 수월하게 주님의 발에 향유를 붓고 자신의 머리카락으로 닦을 수 있었다, 눅 7장.) "그들은 이렇게 다리와 발을 가능한 한 쭉 뻗어서 가장 편한 자세를 취하여, 종들처럼 서서 시중드는 느낌을 조금이라도 주지 않으려 함으로써, 자신들이 종살이

하였던 흔적을 다 지우는 한편, 그들이 얻은 자유를 마음껏 과시하였다. 이제 유월절 식사 때에 이런 식으로 거의 눕다시피 하는 자세로 앉아 있는 자세를 취하였다는 것에 비추어 보면, 우리는 사랑하는 제자가 예수의 품 또는 가슴에 기대었다고 말하는 본문들을 이해할 수 있게 된다(요 13:23, 25; 21:20). 일부 해석자들은 '아나케이메노스 엔 콜포 카이 에피페산' ('Ανακείμενος ἐν κόλπω καὶ ἐπιπεσὰν, "품에 의지하여 누웠는지라," 요 13:23) 또는 '에피페손 에피 토 스테토스' (ἐπιπεσὼν ἐπι τὸ στηθος, "가슴에 의지하여," 요 13:25)라는 구절을 제대로 번역하지 않음으로써, 독자들로 하여금 이것에 대하여 황당한 오해를 하게 만들어서, 어떤 독자들은 요한이 버릇없게도 예수의 품에 기대는 무례를 범한 것으로 생각하는 일이 벌어졌다. 하지만 이 일의 진상은 그런 것이 결코 아니었다. 예수께서는 자신의 왼쪽 팔꿈치를 상에 올려놓고 머리를 기대시고서 비스듬히 앉으셨기 때문에, 자연스럽게 그의 얼굴과 가슴은 상 쪽이 아니라 옆 좌석을 향하게 되었고, 마찬가지로 바로 옆에 있던 요한도 같은 자세로 앉아 있었던 까닭에, 그의 등이 예수께로 향하게 되어서, 요한의 등과 예수의 품이 거의 닿을락 말락 하게 가까워졌고, 예수께서 자신의 오른손을 뻗어 상에 있는 음식을 집어 드실 수 있는 정도의 공간만이 남겨져 있게 된 것이었고, 다른 모든 제자들도 그런 자세로 앉아서 식사를 하였다. 따라서 어떤 이들이 이 때에 주님과 제자들은 상 앞에 놓여진 침상들에 누워서, 또는 다른 사람의 가슴에 기대어서 식사를 하였다고 생각하거나, 그들은 상에 기댄 채로 서로의 등과 품이 서로 맞닿는 상태로 아주 가깝게 앉아서 식사를 하였다고 생각하는 것은 이상한 공상에 불과할 뿐이다. 그들은 비스듬히 기대어 앉았지만, 각자가 오른손을 사용해서 상에 있는 음식을 자유롭게 집어 먹을 수 있을 정도의 거리를 유지하고 앉아서 식사를 한 것이었다."

이 박식한 사람은 우리 구주의 때에 성전 제사가 어떠하였는지에 대해서도 자신의 책의 제13장에서 우리에게 아주 훌륭한 설명을 해준다. 이것을 통해서 우리는 다음과 같은 것들을 알 수 있다: (1) 유대인들은 유월절 식사를 할 때에도 평소에 식사를 할 때와 거의 동일한 자세로 식사하였다. (2) 이것은 일렬로 눕는 것이 아니었고, 다리를 쭉 뻗고 종종 머리를 자신의 왼쪽 팔로 받치고 비스듬히 앉는 자세였지만, 각자가 오른손을 자유롭게 사용해서 상에 있는 음식을 집어 먹을 수 있을 정도로 서로의 간격이 떨어져 있었다. 그들은 식사 때에 언제나 이렇게 비스듬히 기대어 앉은 것은 아니었고, 자신의 뜻에 따라 기대어 앉거나 똑바로 앉았지만, 오직 유월월 식사 때에는 자신들이 얻은 온전한 자유를 기념하고 상징해서 언제나 비스듬히 기대어 앉았다. 이런 설명을 통해서 우리는 그리스도께서도 유월절 식사를 하실 때에 그 나라에서 식사를 할 때 일반적으로 취한 자세를 따라 열두 제자와 함께 비스듬히 기대어 앉으셨다는 것을 쉽게 알 수 있게 된다.

그들이 먹을 때에 이르시되. 이것을 이해하기 위해서는 유대인들이 저 거룩한 식사를 어떤 순서로 하였는지를 좀 더 살펴볼 필요가 있는데, 앞에서 언급한 저 박식한 저자는 자신의 동일한 책의 동일한 장의 세 번째 단락에서 "그들이 유월절 식사를 위하여 이렇게 좌정하고서 가장 먼저 한 것은 각자가 포도주 한 잔을 마시는 것이었다"고 말한다. 이 일에 관한 유대인들 자신의 예식서에도 그렇게 되어 있다. 이 사실을 아는 것은 우리에게 누가가 17절과 20절에서 두 번의 잔에 대하여 말하고 있는 이유를 이해할 수 있게 해 주는 데 아주 유용하다. 20절에 언급된 두 번째 잔은 우리 구주께서 성찬을 제정하시면서 성별하신 잔이었다. 그 직전에 우리 구주께서 떡을 성별하신 것(19절)이 이것을 분명하게 보여 준다. 17절에 언급된 잔은 그들이 유월절 식사 전에 마신 첫 번째 포도주 잔이었고, 이것은 오직 누가만이 언급하고 있다. 우리 구주께서 이 첫 번째 잔을 드시고 감사기도를 드리신 것은 유월절 식사 전체를 축복하신 것이었다. 누가는 이것에 대하여 말하기 전에, 우리 구주께서 하신 말씀을 언급한다: "내가 고난을 받기 전에 너희와 함께 이 유월절 먹기를 원하고 원하였노라 내가 너희에게 이르노니 이 유월절이 하나님의 나라에서 이루기까지 다시 먹지 아니하리라"(눅 22:15-16). 나는 머지않아 고난을 받게 될 것이다. 나는 내가 배신을 당하여 팔릴 것임을 알고 있다. 그래서 나는 내가 죽기 전에 너희와 함께 이 유월절 식사를 하기를 간절하게 원하였다. 이제는 이 식사를 끝으로, 아주 오랜 세월 동안 지속되어 왔던 율법에 따른 이 예식을 끝낼 것이다. 왜냐하면, 이 유월절 예식은 단지 나와 나의 죽음, 내가 인류의 죄를 대속하기 위하여 드려지게 될 것에 대한 모형이었기 때문이다(요 1:29; 고전 5:7). 이것은 내가 너희와 함께 먹을 마지막 유월절 식사, 또는 너희가 이 예식이 모형으로서 지금까지 가리켜 왔던 일들이 복음의 섭리들 속에서 성취되는 것을 보기 전에 먹게 될 마지막 유월절 식사이다. 이것은 실제로는 진정한 유월절 식사의 서막이다. 누가는 이 점에 대해서 자세한 얘기를 들려주지 않고, 단지 "내가 이제부터 하나님의 나라가 임할 때까지 포도나무에서 난 것을 다시 마시지 아니하리라"(18절)는 말씀만 덧붙인다. 이 말씀에 대해서는 내가 여기에서는 아무런 설명도 하지 않을 것이다. 왜냐하면, 마가와 마태가 우리 구주께서 성찬의 잔을 축사하시고 마신 후에 이 말씀을 하셨다고 보도하는 것으로 보아, 누가는 이 말씀을 원래 있어야 할 곳에 두지 않은 것이 틀림없기 때문이다. 따라서 마태와 마가 본문이 지킨 원래의 순서에 따르면, 누가 본문의 21절과 22절은 18절 앞에 와야 하고, 18절은 20절 뒤에 와야 한다. 마태와 마가의 본문은 그런 순서로 되어 있다. 누가는 여기에서 더 이상 유월절 식사에 대해서 말하지 않기 때문에, 우리는 마태 본문으로 돌아가야 한다. 율법에 따라서, 그들은 어린 양을 구워서, 거기에 "무교병과 쓴 나물과 아울러" 먹는 유월절 식사를 하였다(출 12:8). 유대인들이 유월절 식사를 할 때에 지킨 전통적인 의식들은 무수히 많았지만, 그것들 중에서 하나님이 제정하신 것은 하나도 없었던 것으로 보인다. 율법에서는 단지 어린 양을 구워서 그 고기에 무교병과 쓴 나물을 곁들여서 먹을 것만을 요구하였다. 마실 것에 대해서는 그 어떤 규정도 없었기 때문에, 아무것이나 마실 수 있었다. 유대인들의 전통에 의하면, 네 잔의 포도주를 마시게 되어 있었지만, 복음서 기자들은 아무도 우리 구주께서 그러한 전통을 지키셨다는 것을 보여 주지 않는 것으로 보아서, 우리 구주께서는 오직 율법에 규정된 것들만 지키시고, 먹을 것에 대해서는 평소에 식사하시던 때와 마찬가지로 자신의 뜻대로 포도주를 마신 것일 가능성이 크다.

이제 마태와 마가는 "그들이 먹을 때에 이르시되 내가 진실로 너희에게 이르노니 너희 중의 한 사람이 나를 팔리라 하시니"라고 말한다. 우리 구주께서는 앞에서도 인자가 배신을 당하여 팔리게 될 것이라고 자신의 제자들에게 말씀하셨고(마 17:22; 20:18), 그 때에 자기가 채찍질과 조롱을 당하고 십자가에 못 박히게 될 것이라는 말씀도 덧붙이셨다. 이제 주님은 비로소 배신자가 누구인지를 제자들에게 밝히신다.

그들이 몹시 근심하여 각각 여짜오되 주여 나는 아니지요. 그들은 주님이 누군가에 의해서 팔릴 것이라는 사실만을 생각해도 근심이 되었는데, 게다가 주님을 팔게 될 저 저주받을 도구로 사용될 자가 그들 중의 한 사람이라고 하시는 말씀에 그 근심은 몹시 커질 수밖에 없었다. 그래서 제자들은 불안해하며, "나는 아니지요"라고 물어보았고, 그리스도께서는 "나와 함께 그릇에 손을 넣는 그가 나를 팔리라"고 대답하신다. 여기에서 "그릇"은 유월절 식사를 위한 상에 차려진 그릇을 가리킬 수밖에 없는데, 아마도 이 말씀을 하실 때에 유다의 손은 우리 구주의 손이 있었던 그릇에 함께 있었던 것으로 보인다. 왜냐하면, 복음서 본문들은 오직 유다만이 이 말씀에 대하여 반응을 보인 것으로 보도하고 있기 때문이다. 우리 구주께서는 "인자는 자기에 대하여 기록된 대로 가거니와 인자를 파는 그 사람에게는 화가 있으리로다 그 사람은 차라리 태어나지 아니하였더라면 제게 좋을 뻔하였느니라"는 말씀을 덧붙이신다. 이 말씀을 통해서 우리 구주께서는 자신의 수난은 하나님이 선지자들을 통하여 예언하신 대로 이미 하나님의 뜻에 의해 정해진 일이기 때문에 반드시 이루어져야 하는 일이기는 하지만, 자기를 판 자는 무섭고 끔찍한 심판을 받게 될 것임을 보여 주신다. "인자는 가거니와"라는 말씀은 주님이 타의에 의해 어쩔 수 없이 죽게 되시는 것이 아니라는 것을 말해 준다. 그러나 이 일과 관련한 하나님의 작정하심은 유다가 자신의 자유의지를 따라 주님을 파는 것을 막지 않았고, 유다가 한 행위에 대한 면죄부를 주는 것도 아니기 때문에, "인자를 파는 그 사람에게는 화가 있으리로다." 하나님께서는 결국 일어나게 되어 있는 죄악된 행위를 자신의 작정하심을 통하여 허용하시지만, 자신은 그 죄악된 행위의 원천이나 주체가 아니라는 것이 잘 이해가 되지 않는 사람들은 이 본문을 주의 깊게 연구해 볼 필요가 있다. 하나님은 우리 구주의 죽음을 정하셨고 예언하셨기 때문에, 그 일은 반드시 일어날 수밖에 없었다. 그러나 사탄은 유다의 마음속에 악한 동기를 불어넣어서, 유다로 하여금 자신의 자유로운 의지 가운데서 우리 구주를 죽음으로 몰고갈 일을 행하였다.

예수를 파는 유다가 대답하여 이르되 랍비여 나는 아니지요 대답하시되 네가 말하였도다 하시니라. 앞에서 이미 말하였듯이, 이 구절은 우리 구주께서 앞에 나온 말씀을 하실 때, 유다의 손과 주님의 손이 동일한 그릇에 있었을 가능성이 매우 높다는 것을 보여 준다. 다른 제자들과 마찬가지로 유다도 우리 주님과 함께 이 유월절 식사를 함께 하였다는 것은 의심의 여지가 없다. 하지만 유다는 이 식사 자리에 그리 오래 머물러 있지는 않았던 것 같다. 왜냐하면, 요한복음 13:30은 "유다가 그 조각을 받고 곧 나가니"라고 말하고 있을 뿐만 아니라, 주님의 말씀을 들은 유다가 가시방석이 되어 버린 그 자리에 더 머물러 있었을 것이라고 생각하기도 어렵고, 우리 구주께서도 이제 곧 성찬을 제정하시고자 하시는 마당에 천하에 극악무도한 그런 배신자를 그 자리에 그냥 두고자 하셨을 리도 없어 보이기 때문이다.

26-30. [26]그들이 먹을 때에 예수께서 떡을 가지사 축복하시고 떼어 제자들에게 주시며 이르시되 받아서 먹으라 이것은 내 몸이니라 하시고 [27]또 잔을 가지사 감사 기도 하시고 그들에게 주시며 이르시되 너희가 다 이것을 마시라 [28]이것은 죄 사함을 얻게 하려고 많은 사람을 위하여 흘리는 바 나의 피 곧 언약의 피니라 [29]그러나 너희에게 이르노니 내가 포도나무에서 난 것을 이제부터 내 아버지의 나라에서 새것으

로 너희와 함께 마시는 날까지 마시지 아니하리라 하시니라 30이에 그들이 찬미하
고 감람산으로 나아가니라.

마가복음 14:22-26에 나오는 것도 별 차이가 없고, 단지 "다 이를 마시매"라는 구절을 덧붙인다. 누가는 우리 구주께서 떡을 주시면서, "이것은 너희를 위하여 주는 내 몸이라 너희가 이를 행하여 나를 기념하라"고 하셨고, "저녁 먹은 후에 잔도 그와 같이 하여 이르시되 이 잔은 내 피로 세우는 새 언약이니 곧 너희를 위하여 붓는 것이라"고 하셨다고 보도한다(눅 22:19-20). 누가복음 22:24-30에는 우리 구주께서 베드로를 비롯한 자신의 제자들에게 하신 추가적인 말씀이 나오지만, 다른 복음서 기자들은 이 대목에서 그 말씀을 전혀 언급하고 있지 않고, 누가도 우리 구주께서 이 말씀을 유월절 식사 때에 하신 것이라고 분명하게 밝히고 있지 않기 때문에, 나는 이 말씀은 누가복음의 해당 본문을 다룰 때에 살펴보고자 한다.

그들이 먹을 때에, 즉 그들이 유월절 양을 다 먹고서 아직 객실에 있을 때(우리 구주께서 그들이 유월절 양을 한참 먹고 있는 도중에 성찬을 제정하시는 말씀들을 꺼내셔서 그들의 식사를 중단시켰을 것으로 보이지는 않기 때문에), **예수께서 떡을 가지사 축복하시고**. 이 밤은 무교절이 시작된 밤이었고, 해가 저물면서 시작된 때로부터 7일 동안 계속될 무교절 기간 동안에는 유대인들의 집에는 오직 무교병만이 있을 것이기 때문에, 이 떡은 무교병이었을 것임에 틀림없다. 하지만 이것을 근거로 해서, 성찬의 떡은 무교병을 사용하여야 한다는 결론을 이끌어내는 것은 옳지 않다. 왜냐하면, 우리는 복음 예배와 관련된 우리 구주의 행위들은 본받아야 하지만, 유대인들의 조상들이 애굽에서 급히 나왔다는 것을 상기시키기 위한 특별한 목적으로 무교병을 먹게 한 유대교에 속한 예식을 본받을 필요는 없기 때문이다. 우리 구주께서 이 때에 무교병을 사용하신 것은 그 때에는 오직 무교병 외에 다른 떡은 구할 수 없었기 때문이었을 수 있다. 주님은 떡을 취하셔서, 하나님께 감사기도를 드리시며 그 떡에 복주시기를 기도하셨다. 우리가 앞에서 보았듯이, 이것은 우리 구주께서 떡을 드실 때에 늘 습관처럼 하시던 일이었지만, 여기에서는 단지 거기에서 그치지 않으시고, 자신의 최후의 만찬의 일부로서 떡을 "떼어" 성별하셨다. 여기에서 "축복하시고"는 그런 의미를 지니고 있을 가능성이 대단히 큰 것으로 보인다. 왜냐하면, 우리 주님이나 유대인들은 통상적으로 식사하기 전에 하나님께 감사하는 짧막한 기도를 드림으로써, 그들에게 먹을 것을 주신 분이 하나님이시라는 것과 오직 하나님이 주시는 복으로 그들이 살아간다는 것을 고백하였지만, 우리는 그들이 식사 도중에 떡을 먹기 전에 또다시 동일한 기도를 드렸다는 것을 그 어디에서도 읽어볼 수 없기 때문이다. 우리는 누가가 우리 구주께서 유월절 식사에 대하여 어떻게 축사하셨는지를 구체적으로 보도한 것을 보았기 때문에, 우리 구주께서 이 떡을 축복하신 것에 대한 언급은 유월절 식사와 관련된 축사와 다른 의미, 즉 성찬을 제정하시기 위한 축복기도를 보도하고 있는 것임에 틀림없다는 결론을 얻게 된다. 게다가, 복음서 기자는 이 축복기도를 잔과 관련해서도 또다시 보도하고 있다는 것(27절)은 그러한 결론을 한층 더 확증해 준다. 즉, 우리 구주께서 떡과 잔을 축복하신 것은, 평소에 식사할 때와 마찬가지로, 단지 떡과 잔에 대하여 하나님께 감사하고 거기에 복을 내려 주시기를 기도하신 것을 의미하는 것에서 더 나아가, 떡과 잔을 성별하셔서, 자신의 죽음을 기념하는 새로운 복음적인 제도를 제정하시는 과정이었음을 보여 준다는 것이다.

떼어 제자들에게 주시며. 한 가정에서 유월절 식사를 할 때, 그 집의 가장이 축사를 한 후에 떡을 떼어 모든 구성원들에게 주는 것이 관례였는지에 대해서는 내가 알지 못하지만, 우리는 성경을 통해서는 그러한 관례를 확인할 수 없다. 하지만 우리 구주께서 떡을 떼어 제자들에게 주셨다는 것은 확실하다. 주님이 떡을 그들의 손에 놓아 주신 것인지, 아니면 그들의 입에 넣어 주신 것인지에 대해서는 성경 본문이 말해 주지 않지만, 주님께서 그들의 입에 떡을 넣어 주시려면 자세를 바꾸지 않으면 안 되었을 것이기 때문에, 그렇게까지 했을 가능성은 희박해 보인다. 유대인들은 유월절 식사 때는 물론이고 평소에도 비스듬히 기대고 앉아서 다리를 쭉 뻗은 상태로 식사를 하였는데, 그러한 자세를 유지하고서, 열한 명이나 되는 사람들의 입에 떡을 넣어 주는 것이 과연 가능하였을 것인지를 우리가 판단해 볼 때, 주님은 떡을 떼셔서 제자들의 손에 주셨을 가능성이 거의 확실한 것으로 보인다. 따라서 우리 구주께서는 떡이 담겨 있던 그릇에서 떡을 취하여 떼셔서 그 조각을 옆 사람에게 건네셨고, 옆 사람은 그 조각을 자기 옆 사람에게 건네는 식으로, 모두가 자기 몫의 떡을 손에 쥐게 될 때까지, 이 일이 반복적으로 진행되었을 것이다. 이 방식 외에 다른 방식을 주장하는 사람들은 우리 구주께서 자세를 바꾸신 것을 전제하여야 하는데, 그러한 전제는 성경의 그 어떤 본문에 의해서도 결코 증명될 수 없다.

이르시되 받아서 먹으라 이것은 내 몸이니라 하시고. 누가는 여기에 "이것은 너희를 위하여 주는 내 몸이라 너희가 이를 행하여 나를 기념하라"는 말씀을 덧붙인다. 바울은 "주는"을 "떼어"로 바꾼 후에, "축사하시고 떼어 이르시되 이것은 너희를 위하는 내 몸이니 이것을 행하여 나를 기념하라 하시고"(고전 11:24)라고, 이 둘을 합쳐서 표현한다. 교황주의자들과 루터파와 (칼빈주의자들로도 불리는) 츠빙글리파 간에 다툼이 있는 것은, 누구나 다 알듯이, "이것은 내 몸이니라"는 말씀의 참된 의미에 관한 것이다. 교황주의자들은 사제에 의해서 축성된 떡은 그 즉시 그리스도의 살과 피로 변하고, 성사에 참여하는 모든 자들은 이 살과 피를 먹는 것이라고 하는 화체설을 주장한다. 그들은 이렇게 성찬 때의 떡과 포도주를 성체로 모시기 때문에, 그것들을 다룰 때에 온갖 화려한 의식들을 동원하여 지극정성을 다한다. 루터파는 교황주의자들이 주장하는 화체설을 터무니없다고 보면서도, 성례를 행하는 동안에는 그리스도의 참된 살과 피가 성찬의 떡과 포도주에 임하여, 모든 참여자들은 그리스도의 살과 피를 먹는 것이라고 하는 공재설을 주장한다. 이 두 견해는 그리스도의 몸이 지금 인간의 진짜 몸이라는 터무니없는 전제를 하고 있다는 점에서 일치한다. 왜냐하면, 모든 인간의 진짜 몸은 우리의 지각에 종속되는 까닭에, 동시에 여러 곳에 있을 수 없다는 것을 우리는 알기 때문이다. 그러나 교황주의자들이나 루터파는 그러한 사실로부터 도출되는 그 어떤 결론들에도 귀를 기울이려 하지 않고, 오직 우리 구주의 말씀이 지닌 축자적인 의미에만 매달린다. 츠빙글리파는 떡과 포도주가 주님의 몸을 상징한다고 본다. 그것은 그리스도가 길이자 문이요 목자라고 말하는 것과 같고, 어린 양에 대하여 "이것이 여호와의 유월절이니라"(출 12:11)고 말하는 것과 같다는 것이다. 하지만 그들은 결코 이 규례를 단순히 공허한 상징으로 치부해 버리는 것이 아니라, 성찬은 복음 안에서 그리스도께서 제정하신 거룩한 성례라는 것을 인정하고, 성찬을 행할 때에 그리스도께서는 영적으로 임재해 계시기 때문에, 모든 참된 신자는 제대로 합당하게 받기만 한다면 그리스도의 살과 피, 즉 그의 복되신 죽으심과 수난의 모든 유익들에 신정으로 참여하게 된다고 말한다. 이것이 우리 구주께서 이렇게 말씀하신 의도라는 것은 의심의 여지가 없다. 그리스도께서 "받아서 먹으라"고 하셨을 때, 그것은 참된 신자들이 그들의 몸의 일부인 손으로 떡을 "받아서" 그들의 몸의 일부인 입으로 "먹을" 때에, 그들의 믿음의 손과 입으로 말미암아 그리스도의 복되신 죽으심과 수난의 모든 유익들을 그들의 심령에 받게 된다. 그리고 신자들은 그리스도를 기억하고 기념하여 성찬을 행하여야 한다. 그래서 사도 바울은 "너희가 이 떡을 먹으며 이 잔을 마실 때마다 주의 죽으심을 그가 오실 때까지 전하는 것이니라"(고전 11:26)고 말한다.

또 잔을 가지사 감사기도 하시고 그들에게 주시며 이르시되 너희가 다 이것을 마시라 이것은 죄 사함을 얻게 하려고 많은 사람을 위하여 흘리는 바 나의 피 곧 언약의 피니라. 그리스도께서 잔을 잡으시고서 감사기도를 드리신 것은, 우리가 앞에서 보았듯이, 그가 떡과 관련해서 행하셨던 것과 동일한 성격을 지닌 행위였다. 교황주의자들과 루터파가 무엇이라고 하든, 우리는 그런 것에는 신경 쓰지 말고, 이 말씀 속에서 두 가지 상징 또는 비유가 사용되고 있다는 것을 인정하여야 한다. 하나는 여기에서 "잔"은 잔에 담긴 포도주를 나타낸다는 것이고, 다른 하나는 "이것은 새 언약의 나의 피이다"라는 말씀의 의미는 이 포도주는 새 언약의 상징이라는 것이다. 그들이 "이것은 나의 몸이다"라는 말씀이 상징이자 비유라는 것을 왜 기꺼이 인정하지 않는지를 나는 이해할 수 없다. "이것은 나의 피 곧 언약의 피니라"의 헬라어 본문에서 대명사 "이것은"은 중성이기 때문에, "잔"을 가리킬 수도 있고 "피"를 가리킬 수도 있지만, 이 잔, 즉 이 잔에 담긴 포도주가 새 언약의 피, 즉 새 언약을 세우고 확증해 주는 피라는 의미로 해석하는 것이 가장 합리적이다. 성경의 여러 본문들은 "언약의 피"가 그런 용도로 사용된다는 것을 보여 준다(출 24:8; 슥 9:11; 히 9:20; 10:29). 죄 사함을 얻게 하려고 많은 사람을 위하여 흘리는 바. 이것은 우리가 여기에서 "많은 사람"이 모든 사람을 의미하는 것으로 이해해서는 안 된다는 것을 우리에게 알게 해준다. 왜냐하면, 우리 구주께서 끝까지 회개하지 않을 자들의 죄와 그 죄에 합당한 하나님의 진노까지도 자신이 대신 짊어지셨다고 생각하기는 어려운 까닭에, 우리는 그리스도께서 끝까지 죄 사함을 얻지 못한 많은 사람들의 죄까지도 사해 주시려고 자신의 피를 흘리셨다고 말할 수 없을 것이기 때문이다.

그러나 너희에게 이르노니 내가 포도나무에서 난 것을 이제부터 … 마시지 아니하리라. 내가 앞에서 말하였듯이, 누가가 이 말씀을 성찬 제정의 말씀 이전에 위치시키고 있기 때문에, 어떤 이들은 바로 그 곳이 이 말씀의 원래 위치였을 것이라고 생각하지만, 나는 마태와 마가가 둘 다 이 말씀을 이 곳에 위치시키고 있기 때문에, 그렇게 생각할 이유가 전혀 없다고 본다. 또한, 우리 구주께서 이 말씀을 하신 직후에, 성찬을 제정하시는 말씀을 하시면서 포도주를 드셨을 가능성은 희박해 보인다. 어떤 이들은 여기에서 우리 구주께서 부활하신 후에 포도주를 드셨을 것이라고 반론을 제기하지만, 과연 주님이 부활 후에 포도주를 드셨는지는 증명되지 않을 뿐더러, 실제로 주님은 부활하신 후에는 더 이상 굶주림이나 목마름이 없으셨기 때문에, 어떤 것을 먹고 마셨다고 할지라도, 그것은 단지 자기가 진짜로 부활하였다는 것을 보여 주시기 위한 것일 뿐이었다. 또는, 우리 구주께서는 단지 자기가 제자들과 함께 유월절 식사를 할 수 있는 기회가 앞으로는 더 이상 없을 것이라는 의미로 이 말씀을 하신 것일 수도 있다. 내 아버지의 나라에서 새것으로 너희와 함께 마시는 날까지. 여기에서 "내 아버지의 나라"는 하나님이 계신 천국을 의미한다. 어떤 이들은 "천국에서도 포도주를 마시는가"라고 말할 것이다. 거기에 대한 대답은 그렇지 않다는 것이다. 또한, "~까지"라는 불변화사는 그런 것을 의미하지도 않는다. 천국의 기쁨들과 즐거움들은 흔히 잔치 자리에 앉는 것(마 8:11), 더불어 식사하는 것(계 3:20), 먹고 마시는 것(눅 22:30) 등과 같은 비유들로 표현된다. 우리 구주께서 말씀하신 "새 포도주"는 사람들이 이 세상에서 마시는 포도주가 아닌 다른 것을 가리킨다: 나는 지금 이후로는 포도나무에서 난 것을 마시지 않을 것이다. 너희와 나는 내 아버지의 영광 중에서 강물 같은 즐거움들을 마시며 배부르게 될 것인데, 그 즐거움들은 포도나무에서 난 것, 즉 포도즙보다 훨씬 더 달고 기가 막히게 맛있는 것이 될 것이다.

이에 그들이 찬미하고 감람산으로 나아가니라. 유대인들은 찬송을 부르는 것으로 그들의 유월절 식사를 마치는 것이 관례였고, 그 때에 부르게 되어 있던 정해진 시편들이나 찬송들을 불렀을 것임을 나는 의심하지 않는다. 하지만 우리 구주께서 당시에 그러한 시편들이나 찬송들로 하나님을 찬미하신 것이었는지의 여부에 대해서는 우리는 알 수 없고, 그러한 찬미를 유월절 식사와 관련해서 드린 것이었는지, 아니면 이제 막 제정하신 성찬과 관련해서 드린 것이었는지, 아니면 둘 다를 염두에 두시고서 그린 것이었는지는 더더욱 우리가 알 수 없다. 그러한 것들을 파고들어 탐구하고자 하는 것은 단지 호기심을 채우기 위한 하찮은 시도이기 때문에, 성경 속에서 우리의 심령에 유익이 될 것을 찾고자 하는 자들이 아니라, 단지 성경에 나오는 주변적인 것들에 마음을 두고 흥미를 느끼는 자들에게나 합당한 일일 뿐이다. 이 본문을 통해서 우리 구주께서 우리에게 교훈하고자 하시는 것은, 그가 제정하신 성찬이라는 규례는 우리의 심령이 하나님께 감사를 드리는 데 초점이 맞추어진 예식이고, 이 "찬미"는 우리의 마음의 내적인 기쁨과 감사를 표현하도록 하시기 위하여 하나님께서 정하신 외적인 행위이기 때문에, 성찬에서 찬미를 드리는 것은 지극히 합당한 일이라는 것이다. 감람산으로 나아가니라. 우리 구주께서는 이제 자기가 실제로 원수들의 손에 넘겨지게 될 때가 왔다는 것을 아셨다. 그래서 주님은 제자들과 함께 유월절 식사를 하셨던 객실의 집주인이나 도성 사람들에게 폐를 끼치지 않으시기 위해서, 한밤중이 되었는데도 불구하고, 성 밖으로 나가셔서(이 때에는 많은 사람들이 출입하였기 때문에, 성문들이 아주 늦게까지 열려 있었거나, 문지기들이 쉽게 성문을 열어 주었을 것이다), 감람산으로 나아가셨다. 감람산은 예루살렘과 베다니 사이에 있었는데, 감람나무들이 거기에서 많이 자라고 있었기 때문에 그런 이름으로 불렸다. 복음서 기자는 아직 가룟 유다에 대해서는 아무 언급도 하지 않고 있지만, 유월절 식사 도중에 나가서, 주님을 팔아넘길 음모를 진행하고 있던 그는 이제 곧 다시 그 일을 완수하기 위해 나타날 것이었다. 그러면, 우리는 가룟 유다가 나타날 때까지 우리 구주께서 어떤 말씀을 하시고 어떤 행동을 보이셨는지를 따라가 보기로 하자.

31-35. [31]그 때에 예수께서 제자들에게 이르시되 오늘 밤에 너희가 다 나를 버리리라 기록된 바 내가 목자를 치리니 양의 떼가 흩어지리라 하였느니라 [32]그러나 내가 살아난 후에 너희보다 먼저 갈릴리로 가리라 [33]베드로가 대답하여 이르되 모두 주를 버릴지라도 나는 결코 버리지 않겠나이다 [34]예수께서 이르시되 내가 진실로 네게 이르노니 오늘 밤 닭 울기 전에 네가 세 번 나를 부인하리라 [35]베드로가 이르되 내가 주와 함께 죽을지언정 주를 부인하지 않겠나이다 하고 모든 제자도 그와 같이 말하니라.

마가복음 14:27-31에도 동일한 내용이 나오지만, 단지 "오늘 이 밤 닭이 두 번 울기 전에 네가 세 번 나를 부인하리라"(막 14:30)고 말하는 부분이 조금 다르다. 누가는 이 대목을 전부가 아니라 일부만을 들려주는 가운데 거기에 약간의 내용을 첨가해서 이렇게 보도한다: "시몬아, 시몬아, 보라 사탄이 너희를 밀 까부르듯 하려고 요구하였으나 그러나 내가 너를 위하여 네 믿음이 떨어지지 않기를 기도하였노니 너는 돌이킨 후에 네 형제를 굳게 하라 그가 말하되 주여 내가 주와 함께 옥에도, 죽는 데에도 가기를 각오하였나이다 이르시되 베드로야 내가 네게 말하노니 오늘 닭 울기 전에 네가 세 번 나를 모른다고 부인하리라 하시니라"(눅 22:31-34). 복음서들을 읽는 사람들은 복음서 기자들이 우리 구주께서 하신 말씀들을 그 자리에서 받아 적은 것이 아니라, 자신들의 기억을 토대로 썼다는 것을 생각해서, 그들 각자의 기억에 따라 표현들과 정황들을 다르게 표현하기도 하고, 우리 구주의 말씀들과 행위들의 핵심만을 보도하기도 한다는 것을 고려하여야 한다. 그런 까닭에, 복음서 기자들이 어떤 것들은 좀 더 자세하게 보도하고 어떤 것들은 생략하는 것들이 서로 달라지게 되었다.

이 본문에서 우리 구주의 전체적인 의도는 자신의 제자들에게 이제 곧 일어나게 될 일들을 미리 알려 주시는 것이었다. 오늘 밤에 너희가 다 나를 버리리라. 여기에서 "버리리라"(KJV에서는 "실족하리라")로 번역된 단어는 성경에서 아주 다양한 의미로 사용되는데, 그 주된 의미는 걸려 넘어져서 죄를 짓게 되는 것을 가리키고, 우리가 조금 후에 볼 수 있듯이, 우리 구주께서 붙잡히실 때에 실제로 제자들이 그리스도를 버리고 도망친 것은 의심할 여지 없이 죄였다는 점에서, 그 의미가 여전히 여기에서도 살아 있다고 할 수 있기는 하지만, 이 본문에서는 몹시 당혹해하고 혼란스러워할 것이라는 의미를 지니는 것으로 보인다. 기록된 바 내가 목자를 치리니 양의 떼가 흩어지리라 하였느니라. 이 말씀은 스가랴서 13:7에서 가져온 것인데, 거기에서는 명령문으로 되어 있다: "칼아 깨어서 내 목자, 내 짝 된 자를 치라." 이 말씀이 일차적으로 그리스도에 관한 예언으로 보아져야 하는지, 아니면 단지 선지자 스가랴가 어떤 다른 것을 말하기 위해서 사용한 속담이었던 것인지에 대해서는 견해가 갈리지만, 분명한 것은 그리스도께서 이 말씀을 자기 자신에게 적용하신다는 것이다. 그리스도께서는 "선지자 스가랴가 말한 바"가 아니라 "기록된 바"라는 도입 문구를 사용하신 점으로 보아, 여기에서 이 예언이 일차적으로 자기 자신에 관한 것으로 해석하고 계시는 것으로 보인다. 이것은 속담을 사용한 예언들에 대한 해석에도 그대로 적용된다. 우리 구주께서는 자기가 붙잡힐 때에 제자들이 도망가서 흩어질 것이라는 예언의 말씀을 인용하시기는 하지만, 그들이 "목자"가 침을 당하는 것을 보더라도 당혹해하고 혼란스러워하지 않아야 한다는 것을 그들에게 알게 해주심으로써, 그들의 심령을 붙들어 주셔서 낙심하지 않게 해 주고자 하셨던 것임에 틀림없다. 우리 주님은 스스로 "선한 목자"(요 10:11)라고 말씀하셨고, 사도들은 주님을 "양들의 큰 목자"(히 13:20)와 "목자장"(벧전 5:4)이라 부른다. 우리 구주께서는 다음과 같은 이유들을 드셔서 제자들을 안심시키신다. (1) 그가 곧 붙잡히게 되는 것은 자기에 대하여 미리 예언된 것(슥 13:7)이 성취되는 것일 뿐이다. (2) 그들이 당장에는 흩어지겠지만, 그것은 결코 오랫동안 지속되지는 않을 것이다. 왜냐하면, 그는 다시 살아나셔서, 그들보다 먼저 갈릴리로 가실 것이기 때문이다. 마가복음 16:7은 이 말씀이 그대로 성취되었다는 것을 보여 준다.

이 말씀을 들은 베드로는, 복음서의 모든 이야기를 통해서 제자들 중에서 가장 용감하고 가장 먼저 나서서 말을 하는 모습을 보여 주었던 그답게, "모두 주를 버릴지라도 나는 결코 버리지 않겠나이다"라고 말한다. 이것이 그의 현재의 심경이었고, 그가 이 순간에 굳게 결심한 것이었음은 의심의 여지가 없다. 우리 구주께서 베드로에게 하신 말씀은 바로 이 대목에서 등장하는 것으로 보이는데, 이 말씀은 오직 누가만이 언급하고 있다: "시몬아, 시몬아, 보라 사탄이 너희를 밀 까부르듯 하려고 요구하였으나 그러나 내가 너를 위하여 네 믿음이 떨어지지 않기를 기도하였노니 너는 돌이킨 후에 네 형제를 굳게 하라"(눅 22:31-32). 우리 구주께서 베드로의 이름을 두 번이나 중복해서 부르시며 이 말씀을 하셨다는 점에서, 이 말씀은 일차적으로는 자신의 결심을 말한 베드로에게 진지하게 경고하시는 의미를 지니기는 하지만, "너희를"이라고 복수형을 사용하신 점에서는, 자신의 제자들 모두에게 주신 말씀으로 해석되어야 한다. 밀을 까부르는 것은 두 가지를 가리키는데, 하나는 알곡을 위아래로 흔드는 것이고, 다른 하나는 알곡을 거기에 섞여 있는 겨로부터 분리해 내는 것이다. 사탄은 너희 모두의 믿음을 이리저리 흔들어서 혼란스럽게 하고 괴롭게 하기를 원해 왔거나, 내 아버지로부터 그렇게 해도 좋다는 허락을 얻어 내었다. 그러나 나는 너희 믿음의 역사들이 중단되고 너희의 믿음이 흔들리더라도, 그 믿음이 완전히 땅에 떨어지지 않고, 하나님의 씨들이 여전히 너희 안에 있게 되기를 기도하여 왔기 때문에, 너희는 완전히 떨어져 나가지 않을 것이고 회개를 통해서 다시 새롭게 될 것이다. 그러므로 "너는 돌이킨 후에," 즉 네가 넘어졌다가 너의 잘못을 보고서 낮아지게 되었을 때, 네 형제들의 믿음을 견고히 하는 데 힘써라.

이 말씀을 통해서 우리는 다음과 같은 것들을 볼 수 있다: (1) 우리에게 닥치는 시험들은 우리를 까부르는 것이다. 하나님께서는 우리에게서 찌꺼기를 제거하여 알곡으로 만드시기 위하여 우리를 까부르시는 반면에, 사탄은 우리에게서 알곡을 제거하기 위하여 우리를 까부른다. (2) 마귀는 가장 큰 시험하는 자이다. 키를 가지고 까부르며 시험하는 자들은 많이 있지만, 그 중에서도 마귀는 이 일의 귀재이다. (3) 마귀는 하나님의 백성들을 까부르고자 하는 끊임없는 욕망을 지니고 있다. (4) 하나님께서는 마귀를 사슬로 묶어 놓으셨기 때문에, 마귀가 하나님의 백성을 까부르려고 하면 하나님의 허락을 얻어야 한다. (5) 하나님께서는 흔히 마귀에게 그렇게 하도록 허락해 주시지만, 그리스도의 중보기도 때문에 마귀는 자신의 목적을 온전히 달성할 수 없다. 따라서 마귀는 신자를 까부르며 괴롭힐 수는 있지만, 신자의 믿음이 완전히 땅에 떨어지는 일은 없게 된다. (6) 신자들은 시험의 때에 그리스도의 중보기도 덕분에 그리스도의 힘을 덧입어 넘어지지 않고 설 수 있다. (7) 죄를 범한 그리스도인들은 주님에 의해서 회복되었을 때에 다른 형제들을 견고히 세우는 일에 힘써야 한다. 예수께서는 베드로에게 "내가 진실로 네게 이르노니 오늘 밤 닭 울기 전에 네가 세 번 나를 부인하리라"고 말씀하신다. 누가는 "네가 … 나를 모른다고 부인하리라"(눅 22:34)고 말하고, 마가는 "닭이 두 번 울기 전에"(막 14:30)라고 말한다. 닭이 한 번 울기 전까지는, 베드로가 단지 한 번만 그리스도를 부인하였다는 점에서, 마태는 "닭이 다 울기 전에," 즉 "두 번 다 울기 전에"를 "닭이 울기 전에"로 표현한 것이다. 우리는 서너 시간 후에 우리의 마음이 어떻게 바뀔지를 알지 못할 정도로, 우리 자신을 너무도 모른다! 그런데도 베드로는 여전히 자신만만하게, 모두가 주님을 부인할지라도, 자기는 결코 부인하지 않을 것이라고 대답하였고, 모든 제자들도 마찬가지로 그렇게 말하였다. 그러나 무슨 일이 벌어졌는지는 우리가 조금 후에 자세하게 듣게 될 것이다.

36. 이에 예수께서 제자들과 함께 겟세마네라 하는 곳에 이르러 제자들에게 이르시되 내가 저기 가서 기도할 동안에 너희는 여기 앉아 있으라 하시고.

마가는 "저기 가서"를 생략하고(막 14:32), 누가는 "예수께서 나가사 습관을 따라 감람산에 가시매 제자들도 따라갔더니 그 곳에 이르러 그들에게 이르시되 유혹에 빠지지 않게 기도하라 하시고 그들을 떠나 돌 던질 만큼 가서 무릎을 꿇고 기도하여"(눅 22:39-41)라고 말한다. 이 겟세마네가 동산의 이름이었는지, 아니면 동산이 있던 어느 마을의 이름이었는지를 아는 것은 별로 중요하지 않다. 예루살렘 안에는 동산이 없었고, 동산들은 모두 성문 밖에 있었다. 겟세마네는 감람산 속이나 자락에 기드론 시내 맞은편에 있었음이 분명하다(요 18:1). 그리스도께서는 자신의 열한 제자들과 함께 거기로 가셨다. 열두 번째 제자에 대해서는 우리가 나중에 듣게 될 것이다. 누가는 이 대목에서 그가 자신의 제자들에게 시험에 들지 않게 기도하라고 말씀하셨다고 보도하지만, 마태와 마가는 그가 첫 번째로 기도하고 그들에게 돌아오신 후에 그렇게 말씀하셨다고 보도하고, 여기에서는 단지 "내가 저기 가서 기도할 동안에 너희는 여기 앉아 있으라"고만 말씀하신 것으로 보도한다.

37-38. [37]베드로와 세베대의 두 아들을 데리고 가실새 고민하고 슬퍼하사 [38]이에 말씀하시되 내 마음이 매우 고민하여 죽게 되었으니 너희는 여기 머물러 나와 함께 깨어 있으라 하시고.

마가는 세 제자의 이름을 구체적으로 언급한다: "베드로와 야고보와 요한을 데리고 가실새 심히 놀라시며 슬퍼하사 말씀하시되 내 마음이 심히 고민하여 죽게 되었으니 너희는 여기 머물러 깨어 있으라 하시고"(막 14:33-34). 우리 구주께서는 이 세 제자를 변화산 사건의 증인들로 삼으셨을 뿐만 아니라(마 17장), 여기에서는 겟세마네에서의 그의 고뇌 어린 기도를 증언해 줄 증인들로도 삼으셨다. 복음서 기자는 그가 몹시 고민하시고 슬퍼하기 시작하셨다고 보도한다. "고민하고 슬퍼하사"로 번역된 헬라어 단어들은 우리 구주께서 인간이 상상할 수 있는 가장 극심한 고민과 슬픔에 휩싸여 있었음을 보여 주는데, 복음서 기자의 보도 직후에, 그는 친히 "내 마음이 매우 고민하여 죽게 되었으니"라고 자신의 심정을 표현하신다. 그리스도께서 이렇게 고민하시고 슬퍼하신 것은 자신의 죽음이 가까이 다가왔거나(그 누구도 그의 목숨을 빼앗을 수 없고, 그는 스스로 자신의 목숨을 내어놓으신 것이다), 자신의 제자들을 홀로 남겨두게 될 것이 걱정되었기 때문이 아니라, 우리의 죄를 짊어지신 자로서 이제 인류의 죄로 인한 하나님의 진노를 느끼기 시작하셨기 때문이었다. 따라서 그의 고민과 슬픔은, 조금 후에 천사들이 와서 그를 수종드는 가운데(눅 22:43), 그가 이 잔이 지나가게 해 달라고 핏방울이 땀방울이 되어 떨어지도록 간절하게 기도하시는 것(눅 22:44)으로 나타난다. 누가는 "예수께서 힘쓰고 애써 더욱 간절히 기도하시니"라고 말하는데, 이것은 주님이 내면의 큰 고뇌를 안고 기도하신 것임을 보여 준다.

39. 조금 나아가사 얼굴을 땅에 대시고 엎드려 기도하여 이르시되 내 아버지여 만일 할 만하시거든 이 잔을 내게서 지나가게 하옵소서 그러나 나의 원대로 마시옵고 아버지의 원대로 하옵소서 하시고.

마가는 "조금 나아가사 땅에 엎드리어 될 수 있는 대로 이 때가 자기에게서 지나가기를 구하여 이르시되 아빠 아버지여 아버지께는 모든 것이 가능하오니 이 잔을 내게서 옮기시옵소서 그러나 나의 원대로 마시옵고 아버지의 원대로 하옵소서 하시고"(막 14:35-36)라고 말하고, 누가는 "그들을 떠나 돌 던질 만큼 가서 무릎을 꿇고 기도하여 이르시되 아버지여 만일 아버지의 뜻이거든 이 잔을 내게서 옮기시옵소서 그러나 내 원대로 마시옵고 아버지의 원대로 되기를 원하나이다 하시니"(눅 22:41-42)라고 말한다. 세 복음서 기자들은 이렇게 우리 구주께서 드리신 기도의 내용을 각각 특색 있게 보도하지만, 그 의미는 모두 동일하다. 마태는 우리 주님께서 "조금 나아가사 얼굴을 땅에 대시고 엎드려 기도하셨다"고 말한다. 그리스도께서는 베드로와 야고보와 요한을 데리고 가셨지만, 기도하실 때에는 그들에게서 조금 떨어진 곳으로 가셔서 기도하셨다. 누가는 주님이 이 세 제자들로부터 "돌 던질 만큼 가서" 기도하셨다고 보도한다. 간절하게 기도하고자 하는 사람은 홀로 은밀하게 기도할 수 있는 곳을 찾아가는 법이다. 이것을 통해서 그리스도께서는 홀로 은밀하게 드리는 기도를 드리는 것은 우리의 본분임을 가르치신다. 마태는 주님께서 "얼굴을 땅에 대시고 엎드려" 기도하셨다고 말하고, 누가는 "무릎을 꿇고" 기도하셨다고 말한다. 그리스도께서는 처음에는 무릎을 꿇고 기도하시다가 나중에는 얼굴을 땅에 대시고 엎드려 기도하신 것으로 보인다. 성경에서는 사람들이 기도할 때에는 통상적으로 앉거나 서거나 무릎을 꿇거나 엎드리는 자세를 취하였지만, 앉거나 엎드린 자세로 기도하는 것은 드물었고, 서거나 무릎을 꿇는 자세가 가장 흔히 사용되던 자세였음을 우리에게 보여 준다. 다윗은 자신의 집에서 앉아서 기도하였고(삼하 7:18), 아브라함은 얼굴을 바닥에 대고 엎드려 기도하였으며(창 17:17), 모세와 아론도 마찬가지였다. 엎드려 기도하는 자세는 평소에는 잘 사용되지 않았고, 아주 간절하게 기도할 때에 사용되는 것이 보통이었다.

내 아버지여 만일 할 만하시거든 이 잔을 내게서 지나가게 하옵소서 그러나 나의 원대로 마시옵고 아버지의 원대로 하옵소서 하시고. 마가는 주님이 어떤 기도를 드리셨는지, 그 내용의 대강을 요약해서 우리에게 먼저 말해 주고 나서, 주님이 "아빠 아버지여 아버지께는 모든 것이 가능하오니 이 잔을 내게서 옮기시옵소서 그러나 나의 원대로 마시옵고 아버지의 원대로 하옵소서"라고 기도하셨다고 보도한다. 누가는 주님이 "아버지여 만일 아버지의 뜻이거든 이 잔을 내게서 옮기시옵소서 그러나 내 원대로 마시옵고 아버지의 원대로 되기를 원하나이다"라고 기도하신 것으로 보도한다. 마태가 "만일 할 만하시거든"이라고 표현한 것을 누가는 "만일 아버지의 뜻이거든"으로 표현한다. 어떤 일이 특정한 상황에서는 불가능한 것이라고 해도, 그 일 자체로는 가능할 수 있기 때문에, 마가가 말하고 있듯이, 하나님께는 모든 일이 가능하다. 하지만 하나님께서 자기가 이미 작정하셨거나 장차 일어나게 될 것이라고 말씀하신 것을 변경하는 것은 불가능하다. 하나님은 사람이 아니신 까닭에, 거짓말을 하실 수도 없으시고 이미 정하신 것이나 말씀하신 것을 뒤집을 수도 없으시기 때문이다. 그러면, 이런 반론이 제기될 수 있다: 그리스도께서는 이 일이 바뀌는 것이 불가능하다는 것을 이미 알고 계신 것이 아니었던가? 주님은 친히 "이런 일이 있으리라"(54절), 즉 이 일이 이렇게 될 수밖에 없다고 말씀하시지 않았는가? 나의 대답은 우리 주님이 하나님으로서 성부 하나님의 계획에 대해서 알고 계신 것과 인간으로서 이 일을 놓고 기도하신 것은 별개의 문제였다는 것이다. 또한, 우리 구주께서 "만일 할 만하시거든," 즉 "이 일을 변경하는 것이 가능한 일이라면"이라고 말씀하셨다고 해서, 그것이 그가 이 일이 가능할 것이라고 생각하셨다는 것을 보여 주는 것은 아니다. 우리 구주의 이러한 기도가 의미하는 것은 단지 이런 것이었다: 아버지여, 나의 인성은 이 끔찍한 일을 피하고 싶어 하고, 가능하기만 하다면, 이 저주로부터 놓여나기를 간절히 바라고 있습니다. "그러나 나의 원대로 마시옵고 아버지의 원대로 하옵소서." 이 기도에서 전반부는 단지 주님이 지니신 육신의 연약함(죄악됨이 아니라)의 표현이고, 후반부는 주님이 자신의 뜻을 꺾고 하나님의 뜻에 온전히 순복하겠다는 결단의 표현이다. 우리 주님은 전반부에서는 자신의 인성과 육신이 무엇을 간절히 원하는지를 아버지께 말씀드리고, 그 원하는 것이 하나님의 뜻 가운데서 허용될 수 있다면 그렇게 해주시라고 간구하시고, 후반부에서는 자신의 육신이 무엇을 간절히 원하든, 오직 하나님의 뜻만이 이루어지게 해 달라고 기도하신다. 그리스도께서 드리신 이 기도는, 이 세상에서 우리가 겪게 되는 환난이나 어려움들로부터 우리를 건져 주시라고 기도하면서도, 하나님의 뜻을 우선하고 거기에 순복하여야 한다는 온전한 모범을 보여 준다. 이 기도는 우리 구주께서 하나님의 뜻을 모르셨다거나 확신하지 못하셨다는 것을 보여 주는 것이 아니라, 하나님이자 사람이신 주님이 죽으셨을 때에 오직 인성만이 죽은 것과 마찬가지로, 하나님이자 사람이신 주님이 기도하셨을 때에 오직 사람으로서 기도하신 것임을 보여 주는 것이다.

40-41. [40]제자들에게 오사 그 자는 것을 보시고 베드로에게 말씀하시되 너희가 나와 함께 한 시간도 이렇게 깨어 있을 수 없더냐 [41]시험에 들지 않게 깨어 기도하라 마음에는 원이로되 육신이 약하도다 하시고.

마가복음 14:37-38에 나오는 것도 동일하다. 누가는 우리 구주께서 두 번째 또는 세 번째로 기도하러 가신 것에 대해서는 전혀 언급하지 않고, 다른 내용을 보도하고 있는데, 이것에 대해서는 우리가 나중에 살펴볼 것이다. 또한, 누가는 우리 구주께서 제자들이 자고 있는 것을 보셨다는 것을 오직 한 번 우리에게 전해 주는데, 우리는 이것에 대해서도 적절한 순서에 따라 살펴볼 것이다. 그리스도께서 첫 번째로 기도하신 후에 세 제자들을 데리고 다시 멀리 떨어져 있던 여덟 제자들에게 가셔서 이 말씀을 하신 것인지, 아니면 단지 좀 더 가까이 있던 베드로와 야고보와 요한에게 오셔서 이 말씀을 하신 것인지는 우리가 확실히 알 수 없지만, 전자일 가능성이 대단히 높다. 주님은 "베드로"와 나머지 두 제자에게 "너희가 나와 함께 한 시간도 이렇게 깨어 있을 수 없더냐"고 말씀하신다. 조금 전만 해도 나를 위해 당장이라도 목숨을 내놓겠다고 큰소리쳤던 너 베드로야, 그리고 내가 마시는 잔을 마시고 내가 받는 세례를 받을 수 있다고 큰소리쳤던 너희 야고보와 요한아, 너희가 일이 본격적으로 시작되지도 않았는데 처음부터 이렇게 기진맥진하며 맥을 못 춘다는 것이 말이 되느냐?

시험에 들지 않게 깨어 기도하라. 여기에서 우리 구주께서는 시험에 들지 않도록, 안일하게 방심하지 말고, 영적으로 더 깨어 있으라고 그들에게 훈계하시면서, 그들이 사용할 수 있는 수단을 사용하면, "깨어" 있을 수 있는데, 그 수단은 "기도"라고 말씀해 주신다. 주님은 "기도하라"는 권면을 통해서, 하나님의 도우심 없이는 그들이 설 수 없는데, 그 도우심은 기도로 얻어질 수 있고, 그들이 기도하면 하나님이 그 기도를 반드시 들어주실 것임을 그들에게 알게 해주신다.

마음에는 원이로되 육신이 약하도다. 하나님의 은혜로 말미암아 거룩함을 입은 "마음"은 변함없는 믿음으로 굳건히 서서 자신의 본분을 다할 수 있지만, 육신은 예민하고 약해서 무서운 시험의 공격 앞에서 쉽게 무너질 수 있다. 그러므로 너희는 그러한 무서운 시험들의 공격을 받아 지지 않기 위해서는, 너희의 본성을 뛰어넘는 능력을 주시라고 간절히 기도하고 깨어 있어야 한다. 또한, 이 말씀은 그들이 주님 곁에 꼭 붙어서 주님을 잘 모시기로 단단히 결심했음에도 불구하고, 주님이 부르시는 때에 잠에 빠진 것과 관련해서 하신 말씀일 수도 있다.

42-43. [42]다시 두 번째 나아가 기도하여 이르시되 내 아버지여 만일 내가 마시지 않고는 이 잔이 내게서 지나갈 수 없거든 아버지의 원대로 되기를 원하나이다 하시고 [43]다시 오사 보신즉 그들이 자니 이는 그들의 눈이 피곤함일러라.

마가는 "다시 나아가 동일한 말씀으로 기도하시고 다시 오사 보신즉 그들이 자니 이는 그들의 눈이 심히 피곤함이라 그들이 예수께 무엇으로 대답할 줄을 알지 못하더라"(막 14:39-40)고 말한다. 여기에서 "동일한 말씀"으로 번역된 헬라어 본문은 '톤 아우톤 로곤'(τὸν αὐτὸν λόγον)이기 때문에, 직역하면 "동일한 단어" 또는 "동일한 말씀"이 되어야 하는데도, 흠정역 번역자들이 이 어구를 "동일한 단어들"로 번역한 것(마치 이것이 복음서 기자의 의도인 것처럼)은 잘 이해가 가지 않는다. 그러나 우리 구주께서는 오직 한 단어로 기도하신 것도 아니고, 네 복음서 기자가 각각 다르게 표현한 것에서 알 수 있듯이, 동일한 단어들이나 말씀으로 기도하신 것도 아니었다. 따라서 여기에서 '로곤'(λόγον)은 "단어"나 "말씀"을 의미하는 것이 아니라, "일"을 의미한다. 즉, 우리 구주께서는 동일한 일 또는 내용으로 또다시 기도하셨다는 것이다. 그러므로 마가복음 1:45과 10:10을 비롯한 많은 본문에서는 '로고스' 를 "일" 로 번역하는데, 헬라어 '로고스' 에 해당하는 히브리어 '다바르' (דבר)는 "말씀" 이라는 의미와 "일" 이라는 의미를 동시에 지닌다. 그리스도께서는 두 번째로 그들에게 와서, 그들이 자고 있는 것을 보신다. 이렇게 해서, 그들은 주님이 방금 전에 그들에게 가르쳐 주신 것, 즉 "마음에는 원이로되 육신이 약하도다" 고 하신 것이 무슨 의미인지를 신속하게 깨닫게 되었을 것이다. 왜냐하면, 그들은 있는 힘을 다해서 어떻게든 깨어 있으려고 애를 썼을 것임에 틀림없기 때문이다.

44-46. [44]또 그들을 두시고 나아가 세 번째 같은 말씀으로 기도하신 후 [45]이에 제자들에게 오사 이르시되 이제는 자고 쉬라 보라 때가 가까이 왔으니 인자가 죄인의 손에 팔리느니라 [46]일어나라 함께 가자 보라 나를 파는 자가 가까이 왔느니라.

마가는 우리 구주께서 세 번째로 기도하신 것에 대해서는 아무 말도 하지 않고, "세 번째 오사 그들에게 이르시되 이제는 자고 쉬라 그만 되었다 때가 왔도다 보라 인자가 죄인의 손에 팔리느니라 일어나라 함께 가자 보라 나를 파는 자가 가까이 왔느니라" (막 14:41-42)고 말한다. 마태 본문의 "같은 말씀으로" 기도하셨다는 것이 무슨 의미인지에 대해서는 우리가 앞에서 이미 살펴본 바 있다. 즉, 주님은 동일한 말씀들과 표현들을 사용하지는 않으셨을지라도, 동일한 일 또는 내용으로 기도하셨다는 것이다. 누가는 "천사가 하늘로부터 예수께 나타나 힘을 더하더라" (눅 22:43)고 말한다. 천사들이 나타나서 그리스도께 수종든 일은 이번이 처음이 아니었다. 광야에서 주님이 마귀와 싸우신 후에도 천사들이 나타나 주님의 수종을 들었는데(마 4:11), 이제 이 시험의 때에도 한 천사가 나타나 주님을 도왔다. 주님은 그 때에는 "밖으로" 마귀와의 "다툼" 가운데 계셨었고, 지금 여기에서는 극심한 고민과 슬픔 가운데서 "안으로 두려움" 에 처해 계셨다. 요한은 우리 구주께서 극심한 고뇌 가운데서, "지금 내 마음이 괴로우니 무슨 말을 하리요 아버지여 나를 구원하여 이 때를 면하게 하여 주옵소서 그러나 내가 이를 위하여 이 때에 왔나이다 아버지여, 아버지의 이름을 영광스럽게 하옵소서" 라고 기도하시니, "이에 하늘에서 소리가 나서 이르되 내가 이미 영광스럽게 하였고 또다시 영광스럽게 하리라" 고 하였다고 보도한다(요 12:27-28). 하나님께서는 거기에서는 하늘로부터의 소리를 통해 응답하셨고, 여기에서는 천사를 보내신 것으로 응답하셨다.

하나님은 다니엘에게도 그의 기도에 응답하셔서 천사를 보내셨다(단 9:21). 한나는 기도 후에 자신의 심령이 평안한 것을 보고 자신의 기도가 응답되었음을 알았다: "얼굴에 다시는 근심 빛이 없더라" (삼상 1:18). 누가는 천사가 우리 주님의 힘을 어떤 식으로 도왔는지에 대해서는 말해 주지 않는다. 우리는 하나님의 아들이신 주님께서 힘을 내시기 위해서 천사의 도움을 받을 필요가 있었다고 생각해서는 안 된다. 주님은 지금 하나님으로서의 자신의 권능을 사용하고 계신 것이 아니었고, 진정으로 인간의 본성을 지닌 한 사람으로서 이 고난을 통과하고 계신 것이었기 때문에, 천사보다도 더 낮아지신 상태로 있으셨다. 누가는 "예수께서 힘쓰고 애써 더욱 간절히 기도하시니 땀이 땅에 떨어지는 핏방울 같이 되더라"(눅 22:44)는 말씀을 덧붙인다. 이 말씀은 우리 구주께서 자신의 심령 속에 큰 고민과 고뇌를 안고 사투를 벌이고 계셨기 때문에, 안에서 올라온 진땀이 굵은 핏방울처럼 떨어진 것을 표현한 것이다. 그것이 정말 핏방울들이었는지, 아니면 피가 조금 섞이거나 핏빛을 띤 땀이었는지는 알 수 없고, 그런 것은 중요하지도 않다. 사람의 심령에 고민이 있을 때에 몸이 진땀을 흘리는 것은 흔히 있는 일이지만, 그 진땀이 핏방울처럼 떨어진 것은 흔히 있는 일이 아니었다. 누가는 "기도 후에 일어나 제자들에게 가서 슬픔으로 인하여 잠든 것을 보시고 이르시되 어찌하여 자느냐 시험에 들지 않게 일어나 기도하라 하시니라"(눅 22:45-46)고 말한다.

세 복음서 기자는 그리스도께서 제자들에게 세 번째로 오셨을 때에도 그들이 자고 있었다고 한 목소리로 보도하고, 누가는 그들이 잠들게 된 것이 "슬픔으로" 인한 것이었다고 말한다. 그들은 어느 때보다도 더 깨어 있어야 할 때였지만, 무엇인지 모를 염려와 불안이 엄습하여 그들을 잠들게 만든 것이었다. 그리스도께서 자신의 제자들에게 구체적으로 말씀하신 내용이 무엇이었는지에 대한 복음서 기자들의 보도는 서로 일치하지 않는다. 누가는 주님이 그들에게 "시험에 들지 않게 일어나 기도하라"고 말씀하셨다고 보도하고, 마태와 마가는 "이제는 자고 쉬라"고 말씀하셨다고 보도하는데, 아마도 주님께서는 이 두 가지를 다 말씀하신 것으로 보인다. 또한, 우리 구주께서는 이제 자기가 팔릴 때가 왔고, 배신자가 가까이 왔기 때문에, 더 이상 자기에게는 제자들이 필요없었기 때문에, 그들에게 쉬고 자라고 진심으로 말씀하신 것인지, 아니면 앞에서 "너희가 나와 함께 한 시간도 이렇게 깨어 있을 수 없더냐"라고 하신 말씀이 보여 주듯이, 그들이 자고 있는 것을 책망하신 것인지는, 우리가 알 수 없다.

47. 말씀하실 때에 열둘 중의 하나인 유다가 왔는데 대제사장들과 백성의 장로들에게서 파송된 큰 무리가 칼과 몽치를 가지고 그와 함께 하였더라.

마가복음 14:43에 나오는 것도 동일하지만, 단지 거기에는 "서기관들"이 추가되어 있다. 누가는 "한 무리"가 왔고 유다가 "앞장서 와서 예수께 입을 맞추려고 가까이" 다가왔다고 말한다(눅 22:47). 유다가 예수께서 그 밤 또는 새벽의 그 시간에 거기에 있다는 것을 어떻게 알았을까 하는 의문을 가진 사람들에게는 요한이 만족스러운 대답을 해준다: "그 곳은 가끔 예수께서 제자들과 모이시는 곳이므로 예수를 파는 유다도 그 곳을 알더라"(요 18:2). 그런 후에, 요한은 계속해서 "유다가 군대와 대제사장들과 바리새인들에게서 얻은 아랫사람들을 데리고 등과 횃불과 무기를 가지고 그리로 오는지라"(요 18:3)고 말한다. 유대학에 정통한 사람들은 제사장들은 성전 수비대를 조직하여 그들의 휘하에 두었는데, 명절 때에는 로마 총독이 자신의 군대 중 일부를 보내어, 일반 성전 수비대와 함께 제사장들의 지휘 아래 성전을 경비하는 임무를 수행하게 하였다고 말한다. 따라서 이 때에 온 "군대와 아랫 사람들"은 대제사장들과 서기관들과 백성의 장로들로 구성된 산헤드린 또는 최고법정으로부터 우리 구주를 체포하라는 영장을 발부받아서 온 로마 군대와 성전 수비대와 관리들이었을 것으로 추정된다. 이 때는 날이 밝기 전이어서 아직 어두웠기 때문에, 그들은 "횃불"과 등을 들고 왔고, 저항을 대비해서 "칼과 몽치"도 가지고 왔다. 배신자 가룟 유다는 이 무리를 이끌고 앞장서서 왔다.

48-49. [48]예수를 파는 자가 그들에게 군호를 짜 이르되 내가 입맞추는 자가 그이니 그를 잡으라 한지라 [49]곧 예수께 나아와 랍비여 안녕하시옵니까 하고 입을 맞추니.

마가복음 14:44-45은 "그를 잡아 단단히 끌어 가라"고 한 것과 마태 본문의 "랍비여 안녕하시옵니까" 대신에 "랍비여"라고 한 것만이 다를 뿐이다. 이 본문에는 어렵거나 모호한 것이 전혀 없다. 유다는 자기가 끌고 온 무리들에게, 자기가 입을 맞추는 사람이 그리스도라고 미리 알려준 후에, 주님이 계신 곳에 왔을 때, 주님 앞으로 걸어 나가서 입을 맞추는 신호를 보냄으로써, 그들이 체포해야 할 그리스도가 누구인지를 무리들에게 알려 준 것이었다.

50. 예수께서 이르시되 친구여 네가 무엇을 하려고 왔는지 행하라 하신대 이에 그들이 나아와 예수께 손을 대어 잡는지라.

마가는 그리스도께서 유다에게 무엇이라고 말씀하셨는지에 대하여 전혀 언급하지 않고 있고, 누가는 그리스도께서 유다에게 "유다야 네가 입맞춤으로 인자를 파느냐"고 말씀하셨다는 내용을 덧붙인다(눅 22:48). 그리스도께서 유다를 "친구여"라고 부르신 것이 그가 이전에 친구였고 계속해서 친구로 행하는 것이 마땅하였다는 것을 그에게 상기시켜 주시기 위한 것이었는지, 아니면 별 의미 없이 흔히 사용되던 호칭을 그대로 사용하신 것이었는지는 별로 중요하지 않다. 입맞춤은 우애의 상징이기 때문에, 배신자이자 철천지원수가 주님께 입을 맞춘 것은 지극히 부적절한 것이었다. 하지만 요압도 아마사를 죽일 때에 그에게 접근하여 입 맞추는 방식을 사용하였다(삼하 20:9). 그래서 우리 구주께서는 유다에게 입맞춤으로 인자를 배신하고 파는 것이 부끄럽지도 않느냐고 말씀하신 것이다. 유다는 주님을 "랍비여"라고 부름으로써, 자기가 한때 주님의 제자였다는 것을 인정한다. 그는 입맞춤으로 주님께 우애를 표하는 체하면서, 실제로는 주님을 배신하였다. 사람의 마음속에 있는 저 어쩔 수 없는 악은 그 끝을 알 수 없을 정도로 깊다! 특히 전에 신앙을 고백하고서 배교한 자들의 악은 두말할 필요도 없다. 그런 자들은 흔히 그리스도와 그의 복음의 가장 극악무도하고 가장 거짓된 원수들이 된다.

51-54. [51]예수와 함께 있던 자 중의 하나가 손을 펴 칼을 빼어 대제사장의 종을 쳐 그 귀를 떨어뜨리니 [52]이에 예수께서 이르시되 네 칼을 도로 칼집에 꽂으라 칼을 가지는 자는 다 칼로 망하느니라 [53]너는 내가 내 아버지께 구하여 지금 열두 군단 더 되는 천사를 보내시게 할 수 없는 줄로 아느냐 [54]내가 만일 그렇게 하면 이런 일이 있으리라 한 성경이 어떻게 이루어지겠느냐 하시더라.

마태도 이 장면을 짧게 들려주지만, 마가는 "곁에 서 있는 자 중의 한 사람이 칼을 빼어 대제사장의 종을 쳐 그 귀를 떨어뜨리니라"고 훨씬 더 짧게 들려준다(막 14:47). 누가도 이 일에 대해서, "그 중의 한 사람이 대제사장의 종을 쳐 그 오른쪽 귀를 떨어뜨린지라 예수께서 일러 이르시되 이것까지 참으라 하시고 그 귀를 만져 낫게 하시더라"(눅 22:50-51)고 보도한다. 요한은 "이에 시몬 베드로가 칼을 가졌는데 그것을 빼어 대제사장의 종을 쳐서 오른편 귀를 베어버리니 그 종의 이름은 말고라"고 한 후에, 이어서 "예수께서 베드로더러 이르시되 칼을 칼집에 꽂으라 아버지께서 주신 잔을 내가 마시지 아니하겠느냐"고 말씀하셨다고, 이 장면을 좀 더 구체적으로 전해 준다(요 18:10-11). 그리스도와 그의 제자들이 어떻게 칼을 갖게 되었느냐고 묻는다면, 우리 구주께서는 이 일에 앞서 그들에게 칼을 사라고 하셨고, 그들에게는 칼이 두 자루가 있었다고 보도한 누가복음 22:35-38이 거기에 대한 충분한 대답이 될 것이다. 누가의 이 본문은 다른 복음서들에는 나오지 않는데, 이 본문에 대해서는 적절한 때에 우리가 살펴보게 될 것이다. 제자들은 무리들이 그리스도께 손을 대는 것을 보았는데(50절), "그 중의 한 사람"(요한은 "베드로"였다고 말한다)이 주님에게 무슨 일이 일어날 것을 우려해서(눅 22:49), "대제사장의 종"(요한은 "말고"였다고 말한다)을 쳐 그 오른쪽 귀를 떨어뜨렸다. 우리 구주께서는 베드로를 꾸짖으시며 칼을 도로 칼집에 꽂으라고 명하시고, 그에게 다음과 같은 취지의 말씀을 하신다. (1) 칼을 사용하는 자는 칼로 망하게 될 것이다. 여기에서 "칼을 가지는 자"는 합법적으로 세움 받은 방백들을 멸하기 위하여 칼을 뽑아든 사인들을 가리키는 것으로 보아야 한다. 그리고 이것은 우리 구주께서 모든 그리스도인들에게 주시는 교훈이다. 합법적으로 칼을 갖게 된 사람들만이 칼을 사용할 수 있고, 사인들은 최고의 방백의 뜻을 거슬러 칼을 갖거나 사용해서는 안 된다. (2) 나는 나를 방어하기 위하여 너희의 도움을 필요로 하지 않는다. 만일 내가 내 자신을 방어하고자 한다면, 나는 지금 당장이라도 "내 아버지께 구하여 열두 군단 더 되는 천사를 보내시게" 할 수가 있다. 그러므로 네가 나를 방어하려고 칼을 빼어들 이유가 없다. (3) 나에 관하여 기록된 성경이 성취되어야 한다. 성경은 내가 이렇게 붙잡혀서 죽게 될 것이라고 예언하였는데, 그 예언들이 이제 성취되어야 한다. 우리 구주께서는 베드로를 책망하시고 그의 혈기를 가라앉히신 후에, 칼에 맞아 귀가 떨어진 종의 귀를 만지셔서 고쳐 주셨다. 주님은 이렇게 자기를 미워하는 자들에 대해서도 선대하시고, 그들이 보는 앞에서 이적을 행하셨기 때문에, 만일 그들의 마음이 딱딱하게 굳어 있지만 않았더라면, 그들은 얼마든지 주님의 결백하심과 주님이 하나님으로서 지니고 계신 권능을 알아차렸을 것이다. 하지만 그들은 주님의 인자하심을 아랑곳하지 않았고, 이제 주님께서는 자신의 원수들인 무리들에게 자기 자신을 내어 주신다.

55-56. 55그 때에 예수께서 무리에게 말씀하시되 너희가 강도를 잡는 것 같이 칼과 몽치를 가지고 나를 잡으러 나왔느냐 내가 날마다 성전에 앉아 가르쳤으되 너희가 나를 잡지 아니하였도다 56그러나 이렇게 된 것은 다 선지자들의 글을 이루려 함이니라 하시더라 이에 제자들이 다 예수를 버리고 도망하니라.

마가복음 14:48-50에 나오는 것도 동일하고, 누가는 "예수께서 그 잡으러 온 대제사장들과 성전의 경비대장들과 장로들에게 이르시되 너희가 강도를 잡는 것 같이 검과 몽치를 가지고 나왔느냐 내가 날마다 너희와 함께 성전에 있을 때에 내게 손을 대지 아니하였도다 그러나 이제는 너희 때요 어둠의 권세로다 하시니라"(눅 22:52-53)고 말한다. 여기서 마태는 우리 구주께서 "무리에게" 말씀하신 것이라고 보도하고, 누가는 "대제사장들과 성전의 경비대장들과 장로들에게" 말씀하신 것으로 보도한다. 우리 구주께서는 자기를 잡으러 온 무리를 향하여 말씀하셨는데, 당시에 성전의 경비를 맡았던 성전 경비대(즉, 군대)의 대장들과 대제사장들과 장로들 중 일부가 그 무리 중에 섞여 있었던 것으로 보인다. **내가 날마다 성전에 앉아 가르쳤으되.** 나는 앞에서 성전에서 가르쳤던 자들은 자신의 권위를 나타내기 위하여 앉은 자세로 사람들을 가르치는 것이 관례였다고 말한 바 있다. 그리스도께서는 유월절에 예루살렘을 올라오셔서 성전에서 가르치시곤 하셨다. **너희가 나를 잡지 아니하였도다.** 나는 내 모습을 감추지도 않았으며, 내 자신을 방어하기 위하여 여기저기 돌아다니며 사람들을 모아 파당을 결성하지도 않았고, 성전에서 조용히 사람들을 가르쳤기 때문에, 만일 내가 어떤 범죄를 저질렀다면, 너희는 나를 쉽게 잡을 수 있었다. 그런데 왜 이제 와서 너희는 마치 강도를 잡는 것처럼 그렇게 무장을 하고 내게로 온 것이냐? 너희는 마치 내가 내 자신을 방어하기 위하여 저항이라도 할 줄로 생각하고서 칼과 몽치를 들고서 나를 잡으러 온 것이냐? 나는 너희로 하여금 그런 식으로 무장을 하고서 나를 잡아야 한다고 생각하게 할 만한 일을 한 적이 없다.

그러나 이렇게 된 것은 다 선지자들의 글을 이루려 함이니라. 여기에서 "선지자의 글들"은 그리스도의 고난에 관하여 말한 성경의 많은 예언들을 가리킨다. 누가는 "그러나 이제는 너희 때요 어둠의 권세로다"(눅 22:53)라고 말씀을 덧붙이는데, 이것은 지금이 하나님께서 그리스도를 넘겨주시기로 정하신 때라는 것을 의미한다. 그리스도와 그의 복음을 박해하는 악인들은 자신들의 때가 있다. 하나님께서 자신의 지혜로우신 계획 속에서 자기 백성의 믿음과 인내를 시험하시기 위하여, 마귀가 자신의 도구들인 사악한 자들을 움직여서 자기 백성을 괴롭히고 학대하며 감옥에 가두는 것을 허락하시는 때가 있다. 그러한 때는 그들의 "때"이고, 그들은 단지 하나님의 계획과 허락하심 속에서 그렇게 하는 것이며, 그들의 때는 잠시로 정해져 있다는 사실은, 우리로 하여금 그러한 때에 인내로써 믿음을 지켜나갈 수 있게 해주는 힘을 더해 준다. 지금이 "어둠의 권세"라는 것은 흑암의 왕이 자신의 권세를 발휘하고 있는 때, 또는 그리스도와 그의 제자들에게 환난이 임하는 큰 어둠의 때라는 것이다. 악인들의 때는 그리스도의 제자들에게는 언제나 "어둠의 권세"이다.

이에 제자들이 다 예수를 버리고 도망하니라. 나중에 베드로와 또 한 명의 제자는 다시 돌아오기는 하였지만, 처음에는 아마도 모든 제자들이 다 도망갔던 것으로 보인다. 또는, 여기에서 "다"는 다수를 나타내는 것일 수도 있다. 우리는 큰 시련의 때를 직접 겪고 씨름해 보지 않는 한, 그런 큰 시험의 때 우리의 마음이 어떠할지를 전혀 알 수 없다. 이 제자들은 모두 다 자기들은 결코 주님을 버리지 않을 것이라고 말하였지만, 막상 위험이 닥치자, 그들 중에서 주님 곁을 지킨 사람은 단 한 사람도 없었다. 이렇게 그들은 이 때에는 이렇게 겁에 질려 도망쳤지만, 그리스도께서 부활하신 후에는 다시 본연의 모습으로 돌아와서 그리스도를 고백하고 복음을 전하였고, 마침내는 주님이 가장 먼저 마신 잔을 마셨고, 주님이 가장 먼저 받으신 세례도 받았다. 사실, 하나님께서는 나중에 그들이 자신들의 실패를 되돌아보며 하나님께 더 큰 영광을 돌리게 하시기 위하여, 이 때에 자신의 섭리를 따라 그들이 자신의 본분을 저버리고 도망치는 것을 허락하신 것이었다. 박해의 때에 도망친 사람들을 모두 다 일률적으로 단죄하는 것은 옳지 않다. 우리는 그들을 배교자로 낙인찍기 전에, 먼저 과연 그들이 진정으로 배교한 것이고 다시는 돌아올 마음이 없는 것인지를 확인하지 않으면 안 된다.

57. 예수를 잡은 자들이 그를 끌고 대제사장 가야바에게로 가니 거기 서기관과 장로들이 모여 있더라.

마가는 "그들이 예수를 끌고 대제사장에게로 가니 대제사장들과 장로들과 서기관들이 다 모이더라"(막 14:53)고 말하고, 누가는 "예수를 잡아 끌고 대제사장의 집으로 들어갈새"(눅 22:54)라고 말하며, 요한은 "이에 군대와 천부장과 유대인의 아랫사람들이 예수를 잡아 결박하여 먼저 안나스에게로 끌고 가니 안나스는 그 해의 대제사장인 가야바의 장인이라"(요 18:12-13)고 말한다. 당시에 유대 교회는 모든 질서가 다 무너져 있었다. 원래 대제사장은 아론의 혈통의 장자들 중에서 선택되어 죽을 때까지 평생 그 직위에 있는 것이 원칙이었다. 그러나 당시에는 대제사장이 해마다 바뀌었고, 정복자들이 자신들의 입맛에 맞는 인물을 제멋대로 대제사장 자리에 앉혔다. 어떤 이들은, 유대인들은 예로부터 내려오는 원칙을 지켜서 아론 가문에서 대제사장을 택하여 평생토록 그 직무를 맡겼지만, 로마인들이 마음대로 대제사장들을 갈아치우고, 뇌물을 받고 그 자리를 다른 사람들에게 판 것이라고 생각한다. 안나스의 사위이자 당시에 대제사장이었던 가야바가 바로 그런 인물이었다. 무리들은 그리스도를 먼저 안나스의 집으로 끌고 가서, 대제사장인 가야바의 관정에서 아침에 공회가 열릴 때까지 거기에 두었다.

58. 베드로가 멀찍이 예수를 따라 대제사장의 집 뜰에까지 가서 그 결말을 보려고 안에 들어가 하인들과 함께 앉아 있더라.

마가는 베드로가 "아랫사람들과 함께 앉아 불을 쬐더라"(막 14:54)는 말씀을 추가하고 있고, 누가는 "예수를 잡아 끌고 대제사장의 집으로 들어갈새 베드로가 멀찍이 따라가니라 사람들이 뜰 가운데 불을 피우고 함께 앉았는지라 베드로도 그 가운데 앉았더니"(눅 22:54-55)라고 말한다. 요한은 베드로가 어떻게 대제사장의 관정으로 들어올 수 있었는지를 좀 더 구체적으로 설명한다: "시몬 베드로와 또 다른 제자 한 사람이 예수를 따르니 이 제자는 대제사장과 아는 사람이라 예수와 함께 대제사장의 집 뜰에 들어가고 베드로는 문 밖에 서 있는지라 대제사장을 아는 그 다른 제자가 나가서 문 지키는 여자에게 말하여 베드로를 데리고 들어오니"(요 18:15-16). 어떤 이들은 이 "다른 제자"가 요한이었다고 생각하지만, 요한과 대제사장이 이렇게 잘 아는 사이였을 가능성은 희박하기 때문에, 그는 열두 제자 중의 한 사람이 아니라, 그리스도를 흠모하여 제자가 되어서 좀 더 은밀하게 활동하던 인물로서, 대제사장과 친분이 있거나 적어도 안면이 있고, 대제사장의 관정에서 일하던 사람들도 알고 있어서, 베드로를 도와 그 관정으로 들어오게 하였던 예루살렘 주민이었을 가능성이 높다. 이렇게 해서 대제사장의 관정 뜰로 들어오게 된 베드로는 뜰에 불을 펴놓고서 둘러앉아 불을 쬐고 있는 사람들 틈에 끼어, 거기에 앉아서 이 사건의 결말이 어떻게 될지를 보려고 기다리고 있었다.

59-60. [59]대제사장들과 온 공회가 예수를 죽이려고 그를 칠 거짓 증거를 찾으매 [60]거짓 증인이 많이 왔으나 얻지 못하더니 후에 두 사람이 와서.

마가는 60절에 대해서, "이는 예수를 쳐서 거짓 증언 하는 자가 많으나 그 증언이 서로 일치하지 못함이라"(막 14:56)이라고 설명한다. 이 본문은 그들이 그리스도를 어떻게든 죽이기로 이미 결정해 놓고서, 자신들의 악의를 실행하는 데 재판이라는 형식을 빌려 정당성을 확보하고자 한 것임을 분명하게 보여 준다. 그들은 공회를 열고서, 그때서야 시간적인 여유를 갖고 증인들을 불러 모은 것이 아니라, 우리 구주께서 율법에 의해서 사형에 해당하는 범죄를 저질렀음을 맹세로써 증언해 줄 증인들을 얻기 위해서, 그런 증언을 해줄 만한 자들을 미리 많이 선별해서 모아 놓고서, 법정에서 한 사람씩 증언하게 한 것이었다. 거짓 증인이 많이 왔으나 얻지 못하더니. 율법에서는 어떤 일을 확정하기 위해서는 두 사람의 일치된 증언이 필요하였고(신 19:15), 한 사람의 증언만으로는 어떤 일을 확정할 수 없었다. "한 사람의 목소리는 목소리가 없는 것과 같다"(vox unius est vox nullius). 증인이 한 명인 경우에는 증인이 없는 것과 같아서, 한 사람의 증인으로는 사형에 해당하는 범죄를 확정할 수 없었다. 많은 사람들이 와서 사소한 것들을 증언하였지만, 우리 구주가 사형에 해당하는 범죄를 저질렀음을 증언하는 증인은 한 사람도 없었다. 그러다가 두 사람의 거짓 증인이 등장하였다.

61. 이르되 이 사람의 말이 내가 하나님의 성전을 헐고 사흘 동안에 지을 수 있다 하더라 하니.

마가는 "어떤 사람들이 일어나 예수를 쳐서 거짓 증언 하여 이르되 우리가 그의 말을 들으니 손으로 지은 이 성전을 내가 헐고 손으로 짓지 아니한 다른 성전을 사흘 동안에 지으리라 하더라 하되 그 증언도 서로 일치하지 않더라"(막 14:57-59)고 말한다. 복음서 기자들은 이 사람들을 "거짓 증인들"이라고 부른다. 우리 구주께서는 "너희가 이 성전을 헐라 내가 사흘 동안에 일으키리라"(요 2:19)고 말씀하셨지만, 그것은 "성전된 자기 육체를 가리켜 말씀하신 것"(요 2:21)이었다. 주님은 "내가 내 손으로 이 성전을 헐고 사흘 동안에 손으로 짓지 아니한 또 다른 성전을 세우리라"고 말씀하신 것이 아니었다. 이 거짓 증인들의 증언이 서로 일치해야, 그들은 우리 주님께 사형 선고를 내릴 수 있었는데, 마가는 그들의 증언도 서로 말이 안 맞고 일치하지 않았다고 말한다. 그래서 대제사장은 무엇인가 다른 방법을 사용하여야 했다.

62-63. [62]대제사장이 일어서서 예수께 묻되 아무 대답도 없느냐 이 사람들이 너를 치는 증거가 어떠하냐 하되 [63]예수께서 침묵하시거늘 대제사장이 이르되 내가 너로 살아 계신 하나님께 맹세하게 하노니 네가 하나님의 아들 그리스도인지 우리에게 말하라.

마가복음 14:60-61도 동일한 취지의 말씀을 들려준다. 대제사장은 우리 구주께서 길게 자신을 변호하기를 내심 기대하였는데, 그래야만 주님이 자신의 입으로 하시는 말씀들 중에서 무엇인가 빌미가 될 만한 것을 찾아낼 수 있을 것이라고 생각하였기 때문이었다. 하지만 그런 기대와는 달리, 그리스도께서는 아무 대답도 하지 않으셨는데, 이것은 말씀하시는 것을 절제하고자 하셨기 때문이었을 수도 있지만, 거짓 증인들이 하는 말들이 대답할 가치조차 없는 것들이라고 생각하셨거나, 그들끼리도 서로 말이 맞지 않아서 전혀 효력이 없는 증언들이라는 것을 아셨기 때문이었을 수도 있다. 그래서 대제사장은 마침내 재판장의 직권으로 우리 주님을 심문하기 시작한다. 마가는 "대제사장이 다시 물어 이르되 네가 찬송 받을 이의 아들 그리스도냐"(막 14:61)라고 말한다. 누가는 베드로가 처음에 대제사장의 관정으로 들어간 때부터 거기에서 다시 나올 때까지의 이야기를 전체적으로 우리에게 들려준 후에, 다른 복음서 기자들은 언급하고 않은 내용, 즉 우리 구주께서 당하신 몇 가지 모욕적인 일들에 대하여 말하고 나서, 주님의 재판과 심문 장면을 다루는데, 이 모욕적인 일들은 주님이 공회 앞에 출두하기 전에, 군인들과 무리들이 그에게 저지른 일들이었던 것으로 보인다: "지키는 사람들이 예수를 희롱하고 때리며 그의 눈을 가리고 물어 이르되 선지자 노릇 하라 너를 친 자가 누구냐 하고 이 외에도 많은 말로 욕하더라 날이 새매 백성의 장로들 곧 대제사장들과 서기관들이 모여서 예수를 그 공회로 끌어들여"(눅 22:63-66). 그런 후에, 누가는 거짓 증인들이 증언한 말들에 대해서는 전혀 언급하지 않고 건너뛰는데, 그것은 그 증언들이 중요하지도 않았고, 그 증언들을 토대로 우리 구주에 대한 사형 판결이 진행된 것도 아니었기 때문이었던 것으로 보인다. 따라서 누가는 곧바로 그들이 "네가 그리스도이거든 우리에게 말하라"고 다그치는 장면으로 넘어간다. 마태는 대제사장이 "네가 하나님의 아들 그리스도인지 우리에게 말하라"고 하였다고 보도하고, 마가는 "네가 찬송 받을 이의 아들 그리스도냐"고 하였다고 보도한다. 이 본문과 요한복음 1:49로부터 분명한 것은 유대인들은 영원히 살아 계시고 찬송 받으실 하나님의 아들인 메시야를 기다렸다는 것이다. 그러나 그들이 메시야를 본성적으로 영원하신 출생에 의해서 하나님의 아들이라고 이해하였던 것인지, 아니면 유대 민족과 마찬가지로(사도 바울은 유대인들에게는 양자됨의 특권이 주어졌다고 말한다) 양자됨에 의해서 하나님의 아들이 된 존재로 이해하였던 것인지는 확실하지 않다. **내가 너로 살아 계신 하나님께 맹세하게 하노니 … 우리에게 말하라.** 그들은 우리 주님께 맹세로써 말하라고 윽박지른다. 그러나 죄인들에게 맹세로써 자신의 죄를 자백하라고 강요하는 법은 없었기 때문에, 과연 그들이 정말 주님께 맹세를 시키고자 한 것으로 보이지는 않고, 우리 구주께서도 그러한 맹세를 하셨을 가능성은 없어 보인다. 따라서 이 말의 의미는 마치 하나님 앞에서 맹세한 것 같은 그런 마음으로 진지하게 답변해 줄 것을 명령하거나 요구한다는 뜻이거나, "네가 하나님의 아들 그리스도인지" 아닌지에 대하여 침묵을 지키거나 거짓으로 대답하는 경우에는 가만 놔두지 않을 테니 각오하라는 뜻인 것 같다.

64. 예수께서 이르시되 네가 말하였느니라 그러나 내가 너희에게 이르노니 이 후에 인자가 권능의 우편에 앉아 있는 것과 하늘 구름을 타고 오는 것을 너희가 보리라 하시니.

마가는 "예수께서 이르시되 내가 그니라 인자가 권능자의 우편에 앉은 것과 하늘 구름을 타고 오는 것을 너희가 보리라 하시니"(막 14:62)라고 말하고, 누가는 " 대답하시되 내가 말할지라도 너희가 믿지 아니할 것이요 내가 물어도 너희가 대답하지 아니할 것이니라 그러나 이제부터는 인자가 하나님의 권능의 우편에 앉아 있으리라 하시니"(눅 22:67-69)라고 말한다. 모든 복음서 기자들이 보도하고 있는 것을 종합해 보면, 우리 구주의 온전한 대답은 이런 것이 된다: 내가 너희에게 대답해 보아야 무슨 소용이 있겠는가? 너희는 지금 진실이 알고 싶어서가 아니라 단지 나를 올무에 걸리게 하기 위하여 이런 질문을 하는 것이 아닌가. 그러므로 내가 너희에게 내가 하나님의 아들이라고 말하여도, 너희는 그것을 믿으려 하지 않을 것이다. 내가 이 문제를 놓고 너희와 무엇이 참이고 거짓인지를 따지고자 하여도, 너희는 내게 아무런 대답도 해주지 않을 것이다. 지금까지 나는 이미 너희에게 충분한 증거를 제시하였다. 하지만 가야바여, 당신은 방금 진실을 말하였다. 내가 바로 영원히 살아 계시고 찬송 받으실 하나님의 아들 그리스도이다. 너희가 단지 사람에 불과하다고 생각한 내가 머지않아 하나님의 권능의 우편에 앉아 있는 것과 장차 하늘 구름을 타고 오는 것을 보게 될 때, 그것은 너희에게 더욱 확증될 것이다.

진실을 말하는 것과 관련해서, 사람에게는 말할 때가 있고 침묵할 때가 있고, 언제 침묵하고 언제 말해야 하는지는, 어느 쪽이 하나님께 영광을 돌릴 수 있는 길이냐에 의해서 결정된다. 우리가 침묵한다면 진실을 드러낼 수 없는 경우에는, 우리는 진실을 말하여야 한다. 따라서 여기에서 대제사장이 하나님의 이름으로 맹세한 것 같은 심정으로 진지하게 무엇이 진실인지를 자신들에게 말하라고 했을 때, 우리 구주께서는 자기가 하나님의 아들이라는 것을 시인하시고 부인하지 않으시며, 아울러 "이 후에" 그들이 자기가 한 말이 진실임을 알게 될 것이라고 그들에게 말씀하신다. 여기에서 "이 후에"가 머지않은 때, 즉 그리스도께서 부활하시고 승천하신 후에 성령이 강림하시고 복음이 만민에게 전파될 때를 가리키는 것인지, 아니면 심판의 날을 가리키는 것인지, 아니면 "인자가 권능의 우편에 앉아 있는 것"은 전자를 가리키고, "하늘 구름을 타고 오는 것"은 후자를 가리키는 것인지는 확실하지 않지만, 마태 본문의 '아프 아르티' (ἀπ' ἄρτι)와 누가 본문의 '아포 투 뉜' ('Ἀπὸ τοῦ νυν)은 머지않은 때를 의미하는 것으로 보이고, 신약에서는 흔히 심판의 날도 아주 가까이 있는 것처럼 말하고 있다는 점에서, "하늘 구름을 타고 오는 것"은 심판의 날을 가리키는 것으로 보인다.

65-66. [65]**이에 대제사장이 자기 옷을 찢으며 이르되 그가 신성모독 하는 말을 하**

였으니 어찌 더 증인을 요구하리요 보라 너희가 지금 이 신성모독 하는 말을 들었도다 [66]너희 생각은 어떠하냐 대답하여 이르되 그는 사형에 해당하니라 하고.

마가복음 14:63-64에 나오는 것도 거의 동일하지만, 단지 "그들이 다 예수를 사형에 해당한 자로 정죄하고"라고 말하는 점이 약간 다르다. 누가는 "다 이르되 그러면 네가 하나님의 아들이냐 대답하시되 너희들이 내가 그라고 말하고 있느니라 그들이 이르되 어찌 더 증거를 요구하리요 우리가 친히 그 입에서 들었노라 하더라"(눅 22:70-71)고 말한다. 옷을 찢는 행위는 슬픔이나 분노의 표시로서 유대인들 가운데서 아주 흔한 일이었다. 그들은 이스라엘이 하나의 나라가 되기 전에도 크게 슬퍼하고 애통할 일이 있을 때에 그렇게 하였다. 르우벤과 야곱이 그랬고(창 37:29, 34), 야곱의 아들들이 그랬으며(창 44:13), 여호수아와 갈렙이 그랬고(민 14:6), 입다가 그랬다(삿 11:35). 대제사장은 예복을 입은 상태에서는 시체를 가까이 하는 것(레 21:11)과 마찬가지로, 옷을 찢는 것도 금지되었다(레 21:10). 하지만 그것은 예복을 입은 경우에만 해당되고, 다른 경우에는 여느 사람들과 마찬가지로, 여기에서 가야바가 그랬듯이 옷을 찢어 자신의 슬픔이나 분노를 표현할 수 있었을 것이다. 사람들은 "신성모독"이 일어난 것을 보았을 때에는 그 일에 대한 자신들의 슬픔과 혐오감을 표현하기 위하여 옷을 찢는 것이 보통이었다(왕하 19:1; 렘 36:24; 행 14:14). 이렇게 해서, 그들은 맹세한 증인들의 증언이 아니라, 그들 자신이 신성모독이라고 해석한 우리 주님의 말씀을 근거로 주님을 단죄하였다. 대제사장은 이 공회에서 의장이었기 때문에 나머지 공회원들의 의견을 물었고, 그들은 모두 그들의 율법에 비추어 우리 주님이 "사형에 해당하는" 죄를 지은 것으로 단죄하였다.

67-68. [67]이에 예수의 얼굴에 침 뱉으며 주먹으로 치고 어떤 사람은 손바닥으로 때리며 [68]이르되 그리스도야 우리에게 선지자 노릇을 하라 너를 친 자가 누구냐 하더라.

마가복음 14:65도 거의 동일한 내용으로 되어 있다: "어떤 사람은 그에게 침을 뱉으며 그의 얼굴을 가리고 주먹으로 치며 이르되 선지자 노릇을 하라 하고 하인들은 손바닥으로 치더라." 고통당하는 자에게 고통을 더하는 것보다 더 야만적이고 비인간적인 것은 없는데도, 잔인한 무리들은 그런 일을 밥 먹듯이 한다. 얼굴에 침을 뱉은 것은 경멸의 표시였다(민 12:14; 신 25:9). 이사야서 1:6이 직접적으로 그리스도에 관한 것이 아니라고 해도, 거기에 묘사된 모습은 그리스도께서 지금 당하신 온갖 모욕들에 대한 모형이라고 할 수 있다. 그리스도께서는 우리보다 훨씬 더 고귀하신 분인데도 우리를 위하여 십자가를 참으셨고 온갖 모욕을 감수하셨다는 것을 생각하면, 우리는 그리스도의 이름 때문에 우리가 당하는 온갖 멸시와 모욕, 환난을 회피하거나 불평하지 말아야 한다는 것을 알게 된다.

69-70. [69]베드로가 바깥 뜰에 앉았더니 한 여종이 나아와 이르되 너도 갈릴리 사람 예수와 함께 있었도다 하거늘 [70]베드로가 모든 사람 앞에서 부인하여 이르되 나는 네가 무슨 말을 하는지 알지 못하겠노라 하며.

마가는 베드로가 "아랫뜰"에서 "불 쬐고" 있었을 때에 이 일이 있었다고 보도한다(막 14:66-67). 누가는 그리스도께서 심문과 단죄를 받으시기 전에, 이 일이 있었다고 보도한다: "한 여종이 베드로의 불빛을 향하여 앉은 것을 보고 주목하여 이르되 이 사람도 그와 함께 있었느니라 하니 베드로가 부인하여 이르되 이 여자여 내가 그를 알지 못하노라 하더라"(눅 22:56-57). 우리는 앞에서 베드로가 대제사장의 관정에서 종들과 함께 불을 쬐고 있던 장면까지 보았었는데, 그리스도인들이 시험들 수 있는 곳들로 걸어 들어가는 것은 위험천만한 일이다. 이 때 한 여종이 베드로에게 와서, "너도 갈릴리 사람 예수와 함께 있었도다"라고 말한다. 이 여종이 그리스도를 "갈릴리 사람 예수"라고 불렀듯이, 사람들은 종종 그리스도께서 자신의 생애의 대부분을 보내신 갈릴리의 동네 이름을 따서, 그를 "나사렛 예수"라고 불렀다. 베드로가 모든 사람 앞에서 부인하여 이르되 나는 네가 무슨 말을 하는지 알지 못하겠노라 하며. 베드로는 그 뜰에 있던 모든 사람들이 들을 수 있도록 아주 큰 소리로 이렇게 말하였다. 누가는 베드로가 "내가 그를 알지 못하노라"고 말한 것으로 보도한다. 나는 그를 알지도 못하고, 네가 무슨 말을 하는지도 알지 못한다.

71-72. [71]앞문까지 나아가니 다른 여종이 그를 보고 거기 있는 사람들에게 말하되 이 사람은 나사렛 예수와 함께 있었도다 하매 [72]베드로가 맹세하고 또 부인하여 이르되 나는 그 사람을 알지 못하노라 하더라.

마가는 좀 더 짧게 동일한 내용을 전하고(막 14:70), 누가도 마찬가지이다(눅 22:58). 베드로는 한 여종으로부터 자기가 예수와 함께 있었다는 말을 듣자마자 깜짝 놀라서 대제사장의 관정을 빠져나가기 위해서 "앞문까지" 나왔는데, 거기에서 또 다른 여종이 자기를 보고 똑같은 말을 하는 것을 듣게 된다. 그러자 베드로는 자기가 앞서 했던 거짓말을 여기에서도 반복하면서, 한 술 더 떠서 자기가 한 말이 틀림없다는 것을 확증하기 위해 맹세까지 덧붙인다. 이것은, 아무리 훌륭하고 선한 사람들일지라도, 하나님께서 그들을 자신들의 힘으로 해나가도록 내버려 두시면,

어떻게 되는지를 잘 보여 준다. 그러나 시험은 끝나지 않고, 점점 더 그 강도를 높여 갔다.

73-74. [73]**조금 후에 곁에 섰던 사람들이 나아와 베드로에게 이르되 너도 진실로 그 도당이라 네 말소리가 너를 표명한다 하거늘** [74]**그가 저주하며 맹세하여 이르되 나는 그 사람을 알지 못하노라 하니 곧 닭이 울더라.**

마가는 "조금 후에 곁에 서 있는 사람들이 다시 베드로에게 말하되 너도 갈릴리 사람이니 참으로 그 도당이니라 그러나 베드로가 저주하며 맹세하되 나는 너희가 말하는 이 사람을 알지 못하노라 하니 닭이 곧 두 번째 울더라"(막 14:70-71)고 말하고, 누가는 "한 시간쯤 있다가 또 한 사람이 장담하여 이르되 이는 갈릴리 사람이니 참으로 그와 함께 있었느니라 베드로가 이르되 이 사람아 나는 네가 하는 말을 알지 못하노라고 아직 말하고 있을 때에 닭이 곧 울더라"(눅 22:59-60). 한 종이 베드로 주위에 몰려든 종들을 대표해서, 아주 자신만만하게 베드로를 "그 도당"이라고 지목한다. 아마도 이 종은 요한복음 18:26에서 말한 "대제사장의 종" 중의 한 사람으로서 "베드로에게 귀를 잘린 사람의 친척"이었을 것이다. 그 종은 "네가 그 사람과 함께 동산에 있는 것을 내가 보지 아니하였느냐"고 말한다. 악인들의 무리는 언제나 점점 더 큰 시험으로 우리를 압박해 온다. 그러자 베드로는 앞서 하였던 거짓말과 맹세에다 이제는 저주까지 덧붙인다. 자기가 주님을 부인한 말이 거짓 없는 진실이라는 것을 확증하는 네 동원할 수 있는 모든 수단을 다 동원한 것이다. 이것은 그리스도께서 베드로에게 하신 말씀(34절)이 정확히 그대로 이루어진 것이었다 — 비록 베드로는 당시에는 그 말씀을 믿기 어려웠지만. 이것은 우리 모두에게 우리 자신의 힘을 지나치게 과신하지 말고, 우리가 시험에 들지 않게 해주시라고 기도하여야 한다는 것을 가르쳐 준다. 우리는 서 있는 동안에 넘어지지 않도록 조심하여야 하고, 그렇게 하기 위해서는, 악인들과 어울리는 것을 피하고, 우리가 시험에 들 수 있는 장소에도 가지 않아야 한다. 또한, 이것은 우리에게 범죄한 형제들에게 자비를 베풀고, 특히 동일한 시험이 계속 이어지는 동안에, 우리 형제가 두 번 세 번 반복해서 동일한 죄에 빠진다고 해서, 너무 성급하고 경솔하게 그 형제를 단죄해서는 안 된다는 것을 가르쳐 준다. 곧 닭이 울더라. 이것은 닭이 두 번째로 운 것을 가리킨다. 마가는 베드로가 주님을 첫 번째로 부인한 후에 닭이 한 번 울었다고 말한 후에(막 14:68), 이렇게 세 번을 다 부인한 후에 닭이 다시 한 번 두 번째로 울었다고 말한다(막 14:72).

75. 이에 베드로가 예수의 말씀에 닭 울기 전에 네가 세 번 나를 부인하리라 하심이 생각나서 밖에 나가서 심히 통곡하니라.

마가는 "이에 베드로가 예수께서 자기에게 하신 말씀 곧 닭이 두 번 울기 전에 네가 세 번 나를 부인하리라 하심이 기억되어 그 일을 생각하고 울었더라"(막 14:72)고 말하고, 누가는 "주께서 돌이켜 베드로를 보시니 베드로가 주의 말씀 곧 오늘 닭 울기 전에 네가 세 번 나를 부인하리라 하심이 생각나서 밖에 나가서 심히 통곡하니라"(눅 22:61-62)고 말한다. 우리는 이 마지막 절에서 베드로가 회개하는 모습과 그가 어떤 상황에서 어떤 것을 계기로 회개하게 되었는지를 본다. 믿음이 좋은 사람도 넘어질 수 있고, 그것도 아주 고약하게 넘어질 수 있지만, 다시는 일어서지 못할 정도로 넘어지지는 않는다. 다윗은 베드로보다 더 긴 시간 동안 자신의 죄책 아래에서 지냈지만, 결국에는 두 사람 다 자신의 죄를 회개하고 통곡하였다. 베드로는 대제사장의 관정을 나갔다. 그가 어디로 갔는지는 본문이 말하지 않지만, 아마도 그는 자신의 정체가 발각되어서 무슨 일이 일어나게 될 것을 염려해서 나간 것이거나, (요셉이 그랬듯이) 대제사장의 관정에서는 마음 놓고 울 수 없었기 때문에, 혼자서 실컷 통곡해도 괜찮을 만한 장소를 찾아 나간 것으로 보인다.

베드로에게 예수께서 하신 말씀(마 26:34)을 기억나게 해준 것은 닭이 두 번째로 운 것이었다. 우리가 기억하고 있는 것들은 회개하는 데 많은 도움을 주기 때문에, 우리의 심령 속에 하나님의 법을 아는 지식이 없는 것은 위험한 일이다. 베드로는 그리스도께서 자기에게 개인적으로 해주신 말씀을 기억하고 있었다. 참된 회개자들은 하나님의 법, 즉 그리스도께서 자신들에게 해 주신 말씀들을 기억하고 자신들의 행실을 곰곰이 되돌아봄으로써 회개에 이르게 된다. 닭이 두 번째로 운 것은 베드로가 예수의 말씀을 기억하는 것을 도왔다. 왜냐하면, 주님께서는 "오늘 이 밤 닭이 두 번 울기 전에 네가 세 번 나를 부인하리라"(막 14:30)고 말씀하셨기 때문이다.

그러나 베드로가 회개하게 된 원인에 대해서 누가는 "주께서 돌이켜 베드로를 보시니"라고 표현한다. 우리는 이것을 단지 그리스도께서 베드로를 한 번 쳐다보신 것 정도로 이해해서는 안 된다. 그 눈길을 통해 그리스도로부터 나간 능력은 베드로를 고쳤고, 베드로 안에 있던 은혜의 뿌리를 건드렸으며, 베드로가 그 은혜를 붙잡고 일어설 수 있게 도왔다. 범죄한 심령이 새롭게 되기 위해서는, 이러한 갑절의 은혜로 인한 감화력이 필요하다. 그리스도께서는 자신에게 입 맞추는 가룟 유다를 보시고서, "유다야 네가 입맞춤으로 인자를 파느냐"(눅 22:48)고 말씀하셨지만, 유다는 뉘우치는 기색 없이 자신의 악행을 이어갔다. 하지만 우리 구주께서 베드로를 보셨을 때는, 베드로는 밖으로 나가서 통곡하였다. 주님은 유다의 경우에는 그의 얼굴만을 보셨지만, 베드로를 보실 때에는 그의 얼굴과 더불어서 그의 마음도 보신 것이었다.

제27장

개요

1. 그리스도께서 결박되어 빌라도에게 넘겨지심(1-2).
2. 가룟 유다가 목매어 죽음(3-10).
3. 그리스도께서 빌라도 앞에서 침묵하심(11-14).
4. 빌라도가 명절을 맞아 죄수 한 명을 놓아주는 관례에 따라 백성들에게 누구를 놓아줄 것인지를 물음(15-18).
5. 빌라도가 아내의 전언을 들음(19).
6. 빌라도가 무리의 요구에 굴복하여 자신은 무죄하다고 손을 씻은 후에 바나바를 놓아주고 예수를 십자가 처형을 위해 넘겨줌(20-26).
7. 로마 군병들이 그리스도께 가시면류관을 씌우고 조롱함(27-32).
8. 두 강도 사이에서 십자가에 못 박히심(33-38).
9. 무리들이 그리스도를 욕함(39-44).
10. 그리스도께서 하나님을 부르며 운명하심(45-50).
11. 그리스도께서 죽으실 때에 일어난 놀라운 사건들과 백부장의 고백(51-56).
12. 아리마대 요셉이 그리스도의 시신을 가져가 장사함(57-61).
13. 그리스도의 무덤이 인봉되고 보초가 세워짐(62-66).

1-2. [1]새벽에 모든 대제사장과 백성의 장로들이 예수를 죽이려고 함께 의논하고 [2]결박하여 끌고 가서 총독 빌라도에게 넘겨 주니라.

마가는 "새벽에 대제사장들이 즉시 장로들과 서기관들 곧 온 공회와 더불어 의논하고 예수를 결박하여 끌고 가서 빌라도에게 넘겨 주니"(막 15:1)라고 말하고, 누가는 "무리가 다 일어나 예수를 빌라도에게 끌고 가서"(눅 23:1)라고 말하며, 요한은 "그들이 예수를 가야바에게서 관정으로 끌고 가니 새벽이라 그들은 더럽힘을 받지 아니하고 유월절 잔치를 먹고자 하여 관정에 들어가지 아니하더라"(요 18:28)고 말한다. 그들이 그리스도를 단죄하고도 왜 사형에 처하지 않았느냐고 누가 묻는다면, 요한복음 18:31은 그들에게는 사람을 사형에 처할 권한이 없었기 때문이라고 우리에게 말해 준다. 그들은 어떻게 해서든지 그리스도를 잡아 죽이려는 자신들의 악의 때문에, 명절이 진행되고 있던 밤중에 법정을 열어 심문하는 등, 통상적으로 사형에 해당하는 사건들을 다룰 때에 지켜야 했던 그들 자신의 사법절차들이나 규범들을 이미 여러 번 어겼는데, 만일 그 날에 그들 자신의 손으로 그리스도를 사형시켜 버린다면, 그것은 심각한 문제를 야기시켰을 것임에 틀림없었다. 물론, 스데반이 돌에 맞아 죽은 것(행 7:59)에서 알 수 있듯이, 어떤 사안들에 있어서는 사람을 사형에 처할 수 있는 권한이 있었던 것으로 보이지만, 그리스도의 경우는 십자가형으로 사형에 처하여야 할 사안이었고, 그들에게는 십자가형을 선고하거나 집행할 권한이 없었다. 게다가, 그 때는 유월절 기간이었고, 그리스도에게 돌로 쳐 죽이는 형을 가하자면, 사람들을 불러모아 돌을 던지게 하여야 했는데, 그들은 자신들이 그렇게 공개적으로 그리스도를 죽이려고 했을 때에 백성들 사이에서 소동이나 폭동이 일어나게 되지는 않을까 하고 두려워하였기 때문에, 그런 방법을 쓸 수도 없었다. 하지만 로마 총독은 군대를 자기 마음대로 부릴 수 있었기 때문에, 백성들 사이에서 폭동이 일어나도 얼마든지 진압할 수 있을 것이었다. 끝으로, 그리스도께서는 자신의 죽음을 통해서 자기가 왕이라는 것을 증언하셔야 하였고, 유대인들도 그리스도가 자기 자신을 왕으로 자처하였다고 고소하였다. 이것은 종교적인 사안이 아니라 공민적인 사안이었기 때문에, 이 사안에 대한 재판권은 로마 총독인 빌라도에게 있었다. 그래서 그들은 그리스도를 어떤 식으로 죽일지에 대해서 논의한 후에, 그를 결박해서 새벽에 본디오 빌라도에게 넘긴 것이었다. 그리스도께서는 겟세마네에서 처음으로 붙잡히셨을 때에 결박되었지만, 그들은 대제사장의 관정에 와서는 그의 결박을 풀어 주었다가, 이제 빌라도 앞에 끌고 가기 전에 먼저 두 번째로 그를 결박한 것으로 보인다.

요한은 그들이 "더럽힘을 받지 아니하고 유월절 잔치를 먹고자 하여 관정에 들어가지" 않으려고 하였다고 보도한다. 이 보도는 그들이 터무니없는 미신에 사로잡혀 있었음을 우리에게 보여 줌과 동시에, 하나의 난점을 불러일으키기도 한다. 왜냐하면, 그들은 전날 밤에 이미 유월절 식사를 하였을 것인데도, 요한은 그들이 아직 유월절 잔치를 먹지 않은 것처럼 보도하고 있기 때문이다. 그러나 우리는 오직 유월절 양을 잡아서 먹는 식사만이 아니라 칠일 간의 유월절 기간 동안 드려진 모든 희생제사들도 "유월절 잔치"로 불렸다는 것을 알아야 한다(신 16:1-2). 이 때는 무교절의 첫 날이었고, 그들은 곧 이 날에 드려질 제물들로 아침식사를 하여야 했는데, 이 식사도 넓은 의미에서 "유월절 잔치" 음식을 먹는 것이었다. 그러나 이 위선자들의 미신은 정말 이해하기 어렵다! 그들은 지난 저녁에 유월절 양으로 식사를 한 후에, 그리스도를 단죄하며 무죄한 피를 흘리게 하기 위하여 온갖 술수를 다 써가며 그 한 밤을 온통 지새웠던 아무런 양심도 없는 자들이 아니었던가. 그러고서도, 그들은 아침이 되자, 마치 자신들이 아주 예민한 양심을 지닌 자들인 양, 자신들을 더럽히지 않겠다고, 이방인인 총독의 관정으로 들어가려고 하지도 않고, 그 재판자리에 앉지도 않으려 한 것이다.

3-5. [3]**그 때에 예수를 판 유다가 그의 정죄됨을 보고 스스로 뉘우쳐 그 은 삼십을**
대제사장들과 장로들에게 도로 갖다 주며 [4]**이르되 내가 무죄한 피를 팔고 죄를 범**
하였도다 하니 그들이 이르되 그것이 우리에게 무슨 상관이냐 네가 당하라 하거늘
[5]**유다가 은을 성소에 던져 넣고 물러가서 스스로 목매어 죽은지라.**

이 이야기는 오직 마태만이 보도하고 있는데, 마태는 우리 구주께서 빌라도 앞에서 재판을 받으시는 장면에 관한 보도를 잠시 미루고서, 가룟 유다가 자결한 얘기를 우리에게 먼저 들려준다. 우리는 여기에 나오는 "그 때에"를 엄격하게 해석해서, 그리스도께서 빌라도 앞에 끌려오신 바로 그 때에 가룟 유다가 자신의 목숨을 끊은 것이라고 생각해서는 안 되고, 이 일이 있고 얼마 후에 그런 일이 일어난 것으로 해석하여야 한다. 왜냐하면, 그들은 대제사장의 관정을 나와서 그리스도를 빌라도에게 넘겨준 후에, 그리스도께서 빌라도에 의해 어떤 판결을 받는지를 그 재판정에서 지켜보고 있다가, 판결이 끝나고 나서야 성전으로 되돌아갔을 것이기 때문이다. 따라서 유다가 자신의 잘못을 "스스로 뉘우친" 것, 즉 자기가 행한 일에 대하여 자신의 양심 속에서 두려움을 느끼기 시작한 것은 빌라도가 그리스도에 대한 단죄를 끝낸 그 날, 또는 그 때로부터 약간의 시간이 흐른 후였을 것이다. 아무리 악한 사람들일지라도, 그들의 양심이 처음에는 수렁 속에 완전히 묻혀 버린 것 같아 보여도, 시간이 지나면 수렁을 뚫고 표면으로 솟아나는 경우가 종종 있다. 죄는 입에서는 달지만, 뱃속으로 들어가서는 쓰다. 하지만 모든 회개가 구원을 가져다주는 것도 아니고, 죄를 시인하고 고백하였다고 해서 언제나 죄 사함을 받을 수 있는 것도 아니다. 가룟 유다는 여기에서 무죄한 자를 배신하고 팔아넘긴 자신의 죄를 회개하고, 자기가 범죄하였다는 것을 시인하고 고백한다. 하지만 그는 긍휼하심을 얻지 못하였고, 죄 사함을 구하고 싶은 마음도 없었으며, 자신의 죄를 사함 받기 위하여 자신을 그리스도께 의탁할 마음도 없었다.

가룟 유다가 자신의 잘못을 뉘우치고 취한 행동에 대하여 대제사장들과 장로들의 반응은 매우 주목할 만하다: "그것이 우리에게 무슨 상관이냐 네가 당하라." 비참하기 짝이 없는 유다여! 그는 이 악인들의 종이 되어 그들의 욕망을 채워 주었고,

혈값을 받고 그들의 극악무도한 범죄를 도왔다. 그런 후에, 그는 자기가 한 짓에 대하여 양심의 괴로움에 시달려야 했다. 그런데도 그들은 그런 그를 위로해 주기는커녕 비정한 태도를 보인다. 시험하는 자들에게는 사람을 불쌍히 여기는 마음이 전혀 없다. 마귀의 도구가 되어서 사람들을 유혹하거나 강압적으로 명령해서 범죄하게 하는 자들은, 그렇게 해서 범죄를 저지르고 난 후에 괴로워하는 자들을 결코 위로해 주지 않는다. 자기는 그리스도를 체포해도 좋다는 정식 영장을 발부받아서 공적으로 법을 집행한 것일 뿐이라는 변명도 가룟 유다의 양심을 편하게 해주지 못하였다. 제사장들은 유다가 돌려준 돈을 받으려 하지 않았기 때문에, 유다는 그 돈을 성전에 던져 넣고 돌아와서 목매어 죽었다. 사람을 죄책감으로 죽음으로 몰고 가는 양심의 힘이 얼마나 큰지를 보라! 유다는 이 세상에서는 더 이상 인간다운 삶을 살 수 있는 소망이 없다고 느꼈기 때문에, 자신의 모든 고통을 여기에서 끝내고 싶어서 자살을 택하였다. 하지만 그것은 오산이었다. 앞서 그의 마음속에 들어가서 그리스도를 팔라고 부추겼던 마귀는 이제 현세에서의 고통스러운 삶을 죽음으로써 끝내라고 부추겨서 그를 자살에 이르게 하였지만, 마귀의 그런 속삭임은 속임수였다. 왜냐하면, 마귀가 가룟 유다에게 자살을 부추긴 것은 사실은 영원히 비참하고 끔찍한 삶으로 들어가라고 재촉한 것이었기 때문이었다. 그리스도를 배신하고 돌아서서 무죄한 자들을 박해하는 자들로 변신한 모든 자들은 이것을 읽고 두려워하여야 하는 것이 마땅하다. “이 사람이 불의의 삯으로 밭을 사고 후에 몸이 곤두박질하여 배가 터져 창자가 다 흘러 나온지라”(행 1:18)라고 한 누가의 기사와 이 본문을 조화시키는 것은 어려운 일이지만, 통상적인 해석은 유다가 높은 곳에서 스스로 목매어 죽은 후에 그 시신이 바닥에 떨어져서 배가 터져 창자가 다 흘러나왔다는 것이다. 또한, 어떤 이들은 ‘아펙사토’(ἀπήγξατο)를 “목매어 죽었다”가 아니라, 누가 그를 “질식해 죽였다” 또는 “목 졸라 죽였다”로 해석하여야 한다고 주장한다. 그런 사람들 중에는, 마귀가 그를 목 졸라 죽인 후에 절벽에서 아래로 던졌다고 생각하는 이들도 있고, 내장의 파열을 수반하는 어떤 질병에 걸려서 질식사한 것이라고 생각하는 이들도 있다. 어떤 이들은 유다가 스스로 목매어 죽은 후에, 그의 몸이 팽창하여, 배가 터지고 내장이 흘러나온 것이라고 생각한다. 가룟 유다가 어떤 방식으로 죽었는지에 대해서 우리가 확실히 알 수 있는 것은 그가 목매어 죽었고, 그의 내장이 흘러나왔다는 것뿐이다. 성경은 이 두 가지를 분명하게 밝히고 있다. 하지만 어떻게 해서 그렇게 되었는지에 대해서는 우리가 확실하게 알 수 없다.

6. 대제사장들이 그 은을 거두며 이르되 이것은 핏값이라 성전고에 넣어 둠이 옳지 않다 하고.

신명기 23:18에서는 "창기가 번 돈과 개 같은 자의 소득은 어떤 서원하는 일로든지 네 하나님 여호와의 전에 가져오지 말라 이 둘은 다 네 하나님 여호와께 가증한 것임이니라"고 명하였고, 그들은 이 율법을 모든 더러운 이득에 적용하였다. 따라서 가룟 유다가 자신의 선생을 배신하고 그 대가로 받은 돈은 더러운 이득이기 때문에, 그들은 성전 수리를 위한 돈을 모아 두었던 "성전고"에 넣어 두는 것이 옳지 않다고 결정한 것이다. 그들이 그렇게 한 것은 그 자체로는 아마도 지극히 옳은 일이었을 것이었지만, 이것을 통해서 그들은 그들 자신이 지독할 정도로 눈먼 위선자들이라는 것을 보여 주었다. 왜냐하면, 율법에서는 "여호와의 기구를 메는 자들"이 거룩하여야 한다고 말씀하고 있는 까닭에(사 52:11), 가룟 유다를 고용하여 이 더러운 짓을 하게 만든 그들이 성전을 섬기는 일은 유다가 가지고 있던 돈보다 더 더럽고 합당하지 않은 것이었는데도, 그들은 그 사실을 전혀 보지 못하였기 때문이다. 이것은 우리 구주께서 그들에 대하여 "하루살이는 걸러 내고 낙타는 삼키는"(마 23:24) 자들이라고 하신 말씀이 얼마나 딱 맞는 말씀이었는지를 잘 보여 준다.

7-10. [7]의논한 후 이것으로 토기장이의 밭을 사서 나그네의 묘지를 삼았으니 [8]그러므로 오늘날까지 그 밭을 피밭이라 일컫느니라 [9]이에 선지자 예레미야를 통하여 하신 말씀이 이루어졌나니 일렀으되 그들이 그 가격 매겨진 자 곧 이스라엘 자손 중에서 가격 매긴 자의 가격 곧 은 삼십을 가지고 [10]토기장이의 밭 값으로 주었으니 이는 주께서 내게 명하신 바와 같으니라 하였더라.

그들은 마침내 이 돈을 어떻게 할 것인지를 결정하였다. 앞에서 이미 말하였듯이, 그 돈은 영국 돈으로 3파운드 15실링 정도였기 때문에, 그리 크지 않은 돈이었다. 그들은 아마도 그 돈이 앞서 성전 금고에서 나온 돈이었던 까닭에 사사로운 용도에 쓰고자 하지 않은 것 같고, 또한 피 흘리는 데 쓴 돈이었기 때문에, 성전 금고에 다시 넣고자 하지도 않았다. 그래서 그들은 "토기장이의 밭"이라 불린 한 뼘의 땅을 사서 "나그네의 묘지"로 사용하기로 의견을 모았다. 이 밭은 토기장이가 토기를 만들 때에 사용하기 위한 흙을 거기에서 팠거나, 깨진 토기 파편들을 거기에 버렸기 때문에 그런 이름으로 불린 것으로 보이고, 그런 별 쓸모없는 땅이었기 때문에, 그 얼마 안 되는 돈으로도 살 수 있었을 것이다. 제사장들이 산 이 밭은 오랜 시간이 흐른 뒤에 "피밭"으로 불렸고, "이에 선지자 예레미야를 통하여 하신 말씀이 이루어졌다." 내가 앞에서도 설명하였듯이, 복음서 기자들은 "이루어졌다"는 표현을 여러 가지 서로 매우 다른 의미로 사용한다. (1) 이 단어는 종종 예언이 성취되었다는 의미로 사용된다. (2) 이 단어는 종종 어떤 모형이 그 모형이 가리켰던 원형의 도래에 의해서 성취되었을 때에도 사용된다. (3) 이 단어는 종종 성경에 나오는 동일한 성격의 어떤 일이 또다시 일어난 것을 가리킬 때에 사용된다. 복음서 기자가 여기에서 "선지자 예레미야를 통하여 하신 말씀"이라고 인용한 말씀은 성경에 포함되어 있는 예레미야서에는 나오지 않는다. 예레미야는 유대인들이 장차 반드시 포로생활로부터 다시 돌아오게 될 것이라는 하나님의 약속을 자기가 믿는다는 것을 분명하게 보여 주기 위하여, 하나님의 지시에 따라 자신의 "숙부의 아들 하나멜의 아나돗에 있는 밭"을 "은 십칠 세겔"을 주고 샀는데, 그 밭의 원래의 주인이 토기장이였고, 그 밭이 토기장이의 밭이라 불렸던 것인지에 대해서는 성경이 아무런 말도 하지 않는다.

선지자들의 글 속에서 이 말씀과 가장 가까운 것은 스가랴서 11:12-13이다: "내가 그들에게 이르되 너희가 좋게 여기거든 내 품삯을 내게 주고 그렇지 아니하거든 그만두라 그들이 곧 은 삼십 개를 달아서 내 품삯을 삼은지라 여호와께서 내게 이르시되 그들이 나를 헤아린 바 그 삯을 토기장이에게 던지라 하시기로 내가 곧 그 은 삼십 개를 여호와의 전에서 토기장이에게 던지고." 스가랴서에 나오는 이 본문은 제대로 해석하기가 대단히 어렵다. 스가랴 선지자는 바벨론의 포로기 이후에 예언 활동을 한 선지자였지만, 하나님께서 유대인들과 예루살렘을 멸하시게 될 것을 분명하게 예언하는데(슥 11:6), 나는 이것이 갈대아인들에 의한 멸망 이후의 그 어떤 멸망, 즉 로마인들이 최종적으로 유대인들을 멸망시키게 될 것을 예언한 것이라고 밖에는 이해할 수 없다. 스가랴 선지자는 "내가 잡혀 죽을 양 떼를 먹이니 참으로 가련한 양들이라"(슥 11:7)고 말하는데, "잡혀 죽을 양 떼"는 도살이 예정된 양들, 또는 도살할 때가 가까운 양들을 가리킨다. 그리스도께서는 유대 교회의 양들을 먹이시기 위하여 친히 오셨지만, 그들은 그를 싫어하였기 때문에, 그도 그들을 싫어하여 버리기로 작정하셨다(슥 11:8-9). 그래서 그는 먼저 "은총"이라 불린 "막대기"를 꺾음으로써, 유대 교회가 지닌 모든 영광과 아름다움을 다 거두어 가셨음을 보여 주신다. 그런 후에, 그는 진노 가운데서 "너희가 좋게 여기거든 내 품삯을 내게 주라"고 말씀하신다. 내가 너희 가운데서 수고한 것에 대하여 너희는 내게 어떤 보상을 하겠느냐? 그러자 "그들이 곧 은 삼십 개를 달아서 내 품삯을 삼았다." 그들이 그리스도를 이 금액으로 배신자에게 팔았다는 것은 그들이 그를 몹시도 멸시하였음을 의미하는 것이었다. "여호와께서 내게 이르시되 그들이 나를 헤아린 바 그 삯을 토기장이에게 던지라 하시기로 내가 곧 그 은 삼십 개를 여호와의 전에서 토기장이에게 던졌다"(슥 11:13). 복음서 기자는 스가랴서에 나오는 말씀을 그대로 인용한 것이 아니라, 단지 그 골자만을 인용한 것이다.

따라서 나는 복음서 기자가 여기에서 "선지자 예레미야를 통하여 하신 말씀이 이루어졌나니"라고 말한 것은 스가랴서에 나오는 예언이 성취되었다고 말한 것이라고 생각한다. 왜냐하면, 나는 스가랴서에 나오는 이 예언을 이런 식으로 해석하는 것 외에 다른 식으로 해석하는 것은 불가능하다고 생각하기 때문이다. 즉, 스가랴 선지자는 그리스도를 대언해서, 그가 유대인들 가운데로 와서, 그들로부터 배척과 멸시를 받고 완전히 버림을 받게 될 것이고, 그에 대한 그들의 이러한 배척과 멸시는, 그들이 가룟 유다에게 "은 삼십 개"(그의 몸값을 이렇게 책정한 것은 그에 대한 지독한 경멸을 의미하는 것이었다)를 주고 그를 산 것을 통해 아주 구체적으로 드러나게 될 것이며, 하나님께서는 자신의 섭리를 따라 이 돈이 다시 그들에게 되돌아오게 하시고, 그들로 하여금 그 돈으로 토기장이의 밭을 사게 하실 것이라고 예언한 것이었다는 말이다. 그러므로 나는 스가랴서에 나오는 말씀과 동일한 일이 여기에서 일어났다거나, 거기에서 모형론적으로 얘기된 것이 여기에서 원형이 옴으로써 성취된 것을 넘어서서, 거기에서 장차 일어날 것이라고 예언된 것이 여기에서 그대로 이루어졌다고 생각한다. 그러나 마태가 왜 이것을 "선지자 예레미야를 통하여 하신 말씀"이라고 한 것인지는 풀기 어려운 매듭이다. 스가랴서에는 예레미야서에 나오는 것들이 많이 중복되어 나온다는 점을 감안하면, 처음에 예레미야가 이 예언을 하였고, 그 후에 스가랴가 다시 반복해서 이 예언을 하였는데, 오직 스가랴서에만 이 예언이 기록되었고, 예레미야서에는 기록되지 않았을 가능성도 없지 않다. 마태는 유다가 결국 어떻게 되었는지에 관한 보도를 끝마치고, 이제 빌라도 앞에 끌려가신 우리 구주에 관한 얘기로 되돌아간다.

11. 예수께서 총독 앞에 섰으매 총독이 물어 이르되 네가 유대인의 왕이냐 예수께서 대답하시되 네 말이 옳도다 하시고.

마가복음 15:2과 누가복음 23:3에도 동일한 기사가 나오고, 요한은 이 이야기를 좀 더 분명하게 들려준다: "그러므로 빌라도가 밖으로 나가서 그들에게 말하되 너희가 무슨 일로 이 사람을 고발하느냐 대답하여 이르되 이 사람이 행악자가 아니었더라면 우리가 당신에게 넘기지 아니하였겠나이다 빌라도가 이르되 너희가 그를 데려다가 너희 법대로 재판하라 유대인들이 이르되 우리에게는 사람을 죽이는 권한이 없나이다 하니 이는 예수께서 자기가 어떠한 죽음으로 죽을 것을 가리켜 하신 말씀을 응하게 하려 함이러라"(요 18:29-32). 다른 복음서 기자들은 우리 구주께서 처음으로 빌라도 앞에서 심문을 받으신 장면을 요약해서 보도한 것으로 보이고, 요한은 그 과정을 좀 더 구체적으로 보도한 것으로 보인다. 모든 사법절차에서는 고발한 자들에게 무슨 이유로 고발한 것인지를 먼저 말하게 하는 것이 통상적인 순서였기 때문에, 빌라도는 무슨 일로 이 사람을 고발한 것이냐고 그들에게 묻는다. 그들은 "이 사람이 행악자가 아니었더라면 우리가 당신에게 넘기지 아니하였겠나이다"라고 대답하였는데, 이것은 정말 뻔뻔스러운 대답으로서, 이렇게 말한 것과 같다: "만일 이 사람이 극악무도한 흉악범이 아니었다면, 우리가 무슨 할 일이 없어서 그를 이렇게 재판장인 당신 앞에 끌고 와서 사형을 선고해 달라고 하겠는가?" 이 고발자들은 지역의 관리들을 교회가 결정한 일을 집행하는 자들쯤으로 아는 교황주의자들과 동일한 사고방식을 지니고 있었던 것 같다. 그들은 교황주의자들처럼, 교회가 자신의 권위로 어떤 사람을 이단죄나 신성모독죄로 단죄하였다면, 지역의 관리들은 직접 심문할 필요도 없이 그 사람에게 사형을 선고하는 것이 마땅하다고 생각하였다. 그러나 그들 앞에 있는 재판장은 비록 이방인이었지만 그들보다는 좀 더 공평한 재판장이었기 때문에, "너희가 그런 식으로 말한다면, '너희가 그를 데려다가 너희 법대로 재판하라'"고 되받아친다. 빌라도가 이렇게 말한 것은, 그들이 그런 식으로 말한다면, 이 일을 자기에게 떠넘기고서 그들의 마음대로 해 달라고 압박하지 말고 직접 이 사람을 데려가서 그들의 마음대로 해보라고 조롱한 것이거나, 예수께서 어떤 죽을 만한 죄를 지은 것이 아니라는 것을 직감하고서, 자기가 이 재판에서 빠지면, 그들이 그를 데려다가 채찍질을 하거나 좀 더 가벼운 벌을 주고 끝낼 것으로 생각했기 때문일 것이다. 그들은 "우리에게는 사람을 죽이는 권한이 없나이다"라고 대답한다. 그들이 어떤 의미에서 이런 말을 한 것인지는 대단히 의문스럽다. 어떤 이들은 당시에는 로마 당국이 사형을 선고하고 집행할 권한을 유대인들로부터 박탈한 상태였기 때문에, 나중에 스데반이 유대인들에 의해 돌에 맞아 죽은 것은 합법적인 일이 아니었고, 단지 군중들의 소요 속에서 일어난 우발적인 사고였다고 주장한다(행 7:59). 하지만 사도행전 6:13, 15은 스데반을 단죄하기 위한 공회가 소집되었고, 거기에서 증인들이 증언을 하였다는 것을 보여 주고, 로마 총독이 이 일을 소요라고 인식하였음을 보여 주는 기록이 전혀 없다는 것을 감안하면, 그런 주장은 별로 타당성이 없어 보인다.

따라서 나는 그들이 이렇게 말한 것은, 지금은 명절이기 때문에 그들이 로마 총독의 동의 없이 사람을 죽이는 것은 불법이라고 말한 것이거나, 이것은 이 사람이 유대인의 왕으로 자처했다는 점에서 공안사건이기 때문에 그들에게는 그를 단죄하여 죽일 권한이 없다고 말한 것이라고 생각한다. 왜냐하면, 빌라도가 다시 관정에 들어가 예수를 심문하면서 첫 번째로 물은 것이 "네가 유대인의 왕이냐"는 질문이었고(요 18:33), 그 질문에 대하여 주님이 "누가 나를 쳐서 그렇게 증언하고 있는 것인지는 모르겠지만, 내가 내 자신을 스스로 고발할 의무는 내게 없다"는 취지로 대답하셨다는 것은 다른 세 복음서 기자도 모두 일치되게 보도하고 있기 때문이다. 그러나 요한은 "예수께서 대답하시되 이는 네가 스스로 하는 말이냐 다른 사람들이 나에 대하여 네게 한 말이냐 빌라도가 대답하되 내가 유대인이냐 네 나라 사람과 대제사장들이 너를 내게 넘겼으니 네가 무엇을 하였느냐 예수께서 대답하시되 내 나라는 이 세상에 속한 것이 아니니라 만일 내 나라가 이 세상에 속한 것이었더라면 내 종들이 싸워 나로 유대인들에게 넘겨지지 않게 하였으리라 이제 내 나라는 여기에 속한 것이 아니니라"(요 18:34-36)고 말한다. 우리 구주께서는 그들이 빌라도에게 그런 말을 하며 자기를 고발하였다고 할지라도, 자기에게는 증인들이 없이는 그런 죄목으로 단죄받지 않을 권리가 있다는 취지로, 빌라도에게 이런 대답을 한 것으로 보인다. 빌라도는 "내가 유대인이냐"고 반문하면서, 그것은 자기 생각이 아니라, "네 나라 사람들이 그런 죄목으로 너를 내게 넘긴 것"이라고 대답하고서는, "도대체 네가 무슨 일을 한 것이냐"고 묻는다. 그러자 우리 구주께서는 입을 여셔서, 자기가 유대인의 왕이라는 것을 부인하지 않으시면서도, 자기는 이 세상 나라의 왕이 아니라고 말씀하신다. 그의 나라는 영적인 나라이고, 자기가 어떤 왕인지는, 자기를 위해 싸운 자신의 수하가 없다는 것이 그것을 증명해 준다는 것이다. 왜냐하면, 만일 그가 이 세상 나라의 왕이었다면, 그의 수하들이 그를 자신의 원수들로부터 구해내기 위하여 싸우러 나타났을 것이기 때문이다. 하지만 실제로 그런 일은 벌어지지 않았다. 빌라도는 주님의 말을 듣고서, "그러면 네가 왕이 아니냐"고 물었고, 주님은 "네 말과 같이 내가 왕이니라 내가 이를 위하여 태어났으며 이를 위하여 세상에 왔나니 곧 진리에 대하여 증언하려 함이로라 무릇 진리에 속한 자는 내 음성을 듣느니라"고 대답하셨다. 그러자 이번에는 빌라도가 "진리가 무엇이냐"고 묻는다.

우리 구주께서는 계속해서 자신을 철저히 보호하시는 방식으로 지혜롭게 대답해 나가시는데, 자기가 왕이라는 것을 직접적으로 시인하는 것은 위험한 일이었기 때문에, "내가 왕이라는 것을 네가 말하지 않았느냐"는 식으로만 대답하시고, 자기는 진리를 증언하기 위해 이 세상에 온 것이라고 말씀하시고서는, 진리에 속한 자는 누구든지 자신의 음성을 들었다는 말씀을 덧붙이신다. 그리스도께서 "진리"라고 말씀하신 것이 빌라도에게는 생소한 것이었기 때문에, 그는 조롱하듯이 "진리가 무엇이냐"고 말한 후에, 즉시 유대인들에게로 다시 나가서, 자기는 그에게서 아무런 잘못도 발견하지 못했기 때문에, 그를 놓아주는 것이 어떠냐고 제안한다. 그러나 이 복음서에서는 우리는 이 대목을 잠시 후에 만나게 될 것이다. 왜냐하면, 우리가 지금까지 만나본 장면은 오직 요한만이 보도하고 있고, 다른 모든 복음서 기자들은 오직 "네가 유대인의 왕이냐" 하는 빌라도의 질문과 "네가 그렇게 말하고 있다"(한글 개역개정에는 "네 말이 옳도다")는 우리 구주의 대답만을 보도하기 때문이다.

12-14. [12]대제사장들과 장로들에게 고발을 당하되 아무 대답도 아니하시는지라 [13]이에 빌라도가 이르되 그들이 너를 쳐서 얼마나 많은 것으로 증언하는지 듣지 못하느냐 하되 [14]한 마디도 대답하지 아니하시니 총독이 크게 놀라워하더라.

마가복음 15:3-5에 나오는 것도 거의 동일하다. 이 본문에서 보도되고 있는 일들은, 빌라도가 무리들에게 나가서, 자기는 그에게서 아무런 잘못도 발견하지 못했다고 말하고서는, 바라바와 예수 중에 누구를 놓아 주기를 바라느냐고 묻기 이전에 일어난 일들이었다. 따라서 나는 순서상으로 누가복음 23:5-7에서 말한 일이 있은 후에 이 일들이 있었던 것으로 본다. "무리가 더욱 강하게 말하되 그가 온 유대에서 가르치고 갈릴리에서부터 시작하여 여기까지 와서 백성을 소동하게 하나이다"(눅 23:5). 그리스도의 때로부터 사람들은 복음의 모든 일꾼들을 끊임없이 고소해 왔다. 더둘로라는 로마인 변호사도 "우리가 보니 이 사람은 전염병 같은 자라 천하에 흩어진 유대인을 다 소요하게 하는 자요 나사렛 이단의 우두머리라"(행 24:5)고 바울을 고발하였다. "빌라도가 듣고 그가 갈릴리 사람이냐 물어 헤롯의 관할에 속한 줄을 알고 헤롯에게 보내니 그 때에 헤롯이 예루살렘에 있더라"(눅 23:6-7). 앞에서 이미 보았듯이, 헤롯 대왕은 우리 구주께서 태어나신 지 얼마 후에 죽었는데, 그가 죽은 후에는, 규가 유다에서 떠나서, 유대인들에게는 더 이상 왕이 없었다. 로마 당국은 팔레스타인 지역을 네 지역으로 나누고 각 지역에 분봉 왕을 두었다. 이 분봉 왕들의 이름은 누가복음 3:1에 나오는데, 우리는 거기에서 "갈릴리의 분봉 왕"이었던

"헤롯"도 발견하게 된다. 우리 구주께서는 빌라도의 관할지역에서 붙잡히셨기 때문에, 그가 우리 구주를 헤롯에게 보낼 필요는 없었던 것으로 보인다는 점에서, 이런 조치를 취한 것은 헤롯의 호기심을 만족시켜 주기 위한 것이었던 것 같다. 왜냐하면, 누가는 "헤롯이 예수를 보고 매우 기뻐하니 이는 그의 소문을 들었으므로 보고자 한 지 오래였고 또한 무엇이나 이적 행하심을 볼까 바랐던 연고러라 여러 말로 물으나 아무 말도 대답하지 아니하시니 대제사장들과 서기관들이 서서 힘써 고발하더라 헤롯이 그 군인들과 함께 예수를 업신여기며 희롱하고 빛난 옷을 입혀 빌라도에게 도로 보내니 헤롯과 빌라도가 전에는 원수였으나 당일에 서로 친구가 되니라"(눅 23:8-12)고 말하고 있기 때문이다. 이것은 모두 역사적인 이야기이기 때문에, 거기에 이해하기 어려운 내용은 없다. 그리스도께서는 자신의 생애의 대부분을 헤롯의 영지였던 갈릴리에서 보내셨지만, 헤롯은 주님에 대해 얘기는 많이 들었지만 한 번도 본 적은 없어서, 우리 구주께서 자기 앞에서 어떤 이적을 베풀기를 기대하면서, 호기심에서 주님을 만나보고자 하였다. 그러나 그의 기대는 여지없이 무너졌다. 그는 우리 구주께 몇 가지 질문을 하였지만, 주님은 자기를 재판해야 할 권한을 가지지 않은 헤롯 앞에서는 아무 대답도 하지 않으셨다. 헤롯은 자기가 기대했던 것에 대해서는 아무런 소득도 없고, 오직 그리스도와 함께 온 대제사장들과 서기관들이 계속해서 아우성치자, 자신의 호위병들과 함께 주님을 업신여기고 희롱하며, 주님께 화려한 옷을 입혀서 빌라도에게 도로 보내 버렸다. 이 일을 계기로, 헤롯은 빌라도가 자신의 비위를 맞추어 준 것을 기뻐하였고, 이전에는 서로 원수였던 두 사람이 화해를 하게 되었다. 우리가 나중에 듣게 되겠지만, 헤롯은 그리스도를 빌라도에게 도로 보내면서, 그에게서 죄를 찾지 못하였다는 자신의 의견도 함께 전하였는데, 빌라도는 우리 구주를 구명하고자 하는 자신의 시도 속에서 헤롯의 그러한 의견을 활용하기도 하였다.

15-18. [15]명절이 되면 총독이 무리의 청원대로 죄수 한 사람을 놓아 주는 전례가 있더니 [16]그 때에 바라바라 하는 유명한 죄수가 있는데 [17]그들이 모였을 때에 빌라도가 물어 이르되 너희는 내가 누구를 너희에게 놓아 주기를 원하느냐 바라바냐 그리스도라 하는 예수냐 하니 [18]이는 그가 그들의 시기로 예수를 넘겨 준 줄 앎이더라.

마가는 "명절이 되면 백성들이 요구하는 대로 죄수 한 사람을 놓아 주는 전례가 있더니 민란을 꾸미고 그 민란중에 살인하고 체포된 자 중에 바라바라 하는 자가 있는지라 무리가 나아가서 전례대로 하여 주기를 요구한대 빌라도가 대답하여 이르되 너희는 내가 유대인의 왕을 너희에게 놓아 주기를 원하느냐 하니 이는 그가 대제사장들이 시기로 예수를 넘겨 준 줄 앎이러라 그러나 대제사장들이 무리를 충동하여 도리어 바라바를 놓아 달라 하게 하니"(막 15:6-11)라고 말한다. 누가는 이 장면을 좀 더 자세하게 들려준다: "빌라도가 대제사장들과 관리들과 백성을 불러 모으고 이르되 너희가 이 사람이 백성을 미혹하는 자라 하여 내게 끌고 왔도다 보라 내가 너희 앞에서 심문하였으되 너희가 고발하는 일에 대하여 이 사람에게서 죄를 찾지 못하였고 헤롯이 또한 그렇게 하여 그를 우리에게 도로 보내었도다 보라 그가 행한 일에는 죽일 일이 없느니라 그러므로 때려서 놓겠노라 무리가 일제히 소리 질러 이르되 이 사람을 없이하고 바라바를 우리에게 놓아 주소서 하니 이 바라바는 성 중에서 일어난 민란과 살인으로 말미암아 옥에 갇힌 자러라"(눅 23:13-19). 요한은 빌라도가 "진리가 무엇이냐"고 되묻고서는 "다시 유대인들에게 나가서 이르되 나는 그에게서 아무 죄도 찾지 못하였노라 유월절이면 내가 너희에게 한 사람을 놓아 주는 전례가 있으니 그러면 너희는 내가 유대인의 왕을 너희에게 놓아 주기를 원하느냐 하니 그들이 또 소리 질러 이르되 이 사람이 아니라 바라바라 하니 바라바는 강도였더라"(요 18:37-40)고 말한다. 이야기는 단순하다: 빌라도는 앞서 그리스도를 심문하고 나서, 우리 구주께서 잘못한 것이 없고, 오직 대제사장들과 서기관들의 악의와 시기 때문에 고발된 것을 알아차렸다. 그리고 이것은 그로 하여금 우리 구주를 놓아 주기 위하여 힘쓰기로 결심하게 만들었다. 빌라도는 먼저 그들이 그리스도를 자기 앞에 끌고 와서 여러 가지로 그를 고발하였지만, 그가 범죄하였다는 것을 전혀 증명하지 못했다는 사실을 그들에게 말한 후에, 다음으로는 그가 헤롯의 관할지역에 살고 있었기 때문에, 그를 헤롯에게 보냈지만, 헤롯도 그에게서 아무런 죄도 찾을 수 없었다고 말한다. 그런데 유월절마다 총독이 백성들의 요구로 죄수 한 명을 놓아 주는 관례가 있었고, 백성들이 이번 유월절에도 그 관례대로 해주기를 요구하였기 때문에, 빌라도는 그들에게 유대인의 왕을 놓아 주면 어떻겠느냐고 제안한다. 대제사장들은 백성들에게 영향력을 행사하여서, 그들로 하여금 그 제안을 거부하고, 얼마 전에 봉기를 일으켜서 그 와중에 살인을 저지른 바라바라는 강도를 놓아 줄 것을 요구하게 하였기 때문에, 백성들은 "이 사람이 아니라 바라바라"(요 18:40)고 아우성을 쳤다. 그래서 빌라도는 다시 재판석으로 돌아갔다.

19-20. [19]총독이 재판석에 앉았을 때에 그의 아내가 사람을 보내어 이르되 저 옳은 사람에게 아무 상관도 하지 마옵소서 오늘 꿈에 내가 그 사람으로 인하여 애를

많이 태웠나이다 하더라 [20]대제사장들과 장로들이 무리를 권하여 바라바를 달라 하게 하고 예수를 죽이자 하게 하였더니.

마태는 오직 빌라도의 아내의 전언에 대해서만 언급한다. 이 전언이 빌라도가 두 번째로 재판석에 앉았을 때에 전해진 것인지, 아니면 나중에 전해진 것인지는 확실하지 않지만, 이 문제는 중요하지 않다. 아마도 그녀는 남편이 새벽에 불려나간 후에 이 꿈을 꾸었을 것임에 틀림없다. 이 꿈이 그리스도께 아무 죄가 없다는 것에 대한 추가적인 증언을 위해 하나님께서 주신 꿈이었는지, 아니면 단지 자연스럽게 꾼 꿈이었는지는 우리가 알 수 없다. 그러나 "이 사람이 아니라 바라바라"는 무리들의 아우성은 여전히 계속되고 있었다. 이렇게 악한 제사장들은 백성들에게 아주 큰 영향력을 지니고 있었다.

21-23. [21]총독이 대답하여 이르되 둘 중의 누구를 너희에게 놓아 주기를 원하느냐 이르되 바라바로소이다 [22]빌라도가 이르되 그러면 그리스도라 하는 예수를 내가 어떻게 하랴 그들이 다 이르되 십자가에 못 박혀야 하겠나이다 [23]빌라도가 이르되 어찜이냐 무슨 악한 일을 하였느냐 그들이 더욱 소리 질러 이르되 십자가에 못 박혀야 하겠나이다 하는지라.

마가복음 15:12-14에 나오는 것도 동일하다. 마찬가지로, 누가도 "빌라도는 예수를 놓고자 하여 다시 그들에게 말하되 그들은 소리 질러 이르되 그를 십자가에 못 박게 하소서 십자가에 못 박게 하소서 하는지라 빌라도가 세 번째 말하되 이 사람이 무슨 악한 일을 하였느냐 나는 그에게서 죽일 죄를 찾지 못하였나니 때려서 놓으리라 하니 그들이 큰 소리로 재촉하여 십자가에 못 박기를 구하니 그들의 소리가 이긴지라"(눅 23:20-23)고 말한다. 요한은 이 재판의 끝부분의 상황을 좀 더 자세하게 보도한다: "이에 빌라도가 예수를 데려다가 채찍질하더라 군인들이 가시나무로 관을 엮어 그의 머리에 씌우고 자색 옷을 입히고 앞에 가서 이르되 유대인의 왕이여 평안할지어다 하며 손으로 때리더라 빌라도가 다시 밖에 나가 말하되 보라 이 사람을 데리고 너희에게 나오나니 이는 내가 그에게서 아무 죄도 찾지 못한 것을 너희로 알게 하려 함이로라 하더라 이에 예수께서 가시관을 쓰고 자색 옷을 입고 나오시니 빌라도가 그들에게 말하되 보라 이 사람이로다 하매 대제사장들과 아랫사람들이 예수를 보고 소리 질러 이르되 십자가에 못 박으소서 십자가에 못 박으소서 하는지라 빌라도가 이르되 너희가 친히 데려다가 십자가에 못 박으라 나는 그에게서 죄를 찾지 못하였노라 유대인들이 대답하되 우리에게 법이 있으니 그 법대로 하면 그가 당연히 죽을 것은 그가 자기를 하나님의 아들이라 함이니이다 빌라도가 이 말을 듣고 더욱 두려워하여 다시 관정에 들어가서 예수께 말하되 너는 어디로부터냐 하되 예수께서 대답하여 주지 아니하시는지라 빌라도가 이르되 내게 말하지 아니하느냐 내가 너를 놓을 권한도 있고 십자가에 못 박을 권한도 있는 줄 알지 못하느냐 예수께서 대답하시되 위에서 주지 아니하셨더라면 나를 해할 권한이 없었으리니 그러므로 나를 네게 넘겨 준 자의 죄는 더 크다 하시니라 이러하므로 빌라도가 예수를 놓으려고 힘썼으나 유대인들이 소리 질러 이르되 이 사람을 놓으면 가이사의 충신이 아니니이다 무릇 자기를 왕이라 하는 자는 가이사를 반역하는 것이니이다"(요 19:1-12). 내가 이렇게 모든 복음서 기자들이 말하고 있는 것을 한 눈에 볼 수 있도록 독자들에게 제시한 것은, 이 재판이 정확히 어떤 순서를 따라 진행되었는지를 이 모든 보도들을 통해서 확인해 보려고 하는 것이 아니라(이것은 거의 불가능하다), 단지 모든 보도들을 비교해 보아서 거기에서 주목할 만한 점들이 어떤 것들이 있는지를 찾아내기 위한 것이다. 이 재판을 진행하는 동안에 빌라도가 밖으로 나갔다가 다시 재판석으로 돌아오는 일을 반복하고 있는 것은, 한편으로는, 우리가 앞에서 이미 보았듯이, 유대인들이 빌라도의 관정으로 들어오지 않고, 문 밖에 서 있었기 때문이고, 다른 한편으로는 재판을 진행하려면 반드시 그가 법정에 들어와서 재판석에 앉아야 하였기 때문이었던 것으로 보인다. 따라서 빌라도는 자신의 종들과 군인들과 관리들의 입회하에서 자신의 관정에서 재판을 진행하면서도, 유대인들에게 물어보거나 설명할 것이 있는 경우에는 밖으로 나갈 수밖에 없었다. 우리는 복음서 기자들이 유대인들이 우리 구주를 쳐서 말한 모든 것들, 그리고 본디오 빌라도가 우리 구주께 던진 모든 질문들을 다 보도하였을 것이라고 생각할 수 없다. 왜냐하면, 복음서 기자들은 그들이 많은 것들로 우리 구주를 고발하였고, 빌라도는 "그들이 얼마나 많은 것으로 너를 고발하는가 보라"(막 15:4)고 말하였다고 요약해서 보도하기 때문이다. 그러나 그들이 줄기차게 주장한 것이 한 가지 있었는데, 그것은 우리 구주께서 자기가 왕이라고 하였다는 것이었다. 이것에 대해서 우리 주님이 어떤 식으로 해명하셨는지에 대해서는 우리가 이미 앞에서 살펴본 바 있다.

이 재판 과정 전체에서 두드러진 것들은 다음과 같은 것들이다: (1) 우리 구주의 침묵. (2) 빌라도의 공평함. (3) 대제사장들과 서기관들과 백성들의 광기와 광분함. 우리 구주의 침묵은 사람에게는 자기 자신을 스스로 고발할 의무가 없다는 자연법의 한 단면을 우리에게 확증해 준다. 빌라도의 공평함은 많은 것들에서 나타난다: 직접 주님을 구체적으로 심문함이 없이 단죄하려고 하지 않은 것; 주님으로 하여금 강제로 죄를 자백하도록 강요하지 않은 것; 주님이 사형에 해당하는 죄로 고발당하셨음에도 불구하고, 무죄를 주장하시는 주님의 변론을 받아들인 것; 주님에게서 죄를 찾지 못하였다고 두 번이나 선언한 것; 그들의 광분함에도 불구하고 무죄한 주님을 놓아 주려고 여러 가지 방법들을 강구한 것; 주님을 헤롯에게 보내서, 주님의 무죄함에 대한 헤롯의 증언을 얻어낸 것; 유월절에 백성들이 원하는 죄수 한 명을 놓아 주는 관례를 활용해서 주님을 놓아 주고자 한 것; 이런 방법들이 통하지 않자, 주님을 채찍질하여 밖으로 끌고 나가서 그 모습을 보여 주어, 백성들의 동정심을 불러일으키고자 한 것.

유대인들, 특히 대제사장들과 서기관들의 광기와 광분함은, 우리 구주를 제대로 심문하지도 않고 단죄한 것, 백성들을 부추겨서 주님을 죽이라고 도가 지나치게 소리를 지르게 하고 아우성을 치게 한 것, 민중봉기를 일으키시고 살인을 저지른 강도는 살리고 주님은 죽게 하고자 한 것, 주님을 십자가에 못 박아 죽이라고 그 처형 방법까지 끈질기게 요구한 것을 통해서 드러났다. 하지만 우리 구주께서 십자가에 못 박혀 죽게 되실 것은 원래부터 하나님이 정해 놓으셨던 계획이었다. 성경에서는 "나무에 달린 자마다 저주 아래에 있는 자라" 하였기 때문에, 하나님께서는 "그리스도께서 우리를 위하여 저주를 받은 바 되사 율법의 저주에서 우리를 속량하게" 하시려고(갈 3:13), 우리 구주를 "이방인들에게 넘겨주어 그를 조롱하며 채찍질하며 십자가에 못 박게 할 것"(마 20:19)이라고 하셨다.

그러나 재판 과정에서 가장 두드러지고 주목할 만한 것은 우리 구주의 무죄함을 증언하기 위한 하나님의 섭리이다. 빌라도의 아내는 우리 구주를 "저 옳은 사람"이라고 부르고, 빌라도는 두 번씩이나 우리 구주에게서 죄를 찾을 수 없다고 그들에게 말한다. 따라서 빌라도가 "무슨 악한 일을 하였느냐"고 그들에게 물었을 때, 그들은 아무런 대답도 할 수 없었다. 헤롯은 우리 주님에게서 그 어떤 잘못도 찾을 수 없다는 소견을 빌라도에게 전해 왔다. 따라서 우리 주님은 단지 대제사장들과 바리새인들의 충동질과 부추김을 따라 무리들이 광분하여 야만적으로 아우성치는 바람에 사형선고를 받으신 것일 뿐이었다. 그리스도의 원수들의 이러한 술책은 지금도 여전히 볼 수 있다. 왜냐하면, 복음의 원수들은 그 이후로 이 첫 번째 행태를 고스란히 이어받아서, 복음을 전하거나 신실하게 고백하는 자들에 대한 자신의 악의를 그런 식으로 관철시켜 왔기 때문이다. 우리 구주께서 전하신 가르침이 그들의 분노와 악의를 불러일으킨 진짜 원인임에도 불구하고, 그들은 주님의 가르침이 잘못되었다고 물고 늘어지는 것이 아니라, 마치 우리 주님이 로마 황제에 대항하여 왕이 되려고 하였다는 듯이, 반역죄와 반란죄를 주님께 뒤집어씌운다. 그런 일들은 우리 주님과는 정말 거리가 먼 것들이었고, 만일 정말 주님이 그런 의도를 가지고 계셨더라도, 유대인들 중에는 자신들이 로마의 속국이 된 것을 달가워한 사람이 없었고, 누구든지 다 어떻게 해서든 다시 나라를 되찾고 자유를 얻고자 하는 열심이 가득하였기 때문에, 진정으로 가이사에 대한 충성심에서 우리 주님을 그런 죄목으로 고발할 사람은 아무도 없었을 것이었다. 여기에서 악인의 마음을 강력하게 지배하는 욕구는 신앙과 경건에 대한 악의, 신앙과 신자들을 말살하고자 하는 욕망이라는 것이 그대로 드러난다. 그들은 이 욕구를 채우기 위해서, 그들 자신의 이성과 합법적인 사법절차의 원칙들을 무시할 뿐만 아니라, 자신들의 다른 욕망들조차도 포기한다. 그들은 그렇게 함으로써, 자신들이 뱀의 진정한 자손이라는 것을 보여 주고, 자신들이 마귀의 자식들로서 마귀의 일을 하고 있는 것임을 보여 준다. 마귀는 지극히 교만한 영이지만, 한 영혼을 파괴하고 멸하기 위해서라면, 얼마든지 자신의 자존심을 접고, 비천한 마녀에게 굽실거리며, 그녀가 시키는 대로 다 하고자 한다.

24-26. [24]빌라도가 아무 성과도 없이 도리어 민란이 나려는 것을 보고 물을 가져다가 무리 앞에서 손을 씻으며 이르되 이 사람의 피에 대하여 나는 무죄하니 너희가 당하라 [25]백성이 다 대답하여 이르되 그 피를 우리와 우리 자손에게 돌릴지어다 하거늘 [26]이에 바라바는 그들에게 놓아 주고 예수는 채찍질하고 십자가에 못 박히게 넘겨 주니라.

마가는 "빌라도가 무리에게 만족을 주고자 하여 바라바는 놓아 주고 예수는 채찍질하고 십자가에 못 박히게 넘겨 주니라"(막 15:15)고 말하고, 누가는 "이에 빌라도가 그들이 구하는 대로 하기를 언도하고 그들이 요구하는 자 곧 민란과 살인으로 말미암아 옥에 갇힌 자를 놓아 주고 예수는 넘겨 주어 그들의 뜻대로 하게 하니라"(눅 23:24-25)고 말하며, 요한은 "빌라도가 이 말을 듣고 예수를 끌고 나가서 돌을 깐 뜰(히브리 말로 가바다)에 있는 재판석에 앉아 있더라 이 날은 유월절의 준비일이요 때는 제육시라 빌라도가 유대인들에게 이르되 보라 너희 왕이로다 그들이 소리 지르되 없이 하소서 없이 하소서 그를 십자가에 못 박게 하소서 빌라도가 이르되 내가 너희 왕을 십자가에 못 박으랴 대제사장들이 대답하되 가이사 외에는 우리에게 왕이 없나이다 하니 이에 예수를 십자가에 못 박도록 그들에게 넘겨 주니라"(요 19:13-16)고 말한다. 여기에 빌라도가 자기는 그리스도에게서 죄를 찾지 못하였다고 두 번이나 선언하고서도, 자신의 양심의 확신과는 반대로, 유대인들의 요구를 따라 그리스도에게 사형을 선포하는 장면에 대한 세 가지 보도가 나와 있다. 빌라도가 우리 구주에게 십자가형을 선고한 이유에 대해서, 마태는 "빌라도가 아무 성과도 없이 도리어 민란이 나려는 것을 보았기" 때문이라고 말하고, 마가는 "무리에게 만족을 주고자 하여" 그렇게 한 것이라고 말하며, 요한은 무리들이 "이 사람을 놓으면 가이사의 충신이 아니니이다 무릇 자기를 왕이라 하는 자는 가이사를 반역하는 것이니이다"라고 소리 지르는 것을 듣고서 빌라도가 그런 결심을 하게 된 것이라고 말한다. 그가 유대인들이 그리스도를 죽여야 한다고 아우성을 치는데도, 자기가 그들의 요구를 들어주지 않음으로써, 폭동이 일어나고, 결국에는 총독이 왕으로 자처하는 자의 편을 들어 폭동을 야기시켰다는 사실을 디베료 황제에게 고발하게 될 것을 두려워한 것이 이 사건에서 자신의 양심과는 반대되는 판결을 하게 만든 결정적인 요인이었다는 것은 의심의 여지가 없고, 이것이 마가가 "무리에게 만족을 주고자 하여" 빌라도가 그렇게 한 것이라고 말한 것의 의미이다. 이 이야기 전체를 살펴보면, 빌라도는 단지 유대 백성들의 요구를 들어주어 그들의 비위를 맞추거나 환심을 사고자 하는 의도는 없었지만, 이 일이 디베료 황제의 귀에 들어가는 날에는, 자기가 의심을 받게 될 것을 염려해서, 유대인들의 입을 막아서 그들에게 자기를 황제에게 고발할 빌미를 주지 않는 것이 그의 의도였음이 드러난다.

물을 가져다가 무리 앞에서 손을 씻으며 이르되 이 사람의 피에 대하여 나는 무죄하니 너희가 당하라. 하나님의 율법에서는, 피살된 사체가 발견되었는데, 그를 죽인 사람을 알 수 없을 때에는, 그 시체가 발견된 곳에서 가장 가까운 성읍에 있는 제사장들과 장로들이 암송아지를 인적이 없는 골짜기로 끌고 가서 목을 꺾은 후에, 그 목 위에서 자신들의 손을 씻고, "우리의 손이 이 피를 흘리지 아니하였고 우리의 눈이 이것을 보지도 못하였나이다"라고 말하여야 한다고 규정하였다(신 21:1-7). 어떤 이들은 빌라도가 유대인들 사이에서 살면서 그들로부터 이러한 의식을 배웠을 것이라고 생각하지만, 어떤 이들은 이것은 유대인들 사이에서와 마찬가지로 다른 민족들 사이에서도 자신은 결백하다는 것을 나타내는 데 사용되던 의식이었을 것이라고 생각한다. 하지만 빌라도가 이렇게 함으로써 자기는 우리 구주를 죽인 죄책으로부터 자유로울 수 있다고 믿은 것은 정말 어리석은 것이었다. 왜냐하면, 그는 우리 구주에게 십자가형을 선고함으로써 씻을 수 없는 죄를 저질렀고, 그 죄는 우리 구주의 피 외에 그 어떤 것으로도 속함을 받을 수 없는 것이었기 때문이다. 법을 집행하는 소임을 맡은 자들은 자신들이 무슨 일을 하고 있는지를 제대로 인식하고서 하나하나의 일들을 정말 신중하게 행하지 않으면 안 된다. 왜냐하면, 하나님의 법을 따라 행한 것이 아닌 경우에는, 그들이 행한 일들은 하늘의 법정에서 결코 용서받을 수 없을 것이기 때문이다. 그 때에 빌라도는 자신의 직무에 따라 행한 일들일지라도, 그 일들에 대하여 단죄를 받게 될 것이다. 유대인들이 우리 구주께서 신성모독의 죄를 범하였다고 주장하였기 때문에(요 10:33, 36), 빌라도가 그들의 그런 주장을 따라 판결을 한 것이라면, 그것은 신성모독죄에 대한 하나님의 율법을 잘못 적용한 것이었다. 그리고 빌라도가 로마법을 따라 판결을 한 것이라면, 그는 이미 두 번이나 우리 구주께는 죄가 없다고 선언한 바가 있기 때문에, 범죄사실이 증명되지도 않았음에도 불구하고, 공평과 정의를 무시하고, 성반내의 판결을 내린 것이었다. 따라서 그는 우리 구주께 사형선고를 내림으로써 이미 살인죄를 저지른 것이고, 그 죄는 그가 물에 손을 씻는다고 해서 씻어질 수 있는 것이 아니었다. 그것은 단지 자기가 이제 우리 구주에게 사형을 선고하는 것은 자신의 의지와는 무관한 것임을 항변한 것일 뿐이다.

백성이 다 대답하여 이르되 그 피를 우리와 우리 자손에게 돌릴지어다 하거늘. 유대 백성들은 우리 구주를 죽인 죄로 인한 저주가 자기들과 자신들의 자손들에게 임하게 하라고 말하였고, 그들이 너무도 자신만만하게 자신들에게 돌리라고 한 이 너무나 서글프고 끔찍한 저주는 지금부터 1,600여년 전에 이 무지막지하고 비참한 백성에게 임하였다. 이에 바라바는 그들에게 놓아 주고 예수는 채찍질하고 십자가에 못 박히게 넘겨 주니라. 로마 군병들이 우리 구주를 채찍질한 것은 요한이 보도한 대로 이 일 이전에 일어났다. 우리는 그들이 우리 구주를 두 번씩이나 채찍질하였을 것이라고 생각할 수 없다. 빌라도는 우리 구주를 유대인들이 아니라 자신의 군병들에게 넘겨주었다. 왜냐하면, 우리 구주께서는 공안사범으로 빌라도 앞에 고발되어 십자가형을 선고받았고, 십자가형을 집행하게 되어 있던 자들은 로마 군병들이었기 때문이다.

27-31. [27]이에 총독의 군병들이 예수를 데리고 관정 안으로 들어가서 온 군대를 그에게로 모으고 [28]그의 옷을 벗기고 홍포를 입히며 [29]가시관을 엮어 그 머리에 씌우고 갈대를 그 오른손에 들리고 그 앞에서 무릎을 꿇고 희롱하여 이르되 유대인의 왕

이여 평안할지어다 하며 [30]그에게 침 뱉고 갈대를 빼앗아 그의 머리를 치더라 [31]희롱을 다 한 후 홍포를 벗기고 도로 그의 옷을 입혀 십자가에 못 박으려고 끌고 나가니라.

마가복음 15:17-20에 나오는 것도 동일하지만, 단지 로마 군병들이 우리 구주께 "자색 옷"을 입혔다는 것만이 차이가 있을 뿐이다. 요한복음 19:1-3은 원래의 시간적인 순서를 벗어나서, 이 일이 우리 구주에 대한 사형 선고가 있기 전에 행해진 것으로 보도하는 것으로 보인다. 어떤 이들은 마태와 마가의 기사들이 원래의 시간적인 순서를 벗어난 것이라고 생각하지만, 재판을 받고 있는 사람이 아니라, 법에 따라 사형판결을 받은 사람에게 이러한 모욕과 학대가 행해졌다고 보는 것이 더 이치에 맞는 것 같다. 고대의 저술가들은 죄수들은 십자가형에 처해지기 전에 채찍질을 당하였다는 것을 우리에게 말해 주는데, 이 때에는 유대인들이 태장을 사용하였던 것과는 달리, 로마인들은 곤장보다 훨씬 더 잔인한 채찍을 사용하였다. 하지만 우리 구주께서 이런 일들을 당하신 것이 사형판결 이전이었는지 이후였는지는 확실하지 않다. 주님은 유대인의 왕을 참칭하였다는 죄목으로 사형 선고를 받으셨기 때문에, 로마 군병들은 주님을 조롱하기 위해서, 그의 머리에 "가시관"을 씌우고 "갈대"로 된 규를 그의 손에 쥐어주고서는, 그를 왕이라 부르고 그 앞에 무릎을 꿇고 절을 하였다. 그들은 우리 주님께 "자색 옷" 또는 "홍포"를 입혔는데, 이 둘은 다 왕이 입던 옷이었다. 요컨대, 로마 군병들은 우리 주님이 왕을 참칭하였다고 생각해서, 그 죄목과 관련하여 생각해낼 수 있는 온갖 모욕과 멸시를 가한 것이었다. 그들은 이렇게 우리 주님을 실컷 모욕하고 멸시한 후에, 다시 원래 옷으로 입혀서 처형장소로 끌고 갔다. 우리 구주께서 그 머리를 가시관에 찔려 피를 흘리시고, 채찍으로 맞아 살점이 떨어져 나가는 고통을 참으신 것이 다 우리의 죄 때문이라는 것을 아는 믿는 자들이라면, 어떻게 눈물 없이 이 장면을 읽을 수 있겠는가? 우리가 이 장면을 읽을 때, 로마 군병들이 우리 구주께 한 일들 앞에서, 우리의 속이 뒤집어질 수밖에 없지만, 우리의 그런 고통은 그리스도께서 우리의 죄를 위하여 겪으신 고통에 비하면 아무것도 아니지 않는가! 우리가 이 장면을 읽으면서, 어떻게 우리가 복음과 그리스도를 시인함으로 인하여 겪게 될 고난들을 두려워할 수 있겠는가? 우리가 겪는 고난들은 그리스도께서 우리를 위하여 겪으신 고난에 비하면 아무것도 아니지 않는가!

32-34. [32]나가다가 시몬이란 구레네 사람을 만나매 그에게 예수의 십자가를 억지

로 지워 가게 하였더라 [33]골고다 즉 해골의 곳이라는 곳에 이르러 [34]쓸개 탄 포도주를 예수께 주어 마시게 하려 하였더니 예수께서 맛보시고 마시고자 하지 아니하시더라.

마가는 "마침 알렉산더와 루포의 아버지인 구레네 사람 시몬이 시골로부터 와서 지나가는데 그들이 그를 억지로 같이 가게 하여 예수의 십자가를 지우고 예수를 끌고 골고다라 하는 곳(번역하면 해골의 곳)에 이르러 몰약을 탄 포도주를 주었으나 예수께서 받지 아니하시니라"(막 15:21-23)고 말하고, 누가는 우리 구주께서 사형을 언도받으신 때부터 십자가 위에서 처형을 당하실 때까지의 이야기를 우리에게 좀 더 자세하게 들려준다: "그들이 예수를 끌고 갈 때에 시몬이라는 구레네 사람이 시골에서 오는 것을 붙들어 그에게 십자가를 지워 예수를 따르게 하더라 또 백성과 및 그를 위하여 가슴을 치며 슬피 우는 여자의 큰 무리가 따라오는지라 예수께서 돌이켜 그들을 향하여 이르시되 예루살렘의 딸들아 나를 위하여 울지 말고 너희와 너희 자녀를 위하여 울라 보라 날이 이르면 사람이 말하기를 잉태하지 못하는 이와 해산하지 못한 배와 먹이지 못한 젖이 복이 있다 하리라 그 때에 사람이 산들을 대하여 우리 위에 무너지라 하며 작은 산들을 대하여 우리를 덮으라 하리라 푸른 나무에도 이같이 하거든 마른 나무에는 어떻게 되리요 하시니라 또 다른 두 행악자도 사형을 받게 되어 예수와 함께 끌려 가니라"(눅 23:26-32). 요한은 "그들이 예수를 맡으매 예수께서 자기의 십자가를 지시고 해골(히브리 말로 골고다)이라 하는 곳에 나가시니"(요 19:17)라고 간단하게 보도한다.

마태와 마가와 누가는 로마 군병들이 구레네에서 올라온 시골 사람인 시몬으로 하여금 그리스도 뒤에 그의 십자가를 억지로 지고 가게 하였다고 말하고, 요한은 그리스도께서 친히 십자가를 지고 가셨다고 말하는데, 둘 다 틀림없이 진실이었을 것이다. 어떤 이들은 성내에서는 그리스도께서 십자가를 지고 가셨고, 성 밖에서는 로마 군병들이 시몬으로 하여금 억지로 그 십자가를 지고 가게 한 것이라고 말한다. 어떤 이들은 그리스도께서 십자가를 지고 가시다가 기진맥진하여 쓰러지시자, 시몬이 십자가를 지게 된 것이라고 생각한다. 하지만 이치를 따져 생각해 볼 때, 나무로 만들어진 십자가는 아주 무거워서 혼자서는 질 수 없었기 때문에, 로마 군병들은 앞부분은 우리 구주로 하여금 지게 하시고, 뒷부분은 시몬으로 하여금 지게 한 것이었다. 그래서 누가는 로마 군병들이 시몬에게 "십자가를 지워 예수를 따르게" 하였다고 말한다. 이 시몬이 구레네에 거주하고 있긴 하였지만 태생적으로 유대인이었는지, 아니면 구레네 사람으로서 유대교로 개종한 사람이었는지, 또는 이방인이었는지, 그리고 이 구레네가 데가볼리로 불렸던 열 성읍 중의 하나를 가리키는 것인지를 놓고 벌어져 온 논쟁들은 우리가 끼어들 가치가 없는 것들이다. 모든 복음서 기자들은 우리 구주께서 "골고다"에서 십자가에 못 박히셨다고 한 목소리로 전한다. 누가는 그 곳을 "갈보리"라고 부른다. 그 곳은 "해골의 곳"이라는 의미를 지닌 명칭으로 불리는 곳으로서, "골고다"는 히브리식 명칭이었고, "갈보리"는 라틴식 명칭이었다.

쓸개 탄 포도주를 예수께 주어 마시게 하려 하였더니. 마태는 "쓸개 탄 식초"(KJV)라고 말하고, 마가는 "몰약을 탄 포도주"라고 말한다. 포도주가 시어지면 식초로 변하기 때문에, 마가는 포도주라고 하고 마태는 식초라고 한 것은 조금도 이상한 것이 아니다. 여기에서 "쓸개"로 번역된 단어는, 그것이 진짜 쓸개로 인한 것이든 몰약에 의한 것이든, 모든 쓴 것을 가리킨다. 어떤 이들은 누군가가 우리 주님께 포도주를 드렸지만, 로마 군병들이 거기에 몰약을 탄 것이라고 생각하지만, 근거가 희박하다. 확실한 것은, 사형수들에게 죽음의 고통을 덜 느끼게 하려고 그의 감각을 무디어지게 해주는 음료를 준 것은 호의에서 나온 것이었다는 사실이다. 아마도 우리 구주의 경우에도 그런 것이었을 가능성이 높다. 그러나 우리 구주께서는 죽는 것을 두려워하지 않으셨기 때문에, 죽음의 고통을 덜기 위한 그런 마취제는 필요하지 않으셨던 까닭에, 그것을 거절하셨다. 또한, 우리는 그들이 나중에 우리 구주께 무엇인가 다른 음료를 주는 것을 발견하게 될 것이다.

누가는 큰 무리가 우리 구주를 처형장까지 울며 따라갔다고 말하는데, 주님은 그들에게 "예루살렘의 딸들아 나를 위하여 울지 말고 너희와 너희 자녀를 위하여 울라"고 하시면서, "사람이 말하기를 잉태하지 못하는 이와 해산하지 못한 배와 먹이지 못한 젖이 복이 있다"고 말할 정도로 극심한 재앙이 자기가 죽은 후에 임하여, "그 때에 사람이 산들을 대하여 우리 위에 무너지라 하며 작은 산들을 대하여 우리를 덮으라"고 말하게 될 것이라고 예언하신다. 우리 구주께서는 여자들에게 오직 그들 자신과 그들의 자녀들을 위하여 울라고 명하신다. 하나님께서 바벨론을 향하여 "네 어린 것들을 바위에 메어치는 자는 복이 있으리로다"(시 137:9)고 경고하셨듯이, 자신의 자녀들이 돌에 부딪쳐 산산조각이 나거나, 아합의 때에 그랬듯이 부모들이 목숨을 연명하기 위하여 자녀들을 잡아먹거나, 시드기야의 때에 예루살렘이 원수에 의해서 함락되었을 때에 그랬듯이(렘 52:10) 부모들이 자신의 눈 앞에서 자녀들이 죽임을 당하는 것을 보는 것보다는, 차라리 자녀가 없는 사람들이 훨씬 덜 고통을 느끼게 될 것이었다. 또한, 호세아 선지자가 사마리아 사람들에 대하여 예언하였듯이(호 10:8), 사람들은 큰 산들을 향하여 자신들을 덮어 달라고 부르짖고, 작은 산들을 향하여 자신들 위에 무너지라고 외치게 될 것이다. 이것은 그들이 흙에 덮여서 죽는 편이 더 낫다고 생각할 정도로 극심한 고통을 당하게 될 것을 보여주는 속담적인 표현이었다. 또한, 이사야 선지자가 예언한대로, "사람들이 암혈과 토굴로 들어가서 여호와께서 땅을 진동시키려고 일어나실 때에 그의 위엄과 그 광대하심의 영광을 피할" 것이다(사 2:19). 요한계시록 6:16; 9:6에도 비슷한 표현들이 나온다: "그 날에는 사람들이 죽기를 구하여도 죽지 못하고 죽고 싶으나 죽음이 그들을 피하리로다."

푸른 나무에도 이같이 하거든 마른 나무에는 어떻게 되리요. 이것은 또 하나의 속담적인 표현으로서, 비인칭적인 것으로 해석되어야 한다: "푸른 나무에도 이런 일들이 일어나거든, 하물며 마른 나무에는 어떤 일이 일어나겠는가." 하나님께서 자신의 아들인 내게 이런 일들이 일어나게 하셨다면, 마른 장작 같아서 땔감으로 쓰기에 적합한 너희에게는 어떤 일들이 일어나겠는가? 심판이 하나님의 집에서 시작된다면, 악인들과 경건하지 않은 자들은 어떠하겠는가? "하나님의 집에서 심판을 시작할 때가 되었나니 만일 우리에게 먼저 하면 하나님의 복음을 순종하지 아니하는 자들의 그 마지막은 어떠하며 또 의인이 겨우 구원을 받으면 경건하지 아니한 자와 죄인은 어디에 서리요"(벧전 4:17-18).

35-37. [35]그들이 예수를 십자가에 못 박은 후에 그 옷을 제비 뽑아 나누고 [36]거기 앉아 지키더라 [37]그 머리 위에 이는 유대인의 왕 예수라 쓴 죄패를 붙였더라.

마가는 "십자가에 못 박고 그 옷을 나눌새 누가 어느 것을 가질까 하여 제비를 뽑더라 때가 제삼시가 되어 십자가에 못 박으니라 그 위에 있는 죄패에 유대인의 왕이라 썼고 강도 둘을 예수와 함께 십자가에 못 박으니 하나는 그의 우편에, 하나는 좌편에 있더라"(막 15:24-28)고 말하고, 누가는 "해골이라 하는 곳에 이르러 거기서 예수를 십자가에 못 박고 두 행악자도 그렇게 하니 하나는 우편에, 하나는 좌편에 있더라 이에 예수께서 이르시되 아버지 저들을 사하여 주옵소서 자기들이 하는 것을 알지 못함이니이다 하시더라 그들이 그의 옷을 나눠 제비 뽑을새"(눅 23:33-34)라고 말한다. 요한은 이 장면을 좀 더 자세하게 전해 준다: "그들이 거기서 예수를 십자가에 못 박을새 다른 두 사람도 그와 함께 좌우편에 못 박으니 예수는 가운데 있더라 빌라도가 패를 써서 십자가 위에 붙이니 나사렛 예수 유대인의 왕이라 기록되었더라 예수께서 못 박히신 곳이 성에서 가까운 고로 많은 유대인이 이 패를 읽는데 히브리와 로마와 헬라 말로 기록되었더라 유대인의 대제사장들이 빌라도에게 이르되 유대인의 왕이라 쓰지 말고 자칭 유대인의 왕이라 쓰라 하니 빌라도가 대답하되 내가 쓸 것을 썼다 하니라 군인들이 예수를 십자가에 못 박고 그의 옷을 취하여 네 깃에 나눠 각각 한 깃씩 얻고 속옷도 취하니 이 속옷은 호지 아니하고 위에서부터 통으로 짠 것이라 군인들이 서로 말하되 이것을 찢지 말고 누가 얻나 제비 뽑자 하니 이는 성경에 그들이 내 옷을 나누고 내 옷을 제비 뽑나이다 한 것을 응하게 하려 함이러라 군인들은 이런 일을 하고"(요 19:18-24).

그들이 예수를 십자가에 못 박은 후에. 요한의 보도로부터 우리는 우리 구주를 십자가에 못 박은 로마 군병이 네 명이었다는 것을 알 수 있는데, 아마도 이 네 명의 군병의 보직 자체가 십자가형을 집행하는 일이었던 것으로 보인다. 십자가형은 수치스럽고 끔찍한 처형 수단으로서, 오직 로마인들만 사용하였고, 유대인들은 사용하지 않았다. 성경 본문은 십자가형이 구체적으로 어떤 식으로 집행되었는지에 대해서 우리에게 알려 주고 있지 않지만, 고대의 저술가들의 설명을 보면, 큰 나무 기둥 하나를 수직으로 세우고, 그 윗부분에 수평으로 좀 더 작은 나무 기둥을 합친 후에, 죄수의 몸을 수직의 큰 나무 기둥에 단단히 묶고 나서, 죄수의 양팔을 펴서 수평으로 된 나무 기둥에 못을 박고, 죄수의 손과 발을 큰 나무 기둥에 못 박아 고정을 시켰다. 마가는 이 때가 "제삼시"였다고 말하는데, 우리 시간으로는 대략 9시쯤이었다. 그러니까 그들은 우리 구주를 체포하여 산헤드린, 또는 대제사장들과 장로들로 구성된 법정으로 끌고 가 심문하고 단죄한 후에, 로마 총독인 빌라도에게로 압송해서 판결을 얻어내어, 총독의 군병들로 하여금 주님을 골고다로 끌고 가서 십자가에 못 박게 하는 일을 한밤중에 시작해서 오전 9시에 끝낼 정도로, 아주 서둘러서 황급히 이 의로우신 분을 처단하여 죽인 것이었다. 복음서 기자들은 우리 주님이 두 강도 사이의 중간에서 십자가에 못 박히셨다고 우리에게 말해 준다. 그리스도께서 이렇게 못 박혀 죽으신 것은 구약의 몇몇 예언의 말씀들을 성취한 것이었다. 주님이 십자가에 못 박히심으로써, "개들이 나를 에워쌌으며 악한 무리가 나를 둘러 내 수족을 찔렀나이다"(시 22:16)라는 말씀이 성취되었고, 두 강도 사이에서 십자가에 못 박히심으로써, "그가 … 범죄자 중 하나로 헤아림을 받았음이니라"(사 53:12)는 말씀이 성취되었으며, 로마 군병들이 우리 구주의 옷을 나누어 가짐으로써, "내 겉옷을 나누며 속옷을 제비 뽑나이다"(시 22:18)라는 말씀이 성취되었다. 그들은 우리 주님의 옷들을 찢지 않고 나누어 가졌지만, 속옷만은 통으로 짠 귀한 것이어서, 그 옷을 찢지 않고 갖기 위해서 제비를 뽑아 가질 사람을 정하기로 하였던 것으로 보인다. 어떤 이들은 군병들이 우리 주님의 겉옷만을 벗겨 가졌던 것이라고 주장하지만, 요한은 "속옷도 취하니"라고 보도하고 있다는 점에서, 그런 주장과는 반대인 것 같다. 마태와 마가와 요한은 빌라도가 사형수가 된 우리 주님의 죄패를 써서 십자가에 붙였는데, 그 죄패의 문구가 "유대인의 왕"이었다고 한 목소리로 말하고, 요한만이 "유대인의 왕" 앞에 "나사렛 예수"를 덧붙이고 있다. 이렇게 그리스도께서는 십자가 위에서조차도 자신이 왕이라는 것을 만천하에 공표하시며 죽으셨다. 빌라도가 쓴 이러한 죄패는 유대인들의 분노를 샀다. 그들은 빌라도에게 "유대인의 왕"이라고 쓴 것을 "자칭 유대인의 왕"이라고 고치라고 종용하였지만, 빌라도는 "내가 쓸 것을 썼다"고 말하며 거절하였다. 빌라도는 유대인들의 요구에 굴복하여, 우리 주님을 유대인의 왕으로 판결하여 사형을 선고한 것이었기 때문에, 이 보잘것없고 멸시받을 만한 자를 공식적으로 그들의 왕으로 공표하는 것이야말로, 그들을 조롱할 수 있는 최고의 방법이라고 생각하며, 큰 희열을 느끼며 이 죄패를 썼을 것이지만, 사실 그것은 하나님의 계획에 속한 것이었다. 이렇게 해서, 그리스도께서는 죽으실 때에 유대인의 왕으로 선포되신다.

누가는 그리스도께서 "아버지 저들을 사하여 주옵소서 자기들이 하는 것을 알지 못함이니이다"라고 말씀하셨다고 보도한다. 우리 주님이 이 말씀을 처음으로 십자가에 못 박히실 때에 하신 것인지, 아니면 그 후에 하신 것인지는 별로 중요하지 않지만, 누가는 군병들이 자신의 옷들을 나누기 전에 주님이 이 말씀을 하신 것으로 보도한다. 이 말씀을 통해서 우리 구주께서는 자기가 친히 행하신 것들만을 제자들에게 가르치시는, 영혼을 돌보시는 참된 목회자이자 목자이심을 분명하게 보여 주신다. 주님은 자신의 제자들에게 "너희 원수를 사랑하며 너희를 박해하는 자를 위하여 기도하라"(마 5:44)고 가르치셨는데, 여기에서는 친히 그것을 실천해 보이신다. 사람들의 악의 때문에, 그리스도인들 안에 있는 하나님의 은혜의 불씨가 꺼지는 일이 있게 해서는 안 된다. 이제 우리는 주님이 십자가에 못 박히신 때로부터 운명하실 때까지, 세 시간 조금 넘는 동안에 일어난 일들을 살펴보게 될 것이다.

38-44. [38]이 때에 예수와 함께 강도 둘이 십자가에 못 박히니 하나는 우편에, 하나는 좌편에 있더라 [39]지나가는 자들은 자기 머리를 흔들며 예수를 모욕하여 [40]이르되

성전을 헐고 사흘에 짓는 자여 네가 만일 하나님의 아들이어든 자기를 구원하고 십
자가에서 내려오라 하며 [41]그와 같이 대제사장들도 서기관들과 장로들과 함께 희롱
하여 이르되 [42]그가 남은 구원하였으되 자기는 구원할 수 없도다 그가 이스라엘의
왕이로다 지금 십자가에서 내려올지어다 그리하면 우리가 믿겠노라 [43]그가 하나님
을 신뢰하니 하나님이 원하시면 이제 그를 구원하실지라 그의 말이 나는 하나님의
아들이라 하였도다 하며 [44]함께 십자가에 못 박힌 강도들도 이와 같이 욕하더라.

이 장면을 보도하고 있는 마가복음 15:29-32에는 마태의 보도와 다른 중요한 내용은 나오지 않고, 누가는 "달린 행악자 중 하나는 비방하여 이르되 네가 그리스도가 아니냐 너와 우리를 구원하라 하되 하나는 그 사람을 꾸짖어 이르되 네가 동일한 정죄를 받고서도 하나님을 두려워하지 아니하느냐 우리는 우리가 행한 일에 상당한 보응을 받는 것이니 이에 당연하거니와 이 사람이 행한 것은 옳지 않은 것이 없느니라 하고 이르되 예수여 당신의 나라에 임하실 때에 나를 기억하소서 하니 예수께서 이르시되 내가 진실로 네게 이르노니 오늘 네가 나와 함께 낙원에 있으리라 하시니라"(눅 23:39-43)고 말한다. 요한은 "예수의 십자가 곁에는 그 어머니와 이모와 글로바의 아내 마리아와 막달라 마리아가 섰는지라 예수께서 자기의 어머니와 사랑하시는 제자가 곁에 서 있는 것을 보시고 자기 어머니께 말씀하시되 여자여 보소서 아들이니이다 하시고 또 그 제자에게 이르시되 보라 네 어머니라 하신대 그 때부터 그 제자가 자기 집에 모시니라 그 후에 예수께서 모든 일이 이미 이루어진 줄 아시고 성경을 응하게 하려 하사 이르시되 내가 목마르다 하시니 거기 신 포도주가 가득히 담긴 그릇이 있는지라 사람들이 신 포도주를 적신 해면을 우슬초에 매어 예수의 입에 대니 예수께서 신 포도주를 받으신 후에 이르시되 다 이루었다 하시고"(요 19:25-30)라고 말한다.

마태와 마가는 우리 구주께서 십자가에 달려 죽어 가시면서 어떤 모욕과 학대를 겪으셨는지를 좀 더 자세하게 들려준다. (1) 행인들로부터 받으신 수모. (2) 대제사장들과 서기관들과 장로들로부터 받은 수모. 극심한 고통 속에 있는 사람을 조롱하며 모욕하는 것보다 더 비인간적인 일은 없고, 우리는 극악무도한 자들도 그런 일은 거의 하지 않는다. 그런데도 유대인들의 통치자들이자 지도자들인 대제사장들과 장로들이 그러한 야만적인 짓을 서슴지 않았다는 것은 그저 놀라울 뿐이다. 일반 제사장들만이 아니라, 대제사장직을 역임하였거나 제사장들 가운데서도 명문가에 속하는 고위 제사장들까지도, 그리고 유대인들 가운데서 혈기 넘치는 청년들만이 아니라, 이스라엘의 장로들까지도, 극심한 고통 가운데 있는 사람을 불쌍히 여기며 기도하는 것이 마땅하였는데도, 그렇게 하기는커녕, 하나님에 대한 모든 경외심을 다 망각한 채, "그가 하나님을 신뢰하니 하나님이 원하시면 이제 그를 구원하실지라 그의 말이 나는 하나님의 아들이라 하였도다"라고 조롱하며 모욕하였다. 그들이 이런 식으로 말한 것은 하나님을 믿고 의지하는 모든 믿음을 비웃으며, 하나님의 권능에 도전하는 것이었고, 느부갓네살처럼, "능히 너희를 내 손에서 건져낼 신이 누구이겠느냐"(단 3:15)라고 말하는 것이었다. 우리는 유대인들이 이 정도로 악해진 것을 보고서 놀라지 않을 수 없고, 이것은 공적인 자리에서, 특히 거룩한 일들에서 하나님을 섬기는 자들은 아주 훌륭한 자들이거나 아주 악한 자들이거나 둘 중의 하나라는 것을 우리에게 확증해 준다. 그런 자들은 하나님의 뜻을 아는 지식을 다른 사람들보다 더 많이 지니고 있기 때문에, 일단 양심을 저버린 경우에는, 무신론과 온갖 사악함을 두루 갖춘 가장 악한 자들이 되고 만다. 또한, 이것은 악의와 탐욕이 사람들의 심령을 얼마나 타락시키고 부패하게 만드는지를 우리에게 보여 주고, 우리에게 주어진 빛과 양심의 확신을 거슬러 범죄하는 것을 두려워하여야 한다는 것을 가르쳐 준다. 주님께서 이렇게 조롱과 모욕을 당하신 것은 선지자 다윗이 미리 예언한 것이었기 때문에(시 22:8) 그대로 이루어질 수밖에 없었다. 하지만 이 일이 반드시 이루어지게 되어 있었다는 사실은, 이 죄악된 행위에 대하여 면죄부를 주는 근거가 될 수도 없고, 하나님이 자기가 미리 하신 말씀을 성취하시기 위하여 이 사람들을 부추겨 이런 죄를 짓게 만드신 것임을 보여 주는 것도 결코 아니다.

마태는 "함께 십자가에 못 박힌 강도들도 이와 같이 욕하더라"고 말하고, 누가는 "달린 행악자 중 하나"가 주님을 비방하였다고 말한다. 어떤 이들은 처음에는 둘 다 주님을 욕하였지만, 십자가에 달려 있는 동안에 두 강도 중 한 명은 심경의 변화를 일으켰을 것이라고 생각한다. 하지만 성경에서 한 사람을 가리킬 때에도 복수형을 사용하는 것은 비일비재하기 때문에, 우리는 "강도들"이라는 표현을 근거로 해서, 두 강도가 모두 우리 구주를 욕하였다고 해석할 필요는 없고, 그들 중의 한 명이 욕한 것으로 이해하여야 한다. 두 강도는 그리스도께서 자신의 권능을 베풀어 자신들을 구해 줄 것을 부탁하였다가, 그렇게 되지 않자, 그 중 한 명의 강도가 주님을 욕한 것일 수 있다. 누가는 두 강도 중 한 명이 그리스도의 무죄하심을 옹호하며 다른 한 명을 꾸짖었다고 보도한다. 이렇게 하나님께서는 우리 주님이 대제사장들과 장로들로부터 배척을 당하시자 강도로부터 존귀를 얻게 하셨다. 하나님은 "능히 이 돌들로도 아브라함의 자손이 되게" 하실 수 있으신 분이시다(마 3:9). 강도 중의 한 명은 그리스도께서 그의 나라에 가시거든 자기를 기억해 달라고 부탁하였고, 그리스도께서는 그에게서 훌륭한 믿음을 보시고서, "오늘 네가 나와 함께 낙원에 있으리라"는 말씀으로 상을 주시는데, 이 말씀은 사람들의 영혼은 육신과 함께 죽거나 잠자는 것이 아니라, 영원한 거처로 즉시 옮겨진다는 것을 분명하게 증명해 주는 본문이다.

요한은 예수의 십자가 곁에 그의 어머니와 이모와 글로바의 아내 마리아와 막달라 마리아가 서 있었다는 말을 덧붙이고서, 우리 구주께서 자신의 "사랑하시는 제자"에게 자기 어머니를 돌보아 드릴 것을 부탁하셨고, 그 제자는 주님의 부탁대로 주님의 어머니를 돌보아 드렸다고 말한다. 다른 세 복음서 기자들은 이 여자들이 거기에 있었다고 보도하고 있기는 하지만, 멀찌감치 서 있었다고 말한다. 이 여자들은 처음에는 십자가에 가까이 있다가, 나중에는 멀찌감치 떨어져서 지켜보았을 것이기 때문에, 이 두 가지 보도는 모두 맞다. 요한은 우리 구주께서 "내가 목마르다"고 하시자, 사람들이 "신 포도주"를 드렸다는 말을 덧붙인다. 십자가형에 처해진 죄수들은 죽음에 이르는 데 오랜 시간이 걸렸기 때문에, 이렇게 신 포도주를 주는 것이 사람들이 죽어가는 죄수들에게 통상적으로 베푸는 호의였던 것 같지만, 요한은 우리 구주의 경우는 "그들이 쓸개를 나의 음식물로 주며 목마를 때에는 초를 마시게 하였사오니"(시 69:21)라는 성경 말씀을 "응하게 하려" 그렇게 하신 것이라고 말한다. 이것이 다윗이 거기에서 그리스도를 대신하여 대언한 것이었는지, 아니면 당시에 모형이었던 다윗에게 일차적으로 일어난 일이 이제 원형이신 그리스도에게서 그대로 성취된 것이었는지를 아는 것은 별로 중요하지 않다. 우리가 아는 것은, 복음서 기자가 이 시편의 본문이 그리스도에 대하여 말씀한 것이었고, 그 일이 그리스도에게서 그대로 이루어졌다고 확실하게 말하고 있다는 것이다. 그리스도께서 이번에 신 포도주를 마신 것은 주님이 다른 경우들에 취하신 행동들과는 사뭇 달랐다. 우리 주님은 다른 경우들에는 마시기를 거절하셨지만, 이번에는 그대로 받으셨고, 그런 후에 "다 이루었다"고 말씀하셨다. 내가 받아야 할 수난은 이제 다 끝났다는 것이다.

45-50. [45]제육시로부터 온 땅에 어둠이 임하여 제구시까지 계속되더니 [46]제구시쯤에 예수께서 크게 소리 질러 이르시되 엘리 엘리 라마 사박다니 하시니 이는 곧 나

의 하나님, 나의 하나님, 어찌하여 나를 버리셨나이까 하는 뜻이라 [47]거기 섰던 자
중 어떤 이들이 듣고 이르되 이 사람이 엘리야를 부른다 하고 [48]그 중의 한 사람이
곧 달려가서 해면을 가져다가 신 포도주에 적시어 갈대에 꿰어 마시게 하거늘 [49]그
남은 사람들이 이르되 가만 두라 엘리야가 와서 그를 구원하나 보자 하더라 [50]예수
께서 다시 크게 소리 지르시고 영혼이 떠나시니라.

마가복음 15:33-38에 나오는 것도 동일하고, 누가는 "때가 제육시쯤 되어 해가 빛을 잃고 온 땅에 어둠이 임하여 제구시까지 계속하며 성소의 휘장이 한가운데가 찢어지더라 예수께서 큰 소리로 불러 이르시되 아버지 내 영혼을 아버지 손에 부탁하나이다 하고 이 말씀을 하신 후 숨지시니라"(눅 23:44-46)고 말한다. 요한은 "머리를 숙이니 영혼이 떠나가시니라"(요 19:30)고 간단하게 보도한다. 요한은 빌라도가 유대인들에게 그리스도를 넘겨 준 때가 "제육시"였다고 말한다(요 19:14). 그런데 어떻게 주님이 "제육시"에 십자가에 못 박히셨고, 어둠이 "제육시"에 임하기 시작할 수 있었다는 것인가? 당시에 유대인들과 로마인들이 시간을 계산하는 방식으로 서로 달랐기 때문에, 우리는 종종 성경의 본문들에서 시간을 계산하는 데 애를 먹는데, 이 본문과 관련된 난점에 대해서는, 유대인들은 밤을 네 개의 경점으로 나누었듯이, 낮도 네 부분으로 나누어서, 어느 경점이 시작되는 시간부터 끝나는 시간까지를 그 경점의 명칭으로 불렀다고 말할 수 있다. 따라서 우리 시간으로는 9시에 끝나는 "제삼시"가 지나고 나서 우리 시간으로 12시까지는 모두 "제육시"로 불렸다. 빌라도는 "제육시"가 시작되는 시점에서 그리스도에게 사형판결을 내렸고, 어둠은 제육시가 끝날 때, 즉 우리 시간으로 12시쯤에 시작되었다. 왜냐하면, 유대인들은 낮을 네 부분으로 나누어서 우리 시간으로 9시까지 12시까지를 모두 "제육시"라고 불렀기 때문이다. 그래서 누가 "때가 제육시쯤 되어"라고 말한다.

제육시로부터 온 땅에 어둠이 임하여 제구시까지 계속되더니. 이 때에 온 땅이 어두워진 것은 일식에 의한 것이었음은 너무나 분명하지만, 이 일식이 통상적인 것이 아니었다는 것도 마찬가지로 분명한데, 그 이유는 다음과 같다. (1) 모든 일식은 초승달일 때에 일어나는 데 반해, 이 일식은 보름달이 뜨는 니산월 제15일에 일어났다. (2) 이 일식은 어느 특정한 지역에서만 보였던 것이 아니라, 동일한 반구에 있는 온 땅에서 다 볼 수 있었다. (3) 통상적인 일식은 어느 경우에도 세 시간 동안이나 지속될 수는 없었다. 따라서 분명히 이것은 이적에 의한 일식으로서, 통상적인 일식들처럼 해가 달에 가려서 일어난 것이 아니라, 하나님의 강력한 권능에 의해 일어난 것이다. 한 이방인 철학자는 애굽에서 일어난 일식을 보고서, "신이 지금이 고통을 겪고 있거나, 고통을 겪고 있는 자와 함께 아파하신다"고 소리쳤다고 한다.

제구시쯤에, 즉 우리 시간으로 오후 3시쯤에, 예수께서 크게 소리 질러 이르시되 엘리 엘리 라마 사박다니 하시니 이는 곧 나의 하나님, 나의 하나님, 어찌하여 나를 버리셨나이까 하는 뜻이라. 마가는 그리스도께서 이 때에 소리 지르신 내용을 아람어로 그대로 보도한다. 이것은 다윗이 한 말이었고(시 22:1), 다윗은 그리스도의 모형이었다. 그러니까 다윗이 옛적에 그리스도를 대신하여 대언한 것을, 오랜 세월이 흐른 뒤에 다윗의 자손이신 분이 그대로 사용하신 것이다. 하나님께서 어떤 사람이나 장소를 버렸다는 것은, 하나님이 모든 사람들과 모든 장소에 본질적으로 임재해 계시는 것을 거두셨다는 것을 의미하는 것이 아니라, 우리의 유익을 위하여 자신의 섭리를 베푸시는 것을 거두셨다는 것을 의미할 뿐이다. 따라서 하나님께서 우리의 겉사람이나 속사람과 관련해서 우리에 대한 그의 선하신 섭리를 거두셨을 때, 성경은 하나님이 우리를 버리셨다고 말한다. 그렇다고 하더라도, 하나님께서 우리의 육신이나 영혼을 완전히 버리시면, 우리의 겉사람이나 속사람은 존재할 수 없게 되기 때문에, 하나님이 우리를 버리셨다고 말씀하셔도, 그것은 점진적이고 부분적인 것일 수밖에 없다. 따라서 그리스도께서 여기에서 하나님이 자기를 버리셨다고 탄식하는 것은 하나님이 자신의 모든 은총과 도우심을 자기에게서 다 거두어 가셨다는 것을 의미하는 것은 아니다. 하나님이 그리스도를 완전히 버리시는 것은 불가능하고, 주님이 하나님과 자신의 관계를 증언하시는 첫 번째 단어들, 즉 하나님을 "나의 하나님, 나의 하나님"이라고 부르신 것과 모순된다. 따라서 우리는 이 말씀을 하나님께서 우리 주님에게 나타나셔서 위로하시고 힘주시는 것을 거두셨다는 의미로 이해하여야 하고, 이것은 주님이 "아버지 내 영혼을 아버지 손에 부탁하나이다"라고 말씀하시고 숨지셨다고 말하는 누가의 보도에 의해서 증명된다. 마태와 마가와 누가는 그리스도께서 어떤 말씀을 하신 후에 "영혼이 떠나가셨다"고 말하고, 요한은 "머리를 숙이니 영혼이 떠나가셨다"고 말하는데, 이것은 우리 구주께서 다른 곳에서도 말씀하셨던 것, 즉 자기는 스스로 목숨을 내어 주는 것일 뿐이고, 그 누구도 자기에게서 목숨을 빼앗는 것이 아니라는 말씀을 확증해 준다. 주님이 이 순간에 큰 소리로 두 번이나 소리치셨다는 것은 그의 영혼의 힘이 다 소진된 것이 아니었다는 것을 보여 준다. 따라서 우리 주님은 몇 분 동안 더 사실 수 있으셨지만, 자신의 뜻을 따라 좀 더 빨리 목숨을 내어 놓으신 것이었다.

우리 구주께서는 "엘리 엘리"라고 소리치셨지만, 당시에 유대인들은 엘리야가 와서 "모든 것을 회복할" 것이라는 꿈에 사로잡혀 있었기 때문에, "이 사람이 엘리야를 부른다"고 말하였다. 그들이 이렇게 "엘리"와 "엘리야"를 혼동하게 된 것은 아마도 주님이 아람어 방언으로 "엘로이 엘로이"라고 하셨기 때문이거나, 그들이 너무 멀리서 그 말씀을 들었기 때문일 것임에 틀림없다. 그들이 이번에도 이런 식으로 우리 주님을 조롱한 것은 그들이 십자가에 달려 계신 주님을 향하여 하였던 행동들과 부합하는 것이었다. 그들이 "해면을 가져다가 신 포도주에 적시어 갈대에 꿰어" 주님으로 하여금 "마시게" 한 것에 대해서는 우리가 앞에서 이미 설명한 바 있다.

51-53. [51]이에 성소 휘장이 위로부터 아래까지 찢어져 둘이 되고 땅이 진동하며 바위가 터지고 [52]무덤들이 열리며 자던 성도의 몸이 많이 일어나되 [53]예수의 부활 후에 그들이 무덤에서 나와서 거룩한 성에 들어가 많은 사람에게 보이니라.

마가는 오직 성소 휘장이 찢어진 것에 대해서만 언급하고(막 15:38), 누가도 마찬가지이다(눅 23:45). 요한은 이 모든 것들을 전혀 언급하지 않는다. 이것은 하나님께서 하늘과 땅에서의 이러한 굉장한 표적들을 통해서, 그들이 우리 구주를 죽인 일이 얼마나 엄청난 죄악인지를 증거하고자 하신 것이었다. 우리가 이미 보았듯이, 하늘에서는 통상적이지 않은 기이한 일식이 일어나서 세 시간 동안이나 계속되었고, 땅에서는 지진이 일어나서 바위들이 갈라지는 일이 벌어졌다. 지진은 종종 하나님의 권능과 위엄을 나타내는 것이었기 때문에(시 68:8; 욜 2:10), 어떤 이들은 그리스도께서 이 지진을 통해서 하나님으로서의 자신의 권능을 선포하신 것이라고 생각한다. 로마의 백부장은 바로 이러한 광경을 보고서, "이는 진실로 하나님의 아들이었도다"라고 결론을 내렸을 것임에 틀림없다(54절). 그러나 지진은 하나님의 위엄과 권능을 나타내는 것일 뿐만 아니라, 종종 하나님의 신노하심을 나타내는 것이기도 하였고(시 18:7-8; 욜 3:16; 나 1:6), 이 경우에는 그런 의미를 지니고 있었을 것임에 틀림없다. 즉, 이 때의 지진은 이 사람들이 우리 구주께 행한 일들을 땅이 혐오하고 역겨워하였음을 보여 주는 것이었다. 이 일들 외에도, "성소 휘장이 위로부터 아래까지 찢어져 둘이 되는" 일이 일어났는데, 이 일에 대해서는 세 복음서 기자들이 모두 다 보도한다. 이 휘장이 성소 앞에 쳐진 바깥쪽 휘장이었는지, 아니면 지성소와 성소를 구분하던 안쪽 휘장이었는지를 아는 것은 별로 중요하지 않은 일이기는 하지만, 안쪽 휘장이었을 가능성이 높다. 하나님께서는 이 휘장이 찢어져 둘로 갈라지게 하심으로써, 유대인들에 대한 자신의 진노를 보이셨고, 자기가 그들 가운데 있는 성전에서 떠나셨음을 알리셨다. 또한, 이 휘장은 그리스도의 육체의 모형이었다(히 10:20). 따라서 원형인 그리스도의 육체가 찢어졌기 때문에, 모형인 성소의 휘장도 찢어지는 것이 합당한 일이었다. 또한, 하나님께서는 이 일을 통해서, 성전 제사의 유효성이 이제 끝났기 때문에, 더 이상 성전 제사를 드릴 필요가 없다는 것을 보여 주셨고, 유대인과 이방인을 나누어 놓았던 담이 이제 허물어졌다는 것을 보여 주셨다. 마태는 무덤들이 열리고 성도들의 몸이 다시 살아났다고 보도하지만, 그런 일들은 그리스도께서 부활하신 후에 일어난 일들이었을 것이다. 오직 마태만이 그리스도의 죽음 및 부활과 관련하여 일어난 모든 굉장한 일들을 여기에 한데 모아서 보도하고 있다. 왜냐하면, 마태 자신이 "예수의 부활 후에 그들이 무덤에서 나와서 거룩한 성에 들어가 많은 사람에게 보이니라"고 말하고 있기 때문이다. 아마도 무덤들이 열린 후에, 성도들이 그 무덤에서 나오기까지는 어느 정도의 시간이 걸렸던 것으로 보인다. 이러한 일들은 우리 구주의 죽음에 수반된 이적들이었다.

54-56. [54]백부장과 및 함께 예수를 지키던 자들이 지진과 그 일어난 일들을 보고 심히 두려워하여 이르되 이는 진실로 하나님의 아들이었도다 하더라 [55]예수를 섬기며 갈릴리에서부터 따라온 많은 여자가 거기 있어 멀리서 바라보고 있으니 [56]그 중에는 막달라 마리아와 또 야고보와 요셉의 어머니 마리아와 또 세베대의 아들들의 어머니도 있더라.

마가는 "예수를 향하여 섰던 백부장이 그렇게 숨지심을 보고 이르되 이 사람은 진실로 하나님의 아들이었도다 하더라 멀리서 바라보는 여자들도 있었는데 그 중에 막달라 마리아와 또 작은 야고보와 요세의 어머니 마리아와 또 살로메가 있었으니 이들은 예수께서 갈릴리에 계실 때에 따르며 섬기던 자들이요 또 이 외에 예수와 함께 예루살렘에 올라온 여자들도 많이 있었더라"(막 15:39-41)고 말하고, 누가는 "백부장이 그 된 일을 보고 하나님께 영광을 돌려 이르되 이 사람은 정녕 의인이었도다 하고 이를 구경하러 모인 무리도 그 된 일을 보고 다 가슴을 치며 돌아가고 예수를 아는 자들과 갈릴리로부터 따라온 여자들도 다 멀리 서서 이 일을 보니라"(눅 23:47-49)고 말한다. 우리는 앞에서 로마 군병들이 앉아서 그리스도를 감시하였다는 말을 들었는데(36절), 여기에 언급된 백부장은 이 로마 군병들의 대장이었다. 마태는 이 백부장이 "지진과 그 일어난 일들을 보고 심히 두려워하여" 이렇게 말하였다고 보도하고, 마가는 우리 주님이 큰 소리를 지르시고 숨지시는 것을 보고 이렇게 말하였다고 보도하며, 누가는 백부장이 이 모든 일을 보고서 "하나님께 영광을 돌리며" 이렇게 말하였다고 보도한다. 마태와 마가는 백부장이 "이는 진실로 하나님의 아들이었도다"라고 말하였다고 보도하고, 누가는 백부장이 "이 사람은 정녕 의인이었도다"라고 말하였다고 보도한다. 이것은 백부장이 우리 주님이 하나님의 아들로서 의인이었다고 진리를 고백함으로써 하나님께 영광을 돌린 것이었다. 이 백부장은 유대인들 가운데 살면서, 그들의 메시야 대망에 관하여 알게 되었고, 이제 여기에서 일어난 일들을 보고서, 예수가 바로 그리스도라고 인정하고 고백하였던 것일 가능성이 대단히 높다. 누가는 이 광경을 보러 왔던 모든 사람들이 대제사장들과 장로들이 큰 악을 저질렀음을 깨닫고서, 하나님으로부터의 원수 갚으심이 머지않아 임할 것임을 두려워하며(실제로 하나님의 진노는 40년도 채 안 되어 그들에게 임하였다), 자신들의 가슴을 치며 돌아갔다는 말을 덧붙인다.

예수를 섬기며 갈릴리에서부터 따라온 많은 여자가 거기 있어 멀리서 바라보고 있으니. 이 많은 여자들은 그리스도를 따라 갈릴리에서 온 여자들이었다. 마태는 그 중에서 두 여자의 이름만을 구체적으로 언급하는데, "막달라 마리아"는 갈릴리에 있던 동네였던 막달라 출신이었기 때문에 그렇게 불렸던 것 같고, "야고보와 요셉의 어머니 마리아"라는 어구에 나오는 야고보는 마가가 세베대의 아들인 야고보와 구별하기 위하여 "작은 야고보"라고 부른 인물이었으며, "세베대의 아들들의 어머니"도 여기에서 언급된다. 세 복음서 기자들은 모두 다 이 여자들이 "멀리서 바라보고" 있었다고 말하고, 요한은 이 여자들 중 두 사람, 즉 "글로바의 아내와 막달라 마리아"가 예수의 어머니 및 이모와 함께 십자가 옆에 아주 가까이 있어서, 주님이 자기 어머니 마리아 및 그의 사랑하시는 제자와 말씀하셨다고 말한다(요 19:25). 이렇게 십자가에서 멀리 떨어져서 바라보고 있던 여자들 중에 주님의 어머니에 대한 언급이 없는 것으로 보아서, 아마도 주님이 자신의 어머니를 요한에게 부탁하셔서, 그 즉시 요한이 마리아를 자신의 집으로 모셔간 후에, 나머지 여자들은 십자가에서 멀리 떨어져서 주님이 운명하시는 것을 끝까지 지켜 보고 있었던 것 같다. 마태는 이제 계속해서 아리마대 사람 요셉이 빌라도에게 와서 그리스도의 시체를 내어달라고 요청하였다고 보도하고, 마가와 누가도 마찬가지이다.

하지만 요한은 이 대목에서 이 이야기를 마무리하기 위하여 다음과 같은 내용을 추가적으로 보도한다: "이 날은 준비일이라 유대인들은 그 안식일이 큰 날이므로 그 안식일에 시체들을 십자가에 두지 아니하려 하여 빌라도에게 그들의 다리를 꺾어 시체를 치워 달라 하니 군인들이 가서 예수와 함께 못 박힌 첫째 사람과 또 그 다른 사람의 다리를 꺾고 예수께 이르러서는 이미 죽으신 것을 보고 다리를 꺾지 아니하고 그 중 한 군인이 창으로 옆구리를 찌르니 곧 피와 물이 나오더라 이를 본 자가 증언하였으니 그 증언이 참이라 그가 자기의 말하는 것이 참인 줄 알고 너희로 믿게 하려 함이니라 이 일이 일어난 것은 그 뼈가 하나도 꺾이지 아니하리라 한 성경을 응하게 하려 함이라 또 다른 성경에 그들이 그 찌른 자를 보리라 하였느니라"(요 19:31-37). 우리 주님은 니산월 제15일에 십자가에 못 박히셨는데, 우리는 이 날을 성 금요일이라 부른다. 본문에 나오는 "이 날은 준비일이라"는 구절이 이것을 잘 보여 준다. 즉, 이 날은 유대인들이 안식일(토요일)을 준비하는 날이었다는 것이다. 요한은 "그 안식일이 큰 날"이었다고 말한다. 이것은 어떤 이들이 생각하듯이, 유대인들이 유월절을 그 날로 미루었기 때문이 아니라, 그 날은 무교절의 둘째 날이었기 때문이다. 이것은 요한이 "이 날은 유월절의 준비일이요"(요 19:14)라고 말한 데서 잘 드러난다. 그러나 우리는 내가 앞에서 이미 말하였듯이, 무교절 기간인 칠일은 하루하루가 그렇게 불렸다는 사실을 기억하여야 한다. 실제로 이 날은 유월절 주간에 지킬 안식일을 준비하는 날이었다. 만일 그렇지 않았다면, 우리는 그리스도께서 모든 유대인들과 동일한 날에 유월절 식사를 하신 것이 아니라고 말해야 하고, 수많은 풀 수 없는 난제들에 휘말리게 될 뿐만 아니라, 유월절 양을 제사장들이 잡았을 것이고, 그들이 율법에서 정한 날보다 하루 먼저 양을 잡았을 리가 없었을 것이라는 점을 감안하면, 그랬을 가능성은 없다고 보아야 한다. 따라서 요한복음 19:14은 31절에 의거해서 설명되어야 한다. 즉, 14절에 언급된 "유월절의 준비일"은 칠일에 걸친 무교절 내에 있던 안식일을 준비하는 날이었고, 이 안식일은 유월절 어린 양을 먹은 직후에 맞는 날이었기 때문에 "큰 날"이었다는 것이다. 신명기 21:23은 나무에 매달아 죽인 사람의 시체를 그 나무에 밤새도록 두어서는 안 된다고 규정하고 있다. 그리스도께서 운명하신 것은 대략 오후 3시에서 4시 사이였고, 안식일은 이 날에 해가 질 때부터 시작될 것이었는데, 유대인들에게는 그 안식일을 준비하는 데 몇 시간이 필요한 상황이었다. 그래서 그들은 빌라도에게 가서, 십자가형을 당한 자들의 다리를 꺾어 줄 것을 요청하였고, 빌라도는 그들의 요청을 들어주었다. 빌라도의 명령에 따라 로마 군병들은 두 강도의 다리를 꺾고 나서, 그리스도에게 갔을 때에 그가 이미 죽어 있는 것을 발견하고서, 그의 다리를 꺾지 않고, 그 대신에 한 군병이 창으로 그의 옆구리를 찔렀다. 요한은 이 일이 사실이라는 것을 우리로 하여금 믿을 수 있게 해주고, 아울러 옛적에 그리스도에 관하여 예언된 것들이 모두 다 낱낱이 성취되었다는 것을 우리에게 보여 주기 위하여, 이렇게 자기가 본 것들을 아주 세세한 부분까지 다 기록해 놓았다. 요한은 그리스도는 진짜 유월절 어린 양이셨고, 이 그리스도에 대해서 옛적에 율법은 "그 뼈가 하나도 꺾이지 아니하리라"고 말하였고(출 12:46; 민 9:12), "그의 모든 뼈를 보호하심이여 그 중에서 하나도 꺾이지 아니하도다"(시 34:20)라고 말하였는데, 이러한 성경 말씀들이 그대로 이루어졌다고 말한다. 또한, 요한은 우리 구주의 옆구리가 창에 찔리셨는데, 이것도 "그들이 그 찌른 바 그를 바라보고"(슥 12:10)라고 기록된 성경 말씀을 이루기 위한 것이었음을 우리에게 알게 해준다.

57-61. [57]**저물었을 때에 아리마대의 부자 요셉이라 하는 사람이 왔으니 그도 예수의 제자라** [58]**빌라도에게 가서 예수의 시체를 달라 하니 이에 빌라도가 내주라 명령하거늘** [59]**요셉이 시체를 가져다가 깨끗한 세마포로 싸서** [60]**바위 속에 판 자기 새 무덤에 넣어 두고 큰 돌을 굴려 무덤 문에 놓고 가니** [61]**거기 막달라 마리아와 다른 마리아가 무덤을 향하여 앉았더라.**

마가는 "이 날은 준비일 곧 안식일 전날이므로 저물었을 때에 아리마대 사람 요셉이 와서 당돌히 빌라도에게 들어가 예수의 시체를 달라 하니 이 사람은 존경 받는 공회원이요 하나님의 나라를 기다리는 자라 빌라도는 예수께서 벌써 죽었을까 하고 이상히 여겨 백부장을 불러 죽은 지가 오래냐 묻고 백부장에게 알아 본 후에 요셉에게 시체를 내주는지라 요셉이 세마포를 사서 예수를 내려다가 그것으로 싸서 바위 속에 판 무덤에 넣어 두고 돌을 굴려 무덤 문에 놓으매 막달라 마리아와 요세의 어머니 마리아가 예수 둔 곳을 보더라"(막 15:42-47)고 말하고, 누가는 "공회 의원으로 선하고 의로운 요셉이라 하는 사람이 있으니(그들의 결의와 행사에 찬성하지 아니한 자라) 그는 유대인의 동네 아리마대 사람이요 하나님의 나라를 기다리는 자라 그가 빌라도에게 가서 예수의 시체를 달라 하여 이를 내려 세마포로 싸고 아직 사람을 장사한 일이 없는 바위에 판 무덤에 넣어 두니 이 날은 준비일이요 안식일이 거의 되었더라"(눅 23:50-54)고 말한다. 요한은 내용을 조금 더하여, "아리마대 사람 요셉은 예수의 제자이나 유대인이 두려워 그것을 숨기더니 이 일 후에 빌라도에게 예수의 시체를 가져가기를 구하매 빌라도가 허락하는지라 이에 가서 예수의 시체를 가져가니라 일찍이 예수께 밤에 찾아왔던 니고데모도 몰약과 침향 섞은 것을 백 리트라쯤 가지고 온지라 이에 예수의 시체를 가져다가 유대인의 장례 법대로 그 향품과 함께 세마포로 쌌더라 예수께서 십자가에 못 박히신 곳에 동산이 있고 동산 안에 아직 사람을 장사한 일이 없는 새 무덤이 있는지라 이 날은 유대인의 준비일이요 또 무덤이 가까운 고로 예수를 거기 두니라"(요 19:38-42)고 보도한다.

성경의 모든 복음서 기자들은 이 이야기를 똑같이 반복하면서, 서로에게 빠져 있는 것들을 조금씩 보충해서, 전체적으로 정확하고 온전한 이야기를 우리에게 전해준다. 우리는 복음서 기자들이 아무런 이유도 없이 이렇게 이 이야기를 우리에게 정확하고 꼼꼼하게 전해 주는 것이라고 생각해서는 안 된다. 그들이 이렇게 한 목적 중의 많은 부분은 우리 신앙의 세 가지 위대한 신조들인 그리스도의 죽으심과 장사되심과 부활하심이 참되고 확실하다는 것을 세상으로 하여금 충분히 확신할 수 있게 해주기 위한 것이었다. 그렇게 해서, 우리는 그리스도의 장사되심을 둘러싼 온갖 정황들을 세세하고 꼼꼼하게 알 수 있게 되었는데, 이러한 필요성은 우리에게와 마찬가지로 그들에게도 있었던 것으로 보인다. 당시에 사형수들의 시신을 처리하는 권한은 관리들에게 있었다 — 물론, 그 시신들은 친구들이나 혈육들의 요청에 의해 그들에게 인도되는 것이 보통이긴 하였지만.

빌라도에게 가서 우리 구주의 시신을 내어줄 것을 부탁한 인물은 아리마대 사람 요셉이었다(그는 예루살렘에 거주하였지만, "아리마대"는 그가 태어난 곳이거나 그의 본가가 있는 곳이었던 것 같다). 그는 외적으로나 내적으로 우리 구주의 시신을 맡을 만한 자격을 갖춘 사람이었다. 그의 외적인 자격으로 말하자면, 마태는 그가 "부자"였다고 말하고, 마가는 그가 "존경 받는 공회원"이었다고 말하며, 누가는 그가 "공회 의원으로 그들의 결의와 행사에 찬성하지 아니한 자"였다고 말한다. 즉, 그는 그리스도를 심문하여 단죄한 자들에 반대한 사람이었다는 것이다. 그가 유대인들의 공회의 의원이었는지, 아니면 빌라도가 주재하는 평의회의 의원이었는지(이 가능성은 희박하다), 또는 현역의 공회 의원이었는지, 아니면 이전에 공회 의원을 역임한 자였는지는 확실하지 않다. 하지만 그는 자신의 그러한 신분으로 인해서 빌라도에게 좀 더 자유롭게 접근할 수 있었기 때문에, 마가는 그가 "담대하게"(한글 개역개정에는 "당돌히") 빌라도에게 가서 그리스도의 시신을 내어 줄 것을 요청하였다고 말한다. 그가 이렇게 담대할 수 있었던 것은 그가 예루살렘 도성에서 상당히 높은 신분을 지니고 있었고, 또한 그리스도를 사랑하는 자였기 때문이다. 그의 내적인 자격으로 말하자면, 마태와 요한은 두 사람 다 그가 그리스도의 "제자," 즉 그리스도에게서 배운 자였다고 말하고, 요한은 그가 "유대인이 두려워 그것을 숨겼다"

는 말을 거기에 덧붙인다. 요한복음 12:42은 "관리 중에도 그를 믿는 자가 많되 바리새인들 때문에 드러나게 말하지 못하니 이는 출교를 당할까 두려워함이라"고 말한다. 당시에 유대인들을 다스리며 공적인 일들을 처리하던 지배층들은 더할 나위 없이 악한 자들이었지만, 나중에 네로의 궁정에서도 그랬듯이, 그들 중에서도 그리스도를 따르는 제자들이 있었다. 그들은 바리새인들에 의해서 출교를 당하게 될 것을 우려해서, 공개적으로 그리스도를 시인하거나 고백하지는 못하였지만, 그리스도를 은밀하게 사랑하였는데, 요셉과 니고데모도 그런 자들에 속하였다. 누가는 그리스도의 제자들이라면 모름지기 어떤 사람이어야 하는지를 우리에게 알게 해주기 위하여, 이 요셉이 "선하고 의로운" 사람이었다고 소개하고, 마가는 "하나님의 나라를 기다리는 자"라고 소개한다. 즉, 그는 그리스도께서 자신의 은혜와 영광의 나라에 대해 말씀하신 것들을 믿고서 그 소망 가운데서 살고 있던 신자였다는 것이다. 이런 요셉이 로마 총독에게 가서 그리스도의 시신을 내어 달라고 요청하였고, 빌라도는 우리 주님이 이렇게 빨리 죽었을 리가 없다고 생각하여, 백부장에게 물어, 우리 주님이 이미 죽었다는 말을 듣고서, 그의 시신을 요셉에게 내어 주라고 명한다.

유대인은 죽은 자들을 매장하는 묘지나 매장지를 성내가 아니라 성 밖에 조성하는 것이 관례였다. 요셉의 경우에도 성 밖에 큰 바위를 깎아서 자신을 위한 묘지를 조성해 둔 것이 있었는데, 그 무덤은 그리스도께서 십자가에 못 박히신 곳에서 가까운 곳에 있었던 것으로 보인다. 마태는 그 무덤을 요셉이 "바위 속에 판 자기 새 무덤"이라고 말하고, 다른 복음서 기자들은 그것을 요셉이 새롭게 만든 자신의 무덤이라고 말하지 않고, 단지 한 번도 사용한 적이 없는 무덤이었다고만 말한다. 따라서 사람들이 우리 주님이 죽은 자 가운데서 부활하셨다는 것을 발견하였을 때, 그 무덤에는 다른 시신이 없었기 때문에, 사람들은 거기에 갖다 놓은 것이 다른 사람의 시신이었다고 말할 수 없었다. 마태와 마가는 요셉이 우리 주님의 시신을 그 무덤에 갖다 놓기 전에 먼저 세마포로 쌌다고 말하고, 요한은 방부처리를 했다는 말을 덧붙이면서, 이렇게 방부처리를 하기 위해서 니고데모(우리 구주께서는 밤중에 자기를 찾아온 그와 거듭남에 관해서 대화를 나누셨다, 요 3장)는 "몰약과 침향 섞은 것을 백 리트라쯤" 가져왔다고 말한다. 요한은 "유대인의 장례 법대로"라는 말도 덧붙이지만, 요셉과 니고데모가 우리 주님을 장사지낸 방식은 통상적인 것은 아니었고, 단지 그렇게 하는 데 드는 비용을 감당할 수 있을 정도의 재력을 지닌 사람들에게만 해당되는 것이었는데, 이것은 지극히 낮아지시고 비천하게 살고 죽으신 그리스도를 하나님께서 높이셔서 존귀와 영광을 더하시는 과정의 시작일 뿐이었다. "막달라 마리아와 다른 마리아," 즉 앞서 언급되었던 글로바의 아내 마리아는 무덤 맞은편에 앉아서, 우리 주님이 장사되는 모습을 지켜보았다. 누가는 "갈릴리에서 예수와 함께 온 여자들이 뒤를 따라 그 무덤과 그의 시체를 어떻게 두었는지를 보고 돌아가 향품과 향유를 준비하더라 계명을 따라 안식일에 쉬더라"(눅 23:55-56)고 말한다. 마태에 의하면, 이 여자들은 무덤에서 조금 떨어진 맞은편에 자리를 잡고 "무덤을 향하여" 얼마간 앉아 있다가 집으로 가서, 우리 주님의 시신을 위해 쓸 향품과 향유를 준비하였는데, 율법에 따라 안식일은 쉬고, 그 주간의 첫 날에 준비를 했던 것으로 보인다. 마태는 요셉이 "큰 돌을 굴려 무덤 문에 놓고" 갔다고 말한다.

62-66. **62그 이튿날은 준비일 다음 날이라 대제사장들과 바리새인들이 함께 빌라도에게 모여 이르되 63주여 저 속이던 자가 살아 있을 때에 말하되 내가 사흘 후에 다시 살아나리라 한 것을 우리가 기억하노니 64그러므로 명령하여 그 무덤을 사흘까지 굳게 지키게 하소서 그의 제자들이 와서 시체를 도둑질하여 가고 백성에게 말하되 그가 죽은 자 가운데서 살아났다 하면 후의 속임이 전보다 더 클까 하나이다 하니 65빌라도가 이르되 너희에게 경비병이 있으니 가서 힘대로 굳게 지키라 하거늘 66그들이 경비병과 함께 가서 돌을 인봉하고 무덤을 굳게 지키니라.**

다른 복음서 기자들은 아무도 이 대목을 기록하고 있지 않는데, 오직 마태만이 이 이야기를 기록함으로써, 그리스도께서 부활하신 것이 사실이라는 증거를 한 가지 더 추가적으로 제공해 준다. 왜냐하면, 이 이야기는 대제사장들과 바리새인들이 그리스도의 부활과 관련하여 사기를 칠 수 없도록 하기 위하여, 자신들이 동원할 수 있는 모든 수단을 다 동원해서 그것을 미연에 방지하고자 했음을 보여 주기 때문이다. 그 이튿날은 준비일 다음 날이었기 때문에, 안식일이었을 것임에 틀림없다(막 15:42). 이 미신에 사로잡힌 위선자들인 대제사장들과 바리새인들은, 전에 우리 구주의 제자들이 안식일에 이삭을 따먹은 것을 가지고 시비를 걸고, 주님이 한 쪽 손 마른 사람을 고치신 일을 가지고 트집을 잡았으면서도(마 12:13), 정작 그들 자신은 안식일에 빌라도를 찾아가서 그를 움직여서, 제3일까지 우리 주님의 무덤을 단단히 지키라고 명령을 내리게 만든다. 그들은 그리스도를 불경스럽게도 "저 속이던 자"라고 부르면서, 그가 "살아 있을 때에" 자기가 선지자 요나의 이적을 행하여 "사흘 후에 다시 살아나리라"고 한 것(마 12:39-40)을 자기들이 기억하고 있다고 말한다. 이것은 그들은 우리 주님이 하신 말씀들을 믿고 싶어 하지 않았지만, 우리 주님의 말씀들 속에는 진실이 들어 있다는 것을 어느 정도 인식하고 있었음이 틀림없다는 것을 보여 준다. 그러면서도, 그들은 그리스도의 제자들이 밤중에 은밀하게 와서 그의 시신을 훔쳐가 놓고서는, 마치 그가 부활한 것처럼 떠들어대면 큰일이라는 이유를 대고, 그것이 그의 무덤을 단단히 지켜야 하는 이유인 것처럼 말한다. 그러나 한 나라를 다스리는 자들이 몇 명의 가난하고 무장하지도 않은 사람들을 두려워한다는 것이 말이나 되는 일이겠는가? 따라서 그들은 그리스도가 자신이 말한 대로 죽은 자 가운데서 부활할 것임을 자신들의 양심 속에서는 확신하고 있었기 때문에, 그가 부활해서 무덤으로부터 나오는 것을 막기 위해서, 빌라도를 움직여서 무덤을 철저하게 봉쇄하도록 명령을 내리게 하고자 하였던 것임에 틀림없다. 하지만 빌라도는 그들에게 "경비병"이 있으니, 그 경비병들로 하여금 그 무덤을 지키게 하라고 말한다. 왜냐하면, 빌라도는 명절을 맞이해서 이미 성전 경비를 비롯한 치안 유지를 위하여 자신의 군대 중 일부를 그들에게 내어주었던 까닭에, 그들을 사용해서 얼마든지 그리스도의 무덤을 단단히 지킬 수 있을 것이라고 생각하였기 때문이었다.

그들이 경비병과 함께 가서 돌을 인봉하고 무덤을 굳게 지키니라. 이것은 그들이 아무리 죽은 자를 다시 살리시는 능력을 지니신 이일지라도 무덤을 막은 큰 돌을 치울 수 없을 것이고 무덤 앞에 세워 놓은 보초들을 뚫을 수 없을 것이라고 생각한 것이나 마찬가지이기 때문에, 그들의 우매함을 그대로 보여 주는 것이다. 그러나 그들이 이렇게 아주 세심하게 신경을 써서 지독하게 꼼꼼히 그리스도의 부활을 막고자 한 것은, 그들의 의도와는 정반대로, 그리스도의 부활이 사실이라는 것을 만천하에 분명하게 확증해 주는 것이 되었을 뿐이다. 이렇게 하나님께서는 이 세상에서 지혜로운 자들의 지혜를 어리석음으로 바꾸어 놓으셔서, 그들로 하여금 그들 자신의 꾀에 빠져 그들 자신이 의도했던 것과는 정반대의 결과를 얻게 하심으로써, 자신이 세우신 왕이 거룩한 산 시온 위에 우뚝 서게 하셨다.

제28장

개요

1. 한 천사가 여자들에게 그리스도의 부활을 전함(1-8).
2. 그리스도께서 친히 여자들에게 나타나심(9-10).
3. 대제사장들이 경비병들에게 뇌물을 주고, 제자들이 그리스도의 시신을 훔쳐갔다고 말하게 함(11-15).
4. 갈릴리에서 열한 제자들에게 나타나심(16-17).
5. 그들을 보내셔서 모든 민족을 가르치고 세례를 주게 하심(18-20).

1. 안식일이 다 지나고 안식 후 첫날이 되려는 새벽에 막달라 마리아와 다른 마리아가 무덤을 보려고 갔더니.

우리는 이제 복음서에서 그리스도의 부활 및 그가 부활하시고 나서 승천하실 때까지 사십 일 동안 이 땅에 계시면서 하셨던 말씀들(행 1:3)을 다루는 대목에 이르렀다. 마태와 마가는 이 대목을 가장 짧게 보도한다. 따라서 나는 여기에서 오직 마태와 다른 복음서 기자들이 동일한 일들에 대하여 보도한 것들만을 다루고, 마태가 전혀 보도하지 않고 다른 복음서 기자들이 보도한 내용은 해당 복음서를 다룰 때에 살펴보고자 한다. 우리는 앞에서 마태가 막달라 마리아와 또 다른 마리아가 그리스도의 시신에 사용하기 위하여 향품과 향유를 준비하려고 하였지만, 안식일을 더럽히지 않기 위해서, 누가의 말대로 "계명을 따라 안식일에 쉬고"(눅 23:56), 그 이튿날 그것들을 준비하였다고 보도한 것까지를 살펴보았었다. 안식일은 그 날 해가 질 때에 끝이 났지만, 이 여자들은 안식일이 끝나자마자 무덤으로 간 것이 아니었고, "안식일이 다 지나고 안식 후 첫날이 되려는 새벽에" 무덤을 보려고 갔다. 한 주간의 첫날은 안식일이 끝나자마자 시작되었기 때문에, "안식 후 첫날이 되려는 새벽"은 이미 첫날의 삼분의 일이 지나간 때였다. 그래서 마가는 "안식일이 지나매 막달라 마리아와 야고보의 어머니 마리아와 또 살로메가 가서 예수께 바르기 위하여 향품을 사다 두었다가 안식 후 첫날 매우 일찍이 해 돋을 때에 그 무덤으로 가며"(막 16:1-2)라고 말하고, 누가는 "안식 후 첫날 새벽에 이 여자들이 그 준비한 향품을 가지고 무덤에 가서"(눅 24:1)라고 말하며, 요한은 "안식 후 첫날 일찍이 아직 어두울 때에 막달라 마리아가 무덤에 와서"(요 20:1)라고 말한다. 이 여자들이 주님의 무덤에 간 시간에 대해서, 세 복음서 기자들은 그 때가 한 주간이 시작되는 첫날 이른 새벽 해 뜰 무렵이었다고 말한다. 마가는 "해 돋을 때에"라고 말하고, 요한은 "아직 어두울 때에"라고 말하는데, 마태는 이러한 보도들을 해석해서 '옵세 삽바톤'(ὀψὲ σαββάτων, "안식일이 다 지나고")이라고 표현하는데, 이것은 안식일의 저녁이라는 의미가 아니라, 한 주간의 끝인 안식일들의 저녁을 의미한다. 유대인들은 안식일을 존중해서, 한 주간의 모든 날들을 안식 후 첫날, 안식 후 둘째 날 등과 같이 안식일을 기준으로 지칭하였다. 따라서 흠정역 번역자들은 '옵세 삽바톤'을 한 주간의 제칠일인 안식일이 지난 후의 저녁이나 밤이라는 의미에서 "안식일이 다 지나고"라고 잘 번역하였다. 또한, 여기에서 헬라어 '옵세'는 엄밀하게 말해서 우리가 저녁이나 밤이라고 부르는 시간을 가리키는 것이 아니라, 한 주간의 첫날 해 돋을 때까지 계속된 밤 시간 전체를 가리키는 것이었다. 그래서 마태는 "안식일이 다 지나고" 다음에 "안식 후 첫날이 되려는 새벽에"라는 설명을 덧붙인다. 즉, 한 주간의 자연스러운 첫 날은 이미 앞서 해가 지면서 시작되었지만, 이 때는 일출로부터 시작해서 일몰에 끝나는 인위적인 한 날이 시작되려고 하는 새벽이었다는 것이다.

마태는 막달라 마리아와 또 다른 마리아(마가에 의하면, 이 마리아는 야고보와 살로메의 이머니였다)가 무덤으로 갔다고 말하고, 요한은 오직 막달라 마리아만을 말하지만, 그녀가 혼자 무덤에 갔을 가능성은 희박할 뿐만 아니라, 다른 두 복음서 기자도 "다른 마리아"를 언급한다. 누가는 "그들과 함께 한 다른 여자들"에 대해서도 언급한다. 따라서 원래는 이 여자들을 비롯해서 여러 여자들이 함께 갔지만, 요한은 그 여자들 중에서 대표적인 인물로 한 사람만을 언급하고, 마태와 마가는 두 사람을 언급한 것으로 보인다. 마태는 이 여자들이 단지 무덤을 보러 갔다고 말하지만, 마가는 주님의 시신에 향유를 바르기 위하여 간 것이라고 말하고, 누가는 그러한 목적을 위하여 준비한 향품을 가지고 갔다고 말한다. 이 여자들은 믿음이 연약해서, 우리 구주의 부활을 믿지 않았던 것으로 보인다.

2-4. [2]큰 지진이 나며 주의 천사가 하늘로부터 내려와 돌을 굴려 내고 그 위에 앉았는데 [3]그 형상이 번개 같고 그 옷은 눈 같이 희거늘 [4]지키던 자들이 그를 무서워하여 떨며 죽은 사람과 같이 되었더라.

오직 마태만이 이것을 우리에게 들려준다. 다른 복음서 기자들은 모두 한결같이, 여자들은 무덤으로 오면서, "누가 우리를 위하여 무덤 문에서 돌을 굴려 주리요"(막

16:3)라고 서로 말하며 걱정하였는데, 무덤 앞에 와보니, 돌이 이미 굴려져 있는 것을 발견하였다고 보도한다. 마태는 한 천사가 내려와서 무덤 문 앞에 있던 돌을 굴려 내고 그 돌 위에 앉아 있었다고 말한다. 경비병들이 이 천사를 보았는데 "그 형상이 번개 같고 그 옷은 눈 같이 희었다"고 한 것으로 보아서, 이 천사는 어떤 형태를 지니고 있었던 것이 틀림없다. 이 천사를 본 경비병들의 반응은 어떠하였는가? 마태는 그들이 무서워하여 몸을 부들부들 떨며 사색이 되었다고 말한다. 누가와 요한은 천사가 두 명이었다고 말한다. 하지만 무덤 문 앞의 돌을 치우기 위해 굳이 천사가 올 필요는 없었기 때문에, 천사는 그 돌을 치우기 위한 목적으로 온 것이 아니었다고 할 수 있다. 왜냐하면, 성령으로 말미암아 부활하신 주님께서도 동일한 능력으로 얼마든지 돌을 치우실 수 있으셨을 것이기 때문이다. 그러나 천사들은 우리 주님의 수난을 지켜 본 증인들이었던 것과 마찬가지로, 우리 주님의 부활에 대해서도 증인들이 되는 것이 합당하였다. "영으로 의롭다 하심을 받으신"(딤전 3:16) 주님은 천사들에게 보이셔야 하였고, 또한 경비병들이 빌라도와 대제사장들과 서기관들에게 이 일을 제대로 보고하게 하기 위해서도 천사들의 등장은 필요하였다. 유령들을 보았을 때에 사람들이 놀라고 무서워하는 것은 자연스러운 일이기는 하지만, 이 경비병들이 무서워서 사색이 되어 벌벌 떤 것은 이상한 일이 아니었다. 왜냐하면, 그들의 양심 속에는 죄책감이 있었을 뿐만 아니라, 우리 주님의 시신이 없어진 사실이 빌라도와 대제사장들에게 알려졌을 경우에, 그렇게 단단히 지키라고 했는데도 지키지 못한 것이기 때문에, 어떤 벌을 받게 될지 모를 일이었기 때문이다. 특히, 그들은 "큰 지진"이 나는 것, 또는 공기가 크게 진동하는 것을 보거나 느꼈기 때문에, 그들의 두려움은 한층 더 클 수밖에 없었다(여기에서 "큰 지진"으로 번역된 헬라어 '세이스모스 메가스'[σεισμος μέγας]는 큰 떨림이나 진동을 의미할 뿐이다). 게다가, 천사들이 등장해서 그 자리에 있었기 때문에, 경비들은 어떤 다른 시신을 무덤에 넣어두는 사기를 칠 수도 없었다. 이런 일이 진행되는 동안에, 무덤을 향해 오고 있던 여자들은 아직 도착하지 않았고, 그들이 도착했을 때에는 이미 무덤을 막고 있던 돌은 옆으로 굴려져 있었다. 따라서 돌이 어떻게 옆으로 치워져 있었는지에 관한 마태의 이야기는 이 여자들로부터 나온 것이 아니라, 경비병들이나 그들로부터 이 이야기를 전해들은 누군가로부터 나온 것이었다.

5-8. [5]천사가 여자들에게 말하여 이르되 너희는 무서워하지 말라 십자가에 못 박히신 예수를 너희가 찾는 줄을 내가 아노라 [6]그가 여기 계시지 않고 그가 말씀 하시

던 대로 살아나셨느니라 와서 그가 누우셨던 곳을 보라 [7]또 빨리 가서 그의 제자들 에게 이르되 그가 죽은 자 가운데서 살아나셨고 너희보다 먼저 갈릴리로 가시나니 거기서 너희가 뵈오리라 하라 보라 내가 너희에게 일렀느니라 하거늘 [8]그 여자들이 무서움과 큰 기쁨으로 빨리 무덤을 떠나 제자들에게 알리려고 달음질할새.

마가는 "무덤에 들어가서 흰 옷을 입은 한 청년이 우편에 앉은 것을 보고 놀라매 청년이 이르되 놀라지 말라 너희가 십자가에 못 박히신 나사렛 예수를 찾는구나 그가 살아나셨고 여기 계시지 아니하니라 보라 그를 두었던 곳이니라 가서 그의 제자들과 베드로에게 이르기를 예수께서 너희보다 먼저 갈릴리로 가시나니 전에 너희에게 말씀하신 대로 너희가 거기서 뵈오리라 하라 하는지라 여자들이 몹시 놀라 떨며 나와 무덤에서 도망하고 무서워하여 아무에게 아무 말도 하지 못하더라"(막 16:5-8)고 말하고, 누가는 "들어가니 주 예수의 시체가 보이지 아니하더라 이로 인하여 근심할 때에 문득 찬란한 옷을 입은 두 사람이 곁에 섰는지라 여자들이 두려워 얼굴을 땅에 대니 두 사람이 이르되 어찌하여 살아 있는 자를 죽은 자 가운데서 찾느냐 여기 계시지 않고 살아나셨느니라 갈릴리에 계실 때에 너희에게 어떻게 말씀하셨는지를 기억하라 이르시기를 인자가 죄인의 손에 넘겨져 십자가에 못 박히고 제삼일에 다시 살아나야 하리라 하셨느니라 한대 그들이 예수의 말씀을 기억하고 무덤에서 돌아가 이 모든 것을 열한 사도와 다른 모든 이에게 알리니 (이 여자들은 막달라 마리아와 요안나와 야고보의 모친 마리아라 또 그들과 함께 한 다른 여자들도 이것을 사도들에게 알리니라) 사도들은 그들의 말이 허탄한 듯이 들려 믿지 아니하나"(눅 24:3-11)라고 말한다. 요한은 오직 막달라 마리아만이 주님의 무덤에 간 것으로 보도하면서, "시몬 베드로와 예수께서 사랑하시던 그 다른 제자에게 달려가서 말하되 사람들이 주님을 무덤에서 가져다가 어디 두었는지 우리가 알지 못하겠다 하니"(요 20:2)라고 말한다. 마태는 이 이야기를 들려주면서, 다른 복음서 기자들이 좀 더 자세하게 얘기하는 많은 내용들을 생략한다. 마가와 누가는 여자들이 무덤에 와서 돌이 굴려져 있는 것을 보고 무덤 안으로 들어갔다고 말한다. 그들은 무덤 안에서 빛나는 긴 흰 옷을 입은 천사를 보고서, (우리가 유령을 보았을 때에 흔히 그러하듯이) 두려워서 얼굴을 땅에 대었다. 천사는 그들에게 두려워하지 말라고 하고서, 그들이 십자가에 못 박힌 나사렛 예수를 찾는 것을 알고 있었기 때문에, "어찌하여 살아 있는 자를 죽은 자 가운데서 찾느냐 여기 계시지 않고 살아나셨느니라"고 말해 주면서, 예수의 시신이 놓여 있던 곳을 보여 주며, 주님이 갈릴리에 계실 때에 그들에게 하신 말씀을 상기시키면서(마 17:23), 주님이 전에 말씀하신 대로 (마 26:32; 막 14:28) 그들보다 먼저 갈릴리에 가서 그들을 거기에서 보게 될 것이라고 제자들에게(마가는 "그의 제자들과 베드로에게"라고 말한다) 가서 전하라고 말한다. 마태는 "그 여자들이 무서움과 큰 기쁨으로 빨리 무덤을 떠나 제자들에게 알리려고 달음질하였다"고 말하고, 마가는 "몹시 놀라 떨며 나와 무덤에서 도망하고 무서워하여 아무에게 아무 말도 하지 못하였다"고 말하며, 요한은 이 여자들이 베드로와 요한에게 달려가서 "사람들이 주님을 무덤에서 가져다가 어디 두었는지 우리가 알지 못하겠다"고 말하였다고 보도한다. 이 여자들이 무서워하고 놀란 것은 천사를 보았기 때문임이 분명하고, 그들이 갑자기 큰 기쁨을 느낀 것은 주님이 다시 살아나셨다는 소식을 천사에게서 들었기 때문이었다. 하지만 이 여자들이 돌아오는 길에 천사의 말을 다시 생각해 보고서는 도저히 믿을 수 없는 말이라고 결론을 내리고, 누군가가 주님의 시신을 훔쳐간 것이 틀림없다고 생각한 것으로 보아서, 이 여자들은 주님이 다시 살아나셨다는 말을 천사에게서 들었을 때에는 갑자기 큰 기쁨에 휩싸였지만, 자신들의 심령 속에 그 천사의 말이 확실하게 믿어진 것은 아니었던 것으로 보인다. 또한, 누가가 보여 주듯이, 제자들도 주님이 다시 살아나셨다는 말을 전해 듣고서 믿지 못하였다. 누가는 그들이 그 말을 헛소리로 여겼다고 말한다. 요한은 "그들은 성경에 그가 죽은 자 가운데서 다시 살아나야 하리라 하신 말씀을 아직 알지 못하더라"(요 20:9)고 분명하게 말한다. 그들은 머리로는 그것을 알고 있었지만, 그것을 확고하게 믿고 있었던 것은 아니었다. 즉, 그들은 그리스도로부터 그의 부활에 관한 가르침을 받았기 때문에, 그것을 믿고자 하는 마음과 의지를 지니고 있기는 하였지만, 하나님께서 그들에게 그것을 믿을 수 있는 힘을 주시지 않으셨던 까닭에, 그들의 심령 속에서 믿어지지 않았던 것으로 보인다.

9-10. [9]예수께서 그들을 만나 이르시되 평안하냐 하시거늘 여자들이 나아가 그 발을 붙잡고 경배하니 [10]이에 예수께서 이르시되 무서워하지 말라 가서 내 형제들에게 갈릴리로 가라 하라 거기서 나를 보리라 하시니라.

마태는 이 이야기를 아주 짧게 보도하지만, 마가는 "예수께서 안식 후 첫날 이른 아침에 살아나신 후 전에 일곱 귀신을 쫓아내어 주신 막달라 마리아에게 먼저 보이시니 마리아가 가서 예수와 함께 하던 사람들이 슬퍼하며 울고 있는 중에 이 일을 알리매 그들은 예수께서 살아나셨다는 것과 마리아에게 보이셨다는 것을 듣고도 믿지 아니하니라"(막 16:9-11)고 말한다. 누가는 막달라 마리아와 또 다른 마리아가 돌아와서 제자들에게 자신들이 보고 들은 것을 전했지만, 제자들은 처음에는 그 말을 믿지 않다가, 나중에 "베드로는 일어나 무덤에 달려가서 구부려 들여다 보니 세마포만 보이는지라 그 된 일을 놀랍게 여기며 집으로 돌아가니라"(눅 24:12)고 말한다. 요한은 이 일을 좀 더 자세하고 분명하게 들려준다: "베드로와 그 다른 제자(예수께서 사랑하셨던 제자로서 요한복음을 쓴 요한을 가리킨다[요 13:23])가 나가서 무덤으로 갈새 둘이 같이 달음질하더니 그 다른 제자가 베드로보다 더 빨리 달려가서 먼저 무덤에 이르러 구부려 세마포 놓인 것을 보았으나 들어가지는 아니하였더니 시몬 베드로는 따라와서 무덤에 들어가 보니 세마포가 놓였고 또 머리를 쌌던 수건은 세마포와 함께 놓이지 않고 딴 곳에 쌌던 대로 놓여 있더라 그 때에야 무덤에 먼저 갔던 그 다른 제자도 들어가 보고 믿더라 (그들은 성경에 그가 죽은 자 가운데서 다시 살아나야 하리라 하신 말씀을 아직 알지 못하더라) 이에 두 제자가 자기들의 집으로 돌아가니라 마리아는 무덤 밖에 서서 울고 있더니 울면서 구부려 무덤 안을 들여다보니 흰 옷 입은 두 천사가 예수의 시체 뉘었던 곳에 하나는 머리 편에, 하나는 발 편에 앉았더라 천사들이 이르되 여자여 어찌하여 우느냐 이르되 사람들이 내 주님을 옮겨다가 어디 두었는지 내가 알지 못함이니이다 이 말을 하고 뒤로 돌이켜 예수께서 서 계신 것을 보았으나 예수이신 줄은 알지 못하더라 예수께서 이르시되 여자여 어찌하여 울며 누구를 찾느냐 하시니 마리아는 그가 동산지기인 줄 알고 이르되 주여 당신이 옮겼거든 어디 두었는지 내게 이르소서 그리하면 내가 가져가리이다 예수께서 마리아야 하시거늘 마리아가 돌이켜 히브리 말로 랍오니 하니 (이는 선생님이라는 말이라) 예수께서 이르시되 나를 붙들지 말라 내가 아직 아버지께로 올라가지 아니하였노라 너는 내 형제들에게 가서 이르되 내가 내 아버지 곧 너희 아버지, 내 하나님 곧 너희 하나님께로 올라간다 하라 하시니 막달라 마리아가 가서 제자들에게 내가 주를 보았다 하고 또 주께서 자기에게 이렇게 말씀하셨다 이르니라"(요 20:3-18). 오직 요한만이 전해 주는 몇 가지 구체적인 일들에 대해서는 우리가 요한복음의 해당 본문을 다룰 때에 살펴보겠지만, 내가 여기에서 요한 본문을 그대로 다 가져와서 제시한 것은, 요한 본문을 다른 복음서 기자들의 본문과 비교해 보면, 이 이야기의 시간적인 순서를 알 수 있기 때문이다.

본문에 보도된 일은 여자들이 두 번째로 무덤에 갔을 때에 일어난 일이었던 것으로 보인다. 이 일의 경과를 살펴보면 이렇게 된 것이었다: 막달라 마리아를 비롯해서 무덤에 갔던 여자들은 제자들에게 가서, 자신들이 무덤에 갔었고, 거기에서 무엇을 보고 들었는지를 전했지만, 제자들은 믿지 않았다. 하지만 베드로는 뭐가 뭔지 어리둥절해서 혼란스러워하다가, 무덤이 성에서 가까운 곳에 있었기 때문에, 한 번 가서 확인해 보기로 마음을 먹었고, 요한도 마찬가지였다. 그래서 이 두 제자는 무덤으로 달려갔고, 요한이 먼저 도착해서 무덤 안으로 들어가지는 않고 단지 밖에서 속을 들여다보기만 하였는데, 거기에는 세마포가 놓여져 있는 것이 보였다. 베드로가 이내 도착해서 무덤 안으로 들어갔더니, 거기에는 세마포와 수건이 있었다. 그러자 요한도 용기를 내서 무덤 안으로 들어가서 보고 믿었는데, 주님의 부활을 믿었다는 말이 여기에서 처음으로 등장한다. 그런 후에, 두 제자는 집으로 돌아왔지만, 막달라 마리아는 무덤 앞에 서서 울다가 무덤 안을 들여다보았고, 거기에는 두 천사가 그리스도의 시신이 놓여 있는 곳의 머리 편과 발 편에 각각 앉아 있었다. 그 천사들은 그녀에게 왜 우느냐고 물었고, 그녀는 사람들이 주님의 시신을 가져가 버렸는데, 자기는 그들이 그 시신을 어디에 두었는지를 알지 못해서 울고 있다고 대답하였다. 흠정역의 번역에 의하면, 요한은 그녀가 이렇게 말하고 나서 "뒤로 돌이켜"(ἐστράφη εἰς τὰ ὀπίσω —— '에스트라페 에이스 타 오피소') "예수께서 서 계신 것을 보았다"(요 20:14)고 말한다. 하지만 이것은 마태가 여자들이 제자들에게 전하러 갔을 때에 예수께서 여자들을 만나 평안하냐고 말씀하셨다고 보도한 것과 모순되는 것으로 보인다(마 28:9). 흠정역의 번역에 의하면, 요한은 마리아가 여전히 무덤에 있었고, 천사들을 만난 후에 뒤로 돌아섰을 때에 예수를 보았다고 보도한 것이 된다. 이 번역이 옳다고 전제했을 때, 요한의 보도와 마태의 보도가 모순되지 않으려면, 막달라 마리아는 주님을 무덤에서 한 번, 시내로 돌아와서 한 번, 이렇게 두 번 보았다고 해야 한다. 그러나 흠정역이 "뒤로 돌이켜"로 번역한 헬라어 본문은 "다시 돌아와서"로 번역될 수도 있다. 이렇게 번역하는 경우에는, 막달라 마리아는 제자들에게 말을 전하기 위해 다시 돌아왔을 때에 주님을 만났고, 주님께서는 그녀에게 "평안하냐"고 인사하신 것이 된다. 여기에는 막달라 마리아의 이름만 언급되고 있지만, 그녀와 함께 처음으로 무덤에 갔던 모든 여자들이 또다시 두 번째로 무덤에 가지는 않았겠지만, 여러 여자들이 두 번째로 무덤에 간 것만은 확실하다. 왜냐하면, 마태는 "여자들이 나아가 그 발을 붙잡고 경배하니"라고 보도하기 때문이다. 주님은 그들에게 무서워하지 말고 제자들에게 가서, 갈릴리에서 만나자는 말을 전하라고 명하신다. 주님과 막달라 마리아 간의 다른 대화내용에 대해서는 우리가 요한복음의 해당 본문을 다룰 때에 살펴볼 것이다. 마가는 "그들은 예수께서 살아나셨다는 것과 마리아에게 보이셨다는 것을 듣고도 믿지 아니하니라"고 말한다. 우리는 이 이야기 속에서 천사들이 베드로나 요한에게 나타났다거나, 그리스도께서 제자들에게 나타나셨다는 말을 아직 듣지 못한다. 이 일들과 관련하여 제자들에게 주어진 증거라고는, 오직 막달라 마리아의 증언과, 그들이 빈 무덤과 거기에 놓은 세마포와 수건을 본 것뿐이었다. 이런 정도의 증거를 가지고서, 우리의 이성으로는 도저히 이해가 되지 않는 영적인 신비들을 믿기란 참으로 어려운 일이다! 그 신비들은 참으로 믿기 어려운 것이어서, 혈과 육의 증거로는 그 신비들에 대한 믿음이 사람들에게서 생겨나는 것은 정말 어렵다.

11-15. [11]여자들이 갈 때 경비병 중 몇이 성에 들어가 모든 된 일을 대제사장들에게 알리니 [12]그들이 장로들과 함께 모여 의논하고 군인들에게 돈을 많이 주며 [13]이르되 너희는 말하기를 그의 제자들이 밤에 와서 우리가 잘 때에 그를 도둑질하여 갔다 하라 [14]만일 이 말이 총독에게 들리면 우리가 권하여 너희로 근심하지 않게 하리라 하니 [15]군인들이 돈을 받고 가르친 대로 하였으니 이 말이 오늘날까지 유대인 가운데 두루 퍼지니라.

다른 복음서 기자들은 이것을 보도하고 있지 않지만, 마태는 다음과 같은 이유들 때문에 이 기사를 보도하여야 했다: (1) 마태는 지진 또는 공기의 큰 진동이 일어났고, 천사가 와서 무덤 앞의 돌을 옆으로 굴려 놓았다는 것을 자기가 어떻게 알게 되었는지를 해명하여야 하였다. 왜냐하면, 이 일은 여자들이 무덤에 오기 전에 그리스도께서 다시 살아나시면서 일어난 일이었던 까닭에, 오직 경비병들과 그 보고를 들은 빌라도, 대제사장들과 장로들만이 알 수 있었던 일이었고, 그들로부터 흘러나와야 했기 때문이다. (2) 마태는 대제사장들과 장로들이 이런 식으로 증인들인 경비병들을 돈으로 매수하여 위증하고 거짓을 퍼뜨리게 하였음을 밝힘으로써, 그들이 얼마나 지독하게 악한 자들이었는지를 보여 주어야 했다. 이렇게 한 번 죄를 지으면, 그 죄를 은폐하기 위하여 연속적으로 죄를 지을 수밖에 없게 된다. (3) 마태는 대제사장들을 비롯한 자들이 사람들이 너무나 뻔히 알 수 있는 거짓말을 하며 자신들의 악의를 드러내었다는 것을 보여 주어야 했다. 왜냐하면, 그들이 퍼뜨린 이야기는 도대체가 말이 안 되는 것이었기 때문이다. 만일 경비병들이 잠을 잔 것이라면, 그리스도의 제자들이 밤중에 몰래 와서 주님의 시신을 훔쳐 간 것을 어떻게 알 수 있었단 말인가? 육중한 돌을 옆으로 치울 때에 난 굉음에도 경비병들이 잠을 깨지 않을 수 있었단 말인가? 악의를 가지고 어떤 일을 하는 자들은 그 일을 지혜롭게 할 수 있을 만큼의 사려분별을 가지지 못하는 법이다. 하나님께서는 그들로 하여금 이성을 잃게 하셔서 황당한 술수와 어처구니없는 거짓말을 하게 하심으로써, 후세 사람들이 대제사장들이 돈을 주고 매수하여 위증교사를 시켰고, 경비병들이 돈을 받고 위증을 하였다는 사실을 금방 알 수 있게 하셨다. 또한, 마태는 당시에 우리 주님의 부활과 관련해서 유대인들 가운데 두루 퍼져 있던 거짓 소문이 어떻게 해서 생겨났는지를 여기에서 분명하게 보여 준다.

16-17. [16]**열한 제자가 갈릴리에 가서 예수께서 지시하신 산에 이르러** [17]**예수를 뵈옵고 경배하나 아직도 의심하는 사람들이 있더라.**

다른 복음서 기자들은 그리스도께서 부활하신 후에 여러 차례 나타나신 것에 대하여 보도하고 있는데, 거기에 대해서는 우리가 해당 본문을 다룰 때에 살펴볼 것이다. 그리스도께서 열한 제자를 만나신 곳은 갈릴리의 한 산이었는데, 주님이 이 산에서 만날 것을 부활 전에 약속하신 것인지 아니면 부활 후에 약속하신 것인지, 그리고 이 약속이 어떤 식으로 정해졌는지는 확실하지 않다. 어떤 이들은 이 본문이 사도들이 언급한 저 유명한 현현 사건, 즉 사도 바울이 "오백여 형제에게 일시에 보이셨나니"(고전 15:6)라고 말한 바로 그 장면을 가리키는 것이라고 생각하지만, 복음서 기자들이 구체적으로 얘기하고 있지도 않은 상황에서 무슨 근거로 그런 주장을 하는 것인지를 나는 잘 모르겠다. 본문은 오직 열한 제자만이 갈릴리의 한 산으로 가서 부활하신 주님을 만나 뵈었다고 말한다. 물론, 더 많은 제자들이 거기로 가서 주님을 만나 뵈었을 가능성이 없는 것은 아니지만, 우리는 그러한 결론을 내릴 만한 성령의 인도하심을 갖고 있지 않다. 열한 제자들은 **예수를 뵈옵고 경배하나 아직도 의심하는 사람들이** 있었다. 도마가 그랬다는 것은 우리가 알고 있지만, 아마도 다른 제자들 중에서도 의심한 사람이 있었을 것이다. 어떤 이들은 "아직도 의심하는 사람들이 있더라"는 구절은 "전에 의심하는 사람들이 있었더라"로 번역하는 것이 더 나을 것이라고 생각한다. 하지만 나는 그렇게 번역해야 할 충분한 이유를 찾을 수 없다. 왜냐하면, 이 일이 다른 복음서 기자들에 의해 언급된 다른 현현 사건들 이후에 있은 것인지는 확실하지 않기 때문이다.

18-20. [18]**예수께서 나아와 말씀하여 이르시되 하늘과 땅의 모든 권세를 내게 주셨으니** [19]**그러므로 너희는 가서 모든 민족을 제자로 삼아 아버지와 아들과 성령의 이름으로 세례를 베풀고** [20]**내가 너희에게 분부한 모든 것을 가르쳐 지키게 하라 볼지어다 내가 세상 끝날까지 너희와 항상 함께 있으리라 하시니라.**

마가는 “또 이르시되 너희는 온 천하에 다니며 만민에게 복음을 전파하라 믿고 세례를 받는 사람은 구원을 얻을 것이요 믿지 않는 사람은 정죄를 받으리라 믿는 자들에게는 이런 표적이 따르리니 곧 그들이 내 이름으로 귀신을 쫓아내며 새 방언을 말하며 뱀을 집어올리며 무슨 독을 마실지라도 해를 받지 아니하며 병든 사람에게 손을 얹은즉 나으리라 하시더라”(막 16:15-18)고 말한다. 우리의 찬송 받으실 주님은 이 마지막 세 절에서 다음과 같은 것들을 하신다: (1) 주님은 자신의 권능과 권위를 단언하신다. (2) 주님은 권세를 위임하신다. (3) 주님은 약속을 덧붙이신다. 우리 구주께서는 하나님이 “하늘과 땅의 모든 권세”를 자기에게 주셨다는 말씀으로써, 자신의 권능과 권위를 단언하신다(행 10:36, 42; 엡 1:20-22). 그에게는 죄를 사할 권세, 자신의 교회를 모으고 가르치고 다스리는 권세, 자신이 기뻐하는 자들에게 영생을 주는 권세가 있나는 것이다. 이 권세는 영원히 찬송 받으실 하나님으로서의 그에게 원래부터 있던 것이었고, 우리의 중보자와 구속주로서의 그에게 주어진 것이며, 그가 세상에 오셨을 때에 그에게 주어진 것이지만, 그 권세가 그에게 주어졌다는 것은 그의 부활과 승천을 통해서 나타나고 확증되었다(빌 2:9-10). 주님은 이렇게 자신의 권세를 선언하신 후에, 그 권세를 제자들에게 위임하신다: “그러므로 너희는 가서 모든 민족을 제자로 삼아.” 여기에서 “모든 민족을 제자로 삼아”로 번역된 헬라어는 ‘마테튜사테’(μαθητεύσατε)이다. 하지만 사람들을 제자로 삼기 위해서는, 먼저 기독교 신앙의 기본 진리들을 사람들에게 전하여 가르쳐야 한다. 그래서 마가는 우리 구주께서 “너희는 온 천하에 다니며 만민에게 복음을 전파하라”고 말씀하셨다고 설명한다. 어떤 이들은 사람들에게 가르침을 베풀기 전에 먼저 세례를 주는 것도 가능하다고 생각하지만, 나로서는 그런 생각이 이해가 잘 되지 않는다. 성경에는 복음에 대한 지식을 단지 조금 갖고 있는 사람들에게 세례를 준 선례들은 나오지만, 복음을 전혀 모르는 사람들이 세례를 받은 전례는 전혀 없다. 성경에서는, 세례를 받은 자들은 모두 먼저 예수 그리스도가 하나님의 아들이시라는 가르침을 받았고, 그 가르침을 받아들여서 자신의 믿음을 고백한 사람들만 세례를 받았으며(행 8:37), 세례 요한도 요단 강에서 “자기들의 죄를 자복한” 자들에게 세례를 주었다(마 3:6). 하지만 이것으로부터, 신앙을 고백하고 세례를 받은 신자들의 자녀들에게 세례를 주어서는 안 된다는 결론이 도출되는 것은 아니다. 왜냐하면, 사도들은 “모든 민족”에게 세례를 주라는 명령을 받았고, 자녀들은 어느 한 민족의 가장 큰 부분은 아닐지라도 상당히 큰 부분이기 때문이고, 유대인들 가운데서 유대

교로 회심한 자들은 할례를 받기 전에 하나님의 율법으로 가르침을 받았지만, 일단 아버지가 유대교인인 경우에는, 그 자녀들은 태어난 지 팔 일만에 할례를 받았고, 우리가 좀 더 분명한 은혜 계약 아래 있는 것은 사실이라고 할지라도, 그들은 지금의 우리와 다른 어떤 계약 아래 있었던 까닭에, 그들의 할례는 우리의 세례와 동일한 증표였기 때문이다. 따라서 유아들에게도 세례의 의무가 부과될 수 있고, 이 의무는 유아들의 이해력을 근거로 한 것이 아니라, 형평성에 의거한 것이다. 또한, 우리 구주께서 "하나님의 나라가 이런 자의 것이니라"(막 10:14)고 우리에게 가르치셨기 때문에, 유아들도 신자들과 동일한 특권들을 누릴 수 있다.

우리 구주께서 제자들에게 "모든 민족"을 제자로 삼으라고 명령하셨기 때문에, 사도들은 온 세계를 두루 다니며 복음을 전할 의무를 부여받게 되었지만, 당장에 그래야 하는 것은 아니었다. 하지만 사도들이 자신들에게 위임된 사명을 이해하였다는 것은 분명하다(행 1:8; 3:26; 13:46; 18:6-7; 갈 2:7). 그들은 먼저 유대인들 가운데서 말씀을 전하고 세례를 주고, 그런 후에 모든 민족을 제자로 삼아야 했다. 사도들을 계승한 목회자들과 교사들은 그러한 의무 아래 있는 것은 아니었지만, 우리가 사도행전과 사도들의 서신들에서 알 수 있듯이, 그렇게 해서 모인 교회들을 굳건히 할 의무가 있었다. 이러한 위임으로 말미암아, 사도들은 어느 곳에서나 말씀을 전하고 세례를 베풀 권세를 가지게 되었지만, 어느 한 곳에 고정적으로 머무는 것이 아니라, 온 세계를 두루 다니며 모든 민족에게 복음을 전할 의무가 부여되었다.

아버지와 아들과 성령의 이름으로 세례를 베풀고. 세례를 베푸는 것은 물로 씻는 것이다. 마가복음 7:4에서는 "잔과 주발과 놋그릇을 씻음이러라"는 말씀이 나오는데, 거기에서 "씻음"으로 번역된 헬라어가 바로 "세례"를 뜻하는 단어이다. 따라서 우리는 "세례"라는 것이 물 속에 푹 잠기게 하거나 물을 뿌려 씻는 것을 의미한다는 것을 알게 된다. 성경에서 우리가 읽는 최초의 세례들은 사람들을 물 속에 완전히 잠기게 하는 침례였다는 것은 사실이다. 팔레스타인은 더운 지역이었기 때문에, 어느 때든 사람들을 물에 완전히 잠기게 하여도, 목숨에 아무런 지장이 없었다. 또한, 세례가 그리스도와 합하여 죽어 장사되는 것을 나타내는 것이라고 할 때, 침례라는 방식이 거기에 가장 가깝다는 것도 사실이다. 그러나 나는 세례가 꼭 침례의 방식으로 행해져야 한다고 생각하지 않는다. 왜냐하면, 하나님께서는 제사보다 긍휼을 원하시고, 세례가 표상하는 것, 즉 사람들의 심령의 죄들을 그리스도의 피로 씻어내는 것은 성경에서 물을 뿌려 씻어내는 것으로 표현하기 때문이다(겔 36:25; 히

12:24; 벧전 1:2). "아버지와 아들과 성령의 이름으로"라는 어구에서 "이름으로"(영어로는 "in the name")로 번역된 헬라어는 '에이스 토 오노마'(εἰς τὸ ὄνομα, 영어로 "into the name")이기 때문에, 세례를 베풀 때에 아버지와 아들과 성령의 이름을 부른다는 의미만이 아니라, 삼위일체 하나님의 권위로 세례를 준다는 의미를 지니고, 가장 중요한 것은 삼위일체 하나님에 대한 신앙 고백으로 이끈다는 의미를 지니고 있다는 것이다. 즉, 이 이름을 부른다는 것은, 세례 받는 사람을 성부와 성자와 성령께 봉헌하여서, 그들에게 성부와 성자와 성령을 경배하고 섬길 의무를 부여하는 의미를 갖는다. 왜냐하면, 세례에는 세례 받는 사람을 하나님께 봉헌해 드린다는 의미와 엄숙한 서약, 즉 세례 받는 사람이 자기는 하나님의 소유임을 확인하는 서약, 또는 세례 받는 자의 부모가 자신의 자녀가 하나님의 소유임을 확인하는 서약의 의미가 둘 다 들어 있기 때문이다. 이 서약을 통해서 부모는 하나님의 소유가 된 자신의 자녀를 거기에 합당하게 양육할 의무를 지고, 자녀는 자신의 부모가 자기를 대신해서 자신이 당연히 준행해야 할 의무를 서약한 것이기 때문에 그 서약에 따른 양육에 잘 따를 의무를 지게 된다.

내가 너희에게 분부한 모든 것을 가르쳐 지키게 하라 볼지어다 내가 세상 끝날까지 너희와 항상 함께 있으리라 하시니라. 다 자란 성인들이 세례를 받기 위해서는 반드시 먼저 가르침을 받아야 하는데, 사도들은 변함없이 그렇게 행하였다. 사람들은 이성을 지닌 존재이기 때문에, 자기가 무엇을 하는지를 이해하고, 어떤 일을 행하는 것이 합당하다. 그리고 세례 후에 반드시 받아야 할 가르침이 있다. 왜냐하면, 세례를 받고도 순종함이 없고, 우리가 하나님과 맺은 계약에 걸맞은 삶을 살지 않는 경우에는, 영혼의 구원을 받는 것은 고사하고, 더 큰 정죄 아래 놓이게 되기 때문이다. 사도들은 그리스도께서 자신들에게 "분부한 모든 것" 외에는 아무것도 가르쳐서는 안 되었고, 그리스도께서 그들에게 명령하신 것들은 모두 다 가르쳐야 하였다. 여기에서 세례 받은 자들이 순종을 행할 때의 규범이 있다. 우리는 한편으로는 그리스도께서 명령하신 것들만을 순종하여야 하고, 다른 한편으로는 그리스도께서 명령하지 않으신 것들에 대해서는 그 어떤 것도 순종해서는 안 된다. 그렇게 할 때, 우리는 온전한 순종을 드릴 수 있게 되고, 이러한 순종을 드리지 않은 경우에는 영원한 정죄의 벌을 받게 될 것이다. 마가가 "믿고 세례를 받는 사람은 구원을 얻을 것이요"라고 말한 것은 구원을 받기 위해서는 세례를 받는 것이 절대적으로 필요하다거나, 세례가 그리스도를 믿는 믿음과 동급이라고 말한 것이 아니고, 세례를 멸시하는 것은 주제넘고 오만방자한 불순종에 해당하기 때문에 저주 받을 짓이라고 말한 것이다. 그리고 우리는 여기에서 말하는 믿음은 사랑으로 역사하는 믿음이라고 이해하여야 한다.

볼지어다 내가 세상 끝날까지 너희와 항상 함께 있으리라. 나는 지금도 너희와 함께 있고, 앞으로도 너희와 함께 있을 것이며, 너희를 이어서 나의 부름을 받고 이 사역을 하는 자들과도 함께 있을 것이다. 나는 너희와 함께 있어서, 너희를 지켜 주고, 내가 세운 저 규례들을 보호하며, 너희에게 복을 줄 것이고, 나와 나의 복음을 위하여 수고하는 나의 모든 신실한 일꾼들에게도 그렇게 할 것이다. 또한, 나는 이 세대에서만이 아니라, "세상 끝날까지" 너희와 함께 할 것이다. 너희에게서 시작된 나와 나의 복음을 위한 사역은 계속해서 이어질 것이고, 너희에 대한 나의 은혜의 임재의 증표로서 구원받는 자들이 항상 교회에 더해질 것인데, 이 일은 세상이 끝나고, 새 하늘과 새 땅이 나타날 때까지 계속될 것이다. 마가가 믿는 자들에게 따르게 될 표적들이라고 말한 것들은, 사도들을 비롯한 당시의 복음 일꾼들이 전한 복음의 교훈을 추가적으로 확증하기 위한 목적으로 주어진 이적들로서, 그리스도께서 승천하신 직후의 시기에만 해당되는 것으로 보아야 한다. 여기에서 마태는 이 표적들에 대해서는 언급하지 않는다. 따라서 이것은 그리스도께서 세상 끝날까지 자신의 일꾼들과 함께 있으셔서, 그들로 하여금 이런 이적들을 행하게 하실 것이라는 약속이 아니기 때문에, 주님은 단지 자신의 일꾼들이 사람들에게 복음을 전하고 가르치며 세례를 베풀어서 자기가 명령한 모든 것들을 지켜 행하게 하는 일이 세상 끝날까지 이어질 것이라고 약속하신 것이다.

매튜 풀 청교도 성경주석 14

마태복음

1판 1쇄 발행 2015년 5월 26일
1판 3쇄 발행 2024년 11월 1일

지은이 매튜 풀
옮긴이 박문재
발행인 박명곤 **CEO** 박지성 **CFO** 김영은
기획편집1팀 채대광, 김준원, 이승미, 김윤아, 백환희, 이상지
기획편집2팀 박일귀, 이은빈, 강민형, 이지은, 박고은
디자인팀 구경표, 유채민, 임지선
마케팅팀 임우열, 김은지, 전상미, 이호, 최고은

펴낸곳 (주)현대지성
출판등록 제406-2014-000124호
전화 070-7791-2136 **팩스** 0303-3444-2136
주소 서울시 강서구 마곡중앙6로 40, 장흥빌딩 10층
홈페이지 www.hdjisung.com **이메일** support@hdjisung.com
제작처 영신사

"크리스천의 영적 성장을 돕는 고전"
세계기독교고전 목록

1 **데이비드 브레이너드 생애와 일기**
조나단 에드워즈 편집

2 **그리스도를 본받아** | 토마스 아 켐피스

3 **존 웨슬리의 일기** | 존 웨슬리

4 **존 뉴턴 서한집 - 영적 도움을 위하여** | 존 뉴턴

5 **성 프란체스코의 작은 꽃들**

6 **경건한 삶을 위한 부르심** | 윌리엄 로

7 **기도의 삶** | 성 테레사

8 **고백록** | 성 아우구스티누스

9 **하나님의 사랑** | 성 버나드

10 **회개하지 않은 자에게 보내는 경고**
조셉 얼라인

11 **하이델베르크 요리문답 해설** | 우르시누스

12 **죄인의 괴수에게 넘치는 은혜** | 존 번연

13 **하나님께 가까이** | 아브라함 카이퍼

14 **기독교 강요(초판)** | 존 칼빈

15 **천로역정** | 존 번연

16 **거룩한 전쟁** | 존 번연

17 **하나님의 임재 연습** | 로렌스 형제

18 **악인 씨의 삶과 죽음** | 존 번연

19 **참된 목자(참 목자상)** | 리처드 백스터

20 **예수님이라면 어떻게 하실까** | 찰스 쉘던

21 **거룩한 죽음** | 제레미 테일러

22 **웨스트민스터 소교리문답 강해**
알렉산더 화이트

23 **그리스도인의 완전** | 프랑소아 페넬롱

24 **경건한 열망** | 필립 슈페너

25 **그리스도인의 행복한 삶의 비결** | 한나 스미스

26 **하나님의 도성(신국론)** | 성 아우구스티누스

27 **겸손** | 앤드류 머레이

28 **예수님처럼** | 앤드류 머레이

29 **예수의 보혈의 능력** | 앤드류 머레이

30 **그리스도의 영** | 앤드류 머레이

31 **신학의 정수** | 윌리엄 에임스

32 **실낙원** | 존 밀턴

33 **기독교 교양** | 성 아우구스티누스

34 **삼위일체론** | 성 아우구스티누스

35 **루터 선집** | 마르틴 루터

36 **성령, 위로부터 오는 능력** | 앨버트 심프슨

37 **성도의 영원한 안식** | 리처드 백스터

38 **웨스트민스터 소요리문답 해설** | 토머스 왓슨

39 **신학총론(최종판)** | 필립 멜란히톤

40 **믿음의 확신** | 헤르만 바빙크

41 **루터의 로마서 주석** | 마르틴 루터

42 **놀라운 회심의 이야기** | 조나단 에드워즈

43 **새뮤얼 러더퍼드의 편지** | 새뮤얼 러더퍼드

44-46 **기독교 강요(최종판) 상·중·하** | 존 칼빈

47 **인간의 영혼 안에 있는 하나님의 생명**
헨리 스쿠걸

48 **완전의 계단** | 월터 힐턴

49 **루터의 탁상담화** | 마르틴 루터

50-51 **그리스도인의 전신갑주 I, II** | 윌리엄 거널

52 **섭리의 신비** | 존 플라벨

53 **회심으로의 초대** | 리처드 백스터

54 **무릎으로 사는 그리스도인** | 무명의 그리스도인

55 **할레스비의 기도** | 오 할레스비

56 **스펄전의 전도** | 찰스 H. 스펄전

57 **개혁교의학 개요(하나님의 큰 일)**
헤르만 바빙크

58 **순종의 학교** | 앤드류 머레이

59 **완전한 순종** | 앤드류 머레이

60 **그리스도의 기도학교** | 앤드류 머레이

61 **기도의 능력** | E. M. 바운즈

62 **스펄전 구약설교노트** | 찰스 스펄전

63 **스펄전 신약설교노트** | 찰스 스펄전

64 **죄 죽이기** | 존 오웬